böhlau

L'HOMME *Archiv*. Quellen zur Feministischen Geschichtswissenschaft
Band 3

Margareth Lanzinger / Gunda Barth-Scalmani
Ellinor Forster / Gertrude Langer-Ostrawsky

Aushandeln von Ehe

Heiratsverträge der Neuzeit im europäischen Vergleich

2010

Böhlau Verlag Köln · Weimar · Wien

Gefördert durch
das Südtiroler Landesarchiv Bozen

Gedruckt mit Unterstützung
der Forschungsplattform der Universität Wien „Neuverortung der Frauen- und Geschlechtergeschichte im veränderten Europäischen Kontext“
des Bundesministeriums für Wissenschaft und Forschung
der Sektion II – Frauenangelegenheiten und Gleichstellung im Bundeskanzleramt Österreich
der Kulturabteilung des Landes Niederösterreich
der Wissenschaftsförderung des Landes Salzburg
der Historisch-Kulturwissenschaftlichen Fakultät der Universität Wien

Bibliografische Information der Deutschen Nationalbibliothek:
Die Deutsche Nationalbibliothek verzeichnet diese Publikation in der Deutschen Nationalbibliografie; detaillierte bibliografische Daten sind im Internet über http://dnb.ddb.de abrufbar.

Umschlagabbildung:
Protokollbücher aus den Beständen des Niederösterreichischen Landesarchivs, St. Pölten
(Foto: Marko Laitinen)

Gesamtherstellung: Wissenschaftlicher Bücherdienst, Köln
Gedruckt auf chlor- und säurefreiem Papier
Printed in Germany

ISBN 978-3-412-20218-7

Inhalt

Margareth Lanzinger

Aushandeln von Ehe – Heiratsverträge in europäischen Rechtsräumen

Einleitung

1. Ehe und Ehegüterrecht – Bilanzen und Desiderate

Mit den Konzepten der romantischen Liebe, mit dem steigenden Anteil von Männern und Frauen an der Erwerbsarbeit, mit zunehmender Autonomie gegenüber der Elterngeneration, in einem sozial-moralisch liberaleren gesellschaftlichen Kontext hat sich die Ehe als Institution in den beiden letzten Jahrhunderten fundamental verändert. Sie hat vor allem den postulierten Monopolcharakter als einzig legitimer Ort für Sexualität und biologische Reproduktion verloren. Normiert, kontrolliert und umkämpft ist sie weiterhin: wenn etwa hinter Verbindungen mit Nicht-EU-BürgerInnen Scheinehen vermutet werden oder wenn es um die gleichgeschlechtlichen Ehen geht. Sie ist auch ein Ort häuslicher Gewalt: wenn junge Frauen und Männer mit Rekurs auf kulturelle Traditionen von ihren Familien in Ehen gezwungen werden.

Vielfältige Forschungen haben den hohen Stellenwert von Ehe insbesondere für die Frühe Neuzeit – mit Wirkmächtigkeit auch darüber hinaus – herausgearbeitet. Im Gefolge der Reformation und des Konzils von Trient (1545–1563) kam es zu einem Moralisierungs- und das heißt, gleichzeitig zu einem Normierungsschub, der die Geschlechterbeziehungen ebenso wie Heirat und Ehe maßgeblich geprägt hat,[1] auch wenn der Kontrast zum Vorher vielfach wohl überzeichnet worden ist.[2] Die Ehe ist seit den 1960er Jahren unter zahlreichen Aspekten und mit verschiedenen Ansätzen – sozialgeschichtlichen, geschlechtergeschichtlichen, diskursgeschichtlichen und anderen mehr[3] – zu Themenbereichen wie Ehediskurse,[4]

---

1 Vgl. Daniela Lombardi, Matrimoni di antico regime, Bologna 2001; Daniela Hacke, Women, Sex and Marriage in Early Modern Venice, Ashgate 2004; Silvana Seidel Menchi u. Diego Quaglioni Hg., Matrimoni in dubbio. Unioni controverse e nozze clandestine in Italia dal XIV al XVIII secolo, Bologna 2001; Heide Wunder, „Er ist die Sonn', sie ist der Mond." Frauen in der Frühen Neuzeit, München 1992.

2 Kritisch dazu vgl. Susanna Burghartz, Umordnung statt Unordnung? Ehe, Geschlecht und Reformationsgeschichte, in: Helmut Puff u. Christopher Wild Hg., Zwischen den Disziplinen? Perspektiven der Frühneuzeitforschung, Göttingen 2003, 165–185.

3 Für einen Überblick sei insbesondere auf das Themenheft von L'Homme. Z.F.G., 14, 1 (2003) „Ehegeschichte(n)" verwiesen und auf den Beitrag darin von Ellinor Forster u. Margareth Lanzinger, Stationen einer Ehe. Forschungsüberblick, in: ebd., 141–155; auf Christophe Duhamelle u. Jürgen Schlumbohm Hg., Eheschließungen im Europa des 18. und 19. Jahrhunderts. Muster und Strategien, Göttingen 2003; sowie auf den jüngst erschienenen Überblicksband von Daniela Lombardi, Storia del matrimonio. Dal Medioevo a oggi, Bologna 2008.

4 Vgl. etwa Rüdiger Schnell, Frauendiskurs, Männerdiskurs, Ehediskurs. Textsorten und Geschlechterkonzepte in Mittelalter und Früher Neuzeit, Frankfurt a. M./New York 1998.

Eheanbahnung,[5] Eheverbote,[6] Ehekonflikte,[7] Trennung und Scheidung,[8] Witwen- und Witwerschaft[9] oder Gattenmord[10] erforscht worden. Untersucht wurde das aufeinander angewiesen Sein von Eheleuten[11] ebenso wie innereheliche Machtverhältnisse,[12] aber auch die ‚Kehrseite' von Ehe: ledige Frauen und ledige Mütter sowie ledige Männer und ledige Väter.[13] Die

5 Vgl. Bruno P. F. Wanrooij Hg., La mediazione matrimoniale. Il terzo (in)comodo in Europa tra Otto e Novecento, Roma 2004.

6 Vgl. Anne-Lise Head-König, Forced Marriages and Forbidden Marriages in Switzerland: State Control of the Formation of Marriages in Catholic and Protestant Cantons in the Eighteenth and Nineteenth Centuries, in: Continuity and Change, 8 (1993), 441–465; Elisabeth Mantl, Heirat als Privileg. Obrigkeitliche Heiratsbeschränkungen in Tirol und Vorarlberg 1820 bis 1920, Wien/München 1997; Alexandra Przyrembel, „Rassenschande". Reinheitsmythos und Vernichtungslegitimation im Nationalsozialismus, Göttingen 2003; Edith Saurer, Stiefmütter und Stiefsöhne. Endogamieverbote zwischen kanonischem und zivilem Recht am Beispiel Österreichs (1790–1850), in: Ute Gerhard Hg., Frauen in der Geschichte des Rechts. Von der Frühen Neuzeit bis zur Gegenwart, München 1997, 345–366.

7 Vgl. Rainer Beck, Frauen in der Krise. Eheleben und Ehescheidung in der ländlichen Gesellschaft Bayerns während des Ancien Régime, in: Richard van Dülmen Hg., Dynamik der Tradition, Frankfurt a. M. 1992, 137–212; Alexandra Lutz, Ehepaare vor Gericht. Konflikte und Lebenswelten in der Frühen Neuzeit, Frankfurt a. M. 2006.

8 Vgl. Caroline Arni, Entzweiungen. Die Krise der Ehe um 1900, Köln/Weimar/Wien 2004; Dirk Blasius, Ehescheidung in Deutschland 1794–1945, Göttingen 1987; Ulrike Harmat, Ehe auf Widerruf? Der Konflikt um das Eherecht in Österreich 1918–1938, Frankfurt a. M. 1999; Silvana Seidel Menchi u. Diego Quaglioni Hg., Coniugi nemici. La separazione in Italia dal XII al XVIII secolo, Bologna 2000.

9 Vgl. als kleine Auswahl: Scarlett Beauvalet-Boutouyrie, Être veuve sous l'Ancien Régime, Paris 2001; Jan Bremmer u. Lourens van den Bosch Hg., Between Poverty and the Pyre. Moments in the History of Widowhood, London/New York 1995; Sandra Cavallo u. Lyndan Warner Hg., Widowhood in Medieval and Early Modern Europe, Halow 1999; Barbara J. Todd, Demographic Determinism and Female Agency: the Remarrying Widow Reconsidered ... Again, in: Continuity and Change, 9 (1994), 421–450; vgl. auch das Schwerpunktheft der Zeitschrift The History of the Family, 7, 1 (2002) zum Thema Witwen.

10 Vgl. Dorothea Nolde, Gattenmord. Macht und Gewalt in der frühneuzeitlichen Ehe, Köln/Weimar/Wien 2003.

11 Vgl. dazu das von Heide Wunder geprägte Konzept des Arbeitspaares: Heide Wunder, „Jede Arbeit ist ihres Lohnes wert." Zur geschlechtsspezifischen Teilung und Bewertung von Arbeit in der Frühen Neuzeit, in: Karin Hausen Hg., Geschlechterhierarchie und Arbeitsteilung. Zur Geschichte ungleicher Erwerbschancen von Männern und Frauen, Göttingen 1993, 19–39, 25; vgl. auch Wunder, „Er ist die Sonn', sie ist der Mond".

12 Vgl. grundlegend dazu Claudia Ulbrich, Shulamit und Margarete. Macht, Geschlecht und Religion in einer ländlichen Gesellschaft des 18. Jahrhunderts, Wien/Köln/Weimar 1999, 9–25.

13 Vgl. Judith M. Bennett u. Amy M. Froide Hg., Single Women in the European Past 1250–1800, Philadelphia 1998; Siglinde Clementi u. Alessandra Spada Hg., Der ledige Un-Wille. Zur Geschichte lediger Frauen in der Neuzeit / Norma e contrarietà. Una storia del nubilato in età contemporanea, Bolzano/Bozen 1998; Bärbel Kuhn, Familienstand ledig. Ehelose Frauen und Männer im Bürgertum (1850–1914), Köln/Weimar/Wien 2000; Michael Mitterauer, Ledige Mütter. Zur Geschichte unehelicher Geburten in Europa, München 1983; Maura Palazzi, Donne sole. Storia dell'altra faccia dell'Italia tra antico regime e società contemporanea, Milano 1997; Verena Pawlowsky, Mutter le-

Spurensuche nach Emotionen und ihren Repräsentationen wurde aufgenommen;[14] Sexualität ist zu einem wichtigen Thema geworden und damit auch ‚Unzucht' und Eheversprechklagen oder Praktiken, die als „deviant" definiert und strafrechtlich verfolgt wurden.[15] Die Historische Demographie hat Datenmaterial aufbereitet und verschiedene Heiratsmuster ausgemacht, auf Grundlage von Heiratsalter, Heiratshäufigkeit, Wiederverehelichungsraten etc. Das Ehepaar, Elternschaft und Haushaltsformationen standen im Zentrum der historischen Familienforschung der 1970er und 1980er Jahre. Diverse Quellengattungen wurden für diese Themen erschlossen und genützt. Diese geben nicht nur Einblicke in eheliche Handlungs- und Problemfelder, sondern auch in Konstruktionsmechanismen von Geschlecht und in Rollenerwartungen.

In dem hier vorliegenden Band geht es primär um das Aushandeln von Ehe unter ökonomischen, sozialen und rechtlichen Gesichtspunkten.[16] Der heiratsbezogene Transfer von Ressourcen und deren weiteres Geschick im Verlauf der Ehe und an deren Ende beziehungsweise Vereinbarungen, die darüber getroffen wurden, stehen dabei im Mittelpunkt. Ehegüter-, erb-,

---

dig – Vater Staat. Das Gebär- und Findelhaus in Wien 1784–1910, Innsbruck u. a. 2001; Ellinor Forster, „Unzucht" und „Ketzerey" in Uttendorf. Sozialgeschichte eines Dorfes am Beispiel zweier „Delikte" des 18. Jahrhunderts, in: Salzburg Archiv. Schriftenreihe des Vereines Freunde der Salzburger Geschichte 28, Salzburg 2002, 85–128; Christa Hämmerle, „La recherche de la paternité est interdite." Ledige Väter um 1900 im Spannungsverhältnis von Recht und popularer Autobiographik, in: Josef Ehmer, Tamara K. Harven u. Richard Wall Hg., Historische Familienforschung. Ergebnisse und Kontroversen, Frankfurt/New York 1997, 197–227; vgl. auch das Themenheft der Zeitschrift European History Quarterly, 38, 3 (2008), mit dem Schwerpunkt „Unmarried Lives".

14 Vgl. Peter Borscheid, Geld und Liebe. Zu den Auswirkungen des Romantischen auf die Partnerwahl im 19. Jahrhundert, in: ders. u. Hans J. Teuteberg Hg., Ehe, Liebe, Tod. Zum Wandel der Familie, der Geschlechts- und Generationsbeziehungen in der Neuzeit, Münster 1983, 112–134; Ingrid Bauer, Christa Hämmerle u. Gabriella Hauch Hg., Liebe und Widerstand. Ambivalenzen historischer Geschlechterbeziehungen, Wien/Köln/Weimar 2005; Hans Medick u. David Sabean Hg., Emotionen und materielle Interessen. Sozialanthropologische und historische Beiträge zur Familienforschung, Göttingen 1984; Anne-Charlott Trepp, Gefühl oder kulturelle Konstruktion? Überlegungen zur Geschichte der Emotionen, in: Querelles. Jahrbuch für Frauenforschung, 7 (2002), 86–103.

15 Vgl. Stefan Breit, „Leichtfertigkeit" und ländliche Gesellschaft. Voreheliche Sexualität in der frühen Neuzeit, München 1991; Susanna Burghartz, Zeiten der Reinheit. Orte der Unzucht. Ehe und Sexualität in Basel während der Frühen Neuzeit, Paderborn u. a. 1999; Ulrike Gleixner, „Das Mensch" und „der Kerl". Die Konstruktion von Geschlecht in Unzuchtsverfahren der Frühen Neuzeit (1700–1760), Frankfurt a. M. 1994; Susanne Hehenberger, Unkeusch wider die Natur. Sodomieprozesse im frühneuzeitlichen Österreich, Wien 2006; Maria Heidegger, Soziale Dramen und Beziehungen im Dorf. Das Gericht Laudegg in der frühen Neuzeit – eine historische Ethnographie, Innsbruck/Wien 1999; Claudia Jarzebowski, Inzest: Verwandtschaft und Sexualität im 18. Jahrhundert, Köln/Weimar/Wien 2006; Peter Klammer, *In Unehren beschlaffen.* Unzucht vor kirchlicher und weltlicher Gerichtsbarkeit im frühneuzeitlichen Salzburger Lungau, Frankfurt a. M. u. a. 2004; Helmut Puff, Sodomy in Reformation Germany and Switzerland 1400–1600, Chicago 2003; Kim Sibenhüner, Bigamie und Inquisition in Italien 1600–1750, Paderborn u. a. 2006; Ulrike Strasser, State of Virginity. Gender, Religion, and Politics in an Early Modern Catholic State, Ann Arbor 2004.

16 Für eine verstärkt auch ökonomische Perspektive auf Ehe plädiert etwa Amy Louise Erickson, The Marital Economy in Comparative Perspective, in: Maria Ågren u. Amy Louise Erickson Hg., The Marital Economy in Scandinavia and Britain, 1400–1900, Aldershot 2005, 3–20, 3.

besitz- und vermögensrechtliche Aspekte stellen aus geschlechtergeschichtlicher Perspektive grundlegende Faktoren dar, die das Nutzen und Gestalten von Handlungsräumen sowie deren Grenzen mitbestimmt und auf diese Weise Geschlechteridentitäten geprägt haben und immer noch prägen.[17] Denn gerade in familialen Nahbereichen zeigt sich das Zusammenspiel von Macht und Aushandeln sehr klar, unter anderem auch beim Abfassen von Heiratsverträgen.[18] Heiratsverträge stellen das bevorzugte Quellenmaterial und die Grundlage unserer Ausführungen dar. Damit möchten wir nicht zuletzt einem Forschungsdesiderat begegnen. Denn im Bereich der Geschichte des Zivilrechts, der freiwilligen, der außerstreitigen Gerichtsbarkeit[19] im Sinne des sozialen, des lebensweltlichen Gebrauchs von Recht[20] sind die Lücken insbesondere in der deutschsprachigen Geschichtswissenschaft groß.[21]

Die Forschungslage zu Heiratskontrakten ist entsprechend übersichtlich. Forschungen gibt es zu adelig-fürstlichen Kontexten[22] sowie aus rechtshistorischer Perspektive.[23] Des Weiteren

17 Als Auswahl vgl. Angiolina Arru, Maria Stella u. Laura di Michele Hg., Proprietarie. Avere, non avere, ereditare, industriarsi, Napoli 2001; Giulia Calvi u. Isabel Chabot Hg., Le ricchezze delle donne. Diritti patrimoniali e poteri familiari in Italia (XIII–XIX), Torino 1998; Ida Fazio, Le ricchezze delle donne: Verso una ri-problematizzazione, in: Quaderni Storici, 101 (1999), 539–550; Karin Gottschalk, Eigentum, Geschlecht, Gerechtigkeit. Haushalten und Erben im frühneuzeitlichen Leipzig, Frankfurt a. M./New York 2003; vgl. auch das Themenheft „Femmes, dots et patrimoines“ der Zeitschrift Clio. Histoire, Femmes et Sociétés, das 1998 erschienen ist.

18 Vgl. Natalie Zemon Davis, Cosa c'è di universale nella storia?, in: Quaderni Storici, 41, 123 (2006), 737–743, 739.

19 Zu Konflikten um das Eigentum von Frauen, in denen unter anderem auch Eheverträge behandelt werden als Dokumente, auf die man sich im Streitfall berufen konnte, vgl. Nicole Grochowina, Das Eigentum der Frauen. Konflikte vor dem Jenaer Schöppenstuhl im ausgehenden 18. Jahrhundert, Köln/Weimar/Wien 2009, 239ff, 335ff.

20 Vgl. André Holenstein, Die Umstände der Normen – die Normen der Umstände. Policeyordnungen im kommunikativen Handeln von Verwaltung und lokaler Gesellschaft im Ancien Régime, in: Karl Härter Hg., Policey und frühneuzeitliche Gesellschaft. Frankfurt a. M. 2000, 1–46.

21 Vgl. Nicole Grochowina, Geschlecht und Eigentumskultur in der Frühen Neuzeit, in: dies. u. Hendrikje Carius Hg., Eigentumskultur in der Frühen Neuzeit, Comparativ 15, 4 (2005), 7–20, 8; vgl. auch Gesa Ingendahl, Witwen in der Frühen Neuzeit. Eine kulturhistorische Studie, Frankfurt a. M./New York 2006, 71, Anm. 72; Hannes Siegrist u. David Sugarman, Geschichte als historisch-vergleichende Eigentumswissenschaft. Rechts-, kultur- und gesellschaftsgeschichtliche Perspektiven, in: dies. Hg., Eigentum im internationalen Vergleich (18.–20. Jahrhundert), Göttingen 1999, 9–30, 18; Heide Wunder, Herrschaft und öffentliches Handeln von Frauen in der Gesellschaft der Frühen Neuzeit, in: Gerhard, Frauen in der Geschichte des Rechts, 27–54; sowie die Einleitung von Ute Gerhard, in: ebd., 11–22, 15.

22 Vgl. vor allem Anke Hufschmidt, Adlige Frauen im Weserraum zwischen 1570 und 1700. Status – Rollen – Lebenspraxis, Münster 2001, 173ff – immer wieder auch mit Vergleichen mit anderen sozialen Milieus; Karl-Heinz Spieß, Familie und Verwandtschaft im deutschen Hochadel des Spätmittelalters, 13. bis Anfang des 16. Jahrhunderts, Stuttgart 1993; vgl. auch Beatrix Bastl, Tugend, Liebe, Ehre. Die adelige Frau in der Frühen Neuzeit, Wien/Köln/Weimar 2000; Ute Essegern, Kursächsische Eheverträge in der ersten Hälfte des 17. Jahrhunderts, in: Martina Schattkowsky Hg., Witwenschaft in der Frühen Neuzeit. Fürstliche und adelige Witwen zwischen Fremd- und Selbstbestimmung, Leipzig 2003, 115–135.

23 Vgl. Wilhelm Brauneder, Normenautorität und grundherrschaftliche Vertragspraxis, in: ders., Studien II: Entwicklung des Privatrechts, Frankfurt a. M. u. a. 1994, 109–120; ders., Rechtstatsachen

sind geschichtswissenschaftliche Studien mit Schwerpunkt auf sozialen und ökonomischen Aspekten zu nennen[24] und schließlich solche, die auch geschlechtergeschichtliche und rechtliche Kontexte einbeziehen.[25] Über die deutschsprachige Forschung hinausgehend, ist auf ein breites Spektrum an Studien zum mediterranen Raum, zu England, Frankreich und anderen Ländern zu verweisen.[26] Eine genauere Auseinandersetzung damit erfolgt in einem eigenen Abschnitt am Ende des Bandes.

In der historischen Familien- und Verwandtschaftsforschung lag und liegt der Schwerpunkt, wenn es um Besitz und Vermögen geht, auf dem Erbrecht, auf dessen Folgeerscheinungen und auf Strategien, die in Zusammenhang mit den verschiedenen Modellen – Anerbenrecht und Realteilung – in der Praxis zum Einsatz kamen. Das Ehegüterrecht wurde dem gegenüber tendenziell vernachlässigt, obwohl es ebenfalls den Zugriff auf Ressourcen reglementieren sowie einen nicht unerheblichen Teil von Ressourcenflüssen lenken und damit das eheliche, familiale

---

des ehelichen Vermögensrechts im Bezirksgerichtssprengel Mödling, in: ders., ebd., 141–156; Heinrich Demelius, Eheliches Güterrecht im spätmittelalterlichen Wien, Wien 1970; Kai-Oliver Giesa, Eheverträge im Großherzogtum Baden in der 2. Hälfte des 19. Jahrhunderts, Hamburg 2008; Werner Ogris, Mozart im Familienrecht seiner Zeit. Verlöbnis, Heirat, Verlassenschaft, Wien/Köln/Weimar 1999.

24 Vgl. Gerald Bamberger, Ehe- und Übergabeverträge in Hessen. Ein Überblick über Geschichte, Aufbau und Funktion, Marburg 1998; Heinz Beißner, Altersversorgung und Kindesabfindung auf dem Lande. Leibzucht- und Eheverschreibungen in der zweiten Hälfte des 18. Jahrhunderts unter besonderer Berücksichtigung der Schaumburger und Osnabrücker sowie benachbarter Gebiete, Bielefeld 1995; ders., Ehebeschreibungen (Eheverträge) in den Ämtern Bückeberg und Arensburg von 1740 bis 1770, in: Zeitschrift für Agrargeschichte und Agrarsoziologie, 34, 2 (1986), 160–175; Helmuth Feigl, Heiratsbriefe und Verlassenschaftsabhandlungen als Quellen zur Alltagsgeschichte, in: Othmar Pickl u. Helmuth Feigl Hg., Methoden und Probleme der Alltagsforschung im Zeitalter des Barock, Wien 1992, 83–99; Dietmar Sauermann, Brautschatzverschreibungen als Quelle für die Veränderungen der bäuerlichen Kultur im 18. Jahrhundert, in: Westfälische Forschungen, 29 (1978/79), 199–222; ders., Bäuerliche Brautschatzverschreibungen in Westfalen (17.–20. Jh.), in: Rheinisch-westfälische Zeitschrift für Volkskunde, 18/19 (1972), 103–153.

25 Vgl. etwa Hans-Rudolf Hagemann u. Heide Wunder, Heiraten und Erben: Das Basler Ehegüterrecht und Ehegattenerbrecht, in: Heide Wunder Hg., Eine Stadt der Frauen. Studien und Quellen zur Geschichte der Baslerinnen im späten Mittelalter und zu Beginn der Neuzeit (13.–17. Jahrhundert), Basel/Frankfurt a. M. 1995, 150–166; Gabriela Signori, Vorsorgen – Vererben – Erinnern. Kinder- und familienlose Erblasser in der städtischen Gesellschaft des Spätmittelalters, Göttingen 2001, 63ff; Ingendahl, Witwen in der Frühen Neuzeit, 47ff, 70ff.

26 Nur um einige zu nennen: Calvi/Chabot, Le ricchezze delle donne; Barbara B. Diefendorf, Women and Property in *Ancien Régime* France. Theory and Practice in Dauphiné and Paris, in: John Brewer u. Susan Staves Hg., Early Modern Conceptions of Property, London/New York 1995, 170–193; Amy Louise Erickson, Common Law Versus Common Practice: the Use of Marriage Settlements in Early Modern England, in: Economic History Review, 43, 1 (1990), 21–39; Martha C. Howell, The Marriage Exchange. Property, Social Place, and Gender in Cities of the Low Countries, 1300–1550, Chicago 1998; Diane Owen Hughes, From Brideprice to Dowry in Mediterranean Europe, in: Journal of Family History, 3, 3 (1978), 262–296; Marion A. Kaplan Hg., The Marriage Bargain. Women and Dowries in European History, New York 1985; Aglaia E. Kasdagli, Land and Marriage Settlements in the Aegean. A Case Study of Seventeenth-Century Naxos, Venice 1999.

und verwandtschaftliche Gefüge gleich dem Erbrecht nachhaltig modellieren konnte.[27] In der deutschsprachigen Diskussion mag einer der Gründe darin zu sehen sein, dass das Heiratsgabensystem außerhalb des Adels und des jüdischen Milieus[28] nicht so scharf umrissen und klar normiert – wie etwa auch das Mitgiftsystem in mediterranen Gesellschaften – und damit weniger sichtbar war. Aus dem Umstand, dass etwas nicht sogleich ins Auge fällt, weil es mit einer gewissen Flexibilität gehandhabt wurde, ist keineswegs zu schließen, dass es deshalb für eine Gesellschaft wenig bedeutsam war. Dies möchten wir mit diesem Band zeigen.[29]

In vier Detailstudien werden Heiratsverträge exemplarisch ausgewertet. Das Quellenmaterial stammt aus unterschiedlichen Rechtsräumen und unterschiedlichen sozialen Kontexten, aus ländlichen und städtischen Räumen; auch die zeitlichen Schwerpunkte divergieren. Ein regelmäßiger Austausch sowie Diskussionen der Befunde und offenen Fragen im Team haben die Arbeit begleitet. Auf diese Weise traten die spezifischen Profile der unterschiedlichen Ehegütermodelle, deren Logiken und Dynamiken deutlicher hervor, regten die Suche nach möglichen Begründungszusammenhängen an und ließen den Sinn und die Folgen so mancher Vertragsdetails erst erkennen.

2. Rechtsräumliche Gefüge im Vergleich

Gertrude Langer-Ostrawsky arbeitet zu mehreren niederösterreichischen, vornehmlich bäuerlich-unterbäuerlichen Herrschaften, Gunda Barth-Scalmani zu Handels- und Gewerbetreibenden in der Stadt Salzburg, Margareth Lanzinger zu zwei Südtiroler Gerichten, und zwar Welsberg, das einen bäuerlichen Charakter hat, und Innichen, einer Marktgemeinde, und Ellinor Forster zum Einzugsbereich des Innsbrucker Landrechts, das für den Tiroler Adel, die Beamten und die Stadtbevölkerung Geltung hatte. Der soziale Hintergrund der hier ausgewerteten Heiratsverträge ist damit breit gestreut. Heiratsverträge in schriftlicher Form beschränken sich also keineswegs auf gehobene Gesellschaftsschichten.[30]

Die untersuchten Räume sind geografisch nicht so weit voneinander entfernt, wie deren Etikettierung im Titel des Bandes als „europäisch“ suggerieren mag. Die räumliche Distanz konstituiert aber auch nicht den in diesem Kontext relevanten Bezug. Die unterschiedliche territoriale Zugehörigkeit – im Fall von Salzburg als eigenes geistliches Fürstentum, die Position als Erzherzogtum im Fall von Niederösterreich und als Grafschaft in Tirol mit jeweils eigenen

27 Vgl. Susanne Rouette, Erbrecht und Besitzweitergabe: Praktiken in der ländlichen Gesellschaft Deutschlands, Diskurse in Politik und Wissenschaft, in: Rainer Prass u. a. Hg., Ländliche Gesellschaften in Deutschland und Frankreich, 18.–19. Jahrhundert, Göttingen 2003, 145–166.

28 Vgl. Birgit Klein, Das jüdische Ehegüter- und Erbrecht der Frühneuzeit: Entwicklung seit der Antike und Auswirkung auf das Verhältnis der Geschlechter und zur christlichen Gesellschaft, Köln/Weimar/Wien, Druck in Vorbereitung.

29 Vgl. auch Marion A. Kaplan, Introduction, in: dies. Hg., The Marriage Bargain. Women and Dowries in European History, New York 1985, 1–11, 2.

30 Darauf wurde auch an anderer Stelle mehrfach hingewiesen: Erickson, Common Law Versus Common Practice, 22; Wunder, „Er ist die Sonn', sie ist der Mond“, 83; Gunda Barth-Scalmani, Contratti matrimoniali nel XVIII secolo: un'analisi tra la storia del diritto e quella del ‚genere‘, in: Silvana Seidel Menchi u. a. Hg., Tempi e spazi di vita femminile tra medioevo ed età moderna, Bologna 1999, 525–553, 527f, 531ff.

Landesrechten – bringt eine große rechtliche Vielfalt mit sich. Wesentlich dabei ist, dass in den untersuchten Herrschaften, Gerichten und Städten jene Formen des ehelichen Güterrechts die Praxis des Aushandelns von Ehe bestimmt haben, die – mit zahllosen Variationen im Detail – die beiden maßgeblichen europäischen Modelle repräsentieren: Gütertrennung und Gütergemeinschaft.[31] Auf Grundlage dieser Modelle wurden heiratsbezogene Ressourcentransfers organisiert sowie inner- und nacheheliche Nutzungs- und Verfügungsgewalt gestaltet.

In den Heiratsverträgen aus den niederösterreichischen Herrschaften wurde in der Regel Gütergemeinschaft vereinbart. Zunächst dominierte die partielle Gütergemeinschaft, bei der ein Teil des Vermögens von Seiten der Braut und des Bräutigams in das gemeinsame Gut einfloss. Diese ältere Form wurde zunehmend von der allgemeinen Gütergemeinschaft, die das gesamte Vermögen umfasste, abgelöst. In den Salzburger Heiratskontrakten war die Errungenschafts- respektive Zugewinngemeinschaft ein gängiges Modell neben der allgemeinen Gütergemeinschaft.[32] Dabei blieb das, was Braut und Bräutigam jeweils besaßen, getrennt, doch galt der während der Ehe erwirtschaftete Zugewinn als gemeinsames Vermögen. In den untersuchten Süd- und Nordtiroler Gerichten lag die Präferenz dem gegenüber bei der Gütertrennung. Das Vermögen von Braut und Bräutigam sollte bei jener Linie verbleiben beziehungsweise an jene wieder zurückfallen, von der es hergekommen war, also keinesfalls in einem untrennbaren gemeinsamen Ganzen aufgehen. Wenn der Schwiegersohn in das Elternhaus der Braut eingeheiratet hatte, wurde in den Gerichten Welsberg und Innichen verschiedentlich daneben auch das Wirtschaften „auf gleichen Gewinn und Verlust“ im Sinne einer Errungenschaftsgemeinschaft vereinbart.

Die wesentlichen Unterschiede zwischen den güterrechtlichen Modellen sind am Umfang des gemeinsamen und getrennten Besitzes sowie der gemeinsamen und getrennten Nutzung während der Ehe und an den daraus ableitbaren nachehelichen Rechten von Witwen und Witwern zu bemessen sowie an der Frage, was bezüglich des von Frauenseite in die Ehe eingebrachten Vermögens während und nach der Ehe vorgesehen war beziehungsweise geschah, und nicht zuletzt, in wie weit es im Fall von Verschuldung und Konkurs vor Gläubigern ge-

31 Zur ehegüterrechtlichen Situation in den untersuchten Gebieten vgl. u.a. Wilhelm Brauneder, Die Entwicklung des Ehegüterrechts in Österreich. Ein Beitrag zur Dogmengeschichte und Rechtstatsachenforschung des Spätmittelalters und der Neuzeit, Salzburg/München 1973; ders., Rechtseinheit durch elastisches Vertragsrecht: Das Ehegüterrecht der österreichischen Privatrechtskodifikation, in: Franz Matscher u. Ignaz Seidl-Hohenveldern Hg., Europa im Aufbruch. Festschrift Franz Schwind zum 80. Geburtstag, Wien 1993, 135–146; ders., Frau und Vermögen im spätmittelalterlichen Österreich, in: ders., Studien II, 217–228; Hans von Voltelini, Zur Geschichte des ehelichen Güterrechts in Tirol. Eine rechtshistorische Skizze, in: Festgaben zu Ehren Max Büdinger's von seinen Freunden und Schülern, Innsbruck 1898, 333–364; Heinreich Siegel, Das Güterrecht der Ehegatten im Stiftslande Salzburg. Ein Beitrag zur Geschichte des deutschen ehelichen Güterrechtes, in: Sitzungsberichte der Philosophisch-Historischen Classe der Kaiserlichen Akademie der Wissenschaften, Bd. 99, Heft 1, Wien 1882, 75–108; Judas Thaddäus Zauner, Auszug der wichtigsten Hochfürstlichen Salzburgischen Landesgesetze, Bd. 1, Salzburg 1785.

32 Im deutschen Privatrecht dominierten verschiedene Formen der Gütergemeinschaft. Vgl. Arne Duncker, Gleichheit und Ungleichheit in der Ehe. Persönliche Stellung von Frau und Mann im Recht der ehelichen Lebensgemeinschaft 1700–1914, Köln/Weimar/Wien 2003, 1020. Im sächsischen Recht allerdings herrschte Gütertrennung vor. Vgl. Gottschalk, Eigentum, Geschlecht, Gerechtigkeit.

schützt war. Gemeinsamer Besitz und dessen gemeinsame Nutzung waren die Grundlage der Gütergemeinschaft, die eine besitzrechtlich gleichermaßen starke Position von Witwen und Witwern ermöglichte, wie der Beitrag von Gertrude Langer-Ostrawsky zeigt. Bei der Errungenschafts- oder Zugewinngemeinschaft trat die gemeinsame Nutzung und das gemeinsam Erwirtschaftete kombiniert mit getrennten Anteilen von Vermögen des Ehemannes und der Ehefrau auf. In der Gütertrennung blieb der Besitz getrennt, das Vermögen der Frauen ging allerdings in die Verwaltung der Ehemänner über, denen auch der Nutzen daraus für die Dauer der Ehe zustand. Von Rechts wegen sollten die Vermögen beim Ende der Ehe in Tirol wieder „auseinanderfallen". In der Praxis wurden in den untersuchten Gerichten mittels Verzinsung und Fruchtgenuss andere Wege eingeschlagen, die jedoch nicht im Widerspruch zur Logik der Linie standen. Die Position von Witwen war vor diesem Hintergrund besonders absicherungsbedürftig. Wie bereits angeklungen, wurden die konkreten ehegüterrechtlichen Gemengelagen dadurch weiter kompliziert, dass in die verschiedenen Modelle ebenso unterschiedliche Arrangements von Heiratsgaben-Transfers integriert waren: Heiratsgut, Widerlage, Morgengabe, Aussteuer, Paraphernalien und Nadelgeld zählten dazu. An diese waren wiederum je spezifische Nutzungs- und Verfügungsrechte geknüpft, die zum Teil im ehelichen, zum Teil im nachehelichen Kontext wirksam wurden.

Wie bereits angedeutet betrifft ein markanter Unterschied den Status von Witwen, insbesondere von kinderlosen Witwen. Während der überlebende Ehepartner bei Gütergemeinschaft den Status als Besitzer respektive als Besitzerin, unabhängig vom Geschlecht und unabhängig davon, von welcher Seite der Besitz in die Ehe gekommen war, nicht verlor, waren Frauen bei Gütertrennung – anders als die Mehrzahl der Männer – vielfach mit einem verordneten Rückzug aus dem Haushalt konfrontiert. Dies trug mit dazu bei, dass sich die Voraussetzungen einer Wiederverehelichung von Witwen in den beiden Ehegüterregimes denkbar unterschiedlich gestalteten, sehr viel günstiger bei Gütergemeinschaft. Infolge dessen waren Vorkehrungen und Absicherungen für die Witwenschaft in Heiratsverträgen unter den Vorzeichen der Gütertrennung zentral.[33]

Gütergemeinschaft und Gütertrennung als die beiden äußeren Pole folgen unterschiedlichen Logiken hinsichtlich der Position des Ehepaares sowie der Herkunftsfamilie, der Nachkommen und der Verwandten. Grob umrissen hat in der Gütergemeinschaft das Ehepaar die zentrale Stellung inne, während bei Gütertrennung die Priorität auf den Kindern und den eigenen Verwandten, also auf der Abstammungslinie liegt, abgesichert über das Mitgiftsystem, zu dem es aber auch – wie in Tirol – Varianten gab. So gilt es zu fragen, auf welche Weise

33 Zum Aspekt der Altersabsicherung vgl. insbesondere Lynn Botelho, „The Old Woman's Wish": Widows by the Family Fire? Widows' Old Age Provision in Rural England, 1500–1700, in: The History of the Family, 7, 1 (2002), 59–78; Antoinette Fauve-Chamoux, Widows and their Living Arrangements in Preindustrial France, in: The History of the Family, 7, 1 (2002), 101–116; Sylvia Hahn, Frauen im Alter – alte Frauen?, in: Josef Ehmer u. Peter Gutschner Hg., Das Alter im Spiel der Generationen. Historische und sozialwissenschaftliche Beiträge, Wien/Köln/Weimar 2000, 156–189; Eve Rosenhaft, „... mich als eine Extraordinarium". Die Witwe als widerstrebendes Subjekt in der Frühgeschichte der Lebensversicherung, in: Udo Arnold u. a. Hg., Situationen einer Hochschullaufbahn. Festschrift für Annette Kuhn zum 65. Geburtstag, Dortmund 1999, 292–309; Annemarie Steidl, „Trost für die Zukunft der Zurückgelassenen ...". Witwenpensionen im Wiener Handwerk im 18. und 19. Jahrhundert, in: Ehmer/Gutschner, Das Alter im Spiel der Generationen, 320–347.

Gütergemeinschaft und Gütertrennung die Position von Männern und Frauen präformiert haben. Je nach Ehegütermodell hatten Frauen mehr oder weniger Befugnisse in Bezug auf ihr eigenes Vermögen und das des Ehemannes, und je nach Ehegütermodell fanden sich vor allem Männer, die in das Haus ihrer Braut eingeheiratet haben, ebenfalls strukturell in sehr unterschiedlichen Situationen.

Das Material, mit dem wir arbeiten, ist zwar verortet in bestimmten Dörfern, in einem Markt, in bestimmten Städten und Regionen, doch trotz dieses forschungstechnisch notwendigen Lokalisierens sind Rechtsräume nicht geografisch oder territorial bestimmt. Sie sind vielmehr über Praxen des Rechts, die sich an Rechtsgewohnheiten, an Kodifikationen und Rechtstraditionen rückbinden lassen, strukturiert. In ein so definiertes Konzept rechtsräumlicher Gefüge lassen sich Vielfalt und Gleichzeitigkeit integrieren, in der unterschiedliche Rechtsmodelle auf kleinem Raum genutzt wurden, sei es bedingt durch kleinteilige Herrschaftsstrukturen, durch konkurrierende Rechtsordnungen, durch lokal oder regional ausgebildete Rechtsgewohnheiten, die einen bunten Teppich auch innerhalb politisch-territorialer Gebilde ergaben,[34] oder durch ständisch differenzierte Normsätze – wie sie Sonderrechte für Bauern, Bürger oder den Adel darstellten. Denn diese Vielfalt und Gleichzeitigkeit ist über geografisch definierte Raumkategorien nicht zu fassen.

Methodisch haben wir uns nicht das Korsett eines streng strukturierten systematischen Vergleichs angelegt,[35] sondern uns auf das jeweilige Zusammenspiel der verschiedenen Elemente eingelassen, den regionalen und lokalen sozio-kulturellen, sozio-ökonomischen und sozio-politischen Besonderheiten Raum gegeben und auch nach Differenzierungen nach innen – nicht nur gegenüber anderen Territorien und Rechtsräumen gefragt. Interessiert hat uns nicht nur der typische Fall, sondern vor allem auch die Bandbreite der Variationen und Konstellationen. Betonen möchten wir den exemplarischen Charakter der vier Untersuchungen.

3. Heiratsverträge: Verflechtungen von Norm und Praxis

Heiratsverträge dienten zunächst dazu, Ressourcenflüsse anlässlich einer bevorstehenden Eheschließung zu dokumentieren. In erster Linie handelte es sich dabei um Geldbeträge, vereinzelt

---

34 Vgl. Diefendorf, Women and Property, 170. Suzanne Desan beispielsweise nennt als rechtliche Grundlagen in der Frühen Neuzeit im Norden Frankreichs „sixty primary ‚customs' and some three hundred local variations", und sie zitiert Voltaire – hier im Original wiedergegeben: „Un homme qui voyage dans ce pays change de loi presque autant de fois qu'il change de chevaux de poste." Suzanne Desan, „War between Brothers and Sisters": Inheritance Law and Gender Politics in Revolutionary France, in: French Historical Studies, 20, 4 (1997), 597–635, 602; Zitat: Voltaire, Artikel „Coutumes", in: Dictionnaire philosphique, Paris 1878 (zugänglich unter: http://www.voltaire-integral.com/Html/18/coutumes.htm, Zugriff: Mai 2009). Zur spätmittelalterlichen Vielfalt im Ehegüterrecht vgl. Signori, Vorsorgen – Vererben, 63f.

35 Als Kritik an Formen des Vergleichs klassisch und grundsätzlich immer noch aktuell vgl. Marc Bloch, Pour une histoire comparée des sociétés européennes, in: ders., Mélanges historiques, Bd. 1, Paris 1963, 16–40, 16f. Vgl. auch Heinz Schilling, Der Gesellschaftsvergleich in der Frühneuzeitforschung – ein Erfahrungsbericht und einige (methodisch-theoretische) Schlussfolgerungen, in: Hartmut Kaelble u. Jürgen Schriewer Hg., Vergleich und Transfer. Komparatistik in den Sozial-, Geschichts- und Kulturwissenschaften, Frankfurt a. M./New York 2003, 283–304.

auch um Nutzungsrechte an landwirtschaftlichem Grund. In Gütergemeinschaften wurden unter anderem Liegenschaften eingebracht, aber auch Gewerbeberechtigungen. Äußerst selten sind Aussteuergegenstände wie Betten, Wäsche und dergleichen genannt, im adeligen Milieu sind jedoch für Schmuck und Brautkleid vorgesehene Beträge angegeben. Art und Höhe des Eingebrachten, die Übergabemodalitäten und dafür vorgesehene Termine oder Ersatzleistungen konnten in diesem Zusammenhang fixiert werden ebenso Vorbehalte. Heiratsverträge machen des Weiteren sichtbar, was in einer konkreten Situation und unter dem jeweiligen Erwartungshorizont als regelungsbedürftig galt, und zwar hinsichtlich des Verwaltens und Nutzens der Ressourcen während der Dauer der Ehe sowie hinsichtlich von Ansprüchen auf das hinterlassene Vermögen nach dem Tod des künftigen Ehemannes, der künftigen Ehefrau. Folgen des geltenden Ehegüterrechts konnten auf diesem Wege angepasst und/oder in ihren Details näher spezifiziert und abgesichert werden.[36] Schließlich konnten in Heiratsverträgen auch Erbrechtsklauseln deponiert werden – der Ausschluss eines bestimmten Personenkreises vom Erbe beispielsweise.[37] Welche Vereinbarungen konkret getroffen wurden, wie diese mit dem jeweiligen Ehegütermodell zusammenhängen, welche Implikationen sie hatten, das sind die zentralen Fragestellungen der Beiträge dieses Bandes. Die in einem biografischen Schlüsselmoment fixierten Vereinbarungen zwischen Braut und Bräutigam, vereinzelt auch zwischen deren Vätern, bringen zugleich auch Vorstellungen von Angemessenheit und dem, was als ‚normal' galt, zum Ausdruck. Sie verweisen auf Konfliktpotenziale und reflektieren Geschlechterverhältnisse. Die Rechtspluralität der Frühen Neuzeit strukturierte die Handlungsrepertoires lokal und regional dabei unterschiedlich.[38] Dies führt zu einer Bandbreite an Varianten sowohl in Hinblick auf die heiratsbezogenen Vermögenstransfers als auch in der Praxis des Verwaltens und Nutzens sowie in den Ablebensbestimmungen.

Heiratsverträge sind als intermediär zu verstehen: Sie vermittelten zwischen gesetztem Recht einerseits und den Interessen und Präferenzen der involvierten Personen andererseits. Normen und Praxis gilt es daher in ihrer Verflechtung in den Blick zu nehmen, nicht einander gegenüber zu stellen. Auch dann, wenn Heiratsverträge über den rechtlichen Rahmen hinausgingen und anderslautende oder sogar gegenteilige Vereinbarungen beinhalteten, war das geltende Recht der Maßstab, von dem ausgegangen wurde.[39] Abweichungen und Modifikationen des Ehegüterrechts konnten gesellschaftlich und kulturell breit verankerten Vorstellungen folgen, aber auch an konkrete soziale und ökonomische Situationen, an familiale Machtver-

---

36 Nicole Grochowina betont, „dass insbesondere für die Frühe Neuzeit die Rechtspraxis als ein entscheidendes Korrektiv für gesetzte Normen zu sehen ist und deshalb der intensiveren Erforschung bedarf". Grochowina, Geschlecht und Eigentumskultur, 9.

37 Vgl. dazu auch Helmut Coing, Europäisches Privatrecht, Bd. 1: Älteres gemeines Recht (1500–1800), München 1985, 241.

38 Vgl. dazu Gadi Algazi, Kulturkult und die Rekonstruktion von Handlungsrepertoires, in: L'Homme. Z.F.G., 11, 1 (2000), 105–119.

39 Giovanni Levi hat sich in diesem Sinne für ein „action and conflict model" des Handelns von Menschen ausgesprochen, das deren „relative freedom beyond, though not outside, the constraints of prescriptive and oppressive normative systems" anerkennt. Giovanni Levi, On Microhistory, in: Peter Burke Hg., New Perspectives on Historical Writing, Cambridge 1992, 93–113, 94; vgl. auch Fazio, Le ricchezze delle donne; Gerhard Jaritz, Norm und Praxis in Alltag und Sachkultur des Spätmittelalters: „Widerspruch" und „Entsprechung", in: ders., Hg., Norm und Praxis im Alltag des Mittelalters und der Frühen Neuzeit, Wien 1997, 7–19, 18.

hältnisse oder an eine bestimmte Paar-Konstellationen gebunden sein. Wenn etwa ein Witwer in zweiter oder dritter Ehe eine deutlich jüngere Frau heiratete, war ein Heiratsvertrag in der Regel anders formuliert, als bei einer Erstehe zwischen ungefähr Gleichaltrigen.[40] Geschlecht, Alter, Familienstand, Lebensphase und soziale Platzierung der beteiligten Personen beeinflussten die Inhalte von Heiratsverträgen. Die Vereinbarungen orientierten sich an den von beiden Seiten eingebrachten, nach Geschlecht tendenziell unterschiedlichen realen und symbolischen Kapitalien und geben Einblick in soziale und ökonomische Strategien. Gleichzeitig sind die Vertragsinhalte eng mit der herrschenden Geschlechterordnung und mit Konzepten von Geschlechterbeziehungen und Geschlechterrollen verknüpft.

Frauen und Männer konnten einseitig oder gegenseitig Handlungsoptionen über ein sozial oder rechtlich normiertes Ausmaß hinaus vorsehen, sie aber auch beschränken. In Hinblick auf etwaige Begünstigungen standen die Ehepartner in Konkurrenz zu den Kindern – den eigenen und/oder solchen aus früheren Ehen – sowie zu den Verwandten des jeweils anderen Ehepartners. Daraus resultierte ein komplexes Gefüge. Nicht zuletzt wurde in der Historiographie die starke Position des Ehepaares gegenüber der Elterngeneration und gegenüber Verwandten in die westliche Modernisierungsgeschichte als ein zentrales Moment eingeschrieben. Inwieweit dies ein Postulat ist oder die soziale Praxis reflektiert, ist bislang nicht hinreichend geklärt. Denn es gab auch innerhalb Westeuropas große Unterschiede, und die Frage nach der Bedeutung von Ehe und von Verwandtschaft als kulturelle und als soziale Beziehungsformen ist weiterhin zu stellen. Allein die Existenz der unterschiedlichen privatrechtlichen Vertragsformen lässt die These plausibel erscheinen, dass die verschiedenen sozialen Beziehungen – zwischen Ehepartnern, zu Kindern und Verwandten – immer auch Achsen der Konkurrenz formierten, so dass Wege des Ausgleichs gefunden werden mussten. Heiratsverträge sind eine besonders gut geeignete Quelle, um solchen Balanceakten auf die Spur zu kommen.

Die in den vier Detailstudien gewählten Zeitschnitte überlappen sich, sind aber nicht deckungsgleich. Sie erstrecken sich vom 17. bis zum Ende des 19. Jahrhunderts, wobei die Schnittmenge an ausgewertetem Material in den letzten Jahrzehnten des 18. Jahrhunderts und am Übergang zum 19. Jahrhundert am größten ist. Die verschiedenen Gewichtungen hängen teils mit Forschungsinteressen und den konkreten Forschungskontexten zusammen,[41]

---

40 Eine zweite oder dritte Eheschließung folgte anderen Logiken als eine erste, bei der die berufliche und/oder soziale Etablierung stärker im Vordergrund stand. War der Altersunterschied signifikant, konnte das Alter der Braut symbolisches Kapital sein und weiter reichende Zugeständnisse des Bräutigams erwirken, als dies sonst üblich war.

41 Die Idee zu einem gemeinsamen Band entstand auf Grundlage früherer Arbeiten und Projekte: Heiratsverträge bildeten die Grundlage des Projekts von Margareth Lanzinger „Zwischen rechtlichen Vorgaben und Handlungsspielräumen: Witwen in einer ländlichen Gesellschaft des 18. Jahrhunderts" als Teil des Forschungsprojektes „Normen in der Praxis – Praktiken der Norm" (Jubiläumsfonds der Österreichischen Nationalbank, durchgeführt am IFF Wien, 2001–2002). In diesem Zusammenhang sind folgende Beiträge erschienen: Margareth Lanzinger, „Zu Beybehaltung künftiger besserer Richtigkeit." Heiratskontrakte und Wittibliche Verträge (2. Hälfte des 18. Jh.), in: Rechtsforschung als disziplinenübergreifende Herausforderung. Proceedings zur Konferenz am 2.–3. Juni 2003 am Max-Planck-Institut für ethnologische Forschung in Halle (Saale): http://www.rechtswirklichkeit.de/veranstaltungen/konferenzen-workshops/bar2003/ bar_proceedings-halle2003.pdf, 61–72; dies., Heiratskontrakte – intermediär: als Form der Vermittlung zwischen gesetztem Recht, sozialen Normen und individuellen Interessen, in: Angelika Klampfl u. dies. Hg., Normativität und soziale Praxis.

teils aber auch mit der Verfügbarkeit von Quellenmaterial. Ob sich Heiratsverträge in Archiven finden, wie viele es sind und in welchen Beständen sie verwahrt werden, hängt davon ab, ob deren schriftliches Abfassen von Seiten der Grundherrschaft gefordert war oder in der Entscheidung des Brautpaares lag, ob man sich im letzteren Fall mit einem Privatdokument begnügte oder die Vereinbarungen bei Gericht oder vom Stadtrat aufnehmen ließ. Dem entsprechend scheinen Heiratsverträge entweder flächendeckend oder nur für bestimmte Paare in den Protokollbüchern der Grundherrschaften oder in den Protokollen des Stadtrates auf. Private Dokumente hingegen finden sich allenfalls, wenn man Glück hat, in Aktenmaterial in Zusammenhang mit Verlassenschaftsabhandlungen. Wenn es um viel ging und entsprechende Familieninteressen dahinter standen wie beim Adel, war das Abfassen von Heiratsverträgen Standard, und so sind solche auch zahlreich in den Familienarchiven zu finden. Wie breit das überlieferte Material die lokale oder regionale Bevölkerung abdeckt, hängt also von unterschiedlichen sozialen Milieus ebenso wie von Herrschafts- und Verwaltungskontexten ab; dort wo deren Schriftlichkeit und Offizialisierung freiwillig war, auch von unterschiedlichen Kulturen und Konjunkturen des Nutzens rechtlicher Instrumentarien.

Die Jahrzehnte am Ende des 18. und Anfang des 19. Jahrhunderts sind in Hinblick auf die Rechtsentwicklung besonders interessant und damit auch die Frage nach Veränderungen in der Praxis. Dieser Übergang ist begleitet von nachhaltig wirksamen gesellschaftlichen Prozessen und rechtlichen Umbrüchen. Zwar begannen in der Habsburgermonarchie bereits im Jahr 1753 die Arbeiten am Entwurf eines Zivilgesetzbuches, des Codex Theresianus, der das Recht als eine Grundlage des absolutistisch-zentralistischen Staates vereinheitlichen sollte.[42] Doch blieben bis zum Josephinischen Gesetzbuch von 1786 die früheren Rechtsformen in Kraft. Das Allgemeine Bürgerliche Gesetzbuch (ABGB) folgte 1811. Bedingt durch die Kriegsereignisse und die territorialen Umordnungen trat dieses in einigen Gebieten, etwa in Tirol, erst Jahre später in Kraft. Salzburg wurde 1805 beziehungsweise 1816 Österreich und somit dem Geltungsraum des ABGB angegliedert. Dazwischen gab es je nach Zugehörigkeit unterschiedlich orientierte rechtliche Intermezzi. Während in den Gebieten unter bayerischer Herrschaft

Gesellschaftspolitische und historische Beiträge, Wien 2006, 81–96. Die Forschungen zum Gericht Welsberg sowie die Koordination dieses Bandes wurden gefördert durch das Südtiroler Landesarchiv. Heiratsverträge aus einer vergleichenden Perspektive waren Thema im Konferenzbeitrag von Gertrude Langer-Ostrawsky u. Margareth Lanzinger, Begünstigt – benachteiligt? Frauen und Männer im Ehegüterrecht. Ein Vergleich auf der Grundlage von Heiratskontrakten aus zwei Herrschaften der Habsburgermonarchie im 18. Jahrhundert, in: Grethe Jacobsen u. a. Hg., Less Favoured – More Favoured: Proceedings from a Conference on Gender in European Legal History, 12th–19th Centuries, Copenhagen September 2004, Copenhagen, The Royal Library 2005: http://www.kb.dk/export/sites/kb_dk/da/publikationer/online/ fund_og_forskning/ download/ A04B_Langer-Lanzinger-GER.pdf, 1–41. Gunda Barth-Scalmani hat ebenfalls zu Heiratsverträgen gearbeitet und publiziert: Gunda Barth-Scalmani, Eighteenth-Century Marriage Contracts. Linking Legal and Gender History, in: Anne Jacobson Schutte, Thomas Kuehn u. Silvana Seidel Menchi Hg., Time, Space, and Women's Lives in Early Modern Europe, Kirksville 2001, 266–281; dies., Contratti matrimoniali. Ellinor Forster hat sich im Rahmen ihrer Dissertation eingehend mit der Praxis des Ehegüterrechts und mit Heiratskontrakten auseinandergesetzt. Ellinor Forster, Handlungsspielräume von Frauen und Männern im österreichischen Eherecht. Geschlechterverhältnisse im 19. Jahrhundert zwischen Rechtsnorm und Rechtspraxis, Dissertation Innsbruck 2008.

42 Vgl. dazu Brauneder, Rechtseinheit durch elastisches Vertragsrecht.

eine Kontinuität der gewohnten Rechtspraxis möglich und üblich war, brachte die Geltung des Code Napoléon deren Unterbrechung mit sich.

Der über klassische Periodisierungszäsuren hinaus ausgedehnte Zeitrahmen, der die Frühe Neuzeit und die Moderne einschließt, erlaubt es, Veränderungen und Persistenzen auf der Praxisebene klarer zu identifizieren. Die Art, wie in Heiratsverträgen auf einen mit Einführung des Josephinischen Gesetzbuches und des Allgemeinen Bürgerlichen Gesetzbuches veränderten gesetzlichen Rahmen reagiert wurde,[43] macht das Beharrungsvermögen von Rechtstraditionen in einigen Punkten deutlich. Das Gewohnte sollte fortgeschrieben werden trotz beziehungsweise innerhalb eines nunmehr zentralstaatlich einheitlichen gesetzlichen Rahmens, der dies auch zuließ. Unter veränderten Bedingungen musste das, was es hinüberzuretten galt, explizit gemacht werden. Am deutlichsten zeigt sich dies im untersuchten niederösterreichischen und Tiroler Kontext. In ersterem wurde weiterhin die Gütergemeinschaft gegenüber der Gütertrennung bevorzugt,[44] in letzterem sicherten die Ehemänner mittels Heiratsvertrag die Verwaltung des Vermögens ihrer Frauen während der Ehe ab, welche die Frauen vom Gesetz her nunmehr hätten aufkündigen können. Während im letzteren Fall die geschlechterpolitische Zielrichtung klar auf der Hand liegt, lässt sich das Beharren auf der Gütergemeinschaft nicht im Sinne eines Einschränkens der Befugnisse von Frauen interpretieren. In solchen Übergangsphasen entstehen jedenfalls neue Gemengelagen, Altes wird perpetuiert, zugleich aber auch Neues angeeignet und für eigene Zwecke adaptiert.[45]

---

43 Wilhelm Brauneder merkt dazu an: „Mit den Regeln über die einzelnen Leistungen des Heiratsgabensystems und über die Gütergemeinschaft schufen die Kodifikationen in ihrem Geltungsbereich ein einheitliches Ehegüterrecht, ohne örtliche Differenzierungen vorzunehmen oder auf solche einzugehen." Brauneder, Rechtseinheit durch elastisches Vertragsrecht, 143.

44 Vgl. dazu auch Brauneder, Normenautorität, 120. Auf die Schwierigkeiten, „dem bürgerlichen Juristenrecht gesellschaftliche Anerkennung zu verschaffen", verweist Lutz Raphael, Rechtskultur, Verrechtlichung, Professionalisierung. Anmerkungen zum 19. Jahrhundert aus kulturanthropologischer Sicht, in: Christof Dipper Hg., Rechtskultur, Rechtswissenschaft, Rechtsberufe im 19. Jahrhundert. Professionalisierung und Verrechtlichung in Deutschland und Italien, Berlin 2000, 29–48, 34f. Er sieht die Ursache dafür im „Weiterbestehen älterer Formen gruppen- bzw. standesspezifischer Rechtspflege" begründet.

45 Vgl. Manuela Martini, Neue Rechte, alte Pflichten. Die Rezeption des *Code Napoléon* zu Beginn des 19. Jahrhunderts in Italien, in: L'Homme. Z.F.G., 14, 1 (2003), 90–96. In der Regel sind wir „mit einem komplexen Netzwerk von Akzeptanzen, Mißachtungen, Kompromissen, gegenseitigen Beeinflussungen, Korrelationen und Diskussionen konfrontiert ..., welche in der Analyse zu berücksichtigen sind. Normativer Einfluß kann sich auf verschiedenen Ebenen abspielen, die viel mehr repräsentieren als allein obrigkeitliche Ordnungen und deren Befolgung oder Nichtbefolgung. Es geht viel mehr um verschiedene Arten, Ebenen und Stufen von Aneignung und Disziplinierung, bestimmt von unterschiedlichen Determinanten und deren ‚Einbettung in spezifische Praktiken, die sie hervorbringen'." Jaritz, Norm und Praxis, 18. Dass Norm*setzung* nicht gleichzusetzen ist mit Norm*durch*setzung stand zur Debatte bei: Achim Landwehr, Policey im Alltag. Die Implementation frühneuzeitlicher Policeyordnungen in Leonberg, Frankfurt a. M. 2000; Jürgen Schlumbohm, Gesetze, die nicht durchgesetzt werden – ein Strukturmerkmal des frühneuzeitlichen Staates?, in: Geschichte und Gesellschaft, 23 (1997), 647–663.

4. Struktur und Schwerpunkte des Bandes

Die vier Untersuchungen sind teils chronologisch, teils nach strukturellen Merkmalen angeordnet. Am Beginn steht der Text von Gertrude Langer-Ostrawsky über niederösterreichische Herrschaften von der Mitte des 17. bis zum Beginn des 19. Jahrhunderts, aus welchen die frühesten Heiratsverträge in diesem Band stammen. Aufgrund der auch in der Stadt Salzburg in der zweiten Hälfte des 18. Jahrhunderts bevorzugten Varianten von Gütergemeinschaft schließt die Untersuchung von Gunda Barth-Scalmani inhaltlich gut daran an. Es folgt die Studie von Margareth Lanzinger zu zwei Südtiroler Gerichten – dem Marktort Innichen und dem größeren ländlichen Gerichtsbezirk Welsberg – von der Mitte des 18. bis zur Mitte des 19. Jahrhunderts. Hier herrschte Gütertrennung vor, und damit waren die Parameter für das Abfassen von Heiratsverträgen ganz andere. Derselbe rechtliche Rahmen bestimmte auch die Vereinbarungen im Einzugsgebiet des Innsbrucker Stadt- und Landrechts, das Ellinor Forster mit dem Fokus auf dem ausgehenden 18. und 19. Jahrhundert untersucht. Dieses galt für die Innsbrucker Stadtbevölkerung und als ortsübergreifendes Recht für die Beamten und den Tiroler Adel. Die Reihung führt damit vom 16. ins 19. Jahrhundert, in bäuerliche stadt- und marktbürgerliche sowie adelige Milieus, von Gütergemeinschaften zu Gütertrennungen.

In den einzelnen Detailstudien werden die untersuchten Räume charakterisiert, und die im thematischen Kontext relevante Rechtslage wird skizziert. In Zusammenhang mit den Heiratsverträgen selbst galt es, unterschiedliche Terminologien, den Aufbau sowie formale Besonderheiten zu beschreiben. Gewisse Formulierungen, die neu oder verstärkt auftraten ließen sich dabei auf gesetzliche Änderungen rückbeziehen. Dies konnte im Sinne einer Rezeption – wie im Fall des josephinischen Verlöbnispatentes – erfolgen oder zur Unterstreichung gegenläufiger Absichten dienen. So wurde beispielsweise sehr beharrlich und explizit auf die „Tiroler Landesrechte“ rekurriert, als diese länger schon nicht mehr in Kraft waren, um so unter anderem neue Möglichkeiten, die das Josephinische Gesetzbuch Frauen in Hinblick auf die Verwaltung ihres Vermögens eröffnete, auszuschalten. Des Weiteren ging es in den einleitenden Abschnitten auch darum, den in das Geschehen involvierten Personenkreis auszuloten.

Im Hauptteil werden die Vertragspunkte mit den vermögensrechtlichen Vereinbarungen ihrem Inhalt nach gesondert analysiert. Drei Aspekte sind hier vor allem relevant: erstens die Vermögenstransfers anlässlich der Eheschließung – hauptsächlich in Form von Heiratsgut, Widerlage und Morgengabe –, zweitens die Regelungen für die Zeit während der Ehe und drittens schließlich die Vorkehrungen, die für den Fall des Todes eines Ehepartners oder beider Eheleute getroffen wurden. Thema der Verträge war nicht zuletzt auch das Absichern des eingebrachten Vermögens, vor allem in einem etwaigen Konkursfall. Weitere Kapitel greifen Aspekte auf, die sich im jeweiligen ehegüterrechtlichen und sozialen Kontext als relevant erwiesen haben oder aufgrund der spezifischen Quellenlage greifbar geworden sind.

Unter anderem wird dem Umstand Rechnung getragen, dass Heiratsverträge in ein Netzwerk von Dokumenten eingebunden waren. Bei Heiratsverträgen handelt es sich klassisch um Regelungen, die kurz vor der Eheschließung getroffen wurden, insofern erstreckte sich der zeitliche Rahmen ihrer Wirkmächtigkeit potenziell über Jahrzehnte. Die zeitliche Distanz, die Wechselfälle des Lebens oder veränderte Konstellationen konnten ein neuerliches Aushandeln und Modifizieren der einst getroffenen Vereinbarungen zu einem späteren Zeitpunkt notwendig machen oder opportun erscheinen lassen. Dies erfolgte im Rahmen von Übergabeverträgen, Witwenverträgen, Testamenten oder Erbvergleichen. Verfügungen, die in solchen Zusammenhängen getroffen wurden, standen mit jenen in Heiratsverträgen in Bezug, etwa in Form explizierter Referenz. Dokumente, die in verschiedenen biografischen Momenten abgefasst wurden, konnten jedoch auch Widersprüchliches enthalten – ein Testament konnte ganz anders lauten als der Heiratsvertrag und beispielsweise neue Klauseln zum Nachteil der Witwe festsetzen. Spätere Änderungen von Vereinbarungen schmälerten die Bedeutung von Heiratsverträgen nicht, denn die einmal festgesetzten Punkte stellten die Ausgangsbasis für weiteres Aushandeln dar, hinter die nicht so ohne weiteres zurückgegangen werden konnte. Im Konfliktfall war das Vereinbarte einklagbar. Heiratsverträge reflektieren rechtliche und soziale Normen sowie Erwartungshaltungen. Soziales Wissen ist dabei mit eingeflossen, denn sie zeigen, was als regelungsbedürftig erachtet wurde. Sie stoßen uns damit auf Bereiche, die Spannungsmomente und Konfliktpotenzial in sich trugen. Sie setzten gewisse Standards und schrieben Entscheidungen zugunsten oder zuungunsten gewisser Personen oder Personenkreise fest.

Da es sich um den Band einer Archivreihe handelt, darf in den Beiträgen ausgiebig aus Quellenmaterial zitiert werden. Um die analytisch in den verschiedenen thematischen Abschnitten in ihre Einzelteile zerlegten Heiratsverträge auch als integrale Dokumente erfassbar und sichtbar zu machen und einen Eindruck über deren Vielfalt und über Veränderungen im Laufe der Zeit zu vermitteln, schließt an die vier Detailstudien jeweils ein Anhang mit einer Auswahl an transkribierten Heiratsverträgen und anderen, im thematischen Kontext relevanten Quellentexten an. Den Abschluss bildet ein Resümee, das die wichtigsten Ergebnisse der vier Einzeluntersuchungen zusammenfasst und insbesondere auf den Komplex konkurrierender Interessen und Ausgleichsmechanismen fokussiert. Daran anschließend und zugleich ausblickend werden in einem letzten Beitrag wesentliche Aspekte nochmals aufgegriffen und in einen breiteren internationalen Forschungskontext eingebunden. Dotalsysteme als deutlich anders gestaltete rechtsräumliche Gefüge und als Vergleichsfolie sollen das Profil unserer Ergebnisse schärfen und zugleich die europäische Perspektive weiter ausdehnen.

Danken möchten wir dem Südtiroler Landesarchiv in Bozen, das die Vorbereitung und Koordination des Bandes finanziell gefördert hat, sowie der Forschungsplattform „Neuverortung der Frauen- und Geschlechtergeschichte im veränderten europäischen Kontext“ der Universität Wien für das Bestreiten eines wesentlichen Anteils der Druckkosten. Für weitere Beiträge danken wir den Kulturabteilungen des Landes Niederösterreich und des Landes Salzburg sowie dem Bundesministerium für Wissenschaft und Forschung, der Sektion II – Frauenangelegenheiten und Gleichstellung im Bundeskanzleramt Österreich und der Historisch-Kulturwissenschaftlichen Fakultät der Universität Wien. Edith Saurer und Claudia Ulbrich haben Teile des Bandes kritisch gelesen – ihnen gilt ein besonderer Dank.

Ausschnitt mit den Umrissen der zum Heiligen Römischen Reich gehörigen Teile der Habsburgermonarchie und des Erzstiftes Salzburg. Die bis 1803 selbständigen Hochstifte Brixen und Trient sowie der territoriale Streubesitz des Erzstiftes Salzburg sind nicht eigens gekennzeichnet. (Digitalisiert von Mario Mosser nach der Vorlage: Mitteleuropa bei Beginn der Französischen Revolution 1789, in: Putzger, Historischer Weltaltas, Berlin 2001, 121–122.)

Gertrude Langer-Ostrawsky

Vom Verheiraten der Güter

Bäuerliche und kleinbäuerliche Heiratsverträge im Erzherzogtum Österreich unter der Enns

Zum Einstieg: Zwei Todesfälle und drei Ehen in einem knappen Jahr

Als der Kleinhäusler Mathias Schoderböckh, Untertan der Herrschaft Fridau in Niederösterreich, im Jahr 1741 verstarb, hinterließ er seine Witwe Barbara, seine zweite Ehefrau, und den gemeinsamen siebenjährigen Sohn Hanns Georg sowie sechs Kinder aus erster Ehe im Alter zwischen 17 und 36 Jahren. Die Verlassenschaftsabhandlung beschrieb den Besitz als „Häusl" mit drei zugehörigen Feldern. Das gesamte Vermögen betrug laut Schätzung etwas über 122 Gulden, wovon nach Abzug der Schulden und nicht unbeträchtlicher Herrschaftsgebühren nur mehr zwölf Gulden und 52 Kreuzer für die Erben übrig blieben. Gemäß der Gütergemeinschaft und dem Landesbrauch wurden als Erben zur einen Hälfte die überlebende Witwe und zur anderen Hälfte die sieben Kinder aus beiden Ehen bestimmt: „Gebührt also der Wittib die Helfte mit 6 fl 26 kr denen 7 Kindern aus 1. und 2ter Ehe auch die Helfte mit 6 fl 26 kr. Jedem Insonderheit aber zu seinem gleichen 7ten Erbthaill 55 kr."

Die Witwe schloss mit den Kindern aus beiden Ehen am Tag der Verlassenschaftsabhandlung, dem 22. September 1741, folgenden „Erbs-Vertrag":

> Die hinterbliebene Wittib Barbara hat sich mit ihren 6 Stieff Kindern aus Ersterer Ehe, und mit ihren und des Verstorbenen Eheleiblichen Söhnl aus anderter Ehe, an statt des unvogtbahren aber der aufgestellte gerhab Nahmens Simon Stainwendtner Herrschaft Külberischer unterthann am Christenberg dahin verglichen und vertragen, daß ihr Wittib das gantze *Inventirte* gueth völlig in handen verbleiben solle, hingegen wolle sye alle eingekommenen *Passiv* und Herrschaftlichen Schulden ohne entgelt der Kinder abführen, daß denen 6 Stieff Kindern vermög vorhergehender abhandlung zuegefallene Vätterliche Erb jeden insonderheit per 55 kr solle sie in Jahr und Tag völlig abzahlen, nach länger Inhaben aber solches von Gulden 2 kr ver*Interessieren*, des Ihren leiblichen Söhnl sein Thaill auch per 55 kr solle sie Wittib bis solches das 20igste Jahr seines Alters erreichet ohne *Interesse* zu geniessen haben, nach Verfliessung dessen aber das *Interesse* zu *5 per Cento* zu reichen schuldig seyn, …[1]

Bereits drei Wochen später, am 8. Oktober 1741, wurde im herrschaftlichen Protokollbuch die „Heuraths Abredt" der verwitweten Barbara Schoderböckhin mit dem noch ledigen Adam Kalteys eingetragen. Adam wird im Vertrag als „Pupill" bezeichnet, was darauf hinweist, dass

---

1 Niederösterreichisches Landesarchiv St. Pölten (NÖLA), Herrschaftsarchiv Fridau, Handschrift (HS) 25, fol. 12–12'. Die Zitate aus Archivmaterial im Text wie auch die Transkriptionen im Anhang sind in Hinblick auf Groß- und Kleinschreibung sowie Interpunktion quellengetreu wiedergegeben. Kursivsetzungen, die nicht als Hervorhebung der Verfasserin gekennzeichnet sind, entsprechen lateinischer Schrift im Original. Endsilben und Standardabkürzungen sind ohne Kennzeichnung ausgeschrieben.

er verwaist und noch nicht volljährig war, sein Vermögen daher von der Herrschaft verwaltet wurde.[2] Der Bräutigam war somit noch keine 22 Jahre alt und damit vermutlich um etliche Jahre jünger als die verwitwete Braut. Die Braut verheiratete ihrem Bräutigam nunmehr das ihr gehörige „Hofstädl Häusl … sambt denen Hausgründl Viech und Hauseinrichtung, Welches ihr der Bräutigamb mit 44 fl pahren gelts, und einiger wenigen Hauseinrichtung so auch per 10 fl *aestimirt*, gänzlich widerleget". Die beiden vereinbarten eine Gütergemeinschaft und weiters, dass beim Vortod eines der Partner im Falle einer kinderlosen Ehe den „nächsten Befreundten" – das sind die nahen Verwandten – ein Fünftel des Nachlasses hinauszugeben sei. Eine Änderung dieser letzten Bestimmung sollte allerdings durch Testament oder sonstige letztwillige Disposition jedem frei stehen.[3] In diesem Heiratsvertrag ist mit keiner Silbe die Existenz der auf dem Haus liegenden Verpflichtungen gegenüber den Kindern erwähnt, da deren Ansprüche schon im vorhergegangenen Erbvertrag geregelt worden waren.

Ein dreiviertel Jahr später wurde Barbara zum zweiten Mal Witwe, und bereits am 21. Juni 1742 wurde die Verlassenschaft des Adam Kalteys abgehandelt. Die Schätzung des Kleinhauses samt allem Zubehör belief sich auf 85 Gulden und 30 Kreuzer; dazu kamen weitere zehn Gulden, die die leibliche Mutter dem Verstorbenen noch aus dem väterlichen Erbe schuldete. Die „Schulden hinaus" bestanden vor allem aus Abgaben an die Herrschaft, den Ansprüchen auf das väterliche Erbe der Kinder aus zweiter Ehe des Mathias Schoderböckh, des ersten Ehemannes der Barbara, und aus einem offenen Betrag von Seiten des Baders für Medizin.[4] Das verbleibende Vermögen betrug nach Abzug der herrschaftlichen Gebühren 17 Gulden 8 Kreuzer. Die Erben waren nunmehr die hinterlassene Witwe und, da die kurze Ehe kinderlos geblieben war, als „nächste Befreundte" die beiden leiblichen Schwestern des Verstorbenen. Gemäß Heiratsbrief fiel den Schwestern ein Fünftel des Nachlasses zu – in diesem Fall insgesamt drei Gulden 25 ½ Kreuzer. Selbst für diesen geringen Betrag schloss die Witwe einen Vertrag, in dem sie sich verpflichtete, ihren Schwägerinnen jeweils einen Gulden 42 Kreuzer und drei Pfennige binnen eines Jahres zu bezahlen. Falls sie das Erbe über ein Jahr genießen sollte, würde eine Verzinsung von zwei Kreuzern pro Gulden anfallen. Das inventarisierte Gut aber sollte gänzlich zu Handen der Witwe verbleiben, wofür sie sich zur Begleichung aller Herrschafts- und anderen Schulden verpflichtete.[5]

Bereits zwei Wochen darauf, am 1. Juli 1742, schloss Barbara Kalteysin erneut eine „Heuraths Abredt" mit dem „Ehrbahren Jungen Gesöllen Marx Wochinger, Pupill der Herrschaft Melk". Sie verheiratete ihm, wie schon ihrem verstorbenen zweiten Mann im Jahr zuvor, das „Häusl sambt Grundstückhen, und wenigen einrichtung, fahrnussen, viech und dergleichen", was der Bräutigam mit 19 Gulden widerlegte. Für den Fall einer kinderlosen Ehe wurde vereinbart, dass beim Vortod des Mannes den nächsten Befreundten nichts hinausbezahlt wer-

2 Seit der Gerhabschaftsordnung von 1669 galten in Niederösterreich Männer mit 22 Jahren als volljährig; 1753 wurde die Großjährigkeit auf 24 Jahre festgesetzt. Vgl. Ursula Floßmann, Österreichische Privatrechtsgeschichte, Wien/New York 2005[5], 38f; Helmuth Feigl, Die niederösterreichische Grundherrschaft. Vom ausgehenden Mittelalter bis zu den theresianisch-josephinischen Reformen, St. Pölten 1998[2], 50.

3 NÖLA, Herrschaftsarchiv Fridau, HS 25, fol. 15 (Transkription im Anhang Fridau Nr. 4, siehe auch Abb. 1).

4 NÖLA, Herrschaftsarchiv Fridau, HS 25, fol. 20'.

5 Vgl. NÖLA, Herrschaftsarchiv Fridau, HS 25, fol. 21'.

den sollte[6] – offenbar vorgewarnt durch die finanziellen Belastungen, die durch den Erbfall an die Verwandten bei der vormaligen Verwitwung entstanden waren. Würde die Frau vorher sterben, sollte der Bräutigam verpflichtet sein, dem Sohn der Braut aus erster Ehe mit Mathias Schoderböckh das Erbe dem Landsbrauch nach hinauszugeben.

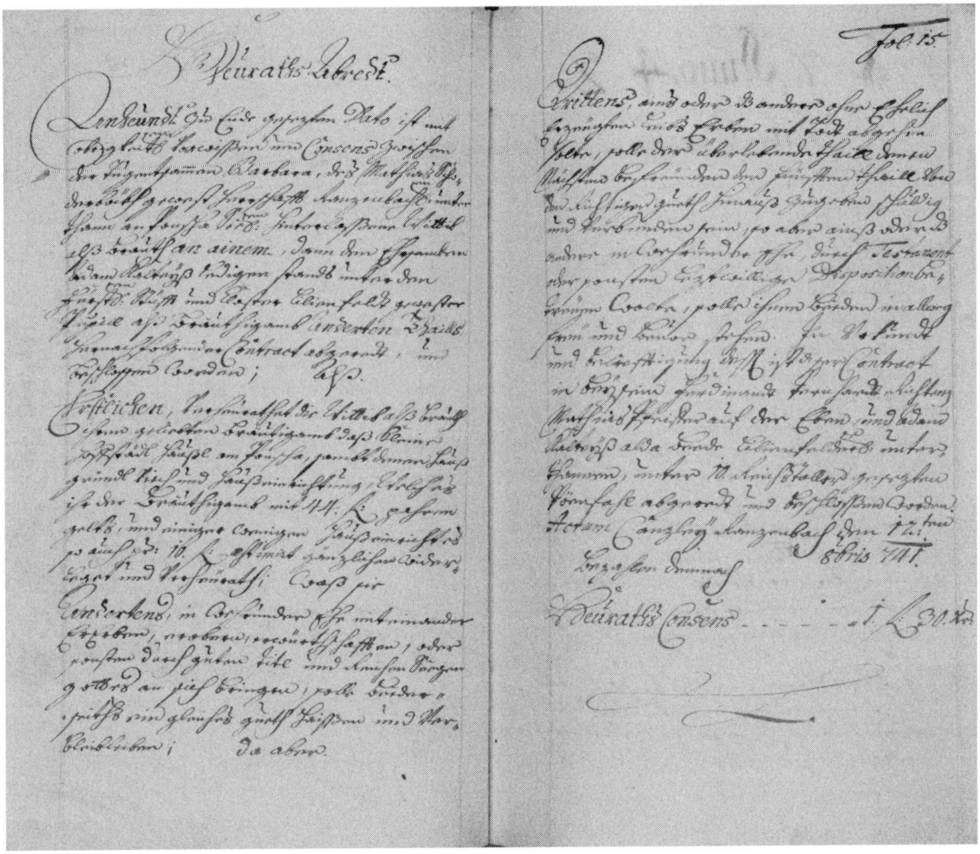

Abb. 1: Heiratsabrede zwischen der Witwe Barbara Schoderböckhin und Adam Kalteys, 1741, NÖLA (siehe auch Transkript Fridau Nr. 4)

Dieser Heiratsvertrag ist geradezu ein klassisches Beispiel für niederösterreichische Heirats- und Erbmuster: Der Besitz wurde über mehrere Wiederverheiratungen weitergegeben; eine ältere Frau ging eine Ehe mit einem jüngeren Mann ein. Für einen Mann mit wenig Vermögen bedeutete dies eine Aufstiegsmöglichkeit zum Hausbesitzer, wenn es sich dabei oft auch nur um ein Kleinhaus handelte. Dadurch wurde der Erbantritt der Kinder aus erster Ehe aufgeschoben. Der Heiratsvertrag zeigt auch, wie fragil die Lebensumstände waren, wie wenig Sicherheiten es für eine Lebensplanung gab, wie wenig vorhersehbar die Dauer einer eingegangenen Ehe war. Von der Kinderseite her wird deutlich, wie ungewiss es war, ob man mit den

6 NÖLA, Herrschaftsarchiv Fridau, HS 25, fol. 23' (Transkription im Anhang Fridau Nr. 5).

leiblichen Eltern aufwachsen würde, ob Stiefgeschwister zu Konkurrenten für die Besitznachfolge im Elternhaus werden konnten. Eine Vielzahl von Vereinbarungen, Modifikationen und Flexibilität waren nötig, um all diese Wechselfälle des Lebens bewältigen zu können. Diese Fallgeschichte zeigt auch, wie oft Verträge geschlossen wurden, um diesen unterschiedlichen und so oft prekären Lebenssituationen einen sicheren Rahmen zu geben. Leider sagen die Quellen nichts darüber aus, wie so kurzfristig ein neuer Ehepartner gefunden werden konnte – die Untersuchung von Netzwerken wäre hier lohnend.

1. Quellen, archivalischer Kontext und Untersuchungsräume

Für das Gebiet des habsburgischen Erzherzogtums Österreich unter der Enns existiert eine erstaunlich dichte Quellenbasis an Heiratsverträgen nicht nur für den Adel und das gehobene Bürgertum, sondern auch für bäuerliche und selbst unterbäuerliche Schichten. Dies ist vor allem im Zusammenhang mit der Rolle der Grundherrschaft zu sehen. Die Institution der Grundherrschaft spielte bis zur Aufhebung der Untertänigkeitsverhältnisse im Jahr 1848 eine zentrale Rolle auch für scheinbar ‚private' Lebensbereiche der Frauen und Männer auf dem Lande. Die dingliche und persönliche Unfreiheit der Untertanen und Untertaninnen fand ihren Niederschlag in den vielfältigen Erzeugnissen der grundherrschaftlichen Verwaltungstätigkeit und Rechtssprechung. Da es zu den fundamentalen Rechten der Grundherrschaft gehörte, auch die gesamte Rechtspflege auszuüben, wurden in den grundherrschaftlichen Amtskanzleien Heiratsverträge ebenso abgefasst wie Testamente, Übergabe- und Kaufverträge oder Schuldverschreibungen. Über die Kanzleien liefen die Inventuren und Verlassenschaftsabhandlungen, wurden Ehekonsense erteilt oder verwehrt, Entlassungen sowie Aufnahmen in den Untertanenverband durchgeführt. Auch die genaue Verzeichnung der Abgaben und die Eintragungen in Grund- und Gewerbücher fanden in der Amtskanzlei statt. Nicht zuletzt gehörte auch die Führung der Gerichtsprotokolle zu deren Aufgabenbereich, denn die Grundherrschaft übte bis 1848 auch gerichtliche Funktionen aus.

All diese Dokumente wurden zur Rechtssicherung in den herrschaftlichen Protokollbüchern niedergelegt, die in den Amtskanzleien der Herrschaften verwahrt waren. Je größer der Einzugsbereich der Kanzlei war, desto differenzierter war auch die Führung der Geschäfte. Herrschaftsbeamte kleinerer Amtskanzleien legten oft nur ein einziges Protokollbuch an und trugen die anfallenden Angelegenheiten chronologisch ein. In größeren Herrschaftsmittelpunkten mit hohem Verwaltungs- und Rechtssprechungsaufwand war es üblich, die Protokollbücher nach Materien zu trennen und für Heiraten, Käufe und Übergaben einerseits, für Inventuren und Verlassenschaften andererseits separate Bücher anzulegen. Im 19. Jahrhundert wurden die Verträge zunehmend in Form von Einzelakten abgelegt. Die Überlieferungsbasis ist für Niederösterreich sehr dicht. Das Niederösterreichische Landesarchiv in St. Pölten verwahrt etwa 30.000 Handschriftenbände in Form von Protokollbüchern grundherrschaftlicher Rechtspflege und Verwaltung.[7] Die Parteien konnten auch Einzelausfertigungen der Verträge erhalten. Nach Aufhebung der Grundherrschaft waren alle Grundherren verpflichtet, die zur

7 Vgl. dazu Helmuth Feigl, Heiratsbriefe und Verlassenschaftsabhandlungen als Quellen zur Alltagsgeschichte, in: Othmar Pickl u. Helmuth Feigl Hg., Methoden und Probleme der Alltagsforschung im Zeitalter des Barock, Wien 1992, 83–99, 84.

Fortführung der Rechtspflege notwendigen Unterlagen an die neu geschaffenen Behörden abzuliefern. Nicht wenige Herrschaften übergaben das gesamte, die ehemaligen Untertanen betreffende Schriftgut, das schließlich vom Landesarchiv übernommen wurde.[8] Auch zahlreiche lokale Archive, vor allem in Städten und Märkten, bewahren in ihren Beständen wichtige Dokumente historischer Rechtspraxis wie Protokollbücher, Verträge, Akten etc. auf.

Als Quellenmaterial werden in diesem Beitrag bäuerliche Heiratsverträge verschiedener niederösterreichischer Grundherrschaften ausgewertet, wobei der Schwerpunkt auf den Verträgen der Herrschaft Fridau liegt, die einen relativ geschlossenen Bestand aus dem 18. Jahrhundert bietet. Um den Untersuchungsraum sowohl zeitlich als auch räumlich auszuweiten, wurden Eheverträge und Quellen aus anderen niederösterreichischen Herrschaften herangezogen. Für das 17. Jahrhundert ist die Quellenlage aufgrund des Dreißigjährigen Krieges eher karg. Jedoch konnte in den Protokollbüchern der Herrschaft Neulengbach im westlichen Wienerwald entsprechendes Material gefunden werden, ebenso in der Herrschaft Aspang am Rande des Wiener Beckens. Zusätzlich wurden Heiratsverträge für die Zeit Ende des 18., Beginn des 19. Jahrhunderts aus dem Bereich einer geistlichen Herrschaft, der Stiftsherrschaft Göttweig mit dem Amtssitz Wolfstein am Gurhof, in die Analyse einbezogen. Weiters wurde die Materialbasis um ein Sample aus Perchtoldsdorf, einem vom Weinbau dominierten Marktort südlich von Wien, ergänzt.[9]

Die Quellen der Herrschaft Fridau umfassen den Zeitraum von 1741 bis 1801; es sind 480 Heiratsverträge erhalten, und zwar einerseits im Herrschaftsarchiv Fridau, andererseits im Bestand Kreisgericht St. Pölten.[10] Die Bestände des 17. Jahrhunderts der Herrschaft Neulengbach enthalten 133 Heiratsverträge. Aus der Herrschaft Aspang sind 69 Heiratsverträge für die Zeit zwischen 1695 und 1710 überliefert. Aus dem Marktarchiv Perchtoldsdorf wurden 73 Heiratsabmachungen aus dem 18. Jahrhundert gesichtet.

---

8 Vgl. dazu Helmuth Feigl u. Silvia Petrin, Archivalien niederösterreichischer Grundherrschaften, in: Das Niederösterreichische Landesarchiv in St. Pölten, St. Pölten 2006, 54–55.

9 Archiv der Marktgemeinde Perchtoldsdorf (AMP), Karton 152/1 und 152/2 Heiratsbriefe, Heiratskontrakte 18. Jahrhundert.

10 Archivalien niederösterreichischer Grundherrschaften sind im Niederösterreichischen Landesarchiv generell in zwei Beständen zu finden, die sich auf unterschiedliche Entstehungskontexte zurückführen lassen: Zum einen handelt es sich um Herrschaftsarchivalien im Bestand Kreis- und Bezirksgerichte: Um 1850 hatten die Grundherrschaften Schriftgut, Akten und Bücher der letzten 50 Jahre (1800–1850) an die aufgrund der Revolution 1848 und der Aufhebung der Untertänigkeitsverhältnisse neu geschaffenen staatlichen Gerichte und Verwaltungsbehörden abzuliefern. Bücher und Akten aus der Zeit vor 1750, die von vielen Grundherren ebenfalls abgeliefert worden waren, für die laufenden Geschäfte aber nicht mehr relevant waren, wurden auf die einzelnen Kreis- bzw. Bezirksgerichte verteilt. Ab etwa 1900 begann das damalige „Archiv für Niederösterreich“ mit der Einziehung dieser Herrschaftsarchivalien, ein Prozess, der Mitte der 1970er Jahre abgeschlossen wurde. Dieses Schriftgut ist zunächst nach Kreis- und Bezirksgerichten geordnet; innerhalb dieser Bestandsgruppen nach den Grundherrschaften. Die Bezeichnung erfolgt dann unter dem jeweiligen Gericht, also z. B. Kreisgericht (KG) St. Pölten 42/8, Herrschaft Fridau. Zum anderen gibt es Herrschaftsarchive: Denn für das Schriftgut, das die Familie des Grundherren betraf, sowie für die gesamten Wirtschaftsakten gab es keine Ablieferungspflicht; auch älteres Schriftgut vor 1750, das die Untertanen betraf, musste nicht abgeliefert werden. Das Niederösterreichische Landesarchiv konnte einige dieser im Privateigentum verbliebenen Herrschafts- oder Schlossarchive erwerben. Diese werden als „Herrschaftsarchiv Fridau“ oder „Schlossarchiv Aspang“ bezeichnet.

Ziel der Untersuchung ist es, auf einer qualitativen Ebene die Breite des Spektrums von Heiratsabmachungen bäuerlicher Schichten im Spannungsfeld zwischen Rechtsnorm und Vertragspraxis über den Zeitraum vom Ende des Dreißigjährigen Krieges bis zum Inkrafttreten des Allgemeinen Bürgerlichen Gesetzbuches (ABGB) 1812 aufzuzeigen und einige Ausblicke über diesen Zeitrahmen hinaus zu geben. Dabei wurde versucht, einerseits Typisierungen zu bilden und andererseits die Vielfältigkeit und Varianz zu erfassen. Eine systematische Analyse der überlieferten Quellen im Sinne einer datenbankbasierten Auswertung wurde nicht durchgeführt.

Sozioökonomische Grunddaten

Die Herrschaft Fridau-Weissenburg lag im Habsburgischen Erzherzogtum unter der Enns, dem heutigen Niederösterreich. Das Herrschaftsgebiet erstreckte sich südwestlich der Stadt St. Pölten, der heutigen Landeshauptstadt, entlang des Pielachtales von den Ebenen des Voralpengebietes bis in die höher gelegenen Teile der niederösterreichischen Voralpen hinein. Die Grundherrschaft wurde im Laufe der Zeit mit mehreren Herrschaften der Umgebung – unter anderem Kirchberg an der Pielach, Weissenburg, Mainburg, Ranzenbach, Saalau und Wasen – vereinigt und übte im 18. Jahrhundert die Grundobrigkeit über 30 Ortschaften mit etwa 4.400 Einwohnern und Einwohnerinnen aus. Das Wirtschaftsspektrum war breit gestreut: Die kleinen Ortschaften in der Ebene waren zum Teil agrarisch dominiert, zum Teil aber auch von Handwerk, Gewerbe und früher Industrie. Die Lage an einer wichtigen Verkehrsverbindung zum steirischen Erzberg, der Holzreichtum und die Wasserkraft hatten schon seit dem 15. Jahrhundert eisenverarbeitende Betriebe entstehen lassen. Besitzer und Besitzerinnen von Sägewerken, Hammerwerken und Mühlen gehörten zu den regionalen Eliten. Zu diesen zählten auch Gastwirte und Gastwirtinnen, denn die Gasthäuser spielten nicht nur in den lokalen Zentren eine wichtige Rolle, sondern vor allem entlang der wichtigen Verkehrsverbindungen. Eine gewisse Sonderstellung hatte der Herrschaftsmittelpunkt Fridau selbst inne. Beherrscht wurde der Ort, der Mitte des 18. Jahrhunderts bis zum Ende des 19. Jahrhunderts weniger als 20 Häuser mit knapp 200 Einwohnern zählte, zunächst vom Schloss und den herrschaftlichen Gebäuden. Mitte des 18. Jahrhunderts kam es in Fridau mit der Gründung einer Kattunfabrik zu einer markanten Veränderung des wirtschaftlichen und sozialen Lebens. Die Fabrik beschäftigte zwischen 100 und 200 Personen, die zum Großteil aus dem Markt Grafendorf, am gegenüberliegenden Ufer der Pielach gelegen, zur Arbeit kamen.[11]

Der Amtssitz Wolfstein am Gurhof gehörte zur Herrschaft des Benediktinerstiftes Göttweig. Bei der Bevölkerung aus diesem Einzugsbereich handelte es sich vorwiegend um Waldbauern auf einer wenig ertragreichen Hochfläche, dem Dunkelsteiner Wald.[12] Aspang, Hauptort der gleichnamigen Herrschaft, liegt im südlichen Niederösterreich, am nordöstlichen Abhang des Wechselgebirges, an der Grenze zur Steiermark. Im Marktort Aspang selbst lebten Handwerks- und Gewerbetreibende; die Bauern auf den bewaldeten Höhen trieben

11 Vgl. Artikel „Friedau", in: Topographie von Niederösterreich, hg. vom Verein für Landeskunde von Niederösterreich, Wien 1912, 216–218.

12 Vgl. Gertrude Ostrawsky, Zur Zusammensetzung der Hausgemeinschaften in der Pfarre Maria Langegg im Dunkelsteinerwald 1788–1875: Sozioökonomische Voraussetzungen von Familienformen und der Dauer des Zusammenlebens, Dissertation Wien 1979.

Viehzucht und Holzwirtschaft. Ende des 18. Jahrhunderts gab es dort etwa 100 Häuser mit knapp 700 Einwohnern.[13] Herrschaft und Markt Neulengbach, im westlichen Wienerwald gelegen, zählten um 1830 etwa 950 Untertanen. Im Markt waren die üblichen Handwerke und Gewerbe vertreten; die Bauern betrieben vorwiegend Waldwirtschaft und Viehzucht, daneben auch etwas Ackerbau.[14] Im Marktort Perchtoldsdorf, ein landesfürstlicher Markt südlich von Wien an den Ausläufern der Kalkalpen gelegen, war seit dem Mittelalter der Weinbau mit Lohn- und Saisonarbeit die dominierende Wirtschaftsform. Viele der finanziell ertragreichen Weingärten befanden sich im Besitz von Kirche, Kleinadeligen oder wohlhabenden Wiener Bürgern. Im 18. Jahrhundert belief sich die Bevölkerungszahl auf etwa 1.800 Einwohner, wovon etwa ein Drittel der Inwohnerschicht zuzurechnen ist, also kein eigenes Haus besaß. Im Marktort finden sich auch die üblichen Handwerks- und Gewerbebetriebe.[15]

2. Grundherrliche Abhängigkeit und deren Implikationen

Die Grundherrschaft im Erzherzogtum Österreich unter der Enns übte über ihre Untertaninnen und Untertanen bis 1848 sowohl dingliche als auch persönliche Rechte aus. Grund und Boden wurde an die Bauern seit dem Spätmittelalter zumeist als Erbzinsgut vergeben – eine Leiheform, die dem Eigentumsrecht nahe kam. Die Bauerngüter konnten vererbt, verkauft, vertauscht oder verpfändet werden – allerdings nur mit Bewilligung des Grundherrn. Beim Besitzantritt wurde den neuen Besitzern eines Bauerngutes, eines Kleinhauses, eines Handwerksbetriebes oder auch nur eines einzelnen Überländgrundstückes die „Gewere“ erteilt, eine Art der Besitzanschreibung.[16] Dieses „Anschreiben an Nutz und Gewere“ erfolgte in einem eigenen „Gewerbuch“. Dazu kam noch die Eintragung in das Grundbuch.

Eine wesentliche Beschränkung der freien Verfügungsgewalt bedeutete der Grundsatz der Unteilbarkeit, dem die Bauerngüter seitens der Grundherrn und auch des Landesfürsten seit dem 16. Jahrhundert unterworfen waren. Das Wohnhaus, die Wirtschaftsgebäude, die zugehörigen Hausgründe sowie der „fundus instructus“, das heißt, alle Gerätschaften und das Inventar, das zum Betreiben eines Bauerngutes notwendig war, bildeten eine Einheit, die nicht weiter zersplittert werden durfte. Flexibel konnte allerdings mit den so genannten „Überländgründen“ verfahren werden, mit jenen Grundstücken, die nicht fix mit einem bestimmten Hof verbunden waren.[17] Auch nach der Aufhebung der bäuerlichen Untertänigkeit im Jahr 1848 blieb der Grundsatz der Unteilbarkeit weiter bestehen und damit als Folge, dass beim Erbfall nur eine Person den Hof übernehmen konnte. Die Beschränkung des freien Güterverkehrs für Bauernhöfe wurde in Österreich erst mit einem Reichsgesetz im Jahr 1868 aufgehoben.[18]

13 Vgl. Artikel „Aspang“, in: Topographie, 89.

14 Vgl. Artikel „Neu-Lengbach“, in: Topographie, 745.

15 Vgl. Gertrude Ostrawsky, Geschichte des Marktes Perchtoldsdorf 1683–1983, Perchtoldsdorf 1983; Erich Witzmann, Die Sozialstruktur Perchtoldsdorfs im 18. Jahrhundert unter besonderer Berücksichtigung des Weinbaues, Dissertation Wien 1974.

16 Vgl. Feigl, Die niederösterreichische Grundherrschaft, 32ff.

17 Vgl. Feigl, Die niederösterreichische Grundherrschaft, 15ff.

18 Vgl. Helmuth Feigl, Bäuerliches Erbrecht und Erbgewohnheiten in Niederösterreich, in: Festschrift Karl Lechner, Jahrbuch für Landeskunde von Niederösterreich, NF 37 (1967), 161–183, 176.

Persönliche Unfreiheit – der patrimoniale Ehekonsens

Im Kontext der Heirat kam die persönliche Untertänigkeit im Instrument des „Ehekonsenses" zum Tragen, der vom Grundherrn beziehungsweise seinen Organen erteilt oder auch verweigert werden konnte. Die Brautleute mussten ihre ökonomische Position darlegen, den Beweis erbringen, die eigene Existenz sichern zu können – sei es durch den Erwerb oder die Übernahme einer Landwirtschaft, durch Führung eines Gewerbes oder auch durch die Arbeit in der Fabrik. Die Pflicht zum Einholen einer solchen Heiratsbewilligung seitens der Untertanen gab dem Grundherrn auch die Möglichkeit, Ehen zu verhindern, die sich ungünstig auf die wirtschaftliche Lage seines Herrschaftsbereiches auswirken konnten.

Vor allem arme Leute ohne entsprechende materielle Absicherung – das heißt, ohne genügend Landbesitz, um sich selbst und ihre Familie erhalten zu können, und ohne andere Möglichkeit, den Lebensunterhalt zu bestreiten, etwa durch ein erlerntes Handwerk oder ähnliches – sollten nicht heiraten dürfen. Ziel dieser Politik war, dass sich die Zahl der Armen nicht vermehren sollte. Im Falle der Verarmung war die Herrschaft beziehungsweise die Dorfgemeinde verpflichtet, für den Unterhalt dieser Menschen zu sorgen. Im Jahr 1765 wurde der patrimoniale Ehekonsens durch ein Hofdekret abgeschafft. Die offizielle Argumentation folgte kameralistischen Überlegungen: Diese Heiratsbeschränkungen hätten vor allem auf dem Lande eine „merkliche Entvölkerung" bewirkt, die auch zu Problemen bei der Rekrutenstellung geführt habe. Die Grundherrschaft sollte nunmehr die „nahrungslosen Leute" anweisen, bei den neu entstandenen Manufakturen und Fabriken ihren Unterhalt zu suchen. Trotzdem blieb der obrigkeitliche Konsens als Instrument grundherrlicher Kontrolle noch Jahrzehnte darüber hinaus in Gebrauch.[19] Im 19. Jahrhundert waren es dann die politischen Behörden, die den sogenannten „Politischen Ehekonsens" erteilen oder verweigern konnten.[20] Die Aufhebung dieses Ehekonsenses erfolgte für Niederösterreich durch ein Landesgesetz im Jahr 1868.[21]

Wenn eine der beiden „Brautpersonen" nicht der gleichen Grundherrschaft unterstand wie der zukünftige Ehepartner, die zukünftige Ehepartnerin, musste sie um Entlassung aus dem Untertanenverband ansuchen und unter die neue Grundherrschaft aufgenommen werden.

Frauen und Männer waren als Untertaninnen und Untertanen in ein engmaschiges Netz vielfältiger grundherrlicher Kontrolle eingebunden. An markanten Stationen des individuellen Lebens, aber auch des familialen, verwandtschaftlichen oder dörflichen Zusammenlebens wurden sie von der grundherrschaftlichen Verwaltung oder auch Rechtssprechung erfasst.

---

19 Hofdekret vom 4. Juli 1765, Heurathen-Erleichterung der Unterthanen, in: Franz Anton von Guarient Hg., Codex Austriacus ordine alphabetico compilatus. Das ist: eigentlicher Begriff und Innhalt aller unter deß Ertzhauses zu Österreich, ... einlaufenden Generalien. Supplementum Sammlung Österreichischer Gesetze 1759–1770, Bd. 6, Wien 1777, 739. Der Codex Austriacus ist eine 1704 angelegte und publizierte Sammlung von Generalmandaten, Patenten und Ordnungen, die zur Zeit Leopolds I. (Kaiser 1658–1705) erlassen oder von früher her gültig waren; sie wurde bis 1770 fortgesetzt.

20 Vgl. Berthold Sutter, Die Debatte über die Aufhebung des politischen Ehekonsenses im engeren Reichsrat 1863, in: Helfried Valentinitsch Hg., Recht und Geschichte. Festschrift Hermann Baltl zum 70. Geburtstag, Graz 1988, 525–572.

21 Vgl. Artikel „Politischer Ehekonsens", in: Ernst Mischler u. Josef Ulbrich Hg, Österreichisches Staatswörterbuch, Wien 1905^2, Bd. 1, 705.

Heiratsbriefe im Kontext der Grundherrschaft

Bei der Vereinbarung von Heiratsverträgen kamen beide Elemente der Abhängigkeit, der dinglichen sowohl wie der persönlichen, ins Spiel: Denn jeder Vermögenstransfer, der Liegenschaften betraf, stellte zugleich eine Veränderung der Personen dar, die dem Grundherren zu Abgabeleistungen verpflichtet waren. Vom Blickwinkel der Grundherrschaft aus gesehen, hatte die Abfassung von Heiratsverträgen vor allem fiskalische Gründe. Jede dieser Veränderungen war auch mit Gebühren – und damit Einnahmen für die Herrschaft – verbunden. Beim Besitzantritt eines Erbzinsgutes musste eine Abgabe geleistet werden. Ebenso wurden für den Eintrag ins Gewer- und Grundbuch Entgelte verlangt. Auch die Abfassung und Eintragung von Heiratsbriefen in das Protokollbuch, die Ausfertigung und Besiegelung waren gebührenpflichtig.[22] Das Verlassen des Untertanenverbandes und die Aufnahme in den Untertanenverband einer anderen Herrschaft bedurften ebenfalls eines – gebührenpflichtigen – Ansuchens und der Bewilligung.

In diesem Kontext fungierten auch Eheverträge für die Grundherrschaft als Instrumente sozialer und ökonomischer Kontrolle und zugleich als Quelle monetärer Einkünfte. Der Prozentsatz der Untertanen und Untertaninnen niederösterreichischer Grundherrschaften, die einen Ehevertrag schlossen, war offenbar hoch, was nicht zuletzt darauf zurückzuführen ist, dass auch Brautleute, die nur ganz wenig Vermögen besaßen, einen solchen Vertrag zu Protokoll gaben. Diese Praxis wurde auch im Landesordnungsentwurf des 16. Jahrhunderts festgestellt:

> Wiewoll ein christlicher eestand ône alle preütgab eestuer und zuebringen sein mag, daher auch solche persohnen die gar kheine hab zusammenbringen … woll zusammen heurathen möchten, so ist doch in gemein under allen ständen, wie gering auch das vermügen, gewohnlich und landsbreuchig bei allen heurathen anfangs des zeitlichen halber in gegenwürt baider partheien nägster freund oder anderer erbetner ehrlicher guter leuüth zu tractirn, ein gewisses heuratguet und dessen widerleg auch die morgengab zu bestimben, und wie es dann auch anderer gegenwertiger und khunftiger ligunder und varunder güeter halber oder sonsten zu underschidlichen vahlen gehalten werden solle abzuhandeln.[23]

Die Niederschrift in ein Protokollbuch garantierte gegenüber mündlichen Abmachungen, bei deren Geltendmachung die Zeugen vielleicht gar nicht mehr am Leben waren, eindeutige Informationen und Grundlagen. Der Eintrag in ein herrschaftliches Amtsbuch diente zur Stabilisierung der Rechtssicherheit.

So bestimmte Anfang des 17. Jahrhunderts Hartmann von Liechtenstein in einer „Policeyordnung" für seine Untertanen in der Herrschaft Wilfersdorf:

> Damit auch die streit und ierrungen, so sich, wan Gott der allmechtig durch den todt ein ehe schaidet, umb das zeitlich guet zuezuetragen pflegen, vermieten bleib und auch mein burgerschafft in faall der not menigkhlich seiner gebuert und herkhommens desto besserer und richtiger khundtschafft möge geben: So will ich, dass, alsbaldt eine heurath geburlich abgeredt, und sich des zeitlichen guet verglichen, wasmaßen die abredt und vergleichung beschechen, beede thail, breudtigam und braudt,

---

22 Vgl. Feigl, Die niederösterreichische Grundherrschaft, 41.

23 NÖLA, Handschriftensammlung, Landrecht des Erzherzogthums Österreich unter der Enns. Entwurf Reichart Strein von Schwarzenau und Johann Baptist Linsmayr 1595, 17. Titel: Von eelicher zusammenfüegung und denen heirathvermachten, Sammlung Chorinsky, Bd. 39, 184–220, 189.

in beysein der heurathsleut dieselb in das markhtbuech (das ein rath sonderbar dazue haben solle) einschreiben lasse. Ehe das beschehen solle kein pfarer khein baar volkh zusamengeben.[24]

3. Das Ehegüterrecht in der Rechtsentwicklung von der Frühen Neuzeit bis zum ABGB

Was die vermögensrechtlichen Folgen einer Eheschließung betraf, so gab es im Erzherzogtum Österreich unter der Enns bis zum Inkrafttreten des Josephinischen Gesetzbuches im Jahr 1787 keine allgemein gültige Regelung. Vielmehr existierte in der Frühen Neuzeit eine Vielfalt von Vertragstypen nebeneinander, die sowohl ständisch als auch regional äußerst unterschiedlich waren. Im Adel und beim städtischen Patriziat, wo differenziertes Vermögen vorhanden war, herrschte das Heiratsgabensystem vor. Wo das Vermögen schwach ausdifferenziert war oder eine wirtschaftliche Einheit bildete, wie bei Bauern oder Kleinbürgern, wurde die Vermögensgemeinschaft bevorzugt.[25]

Erst mit dem Aufkommen des frühneuzeitlichen absolutistischen Fürstenstaates wurden vom 16. bis zum 17. Jahrhundert in Niederösterreich, wie in anderen habsburgischen Erbländern, Versuche gemacht, die vielfältigen rechtlichen Einzelregelungen in „Landesordnungen" systematisch zusammenzufassen und die bestehende Vielfalt von Rechten in eine vereinheitlichte Form zu bringen.[26] Diese Kodifizierungsversuche standen im Spannungsfeld von landesfürstlichen und ständischen Interessen; beide Parteien versuchten, ihre gesellschaftspolitischen Ideen bei der Sammlung und Erstellung von Gesetzeswerken durchzusetzen. Im Land Österreich unter der Enns wurden zwischen 1526 und 1595 vier Entwürfe für eine Landesordnung erarbeitet, die, anders als in Tirol, niemals von den Landesfürsten sanktioniert wurden. Jedoch wurden Teile daraus als selbständige Gesetze publiziert. Obwohl diese Unternehmungen offiziell auf eine Rechtssicherheit für den „alten Landsbrauch" ausgerichtet waren, wurde besonders in der frühen Fassung von 1526 im Ehegüterrecht der Einfluss des Römischen Rechtes spürbar. Entgegen dem weit verbreiteten Gewohnheitsrecht für den bäuerlichen Bereich wurde nicht die eheliche Gütergemeinschaft festgeschrieben, sondern das Heiratsgabensystem favorisiert, das dem römischen Dotalsystem ähnlich war.

24 Policeyordnung Hartmanns II. von Liechtenstein für die Untertanen der Herrschaft Wilfersdorf in der Fassung seines Sohnes Gundakar aus dem Jahre 1601, ediert in: Thomas Winkelbauer, Gundakar von Liechtenstein als Grundherr in Niederösterreich und Mähren. Normative Quellen zur Verwaltung und Bewirtschaftung eines Herrschaftskomplexes und zur Reglementierung des Lebens der Untertanen durch einen adeligen Grundherrn sowie zur Organisation des Hofstaats und der Kanzlei eines „Neufürsten" in der ersten Hälfte des 17. Jahrhunderts, Wien/Köln/Weimar 2008, 127.

25 Vgl. Wilhelm Brauneder, Freiheit des Vertragsinhalts und Typenbindung im Ehegüterrecht von BGB, ZGB und ABGB, in: ders., Studien II: Entwicklung des Privatrechts, Frankfurt a. M. u. a. 1994, 121–140.

26 Vgl. Floßmann, Österreichische Privatrechtsgeschichte, 11.

Die Beharrlichkeit des „alten Landbrauchs"

Die Präferenz für das Heiratsgabensystem dominierte auch in den Entwürfen zu den naturrechtlichen Kodifikationen. Im Codex Theresianus[27] zeigt sich, welch starken Vorbehalten die Gütergemeinschaft zwischen Eheleuten ausgesetzt war. Schließlich sollte eine solche Vermögensgemeinschaft nur für Handels- und Gewerbsleute sowie für den Bauernstand möglich sein.[28] Die Maßnahmen gegen die Errichtung von Vermögensgemeinschaften fanden ihre Fortsetzung sowohl im Allgemeinen bürgerlichen Gesetzbuch Josephs II. von 1786[29] als schließlich auch im Allgemeinen Bürgerlichen Gesetzbuch[30] von 1811, die sich klar zur Gütertrennung bekannten.[31] Nach dem Josephinischen Gesetzbuch sollte Gütergemeinschaft zwischen Eheleuten „in keinem Falle als bestehend angesehen werden", außer wenn ein rechtskräftiger Vertrag darüber geschlossen wurde. Besonders die Errungenschaftsgemeinschaften erfuhren massive Ablehnung.[32] Allerdings sollten jene Errungenschaftsgemeinschaften weiterhin bestehen können, die schon vor dem 1. Januar 1787 bestanden hatten; nach diesem Zeitpunkt Errungenes müsse aber entweder dem Vermögen des Mannes oder der Frau zugerechnet werden, soweit nicht ausdrücklich eine andere Vereinbarung getroffen wurde. Nach Auffassung des ABGB von 1811 schließlich begründete eine eheliche Verbindung keine Gütergemeinschaft, dazu sei die Errichtung eines besonderen Vertrages erforderlich.[33]

Diese gesetzlichen Regelungen gingen jedoch, wie zuvor die Kodifikationsversuche, in weiten Teilen der habsburgischen Länder an der Praxis der Mehrheit der Bevölkerung vorbei.[34] Die Menschen hielten an der – sozial und ökonomisch – bewährten Tradition der Vertragsgestaltung fest, obwohl das Gesetz ein völlig anderes System vorsah. Im bäuerlichen Bereich blieb – ungeachtet der juristischen Diskussion dieser Zeit – das System der Gütergemeinschaft

---

27 Der Codex Theresianus war der Versuch einer Zusammenfassung und einheitlichen Regelung des Straf- und Zivilrechts in den österreichischen Ländern und Böhmen durch die sogenannte Kompilations- beziehungsweise Revisionskommission in den Jahren 1753 bis 1766. Der Codex Theresianus erlangte niemals Gesetzeskraft, jedoch wurde das Personenrecht in überarbeiteter Form im Josephinischen Gesetzbuch 1787 in Kraft gesetzt. Vgl. Floßmann, Österreichische Privatrechtsgeschichte, 14.

28 Vgl. Philipp Harras von Harrasowsky Hg., Der Codex Theresianus und seine Umarbeitungen, Bd. 1, Wien 1883, Caput III: Von Ehebindnissen, § V Von dem ehegattlichen Vermögen, Nr. 235.

29 Patent Nr. 591 vom 1. November 1786, in Kraft getreten als Allgemeines bürgerliches Gesetzbuch am 1. Januar 1787, in: Joseph des Zweyten Römischen Kaysers Gesetze und Verfassungen im Justiz-Fache. Für Böhmen, Mähren, Schlesien, Oesterreich ob und unter der Enns, Steyermark, Kärnthen, Krain, Görz, Gradisca, Triest, Tyrol und die Vorlande. In dem sechsten Jahre seiner Regierung. Jahrgang von 1786 bis 1787, 2. Fortsetzung 1786, Wien 1817, 71–129. Zur Unterscheidung vom Allgemeinen Bürgerlichen Gesetzbuch (ABGB) von 1811 üblicherweise als „Josephinisches Gesetzbuch" (JGB) bezeichnet.

30 Allgemeines bürgerliches Gesetzbuch (ABGB) für die gesammten Deutschen Erbländer der Oesterreichischen Monarchie, Wien 1811, in Kraft getreten am 1. Januar 1812.

31 Vgl. Floßmann, Österreichische Privatrechtsgeschichte, 95f.

32 Josephinisches Gesetzbuch, Drittes Hauptstück. Von den Rechten zwischen Eheleuten, § 97.

33 Allgemeines bürgerliches Gesetzbuch 1811, Acht und zwanzigstes Hauptstück. Von den Ehe-Pacten, § 1233.

34 Vgl. Ursula Floßmann, Landrechte als Verfassung, Wien/New York 1976, 79ff; dies., Österreichische Privatrechtsgeschichte, 95.

vorherrschend.[35] Die Rechtspraxis in der Gestaltung der Verträge orientierte sich weiterhin am Gewohnheitsrecht und legitimierte dies durch die Berufung auf den „alten" oder „allgemeinen Landsbrauch". Solche Bezugnahmen lassen sich in den Heiratsverträgen der untersuchten Herrschaften bis ins ausgehende 18. Jahrhundert immer wieder finden.

„solle allezeit beederseits ein gleiches gueth sein, heissen und verbleiben"[36]

Die ehegüterrechtlichen Regelungen in Niederösterreich folgten im bäuerlichen Bereich seit dem Spätmittelalter vorwiegend dem Modell einer Gütergemeinschaft, also einer Vermögensgemeinschaft zwischen den Eheleuten. Innerhalb dieses Grundtypus existierte in der Praxis eine Vielzahl von Mischformen. Die partielle Gütergemeinschaft etwa beschränkte die gemeinsame Berechtigung der Ehegatten auf bestimmte Objekte oder Vermögensmassen. Eine mögliche Variante war die Errungenschaftsgemeinschaft. Bei dieser sollten die während der Ehe gemeinsam erworbenen Güter in das gemeinschaftliche Eigentum der Gatten fallen. Seit dem Spätmittelalter wurde die Vermögensgemeinschaft der Ehegatten tendenziell zu einer allgemeinen Gütergemeinschaft ausgeweitet, die nunmehr sämtliches Vermögen der Eheleute umfasste: das ursprünglich eingebrachte ebenso wie auch das im Laufe der Ehe erworbene. Dieser Güterstand wurde in den Alpengegenden, wo er sehr verbreitet war, als „Rentlesheirat" bezeichnet, das heißt, als „randloses" Heiraten im Sinne eines grenzenlosen Zusammenrinnens des Vermögens.[37] Die unterennsischen Heiratsverträge sprechen auch sehr bildhaft von einem „gleichen vermischten Gut",[38] von einem „durchgehends gleich gemeinschaftlichen Gut".[39]

Das Gemeinschaftseigentum bedingte auch, dass im Falle eines Verkaufes oder einer Verpfändung des in gemeinschaftlichem Besitz stehenden Gutes die Zustimmung beider Ehepartner notwendig war. Ohne Einwilligung des Ehepartners konnte weder der Mann noch die Frau eine Besitzveränderung durchführen. Wenn es dabei zu Konflikten zwischen den Eheleuten kam, die nicht zwischen dem Paar beigelegt werden konnten, lag die Entscheidung bei der Grundherrschaft.[40]

In den untersuchten Herrschaftsgebieten folgen alle Heiratsverträge, die unter Bauern geschlossen wurden, dem Prinzip einer Vermögensgemeinschaft, wobei im letzten Drittel des 18. Jahrhunderts und vor allem im 19. Jahrhundert die Tendenz zur allgemeinen Gütergemeinschaft zunahm. Da ja der Gesetzgeber seit Inkrafttreten des Josephinischen Gesetzbuches 1787 und in der Folge durch die Bestimmungen des ABGB prinzipiell das Systems der Gütertrennung favorisierte, musste die Bildung einer allgemeinen Gütergemeinschaft beim

35 Vgl. Wilhelm Brauneder, Normenautorität und grundherrschaftliche Vertragspraxis, in: ders., Studien II, 109–120.

36 NÖLA, Herrschaftsarchiv Fridau, HS 25, fol. 56', Heuraths Abredt aus dem Jahr 1743 (Transkription im Anhang Fridau Nr. 6).

37 Vgl. Floßmann, Österreichische Privatrechtsgeschichte, 89ff, insbes. 93f.

38 Beispielsweise NÖLA, Herrschaftsarchiv Fridau, HS 5, fol. 365, Heiratsvertrag aus dem Jahr 1759; ebenda, KG Krems, 84/64, Stiftsherrschaft Göttweig, Gülte Wolfstein am Gurhof, fol. 443' (dieser Heiratsvertrag aus dem Jahr 1751 ist im Anhang Wolfstein am Gurhof Nr. 3 transkribiert, siehe auch Abb. 2).

39 NÖLA, KG Krems, 84/65, Stiftsherrschaft Göttweig, Gülte Wolfstein am Gurhof, fol. 212', Heiratsvertrag aus dem Jahr 1783.

40 Vgl. Feigl, Bäuerliches Erbrecht, 164.

Niederlegen von Heiratsverträgen ganz explizit angeführt werden. Die Beibehaltung der alten Praxis der Vermögensgemeinschaft, vor allem aber auch der Einschluss der während der Ehe errungenen Vermögenswerte, erforderte daher eine vertragliche Absicherung.

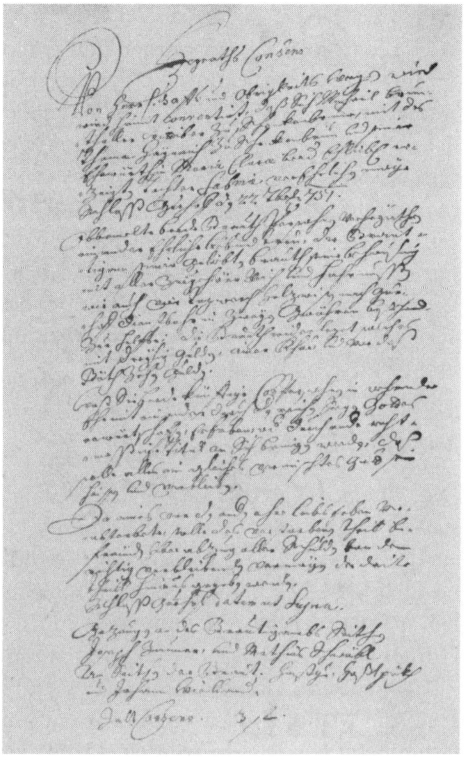

Abb. 2: Herrschaftlicher Heiratskonsens bzw. Ehevertrag zwischen dem Witwer Michael Brunnthaller und der Sabina Haynrichin, 1751, NÖLA (siehe auch Transkript Wolfstein am Gurhof Nr. 3)

Die Kontinuität ehegüterrechtlicher Arrangements sollen Beispiele zu Gütergemeinschafts-Vereinbarungen aus dem 18. Jahrhundert der Herrschaft Fridau zeigen. Aus dem Jahr 1746 stammt folgende erste Eintragung ins Protokollbuch: „…was beede Theil während Ehe mitls den reichen Seegen Gottes ihren Fleiss, oder ander rechtmässige Titl ererben, erobern, und anderer Weeg an sich bringen, solle *alles ein gleich: ohnzertheiltes guth seyn, haissen und verbleiben*“.[41] Ähnlich lautet der entsprechende Passus in einem Heiratsvertrag des Jahres 1757: „Was nun beede Brautpersonnen wehrend Ihrer Ehelichen Beysammen Wohnung erwerben, ererben, oder sonsten durch den reichen Seegen Gottes und rechtmässigen Titl an sich bringen, solle *beederseits ein gleiches gut seyn, heissen und verbleiben.*“[42] Im folgenden Vertrag aus dem Jahr 1768 heißt es, dass die „zusammen gebrachte Heurath gütter und widerlag, samt allen deme was ermelte Conpersonen zeit ihrer ehelichen Beysammen wohnung durch den reichen seegen gottes erwerben, ererben, erwirtschaften, oder auf andere rechtmässige arth und weis an sich bringen, beederseits *ein gleiches guth seyn,heissen und verbleiben* solle“.[43]

Auch die letzten Heiratsverträge, die *vor* dem Inkrafttreten des ABGB 1812 abgeschlossen wurden, zeigen, dass das traditionelle Muster über das JGB hinaus in Verwendung geblieben ist. Eine Abmachung des Jahres 1808 sah etwa vor, dass das, „was beide Brautpersohnen anheute zusammenbringen, und in Hinkunft ererben, oder erwerben werden, … unter ihnen

41 NÖLA, KG St. Pölten, 75/4, Herrschaft Kirchberg an der Pielach, fol. 47'–48, Hervorhebung der Verfasserin (Transkription im Anhang Fridau Nr. 15).

42 NÖLA, KG St. Pölten, 75/4, Herrschaft Kirchberg an der Pielach, fol. 113'–114, Hervorhebung der Verfasserin.

43 NÖLA, KG St. Pölten, 75/4, Herrschaft Kirchberg an der Pielach, fol. 160', Hervorhebung der Verfasserin.

ein gleiches gemeinschaftliches Gut seyn" solle;[44] im Mai 1810 fast gleichlautend: „alles was sie in Hinkunft miteinander ererben und erwirtschaften, soll *ein gemeinschaftliches Gut* sein".[45]

Im allerersten Ehekontrakt, der *nach* Inkraftsetzung des ABGB in diesem Amt geschlossen wurde, am 13. August 1813, errichteten die Brautleute Josef Kaiser und Theresia Punz „rücksichtlich ihres dermahligen und zukünftigen Vermögens, worunter auch der Erwerbungsfall verstanden, *eine allgemeine, und demnach vollkommene Gütergemeinschaft*".[46] Auch in den folgenden Heiratsverträgen bis zum Jahr 1828 vereinbarten die Brautpaare üblicherweise wortwörtlich die „allgemeine Gütergemeinschaft"; danach wurde wieder die alte Form „ein gleiches vermischtes Gut" variiert. Ob die Rückkehr zur traditionellen Vereinbarungsform mit einem Wechsel in der Kanzlei zu tun hatte oder darauf zurückzuführen ist, dass nach etlichen Jahren der Druck zur absoluten Rechtssicherheit durch die Verwendung der Nomenklatur des ABGB nachließ, kann nur vermutet werden.

Mit-Eigentum der Ehefrauen

Die Gütergemeinschaft war gleichermaßen Voraussetzung wie Ergebnis einer vergleichsweise starken Position der Frauen, die ihrerseits auf der Gleichstellung von Töchtern als Erbinnen, auf der Möglichkeit für Frauen, vom Grundherrn belehnt zu werden, und auf ihrer rechtlichen Geschäftsfähigkeit beruhte. Frauen, sofern sie mündig waren, konnten Liegenschaften erwerben und wurden, wie Männer auch, in das Besitzrecht, in die „Gewere" gebracht und in das Grundbuch geschrieben. Bei Ehepaaren führte die Vermögensgemeinschaft an Liegenschaften – Bauerngütern, Grundstücken oder auch Handwerksbetrieben – dazu, dass beide Ehepartner, Frau und Mann, zu gleichen Teilen „an Nutz und Gewere" geschrieben beziehungsweise ins Grundbuch eingetragen wurden. Damit hatten beide Partner die gleiche Verantwortung zu tragen. Seit dem Spätmittelalter hatte das Institut der Geschlechtsvormundschaft für Frauen im Erzherzogtum Österreich unter der Enns seine Bedeutung verloren.[47] So gab es auch keinen besonderen Schutz der Frauen im Sinne der „weiblichen Rechtswohltaten". Für etwaige Verpflichtungen, Schulden, hypothekarische Belastungen etc., die auf dem Gemeinschaftsbesitz lagen, wurde die Ehefrau, gleich ihrem Mann, verbindlich gemacht. Die gemeinsame Verantwortung und Berechtigung kam auch darin zum Ausdruck, dass Veränderungen am Gemeinschaftsbesitz nur mit Zustimmung beider Partner vorgenommen werden konnten. So waren die Ehefrauen von Beginn der Ehe an als Miteigentümerinnen am Liegenschaftsbesitz fest verankert.

---

44 NÖLA, KG St. Pölten, 75/4, Herrschaft Kirchberg an der Pielach, fol. 315', Hervorhebung der Verfasserin.

45 NÖLA, KG St. Pölten, 75/4, Herrschaft Kirchberg an der Pielach, fol. 325, Hervorhebung der Verfasserin.

46 NÖLA, KG St. Pölten, 75/4, Herrschaft Kirchberg an der Pielach, fol. 334', Hervorhebung der Verfasserin (Transkription im Anhang Fridau Nr. 18).

47 Vgl. dazu Floßmann, Österreichische Privatrechtsgeschichte, 42f; dies., Frauenrechtsgeschichte. Ein Leitfaden für den Rechtsunterricht, Linz 2006[2], 9.

4. Die Heiratsverträge – formale Aspekte

Bezeichnungen, Aufbau und Wortlaut

Es lässt sich kein durchgängiges Muster oder Konzept für die Verwendung der Termini, welche die Heiratskontrakte bezeichnen, erkennen. Die frühesten ehegüterrechtlichen Vereinbarungen aus der Mitte des 17. Jahrhunderts laufen unter dem Namen „Heurathsabredt" oder „Heuraths Notull".[48] Die Bezeichnungen „Heuraths Abredt" oder „Heyraths Brief" wurden im 18. Jahrhundert synonym nebeneinander verwendet, manchmal sogar vom selben Schreiber abwechselnd.[49] Seit der Mitte des 18. Jahrhunderts war auch der Terminus „Contract" in Gebrauch.[50]

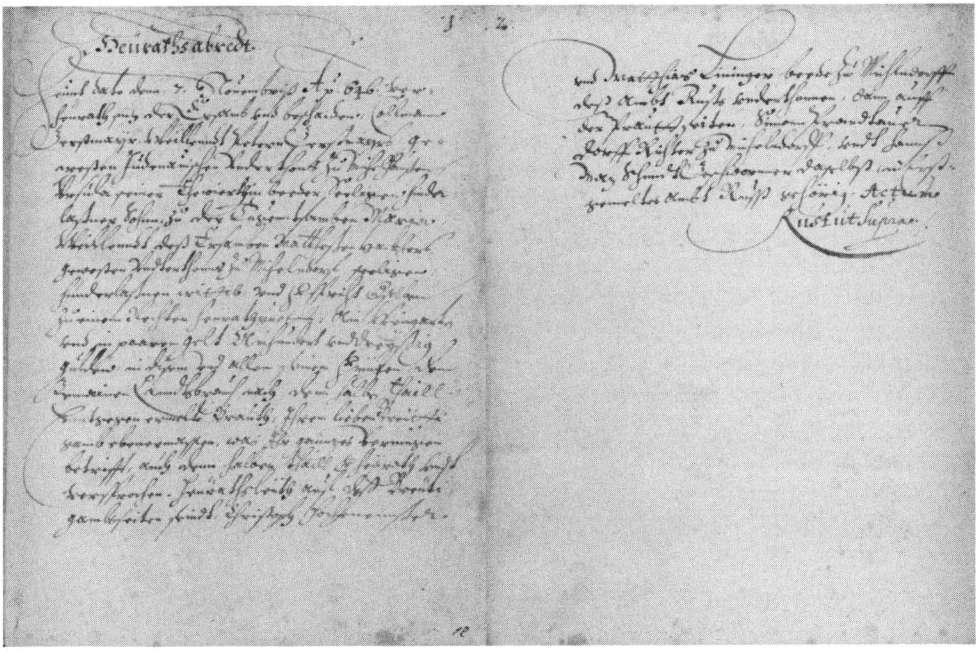

Abb. 3: Neulengbach Nr. 1: Heiratsabrede zwischen Collmann Gerstmayr und der Witwe Maria Hackherin, 1646, NÖLA (siehe auch Transkript Neulengbach Nr. 1)

Der Aufbau von Heiratsverträgen orientierte sich an einem bestimmten Muster, das über alle Veränderungen hinweg im Wesentlichen folgende Punkte enthält:[51] Eingangsbestimmungen,

48 NÖLA, KG St. Pölten, 97/63, Herrschaft Neulengbach, fol. 1, „Heurathsabredt" von 1646 (Transkription im Anhang Neulengbach Nr. 1, siehe auch Abb. 3); fol. 117, „Heuraths Notull" von 1657.

49 Vgl. beispielsweise NÖLA, KG St. Pölten 97/63, Herrschaft Neulengbach, NÖLA, KG St. Pölten 42/8, Herrschaft Fridau, NÖLA, Herrschaftsarchiv Fridau, HS 25.

50 Vgl. etwa NÖLA, Herrschaftsarchiv Fridau, HS 25, fol. 56, fol. 66'.

51 Vgl. dazu auch Pavel Král, Heiratsverträge und Testamente in Böhmen im 16. und 17. Jahrhundert, in: Josef Pauser, Martin Scheutz u. Thomas Winkelbauer Hg, Quellenkunde der Habsburgermonarchie (16.–18. Jahrhundert). Ein exemplarisches Handbuch, Wien/München 2004, 477–507.

das Rechtsgeschäft selbst und Schlussbestimmungen. In den Eingangsbestimmungen wurde häufig, jedoch nicht immer, in einer Überschrift die Art des Rechtsgeschäftes dargelegt, wobei die Bezeichnungen, wie bereits erwähnt, zwischen „Heuraths Abredt", „Heu(y)rathsvertrag", „Heuraths Contract", „Ehepacte" und dergleichen variierten. Hierauf folgte die Nennung der beteiligten Personen, vorneweg des Bräutigams und der Braut. Angegeben wurde deren Zivilstand, ob sie ledig oder verwitwet waren, auch ob sie minderjährig oder volljährig waren, sowie ein etwaiger Beruf. Angeführt wurden auch die Eltern der Brautleute mit der Angabe, ob sie am Leben oder bereits verstorben waren. Dazu kam die Angabe, ob es sich um eine „eheleibliche" Abstammung – das heißt, um eine eheliche Geburt – handelte. Wichtig war auch die Angabe über das Untertänigkeitsverhältnis, also welcher Herrschaft die Eltern beziehungsweise Bräutigam und Braut untertan waren. Diese zuerst für den Bräutigam und anschließend analog dazu für die Braut aufgeführten Informationen dienten sowohl zur Identifikation der Brautleute als auch zu deren sozialer Verortung.

Die Angaben über die „erbettenen" Zeugen enthalten oft Informationen über deren Funktion (häufig handelt es sich dabei um lokale Amtsträger wie Ortsrichter) oder deren Beruf, nicht aber über ein etwaiges Verwandtschaftsverhältnis zu den Brautleuten. Darauf deuten manchmal lediglich Namensgleichheiten hin. Und nicht zuletzt ist im Einleitungspassus die Absicht des Brautpaares, eine Ehe eingehen zu wollen, deklariert.

Im Zentrum der Verträge steht das Rechtsgeschäft selbst: Der entsprechende Abschnitt gibt Auskunft über die getroffenen materiellen Abmachungen, die einerseits die Beiträge der Brautleute zur Eheschließung darlegen (die Höhe und Art des eingebrachten Vermögens sowie etwaige Eigentumsvorbehalte), andererseits die ehegüterrechtlichen Folgen der Heirat bestimmen: was beim Vortod des Ehepartners, der Ehepartnerin zu geschehen habe, welche Erbanteile für Kinder oder Verwandte vorgesehen sind. Nicht selten findet sich auch der Wunsch nach einer Rechtssicherung des Vertrages durch die Herrschaft.

Geschlossen wurde der Vertrag mit den Unterschriften der Brautleute und Zeugen. Datum und Ausstellungsort sind angegeben – zumeist war dies die Herrschafts-Kanzlei – sowie die fälligen Gebühren für die Errichtung und Ausfertigung des Vertrages. Auch die Möglichkeit von Abänderungen des hier Vereinbarten mittels testamentarischer Verfügungen konnte im Schlusspassus vermerkt sein.

Der Wortlaut der Heiratsverträge war durch die gesetzlichen Grundlagen und deren Veränderungen, durch formale Vorschriften, aber auch durch gängige Optionen und nicht zuletzt durch den grundherrschaftlichen Kontext geprägt. Das chronologische und serielle Bearbeiten der Heiratskontrakte gibt die Möglichkeit, Veränderungen in den scheinbar so feststehenden und formelhaften Passagen der einzelnen Vertragsteile sichtbar zu machen. Diese Passagen enthalten zugleich auch Elemente zeitspezifischer Vorstellungen: Dies konnten religiöse Bezüge oder Konzepte von Ehe und Geschlechterverhältnissen sein. Auch die handelnden Personen wurden auf unterschiedliche Weise eingeführt. Dazu im Folgenden ausführlicher.

Amtsschreiber, Instruktionen und Variationen

Die möglichen sprachlichen und inhaltlichen Variationen, Verschiebungen und Veränderungen in den Heiratskontrakten haben zu einem gewissen Teil mit der grundherrschaftlichen

Praxis und mit den Amts- beziehungsweise Gerichtsschreibern zu tun.[52] Über Herkunft und Ausbildung der herrschaftlichen Verwaltungsbeamten ist noch wenig bekannt.[53] Ihre Anzahl variierte stark je nach Größe der adeligen oder geistlichen Güter, der Zahl der Untertanen und Untertaninnen und auch je nach wirtschaftlicher Differenzierung. Große Herrschaften waren in Verwaltungsbezirke unterteilt, so genannte „Ämter", in denen ein Verwalter saß. Bis ins späte 18. Jahrhundert gab es keine verbindlichen Normen der Ausbildung. Kenntnisse der Jurisprudenz waren aber sicher für die Beamten großer Herrschaftsbezirke mit vielfältigen Aufgaben notwendig. Kleinere Herrschaften beziehungsweise Amtssitze wurden oft nur von einigen wenigen oder auch nur einem Beamten betreut, der auch gleichzeitig als Schreiber für die Führung der Dienst- und Grundbücher, der Bücher über Verträge jeglicher Art und auch als Gerichtsschreiber fungierte. In den zu Fridau gehörigen Herrschaften Weissenburg, Kirchberg an der Pielach und Tradigist verzeichnet um 1790 eine Besoldungs- und Deputatsliste einen Verwalter, dem ein Kanzleischreiber unterstellt war, sowie einen Rentmeister. In den kleineren Ämtern wie etwa Lunz, Tradigist oder Pfolsau, saßen eigene „Amtsmänner".[54] Die meisten dieser Beamten erlernten ihre Profession durch Praxis in einer Kanzlei und griffen bei ihrer Tätigkeit vermutlich auf die Vorlagen ihrer Vorgänger zurück. Zwar bot der Landrechtsentwurf für Österreich unter der Enns von 1573 gleichsam eine Anleitung zur Anordnung eines Heiratsbriefes, und populäre Formularbücher des 18. Jahrhunderts stellten ausgearbeitete Vertragstexte als Vorlagen zur Verfügung, doch beruhten sie auf dem Modell des Heiratsgabensystems und berücksichtigten die gelebte Praxis der Gütergemeinschaft nicht. Lediglich Franciscus Josephus Grenecks „Theatrum Jurisdictionis"[55] von 1752 legte ein Formular eines Heiratsvertrages für eine Gütergemeinschaft vor. Über Rezeption und Verbreitung der Formulare im untersuchten Gebiet kann nichts ausgesagt werden, da es keine konkreten Hinweise auf deren Verwendung gibt.

52 Zur Praxis grundherrschaftlicher Verträge vgl. Brauneder, Normenautorität.

53 Vgl. dazu das Kapitel „Das herrschaftliche Berufsbeamtentum" in: Feigl, Die niederösterreichische Grundherrschaft, 217–230, sowie Winkelbauer, Gundakar von Liechtenstein als Grundherr.

54 NÖLA, Herrschaftsarchiv Fridau, Kopien aus Privatbesitz Karton 3/8, Herrschaftsbedienstete. Vgl. dazu: Günter Marian, Politische Entwicklung, Herrschaftsmittelpunkte und Hofpersonal des niederösterreichischen Adels vom Regierungsantritt Kaiser Maximilians I. bis zum Ende des Dreißigjährigen Krieges, Druck in Vorbereitung.

55 Franciscus Josephus Greneck, Theatrum Jurisdictionis Austriacae, oder Neu-eröfneter Schau-Platz Oesterreichischer Gerichtbarkeit: Darinnen zu ersehen Die Gerechtsamkeiten, Welche in den Erz-Hertzogthum Oesterreich unter der Enns allen Ständen ... zustehen, wie weit der Vogt- Dorf- Grund- und anderer Obrigkeiten Bothmäßigkeit sich erstrecke, Wie durch klugen Gebrauch derselben sowohl das Vatterland insgesamt, als auch eine jedwedere Haushaltung insbesondere könne in blühenden Stand erhalten, der Verfall gehinderet, und denen einschleichenden Mißbräuchen gesteuret werden. Deme beygesetzet Ein neuer Anhang Von Errichtung deren Urbarien, Grund-Büchern, und anderen Prothocollen, Welches vormals zu Gebrauch ... mein abgeleibter Vatter Adam Joseph Greneck ... nur in Kürze entworfen/ Anjetzo aber In teutscher Sprach weitläuftig ausgeführet, mit denen schönsten und zahlreichen Kayserl. Königlichen Hof-Resolutionibus, Zusätzen, und sehr heilsamen neuen Materien vermehret Auch hin und wieder mit nothwendigen Anmerkungen erläuteret, Wien 1752, 36. Greneck war Kaiserlicher Hofadvokat und schuf mit diesem Werk eine Kompilation von Gesetzen und Verordnungen als Handbuch für Gerichtsstellen und grundherrschaftliche Kanzleien.

In einigen wenigen Fällen sind eigene herrschaftliche „Instruktionen" für die Abfassung verschiedener Verträge jedenfalls überliefert, so etwa aus der Herrschaft Lamberg-Ottenstein aus dem Jahre 1766:

> *Instruction* für einen auf der hochgräflich Lamberg Sprinzenstein Herrschaft Ottenstein in Viertel ober dem Manhartsberg aufgestelt jeweilligen Verwalter. Welchermaßen sich derselbe mit seinen *Subordinirten* Unterbeamten, wie auch all übrigen herrschäftlichen Würthschafts- und Dienst *Personali*, in ihren anvertrauten Amts-Bedienstungen nach Anleitung hier nach *punctirter Observationen* pflichtschuldigst, und auf das genaueste zu verhalten haben solle und wird, wie folgt: ...[56]

Die Instruktion, die 343 Seiten umfasst, gibt dem Verwalter klare Anleitungen, wie bei der Abfassung verschiedener Verträge vorzugehen sei und welche Umstände besonders zu beachten seien. Darüber hinaus beinhaltet die Instruktion noch weitere 545 Folii an Formularen für die Abfassung der unterschiedlichsten Eintragungen und Rechtsgeschäfte, so auch für Heiratsbriefe.[57]

Änderungen des rechtlichen Rahmens, neue Verwaltungsbehörden wie etwa die in Niederösterreich 1753 eingeführten Kreisämter,[58] eine Flut von Gesetzen und Verordnungen im Rahmen der theresianischen und josephinischen Reformen, bedeuteten Verunsicherung sowohl der betroffenen Parteien als auch der geschäftsführenden Beamten, wie folgender Stoßseufzer des Verwalters zeigt, der Ende des 18. Jahrhunderts durch eine handschriftliche Bemerkung am Ende der „Instruction" seinem Ärger Ausdruck verlieh: „NB. Gott weiß, dass alles dieses *observiret*, jedoch beständig andere Verordnungen ertheilt worden, die mit diesem Werckh nicht zusammen gegangen, und nur der Beamte *cujoniret* worden, denn die Leuth wussten nicht was sie thaten, Sie würden aber nicht ins Paradeys kommen, sondern der Teufl soll sie Quintl weis hollen."[59]

Ein Protokollbuch der Herrschaftskanzlei Asparn an der Zaya im nördlichen Niederösterreich enthält neben Verträgen auch einige Vorlagen aus dem letzten Drittel des 18. Jahrhunderts. Diese Vorlagen sind eher unsystematisch zwischendurch auf verschiedenen leer gebliebenen Folii eingetragen. Für einen Heiratsvertrag gibt es einen Vorschlag, der zwei Varianten zur Wahl stellt, wobei der inhaltliche Unterschied im dritten Punkt liegt, der die Einbeziehung von Verwandten als Erben regelt:

> was aber Andertens die zeitlichen Gütter anbelangt ...
> soll
> Drittens mit berührten Heuraths Gueth volgente
> verstandtnus haben, nemblich wann eines von dem
> andern unter Jahr und Tag (welches Gott gnädig

56 NÖLA, Herrschaftsarchiv Lamberg, HS 94, 1 (Transkription Instruktionen, Formulare Nr. 2 im Anhang).

57 NÖLA, Herrschaftsarchiv Lamberg, HS 94, 182–183 sowie Beilage N, S. 373 (der das Abfassen von Heiratsverträgen betreffende Passus ist im Anhang unter Instruktionen, Formulare Nr. 2 und Nr. 3 transkribiert).

58 Die Kreisämter wurden 1749 zur Überwachung der Durchführung landesfürstlicher Gesetze und Verordnungen geschaffen und fungierten als Mittelbehörde zwischen Zentralbehörden und grundherrschaftlicher beziehungsweise magistratischer Verwaltung. Ihre Amtsbereiche umfassten jeweils ein Landesviertel.

59 NÖLA, Herrschaftsarchiv Lamberg, HS 94, letzte Seite, sine folio.

verhietten wolle) mit todt ohne leibs Erben
abgienge, so solle dem überlebendten Thaill das
verheurathe gueth in handten verbleiben, da sye
aber mit ain ander Jahr und Tag erlebt, so
solle all Ihr jezig- und künftiges vermögen,
sie haben solches erobert, und gewunnen,
wie es immer nahmen haben kan und mag,
mit kauffen verkauffen, durch Erbschaft,
oder ander zuelässige Mittln nichts aus-
genohmen, Ein gleiches Gueth jezu heyssen
und verbleiben. Jedoch solle keinen die
handt nicht ver[... (unleserlich)] oder gespöhret seyn, sondern
frey und bevor stehen durch *Testament Donation*
und lezten willen als hier vorverstandtener
massen Eines das andere zu betreyen...
oder aber also /
Drittens sye beede Brauth Persohnen
in ihrer wehrenter Ehe durch den reichen
seegen Gottes mit ein andern Erobern oder
gewühnen, es seye gleich mit kauffen, ver-
kauffen durch Erbschaft, oder sonsten Ehrbahr
mittl zusamben Bringen, das solle nach ausgang
ainer Jahres frist ain gleiches gueth seyn
und haissen, da aber leibs-Erben, oder
ausgang einer Jahrs frist eines mit todt
abgienge, solle die Helfte des Ehrheyrathen
gueths dennen nächsten befreundten hinaus ge-
folget werden, nach verstreichung Jahr und Tag
aber, sye haben leibs Erben aus Ihnen Beeden
gebohren oder nicht, solle der überlebendte Thaill
das Drittl des Beedersaiths zusamben gebrachten
Gueths und verhandtenen vermügens deren
verstorbenen rechten Befreundten ohnwider-
sprachlich hinaus geben, Jedoch der überblibenen
*Con*persohn aber alles umb billichen werth ver-
gonnet und überlassen werden.[60]

Zwei recht gegensätzliche Vereinbarungen werden hier angeboten: In der ersten Variante verbleibt das gesamte Vermögen beim überlebenden Partner. Die zweite Variante sieht, je nach Ehedauer, eine Hinauszahlung an die Verwandten vor. Die restlichen Bestimmungen werden eher auf der sprachlichen Ebene variiert. Woher der Schreiber diese ‚Textbausteine' bezogen hat, ist unklar – vielleicht aus seiner eigenen Tätigkeit in verschiedenen Kanzleien, vielleicht durch Kompilation der aus der Kanzleipraxis vorhandenen Verträge. Daraus ist mit einiger Vorsicht zu folgern, dass nicht nur verbindliche Muster aufgrund rechtlicher Vorgaben und formaler Aspekte eine Rolle spielten, sondern in der grundherrschaftlichen Rechtspraxis auch

60 NÖLA, HS 813, Formular- und Kopialbuch der Herrschaften Asparn an der Zaya u. a., fol. 13'–15' (der Textabschnitt zu Heiratsverträgen ist im Anhang unter Instruktionen, Formulare Nr. 1 transkribiert).

individuelles Wissen und möglicherweise sogar persönlicher Geschmack von Amtsträgern zum Tragen kommen konnten.

Die Präsenz der Obrigkeit

Wenn man auch im Bereich des Erzherzogtums Österreich unter der Enns keineswegs von einer Leibeigenschaft sprechen kann, und die Form der Erbzinsleihe einen großen Freiraum ließ, so wurden doch die Frauen und Männer des ‚einfachen Landvolkes' bei der Abfassung der Verträge anlässlich einer geplanten Ehe daran erinnert, dass sie in persönlicher Abhängigkeit zum Grundherren standen. Bereits in der formelhaften Einleitung der Heiratsverträge wird ins Bewusstsein gerufen, dass für die Vertragsschließung das Wissen und die Zustimmung der Herrschaft erforderlich waren: „...ist mit obrigkeitlichem Vorwissen und *Consens* ... folgender *Contract* abgeredt und beschlossen worden ...“[61] oder: „...ist mit Herrschaftlicher Genehmhaltung ... nachstehender Heyraths *Contract* verabredet und beschlossen worden ...“.[62]

Besonders deutlich wird die obrigkeitliche Dominanz und persönliche Abhängigkeit der Brautpersonen in der regelmäßigen Abfolge von Heirats-Konsens und gleich darauf folgender Heirats-Abrede, wie sie in der Stiftsherrschaft Göttweig praktiziert wurde: „Heyraths *Consens*. Den 9. Feber 1726 wird Obrigkeitlich verwilliget, daß sich Hans Pflayler ... mit Catharina, des Martin Nußbaumer ... und Regina, *uxoris*, eheleibliche Tochter ... vereheligen möge.“ Und ohne jegliche weitere Feierlichkeit folgen sofort die Vereinbarungen des Heiratsvertrags: „... wobey nachfolgendte Heyraths Abredt in Beyseyn der Gezeigen geschlossen wurde ...“.[63] Der letzte in diesem Protokollbuch eingetragene Heirats-Konsens aus dem Jahre 1768 lautet noch ‚untertäniger': „Auf gehorsamstes Anlangen und Bitten wirdet hiermit ... der Herrschaftliche *Consens* ertheilet.“[64]

Diese Verweise auf die Obrigkeit sind in unterschiedlicher Ausformung belegt. Die Einbindung der Personen in einen bestimmten Herrschaftsverband wird in den Heiratsverträgen zumindest durch die Nennung der Herrschaft, der Bräutigam und Braut untertänig waren, sichtbar.

Das Verlöbnispatent und eine neue Einleitungsformel

Eine tief greifende Änderung in gesetzlicher Hinsicht erfolgte durch das Josephinische Verlöbnispatent vom 30. August 1782, das die rechtliche Bindungskraft von Eheversprechen – Verlöbnissen – aufhob.[65] Damit konnten die Abmachungen und güterrechtlichen Verein-

61 NÖLA, Herrschaftsarchiv Fridau, HS 25, fol. 2, Heuraths Abrede aus dem Jahr 1741.

62 NÖLA, KG St. Pölten 84/65, Stiftsherrschaft Göttweig, Gülte Wolfstein am Gurhof, fol. 121' (Transkription im Anhang Wolfstein am Gurhof Nr. 11, siehe auch Tafel 1).

63 NÖLA, KG St. Pölten 84/64, Stiftsherrschaft Göttweig, Gülte Wolfstein am Gurhof, fol. 3 (Heiratskonsens und Heiratsabrede sind im Anhang Wolfstein am Gurhof Nr. 2 transkribiert; weitere Beispiele siehe Wolfstein am Gurhof Nr. 1, 3 und 4).

64 NÖLA, KG St. Pölten 84/64, Stiftsherrschaft Göttweig, Gülte Wolfstein am Gurhof, fol. 653', Heirats-Konsens aus dem Jahr 1768.

65 Im Detail siehe dazu Heinrich Demelius, Zur Geschichte des Eheversprechens nach österreichischem Recht, in Juristische Blätter, 70, 12 (1948), 277–279.

barungen, die in den Eheverträgen niedergelegt worden waren, erst nach erfolgter Eheschließung rechtswirksam werden. Der Passus, mit dem seit dem 18. Jahrhundert Heiratsverträge eingeleitet worden waren, dass nämlich dem Bräutigam die Braut über Ersuchen der Beistände bis auf die Trauung durch den (katholischen) Priester „zugesagt und versprochen" sei, wurde dadurch obsolet. Mit dem Patent wurde ein offizieller Wortlaut für eine neue Einleitungsformel der Heiratskontrakte eingeführt, die sofort den neuen Rechtszustand klarstellte: „Alle Heirathskontrakte sollen künftig so eingeleitet werden, dass, nachdem N.N. sich mit N.N. zu verehеligen gesonnen ist, folgende Bedingnisse zwischen ihnen verabredet worden sind, welche nach erfolgter priesterlicher Einsegnung sofort ihre rechtliche Kraft haben sollen."[66]

Der relevante Passus, dass die Rechtswirksamkeit des Ehevertrages erst nach der priesterlichen Einsegnung eintreten würde, fand rasch Eingang in die Verträge. Zwei Beispiele aus der Herrschaft Wolfstein am Gurhof zeigen diese Umsetzung: Am 11. September 1782, elf Tage nach Kundmachung des Verlöbnispatents, stand noch die alte Vertragsformel, dem Bräutigam sei seine Braut „bis auf priesterliche *Copulation* zugesagt und versprochen", in Verwendung.[67] Doch bereits bei der nächsten Eintragung ins Heiratsprotokollbuch am 15. Oktober 1782, bei der die„Heyraths Abrede" zwischen Philipp Bauer und Franziska Mühlauerin nach den neuen gesetzlichen Vorgaben errichtet und geschlossen wurde, findet sich die Formel: „...bis auf priesterliche *Copulation*, als nach welcher gegenwärtiger *Contract* seine rechtliche Kraft haben solle ...".[68]

Die Auswirkung in Hinblick auf die materiellen Vereinbarungen, was vor allem das „Anschreiben" an Grund und Boden betrifft, war in den Herrschaften recht unterschiedlich. In der Herrschaft Wolfstein finden wir auch nach 1782 die Praxis, die zukünftige Ehefrau oder den zukünftigen Ehemann noch vor der Eheschließung im Gewerbuch als Miteigentümerin beziehungsweise Miteigentümer eintragen zu lassen.[69] In der Herrschaft Fridau hingegen findet sich bei den Anschreibungen im Gewerbuch der Hinweis, dass die Eheschließung bereits erfolgt sei[70] – allerdings lässt sich in beiden Herrschaftsbereichen keine eindeutige Tendenz feststellen.

Religiöse Bezüge

In der ersten Hälfte des 17. Jahrhunderts sind die untersuchten Verträge in einem durchwegs säkularen Stil verfasst und legen sehr klar und schmucklos die zentralen Abmachungen dar. Gegen Ende des 17. Jahrhunderts wird der Stil der Abreden elaborierter und es findet sich die Einleitungsformel „Im Namen der Allerheiligsten Dreifaltigkeit" in Form einer Invocatio, wie sie bei Urkunden seit dem Mittelalter gebräuchlich war. Ob dies im Zusammenhang mit den verstärkten Re-Katholisierungsmaßnahmen in den Habsburgischen Erblanden zu sehen ist,

66 Joseph Kropatschek, Handbuch aller unter der Regierung des Kaisers Joseph II. für die k. k. Erbländer ergangenen Verordnungen und Gesetze in einer sistematischen Verbindung, Bd. 2, 1780–1784, Wien 1785, 300.

67 NÖLA, KG Krems, 84/65, Stiftsherrschaft Göttweig, Gülte Wolfstein am Gurhof, fol. 117' (Transkription im Anhang Wolfstein am Gurhof Nr. 8; vgl. dazu auch Wolfstein am Gurhof Nr. 7).

68 NÖLA, KG Krems, 84/65, Stiftsherrschaft Göttweig, Gülte Wolfstein am Gurhof, fol. 119 (Transkription im Anhang Wolfstein am Gurhof Nr. 9).

69 NÖLA, KG St. Pölten, 56/1, Herrschaft Wolfstein am Gurhof, Gewährbuch 1768–1804, KG Krems, 84/63, Herrschaft Wolfstein am Gurhof, Gewährprotokoll 1725–1768.

70 NÖLA, KG St. Pölten, 75/10, Herrschaft Kirchberg an der Pielach, Gewährbuch 1808–1816, fol. 4.

die nach dem Ende des Dreißigjährigen Krieges verstärkt gesetzt wurden, bedürfte eines breiteren Vergleiches. In den untersuchten Herrschaften ist nämlich dieser Bezug auf die Heilige Dreifaltigkeit nicht im Bereich der geistlichen Stiftsherrschaft Göttweig zu finden, sondern diese war in den weltlichen Herrschaftskanzleien von Lamberg-Ottenstein und Schloss Aspang seit Ende des 17. Jahrhunderts gebräuchlich.

> *Im Namen der Allerhailligisten und unzerthailten Dreyfaldtigkheit, Gottes Vatters Sohn und Hl. Geists Amen.*
> *Ist an heundt zu Enndt gesezten dato mit Vor*wissen und *Consens* der gnädigen obrigkheit zwischen den Ehrbahren Urban Luef ledigen Stands des Einhart Luefen der Herrschaft Aspang gewester Underthanns selliger hindterlassener Sohn als Preithigamb *an eines,* dann der Tugentsamben Maria annoch ledtigen Standts, des Urban Höfer Forauerischen Undthanns und *Barbara* seiner Ehewürthin beeder so noch in Leben Eheleiblichen Tochter als Prauth *anderten Thails*: /durch die Ehrbahrn Männer Hanns Stirzer Thomasperglischer underthan, und Blasen Köppler Pernvoglischer underthan, beede auf seithen des Breithigambs. Ingleichen Urban Höfer besagter Herrschaft underthann, und Jacob Rigler Aspangischer underthan auf der Brauth seithen Erbettener beyständt in gegenwarth beederseiths Befreundten ain Christliche Heyrath abgeredet und beschlossen worden.[71]

Die Einbindung einer höheren Macht Gottes findet sich darüber hinaus vorwiegend in zwei Kontexten: in Zusammenhang mit dem erwünschten materiellen Erfolg und Wohlergehen sowie mit erhofften Kindern. Bei der Konstituierung von Gütergemeinschaften wurde nicht nur das Vermögen zusammengefügt, das für die Begründung der ehelichen Gemeinschaft wesentlich war, sondern auch dasjenige, was die Ehepartner in Zukunft erwirtschaften würden, war mit eingeschlossen. Und in dieser Hoffnung auf eine günstige wirtschaftliche Zukunft wurde das Wirken Gottes herbeigewünscht. In einem Kontrakt aus dem Jahr 1697 beispielsweise wird Bezug genommen auf „alles was sye [gemeint sind die Brautleute] in wehrendter Ehe durch den Reichen seegen Gottes Erwerben“ würden,[72] und 1768 heißt es: „Was nun beede Conpersohnen in Zeit währender Ehe durch den reichen Seegen Gottes ererben oder sonst rechtmässige Weise an sich bringen werden, soll ein gleiches Gut seyn ...“.[73]

Regelungen für die Zukunft betrafen vor allem den Fall, dass keine Kinder vorhanden wären. Ende des 17. Jahrhunderts ist in der Amtskanzlei von Schloss Aspang ein Passus gebräuchlich, der die Bitte ausdrückt, dass Gott dies verhindern möge: „...wann aber eins vor den andern ohne leibs erben, deren sie der Allmächtige doch nicht verzeichen wolle, zeittlichen todts vorfahren würde ...“.[74]

Ehekonzepte im Wandel

Das Bild von Frau und Mann und deren Geschlechterrollen, wie es in den hier untersuchten Heiratsverträgen des 17. Jahrhunderts formuliert wird, ist das eines gleichberechtigten Paares, das im gemeinsamen Wirtschaften seine zentrale Bestimmung sieht. Braut und Bräutigam

71 NÖLA, Schlossarchiv Aspang, HS 1/4, fol. 7’, Heiratsvertrag aus dem Jahr 1697 (Transkription im Anhang Aspang Nr. 1).
72 NÖLA, Schlossarchiv Aspang, HS 1/4, fol. 8 (Transkription im Anhang Aspang Nr. 1).
73 NÖLA, KG St. Pölten, 42/8, Herrschaft Fridau, fol. 54 (Transkription im Anhang Fridau Nr. 10).
74 NÖLA, Schlossarchiv Aspang, HS 1/4, fol. 22’, Heiratsvertrag aus dem Jahr 1698 (Transkription im Anhang Aspang Nr. 2).

erscheinen als zwei ebenbürtige, aktive Partner, die voll Selbstbewusstsein ihren Anteil für die „Bürden des Ehestandes" einbringen; Anteile, die sehr wohl in Sachwerten gemessen werden konnten und die Erwerbs- und Wirtschaftsgemeinschaft begründeten und sicherten. Hinter diesen Vereinbarungen steht ein Geschlechterkonzept, das auf den äquivalenten Beitrag beider Ehepartner, von Mann und Frau, im Sinne des „Arbeitspaares" verweist.[75]

Selbst Gegner der Gütergemeinschaft anerkannten, wenngleich widerwillig, die gleichwertigen Leistungen des bäuerlichen Arbeitspaares: „Übrigens ... gehet mein Absehen nicht dahin denen Weibern unter der Bauernschaft die Helfte des Vermögens nach Gestalt der Sache in einem Zweifel zu ziehen; anerwogen mir gar wohl bewusst, dass die beyde Con-Leute in der Wirthschaft das Erforderliche zu gleichen Theilen beyzutragen, und zu bearbeiten haben, ...".[76]

Ende des 18. Jahrhunderts geriet dieses Ehekonzept unter massiven Druck und begann sich in eine Richtung zu ändern, die dem Mann eine dezidiert aktivere Rolle zuwies. Dies schlug sich in einigen Amtskanzleien sprachlich in Nuancen nieder. So heißt es etwa in einer Heiratsabrede vom Mai 1776 aus dem Amt Wolfstein am Gurhof:

> Anheunt zu Ende gesezten *Dato* ist mit Obrigkeitlicher Genehmhaltung zwischen Martin Sommerer als Bräutigam ... und Franziska, des Adam Strassers ... bereits seelig, Sara dessen Ehewürthin, annoch in Leben ehelich erzeigten Tochter als Brauth ... nachfolgender Heuraths *Contract* geschlossen worden, Und zwar
> Erstens wird Eingangs ernanten Bräutgam auf seyn und seiner Beyständen geziemendes Ansuchen und christliches Ehewerben Franziska Strasserin, als eine Brauth und künfftige Ehewürthin bis auf Priesterliche *Copulation* zu gesagt und versprochen ...[77]

Nicht mehr zwei ebenbürtige Verhandlungspartner schließen miteinander ein materielles Übereinkommen. Vielmehr erscheint in dieser Diktion des Ehevertrags der Bräutigam als Akteur, der mit Unterstützung seiner Beistände sein „christliches Ehewerben" vorbringt und somit die Braut gewinnt. Die Frau wird ihrem zukünftigen Manne „zu gesagt und versprochen". Mit diesen scheinbar kleinen Veränderungen verschiebt sich das bis dahin vorherrschende Bild einer gleichberechtigten Ehepartnerschaft. Dies deutet auf ein ganz anderes Konzept der Geschlechterrollen hin, wie es auch in den josephinischen Ehegesetzen und später im ABGB festgeschrieben wurde: auf die Dominanz des Mannes als Oberhaupt in der Ehe.

Die Charakterisierung der Personen

Die frühesten Heiratsverträge aus der Zeit vom Ende des Dreißigjährigen Krieges[78] sind sehr knapp und sachlich gehalten. Die Verträge sind als „Heurathsabredt" bezeichnet und wurden in ein Protokollbuch eingetragen. Es ist ungewiss, ob die Eheleute eine eigene Ausfertigung erhielten. Die „Abreden" enthalten nur wenige formelhafte Elemente und diese beziehen sich auf eine wohlwollend positive Charakterisierung der Brautleute: Die Bräutigame scheinen durch-

---

75 Vgl. Heide Wunder, „Er ist die Sonn', sie ist der Mond". Frauen in der Frühen Neuzeit, München 1992, 89–116.

76 Greneck, Theatrum Jurisdictionis, 269.

77 NÖLA, KG Krems, 84/65, Stiftsherrschaft Göttweig, Gülte Wolfstein am Gurhof, fol. 64.

78 Das ist der Bestand NÖLA, KG St. Pölten, 97/63, Herrschaft Neulengbach.

wegs als „ehrbar“ auf, was auch auf die männlichen Zeugen zutrifft, um deren Ehrlichkeit und damit rechtssichernde Zeugenschaft für die Vertragsschließung zu betonen. Die Bräute – ob ledig oder im Witwenstand –, werden als „tugentsam“ beschrieben.[79]

Bis etwa in die Mitte des 18. Jahrhunderts sind Heiratsverträge in einem ziemlich nüchternen und säkularen Stil abgefasst. Im zweiten Drittel des 18. Jahrhunderts werden die Heiratsverträge dann um mannigfaltige Floskeln erweitert. Inwieweit dies auch mit dem Wechsel der Amtsschreiber zu tun haben könnte, ist schwierig zu beurteilen. Auf jeden Fall scheint die soziale Stellung der Brautleute eine Rolle für die Elaboriertheit der Formulierungen gespielt zu haben. Die wenigen Heiratsverträge, die in einem ausgeschmückten Stil verfasst sind, beziehen sich auf die wohlhabende Oberschicht, auf Inhaber von großen Gewerbebetrieben oder auf Handwerker. Die Orientierung am sozialen Habitus der adeligen Schichten ist hier kaum zu verkennen.

Als der verwitwete Gastgeb und Wirt Ferdinand Dumbeck im Jahr 1764 mit der noch ledigen Maria Elisabetha, Tochter von Adam Meistrigler und dessen Frau Maria Theresia, eine „Heurats Abred“ schloss, flossen in die Abmachung zwischen dem sehr wohlhabenden Bräutigam und der Braut, die nur 150 Gulden, dem Landsbrauch nach zur Hälfte einbrachte, ehrbezeugende Titulierungen und lateinische Fachtermini ein: „*Bräutigam*, der Ehrngeachte Ferdinand Dumbeck …, *Braut*, die Tugendsame Maria Elisabetha, des Ehrngeachten Adam Meistrigler …, und Maria Theresia, dessen Ehewirthin …, Eheleibliche Tochter Ledigenstands“ und später im Text, die geplante Gütergemeinschaft betreffend: „was sie miteinander Erwirtschaften … ein gleiches unzertheiltes guth seyn und verbleiben solle, massen diese *Stipulirte Communio Bonorum* auf jene Art als es in denen Rechten und hiesigen Landsbrauch am kräftigsten seyn kan, wohlbedachtsam beederseits beliebet …“.[80]

5. Heiratsbezogene Transfers, Vereinbarungen und Vorbehalte

Im Zentrum der Heiratsverträge stehen die materiellen Abmachungen. Sie regelten unter anderem den Transfer von ökonomischen Ressourcen unter den beteiligten Hauptakteuren. Das waren zunächst die beiden zukünftigen Ehepartner, Bräutigam und Braut, die einander einen Beitrag zum zukünftigen Hausstand versprachen und zusicherten. Der Ressourcentransfer fand auch zwischen den Generationen statt, denn häufig, aber durchaus nicht immer, rührte das eingebrachte Vermögen von den Eltern der Brautleute her. Die jeweiligen Güter und Vermögen, welche die beiden Brautleute in die Ehe einbrachten, wurden dargelegt und die Form der jeweiligen Vermögensgemeinschaft – und nur um Gütergemeinschaften handelte es sich im untersuchten Raum – bestimmt. Dazu konnten etwaige Eigentumsvorbehalte spezifiziert werden. Was in die Verträge einfloss, war das Ergebnis von Heiratsstrategien und Aushandlungen, die zwischen Einzelpersonen und Familien stattgefunden hatten. Durch die Heiratsverträge und vor allem deren Niederschrift erfolgte die Rechtssicherung dieser Transferleistungen zwischen den zukünftigen Ehepartnern und für deren präsumtive Kinder. Dies galt auch für Kinder aus vorangegangenen Ehen, für Stiefeltern sowie Stiefgeschwister und nicht zuletzt für Verwandte unterschiedlichen Grades.

79 Vgl. dazu auch die Transkription im Anhang Neulengbach Nr. 1 und Abb. 3, S. 41.

80 NÖLA, Herrschaftsarchiv Fridau, HS 5, fol. 489 (Transkription im Anhang Fridau Nr. 1).

Die handelnden Personen

Die beiden Brautleute werden sogleich im ersten Abschnitt der Abreden als zentrale handelnde Personen eingeführt. Es „verheiratet sich“ der Bräutigam zu seiner Braut und verspricht ihr ein bestimmtes Vermögen als Heiratsgut dem Landesbrauch nach zur Hälfte, worauf die Braut ebenfalls ein bestimmtes Vermögen verheiratet und verspricht, ebenso dem Landsbrauch nach zur Hälfte.[81]

Die Rolle der Eltern wird durch die feststehenden Formeln im Wesentlichen auf eine soziale Positionierung und Identifizierung der Brautleute – als „Sohn von“ oder „Tochter von“ – beschränkt. Es wird auch nicht zum Ausdruck gebracht, ob sie eine aktive Rolle bei der Eheschließung gespielt haben oder ob sie auf die Ausgestaltung des Heiratsvertrages in irgendeiner Weise Einfluss genommen haben. Dieser Befund trifft ebenso für die Bräute zu – auch ledige Töchter wurden nicht durch ihre Väter gleichsam als ‚Objekte‘ verheiratet. Vielmehr treten die Frauen als gleichberechtigte Partnerinnen auf, die mit ihrem zukünftigen Ehemann einen Vertrag schließen, wie die „Heyraths Abredt“ aus dem Jahr 1652 dokumentiert:

> Heunt dato den: 28: Jenner A[nn]o: 1652. Verheyrath sich Blasy Prötl von Lilienfeldt, noch lödigen stanndts, als Weillandt Peter Prötl Unnderthanns daselbsten, und Barbara seiner Ehewierthin beeder seelig hünderlassener Eheleiblicher Sohn alß Breuthigamb an ainem
> Zu Ursula, Matthiasen Rechlings der Herrschaft Neuenlenngbach Unnderthann zu Michelndorff und Anna seiner Ehewierthin, noch im Löben Eheleibliche Tochter als Brauth anndersthails.[82]

Gegen Ende des 17. Jahrhunderts, zu einem Zeitpunkt, in dem der Stil insgesamt elaborierter wurde, ist immer wieder auch die Anwesenheit von Verwandten – die „Gegenwarth beederseiths befreundten“[83]– erwähnt, ohne jedoch das konkrete Verwandtschaftsverhältnis zu benennen.

Abschließend sind die Zeugen genannt, für die ohne erkennbare Tendenzen die Bezeichnung „Heurathsleuth“[84] oder „Beystände“[85] verwendet wurde. Im Jahr 1665 scheint auf Seiten der Frau zum ersten Mal der Terminus „Brauth Verandtwordter“[86] auf, während für den Bräutigam weiterhin der Begriff der „Beystände“ in Gebrauch bleibt.[87] Die Anzahl der Zeugen variierte zwischen zwei und drei Männern jeweils auf Seiten des Bräutigams und der Braut. Die Zeugen bestätigten durch ihre Anwesenheit, ihre Unterschrift und eventuell sogar ein Siegel die Rechtmäßigkeit des geschlossenen Vertrages. Zu den Beziehungen, die zu den Brautleuten bestanden, gibt es nur wenige und indirekte Hinweise, wie etwa Namensgleichheit mit der Braut oder dem

81 Vgl. dazu auch die Heiratsabrede Neulengbach Nr. 2 im Anhang.

82 NÖLA, KG St. Pölten, 97/63, Herrschaft Neulengbach, fol. 63 (Transkription im Anhang Neulengbach Nr. 8).

83 Vgl. dazu auch die Heiratsabrede Aspang Nr. 1 im Anhang.

84 Vgl. zum Beispiel NÖLA, KG St. Pölten, Herrschaft Neulengbach, fol. 29. In diesem Heiratskontrakt aus dem Jahr 1648 sind „Heurathsleuth“ seitens des Bräutigams und „Beystände“ seitens der Braut genannt.

85 Vgl. NÖLA, KG St. Pölten, 97/63, Herrschaft Neulengbach.

86 Zu diesem Begriff siehe Jacob und Wilhelm Grimm, Deutsches Wörterbuch Bd. 25, Sp. 81: „Verantworter“ als eine Person, die rechtfertigt, verteidigt.

87 Vgl. NÖLA, KG St. Pölten, 97/63, Herrschaft Neulengbach, fol. 166', Heiratsvertrag aus dem Jahr 1665.

Bräutigam, die auf Verwandtschaft schließen lassen. Am ehesten finden sich Funktionsbezeichnungen wie Dorfrichter oder Berufsbezeichnungen wie Gastwirt, die Personen mit einem hohen Sozialprestige erkennen lassen.

Heiratsgut, Widerlage, Morgengabe rechtlich ...

Im Allgemeinen wurde von Eltern erwartet, ihre Kinder mit einer wirtschaftlichen Grundlage für die Eheschließung auszustatten – „und halt Ihr [der Tochter] ainen Ehrlichen Heurath aus" heißt es in einem Erbvertrag aus 1649.[88] Töchter konnten allerdings den Anspruch auf das Heiratsgut verlieren, wenn sie sich gegen den Willen der Eltern verheirateten.[89] Das Josephinische Gesetzbuch verpflichtete die Eltern, den Töchtern ein „Heiratsgut" mitzugeben und ihre Söhne mit einer entsprechenden „Widerlage" auszustatten, wenn die Nachkommen (noch) kein eigenes oder kein ausreichendes Vermögen hatten. Doch sollte diese Verpflichtung nur bestehen, wenn die Eltern selbst wirtschaftlich abgesichert waren. War der Vater dazu nicht imstande, ging die Verpflichtung auf die Mutter über, auch Großeltern konnten herangezogen werden.[90] Wenn Heiratsgut und Widerlage von den Eltern gegeben wurden, galt dies in der Regel als Vorausleistung auf die künftige Erbschaft, das heißt, der Erbteil verminderte sich „auf künftige Erbs-Abrechnung" um den Wert des anlässlich der Heirat gegebenen Vermögens. „Die Catharina Puechmaisterin aber, weillen sye bey der Verheyrathung schon abgeförttiget, hat aniezo nichts mehr zu empfangen".[91]

Mittelalterliche Verträge bezeichnen Leistungen, welche die Eltern im Zusammenhang mit der Eheschließung an die Tochter transferierten, als „Heimsteuer". Im Laufe des Spätmittelalters findet sich dafür weitverbreitet die Bezeichnung „Heiratsgut", häufig unabhängig davon, ob Töchter oder Söhne damit beteilt wurden.[92] Im 17. Jahrhundert wurde auch das vom Bräutigam der Braut versprochene Vermögen als Heiratsgut bezeichnet.[93] Doch setzte sich zunehmend der Terminus „Heiratsgut" für das, was die Braut in die Ehe einbrachte, durch, während für Leistungen seitens des Mannes die Bezeichnung „Widerlegung" aufkam.

Im niederösterreichischen Landrechtsentwurf von 1526 heißt es im Artikel „Von Heyrat Heyratguetern widerlegung unnd Morgengaab und derselben Handlungen":

> Wann tag zu abredt einer heyrat furgenumen so wierdet nach erkhundigung aines guetten lobmundts und erber sitten mit namen gehandelt von der praut heyratguet, zu latein *dos* genannt so sy dem khunf-

88 NÖLA, KG St. Pölten, 97/63, Herrschaft Neulengbach, fol. 29'–30 (Transkription im Anhang Neulengbach Nr. 5).

89 Verordnung Ferdinand I., 24. August 1550, Heurathen ohne deren Eltern/ Gerhaben oder deren nechsten Befreundten Bewilligung, Franz Anton von Guarient Hg., Codex Austriacus, Bd. 1, Wien 1704, 469–470.

90 JGB §§ 51–56, 62, 75, 77, 78.

91 Vgl. beispielsweise NÖLA, KG St. Pölten, 42/8, Herrschaft Fridau, fol. 57, Heiratsvertrag aus dem Jahr 1769.

92 Vgl. Wilhelm Brauneder, Die Entwicklung des Ehegüterrechts in Österreich. Ein Beitrag zur Dogmengeschichte und Rechtstatsachenforschung des Spätmittelalters und der Neuzeit, Salzburg/München 1973, 40ff.

93 NÖLA, KG St. Pölten, 75/4, fol. 21'–23' Erbvertrag (Transkription im Anhang Fridau Nr. 14).

tigen mann zuebringen soll. Nachmallen von des manns oder des preuttigam widerlegung das genant wierdet ain gab von der connschaft wegen zu latein *donation propter nupcias.*[94]

Die Übersetzung beziehungsweise Gleichsetzung von „Heiratsgut" mit „dos" und von „Widerlegung" mit „donatio propter nuptias" zeigt, dass die Landrechtsentwürfe gemeinrechtliche Konzepte übernahmen und (wie auch die späteren Kodifikationsversuche) das Heiratsgabensystem, das dem Dotalsystem verwandt ist, als vertragliches Ehegüterrecht schlechthin ansahen.[95] Heiratsgut und Widerlage sind dabei als wechselseitige Leistungen bei grundsätzlicher Gütertrennung zu sehen. Das Heiratsgut der Frau wurde als Beitrag zu den finanziellen Lasten der Ehe, den „Bürden des ehelichen Standes", erachtet: „Alle dieweil die gemellten zway ee und chonleut bey und mitainander leben, soll von solchen zuebringen heyratguet unnd widerlegung die purden des eelichen stanndts unnderhalten werden."[96] Die Widerlage des Mannes sollte als Gegenwert ein angemessenes Vermögen stellen und vor allem der Versorgung der Witwe dienen. Auch der Codex Theresianus sieht die Aufgabe, die Lasten der Ehe zu tragen, eindeutig an das Heiratsgut der Frau geknüpft, während die Widerlage des Mannes für die Versorgung der Frau nach aufgelöster Ehe vorgesehen war.[97] Die Tendenz, auf der normativen Ebene das Heiratsgabensystem mit grundsätzlicher Gütertrennung als das Ehegüterrechtssystem schlechthin festzulegen, setzt sich über die Kompilationen des Codex Theresianus sowie die Gesetzgebung Josephs II. bis hin zum ABGB fort.

Die Morgengabe war nach den Landesordnungs-Entwürfen primär eine Belohnung der Jungfräulichkeit und wurde von Seiten des ledigen oder verwitweten Bräutigams der Braut übergeben. Die Morgengabe konnte aber auch von einer Witwe an einen „jungen gesellen" geleistet werden; dies sei in Österreich unter der Enns „nit unpreuchig", das heißt, nicht unüblich. Wenn aber zwei verwitwete Personen miteinander eine Ehe eingingen, sollte eine Morgengabe nicht gegeben werden.

Nachmallen so die praut ain junkhfraw ist wierdet gemellt die morgengab. dieselb gab ist ain belonung der junkhfreulichen eeren oder magthumbs. Desgleichen so ain wittib ain jungen gesellen und nicht ainem wittiber vermähelt ist sy im die morgengab schuldig. Aber so wittiber und wittib zusamen heyraten die geben noch nemen khain morgengab ...[98]

Die Morgengabe sollte dem Ehepartner zur freien Verfügung verbleiben. Durch weitere Bestimmungen im Heiratsvertrag konnten Modifikationen bezüglich des Erbfalles vorgenommen werden, etwa, dass die Morgengabe bei kinderloser Ehe und Tod eines Partners an dessen Familie zurückfallen solle.[99]

94 NÖLA, HS 178a, Zaiger In das Land Rechts Buech oder Institutum Kaysers Ferdinandi I. die N.Ö. Land Rechten und Gerichts Persohnen betr[effend],1526, fol. 155'–156.

95 Vgl. Brauneder, Normenautorität, 114.

96 NÖLA, HS 178a, Zaiger In das Land Rechts Buech (wie Anm. 94), fol. 157.

97 Harrasowsky, Codex Theresianus, Bd. 1, Caput III Von Ehebindnissen, § II Von dem Heirathsguth, Nr. 66 und ebenda, Von der Widerlag, Nr. 167.

98 NÖLA, HS 178a, Zaiger In das Land Rechts Buech (wie Anm. 94), fol. 157.

99 Vgl. NÖLA, HS 178a, Zaiger In das Land Rechts Buech (wie Anm. 94), fol. 158'.

... und in der Vertragspraxis

Im 17. Jahrhundert bis in die erste Hälfte des 18. Jahrhunderts sprechen die schlicht gehaltenen Verträge davon, dass die Braut ihrem Bräutigam ein gewisses Vermögen „verheirate"; und ebenso „verheiratete" der Bräutigam der Braut bestimmte Güter. Diese wurden konkret als Liegenschaften, Grundstücke oder auch als Geldsumme benannt:

> Die braut verheurattet ihrem lieben bräutigam, die von ihren eltern auf künftige erbs abrechnung empfangenen 20 fl ... Welches der bräutigam mit seinem ... haus ... samt aller ein- und zugehör, nichts hiervon ausgenommen, ... widerlegt hat. Was nun beede braut personen während ihrer ehelichen beysammen wohnung erwerben, ererben, oder sonsten durch den reichen seegen gottes, und rechtmässigen *titl* an sich bringen, solle beederseits ein gleiches guth seyn, heissen und verbleiben.[100]

Seit der Mitte des 18. Jahrhunderts fanden die Begriffe „Heiratsgut" und „Widerlage", obwohl aus dem der Gütergemeinschaft konträren Heiratsgabensystem stammend, auch bei der Vereinbarung von Gütergemeinschaftsverträgen Verwendung. Im Amt Pfolsau beispielsweise scheinen im Jahr 1758 zum ersten Mal die Begriffe „Heiratsgut" und „Widerlage" auf.[101] Bis dahin „verheiratete" die Braut ihr Vermögen, welches der Bräutigam „widerlegte". Diese Ausdrücke bleiben auch weiterhin bestehen. Neu ist, dass nun der Bräutigam das Einbringen der Braut „als wahres Heiratsgut" anerkannt und seinerseits widerlegt hat. Dem Wortlaut nach werden somit zwei Gütersysteme kombiniert, die einander prinzipiell ausschließen.[102] Das Heiratsgut wurde nicht von der Frau an den Mann zur alleinigen Nutzung übergeben, und die Widerlage war nicht zur Versorgung der Witwe bestimmt, sondern Heiratsgut und Widerlage wurden ausdrücklich immer in die Gütergemeinschaft eingeschlossen. Das Vermögen, das die Braut in die Ehe brachte, wurde zwar vorwiegend „Heiratsgut" genannt und das des Mannes „Widerlage", aber es kam auch vor, dass die Begriffe umgekehrt verwendet wurden.

Unabhängig von der Bezeichnung mussten die Leistungen, sowohl Heiratsgut als auch Widerlage in der Folge, unbedingt in einem Ehevertrag aufscheinen. Beide Partner brachten ihren Teil in die Ehe ein, selbst wenn es sich nur um ein geringes oder immaterielles Vermögen handelte. Wenn die Braut oder der Bräutigam überhaupt nichts besaß, brachte sie beziehungsweise er zumindest ihre oder seine „lieb und treu" ein – die Verpflichtung, dem anderen zu helfen und beizustehen.

Die Gütergemeinschaft als Form der ehegüterrechtlichen Vereinbarungen im bäuerlichen Milieu Niederösterreichs bildete auch das Vorbild für die frühe Fabrikarbeiterschaft. In den Jahren 1768 beziehungsweise 1769 schlossen zwei Leinweber aus der „Cotton-Fabrique" in Fridau mit ihren Bräuten Eheverträge ab. Die Eheverträge selbst unterscheiden sich in keiner Weise in Aufbau und Inhalt von bäuerlich-handwerklichen Verträgen. Die Bräute brachten als Heiratsgut ihre Ersparnisse beziehungsweise die mütterliche Erbschaft ein. Beide Bräutigame widerlegten das Heiratsgut ihrer Bräute mangels Vermögen mit ihrer „erlehrnten Weber-Profession, Lieb und Treu" und vereinbarten als ehegüterrechtliche Regelung eine allgemeine Gütergemeinschaft, die das derzeitige und zukünftig miteinander erworbene Vermögen um-

100 NÖLA, Herrschaftsarchiv Fridau, HS 5, fol. 187, Heuratsabred aus dem Jahr 1752.

101 NÖLA, KG St. Pölten, 75/4, Herrschaft Kirchberg an der Pielach, fol. 131', fol. 126.

102 Vgl. dazu Brauneder, Normenautorität, 115ff.

fasste.[103] Die neuen Arbeits- und Familienformen der Fabrikarbeiterschaft auf dem Lande hatten noch keine eigenen Instrumentarien ausgebildet; man orientierte sich an den traditionellen Mustern der agrarischen Bevölkerung.

Eine Vereinbarung über eine Morgengabe ließ sich im bäuerlichen Milieu des Untersuchungsgebietes nicht auffinden. Die einzige vorgefundene Heiratsabrede, bei der eine Morgengabe zur Tragen kam, betrifft die Eheschließung zwischen zwei vermögenden Brautleuten, einem Gastwirt und der Tochter eines „Blechschneidemeisters“, also einem Spezialisten der damals in dieser Gegend hoch entwickelten Eisenindustrie. Der verwitwete Bräutigam brachte ein Gasthaus und eine Säge in die Ehe mit und widerlegte das eingebrachte Heiratsgut der Braut von 400 Gulden mit 800 Gulden. Darüber hinaus erklärte er, „seiner Jungfer Braut zu einer Morgen gaab zwölf 12 *Species Dukaten* aus seinem freyen Vermögen zu handen zu stellen“,[104] was beinahe einem Viertel des bräutlichen Heiratsgutes entsprach. Diese zusätzliche Leistung zu Widerlage oder auch Heiratsgut konnte offenbar nur von wohlhabenden Personen aufgebracht werden.

„das gemainclich der praut heyratguet und des preuttigams widerlegung an der suma gleich sein“ – zur Höhe von Heiratsgut und Widerlage

Der Landesordnungsentwurf von Niederösterreich aus dem ersten Drittel des 16. Jahrhunderts stellt die in der Überschrift zitierte Normvorstellung gleichsam als landesübliche Praxis dar – als „gemain lanndtsprauch unseres fürstenthumbs Osterreich“.[105] Diesem Ideal eines gleichwertigen Beitrages von Braut und Bräutigam wurde jedoch in der Realität keineswegs entsprochen. Die Berichte der Kommissionsmitglieder zum Codex Theresianus im 18. Jahrhundert vermerken etwa zur Praxis in Niederösterreich, dass die Widerlage in der Regel das Doppelte des Heiratsgutes betrage.[106] Im Codex Theresianus waren Bestimmungen vorgesehen, die die Höhe des Heiratsgutes und der Widerlage nach oben hin begrenzen sollten, wobei unterschiedliche Höchstgrenzen für Frauen und für Männer vorgesehen waren: Das Heiratsgut der Braut sollte im Allgemeinen nicht mehr als ein Drittel des Vermögens betragen, das sie vor der Eheschließung besaß,[107] die Widerlage des Bräutigams nicht mehr als ein Viertel,[108] womit das Vermögen des Mannes stärker geschützt wurde als das der Frau. Damit sollten vor allem

103 NÖLA, KG St. Pölten, 42/8, Herrschaft Fridau, fol. 54–56 (siehe dazu die im Anhang transkribierten Heiratsabreden Fridau Nr. 10 sowie Fridau Nr. 11).

104 NÖLA, Herrschaftsarchiv Fridau, HS 5, fol. 364', Heuratsabred aus dem Jahr 1759.

105 NÖLA, HS 178a, Zaiger In das Land Rechts Buech (wie Anm. 94), fol. 156.

106 Vgl. Harrasowsky, Codex Theresianus, Bd. 1, Caput III Von Ehebindnissen, § III Von der Widerlag, S.115, Anm. 22.

107 Harrasowsky, Codex Theresianus, Bd. 1, Caput III Von Ehebindnissen, § II Von dem Heirathsguth, Nr. 90.

108 Harrasowsky, Codex Theresianus, Bd. 1, Caput III Von Ehebindnissen, § III Von der Widerlag, Nr. 177 und Harras von Harrasowsky Hg., Der Codex Theresianus und seine Umarbeitungen, Bd. 5: Entwurf Martini's, Wien 1886, Zehntes Hauptstück: Von Ehepacten, 194–202.

die Rechte der Pflichtteilsberechtigten gewahrt werden.[109] Die Idee einer Höchstgrenze wurde weder im JGB noch im ABGB weiter verfolgt

Dass allerdings weniger vermögende Schichten diesem Modell kaum folgen würden, weil die Drittel- beziehungsweise Viertelbeschränkung als Basis für eine Eheschließung nicht ausgereicht hätte, war offenbar auch den Mitgliedern der Kompilations-Kommission wohl bekannt. Jedoch sollte die Verheiratung der Hälfte des Vermögens nur als Ausnahme gelten.

> 92. Wovon Wir nur den alleinigen Fall ausgenommen haben wollen, da das Vermögen der heirathenden Person so gering wäre, daß dessen dritter Theil zu einem standesgemäßen Heirathgut nicht zureichete, welchen Falls zu Beförderung einer anständigen Heirath sich auch darüber bis auf die Hälfte des Vermögens einzulassen gestattet sein solle.[110]

In bestimmten sozialen Schichten war es durchaus üblich, einander das gesamte Vermögen zu verheiraten. Diesen Befund vermerkte auch die Kommission zum Codex Theresianus im 18. Jahrhundert. Vorwiegend im städtischen Handwerk sei dies „gebräuchig", da Frauen einer Eheschließung nicht zustimmen würden, wenn nicht das ganze Vermögen eingebracht würde.[111]

Das Modell eines ausgeglichenen Verhältnisses der eingebrachten Vermögenswerte von Bräutigam und Braut wurde nur bei ‚Norm-Heiraten' (die allerdings nicht die Norm waren) eingehalten. Die Verwirklichung der Forderung, dass Heiratsgut und Widerlage in der Summe gleich seien, lässt sich vorwiegend bei Eheschließungen feststellen, bei denen Braut und Bräutigam aus sozial und wirtschaftlich möglichst ähnlich situierten Familien stammten und beide ihre erste Ehe eingingen, wobei vermutlich kein erheblicher Altersabstand bestand. In Heiratsverträgen, die eine große Differenz zwischen dem Heiratsgut der Braut und der Widerlage des Bräutigams aufweisen, war meist einer der Partner bereits verwitwet und brachte, entsprechend dem Witwen und Witwer begünstigenden Ehegüter- und Erbrecht, ein beträchtliches Vermögen ein. Die häufig wesentlich jüngeren Partnerinnen und Partner – in den Quellen auch als „Jungfrauen" und „junge Gesellen" bezeichnet – konnten wenig mehr als ihre Jugend in die Ehe einbringen, vielleicht etwas Erspartes oder eine geringe Summe, die sie von den Eltern erhalten hatten. Als 1795 der verwitwete Andre Riegler die ledige Anna Maria Schindleggerin zur Frau nahm, wurde sein Vermögen – Haus und Hof samt Grundstücken und Vieh – nach der Verlassenschaftsabhandlung auf 400 Gulden geschätzt. Die junge Braut hingegen konnte nur 50 Gulden in die Ehe einbringen. Der Heiratsvertrag sah eine Regelung vor, die für die zweite Ehefrau sehr vorteilhaft ausfiel: Beim Tod des Partners sollte der überlebende Teil zwei Drittel des Gemeinschaftsvermögens erhalten, etwaige Kinder nur ein Drittel. Bei kinderloser Ehe fiel sogar das gesamte Vermögen an den überlebenden Partner, die Verwandten gingen leer aus.[112]

Was und wie viel auch immer Braut und Bräutigam in die Ehe einbrachten – sie verheirateten einander ihr jeweiliges Vermögen entweder „dem Landsbrauch nach zur Hälfte" oder

109 Harrasowsky, Codex Theresianus, Bd. 1, Caput III Von Ehebindnissen, § II Von dem Heirathsguth, S. 100, Anm. 14.

110 Harrasowsky, Codex Theresianus, Bd. 1, Caput III Von Ehebindnissen, § II Von dem Heirathsguth, Nr. 92.

111 Vgl. Harrasowsky, Codex Theresianus, Bd. 1, Caput III Von Ehebindnissen, § II Von dem Heirathsguth, S. 100, Anm. 14.

112 NÖLA, KG St. Pölten, 75/4, fol. 259'–260 (Transkription im Anhang Fridau Nr. 17).

auch zur Gänze und konstituierten eine Gütergemeinschaft, in der, unabhängig von der Höhe des eigenen eingebrachten Beitrages, nun jeder Partner Anspruch zu gleichen Teilen auf das Gemeinschaftsgut hatte.

Äcker, Bargeld, Handwerk, Erworbenes und Ererbtes

So mannigfaltig wie die Lebensumstände der Menschen waren auch die Vermögenswerte, die in eine Ehe eingebracht wurden: Bauerngüter, Kleinhäuser, Gewerbe- und Handwerksbetriebe, Grundstücke, Fahrnissen (also bewegliche Güter), Vieh und Hauseinrichtung, in seltenen Fällen auch Bargeld. Das Heiratsgut der Braut konnte aus den unterschiedlichsten Vermögenswerten bestehen. Im idealtypischen Fall verheiratete die Braut ihrem Bräutigam eine Geldsumme, die sie von ihren Eltern entweder als ein freies Geschenk oder als Vorausleistung auf die künftige Erbschaft erhalten hatte. Dazu kamen Sachgüter wie Haushalts- und Wirtschaftsgeräte sowie Vieh. Was die Heiratsausstattungen der Bräute betrifft, sind in den Heiratsverträgen leider keine näheren Angaben zu finden. Nur bei recht vermögenden Brautleuten sind einige wenige Details angegeben. Selten findet sich der Vermerk, dass die Braut etwa ein „aufgerichtetes Bett“, eine „*reverendo* Khue“[113] oder auch Kinderwäsche mit in die Ehe gebracht habe.

Der Bräutigam widerlegte dieses Heiratsgut mit seinem Haus und Hof, die er entweder von den Eltern übernommen hatte oder in absehbarer Zeit übernehmen würde,[114] oder aber mit einer Gewerbeberechtigung oder seinem erlernten Handwerk.[115]

Nicht selten stammten die Liegenschaften aus dem Besitz der Bräute, was vor allem bei Witwen der Fall war.[116] Wenn zum Zeitpunkt der Hofübergabe an die nächste Generation kein oder kein geeigneter Sohn vorhanden war, wurde die Tochter zur Hoferbin und brachte das Bauerngut in eine Ehe ein. Bares Geld konnte ein „freies Geschenk“ seitens der Eltern sein[117]oder schon auf zukünftige Abrechnung vom Erbe gegeben werden, stand aber in der bäuerlichen Ökonomie eher selten zur Verfügung. Brautleute, die auf kein elterliches Erbe hoffen konnten, weil ihre Familie zu arm war, brachten ihren wenigen ersparten Lohn aus-Dienstverhältnissen ein.[118] Die prekäre wirtschaftliche Lage armer Schichten ließ die Kinder manchmal auch auf das Erbe, das eigentlich die Grundlage für eine Eheschließung bildete, verzichten. Im Jahr 1742 verglich sich der hinterlassene Witwer Bartolomä Pfeiffer mit seinen zwei ehelichen Kindern folgendermaßen: „Weillen er ein schon alter Mann, und das Vermögen

113 Der Zusatz „reverendo“, abgekürzt rdo., entspricht dem salva venia: „mit Erlaubnis zu reden“, oder „es sei erlaubt“. Vgl. J. G. Krünitz, Öconomische Encyclopädie, http://www.kruenitz1.uni-trier.de/ oder dem s.v.v. „sit venia verbo“: „man möge mir den Ausdruck verzeihen“; als entschuldigende Floskel für den Gebrauch „anrüchiger“ Wörter. siehe dazu auch Karl E. Demandt,Laterculus Notarum. Lateinisch-deutsche Interpretationshilfen für spätmittelalterliche und frühneuzeitliche Archivalien, Marburg 1992[5], 259.

114 Vgl. NÖLA, KG Krems, 84/65, Stiftsherrschaft Göttweig, Gülte Wolfstein am Gurhof, fol. 109 (Transkription Wolfstein am Gurhof Nr. 5 im Anhang).

115 Vgl. dazu den Heiratsvertrag Wolfstein am Gurhof Nr. 6 im Anhang.

116 Vgl. dazu den Heiratsvertrag Fridau Nr. 7 sowie Fridau Nr. 16 im Anhang.

117 Vgl. dazu den Heiratsvertrag Fridau Nr. 12 im Anhang.

118 Vgl. dazu den Heiratsvertrag Fridau Nr. 13 im Anhang.

ohnedem schlecht, so haben sich die Erben freywillig erkläret, daß sie an ihme nichts forderen, er ihnen auch nichts hinausgeben darff."[119]

Ein ganz wesentliches ökonomisches und soziales Kapital war für Witwen von Handwerkern oder Gewerbetreibenden die Berechtigung zur Führung des Betriebes, an den sie nach dem Tod des Ehemannes nun allein „angeschrieben" waren. Junge Männer, die über eine Handwerksausbildung verfügten, setzten ihre „erlernte Profession" ein, um über den Weg der Heirat mit einer Handwerkerwitwe eine abgesicherte wirtschaftliche Position zu erlangen.

„Lieb und Treu" als Vermögensersatz

Obwohl wirtschaftliche Sicherheit eine der Hauptvoraussetzungen für eine Eheschließung war, zeigt sich in der Praxis, dass auch gänzlich mittellose Frauen und Männer nicht prinzipiell von der Möglichkeit, eine Ehe einzugehen, ausgeschlossen waren. Wenn einer der Partner überhaupt nichts besaß, verheiratete er zumindest seine „lieb und treu" – die Verpflichtung, dem anderen in der Ehegemeinschaft zu helfen und beizustehen. So in einer „Heuratsabred" aus dem 18. Jahrhundert: Im Jahr 1766 schlossen Sebastian König und Magdalena Pichlerin in der Herrschaftskanzlei Fridau eine „Heuraths Abred". Die Braut verheiratete ihrem „lieben Bräutigam und künftigen Ehewürth In Ermanglung der Mitteln ihre Lieb und Treu, welches ersagter Bräutigam ebenmässig widerleget".[120] Beide Brautleute stammten aus der Inwohner-Schicht, das heißt, ihre Eltern besaßen kein eigenes Haus, sondern wohnten bei fremden Leuten zur Miete und verdingten sich vermutlich im Tagelohn. Obwohl Braut und Bräutigam völlig mittellos waren, schlossen sie einen Heiratsvertrag ab und verabredeten, dem üblichen Vorgehen im Lande Österreich unter der Enns entsprechend, eine allgemeine Gütergemeinschaft.

Bei diesem ehegüterrechtlichen Modell war es durchaus auch für mittellose Personen sinnvoll und zweckmäßig, einen Ehevertrag abzuschließen. Es ging ja nicht nur um die Absicherung des jeweils eingebrachten Vermögens von Braut und Bräutigam, sondern auch um die Konstituierung eines zukünftigen gemeinschaftlichen Vermögens. Heiratsabreden dieser Art finden sich immer wieder, etwa 1767 im Vorfeld der Eheschließung von Anton List und Maria Anna Hollowatschin, der Tochter eines Schmiedes: „die Braut verheurathet ihrem Bräutigam und künfftigen Ehewirt in Ermanglung dermaligen Mittlen die gebührende Treue, und Lieb, so ersagter Bräutigam gleichen wiederleget".[121] Oder: „Die braut verheuratet ihrem lieben bräutigam in abgang zeitlicher mitteln ihre lieb und treu, welches besagter bräutigam auch angenommen, und entgegen von seinem selbst ersparten mitteln deren 300 fl mit baaren 100 fl widerlegt, dem landsbrauch nach zur Helfte."[122]

---

119 NÖLA, Herrschaftsarchiv Fridau, HS 25, fol. 23.

120 NÖLA, KG St. Pölten, 42/8, Herrschaft Fridau, fol. 28 (Transkription Fridau Nr. 9 im Anhang).

121 NÖLA, KG St. Pölten, 42/8, Herrschaft Fridau, fol. 39'.

122 NÖLA, Herrschaftsarchiv Fridau, HS 5, fol. 492, Heiratsvertrag aus dem Jahr 1765. Siehe dazu auch den Heiratsvertrag KG St. Pölten, 97/63, fol. 63 (Transkription Neulengbach Nr. 8 im Anhang).

Stiefkinder als „Morgengabe“

Im Dezember 1743 schlossen im Weinbauort Perchtoldsdorf der verwitwete Bürger Leopold Holzer und die „Tugentsame Jungfrau Margaretha Thürin“, Tochter eines bereits verstorbenen Inwohner-Ehepaares aus Böhmisch-Krumau, einen Heiratsvertrag. Der Bräutigam verheiratete seiner Braut seine halbe Behausung samt halber Einrichtung und auch die Hälfte seines Weingartens in Perchtoldsdorf. Als eigener Punkt aber wurde dargelegt: „Und weillen Vürtttens sein Söhnl mit Nahmen Jacob noch klein Als gibt er solchen mehr berührter Jungfrau brauth zu einer Morgen gab, daß sie solchen als ihr aigenthumblich Rechtes Kind und Erben soll erziegen und halten.“[123] Ebenfalls im Jahr 1743 hatte der verwitwete Joseph Altmayr, Drechslermeister in Perchtoldsdorf, einen Ehevertrag mit der „Jungfrau Maria Elisabeth Schmoldterin“ geschlossen. Die Braut brachte 100 Gulden Bargeld sowie ein gerichtetes Bett und eine Kuh als von ihren Eltern gegebenes Heiratsgut mit, das der Bräutigam mit seinem Handwerk und dem Haus zur Hälfte, mit allen Haus- und Handwerksmobilien ohne Ausnahme, widerlegte. Und des Weiteren verfügte er: „Auch als Morgen gab seiner [sic] leiblichen Sohn Johann Baptist Altmayr, sambt einer silbernen gürtl damit sie solchen gleich als ihr Kind mechte ehrlich und christlich auferziehn.“[124]

Diese Praxis, ein leibliches Kind aus einer vorangegangenen Ehe einer Braut als „Morgengabe“ zu schenken, noch dazu mit der Verpflichtung, dieses wie das eigene zu erziehen, mutet zunächst fremd an. Dies hatte aber vermögensrechtliche Konsequenzen und Vorteile, die durchaus als Äquivalent zu rein materiellen Morgengaben wie Geld oder Schmuck zu sehen sind: Der Anspruch der Braut auf das Vermögen des Mannes wurde durch den Erbanspruch ihres Stiefkindes nun nicht mehr geschmälert. Wenn das Kind vor der Stiefmutter starb, hätte diese es sogar beerbt. Die Konstruktion eines Morgengabskindes sicherte dem Stiefelternteil den Erbanspruch am elterlichen Erbteil des Stiefkindes. Die Institution des Morgengabskindes entlastete auch den verwitweten Bräutigam beziehungsweise die verwitwete Braut in finanzieller Hinsicht und verschob die zu erbringende Leistung in die Zukunft.[125]

Dieser Institution ähnlich war die als „Einkindschaft“ bezeichnete Form des Erbrechts, die seit dem Mittelalter gebräuchlich war und auch in den neuzeitlichen Rechtsordnungen erhalten blieb. Im Rahmen einer Eheschließung, bei der einer der Partner verwitwet war und ein oder mehrere Kinder hatte, verzichteten die Kinder aus der vorangegangenen Ehe auf ihre Rechte am ersteheIichen Vermögen zugunsten der neuen Ehegatten, also der Stiefmutter oder des Stiefvaters, wofür ihnen wiederum an deren Vermögen ein Erbrecht zugestanden wurde.[126] Damit waren Kinder aus erster und zweiter Ehe, also Stiefgeschwister, erbrechtlich gleichgestellt. Nachteilig konnte sich diese Regelung für die Kinder aus vorangegangenen Ehen dann auswirken, wenn in der zweiten Ehe viele Kinder geboren wurden – diese Situation schmälerte ihren Anteil am Erbe.

123 AMP Perchtoldsdorf, Karton 152, Heiratsvertrag vom 30. Dezember 1743 (Transkription im Anhang Perchtoldsdorf Nr. 1).

124 AMP Perchtoldsdorf, Karton 152, Heiratsvertrag vom 26. September 1743.

125 Vgl. dazu auch Gabriela Signori, Pflegekinder, Stiefkinder, Morgengabskinder: Formen sozialer Eltern- bzw. sozialer Kindschaft in der Gesellschaft des Spätmittelalters, in: Johannes F. K. Schmidt, Martine Guichard, Peter Schuster u. Fritz Trillmich Hg, Freundschaft und Verwandtschaft. Zur Unterscheidung und Verflechtung zweier Beziehungssysteme, Konstanz 2007, 165–180.

126 Vgl. Floßmann, Österreichische Privatrechtsgeschichte, 325.

Im 18. Jahrhundert, im Codex Theresianus, wurde eine Aufhebung der Einkindschaft gefordert: „Wir wollen aber derlei Einkindschaften hiemit für das Künftige gänzlich aufgehoben und abgestellet haben, also zwar, daß daraus weder die Gleichheit in der Erbfolge, noch eine andere Rechtswirkung entstehen, noch weniger dadurch die stiefväterliche Gewalt erlanget ... werden solle."[127] Die Aberkennung der rechtlichen Wirkung der Einkindschaft erfolgte mit dem ABGB 1811 (§ 1259).[128]

Vermögensvorbehalte – Autonomie oder Druckmittel?

Häufige Praxis war das Einbehalten von Vermögen zur individuellen Nutzung. Viele Frauen und Männer sicherten sich mittels Heiratsvertrag neben dem in die Gütergemeinschaft eingebrachten Vermögen auch noch separates Vermögen, über das sie während der Ehe nach eigenem Gutdünken verfügen konnten. Der Ehemann respektive die Ehefrau hatte über dieses Vermögen des Partners, der Partnerin keine Verfügungsgewalt. Die „Landesordnung" stellt diesbezüglich ausdrücklich fest: „Ob die Hausfrawn ausserhalb des Heyratguets annder aigen Guetter haben derselben soll sich der Hauswirdt on des Weibs sunder wissen und willen zuhanndlen in khainen weg unndersteen noch einmüschen. Was Ehr aber alsdann hanndeln würde hat khain Crafft".[129]

In der Praxis wurde diese Vereinbarung vor allem von sehr wohlhabenden Bräuten, oft Witwen, getroffen. Wenn beide Brautleute beträchtliches Vermögen in die Ehe mitbrachten, wurde häufig ein Vorbehalt an Vermögensteilen sowohl für die Braut als auch den Bräutigam vereinbart. Als im Jahr 1646 der ledige Andreas Hager eine „Heurathsabredt" mit der verwitweten Rosina Cnädlstorfferin schloss, behielten sich beide Brautleute Grundstücke vor (siehe Abb. 4):

> Unnd verheurath obgemelter Breuttigamb seiner geliebten Brauth, in allen seinem Vermügen, es sey ligennts oder fahrundes (Ausser drey Viertl Weingarten in Reicherstorffer gepürg, welche Er Breutigamb Ihme gannz bevor: drey Joch Ackher aber auf seiner zukhünnftigen Ehewierthin wolverhalten außnimbt.) Durch auß den halben thaill, dem Gemainen Lanndtsbrauch nach, frey lödig. Dargegen obgemelte Brauth Ihrem Breuthigamb auß all ihrem Vermögen, (Außgenohmmen annderthalb Joch ackher in Mitterfelde auff ihres khunfftigen ehewierths woll verhalten, ain halb joch ackher aber in Khrauttgärten ligent, gannz bevor nimbt), ebenermassen durchgehennt den halben thaill verheirathet.[130]

Hier liegt eine sehr differenzierte Abmachung vor: Jeweils ein Grundstück wird ausschließlich zur eigenen Nutzung zurückbehalten, ein zweites Grundstück jedoch abhängig vom künftigen „Wohlverhalten" des Partners. Erst wenn sich beide, Frau und Mann, in der Ehe als zuverlässige treue Partner und tüchtige Wirtschafter erwiesen, bestand die Option, sie auch auf das dieses rückbehaltene Grundstück anzuschreiben und damit die Besitzrechte darauf auszudehnen.

---

127 Harrasowsky, Codex Theresianus, Bd. 1, Caput V Von der väterlichen Gewalt, § 2 Von der Art und Weis, die väterliche Gewalt zu erlangen, Nr. 46.

128 Vgl. auch Floßmann, Österreichische Privatrechtsgeschichte, 325.

129 NÖLA, HS 178a, Zaiger in das Land Rechts Buech (wie Anm. 94), fol. 184'.

130 NÖLA, KG St. Pölten, 97/63, Herrschaft Neulengbach, fol. 30' (Transkription Neulengbach Nr. 6 im Anhang, siehe auch Abb. 4; vgl. auch den vorangegangenen Erbvertrag Neulengbach Nr. 5 zwischen der Witwe und ihren Kinder erster Ehe).

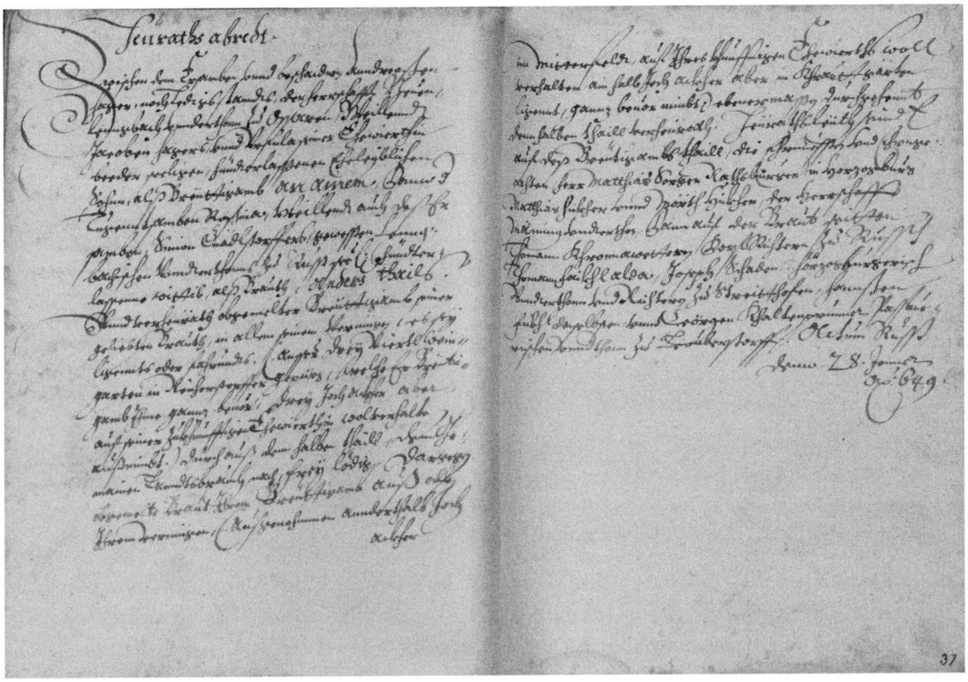

Abb. 4: Heiratsabrede zwischen Andreas Hager und Rosina Cnädlstorfferin, 1649, NÖLA (siehe auch Transkript Neulengbach Nr. 6)

Frauen, die sich ein eigenes Vermögen außerhalb der Gütergemeinschaft vorbehalten hatten, konnten innerhalb dieser Freiräume agieren, ohne die Zustimmung des Ehemannes einholen zu müssen. Das bedeutete sicherlich eine unabhängige Stellung in der Ehegemeinschaft, konnte aber auf der anderen Seite auch dazu führen, dass die Frau unter Druck gesetzt wurde, etwas davon beizusteuern. Dieses persönliche Vermögen konnte auch testamentarisch frei vermacht werden. Wichtig war dieses Vermögen außerhalb der ehelichen Gemeinschaft vor allem für die Versorgung und Unterstützung von Kindern aus vorangegangenen Ehen. Mit Grundstücken oder auch barem Geld konnte so flexibel auf Situationen reagiert werden, ohne auf die Basis zurückgreifen zu müssen, die grundsätzlich die eigene Wirtschafts- und Haushaltsführung sichern sollte.

6. Erbrecht und Erbfolge in Niederösterreich

Witwen und Witwer bevorzugt

Das vermögensrechtliche Verhältnis der Ehegatten im Ehegüterrecht beeinflusste ganz wesentlich die bäuerliche Erbrechtspraxis, da bis ins 18. Jahrhundert im Gebiet des heutigen Österreich kaum ein gesetzliches Erbrecht existierte.[131] Funktionell übernahm bis zur Ausbildung

131 Vgl. Wilhelm Brauneder, Die Entwicklung des bäuerlichen Erbrechts am Beispiel Österreichs, in: ders., Studien II. Entwicklung des Privatrechts, Frankfurt am Main u. a. 1994, 357–374, insbes. 363ff.

eines eigenen Ehegattenerbrechts zu Ende des 18. Jahrhunderts und dann im ABGB 1811 das Ehegüterrecht diese Rolle. Die heimischen Gewohnheitsrechte kannten kein gegenseitiges Erbrecht der Ehegatten. Daher wurden bereits im Ehevertrag die wichtigsten Vorentscheidungen getroffen, was nach dem Tod eines der beiden Ehegatten mit dem Besitz zu geschehen habe. Dies hatte einerseits den Zweck der Absicherung der Witwe beziehungsweise des Witwers und regelte andererseits den Transfer des Erbes an die nächste Generation. Durch eine Gütergemeinschaft waren bereits die wesentlichen Voraussetzungen für die Absicherungen des überlebenden Partners gegeben. Die Verschmelzung der beiden Vermögensmassen brachte für den überlebenden Teil, unabhängig vom Geschlecht, in der Erbfolge erhebliche Vorteile gegenüber anderen Ehegüterrechts-Systemen.

Beim Ableben eines der beiden Partner fiel eine Hälfte des Gemeinschaftsvermögens an die Erben, die andere Hälfte verblieb dem überlebenden Partner. Zu dieser Auswirkung der Gütergemeinschaft stellte der Codex Theresianus fest:

> 237. Diese Gemeinschaft hat die Wirkung, daß dem überlebenden Ehegatten die Halbscheide dessen, was ihme mit dem Verstorbenen an dessen Vermögen gemein ware, zufalle, die andere aber denen entweder durch letzten Willen berufenen oder nach Ordnung der rechtlichen Erbfolge zunächst eintretenden Erben des Verstorbenen zukomme.[132]

In der bäuerlichen Bevölkerung stellte sich im Zusammenhang mit dem Erbfall vor allem die Frage, wer den Bauernhof, die Wirtschaft weiterführen sollte. Schon 1697 war für Österreich unter der Enns im „Tractatus de Iuribus Incorporalibus“ die Übernahme des Hofes durch den überlebenden Gatten beziehungsweise die überlebende Gattin vorgesehen.[133] Die zugrunde liegende Überlegung war, dass zur Übernahme und Weiterführung des Hofes diejenige oder derjenige bestimmt werden sollte, dem der größte Anteil gehörte oder zustand. Da dem überlebenden Teil infolge der Gütergemeinschaft die Hälfte gehörte, wurde in der Regel der Bauernhof der überlebenden Gattin oder dem überlebenden Gatten übertragen.

Neben den Ansprüchen des überlebenden Ehepartners waren nach den mittelalterlichen und frühneuzeitlichen Rechtsgrundsätzen für den Erbfall in erster Linie die Deszendenten des Erblassers beziehungsweise der Erblasserin zu berücksichtigen, danach die „nächsten Erben“, in den untersuchten Quellen meist als die „nächsten Befreundten“ bezeichnet, womit wohl Seitenverwandte gemeint waren. Aszendenten waren nach dem alten Gewohnheitsrecht von der Erbfolge ausgeschlossen. Waren keine Nachkommen oder nur Töchter des Erblassers vorhanden, spielte die Herkunft des Vermögens eine Rolle. Unbewegliches Gut aus dem Mannesstamm sollte an die männliche Linie zurückfallen (auch wenn nur weibliche Nachkommen des Erblassers vorhanden waren). Stammte das unbewegliche Vermögen von der weiblichen Seite, sollte dieses Fallrecht nur dann eintreten, wenn überhaupt keine Nachkommen vorhanden waren.[134] Vor diesem Hintergrund wird die Bedeutung der mittels Heiratsverträgen vereinbarten Gütergemeinschaft für die Perspektiven kinderloser Witwen oder Witwer nochmals deutlich.

132 Harrasowsky, Codex Theresianus, Bd. 1, Caput III Von Ehebindnissen, § V Von dem ehegattlichen Vermögen, Nr. 129.

133 Kaiser Leopold I., 13. März 1679, Tractatus de Iuribus Incorporalibus, IV. Titul: Von der Grund=Obrigkeit, § 16, in: Franz Anton von Guarient Hg., Codex Austriacus, Bd. 1, Wien 1704, 581ff.

134 Vgl. Floßmann, Österreichische Privatrechtsgeschichte, 300ff.

Im Jahr 1720 ordnete die „Neue Satz- und Ordnung vom Erbrecht außer Testament und andern letzten Willen"[135] zuerst in den niederösterreichischen Ländern die Intestatserbfolge neu. Einen Bruch mit bisherigen Gewohnheitsrechten bedeutete die Aufnahme der Aszendenten in die Erbfolge und die Beseitigung des Fallrechts. Allerdings wurde das privilegierte Erbrecht der Geschwisterkinder, dem alten Landesbrauch entsprechend, weiter beibehalten.

Das Erbrecht der Kinder

Beim Tod eines Elternteils fiel eine Hälfte des Besitzes an die erbberechtigten Nachkommen und wurde nach einer gerichtlichen Schätzung und Abzug aller Schulden zu gleichen Teilen auf die Kinder aufgeteilt, wobei den Töchtern der gleiche Anteil wie den Söhnen zustand. Kam es zu einer Hofübergabe an eines der Kinder, orientierte man sich im Erzherzogtum Österreich unter der Enns am Anerbenmodell, das heißt an der ungeteilten Weitergabe der Hofstelle an eine Person mit der Verpflichtung, den Anteil des überlebenden Elternteils abzulösen und die anderen Kindern als „weichende Erben" abzufinden, das heißt, diesen die „Erbsportionen" auszuzahlen.

In Niederösterreich wurde das Modell des Jüngstenerbrechts bevorzugt.[136] Söhne und Töchter waren bei der Auswahl prinzipiell gleichgestellt, weibliche Hofübernehmer zumindest nicht von vornherein ausgeschlossen. So heißt es in einem Heiratsvertrag Ende des 17. Jahrhunderts die Übernahme des Bauerngutes betreffend: „…da sye Khinder mit einander überkhommen, solle die ablesung den Jüngsten Sohn, *oder in Ermanglung der Tochter* sein".[137] Das Jüngstenerbrecht bot etliche wirtschaftliche Vorteile für die Bauernstelle und die Gesamtökonomie des Hofes: Übernahm jeweils das jüngste Kind, wurde die Zeitspanne zwischen den Besitzwechseln länger und die Häufigkeit der Abgabenleistung, die bei einem Besitzerwechsel fällig waren und die Wirtschaftskraft des Hofes schwächten, sank. Ebenfalls verkürzt wurde die Zeit, in der Eltern oder der überlebende Elternteil als „Ausnehmer" oder „Ausnehmerin" auf dem Hof lebten und von der jungen Generation versorgt werden mussten. Dieses Jüngstenerbrecht dürfte sich in weiten Teilen Niederösterreichs schon seit dem Mittelalter als Gewohnheitsrecht herausgebildet und durchgesetzt haben.

Das traditionelle bäuerliche Erbrecht in Niederösterreich überdauerte kurzfristige Reformen und Gesetzesänderungen. Noch in einer Erhebung des österreichischen Justizministeriums aus dem Jahr 1959 wurde das Bestehen des Jüngstenerbrechts in etlichen Gerichtsbezirken des Bundeslandes Niederösterreich festgestellt.[138]

Hofübergaben an Töchter

Die tatsächliche Hofübergabe an die nächste Generation war von einer Vielfalt an Handlungsmustern geprägt, abhängig von den situativ gegebenen Voraussetzungen. Wenn zum Zeit-

135 Kaiser Karl VI., 28. Mai 1720, Neue Satz- und Ordnung vom Erb-Recht ausser Testament, und andern letzten Willen, auch was deme anhaengig, im Ertz-Hertzogthum Oesterreich unter der Enns, in: Supplementum Codicis Austriaci, Bd. 3, Leipzig 1748, 952–991.

136 Vgl. Feigl, Bäuerliches Erbrecht, 161–183.

137 NÖLA, Schlossarchiv Aspang, HS 1/4, fol. 8., Hervorhebung der Verfasserin; vgl. auch Feigl, Bäuerliches Erbrecht, 162.

138 Vgl. Feigl, Bäuerliches Erbrecht, 178.

punkt der Übergabe kein geeigneter männlicher Erbe vorhanden war – der Sohn war noch zu jung oder körperlich oder geistig ungeeignet – oder aber es war überhaupt kein männlicher Erbe vorhanden, so wurde der Besitz an eine Tochter übergeben.

Im Jahr 1741 verstarb die wohl situierte „Wittib" Eva Popperin, die ein Haus mit 18 Joch zugehörigen Feldern besaß, das auf 250 Gulden geschätzt wurde, sowie weitere Überlandgrundstücke im Schätzwert von 260 Gulden. Vieh sowie Wirtschafts- und Hauseinrichtung ergaben nochmals 100 Gulden. Insgesamt belief sich das Aktiv-Vermögen also auf geschätzte 710 Gulden und 48 Kreuzer. Nach Abzug der Ausstände – bestehend aus Herrschaftsabgaben und sämtlichen Gebühren rund um die Verlassenschaftsabhandlung – verblieb immerhin noch eine Summe von 500 Gulden für die Erben, die sechs ehelichen Kinder: Anders (30), unbekannten Aufenthalts, Anna (28), Adam (26), Rosalia (24), Georg (20) und Katharina (18). Die beiden letzteren waren noch minderjährig und durch einen Vormund vertreten. Jedem der sechs Kinder sollte ein gleicher Anteil von 80 Gulden und 38 ½ Kreuzern zufallen. Die Geschwister schlossen einen Vertrag, in dem die älteste Schwester zur Übernahme des Hofes mit allen Grundstücken, Vieh und Fahrnissen bestimmt wurde, mit der gleichzeitigen Verpflichtung, die darauf haftenden Schulden zu begleichen und die Erbanteile der Geschwister dem Alter nach auszuzahlen.[139]

Am nächsten Tag, dem 18. Jänner 1742, verkaufte die Erbengemeinschaft das Haus an Mathias Cammerer, den Bräutigam der ältesten Schwester (Maria) Anna. Als Kaufpreis wurde die Summe des zuvor geschätzten Aktivvermögens, also 710 Gulden und 48 Kreuzer, festgesetzt.

Gesetzliche Änderungen – in Umkehr der Praxis

Eine massive Veränderung brachte 1786 die „Gesetzliche Erbfolgsordnung" Kaiser Josephs II., die eine „allgemeine für alle Stände ohne Unterschied gleiche Ordnung der gesetzlichen Erbfolge (*Successionis ab Intestato*) des freivererblichen Vermögens" in den deutschen und galizischen Erbländern schaffen sollte.[140] Die Gemeinschaft der Güter zwischen Eheleuten wurde durch dieses Gesetz nicht aufgehoben, wohl aber Erbansprüche des überlebenden Ehegatten. Weitere Bestimmungen betrafen die Erbberechtigung ausschließlich ehelicher Kinder, die Gleichstellung von Töchtern und Söhnen in der gesetzlichen Erbfolge sowie die Aufhebung des Mannesvorteils, das heißt, der Bevorzugung von Witwern vor Witwen, von Söhnen vor Töchtern, der väterlichen Linie vor der mütterlichen Linie.[141] Zugleich wurde auch jenes Parentelensystem festgelegt, das auch im ABGB 1811 übernommen wurde.

Für den Bauernstand wurde zwischen 1787 und 1789 unter Joseph II. ein umfassendes gesetzliches bäuerliches Sondererbrecht erlassen, das ein echtes Anerbenrecht schuf.[142] Die Neuerungen dieses Erbrechts bedeuteten vor allem einen Bruch mit der privilegierten Stellung der Witwe, wie sie seit Jahrhunderten im Erzherzogtum Österreich unter der Enns und in weiten Teilen des Reiches üblich gewesen war: Die Ehefrau des Verstorbenen war nun vom Recht

139 NÖLA, Herrschaftsarchiv Fridau, HS 25, fol. 2'–5.

140 Hofdekret für die deutschen Erblande 11. Mai 1786, in: Kropatschek, Handbuch, Bd. 11, 1786, Wien 1788, 776–791.

141 Vgl. Erläuterungen zum Erbfolgegesetz September-Dezember 1786, in: Kropatschek, Handbuch, Bd. 11, 792–794.

142 Vgl. Floßmann, Österreichische Privatrechtsgeschichte, 299.

auf Übernahme des Hofes ausgeschlossen. Sofern der Erblasser testamentarisch nichts anderes bestimmt hatte, sollte grundsätzlich bei mehreren vorhandenen Söhnen immer der Älteste die unteilbare Hofstelle übernehmen. Damit wurde auch das Jüngstenerbrecht außer Kraft gesetzt. Ebenso wurde auch gegen die häufige Praxis, bei Wiederverheiratung der Witwe den zweiten Ehemann und Stiefvater der Waisenkinder mit der vormundschaftlichen Verwaltung des Waisengutes zu betrauen, vorgegangen.

> Bei den Erbfolgen und Kuratelen des Bauernstandes ist bisher der Gebrauch bestanden, dass bei jeder Verlassenschaft, wo mehrere Kinder des Erblassers sind, das Bauerngut dem jüngsten, meistens dem unmündigen Sohne übergeben worden, und, weil die Kuratelen minderjähriger Bauernkinder fast immer dem zweiten Manne des zurückbleibenden Eheweibs, mithin dem Stiefvater der Kinder anvertraut waren, in fremde Verwaltung gekommen ist. Um nun das Vermögen unmündiger Bauernkinder vor aller Gefahr zu sichern, welcher dasselbe durch diese Gewohnheit ausgesetzt ist, bestehet folgende Vorsehung:
> § 1. In dem Fall der gesetzlichen Erbfolge soll bei Theilung der Erbschaft zwischen mehrere Kinder das Bauerngut, oder die sogenannte Wirthschaft allezeit dem ältesten Sohne zufallen.[143]

Töchtern sollte das Bauerngut nur dann zufallen, wenn keine Söhne vorhanden waren. Auch bei Erbberechtigten außerhalb der direkten Nachkommen sollten Männer gegenüber Frauen und Ältere gegenüber Jüngeren bevorzugt sein.

Damit war ein radikaler Paradigmenwechsel vollzogen, der aber bald wieder, zumindest partiell, zurückgenommen wurde. Schon 1790 wurden unter Leopold II. Modifikationen vorgenommen, die sich vor allem auf die relevanten Nachfolgebestimmungen hinsichtlich des Ehegatten bezogen: Die traditionelle starke Stellung der überlebenden Gattin und des überlebenden Gatten wurde re-institutionalisiert. Beide Gatten waren nun wieder gleichberechtigt, Witwer und Witwe hatten gleichermaßen das Recht auf die Hofübernahme. Die neue Erbfolge bestimmte: „Wenn aber der überlebende Ehegatte Mann oder Weib, schon in dem Miteigenthume des Bauernguts stehet, ist einem wie dem andern gestattet, auch den erledigten Theil, also das ganze Bauerngut, an sich zu lösen."[144]

Weiterhin in Kraft blieben die Bevorzugung der Männer in der Erbfolge, und das Ältestenerbrecht. Dieses modifizierte Anerben- und Höferecht wurde auch im ABGB 1811 übernommen. Auswirkungen des josephinischen Anerben- und Höferechts auf die Rechts-Praxis in Niederösterreich sind jedoch kaum zu erkennen. Die gewohnheitsrechtlichen Praktiken bestanden weiter und konnten durch testamentarische Verfügungen noch gefestigt werden.

Die Verpflichtungen der Erben

Über ein kompliziertes System von Teilzahlungen, Zusicherungen und Verschiebungen auf einen späteren Zeitpunkt versuchte man, mit den Anforderungen verschiedener Seiten zurechtzukommen. Durch die Verlassenschaftsabhandlung waren die Vermögensverhältnisse geklärt

---

143 Patent wegen Erbfolgen und Kuratelen des Bauernstandes; Patent für gesamte k. k. Erblande den 3. April, für Galizien den 10. Mai 1788 in: Kropatschek, Handbuch, Bd. 13, 1787, Wien 1789, 98–101.

144 Erbfolgeordnung in Bauergütern, in: Sr. k. k. Majestät Leopold des zweyten politische Gesetze und Verordnungen für die deutschen, böhmischen und galizischen Erbländer, Bd. 1, Wien 1791, 117–119, 118, § 6.

und die Erbmasse berechnet. Die berechtigten Erben – im Falle der Minderjährigkeit auch deren Vormünder – wurden nun einberufen und die jeweiligen Erbanteile bekannt gegeben. Darüber hinaus musste festgelegt werden, wer nun den Hof übernehmen sollte und wann und in welcher Form die Auszahlung stattfinden sollte. Diese Abmachungen wurden meist innerhalb von wenigen Tagen bis zwei Wochen nach der Verlassenschaftsabhandlung fixiert. Wir können nur vermuten, welche innerfamiliären Verhandlungen diesen Abmachungen vorausgingen. Ein allgemeiner Rahmen war durch den Landesbrauch vorgegeben, der auf jeden Fall, wie bereits skizziert, den überlebenden Elternteil bei der Hofübernahme bevorzugte. Die Gleichheit des Anteils der Kinder am Erbe war auch unbestritten. Verhandelbar erscheinen am ehesten die Fristen, innerhalb derer mit der Auszahlung des Erbes gerechnet werden konnte.

Diese Abmachungen wurden „Vertrag hierauf" (das heißt auf die Verlassenschaftsabhandlung folgend),[145] „Erbverträge" oder auch „Ablösung"[146] genannt. Sie scheinen sehr individuell auf die prekäre Situation des Übernehmers oder der Übernehmerin abgestimmt, die auch die Passivschulden aus dem abgehandelten Vermögen tragen mussten, was Witwen ebenso traf wie Witwer, übernehmende Töchter ebenso wie übernehmende Söhne. Als Besitzerinnen hatten Frauen in Niederösterreich die gleichen Rechte aber auch die gleichen Pflichten und standen ebenso für die Schuldenlast ein wie die (Ehe-)Männer.

Zur sofortigen Auszahlung von Erbanteilen kam es in den wenigsten Fällen; man suchte diese Auszahlungen so lange wie möglich hinauszuzögern. Kinder, die nicht sofort ihre „Erbsportion" benötigten, akzeptierten meist eine Regelung, die eine Aufteilung der Zahlung in Raten beinhaltete. Dabei wurden für das erste Jahr keine Zinsen verlangt. Für die folgende Zeit wurde entweder ein fixer Geldbetrag als Aufzahlung oder ein bestimmter Zinssatz ausgemacht. Die Ansprüche wurden auf dem Haus intabuliert, das heißt, grundbücherlich eingetragen und damit sichergestellt. Ein absoluter Fixpunkt für die Auszahlung des Erbes war eine künftige Eheschließung. Die Auszahlung eines Heiratsgutes anlässlich der Eheschließung einer weichenden Tochter konnte vor allem bäuerliche Familien, in deren Wirtschaftsbetrieben Bargeld selten vorhanden war, vor große Probleme stellen. Insofern war zugebrachtes Vermögen dringend nötig, um Auszahlungsansprüche von Geschwistern, die nicht den Hof übernehmen konnten, zu befriedigen.

Abmachungen dieser Art sind häufig im zeitlichen Umfeld oder im Anschluss an einen Heiratsvertrag zu finden. Vor einer neuerlichen Eheschließung mussten die Erbanteile der vorhandenen Kinder oder der nächsten Verwandten berechnet und gesichert werden. Dabei war es nötig, ein Prozedere zu finden, das einerseits die Auszahlung garantierte, ohne andererseits die wirtschaftliche Basis des Bauerngutes zu gefährden.

Idealtypisch für eine solche flexible Abmachung ist der Vertrag zwischen der verwitweten Catharina Greimblin und den drei Kindern aus ihrer vorangegangenen Ehe. Die Kinder waren schon in fortgeschrittenem Erwachsenenalter: Richard Greimbl, ein Inwohner, war bereits 53 Jahre alt; die verheiratete Tochter Magdalena zählte 49 Jahre, und Johannes Greimbl war 42 Jahre alt. Der Anspruch der Witwe betrug laut Heiratsvertrag die Hälfte des Vermögens, das waren in diesem Fall 45 Gulden und sieben Kreuzer; jedes der Kinder sollte 15 Gulden, zwei Kreuzer und einen Drittel Pfennig erhalten. Vertraglich einigten sich die Witwe und die

145 Vgl. den Bestand NÖLA, Herrschaftsarchiv Fridau, HS 5.

146 Vgl. die Bestände NÖLA, KG St. Pölten, 75/4, Herrschaft Kirchberg an der Pielach, NÖLA, KG St. Pölten 97/63, Herrschaft Neulengbach.

Nachkommen am 8. November 1742, und zwar dahingehend, dass alles Vermögen in Handen der Witwe verbleiben sollte, die auch die Schulden übernehmen musste. Der älteste Sohn sollte innerhalb eines Jahres ausbezahlt werden, danach die anderen Kinder in der Reihenfolge ihres Alters. Jedoch sollte die Witwe verpflichtet sein, sobald es ihr möglich sei, innerhalb eines Jahres ihren drei Erben etwas zukommen zu lassen – sei es Bargeld, Vieh oder dergleichen.[147] Nachdem die Frage der Erbansprüche geregelt und fixiert war, schloss die Witwe Catharina Greimblin eine Woche später, am 14. November 1742, einen „Heuraths Contract" mit dem „Ehrbaren Jungen Gesöllen" Jacob Laistinger, einem entlassenen Pupill der Stiftsherrschaft Lilienfeld. Die Braut verheiratete ihrem Bräutigam all ihr Vermögen, bestehend aus Haus, Grundstücken, Vieh und Fahrnissen, was der Bräutigam mit 60 Gulden barem Geld widerlegte.[148]

Ausgehend von der am Beginn des Beitrages erwähnten Ehe- und Familienkonstellation soll hier die Situation der nicht-besitzübernehmenden Kinder noch einmal aufgegriffen werden, um die mitunter immensen Zeitabstände, die bis zum Antritt ihres Erbes vergingen, aufzuzeigen. Erst elf Jahre nach dem Tod des Vaters im Jahr 1741 und dem Erbvertrag mit der Stiefmutter, wurde unter dem 22. April 1752 in einem Randvermerk angeführt, dass Barbara Schoderböckhin, die jüngste Tochter aus erster Ehe ihres Vaters Matthias, nunmehr das Erbe inklusive Zinsen ausbezahlt bekommen habe. Barbara war beim Tode ihres Vaters 17 Jahre alt gewesen und zählte nun 28 Jahre. Vermutlich stand die Auszahlung ihrer Erbsportion im Zusammenhang mit eigenen Heiratsabsichten. Leider fehlen für diesen Zeitraum die Quellen, so dass wir auf Vermutungen angewiesen sind. Und noch viel später, erst 1767, also 26 Jahre nach dem Ableben des Vaters, behob Michael, das viertgeborene Kind aus erster Ehe, 1741 bereits 28 Jahre alt, nunmehr also schon Mitte Fünfzig, sein Erbteil inklusive Zinsen.[149]

7. Vereinbarungen für die Zeit nach dem Tod

‚Normalbiographien' – sowohl des Individuums als auch einer Ehepartnerschaft – waren in der Frühen Neuzeit durchaus nicht vorherrschend: Unfälle bei der Arbeit, Krankheiten, Tod bei der Geburt von Kindern, Seuchen – dies alles trug dazu bei, dass ein Miteinander-Alt-Werden von Ehepaaren keineswegs üblich war. Ein wesentlicher Punkt in Heiratsverträgen waren daher Vereinbarungen für den Fall des Vortodes eines Partners. Für diesen Fall wurde bereits im Heiratsvertrag die Erbeinsetzung des Partners beziehungsweise der Partnerin festgelegt sowie die Erbanteile der leiblichen Kinder aus dieser Ehe. Ebenso konnten bereits bestehende Ansprüche von Kindern aus vorangegangenen Ehen bekräftigt werden. Weiters erfolgte die Festlegung des Erbanspruches von Verwandten oder deren Ausschluss. Ganz wesentlich war der abschließende Passus, der die Möglichkeit der Änderung durch testamentarische Verfügungen, Schenkungen, etc. festhielt.

---

147 NÖLA, Herrschaftsarchiv Fridau, HS 25, fol. 35'.

148 NÖLA, Herrschaftsarchiv Fridau, HS 25, fol. 35'–36.

149 NÖLA, Herrschaftsarchiv Fridau, HS 25, fol. 11–12, die Verlassenschaftsabhandlung und der Erbvertrag Fridau Nr. 2, Nr. 3 und Nr. 4 sind im Anhang transkribiert, zu letzterem siehe auch Abb. 1, S. 29; vgl. dazu auch den Erbvertrag zwischen Rosina Cnädlstorfferin und ihren Kindern, Transkription Neulengbach Nr. 5 im Anhang.

Witwen und Witwer konnten in Niederösterreich grundsätzlich damit rechnen, dass ihnen die Hälfte des abgehandelten Vermögens zufiel und damit der größte Anteil an Besitz und Vermögen. Ihre Stellung in der Wirtschafts- und Haushaltsführung blieb unangetastet, da seitens der Grundherrschaft dem überlebenden Teil die Nachfolge am Erbzinsgut angeboten wurde. Im Hinblick auf die Geschlechterverhältnisse führte dies zu einer bemerkenswert starken Position der Frauen.

Kinder versus Witwen oder Witwer

Die bevorzugte Stellung des nachgelassenen Teils, dem auf jeden Fall die Hälfte des Vermögens zugesprochen wurde, war eindeutig festgelegt und nicht weiter verhandelbar. Jedoch konnte der Anteil am Nachlassvermögen, der den Kindern zufallen sollte, innerhalb eines gewissen Verhandlungsspielraumes modifiziert werden. Je nach Anzahl der Kinder wurde diesen zwischen einem Drittel und der Hälfte des Vermögens zugesprochen. Stammten aus der Ehe weniger als drei Kinder, betrug der Anteil oft ein Drittel, bei mehr als fünf Kindern wurde auch die Hälfte zugesprochen – so in einem Heiratsvertrag aus dem Jahr 1753: „Sofern aber Eheleibliche Kinder vorhanden, und deren weniger als fünf, das Dritl, da aber fünf, oder mehrerer gegenwärtig wären, [solle] die halbscheid von dem über abzug aller Schulden richtig verbleibenden Vermögen hinaus bezahlet werden."[150]

Im Jänner 1698 wurde zwischen Thomas Offner und Maria Strogererin eine Heiratsabrede geschlossen. Bezüglich des Erbrechtes der künftigen Kinder wurde Folgendes vereinbart:

> das khünfftige betreffend, ist abgeredt und beschlossen worden, daß was die beede Conleuth In Ihreer Wehrendten Ehestand durch den reichen Seegen Gottes miteinander erwerben, oder durch andere gebührendte mitl an sich bringen, dis alles ein gleiches gueth sein solle; mit leibs Erben aber die Helfte der überlebenden Conpersohn, und der andere halbe thaill deroselben Ehrlich mit einander Erworbenen Khindern, auf gleichen thaill, und allgemainen landtsbrauch wie dieser in Österreich under der Enns gehalten allerdings verbleiben.[151]

Waren aus einer früheren Ehe Kinder vorhanden, wurden deren Rechte auf das Erbe des leiblichen Elternteils festgeschrieben. Im Jahr 1764 vereinbarten die Witwe Magdalena Lechnerin, die auch Haus und Hof in die Ehe brachte, und ihr Bräutigam Joseph Oedberger in ihrer „Heuraths Abred",

> wann aber eines vor dem andern mit Todt abgehet, und keine Leibs Erben von beederseits vorhanden wäre, solle denen nächsten Verwandten des Bräutigams der 5te Theil, auf Ableiben der Brauth aber mit ihren aus Erster Ehe erzeugten 4 Kindern obrigkeitlich abgehandlet werden.[152]

Die „nächsten Befreundten" – Verwandte als Erben

Den zukünftigen Kindern galten viele Überlegungen und wohl auch große Sorge; Kinder wurden erhofft und gewünscht, das Ausbleiben leiblicher Kinder sollte Gott verhüten. Dennoch musste auch für diesen durchaus realistischen Fall Vorsorge getroffen werden. Überlegungen,

150 NÖLA, Herrschaftsarchiv Fridau, HS 5, fol. 198'.
151 NÖLA, Schlossarchiv Aspang, HS 1/4, fol. 24.
152 NÖLA, KG St. Pölten, 42/8, Herrschaft Fridau, fol. 6'–7.

Seitenverwandte in die Erbfolge einzubeziehen, wurden zum einen im Zusammenhang mit einer eventuell kinderlos bleibenden Ehe angestellt. In der Erbfolge waren nach dem Ehepartner und den Nachkommen die Seitenverwandten, also die Geschwister der/des Verstorbenen beziehungsweise deren Kinder berechtigt.

Die Einbeziehung der Familie des Verstorbenen, der „nächsten Befreundten", war zum anderen darüber hinaus auch Gegenstand von Aushandlungen zwischen den Brautleuten und deren Familien, wie die beträchtliche Bandbreite der Vereinbarungen bei der Abfassung der Heiratsverträge zeigt. Ob und welcher Anteil des Heiratsguts oder der Widerlage an die Herkunftsfamilie der oder des Verstorbenen (zurück)fallen sollte, wurde explizit und im Detail in den Heiratsverträgen aufgenommen. Die Anteile, die den „nächsten Befreundten" zugesagt wurden, reichten von einem Sechstel über ein Fünftel bis zu einem Drittel des abgehandelten Vermögens. Es gibt auch Vereinbarungen, die einer Art „Fallrecht" nahe kommen: Dabei wurde der Rückfall des Vermögens der Braut respektive des Bräutigams an die jeweilige Linie von der Dauer der Ehe abhängig gemacht. Dies ist ein Indiz, dass durchaus anerkannt wurde, dass ein Teil der materiellen Basis der Ehe aus der Herkunftsfamilie des vorverstorbenen Partners stammte.

Es war aber keineswegs verbindlich, den nahen Verwandten einen Anteil am Erbe zukommen zu lassen, wie etliche Heiratsverträge bezeugen, die dezidiert erklären, dass nach dem Tod eines der beiden den nächsten Verwandten absolut nichts hinauszubezahlen sei. Als der Witwer Johann Stainauer im Jahre 1752 in der herrschaftlichen Amts-Kanzlei Kirchberg und die ledige Maria Pöchhackerin eine „Heurats abred" trafen, bestimmten die Brautleute folgende „Conditiones" im Falle eines Vortodes: „Im Fahl aber ein oder ander Theill über kurz, oder lang, ohne hinterlassung Eheleiblicher Kinder von dieser Welt abgefordert würde, solle denen nächsten sich zur Erbschaft legitimierenden Befreunden nichts … hinaus bezahlet werden …".[153] Der Ausschluss von Seitenverwandten hatte durchaus ökonomische Gründe – gerade bei Personen mit wenig Vermögen konnte sich eine Auszahlungsverpflichtung existenzgefährdend auswirken.

Auch kleine Handwerker und Fabrikarbeiter praktizierten dieses Modell. So heißt es in der Heiratsabrede zwischen dem Tagwerker in der Cotton-Fabrik zu Markt Grafendorf, Joseph Wizmannstorfer, und seiner Braut Theresia Mayerin 1772, die einander nur 15 beziehungsweise 10 Gulden verheiratet haben,

> dass sowohl auf des einen als auch des andern absterben den nächsten befreundten von der übrig bleibenden Verlassenschaft nichts hinauszugeben, sondern dem überlebenden Teil verbleiben, da aber Leibs-Erben vorhanden, der allgemeine Nieder Österreichische Land und Erbrechtsbrauch ohne weiters *reservirten* Rückfahl observiert werden solle.[154]

Der Nagelschmied Wenzeslaus Langthaller und seine Braut Katharina Helzlin vereinbarten 1791 eine allgemeine Gütergemeinschaft – „ein gleiches und gemeinschaftliches Gut". Im Falle des Todes eines der Partner sollten vorhandene Kinder ungeachtet der Anzahl den dritten Teil der Verlassenschaft erhalten; „insofern jedoch keine Kinder vorhanden wären, so bleibet

153 NÖLA, Herrschaftsarchiv Fridau, HS 5, fol. 187'.
154 NÖLA, KG St. Pölten, 42/8, Herrschaft Fridau, fol. 98'.

dem überlebenden Theil die ganze Verlassenschaft in Handen, und hat nicht das mindeste hinaus zu zahlen".[155]

War den „Befreundten" jedoch durch letztwillige Verfügung ein Anteil am Erbe zugesprochen worden, dann war dieser letzte und abschließende Passus im Heiratsvertrag häufig offen formuliert, mit der Option, später anders entscheiden zu können: den betreffenden Anteil etwa dem überlebenden Partner zukommen zu lassen oder darüber auch völlig frei zu disponieren: „Nach ein oder des andern über kurz oder lang ohne Hinterlassung eheleiblicher Kinder solle denen nächsten Seiten Befreundten 5 fl und nicht mehr zur Erbschaft hinaus gemacht werden, jedoch stehet jedem Theil bevor, dieses durch *Testament* etc. abzuändern"[156] oder: „Jedoch behaltet sich die Braut bevor, den *Punct* der Befreundten halber entweder durch *Testament Codicill* oder in anderen Weeg und den Bräutigam zu betreuen, aufzuheben"[157] oder: „... soll ..., wenn aus dieser Ehe keine Kinder vorhanden wären, dessen Freundten eine Summe per 100 fl vom ganzen Vermögen hinausgezahlt werden. Uibrigens stehet ihnen frei durch Testament oder letzten Willen in Rücksicht dieses letzten Punkts zu entscheiden."[158]

Im Jahr 1811 verfügte Theresia Kinningerin in ihrem Testament eine Abänderung der Bestimmungen des Heiratsvertrages und schloss damit ihre Seitenverwandten von der Erbfolge aus: „... so widerspreche ich dem Heurathskontrakt, und sage das meine Erben, nehmlich meine Geschwistern und Geschwistern-Kinder von dem hinterlassenen Vermögen keinen Theil genißen". Stattdessen bestimmte sie ihren Ehemann zum Alleinerben und setzte ein Legat für eine Anna Maria Kirchhoferin aus, die ihr in ihrer Krankheit treue Dienste geleistet hatte.[159]

Vereinbarungen, die sich auf die vermögensrechtlichen Auswirkungen des Todes eines der beiden Ehepartner bezogen, sind bereits in den wesentlichen Grundzügen in den Heiratskontrakten festgehalten. Darin verbinden sich also die für die unmittelbare Gegenwart relevanten Vereinbarungen mit der Planung für eine Zukunft, in der die Ehe durch den Tod eines der beiden Partner wieder aufgelöst sein würde. Solch weitreichende bereits in den Heiratsverträgen festgelegte Bestimmungen konnten nicht alle möglichen künftigen Entwicklungen und Situationen vorwegnehmen. Daher war es wichtig, etwaige Änderungen in der Zukunft zu ermöglichen, wie jene, durch testamentarische Verfügungen die Partnerin oder den Partner zusätzlich zu bedenken und damit den Erbfall an Seitenverwandte auszuschließen.

Heiratsverträge und Übergabsverträge

Heirats- und Übergabsverträge wurden in fern voneinander liegenden Zeitpunkten des Lebens formuliert und abgeschlossen, trotzdem stehen sie inhaltlich in direktem Zusammenhang. Übergabsverträge nehmen Bezug auf die bereits im Ehevertrag geschlossenen Regelungen,

155 NÖLA, KG St. Pölten, 42/8, Herrschaft Fridau, fol. 282.

156 NÖLA, KG St. Pölten, 42/8, Herrschaft Fridau, fol. 55, Heiratsvertrag aus dem Jahr 1768.

157 NÖLA, KG St. Pölten, 42/8, Herrschaft Fridau, fol. 56, Heiratsvertrag aus dem Jahr 1769 (Transkription Fridau Nr. 11 im Anhang).

158 NÖLA, KG St. Pölten, 42/8, Herrschaft Fridau, fol. 346', Heiratsvertrag aus dem Jahr 1799.

159 NÖLA, KG Krems, Stiftsherrschaft Göttweig, Gülte Wolfstein am Gurhof, Verträge und Testamente, Karton 1144 (Transkription Wolfstein am Gurhof Nr. 12 im Anhang, siehe auch Tafel 2).

wenden diese aber nun auf einen konkreten Erben respektive Hofübernehmer oder eine Erbin respektive Hofübernehmerin an und spezifizieren die Ansprüche der weichenden Geschwister. Witwer und Witwen schlossen Übergabsverträge ab, sobald sie sich vom Status als wirtschaftsführende Hofbesitzer beziehungsweise Hofbesitzerinnen verabschiedeten und das Vermögen an die nächste Generation transferierten – vielfach vor der Heirat des präsumtiven Hofnachfolgers. Das bedeutet, dass damit eigentlich nur eine Konkretisierung der im Heiratsvertrag geschlossenen Vereinbarungen vorgenommen wurde. Wichtig ist festzuhalten, dass sich die Frage der Versorgung von Witwern und mehr noch von Witwen im Untersuchungsraum nicht beim Tod des Ehepartners stellte und daher auch nicht im Heiratsvertrag geregelt wurde – im Unterschied etwa zur Situation in Tirol. Vielmehr wurde die Versorgung, die praktisch eine Alters-Versorgung darstellte, unter den Voraussetzungen der praktizierten Gütergemeinschaft auch für Frauen erst zu dem Zeitpunkt aktuell, in dem sie Wirtschaftsführung und Besitzrecht abgaben.

8. Starke Positionen

Einheiratende Ehemänner – die Nicht-Norm?

Das System der Gütergemeinschaft machte im Hinblick auf die vermögensrechtlichen Folgen einer Eheschließung unter Geschlechterperspektive keinen Unterschied, ob eine Frau oder ein Mann „zuheiratete“. Hatte einer der zukünftigen Ehepartner Besitz in Form von Haus, Hof und dazugehörigen Grundstücken, so heiratete die andere „Brautperson“ auf diesen Besitz ein und brachte dabei ihr beziehungsweise sein Vermögen in den Gemeinschaftsbesitz ein. Eine Einheirat von Männern in den Besitz der zukünftigen Frau – sei es eine Bauernwirtschaft oder ein Gewerbebetrieb – konnte in zwei Varianten stattfinden. Im ersten Fall handelte es sich um die Heirat zweier noch lediger Brautleute; der Bräutigam heiratete eine „Erbtochter“. Im zweiten Fall handelte es sich um die Heirat einer Witwe. Solche Fälle boten nicht übernehmenden „weichenden“ männlichen Erben die Chance auf ein eigenständiges Auskommen.

Einheiratende Bräutigame brachten vor allem Bargeld mit in die Ehe, das aus dem väterlichen und mütterlichen Erbe (oder in dem zu einem späteren Zeitpunkt einzufordernden Anspruch darauf) bestand, aber auch in Erspartem. Als vermögensrechtliche Konsequenz der allgemeinen Gütergemeinschaft wurden Braut und Bräutigam zu gleichen Teilen an „Nutz und Gewere“ geschrieben, also eine Besitzgemeinschaft vereinbart. Davon profitierten vor allem jene einheiratenden Männer, die über wenig eigene Mittel verfügten, denn nach der Eheschließung gehörte beiden Eheleuten je die Hälfte des Vermögens, unabhängig vom jeweils eingebrachten Anteil.

Die Position von einheiratenden jüngeren und zumeist ärmeren Männern ist vor dem Hintergrund eines innerfamilialen Machtgefälles allerdings zu hinterfragen. Wenn aus der früheren Ehe der Braut Kinder vorhanden waren, durften diese ja in ihrem Erbanspruch nicht geschmälert werden. Waren trotz des Altersunterschiedes der Brautleute noch Kinder aus der neuen Ehe zu erwarten, so verringerte sich dadurch das zu erwartende Erbe der Kinder erster Ehe. Einheiratende Männer hatten, vor allem, wenn sie wenig mitbrachten, sicher keinen einfachen Stand innerhalb der „alten“ Familie.

Witwen – unabhängig und begehrt

Die Stellung von Witwen von Bauern und Handwerkern oder Gewerbetreibenden ist in Österreich unter der Enns weniger unter dem Aspekt einer Witwen-Versorgung zu sehen als unter dem Blickwinkel einer Wiederverheiratung. Witwen waren ökonomisch und sozial durchaus attraktive Heiratspartnerinnen. Sie boten jüngeren Männern – weichenden Erben ohne Chance auf Hofübernahme und Handwerksgesellen – eine Möglichkeit zum sozialen Aufstieg. Dabei spielte es auch kaum eine Rolle, wenn die Frauen erheblich älter als die Bräutigame waren. Ein allzu großer Altersunterschied konnte zwar von der Grundherrschaft als berechtigter Grund für die Verweigerung des Ehekonsenses geltend gemacht werden,[160] in der Realität aber war dieses Heiratsmuster im Erzherzogtum unter der Enns weit verbreitet.

Verwitwete Bäuerinnen hatten mehrere Handlungsoptionen, den Ausfall des Ehemannes als Arbeitskraft zu ersetzen: durch erwachsene Kinder am Hof, durch Gesinde (das zum Teil aus dem Kreis der Verwandten kam) oder aber durch eine Wiederverehelichung. Welche der Optionen zum Tragen kam, war von vielfältigen Faktoren abhängig. Wenn ein eigenes Kind vorhanden war, das bis zur endgültigen Hofübergabe einspringen konnte, war dies eine Möglichkeit, einige Jahre bis zum Transfer des Besitzes an die nächste Generation ohne Ehemann durchzuhalten. Verwitwete Bäuerinnen oder Witwen von Handwerkern oder sonstigen Gewerbebetrieben, die die Wirtschaft selbst weiterführten, wurden als alleinige Besitzerinnen an „Nutz und Gewere" geschrieben.

In den Amtsbüchern kommt bei aller Formelhaftigkeit die aktive Rolle von Witwen sprachlich deutlich zum Ausdruck: Die Witwe selbst lässt den neuen Ehemann anschreiben. Auch gegenüber der Grundherrschaft nimmt wiederum sie den aktiven Part ein: Sie ist die Verhandlerin, die Akteurin. Im Jahr 1757 schloss Catharina, Witwe des Mathias Teufl, eine „Heurats Abred" mit dem ledigen Mathias Heigl, einem noch minderjährigen Zimmerer. Die Braut verheiratete ihrem Bräutigam ihr Haus samt Einrichtung und Fahrnissen, was der Bräutigam mit seinem erlernten Zimmerhandwerk und auch Bargeld in der Höhe von 40 Gulden widerlegte. Nach dem Abschluss des Heiratsvertrages erfolgte sogleich das „Anschreiben": „Obigen *dito* lasset die Mathias Teuflische Wittib Catharina nach absterben Ihres Ehewürths um ihr besitzendes Haus in der Klein Lunz ihrem zweyten Eheman Mathias Heigl neben sich zugleich an das Lechen Nutz und Gwöhr schreiben und zalt …" [es folgen die Gebühren].[161]

Eine Wiederverehelichung hatte vor allem bei der Weitergabe der Bauernhöfe spezielle Auswirkungen: Die Besitzweitergabe erfolgte nicht selten über Kinder aus zweiter oder sogar dritter Ehe. Ebenso konnte die ursprüngliche Linie sogar komplett unterbrochen werden – wenn etwa die ältere Ehefrau vor dem Mann starb und dieser wiederum heiratete und aus dieser Ehe weitere Kinder hervorgingen, von denen dann eines den Hof weiterführte. Kinder aus erster Ehe hatten damit ein hohes Risiko, die Anwartschaft auf den Hof zu verlieren, da noch weitere Stiefgeschwister geboren werden konnten. Diese Wiederverheiratungsketten konnten dazu führen, dass ganze Generationen an ursprünglich Erbberechtigten übersprungen wurden.

160 Vgl. dazu die Diskussion der Kompilations- bzw. Revisions-Kommission um den Codex Theresianus 1770 in: Harrasowsky, Codex Theresianus, Bd. 1, Caput III Von Ehebindnissen, § I Von Eheverlobnissen, S. 92, Anm. 7.

161 NÖLA, Herrschaftsarchiv Fridau, HS 5, fol. 277'–278.

Die Regelungen in den Heiratsverträgen zeigen deutlich, dass sich die Frauen der Risiken einer Heirat mit wesentlich jüngeren und wirtschaftlich nicht ebenbürtigen Männern durchaus bewusst waren. Da aufgrund des praktizierten Ehegüterrechts nach vollzogener Eheschließung alles als Heiratsgut und Widerlage eingebrachte Vermögen in einer allgemeinen Gütergemeinschaft aufging, ungeachtet der jeweiligen Beiträge der Ehepartner, suchten sich die ökonomisch attraktiveren Partnerinnen – wie bereits an anderer Stelle ausgeführt – mit Vorbehalt von Eigenvermögen eine gewisse Unabhängigkeit zu bewahren. Die häufigste Strategie zur wirtschaftlichen Eigenabsicherung bestand im Vorbehalt von besonders einträglichen Grundstücken, oftmals Weingärten, aus denen Bargeld lukriert werden konnte. Dabei wurde zwischen prinzipiellen Vorbehalten und solchen, die nur eine gewisse Zeit gelten sollten, bis sich der einheiratende Partner ‚qualifiziert' hatte, differenziert. In solch ungleichgewichtigen Paarkonstellationen waren die Vorbehalte einseitig. Als im Jahr 1647 der „junge gesöll" Hanns Khorner mit Margaretha, Witwe des Thomas Hörzog, eine „Heurathsabredt" schloss, versprach er seiner Braut als Heiratsgut die Hälfte seines väterlichen und mütterlichen Erbes. Die Braut versprach ihrem Bräutigam ebenfalls die Hälfte ihres gesamten Vermögens, setzte aber einseitig Vorbehalte fest:

> Heunt *dato* denn 2. *May* Anno 1647 verheurath sich Hanns Khorner, ein Junger gesöll, Weillandt Georgen Khorners gewester Schmidt und Undterthanns zu Rust, Margaretha, seiner Ehewierthin beeder seelig, hündterlaßener Eheleiblicher Sohn, zu Weillandt des Ersamben, Thomann Hörzogs zu Rust seelig hünderlaßner Wittib, Margaretha, und verspricht derselben zu einem rechten Heurathgueth Ihm vonn seinem verstorbenen Vatter, Muetter, und Ödl, Erblicher zuefält, denn halben Thaill. Herentgegen obgemelte Brauth, Ihrem Breuthigamb ebenermaßen, auß allen Ihren Vermügen (außgenohmmen Dritthalb Joch Ackher im Lehenfeldt, welche sie Ihr, auf Ihres zukhunfftigen Ehewierths woll verhalten, zum bevor nehmen, die Peunt aber enthalb Pachs, und ain halb Joch Khrautgarten, ganz und gar vorbehalten thuet) den halben theill verheurath und versprochen.[162]

Die Wiederverheiratung von Witwen erscheint nicht als Ausnahmefall in einer Krisensituation, sondern als eine bewährte Praxis, für die es mit den Vorbehalten von Eigentum auch die Möglichkeit einer gewissen Absicherung gab.

Witwen in Handwerk und Gewerbe

Verwitwete Frauen konnten Handwerks- und Gewerbebetriebe im Prinzip auch ohne Ehemann weiterführen; es war allein die Anwesenheit eines Gesellen notwendig. 1739 heißt es dazu:

> Von den Wittwen. Art. XLIV. Einer nach einem verstorbenen Meister hinterbleibenden Witwe steht frei, das Handwerk, in solang sie sich in ihren Wittwenstand nicht verändert, und sich mit einem andern außer der Zunft nicht vereheligt, durch einen, wenn sie nicht schon damit versehen wäre, von der Zunft ihr zuzugeben kommenden guten Gesellen fortzuführen.[163]

---

162 NÖLA, KG St. Pölten, 97/63, Herrschaft Neulengbach, fol. 21 (Transkription Neulengbach Nr. 4 im Anhang, vgl. dazu auch die Heiratsabrede Neulengbach Nr. 3 im Anhang).

163 Generalzunftsartikel für die Zünfte der k. böhmischen Erbländer, Wien, 5. Jänner 1739, in: Joseph Kropatschek, Sammlung aller k. k. Verordnungen und Gesetze vom Jahr 1740 bis 1780, die unter der Regierung des Kaisers Joseph des II. theils noch ganz bestehen, theils zum Theile abgeändert sind, als ein Hilfs- und Ergänzungsbuch zu dem Handbuche aller unter der Regierung des Kaisers

Die Zünfte begünstigten die Einheiraten, indem sie Gesellen, die Meisters-Witwen heirateten, Gesellenjahre nachsahen; jenen, die eine arme Meisterswitwe oder -tochter heirateten, konnte die Obrigkeit sogar das Meisterstück erlassen.[164] Auch hatten Meisterrechtswerber, die Meisterswitwen oder -töchter heirateten, nur die Hälfte der dafür anfallenden Kosten zu bezahlen.[165]

Nicht selten hatte der Bräutigam zuvor schon als Geselle im Betrieb gearbeitet und dabei sowohl die Arbeitsabläufe und die gesamte Betriebsstruktur als auch die spätere Ehefrau kennen gelernt. Vermutlich gab es aber auch Netzwerke, die Informationen über solche Heiratsmöglichkeiten – sowohl für die Witwen als auch die Gesellen – verbreiteten. In diesen Fällen war der Bräutigam oft bedeutend jünger als dessen zukünftige Frau und hatte recht wenig Vermögen, das er in die Ehe einbringen konnte. Das großes Plus war das Fachwissen, das auch als solches in die Heiratsverträge Eingang fand, etwa in folgender Form: „N. N. verheiratet seiner Braut die von ihm erlernte XY-Profession" oder „das XY-Handwerk". Kenntnisse und Fertigkeiten,[166] die „Profession" galten als Äquivalent für Besitz an Haus, Grund und Boden und garantierten den ungestörten Fortgang des Betriebes.

Im Jahr 1764 starb Stephan Täz, Bader aus dem Markt Ober-Grafendorf, das der Herrschaft Fridau untertänig war. Das Recht zur Ausübung des Bader-Gewerbes – Wundärzte und Chirurgen galten als Handwerker – war mit dem Haus verbunden also ein so genanntes „radiziertes Gewerbe". Mit dem Besitz des Hauses war somit auch die „Bader-Gerechtigkeit" verknüpft. Nach dem Tod von Stephan Täz ging das Haus in den alleinigen Besitz der Witwe Anna Maria über, die damit auch zur Inhaberin des Bader-Gewerbes wurde. Nach Ablauf von zwei Jahren schloss Anna Maria Täzin die Ehe mit dem aus Mähren gebürtigen Paul Scheffzig und traf folgende „Heuraths Abred", in der die Witwe ganz selbstverständlich und selbstbewusst als Besitzerin des Hauses und der Bader-Konzession auftrat: „Die Brauth verheurathet ihren lieben Bräutigam und künftigen Ehewirt Ihr zu Grafendorff besitzende Behausung samt der darauf haftenden Baader Gerechtigkeit, dann all besitzendes Vermögen, wie es immer Nahmen haben mag, zur Helfte ...".[167] Auch im Handwerk behielt sich die Braut in einer solchen Konstellation – bei der Einheirat eines (vermutlich) jüngeren unvermögenden Mannes auf den Besitz einer wohlhabenden Witwe – eigenes Vermögen zur freien Verfügung vor, wie Anna Maria Täzin dies tat: „...und sich ersagte Brauth alleinig die ihres Mannes Stephan Täz seelig noch zu Ganerdingen in Reich abzufordern habende Vätterliche und Mütterliche Erbschaft vor sich als ein eigenthum zu ihrer freywilligen *Disposition reserviret* haben will ..."

Der Bräutigam war mit diesen Vereinbarungen durchaus einverstanden. Mit der Einheirat hatte er eine sichere Lebensstellung erreicht. Sein Einbringen bestand in seinem Fachwissen

---

Joseph des II. für die k. k. Erbländer ergangenen Verordnungen und Gesetze, Bd. 1, Wien 1786, 233.

164 Handwerksgenerale und Fundamentalpatent, Wien, 16. November 1731, in: Kropatschek, Sammlung, Bd. 1, 210.

165 Vgl. Handwerksgenerale, Von den Meistern, Meisterstücken, und Meisterrechtsgebühr, Art. XXXIII, in: Kropatschek, Sammlung, Bd. 1, 230.

166 Vgl. dazu auch den Heiratsvertrag Wolfstein am Gurhof Nr. 10 im Anhang.

167 NÖLA, KG St. Pölten, 42/8, Herrschaft Fridau, fol. 25'; vgl. dazu auch Gertrude Langer-Ostrawsky u. Günter Marian, Ausgewählte Beispiele für die Familien- und Hausforschung anhand grundherrschaftlicher und „staatlicher" Quellen, in: Willibald Rosner u. Günter Marian Hg, Handbuch für Heimat- und Familienforschung in Niederösterreich, St. Pölten 2008, 166–173.

– seiner „erlehrten Kunst" – und der damit verbundenen formalen Berechtigung zur Fortführung des Gewerbes, „mit welchen allen erwehnter Herr Bräutigam zufriden, und ein solches mit seiner erlehrten Kunst gleichmässig widerlegt".

Die Brautleute vereinbarten, wie üblich, eine allgemeine Gütergemeinschaft, wobei als alleiniger Erbe im Falle fehlender Nachkommen der überlebende Ehepartner festgesetzt wurde:

> ...allso und dermassen, dass nebst disen alles dasjenige, was beede *Con*persohnen wehrenter Ehe ererben, erwerben, erwürtschaften, oder ansonsten an sich bringen werden, ein Gleich vermischtes Gut seyn, heissen und gebleiben solle.
> Nach ein oder theils in Ermanglung deren Eheleiblichen Kindern erfolgenden Absterben, ist die Verabredung dahin beschehen, dass der überlebende Theill denen nächsten sich zur Erbschaft *legitimierenden* Seiten Befreundten von dem richtig verbleibenden Guth nicht das mündeste Erblich hinaus zugeben gehalten seye, sondern ein solches dem überlebenden theil gänzlich eingeräumt bleiben solle.
> In übrigen stehet jedem theil bevor ein das andere durch *Testament, Codicill,* oder leztwillige *Disposition* mit noch meren noch zubetreuen.
> Schloß Fridau den 1ten April 1766.[168]

Wie weitreichend eine Gütergemeinschaft war, zeigt die Verlassenschaftsabhandlung nach dem Tod der Elisabeth Scheffzikin, der Schwiegertochter von Joseph und Anna Maria, aus dem Jahre 1807. Elisabeth hatte den Sohn des Paares, Joseph, geehelicht und 1796 mit ihm zusammen Haus und Gewerbe seiner Eltern übernommen. Die Schätzung des „gemeinschaftlich besessene[n] Vermögen[s]" beinhaltete das Haus samt radiziertem „Ius der Chyrurgie", ein Bauerngut in Grafendorf und einige Grundstücke sowie die Haus- und Zimmereinrichtung, Kleidung und Leinwäsche, Vieh und Fahrnisse. Als gemeinschaftlicher Besitz werden aber auch „sämtliche *Chyrurgische* Instrumenten, Bücher und Apotheke" genannt, die – in der Sprache der Zeit recht plastisch – als ein „gleich vermischtes Gut" bezeichnet, auch der Frau gehörten.[169]

9. Das niederösterreichische Modell: Zusammenfassung

Eheverträge der Frühen Neuzeit bis zum ABGB gehen von einem Rollenverständnis aus, das auf die Leistungen von Männern und Frauen zur Wirtschaftsführung und zur Lebenssicherung gleichermaßen fokussiert. Der beiderseitige Beitrag, das gemeinsame Erwerben und Erwirtschaften des bäuerlichen „Arbeitspaares" war der real erlebte und in Gewohnheitsrecht gegossene historische Hintergrund für den Abschluss von Eheverträgen auf Basis der Gütergemeinschaft.

Sowohl im Besitzrecht als auch bezüglich ihrer Stellung im Ehe- und Erbrecht scheinen die Frauen über eine starke Stellung verfügt zu haben. Sie konnten für sich alleine Güter besitzen und darüber nach ihrem Willen verfügen. Sie hatten aber auch bei allem, was den ehelichen Gemeinschaftsbesitz betraf, ein Mitspracherecht. Frauen waren als Witwen in der Hofübernahme privilegiert und erbten auch den größeren Teil des Vermögens, falls mehr als ein Kind vorhanden war. Als Witwen galten sie überdies als attraktive Ehepartnerinnen für aufstiegs-

168 NÖLA, KG St. Pölten, 42/8, Herrschaft Fridau, fol. 26 (Transkription Fridau Nr. 8 im Anhang).
169 NÖLA, KG St. Pölten, 42/16, Herrschaft Fridau, fol. 10.

orientierte jüngere Männer. Diese starke Tendenz zur Gleichberechtigung der Geschlechter galt aber auch in Hinblick auf die Verantwortlichkeiten und Pflichten – Frauen hatten für Schulden, hypothekarische Belastungen und andere Verpflichtungen ebenso einzustehen wie ihre Männer.

Die Ehe selbst stellt sich primär als Arbeits- und Erwerbsgemeinschaft dar. Ein kompliziertes und komplexes Geflecht von Verpflichtungen und Abmachungen, Vereinbarungen und Modifikationen zeichnete die gelebte Praxis aus. Wie schnell solche als „Vertrag" scheinbar so fixen und feststehenden Vereinbarungen durch den Tod der Frau oder des Mannes hinfällig werden konnten, zeigen die häufigen Verlassenschaftsabhandlungen, die wiederum Erbverträge nach sich zogen, bevor fast umgehend wieder eine Ehe geschlossen wurde. So fragil die zeitliche Wirkungsdauer der Abmachungen zwischen den beteiligten Personen aufgrund der prekären Lebensverhältnisse erscheint, so stabil und unbeeinflusst von Rechtsdiskursen und gesetzlichen Änderungen erwies sich die ehegüterrechtliche Basis. Das erprobte und praktizierte Gewohnheitsrecht der Gütergemeinschaft mit einer überaus deutlichen starken Stellung der Frauen setzte sich auch gegenüber den von einem bürgerlichen Verständnis von Ehe, Familie und Geschlechterrollen getragenen Konzepten der Autoren des ABGB durch und konterkarierte diese durch Beständigkeit – bis in die Gegenwart.

Anhang: Quellenbeispiele aus dem Erzherzogtum Österreich unter der Enns

Aspang

Nr. 1: 1697 Heiratsabrede zwischen Urban Luef und Maria Höferin[1]

Nr. 2: 1698 Heiratsbrief zwischen Georg Winkhler und der Witwe Kunigunde Fuxin

Fridau

Nr. 1: 1764 Heiratsabrede zwischen dem Witwer und Gastwirt Ferdinand Dumbeck und Maria Elisabetha Meistriglerin

Nr. 2: 1741 Verlassenschaftsabhandlung und Inventar nach dem Tod des Matthias Schoderböckh

Nr. 3: 1741 Erbsvertrag zwischen Barbara Schoderböckhin, Witwe des Michael Schoderböckh, und den Stiefkindern erster Ehe des Verstorbenen bzw. dem gemeinsamen Kind

Nr. 4: 1741 Heiratsabrede zwischen der Witwe Barbara Schoderböckhin und Adam Kalteys

Nr. 5: 1742 Heiratsabrede zwischen der Witwe Barbara Kalteysin (vormals verwitwete Schoderböckhin) und Marx Wochinger

Nr. 6: 1743 Heiratsabrede zwischen dem Leinweber Joseph Leidenfrost und der Leinweberstochter Rosina Pfeifferin

Nr. 7: 1743 Heiratsabrede zwischen der Witwe Rosina Zeitlhueberin und Michael Gstöttner

Nr. 8: 1766 Heiratsabrede zwischen dem *Chyrurgus* Paul Scheffzig und Anna Maria Täzin, Witwe des Baders Stephan Täz

Nr. 9: 1766 Heiratsabrede zwischen dem Inwohnerssohn Sebastian König und der Inwohnerstochter Magdalena Pichlerin

Nr. 10: 1768 Heiratsabrede zwischen Magdalena Brunnerin, Maurermeisterstochter, und Wolfgang Reißenwegerer, Weber in der Baumwoll-Fabrik in Grafendorf

Nr. 11: 1769 Heiratsabrede zwischen dem Witwer Karl Kimerl, Druckergeselle in der Baumwoll-Fabrik in Grafendorf, und Theresia Räpplin, Tochter des Krapp-Müllers in der Baumwoll-Fabrik

Nr. 12: 1795 Heiratsabrede zwischen dem Witwer und Inwohner Mathias Preitenauer und Anna Maria Moserin, Witwe und Inwohnerin

Nr. 13: 1795 Heiratsabrede zwischen dem Witwer Peter Fahrafellner und Maria Anna Gonausin

Nr. 14: 1741 Inventar und Erbvertrag nach dem Tod des Andree Kürchweeger, zwischen der Witwe Magdalena Kürchweegerin und den fünf gemeinsamen ehelichen Kindern

Nr. 15: 1746 Heiratsabrede zwischen dem Witwer Balthasar Haiml und Maria Anna Schindleggerin

Nr. 16: 1757 Heiratsabrede zwischen Philipp Weigl und der Witwe Rosina Englin

Nr. 17: 1793 Heiratsabrede zwischen dem Witwer Andre Riegler und Anna Maria Schindleggerin

Nr. 18: 1813 Ehekontrakt zwischen dem minderjährigen Joseph Kaiser, Reservemann, vertreten durch seinen Vater, und der minderjährigen Theresia Punzin, vertreten durch ihren Vormund

Neulengbach

Nr. 1: 1646 Heiratsabrede zwischen Collmann Gerstmayr und der Witwe Maria Hackherin

Nr. 2: 1646 Heiratsabrede zwischen Hanns Lepstinger und der Witwe Maria Gnädelstorferin

Nr. 3: 1647 Heiratsabrede zwischen Michael Eder und der Witwe Gerthraut Widerhoferin

---

1 Aus anderen Eintragungen der Protokollbücher und zeitgenössischen Quellen ist die Verwendung des Suffixes -in für Familiennamen von Frauen im frühneuzeitlichen Niederöstereich belegt. In den Heiratsverträgen werden die Frauen allerdings nur selten selbst mit dem Familiennamen bezeichnet. Mehrheitlich sind die Bräute mit Vornamen genannt und als „Tochter des N. N. und seiner Ehewirtin N." – auch diese nur mit Vornamen – oder als „Witwe des N. N." angeführt.

Nr. 4: 1647 Heiratsabrede zwischen Hanns Khorner und der Witwe Margaretha Hörzogin
Nr. 5: 1649 Erbvertrag zwischen der Witwe Rosina Cnädlstorfferin und ihren zwei ehelichen Kindern
Nr. 6: 1649 Heiratsabrede zwischen Andreas Hager und Roßina Cnädlstorfferin
Nr. 7: 1649 Erbvertrag nach dem Tod von Hanns Sedlmayr, zwischen seiner Witwe Catharina und ihrem Stiefsohn Michael Sedlmayr
Nr. 8: 1652 Heiratsabrede zwischen Blasy Prötl und Ursula Rechlingin

Wolfstein am Gurhof
Nr. 1: 1726 Heiratskonsens und Heiratsabrede zwischen dem Müllermeister Leopold Weber und Elisabetha Pfefferin
Nr. 2: 1726 Heiratskonsens und Heiratsabrede zwischen dem Müllerjungen Hans Pflägler und Catharina Nußbaumerin, Tochter des Müllers an der Hofmühle
Nr. 3: 1751 Herrschaftlicher Heiratskonsens bzw. Ehevertrag zwischen dem Witwer Michael Brunnthaller und der Sabina Haynrichin
Nr. 4: 1751 Herrschaftlicher Heiratskonsens bzw. Ehevertrag zwischen der Witwe Catharina Hannin und Joseph Umgeher, Hofmeister der Herrschaft Leiben
Nr. 5: 1782 Heiratsabrede zwischen Johann Humpelstötter und Anna Maria Mitterlechnerin
Nr. 6: 1782 Heiratsabrede zwischen dem Hufschmied Michael Hubmayr und Rosalia Prantnerin
Nr. 7: 1782 Heiratsabrede zwischen Johann Braittensteiner und Maria Anna Strasserin
Nr. 8: 1782 Heiratsabrede zwischen dem Hufschmiedmeister Johann Zeitlhuber und Elisabeth Schotterin
Nr. 9: 1782 Heiratsabrede zwischen Philipp Bauer und Franziska Mühlauerin
Nr. 10: 1782 Heiratsabrede zwischen dem Schulmeister Leopold Mayr und Clara Reitherin
Nr. 11: 1783 Heiratsabrede zwischen Michael Posch und Anna Maria Humpelstötterin
Nr. 12: 1811 Testament der Witwe Theresia Kinningerin mit Änderung der Vereinbarungen des Heiratsvertrages

Perchtoldsdorf:
Nr. 1: 1743 Heiratsbrief zwischen dem Witwer Leopold Holzer und der Inwohnerstochter Margaretha Thürin

Instruktionen, Formulare
Nr. 1: 1774–1781 Asparn: Formular für die Abfassung von Heiratsbriefen
Nr. 2: 1766 Lamberg-Ottenstein: Instruktion für den Herrschafts-Verwalter Heiratsbriefe betreffend
Nr. 3: 1766 Lamberg-Ottenstein: Formular N für Heiratsbriefe

Aspang

Aspang Nr. 1: Heiratsabrede zwischen Urban Luef und Maria Höferin, 1697

NÖLA, Schlossarchiv Aspang, HS 1/4, fol. 7'–8

Im Namen der Allerhailligisten und unzerthailten Dreyfaldtigkheit, Gottes Vatters Sohn und Hl. Geists Amen.

*Ist an heundt zu Enndt gesezten dato mit Vor*wissen und *Consens* der gnädigen obrigkheit zwischen den Ehrbahren Urban Luef ledigen Stands des Einhart Luefen der Herrschaft Aspang gewester Underthanns selliger hindterlassener Sohn als Preithigamb *an eines*, dann der Tugentsamben Maria annoch ledtigen Standts, des Urban Höfer Forauerischen Undthanns und *Barbara* seiner Ehewürthin beeder so noch in Leben Eheleiblichen Tochter als Prauth *anderten Thails*: /durch die Ehrbahrn Männer Hanns Stirzer Thomasperglischer underthan, und Blasen Köppler Pernvoglischer underthan, beede auf seithen des Breithigambs. Ingleichen Urban Höfer besagter Herrschaft underthann, und Jacob Rigler Aspangischer underthan auf der Brauth seithen Erbettener beyständt in gegenwarth beederseiths Befreundten ain Christliche Heyrath abgeredet und beschlossen worden.

Erstlich Verheyrath ob gedachter Preithigamb seiner vilgelibten Brauth,und künftigen Ehewürthin neben seiner Conlichen Lieb: und Treu, die Helfte seines völligen Vermögen, da sye Khinder mit einander überkhommen, solle die ablesung den Jüngsten Sohn, oder in Ermanglung der Tochter sein; da sye aber kheine Kinder über khommen, sol ihr das haus verbleiben.
Dahin gegen aber verheyrath sye Brauth Ihren Villgeliebten Preitigamb und künftigen Ehewürth neben Conlicher Lieb: und Treu in Paaren Gelt *fünfzöhen Gulden*, zu deme auch alles was sye in wehrendter Ehe durch den Reichen seegen Gottes Erwerben auch sye von ihren Eldern: oder ander werdtig Ererben mechten da sye aber Eins vor dem andern ohne Leibs Erben mit Tott abgehen, soll der Über Lebente Thaill des Verstorbenen Negsten Befreundten, den 3ten. Pfening hinaus zu geben schuldig sein, da aber Leibs Erben verhandten, solle Es dem allgemainen Lands Prauch gemess gehalten werden.

Schliesslichen da Eins das andere aus Ehelicher Lieb: und Treu durch *Testament* oder *Donation* fehrer betthreuen wohle, soll hieran kheinen Thail die handt gesperth sein.

Threulich und ohne Geverthe dessen zu Wahrer Urkhundt Ist dieser Heyraths *Contract* auf underthenniges bitten mit gnädiger Herrschafts adelichen angebohrnen *Insigl* /: Jedoch der Förttigung ohne Nachthaill und Schadten:/ bekhräftiget und so dan umb künftiger nachricht willen bey der Herrschaft vorgemerckht worden. beschehen und gegeben in
Schloß Aspang den 2. *Juny* 1697

Aspang Nr. 2: Heiratsbrief zwischen Georg Winkhler und der Witwe Kunigunde Fuxin, 1698

NÖLA, Schlossarchiv Aspang, HS 1/4, fol 22–23

In dem Nahmen der Allerheyligsten Undt Unzerthailten Dreyfaltigkhait Gottes Vatters, Sohns und Heyligen Geistes Amen.

Ist an heind zu end geseztem *Dato* zwischen den Ehrbahren Jungen Gesellen Geörgen Winkhler der Herrschaft Thomasberg Underthans, und Gerthraud seiner Ehewürthin beede noch in leben Ehrlich erzaigten Sohn Alß breithigamb *ainen*/: dan der tugendreichen Kunigund des Simon Fuxen der Herrschaft Aspang

Unterthans Im Kleinen ambt selig hinderlassener Wittib als Braud *Anderten Thaill:/* In mit und beysein der Ehrbaren Mörth Koderhold Ambtmann des Kleinen Ambts, und Christoph Kögel, Steyrspergerischer Unterthan auf des Breithigambs: Auf der Brauth seithen aber Blaß Dobler der Herrschaft Aspang underthönigen Bürger zu Unter Aspang, und Ruep Fragenhoffer der Herrschaft Aspang Underthan alß von beeeden thaillen hierzu Erbettenen Beystandt nachfolgende Heyrath abgeredt, und beschlossen wordten:

Erstlichen Ist Ihme Geörgen Winkhler, obgedachte Kunigundta mit ihren guethen Willen, auf Radt, und Einwilligung beederseiths befreinden, beforderniß aber mit Consens gnädiger Herrschaft zu Einer künftigen Ehewürthin biß auf Priesterliche *Copulation* zugesagt und versprochen.

Andertens. Verheyrath Er Breithigamb seiner viellgeliebten Brauth und künftigen Ehewürthin, sein völliges Vermögen, so sich *Achtzig Guldten* Pares Geld, und alles was künftig von seinen Eltern und sonsten mit Erbschaft zufallen möchte.

Dritttens. Widerlegt Sie Brauth Ihren lieben Breidigamb solches Heyrath gueth mit Ihrer Conlichen lieb, und Treu auch völligen Vermögen, so Sie aniezo hat und künftig überkhomen möchte, worunder die würthschaft verstanden, solchergestalten, dass Ihren Sohn Urban Fux vor den haimsiz Vier Reichsthaller bezalt werdte.

Viertens, dass khünftige betreffend, ist abgeredt und beschlossen wordten, dass was Sie beede Conleuth in Ihren wehrendten Ehestandt, durch den Reichen segen Gottes mit einander Erwerben, Ererben, oder durch andere gebührende mitl an sich bringen, dis alles ein gleiches Gueth sein solle; wann aber eins vor den andern ohne leibs erben, deren sie der Allmächtige doch nicht verzeichen wolle, zeittlichen todts vorfahren würde, so solle des abgeleibten Negste befreindt der Drite pfennig des Richtigen Gueths hinaus geben werden, wan sie beede künftig mit einander Khinder überkhommen, auch eins vor den andern mit todt abgehen sollte, soll den überlebenden thaill die völlige würthschaft gegen Erlegung nach obrigkheitlicher Erkhandnus Eines heimsiz den Jünsten Khind verbleiben, und übrigen alles dem allgemainen landtsbrauch nach wie es in österreich Under der Ennß gehalten allerdings verbleiben. Zu Urkhund dessen hat auf anlangen der *Interessirten* gnädige Herrschaft dißen Heyraths Brieff mit Ihren Angebohrnen adelichen Insigl *Rathificirt* und becrefftigt, *actum* Schloß Aspang den 20. *7bris* 1698

Fridau

Fridau Nr. 1: Heiratsabrede zwischen dem Witwer und Gastwirt Ferdinand Dumbeck und Maria Elisabetha Meistriglerin, 1764

NÖLA, HA Fridau, HS 5, fol. 488–489'

Heurats Abred

Bräutigam, der Ehrngeachte Ferdinand Dumbeck disseitiger unterthan Wirth und Gastgeb an der Groß Gstetten zu Lunz ein Wittwer.

Braut, Die Tugendsame Maria Elisabetha, des Ehrngeachten Adam Meistrigler zu St. *Nicola* an der Leutha unter die Hochfürstlich *Esterhazysche* Herrschaft Eisenstadt gehörig, und Maria Theresia, dessen Ehewirtin beeden annoch in Leben, Eheleibliche Tochter Ledigenstands.

Beystände. auf seiten des Bräutigams, der Ehrngeachte Franz Vogl Stift Gäminger unterthan und Gastgeb auf der Zeel, und Ferdinand Wändler Herrschaft Weissenburger unterthan und Schneidermeister zu

Lunz, dann auf seiten der Braut, Herr Michael Hagenauer Herrschaft Gleißer Amtmann, und Franz Zöchmann beede Fleischhackermeister zu Lunz.

Verheurathung. Die Braut verheuratet Ihren Lieben Bräutigam, Ihre von Carl Reichardt Tanzer seelig vermachte 100 fl. nebst ihren eigens ersparten Mitlen p. 50 fl. zusammen also 150 fl. dem Landsbrauch nach zur Halbscheid, welches Heurat Guth auch gedachter Bräutigam mit Lieb und Dank nicht allein angenommen und erkennet, sondern auch solches mit seiner besitzenden Behausung, und übrig Verhandenen Vermögen, wie solches nach abzug deren *Passivorum* immer erdacht werden mag, ohne ausnahm und hinterhalt aufrichtig und getreulich widerleget, also und dergestalten, dass diese Heurat Güther und Widerlag nebst allen deme
Was Berührte *Con*personen, zeit wehrenden Ehestand durch den Reichen Seegen Gottes mit einander Erwerben, Ererben, Erwirtschaften, oder auf andere zulässige art und weise, und Rechtmässigen Titl an sich bringen werden, ein gleiches unzertheiltes guth seyn und verbleiben solle, massen diese *Stipulirte Communio Bonorum* auf jene Art als es in denen Rechten und hiesigen Landsbrauch am kräftigsten seyn kan, wohlbedachsam beederseits beliebet und von der Braut derer Weiblichen Freyheiten, nach genugsammer *Certioration renuncirt* worden ist, jedoch mit denen weiteren
Conditionen: dass nach ein oder des anderen theil, über Kurtz oder Lang *intestato* erfolgenden ableben, denen Eheleiblichen Kindern es mögen deren viel oder wenig seyn der dritte Theil, des damallig gemeinschäftlichen Vermögens, entgegen in ermanglung deren Ehelichen Leibs Erben, denen nächsten Verwanden, nicht das mindeste zur Erbschaft hinaus gemacht werden solle.
Im Fahl entgegen zeit wehrenden Brautständen ein Theil so Gott gnädig verhütten wolle, mit Tod abgehete, will der ermelte Bräutigam seiner Lieben Braut 12: Sie solchenfals aber Ihme 6 *Ducaten*[2] zu einen angedencken vermachet haben.
Actum Amtshaus Lunz den 15. July 1764

Heurats Consens für 1 Person 45x
Heurats Brief 1fl 30x
Stempl Papier 15x

Fridau Nr. 2: Verlassenschaftsabhandlung und Inventar nach dem Tod des Mathias Schoderböckh, 1741

NÖLA, HA Fridau, HS 25, fol.10–12

Inventarium

Über Weyland seeliges Hinscheiden [~~Michael~~] Mathias Schoderböckh, Herrschaft Ranzenbacherischer unterthann am Ponscha Seeligen hinterlassenen ligend- und fahrendes Vermögen, so in Beysein deren Ehrsamben, als Ferdinandt Pernhardt Ambts Richter und Johann Haindorffer Würth zu Ranzenbach, dann Simon Stainwendtner Külberischer Unterthann am Christenberg als Brueder obrigkeitlich *Inventirt* beschriben und *taxirt* worden den 22.ten September 1741

2 Goldmünze, entsprach Mitte des 18. Jahrhunderts etwa vier Gulden, siehe dazu Rudolf Geyer, Münze und Geld. Maß und Gewicht in Nieder- und Oberösterreich. Sonderabdruck aus: Alois Francis Pribram Hg, Materialien zur Geschichte der Preise und Löhne in Österreich, Bd. 1, Wien 1938, 74.

Vermögen
Erstlich, das Häusl am Ponscha, sambt denen hierzue gehörigen Haus gründt, so in all 3 Feldern 4 Joch betragen, und einem Haus Gärtl ist taxiert worden p[e]r 45 fl

Viech und Fahrnussen
[hier folgt die Aufzählung]

Summa des völligen Vermögens	122 fl 12 kr

Schulden Hinaus [Aufzählung folgt]

Erstlichen alt ausständige, und neue Herrschafts Gaaben	71 fl 25 kr
dem Schmidt zu Külb Peter Ressfeldt	54 kr
dem Sohn Michael, Krösengelt[3]	39 kr
dem Sohn Joseph, deto	57 kr
der Tochter Eva ebenfahls	34 kr
Item der Eva gelichenes	3 fl 36 kr
der Tochter Barbara	2 fl
der Tochter Rosina gelichenes	16 fl
dem Paul Streimmelwöger	1 fl 30 kr
dem Fuetterer zu Külb	24 kr
dem Hausbauer Wissen Bestandt	3 fl
Summa	100 fl 59 kr

Entstehende Schulden von Vermögen abgezogen verbleibt noch Richtiges Vermögen 21 fl 13kr
Hiervon gebührt Hochgnädiger Herrschaft das halbe Todten Pfund gelt à 3 kr mit

	1 fl 30 kr
Lechengelt	30 kr
Brieff gelt	1 fl 30 kr
Abfahrt und Vertrag gelt	1 fl 30 kr

Diese Herrschafts und Canzley Gebührnussen von Entstehenden Vermögen mehrmahlen *Defalcirt*[4]
Verbleibt noch Richtiges Gueth unter die Erben zu vertheilen
P[e]r 12 fl 52 kr

3 Dem Täufling wird vom Paten das „Krösengeld" (Chrisamgeld) eingebunden (mit „eingefascht"), in der Regel ein Silberstück und einige (drei) kleine Kupfermünzen, welche in der Taufe mitgeweiht werden. Das Krösengeld gilt als unantastbar, es bildet die Grundlage aller späteren Ersparnisse. Aus: Die österreichisch-ungarische Monarchie in Wort und Bild. Auf Anregung und unter Mitwirkung Seiner kaiserlichen und königlichen Hoheit des durchlauchtigsten Kronprinzen Erzherzog Rudolf. 2. Abteilung: Niederösterreich, Wien 1888, 220.

4 *defalcare* = abrechnen; vgl. Karl E. Demandt, Laterculus Notarum. Lateinisch-deutsche Interpretationshilfen für spätmittelalterliche und frühneuzeitliche Archivalien, Marburg 1992[5], 69.

Erben hierzue

Die hinterlassene Wittib Barbara, und des Verstorbenen hinterlassene 7 Kinder aus Erst und anderter Ehe Nahmens

	Aus Erster Ehe	
1mo. Theresia	36	
2ndo. Eva	34	
3to. Ander	32 Jahr alt	
4to. Michael	28	
5to. Joseph	22	
6to. Barbara	17	
	Aus anderter Ehe	
7mo. Hanns Georg	7 Jahr alt	
Gebühret also der Wittib die Helfte mit		6 fl 26 kr
denen 7 Kindern aus 1. und 2ter Ehe auch die Helfte		6 fl 26 kr
Jeden Insonderheit aber zu seinen gleichen 7ten Erbthaill		55 kr

Fridau Nr. 3: Erbsvertrag zwischen Barbara Schoderböckhin, Witwe des Matthias Schoderböckh, und den Stiefkindern erster Ehe des Verstorbenen bzw. dem gemeinsamen Kind, 1741

NÖLA, HA Fridau, HS 25, fol.12–12'

Erbs = Vertrag

Die hinterbliebene Wittib Barbara [Schoderböckhin] hat sich mit ihren 6 Stieff Kindern aus Ersterer Ehe, und mit ihren und des Verstorbenen Eheleiblichen Söhnl aus anderter Ehe, an statt des unvogtbahren aber der aufgestellte gerhab Nahmens Simon Stainwendtner Herrschaft Külberischer unterthann am Christenberg dahin verglichen und vertragen, daß ihr Wittib das gantze *Inventirte* gueth völlig in Handen verbleiben solle, hingegen wolle sye alle eingekommenen *Passiv* und Herrschaftlichen Schulden ohne entgelt der Kinder abführen, daß denen 6 Stieff Kindern vermög vorhergehender abhandlung zuegefallene Vätterliche Erb jeden insonderheit per 55 kr solle sie in Jahr und Tag völlig abzahlen, nach länger Inhaben aber solches von Gulden 2 kr ver*Interessieren*, des Ihren leiblichen Söhnl sein Thaill auch per 55 kr solle sie Wittib bis solches das 20igste Jahr seines Altererreichet ohne *Interesse* zu geniessen haben, nach Verfliessung dessen aber das *Interesse* zu *5 per Cento* zu reichen schuldig seyn, übrigens sollen die jüngeren Stieff Kinder noch allzeit ihren Haimgang zu suchen haben, das Kind Hanns Georg solle sie in aller Zucht und Gottes Forcht auferziehen und mit nothwendiger Kost und Klaidung versehen, In Urkundt dessen ist dieser Erbs Vertrag in Beysein deren Ehrsamen, dann Ferdinandt Pernhardt Ambts Richter, Johann Haindorffer Würth, und Simon Stainwendtner Külberischer unterthann, geschlossen, und sowohl von der Wittib als auch deren sammentlichen Erben die Angelobung über disen Erbs Vertrag bey 10 Reichsthallern gesezten Pönfahl vor obrigkeit gelaistet worden. *Actum ut Supra* [22. September 1741]

den 22. April 1752 ist der Barbara bezahlt worden mit 1 fl 10 kr
Obermiller
uxor
den 10. May 1767 erhebt der Michael samt *Interesse* 1 fl 44 kr 2 d

Fridau Nr. 4: Heiratsabrede zwischen der Witwe Barbara Schoderböckhin und Adam Kalteys, 1741

NÖLA, HA Fridau, HS 25, fol. 14'–15

Heuraths Abredt[5]
Anheundt zu Ende gesezten *Dato* ist mit obrigkeitlichen Vorwissen und *Consens* zwischen der Tugentsammen Barbara, des Mathias Schoderböckh gewest Herrschaft Ranzenbacherischer unterthann an Ponscha seeligen hinterlassener Wittib als Brauth *an ainem,* dann den Ehrsamben Adam Kalteys ledigen stands unter den fürstlichen Stüfft und Closter Lilienfeldt gewester Pupill als Bräuthigamb *Anderten Thaills,* Hernachfolgender *Contract* geschlossen worden; Als

Erstlichen Verheurathet die Wittib als Brauth ihren geliebten Bräutigamb das kleine Hofstädl Häusl am Ponscha, sambt denen Haus Gründt Viech und Hauseinrichtung, Welches ihr der Bräutigamb mit 44 fl pahren gelts, und einiger wenigen Hauseinrichtes [sic] so auch p[e]r 10 fl. *aestimirt* gänzlichen widerleget und verheurath; was sie

Andertens, in wehrender Ehe miteinander Ererben, erobern, erwürthschaften, oder sonsten durch guten Titl und Reichen Seegen Gottes an sich bringen, solle beederseiths ein gleiches gueth haissen und verbleibleiben [sic] da aber

Drittens, ains oder das andere ohne Ehelich Erzeugten Leibs Erben mit Todt abgehen solte, solle der überlebende Thaill denen Nächsten Befreunden den fünfften Thaill von den Richtigen Gueth hinaus zugeben schuldig und verbunden sein, so aber ains oder das andere in wehrender Ehe, durch *Testament* oder sonsten leztwillige *Disposition* betreyen wolte, solle ihnen beiden in allweg freu und bevor stehen. In Urkundt und Becreftigung dessen ist dieser *Contract* in Beysein Ferdinandt Pernhardt Richtern Mathias Pfeiffer auf der Eben, und Adam Kalteys alda beede Lilienfelderische unterthannen, unter 10 Reichstaller gesezten Pönnfahl abgeredt und beschlossen worden.
Actum Canzley Ranzenbach den 12ten *8bris* 1741.
Bezahlen demnach
Heuraths Consens 1 fl 30 kr

Fridau Nr. 5: Heiratsabrede zwischen der Witwe Barbara Kalteysin (vormals verwitwete Schoderböckhin) und Marx Wochinger, 1742

NÖLA, HA Fridau, HS 25, fol. 23'–24

Heuraths Abredt
Anheunt zu Ende gesezten *Dato* ist zwischen der Tugentsammen *Barbara,* des Adam Kalteys gewesten unterthann am Ponscha, seeligen hinterlassenen Wittib als Brauth an *ainem,* dann dem Ehrbahren Jungen gesöllen Marx Wochinger, Mölkherischen Puppill von Dürnbaumb, als Bräutigamb *Anderten Thaills,* in Beysein deren Gezeugen als auf seithen der Brauth Simon Stainwendtner, Külberischer unterthann am Christen Berg, und Peter Ernst, grinenbüchlerischer unterthann von der aichen, auf des Bräutigamb seithen, Leopold Fahrafellner, grienbüchler unterthann am Haus, und Mathias Pürgmayr Closter St. Pölten unterthann zu Wözling, hernach folgender Heuraths *Contract* beschlossen und abgeredt worden. Als

5 Siehe dazu auch Abb. 1, S. 29.

Erstlichen, Verheurathet die Brauth ihren Bräutigamb in [sic] Häusl am Ponscha sambt den Grundtstückhen, und wenigen einrichtung, fahrnissen, Viech und dergleichen welches ihr der Bräutigamb mit 19 fl widerleget. Wann aber

Andertens, ains vor dem andern ohne leibs Erben mit Todt abgehen sollte, solle der überlebende Thaill, von seiner seithen den Nächsten Befreundten nichts hinaus zu geben schuldig seyn, solle aber die Brauth vor ihme sterben, müsste Er Bräutigamb ihren Söhnl aus Erster Ehe Schoderböckh den Lands Brauch nach hinaus geben.
Beschehen den 1. *July* 1742
Heuraths *Consens* 1 fl 30 kr

Fridau Nr. 6: Heiratsabrede zwischen dem Leinweber Joseph Leidenfrost und der Leinweberstochter Rosina Pfeifferin, 1743

NÖLA, HA Fridau, HS 25, fol. 56'

Heuraths Abredt
Den 18. *Juny* 1743

In Nahmen der allerheiligsten Dreyfaltigkheit Gott des Vatters, Sohns und Heiligen Geistes Amen

Ist anheundt obstehendten Dato, zwischen dem Ehrsamben Joseph Leidenfrost ledigen stands seines Handtwerchs ein Leinweber, Herrschaft Schwarzenauer entlassener Puppill von gottschalling *an ainem*, dann der Tugentsamen Rosina des Bartlmae Pfeiffer, gewest Herrschaft Ranzenbacher unterthann und Webermaister am Waasen noch im Leben, und Maria dessen Ehewürthin seelig Ehelich erzeugte Tochter als *Brauth anderten* Thaills hernach folgender Heuraths *Contract* abgeredt und beschlossen worden, Als

Erstlichen, Verheurath der Bräuthigamb seiner Werdtliebsten Brauth das schon bereiths erkaufte Weeberwerckhstädl am Waasen sambt aller darbey- und zugehör, und seinen wohlerlehrten Weeber Handtwerckh, welches ihme die Brauth mit ihren ersparten Gelt p[e]r 20 fl. Wenigen Hauseinrichtung und 2 schaff widerleget; was sie aber

Andertens, in wehrender Ehe miteinander Ererben, erwerben, Erobern, Erwürthschaften Oder sonst durch gueten Titl, und reichen Segen Gottes an sich bringen, solle allezeit beederseits ein gleiches gueth sein, heissen und verbleiben; Im Fahl aber

Drittens, ains von ihnen Conleuthen ohne Ehelich Ehelich [sic] erzeugten Leibs Erben mit Todt abgehe, solle der überleibende Thaill seinen nächsten Befreundten von Richtigen Gueth den fünften Thaill seinen Befreundten von Richtigen Gueth hinaus zu geben schuldig und verbunden sein, wann aber

Vierttens, ains das andere in Wehrunder Ehe durch *Testament* oder anderer leztwilliger *Disposition* bethreuen wolte, solle Jeden frey und bevor stehen; zu wahrer Urkhundt ist dises in Beysein deren Ehrsammen gezeugen als auf seithen des Bräutigamb Peter Prechtl hiesiger Müllermaister an der Loschau, und Michael Zogmayr Aggspacher unterthann am Waasen, und Ander Ödlinger am Höfl unter 6 Reichsthaller Pönnfahl beschlossen worden.
Actum Canzley Ranzenbach ut Supra.
Heuraths Consens 1 fl 30 kr

Fridau Nr. 7: Heiratsabrede zwischen der Witwe Rosina Zeitlhueberin und Michael Gstöttner, 1743

NÖLA, HA Fridau, HS 25, fol.62

Heuraths Abredt
den 11. July 1743

Anheundt vorstehenden Dato ist zwischen der Tugentsammen Rosina Zeitlhueberin, des Adam Zeitlhueber gewest Herrschaft Ranzenbach. unterthanns zu Niderhofen seeligen hinterlassener Wittib *als Brauth an Ainen*, dann dem Ehrsamen Michael Gstöttner Closters Mölkher: unterthanns in Gloßbach noch in Leben, Rosina dessen Ehewürthin seelig beeden Eheleiblich erzeugten Sohn *als Bräutigamb anderten Thaills*, hernach folgender Heuraths *Contract* abgeredt, und beschlossen worden; Als

Erstlichen haben sich beede Brauth:persohnen nach Erworbenen herrschaftlichen *Consens* bis auf Priesterliche Copulation Ehelich verlobt und Versprochen; was aber

Andertens: die zeitlichen Güter und Nahrung anbelangt, verheurath die Brauth ihren Ehelich geliebten Bräutigamb ihr angehöriges Hoffstättl Haus zu Niderhofen, sambt Vieh- und Fahrnussen wie es Nahmen hat, wie auch ain Joch Ackher bey Niderhofen, ain Tagwerch Ackher in Niderhofer Feldt nechst den kleinen Häußl, alle nach Ranzenbach dienstbährig (auf welch lezteren zwar des Philippen Zeitlhuebers sein Vätterliches und Mütterliches Erbthaill liget) und ain halb Joch Ackher nach Grienbichl der Rosen Ackher genant, wie auch ain halb Joch Ackher in der Au in Pfarrhof Külb dienstbahrig, mit dieser *Condition* dass er sie jederzeit vor gueth erkennen, und Christlich wie es fromben Eheleuthen zuestehet halten solle, welches der *Bräuthigamb* mit *Neunzig Gulden*, pahren Gelts widerleget, was sie aber

Drittens, in wehrunder Ehe miteinander Ererben, erobern, erwürthschaften, oder sonsten durch gueten titl, und Reichen seegen Gottes an sich bringen solle allezeit zwischen ihnen *Con*leuthen ein gleiches gueth sein und genennet werden, da aber

Vierttens, von Ihnen *Con*leuthen über kurz oder lang, ains von dem anderen ohne miteinander in Wehrunder Ehe erzeugte Leibs-Erben mit Todt abgienge, solle der überlebende Thaill (von beeden verstanden) den fünften Thaill von Richtigen Gueth seinen geschwistrigt – oder negsten Befreundten hinaus zu geben schuldig- und verbunden sein; wann aber

Fünftens, von ihnen Brauth persohnen ains das ander in wehrender Ehe, durch *Testament*, oder sonsten leztwiliger *Disposition* betreuen wollte, solle Jeden Thaill allerdings freu und bevor stehen, In Urkhundt dessen ist dieser *Contract* in Beysein deren Ehrsammen gezeugen, als auf seithen der Brauth Ander Scharner hiesiger unterthann und Wöber zu Niderhofen, und Mathias Scheinhardt Herzogenburger unterthann zu Mailland, dann auf seithen des Bräuthigams Ander Rizengrueber Mölckher unterthann an der Sonnleuthen, und Johann Haindorffer hiesiger Ambts-Richtern abgeredt, bey der Canzley Ranzenbach *Prothocollirt*, und unter 3 *Ducaten* gesezten Pönnfahl beschlossen worden.
Actum Schloß Ranzenbach *ut Supra*. Bezahlt demnach
Heuraths *Consens* 1 fl 30 kr

Fridau Nr. 8: Heiratsabrede zwischen dem *Chyrurgus* Paul Scheffzig und Anna Maria Täzin, Witwe des Baders Stephan Täz, 1766

NÖLA, Kreisgericht (KG) St. Pölten 42/8, Hft. Fridau, fol. 25'–26

Heuraths Abred in Markt Grafendorf

Bräutigam Herr Paul Scheffzig unter der Hochfürstlichen Liechtensteinischen Herrschaft Blumenau aus Mähren Gebührtiger, nun *Chyrurgus*, und derzeitiger *Provisor* zu Grafendorf Ledigen Standes
Brauth die tugendsame Frau Anna Maria des Stephan Täz gewest Bürgerlicher Baader zu obern Grafendorf seelig nachgelassene Wittib.

Beystände Auf des Bräutigams Seiten Herr Ignaz Feyrtag Hochfreyherrlich Grechtlerischer Hof Gärtner zu Fridau und auf der Brauth seithen Herr Reichard Küttl Bürgerlicher Würth und Böckher zu Grafendorf.

Verheurathung.
Die Brauth verheurathet ihren Lieben Bräutigam und künftigen Ehewirt ihr zu Grafendorff besitzende Behausung samt der darauf haftenden Baaders Gerechtigkeit, dann all besitzendes Vermögen, wie es immer Nahmen haben mag, zur Helfte und sich ersagte Brauth alleinig die ihres Mannes Stephan Täz seelich noch zu Ganerdingen in Reich abzufordern habende Vätterliche und Mütterliche Erbschaft vor sich als ein eigenthum zu ihrer freywilligen *Disposition reserviret* haben will, mit welchen allen erwehnter Herr Bräutigam zufriden, und ein solches mit seiner erlehrten Kunst gleichmässig widerlegt, allso und dermassen, dass nebst disen alles dasjenige, was beede *Con*persohnen wehrenter Ehe ererben, erwerben, erwürtschaften, oder ansonsten an sich bringen werden, ein Gleich vermischtes Gut seyn, heissen und gebleiben solle.

Nach ein oder theils in Ermanglung deren Eheleiblichen Kindern erfolgenden Absterben, ist die Verabredung dahin beschehen, dass der überlebende Theill denen nächsten sich zur Erbschaft *legitimierenden* Seiten Befreundten von dem richtig verbleibenden Guth nicht das mündeste Erblich hinaus zugeben gehalten seye, sondern ein solches dem überlebenden theil gänzlich eingeräumt bleiben solle.

In übrigen stehet jedem theil bevor ein das andere durch Testament, Codicill, oder leztwillige *Disposition* mit noch meren noch zubetreuen.
Schloß Fridau den 1ten April 1766

Heurath *Consens* 1 fl 30 kr
Heuraths Brief 3 fl
Tafern Zöhrung 1 fl 30 kr
Vor Verfassung des Heurath Brief in Duplo 1 fl 30 kr
Prothocoll Geldt 45 kr
Summa 8 fl 15 kr

Fridau Nr. 9: Heiratsabrede zwischen dem Inwohnerssohn Sebastian König und der Inwohnerstochter Magdalena Pichlerin, 1766

NÖLA, KG St. Pölten 42/8, Hft. Fridau, fol. 28–28'

Heuraths Abred Markt Grafendorf

Bräutigam Sebastian König des Sebastian König gewesten Inwohners in Markt Grafendorff und Gertraud dessen Ehewirthin beede seelig ehelich erzeugter Sohn Ledigen Standes
Brauth Magdalena, des Mathias Pichler gewesten Inwohners zu Gattmannstorff, und Anna Maria desen Ehewirthin beede seelig Eheleibliche Tochter Ledigen Standes
Beystände. Auf Seiten des Bräutigams Joseph Haydn der Herrschaft Pottenbrunn Unterthann am Zicklofen, und auf Seiten der Brauth Lorenz Siber diesseitiger Unterthann zu Gattmannstorff.

Verheurathung
Die Brauth verheurathet ihrem Lieben Bräutigam und künftigen Ehewürth In Ermanglung der Mitteln ihre Liebe und Treu, welches ersagter Bräutigam ebenmässig widerleget, Was aber beede *Con*persohnen wehrunter Ehe mitsammen ererben, erwerben oder sonst durch rechtmässigen Titl an sich bringen werden, ein Gleich vermischtes Guth seyn, und verbleieben solle. Nach ein oder anderen theil ohne Rücklassung ehelicher Leibs Erben erfolgenden Absterben, solle von dem überlebenden theill von dem erübrigenden vermögen nichts Erblich hinausgegeben werden.
Fridau den 14ten *Juny* 1766
Consens –
Wegen Heuraths Brief zur Helfte 2 fl 15 x
Prothocoll Geldt 45 x
Summa 3 fl

Fridau Nr. 10: Heiratsabrede zwischen Magdalena Brunnerin, Maurermeisterstochter, und Wolfgang Reißenwegerer, Weber in der Baumwoll-Fabrik in Grafendorf, 1768

NÖLA, KG St. Pölten 42/8, Hft. Fridau, fol. 54–54'

Anno 1768
Heuraths Abred *de dato*. 5ten *9bris*

Braut Magdalena des Andre Brunner Herrschaft Fridauer Unterthan, und Maurer Meister zu Grafendorf, Maria Anna dessen Eheweib beeder noch in Leben eheleibliche Tochter

Bräutigam. Wolfgang Reißenwegerer des Wolfgang Reißenwegerer der Herrschaft Högendorf an Zainerseln[6] annoch in Leben, Anna dessen geweste Ehewürthin seelig eheleiblicher Sohn Ledigen Standes, und dermahlen ein *Cotton* Weber in hiesiger *Fabrique*.

Beyständ auf Seyten des Bräutigams Stephan Häckl *Cotton* Weber Meister in dasiger *Fabrique*, und auf der Braut Seyten Kristian Geißler bürgerlicher Schloßer Meister in Markt Grafendorf

6 Hogendorf, ehemals Ostpreußen, Regierungsbezirk Königsberg, Kreis Braunsberg; seit 1945 polnisch und heißt Wysoka Braniewska. http://gov.genealogy.net/ShowObject.do?id=BAHORFKO04AG (Zugriff: Dezember 2009), http://de.wikipedia.org/wiki/Braniewo (Zugriff: Dezember 2009).

Verheuratung. Die Braut verheurathtet ihren geliebten Bräutigam die von ihren Eltern auf künftige Erbs Abrechnung überkommenen 20 fl, dem LandtsBrauch nach zur Helfte, welches der Bräutigam mit seiner erlehrnten *Profession* widerlegt hat. Was nun beede Conpersohnen in Zeit währender Ehe durch den reichen Seegen Gottes ererben, oder sonst rechtmässige Weise an sich bringen werden, soll ein gleiches Gut seyn. Nach ein oder des andern ohne Hinterlassung ehelicher Kinder [hier fehlt sinngemäß „Tod" oder „erfolgenden Ableben"] solle denen nächsten Befreunden der 3te Theil zur Erbschaft hinausgemacht werden welches aber durch leztwillige *Disposition* abzuändern, und aufzuheben ist.
actum ut Supra

Heuraths *Consens*	1 " 30.-
do.Brief in Ansehung der Mittln	1 " 30.-
Tafern Zöhrung	- 45.-
Vor Verfaßung des Heuraths Brief	- 45.-
Prothocoll Gebühr	- 45.-
	5 fl 45 x

Fridau Nr. 11: Heiratsabrede zwischen dem Witwer Karl Kimerl, Druckergeselle in der Baumwoll-Fabrik in Grafendorf, und Theresia Räpplin, Tochter des Krapp-Müllers in der Baumwoll-Fabrik, 1769

NÖLA, KG St.Pölten 42/8, Hft Fridau, fol. 56–56'

Anno 1769

Heuraths Abred *de dato* 9ten Jänner

Bräutigam, Karl Kimerl der *Löblich Kaiserlich Königlich privilegirten Cotton Fabrique* Fridau Trucker-Gesell Wittiber

Braut. Theresia des Joseph Räppl in gedachter *Fabrique* Krapp Müllner, und Barbara dessen Ehewürthin beeder annoch in Leben eheleibliche Tochter Ledigen Standes.

Beyständ auf Seyten des Bräutigams
Herr Reichard Küttl der Herrschaft Rabenstein Unterthan, und bürgerlicher Würth, und Gastgeb beym grinen Baum, dann Böcken Meistern zu Grafendorf, und auf der Braut Seiten Gottlieb Ruckenthaller in der mehrberührten *Fabrique* Werkmeister.

Verheuratung. Die Braut verheurathtet ihren geliebten Bräutigam die von ihren Eltern auf künftige Erbs-Abrechnung gegebenen 10 fl, dem Landts Brauch nach zur Helfte, welches der Bräutigam mit 20 fl widerleget hat, dergestalten, daß Heirathgut und Widerlag nebst allen deme, was beede Conpersohnen Zeit währender Ehe durch den reichen Segen Gottes erwerben, ererben oder sonst auf rechtmässige Art an sich bringen werden, ein gleiches Gut seyn, und verbleiben solle.

Nach ein, oder des anderen über kurz, oder lang ohne Hinterlassung eheleiblicher Kinder erfolgenden Ableben, solle mit denen Kindern des Bräutigams aus erster Ehe, welche nach Absterben ihrer rechten Mutter Klara in Ermangelung eines erübrigten Vermögens wegen schlechtgeführter Würtschaft, und nach dessen Todt heimlich hervorgekommenen Schulden p[e]r 50 fl keine mütterliche Erbschaft zu *praetendiren* haben, obrigkeitlich abgehandlet, denen nächsten Befreinden der Braut aber 10 fl in Geld

hinausgemacht werden. Jedoch behaltet sich die Braut bevor, den Punct der Befreunden halber entweder durch *Testament Codicill* oder in anderen Weeg und den Bräutigam zu betreuen, aufzuheben.
Fridau *ut Supra*

Heuraths *Consens*	1 fl 30 x
Heuraths-Brief in Anbetracht des wenigen Vermögen	1 fl 30 x
Tafern Zöhrung	45 x
Vor den HeurathsBrief	45 x
Prothocollier Geld	45 x
	5 fl 45 x

Fridau Nr. 12: Heiratsabrede zwischen dem Witwer und Inwohner Mathias Preitenauer und Anna Maria Moserin, Witwe und Inwohnerin, 1795

NÖLA, KG St. Pölten 42/8, Hft Fridau, fol. 316

Heurats Abrede

Bräutigam Mathias Preitenauer Inwohner und Wittwer zu Grafendorf.
Braut Anna Maria Moserin Wittwe und Inwohnerin zu Grafendorf
Verheuratung die beeden Brautpersonen verheuraten einander ihr weniges besitzendes Vermögen zu gleichenTheilen, so wie auch das jenige, was selbe währender Ehe miteinander ererben, oder erwürthschaften, ein gemeinschaftliches Gut seyn solle.

Auf Absterben des Bräutigams gehört all sein vorhandenes Vermögen, da er seine Kinder bereits schon abgefertiget und hinausbezahlt hat; seinen zurückbleibenden ohne Ausnahme. Dahingegen solle nach Absterben der Braut die Helfte ihres Vermögens dem Bräutigam, die andere Helfte aber ihren Kindern zur Erbschaft gebühren. Womit beede Theile zufrieden und diese Heuratsabrede geschloßen worden.
Fridau den 16t. April 1795

Mathias Praitenauer	Anna Maria Moserin
Bräutigam	Hr. Josef Mosbrucker,
Franz Leop. Niestl,	erbettener Namen unterschreiber
als erbettener zeug	

Fridau Nr. 13: Heiratsabrede zwischen dem Witwer Peter Fahrafellner und Maria Anna Gonausin, 1795

NÖLA, KG St. Pölten 42/8, Hft Fridau, fol. 320'–321

Heurats Abrede

Bräutigam Peter Fahrafellner Herrschaft Zelkinger Unterthann und Wittwer am unteren Priell
Braut Maria Anna Gonausin des Leopold Gonaus hiesigen Unterthann an der Grossen Warth, Maria Anna dessen Ehewirthin beede noch am Lebeen eheliche Tochter ledigen Standes.
Beistände Auf Seite des Bräutigams Joseph Atzinger Herrschaft Rabensteiner Unterthann am Mayrhof und auf der Braut Seite Joseph Kalteis eben lediger Untertan am Stein.

Verheuratung Die Braut verheurat ihrem lieben Bräutigam und künftigen Ehewirt die von ihren Eltern frey geschenckten 200 fl Heuratgut, welches der Bräutigam mit seinen eigenthümlichen Haus am unteren Priell nicht minder das Haus im Graben beim Hoffeld, mit aller Einrichtung Vieh und Fahrnissen ohne Ausnahm gleichfalls zur Helfte widerleget hat, also zwar, dass Heurat-Gut und Widerlag samt allen was beede Theile mitsammen währender Ehe erwürthschaften oder ererben ein gemeinschaftliches Gut seyn solle.

In Rücksicht künftiger Erbfolge haben beede Theile beschlossen, dass nach eines derselben erfolgten Absterben, denen vorhandenen ehelichen Kinder der 3te Theil des übrig bleibenden reinen gemeinschaftlichen Vermögens zur Erbschaft hinausgegeben werden solle. In Ermanglung ehelicher Leibes Erben solle der überlebende Theil die ganze Verlassenschaft allein übernehmen und denen Freunden nicht das mindeste hinauszubezallen schuldig seyn. Womit dieser Heuratsbrief, der erst nach priesterlicher Trauung seine Würkung erhält, zu allseitigen Zufriedenheit beschlossen worden.
Fridau den 4ten 9*bris* 1795.

Peter Fahrafellner als Bräutigam
Joseph Atzinger als Beistand

Maria Anna Gonausin als Braut
Joseph Kalteis als Beystand

Fridau Nr. 14: Inventar und Erbvertrag nach dem Tod des Andree Kürchweeger, zwischen der Witwe Magdalena Kürchweegerin und den fünf gemeinsamen ehelichen Kindern, 1741

NÖLA, KG St. Pölten 75/4, Amt Pfolsau, fol.21'–23'

Nöst
Inventarium

+ Andree Kürchweeger
Wittib Magdalena
Amtmann Georg Schmaissl
Summa des völligen Vermögens: 230 fl 45 kr
Schulden hinaus: 11 fl 30 kr
Von Vermögen abgezogen verbleibt: 119 fl 15 kr
Hievon gebührt hochgnädiger Herrschaft das halbe Pfundtgelt mit 2 fl 58 kr 3

Vertrag hierauf

Auf zeitliches Absterben Andree Kürchweeger im Nöst Ambt Pfohlsau seelig, hat sich die hinterlassenen Wittib *Magdalena* mit ihrem wehrunder Ehe erzeugten 5 Eheleiblichen Kindern, Namens, Catharina, des Mathiae Puechmaisters am Possruckh Closter St.Jacoberischen Unterthanns Eheweib, Elisabeth 19. Anna 17. Thomas 14. und Barbara 12. Jahr alt, dergestalten verglichen, daß Sye den letzten 4. Kindern zu einen vätterlichen Erbgueth in paaren geld 40 fl hinauszugeben versprochen, indes also zu seinen 4:t. antheill 10 fl. zu empfangen hat, worunter auch alle *Extra* Vermächtnus verstanden sein solle, welche Erbschafft bey iedweders Kindt eraichende *Majorenne* Jahren zur Waysen *Cassa* zubezahlen, oder ieden gulden iährlich mit 2 Kr. zu ver*interessiren*. Die Catharina Puechmaisterin aber, weillen sye bey der Verheyrathung schon abgeförttiget, hat aniezo nichts mehr zuempfangen.

All übriges Vermögen verbleibt der Ablöserin aigenthümlich in handten, hingegen hat dieselbe sowohl heuntige Vertrags unkösten, als auch andere glaubwürdige Schulden ohne Entgelt deren Erben allein zubezahlen;

Ist also diese Ablösung beschehen in beysein Georg Schmeissl Pfohlsauer Ambtmann, dann den *Interessenten*, und der Ablöserin in *Persona* selbsten.
Schloss Kürchberg den 21. August 1741.

Vertraggeld 1 fl 30 kr
Pöenfahl 3 Reichsthaller

Randvermerk: *Expedirt*

Zusätze: den 8. May 756 dem Thomas auszalt mit 10 fl
den 14. August 1760 der Maria zalt nebst 5 fl 20 kr *interesse* 10 fl

Anschreibung
Auf Absterben Andree Kürchweegers in Nöst Amt Pfohlsau seelig hat sich die nachgelassene Wittib, Magdalena, auf erhalten obrigkeitlichen *Consens* widerumben mit einem andern, Nahmens Mathias Engel Grafschaft Peullenstainer Unterthanns Puppillen im ambt Schlögl gebürtig, Verehelicht und neben ihrer zugleichen Thaill an das Haus, und all hinzu gehörigen grundtstückhen schreiben lassen. Schloss Kürchberg den 21. August 1741

halbes Pfundtgeld von 150 fl 3 fl 45
Lehenbrieff 1 fl. 30
Lechenschafft 15 kr

Ab- et Anschreibgeld 12 kr
Für den lechenbrieff 18 kr
Heyraths Consens für 1 Persohn 45 kr
1 fl 15 kr

Fridau Nr. 15: Heiratsabrede zwischen dem Witwer Balthasar Haiml und Maria Anna Schindleggerin, 1746

NÖLA, KG St. Pölten 75/4, Amt Pfolsau, fol. 47'–48

Windhag
Amt Pfolsau
Heuraths Abred

Bräutegam. Balthasa Haiml, Closter Gämingerischer unterhann am Steeg Wittiber an ainem

Brautt. Maria Schindleggerin, des Michael Schindlegger gewest diesseithigen unterthanns am Windhaag im Amt Pfohlsau, und Anna *uxoris* beede seelig Ehelich erzeigte Tochter Ledigen Standes andern Theils

Beystände. An Seithen des Bräutegam Johann Punz diesseitig im Amt Pfohlsau gehöriger unterthann am Weisser, und an seithen der Brautt Georg Schindlegger eben anhero gehöriger Unterthann am Windhaag in Amt Pfohlsau.

Verheurathung. Die Brautt verheurathet Ihrem Lieben Bräutegam das deroselben auf absterben Ihrer Eltern mit 108 fl anerfahlene Vätterliche und Mütterliche Erb dem Landsbrauch nach zur Helfte, Welches der Bräutegam mit sonderlichen Lieb, und Dank angenohmen, und seiner Brauth mit seinem besizenden Haus und ohne ausnahm habenden völligen Vermögen ebenfahls Lands Bräuchig zur halbschaid widerleget hat.

Conditiones. Was beede Theil währender Ehe mitls dem Reichen Seegen Gottes ihren Fleiss oder ander rechtmässige Titl ererben, erobern, und anderer Weeg an sich bringen, solle alles ein gleiches ohnzertheiltes guth seyn, haissen und verbleiben.

Im Fahl ein oder der andere Theill über Kurtz oder Lang ohne Hinterlassenen Ehelichen Leibs Erben mit Todt abgehen würde, solle denen nächsten Befreunden der 5te. pfennig, Wofern aber Eheleibliche Kinder, und zwaar deren weniger als fünf verhanden, das Drittl, dahingegen 5 oder mehrere gegenwärttig seyn würden, die halbschaid von dem Richtig über abzug aller Schulden verbleibenden Vermögen *Titulo institutionis* hinaus gegeben werden.
Schloß Kirchberg den 12ten 9*bris* 1746

Heuraths Brieff 1 fl 30 x
Heurath *Consens* für 1 Persohn 45 x
Täx 45 x
1 fl 30 x

Fridau Nr. 16: Heiratsabrede zwischen Philipp Weigl und der Witwe Rosina Englin, 1757

NÖLA, KG St. Pölten 75/4, Amt Pfolsau, fol. 113'–114

An der Wisz
Amt Pfohlsau

Heurats Abred
Bräutigam. Philipp Weigl Ledigen Stands des Peter Weigl gewest Neu Schloß Purgstaller unterthans am Maiberg, und Barbara dessen Ehewürtin beeden seelig Eheleiblicher Sohn.

Braut. Rosina, des Blasi Engl gewest herrschaftlich Weissenburger unterthans an der Wis, amts Pfohlsau hinterblibener Wittib.

Beyständе. auf des Bräutigams seiten, Simon Punz, Cartaus Mauerbacher unterthan an der Wieden, und auf der Braut seiten Johann Georg Gutlederer, als Schloß Purgstaller unterthan an der Koolmühl.

Verheurathung, die Braut verheuratet ihren liben Bräutigam, Ihr besitzendes Haus an der Wiß, samt denen dazugehörigen Grundstücken, mit aller verhandenen einrichtung dem Landsbrauch nach zur Helfte, welches der Bräutigam auch als ein wahres Heurat Gut annihmet, und erkennt, Ihr auch solches mit seinen ererbten und ersparten Mitlen in Baaren Geld per *Ein Hundert Gulden*, ebenfals dem Landsbrauch zur Helfte widerleget hat.

Was nun Beede Brautpersonnen wehrend Ihrer Ehelichen Beysammen Wohnung, Erwerben, Ererben, oder sonsten durch den Reichen Seegen Gottes und Rechtmässigen Titl an sich bringen werden, solle beederseits ein gleiches Gut seyn, heissen und verbleiben.

Conditiones. Nach ein oder des andern wehrender Ehe erfolgenden ableiben solle denen verhandenen Kindern, als wan deren vier oder weniger das Dritl, Im Fahl aber mehrers wären, die Halbscheid, dahingegen in Ermanglung deren Eheleiblichen Erben, denen nächsten seiten Befreunden der fünfte Theill des damallig übrig verbleibenden Vermögens zu Erbschaft erfolget werden. *actum* Amts *Canzley* Kirchberg, den 9ten May 1757.

Heurats *Consens* für 1 Person 45 x
Heurats Brief 1 fl 30 x
Randvermerk: *Expd.*

Fridau Nr. 17: Heiratsabrede zwischen dem Witwer Andre Riegler und Anna Maria Schindleggerin, 1793

NÖLA, KG St. Pölten 75/4, Amt Pfolsau, fol. 259'–260

Windhag

Heuratsabrede
Andre Riegler verwittibt Herrschaft Plankensteiner Unterthann am Schiessenberg und *Anna Maria Schindleger* des Georg Schindlecker behaust gewest Herrschaft Weissenburger Unterthan am Windhag im Amt Pfohlsau, und Anna Maria dessen Ehewirthin beeder nunmehro seelig ehelich erzeugter Tochter Ledigen Standes

Voranstehend neu angehende Eheleuthe geloben in Zeugenschaft nachstehende Fertigung eheliche Liebe und Treue, und wollen in Anbetracht der zeitlichen Güter sich einander dergestalt verschreiben, daß alsbald nach Volziehung priesterlicher Einsegnung, als wodurch diese Heuratsabrede ihre Rechtskraft erhalten solle, nicht nur das von beeden Theilen zusammenbringende Vermögen, so von Seiten des Bräutigams in der besitzenden Behausung am Schiessenberg, dann dazu gehörigen Grundstücken Vieh und aller Einrichtung, worauf ihme vermög Inventur noch beiläufig über 400 fl reines Vermögen werden stehen geblieben worden seyn, und von Seiten der Braut in 50 fl ersparten Mitteln bestehet, sondern auch all jenes, was sie noch in Hinkunft werender Ehe mitsammen erwirthschaften, ererben, und gewinnen werden, ein gleich unzertheilt gemeinschaftliches Gut seyn und bleiben solle.

Nach ein oder des anderen Theils über kurz oder lang erfolgenden Absterben verbleibet dem überlebenten der fernere Besitz des Hauses, so sie damals besitzen werden, und soll nach einer gerichtlich zu verfassenden Inventour dem überlebenden Theil 2/3 des gemeinschaftlichen Vermögens, denen vorhandenen eheleiblichen Kindern aber nur 1/3 des gemeinschaftlich besessenen Vermögens zufallen.

Sofern aber keine ehelichen Kinder vorhanden wären, so verbleibet dem überlebenden Theil die ganze gemeinschaftlich besessene Vermögensmassa ganz allein beisammen, ohne an die wechselseitige Anverwandte das mindeste hinaus zubezahlen.

Womit diese Heuratsabrede beschlossen, und in zeugenschaft nachstehender Fertigung angelobet werden.
Kirchberg an der Pielach den 1. Feber 1793
+[7] Ander Rigler Bräutigam + Anna M. Schindlecker Braut

7 Das Kreuz vor dem Namen zeigt an, dass die betreffende Person des Schreibens unkundig war und daher einen „Namensunterschreiber" benötigte.

Philipp Schmeißl Amtmann der H[errscha]ft Weissenburg im Amt Pfohlsau als Zeug und erbettene Namensunterschreiber
+ Franz Schindlecker auf Windhag als Zeug der Braut

Fridau Nr. 18: Ehekontrakt zwischen dem minderjährigen Joseph Kaiser, Reservemann, vertreten durch seinen Vater, und der minderjährigen Theresia Punzin, vertreten durch ihren Vormund, 1813

NÖLA, KG St. Pölten 75/4, Amt Pfolsau, fol. 334'–335

Ehekontrakt

Zwischen dem *minorennen* Joseph Kaiser, dermahl Reservemann vom Hause am Nöst, im Amte Pfohlsau gebürtig, unter Vertrettung seiner Vaters Joseph Kaiser als Bräutigam eines, und der *minorennen* Theresia Punz vom Hause Oed, unter der Herrschaft Mitterau gebürtig, unter Einschreiten ihres Vormunds Franz Gechner, Herrschaft Purgstaller Unterthann am Hause Hochzichen als Braut andern Theils unter folgenden Bedingnissen abgeschlossen worden ist.

1tens. Errichten beide Brautpersonen mit Einwilligung ihrer Vertretter, rücksichtlich ihres dermaligen und zukünftigen Vermögens, worunter auch der Erwerbungsfall verstanden seyn soll, eine allgemeine und demnach vollkommene Gütergemeinschaft. Zu dieser Gütergemeinschaft trägt

2tens die Braut ihre angefallene väterliche Erbschaft p[e]r 31 fl 15 x dann das ihr von ihrem Bruder Peter Punz freigeschenkte Heurathsguth zu 118 fl 45 x zusammen *Einhundert Fünfzig* Gulden bei; welche der Bräutigam

3tens mit seinen Erspahrnißen pr 50 fl, und den ihn von seinen Eltern freugeschenkten Heurathgut p[e]r 100 fl zusammen mit *Einhundert Fünfzig* Gulden dergestalt widerleget, dass Heurathgut, und Widerlage sowohl, als jenes, was beide Theile wehrend der Ehe ererben, erwerben, oder auf andere rechtliche Art an sich bringen, werden, nach Bestimmung des 1. § dieses Kontrakts, ein gleich vermischtes gemeinschäftliches Gut seyn soll.

4tens Soll nach ein, oder andern Theils Absterben denen ehelichen Kindern ohne Unterschied ihrer Anzahl der Dritte Theil des damahls vorhandnenen reinen gemeinschäftlichen Vermögens zur väter- *respective* mütterlichen Erbschaft hinaus gegeben werden.

In Ermanglung der Kinder gebühret den Notherben in aufsteigender Linie lediglich der Pflichttheil, rücksichtlich des übrigen Nachlaßes, sowie im Falle, wenn keine Notherben in aufsteigender Linie vorhanden wären, solle der überlebende Theil Universalerbe seyn, jedoch behalten sich beide Kontrahenten vor, über den 4. Theil ihres Nachlasses frey *disponiren* zu können.

5tens Soll dieser Ehekontrakt erst nach priesterlicher Einsegnung Rechtskraft und Wirkung erlangen.
Geschlossen auf der Amts Kanzley der Fürstlich Antonia Korsinischen[8] Herrschaft Weissenburg, und Kirchberg an der Pielach am 9. März 1813

8 Antonia von Waldstätten (1781–1819, gestorben in Florenz) war die Tochter Josephs Freyherrn von Waldstätten, k. k. Truchsess und Apellationsrathes (1738–1825), verheiratet mit Tomaso Fürst von Corsini. Sie wurde von Georg Anton Grechtler (1749–1788), Sohn des Fabriksgründers Freiherr Johann Georg Grechtler, der keine Nachkommen hatte, als Erbin seiner Herrschaften, u.a. auch von

meines minderjährigen Sohns Joseph Kaiser
als Bräutigam
+ Franz Gechner als Vormund
der minderjährigen Theresia Punz als Braut
+ Peter Punz als Zeug
+ Michael Punz als Zeug
Andreas Höllrigl als erbettener
Namensunterschreiber und Zeug
Theresia Punzin

Ratifizirt von Obervormundschafts wegen. Fürstlich Antonia Korsinische Herrschaft Weissenburg und Kirchberg an der Pielach am 13. April 1813.

Neulengbach

Neulengbach Nr. 1: Heiratsabrede zwischen Collmann Gerstmayr und der Witwe Maria Hackherin, 1646[9]

NÖLA, KG St. Pölten 97/63, fol. 1–2

Heurathsabredt[10]
Heunt *dato* den 7. *Novembris Anno* 1646 verheurath sich der Ersamb und beschaiden, Collmann Gerstmayr, Weillendt Peter Gerstmayrs gewesten Judenauischen Underthans zu Michlhausen, Ursula seiner Ehewierthin beeder seeligen hinderlassner Sohn, zu der Tugentsamben Maria, Weillendt des Ersamben Matthessen Hackhers gewesten Undterthanns zu Michelndorf seeligen hünderlassenen wittib, und verspricht derselben zu einem Rechten Heurathsgueth, Ain Weingarten und in paaren Gelt Vierhundert und dreyssig Gulden, in disem und allem seinen Vermügen, dem Gemainen Landtsbrauch nach dem halben thaill. Entgegen ermelte Braut, Ihrem liben Breuttigamb ebenermassen, was Ihr ganzes Vermügen betrifft, auch den halben thaill verheurath undt versprochen.
Heurathsleuth auf des Breutigambs seiten sindt Christoph Hochenennser und Matthias Lininger beede zu Michelndorf des Ambt Rust underthannen, dann auff der Prauth seiten, Simon Prandtauer Dorff Richter zu Michelndorff, undt Hanns Maz Schmidt Geschworener daselbst, in Erstgemeltes Ambt Rust gehörig.
Actum Rust ut Supra

Fridau und Weissenburg, eingesetzt. Vgl. Rudolf Büttner, Burgen und Schlösser zwischen Araburg und Gresten, Wien 1975, 52; für biografische Angaben vgl. J. Siebmacher's grosses Wappenbuch, Bd. 26: Der niederösterreichische landständische Adel S–Z, Nachdruck von Siebmacher's Wappenbuch, Bd. 4, Abt. 4, Teil 2, Neustadt an der Aisch 1983 [Nürnberg 1918], 494.

9 Dies ist der älteste in dieser Handschrift verzeichnete Heiratsvertrag.

10 Siehe auch Abb. 3, S. 41.

Neulengbach Nr. 2: Heiratsabrede zwischen Hanns Lepstinger und der Witwe Maria Gnädelstorferin, 1646

NÖLA, KG St. Pölten 97/63, fol. 3–4 (13–13')

Heuraths Abredt

Heunt *dato* den. 20. *Novembris Anno* 1646: hat sich Hanns Lepstinger zu Rust, der Herrschaft Neuenlenngbach gehöriger Undterthann, zu der Tugenntsamben Maria, Weillendt des beschaiden Wolfen Gnädelstorfers, ersternanten Ambt Rusts undterthann seligen, hünderlassner wittib verheurath, und derselben zu einem rechten Heurathsgueth versprochen, aus allem seinen ganzen Vermügen, was sein ist und haist, dem allgemainen Lanndtsbrauch nach den halben thaill, Entgegen gemelte Brauth Ihrem lieben Breuttigamb, ebenermassen, was Ihr gannzes Vermügen betrifft, auch den halben thaill verheurath und versprochen.
Heurahtsleuth sindt auf des Breuttigambs seiten, die Erbarn und beschaidnen, Georg Wüntterleuttner von Äzerstorf, freyherrlicher Pöttingerisch undterthan und Christoph Schahapaur zu Pixendorff, freyherrlich Rueberischer Unndterthann,
Dann auf der Braut seiten, Hanns Fuckhl von Straitthofen des Closters Hörzogenburg, und Ambros Voyt der Herrschaft Judenau Undterthan.
Actum Rust ut supra

Neulengbach Nr. 3: Heiratsabrede zwischen Michael Eder und der Witwe Gerthraut Widerhoferin, 1647

NÖLA, KG St. Pölten 97/63, fol. 5 (14)

Heurathsabredt.

Heunt dato den 8. *Januaryi Anno* 1647 Verheurath sich Michael Eder noch lödigen stanndts, Weillandt des beschaiden Philipen Eders zu Eberstorff der Herrschaft Äzenpruckh Undterthann, und Magdalena seiner Ehewierthin, beeder seelig hünderlasner Eheleiblicher Sohn, zu Weillandt des Ersamben, Georgii Widerhofers zu Rust seelig hünderlaßner Wittib, Gerthraut und verspricht derselben zu einem rechten Heurathgueth in Paarem Geltt *Dreyhundert Gulden*, sambt drey Viertl Weingartten, und zway Joch Ackher, und dis verheurath Er seiner lieben Brauth gannz und gar völlig.
Herentgegen verspricht gemelte Brauth, Ihrem Breutigamb und zukhunfftigen Ehewierth, auß allem Ihrem Vermügen, an ligendt und fahrenden (ausgenohmen aines Viertl Weingartten in Staißtorfer Gepürg, Neun Gwändl Ackher neben Thomann Häckhl, welches Grundstückh sie Ihr dieser Weis, auff Ihres zukhünfftigen Ehewierth woll erhalten zum bevor nehmen, ain Joch in Krauth Garten aber, neben Jacoben Auer ligent, gannz und gar vorbehalten thuet.) Durchgehent den halben thaill.
Die Heurathsleuth seindt auf deß Breuthigambs saitten, der Edl und Vest Herr Johann Christoph Pöstl. Pflöger der Herrschaft Äzenpruckh, und die Erbarn und beschaidnen, Andreas Hueber zu Saladorff, der Herrschaft Neuenlenngbach Richter, und Matthias Khundner zu Eberstorff, Äzenpruckherischer Underthann,
dann auf der Brautseiten, die auch Ersamben Thomann Kronawetter, dorff-Richter zu Rust, Thomann Häckhl, Georg Widenhofer, Veith Häckhl, und Jacob Feßl alle Vier des Ambt Rust Undthannen
actum Rust *ut Supra*

Neulengbach Nr. 4: Heiratsabrede zwischen Hanns Khorner und der Witwe Margaretha Hörzogin, 1647

NÖLA, KG St. Pölten 97/63, fol. 21 (22)

Heurathsabredt.
Heunt *dato* denn 2. *May Anno* 1647 verheurath sich Hanns Khorner ein Junger gesöll, Weillandt Georgen Khorners gewester Schmidt und Undterthanns zu Rust, Margaretha seiner Ehewierthin beeder seelig hündterlaßener Eheleiblicher Sohn, zu Weillandt des Ersamben, Thomann Hörzogs zu Rust seelig hünderlaßner Wittib, Margaretha, und verspricht derselben zu einem rechten Heurathgueth Ihm vonn seinem verstorbenen Vatter, Muetter, und Ödl, Erblicher zuefält, denn halben Thaill.
Herentgegen obgemelte Brauth, Ihrem Breuthigamb ebenermaßen, auß allen Ihren Vermügen (außgenohmmen Dritthalb Joch Ackher im Lehenfeldt, welche sie Ihr, auf Ihres zukhunfftigen Ehewierths woll verhalten, zum bevor nehmen, die Peunt aber enthalbs Pachs, und ain halb joch Khrauthgarten, ganz und gar vorbehalten thuet.) den halben theill verheurath und versprochen
Heurathsleuth sindt auf deß Breuthigambs seiten, die ersamben Bartlmee Forstner, Hofmüller zu Rust, Thoman Häckhl, und Veith Häckhel, beede Undterthannen alda,
auf der Brauth seiten, Thomann Khronnaweter, Matthias Zächhälmbl, und Michael Zächhälmbl, auch alle drey Unndthannen zu Rust
Actum Rust *ut Supra*

Neulengbach Nr. 5: Erbvertrag zwischen der Witwe Rosina Cnädlstorfferin und ihren zwei ehelichen Kindern, 1649

NÖLA, KG St. Pölten 97/63, fol. 29'–30

Vertrag
Und Ablesung zwischen Weillandt Simon Cnädlstorffers Gewesten underthanns zu Rust seelig Seiner hünderlassenen Wittib *Roszina an ainem,* dann den mit Ihrem Ehewirth erzeugten zweyen khünndern, nahmens Hanns bey 20 Jahren, und Maria bey 12 Jahren alt, *anders thailß,* umb und von wegen Ihres Vätterlichen Erbgueths, dennen obgemelte Muetter, mit Vorwissen Genediger Herrschaft Neuenlengbach, zu Ihren vogtbaren Jahren ohne *Interessen* hünnauß zugeben Schuldig: 120 fl. Im Fahl aber beede Khünnder vor Ihr Zeitlichen Todes für würden, behälts zu Widerfall 40 fl, das Übrige den negsten befreundten zustehen und gebiren soll.

Widerumben gibt Ermelte Muetter dem Sohn Hannsen Ain Viertl Weingarten in Reicherstorffer Gepürg Diennt der Herrschaft Judenau, welches Viertel Weingarten Er hünnfüro und von dises Vertrag Brieffs *dato* an, mag eigen und genüssen, und dem Khünnde Maria Ain Joch Ackher in Mitterfelde, in Zwerchen Jochen beim Graßweeg ligent, ins Grundtbuech bey der Verwaltunng Rust dienstbar, sambt Ainer reverendo Khue Und halt Ihr ainen Ehrlichen Heurath aus, Berürtes Joch Ackher aber, hat die Muetter bis zu des Khündts Vogbarkheit zu nuzen und zugebrauchen, Zum Fahl auch mergemelte zway Khündter, ehende sie Ihre Vogtbare Jahr erreichen, vor der Muetter mit Todt abgehen sollten so fahlen berürte zway Grundstückh Ihre der Muetter widerumben ainhaimb. *Poenfall* ist gesözt Worden, acht Ducaten[11] Golts,

11 Goldmünze, entsprach Mitte des 17. Jahrhunderts etwa drei Gulden, siehe dazu Geyer, Münze und Geld, 74.

beschehen im Beysein Der Ersamb und beschaiden, Thomann Häckhl und Geörgen Widerhofers beeden Geschwornen und Underthanen daselbsten Dann Joseph Schaden Closter Hörzogenburgisch Richtern Zu Streithofen, Hannsen Fückhl alda und Hannsen Lepsinger zu Rust
Datum Rust den 20. Jenner *anno* 1649

Gerhaben sind verordnet Hanns Fückhel zu Streithofen und Hanns Lepßinger zu Rust.

Neulengbach Nr. 6: Heiratsabrede zwischen Andreas Hager und Rosina Cnädlstorfferin, 1649

NÖLA, KG St. Pölten 97/63, fol. 30'

Heuraths abredt[12]
Zwischen dem Ersamben und beschaiden Anndreaßen Hager, noch ledigen stanndes, der Herrschaft Neuenlenngbach Unnderthann zu *Ossarn*, Weillanndt Jacoben Hagers und Ursula seiner Ehewierthin beeder seeligen hünderlassenen Eheleiblichen Sohnn, alß Breuthigamb *an ainem,* dann der Tugenntsamben Roßina, Weillandt auch deß Ehrsamben Simon Cnädlstorffers gewessen Lenngbacherischen Unnderthanns zu Rust seelig hündterlassenne Wittib, als Brauth, *anders thails.*
Unnd verheurath obgemelter Breuttigamb seiner geliebten Brauth, in allen seinem Vermügen, es sey ligennts oder fahrundes (Ausser drey Viertl Weingarten in Reicherstorffer gepürg, welche Er Breutigamb Ihme gannz bevor: drey Joch Ackher aber auf seiner zukhünnftigen Ehewierthin wolverhalten außnimbt.) Durch auß den halben thaill, dem Gemainen Lanndtsbrauch nach, frey lödig.
Dargegen obgemelte Brauth Ihrem Breuthigamb auß all ihrem Vermügen, (Außgenohmmen annderthalb Joch ackher in Mitterfelde, auf Ihres khunfftigen Ehewierths woll verhalten, ain halb Joch Ackher aber in Khrauttgärten ligennt, gannz bevor nimbt), ebenermassen durchgehennt den halben thaill verheurath.
Heurathsleuth sindt auf des Breutigambs thaill, die Ehrweissen und Ehrgeachten, Herr Matthias Sorger Rathsbürger in Hörzogenburg Matthias Fuckher und Mört Häckher, der Herrschaft Mäning Underthan, Dann auf der Braut seitten Thomann Khronawettern Kayserlicher Richter zu Rust, Thoman Häckhl alda, Joseph Schaden, Hörzogenburgerischer Underthann und Richter zu Streithofen, Hannsen Fuckh daselben, und Geörgen Khaltenprunner Passauerischer Unnderthann zu Leouberstorff. *Actum* Rust
den 28. Jenner *anno* 1649

Neulengbach Nr. 7: Erbvertrag nach dem Tod von Hanns Sedlmayr, zwischen seiner Witwe Catharina und ihrem Stiefsohn Michael Sedlmayr, 1649

NÖLA, KG St. Pölten 97/63, fol. 33

Vertrag
und Ablesung auf absterben Weillend des Ersamben Hannsen Sedlmayrs, gewesten Undterthans zu Langenlebern in Undteren Aigen seeligen hündterlassenen Wittib *Catharina an ainem.* Dann mit gemelt Ihres verstorbenen Ehewierths Eheleiblichen, als Ihrem Stieffsohne nahmenns Michael Sedlmayr *andersthails.* Umb und von wegen seines Ihme anerstorbenen vätterlichen Erbguetts, Welchem obgemelt sein Stieffmuetter, weiln das Vermügen schlecht undt gering, mit vorwissen Genediger Herrschaft, Vier Gulden Innerhalb Jahr und Tag hünnaus gibt, mit welchen er seiner Erbs*portion* halber befridiget sein und bleibt, soll Poenfall ist gesäzt worden, ain Ducaten in Goltt. Beschehen in beysein Tobias Zehetner

12 Siehe dazu auch Abb. 4, S. 61.

Richtern, Stephan Riß und Bennedict Püttnerfischers, alle drey underthannen zu Lanngenlebern Undter Aigens, *datum* Rust Den 1. May *anno* 1649

Neulengbach Nr. 8: Heiratsabrede zwischen Blasy Prötl und Ursula Rechlingin, 1652

NÖLA, KG St. Pölten 97/63, fol. 63

Heyraths Abredt.

Heunt dato den: 28: Jenner A[nn]o: 1652. Verheyrath sich Blasy Prötl von Lilienfeldt, noch lödigen stanndts, als Weillandt Peter Prötl Unnderthanns daselbsten, und Barbara seiner Ehewierthin beeder seelig hünderlassener Eheleiblicher Sohn alß Breuthigamb *an ainem*
Zu Ursula, Matthiasen Rechlings der Herrschaft Neuenlenngbach Unnderthann zu Michelndorff und Anna seiner Ehewierthin, noch im Löben Eheleibliche Tochter als Brauth *anndersthails* Und verspricht derselben zu einem Heyrathgueth *Dreyssig Gulden* dem gemainen Lanndtsbrauch nach zu halben thaill, hergegen Ihme sein liebe Brauth, weiln sie khein Vermügen, allain Ihr Ehr, Lieb und threw versprochen, Heyrahts leith auf deß Breithigambs thaill seindt, Wolf Khärgl Zimmermaißter und Unndthann zu Äzenpruckh, und Gall Prötl zu Emerstorf der Herrschaft Paumbgartten Underthan, widrumben auf der Brauth seitten ist, Simon Prandtauer Dorff Richter zu Michelndorff und Paull Rechling zu Trästorf *actum* Rust *ut Supra*

Wolfstein am Gurhof

Wolfstein am Gurhof Nr. 1: Heiratskonsens und Heiratsabrede zwischen dem Müllermeister Leopold Weber und Elisabetha Pfefferin, 1726

NÖLA, KG Krems 84/64, fol. 3

Heyraths *Consens*

Den 30ten Jenner 1726 würdt Obrigkheitlich verwilliget, daß sich Leopold Weber underthann und Mühlnermaister an der Deuchmühl mit Elisabetha, des Thoma Pfeffers zu Wölfesreith seelig, und Maria dessen hinterlassener Ehewürthin noch im Leeben, beeder recht Eheleiblich erzeigten Tochter verehelichen möge, woebey Nachgehendte Heyraths Abredt in beysein deren beederseiths beyständt gepflogen worden.

1mo. verheyrathet der Bräuttigamb seiner geliebten Brauth das erlehrnete Mühlner Handtwerkh, und sein aigenes Mühl-Werkhstättel, sambt allen seinen Vermögen.

2do. verheyrathet die Brauth neben Lieb und Treu, ihr angefahlenes vätterliche Erbthaill Per 34 fl 12 Xr.

Consens: 2 fl.

Wolfstein am Gurhof Nr. 2: Heiratskonsens und Heiratsabrede zwischen dem Müllerjungen Hans Pflägler und Catharina Nußbaumerin, Tochter des Müllers an der Hofmühle, 1726

NÖLA, KG Krems 84/64, fol. 3–3'

Heyraths *Consens*

Den 9. Feber 1726 würdt Obrigkheitlich verwilliget, daß sich Hans Pflägler, seiner Profession ein Mühl Junger, des Jacob Pfläglers an der Teuchtmühl in Wolfstain seelig, und Barbara dessen noch lebender Ehewürthin, beeder Eheleiblicher Sohn, mit der *Catharina*, des Martin Nußbaumers an der Hoffmühl alda, und *Regina* uxoris, beeder Eheleiblichen Tochter verEhelichen möge, woebey Nachfollgendte Heyraths Abredt in Beysein deren Gezeugen gepflogen worden: und zwar:

1mo. Verheyrathet Er Bräutigamb, seiner Geliebten Brauth sein erlehrntes Mühlner Handtwerkh, Item die von seiner Mutter per 250 fl erkhaufte Mühlwerkhstatt, sambt aller Zuegehör.

2do. Die Brauth hingegen verheyrathet die von ihren Eltern zum Heyrathguett gegebenen 90 fl par geldt, ain geringes Böttl nebst ainer Khue. was aber

3tio. Sye angehendte *Con*leuth in ihren Ehestandt erwerben, Ererben oder andern Rechtmässigen *Titul* an Sich bringen mechten, solle durchgehents ein gleiches Guett sein und verbleiben. Übrigens

4to. Solle es bey aines oder des andern folgendten Tott, wegen des über lebenden vermögens, den Herrschafts und Landtsbrauch nach die Abhandtlung gemacht werden, ist bey vorhandtenen Leibs Erben Denenselben der Drite, in abgang aber denen nechsten Seithen Erben der vierte Theill hinaus zugeben. Im Fahl aber

5to. In Wehrendten Brauth Standt ain oder der andere Thaill (welches Gott Gnädig verhüetten wolle) mit Tott abgienge, solle die Brauth von des verstorbenen Theill vermögen 6 Reichsthaler, der Bräutigam hingegen 3 Reichsthaler zuerhalten haben.

Consens 3 fl

Wolfstein am Gurhof Nr. 3: Herrschaftlicher Heiratskonsens bzw. Ehevertrag zwischen dem Witwer Michael Brunnthaller und der Sabina Haynrichin, 1751

NÖLA, KG Krems 84/64, fol. 443'

Heyraths *Consens*[13]
Von Herrschafts und Obrigkeits weegen wird wird hiemit *consentirt*, daß sich Michael Brunnthaller Wittiber zu Schenkenbrunn, mit des Thoman Haynrich zu Schenkenbrunn und seiner Ehewürthin Maria Clara beeder Ehleiblich erzeigte Tochter *Sabina* verehelichen möge Schloss Gurhoff 22. 7ber 1751

13 Siehe auch Abb. 2, S. 39.

Obbemelte beede Brauth Persohnen verheyrathen einander Eheliche Lieb und Treu, der Bräuttigam seiner geliebten Brauth seine Behausung mit aller Zuegehöre Vieh und Fahrnüssen wie auch vier Tagwerch Holzwisen Gurhoff dienstbahr in zweyen Gwöhren bestehend, zur Helfte; die Brauth widerleget solches mit dreyßig Gulden, ainer Khue und vor das Böth zehn Gulden.

Was sie beede künftige ConPersohnen in wehrender Ehe mit ainander durch den reichen Seegen Gottes erwürthschafften. ErErben [sic], oder durch ander rechtmässige *Titul* an sich bringen werden, das solle alles ein gleiches vermischtes Gutt sein heissen und verbleiben.

Da aines vor dem andern ohne Leibs Erben verabsterbete, solle des verstorbenen Theil befreundten über abzug aller Schulden von dem richtig verbleibenden vermögen der drite Theill hinaus gegeben werden.
Schloss Gurhoff *datum ut Supra*

Gezeugen an des Bräutigambs Seithen
Joseph Zauner, und Mathias Schwäbl.
An Seithen der Braut Hans Georg Haßlpöckh
und Johann Wielland.

Zalt *Consens* 3 fl.

Wolfstein am Gurhof Nr. 4: Herrschaftlicher Heiratskonsens bzw. Ehevertrag zwischen der Witwe Catharina Hannin und Joseph Umgeher, Hofmeister der Herrschaft Leiben, 1751

NÖLA, KG Krems 84/64, fol. 444

Heyraths *Consens*

Von Herrschafts und Obrigkeits weegen wird hiemit *Consentiret*, daß sich des Adam Hann seelig zu Maur hinterlassene Wittib *Catharina*, mit *Joseph* Umgeher leediges Standes, des Mathias Umgeher der Herrschafft Leyben Hoffmaister zu Lostorf und seiner Ehewürthin *Rosalia* beeder recht Eheleiblichen Tochter verEhelichen möge.
Schloss Gurhoff 22. Xber 1751

Heyraths *Consens* 1 fl 30 Xr

Oben bemelte beede Brauth Persohnen verheyrathen einander Eheliche Lieb und Treu, der Bräuttigam seiner geliebten Brauth in Baren Geld erspartes 60 fl und der vatter gibt ihm inner Jahresfrist 20 fl. die Brauth widerlegt es mit ihrer aigenthümblich zu Maur Innenhabender Behausung samt 3 Viertl Weingartten in Egglas gelegen, nach Göttwaig dienstbahr zur Helfte: Hingegen ain Viertl Weingartten zu Lostorff nach Schallaburg dienstbahr haltet Sie ihr bevor.

Waß beede künftige *Con*persohnen in wehrender Ehe durch den reichen Seegen Gottes miteinander erwürhtschafften, Ererben, oder sonst durch rechtmässige *Titul* an sich bringen werden, das solle alles ein gleiches vermischtes Gutt sein heissen und verbleiben.

Da aines vor dem andern ohne Leibs Erben verabsterben sollte solle den denen [sic] nächsten Anverwandten deß verstorbenen Theills, über abzug aller Schulden, von dem verbleibenden vermögen der 5te Theill verabfolget werden.

Gezeugen zu des Bräutigams Seithen
Mathias Pernegger Bürger zu Lostorf, und Mathias Umgeher alda.
An der Brauth Seithen Johann Pühringer Rüchter
zu Maur, und Philipp Hönig Mölkerischer Unterthan.

Wolfstein am Gurhof Nr. 5: Heiratsabrede zwischen Johann Humpelstötter und Anna Maria Mitterlechnerin, 1782

NÖLA, KG Krems 84/65, fol. 109

Heyraths Abrede

Anheunt zu Ende gesezten Dato ist mit Herrschaftlicher Verwilligung zwischen den Johann Humpelstötter des Sebastian Humpelstötter zu Schenkenbrun Elisabeth dessen Ehewirthin beeder annoch in Leben ehelich erzeugter Sohn als Bräutgam *an einen* dann der Maria Anna Miterlechnerin des Georg Mitterlechner zu Schenkenbrun Theresia dessen Ehewirthin seelig ehelich erzeigten Tochter als Brauth *andern Theils* in Beyseyn deren hierzu erbettenen Gezeugen als auf Seite des Bräutgams Philipp Humpelstötter alhiesigen Unterthans zu Wolfenreith und Johann Gonaus alhiesigen Unterthanns zu Gännsbach dann auf der Braut Seite Joseph Mitterlechner Amtsrichters zu Schenkenbrun und Leopold Leitner Herrschaft Walperstoferischen Unterthans zu Weyerstorf nachstehender Heyraths *Contract* errichtet und geschlossen worden, und zwar

Erstens wird eingangs gedachter Bräutgam auf sein und seiner Beystände geziemendes Ansuchen und christliches Ehewerben Maria Anna Mitterlechnerin als eine Brauth und künftige Ehewirthin bis auf priesterliche *Copulation* zugesagt und versprochen. Was nun

Zweitens die zeitlichen Güter belanget verheyrathet die Braut ihren geliebten Bräutgam die ihr angefahlene mütterliche Erbschafft p[e]r 100 fl. So

dritens der Bräutgam seiner geliebten Brauth mit der von seinen Eltern übernehmenden Behausung p[e]r 330 fl. zur Helfte widerleget welche er aber entweder nach Verlauf 3 Jahren, oder aber nach ein- oder des anderen absterben seiner Eltern gänzlich zu übernehmen hat. Was

Viertens beedeTheile wehrend künftiger Ehe durch reichen Seegen Gottes ererben, erwerben erwürtschafften und durch rechtmässige *Titul* an sich bringen solle ein gleiches Gut seyn, heissen und verbleiben. Im Fall aber

Fünftens ein Theil vor dem anderen ohne miteinander erzeigt- oder bey Leben unterlassenen eheleiblichen Erben das zeitliche seegnete; so solle sowohl von Seite des Bräutgams als auch der Brauth mit eigener Einverwilligung derenselben in Fall auch noch lebender Eltern gleich sich sonst nächst äusserenden Befreundten nicht mehr denn der *Fünfte Theil* von richtig verbleibenden Vermögen hinaus bezahlet werden. Jedoch

Sechstens und Schlüßlichen ist keinem Theil verwehret einer dem anderen durch *Tesament, Codicicill Donatio* oder sonst leztwillige rechtbeständige *Disposition* mit mehreren betreuen zu können. In Urkund etc. Schlos Gurhof den 13. April 1782

Für Errichtung dieses *Contracts* 2 fl.

Wolfstein am Gurhof Nr. 6: Heiratsabrede zwischen dem Hufschmied Michael Hubmayr und Rosalia Prantnerin, 1782

NÖLA, KG Krems 84/65, fol. 113–114

Heyraths Abrede

*Anheunt zu Ende gesezten Dato ist mit obrigkeitlicher Ver*willigung zwischen den Michael Hubmayr neuangehenden Unterthan und Huefschmidt am Geyersberg als Bräutgam an einem: dann der Rosalia des Michael Prantner allhiesigen Unterthans zu Wolfenreith Gertraud dessen Ehewirthin seelig ehelich erzeigten Tochter als Brauth anderen Theils in Beyseyn derer hierzu erbettenen Gezeigen, als auf Seite ders Bräutgams Leopold Oellerer zu Scheiblwis und Johann Pemer zu Wolfenreith, dann auf der Braut Seite Joseph Mayr zu Wolfenreith und Johann Prantner alda nachstehender Heyraths *contract* geschlossen und errichtet worden, und zwar

Erstens wird Eingangs ernannter Bräutgam auf sein und seiner Beyständ geziemendes Ansuchen und christliches Ehewerben Rosalia Prantnerin als ein Brauth und künftige Ehewürthin bis auf Priesterliche *Copulation* zugesagt und versprochen. Was nun

Zweitens die zeitlichen Gütter belanget verheyrathet die Braut ihrem geliebten Bräutgam die angefahlene mütterliche Erbschafft pro 75 fl. 50 X. 2 d. und von ihren Vatern auf künftige Abrechnung erhaltende 24 fl. 6 X. 2 d. *in Summa* 100 fl. Welches Heyrathgut

Drittens der Bräutgam seiner geliebten Brauth mit seiner Behausung samt Einrichtung und Überländ Gründen zur Helfte widerleget. Was

Viertens beede Brautpersohnen wehrend künfftiger Ehe durch reichen Seegen Gottes miteinander ererben erwerben, erwürtschaffen oder sonst durch rechtmässige *Titul* an sich bringen, solle durchaus ein gemeinschafftlich beeden Theilen gleich zustehendes Gut seyn, und verbleiben, Im Fall aber

Fünftens ein Theil vor dem anderen ohne miteinander erzeigt, oder bey Leben unterlassenden ehelichen Erben das zeitliche seegnete, so solle sowohl von Seite des Bräutgams als auch der Brauth mit Einverwilligung des ersteren leiblicher Mutter und zweyter leiblichen Vaters denen sich nächst *legitimierenden* Befreundten nicht mehr dann der Sibende Theil von richtig verbleibenden Vermögen hinausbezahlet werden. Jedoch

Sechstens und *Schlüßlichen* stehet beedenTheilen um einer dem anderen mit mehreren betreuen zu können *Testament Donation Codicill* oder sonst leztwilligen *Disposition* bevor.
In Urkund etc: Schlos Gurhof den 3ten. Aug[ust] 1782

Für Errichtung dieses *Contracts* 2 fl.

Wolfstein am Gurhof Nr. 7: Heiratsabrede zwischen Johann Braittensteiner und Maria Anna Strasserin, 1782

NÖLA, KG Krems 84/65, fol. 115'–116

Heyraths Abrede

Anheunt zu Ende gesezten Dato ist mit obrigkeitlicher Bewilligung zwischen den Johann Braittensteiner neuangehenden Unterthann zu Oedt als Bräutgam *an einem*: dann der Maria Anna des Georg Strasser am Geyersberg Maria Anna *uxoris* ehelich erzeigten Tochter als Brauth *andern Theils* in Beyseyn deren hierzu erbettenen Gezeigen als auf Seite des Bräutgams Paul Mühlauer Marktrichters zu Gänsbach dann Johann Neumayer zu Oedt, dann auf der Brauth Seite Leopold Oellerer Richters zu Scheiblwis, und Philipp Strasser von Schenkenbrunn nachstehender Heyraths C*ontract* errichtet und geschlossen worden. Und zwar

Erstens wird Eingangs gedachten Bräutgam auf sein und seiner Beystände geziemendes Ansuchen und christliches Ehewerben Maria Anna Strasserin als eine Brauth und künftige Ehewirthin bis auf Priesterliche *Copulation* zugesagt und versprochen; was nun

Zweitens die zeitlichen Gütter belanget verheyrathet die Braut Ihrem geliebten Bräutgam die von ihren Eltern auf künftige Abrechnung erhaltende 40 fl. und an ersparten 20 fl. zusamen 60 fl. So demnach

Drittens der Bräutgam seiner geliebten Brauth mit seiner erkauften Behausung zu Oedt zur Helfte widerleget. Was

Viertens beede ererben erwerben, erwürtschaffen, oder sonst durch rechtmässige Weege an sich bringen, solle durchaus ein gemeinschaftliches beeden Theilen gleich zustehendes Gut seyn und verbleiben. Im Fall aber

Fünftens eines von dem anderen ohne miteinander erzeigt oder bey Leben unterlassenen eheleiblichen Erben das zeitliche seegnete; so solle sowohl von Seite der Brauth mit Einverwilligung deroselben annoch lebenden Eltern, als auch des Bräutgams desselben im Fall annoch lebenden Mutter (als von welcher sein ganzes Vermögen herrühret) von dem *deductis deducendis* richtig verbleibenden Vermögen der *Vierte* nach derenselben Absterben aber sich sonst äusserenden Befreundten nicht mehr dann der *Fünfte Theil* hinausgegeben werden. *Jedoch*

Sechstens und Schlüßlichen ist keinem verwehret eines das andere durch *Testament Codicill Donation* oder sonst leztwillige aber auch rechtbeständige *Disposition* mit mehreren betreuen zu können.
In Urkund dessen: etc: Schlos Gurhof den 3ten Aug[ust] 1782

Für Errichtung dieses *Contracts* 2 fl.

Wolfstein am Gurhof Nr. 8: Heiratsabrede zwischen dem Hufschmiedmeister Johann Zeitlhuber und Elisabeth Schotterin, 1782

NÖLA, KG Krems 84/65, fol. 117–117'

Heyraths Abrede

Anheunt zu Ende gesezten Dato ist mit obrigkeitlicher Genehmhaltung zwischen dem Ehrengeachten Johann Zeitlhueber Herrrschaft Aggspacherischen Unterthan und Huefschmidtmeister zu Hessendorf als Bräutgam *an einem:*dann der tugentsamen Elisabeth Schotterin des Ehrengeachten Joseph Anton Schotter behaust bürgerlicher *Chyrurgi* und Rathsverwandten in Markt Gännsbach, Elisabeth uxoris beeder noch im Leben ehelich erzeigten Tochter als Brauth *andern Theils* in Beyseyn deren hierzu erbettenen Gezeigen als auf Seite des Bräutgams Michael Hämel Herrschaft Schönbichlerischen Unterthanns von Aggstein, und Franz Schoyß diesseitigen Unterthanns und Mitnachbars in Gännsbach, dann auf der Brauth Seite Joseph Schlager Herrschaft Arnstorferischen *Revier*jägers zu Langegg und Joseph Bürgsteiner allhiesigen Bäckermeisters und Rathsbürgers zu Gänsbach nachstehender Heyraths *Contract* verabredet, errichtet und geschlossen worden. Und zwar

Erstens wird Eingangs ermelten Bräutgam auf sein und seiner Beystände gezimmendes Ansuchen und christliches Ehewerben die tugendsame Elisabeth Schotterin als eine Brauth und künftige Ehewirthin bis auf Priesterliche *Copulation* feyerlich zugesagt und versprochen. Was nun

Zweitens die zeitliche Gütter belanget verheyrathet die Braut ihren geliebten Bräutgam 100 fl. an baarem Geld und eine s[alva] v[enia][14] Kuh und Böth. Welches Heyrath gut der Bräutgam

Dritens seiner geliebten Brauth mit 300 fl. baarem Geld zur Helfte widerleget. Was

Viertens beede *contra*hirende Bräutpersohnen wehrend künftiger Ehe mit einander durch den reichen Seegen Gottes erwürtschaften, ererben, erwerben, oder sonst durch rechtmässige *Titul* an sich bringen; solle durchgehends ein gleich gemeinschaftliches Gut seyn und verbleiben. Im Fall aber

Fünftens ein Theil von dem anderen ohne miteinander erzeugt oder bey Leben unterlassenden eheleiblichen Erben das zeitliche seegnete; solle sowohl von Seite Bräutgams als auch von Seite der Brauth mit eigener Einverwilligung beederseits noch lebender Eltern, diesen erstgedachten Eltern, gleich sich sonst nach derenselben Absterben nächst äusserenden Befreundten nicht mehr denn der *Vierte Theil* von richtig verbleibenden Vermögen hinausbezahlet werden. Jedoch

Sechstens und Schlüßlichen solle jeden Theil um einer dem anderen mit mehrerem betreuen zu können *Testament; Codicill; Donation*, oder sonst leztwillige aber auch rechtbeständige *Disposition* bevor stehen.
In Urkund dessen etc. Schlos Gurhof den 11ten 7bris 1782
Für Errichtung dieses *Contracts* 2 fl.

14 Es sei erlaubt.

Wolfstein am Gurhof Nr. 9: Heiratsabrede zwischen Philipp Bauer und Franziska Mühlauerin, 1782

NÖLA, KG Krems 84/65, fol. 118'–119

Heyraths Abrede
*Anheunt zu Ende gesezten Dato ist mit obrig*keitlicher Genehmhaltung zwischen dem Philipp Bauer der k. k. Herrschaft Aggspach neuangehenden Unterthann zu Aggspach als Bräutgam *an einem,* dann der Franziska des Johann Paul Mühlauers Marktrichters zu Gänsbach Elisabeth *uxoris* ehelich erzeigten Tochter als Brauth *anderen Theils* in beyseyn deren hierzu erbettenen Gezeigen als auf Seite des Bräutgams *Zeno* Gamper Rathsbürgern und Georg Probst Mitbürgern zu Gännsbach dann auf der Brauth Seite Leopold Speiser zu Wolfenreith und Thadeus Hermann zu Gännsbach nachstehenden Heyraths *contract* errichtet und geschlossen worden. Und zwar

Erstens wird Eingangs ermelter Bräutgam auf sein und seiner Beystände geziemmendes Ansuchen und christliches Ehewerben Franziska Mühlauerin als eine Brauth und künftige Ehewirthin bis auf Priesterliche *Copulation* (als nach welcher gegenwärtiger *Contract* seine rechtliche Kraft haben solle) zugesagt und versprochen worden. Was demnach

Zweitens die zeitlichen Gütter belanget; verheurathet die Brauth ihrem geliebten Bräutgam dermahl nichts als die anheunt auflaufenden Unkösten, und was einmahls nach deroselben absterbenden Eltern an sich fahle. Wohingegen

Drittens er Bräutgam seiner geliebten Brauth die ihme zu Aggspach erkaufte Behausung und sein ganes Vermögen verheyrathet. Was

Viertens beede wehrend künftiger Ehe mit einander ererben, erwerben, erwürtschaften, oder sonst durch rechtmässige Weege an sich bringen, solle durchgehends ein gleich gemeinschaftliches Gut seyn, heissen und verbleiben. Im Fall aber

Fünftens eins von dem anderen ohne miteinander erzeigt oder bey Leben unterlassenen eheleibliche Erben das zeitliche seegnete, so solle sowohl von Seite des Bräutgams als auch der Brauth denen sich nächst äusserenden Befreundten *Nichts* hinausgegeben werden. Jedoch

Sechstens und Schlüßlichen stehet beeden frey eines das andere durch *Testament, Codicill, Donation* oder sonst leztwillige *Dispostion* mit mehreren zu betreuen zu können.
In Urkund ect. Schloss Gurhof den 15ten 8bris 1782.

Für Errichtung dieses *Contracts* 2 fl

Wolfstein am Gurhof Nr. 10: Heiratsabrede zwischen dem Schulmeister Leopold Mayr und Clara Reitherin, 1782

NÖLA, KG Krems 84/65, fol. 120'

Heyraths Abrede

Anheunt zu Ende gesezten Dato ist mit Herrschaftlicher Genehmhaltung zwischen den Leopold Mayr Schulmeistern in Gänßbach als Bräutgam *an einem*: dann der *Clara* Reitherin des Johann Reither zu Mauer Rosalia *uxoris* seelig ehelich erzeigten Tochter als Brauth anderen *Theils* in Beyseyn deren hierzu erbettenen Gezeigen, als auf Seite des Bräutgams Ferdinand Krenn Rathsbürger zu Gänsbach, dann auf der Brauth Seite Franz Geigenberger Bäckermeistern zu Aggspach nachstehender Heyraths *Contract* errichtet und beschlossen worden, und zwar:

Erstens wird Eingangs ernannter Bräutgam auf sein und seines Beystandes geziemendes Ansuchen und christliches Ehewerben Klara Reitherin als eine Brauth und künftige Ehewirthin bis auf Priesterliche Einsegnung (als nach welcher gegenwärtiger *Contract* seine rechtliche Kraft haben solle) zugesagt und versprochen. Was nun

Zweitens die zeitliche Gütter belanget; verheyrathet die Braut ihren geliebten Bräutgam die ihr derzeit angefahlene mütterliche Erbschafft p[e]r 18 fl. 31 X. 1/2 d. und an ersparten 150 fl. zusammen 168 fl. 31 X ½ d. an baaren Geld, und behaltet sich nebst diesen Heirathgut aber 50 fl. noch besonders zu ihrer freyen *Disposition* in solang bevor, bis ihr geliebter Bräutgam sein von seiner Mutter zu hofen habenden mütterlichen Antheil, so bey 100 fl. bestehen solle, wird anhero gebracht haben, wo sodann diese 50 fl. als kein Vorbehalt mehr, sondern durchgehends als ein gemeinschaftliches Vermögen angesehen und gehalten werden sollen. Welches Heyrathgut

Drittens der Bräutgam seiner geliebten Brauth mit seinen sammtlichen besitzenden Vermögen und Einrichtung, nichts ausgenohmen zur Helfte widerleget Was

Viertens beede Theile wehrend künftiger Ehe durch reichen Seegen Gottes miteinander ererben erwerben, erwürtschaffen oder sonst durch rechtmässige *Titul* an (sich)bringen; solle durchgehends ein gleich gemeinschaftliches Gut seyn und verbleiben. Im Fall aber

Fünftens ein Theil vor dem anderen ohne miteinander erzeigt oder bey Leben unterlassenden ehelichen Erben das zeitliche seegnete, so solle sowohl von Seite des Bräutgams als auch der Brauth mit Verwilligung des ersteren leiblichen Mutter und der zweyten leiblichen Vatters nicht mehr dann der *fünfte Theil* von dem *deductis deducendis* richtig verbleibenden Vermögen denen sich nächst äusserenden Befreundten hinausbezahlet werden. Jedoch

Sechstens und *Schlüßlichen* solle beeden Theilen *Testament, Codicill Donation* oder sonst leztwillige aber auch rechtbeständige *Disposition*: um einer dem anderen mit mehreren betreuen zu können bevor stehen: In Urkund etc: Schlos Gurhof den 26ten 9bris 1782

Für Errichtung dieses *Contracts* 2 fl.

Wolfstein am Gurhof Nr. 11: Heiratsabrede zwischen Michael Posch und Anna Maria Humpelstötterin, 1783

NÖLA, KG Krems 84/65, fol. 121'–122

Heyraths Abrede[15]

Anheunt zu Ende gesezten Dato ist mit Herrschafticher Genehmhaltung zwischen den Michael des Jakob Posch neuangehenden Göttweigerischen Unterthan in Aigen, *Catharina uxoris* ehelich erzeigten Sohn als Bräutgam an einen: dann der Anna Maria des Franz Humpelstötter diesseitigen Unterthans zu Scheiblwis *Barbara uxoris* ehelich erzeigten Tochter als Brauth andern Theils: in Beyseyn deren hierzu erbettenen Gezeigen, als auf Seiten des Bräutgams Stift Göttweigerisch: Unterthans von Furth, und Peter Dürnberger dahin gehörigen Unterthans in Aigen,dann auf der Brauth Seite Leopold Oellerer Richters zu Scheiblwis und Ferdinand Berger diesseitigen Unterthans nachstehender Heyraths *Contract* verabredet und beschlossen worden. Und zwar

Erstens wird Eingangs gedachter Bräutgam auf sein und seiner Beyständ geziemendes Ansuchen und christliches Ehewerben Anna Maria Humpelstötterin als eine Brauth und künftige Ehewirthin bis auf Priesterliche Einsegnung (als nach welcher gegenwärtiger *Contract* seine rechtliche Kraft haben solle) zugesagt und versprochen, was nun

Zweitens die zeitlichen Gütter belanget verheyrathet die Brauth Ihrem geliebten Bräutgam die von ihren Eltern auf künftige Abrechnung erhaltende 50 fl. und an ersparten 30 fl zusammen 80 fl. so

Drittens der Bräutgam seiner geliebten Brauth mit von seinen Eltern erhaltenden Heyrathsgut pr 25 fl und an ersparten 25 fl *in Summa* 50 fl widerleget. Was

Viertens beede Theil wehrend künftiger Ehe miteinander durch reichen Seegen Gottes ererben, erwerben, erwürtschaffen oder sonst durch rechtmässige Titel an sich bringen, solle durchgehends ein gleich gemeinschaftliches Gut seyn, und verbleiben. Im Fall aber

Fünftens ein Theil vor dem anderen ohne miteinander erzeigt, oder bey Leben unterlassenden ehelichen Erben das zeitliche seegnete, so solle sowohl von Seite des Bräutgams als auch der Brauth denen sich nächst legitimierenden Befreundten der *dritte Theil* des richtig verbleibenden Vermögen hindann bezahlet werden. Jedoch

Sechstens und *Schlüßlichen* solle beedenTheilen um einer den anderen mit mehreren betreuen zu können *Testament, Codicill*: *Donation*: oder sonst leztwillige aber auch rechtbeständige *Disposition*: bevor stehen. In Urkund dessen etc: Schlos Gurhof den 10ten *Januarius:* 1783

Für Errichtung dieses *Contracts* 2 fl.

15 Siehe dazu auch Tafel 1.

Wolfstein am Gurhof Nr. 12: Testament der Theresia Kinningerin mit Änderung der Vereinbarungen des Heiratsvertrages, 1811

NÖLA, KG Krems, 84, Karton 1144

Testament und letzter Willen![16]

In den Namen Gott des Vatters + und des Sohn + und des Hl. Geistes X

Es ist mir Theresia Kinningerin anheute zu Ende gesetzten *Dato* mein ernstlich vollkommener Willen und Meinung, indeme ich mich schon lange in einer langwürigen Krankheit befinde, und selbe vielleicht mehr von einer kurzen Dauer seyn wird; so befehle ich Gott den Allmächtigen, und in den Schutz des Heren unternehme ich heute in gegenwart zweener Zeugen, da ich doch noch Gott Sey Dank, bey gutten Verstand und Sinnen bin; so widerspreche ich den Heurathskontrakt, und sage, das meine Erben, nehmlich / meiner Geschwistern, und Geschwistern-Kinder / von den hinterlassenen Vermögen keinen Theil genißen, das in Ansehen Meiner, und meiner Zeugen nur meinen hinterlassenen Mann, der mir lange Zeit in meiner Krankheit das Brod und auch die Treu verschaffet hat, bewilliget bin;
Indessen aber erbitte ich mir 5 fl. auf Heilige Messen, 5 fl. zum armen Institut und 1 fl. zur Normalschul, und 10 fl. vor die A. M. Kirchoferin, die mir in meiner Krankheit die Treu geleistet hat, sodann bitt ich, liebe Männer und Zeugen, ihr wollet selbes mit euren Böttschaft bekräftigen.

Baudorf den 28ten. Juny 1811 X — Siegel Leop. Plockinger als Richter und Zeig
Siegel Michael Krieger als Zeig.

Perchtoldsdorf

Perchtoldsdorf Nr. 1: Heiratsbrief zwischen dem Witwer Leopold Holzer und der Inwohnerstochter Margaretha Thürin, 1743

AMP Karton 152, Heiratsbriefe, 30. Dezember 1743

Im Namben der Allerheiligst und unzerthailten Dreyfaltigkeit Gott des Vatters und des Sohns und des Heiligen Geistes Amen

Ist An heunt zu End gesezten dato zwischen dem Ehrn geachten Leopold Holzer, bürger und Wittiber Alhier, Alß breitigamb *An ainem* dann der tugentsamen Jungfrau Margaretha Thürin, des Sebastian Thür Inwohner zu böhmisch Krumau und Barbara dessen Ehewürtin beede seelig Ehelich Erzeigte Tochter, Alß brauth; *Andern thails*, In bey sein der hierzu Erbettenen Herrn beyständten folgender Heuraths Contract abgered und beschlossen worden. *Alß*

Erstlichen. Ist Wohlbesagten breitigamb auf sein vorhergangenes Christliches Ehewerben an anbegehrn, auch mit Recht und *Consens* beederseits Annverwandten und befreundten, obgedachte Jungfrau brauth, biß auf *Confirmirung* der Priesterlichen *Copulation* zu einer künftigen Ehewürtin Ehelich verlübt und versprochen worden. Und Waß

16 Siehe dazu auch Tafel 2.

Andertens. Anbelangt die zeitliche Güter, verheurat Wohlbesagte Jungfrau brauth, ihren breitigamb zu einen Rechten Heuratgut, in Paren geld *Vierzig Gulden.* Welches hingegen

Drittens. Er breitigamb Widerlegt und verheuraht seiner Jungfrau brauth, sein in Wöhbach aigenthümbliche halbe behausung sambt halber einrichtung und Waß sonsten im hauß befindlich sein mag, Wie auch den halben 8 Pfunder Weingarten im Sau Rissel genandt; Undt Weillen

Vierttens. sein Söhnl mit Nahmen Jacob noch klein Alß gibt er solchen mehr berührter Jungfrau brauth zu einer Morgengab, daß sie solchen alß ihr aigenthümblich Rechtes Kind und Erben soll erziegen und halten. und Waß

Fünftens. dise Neu Angehende Eheleuth, durch Wehrender Ehe mit einander Erobern und Erwerben oder durch sonst Ehrlich und zuelässige Mittel durch den Reichen seegen Gottes an sich bringen und Erwerben, solt auch ein auf beederseiten gleiches gut sein und verbleiben. und Wann

Sechstens. Got Wolle es verhüten sie Jungfrau brauth vor ihren breitigamb, ohne leibs Örben sollte abgehen, so solte Er breitigamb ihren Nächsten befreundten 50 fl. sage Fünfzig Gulden und nicht mehr hinaus zu zahlen schuldig sein. Im Fahl aber er breitigamb vor ihr ohne *Testament* oder leibs Erben sollte abgehen, so solle ihr all verheurathes Guet ohne Umbredt zuestehen und gehören; im Fahl aber

Sibentens. Eins oder das Ander durch *Testament* oder lezten Willen betreuen wollte, sollte auch auf keine Weiß solchen die hand verspehret sein.

Alles Getreulich und ohne gefährte zu Wahrer Urkund und mehrer bekräftigung dessen ist diser Heuraths *Contract* aufgericht und von beeden brauth Persohnen alß auch denen hierzu Erbettenen Herren beyständt Eigenhendig unterschriben und gefertiget.
Actum Perchtoldtsorf den 30ten Xber A[nn]o 1743

X Leopold Holzer, Braytigam LS Margaretha Thürin als Brauth
X Antoni Woyer, Erbettener Zeug von der Jungfrau brauth X Johann Gabriel Edlauer erbettener zeig von Herrn breidtigamb X Veith Thür Erbettener zeug von der Jungfrau brauth X Mathias Schauer erbettener Zeug von Herrn breitigamb

Instruktionen, Formulare

Instruktionen, Formulare Nr. 1: Formular für die Abfassung von Heiratsbriefen, Asparn 1774–1781

NÖLA, HS 813, fol. 13'–15'

Heurath Brieff
In Nahmen der allerheyligst Hocherlobt und unzerthailten Dreyfaltigkeith (oder allerheyligst allein) Gott des Vaters + sohns und heyligen Geistes Amen.

Anheunt zu Endt gesezten (Tagsatzung gestrichen) *Dato* ist in der /: oder bey der :/ Hochgräflich Brunner Herrschafts Ambts *Canzley* zwischen N. Wittiber und Herrschaftlichen Unterthan zu N. als Bräuthigamb an ainem /: oder aber also :/ ambts *Canzley* eine *Ehrliche Heuraths abrödt* zwischen N. als Bräuthigam an ainem, dann N.N. des N. hiesig Unterthanns annoch in leben, und N. dessen Ehewirthin oder Eheweib seelig eheleiblichen Tochter als Brauth andern Theills / oder /: dann der Ehr und tugentsamben N.N.

des etc. dessen Ehewürthin Ehelich erzeigte Tochter als Brauth andern thaills in mit- und beyseyn deren hierzu beederseits erbettenen beystand, und verandtworthen benanntlich N.N.N.N.:/ oder aber in beyseyn der hierzu erbettenen beystandten, und gezeugen /: Als:/ auf des Breuthigamb seithen N.N.N.N. dann ihrerseiths
/oder:/ dann auf der Brauth seithen N.N.M.M. nachfolgenter Heyraths Contract abgeredt und beschlossen worden. als/ oder aber:/ folgender massen oder gestalten abgeredt und beschlossen worden als

Erstlichen würdet Eingangs bemelten Brauthigams über vorhero beschehener anwerbung N.N. bis auf Christliche *Confirmation* zu Einer Brauth, und künftigen Ehewürthin zuegesagt und versprochen was nun

Erstlichen haben sich bede Brauth Persohnen aus sonderbahrer schickhung Gottes über vorhero ergangene ordentliche anwerbung bis auf priesterliche Handt, und *Catholische Copulation* so in der würdig *Sancti Egidii* Pfarrkürch zu Grafensulz, durch den *Substituirten Vicarium* N.N. ordentlich beschehen, ein ander Ehelichen verlibt und versprochen. was aber

Andertens die zeitl. gütter anbelangt /: oder:/ gütter und nahrung anbetrifft verheurathet berührter /oder :/ mehr berührter Bräuthigamb seiner geliebten Brauth N.N. welches sie ihren geliebten Braüthigamb nebst ihrer Ehelichen lieb und Trey mit 10 Reichsthalern paar geldt widerlegt, und soll

Drittens mit berührten Heuraths Gueth volgente verstandtnus haben, nemblich wann eines von dem andern unter Jahr und Tag /:welches Gott gnädig verhietten wolle:/ mit todt ohne leibs Erben abgienge, so solle dem überlebendten Thaill das verheurathe gueth in handten verbleiben, da sye aber mit ain ander Jahr und Tag erlebt, so solle all Ihr jezig- und künftiges vermögen,
sie haben solches erobert, und gewunnen, wie es immer nahmen haben kan und mag, mit kauffen verkauffen, durch Erbschaft,oder ander zuelässige Mittln nichts ausgenohmen, Ein gleiches Gueth jezu heyssen und verbleiben. Jedoch solle keinen die handt nicht ver[... unleserlich] oder gespöhret seyn, sondern frey und bevor stehen durch *Testament Donation* und lezten willen als hier vorverstandtener massen Eines das andere zu betreyen. Treylich und ohne gefehrdte zu wahrer urkhund dessen ist dieser *Contract* mit dem Herrschaftlichen *Ambts Sigil* geferttigter hinaus gegeben, und allda in Heuraths Buech fol. 59 *Brothocollando* gedruckhet worden. schloss
/od. aber:/
oder aber also /
Drittens sye beede Brauth Persohnen in ihrer wehrenter Ehe durch den reichen seegen Gottes mit ein andern Erobern oder gewühnen, es seye gleich mit kauffen, verkauffen durch Erbschaft, oder sonsten Ehrbahr mittl zusamben Bringen, das solle nach ausgang ainer Jahres frist ain gleiches gueth seyn und haissen, da aber leibs-Erben, oder ausgang einer Jahrs frist eines mit todt abgienge, solle die Helfte des Ehrheyrathen gueths dennen nächsten befreundten hinaus gefolget werden, nach verstreichung Jahr und Tag aber, sye haben leibs Erben aus Ihnen Beeden gebohren oder nicht, solle der überlebendte Thaill das Drittl des Beedersaiths zusamben gebrachten Gueths und verhandtenen vermügens deren verstorbenen rechten Befreundten ohnwidersprachlich hinaus geben, Jedoch der überblibenen *Con*persohn aber alles umb billichen werth vergonnet und überlassen werden. Da aber

Vierttens Eines das andere durch *Donation Testament* Lezten willlen, oder andern zuelässigen Mittln mit mehrern als hierinfalls verstandtenermassen bethreuen wolte, solle disfahls kainen Thaill die handt gespöhret seyn, sondern in allweeg frey und bevor stehen. Alles getreulich und ohne geverdte dessen zu wahrer urkhundt seyndt dises Heyraths *Contrac*t zwey glaichlauthente *Exemplaria* aufgerichtet, und mit dem Hochgräflich Breunerischen Herrschaft Asparn ambts *Sigil* gefehrtiget und hinaus gegeben worden. so beschehen schloss ...

Instruktionen, Formulare Nr. 2: Instruktion für den Herrschafts-Verwalter, Lamberg-Ottenstein 1766

NÖLA, HA Lamberg, HS 94, fol. 123–125

In Puncto Deren Heuraths
Briefen

180.

Bey denen jenigen Heuraths Partheyen, welche die Eltern annoch in ihren Lebzeiten gegen deme zusam Heurathen lassen, damit sie ihnen bey dem Hauswürthschaften helfen, und denenselben nach einer gewissen zeit das Haus zu übergeben und zugesagt wird, ist die Vorsehung zu treffen, und ausdrücklichen im Heurathsbrief einzusezen, wie daß sie bey herbeynahung der dieß fälligen *Termins* zeit nicht anders auf das Haus zugelassen werden sollen, als wann sie sich jederzeit fleissig und getreu auch gehorsam, und nach all kindlicher pflicht gegen ihre Eltern werden verhalten haben. Folglich auch zu ihren lebens unterhalt den erforderlichen Ausnahm, und bedingnussen in Vollzug bringen. Dahero wird

181.

Andienlich und zu Vermeidung hinkünftiger Stritigkeiten erforderlich seyn, wann der Werth des Hauses und sonstiger übergab, wie sie es mit der zeit zu übernehmen haben sollen, gleich in Heurathsbrief /:jedoch ohne großen nachtheill deren etwa verhandenen übrigen gleichen Kindern:/ nebst denen zu dem unterhalt ihrer Eltern vorgesehenen Aufnahms bedingnussen, bestimet werde. So hat auch weithers

182.

Verwalter bey denen Heuraths briefen für zu sorgen, damit in Ermanglung deren leibs Erben dem überlebenden Antheill so vill möglich das Vermögen beysamen bleibe, und also denen Seithen Erben nicht zu viell hinaus vermachet werde, um hierandurch die Häuser in Stüft- und aufrechten Standt zu erhalten.

Jedoch kann hiebey der freye Willen der
contrahierenden Heuraths Partheyen
keineswegs eingeschrencket, sondern es
muß villmehr denenselben eine ver-
nünftige Vorstellung mit begrünten
beweg ursachen gemacht werden.
Ein sonderbahrer umbstand und Noth-
wendigkeit will ferners

183.

Seyn, daß in denen künftigen Heu-
raths *Contracten* klar ausgedrückt
werde, wann die Brauth-Persohnen
von ihren noch lebenden Eltern ein ge-
wisses geld oder sonstige *Realität*
zum Heurathguth überkommeten
ob ihnen dieses als eine simple geschank-
nis oder zu einer hülffe gegen künf-
tige Abrechnung auf ihr anfahlende
Erbschaft gegeben worden.
Bey letzterer verhaltnus muss dieses Heu-
rathguth in dem Heuraths-brief solcher
gestalten vorgesehen werden, daß je-
nes auf absterben deren Eltern *ad Mas-
sam* der Verlassenschaft hinwiederum
zuzutragen seye.

Und auf diese *Conferirung* hat Verwal-
ter haubtsächlichen Jeder zeit mehr als
der erstere, nehmlich die Geschancknus /:wel-
che ohne sonderbahren ursachs- umstand
niemahlens zuzulassen:/ anzutragen.

Gleich wie übrigens derley *Instru-
menta* solcher gestalten errichtet wer-
den müßen, auf daß sie bey *resul-
tirenden* Strittsfällen Rechtständig
subsistiren mögen. So
weiset

N:

Das *Formulare* N:, wie und auf was
weiß solche Verwalter zu *instruiren*
haben wird.

Instruktionen, Formulare Nr. 3: Instruktion für den Herrschafts-Verwalter, 1766

NÖLA, HA Lamberg, HS 94, fol. 373–375

N.
Heuraths Brief
In Nahmen p. p.

Ist anheunt zu End gesezten *dato* und Jahr zwischen den Mathias Nagl, des Andree Nagels behausten Unterthann zu N., Maria seiner Ehewürthin Ehelig erzeugten Sohn als bräutigamb *an ainem*: dan der Theresia Gumpingerin, des Johann Georg Gumpingers gewest unterthännigen Schneidermeisters zu N. und *Magdalena* dessen Ehewürthin beede nunmehr seelig Ehelich erzeugte tochter als brauth *zweyten Theilß* in mit und beyseyn der hier zu erbetenen gezeugen und beyständen, als von seiten des bräutigams dem Ehrbahren Martin Lux und Joseph Schuster, so dann von seiten der brauth dem Ehrbahren Jacob Schmid, und Simon Strobl alseitiger unterthannen zu N. hinnach folgender Heurathsbrief ordentlich abgeredet und unwiederruflich geschlossen worden. Und zwar

Erstens ist ihm bräutigamb auf sein und seiner beystände der ordnung nach beschehenes anwerben obbenante Theresia Gumpingerin mitelst Verwechslung von gewöhnlichen brauth Ringen zu seiner brauth und künftigen Ehewürthin gegen *con*licher lieb und gegen treu bis auf erforderliche Priesterliche bestättigung zugesaget und förmlichen versprochen worden.

Was nun aber

Zweytens die zeitliche gütter anbetrift, so verheurathet die brauth ihrem angehenden bräutigamb zu einem wahren heurathguth 225 fl welche sie anheunt unterein stens aus der Herrschaftlichen Waysen *Cassa,* als ihr von Vattern und Mutter aus zugefahlene Erbschaft samt dem *Interesse* erhoben und in anwesenheit deren beystanden baar und richtig demselben zugezahlet hat.

Welches Ihr

Drittens der bräutigamb mit 100 f baarem geld /:so er von seinen Vattern als ein freywillige geschancknuß und beyhilff dergestalten überkommen, daß er solche nach seinen über kurz oder lang erfolgenden todtfahl ad *Massam* seiner Verlassenschaft nimmermehr zuzutragen schuldig ist nebst der helfte, der von gleichersagt seinen Vatter und Mutter nach Ver-

lauf Jahr und Tag ihm zu übergeben, anheunt
auch obrigkeitlich versprochenen ganzlehen behausung mit denen dazu eingeschäzten 2 Joch überland äcker in Rohrbüchl, Item 2 baar ochsen, ein zusam gerichten Waagen, Eisernen Pflueg und 20 Mezen Korn in *Summa* also p[e]r 855 fl also und dergestalten widerleget

Daß.

Viertens sowohl Heurathgut und Wiederlaag
als auch jenes was beede theill fürwehrender Ehe durch den reichen Seegen Gottes erwerben, ererben oder sonsten auf zulassige arth an sich bringen werden ein gleich gesambletes gut seyn, heißen und verbleiben solle.

Von welchen

Fünftens nach ein oder des anderen theills von den brauth Persohnen erfolgende todtfahl der überlebende theill denen etwa verhandenen Kindern, und zwaar wofern derselben 1, 2 oder 3 wären das 3tl, infahl derenselben 4 und darüber seyn sollten, die halbscheid von dem hinterbliebenen Vermögen als ein Vätter- oder Mütterliches Erbs antheill hinaus zu bezahlen schuldig seyn solle.

In fahl aber

Sechstens sich begebete, daß ein oder ander theill ohne hinterlassenden leibs Erben das zeitliche segnete, und keine andere leztwillige *Disposition* verhanden wäre, so ist wohl bedächtlich abgehandlet worden, daß des verstorbenen theills etwa *legitimirenden* befreunden von der damahligen Verlassenschaft nicht mehrer als der landsbrauch p[e]r 5 fl 15 kr hinaus bezahlet werden solle.

Siebentens stehet jeden theill bevor eines das andere durch *Testament, Donation* oder andere leztwillige *Disposition* mit mehreren zu betrauen.

Endlichen aber

Achtens ist vorgesehen und von seiten der
obrigkeit beschlossen worden, daß sie brauthleuthe nach verhaißung ihres Vatters nicht anderst auf das Haus und Würthschaft gelassen werden, es haben dann dieselbe unter solche zeit die Würthschaft mit vereinigten Kräften bis dahin getreulich forthführen geholfen, und das zeichen vor der Herrschaft agbelegt das sie die übergebende Eltern in gebührenden Ehren halten, und denenselben den ausgenohmenen unterhalt benanntlichen den freyen unterstandt oder statt dessen für einen jährlichen zünß 6 fl

item die Hausmanns kost, allenfahls jährl[ich] bedungene 2 Mezen Waiz, 10 Mezen Korn, 2/8 Schmalz, und 2 Küffl Salz nebst einen Frischling pr 60 Pfund richtig zustehen und verabfolgen werden. Alles *getreulich* und ohne gefährde zu wahrer Urkund dessen p. p.

Quellenverzeichnis: Niederösterreichisches Landesarchiv (NÖLA), St. Pölten

Aspang
Schlossarchiv Aspang
Handschrift (HS) 1/4, Protokoll der Herrschaft Aspang über Käufe, Heiraten, Inventuren und Geburtsbriefe, 1695–1718 (Ambts-Prothocol. Über die Herrschaft Aspang worinen alle Inventure, Abthailungen, Heyraths- und Geburths: Brieff nebst anderer Vergleichen eingetragen 1695 usque 1718, Nr. 11)

Asparn
NÖLA, Handschriftensammlung (HS) 813, Formular- und Kopialbuch der Herrschaften Asparn an der Zaya u. a. 1652–1663, 1774–1781

Wolfstein am Gurhof:
Kreisgericht (KG) Krems
84. Stiftsherrschaft Göttweig mit Gülte Wolfstein am Gurhof
84/63 Gewährprotokoll 1725–1768 (Gewähr-Protocoll vom Jahre 1720 bis 1768, Tom.I)
84/64 Kanzlei- und Vertragsprotokollbuch (Heiraten) I, 1724–1768 (Kanzlei- und Vertrags Protocoll vom Jahre 1724 an. Thom. I, Ambts Buech, Nr. 38)
84/65 Kanzlei- und Vertragsprotokollbuch (Heiraten) II, 1769–1804 (Kanzlei Protokoll der Stift Göttweigerischen Herrschaft Wolfstein am Schloß Gurhof anfangend Anno 1769)

Kreisgericht (KG) St. Pölten
56. Stiftsherrschaft Göttweig mit Gülte Wolfstein am Gurhof
56/1 Gewährbuch 1768–1804 (Gwöhr Buch der Stift Göttweigerischen Herrschaft Wolfstein am Gurhof, anfangend Anno 1768)

Fridau:
Herrschaftsarchiv (HA) Fridau
Herrschaft Kirchberg an der Pielach und Weissenburg mit Tradigist und Amt Lunz
Handschrift (HS) 5, Protokollbuch (Entlassungen, Heiraten, Inventuren, Käufe, Strafsachen), Amt Lunz, 1741–1767

Herrschaft Fridau mit Mainburg, Waasen, Hainburg und Ranzenbach
Handschrift (HS) 25, Protokollbuch der Herrschaft Veste Ranzenbach (Entlassungen, Heiraten, Inventuren, Käufe), 1741–1753 (Prothocoll Lit: C: Prothocollum bey der ReichsFreyherrlichen Herrschaft Veste Ranzenbach von 1ten Feber 1741 bis lezten Xber 1753)

Kreisgericht (KG) St. Pölten
42. Herrschaft Fridau
42/8 Heiratsprotokollbuch 1764–1801 (Heuraths Protocollum bey der Hochfreyherrlich General Grechtlerischen Herrschaft Fridau, Nr. 5)
42/16 Inventurprotokollbuch 1807–1830 (Inventurs- und Abhandlungsprotokoll bey der Herrschaft Fridau. Vom Jahre 1807 bis 1830, Nr. 5)

75. Herrschaft Kirchberg an der Pielach mit den Herrschaften Rabenstein, (Fridau-)Weissenburg, dem Edelsitz Tradigist und den Ämtern Lunz und Pfolsau
75/4 Protokollbuch 1738–1842 (Ambt Pfohlsauer Kauff Inventur und Vertrags Protocoll Nr. 2 von 1738 bis A[nn]o. incl[usive] 1842)

75/10 Gewährbuch 1808–1816 (Nr. 36. Lechenersuch und Anschreibungs Protocoll. Bei der Fürstl. Corsinischen Herrschaft Weissenburg.Von 1ten July 1808 bis 1816)

Neulengbach
Kreisgericht (KG) St. Pölten
97. Herrschaft Neulengbach
97/63 Heirats-und Inventursprotokollbuch 1646–1675

Herrschaftsarchiv (HA) Lamberg-Ottenstein
Handschrift (HS) 94, Instruktion für den Herrschafts-Verwalter, aufgestellt von Anton Graf Lamberg, Wien 1766

Archiv der Marktgemeinde Perchtoldsdorf (AMP)
AMP, Karton 152, Heiratsbriefe, 18. Jahrhundert

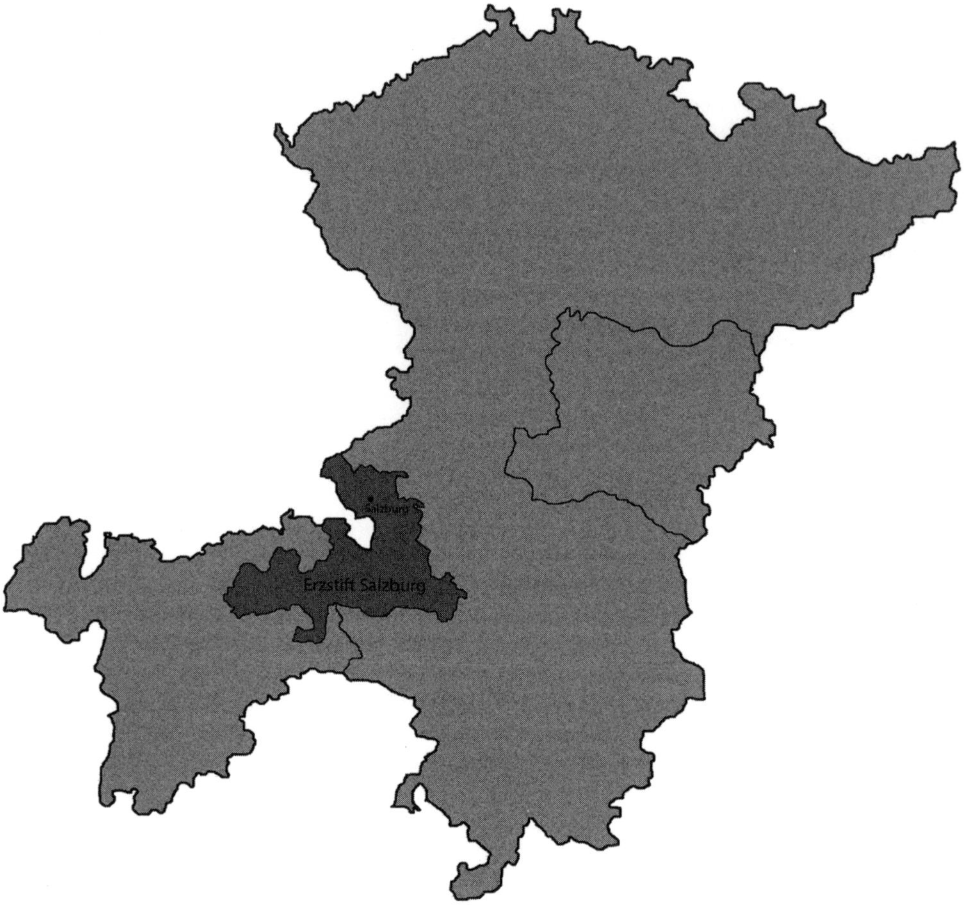

Ausschnitt mit den Umrissen der zum Heiligen Römischen Reich gehörigen Teile der Habsburgermonarchie und des Erzstiftes Salzburg. Die bis 1803 selbständigen Hochstifte Brixen und Trient sowie der territoriale Streubesitz des Erzstiftes Salzburg sind nicht eigens gekennzeichnet. (Digitalisiert von Mario Mosser nach der Vorlage: Mitteleuropa bei Beginn der Französischen Revolution 1789, in: Putzger, Historischer Weltaltas, Berlin 2001, 121–122.)

Gunda Barth-Scalmani

Ausgewogene Verhältnisse

Eheverträge in der Stadt Salzburg im 18. Jahrhundert

Die Vor-Geschichte einer Eheschließung

Als Wolfgang Amadeus Mozart auf der Suche nach einem besseren Verdienst mit seiner Mutter Salzburg verlassen hatte und die beiden sich gerade in Augsburg aufhielten, teilte ihnen der Vater im Oktober 1777 mit, dass ein langjähriger Freund der Familie,[1] Johann Baptist Joachim Ferdinand von Schidenhofen (1747–1823), bald heiraten werde. Leopold Mozart kommentierte dies: „wie sie aber wegen dem Hayratgut auseinander gekommen, weis man noch nicht".[2] Als die Vermählung Anfang Februar 1778 endgültig fest stand, hielt der 22-jährige Mozart seine Meinung darüber ebenfalls brieflich fest:

> ich wünsche ihm von herzen glück. das ist halt wiederum eine geld heyrath, sonst weiter nichts. so möchte ich nicht heyrathen; ich will meine frau glücklich machen, und nicht mein glück durch sie machen ... dem H[errn] von schidenhofen war es nothwendig sich eine reiche frau zu wählen; das macht sein adl. Noble leüte mussen nie nach gusto und liebe heyrathen, sondern nur aus intereße, und allerhand nebenabsichten; ... aber wir armen gemeine leute, wir müssen nicht allein eine frau nehmen, die wir und die uns liebt, sondern wir därfen, können, und wollen so eine nehmen, weil wir nicht Noble, nicht hochgebohren und adlich, und nicht reich sind, wohl aber niedrig, schlecht und arm, folglich keine reiche frau brauchen, weil unser reichtum nur mit uns ausstirbt, denn wir haben ihn im Kopf.[3]

In der Person des jungen Mozart, der zu dieser Zeit gerade zum Mannheimer Bäsle entflammt war, wird das Ideal der Liebesheirat fassbar, das er mit seiner damaligen Lebenserfahrung dem alten Schema der aus Standes- und Vermögensgründen arrangierten Hochzeiten gegenüber stellt. Die Mahnungen seines Vaters hinsichtlich einer allzu frühen Bindung des Sohnes ohne sicheren Verdienst – „fort mit Dir nach Paris"[4] – sind als Hintergrund dieses brieflich geführten Neuigkeits- und Meinungsaustausches mitzudenken.

Das vor einiger Zeit edierte Tagebuch des Johann Baptist Joachim Ferdinand von Schidenhofen,[5] ermöglicht es nun, der Mozart'schen Sicht von außen, die den Stadttratsch widerspie-

1 Zum sozialen Netzwerk der Familie Mozart vgl. Gunda Barth-Scalmani, Vater und Sohn Mozart und das (Salzburger) Bürgertum oder „Sobalt ich den Credit verliere, ist auch meine Ehre hin", in: dies., Brigitte Mazohl-Wallnig u. Ernst Wangermann Hg., Genie und Alltag. Bürgerliche Stadtkultur zur Mozartzeit, Salzburg 1994, 173–203, 194f und 197–198.

2 Mozart. Briefe und Aufzeichnungen. Gesamtausgabe, Bd. 2: 1777–1779, Kassel/Basel/London 1962, 50 (Brief vom 13. Oktober 1777).

3 Mozart. Briefe, Bd. 2, 263f (Brief vom 7. Februar 1778).

4 Mozart. Briefe, Bd. 2, 277 (Brief vom 12. Februar 1778).

5 Joachim Ferdinand von Schidenhofen. Ein Freund der Mozarts. Die Tagebücher des Salzburger Hofrats, hg. und kommentiert von Hannelore und Rudolph Angermüller, Bad Honnef 2006.

gelt, jene des Betroffenen an die Seite zu stellen. Im Tagebuch finden sich Hinweise auf Gefühle, noch mehr aber Andeutungen über die komplizierten Verhandlungen zur materiellen Ausgestaltung der beabsichtigten Ehe. Schidenhofen, dreißigjährig zum Zeitpunkt des Geschehens, Sohn einer Salzburger Beamtenfamilie, die 1660 aufgrund ihres Hofdienstes geadelt worden war, arbeitete nach einem Studium beider Rechte an der Universität seiner Vaterstadt seit gut zehn Jahren nunmehr schon in der erzbischöflichen Verwaltung wie bereits seine Vorväter. Im Sommer 1777 häuften sich seine Besuche bei der Familie des Hofkammerrates und Münzmeisters Virgil Christoph von Daubrawaick (1725–1787),[6] in dem es auch eine Tochter Maria Anna (1759–1818) gab: Festgehalten sind Kirchgänge und Spaziergänge vor die Tore der Stadt, immer in der Gruppe, im August nach einem Konzert von Wolfgang und Nannerl Mozart ein „gefrornes"[7] spät am Abend, oftmals Eintragungen „en Visite", auf „Coffe" oder zum Speisen dort gewesen zu sein. Am Sonntag, den 21. September 1777, notierte er: „Nachmittags in die Münz,[8] wo ich bey H[errn] [Christoph] v[on] Dauwrawaick um die Fr[äu]le Nannette [Maria Anna] das vorlauffige Ansuchen machte."[9] Zwei Tage später erklärte er sich der Mutter seiner Auserwählten. Einen Tag darauf konnte er eintragen: „Fr[äu]le [Maria Anna] v[on] Dauwrawaick ware heunt bey den Barisanischen, wo sie ihrem ehemaligen Liebhaber Joseph Barisani[10] ihre Gesinnung in Ansicht meiner entdecket, und mich nachhin ihrer ganzen Zuneigung gegen mich versichert hat."[11] Anfang Oktober hielt er „förmlich"[12] um die Hand seiner Nannette an, und die nächste Karnevalszeit wurde für den Hochzeitstermin ins Auge gefasst.

Die familiäre Situation und damit zugleich die Vermögensumstände des jungen Hofrates waren allerdings nicht ganz einfach. Im Frühjahr des Jahres war seine Mutter verstorben, der Vater lebte schon länger nicht mehr. Seine jüngere Schwester Maria Anna Aloisia Walpurga (1760–1831) hatte sich erst nach längerem Urgieren ein kleines Gnadengehalt vom Erzbischof ausbedingen können und trug sich in jenem Herbst ebenfalls mit Eheabsichten. Einen Witwer mit kleinen Kindern wollte sie heiraten. Am 30. Oktober schrieb Schidenhofen „Heunt Sprach Herr [Christoph] v[on] Dauwrawaick vor seine Fr[äu]le Tochter [Maria Anna] 8000 f Heuratgut aus."[13] Dies war eine für damalige Zeiten im Salzburger Kontext nicht unbedeu-

6 Die Familie stammte ursprünglich aus Kuttenberg in Böhmen (Doubrava). Das Reichsadelsprädikat (Daubrawa von Daubrawaick) verlieh Karl VII. im Jahr 1743 an Franz Christoph (1686–1769), der als salzburgischer Hofbeamter (Pfennigmeister ab 1723, sein Sohn Johann Gualbert ab 1769) vermögend wurde. Der Sohn Virgil Christoph war Truchsess und Münzmeister ab 1770. Vgl. Salzburger Mozart Lexikon, Red. von Gerhard Ammerer u. Rudolph Angermüller, Bad Honnef 2005, 82f.

7 Schidenhofen, Tagebücher, 271.

8 Die Familie bewohnte das sogenannte Münzhaus (Münzgasse, im Zweiten Weltkrieg zerstört), in dem es u. a. ein chemisches Labor und Werkräume zum Prägen von Kupfer-, Silber- und Goldmünzen, Gewölbe zum Strecken und Ausglühen gab. Der Familie gehörte in Parsch auch ein Hof mit Landwirtschaft.

9 Schidenhofen, Tagebücher, 281.

10 Joseph Johann Baptist Virgil Barisani (1756 –1826), Sohn des aus Italien stammenden Hofarztes Silvester Barisani, studierte und arbeitete als Arzt zunächst in Wien, ehe er Nachfolger seines Vaters wurde. Vgl. Salzburger Mozart Lexikon, 31.

11 Schidenhofen, Tagebücher, 282.

12 Schidenhofen, Tagebücher, 284.

13 Schidenhofen, Tagebücher, 291.

tende Summe.[14] Dem angehenden Bräutigam kam sie wohl nicht recht gelegen, denn gewohnheitsgemäß hätte er mit einer gleich hohen Summe, als Widerlage, replizieren müssen. Dazu war er offensichtlich nicht in der Lage. „Bedencklichkeiten" vermerkt er einen Tag darauf und am nachfolgenden Samstag begab er sich „Um 3 Uhr in die Münz, wo ich H[errn] v[on] Dauwrawaick meinen ganzen Statu vorgelegt habe, wie mein Vermögen ist."[15] Die dürren Worte lassen nur vermuten, dass dieses Gespräch unter Männern von Ungleichgewichtungen durchzogen war, obgleich sie standesgemäß einander entsprachen.

Der Brautwerber besaß die von seinem Großvater erworbenen Immobilien, ein Haus in der Getreidegasse Nr. 1, im Zentrum von Salzburg, und die Hofmark Triebenbach bei Laufen, die von einem Pächter bewirtschaftet wurde. Sein Adel war nicht bloß ein Beamtenadel, sondern *comme il faut* mit einem landwirtschaftlichen Anwesen samt Jagdmöglichkeiten – wie im Tagebuch häufig notiert – überhöht worden.[16] Er war seinem Schwiegervater also durchaus ebenbürtig, in beruflicher Hinsicht wie im Lebensstil. Für niederrangige Hofbedienstete wie Vater und Sohn Mozart und im Kontext des kleinen geistlichen Fürstentums waren beide eindeutig dem Adel zuzurechnen und gehörten zur Spitze der regionalen Gesellschaft. Im habsburgischen und europäischen Kontext rangierten die Hofbeamten Daubrawaick und Schidenhofen allerdings am unteren breiten und heterogenen Rand adeligen Lebens.

Doch mangelte es Schidenhofen im Gegensatz zum Vater seiner Auserwählten offenbar an Bargeld, und so kamen die Verhandlungen über den Heiratsvertrag nicht recht voran. Am 22. November konsultierte er den Stadtsyndikus von Loes „wegen Heuraths Packten".[17] Jener hatte kraft seines Amtes einen gewissen Einblick in die abgeschlossenen Eheverträge, weil diese im Ratsprotokoll eingetragen werden konnten. Am 29. November verzeichnete Schidenhofen einen Besuch bei Goldschmid Mayr, doch am ersten Dezember musste der Brautwerber nach dem mittlerweile schon fast täglichen Besuch in der Münz notieren: „Es ware wegen Verdrüslichkeiten wegen Heuraths Pakten ein sehr übler Abend."[18] Nach einer weiteren Beratung mit dem Stadtsyndikus legte er schließlich am 3. Dezember 1777 einen neuen Entwurf eines Ehevertrages vor. Noch am Abend desselben Tages vernahm er, dass die Eltern seiner Braut nun endlich einverstanden seien, und erhielt den Entwurf zurück. Wohl nicht zufällig erfolgte zwei Tage später die Eintragung: „Nachmittags war der Jud Leb von Augspurg bey mir, dem ich Corallen verhandelte."[19] Offensichtlich versilberte er Schmuck seiner Mutter, um mehr Bargeld zu haben.

Nachdem über die Details des Ehevertrags mit dem Schwiegervater Einigkeit erzielt worden war, konnte er schließlich bei seinem Dienstgeber um die Heiratserlaubnis ansuchen. Im Erzstift, in dem wie in allen katholischen Gebieten das kanonische Eherecht galt, war überdies seit 1667 für jede Eheschließung ein obrigkeitlicher Heiratskonsens notwendig, um damit die

14 Vgl. dazu die transkribierten Verträge im Quellenanhang.

15 Schidenhofen, Tagebücher, 291.

16 Walter Demel, Der europäische Adel. Vom Mittelalter bis zur Gegenwart, München 2005, 70f.

17 Schidenhofen, Tagebücher, 296.

18 Schidenhofen, Tagebücher, 295ff.

19 Schidenhofen, Tagebücher, 298. – Vgl. zu jüdischen Wanderhändlern in Salzburg, die auch von Leopold Mozart in den Briefen oft erwähnt werden, Adolf Altmann, Geschichte der Juden in Salzburg. Von den Anfängen bis in neueste Zeit. Weitergeführt bis 1988 von Günter Fellner u. Helga Embacher, Salzburg 1990.

staatlich unerwünschte Vermehrung unbemittelter „Volksklassen“ zu steuern.[20] Diese Erlaubnis handhabten die Erzbischöfe aber gerade ihren Beamten gegenüber höchst restriktiv, um nicht später für unversorgte Witwen und Waisen aufkommen zu müssen. Erzbischof Hieronymus Colloredo (1772–1803) verweigerte besonders häufig diesen Ehekonsens, „außer die Braut ist vermögend“ – wie ein zeitgenössischer Beobachter feststellte. Dafür konnten die Hofbediensteten auch ohne das Sakrament der Ehe „ohne Widerrede“[21] zusammen leben. Diesem geistlichen Landesherren war das Prinzip ökonomischer Sparsamkeit wichtiger als die Einhaltung des kanonischen Eherechts. Da Schidenhofens Schwester als Beamtentochter schon ein Gnadengeld bezog, musste sein Ehepakt den Beweis erbringen, dass seine zukünftige Ehefrau im Falle seines Ablebens nicht auch der erzbischöflichen Kammer zur Last fallen würde. Dies war die Gemengelage, die Schidenhofens schwierige Situation ausmachte: Es galt, der Brautfamilie gegenüber das Gesicht zu wahren trotz existierender eklatanter Unterschiede hinsichtlich schnell verfügbaren Vermögens und den Landesherren von der finanziellen Sicherstellung seiner Braut zu überzeugen. Am 19. Jänner 1778 erhielt ein erleichterter Schidenhofen schließlich den Heiratskonsens und brachte ihn sogleich ins Haus des Münzmeisters.

Nun konnte er die Ringe beim Goldschmied Mayr bestellen. Ob ein vier Tage zuvor erfolgter Besuch im Versatzamt damit zusammenhing, bleibt Spekulation. Jedenfalls begann er mit der Planung der Hochzeitsfeierlichkeiten und hatte in diesem Zusammenhang zum ersten Mal die künftigen Schwiegereltern bei sich „en Visite“.[22] Am Freitag, den 30. Jänner, erfolgte ein weiterer, nun kirchenrechtlich notwendiger Schritt. Johann Baptist Joachim Ferdinand von Schidenhofen und Fräulein Nannette von Daubrawaick begaben sich – diesmal wohl ohne Begleitung von Anstandspersonen – zum Stadtkaplan der Domkirche: „wir versprachen uns dort“, trug er im Tagebuch ein, sowie: „drei Tage wurden für die Verkündigung des Aufgebotes festgesetzt“. Interessanterweise bildet sich der neue Stand auch sprachlich im Tagebuch ab: Aus dem Fräulein Nannette wird „die Fr[äu]le Braut“. Einige Punkte des Ehevertrages[23] waren Teil der rituellen Austauschhandlungen im Vorfeld der Heirat: Am selben Tag noch, schrieb er, „… gabe mir die Fr[äu]le Braut einen Ring p[e]r 700 f. zum praesent, dagegen ich ihr einen Geschmuck p[e]r 1500 verehrte“.[24] Zwei Tage vor der Hochzeit folgte am Abend die nächste große Transaktion: „Heunt zählte mir H[err] Schwieger Papa das versprochene Heurathgut p[e]r 4000 f. auf, dagegen auch ich die wegen Braut Kleid zugesagte 510 f aufzählte, und wir beyde einander schriftliche Bescheinigungen ertheilten.“[25]

Man sieht fast die männlichen Protagonisten dieses Geschehens, wie sie erleichtert ihre Petschaften in den noch weichen Siegellack der beiden Rezesse[26] drücken, während der bereit-

20 Judas Thaddäus Zauner Hg., Auszug der wichtigsten Hochfürstlichen Salzburgischen Landesgesetze, Bd. 1, Salzburg 1785, 98.

21 Franz Martin, Die Salzburger Chronik des Felix Adauktus Haslberger, Teil 3, in: Mitteilungen der Gesellschaft für Salzburger Landeskunde, 69 (1929), 97–120, 111.

22 Schidenhofen, Tagebücher, 306f.

23 Der Ehevertrag von Schidenhofen hat sich in den in Frage kommenden Beständen des Salzburger Landesarchivs leider nicht auffinden lassen. Dessen Inhalt, was den Austausch von „Präsenten“ betrifft, wird aus dem Tagebuch und anderen Eheverträgen indirekt erschlossen.

24 Schidenhofen, Tagebücher, 308.

25 Schidenhofen, Tagebücher, 309.

26 Ein Rezess entspricht einem Vertrag, einer Abmachung insbesondere familienrechtlicher oder privatrechtlicher Art.

gestellte Wein schon in den schweren böhmischen Gläsern der Daubrawaik'schen Vorfahren gefunkelt haben mag. Dabei könnte man aus Erleichterung über das gute Ende glatt übersehen, dass die Höhe des Heiratsguts verglichen mit dem ursprünglichen Angebot des Brautvaters halbiert worden war. Wie bereits erwähnt, hätte er nach damaligem Verständnis im System der wechselseitigen Heiratsgaben mit etwa der gleichen Summe „antworten" müssen. Die Summe musste dabei nicht in bar vorhanden sein, es hätte für alle Beteiligten gereicht zu wissen, dass sich sein Vermögen auf eben diesen Wert belief. Darin lag aber das Problem des Hofrats Schidenhofen auf Freiersfüßen: Er konnte offensichtlich nur für höchstens 4.000 Gulden Sicherheiten für die Zukunft bieten.

Damit ist man bereits mitten in der Problematik von Eheverträgen des 18. Jahrhunderts: Diese regelten den Ressourcentransfer zwischen den Familien von Braut und Bräutigam, trafen Vorkehrungen für die Ansprüche der nächsten Generation und je nach dem wirtschaftlichen Hintergrund der Beteiligten genaue Vereinbarungen für die unterschiedlichen Erbansprüche. Heiraten war auch ein komplizierter intergenerationeller Vorgang mit ökonomischen Konsequenzen, die der weltunerfahrene junge Mozart zu ignorieren können glaubte.

Die Vorgeschichte der Eheschließung zwischen Joachim Ferdinand Schidenhofen und Nannette Daubrawaick wurde von jenen, die bei Hofe dienten und darüber hinaus von der breiten Öffentlichkeit der kleinen geistlichen Residenzstadt wie jede andere Veränderung im gesellschaftlichen Gefüge genauestens verfolgt, wie die eingangs zitierte Stelle aus Leopold Mozarts Brief zeigt. Den im Alltag eng verschränkten Schichten von Bürgern und Inwohnern, Hofbeamten und Hofbediensteten blieben solche Dinge nicht verborgen: Beim Wasserholen am Brunnen, am Markte, in den Kaffeehäusern und an den Kartentischen[27] wurden solche Neuigkeiten gewechselt, bewertet und weitergegeben. Die uns heute privat erscheinenden Vermögensverhältnisse wurden im Mahlwerk des öffentlichen Tratsches durchgedreht. Der davon betroffene Brautwerber hielt die für ihn wohl auch peinlichen Gespräche mit dem zukünftigen Schwiegervater im Tagebuch zumindest andeutungsweise fest. – Bei dieser Eheschließung ist die Vorgeschichte, nämlich das Aushandeln der materiellen Gestaltung einer Ehe durch das Tagebuch eines Hauptbeteiligten und die Beobachtungen von Außenstehenden punktuell rekonstruierbar, der Ehevertrag allerdings hat sich nicht erhalten. In der Mehrheit der Fälle verhält es sich gerade umgekehrt. Wir wissen nichts über die materiellen Interessen und Vorstellungen der beteiligten Familien oder die Kriterien ihrer letztendlich getroffenen Absprachen. Den HistorikerInnen liegt nur das Endprodukt dieses vielschichtigen Aushandelns und Abwägens vor, ein Dokument, das mit moderner Terminologie ein privatrechtlicher Vertrag genannt werden kann.

1. Fragestellungen, Untersuchungsraum und soziales Milieu

Verträge, die die materielle Gestaltung der Ehe regelten, werden in diesem Beitrag für einen städtischen Raum des 18. Jahrhunderts mit mehreren Fragestellungen ausgewertet: Zunächst wird untersucht, in welchen Bevölkerungsgruppen Eheverträge im 18. Jahrhundert üblich waren. Dann wird die spezifische Gestaltung der Eheverträge dargestellt und abschließend die

27 Zu diesen beiden Eckpunkten männlicher Lebensführung finden sich zahlreiche Belege in den Briefen von Vater Mozart oder im Tagebuch von Schidenhofen.

Funktion von Eheverträgen im Zusammenleben der Generationen analysiert. Darunter liegt gewissermaßen als Hauptmotiv die Überlegung, inwieweit Eheverträge eine geeignete Quelle sind, um das Verhältnis der Geschlechter in der Frühen Neuzeit zu erfassen. Zu betonen ist, dass für diese Untersuchung nur die städtische Bevölkerung berücksichtigt werden konnte. Es ist jedoch davon auszugehen, dass Eheverträge unter den Land besitzenden Bauern jener Zeit allgemein üblich waren, da Salzburg vermögensrechtlich ein Anerbengebiet[28] war, in dem im Gegensatz zu Realteilungsgebieten meist nur ein Kind, im Regelfall ein Sohn, den Hof übernahm und die sogenannten „weichenden Kinder" abgefunden wurden.[29]

Der entscheidende Ansatz ist die Erfassung der Ehe durch privatrechtliche Quellen, die die alltägliche Handlungspraxis erschließen. Ganz bewusst wird dabei auf die Zeit *vor* jenen Rechtsveränderungen zurückgegriffen, die für das Gebiet des ehemaligen Erzstifts Salzburg infolge der auf dem Wiener Kongress beschlossenen Angliederung an das Kaisertum Österreich ein gänzlich neues Zivilrecht brachten. Denn das in Österreich 1811 erlassene Allgemeine Bürgerliche Gesetzbuch (ABGB) bedeutete nach der endgültigen Übernahme des ehemaligen Erzstiftes Salzburg durch die Habsburger am 1. Mai 1816 die Implementierung eines Privatrechts, das die meisten zeitgenössischen Juristen als modern erachteten. Waren die (ehegüterrechtlichen) Sachverhalte einmal in rechtsverbindliche Normen gegossen, so bezog sich die (rechts-)historische Auseinandersetzung damit tendenziell bald nur mehr auf die Normen und blendete Formen der Aneignung und Anpassung von Normen in der Rechtspraxis und in der Gestaltung des Alltags völlig aus.[30] So versteht sich dieser Beitrag auch als ein Mosaikstein zur historischen Analyse von Ehegüterrecht in der Zeit vor den „großen" europäischen Privatrechtskodifikationen.

Soziale und wirtschaftliche Charakteristika der Stadt

Die hier untersuchten Eheverträge stammen überwiegend aus den sozial und wirtschaftlich führenden Schichten in der Stadt Salzburg, den Großhändlern und Kaufleuten sowie Gastwirten und Bierbrauern. Dazu kommen einige Verträge, deren Hauptakteure dem Handwerk zuzuordnen sind. Die Residenz- und Hauptstadt des gleichnamigen geistlichen Fürstentums, zwischen dem bayerischen Kurfürstentum und dem habsburgischen Machtkomplex gelegen, gehörte zu den kleineren, politisch aber nicht unwichtigen Fürstentümern des Alten Reiches. Gegen Ende des 18. Jahrhunderts lebten circa 16.800 Einwohner, rund elf Prozent der Bevölkerung des geistlichen Territoriums,[31] in der Stadt, deren Weichbild auch mehrere sogenannte Vorstädte jenseits der rechtswirksam noch bedeutenden Stadtmauern einschloss. Mit dieser Größe gehörte Salzburg um 1800 zu den rund 65 Großstädten (mit einer Einwohnerzahl von

28 Zur Relevanz bis in die Gegenwart vgl. http://www.aeiou.at/aeiou.encyclop.a/a534188.htm (Zugriff: Juli 2009).

29 Wilhelm Brauneder, Die Entwicklung des bäuerlichen Erbrechts am Beispiel Österreichs, in: ders., Studien II: Entwicklung des Privatrechts, Frankfurt am Main u. a. 1994, 357–374, 365.

30 Grundlegend zum Verhältnis von Gesetzgebung und Gesetzesanwendung vgl. Jürgen Schlumbohm, Gesetze, die nicht durchgesetzt werden – ein Strukturmerkmal des frühneuzeitlichen Staates?, in: Geschichte und Gesellschaft, 23 (1997), 647–663.

31 Vgl. dazu Gunda Barth-Scalmani, Der Handelsstand der Stadt Salzburg am Ende des 18. Jahrhunderts: Altständisches Bürgertum in Politik, Wirtschaft und Kultur, Dissertation Salzburg 1992, 7.

über 10.000), die es im Alten Reich und in den österreichischen Erblanden der Habsburger gab. Unter der Stadtbevölkerung befanden sich nach der Einschätzung von Lorenz Hübner,[32] einem im Lande lebenden zeitgenössischen Topographen, „beyläufig 500 Bürger".[33] In der Stadt des 18. Jahrhunderts war „Bürgerschaft" allerdings nicht mehr bloß ein ständisches Merkmal, sondern „Bürger-Sein" war auch bereits ein Merkmal von Lebensführung. Die beiden Begriffe, ein ständisch und ein habituell geprägter, existierten nebeneinander. Der zeitgenössische Beobachter Hübner, Ex-Jesuit und katholischer Aufklärer, hatte dafür ein Sensorium und vermerkte: Zu jenen Bürgern im neuen Sinn zähle man „uneigentlich ... alle Einwohner der Städte und Märkte ..., welche keinen Feldbau treiben und sich an Kleidung und Sitte von dem gemeinen Landmanne unterscheiden, ob sie gleich das Bürgerrecht nicht erhalten haben".[34]

Als Prototyp dieser Bevölkerungsgruppe mag die Familie Mozart gelten, die von ihrer Lebensweise, wenn sie nicht auf Reisen, sondern in Salzburg war, von ihren gesellschaftlichen Netzwerken her gesehen, zum habituell geprägten neuen Bürgertum gehörte.[35] Allerdings besaßen weder Vater noch Sohn Mozart das Bürgerrecht. Es gab nur rund 500 Individuen, die in ständischer Hinsicht Bürger waren. Sie machten rund drei Prozent der männlichen Haushaltsvorstände aus und besaßen aufgrund ihres „bürgerlichen Gewerbes", einer Handlung oder einer „Gerechtsame" – einer gewerblichen Konzession –, den Rang eines Bürgers. Bürger in diesem Sinne wurde man nur bei Erfüllung einiger Vorbedingungen: eheliche Geburt, katholische Religion und Erbschaft oder Kauf einer Konzession. Der Eintritt in die Bürgerschaft erfolgte meist gegen Jahresende durch Eidesleistung vor dem versammelten Stadtrat und ein anschließendes gemeinsames Mahl. Söhne von Salzburger Bürgern zahlten nichts, andere Neubürger je nach Art ihrer Konzession unterschiedlich hohe Bürgereinkaufsgelder.[36] Diese altständischen Bürger wählten aus ihrem Kreis zwölf Stadträte, „ehrbare taugliche personen",[37] und diese den Bürgermeister. Allerdings bedurften alle gewählten Funktionsträger der Bestätigung durch den geistlichen Landesherren, der auch den obersten juristischen Beamten der Stadt, den Stadtsyndikus ernannte, der zumeist zugleich auch Beamter der erzbischöflichen Landesverwaltung war.

Im europäischen Vergleich kann die Salzburger Bürgerschaft daher nicht als frei oder rechtlich autonom bezeichnet werden; sie hing vielmehr an der langen Leine des geistlichen Landesherrn. Allerdings bestätigte dieser meist die Erstgereihten der Dreiervorschläge. Die Analyse der für den Zeitraum von 1659 bis 1811 erhaltenen 80 Wahlvorschläge für neue

32 Lorenz Hübner (1751–1807) gehörte dem Jesuitenorden bis zu dessen Aufhebung in Bayern 1773 an. Im Jahr 1784 wurde er von Erzbischof Hieronymus Colloredo nach Salzburg berufen, um die „Salzburger Zeitung" zu gründen. Er war ein Vertreter der katholischen Aufklärung von überregionaler Bedeutung, und zwar durch die Gründung der „Oberdeutschen Literaturzeitung" im Jahr 1788. Er war auch Kartograph und Topograph und wurde nach seiner Rückkehr nach München 1799 zum Mitglied der Bayerischen Akademie der Wissenschaften ernannt.

33 Lorenz Hübner, Beschreibung der hochfürstlich-erzbischöflichen Haupt- und Residenzstadt Salzburg und ihrer Gegenden verbunden mit ihrer ältesten Geschichte, Bd. 2, Salzburg 1793, 368.

34 Hübner, Beschreibung, Bd. 2, 396.

35 Vgl. dazu Barth-Scalmani, Vater und Sohn Mozart.

36 Vgl. Barth-Scalmani, Der Handelsstand der Stadt Salzburg, 37ff, 49f,

37 Salzburger Landesarchiv (SLA), kurfürstliche und k. k. österreichische Regierung, LX, 22: Stadtordnung vom 13. Jänner 1728, Artikel 1.

Stadträte zeigt, dass in insgesamt 44 Fällen (55 Prozent) ausschließlich Handelsleute auf den Vorschlagslisten standen, in 19 Prozent der Fälle standen Angehörige anderer Berufsgruppen (überwiegend Gastwirte und Brauer) auf den ersten Plätzen, in den übrigen Vorschlägen waren Handelsleute erst- und andere Berufsgruppenvertreter nachgereiht. Die Dominanz der Handelsmänner im Magistrat war eindeutig, Bierbrauer und Gastwirte stellten die traditionelle Minderheit. Im Vergleich mit anderen Städten ist besonders hervorzuheben, dass sich vor 1803, vor dem einschneidenden Ende der geistlichen Landesherrschaft, kein Handwerker oder Vorsteher einer Zunft im Salzburger Stadtrat fand. Ein Grund für die Diskrepanz zwischen der de jure bestehenden Ratsfähigkeit aller Bürger und der de facto Dominanz einiger Großhandels- und Kaufmannsfamilien lag darin, dass nur ein wohlhabender Geschäftsmann mit genügend Mitarbeitern von seiner Firma regelmäßig abkömmlich war. Nur für diese Berufssparte wurden der Verdienstentgang infolge der Übernahme von zeitintensiven kommunalen Ämtern und die finanziellen Belastungen durch diverse Repräsentationskosten angesichts der geringen Aufwandsentschädigung durch den symbolischen Kapitalgewinn aufgewogen:[38] Deren führende Position bildete sich nicht zuletzt bei den zahlreichen geistlichen Prozessionen ab: Die Kaufleute marschierten im roten Mantel an der Spitze der städtischen Bürgerschaft (siehe dazu Tafel 3).[39]

Zwangsläufig kamen auch alle zwischen 1674 und 1811 gewählten Bürgermeister und die zehn zwischen 1678 und 1804 ernannten Generalsteuereinnehmer ausschließlich aus dem Handelsstand.[40] Das Übergewicht dieser Berufsgruppe in den kommunalen Ämtern korreliert mit der beruflichen Gliederung der Bürger insgesamt: In den letzten drei Jahrzehnten des 18. Jahrhunderts fanden sich unter den neu in die Bürgerschaft aufgenommenen jeweils rund zehn Prozent Angehörige des Handelsstandes. Dem entsprechen auch die 47 Handelsgerechtigkeiten in der Steuer-Resignation von 1774, die 46 Handelsleute des Bürgerverzeichnisses von 1791 oder die 60 Handelsgerechtsamen des Hieronymus-Katasters[41] in ihrem Verhältnis zwischen Anzahl der Konzessionen zur Anzahl der Bürger. Unter den rund 500 Bürgern zählten im ausgehenden Drittel des 18. Jahrhunderts somit 50 bis 55 Männer mit ihren Angehörigen zum Handelsstand.

---

38 Vgl. dazu Gunda Barth-Scalmani, Zur Lebenswelt des altständischen Bürgertums am Beispiel des Salzburger Handelsstandes, in: Robert Hoffmann Hg., Bürger zwischen Tradition und Modernität, Wien/Köln/Weimar 1997, 29–51, 32ff.

39 Vgl. dazu die Abbildung in der Kuenburg-Sammlung bei Friederike Prodinger u. Reinhard Heinisch, Gewand und Stand, Salzburg 1983, Tafel 26, Kat. Nr. 59. Dieser vestimentäre Standesausweis findet sich auch in den Nachlässen, so etwa in SLA, Verlassenschaften Stadtsyndikat, Nr. 708: Der „rothe Mantl" des Handelsfaktors Joseph Mayr wurde mit wenigen anderen langlebigen Kleidungsstücken ins Inventar vom 17. Mai 1799 aufgenommen, wohingegen „die übrige Leibskleidung als Strümpfe, Hemden etc. …, weil sie weder verkäuflich noch brauchbar sind, nicht in Schätzung gebracht" wurden.

40 Vgl. dazu Barth-Scalmani, Der Handelsstand der Stadt Salzburg, 59–69; basierend auf der Auswertung der Wahlvorschläge, Archiv der Stadt Salzburg (AStS), Pezolt Akten Nr. 10 und 11.

41 Der Hieronymus-Kataster ist der Vorläufer des Grundbuches und zugleich des Gewerbekatasters und wurde unter Erzbischof Hieronymus Colloredo 1778 bei Einführung eines neues Grund- und Gewerbesteuer-Reglements angelegt, um Real- und Personalgewerbe sowie Grundbesitz zu erfassen und deren hypothekarische Belastungen sowie Übergabe- und Kaufpreise zu verzeichnen. SLA, Geheimes Archiv, XXVII, 49, §§ 1 und 9.

Die soziale Vorherrschaft einer – in sich allerdings heterogenen[42] – Berufsgruppe hatte naturräumliche und daraus folgende wirtschaftliche Ursachen. Das Erzstift Salzburg – „ein unvollendeter Passstaat"[43] – profitierte von seiner Lage zwischen den oberitalienischen und süddeutschen Wirtschaftsräumen, die über die sogenannte „untere Strasse" (Friaul – Kanaltal – Katschberg – Obertauern – Fritzbachtal – Salzachtal) durchgehend für Fahrzeuge, über mehrere Übergänge der Hohen Tauern an den Scheitelstrecken nur durch Säumerei verbunden waren.[44] Die Bedeutungsverlagerung der europäischen Handelsrouten von der Adria in das westliche Mittelmeer und an die Atlantikküste blieb langfristig nicht ohne Auswirkung. Der sukzessive Aufstieg von Venedigs Konkurrenten Genua, Antwerpen und Amsterdam hatte auch Folgen für die Salzburger Handelsleute. Wenn auch die im Mittelalter gegebene bedeutende Stellung Salzburgs im europäischen Fernhandel abnahm, so waren die daraus resultierenden sozioökonomischen Strukturen von längerer Dauer.

Manche Kaufleute stellten sich auf die Veränderungen ein. So stieg etwa die Zahl der auf der Bozner Messe vertretenen Salzburger Großhändler in der zweiten Hälfte des 17. Jahrhunderts. Sie nutzten die ausgebaute Brennerstraße und das von Claudia de Medici als Tiroler Landesfürstin 1635 eingerichtete Merkantilgericht der Bozner Messe als unabhängige Schlichtungsinstanz.[45] Diese Orientierung zeigte sich auch in den im Verlauf des 18. Jahrhunderts immer wieder feststellbaren Fällen geschäftlicher Verbindung, indem Tiroler und Salzburger Häuser Söhne oder Mitarbeiter („Lehrjungen", „commis", „Handlungsdiener", „Rechnungsführer") wechselweise aus- oder weiterbildeten sowie in den privaten Verbindungen durch Eheschließungen zur Absicherung der wirtschaftlichen Beziehungen.[46] Die Analyse der städtischen Einnahmen aus dem Transit- und Regionalhandel („Fronwaage- und Niederlagsgelder") zeigt überdies einen Anstieg im letzten Drittel des 18. Jahrhunderts, das heißt, eine für den Handel förderliche Konjunktur. Dies und die Untersuchung der Außenstände beziehungsweise Schulden zum Zeitpunkt des Todes ausgewählter Handelsleute lassen die Behauptung zu, dass Salzburger Häuser sowohl im Fernhandel mitspielten als auch den Lokalhandel dominierten.[47] Die Stellung der Kaufmannschaft an der Spitze der städtischen Bürgergesellschaft ruhte an der Schwelle zur Moderne noch immer auf einer sicheren materiellen Basis. Die Beschäftigung mit ihren Eheverträgen ermöglicht einen Einblick in die Vermögensgliederung an einer zentralen Schnittstelle lebensgeschichtlicher Abläufe von altständischen Honoratioren.

42 Vgl. Barth-Scalmani, Der Handelsstand der Stadt Salzburg, 129-140.

43 Herbert Klein, Salzburg, ein unvollendeter Paßstaat, in: Die Alpen in der europäischen Geschichte des Mittelalters. Reichenau Vorträge 1961–1962, Sigmaringen 1965, 275–291.

44 Vgl. dazu ausführlicher Herbert Hassinger, Die Übergänge über die Hohen Tauern vom Frühmittelalter bis ins 19. Jahrhundert, in: Die Tauernautobahn, Salzburg 1976, 215–247, und ders., Geschichte des Zollwesens, Handels und Verkehrs in den östlichen Alpentälern vom Spätmittelalter bis in die zweite Hälfte des 18. Jahrhunderts, Stuttgart 1987.

45 Vgl. dazu Markus A. Denzel, Die Bozner Messen und ihr Zahlungsverkehr (1633–1850), Bozen 2005, sowie Andrea Bonoldi Hg., Bozen im Messenetz Europas (17.–19. Jahrhundert) / Bolzano nel sistema fieristico europeo (secc. XVII–XIX), Bozen 2007.

46 Barth-Scalmani, Der Handelsstand der Stadt Salzburg, 238ff.

47 Barth-Scalmani, Der Handelsstand der Stadt Salzburg, 103–125.

2. Eheverträge und die Orte ihrer Verwahrung

Eheverträge von Stadtbürgern der Vormoderne sind im Salzburger Kontext archivalisch genau dort aufzufinden, wo sie zum Zeitpunkt ihres Entstehens hinterlegt werden konnten beziehungsweise dort, wo sie spätestens rechtswirksam werden mussten. Anders formuliert: Sie konnten am Beginn einer Ehe – diese quasi güterrechtlich amtlich machend – vor dem Stadtgericht ratifiziert werden. Damit wusste der Stadtsyndikus von fast allen wirtschaftlich relevanten Eheschließungen und ihren rechtlichen Ausgestaltungen. Deswegen hatte sich ja Hofrat Schidenhofen in seiner schwierigen Lage auf Freiersfüßen im Dezember 1777 amikal an Stadtsyndikus von Loes[48] gewandt, mit dem er beruflich,[49] gesellschaftlich und wohl auch freundschaftlich[50] verkehrte.

Eheverträge wurden als amtliche Dokumente meist abschriftlich in die Protokolle des Stadtrates eingeschrieben. Es gab allerdings auch außergerichtliche Ehepakte, meist wenn die Eheleute bei Kinderlosigkeit oder nach Übergabe ihrer Konzession den ursprünglichen Ehevertrag verändert hatten. Dies war etwa bei Maria Theresia Oberfrinningerin und ihrem Mann Johann Georg der Fall, die ihren Ehevertrag 1791 nach neunjähriger kinderloser Ehe und nach dem Tod des Bruders beziehungsweise Schwagers und potentiellen Geschäftsnachfolgers abänderten.[51] Am Ende einer Ehe mussten Eheabreden – um einen weiteren zeitgenössischen Begriff zu verwenden – in jedem Fall im Zuge der amtlichen Verlassenschaftsabhandlung bekannt gemacht werden. Dort sind sie unter dem Punkt der „brieflichen Urkunden“ aufgeführt.

Nach dem Tode eines Ehepartners wurde die sogenannte „Spör“ oder „Sperre“[52] über dessen Vermögen verhängt. Eine Gerichtsperson nahm sodann eine Schätzung des unbeweglichen und beweglichen Vermögens vor. Bei umfangreichen Verlassenschaften konnte dies soweit ge-

48 Vgl. Schidenhofen, Tagebücher, 298.

49 Benedikt Edler von Loes (1739–1798) war hochfürstlicher Hofrat und Stadtsyndikus (Lebensdaten nach Mozart. Briefe und Aufzeichnungen. Gesamtausgabe, Bd. 6: Kommentar 1780–1857, Kassel/Basel/Tours 1971, 192).

50 Vgl. dazu Schidenhofen, Tagebücher, die vielen Eintragungen von Visiten, Spaziergängen und dergleichen.

51 Vgl. SLA, Verlassenschaften Stadtgericht, 1819, Nr. 469, 1, „Heuraths-Pakt“ 9 und Nr. 469, 3, Inventar nach dem Tod der Oberfrinningerin 1796 sowie die Beispiele Heffter-Rauchenbichlerin (Transkription Salzburg Nr. 6) und Metzger-Poschingerin (Transkription Salzburg Nr. 13) im Quellenanhang.

52 Vgl. Das deutsche Wörterbuch von Jacob und Wilhelm Grimm, auf: http://germazope.uni-trier.de/Projects/WBB/woerterbuecher/dwb/wbgui?lemmode=lemmasearch&mode=hierarchy&textsize=600&onlist=&word=sperr%&lemid=GS33914&query_start=1&totalhits=0&textword=&locpattern=&textpattern=&lemmapattern=&verspattern=#GS33914L0, Bd. 16, Sp. 2170 (Zugriff: November 2008): „γ ADELUNG (*als obd. bezeichnet*): auf absterben der burger und inwohner solle der stattrichter alszbalten die spöre mit der verlassenschaft fürnemben und seiner zeit die inventur verrichten. *steir. u. kärnt. taid.* 456, 23 (17. *jahrh.*); derwëgen da sich mit ainer persohn, so umb ein ganz oder halbes guet an unserm urbar stehet, ain todtfahl zuetrëgt, so sollen die negsten erben solches unserm richter oder ambtleiten innerhalb dreier tagen nach dem todtfahl zu wissen thuen, damit mit der spörr, inventur und gerhabsëczung (*bestallung eines vormunds*) im fahl der noth müge verfahren und uns hierin durch andere nit eintrag zuegefiegt werde. *salzb. taid.* 5, 20; die sperre anlegen, aufheben.“

hen, dass Spezialisten Teile des Vermögens zu schätzen hatten, also etwa Schneider „leibsgewand" und „cleydung", „bürgerliche goldarbeiter" die Pretiosen, Tischler das Mobiliar, das Stadtbauamt die Immobilien und Berufskollegen die wirtschaftlichen Objekte, Werkzeug, Warenlager etc. Letztere kontrollierten auch die damit zusammenhängenden Geschäftsbücher.[53] Es wurde also genau Einblick in die Buchführung genommen und die Differenz zwischen den finanziellen Verbindlichkeiten des Verstorbenen („Schulden heraus") beziehungsweise den aus geschäftlichen Vorgängen ihm zustehenden Geldsummen („Schulden hinein") errechnet. Des Weiteren wurden die „brieflichen urkunden" aufgenommen. Das sind schriftliche Dokumente, aus denen die Ansprüche von in Frage kommenden Erben oder anderweitig Berechtigten abgeleitet werden konnten, also Testamente, oft auch Kauf- oder Übergabeverträge und eben Eheverträge. So wird im Inventar nach dem Tod des Weißgerbers Johann Georg Eder ein „außergerichtlicher Heiratspakt" angeführt.[54]

Die Eheverträge sind bei den städtischen Bürgern meist im Original den Akten beigelegt, oft in einem Einband aus schönerem Papier (siehe Tafel 4) und fast durchwegs mit den Siegeln aller Beteiligten versehen. Die Art des verwendeten Einbandpapiers lässt aber keinen Rückschluss auf den sozialen Stand oder die Wertigkeit der Gerechtsame des Bürgers zu. Derartiges Papier gehörte wohl zur Grundausstattung von Papiermachern und Kanzleien. Bevor die Eheverträge, von denen es meist „zwey gleichlautende *exemplaria*" gab,[55] als offizielle Dokumente Teil der vermögensrechtlichen Abwicklung nach einem Todfall wurden, lagen sie jahrzehntelang vermutlich mit anderen Dokumenten wie Testamenten oder privaten Schuldscheinen in einem Schreibtisch, einem Kasten oder einer eisernen Kassa der Eheleute.[56]

Bei den meist mehrseitigen Verträgen, deren gefaltete Doppelbögen von roten oder mehrfärbigen bunten Bändern zusammengehalten wurden, fällt heute, wenn man sie in die Hand nimmt, gleich ihr ungewöhnliches Gewicht auf, das von den vielen Petschaften[57] auf der letzten Seite des Vertrags herrührt. In diesem Zusammenhang ist darauf hinzuweisen, dass über die privaten Siegel der Neuzeit kaum Literatur vorhanden ist. Nicht zufällig hatten männliche Angehörige des Handelsstandes oft den Merkursstab in ihren Siegeln oder (Handels-)Schiffe mit geblähten Segeln, entweder in einem künstlerisch gestalteten Emblem oder in Kombination mit den Initialen ihrer Namen. Frauen wie auch die notwendigen Zeugen (Gerichtsschreiber, Berufskollegen der Frauenseite, Handlungsmitarbeiter) und Beiständer siegelten ebenso neben ihren Unterschriften. Da in den Verträgen oft explizit erwähnt wurde, dass diese „in duplo" ausgestellt und die Beteiligten mit Unterschrift und ihren Petschaften gezeichnet haben, ist

53 So etwa im Inventar nach Lorenz Hagenauer 1792, vgl. SLA, Verlassenschaften Stadtsyndikat, Nr. 346, oder im Inventar der Franz Xaver Gschwentner, vgl. SLA, Verlassenschaften Stadtsyndikat, Nr. 296 bei 279.

54 SLA, Verlassenschaften Stadtsyndikat, Nr. 191, Inventar vom 5. Juli 1804 (Transkription Salzburg Nr. 8 im Anhang).

55 Vgl. dazu die Schlussparagraphen in den Beispielen der angehängten Quellensammlung.

56 Als Aufbewahrungsort könnte beispielsweise in der Familie des Bürgermeisters Metzger der „Schreibkasten" im Speisezimmer in Frage gekommen sein, der bestimmt mehr von den Frauen benutzt wurde, da die Männer im Kontor dafür ihre eigenen Tische und Kästen hatten. Vgl. SLA, Verlassenschaften Stadtsyndikat, Nr. 683.

57 Als „Petschaft" (aus dem gleichbedeutenden tschechischen pečet ins Mittelhochdeutsche entlehnt) wird ein Handstempel zum Siegeln bezeichnet.

anzunehmen, dass es diese Petschaften, notwendig für jeden wirksamen Rechtsvorgang, für jedermann zu erwerben gab, von wohlfeilen Ausgaben im damals gängigen emblematischen Schmuck bis zu individuellen teureren Modellen.

So petschierten etwa der Müller Andrä Reischl und seine Frau 1808 jeweils mit einem Siegel auf dem berufsaffin eine Person eine Ährengarbe trug; die Schrift der Frau macht einen weitaus flüssigeren Eindruck.[58] Gerade im Handelsstand hatten Frauen oft eigene Petschaften, die sicher häufig zum Einsatz kamen, wenn man bedenkt, wie oft sie eigene Kapitalien als Privatkredite innerhalb der Familie, im lokalen Umfeld, aber auch darüber hinaus vergeben haben. Beispielsweise hatte Maria Susanna Metzgerin, die Witwe beziehungsweise Mutter eines Tuch- und Seidenwarenhändlers, bei ihrem Tod offene Außenstände von rund 47.000 Gulden, von denen 21.500 Gulden in der Handlung ihres älteren Sohnes lagen. Den Rest schuldeten ihr in unterschiedlich hohen Beträgen Gewerbetreibende (Bierbrauer, Weber, der zweite Sohn) und Institutionen (Klöster, die Landstände von Oberösterreich und der Steiermark, Hammerwerke sowie der Wiener Stadtbanco).[59] Auch in Testamenten oder letztwilligen Anordnungen finden sich Petschaften links neben der Unterschrift von Frauen, wie etwa in jenem von „Maria Theresia Oberfrinninger geborene Muralt bekenne wie oben steht",[60] wobei die schmale zweifärbige Schnur, die die vier Doppelbögen verbindet, von ihrem Siegel und jenem der zwei „erbettenen zeug" am Dokument fixiert wurde.

Wurden nun die privaten außergerichtlichen Verträge für die Abwicklung der Erbaufteilung wirksam und somit in einem obrigkeitlich geregelten Vorgang schlagend, so fiel ein gewisser, nur selten in den Verlassenschaftsabhandlungen genannter, meist geringer Betrag dafür an.[61] Aus dem Nachlassvermögen des Schlossermeisters Simon Döttl beispielsweise mussten 1801 „für die heurathspakten publikation ad cameram" 12 Kreuzer abgezogen werden, was bei den gesamten Gerichtskosten von 36 Gulden 19 Kreuzern kaum ins Gewicht gefallen sein dürfte.[62]

Mündliche Absprachen

Gerade an diesem Punkt des formalisierten Verfahrens finden sich auch die ersten Hinweise auf die Parallelität einer mündlichen Rechtskultur. Wurde nämlich kein Ehevertrag im Original vorgelegt oder auf einen im Stadtgericht protokollierten verwiesen, so genügte es in der Verlassenschaftsabhandlung offenbar auch, auf die für die Erbabwicklung relevanten Vereinbarungen hinzuweisen. Diese fanden dann Eingang ins Protokoll entweder als Zitat oder in sinngemäßer Wiedergabe. Ob dies im Verfahren geringere Kosten verursacht hat und gegebenenfalls in welcher Höhe, ist schwer zu sagen. Ein nur mündlich vereinbarter oder privat

58 SLA, Verlassenschaften Stadtgericht, 1808, Nr. 964, Ehepakt vom 19. September 1808.

59 SLA, Verlassenschaften Stadtsyndikat, Nr. 683. Diese Kredittätigkeit von Frauen und die damit einhergehende Netzwerkbildung sind noch kaum erforscht.

60 SLA, Verlassenschaften Stadtgericht, 1819, Nr. 469, 2.

61 Dazu zählen „Gerichtskosten", „Sperr- und Inventarkosten"; letztere enthielten aber auch die Entlohnung für die etwaig notwendigen Schätzer.

62 SLA, Verlassenschaften Stadtsyndikat, Nr. 136: Inventar zur Relation (das „aufliegende Vermögen" betrug 2.042 Gulden und 11 Kreuzer).

aufgezeichneter und aufbewahrter Ehevertrag ersparte sicher die entsprechenden Gebühren am Beginn einer Ehe.

Als die „Umbrellmacherin", also Schirmproduzentin, Maria Anna Fentschin Anfang Mai 1789 starb und ihr weniges Hab und Gut vom Stadtgericht aufgenommen wurde, gab ihr Ehemann zu Protokoll: Es seien „keine heurathspakten vorhanden, und seine ehewirthin [habe] ihm kein vermögen zugebracht, doch hätten sie ihr vorhandenes vermögen als ein gemeinschaftliches bisher angesehen, sohin die helfte seiner abgeschiedenen gattin angehöre".[63] Es ist hier besonders herauszustreichen, dass bei dieser Verehelichung unter Klein(st)gewerbetreibenden, die aufgrund des Alters des Sohnes um 1765 stattgefunden haben muss, keine schriftlichen Verträge errichtet, aber die mündlichen Ehevereinbarungen ohne Probleme bei der Verlassenschaftsabhandlung eingebracht werden konnten. Auch im nächsten Beispiel ist der soziale Hintergrund ähnlich: Als die Altwaren- und Lumpenhändlerin Gertrud Seidl 1792 nach 34-jähriger selbständiger Tätigkeit verstarb, erklärte ihr Mann, mit ihr in Gütergemeinschaft gestanden zu haben und daher die Tändlerei zur Hälfte zu besitzen. Nach Befragung der erwachsenen Kinder und der Vorlage einer alten auf beide Eheleute lautenden Schuldverschreibung akzeptierte die Behörde dies in der weiteren Abwicklung des im Übrigen geringen Erbes.[64]

Als in der Vorstadt Mülln der abgetretene bürgerliche Fragner[65] Josef Ritzinger am 19. Juni 1801 verstarb und vier Tage nach ihm seine Frau, wurde gerichtlich vermerkt:

> Heuratspakten sind keine vorhanden, aus welchen ersehen werden könnte, in welchen Verhältnissen beyde Ritzingerschen Ehleute in Ansehung ihres Vermögens gestanden sind; indessen da der Erblasser seiner Ehewirthin Anna Doblerin laut Stadtgerichtsnotl dato 17. August 1776 und 10 May 1775 in seine zwey besessenen Behausungen zu Mülln nicht nur um die Hälfte hat setzen lassen, sondern auch beyde Eheleuthe ihre gedachten Realitäten laut Notl dato 24. April 1794 gemeinschaftlich verkauft haben und Ritzinger bey diesem Verkauf seine Ehewirthin als in gemeinschaftlichem Vermögen mit ihr stehend hat verschreiben lassen, so wird diese Vermögensgemeinschaft nunmehr auch in Ansehung des fahrenden Vermögens angenommen und hier diesem gemäß das Vermögen in zwey Hälften abgetheilt.[66]

Mündliche Eheabsprachen hatten somit die gleiche Relevanz wie schriftliche, noch dazu, wenn in anderen Rechtsdokumenten, wie Kauf- und Verkaufsurkunden, Schuld- und Kreditscheinen, auf die Art des Güterstandes zwischen den Eheleuten Bezug genommen wurde. Die Erfassung derartiger mündlicher Rechtsabsprachen über die Ehe stellt ein methodisches Problem dar, da sowohl unsere gegenwärtige Rechtskultur als auch die von der Geschichtswissenschaft für die Neuzeit als relevant betrachteten Quellen von Schriftlichkeit dominiert sind. Nur dem Schriftlichen wird Rechtsverbindlichkeit zugestanden. Um dieser doppelten Falle zu entge-

63 SLA, Verlassenschaften Stadtsyndikat, Nr. 203 vom 9. Mai 1789. Die Schirmherstellerin arbeitete im Verlagssystem für den Handelsmann Heffter, dem alle bei ihr vorhandenen Warenvorräte gehörten.

64 SLA, Verlassenschaften Stadtsyndikat, Nr. 1002 bei Nr. 998. Genauer zu diesem Fall vgl. Gunda Barth-Scalmani, Salzburger Handelsfrauen, Frätschlerinnen, Fragnerinnen: Frauen in der Welt des Handels am Ende des 18. Jahrhunderts, in: L'Homme. Z.F.G., 6, 1 (1995), 23–45, 35ff.

65 Fragner sind Kleinhändler mit Lebensmitteln, auch Höcker genannt. „Abgetreten" bedeutet, dass er seine Konzession schon verkauft oder weitergegeben hat und die Handelstätigkeit nicht mehr ausübte (vgl. Grimm Wörterbuch, Bd. 13, Sp. 1792).

66 SLA, Verlassenschaft Stadtsyndikat, Nr. 135.

hen, sollte als forschungspraktische Konsequenz ein verstärktes Augenmerk insbesondere auf Verlassenschaftsabhandlungen gelegt werden, etwa auf amtlich erhobene Zusatzinformationen zur sozialen Praxis, in der sich mündliche Rechtstraditionen spiegeln, wie in den obigen Fällen demonstriert wurde.

Mündliche Ehevereinbarungen entsprachen den älteren deutschrechtlichen Vorstellungen. Nach Helmut Coing war aber auch gemeinrechtlich die Schriftform für Eheverträge nicht unbedingt notwendig.[67] Die nichtschriftliche Form von Absprachen mag vielfältige Ursachen gehabt haben, etwa den Wunsch, die Kosten für Schreiber und Notare oder Advokaten zu sparen. Das unterschiedliche Ausmaß von Analphabetismus bei den Beteiligten wird wohl weniger als Grund in Frage kommen, denn Lese- und Schreibfähigkeit existierte in stufenlosen Übergängen und hatte aufgrund des Vorhandenseins professioneller Schreiber keine Auswirkungen auf die Schriftlichkeit von Rechtskulturen und auf das Rechtsverständnis. Mündliche Verträge gehörten jedenfalls im 18. Jahrhundert gleichberechtigt zur Rechtspraxis.

Jene schriftlich vorliegenden Eheverträge, die dem Stadtgericht zur Verwahrung gegeben wurden und abschriftlich in den gebundenen Protokollen des Stadtrates auffindbar sind, erfüllten mit dem Ort ihrer Aufbewahrung vielleicht einen weiteren Zweck. Protokolliert konnte nur werden, worüber auch im Stadtrat gesprochen worden war. Die Stadträte, die alle der wirtschaftlich führenden Schicht, den Handelsleuten, angehörten, hatten durch diese Praxis Wissen über die vermögensrechtlichen Umstände jeder Eheschließung. Dies war für die gegenseitige Kreditwürdigkeit nicht ganz unwichtig.

3. Der Rechtsraum: Althergebrachtes und Neuerungen aus der Nachbarschaft

Am Ende aller Eheverträge findet sich ein Paragraph, in dem festgehalten wird, dass abgesehen von den eben formulierten Vertragsbedingungen das Salzburger Landrecht zu gelten habe. Seltener wird auf das gemeine kaiserliche oder deutsche Recht verwiesen. So heißt es etwa im Heiratskontrakt von Bäckermeister Joseph Fux und seiner zweiten Ehefrau Anna Kallin aus dem Jahre 1746:

> *Siebentens* und schließlichen, waß sich ferners zurtragen und begeben mechte, so herinnen *specifice* nit begriffen oder außgeführet worden, daß alles solle inskonftig nach außweisung der geschribenen rechten dieses hohen Erz-stüffts und der Statt Salzburgischen Statuten Ordnung und Gebrauch nach observirt und gehalten werden; Alles getreulich und ohne geverde.[68]

Als Bürgermeister Johann Peter Metzger 1795 mit seiner Ehefrau Maria Susanna Poschingerin den Ehevertrag erneuerte und zugleich veränderte, hieß es diesbezüglich:

> Was nun in diesem ehepakten und sukzessionsvertragen, der als ein wahrer, unter beyden kontrahirenden theilen freywillig und wohlbedächtlich abgeschlossener ehrgenuß und als eine unmittelbare handlung unter lebenden zu recht bestehen, und obrigkeitlich geschützet werden solle, nicht aus-

67 Vgl. Helmut Coing, Europäisches Privatrecht, Bd. 1: Älteres gemeines Recht (1500–1800), München 1985, 241.

68 SLA Verlassenschaften Stadtsyndikat, Nr. 2124 bei 202, Heiratskontrakt zwischen dem Bäckermeister Fux und Anna Kallin aus dem Jahr 1746 (Transkription Salzburg Nr. 2 im Anhang).

drücklich bedungen worden ist, dieses solle nach gemeinem kaiserlichen und teutschen rechten, landesstatuten und gewohnheiten gehalten und beobachtet werden.[69]

Damit stellt sich die Frage nach dem bis zum Ende des Erzstifts 1803 gültigen Landrecht. Wie in den Nachbarländern Bayern und Tirol kam es auch in Salzburg im Zusammenhang mit den Bauerkriegen von 1525 und den religiös motivierten Unruhen zu einer Reihe von Rechtskodifikationen: die Salzburger Stadt- und Polizeiordnung von 1524, die Waldordnung von 1524, die Bergordnung von 1532, die Fürkaufordnung und die Hauptmannschaftsordnung von 1533. Eine von den Bauern vehement geforderte Landesordnung wurde zwar in den Landtagsverhandlungen vom März 1526 zur genaueren Behandlung an den kleinen Ausschuss verwiesen und in der Folge vermutlich von dem erfahrenen Gasteiner Landrichter Dr. Auer ausgearbeitet. Allerdings erhielt sie durch die gezielte Verschleppungstaktik des Erzbischofs Kardinal Matthäus Lang niemals formal Gesetzeskraft. Eine gemeinsam mit den Ständen auf dem Landtag erlassene Ordnung hätte den Charakter einer Verfassungsurkunde gehabt, die ohne die Zustimmung der Stände nie mehr hätte geändert werden können.[70] Mit der Entmachtung der Landschaft unter Erzbischof Wolf Dietrich im Jahr 1592 war die Bahn zum geistlich-landesfürstlichen Absolutismus frei.

Allerdings ließ der Erzbischof vom Entwurf selbst Abschriften erstellen und an die Landrichter und Pfleger übersenden, so dass die Landesordnung von 1526, „obwohl nie zum Gesetz erhoben – doch zeitweise zur Grundlage für eine einheitliche Rechtssprechung wurde“.[71] Ein Abschnitt dieser – offenbar nicht de jure, aber de facto doch wirksamen – Landesordnung von 1526 behandelt die personen- und vermögensrechtlichen Wirkungen der Ehe, zu denen der Salzburger Rechtshistoriker Peter Putzer anmerkt, dass es sich um vortridentinisches Eherecht handle, „das aber schon vom Kampf gegen Unordnung im Bereich des ehelichen Lebens“ zeuge. Im Abschnitt über das Erb- und Verwandtschaftsrecht sei das Ausmaß der Romanisierung „sowohl terminologisch als auch materiell unübersehbar“.[72] Bezüglich der Heiratsbriefe wurde in der Landesordnung von 1526 festgehalten:

Unnd wollt man heyrat brief darumb aufrichten/ dar In Jemanndt ain benents ligents stuckh oder/ guet umb zuepracht und widerlegt heyratguet/ oder morgengab verschreiben und verpfenndt derselb/ heyrath bryef soll unnder deselben stuckhs oder grunts/ Herren Besiglung und durch niemanndt anndern/ auf das des weniger gfär und betrug in sölchen/ verschreibungen und unnderpfenndungen gesuecht/ und gebrauch werden, darauf dann die/ gruntherren auch Ihr, sonnder und fleissig auf/ merkhen haben sollen.[73]

---

69 SLA, Verlassenschaften Stadtsyndikat; Nr. 693 bei 683, Erneuerung des Ehepaktes zwischen dem Handelsmann und Bürgermeister Johann Peter Metzger und dessen Ehefrau Maria Susanna Poschingerin aus dem Jahr 1795 (Transkription Salzburg Nr. 13 im Anhang).

70 Vgl. Heinz Dopsch, Landesgeschichtliche Einführung. Bauernkrieg und Landesordnung, in: Franz V. Spechtler u. Rudolf Uminsky Hg., Die Salzburger Landesordnung von 1526, Göppingen 1981, 15*– 85*, 52*ff.

71 Dopsch, Landesgeschichtliche Einführung, 61*.

72 Peter Putzer, Rechtsgeschichtliche Einführung, in: Spechtler/Uminsky, Salzburger Landesordnung, 87*–111*, 101*.

73 Die Salzburger Landesordnung von 1526, in: Spechtler/Uminsky, Salzburger Landesordnung, 1–272, 112 (im Folgenden zitiert als Salzburger Landesordnung 1526).

Demzufolge sollte immer dann, wenn Immobilien oder Geldsummen bei einer Eheschließung von den Ehepartnern eingebracht wurden, ein Heiratsbrief aufgesetzt werden, der dies festhielt. Die hier angesprochenen und in den Salzburger Eheverträgen zumeist vorkommenden Heiratsgaben sind Thema eines eigenen Abschnitts der Landesordnung unter dem Titel „Heyrath Guetter Wie Groß Die Sein Sollen", der trotz seiner Länge hier im gesamten Umfang wiedergegeben werden soll. Denn im Vergleich zu den herangezogenen Eheverträgen des 18. Jahrhunderts wird sich zeigen, dass sie in einem erstaunlichen Ausmaß auf dieses alte Modell zurückgreifen:

> Kann noch mag nit wol ain maß, oder Ord-/nung furnemen werden, dieweil das ver/mugen der unnderthannen so ungleich ist,/ Aber der widerlegung und morgengab, halb ist,/ der gmain brauch und allt herkhumen/ in unnser Stifft, dazue auch demge-/mainen Rechten gemäß, dass daz zuegebracht/ heyrath guet und desselben widerlegung zwischen/ dem paurs und Hanndwerchs man auch/ anndern gemainen leutten gleich aneinannder/ aines alsvil deß anndern, und wo man/ morgengab gibt, derselben morgengab halben/ wens alls vil alls deß zuegebrachten heyrath/ guets oder darbej sein solle, dieselb Suma,/ dann sölch heyratguet widerlegung und morg-/engab zusamen bringt, wirdet dem weib/ etwo auf ainem sonndern und benannten stuckh/ oder ligend guet oder aber In gmain auf aller/ des manns Hab, vor allem seinen gelltern, und/ Erben verschreiben und aufgezaigt, und dann/ so Sj den man uberlebt, auch desselben gelassen/ guetern damit geferttigt daz alleß sambt Iren/ zimblichen Claidern frauen geschmuckhen und gepfennden/ und waß Ir aus der varunden hab zuvolgen in der/ heyraths Abredt bestimbt wirt, hat Sj dann on/ Irrung zu emphachen, und mag damit gefarn/ hanndln thuen und lassen, alls mit Iren/ aigen guet, Allain Ihres mans widerlegung Aus-/genomen, die hat Sj nur Ir lebtag zu nutzen und/ soll die etwo im Lanndt anlegen oder sonnst dermassen/ vergwissen, dass die Erben darauf Sj nach Iren/ Tod billich gefallen soll diselb zufinden wissen./
> Het dann das Weib sonnst und ausserhalb/ solhs Heyrathsguets und vermächts an der aigen/ guet dass Ir erblich oder In annder weiß zuege-/stannden wär, dass soll Ir unverhindert deß/ mans Erben auch volgen und beleiben./
> Demgemäß und mit sölher vergwissens/ deß wider falls, hat auch der man seinß weibs/ Heyrathguet sein lebenlanng zu nutzen/ ob Sj Ime mit todt abgieng./
> Aber die vermuglichen personnen phlegen etwo sölch/ wider legung und bevorab die morgengaben/ Iren gesponsen zu pessern, nach dem Sj/ zu geschlächts hohers oder nieders manen oder Stammes/ heyrathen, deß mag noch sover eß zimblicher weiß/ beschiecht geduldet, doch dass ain jeder mererß/ oder minders stanndts und vermugens in sölchen fällen ders stanndts und vermugens in derselb heyrath/ seiner Khinder gegenwurtige oder khunfftige/ wol bedenkht, damit der an Irer erbs/ gerechtigkait durch unmässige billichait/ und recht nit beschwert werden.[74]

Eingangs wurde festgehalten, dass aufgrund der unterschiedlichen Vermögensverhältnisse keine generelle Regelung für das Ehegüterrecht angenommen werden könne, dass allerdings gewohnheitsmäßig und dem gemeinem Recht zufolge einige Instrumente desselben, nämlich Heiratsgut, Widerlegung und Morgengabe, gewissen Regeln zu folgen hätten. Diese Regeln galten für alle erzstiftischen Untertanen mit Ausnahme des Adels, insbesondere für Bauern und Handwerker, also für die „gemainen leutte", zu denen auch die Stadtbürger gehörten. Das Heiratsgut und die Widerlage sollten im Verhältnis zueinander gleich viel sein, die Morgengabe die Hälfte. Dies sei aufzuzeichnen und die Ansprüche der Frauen auf das Heiratsgut und die Morgengabe hätten Vorrang gegenüber anderen Forderungen auf das Vermögen des Mannes. Über Kleider, Frauenschmuck und über das, was ihr sonst laut Heiratsvertrag aus den

74 Salzburger Landesordnung 1526, 113ff.

beweglichen Gütern zustünde, könne sie nach Belieben verfügen. Der Fruchtgenuss der Widerlage stehe ihr – nach dem Vortod des Mannes – lebenslang zu, der Betrag sei allerdings im Land jedenfalls so anzulegen, dass er nach ihrem Tode der Mannesseite ungeschmälert zufalle. Umgekehrt könne der Mann im Todesfalle der Frau deren Heiratsgut lebenslang nützen. Was die Frau außerhalb dieser Regelungen besitze, darüber könne sie allein verfügen. Vermögende Personen würden die Widerlegung und Morgengabe öfters noch aufbessern. In jedem Stand sei aber zu bedenken, dass durch solche Verbindlichkeiten die Gerechtigkeit gegenüber allen erbberechtigten Kinder gewahrt bleiben müsse.

Die nachfolgenden Abschnitte der Salzburger Landesordnung von 1526 regelten des Weiteren den Vorrang von Heiratsgut und Morgengabe gegenüber den Gläubigern des Mannes im Fall von Verpfändung, Konkurs oder Versteigerung. Es folgen Ausführungen über bewegliche Güter („varende hab"), die die Frau im Laufe der Ehe „irem Eeman erobern oder Ersparn" geholfen hat,[75] weswegen ihr aus dem Erbe ein Kindsteil zustehe. Was unter die fahrenden Güter fiel – nämlich Hausrat, Bettzeug, Silber- und Küchengeschirr, alles in der Speise- und Vorratskammer Aufbewahrte sowie Geflügel – und das, was nicht darunter fiel – nämlich Bargeld, Schulden, „khaufmannswar, die nit zu täglichen gebrauch", Feldfrüchte unter der Erde oder Obst an den Bäumen – war genau geregelt. Wenn zwei Eheleute nichts in die Ehe mitbrächten, gebührte dem Überlebenden der halbe Teil des eventuell anfallenden Besitzes, die andere Hälfte den Kindern oder den nächsten Erben des Verstorbenen.

Der letzte Punkt der ehegüterrechtlichen Abschnitte enthielt klare Anweisungen, dass ein Ehemann das Heiratsgut seiner Frau „unnutzlich nit verthan noch in Spilheusern mit Spiln oder anndern zenichtigen leichtfertigen sachen verunnutzen, verzerrn oder verluedern"[76] dürfe, schränkte also die Verfügungsgewalt über das Heiratsgut zum Ausleben seiner Leidenschaften ein. Angemessenes Verhalten sollte auch die Leitlinie für das Zusammenleben sein: Er durfte die Ehefrau nicht „on ursach oder unverschuldt" körperlich misshandeln, sie sollte im Gegenzug „Irem man in zucht und Ersamen vorcht gehorsamb getreu und unnderworffen sein, im weder mit worten noch werckhen nit ursach geben zu unwillen oder unainigkeit der durch er möchte bewegt werden Hannd oder unzimblich straff an Sy zuelegen".[77]

Diese güterrechtlichen Bestimmungen des Salzburger Landrechts von 1526 bildeten bis zum politischen Ende des Erzstiftes die Richtschnur beim Aufsetzen von Heiratsverträgen, worauf in manchen Verträgen – wie weiter oben zitiert – auch explizit verwiesen wurde. Diese Einbettung in Rechtstraditionen des lokalen politischen Bezugsrahmens wurden gegen Ende des 18. Jahrhunderts formelhaft erweitert und auch auf das Alte Reich bezogen. In einem Heiratsvertrag von 1783 heißt es etwa: nach „Reichs Satzungen und gemeinen kaiserl[ichen] Rechten",[78] oder in einem anderen von 1795 ausführlicher: „nach gemeinen kaiserlichen und teutschen rechten, landesstatuten und gewohnheiten".[79] Geändert hatte sich an diesen gewissermaßen konzentrisch um den Heiratsvertrag herumliegenden Normensystemen in ehegüterrechtlicher Hinsicht nichts in dieser Zeit. Vielleicht ist in dieser formelhaften Dopplung ein Nachhall von veränderten Vorlesungsinhalten für Juristen an der Salzburger Benediktineruni-

75 Salzburger Landesordnung 1526, 117.

76 Salzburger Landesordnung 1526, 120.

77 Salzburger Landesordnung 1526, 121.

78 SLA, Verlassenschaften Stadtsyndikat, Nr. 192.

79 SLA, Verlassenschaften Stadtsyndikat, Nr. 693 bei 683.

versität zu sehen, an der in der zweiten Hälfte des 18. Jahrhunderts neben Staatsrecht auch deutsche Reichsgeschichte gelesen wurde.[80]

4. Formeln, beteiligte Akteure und Terminologien

> *In dem Namen/* der Allerheiligsten unzerthailten/ Dreifaltigkeit, Gott des Vatters,/ Sohns und Gott des heiligen Geistes,/ Amen.
> Ist zwischen titulirten herrn *Andreen Mayr*, angehender bürger und handls-*Faktor*n alhier in Saltzburg, als herrn hochzeitern *an ainem*: dan der edl vill ehrntugendreichen jungfrauen *Anna Margaretha Mohrin*, des edl und vesten herrn Mathias Mohrs auch handls-*Faktor*es alda bey dessen ehefrauen Maria Ursula gebohrene Rottin conlich erworbene tochter als jungfrau hochzeiterin *andern thails* folgender heuraths-*Contract* zu bayderseiths *contento* abgeredt- und beschlossen worden, inmassen wie hernach zu vernemen ...[81]

Mit der Anrufung Gottes oder wie hier der Dreifaltigkeit,[82] also mit einem Invokativ, setzten die meisten Eheverträge, nicht nur dieser aus dem Jahr 1713, ein.

Formelhaft wurden dann auch die Hauptpersonen des Rechtsaktes genannt. War der Bräutigam schon großjährig, das heißt, hatte er das 24. Lebensjahr vollendet, und übte er auch schon eigenständig einen Beruf aus – wie der oben genannte Großhändler Andree Mayr – oder hatte er bereits das Bürgerrecht erworben, so wurden in der Einleitung auf seiner Seite die Eltern nicht mehr angeführt. Als Johann Nepomuk Anton Hagenauer (1741–1799),[83] der älteste Sohn des Vermieters der Familie Mozart mit 34 Jahren heiratete, hatte sein Vater Lorenz Hagenauer, obwohl schon im 63. Lebensjahr stehend, mit Hilfe eines weiteren Sohnes die Zügel der erfolgreichen „Material- und Spezereiwarenhandlung" noch fest in der Hand. Dementsprechend hieß es im Heiratsvertrag des wirtschaftlich unselbständigen Erstgebore-

---

80 Vgl. dazu Karl Friedrich Hermann, Wissenschaft und Bildung, in: Heinz Dopsch u. Hans Spatzenegger Hg., Geschichte Salzburgs. Stadt und Land, Bd. 2, Teil 3, Salzburg 1991, 1853–1962, 1879, und Judas Thaddäus Zauner's biographische Nachrichten von den Salzburgischen Rechtslehrern von der Stiftung der Universität bis auf gegenwärtige Zeiten, Salzburg 1789.

81 SLA, Verlassenschaften Stadtsyndikat, Nr. 4039 bei 708, Heiratsvertrag vom 17. Juni 1713 (Schrift der Frau ganz flüssig; siehe dazu auch Transkription Salzburg Nr. 1 im Anhang sowie die Tafeln 5 und 6).

82 Ob der Rekurs auf die Trinität als ein aus der Gegenreformation stammendes Charakteristikum gedeutet werden kann, wie in den Beispielen Niederösterreichs, könnte hier nur durch Vergleiche mit älteren Eheverträgen verifiziert werden. In Salzburg gab es zu Beginn des 17. Jahrhunderts einige protestantische Familien. Die entsprechenden Dokumente sind aber im lokalen Kontext schwer greifbar. Vgl. dazu allgemein die Beiträge von Franz Ortner, Wolf Dietrich als Gegenreformator, in: Katalog der 4. Salzburger Landesausstellung Wolf Dietrich von Raitenau. Gründer des barocken Salzburg, Salzburg 1987, 123–126, und Alois Zauner, Die protestantischen Salzburger Bürger in Vöcklabruck und Wels, in: ebd., 127–131.

83 Vgl. dazu Gunda Barth-Scalmani, Eine bürgerliche Familie der Frühen Neuzeit: Die Handelsfamilie Hagenauer in der fürsterzbischöflichen Haupt- und Residenzstadt Salzburg im 18. Jahrhundert, in: Barockberichte. Informationsblätter des Salzburger Barockmuseums zur bildenden Kunst des 17. und 18. Jahrhunderts, 44–45 (2006). Begleitheft zu der Sonderausstellung des Salzburger Barockmuseums: Die Hagenauer – Künstler, Kaufleute, Kirchenmänner im Salzburg der Mozartzeit, 821–832, 823.

nen: „Ist zwischen dem wohledlen herrn *Johann Anton Hagenauer* ledigen standes, des wohledl und wohlfürnehmen herrn Johan Lorenz Hagenauer bürgerlichen handlsmann allhier mit Frau Maria Theresia gebohrene Schusterin beede noch in Leben ehelich erworbener Sohn als Bräutigam *an einem theile …*".[84]

Die Eltern der Braut wurden in jedem Falle genannt, so auch im zuvor zitierten Heiratsvertrag in der einleitenden Aufzählung der Personen:

> dann der wohledlen ehr- und tugendreichen jungfrau *Maria Anna Ränftlin*, des wohledlen und wohlfürnehmen herrn Mathias Joseph Ränftl auch bürgerlichen handlsmann alda mit dessen ehefrau Maria Anna Lechnerin gleichfalls beede noch in lehben ehelich erzeigten tochter, als jungfrau braut *anderen theils* mit bewilligung beederseitigen ältern in beyseyn der von beyden theilen hiezu eigens erbettenen herren beyständer und gezeugen folgender heiraths-*Contract* verabgeredet und beschlossen worden …

Beyständer und Zeugen

Die im Ehevertrag zwischen Johann Nepomuk Anton Hagenauer und Maria Anna Ränftlin auftretenden Frauen hatten alle einen „Beiständer". Gleich unterhalb der Mutter des Bräutigams unterschrieb „Ignatz Anton Weiser als Beyständer". Auf Seiten der Braut setzte ihre Mutter und dann für beide Frauen „Felix Gyri alß Beyständer" seine Unterschrift. In der Funktion des Beiständers wird die Geschlechtsvormundschaft greifbar. Dazu hieß es in einer zeitgenössischen Sammlung Salzburgischer Gesetze:

> Beyständer: Alle sowohl inn- als aussergerichtliche, den Weibern schädliche Handlungen, zu denen keine Beyständer (den auch ein Ehemann bey seinem Eheweib in den ihn nicht berührenden Fällen vertreten mag) zugezogen werden, sollen null, nichtig und unkräftig seyn (Verordnung vom 20. December 1717).[85]

Die Gerichts-Beistandschaft für Frauen basierte auf der Annahme, dass sie die (Rechts-) Folgen von (Rechts-)Geschäften nicht immer richtig einschätzen konnten, deshalb wurde ihnen eine männliche Person zur Seite gestellt, die Unklarheiten ausräumen sollte. Diese Beistandschaft konnte auch ein Schutz für die Interessen der Frauen sein, in jedem Fall war ein „Beyständer" ein notwendiger Mitakteur eines Rechtsgeschehens, in dem Frauen, wie hier Bräute als Vertragsparteien und Mütter von Braut und Bräutigam, zu den Akteurinnen zählten. In seinem Überblick über die Geschlechtsvormundschaft im deutschsprachigen Raum streicht Ernst Holthöfer im Gegensatz zum Raum des bayerischen Stammesrechts für das Erzstift Salzburg die lange Dauer der spätmittelalterlichen Kriegsvogtei – die im Fall eines Prozesses und für Ehefrauen in Rechtsgeschäften mit ihren Ehemännern vorgesehen war – heraus. Hier sei „die bloße *cura litis* (Kriegsvogtei) praktisch zu einer materiellrechtlichen *cura sexus*", also einer Geschlechtsvormundschaft geworden.[86]

---

84 SLA, Verlassenschaft Stadtsyndikat, Nr. 346 (Transkription Salzburg Nr. 7 im Anhang).

85 Zauner, Auszug, Bd. 1, 32.

86 Ernst Holthöfer, Die Geschlechtsvormundschaft. Ein Überblick von der Antike bis ins 19. Jahrhundert, in: Ute Gerhard Hg., Frauen in der Geschichte des Rechts. Von der Frühen Neuzeit bis zur Gegenwart, München 1997, 390–451, 424 und Anm. 135 (Zitat); vgl. auch David Warren

Die am Rechtsakt beteiligten Frauen und ihr „Beyständer" standen einander in mehrfacher Weise nahe, wie sich am Beispiel der vorgenannten Bräutigamsmutter, Maria Theresia Hagenauerin (in dieser Form unterschreibt sie selbst), geborene Schusterin, zeigen lässt: Ihr Beistand Ignaz Anton Weiser (1701–1785), ein Tuch- und Seidenwarenhändler,[87] war als Kaufmann ein Berufskollege ihres Mannes. Wichtiger war jedoch, dass sie zu ihm in enger verwandtschaftlicher Beziehung stand, denn er war ihr 16 Jahre älterer Halbbruder.[88] Weiser war von 1772 bis 1775 Bürgermeister der Stadt Salzburg. Sein Haus lag am Alten Markt; der zeitgenössische Gewährsmann Hübner vermerkt dazu: „Diesen Platz zieren mehrere Handlungshäuser, worunter das Weiserische, ein ganz frey stehendes beynahe ins Gevierte gebaute Haus von 5 Geschossen mit einer schönen Altane und im neuesten Geschmacke auf Kosten des itzigen Besitzers … verziert, das ansehnlichste ist."[89] Von all den männlichen Verwandten der Bräutigamsmutter war der Bürgermeister jener mit dem höchsten sozialen Prestige. Die Familien Hagenauer und Weiser waren nicht bloß verwandt, sondern in berufsständischer Hinsicht und damit auch im sozialen Rang kompatibel. Felix Gyri, der „Beyständer" für die Braut und ihre Mutter, war ebenfalls Handelsmann und mit der Tuchhändlerfamilie Ränftl durch Einheirat verwandt.

Nur selten lassen sich die vielfältigen Beziehungen zwischen den weiblichen Haupt- und Nebenakteurinnen der Heiratsverträge und ihren Beiständern so genau darstellen. Auffallend ist, dass sie überall dort, wo über die Namen, Berufsbezeichnungen oder Verortungen in der Soziotopographie der Stadt Rückschlüsse auf die Akteure gezogen werden können, klar ersichtlich wird, dass die Beiständer aus dem gleichen Berufsumfeld wie die Männer der Familie oder aus der Verwandtschaft stammten. So war es auch auf Seiten der verwaisten Anna Kallin, für die Anton Feyerle, ein Berufskollege ihres Vaters und ihres Mannes, im Jahr 1746 als Beistand fungierte.[90] Im Fall der Bierbrauerkinder Franz Eschenbacher und Maria Ursula Schallhartin hatten beide je einen Lederermeister beziehungsweise einen Glaser und einen Bierbrauer bei der Unterzeichnung des Heiratsvertrags 1755 zur Seite, die alle in der sogenannten Neustadt, im engen Geviert von Steingasse / Platzl-Lederergasse-Linzergasse / Bergstrasse wohnten und arbeiteten.[91]

Das Gleiche gilt in abgeschwächter Form auch für die Zeugen. Auch sie entstammten dem Berufsumfeld des Bräutigams, des Vaters der Braut oder ihrer Beiständer und Zeugen. Franz

Sabean, Allianzen und Listen: Die Geschlechtsvormundschaft im 18. und 19. Jahrhundert, in: ebd., 460–479, 464.

87 Vgl. Barth-Scalmani, Der Handelsstand der Stadt Salzburg, 62.

88 Beider Mutter, Maria Anna Wagner (circa 1675–1738) war zuerst mit Bartlmä Weiser (1636–1704) verheiratet und bald nach dessen Tod mit Martin Schuster. Vgl. Salzburger Mozart Lexikon, 526.

89 Lorenz Hübner, Beschreibung der hochfürstlich-erzbischöflichen Haupt- und Residenzstadt Salzburg und ihrer Gegenden verbunden mit ihrer ältesten Geschichte, Bd. 1, Salzburg 1792, 142.

90 Vgl. dazu im Quellenanhang die Verträge des Bäckermeisters Joseph Fux und der Anna Kallin von 1746 (Transkription Salzburg Nr. 2) sowie des Handelsmannes Johann Georg Oberfrinninger und der Bäckerstochter Maria Anna Feyerle von 1796 (Transkription Salzburg Nr. 15).

91 Vgl. dazu im Quellenanhang die Heiratsabrede von Franz Eschenbacher und Maria Ursula Schallhartin (Transkription Salzburg Nr. 4). Die Lokalisierung ihrer Beiständer und Zeugen basiert auf der Häuserchronik von Franz Valentin Zillner, Geschichte der Stadt Salzburg, Bd. 1, Salzburg 1885, 402, 424, 430. Das Schallhart-Haus hat die Nr. 502 und befand sich in der Linzergasse 17 / Bergstraße 2, das Eschenbacher-Haus mit Nr. 572 in der Dreifaltigkeitsgasse 3 und das Popp-Haus mit Nr. 373 in der Steingasse 6.

Weiser (1739–1817), der auf Seiten des Bräutigams Johann Anton Nepomuk Hagenauer als Zeuge fungierte, war dessen Stief-Vetter (und Sohn des Beiständers seiner Mutter), Johann Ignaz Heffter, der auf Seiten der Braut als Zeuge firmierte, war ein angesehener Eisenhändler und wohnte in der Nachbarschaft der Familie Weiser. Traf dies nicht zu, so sind durch Beifügungen, etwa der Funktion „Gerichtsprokurator und Zeug", die Vertreter jener Gruppe genannt, aus der am einfachsten die notwendigen zwei Zeugen gewählt werden konnten, wenn ihre Wahl nicht der Pflege der Verwandtschaft und damit den subtilen Beziehungsdemonstrationen geschuldet war: nämlich Gerichtsbeamte oder die akademischen Juristen, die den Vertrag aufsetzten.

Die rechtliche Bindekraft des Verlöbnisses

Die einleitende Klatschgeschichte Leopold Mozarts gibt recht anschaulich wieder, dass die Verhandlungen zu solchen Eheverträgen schon geraume Zeit vor der Hochzeit eingesetzt haben und langwierig werden konnten, weil die materielle Ausgestaltung der Ehe und das damit zusammenhängende symbolische Kapital berührt wurden. Überdies fanden meist zugleich noch Parallelaktionen zwischen den Generationen – in Form von Übergabe- und Erbverträgen – statt, die ihrerseits mühsam werden konnten. Waren alle Schwierigkeiten ausgeräumt, versprachen die Hauptakteure im ersten Paragraphen der Heiratsverträge die rasche Durchführung der kirchlichen Trauung. So legten etwa der Handelsfaktor Andree Mayr und Anna Margaretha Mohrin im Jahr 1713 fest: „*Erstlichen* sollen beede braut-persohnen biß auf priesterliche *confirmation* gegen einander verlübdt: und versprochen seyn, auch solch ihr eheverlübnis mit ehist bequemster gelegenheit in angesicht der christlischen kürchen bestettiget werden".[92] Ganz ähnlich lautet auch die Übereinkunft rund fünfzig Jahre später zwischen dem Schneidermeister Joseph Prandstätter und seiner aus Bayern stammende Braut Magdalena Wirstin: „*Erstlich* sollen beede braut personen bis auf priesterliche *Copulation* ordentlich miteinander verglübt und versprochen seyn und dieses ihr gemachtes eheversprechen mit ersterer bequemster gelegenheit in angesicht der christkätholischen kürchen bestättigen lassen."[93]

Ganz selten wird ein genauer Termin vertraglich festgelegt. Nachdem Maria Theresia Oberfrinninger am 30. März 1796 kinderlos verstoben war, unterzeichnete der Witwer und Alleinerbe bereits am 10. Juli 1796 einen neuen Ehevertrag, in dem der genaue Ort, die Lorettokirche, und – bei Bestellung des Aufgebots ein recht kurzfristiger Termin, der St. Anna Tag, der Tag einer Schutzheiligen der Ehe, der auf den 26. Juli fällt, festgelegt wurde.[94]

Der Begriff der Verlobung ist Anfang der 1780er Jahre in den entsprechenden Abschnitten nicht mehr vorhanden. So heißt es 1783 im Heiratspakt des Weißbäckerssohn Franz Egg mit der Bierbrauerstochter Maria Josepha Eschenbacherin: „*Erstlich* sollen beede brautpersonen von nun an ehelich versprochen seyn, sohin schuldig und gehalten seyn, dieses ihr eheverspre-

---

92 SLA, Verlassenschaften Stadtsyndikat, Nr. 4039 bei 708 (Transkription Salzburg Nr. 1 im Anhang sowie die Tafeln 5 und 6).

93 SLA, Verlassenschaften Stadtsyndikat, Nr. 1903, Heiratsvertrag zwischen Joseph Prandstätter und Magdalena Wirstin von 1766 (Transkription Salzburg Nr. 5 im Anhang).

94 SLA, Verlassenschaften Stadtgericht, 1819, 469, 4, § 1 und 469, 3, Inventar der Maria Theresia Oberfrinninger.

chen christ-katholischen gebrauch nach durch priesterliche einsegnung an einen von ihnen nächst zu wählenden tage bestättigen zu lassen."[95]

Das Verschwinden dieser Vertragspassage hängt wohl mit Veränderungen im benachbarten Rechtsraum zusammen. Mit dem Verlöbnispatent vom 30. August 1782 war in den habsburgischen Gebieten den Verlöbnissen die Rechtskraft abgesprochen worden, das heißt, dass aus einem Verlöbnis nicht mehr die Verbindlichkeit zu einer Heirat und deren vermögensrechtliche Folgen abgeleitet werden konnten. Im Jahr 1787 folgte dann eine entsprechende Verordnung für Salzburg:

1. Können keine Eheversprechen, Ehegelöbnisse, wechselseitige Verpflichtungen, ... wie bisher giltig abgeschlossen werden, sondern sie sollen forthin, null und nichtig, kraftlos und für keinen mehr ... rechtsverbindlich sein.
2. Wenn auch etwa eine solche Heuratszusicherung durch einen förmlichen Eid bestärket oder durch Schwängerung begründet werden wollte; so soll dem ungeachtet daraus keine Eheverbindlichkeit erwachsen, und daher ... nicht die mindeste Wirkung haben ...
3. Die einer schließlichen Eheverbindung mehrerntheils vorzugehen pflegende[n] wechsel-weise[n] Verabredungen ... können nur erst auf die erfolgte wirkliche Copulation ihre rechtliche Kraft erhalten, mithin auch nur unter diesem Beding ..., wie dass sie erst nach der priesterlichen Einsegnung gegeneinander verbindlich zu werden anfangen, vorläufig abgeschlossen werden ...[96]

Erzbischof Hieronymus Colloredo,[97] aus dem österreichischen Hochadel stammend, war ein glühender Anhänger der Aufklärung und rezipierte die josephinischen Reformen. Es lag auch ganz auf seiner Linie, ältere traditionelle Rechtsauffassungen, die vor allem von der bäuerlichen Bevölkerung praktiziert wurden, abzuschaffen, etwa, dass der sexuelle Verkehr einem mündlichen Verlöbnis gleichkäme und daraus auch Besitzansprüche abgeleitet werden könnten. In diesem Falle deckten sich – anders als in der Frage der Eheerlaubnisse für Hofbedienstete – die Interessen des katholischen Geistlichen Colloredo ganz mit jenen des reformorientierten Landesherrn Colloredo.

Unter Bezug auf die Geschichte Schidenhofens, der ja rund 15 Jahre vor diesem Verlust der rechtlichen Bindekraft des Verlöbnisses seine Verhandlungen mit dem zukünftigen Schwiegervater führte, sind im Zusammenhang mit der Unterfertigung des Ehevertrages an Handlungen und Rituale zu denken, die diesen Rechtsvorgang performativ umrahmten. Schidenhofen tauschte nach Unterzeichnung des Heiratsvertrages und Bestellung des Aufgebots Geschenke mit seiner Braut aus. Auch wenn sich der rechtliche Charakter der Verlobung verändert hatte, blieben Rahmenhandlungen – gemeinsames Mahl, Geschenke oder Ringtausch –, die den Vorgang in der verwandtschaftlichen und damit gesellschaftlichen Öffentlichkeit verankerten, weiterhin üblich.

Wenn auch die individuellen Gestaltungsmöglichkeiten der Salzburger Eheverträge des 18. Jahrhunderts sehr vielfältig waren, wie der nächste Abschnitt zeigen wird, folgten sie doch von der Anordnung der einzelnen Vertragspunkte her und hinsichtlich des gewählten Güterrechts jenem Modell, das im Erzstift spätestens mit der Landesordnung von 1526 greifbar

95 SLA, Verlassenschaften Stadtsyndikat, Nr. 192 (Transkription Salzburg Nr. 10 im Anhang).

96 Judas Thaddäus Zauner Hg, Auszug der wichtigsten Hochfürstlichen Salzburgischen Landesgesetze, Bd. 2, Salzburg 1787, 310ff (Verordnung vom 2. Jänner 1787).

97 Vgl. dazu Alfred Stefan Weiß, Hieronymus Graf Colloredo (1732–1812) – geistlicher und weltlicher Herrscher, in: Mitteilungen der Gesellschaft für Salzburger Landeskunde, 144 (2004), 225–250.

wird. Ob bei den Vorverhandlungen und beim Abfassen der Eheverträge ausgebildete Juristen oder am Stadtgericht tätige Personen direkt involviert waren, lässt sich bei manchen Verträgen aufgrund vieler formelartiger Wendungen, spezifischer lateinischer Fachbegriffe und der oft bis ins Detail ausgefeilten Vertragspunkte vermuten. Viele Verträge lassen von der Art der Gestaltung der ehelichen Güterrechte her auch auf ein weit verbreitetes Wissen über die Ausgewogenheit der Güterrechte schließen. Trotz anzunehmender Vorbesprechungen musste manchmal nach dem endgültigen Aufsetzen der umfangreichen Ehe-Traktate ein Nachsatz eingefügt werden, wie etwa im Ehevertrag Oberfrinninger-Feyerle. Hier wurde für den Fall, dass keine Kinder aus der Ehe vorhanden wären und der Mann seine zweite Ehefrau überleben sollte, eine Regelung zu seinen Gunsten extra noch festgehalten.[98] Notare und Gerichtsschreiber treten jedenfalls nicht als Beiständer, manchmal aber als Zeugen auf.

Variable Bezeichnungen

Die Landesordnung von 1526 verwendet als Bezeichnung für diese Art von Verträgen die Ausdrücke „Heiratsbrief" und „Heiratsabrede". Die von den Vertragsparteien im 18. Jahrhundert verwendeten Termini waren jedoch nicht ganz so einheitlich. Ignatz Heffter und Maria Antonia Rauchenbichlerin änderten, kassierten und annullierten nach zehnjähriger Ehe – vielleicht wegen des bis dahin ausgebliebenen Nachwuchses[99] – im Jahr 1772 ihren ursprünglichen „heyraths-contract" und setzten neue „ehe-pacta" auf.[100] Nach 44-jähriger Ehe, nachdem alle drei Töchter verheiratet und die drei Söhne die vorhandenen Handlungen übernommen hatten und damit die vermögensrechtlichen Verhältnisse innerfamiliär neu geordnet worden waren, änderte Johann Peter Metzger 1795 den Heiratspakt von 1751 mit seiner Ehefrau Maria Susanna Poschingerin in einen Ehepakt.[101] Die Praxis der Benennung lässt sich auf Grundlage aller untersuchten Verträge dahingehend zusammenfassen, dass Begriffe wie „Heiratskontrakt", „Heiratsvertrag", „Heiratspakt" oder „Heiratsabrede" tendenziell vor der kirchlichen Verehelichung verwendet wurden, „Ehepakt" oder „Ehevertrag" meist nach derselben beziehungsweise, wenn ein früherer Heiratsvertrag verändert wurde. Der Begriff „Eherezeß" kommt am seltensten vor.[102]

5. Die inhaltliche Gestaltung der Heiratsverträge

Wie das eingangs erwähnte Beispiel aus dem gesellschaftlichen Umfeld der Familie Mozart gezeigt hat, nahmen die Gespräche und Verhandlungen über die Gestaltung der materiellen Seite einer Ehe breiten Raum ein. Denn Eheschließungen der europäischen Vormoderne

98 SLA, Verlassenschaften Stadtgericht, 1819, Nr. 469, 4, nach § 8 vor den Unterschriften und Siglen.

99 Erst 1777 kam das einzige Kind des Ehepaares, Anton Heffter (1777–1844), zur Welt. Vgl. Franz Martin, Hundert Salzburger Familien, Sonderband der Gesellschaft für Salzburger Landeskunde, Salzburg 1946, 304.

100 SLA, Verlassenschaften Stadtgericht 1811, Nr. 440 (Transkription Salzburg Nr. 6 im Anhang).

101 SLA, Verlassenschaften Stadtsyndikat, Nr. 693 bei 683 (Transkription Salzburg Nr. 13 im Anhang).

102 Vgl. beispielsweise SLA, Verlassenschaften Stadtsyndikat, Nr. 192 (§ 3); Nr. 693 bei Nr. 698 (VII. Absatz) und Stadtgericht, 1819, Nr. 469, 4.

basierten nicht vorrangig auf den Gefühlen der Brautleute. Heiratsverträge waren aber auch nicht der geeignete Ort, die emotionale Seite einer Eheschließung zu thematisieren. In den schriftlich gefassten materiellen Regelungen kommen daher auch kaum emotionale Bezüge vor und wenn, nur sehr formelhaft. So heißt es etwa in einem Ehevertrag von 1775: „aus sonderbar gegen einander tragende liebe und gemüthsneigung zu beederseitigen belieben“[103] sei es zur Verbindung des verwitweten Weißgerbers und einer Bortenmachertochter gekommen.

Eheschließungen hatten im Beziehungsnetz von ständisch organisierten Berufsgruppen vielmehr auch die Funktion, neue Knotenpunkte zwischen Geschäftspartnern zu knüpfen beziehungsweise alte Kontakte zu stärken. Bräute, deren Herkunftsfamilien in demselben Handwerks- oder Handelszweig tätig waren, wie die Familien, in die sie „einheirateten“, waren für ihre neue Hausfrauen-Rolle sowohl durch die formale Schulbildung als auch durch die innerhäusliche rollenadäquate Sozialisierung am besten vorbereitet. Das gilt auch mit umgekehrten Vorzeichen für die Bräutigame: Wenn innerhalb einer Familie keine männlichen Erben für die Geschäftsnachfolge vorhanden waren, konnten Männer von außen einheiraten, vorausgesetzt sie brachten eine einschlägige berufliche Qualifikation mit. Da bei solchen Heiraten neben dem immateriellen Kapital der rollenspezifischen Ausbildung und dem symbolischen Kapital des verwandtschaftlichen Vertrauensverhältnisses als Basis geschäftlicher Beziehung meist auch noch materielle Werte verhandelt wurden, sind die quellenmäßig überlieferten Eheverträge das Ergebnis oft längerfristig geplanter Allianzen und langwieriger Aushandlungsprozesse. Denn innerhalb einer Familie betraf die Eheschließung eines Kindes, das nicht hinausheiratete, sondern im Haus verblieb, zugleich häufig auch die Zukunft der Geschwister sowie der Eltern.

Den meisten Heiratsverträgen liegt folgende Struktur zugrunde: Nach Nennung der Vertragspartner, das heißt, der Eheleute und ihrer Eltern, und nach dem Versprechen auf baldige Durchführung der Hochzeit folgten Bestimmungen zu den Heiratsgaben, dann Übereinkommen zu Besitz und Vermögen der Brautleute. Abschließend wurden Bestimmungen die Zeit nach dem Tod der Ehepartner, die Ansprüche der Kinder und anderer Verwandter betreffend sowie allfällige individuelle Regelungen ausgeführt. Heiratsgut, Morgengabe, Wi(e)derlage und Paraphernalgut spielten in vielen Fällen eine entscheidende Rolle. Sie sind Teil eines alten, rechtlich anspruchsvoll konstruierten Systems von wechselseitigen Heiratsgaben.[104]

Heiratsgut, Widerlage, Morgengabe und Aussteuer

In der Neuzeit steht „Heiratsgut“ für Leistungen der Frau, schlechthin für „Gut zur Heirat“, für Zuwendungen an die Braut und auch für das in eine allgemeine Vermögensgemeinschaft eingebrachte Vermögen der Frau.[105] In Paragraph zwei eines Heiratsvertrages aus dem Jahre 1781 verspricht „der jungfer braut herr vatter dem herrn hochzeiter zu einem ordentlichen

103 SLA, Verlassenschaften Stadtsyndikat, Nr. 191, Einleitung.

104 Vgl. Wilhelm Brauneder, Frau und Vermögen im spätmittelalterlichen Österreich, in: ders., Studien II: Entwicklung des Privatrechts, Frankfurt a. M. u. a. 1994, 217–228, 225.

105 Vgl. Wilhelm Brauneder, Die Entwicklung des Ehegüterrechts in Österreich. Ein Beitrag zur Dogmengeschichte und Rechtstatsachenforschung des Spätmittelalters und der Neuzeit, Salzburg/München 1973, 43f.

und rechtmässigen heurath guth 2000 fl, sage zweitausend gulden, in baarem gelde nebst einer standmässigen ausferttigung gegen ordentlich ausfertigung zu überanworthen".[106]

Am eingangs dargelegten Fallbeispiel Schidenhofens wird ersichtlich, dass kurz vor der kirchlichen Eheschließung das vereinbarte Heiratsgut in bar ausgezahlt wurde und – womöglich zur weiteren Absicherung der Braut – trotz aller rechtlich, rituell und symbolisch nun enger werdenden Beziehungen zwischen dem Vater der Braut und dem Schwiegersohn in spe – über diese Transaktion auch schriftliche Bescheinigungen ausgetauscht wurden.[107] Ein Hinweis auf „paares gelt", wie im Falle des Heiratskontraktes des Bäckermeisters Fux, dessen Frau 1.000 Gulden an Heiratsgut mitbrachte,[108] findet sich häufig explizit. Je höher allerdings die Summen des Heiratsgutes waren, desto fraglicher ist, ob tatsächlich Bargeld gewechselt wurde oder ob nicht bloß Schuldverschreibungen ausgetauscht wurden; auch Mischformen sind denkbar. Die Tochter und deren zukünftiger Ehemann wurden dadurch zu Gläubigern des Vaters beziehungsweise Schwiegervaters. In den Inventaren lassen sich Hinweise dafür finden. So wird etwa beim Tod des Eisenhändlers Max Gschwentner (1709–1775) im Inventar seiner Verlassenschaft im Haus in der Getreidegasse unter den „brieflichen urkunden" aufgezählt, dass „Ignatz Zezi bürgerlicher specereyhändler" 1.000 Gulden Heiratsgut zu erhalten habe. Tatsächlich hatte sich eine seiner Töchter, nämlich Anna Katharina (1739–1819), im Dom am 2. Februar 1767 eben mit jenem Zezi (1742–1818) vermählt.[109] Dieser erhielt von seiner Familie ein „Heirats- und Erbgut von 33.000 fl.",[110] so dass auch der Schwiegervater Gschwentner bei der ersten seiner Töchter, die heiratete, nicht kleinlich gewesen sein dürfte. Daher kann in den 1.000 Gulden, die in seiner Verlassenschaftsabhandlung angeführt werden, nur mehr ein offener Rest des ursprünglichen Heiratsgutes vermutet werden. Jedes seiner sechs Kinder (vier Töchter und zwei Söhne – wobei der ins Kloster Mondsee eingetretene Sohn wie in solchen Fällen üblich keine Ansprüche mehr auf das väterliche Vermögen hatte) erbte rein rechnerisch 15.803 Gulden. Rein rechnerisch deswegen, weil rund 19 Prozent des Gesamtvermögens aus offenen Schuldforderungen bestand und der Wert des Warenlagers rund 35 Prozent ausmachte. An Bargeld hatte Max Gschwentner 4.234 Gulden im Hause.[111]

Der Zeitpunkt der Auszahlung beziehungsweise Teilauszahlung des Heiratsgutes von Seiten der Brautfamilie an den Bräutigam lag – wieder mit Verweis auf Schidenhofen – wohl kurz vor der der kirchlichen Eheschließung. Ob es ein rein geschäftlicher Vorgang unter den beteiligten männlichen Akteuren (Schwiegervater und Schwiegersohn) war oder in soziale Handlungen eingebettet wurde, lässt sich mit den ausgewerteten Quellen nicht eindeutig sagen und war wohl auch in den einzelnen Familien und ihren Ständen unterschiedlich. Die Nennung einer expliziten Zeitangabe für die Zahlungsleistung kommt in den Eheverträgen der Handelsleute

---

106 SLA, Verlassenschaften Stadtsyndikat, Nr. 2235 bei 279, Heiratskontrakt zwischen Franz Xaver Gschwentner und Maria Clara Socherin (Transkription Salzburg Nr. 9 im Anhang).

107 Vgl. Schidenhofen, Tagebücher, 309.

108 SLA, Verlassenschaften Stadtsyndikat, Nr. 2124 bei 202 oder SLA, Verlassenschaften Stadtsyndikat, Nr. 2235 bei 279.

109 Die Puzzlesteinchen dieser Untersuchung könnten nicht zusammengefügt werden ohne die wertvollen, umfangeichen und genauen biografischen Angaben des Lokalhistorikers Martin, Hundert Salzburger Familien, 179f und 261ff.

110 Martin, Hundert Salzburger Familien, 180, mit einer terminologisch leider ungenauen Angabe.

111 SLA, Verlassenschaften Stadtsyndikat, Nr. 2804 bei 279.

nie vor und taucht auch beim gewerbetreibenden Stadtbürgertum selten auf. Die Bortenmachertocher Anna Magdalena Koglin versprach 1755, das Heiratsgut von 500 Gulden „gleich andern tags nach der priesterlichen *Copulation* baar zu entrichten".[112] Der Uhrmachermeister Johann Pendele setzte 1808 fest, dass das Heiratsgut von 300 Gulden seinem Schwiegersohn „am ersten tage nach vollzohener hochzeit baar aufgezählt werden solle".[113]

Im Zusammenhang mit dem Heiratsgut wird meist auch die „standesgemässe Ausfertigung" genannt, ohne sie genauer zu spezifizieren. Diese materielle Aussteuerleistungen der Herkunftsfamilie der Frau konnte Bett- und Hauswäsche, Bettzeug, Kücheneinrichtung und Kleider, auch Schmuck umfassen, mit denen die Trägerin ihren Stand als Bürgersfrau im öffentlichen Raum – bei Kirchgängen etwa – repräsentierte. Selten sind diese Ausfertigungen in Geldwerten angegeben – im Falle der Heirat der Bäckertochter Maria Anna Feyerle mit dem Handelsmann Georg Oberfrinninger 1796 mit unglaublichen 1.000 Gulden.[114] Es wird auch nicht näher angeführt, was die Braut mit in den neuen Hausstand brachte. Offenbar wussten alle beteiligten Akteure, vor allem in der Elterngeneration, was erwartet wurde.

Die Minimalvariante einer Aussteuer wurde für Töchter von ihren Vormündern offenbar vereinbart, wenn der Vater nach dem Tod der ersten Frau vor einer Wiederverheiratung stand und damit die Vermögensverhältnisse neu geordnet werden mussten: „ein aufgerichtetes feder böth und kasten"[115] zumindest sollten die Weißgerbertöchter Theresia und Anna Maria Eder dereinst als Ausfertigung erhalten. Der Bierbrauer Rupert Egger war 1778 etwas spendabler: Neben dem aufgerichteten Federbett „samt einen kasten" setzte er noch „andere honet bürgerliche ausfertigung" fest.[116] Im Vertrag zwischen dem Weißbäckersohn Franz Egg und der Bierbrauerstochter Maria Josepha Eschenbacherin wurde 1783 sogar von einem darüber anzulegenden Verzeichnis gesprochen. Als sie 1805 starb, schätzte man unter Bezug darauf nach 22-jährigem Hausstand die vorhandene „Tisch- und Hauswäsche" auf 231 Gulden, zu welchem Preis der Witwer sie aus der Erbmasse der Verstorbenen ablösen konnte.[117]

Je weniger Kapitalvermögen zum Betreiben eines Berufes nötig war oder je weniger Bargeldvermögen vorhanden war, desto häufiger wurden die beruflichen Kenntnisse des Mannes oder eine damit verbundene Konzession mit den hauswirtschaftlichen Kenntnissen der Frau in Beziehung gesetzt. Das wechselseitige Heiratsgabensystem von Heiratsgut, Widerlage und Morgengabe kam dann in den Eheverträgen nicht vor. Joseph Schintlauer etwa kaufte 1768 um 100 Gulden die Konzession für eine Fragnerei, ein kleines Lebensmittelgeschäft in der Vorstadt. Kurz darauf heiratete er Theresia Eschlbergerin, die Tochter eines Wegmachers.

---

112 SLA, Verlassenschaften Stadtsyndikat, Nr. 191.

113 SLA, Verlassenschaften Stadtsyndikat, Nr. 859, Heiratskontrakt vom 28. August 1808 (Transkription Salzburg Nr. 17 im Anhang).

114 SLA, Verlassenschaften Stadtgericht, 1819, Nr. 469, 4.

115 SLA, Verlassenschaften Stadtsyndikat, Nr. 226 bei 192. Der Übergabevertrag mit den Kindern beziehungsweise Vormündern wurde am 1. September 1775 unterzeichnet, erst danach der Ehevertrag für die zweite Ehe am 9. September 1775.

116 SLA, Verlassenschaften Stadtsyndikat, Nr. 182, Übergabevertrag zwischen dem Bierbrauer Rupert Egger und seinen vier Kindern vom 20. März 1778 vor Errichtung seines Ehevertrages mit der zweiten Frau am 21. Mai 1778.

117 SLA, Verlassenschaften Stadtsyndikat, Nr. 192, § 5 des Heiratspaktes; das Verzeichnis liegt diesem aber nicht bei, sondern wird erst in der Inventarsabhandlung erwähnt (Transkription Salzburg Nr. 10 im Anhang).

Im schriftlichen Ehevertrag übertrug er ihr den Wert der Konzession zur Hälfte, wofür er „fleissige Hauswirtschaft" erwartete, während sie die Grundausstattung des Hausrates einbrachte.[118]

Bei den Angehörigen des Handelsstandes und anderer bürgerlicher Gewerbe wurden für die gegenseitigen Heiratsgaben immer Geldbeträge ausgemacht. Die im untersuchten Sample vorkommenden Beträge für Heiratsgut, Widerlage und Morgengabe entstammen einem Zeitraum von rund hundert Jahren und sind daher ohne Kenntnis von wirtschaftlichen Konjunkturen nicht einfach miteinander zu vergleichen. Innerhalb der Schicht der städtischen Handelsleute lassen sich aber einige der genannten Summen miteinander in Beziehung bringen. Im Heiratskontrakt von Franz Xaver Gschwentner mit Maria Clara Socherin von 1781 bekam die Braut 1.000 Gulden Heiratsgut, die der Ehemann mit 1.000 Gulden widerlegte, wozu er noch eine Morgengabe von einhundert Speziesdukaten legte „und sich noch das vergnügen vor[behält], sie am hochzeitstage mit anständigem schmuck und kleidung aus seinen eigenen mittlen zu versehen".[119] Der Betrag von 1.000 Gulden entsprach dem Doppelten dessen, was der Material- und Spezereiwarenhändler Johann Lorenz Hagenauer[120] seinem zum Zeitpunkt der Eheschließung 1775 wirtschaftlich noch unselbständigem Sohn und dessen zukünftiger Frau „zu ihrer ehelichen unterhaltung" samt freier Wohnung zugesichert hatte. Bei dieser Eheschließung hatten das Heiratsgut und die Widerlage je 500 Gulden, die Morgengabe 200 Gulden ausgemacht.[121]

Die Beträge für Heiratsgut und Widerlage beliefen sich im 18. Jahrhundert durchschnittlich auf Summen zwischen 500 und 2.000 Gulden. Diese Art von Heiratsgaben kam nur in Eheverträgen des Handelsstandes, der Bierbrauer und der Wirte vor. Sie standen meist in einer Relation von 1 : 1 zueinander, während die Morgengabe die Hälfte oder ein Drittel dessen betrug. Vergleicht man dies mit den weiter vorne zitierten Bestimmungen der Landesordnung von 1526, so sieht man, dass sie rund zweihundert Jahre später noch immer Richtschnur waren. Ausnahmen bestätigen diese Regel. So fand sich etwa beim Ableben des Bierbrauers Franz Eschenbacher eine Quittung über 2.000 Gulden, die ihm sein Schwiegervater, der Bierbrauer Joseph Schallhart, „in betreff der seiner tochter Ursula … zugebrachten wiederlag und morgengab" ausgestellt hatte, wohingegen er 3.000 Gulden Heiratsgut sowie die übliche standesgemäße Ausfertigung erhalten hatte.[122]

Die zuvor erwähnten Eheschließungen zwischen Hagenauer und Ränftlin sowie zwischen Gschwentner und Socherin können mit den jährlichen Steuerleistungen ihrer Handlungen in Relation gesetzt werden: Die Hagenauerische Material- und Spezereiwarenhandlung führte 1774 als eine der größten ihrer Branche 100 Gulden ab, die Gschwendtnerische Eisenwaren-

118 SLA, Verlassenschaften Stadtsyndikat, Nr. 1054 vom 18. Juli 1799 auf Absterben des Joseph Schintlauer.

119 SLA, Verlassenschaften Stadtsyndikat, Nr. 2235 bei 279, § 3 (Transkription Salzburg Nr. 9 im Anhang).

120 Vgl. Barth-Scalmani, Eine bürgerliche Familie.

121 SLA, Verlassenschaften Stadtsyndikat, Nr. 346, § 5.

122 SLA, Verlassenschaften Stadtsyndikat, Nr. 2396 bei 187. Inventar vom 6. und 7. November 1778. – Die Quittung ist auf den 24. Oktober 1755 datiert, der Ehe-Vertrag ist am 9. Oktober unterfertigt worden.

handlung (für zwei Gerechtsamen) 139 Gulden.[123] Die Höhe des Heiratsgutes beziehungsweise der Widerlage differierten zwar innerhalb des Handelsstandes, doch handelte es sich vor allem im Vergleich zu anderen Berufsgruppen um durchwegs hohe Beträge. Dies sowie der Umstand des Bargeldtransfers lassen auf eine solide ökonomische Basis der Brauteltern schließen: Beide genannten Brautpaare entstammten Salzburgs wirtschaftlich führender Bürgerschaft, dem Handelsstand. Im ersten Fall heiratete die Tochter des reichsten Handelsmannes aus dem nordöstlich von Salzburg gelegenen Marktflecken Straßwalchen, zugleich regionales Handelszentrum und wichtige Poststation an der Hauptreiseroute nach Wien, den Erben des zweitreichsten Eisenhändlers der Hauptstadt.[124] Im zweiten Fall ging der Sohn eines der führenden Spezereiwarenhändler mit der Tochter eines Tuch- und Seidenwarenhändlers – beide Handlungen waren hinsichtlich ihrer Steuerleistung in etwa gleich groß – eine Verbindung ein.[125] In einem anderen Fall brachte die Witwe Maria Catharina Prötzin, Erbin einer Tuch-, Seiden- und Knopfhandlung, ihrem Mann Franz Anton Spängler im Jahr 1731 ein Heiratsgut von 600 Gulden zu. Sie verfügte dabei aber, dass er nur über 200 Gulden, also über ein Drittel des Betrages frei verfügen könne.[126] Ungewöhnlich hoch fielen die Heiratsgaben bei der zweiten Verehelichung von Georg Oberfrinninger 1796 aus: Sein zukünftiger Schwiegervater, der Bäckermeister Johann Georg Feyerle, gab seiner Tochter Maria Anna 12.000 Gulden als Heiratsgut, der Bräutigam setzte eine Widerlage in der gleichen Höhe fest und darüber hinaus noch 5.400 Gulden als Morgengabe. Das Haus am Markt, dem zentralen Platz der erzstiftischen Residenzstadt, war 1781 bei einem Erbgang in der Familie, in die Oberfrinninger mit seiner ersten Ehe 1782 eingeheiratet hatte, mit 5.500 Gulden, die darauf liegende Seidentuchwarenhandlungs-Konzession mit 4.500 Gulden bewertet worden. Als Oberfrinninger im Jahr 1802 starb, wurde das Haus mit 6.500 Gulden veranschlagt. Dies nur als Hinweis, um die enormen Summen in diesem zweiten Ehevertrag zum Vermögen des Bräutigams in Relation zu setzen.[127] Bei seinem Ableben wurden die Widerlage, die Morgengabe und das, was er ihr an Schmuck noch nicht in natura verehrt hatte, als „Vermächtnis vermög Heurathspakten“ zu Gunsten der Witwe in Anschlag gebracht – insgesamt 19.172 Gulden.

Im Heiratsgabensystem erfolgte, wie schon an den Beispielen zuvor ausgeführt, von Seiten des Mannes als Gegenleistung zum Heiratsgut die Zusage einer Widerlage. Unter dem Einfluss der Verwissenschaftlichung des Rechts kommt dafür auch die Gleichsetzung mit einem Begriff des römischen Rechts vor, nämlich mit der „donatio propter nuptias“,[128] also einer Schenkung aufgrund der Ehe. Die Morgengabe, einem älteren Begriff nach auch „verloren gut“ genannt,

123 Vgl. Barth-Scalmani, Der Handelsstand der Stadt Salzburg, 174.

124 Vgl. Barth-Scalmani, Der Handelsstand der Stadt Salzburg, 131.

125 Vgl. Barth-Scalmani, Der Handelsstand der Stadt Salzburg, 130. Die Steuerleistung von Hagenauer belief sich auf 46 Gulden, von Ränftl auf 49 Gulden und 20 Kreuzer.

126 Vgl. SLA, Verlassenschaften Stadtsyndikat, Nr. 807, Ehevertrag vom 16. Juli 1731.

127 Vgl. SLA, Verlassenschaften Stadtsyndikat, Nr. 2704 bei 676 (Inventar von Johann Muraltin); Stadtgericht, 1819, Nr. 469, 5 (Inventar von Georg Oberfrinninger).

128 Wilhelm Brauneder, Artikel „Widerlegung“, in: Handwörterbuch zur Deutschen Rechtsgeschichte, Bd. 5, Berlin 1998, Sp. 1346–1349; ders., Die Entwicklung des Ehegüterrechts, 56; Max Kaser, Römisches Privatrecht, München 1975, 193f.

war eine freie Gabe meist des Mannes an seine Frau, die in ihr Eigentum überging.[129] Wie erinnerlich hatten im eingangs dargestellten Fall des Hofrates Schidenhofen die zukünftigen Brautleute am Tage der Bestellung des kirchlichen Aufgebots einen Ring für ihn und ein ungefähr doppelt so teueres „geschmuck" für sie gewechselt. Zwei Tage vor der Hochzeit hatte der Schwiegervater das Heiratsgut von 4.000 Gulden in bar ausbezahlt, und der Bräutigam überreichte diesem 510 Gulden für das „Braut Kleid".[130] Im Ehevertrag zwischen Franz Xaver Gschwendtner und Maria Clara Socherin hieß es etwa: „die morgengab (welche ohnehin als ein theil ihres schazgeldes iederzeit anzusehen ist) ...".[131] Die Preziosen, das kostbare Brautkleid und wie hier gegebenenfalls auch eine Summe Bargelds wurden somit direkt zum Eigentum der Frauen.

Widerlage und Morgengabe dienten der materiellen Absicherung der Frauen im Witwenstand. Sie sind in Form der barwertigen Beträge nur in den wirtschaftlich führenden Schichten der Stadtbürgerschaft, bei den Handelsleuten, großen Wirten und Bierbrauern, anzutreffen. In allen anderen Wirtschaftsgruppen waren Heiratsgut und Widerlage enger mit den Regelungen der Vermögensverhältnisse während der Ehe verbunden. Die Höhe der Summe ist gesamt gesehen nur ein indirekter Indikator für die wirtschaftliche Leistungsfähigkeit von zwei Familien, die durch Eheverbindungen Vermögensansprüche der ein- oder ausheiratenden Kinder ausgleichen mussten.

Nur die Summe des Heiratsgutes wurde zu Beginn der Ehe von der Brautfamilie an den Bräutigam oder dessen Familie transferiert. Solange beide Ehepartner am Leben waren, war das Heiratsgut technisch gesehen ein Vermögensteil des Mannes. Es wurde ihm „zugebracht und untertänig gemacht".[132] Erst bei dessen Ableben hatte die überlebende Ehefrau einen Anspruch darauf, wie auch auf die Widerlage. Diesen aufrecht zu erhalten, konnte aber problematisch werden, wenn die Handlung oder das Gewerbe des Ehemannes in wirtschaftliche Schwierigkeiten geriet. Im Falle einer „Vergantung", einer Versteigerung, waren die Heiratsgaben der Frau vor den Ansprüchen der Gläubiger geschützt. Deshalb steht in den Eheverträgen nach der Nennung von Heiratsgut, Widerlage und Morgengabe meist eine Formulierung folgenden Inhalts: „solch alles solle auf sein herrn hochzeiters haab- und gültern, rechts unterpfandts weise hirmit und in craft dises versichert: und vergewist seyn und verbleiben".[133]

Die Gantordnung nimmt dem entsprechend auch schon in der Landesordnung von 1526 breiten Raum ein.[134] Die Gantordnung von 1678[135] spiegelt die Modernisierung des Konkurswesens wider, indem nun verschiedene Klassen von Gläubigern mit ihren Ansprüchen hierarchisch gereiht wurden. Das Heiratsgut der Frau, das ausdrücklich hypothekarisch sichergestellt

129 Brauneder, Die Entwicklung des Ehegüterrechts, 50; Theo Mayer-Maly, Artikel „Morgengabe", in: Handwörterbuch zur Deutschen Rechtsgeschichte, Bd. 3, Berlin 1984, Sp. 678–683.

130 Schidenhofen, Tagebücher, 308f.

131 SLA, Verlassenschaften Stadtsyndikat, Nr. 2235 bei 279, § 5 (Transkription Salzburg Nr. 9 im Anhang).

132 SLA, Verlassenschaften Stadtgericht, 1811, Nr. 440, § 1.

133 SLA, Verlassenschaften Stadtsyndikat, Nr. 4039 bei Nr. 708, § 3, Heiratsvertrag von 1713.

134 Vgl. Salzburger Landesordnung 1526, 87–106.

135 Abgedruckt bei Judas Thaddäus Zauner Hg., Auszug der wichtigsten Hochfürstlichen Salzburgischen Landesgesetze, Bd. 3, Salzburg 1790, 75–84, 78f.

sein musste,[136] fiel in die fünfte Gläubigerklasse, des gleichen Widerlage und Morgengabe. Bei wirtschaftlichem Misserfolg, dem „Falliment" eines Handelsmannes, konnte es zu „öffentlichen" oder „stillen" Versteigerungen kommen, die der obrigkeitlichen Kontrolle, im Falle Salzburgs von Seiten des Stadtsyndikus, unterstanden, und deren Abwicklung in den Stadtratsprotokollen genau verzeichnet wurde. Damit sollte ein Ausgleich zwischen den materiellen Interessen der Gläubiger und dem gebotenen Schutz des Schuldners vor einer erzwungenen Verschleuderung seines Vermögens gefunden werden.

Als der Spezereiwaren-Händler Joseph Bauernfeind im Februar 1789 dem Stadtgericht die Überschuldung seines Betriebs bekannt gab – sein Vermögen betrug 11.254 Gulden, die Gläubigerforderungen beliefen sich auf 30.389 Gulden –, kam es nach einer Vereinbarung zur Fortführung der Handlung unter einem Kurator und seinem Handlungsbediensteten und anschließend zu einer stillen Vergantung. Wohl nicht untypisch, fand sich rasch ein Branchenkollege, Johann Lorenz Hagenauer,[137] als Käufer von Haus und Handlung sowie Warenlager samt Geschäftseinrichtung. In einer länger sich hinziehenden Gant-Verhandlung wurde schließlich Ende Juni 1789 vereinbart, die auf der Handlung liegenden Heiratsgüter der Stiefmutter des „Gantirers" im Wert von 1.300 Gulden weiterhin als stille Einlage dort liegen zu lassen und sie lebenslänglich mit drei-dreifünftel Prozent jährlich zu verzinsen sowie ihr freies Quartier im Haus zu gewähren. Die Frau des Konkursnehmers sollte für zehn Jahre ihr Paraphernalgut als stille Einlage mit vier Prozent Verzinsung dort belassen. Sie konnte mit ihren Kindern für zehn Jahre im Hause weiter wohnen, und zwar in einem anderen Stockwerk als ihre Stief-Schwiegermutter. Das eingebrachte Heiratsgut in der Höhe von 2.000 Gulden wurde als Forderung anerkannt, nicht aber die Widerlage, die sich auf dieselbe Summe belief, wohl weil die Frau noch nicht verwitwet war.[138]

Im Falle des Ganturteils aus dem Jahre 1792 über den fallierten Handelsfaktor Joachim Kolb, Inhaber der drittgrößten der insgesamt fünf Salzburger Faktoreien,[139] mit einem jährlichen Steueranschlag von 71 Gulden, betrugen in der fünften Gläubigerklasse die bei Gericht anerkannten Forderungen seiner Frau Gertraud Hangin bestehend aus ihrem Heiratsgut im Wert von 1.200 Gulden, der Morgengabe und der Widerlage im Wert von 3.800 Gulden buchmäßig fast 75 Prozent des Wertes seines großen Hauses und der Konzession, der sich auf insgesamt 6.700 Gulden belief.[140]

Diese beiden Verfahren geben einen Hinweis darauf, dass die güterrechtliche Stellung von Frauen nicht nur von der normativen Seite und von den Vereinbarungen zum Zeitpunkt der Eheschließung her, wie sie in den Eheverträgen dokumentiert sind, sondern auch von der faktischen Seite der Erlangung ihrer Ansprüche näher zu analysieren wäre. Die Verträge entwerfen

136 Diesem Problem sah sich etwa Elisabeth Bauernfeind gegenüber, als sie nach dem Konkurs ihres Mannes, des Spezereihändlers Joseph Christian Bauernfeind, in der Gantabhandlung unter Eid ihre Paraphernalgüter benennen musste. Vgl. AStS, Stadtratsprotokoll 1789, fol. 409f.

137 Zur Einschätzung der wirtschaftlichen Unterschiede der beiden Handlungen: Im Jahr 1780 zahlte Lorenz Hagenauer 46 Gulden Steuer, die Handlung „Franz Joseph Bauernfeind" 22 Gulden. Vgl. Barth-Scalmani, Der Handelsstand der Stadt Salzburg, 130. Die dortige Tabelle wurde nach den Angaben des Hieronymus-Katasters zusammengestellt. SLA, Hieronymus-Kataster, Abt. III: Realgewerbe, fol. 1395–1453.

138 AStS, Stadtratsprotokoll 1789, fol. 223, 409, 410, 420–445, 525.

139 Faktorei ist ein regionaler Terminus für Speditions-, Kommissions- und Wechselhandel.

140 AStS, Stadtratsprotokoll 16. März 1792, fol. 112–129.

eine schriftlich vereinbarte Ideallösung unterschiedlicher Transferstrategien am Beginn einer Ehe. Deren Realisierungsmöglichkeit konnte sich Jahre später ganz anders darstellen. Jedenfalls lässt sich am Beispiel des Joseph Bauernfeind festhalten, dass die Ansprüche seiner Stiefmutter und seiner Frau vorrangig vor jenen seiner Brüder und Schwester akzeptiert wurden.

6. Formen von Nutzungs- und Vermögensgemeinschaft: im Zentrum das Paar

Der umfangreiche, insgesamt zwölf ausführliche Punkte umfassende Vertrag zwischen Franz Xaver Gschwendtner und Maria Clara Socherin kann als Beispiel dafür gelten, wie Verträge in der wirtschaftlich führenden Schicht zwischen zwei sozial gleichrangigen Ehepartnern gestaltet wurden. Darin wurden nicht nur die zuvor behandelten Heiratsgaben festgehalten und Vorkehrungen für die materielle Sicherstellung für die Witwenschaft der Frau getroffen, sondern es fanden auch Bestimmungen für die Zeit während der Ehe Eingang. Diese betrafen Regelungen bezüglich des Eigentums von Braut und Bräutigam sowie Vereinbarungen bezüglich gegenseitiger und gemeinsamer Nutzungs- und Besitzrechte in unterschiedlicher Ausgestaltung und Reichweite. Grundlage der diesbezüglichen Ausführungen war das Prinzip der Gütergemeinschaft mit ihren Variationsmöglichkeiten.[141]

Paraphernalgüter von Frauen und Männern

Besaßen die Brautpersonen eigenes Vermögen oder hatten sie aus noch bevorstehenden Erbschaften solches zu erwarten, so wurde meist eine partielle Gütergemeinschaft errichtet, indem jeder der beiden ein eigenes Paraphernalgut behielt oder für zukünftiges Vermögen vorsah. Unter einem Paraphernalgut wird von Juristen allgemein jenes Vermögen verstanden, das die Ehefrau außer dem Heiratsgut in die Ehe mitbrachte[142] und das als ihr Eigentum vom Mann verwaltet wurde. Auffallend ist nun, dass in fast allen Heiratsverträgen aus dem Salzburger stadtbürgerlichen Handelsstand Paraphernalgüter auch auf Seiten des Mannes genannt sind. Unabhängig von deren materiellem Wert, der im Ehevertrag nicht festgehalten wurde – standen auch die Paraphernalgüter – ähnlich dem Heiratsgut und der Widerlage – in einem Verhältnis zueinander. Explizit wurde in den meisten Fällen auch festgelegt, dass das künftige Ehepaar die jeweiligen Paraphernalgüter „in zeit ihrer conlichen beysammenwohnung als getreue eheleuthe miteinander friedlich nüzen, genüssen und gebrauchen“ sollten.[143] In Anordnungen wie diesen steht das Paar bei der Nutznießung des Vermögens im Mittelpunkt. Offen bleibt aber, wie sich die Ausübung der tatsächlichen Verfügungsgewalt über das Sondervermögen der Frau gestaltet hat. Aus einigen Verlassenschaftsabhandlungen ergibt sich der Eindruck, dass das Paraphernalgut der Männer in der ererbten beziehungsweise betriebenen Handlung lag, jenes der Frauen jedoch möglichst lange auf dem Geschäft des Vaters oder des übernehmenden

141 Vgl. Werner Ogris Artikel „Gütergemeinschaft“, in: Handwörterbuch zur Deutschen Rechtsgeschichte, Bd. 1, Berlin 1971, Sp. 1871–1874.

142 Vgl. beispielsweise Deutsches Rechts-Wörterbuch online http://www.rzuser.uni-heidelberg.de/~cd2/drw/e/pa/raph/erna/lgut/paraphernalgut.htm (Zugriff: Juli 2009).

143 SLA, Verlassenschaften Stadtgericht, 1811, Nr. 440, § 2.

Geschwisterteiles verblieb. Es war gewissermaßen ein Anteil am Besitz der Herkunftsseite, der als Eigentum des Ehemannes beziehungsweise der Ehefrau auf dem Besitz der jeweils eigenen Linie liegenblieb, während der Genuss und Gewinn daraus – in Form von Zinsen – gemeinsam genutzt werden sollte.

Um die Verfügung über dieses Sondervermögen auf Seiten der Frauen zu regeln, finden sich im Sample zwei interessante Gestaltungsvarianten: Im Ehevertrag Gschwendtner-Socherin standen der Frau schon bei Lebzeiten die Hälfte des Betriebskapitals der Handlung und der Gewinn daraus zu. Ein derartiger Passus ist im Rahmen der untersuchten Eheverträge ausgesprochen selten. Über Vermögen, das ihr während der Ehe durch Erbfall oder Schenkung zukommen würde, das sogenannte Paraphernalgut, solle „das eigenthum und freye disposition dabey ihr iederzeit vorbehalten“ sein.[144] Normalerweise wurde dieses ihr Eigentum vom Ehemann verwaltet und gemeinschaftlich genutzt. Im Falle Ranftl-Lechnerin, einer Verbindung von sozial Gleichrangigen aus dem städtischen Handelsstand,[145] wurde 1747 die gemeinsame Nutzung der jeweiligen Paraphernalgüter wie üblich festgehalten, doch ausdrücklich hinzugefügt, dass der Ehemann jährlich 25 Prozent dieser Kapitalverzinsung seiner Frau zu ihrer vollkommen freien Verfügung, also nicht etwa für die Bestreitung der Haushaltskosten, zu überlassen habe.[146] Dieser Teil des Vermögens fand also je nach den besonderen wirtschaftlichen und sozialen Umständen der Ehepartner persönliche Ausgestaltung: von gemeinsamer Nutznießung des gesamten über Anteile persönlicher Nutzung bis zur freien Disposition.

Unseres Erachtens zeigen derartige Varianten, welchen Spielraum sich Frauen über ihr zusätzlich zum Heiratsgut vorhandenes Vermögen vorbehalten und ausbedingen konnten. Die allgemeine schriftliche Festlegung des gemeinsamen Nutzens der getrennt bleibenden Vermögensteile legt zunächst das Bild eines beiderseitigen Beitrages zur Bestreitung der Haushaltsausgaben nahe. Bei höheren Beträgen könnte auch sein, dass Ehefrauen in gleicher Weise wie ihre Ehemänner über die Veranlagung der Zinsen ihres Kapitals in der Alltagspraxis entscheiden konnten. Die detaillierte Anweisung des zuvor zitierten Vertrages, dass zumindest 25 Prozent ihres Kapitalertrages nach ihrem freien Willen verwendet werden konnten, erlaubt den Rückschluss, dass der Verwendungszweck der Zinsen aus dem Paraphernalgut im Normalfall dem gemeinsamen Nutzen oder gemeinsamen Interessen vorbehalten war[147] und der Ehemann als Besitzer und Betreiber der Handlung einen fruchtgenussartigen Gebrauch von ihrem Vermögen gewissermaßen beanspruchen konnte. Ob ein Ehemann auch ohne Rücksprache mit der Ehefrau über die Zweckwidmung ihres Kapitalertrags entscheiden konnte, lässt sich in der Praxis wohl nicht ausschließen.

Im Heiratsvertrag Ranftl-Lechnerin wurde mittels einer Bestimmung ein Teil des Fruchtgenusses aus dem Eigentum der Frau dezidiert aus der gemeinsamen Nutzung herausgenommen

144 SLA, Verlassenschaften Stadtsyndikat, Nr. 2235 bei 279, § 4 (Transkription Salzburg Nr. 9 im Anhang).

145 Hinter beiden standen Tuch- und Seidenwarenhandlungen. Dem Steueranschlag von 1780 zufolge nahmen von insgesamt 13 existierenden Gerechtsamen Ränftl den siebten und Lechner den letzten Platz ein. Vgl. Barth-Scalmani, Der Handelsstand der Stadt Salzburg, 130 (Transkription Salzburg Nr. 3 im Anhang).

146 SLA, Verlassenschaften Stadtgericht, 1820, Nr. 1266, § 4.

147 Das Inventar der Anna Maria Lechnerin zeigt, dass sie ihr Kapitalvermögen und die Zinsen davon offensichtlich in die Handlung eingebracht beziehungsweise rückinvestiert hat.

und die (Mit-)Verfügung des Ehemannes damit auf den verbleibenden Teil eingeschränkt. Eine Analyse von Privatrechtsverträgen wie den Heiratskontrakten kann so zeigen, dass die Entscheidung über gemeinsame oder getrennt bleibende Vermögensteile der Ehepartner nicht eine bloß formale rechtliche Frage dargestellt hat, sondern eingebunden in das Netzwerk der innerfamiliären Positionen und sozialen Öffentlichkeit zu sehen ist. Gerade wenn auf Seiten der Frau noch Vermögensteile zu erwarten waren, wird ihre Herkunftsfamilie in den Verhandlungen ihre Position gestärkt haben.

Bei der zuletzt genannten Variante muss auf Grundlage der herangezogenen Quellen offen bleiben, ob den Frauen aus dem städtischen Handelsstand der Fruchtgenuss der Paraphernalgüter jährlich ausgeschüttet wurde, ob und wie sie die Erträge überprüft haben oder ob die Verzinsung thesaurierend über Jahre auf dem Handlungsvermögen liegen blieb.

In einem Übergabevertrag bestimmte der abtretende Spezereiwarenhändler Georg Christoph Hagenauer für seinen übernehmenden Schwiegersohn Johann Christian Reiffenstuhl, dass dieser sich „mit gedachter meiner ehefrau wegen des ihr vermachten drittl meines völligen vermögens sich in güetten verstehe, ob dasselbe in der handlung mit ihren antheil auf gewünn und verlust stehen oder solche auf ander beliebige weeg versichert oder hinaus haben wolle".[148] Die Entscheidungsfreiheit über ihre Gelder lag hier ganz auf Seiten der Frau. Die Funktion von Beiständern, die aus derselben beruflichen Branche und/oder aus der Verwandtschaft der Frauenseite kamen und mit Sachverstand Einsicht in die Hauptbücher nehmen konnten, gewinnt für so einen Fall neue Bedeutung.

Umgekehrt ist auch nicht anzunehmen, dass Frauen, die aus diesen Berufsmilieus stammten, wirtschaftlich vollkommen ahnungslos gewesen wären. Vielmehr ist davon auszugehen, dass Frauen über gewisse wirtschaftliche Kenntnisse verfügt haben und durchaus in der Lage waren, die für ihre Erfordernisse nötigen Aufzeichnungen selbst zu führen. Derartiges Quellenmaterial fand (und findet) selten den Weg in öffentliche Archive. Immerhin gibt es einige eindeutige Indizien einer ökonomischen Reflexions- und Dokumentationstätigkeit von Frauen in unterschiedlichen Ständen. Indirekt kann diese immer dort vermutet werden, wo in den Inventaren von Frauen von Handelsleuten oder Gewerbe treibenden Bürgern ungewöhnlich hohe Außenstände („schulden herein") verzeichnet waren. Eine solche Zusammenstellung von vergebenen Krediten setzt voraus, dass die Frauen darüber Buch geführt haben. Dass sich Frauen einen Überblick über manche Ausgaben verschafft haben, zeigen andere Beispiele: So hat sich etwa von Marie Elisabeth Haffnerin[149] ein sogenanntes Zinsschreibbüchlein erhalten, in dem sie zwischen 1775 und 1782 penibel Ausgaben für Firmkinder, Taufgeschenke, die von ihr gestifteten Messen, für „hochzeits-presente" und den Lohn von Dienstbotinnen eintrug.[150] Im Zusammenhang mit einer Ehetrennung notierte ein Pfarrer den entscheidenden, ökonomischen Nachteil für den Ehemann, einen Glasermeister, durch den Verlust der Ehefrau: Dieser

148 SLA, Verlassenschaften Stadtsyndikat, Nr. 346, Übergabevertrag mit Präsentierung im Rat vom 7. Oktober 1741, § 3.

149 Marie Elisabeth Haffnerin (1753–1781) war die drittgeborene Tochter des größten Salzburger Handelsfaktors Siegmund Haffner. Seit 1776 war sie mit dem Tuch- und Seidenwarenhändler Franz Xaver Späth (1750–1808), einem Wirtssohn aus Lana im heutigen Südtirol und Handelsfaktor in Salzburg verheiratet. Anlässlich dieser Vermählung komponierte Mozart die Haffner-Serenade.

150 SLA, Handschrift (HS) M 81, Zinsschreibbüchlein der Elisabeth Haffnerin, verehelichte Späthin.

würde nämlich „ihre Dienstleistung [sic!] im Einschreiben und Contenverfassen vermissen".[151] Mit solchen eher zufälligen Spuren wird die buchhalterisch-administrative Tätigkeit von Frauen in vorindustriellen gewerblichen Familienwirtschaften greifbar, der mitunter eine entscheidende betriebserhaltende Funktion zukam.

Partielle und allgemeine Gütergemeinschaften

Martin Adam Prötz, nachgeborener Sohn eines Handelsmannes, daher für die Übernahme der väterlichen Handlung nicht in Frage kommend, schloss am 4. Februar 1748 einen Ehepakt mit Anna Theresia Frankenbergerin, der Tochter eines verstorbenen Galanteriewarenhändlers. Dessen Handlung führte er zu diesem Zeitpunkt seit gut einem Jahr bereits als Geschäftsführer. Was nun ihre Paraphernalgüter betraf, so behielten beide weiterhin das Eigentum an ihren Vermögensteilen, doch mussten diese „zur besseren Betreibung" der Handlung als Betriebskapital darin eingelegt werden.[152] Da aber der Bräutigam mehr Vermögen als die Braut besaß, wurde ihm in Punkt acht des Ehepaktes zugesagt, dass er im Falle ihres Vortodes die Konzession der Galanteriewarenhandlung zur Gänze als Eigentum bekäme. In einer in dem Sinne statischen Wirtschaft, als eine quasi unveränderliche Anzahl von Konzessionen den einzigen Zugang zu Gewerbe und Markt eröffnete, kam diesem Rechtstitel ein beträchtlicher Wert zu. Dieser immaterielle Besitz der Frau wurde seinen materiellen Vermögenswerten gleichgestellt. Dieses Beispiel zeigt, dass die Form der gewählten ehelichen Gütergemeinschaft stark mit der materiellen Situation der zukünftigen Ehepartner beziehungsweise der familiären Konstellation des Partners von dessen Seite die Gerechtsame kam, zusammenhing.

Der Spielraum von Frauen zeigt sich besonders in jenen Fällen deutlich, in denen sie mehr Sachwerte und Barvermögen als der Bräutigam in die Ehe einbrachten. Im Jahr 1783 trug die Bierbrauerstochter Maria Josepha Eschenbacherin die für einen Weißbäckerssohn vermutlich hohe Summe von 2.400 Gulden zur beschlossenen Vermögensgemeinschaft bei. Sie wurde Besitzerin der Hälfte des bestehenden Vermögens und des Weiteren wurde verfügt, dass das, „was beede brautpersonen währender ehe in allem erhausen durchaus ohne ausnahme ein gemeinschaftliches gut seye und einer so viel als dem anderen hievon gebühren soll".[153] Der Schneider Joseph Prandstätter konnte 1766 mit dem halben Heiratsgut seiner zukünftigen Frau, einer bayerischen Hafnerstochter, das 200 Gulden ausmachte, seine „handwerksgerechtigkeit" kaufen, die er ihr daraufhin „verheürathete". Sie verpflichtete sich hingegen, die zweite Tranche des Heiratsgutes, weitere 200 Gulden, „inner halb jahr und tag" zu erlegen.[154] Eine Bortenmachertochter brachte 1775 die väterliche Erbschaft in der Höhe von 500 Gulden als Heiratsgut bar in die Ehe ein. Ihr Bräutigam verheiratete ihr zur „behörigen widerlage" nicht nur seine Weißgerbergerechtsame, sondern setzte sie auch in sein gegenwärtiges und künftiges Vermögen zur Hälfte als Mitbesitzerin ein und verpflichtete sich überdies zu einer Morgengabe von 50 Gulden.[155]

---

151 Konsistorialarchiv Salzburg, Ehescheidungen 1792–1805, Nr. 22/4: Schreiben des Stadtkaplan Gmachl an das Konsistorium vom 31. August 1802.

152 SLA, Verlassenschaften Stadtsyndikat, Nr. 807, Ehepakt vom 4. Februar 1748, § 7.

153 SLA, Verlassenschaften Stadtsyndikat, Nr. 192, § 2 (Transkription Salzburg Nr. 10 im Anhang).

154 SLA, Verlassenschaften Stadtsyndikat, Nr. 1903, §§ 2 und 3.

155 SLA, Verlassenschaften Stadtsyndikat, Nr. 191, §§ 2 und 3.

Hier begegnen uns Vereinbarungen einer austarierten Gütergemeinschaft. Diese im Handwerkermilieu praktizierte Form, in der die Ehefrau Mitbesitzerin war, stärkte zugleich ihre Position als Witwe und erleichterte eine Wiederverehelichung. Als die junge Witwe eines Gürtlermeisters mit dem besitzlosen Gürtlermeisterssohn Nikolaus Ort 1778 die Ehe schloss, „verschreibt und verheurathet" (§ 2) sie ihm die Konzession und beide errichteten eine partielle Gütergemeinschaft auf dieser Grundlage. Das übrige Vermögen der beiden blieb davon unberührt, was hauptsächlich für die Frau galt, da ihr Mann über keinen nennenswerten Besitz verfügte. Darin kann eine Strategie der Absicherung von Seiten der Frau gesehen werden.[156] Ob dieses Arrangement auch nach zehnjähriger Ehe und Berufstätigkeit des Meisters Ort noch so war, lässt sich aus den Quellen nicht eruieren. Es fällt jedoch auf, dass die Gürtlermeisterin 1788 allein einen zweiten Verkaufsladen im sogenannten Gusettihaus erwarb.[157] Da dieser den Marktanteil und die Verkaufschancen der Waren aus der gemeinsamen Gürtlerei nur vergrößern konnte, agierte sie durchaus im gemeinsamen ökonomischen Interesse, wahrte zugleich aber auch die Interessen ihres eigenen Vermögens. In all diesen Heiratsverträgen war für beide Ehepartner das Recht vereinbart, künftig zu erwartende Beträge aus Schenkungen oder Erbschaften als eigene Paraphernalgüter zu behandeln.

Kurz zusammengefasst, eine partielle Vermögensgemeinschaft in der Ehe wurde gerade von jenen altständischen Bürgern errichtet, in deren Familien sich Rechtstitel, wie die zur Berufsausübung notwendigen Konzessionen („Gerechtsamen"), des Weiteren Liegenschaften, Sachkapital (Waren, Gerätschaften und dergleichen) sowie Barvermögen (dessen Ausmaß sehr breit gestreut war) befanden. Frauen behielten sich dabei Ansprüche auf ihr eigenes, auf elterliches oder verwandtschaftliches Vermögen vor. Vermögen, das sie in die Ehe einbrachten, sei es als Heiratsgüter in Barvermögen oder als Zinsen aus ihrem Paraphernalgut, wurde meist in den Handlungen oder Gewerben angelegt, wodurch sie quasi zu stillen Gesellschafterinnen wurden. Diese Vorgangsweise findet sich in fast allen Eheverträgen des 18. Jahrhunderts, unabhängig von der Höhe der involvierten Werte. Dabei dürfte es sich um eine im Rechtsraum des Erzstiftes Salzburg offenbar seit Jahrhunderten gängige Praxis gehandelt haben, die auch den in der Landesordnung von 1526 festgeschriebenen Usancen entspricht. Was in einer partiellen Gütergemeinschaft zum gemeinsamen Besitz zählte, konnte dabei durchaus unterschiedlich sein, wie die Beispiele gezeigt haben: Es konnte entweder nur die Konzession darunter fallen oder der Mitbesitz an dem zum Zeitpunkt der Eheschließung vorhandenen Gesamtvermögen.

Eine zweite Form der Vermögensgemeinschaft war die allgemeine Gütergemeinschaft. Sie war zunächst ein Charakteristikum der bäuerlichen Besitzverhältnisse in manchen Kernzonen der Alpenländer, so auch im Erzstift Salzburg.[158] Sie musste ausdrücklich vereinbart werden, doch konnte sie im Gegensatz zur partiellen Gütergemeinschaft auch erst einige Zeit nach der Eheschließung errichtet werden. Das traf zum Beispiel auf die Meierleute eines Bauerngutes vom Kloster Mülln zu, die dieses am 28. Mai 1808 pachteten und vier Monate später erst

156 Zu dieser Praxis vgl. auch den Abschnitt über Vermögensvorbehalte im Beitrag von Gertrude Langer-Ostrawsky.

157 SLA, Verlassenschaften Stadtsyndikat, Nr. 183, Inventaraufnahme nach ihrem Tod vom 21. Jänner 1800.

158 Vgl. Brauneder, Die Entwicklung des Ehegüterrechts, 323f.

einen Ehekontrakt abschlossen.[159] Unter den Gewerbe treibenden Stadtbürgern dominierte die allgemeine Gütergemeinschaft in jenen Fällen, in denen auf beiden Seiten in etwa gleich viel an Besitz vorhanden war beziehungsweise das von Braut und Bräutigam Eingebrachte – vorhandener Besitz von Immobilien oder Rechtstiteln, Vermögen oder Fertigkeiten – als ausgewogen betrachtet wurden.

Aus der Berufsgruppe der Bäcker lassen sich zwei Verträge mit unterschiedlichen Besitzregelungen gegenüberstellen. Der erste Heiratsvertrag aus dem Jahre 1746 ist als allgemeine Vermögensgemeinschaft konstruiert. Der Bäckermeister Joseph Fux versprach in Paragraph drei, dass er

> sein gegenwerthig und zurkonfftiges vermögen nicht hiervon besonders noch auß genommen seiner jungfrau hochzeiterin Maria Anna Kallin auch getreulich zurbringen und zu ihren vermögen beylegen solle, als ihr der beeden praut persohnen ganz völlige vermögenschafft iezig und konfftig auf solche weise zusammen geworfen seye, daß sie hiemit *societatem omnium tam presentium quam futurorum bonorum* wollen controllirt haben und hiervon ainen thaill so vill als dem anderen (weillen sye nun würklich hierinnen *reciproce* in der hellfte stehen) gebühren.[160]

Darauf folgte die Verpflichtung, den gemeinschaftlichen Besitz von Haus und Konzession bei Gericht eintragen („verbrieffen“) zu lassen.

Der zweite Vertrag aus dem Jahre 1783 ist als partielle Gütergemeinschaft angelegt. Ein genauerer Blick auf die Braut des zweiten Vertrages zeigt, dass sie als Tochter eines Brauers noch ein beträchtliches Erbe zu erwarten hatte:[161] Sie brachte ihr Paraphernalgut ein, das er hypothekarisch vermerken lassen musste. Dessen Eigentum und die Bestimmungen darüber blieben ihr vorbehalten, den Nutzen davon sollten beide wiederum gemeinsam haben.

Josepha Gerlichin, Tochter eines hofbefreiten Kaffeesieders und bürgerlichen Zuckerbäckers,[162] war seit 1769 mit dem hofbefreiten Kaffeesieder Michl Pachmayr verheiratet. Da dieser Ehe keine Kinder entstammten und sie im Ehevertrag unter Paragraph drei eine „Halbsetzung“, also eine vollkommene Gütergemeinschaft vereinbart hatten, war sie im Mai 1787 nach dessen Tod zur Universalerbin seiner Besitzhälfte und damit alleinige Besitzerin geworden. In zweiter Ehe heiratete sie im Juni 1787 einen Beamten. Im Vertrag wurde wieder eine vollkommene Vermögensgemeinschaft errichtet. Hinter dieser Rechtsform steckt an sich eine Beteiligung des Beamten an ihrem Kaffeehausbetrieb. Er hatte ihr am Hochzeitstag 1.000 Gulden, teils in Schuldverschreibungen, teils in Bargeld, zu übergeben, was dem sechseinhalbfachen nominellen Wert der Kaffeesiederkonzession entsprach. Dafür wurde er Hälfte-

---

159 SLA, Verlassenschaften Stadtgericht, Nr. 964.

160 SLA, Verlassenschaften Stadtsyndikat, Nr. 2124 bei 202, Heiratsvertrag des Joseph Fux und der Anna Kallin (sie ist eine der wenigen Handwerksmeisterinnen, die ungelenk schreiben, Transkription Salzburg Nr. 2 im Anhang).

161 Vgl. SLA, Verlassenschaften Stadtsyndikat, Nr. 192, § 4, Heiratsvertrag zwischen Franz Egg und Maria Josepha Eschenbacherin, Tochter des Engelwerth [sic] Eschenbacher, bürgerlicher Bierbrauer zum Goldenen Adler (Transkription Salzburg Nr. 10 im Anhang).

162 „Hofbefreit“ bedeutet, nicht einer Zunft unterstellt – im Gegensatz zum bürgerlichen, das heißt, einer Zunft angehörigen Handwerker.

besitzer ihres gemeinsamen Vermögens.[163] Folgerichtig gehörte eine am 1. Dezember 1790 gekaufte Liegenschaft beiden gemeinsam. Hatte die spätere Ehefrau Anteil am Besitzerwerb, der die Existenzgrundlage des Paares darstellte, war eine allgemeine Gütergemeinschaft eine nahe liegende Option. Im Jahr 1775 kaufte der Schlossermeister Döttl gut elf Monate vor seiner Verehelichung die sogenannte Sporerwerkstatt, ebenerdig gelegen, samt Behausung „über einer stiege" in der Goldgasse um 2.400 Gulden, wovon 600 Gulden von seiner zukünftigen Frau, der Tochter des verstorbenen Lötschenmeisters,[164] herrührten. Hierauf errichteten sie eine Vermögensgemeinschaft.[165]

Um das Spektrum des Gewerbestandes auch an seinem unteren sozialen Rand abzudecken, sei auf zwei weitere Übereinkünfte kurz eingegangen: Der Heiratskontrakt des bürgerlichen Silberarbeiters Georg Sedlmayr mit der Uhrmachertochter Anna Pendle aus dem Jahr 1808 illustriert die Vermögensaufteilung bei einem Kleinstunternehmer: Hier wurde das Heiratsgut der Frau von 300 Gulden und ihre Ausstattung mit der vom Mann um 450 Gulden gekauften Konzession zum Grundstock eines gemeinschaftlichen Vermögens.[166] Joseph Schintlauer erklärte 1768 im Ehevertrag mit Theresia Eschlbergerin, einer Wegmacherstochter, die kurz zuvor gekaufte Fragnersgerechtsame – also die Konzession für den Kleinverschleiß von Lebensmitteln – „seiner geliebten jungfrau hochzeiterin in anhörung aller lieb und threu, dann fleissiger hauswirtschaft verheurathet" zu haben. Damit übertrug er ihr de jure die Hälfte des Kaufpreises von 100 Gulden und brachte seinen Anteil daran ebenso in die Ehe ein, wie sie für die Grundausstattung des Hausrates aufkam. Sie errichteten eine allgemeine Gütergemeinschaft:[167] „Was [sie] miteinander erhausen und erobern werden, soll unter ihnen ein gleiches guth und einem theil soviel als dem andern hier von zuständig und angehörig seyn". Und sie erwarben 1777 folgerichtig auch ein Haus gemeinsam.[168]

Gemeinsamer Besitz und Gütergemeinschaft bedeuteten aber auch, dass bei geschäftlichem Misserfolg die Ehefrau genauso ihren Besitz verlor wie der Ehemann. Joseph Lederer, Krämer in St. Johann im Pongau, und dessen Frau Elisabeth Schmidingerin meldeten 1798 bei Gericht gemeinsam Konkurs an, weil ihre Schulden das „beyderseitige vermögen" weit überstiegen. Sie mussten dies auch in der Zeitung bekanntgeben.[169] Die Konkurse der Bürger

163 SLA, Verlassenschaften Stadtsyndikat, Nr. 190, Heiratsvertrag zwischen Leopold von Ehrich, Beamter des Domkapitls, und Maria Josepha Pachmayrin vom 13. Juni 1787; Inventar nach ihrem Tod vom 11. März 1803 (Transkription Salzburg Nr. 12 im Anhang).

164 „Lötsche" war eine von der Stadt eröffnete Niederlage für Eisen. Vgl. Zillner, Geschichte der Stadt Salzburg, 371. Nicht zufällig war ein Berufskollege ihres Vaters, der Waagmeister der Stadtwaage, Katharinas Vormund, und ihr Mann als Schmied berufsverwandt mit ihrem Vater.

165 SLA, Verlassenschaften Stadtsyndikat, Nr. 136, § 1 (Transkription Salzburg Nr. 14 im Anhang).

166 Vgl. SLA, Verlassenschaften Stadtsyndikat, Nr. 859, §§ 1–3.

167 Vgl. Ursula Floßmann, Österreichische Privatrechtsgeschichte, Wien/New York 2001[5], 88ff; Brauneder, Die Entwicklung des Ehegüterrechts, 313ff.

168 SLA, Verlassenschaften Stadtsyndikat, Nr. 1054, vom 18. Juli 1799 auf Absterben des Joseph Schintlauer. Theresia Eschlbergerin unterschrieb den Ehepakt eigenhändig, ihr Zeuge war jener Fragner Johann Christoph Aignstuhler, von dem ihr Mann die Konzession erworben hatte.

169 Vgl. Salzburger Intelligenzblatt, 17. März 1798, 174. Vgl. dazu auch den Passus über die bei Gütergemeinschaft mithaftende Ehefrau in der Verordnung vom 6. August 1678 bei Zauner, Auszug, Bd. 1, 293ff.

der Stadt Salzburg und ihre Abwicklung wurden in den Stadtratsprotokollen verzeichnet, eine genaue Analyse der Situation von Frauen der „faillierenden“ Gewerbe- oder Handeltreibenden in Kombination mit den Eheverträgen wäre ein Desiderat der Forschung.

Errungenschaftsgemeinschaft

Ein Aspekt war für beide Formen der Gütergemeinschaft ganz entscheidend: In den Eheverträgen wurde er in die Formel gegossen „Was ... beede künfftige eheconsorten während ihrer ehe mit ihrem fleiß und guten hauswürtschaft durch reichen seegen gottes gewünnen und erhausen werden ...“ Die Fortsetzung dieses Passus konnte je nach Art der gewählten Gütergemeinschaft unterschiedlich lauten: „hervon solle iedem theill durchgehendts die ungefortlete helffte eigenthümlich gebühren ...“[170] oder „dieses alles solle ihnen ein durchaus gleiches guth seyn und einem theill hievon soviel als dem anderen gebühren“.[171] Juristen bezeichnen diese Form des gemeinsamen Erwirtschaftens als „Errungenschaftsgemeinschaft“[172] und vermuten darin die älteste Form der beschränkten Gütergemeinschaft, bei welcher nur der eheliche Erwerb in das gemeinschaftliche Eigentum der Ehegatten fiel. Sie war besonders im süddeutschen Raum verbreitet und ist für Salzburg in der Landesordnung von 1526 dokumentiert.

Die entsprechende und in keinem Vertrag fehlende Formulierung – verdichtet in dem Begriff des „gemeinsam erhausens“ – zeigt deutlich, dass für die Zeitgenossen die Ehe zunächst eine Wirtschaftsgemeinschaft zwischen Mann und Frau war. Die Ehe war auch der einzig legitime Ort für Sexualität und die Zeugung der Nachkommen. In den Eheverträgen wird aber vor allem eine Lebensgemeinschaft greifbar, die im Alltag zugleich eine Arbeitsgemeinschaft war. Der Hausherr vertrat zwar rechtlich die Familienangehörigen und die familienfremden Mitglieder der Hausgemeinschaft (Dienstboten und Dienstbotinnen, Lehrlinge, Gesellen und andere Mitarbeiter im Handel beziehungsweise Handwerk) nach außen. In diesem Sinne kam ihm eine, wenn man so will, höherrangige Position zu. Die Erhaltung des Familienvermögens aber – ob es nun ein großes Handelshaus am Hauptplatz, ein Gewerbebetrieb oder ein kleiner Lebensmittelladen in der Vorstadt am Eck war, ein auf dem Haus liegendes Realgewerbe, das über Generationen weitergegeben wurde oder ein *ad personam* verliehenes Personalgewerbe –, dessen Vermehrung und Absicherung für die nächste(n) Generation(en) resultierten aus dem Fleiß und dem Arbeitseinsatz beider Eheleute gleichermaßen. Die Ehe war in ständischer Zeit eine Rechtsgemeinschaft, die zwischen Personenrecht und Sachenrecht noch nicht getrennt hat. Deshalb war die Frau – unabhängig davon, dass sie zur Abwicklung eines Rechtsgeschäftes einen männlichen Beistand benötigte –,[173] im Eherecht gleichwertige Rechtspartnerin. Denn Vermögenswerte und Rechtstitel wurden ökonomisch in gleicher Weise gegeneinander aufgewogen und der unterschiedliche Beitrag von Mann und Frau zur Beförderung der Hauswirtschaft als gleichrangig angesehen. Dabei spielte es keine Rolle, ob die Ehefrau eines

170 SLA, Verlassenschaften Stadtgericht, 1820, Nr. 1266, § 5.

171 SLA, Verlassenschaften Stadtsyndikat, Nr. 1903, § 4.

172 Werner Ogris, Artikel „Errungenschaftsgemeinschaft“, in: Handwörterbuch zur Deutschen Rechtsgeschichte, Bd. 1, Berlin 1971, Sp. 1004–1006; vgl. auch Brauneder, Die Entwicklung des Ehegüterrechts, 233, 235, 256.

173 Dies bedeutete nicht a priori eine Schlechterstellung. Vgl. dazu Holthöfer, Die Geschlechtsvormundschaft, insbes. 399, 424, 436f.

Handelsherrn mehr administrative Funktionen in der Haushaltsführung hatte, die Frau eines Fragners neben der Hauswirtschaft im Lebensmittelladen mithalf[174] oder die Frau eines Gewerbetreibenden dazu noch seine Kontenführung betreute. Das Gespür für unterschiedliche, aber gleichwertige Arbeitskomponenten, aus denen sich gewöhnlich das „Erhausen" speiste, zeigt sich in einem bemerkenswerten Befund von seinem Gegenteil her. Kurz vor ihrem Tode veränderte Maria Aloisia Fendtin (1766–1791) in einem Kodizill[175] vom 28. März 1791 jenen Paragraph ihres Ehevertrages von 1785, der beiden Eheleuten denselben Anteil am Erwirtschafteten zusprach, indem sie Folgendes aufsetzen ließ:

> ich zur betrauung der mir erwiesenen ehelichen liebe zu gunsten meines ehegatten, *von dessen betriebsamkeit diese erhausung ohnehin größtentheils herrühren*, frey und wohlbedächtig folgende willensäußerung errichtet habe… [Auf meinen Todfall] will ich, dass er nicht nur seine helfte der erhausungen, welche ihm gebühret, sondern auch die meinige, mithin die ganze errungenschaft ohne ausnahme eigenthümlich als ein vermächtnis und eheliches andenken zu beziehen haben solle.[176]

Ihr Großvater Siegmund Haffner (1699–1772) war der wirtschaftlich größte und erfolgreichste aller Salzburger Handelsfaktoren gewesen, ihre Mutter Maria Anna Haffnerin, verehelichte Triendlin (1734–1775), eine dementsprechend reiche Partie. Deren Vermögen hatte auch im Ehevertrag der Tochter von 1785 Niederschlag gefunden, indem dem überlebenden Witwer als Handlungsassocié der Faktorei im Falle des Vorhandenseins eines Kindes (ein Sohn Anton war 1785 zur Welt gekommen) ein Viertel des mütterlichen Erbes seiner Frau zustand.[177] Mit dieser Bestimmung wurde ein Kapitalabfluss verhindert. Um welche Summen es dabei ging, wird mit Blick auf einen Halbbruder von Maria Anna Haffner-Triendlin, also einen Onkel von Maria Aloisia Fendtin klar: Siegmund Haffner (1756–1787) hatte in seinem Testament allein den Wohltätigkeitseinrichtungen der Stadt die unvorstellbare Summe von 400.000 Gulden zugesprochen. Die wie auch immer geartete organisatorisch-administrative Hausarbeit der Frauen, deren hier genannte Männer alle in der Faktorei auch mit eigenem Vermögen eingebunden waren, stand offenbar nicht mehr in einem realistischen Verhältnis zum Kapitalausmaß der Faktorei. So ließe sich der zuvor zitierte Passus aus dem Kodizill von 1791 deuten. Maria Aloisia Fendtin war zu diesem Zeitpunkt 25 Jahre alt, ihr Mann 47 Jahre, der einzige Sohn noch ein Kleinkind. Wollte sie ihm damit eine baldige Wiederverehelichung erleichtern?

Diese Ausnahmeformulierung ist vor der Dominanz jener Eheverträge zu sehen, für die die Ehe eine paarorientierte Errungengemeinschaft war. Dies ist insofern besonders zu betonen, als die Verfasser des Allgemeinen Bürgerlichen Gesetzbuches 1811 von einem anderen Rollenverständnis der Frau beziehungsweise von einer anderen Einschätzung der Arbeit einer Ehefrau ausgingen. In den Vorstufen des ABGB, im Codex Theresianus 1766, im Josephinischen Gesetzbuch 1786 und im Westgalizischen Gesetzbuch 1797 war die Vermögensgemeinschaft der Eheleute unter dem Einfluss gemeinrechtlicher Terminologie und Vorstellungen als

174 Vgl. Barth-Scalmani, Salzburger Handelsfrauen.

175 Dabei handelt es sich um einen privatschriftlichen Zusatz zu einem Testament.

176 SLA, Verlassenschaften Stadtgericht, Nr. 208, Inventar vom 17. Mai 1791, Hervorhebung der Verfasserin im Zitat.

177 Die biografischen Angaben sind entnommen aus: Martin, Hundert Salzburger Familien, 59ff; Franz von Lospichl, Die Familien Haffner und Triendl. Ein Beitrag zu einer Salzburger Familien und Unternehmergeschichte, Salzburg 1970.

„Societas" beschrieben worden.[178] Dazu trat an der Wende vom 18. zum 19. Jahrhundert ein starker naturrechtlicher Einfluss hinzu, der den Inhalt der Begriffe und die damit verbundenen Vorstellungen veränderte. Für Karl Anton von Martini[179] wie für Franz von Zeiller,[180] die Gründungsväter des ABGB,[181] war die Ehe eine Gesellschaft, aber im naturrechtlichen Sinne: Sie sahen die „persönliche" Seite, die aus dieser Gesellschaft resultierenden Rechte und Pflichten, insbesondere im Hinblick auf die Unterhaltsverpflichtung des Mannes im Vordergrund. Weder für Martini noch für Zeiller war die Ehe primär eine Erwerbsgemeinschaft. Darin liegt der große Unterschied in der Auffassung vom Wesen der Ehe in Heiratsverträgen des 18. Jahrhunderts – wie sie etwa anhand der Salzburger Beispiele greifbar wird – und den zur Norm erhobenen Vorstellungen des Allgemeinen Bürgerlichen Gesetzbuches von 1811.

Das ABGB bestimmte bekanntlich den Mann zum Haupt der Familie und übertrug ihm die Verpflichtung, „der Ehegattin nach seinem Vermögen den anständigen Unterhalt zu verschaffen" (§ 91), und stellte für den Fall, dass keine besonderen Vermögensabsprachen getroffen worden waren, fest, dass im „Zweifel der Erwerb vom Manne herrühre" (§ 1237).[182] Damit wurden die Frauen um die Früchte ihrer Arbeit in der Hauswirtschaft gebracht. Denn bezeichnenderweise berücksichtigte Zeiller in seinem Kommentar zum neuen Gesetz nur die außerhauswirtschaftliche, mithelfende Tätigkeit von Frauen:

2. Was einem jeden Theile ursprünglich gehörte, läßt sich gewöhnlich aus Urkunden, Beschaffenheit oder Bezeichnung der Gegenstände, oder aus dem stäten ausschließenden Besitze ... erkennen. Zweifelhafter ist der *Erwerb*, besonders wenn, wie bey der arbeitenden und Gewerbe treibenden Classe, auch das Weib dazu mitgewirkt hat.
3. Im Allgemeinen streitet dennoch die Vermuthung des Erwerbes für den *Mann*, wozu das Weib, welches von ihm den angemessenen Unterhalt empfängt, ohne besonderen Lohn oder Gewinnsantheil nach ihren Kräften Gehülfe zu leisten verpflichtet ist ... Doch läßt diese Vermuthung aus anderen stärkeren Vermuthungen ... oder aus einem von dem Vermögen des Mannes abgesondert geführten Gewerbe u.d.gl. einen Gegenbeweis zu.

---

178 Vgl. Brauneder, Die Entwicklung des Ehegüterrechts, 270f und 256f; vgl. auch – allerdings sehr abstrakt und dogmengeschichtlich – ders., Gesellschaft – Gemeinschaft – Gütergemeinschaft, in: ders., Studien II: Entwicklung des Privatrechts, Frankfurt a. M. u. a. 1994, 229–265.

179 Vgl. Michael Hebeis, Karl Anton von Martini (1726–1800). Leben und Werk, Frankfurt a. M. 1996; Heinz Barta Hg., Karl Anton von Martini. Ein österreichischer Jurist, Rechtslehrer, Justiz- und Bildungsreformer im Dienste Maria Theresias, Wien 2007.

180 Ursula Floßmann, Artikel „Franz von Zeiller", in: Handwörterbuch zur Deutschen Rechtsgeschichte, Bd. 5, Berlin 1998, Sp. 1637–1642; Walter Selb u. Herbert Hofmeister Hg., Forschungsband Franz von Zeiller (1751–1828). Beiträge zur Gesetzgebungs- und Wissenschaftsgeschichte, Wien/Graz/Köln 1980.

181 Zu den Unterschieden ihrer Positionen vgl. Ursula Floßmann, Die beschränkte Grundrechtssubjektivität der Frau. Ein Beitrag zum österreichischen Gleichheitsdiskurs, in: Ute Gerhard Hg., Frauen in der Geschichte des Rechts. Von der Frühen Neuzeit bis zur Gegenwart, München 1997, 293–324, insbes. 295-305. Für Martini waren die Ehegatten von Natur aus gleich, daher sollten sie auch gemeinsam das Oberhaupt der Familie bilden (vgl. ebd., 296). Im Gegensatz dazu sah Zeiller aus natürlichen Gründen den Mann allein als das Oberhaupt der Familie an (vgl. ebd., 302).

182 Allgemeines bürgerliches Gesetzbuch (ABGB) für die gesammten Deutschen Erbländer der Oesterreichischen Monarchie, Wien 1811.

Mit diesen Erklärungen zur neuen Rechtsnorm verfestigte Zeiller die zunehmende Ausblendung der bis dahin selbstverständlich als solche, dann immer mehr als „außer"-häuslich bezeichnete Arbeit von Frauen. Dies veränderte in der Folge die gesellschaftliche Wahrnehmung und Wertschätzung von Frauenarbeit. Die Auswirkungen davon spürten die Ehefrauen von Handel- und Gewerbetreibenden, von Bauern und unselbständigen Arbeitern. Einem zeitgenössischen Juristen zufolge gab es aus diesem Grund bei Teilen der Bevölkerung zunächst Widerstand gegen die Durchsetzung des Güterrechts nach dem ABGB.[183] Doch in weiterer Folge umfasste die neue Sichtweise des ABGB alle Ehefrauen und wertete wie bei den Frauen des sogenannten bürgerlichen „Mittelstandes" ihre Arbeit um: Ihrer „häuslichen" Arbeitsleistung wurde in dem Maße der Charakter von gleichwertiger Arbeit abgesprochen, wie sie als freiwilliger, selbstloser, aus der Biologie der Frau entspringende Liebesdienst neu interpretiert wurde.[184]

7. Eheverträge und Erbkonstellationen: Gütertransfer im intergenerationellen Kontext

Eheverträge waren der schriftliche Schlusspunkt von Prozessen des Aushandelns über Transferleistungen zwischen Familien, die in der ständischen Gesellschaft Salzburgs eine vergleichbare soziale Position einnahmen, zugunsten ihrer Söhne und Töchter. Dazu kam die Verflechtung mit berufsspezifischen Interessen, weshalb die Partner vornehmlich der Erstehen meist dem gleichen Tätigkeitsfeld entstammten. Oft wurden zum Zeitpunkt der Eheverträge auch Übergabeverträge zwischen Eltern und ihren Söhnen oder Töchtern, die die „Gerechtsame" übernahmen, abgeschlossen. Neben den genauen Modalitäten der Geschäftsübergabe[185] regelten derartige Verträge auch die materielle Situation der „abtretenden" Generation, so etwa ihr Wohnrecht oder die Sach- und Geldleistungen für die Aufrechterhaltung eines eigenen Lebensbereiches.[186] Hinter dem Konzept von Ehe in vormoderner Zeit stand also nicht allein die Beziehung von Mann und Frau, sondern diese war verwoben mit dem Verband von Generationen. Familie umfasste dabei nicht nur die Kernfamilie von zwei Generationen, sondern

183 Vgl. dazu genauer Oskar Lehner, Familie – Recht – Politik. Die Entwicklung des österreichischen Familienrechts im 19. und 20. Jahrhundert, Wien/New York 1987, 24 und Anm. 49. Diese wichtige Frage ist auf Basis zeitgenössischer Quellen noch nicht genauer untersucht worden.

184 Zur Rolle der Frauen(arbeit) im Denken von Nationalökonomen vgl. Gunda Barth-Scalmani, Die Thematisierung der Haus-/Frauenarbeit bei Lorenz von Stein in: Brigitte Mazohl-Wallnig Hg., Bürgerliche Frauenkultur im 19. Jahrhundert, Wien/Köln/Weimar 1995, 81–124.

185 Vgl. SLA, Verlassenschaften Stadtsyndikat, Nr. 683: Dieser Übergabevertrag von Johann Peter Metzger an Kajetan Metzger vom 23. November 1794 regelte beispielsweise nur das Geschäftliche.

186 Vgl. SLA, Verlassenschaften Stadtgericht, Nr. 204: Joseph Kaspar Freysauff übergab an seinen Sohn Joseph Benedikt am 10. Juni 1787; SLA, Verlassenschaften Stadtsyndikat, Nr. 346: Georg Christoph Hagenauer übergab an seinen Schwiegersohn Christian Reiffenstuhl wie bereits im Ehevertrag versprochen am 7. Oktober 1741; AStS, Stadtratsprotokoll 1792, fol. 258–267, Übergabevertrag des Spezereiwarenhändlers Andreas Hofer an seine Tochter Ottilie anlässlich ihrer Verehelichung mit Anton Paschinger; AStS, Stadtratsprotokoll 1799, fol. 451–463, Ratifizierung und Protokollierung der Übergabe der Tuch- und Seidenwarenhandlung des Matthias Ranftl an seine Enkelin Theresia Hagenauerin anlässlich ihrer Verehelichung mit Joachim Schmuck.

zumindest drei Generationen inklusive der unverheirateten Verwandten von Eltern und Großeltern.[187]

Der Transfer von materiellen Gütern zwischen den Generationen ist in Form von Eheverträgen und damit in Verbindung stehenden Übergabeverträgen zugänglich, der emotionelle Hintergrund bleibt uns dem gegenüber wohl verschlossen. Die im Umfeld solcher intergenerationellen Transfervorgänge vorkommenden Kompensationsstrategien könnten durch die Analyse von testamentarischen Verfügungen beziehungsweise ihrer Umsetzung in den Verlassenschaftsabhandlungen erfasst werden. Allerdings handelte es sich dabei um die Zusammenschau von jahre- mitunter jahrzehntelangen Planungsszenarien – zwischen dem Beginn einer Ehe mit dem Ende eines Lebens. Die Perspektive bei einer Eheschließung war immer langfristig angelegt. Heiratsverträge enthielten so zumeist auch einen Verweis auf die Endlichkeit der Ehe, in Formulierungen wie: „ist wegen der unaußbleiblichen von gott verordneten todtfähl abgeredt worden", „ist auf die sterbefälle abgeschlossen worden" oder „welche aber der barmherzige *Gott* zu beede braut personen sonderbaren vergnügen bis in die spätesten jahre gnädiglich verhütten wolle". Heiratsverträge versuchten daher, die materiellen Konsequenzen des Todesfalles eines der beiden Ehepartner zu einem nicht vorhersehbaren Zeitpunkt in der Zukunft für den überlebenden Ehepartner kalkulierbar zu machen und zu steuern. Nicht zuletzt haben die Schwierigkeiten des modernen Pensions- und Rentensystems zu einem neuen Interesse für vormoderne Altersvorsorgemodalitäten geführt.[188]

Umfangreich und oft sehr detailliert sind die Bestimmungen für das Ableben eines Ehepartners. Meist wird zuerst das Szenario für das Ableben des Mannes durchgespielt; die Regelungen für die Witwe gehen also jenen für den überlebenden Witwer voraus. Dabei lässt sich auch das Interesse der Herkunftsfamilien am Besitz des jeweiligen Kindes unterschiedlich stark greifen, das vornehmlich dann zum Tragen kommen sollte, wenn keine Kinder aus der geplanten Ehe vorhanden sein würden. Je nach Art des Ehevertrages traten unterschiedliche Folgen ein: Im Falle einer allgemeinen Gütergemeinschaft war der überlebende Teil Alleinerbe der Vermögenshälfte (mit Ausnahme der Paraphernalgüter, die an die Herkunftsfamilie des beziehungsweise der Verstorbenen zurückfielen. Wurde eine partielle Vermögensgemeinschaft vereinbart, hatte der überlebende Witwer respektive die überlebende Witwe mit den Kindern zu teilen. Was mit den Heiratsgaben – Heiratsgut, Widerlage und Morgengabe – zu geschehen hatte, wurde sehr genau geregelt. Dazu kamen genaue Erbregelungen sowohl für den Fall von Kinderlosigkeit als auch für das Vorhandensein von ehelichen Kindern. So wurden im ersten Fall zumeist die Eltern oder Geschwister der Eheleute, also die Herkunftslinie mit Dotationen bedacht, deren Höhe üblicherweise im Vorhinein begrenzt wurde. Der überlebende Ehepart-

187 Vgl. dazu allgemein Heide Wunder, „Er ist die Sonn', sie ist der Mond". Frauen in der Frühen Neuzeit, München 1992, 244ff. Genauer für ausgewählte Regionen und Schichten vgl. etwa Margareth Lanzinger, Generationengerechtigkeit mittels Vertrag. Besitz- und Vermögensregelungen zwischen Reziprozität und Unterordnung, Ausgleich und Begünstigung, in: Stefan Brakensiek, Michael Stolleis u. Heide Wunder Hg., Generationengerechtigkeit? Normen und Praxis im Erb- und Ehegüterrecht 1500–1850, Berlin 2006, 241–263; Gertrude Langer-Ostrawsky, Bäuerliche Testamente als Instrumente der Generationengerechtigkeit in der niederösterreichischen Stiftsherrschaft Göttweig (18./19. Jahrhundert), in: ebd., 265–280.

188 Vgl. beispielsweise Josef Ehmer, Sozialgeschichte des Alters, Frankfurt a. M. 1990; ders. u. Peter Gutschner Hg., Das Alter im Spiegel der Generationen. Historische und sozialwissenschaftliche Beiträge, Köln/Weimar 2000; Brakensiek/Stolleis/Wunder, Generationengerechtigkeit.

ner oder die überlebende Ehepartnerin musste solche Bestimmungen später in einem eigenen Testament beachten. Man konnte diese nur umgehen, wenn man zu deren Erfüllung auf eigenes Vermögen zurückgreifen musste. Dabei wurde zusätzlich berücksichtigt, von welcher Seite die Konzession herkam und wie der oder die Überlebende im Falle einer Wiederverehelichung damit verfahren sollte. Insgesamt entsteht der Eindruck, dass dem ohne Kinder überlebenden Teil die wirtschaftliche Grundlage für eine neue Wiederverehelichung nicht zerstört werden sollte.

Der älteste Vertrag im ausgewerteten Sample, jener zwischen Andree Mayr und Margarethe Mohrin aus dem Jahr 1713, trifft für all diese Eventualitäten Vorkehrungen, verglichen mit späteren in recht einfacher Weise.[189] Sollte der Handelsfaktor Andree Mayr vor seiner Frau sterben, so hätte seine Witwe lebenslang den Fruchtgenuss seiner Widerlage von 500 Gulden zu beziehen. Nach ihrem Tod musste der Betrag „auf den stammen, alwo es herkommen wiederumben zurucks fahlen“. Das gleiche galt im Falle seiner Witwerschaft für das Heiratsgut von ebenfalls 500 Gulden. Darüber hinaus gab es keine Ansprüche der Herkunftsfamilie. Jeder der Ehepartner konnte jedoch mittels Testament über das jeweils eigene Sondergut entsprechende Verfügungen treffen. Die Morgengabe stand beim Vortod der Frau den Kindern zu. Waren keine Kinder vorhanden, so ging die Hälfte an die Verwandten der verstorbenen Frau, die andere Hälfte wurde Eigentum des überlebenden Mannes. Da die Konzession der Faktorei von den Eltern der Frau stammte, musste er im Falle des Vorhandenseins von Kindern diesbezüglich eine Übereinkunft treffen, ehe er an eine Wiederverehelichung denken konnte.[190] Dies sollte die Kinder aus der ersten Ehe wirtschaftlich gegenüber möglichen Kindern aus einer zweiten Ehe des Vaters absichern.

Je nachdem, wie viel und was also Mann und Frau von Seiten ihrer Herkunftsfamilien in die Ehe eingebracht hatten, mussten sie die Verwandten des verstorbenen Ehepartners finanziell berücksichtigen. Dabei wurde jedoch zur materiellen Absicherung des überlebenden Eheteils und zugleich für den Fortbestand des Betriebes eine Höchstgrenze festgesetzt, wie im Heiratsvertrag zwischen dem Weißbäckersohn Franz Egg und der Bierbrauertochter Maria Josepha Eschenbacherin:

> Drittens ist auf die todfälle ... beschlossen worden, daß im fall herr hochzeiter vor seiner jungfrau hochzeiterin ohne kinder aus dieser ehe verstürbe, sodann die überlebende witwe von dem gemeinsamen vermögen, nemlich was dermalen zusammen geleget und bis dahin erhauset wird, seinen nächsten anverwandten oder nach seiner dihsposition nur 1200 fl. ... und was sich an paraphernal gut zeiget, hinauszugeben, all übriges aber ihr getreulich zu händen verbleiben habe. Soll aber
> Viertens jungfrau hochzeiterin eben ohne hinterlassung eines kindes vor ihren herren hochzeiter das zeitliche segnen, so giebt selber ihren nächsten anverwandten oder nach ihrer dihsposition vom gemeinsamen vermögen 1500 fl. ... nebst dem eingebrachten Paraphernal und ihrer einrichtung hinaus, alles übrige aber bleibe ihm in unangefochtenen eigenthum.[191]

Der Unterschied der Summen, die an die jeweilige Herkunftsfamilie zu zahlen waren, erklärt sich durch die nicht ganz ausbalancierte Ausgangssituation, da Maria Josepha Eschenbacherin

189 SLA, Verlassenschaften Stadtsyndikat, Nr. 4039 bei 708, Heiratsvertrag zwischen Andree Mayr und Margarethe Mohrin aus dem Jahr 1713 (Transkription Salzburg Nr. 1 im Anhang sowie die Tafeln 5 und 6).

190 SLA, Verlassenschaften Stadtsyndikat, Nr. 4039 bei 708, §§ 5 und 6.

191 SLA, Verlassenschaften Stadtsyndikat, Nr. 192 (Transkription Salzburg Nr. 10 im Anhang).

im Jahr 1783 ein Heiratsgut von 2.400 Gulden eingebracht und der wirtschaftlich noch nicht selbstständige Weißbäckerssohn ihr dafür die Hälfte seines Besitzes vermachte hatte.

Die aus einer kinderlos gebliebenen Ehe resultierenden Zahlungen an die jeweiligen Herkunftsfamilien waren vor allem in jenen Wirtschaftsgruppen wichtig, in denen keine Alterssicherung durch vorhandenes Vermögen möglich war. Sie kommen daher bei den Handelsleuten, den Wirten und Bierbrauern kaum vor. Dort finden sich selten Zahlungsvereinbarungen des überlebenden Ehepartners für die Eltern(teile) des Verstorbenen, weil diese ihre Alterssicherung in den mit den Eheschließungen meist parallel verlaufenden Geschäftsübergaben wirtschaftlich geregelt hatten. Die verwitwete Mutter des Handelsmannes Joseph Ranftl sollte beispielsweise im Falle seines Ablebens von der zukünftigen Schwiegertochter jährlich 150 Gulden beziehen.[192]

Die in den Eheverträgen vorkommenden Zahlungen an die Herkunftsfamilien betreffen in diesem sozialen Umfeld mehr die Geschwister der Ehepartner und haben eher eine emotionale Seite, als dass sie entscheidend für die wirtschaftliche Lebensbewältigung des oder der Bedachten gewesen wären. So vereinbarten etwa Maria Viktoria Rauchenbichlerin (1741–1811) und Johann Ignatz Heffter (1739–1818) in der Abänderung ihres Heiratspaktes von 1762 in einem Ehepakt von 1772, dass im Falle Vortodes der Frau deren beide Schwestern zusammen 1.000 Gulden „zu einen angedenken" erhalten sollten, im Falle seines Todes sein Bruder 1.000 Gulden „als ein angedenken". Nach diesem formelhaften Passus folgt der eigentliche Grund: „oder vielmehr in rücksicht der ihr verheyratheten eisengeschmeidshandlung".[193] Johann Ignatz Heffter hatte 1765 nämlich die väterliche Leinenhandlung gemeinsam mit seinem Bruder Franz Xaver Nikolaus (1747–1783), die Eisenhandlung jedoch alleine übernommen. Auch die Schwestern von Frau Hefftterin, deren Vater ebenfalls eine Handlung betrieben hatte, waren nicht bedürftig: Katharina (1733–1877) hatte den aus Tirol stammenden Handelsmann Johann Schöpfer (†1782) geheiratet und Maria Anna (1739–1808) den hochfürstlichen Beamten Felix Rudolf Agliardis (1727–1808).[194]

Die diesbezüglichen Bestimmungen im Ehevertrag des Bäckermeisters Fux waren für Gewerbetreibende typischer: Seine Witwe sollte im Falle von Kinderlosigkeit seinen Verwandten höchstens 100 Gulden, er ihren Verwandten hingegen höchstens 200 Gulden geben, „weillen ihr vermögen das seinige überstigen".[195] Die Kaffeesiederin Pachmayrin hatte zum Zeitpunkt der Eheschließung 1787 vier Geschwister, und der Bräutigam, der Domkapitel-Beamte Ehrichs, hatte drei; auch lebte seine Mutter noch. So sollte bei kinderlosem Ableben eines der beiden die jeweils betroffenen vier Verwandten 400 Gulden bekommen. Die Detailregelung ging aber weiter und legte fest, dass etwa beim Ableben von Ehrichs Mutter oder eines der Geschwister die 400 Gulden nicht aufzuteilen wären, sondern jedes der lebenden Geschwister trotzdem nur 100 Gulden bekommen sollte.[196] Es zeigt sich auch hier wieder das Bestreben, den überlebenden Eheteil wirtschaftlich möglichst wenig zu belasten.

192 SLA, Verlassenschaften Stadtgericht, 1820, Nr. 1266, § 6.

193 SLA, Verlassenschaften Stadtgericht, 1811, Nr. 440, §§ 4 und 5 (Transkription Salzburg Nr. 6 im Anhang).

194 Vgl. Martin, Hundert Salzburger Familien, 134, 304, und Salzburger Mozart Lexikon, 5.

195 SLA, Verlassenschaften Stadtsyndikat, Nr. 2124 bei 202; §§ 4 und 5.

196 SLA, Verlassenschaften Stadtsyndikat, Nr. 190, §§ 5 und 6 (Transkription Salzburg Nr. 12 im Anhang).

Mitunter wurde auch penibel angegeben, welche Verwandtschaftsgrade mit welcher Summe zu berücksichtigen waren.[197] Im Vertrag der Gürtlermeisterin Ortin findet sich der Hinweis, dass die Eltern des vor der Eheschließung unbemittelten Mannes im Falle von dessen Vortod eine „legitimam von der erhausten Vermögenshälfte“[198] und damit quasi eine Alterssicherung bekommen sollten, wenn der Sohn sie nicht mehr direkt unterstützen konnte.

Abgesehen von solchen Regelungen hatte die Herkunftsfamilie eines verstorbenen Ehepartners, wenn es Kinder aus der Ehe gab, keine Ansprüche auf das durch die Ehe begründete Vermögen. Jeder Ehepartner, der über eigene Paraphernalgüter verfügte, konnte jedoch in seinem Testament aus diesem „Sondergut“ beziehungsweise eigenem Vermögen Verwandte bedenken. Bei den Handelsleuten und ihren Frauen nahmen die „geistlichen“ und „weltlichen“ Legate in den Testamenten oft beträchtliche Summen an. Dies war für ein geistliches Fürstentum mit seinen zahlreichen Klöstern und mildtätigen Stiftungen nicht untypisch. Der soziale Rang spiegelte sich auch in der Anzahl der Messstiftungen, dem Ausmaß der Spenden an Klöster und karitative Einrichtungen sowie in den an die „Hausarmen“ und „bey der almosenertheilung daselbst jedem armen“ vor der Kirche verteilten Kreuzer.[199] Bei den weltlichen Vermächtnissen erhielten die nichtfamiliären Mitglieder der Hausgemeinschaft Legate, also die weiblichen und männlichen Dienstboten (meist einen Jahreslohn, die Bettstatt und Bettwäsche, Kleider des oder der Verstorbenen) und Handlungsmitarbeiter. Verwandte wurden mit Zahlungen oder bestimmten Schmuckstücken bedacht.

In Bezug auf Witwen fällt in einigen Verträgen auf, dass hinsichtlich von deren Lebenshaltungskosten und Wohnrecht bereits am Beginn der Ehe oft relativ genaue Vorstellungen herrschten. Indem sie in den Ehevertrag aufgenommen wurden, präjudizierten sie den in der Zukunft zu schließenden Übergabevertrag. Damit wurde schon zum Zeitpunkt der Eheschließung ein genaues nacheheliches Szenario entworfen, das Konflikten aufgrund der Wohnverhältnisse in den mehrstöckigen Stadthäusern vorgebeugt haben dürfte. Lorenz Hagenauer sicherte seiner Schwiegertochter zu, ihr die Wohnung im Haus im Witwenstand unentgeltlich zu überlassen sowie 200 Gulden für ihren Lebensunterhalt. Im Falle einer Wiederverheiratung wurden diese Bezugsrechte hinfällig. Zugleich wurde auch festgehalten, dass sein Sohn ab dem Zeitpunkt der Geschäftsübernahme diese Regelung für Witwensitz und Unterhalt übernehmen müsse.

Für die Konstellation, dass zuerst ein Elternteil verstarb und der andere mit einem oder mehreren Kindern zurückblieb, finden sich neben den immer behandelten Ansprüchen der Kinder auf ihr Erbe interessante Regelungen hinsichtlich der Erziehungs- und Versorgungspflichten. Kinder erbten im Regelfall die Vermögenshälfte des verstorbenen Elternteils. Deswegen musste der überlebende Elternteil im Falle einer neuerlichen Eheschließung mit den Kindern aus erster Ehe einen Erb- oder Übergabevergleich abschließen. Der Vater des erwähnten Weißbäckers Egg verstarb im April 1775, und im November des gleichen Jahres schloss seine verwitwete Mutter Barbara Ratzingerin mit ihren vier Kindern einen Übergabekontrakt. Demnach musste sie nach letztwilliger Anordnung ihres Mannes die Bäckerei für zehn Jahre als Gemeinschaftsbesitz betreiben, dann sollte „das dauglichste aus denen Kindern zum Besitz

197 Vgl. SLA, Verlassenschaften Stadtsyndikat, Nr. 190, Heiratsvertrag von Maria Josepha Pachmayrin und Leopold von Ehrich.

198 SLA, Verlassenschaften Stadtsyndikat, Nr. 183.

199 Barth-Scalmani, Der Handelsstand der Stadt Salzburg, 283ff.

gelangen". Damit aber die Verwaltung des Betriebes mit den Vormündern der Kinder, die nach der Landesordnung von 1526 zu bestellen waren,[200] nicht zu Komplikationen führte, sollte sie in dieser Zeit vollkommen über das gesamte Vermögen verfügen können. Das väterliche Erbe der Kinder verblieb im Betrieb und musste bis zum 18. Geburtstag der Kinder jährlich mit vier Prozent verzinst werden. Erst dann hatte es die Mutter auf Verlangen auszuzahlen. Zugleich hatte sie für die Erziehungs- und Ausbildungskosten aufzukommen. Umgekehrt hatten die Kinder Verpflichtungen ihrer Mutter gegenüber: Sollte die einzige Tochter nach Erreichung des 18. Lebensjahres noch zu Hause leben, so hätte sie von ihrem Erbteil ein Kostgeld an die Mutter zu zahlen, diese durfte aber nicht mehr als 35 Gulden jährlich verlangen.

Um die Relevanz dieser Summen einigermaßen abschätzen zu können, zum Vergleich einige Hinweise auf die Entlohnung von städtischen Dienstbotinnen: Im Jahr 1781 erhielten Köchin und Stubenmagd im Haushalt der jungen Handelsfaktorsfrau Elisabeth Haffner 18 Gulden Jahreslohn, dazu 5 Gulden sogenanntes Biergeld neben freier Unterkunft und Verpflegung.[201] Maria Theresia Oberfrinningerin, deren Mann die von ihren Eltern herstammende Muralt'sche Tuch- und Seidenwarenhandlung betrieb, bestimmte in ihrem Testament 1796 für die Köchin einen Jahreslohn von 14 Gulden, für die Stubenmagd von 12 Gulden.[202]

Sollte eines der Kinder Egg während der Dienstzeit außer Haus die Stelle verlieren oder erkranken, so konnte es im Haushalt der Mutter freie Verpflegung und Betreuung erwarten,[203] deren Dauer in anderen Fällen jedoch auf wenige Monate oder Wochen beschränkt war. – Nach dem Tod seiner Frau am 11. Juni 1777 schloss der Bierbrauer Rupert Egger mit seinen vier kleinen Kindern beziehungsweise dessen zwei Vormündern einen Erbvergleich, weil er sich im Mai 1778 wieder verehelichen wollte. Das jedem zukommende mütterliche Erbteil von 1.019 Gulden erhöhte er „aus sonderbahrer väterlichen guten neigung und in rücksicht, daß das sämtlich aufliegende [Immobilien] in eine ganz billichen anschlag gebracht worden" auf 1.500 Gulden und verpflichtete sich zur Auszahlung jeweils an ihrem 22. Geburtstag.[204] Sollte ein Kind seinen Erbteil länger in der Brauerei liegen lassen, wurde dafür eine vierprozentige Verzinsung – wie in den meisten Verträgen mit Kindern aus erster Ehe üblich – vereinbart.[205]

So legte der Übergabe- oder Erbvertrag zwischen einem überlebenden Teil des Ehepaares und seinen Kindern für beide beteiligten Generationen Rechte und Pflichten fest. Die Mütter

200 Vgl. Salzburger Landesordnung 1526, 183–205.

201 SLA, HS M 81, vgl. genauer dazu Gunda Barth-Scalmani, Weibliche Dienstboten in der Stadt des ausgehenden 18. Jahrhunderts. Leopold Mozarts „Seccaturen mit den Menschern", in: Mitteilungen der Gesellschaft für Salzburger Landeskunde, 137 (1997), 199–218, 209.

202 SLA, Verlassenschaften Stadtgericht, Nr. 469. Zum wirtschaftlichen Vergleich beider Zahlen noch ein paar Anhaltspunkte: Die Handelsfaktorei Haffner, das größte Haus am Platze, versteuerte rund das sechsfache der Handlung Muralt.

203 SLA, Verlassenschaften Stadtsyndikat, Nr. 192, Übergabevertrag vom 3. November 1775. Ein Kind des Franz Egg senior aus dessen erster Ehe (Erbvertrag aus dem Jahr 1750, drei Jahre vor dem Ehevertrag von 1753) war offensichtlich schon ausbezahlt worden oder war nicht mehr am Leben; es müsste circa 19 Jahre alt gewesen sein, wird aber nicht erwähnt.

204 Das Alter, in dem die Auszahlung des Erbes nach einem Elternteil erfolgen sollte, ist nicht immer gleich. In anderen Verträgen findet sich auch das 20. Lebensjahr, ab dem 25. Lebensjahr konnte sich ein Kind ohne Zustimmung des Vaters „mit einer ersamen person vermächlen". Vgl. Salzburger Landesordnung 1526, 175f.

205 SLA, Verlassenschaften Stadtsyndikat, Nr. 182.

wurden zu einem sorgsamen Umgang mit dem wirtschaftlichen Erbe der Kinder als Teil des Betriebskapitals und zu angemessenen Ausbildungskosten verpflichtet, von Vätern wurde dies von vornherein angenommen. Zugleich wurde damit sichergestellt, dass die Kinder ab der Erreichung der eigenen Erwerbsfähigkeit nicht erwarten konnten, von ihrer Mutter rundum mitversorgt zu werden. In manchen Eheverträgen sind für die überlebende Witwe als Mutter genauere Anweisungen schon integriert, die ihre Stellung gegenüber den Vormündern erleichterten. Im Falle des Todes des Eisenhändlers Franz Xaver Gschwentner sollten die Kinder bis zu ihrer Großjährigkeit von der Mutter, „weil sie doch in absicht auf ihr künfftig zeitliches und ewiges wohl niemand besser als ihrer leibwerthesten frau mutter anvertraut- und empfohlen werden können,“ standesgemäß erzogen und verköstigt werden. Unabhängig von einer möglichen Wiederverehelichung der Mutter sollten die Kinder eine *„compagnie“* bilden, mit ihr die Handlung fortführen und das Haus behalten. Für dieses detailliert ausgeführte Szenario gab es vermutlich familieninterne Gründe: Denn der älteste Bruder ihres Mannes war ins Benediktinerstift Mondsee eingetreten, ein jüngerer 23-jährig in Augsburg, wo er ausbildungshalber war, verstorben. Ihr Mann war zum Zeitpunkt der Ehe schon 42 Jahre alt, außer ihm gab es nur mehr einen Bruder.[206] Nach Abzug der Fixkosten für Haushaltsführung und das Betreiben der Handlung sollte der jährlich in einem Inventar zu ermittelnde Gewinn zwischen Mutter und Kindern geteilt werden. Auch für die Übernahme der Handlung durch einen Sohn oder eine Tochter nach dem 24. Lebensjahr gab es ganz genaue Vorgaben. Im Falle des Vortodes der Kinder beziehungsweise nach Übergabe der Handlung wurde ihr ein Witwensitz, die „zinsfreye und meublirte wohnung im dritten stocke des Gschwendnerischen hauses“,[207] zugewiesen und ein jährliches Witwengehalt von 400 Gulden, für dessen Sicherstellung 10.000 Gulden in der Handlung hypothekarisch gesichert veranlagt und mit vier Prozent jährlich verzinst wurden.[208] Knapp zwei Jahre, nachdem dieser Ehevertrag, einer der ausgefeiltesten aus dem Salzburger Handelsmilieu, unterzeichnet worden war, starb Klara Gschwentnerin, ihr Ehemann überlebte sie 16 Jahre und heiratete nicht mehr wieder.

Waren Frauen der überlebende Teil eines Ehepaares, so wurde ihnen laut Ehevertrag in den meisten Fällen freie Hand hinsichtlich der Konzession gelassen. Diese stellte nicht nur einen Rechtstitel dar, sondern sie hatte in einer begrenzten Wirtschaft auch einen materiellen Wert. Daher sind neben privatrechtlichen Abmachungen, wie sie in den Eheverträgen niedergeschrieben wurden, auch die Regeln der Zunft oder der Berufsgenossenschaft zu berücksichtigen. So konnten Witwen eine gewisse Zeit den Betrieb alleine fortführen, sofern sie dazu fachlich in der Lage waren. Doch meistens war ihnen eine bestimmte Frist bis zu einer Wiederverehelichung mit einem Zunftangehörigen vorgeschrieben oder empfohlen. Sie konnten daher nicht ohne weiteres persönliche Entscheidungen im modernen Sinne treffen, sondern hatten als Standespersonen zu handeln.

Zusammenfassend kann man sagen, dass Eheverträge selbst bereits Vorkehrungen für das Ableben eines Ehepartners enthielten und in diesem Sinne vorweg genommene Erbvereinbarungen darstellten. Meist wurde innerhalb der Familie der Vermögenstransfer zwischen den Generationen zusätzlich zu einem Ehevertrag durch einen Übergabevertrag geregelt. Dadurch entstand nicht bloß Kontinuität hinsichtlich des Besitzstandes: Gesellschaft und ihre

206 Vgl. Martin, Hundert Salzburger Familien, 264f.

207 Martin, Hundert Salzburger Familien, 265. Dabei handelt es sich um das Haus Getreidegasse 16.

208 SLA, Verlassenschaften Stadtsyndikat, Nr. 2235 bei 279, §§ 6, 7 und 10.

Weiterexistenz wurde im Bewusstsein der Menschen der Frühen Neuzeit wesentlich über die Generationenfolge im Haushalt hergestellt.[209] Die Generationen trugen wechselseitige Verantwortung füreinander.[210] Ehe- und Übergabeverträge sind daher umfassender als bisher auch als Regelungssystem zwischen den Geschlechtern *und* Generationen zu analysieren.

Je nach der vermögensrechtlichen Ausgangssituation bei Beginn der Ehe, könnte man das Überleben *mit* Kindern als günstiger für die Frauen ansehen. Denn im Sinne der gegenseitigen Verantwortung der Generationen hatten sie dabei die Substanz des Betriebes zu erhalten beziehungsweise auszubauen. Wenn man die Lebensphasen und Positionen der Frauen als Tochter, Ehefrau, Mutter, Witwe, übergebende Mutter als Stufen darstellen würde, so könnte man die privaten Verträge als das darunterliegende Netz ansehen, in dem ihre verschiedenen Verantwortungsbereiche miteinander verknüpft wurden.

8. Resümee

Einige Charakteristika der Eheverträge des altständischen Bürgertums der Stadt Salzburg lassen sich folgendermaßen zusammenfassen: Zunächst war das Aushandeln und Abschließen von Eheverträgen durchaus üblich. Da den Eheverträgen im Zuge der Verlassenschaftsabhandlungen wegen der sich daraus ableitenden materiellen Ansprüche Bedeutung zukam, liegen sie beim Handel- und Gewerbe treibenden Bürgertum meist als Originaldokumente diesem Quellenkomplex bei. Die inhaltliche Analyse zeigt, dass das gesamte Spektrum an Heiratsgütern vorkam. Die einzelnen Vertragspunkte waren zwischen Männern und Frauen praktisch parallel konstruiert, so dass ehegüterrechtlich ausgewogene Verhältnisse herrschten. Dahinter stand die Vorstellung von der Ehe als Wirtschaftsgemeinschaft von Frau und Mann, die gemeinsam Besitz und Vermögen „erhausten“. Die jeweiligen Herkunftsfamilien hatten darauf keinen Anspruch, selten wurde dieser überhaupt thematisiert und wenn, dann nur um in der Höhe gleich begrenzt zu werden. Dabei ging es meistens um die Versorgung alter überlebender Eltern(teile), Bestimmungen, die allerdings nur im ärmeren (Klein-)Gewerbe aufgenommen wurden; das Handelsbürgertum regelte seine Altersversorgung überwiegend im Rahmen der Übergabeverträge der Handelskonzession. Diese wurden oft zeitgleich mit der Eheschließung des übernehmenden Sohnes oder der übernehmenden Tochter abgeschlossen. Im Falle der Verwitwung hatte der überlebende Ehepartner das Vermögen mit den Kindern je zur Hälfte zu teilen. Die Ansprüche der Kinder blieben auch bei der Wiederverehelichung des überlebenden Elternteiles bestehen und wurden meistens in separaten Verträgen vor Abschluss der zweiten Ehe festgehalten. An diesem individuell und je nach Wirtschaftsbranche und wirtschaftlicher Leistungsfähigkeit variierten Grundmuster von Eheverträgen zeigt sich, dass der materielle Aspekt der Eheschließung zwischen Mann und Frau, nicht nur diese Generation betraf, sondern insgesamt drei Generationen: die Herkunftsfamilien der Brautleute ebenso wie die Kinder, die sich das Brautpaar „mit Gottes Segen“ erhoffte.

Insgesamt ist davon auszugehen, dass bei allen sozialen Schichten das Wissen um die Vertragsnatur der Ehe und ihrer Rechtsfolgen für Besitz und Vermögen von Frauen und Männern gegenwärtig war. Die aus der Salzburger Landesordnung von 1526 bewusst ausführlich zitier-

209 Wunder, „Er ist die Sonn', sie ist der Mond“, 95.

210 Vgl. Ehmer, Sozialgeschichte des Alters.

ten Passagen zur Ehe zeigen dies eindeutig. Das gegenwärtige Bild der (Privat-)Rechtskultur ist von der Vorstellung geprägt, dass Eheverträge nur bei großem (Industrie-)Vermögen notwendig seien.[211] Historisch kam ihnen – wie die genauere Analyse von Eheverträgen aus der Zeit vor dem ABGB 1811 erwiesen hat, sozial breite Relevanz zu. Mündliche Ehevereinbarungen wurden amtlicherseits genauso akzeptiert wie schriftliche.

Abschließend sei die Frage gestellt, ob Eheverträge eine geeignete Quelle sind, um das Verhältnis der Geschlechter in der Frühen Neuzeit zu erfassen: Die analytische Entflechtung dieses Verhältnisses ist nicht ganz einfach, da es rhetorisch – nicht bloß sprachlich – in einen rechtsspezifischen Diskurs mit zeitgenössischen Fachtermini eingebettet ist, der das unmittelbare Verständnis erschwert. Sprachlich und rechtshistorisch müssen die Schichten freigelegt werden. Die heute – zumindest normativ – gegebenen prinzipiellen Rechte eines Individuums (die allgemeinen Menschenrechte, die staatsbürgerlichen Rechte) ohne Ansehen des Geschlechts machen es nicht leicht, sich vorzustellen, dass in der Vormoderne Rechte nicht bloß mit dem Stand und dem Geschlecht zusammenhingen, sondern auch mit den Durchsetzungsmöglichkeiten des individuellen Handelns.

Die Stellung der Frauen in den Verträgen hing weniger von ihrem Geschlecht ab, als von ihrer Position innerhalb des Familienverbandes. Dazu kamen die Vermögensumstände der beiden Familien, aus denen die Ehepartner stammten, und der soziale Rang der einzelnen Familien innerhalb der Berufsgruppe, in der die Heirat stattfand. Darüber hinaus spielte die Art des Gewerbes eine Rolle, denn die Frau eines Handelsherren konnte die Entwicklung der gemeinsamen Vermögensverhältnisse aufgrund der elaborierten Buchführung eher nur mit Vermittlung von fachkundigen Männern nachvollziehen, Frauen von Gewerbetreibenden, etwa Brauwirtinnen oder Bäckermeisterinnen, hingegen vermochten die Entwicklung des Geschäfts nach den Beobachtungen ihres Arbeitsalltags selbst zu beurteilen.

Eheverträge spiegeln somit vorrangig den wirtschaftlichen Alltag von Angehörigen der ständischen Gesellschaft wieder. In diesem Punkt wird die Analyse von Eheverträgen ergänzenden Charakter haben zu den Befunden, die aus anderen Quellengattungen bekannt sind. Eheverträge sollten nicht isoliert betrachtet werden, weil dann ihre Funktion im Generationenverband übersehen wird. Denn gleich wie Männer konnten auch Frauen Besitz und Vermögen im Erbwege erhalten und weitergeben und Vermögen auf diese Weise für die ständische Wirtschaft mobilisieren. Die Beschäftigung mit Eheverträgen macht daher erst Sinn, wenn sie im intergenerationellen Kontext analysiert werden, das heißt, im Zusammenhang mit Übergabeverträgen, die meistens zeitgleich mit dem Eltern vereinbart worden sind, im Zusammenhang mit Testamenten oder Verlassenschaftsabhandlungen der Elterngenerationen der beteiligten Brautleute oder von diesen selbst, die Einblick geben, wie die Verträge gehandhabt worden sind. Daher wird das Auswerten von Eheverträgen sinnvollerweise zuerst auf Ebene einer Stadt, eines Dorfes, eines Gerichtssprengels ansetzen, in Bereichen, die das Verknüpfen von Personendaten und Rechtsgeschäften mehrerer Generationen ermöglichen.

Je mehr Rechtsverträge der Vormoderne in Zentraleuropa in ihrer Gestaltung erschlossen werden, desto deutlicher werden Verschiebungen und Brüche, die das Allgemeine Bürgerliche Gesetzbuch von 1811 – trotz seiner unbestrittenen Modernität – in geschlechtergeschichtlicher Hinsicht mit sich gebracht hat, heraustreten. Denn eines zeigt sich am Beispiel der analysierten

211 Dagegen kämpfen gerade Juristinnen an und empfehlen auch für heutige Eheschließungen einen Ehevertrag, um im Falle einer Scheidung Auseinandersetzungen zu vermeiden.

Eheverträge des altständischen Salzburger Bürgertums: Sie stellen die Ehe als eine – rechtlich oft unterschiedlich gestaltete – Erwerbsgesellschaft von Mann *und* Frau dar: Dabei stand der Gedanke des gemeinsamen Zugewinns während der Ehe im Vordergrund. Das Frauenbild des ABGB hingegen ist nicht denkbar ohne die in den letzten Jahrzehnten des 18. Jahrhunderts formulierten Ansichten von der spezifischen Andersartigkeit der Frau, in welcher Gestalt sie auch immer propagiert wurde, sei es medizinisch oder philosophisch.[212] Für das ABGB war die Ehe formal zwar ein naturrechtlicher Vertrag, in dem sich allerdings die Frau freiwillig dem stärkeren, mit größeren Verstandeskräften ausgestatteten Mann unterordnete.[213] Die Gründungsväter dieses Gesetzes erhoben jenes Ehe- und Familienmodell zur Norm, das ihnen als höhere Beamte vertraut war: [214] Der Mann ging einer außerhäuslichen Arbeit nach und verschaffte so den pekuniären Erwerb, die Frau führte den Haushalt, ihre Arbeit hatte nach außen hin unsichtbar zu sein. Dieses 1811 erst auf eine zahlenmäßig kleine städtische Schicht zutreffende Ehe- und Familienmodell wurde durch die zunehmende „Verbürgerlichung" vieler gesellschaftlicher Gruppen im Laufe des 19. Jahrhunderts zum bestimmenden gesellschaftlichen Leitbild. Dabei kam die Vorstellung der Ehe als Wirtschaftsgemeinschaft gleichwertiger Ehepartner allmählich abhanden, das Bild vom Mann, der durch seine Arbeit die Familie ernährt, wurde schichtenunspezifisch dominant. Die häusliche Arbeit der Frauen galt ab 1811 dem Gesetz nach nicht mehr als adäquater Beitrag zum ehelichen Unterhalt. Diese Rechtsauffassung zementierte die Inferiorität von häuslicher (Reproduktions-)arbeit dauerhaft, so dass man von einer rechtlich normierten *longue durée* sprechen kann. In Österreich wurde der diesbezügliche Punkt des ABGB im Jahre 1975, 165 Jahre, das heißt rund fünfeinhalb Generationen später, reformiert. Die alltagspraktischen Nachwirkungen dieser Ungleichwertung von männlicher und weiblicher Arbeit prägen die Gesellschaft bis heute.

212 Vgl. Claudia Honegger, Die Ordnung der Geschlechter. Die Wissenschaften vom Menschen und das Weib 1750–1850, Frankfurt a. M./New York 1991; Ute Frevert, Bürgerliche Meisterdenker und das Geschlechterverhältnis. Konzepte, Erfahrungen und Visionen an der Wende vom 18. zum 19. Jahrhundert, in: dies. Hg., Bürgerinnen und Bürger, Göttingen 1988, 17–48.

213 Franz von Zeiller, Das natürliche Privat-Recht, Wien 1819[3], 225f, § 161.

214 Bei Lehner, Familie – Recht, 50f, Anm. 20 und 21 finden sich einige Hinweise auf den biografischen Hintergrund der Kommissionsmitglieder, der im Zusammenhang mit der spezifischen Formulierung des neuen Ehe- und Familienmodells genauer analysiert werden müsste.

Anhang: Quellenbeispiele aus der Stadt Salzburg

Nr. 1: 1713 Heiratskontrakt zwischen dem Handelsfaktor Andree Mayr und Anna Margaretha Mohrin

Nr. 2: 1746 Heiratskontrakt zwischen dem Bäckermeister Joseph Fux und Anna Kallin

Nr. 3: 1747 Heiratsvertrag zwischen dem Handelsmann Joseph Ranftl und der Handelsmanntochter Maria Anna Lechnerin

Nr. 4: 1755 Heiratsabrede zwischen dem Bierbrauerssohn Franz Eschenbacher und der Bierbrauerstochter Maria Ursula Schallhartin

Nr. 5: 1766 Heiratskontrakt zwischen dem Schneidermeister Joseph Prandstätter und Magdalena Wirstin

Nr. 6: 1772 Ehepakt zwischen Johann Ignatz Heffter und Maria Antonia Rauchenbichlerin, zugleich Abänderung des Heiratskontraktes von 1762

Nr. 7: 1775 Heirathskontrakt zwischen dem Handelsmann-Sohn Anton Hagenauer und Maria Anna Ränftlin

Nr. 8: 1775 Heirathskontrakt zwischen dem Weißgerber Johann Georg Eder und der Bortenmachertochter Anna Magdalena Koglin

Nr. 9: 1781 Heiratskontrakt zwischen dem Handelsmann Franz Xaver Gschwendner und der Handelsmannstochter Maria Clara Socherin

Nr. 10: 1783 Heiratspakt zwischen dem Weißbäckerssohn Franz Egg und der Bierbrauerstochter Maria Josepha Eschenbacherin

Nr. 11: 1785 Ehepakt zwischen dem Kuttelwäscher Karl Pallauf und der Wirtstochter Anna Maria Schwartzin

Nr. 12: 1787 Ehevertrag zwischen dem Domkapitel-Beamten Leopold von Ehrich und der hofbefreiten Kaffeesiederin Maria Josepha Pachmayrin

Nr. 13: 1795 Ehepakt zwischen Johann Peter Metzger und seiner Frau Maria Susanna Poschingerin in Abänderung des ursprünglichen Heiratspaktes

Nr. 14: 1795 Heirathsvertrag zwischen dem Schlossermeister Simon Döttl und der Lötschenmeistertochter Katharina Zieglin

Nr. 15: 1796 Eherezeß zwischen dem Handelsmann Georg Oberfrinninger und Bäckerstochter Maria Anna Feyerle 1796

Nr. 16: 1800 Ehevertrag zwischen dem Schoppenmeister Matthias Gilmer und seiner Ehefrau Elisabeth Wegschaiderin

Nr. 17: 1808 Heiratskontrakt zwischen dem Silberarbeiter Georg Sedlmayr und der Uhrmacherstochter Anna Pendele

Salzburg Nr. 1: Heiratskontrakt zwischen dem Handelsfaktor Andree Mayr und Anna Margaretha Mohrin, 1713[1]

SLA, Verlassenschaften Stadtsyndikat, Nr. 4039 bei 708

In dem Namen
der Allerheiligsten unzerthailten
Dreifaltigkeit, Gott des Vatters,
Sohns und Gott des heiligen Geistes,
Amen

Ist zwischen titulirten herrn *Andreen Mayr*, angehender bürger und handls-*Faktor*n alhier in Saltzburg, als herrn hochzeitern *an ainem*: dan der edl vill ehrntugendreichen jungfrauen *Anna Margaretha Mohrin*, des edl und vesten herrn Mathias Mohrs auch handls-*Faktor*es alda bey dessen ehefrauen Maria Ursula gebohrene Rottin conlich erworbene tochter als jungfrau hochzeiterin *andern thails* folgender heuraths-*Contract* zu bayderseiths *contento* abgeredt- und beschlossen worden, inmassen wie hernach zu vernemen

Erstlichen sollen beede braut-persohnen biß auf priesterliche *confirmation* gegen einander verlübdt: und versprochen seyn, auch solch ihr eheverlübnis mit ehist bequemster gelegenheit in angesicht der christlischen kürchen bestettiget werden.

Zum andern thuen ernanter jungfrau hochzeiterin herzliebster herr vatter und frau mutter ersagten herrn hochzeiter zu ainem heurath-guth benantlichen *fünffhundert Gulden* in gut gangbarer landeswehrung zu behendigen: und gedachter jungfrau hochzeiterin mit ainer ihrem stand gemessener außferttigung zuversprechen, hiermit sich ercleren, dahingegen

Drittens will der herr hochzeiter solches heurath-guth mit andern *fünffhundert Gulden* dem gemainen lands-gebrauch nach widerlegen: und die jungfrau hochzeiterin mit *ainhundert undfünffzig Gulden* bemorgengaben, betrüfft also ermeltes heurath-guth, widerlag und morgengab in ainer Summa *ailffhundert und fünffzig Gulden* vorverstandener landeswehrung, solch alles solle auf sein herrn hochzeiters haab- und gültern, rechts unterpfandts weise hirmit und in craft dises versichert und vergewist seyn: und verbleiben, was nun

Vierttens ain oder anderer thail über hirobiges heurath-guth, widerlag und morgengab, auch außferttigung etwo noch an mitteln haben und künfftiges durch erbfall oder in ander gebührliche weeg überkommen mechten, daß alles soll ihr frey vorbehaltenes *Paraphernal*-guth seyn und verbleiben, iedoch solle sye solches in zeit ihrer conlichen beysammen wohnung, wie getreuen ehe-personen gebühret, zugleich nuzen, nüssen und gebrauchen.

Fünfftens ist wegen der unaußbleiblichen von gott verordneten todtfähl abgeredt worden, daß wan der herr hochzeiter vor seiner konfftig lieben ehefrauen zeitlichen todts ableiben würde, so soll ihr, sodan als hinterlassenen wittfrauen, daß zugebrachte heurath-guth und außferttigung sambt der bedingten morgengab, nitweniger ihre klaider endt und gebendt, auch sonsten alles daß jenig waß zu ihren leib gehörig, desgleichen ihre ring, ketl und andere frauen gezier, dero aigenes schaz-geld und was derselben etwo von ihren eheliebsten, befreundten und andern persohnen verehrt worden, neben dem erweislichermaßen etwo hineingebrachten *Paraphernal*-guth, und auß dem jenigen vermögen waß und wie viel sye miteinander erhaust haben werden, mit kind ain kindts-thail, ohne deren aber die helfte aigenthumblich verblei-

1 Siehe dazu auch die Tafeln 5 und 6.

ben, die *fünffhundert Gulden* wiederlag aber ihr leibs-lebenlang gegen *caution* nuznüsslich zugebrauchen haben, hernach auf den stammen alwo es herkommen wiederumben zurucks fahlen, sye soll auch von der handlung, weilen solche von ihren liebstwehrtesten eltern herkombt veruntrieben seyn, iedoch dass wan kinder vorhanden weren, daß selbe *undisputirlich* vor anderen darzu *applicirt* werden solle. Sollte aber

Sechstens die jungfrau hochzeiterin vor ihren konftigen eheliebsten, daß zergenglich mit dem ewigen leben verwechslen müssen, so sollen ihm sein leibslebenlang die *fünffhundert Gulden* heurath-guth, doch auch gegen versicherung damits ihre eren nach seinem zeitlichen hinschaiden sicherlich wider bekommen mögen, nuznüsslich gebühren; die morgengab aber solle wan kinder verhanden ihnen völlig aigenthumblich zustendig seyn, falls aber keine eheleibs-erben von ihnen verhanden weren, und bey lebzeit darmit nit were *disponirt* worden, dero nechst befreundten die helfte, und der ander halbe thail dem herren wittiber neben der außferttigung vor ein aigenthumb zue fahlen. Sovil nun daß erhauste vermögen anbetrüfft, hat sich mit kindern der herr vatter auß disen ihnen anverstorbenen erbs-halber, wie auch wegen der handlung wan sich derselbe wiederumben verheurathen würde, nach billichen dingen zuvergleichen und zuvertragen, ohne vorhandene eheleibs-erben aber, wegen der handlung zu ainer ergezlichkeit weil wie obangezogen diese von seiner zeitlich verstorbenen ehefrauen liebstwertesten eltern herkommet *ainhundert und fünffzig Gulden* neben dem *Paraphernal*-guth wan an solchen probirlichermaßen etwas hinein gebracht worden were inner jahr und tag hinauß zu geben.

Alles getreulich und ohne Geverde deme zu wahren urkund seynd von disen *Contract* zwey gleichlauthende *Exemplar* geschriben, von beyden braut-persohnen selbsten und dero herren beystenderen alß an seithen der jungfrau hochzeiterin von dem wohledlgeborenen herren Jacob Martin Kolb hochfürstlichen Saltzburgischen würklichen Hofrath, dann von dem edlgestrengen herren Christoph Auer eines hochwürdigen domb capitls des hochlöblichen Erz-Stüffts Saltzburg Domb Capitl-Casstner und von der jungfrau hochzeiterin herren vattern vor eingangs benambsten herren Mathiasen Mohr nitweniger *ex parte* des herrn hochzeiters von dem edlvest und weisen auch edlen herrn Martin Zaininger des raths und herrn Martin Schuster beede bürgerlichen handlsleuthen sammtlich alhier aignen unterzognen namens handschrüfften und hirfür getrückht adelich und gewohnlichen pettschaften verferttiget und becräfftiget worden. So beschehen in Saltzburg den zwainzigsten monatstag *Juny* im sübenzehnhundert und dreyzehnden jahr.

X[2] Anna Margarethe Mohrin [eh]

X Jacob Martin Kolb
Hochfürstl. Hofrath als beytänder [eh]

X Christoph Auer [eh]
als beistender [eh]

X Andree Mayr [eh]

X Martin Zaininger [eh]

X Marthin Schusster [eh]

2 X steht für Siegel/Pettschaft im Original, eh für eigenhändig.

Salzburg Nr. 2: Heiratskontrakt zwischen dem Bäckermeister Joseph Fux und Anna Kallin, 1746

SLA, Verlassenschaften Stadtsyndikat, Nr. 2124

In dem Namen der Allerheilligist= und unzerthailten Dreyfaltigkeit, Gottes Vatters, Sohns und H. Geists Amen

Ist zwischen hernn Josephen Fux bürgerlichen böckenmeister alhier als hochzeiter an ainem und der tugendreichen jungfrau Maria Anna Kallin als hochzeiterin am andern thaill folgender heuraths-contract zu beederseits belieben abgeredt und beschlossen worden, alß nemblichen

Erstens sollen beede braut persohnen bis auf die priesterliche confirmation gegeneinander verglibt und verbunden seyn, auch solche ihre eheverlöbnis in angesicht der christkatholischen kürche bestättigen lassen und sodan gleichwohlen mit ehest bequembister gelegenheit sich eines gewissen hochzeitlichen ehrentags entschliessen und begeben wie dan

Andertens bemelte jungfrau hochzeiterin Maria Anna Kallin nebst beyziehung ihres zu endts benannten beyständter ihren in ehren geachten herrn hochzeiter und zur konfftigenn ehewürth *Joseph Fux* 1000 fl paares gelt nebst einer ehelichen ausförtigung zurbringet und in sein vermögen einwürfet, wogegen

Drittens vorbesagter herr hochzeiter sein gegenwerthig und zurkonfftiges vermögen nichts hiervon besonders noch auß genommen seiner jungfrau hochzeiterin Maria Anna Kallin auch getreulich zurbringen und zu ihren vermögen beylegen solle, als ihre der beeden praut persohnen ganz völlige vermögenschafft iezig und konfftig auf solche weis zusammen geworfen seye, daß sie hiemit *societatem omnium tam praesentium quam futuronum bonorum* wollen controllirt haben und hiervon ainen thaill so vill als dem andeen (weillen sye nun würklich hierinnen *reciproce* in der helffte stehen) gebühren auch die verbrieffung weegen des wie die Hillepoldische behausung in Kay und gerechtsame dahin obrigkeitlich ehenechstens errichtet werden solle.

Viertens ist der unausbleiblich von Gott verordneten todtfähl halber abgeredt und beschlossen worden, des falls erwendter herr hochzeiter vor seiner konfftiglieben ehewürthin daß zeitliche mit dem ewigen verwechslen würde (welches Gott der allerhöchste langwürig allergnädigst verhüetten wolle) und keine kinder vorhandten wären, derselben daß völlige vermögen, ohne außnamb in handten verbleiben, hingegen sye hochzeiterin aber in solchen fall des hochzeiters nechsten befreundten und erben ein mehrers nicht dan 100 fl hinauß zu bezahlen schuldig seyn solle. Wan aber

Fünfftens die jungfrau hochzeiterin vor ihren konfftig lieben ehewürth ohne eheleibs erbenn stürbe, solle ihme hochzeiter gleichfalls daß ganze vermögen (nichts hievon ausgenommen) aigenthümlich an zurständig und derselbe der hochzeiterin erben und nechsten befreündten 200 fl. (weillen ihr vermögen das seinige überstigen) hinauß zu bezahlen verbunden seye. Falls aber

Sechtens bey absterben ain oder anderes ehethails kinder vorhandten weren, so solle dem überlebenden thaill die helffte des ganzen völligen vermögens, die andere helfte aber denen vorhandenen eheleibs erben aigenthümlich anfallen und zurständig seyn.

Sibentens und schließlichen waß sich ferners zurtragen und begeben mechte so herinnen *specifice* nit begriffen oder außgeführet worden, daß alles solle inskonftig nach außweisung der geschribenen rechten dieses hohen Erz-stüffts und der statt Salzburgischen statuten ordnung und gebrauch nach observirt und gehalten werden; Alles getreulich und ohne geverde, deme zu wahren urkund sind von disen heuraths contract zwey gleichlautende *Exemplaria* aufgerichtet, von beeden preit persohnen und ihren rehspective herren beyständern und gezeugen aigenhendig unterschrieben, auch mit ihren pettschaften verferttiget worden, so beschehen in Salzburg den zwölften Novembris A[nn]o 1746

X Joseph Fux ^{eh} X Anna Kallin ^{eh}

X Franz Melchior Schnürel
als des hochzeiters beystand ^{eh}
X Antoni Feyrle
als der hochzeiterin beystand ^{eh}

X Franz Antoni Pergner
stadtgerichts procurator als gezeug ^{eh}

Salzburg Nr. 3: Heiratsvertrag zwischen dem Handelsmann Joseph Ranftl und der Handelsmanntochter Maria Anna Lechnerin, 1747

SLA, Verlassenschaften Stadtgericht, 1820, Nr. 1266

Im Namen der allerheiligsten und unzertheilten dreyfaltigkeit Gott des vaters, des sohnes und heiligen geistes amen

Ist zwischen dem wohlfürnehmen herrn Matthias Ränftl bürgerlichen handelsmann allhier in Salzburg noch ledigen standes des auch wohlfürnehmen herrn Joseph Ränftl im leben gewester gleichmässiger bürgerlichen handelsmanns nunmehro seelig bey frauen Anna Eva gebohrene Rödlin annoch im leben im stande der ehe erworbenen sohn als hochzeiter an einem, dann der edlen vieltugendreichen jungfrau Maria Anna Lechnerin des edlen und wohlfürnehmen herrn Franz Anton Lechners des raths pflaster fundations- und leprosen-haus zu Mülln verwalter und handelsherrn auch allda bey dessen ehefrauen Maria Theresia geborene Hagenauerin nunmero seelig ehelich erzeugten tochter als jungfrau hochzeiterin am anderen theil in beyseyn beederseits hierzu mit sondrem fleiß erbettenen herren beyständern und gezeugen folgender heuraths.contract angeredt und beschlossen worden, alsnehmlichen und

Erstens sollen gleichhernannte beede braut=personen biß auf priesterliche confirmation gegeneinander ehelich verlobt: und versprochen seyn, auch solch ihre
heverbündnis mit ehist: bequemer gelegenheit in angesicht der christ catholischen kirchenn bestättiget werden.

Andertens verheurathet und verspricht die jungfrau braut ihrem herrn hochzeiter zu einem wahren heurat-gut bennentlichen fünfhundert gulden, id est 500 fl in gut gangbarer landwährung nebst ihrer standgemäßen ausförtigung zu zubringen, wogegen

Drittens ermelter herr hochzeiter solch eingebrachtes heurat-gut mit anderen dergleichen fünfhundert gulden, schreibe 500 fl widerlegt, auch yberhin jungfrau braut mit zweyhundert unnd fünfziggulden, id est 250 bemorgengabet, bringet also heurat gut, widerlag und morgengab in einer summa zwolfhundert und fünfzig gulden vorverstandener gueter landwährung, für welch: derselbe alles dessen ietzt habendes und künftig erwerbendes Verrmögen in genere, nichts hievon ausgenommen, verpfändet und verschreibet. Was aber

Viertens beeder braut-persohnen yber das vorgemelte heuratgut, widerlag und morgengab annoch haben oder etwo künfftig durch erbfall, schenkung oder andere ehrliche Wege yberkommen möchten, ein solches wollen sie ihren gemeine paraphernalgut und ieder theil als freyes eigenthum vorbehalten, iedoch in zeit ihrer conlichen beysammen-wohnung zugleich miteinander nuzen, nüssen und gebrauchen mit deme austrücklichen beysaz, daß herr hochzeiter seiner jungfrau braut und künfftigen eheliebsten alliärlich von dem aus ihren gedachten vorbehaltenen paraphernal-gut zum genuß des vierthen theil zu ihrer frey: und selbstgefälligen disposition yberlassen und einräumen solle. Gleichergestalten und was

Fünftens beede: künfftige eheconsorten während ihrer ehe mit ihrem fleiß und guten hauswürtschafft durch reichen seegen gottes gewünnen und erhausen werden, hervon solle iedem theill durchgehendts die ungefortlete helffte eigenthümlich gebühren. Deren unausbleiblichen todtfällen halber, welche der allmächtige lang gnädiglich verhueten wolle, ist auch

Sechstens abgeredt und beschlossen worden, daß wenn nach dem unerforschlichen göttlichen willen herr hochzeiter vor seiner künfftigen eheliebsten mit: oder ohne leibs erben, mit welchenn sie doch gott gnädiglich segnen wolle, dieses zeitliche verlassenn würde, sodann ihr als hinterlassenen wittfrauen die deme herrn hochzeiter eigenthümlich angehörige handls gerechtigkeit erblich und eigenthümlich zufallen: und gebühren: mit deme iedoch, daß solchen falls ermelte jungfrau hochzeiterin des herrn hochzeiters eingangs ernennten frauen mutter, wann und solang selbe auf dessen ableben noch bey leben seyn würdet, an denen ihro lebenslänglich zu ihrem unterhalt ausgemacht: alliärlichen einhundertfünfzig gulden zwey dritl mit einhundert gulden id est 100 fl ohneweiteres abzuführen: das rehstirende dritl hingegen herr hochzeiters erben mit fünfzig gulden schreibe 50 fl auch lebenslänglich ihro zu bezahlen gehalten seyn sollen. zu deren letzteren versicherung aintausend gulden capital aus ermelten herrn hochzeiters vermögen in solange verschriben verbleibet, bis mehr[?] gedacht: dessen frau mutter das zeitliche gesegnet haben würde, wornach solches capital anwiderum an seine beherde[?] zurückfallet.
Nit weniger solle jungfrau hochzeiterin aufgemelt: ihres herrn hochzeiters ableiben ihr zugebrachtes heuratgut, morgengab, dann ihre ausförtigung haus und leib-kleidung, end und gebändt, ring, gürtlen und andere frauenzierde, auch schatzgelt und was derselben etwo von dero Herrn Eheliebsten und anverwandten ... und anderen inwährender ehe verehrt und geschänkt worden, eingenthümlich die 500 widerlag aber lebenslänglich gegen genügsamer versicherung nutznüsslichen verbleiben, hinach aber auf deme stamme, woher solches gekommen, wiederum zurückfallen. Würde es sich aber

Sibendens ereignen, daß jungfrau hochzeiterin vor ihrem künfftigen herrn eheconsorten die schuld der natur bezahlete, so sollen ihme die fünfhundert gulden heuratsgut leibslebenlang gegen gleichmässig genügsame versicherung nuznüsslichen verbleiben, nach dessen hinscheiden aber auf ihre rechtmäßigen erben anwiederum zurückkommen, hingegen die helffte von der morgengab (im fall jungfrau hochzeiterin damit nit disponieret haben und von ihren beeden keinen eheleibs erben vorhanden seyn würden) samt braut-bett und kästen neben der widerlag ihme herrn hochzeiter würklich anheim gestorben und eigenthümlich seye.
Wegen hinausgabe der helfte des erhausten vermögens und anderer aber solle sich der hinterlassene wittiber mit denen vorhandenen eheleibs-erben oder in abgang deren mit deme nächsten befreunden billichen dingen nach vergleichen und vertragen, iedoch deme um die handlung fernershin prosequiren zu können, hinlänglicher termin anberaumet und gestattet werden. Alles getreulich und ohne gefährde
Denen zu wahren urkund seynd dieses heurats-contracts zwey gleichlautende exemplaria aufgerichtet solche von beeden braut-persohnen nebst deenen hierzu erbettenen herren beyständern und gezcugen mit eigenen hand-unterschriften und pettschaften bekräftiget und verfertiget, sodann iedem theile eines hiervon zu handen gestellet worden. So beschehen zu Salzburg dem fünfzehenden monatstag octobris anno eintausend, siebenhundert und sieben und vierzig.

X Matthias Ränftl [eh]
als Hochzeiter

X Martin Zaininger [eh]
als erböttener zeugen
X Johann Gottlieb Pergmayr [eh]
als Beyständer und zeig

X Maria Anna Lechnerin [eh]
als Hochzeiterin
X Franz Anton Lechner [eh]
als vatter und zeug
X Johann Franz Jenner [eh]
als Vormund und zeug
X Johann Sigbert valentin Heffter [eh]
als zeig
X Johann Lorenz Hagenauer [eh] als gezeug
X Johann Christian Reiffenstuhl [eh]
als Bezeug

Salzburg Nr. 4: Heiratsabrede zwischen dem Bierbrauerssohn Franz Eschenbacher und der Bierbrauerstochter Maria Ursula Schallhartin, 1755

SLA, Verlassenschaften Stadtsyndikat, Nr. 2396 bei 187

Im namen der allerheiligsten und unzertheilten dreyfaltigkeit gott des vatters, Sohn und des heiligen Geistens Amen

Zu vernemmen welcher gestalten zwischen den ehrenvesten und wohlfürnehmen herrn Frantzen Eschenbacher angehend bürgerlicher pierbrauer alhier alsß hernn Frantzen Eschenbachers bürgerlichen pierbrauers alda bey Maria Ursula Gräfendorferin dessen ehefrauen beede in leben ehelich erzeugten herrn sohn als hochzeiter an einem: dan der vill ehren tugendreichen jungfrauen Maria Ursula Schallhartin des ehrenvest und wohlfürnehmen herrn Joseph Schallhardts bürgerlichen pierbrauers alhier bey dessen ehefrauen Maria Anna Kumbergerin beede in leben ehelich erzeugten jungfrauen tochter alß hochzeiterin an anderen theill aus beederseits ehrlich zusammen tragender gemüthsliebe und wohlgefallen, dan zu disen actu mit sonderbaren fleiss erbettenen herrn beyständern, eltern und befreundten ein christlich eheliche heyrath abgeredt allerseiths beliebt und geschlossen worden als volgt

Erstlichen allen beeden braut personen bis auf priesterliche confirmation ehelichen aneinander verthrauet und verbunden seyn, diese ihre eheverlöbnis in angesicht der christkatholischen kürche bestättigen zu lassen. Und sodann gleichwohlen sich eines gewiss hochzeitlichen ehren- und freuden Tages entschlüssen und begeben

Andertens verspricht vorgemelte jungfrau hochzeiter und rehspective ihre compromitirenden eltern erwehnt ihren herrn hochzeiter zu einem wahren heyrathsgutt: 3000: fl sage dreytausend Gulden nebst einer standesmässigen ausfertigung zu bringen, und deme unterthänig zu machen, welches

Drittens er herr hochzeiter seinen für widerlag und morgengab vätterlichen anspruch p[e]r: 2000: fl schreibe zweytausend gulden widerleget, also zwar das heyrathsgutt, wiederlag und morgengab in einer suma 5000: fl: daß ist fünftausend gulden betragend auf herrn hochzeiters ietz und künfftigen vermögen rechts unterpfands weise solle verschrieben und verpfändet seyn, auch verbleiben biß ihr jungfrauen hochzeiterin umb vorbenamster sprüch und gegensprüch wie all andere rechtliche Anforderungen all gebührende satisfaktion wirdet votirt worden seyn. Was aber

Viertens all übrige anderes dermalen habendes auch künfftig durch erbschaft, schankung, wie all andere gebührliche weege erobernde vermögen belanget, alle beeden ein frey vorbehaltenes paraphernal gutt seye, iedoch solle sie solch alles in zeit kömmlicher beysammenwohnung, wie getreuen eheleithen gebühret, freindlich und ainig miteinander nuzen nüssen und gebrauchen. Ferners und

Fünftens ist der unausbleibliche und von Gott verordneten todfäll wegen mehrmahlen beredt und abgeschlossen worden, daß, wenn sich dem göttlichen willen nach zu truege, daß eines auß beeden braut personen vor dem anderen das zeitliche mit dem ewigen beschlüssete, welches Gott der allerhöchste langwürig allergnädigst verhüten wolle, und ain oder mehr eheleibs erben aus dieser ehe vorhanden wären, so wolle der überlebende thail nebst seinen eigenen paraphernal güttern von dem übrig sich zeigenden vermögen die ungefortete [ungevortheilte] helfte zu ziehen haben, die andere helffte aber denen vorhandenen ain oder mehr eheleibs erben hinauß gebühren. Um[?] so ferner der überlebende thail wiederumben zur anderten ehe schreitten, sohin auch künder alda erwerben solte, so alle denen kündern erster ehe der vorzug zu der preystatt vor den kündern anderter ehe allerbillichkeit nach gelassen werden. Begebete sich aber

Sechstens daß eines auß beeden braut personen vor dem anderen die schuldt der natur bezahlen müsste und khainer eheleibs erben auß dieser ehe vorhanden wären, so solle dem überlebenden thaill, daß gesamte vermögen zuständig seyn. Und der nächsten freundtschaft auf seithen des abgeleibten thaills. wann keine zeitliche disposition gemacht worden wäre, ein mehrers nit als nebst diesen dem verstorbenen angehörigen paraphernal sprüchen. Und so es die jungfrau hochzeiterin betrifet, auf die 500 morgengab noch fünfhundert gulden, daß sie 500 fl hinauß zu geben schuldig und verbunden seye.

Sibentes und schlüsslichen was sich ferneres zutragen und begeben möchte, sohierinnen specifice nit begriffen oder außgeführet worden, das alles solle ins künfftig nach ausweisung der geschriebenen rechten dieses hochen erzstüffts und der statt Salzburg statuten ordnung und gebrauch nach observiret und gehalten werden. Treulich und ohne geverde.
Deme zu wahrer urkundt ist dieser heyraths contract libello weiß in zwey gleichlautende exemplaria von ainer handt geschrieben und mit des herrn hochzeiters dan seiner seiths hierzu erbettenen herrn gezeugen, benanntlichen herrn Frantzen Eschenbachers bürgerlichen pierbrauer alhier alß compromittirenden vatters herrn Johann Zacharias Hueber bürgerlichen lederer maisters und herrn Josephen Prause bürgerlichen glaserermaisters nit minder mit der jungfrau hochzeiterin und ihren hierzu erbettenen herrn beyständern und gezeugen, benanntlichen herrn Joseph Schallhardts bürgerlichen pierbrauers allda qua compromittirenden vatters herrn Johann Anton Früwürths bürgerlichen lederer maisters und herrn Frantz Dietrich Popp bürgerlichen pierbrauers alhier aigenen handt unterschrüfften und gewöndlichen petschafteren verfertiget und bekräftiget worden. So beschehen in Salzburg den neunten Monaths Tag Octobris in aintausend sibenhundert fünf und fünfzigsten Jahr

X Franz Eschenbacher hochzeiter [eh]

X Franz Eschenbacher als vatter [eh]
X Johann Hueber als zeug [eh]
X Joseph Prause als zeig [eh]

X Maria Ursula Schallhartin hochzeiterin [eh]

X Joseph Schallhart als Vater [eh]
X Franz Dietrich Popp als beyständer [eh]

X Johann Anton Früwürth als zeig [eh]

Salzburg Nr. 5: Heiratskontrakt zwischen dem Schneidermeister Joseph Prandstätter und Magdalena Wirstin, 1766

SLA, Verlassenschaften Stadtsyndikat, Nr. 1903

Im Namen der Allerheiligsten
und ohnzertheilten Dreifaltig
keit, Gott des Vaters, Gott des
Sohns und Gott des Heil. Geistes
Amen

Zu vernemmen seye *hiermit, welcher* gestalten zwischen dem viel ehregeachten herrn Josephen Prandstätter angehenden bürgerlichen schneidermeister allhier des auch ehregeachten Ruperten Prandstätter im leben gewesten bürgerlichen schneidermeister der orten nunmehr seeligster bey seiner ehewürthin Barbara Ainstandtin annoch in leben ehelich erzeigter sohn alß hochzeiter *an einem*: dann der ehr- und tugendsamen jungfrau Magdalena Wirstin des ehrgeachten Gregori Wirst gewesten bürgerlichen hafnermeisters zu Reyspach lands Bayern seelig mit seiner ehewürthin Anna Maria Wirthin annoch in Leben erzeigten tochter als hochzeiterin *am anderten Theil* folgender heuraths-*Contract* in- mit- und beyseyn deren zu diesen ende sonderbahr erbetenen herren beyständeren und gezeugen zu allseithigem belieben abgerödet und beschlossen worden als folget:

Erstlich sollen beede braut personen bis auf priesterliche *Copulation* ordentlich miteinander verglübt und versprochen seyn und dieses ihr gemachtes eheversprechen mit ersterer bequemster gelegenheit in angesicht der christkätholischen kürchen bestättigen lassen.

Andertens verspricht jungfrau hochzeiterin ihrem herren Bräutigam 400 fl sage *vierhundert Gulden* zu einen wahren heurath guth zu zubringen und ihme unterthänig zu machen, und ist zu wissen, daß sie schon würklichen zwey hundert gulden paar hievon erleget hat, die übrigen zwey hundert gulden aber, so sie zeig beygebrachten gerichtlichen *Attestat* zu gedachtem Reyspach annoch zu empfangen hat, immer halb- jahr und tag ebenfallß paar zu erlegen sich verobligieret. Vorgegen

Drittens herr hochzeiter seiner jungfrau hochzeiterin die handwerksgerechtigkeit, welche ohnehin mit diesen zugebrachten heürath guth erkauft worden, hinwiederum verheürathet.

Viertens was beede braut personen zeit ihrer conlichen beysammen wohnung durch den reichen seegen gottes miteinander erhausen und eroberen oder durch schenckung oder erbschahft vor seiner zeit überkommen werden, dieses alles solle ihnen ein durchaus gleiches guth seyn und einem theil soviel als dem anderen hiervon gebühren.

Fünftens ist von denen von gott verordnet ohnausbleiblichen todtfällen welche der allerhöchste in die langen jahre beederseiths gnädiglich verhuethen wolle, ferners abgerödet und beschlossen worden, daß auf absterben ein- oder des anderen theils ohne vorhanden geseegneten eheleibs erben dem überlebenden ehegath das gesamte vermögen ohne ausnam beysammen verbleiben solle, auch der überlebende theil denen nächsten befreünden des verstorbenen ehegaths etwas hinaus zu geben ganz und gar nicht gehalten ist. Wären aber

Sechstens kinder vorhanden, so solle dem überlebenden theil die handwerks gerechtsame zum voraus gebühren und ihme überhin auch von den übrig sich zeigenden vermögen die helfte, die andere halbschaid aber denen vorhandenen ein- oder mehrer kindern zufällig seyn.

Sibentens und schlüßlichen was in disen heuraths-*Contract* nichtausdrücklich bedungen und *specificirt* worden, dieses alles solle nach denen gschriebenen rechten, dann dieses hohen Erzstifts Salzburg Ordnung und *Statuten* gemeß gehalten und *observirt* werden

Treülich und ohne Geverde deme zu wahren urkund ist dieser heüraths *Contract in duplo* errichtet und in zwey durchaus gleich lauthenden *Exemplarien* von einer hand beschriben, dann von beeden braut persohnen sowohl als denen hierzu erbettenen Herren beyständeren und gezeugen aigenhändig unterschriben und geferttigt worden. So geschehen in der hochfürstl. Haupt- und *Residenz* Statt Salzburg den sechsten Monaths Tag August im ein tausend sibenhundert sechs und sechzigsten Jahr.

X Joseph Prandstätter[eh]

X Magdalena Wirstin [eh]

X Max. Jos. Lackner bürgl.
buchführer alß beyständer [eh]

X Joh. Oberascher Hof und bürgl. glockengiesser als beyständer [eh]

Joh. Balthasar Kürschhofer
statt gerichts procurator
als erbettener beystand und gezeug [eh]

Salzburg Nr. 6: Ehepakt zwischen Johann Ignatz Heffter und Maria Antonia Viktoria Rauchenbichlerin 1772, zugleich Verabänderung des Heyraths-Contracts von 1762

SLA, Verlassenschaften Stadtgericht, 1811, Nr. 440

Im Namen der Allerheiligsten Dreifaltigkeit, Gott des Vaters, und des Schöpfers und des Heil. Geistes, Amen

Zu vernemmen seye hiemit, wie das zwar den 21. Dezembris 1762 zwischen dem wohledlen und wohlfürnemmen Herrn Johann Ignati Heffter bürgerlicher handelsmann alhier, als dortmaligen herrn hochzeiten an ainem: dann der viell ehr und tugendreichen frau Maria Antonia Rauchenpichlerin des wohledlen und wohlweisen herrn Franz Antoni Rauchenpichler des rats bürgerlicher handels-herrn der orten bey dessen freundlich geliebten ehewürthin Maria Theresia Rauchenpichlerin gebohrenen Poschingerin beede seelig, ehelich erzeigten tochter alls dortmaligen jungfrau hochzeiterin am anderen theil ein ordentlicher heyraths-contract mit beyziehung des herrn Heffters eltern dann dessen frauen ehe consortin dortmaligen herren vormünder und beederseits befreunden abgeredet und geschlossen worden:

Zumallen aber zeit hero verschiedene umstände sich geäussert und gemelte eheleuthe sich eines anderen entschlossen haben, als ist mit beederseits einverständnis und beygezohener hinnach stehender beystand und gezeugenschafft vorbesagter heyraths-contract vollkommen abgeändert, cahsirt und annulirt, hingegen aber folgende ehe-pacta ordentlich abgeredt und geschlossen worden, als nemblich und

Erstens hat es eine vollkommene richtigkeit das vorgemelte frau Heffterin gebohrene Rauchenbichlerin ihren herrn ehegemahl als ein wahres heyrath-gutt sechshundert Gulden, sage 600 fl., zugebracht und unterthänig gemacht habe, welch zugebrachtes heyrath-gutt herr Heffter seiner werthesten frauen eheconsortin mit andren sechshundert Gulden wiederlegt und solche mit einer gewohnlichen morgengabe p[e]r dreyhundert Gulden bethreyet hat, das also das zugebrachte heyrathGutt, wiederlaag und morgengab eine Summa p[e]r fünfzehnhundert Gulden, sage 1500 fl., ausmachen thut, für welches alles gemelter herr Heffter all sein vermogen in genere, in specie aber eine von seiner frauen mutter Marie Elisabeths Heffterin gebohrene Metzgerin vermög übergabs-contract de dato 2. Marty 1765 erhaltene behausung und eisengeschmeid handlungsgerechtigkeit verschreibet und verpfändet gleichwie er dann auch seiner frau liebsten besagte gerechtsame solchergestalten (wie in § 7mo mit mehreren zu vernehmen) hiemit würklich verheyrathet haben will. Was aber

Zweytens sie beede eheleuthe sonst noch an vermögen besützen oder seiner zeit durch erbfahl, schenkung oder in andere gebührliche weeg überkommen möchten, das solle iedem theill als eine vorbehaltenes Paraphernal-gutt verbleiben, iedoch sollen sie solches in zeit ihrer conlichen beysammenwohnung als getreue eheleuthe miteinander friedlich nüzen, genüssen und gebrauchen. Ferners und

Drittens ist der unausblaiblich von Gott verordneten todtfällen halber (welche derselbe bis in die spätiste zeiten hinauß gnädigst verschieben solle) hiemit ausdrücklich abgeredet und beschlossen worden, dass, wenn es sich nach den unerforschlichen willen Gottes fügen sollte, daß sie frau Maria Viktoria Heffterin vor ihrem herrn liebsten ohne zurücklassung eheleiblicher erben das zeitliche mit dem ewigen verwechslen müsste, so solle ihme als hinterlassenen herren wittiber das samentl. vermögen (mit einschluß ihres Paraphernal) in handen verbleiben, iedoch solle ihr freygestelt seyn, was zu ihrer sellen-heyl oder sonst zu vermachen beliebig thun zu können. In ermangelung aber einer letzwilligen dihsposition solle ihr ehegemahl schuldig und verbunden seyn sowohl für standesmässige begräbnüss als ihrer seellen heyl nach pflichte zu sorgen, auch ihren hier befindlichen herren bruder Joseph Rauchenpichler und zwey frauen schwestern benanntlich frau Catharina Schöpferin gebohrene Rauchenpichler und frau Maria Anna Agliardi auch gebohrene Rauchenpichlerin allen dreyen miteinander 1000 fl, sage tausend Gulden, zu einen angedenken hinauszubezahlen, wäre es aber

Vierttens, das bey erfolgenden hintritt gedachter frauen Heffterin vor ihrem herrn ehegemahl ein oder mehrere kinder verhanden wären, so solle das erweislich von ihr hineingebrachte Paraphernal-gutt in zwey gleiche theile geteilet werden, und die helffte dem herren wittiber lebenslang nuznüsslich verbleiben, die andere helffte dem oder denen kinderen zuständig seyn, doch mit deme, das weder die vorhandenen kinder noch die hierüber gestelte herren vormünder iemallen berechtigt seyn ihren antheill ehender als bis sie ihren stand veränderen heraus zu begehren, sofern sich aber gebet, dass

Fünftens herr Heffter vor seiner wertesten frauen liebsten die schuld der natur bezahlen müsste ohne vorhandenen eheleibs-erben, so solle ihr als zurückbleibenden frauen wittib das samentliche vermögen (mit einschluss eines Paraphernals) ebenfahls in handen verbleiben, iedoch solle ihme unbenohmen seyn was zu seiner seellen-heyl oder sonst zu vermachen gefällig, thun können.
In ermangelung aber letztwilliger Dihsposition solle seine frau gemahlin schuldig und verbunden seyn, sowohl für standsmässige begräbnuss als dessen seellen heyl pflichtmässig zu sorgen auch seinen bruder als ein angedenken oder vielmehr in rücksicht der ihr verheyratheten eisengeschmeid handlungs-gerechtigkeit 1000, sage tausend Gulden zu entrichten.

Sechsten ist bey vorhandenen eheleiblichen kindern ebenfalls das ienige zu halten, was in vorgehenden § 4to von der frauen Heffterin gesagt worden.

Siebendes solle bey vorhandenen kinderen derselben die handlungs-gerechtigkeit nur solchergestalten verheyrathet seyn, dass sie sich hierauf zwar verehelichen, iedoch aber solche keines weegs mehr verheyrathen könne. Massen diese handlungs-gerechtigkeit denen Hefftersschen kindern beederley geschlechts ohne weiters zuständig seyn und nur in ermangelung deren kindern gedachte frauen wittib diese gerechtsame eigenthumb verbleiben solle.

Achtens was sich nun sonst noch zutragen oder begeben möchte, so in diesem ehe-pactis specificie nicht begriffen oder genügsam wäre ausgedrückt worden, dieses alles solle nach anweisung der gemein geschriebenen rechten und dieses hohen Erz=Stifts heilsamsten verordnungen gewohnheit und gebrauch nach gehalten werden, alles getreulich und ohne geverde.

Zu wahren urkund dessen sind von gegenwärtigen ehe-pactis zwey gleich lauttende exemplaria errichtet und von beeden contrahirenden theillen sowohl als denen aigens hierzu erbettenen herren beyständern und gezeugen aigenhändig unterschrieben und mit ihren gewohnlichen insiglen bekräfftiget auch iedem theill eines hiervon zu hand gestellet worden:

So geschechen in der hochfürstlichen haupt und residenz statt Salzburg den ersten monats tag juni im sübenzehenhundert zwey und sübenzigsten jahr

X Maria Viktoria Heffterin
gebohrne Rauchenpichlerin eh
X Mathias Ränftl
als beyständer eh

X Johann Ignati Heffter eh

X Johann Peter Metzger
als zeug eh

X Friedrich Joseph Schmid
stadtgerichtsschreiber als zeig eh

X Augustin Paulus als zeig eh

Salzburg Nr. 7: Heiraths-Contract zwischen Johann Anton Hagenauer und Maria Anna Ränftlin, 1775

SLA, Verlassenschaften Stadtsyndikat, Nr. 346

In Namen der allerheiligsten Dreyfaltigkeit,
Gott des Vaters, Gott des Sohns, Gott des heiligen Geistes

Ist zwischen dem wohledlen herrn *Johann Anton Hagenauer* ledigen standes, des wohledl und wohlfürnehmen herrn Johan Lorenz Hagenauer bürgerlichen handlsmann allhier mit frau Maria Theresia gebohrene Schusterin beede noch in leben ehelich erworbener sohn als bräutigam an *einem theile*; dann der wohledlen ehr- und tugendreichen jungfrau *Maria Anna Ränftlin* des wohledlen und wohlfürnehmen herrn Mathias Joseph Ränftl auch bürgerlichen handlsmann alda mit dessen ehefrau Maria Anna Lechnerin gleichfalls beede noch in lehben ehelich erzeigten tochter als jungfrau braut *anderen theils* mit bewilligung beederseitigen ältern in beyseyn der von beyden theilen hiezu eigens erbettenen herren beyständer und gezeugen folgender heiraths-*contract* verabgeredet und beschlossen worden als

1tens Sollen gleichbenannte beyde brautpersonen bis auf priesterliche einsegnung gegeneinander zu ehelichen verlobt und versprochen seyn, auch ihre würkliche eheverbindnis mit nächst bequemer gelegenheit in angesicht der christ katholischen kirche bestättiget werden. Sodann

2tens verspricht und giebt herr Mathias Ränftl seiner jungfrau tochter und braut zu einem ihren herrn bräutigam zuzubringenden wahren heirathgut *fünfhundert Gulden*, sage 500 fl, in gut gangbarer landeswährung nebst einer standesmässigen ausfertigung
dagegen

3^{tens} herr bräutigam, oder vielmehr derzeit in seinem namen dessen herr vater Johan Lorenz Hagenauer das obig eingebrachte heirathgut mit anderen dergleichen *fünfhundert Gulden*, sage 500 fl, widerlegt, und überhin der jungfrau braut zu einer morgengabe 200 f, das ist *zweyhundert Gulden* hiermit zusaget, auch für dieses heirathgut, widerlage, und morgengab zusammen eine summe von 1200 fl ausmachen, sein ganzes vermögen ohne ausnahme insolange und dergestalten verhypotheciret, dass nach seinen ableiben diese pfandmässige Versicherung allein auf des herrn bräutigams seinen gesamten erbtheil, und all übrigen vermögen haften und beharren solle.

4^{tens} verspricht herr Lorenz Hagenauer dem angehenden brautpaar, bis h[er]r bräutigam die handlung übernehmen werde, indessen zu ihrer ehelichten unterhaltung jährlichen fünfhundert Gulden, 500fl., und die freye wohnung in dem väterlichen hause zu geben. Nicht minder

5^{tens} gelobt herr Lorenz Hagenauer für sich und seine erben der jungfrau braut, wenn selbe ihren herrn bräutigam und künftigen eheliebsten überleben sollte, nebst der freyen wohnung zu einer wittiblichen unterhaltung jährlich zweyhundert Gulden, sage 200 fl., in so lange abzureichen, bisselbe zu einer anderen stand-veränderung schreiten werde. So ferner aber h[er]r bräutigam die handlung oder anderes eigen-thum von seinen ältern überkommen wird, so solle und wolle derselbe gehalten seyn, seiner überlebenden ehefrau den vorbeschriebenen wittib=sitz und unterhaltung oder was unter ihnen belieben möchte, aus dem seinigen zu verschaffen. Hingegen

6^{tens} verspricht frau Maria Anna Ränftlin mit beystimm= und genehmhaltung ihres eheherrn Mathias Ränftl für sich und ihre erben, den vorbesagten beyden brautpersonen zu gemeinschaftlicher einstand die nutzniessung von viertausend Gulden, das ist 4000 fl., capital mit Gulden einhundertsechzig, sage 160 fl., jährlichem interehse beyzutragen, welch jährliche interehsesumma h[er]r bräutigam gleichfalls auch nach ableiben der jungfrau braut und künftigen ehewürthin bis zu seiner weiteren standes=veränderung zu beziehen haben solle.

7^{tens} deren beyden brautpersonen ihr übrig ihnen zuhaltendes vermögen solle, was das eigenthums=recht belanget, jedem theile frey vorbehalten verbleiben, die nutzniessung aber dieses paraphernal=guts zu gemeinschaftlicher bedürfnis und würtschaft verwendet werden. Nach ableben eines dieser contrahierenden eheleuten hätte also dessen hinterlassenes Parphernale auf desselben leibes=erben, oder nächste befreundte zurückzufallen.
Was die beyde aber aus dieser gleichbeschriebenen nutzniessung miteinander erübrigen, und erwürtschaften, solle auch beyden theilen miteinander dergestalten eigen seyn, daß jedem theile hiervon die helfte zugehören und selber damit weiters dihsponiren könne.

8^{tens} in dem falle nun ferners herr bräutigam vor seiner angehenden ehefrau mit oder ohne leibes=erben das zeitliche verließe, so hätte dieselbe ihr hinzugebrachtes heirathsgut samt der morgengabe, dann ihre ausfertigung, leibskleider und frauen=zierde, auch schatzgeld und was derselben von ihren eheliebsten, befreunden oder anderen währender ehe verehret werde, vollkommen eigenthumlich einzuziehen und zu behalten. Die 500 fl. widerlage aber sollen ihr lebenslänglich gegen genugsame versicherung nutznießlich verbleiben, hinauf aber auf des hr. eheliebsten seine erben wieder zurücke fallen.

9^{tens} wenn aber diejungfrau braut vohr ihrem angehenden eheherrn aus der welt verschiede, so solle er hingegen die 500 fl. widerlage samt der hochzeitlichen frauen zierde, brautbeth und kasten nach hiesiger gewohnheit frey eigenthümlich an sich zuziehen, dass heirathgut aber gut versichert, solange er lebt nutznießlich beyzubehalten und alsdann dieses der verstorbenen ehefrau ihren erben zu hinterlassen haben.

Die morgengabe belangend solle hiervon nach der ehefrauen ableben den vorhandnen ehelichen leibs=erben das eigenthum und die nutznießung, dem hinterlassenen herrn ehegemahl gehören, ohne vorhandenen leibs=erben aber solche wieder in des herrn eheconsorten wahres eigenthum zurück kommen.

10^tens^ und schlüßlichen was in diesen vorstehenden heiraths=contracte zwischen beyden Brautpersonen nicht ausgedrücket worden, solle nach den gemainen Rechten und hiesigen landes=gebrauch gehalten und behandelt werden. Alles getreulich und ohne gefaehrde.

Dessen zu wahrer urkund sind dises heiraths=contracts zwey gleichlautende abschriften gemacht, solche von beyden braut=personen und denen ältern, nebst denen hierzu erbettenen herren beyständern und gezeugen mit eigenen handunterschriften und petschaften bekräftiget und verfertiget sodann jedem theile eines davon zuhanden gestellet worden.
So geschechen Salzburg den 26. juny anno 1775

X Johann Anton Hagenauer als bräutigam [eh] X Johann Lorenz Hagenauer [eh]	X Maria Anna Ränftlin alß hochzaiterin [eh] X Mathias Joseph Ränftl als vatter [eh]
X Maria Theresia Hagenauerin [eh]	X Maria Anna Ränftlin [eh]
X Ignatius Anton Weiser als beyständer[eh]	X Felix Gyri alß beiständer [eh]
X Franz Weiser als zeug [eh]	X Johann Ignati Heffter als zeug [eh]

Salzburg Nr. 8: Heiratsvertrag zwischen dem Weißgerber Johann Georg Eder und der Bortenmachertochter Anna Magdalena Koglin, 1775

SLA, Verlassenschaften Stadtsyndikat, Nr. 191

Im Namen der Allerheilig=
sten Dreifaltigkeit, Gott des Vaters, Gott des
Sohns und Gott des des heiligen Geistes Amen

Zu vernehmen seye hiermit, welchergestalten zwischen dem ehrengeachten herrn Johann Georg Eder verwittibter bürgerlicher weißgärber allhier zu Salzburg als hochzeiter *an einem:* dann der viel ehren- und tugendreichen jungfrau Anna Magdalena Koglin des ehrengeachten Herrn Kogl in leben gewester bürgerlicher portenmacher der orten nunmehro selig bey seiner anderten ehewirthin Maria Barbara Wimmerin annoch im leben ehelich erworbenen tochter als hochzeiterin *am anderten Theil* folgende ehepakten in mit- und beyseyn deren hinnach gesetzten und zu diesem *Act* sonderbar erbettenen herren beyständern und bezeugen aus sonderbar gegen einander tragende liebe und gemüthsneigung zu beederseitigen belieben abgeretet und beschlossen worden.

Erstlich soll an beede braut personen bis auf priesterliche *Copulation* ordentlich miteinander ehelich versprochen seyn und diese ihr gemachte eheverlobnuß mit erster bequemster gelegenheit in Angesicht der christ *katholischen* Kirchen bestättigen lassen und sich eines gewiß hochzeitlichen ehren und Freuden Tag entschliessen.

Andertens verspricht jungfrau hochzeiterin ihrem bräutigam und zukünftigen ehewirth nebst einer *honet* standmässigen ausfertigung, in baaren geld nämlich ihr väterliches erbgut mit *fünfhundert Gulden* als ein wahres heirathgut zuzubringen, und den erlag dessen gleich andern Tags nach der priesterlichen *Copulation* baar zu entrichten; dasienige aber, was jungfer hochzeiterin seiner zeit durch erbschaft anzufordern hat, auch was sie schenkungs weis überkommen wird, will sie ihr als ein *Paraphernalgut* zu ihrer freyen *Disposition* vorbehalten haben. Wohingegen

Drittens herr hochzeiter zu behörigen wiederlag obbemeldten heirathguts seiner geliebten jungfrau hochzeiterin nicht nur seine handwerks gerechtsame verheirathet, sondern sie überhin noch um die hälfte seines sowohl aufliegend als fahrenden auch künftig durch den reichen seegen *Gott*es miteinander erwerbenden sammentlichen vermögen also und dergestalten mitsetzet, daß einem Theil soviel als dem andren hievon gebühren solle, und will er zudem seiner jungfrau hochzeiterin wegen ihrer jungfräulichen Ehre zu einer morgengab *extra fünfzig Gulden* ausgezeiget haben, dasienige aber, was er allenfalls durch erbschaft oder schenkung überkommen wird, behaltet er sich gleichfalls als ein *Paraphernale* zur freyen *Disposition* bevor.

Viertens ist von wegen denen von *Gott* verordnet ohnausbleiblichen todtfällen (welche aber der barmherzige *Gott* zu beede braut personen sonderbaren vergnügen bis in die spätesten jahre gnädiglich verhütten wolle) abgeredet und beschlossen worden, daß wenn *Gott* der allmächtige dieses ehebeth mit eheleibs erben gesegnen und herr hochzeiter vor seiner jungfrau hochzeiterin dieses zeitliche verlassen würde, so solle der rükgelassenen frau wittib die handwerks gerechtsame dann die morgengab p[e]r *fünfzig Gulden* und ihr erweislich eingebrachtes *Paraphernalgut* zum voraus gebühren und von den übrig gemeinschaftlichen vermögen auch die ungefordelte hälfte, die ander hälfte dessen aber besamt den von herrn hochzeiter vorbehaltenen *Paraphernal* gut denen sowohl aus erster als dieser zweyten ehe vorhandenen kindern als ein väterliches erbgut zuständig seyn. Wenn aber

Fünftens bey vorhandenen kindern aus dieser zweyten ehe die jungfrau hochzeiterin vor ihrem herrn bräutigam die schuld der natur bezahlen müste, so solle dem rüksverbliebenen wittiber die handwerks gerechtigkeit eben auch wieder zum voraus gebühren, und sodann nebst seinem vorbehaltenen *Paraphernale* von dem übrig sich zeigende vermögen gleichfalls die halbscheid zu fällig seyn, und die andre Hälfte dessen besamt der morgengab und dem von der jungfrau hochzeiterin vorbehaltenen *Paraphernale* solle den vorhandenen ein oder mehreren kindern aus dieser zweyten ehe als ein mutter gut getreulich zukommen. Würde es sich aber begeben, dass

Sechstens herr hochzeiter ohne eheleibs erben aus anderter ehe dieses zeitliche mit dem ewigen verwechslete, alsdann solle der hinterbliebenen frau wittib nebst der handwerks gerechtigkeit, morgengab und ihren eigenen *Paraphernal* gut die hälfte von sammentlichen sich zeigenden vermög gebühren, die andere hälfte aber, wie auch des vorbehaltenen *Paraphernale* seinen kindern aus vorig erster ehe als ein väterliches erbtheil zuständig seyn.
Im falle aber

Siebentens jungfrau hochzeiterin ohne rükgelassene eheleiblichen erben vor ihren künftigen ehwirth diese zeitlichkeit verlassen würde, so ist ausgemacht worden, daß der rükgelassene wittiber der frau mutter seiner verstorbenen ehegattin, wenn sie noch im Leben wäre, von dem eingebrachten heirath gut p[e]r 50 fl. die nothgebühr und ein drittl theil rükzubezahlen hätte, die andren zwey drittl hievon aber samt all von der Frauen *Defuncta* eingebrachter ausfertigung solle dem wittiber eigenthümlich in handen verbleiben.
Da aber

Achtens die frau mutter vor der jungfrau hochzeiterin in solchem Falle, daß nämlich jungfrau braut keine eheleibs *Descend*enten hinterlassen würde, schon zeitlichen tods verfahren wäre, als dann solle den rüksverbliebenen wittiber das eingebrachte heirath gut p[e]r 500 fl. samt aller ausferigung eingenthümlich beysammen verbleiben, das vorbehaltene *Paraphernale* der jungfrau hochzeiterin aber ihren nächsten befreünden, wenn hierüber keine weitere *Disposition* vorkommen wird, zukommen.

Neuntens und schlüßlichen, was in diesen ehepakten nicht ausdrücklich angemerkt und *specificirt* worden, dieses alles solle nach den gemeinen Rechten, dann der hochfürstl[ichen] haupt- und residenzstadt Salzburg ordnung und statuten gemäß gehalten und observirt werden.

Treulich ohne Gefährde deme zu wahren urkund sind diese ehepakten in duplo errichtet, von einer getreuen hand durchgehend von wort zu wort gleichlautend beschrieben und von beede braut personen sowohl, als den hierzu erbettenen hochlöblichen herren beyständern und gezeugen selbst eigenhändig unterschrieben und mit denen beygedrukten petschaften bekräftiget worden. So beschehen in allhiesiger hochfürstlicher haupt und residenz stadt Salzburg den siebenten Monaths Tag Septembris im ein tausend siebenhundertfünf und siebenzigsten Jahre

X Johann Georg Eder
als hochzeiter [eh]

X Anna Magdalen Köglin
als hochzeiterin [eh]

X Joh. Michael Eder
hochfürstl. feldwaibl und
waaghaupteinnehmer am
klausenthor alß erbettener zeug [eh]

X Johann Georg Lackner
als beystandt [eh]

X Johann Traunwiser hochfürstl. und
bürgerl. karttenmaler als erbettener zeig [eh]

X Johann Balthasar Kirchhoffer
stadtgerichts procurator als
erbettener zeug [eh]

X Nicolaus Puzenberger
bürgerl. Bortenmacher alß stiefvatter [eh]

Salzburg Nr. 9: Heiratskontrakt zwischen dem Handelsmann Franz Xaver Gschwendner und der Handelsmannstochter Maria Clara Socherin, 1781

zeitgenössiche Kopie SLA, Verlassenschaften Stadtsyndikat, Nr. 2235 bei 279

Im Namen der allerheiligsten unzertheilten Dreifaltigkeit; Gott des Vatters, Gott des Sohnes und des Heiligen Geistes. Amen

Ist zwischen dem wohledl geborenen herrn Franz Xaver Gschwendner bürger und handelsmann zu Salzburg, des wohledl geborenen herrn Max Gschwendner handelsmann daselbst seelig und seiner frau ehegemahlin Maria Anna geborenen Rauchenbichlerin im stande der ehe erzeugter Sohn als hochzeiter *an einem* dann der wohledlen und tugendreichen jungfrau Maria Clara des wohledlen herrn Ignatz Socher bürgerlicher handelsmann zu Straßwalchen und seiner Frau ehegemahlin Maria Franziska gebohrene Spitzerin im stand der ehe erzeigte jungfer tocher als hochzeiterin *am anderten* theil mit rath und gutheißen ihrer gedachten eltern folgender heuraths kontrakt verabredet und beschlossen worden.

Erstens sollen beyde brautpersohnen von nun an bis auf die priesterliche im angesicht der kürche vor sich gehender trauung aneinander verbunden und verlobt seyn.

Zweytens verspricht der jungfer braut herr vatter dem herrn hochzeiter zu einen ordentlichen und rechtmässigen heurath guth 2000 fl sage *zwey tausend gulden* in baaren geld nebst einer standmässigen ausferttigung gegen ordentliche ausfertigung zu überantworthen.

Drittens wiederlegt herr hochzeiter das heuraths guth mit gleichen 2000 fl sage *zwey tausend gulden* und verhypothecirt sowohl diese summe als auch das heuraths guth, also in allem 4000 fl sage *vier tausend gulden* mit seinem ganzen vermögen. Ausserdem gibt er seiner jungfer braut für eine morgengabe einhundert stück *species* dukaten als ein stätes und unwiederrufliches eigenthum, und behält sich noch das vergnügen vor, sie am hochzeitstage mit anständigem schmuck und kleidung aus seinen eigenen mittlen zu versehen.

Viertens gleich wie die jungfer braut all von ihr schon ererbtes und noch zu erbendes vermögen als ein *Paraphernium* ihrem künftigen herrn ehegatten unter oben gemelter hypothek seines sämtlichen vermögens dergestalt in- und einzubringen gelobt, dass das eigenthum und freye *Disposition* dabey ihr iederzeit vorbehalten, die benutzung aber beyden gemeinschafltich überlassen seyn solle. So soll sie hingegen die helfte der während der ehe aus der handlung und überhaupt aus seinem und ihrem, in der *Qualität* eines *Paraphernniums* eingebrachten vermögens sich zeigenden eroberten gewinns zu ziehen und zu genüssen haben, welches solang beyde zusammen leben, als eine unabänderliche und zu beyderseitigem vortheile bedungene verständnis hiermit festgesetzt bleibt, auf erfolgende todsfälle aber folgendermassen abgeändert werden soll.

Fünftens wenn der herr hochzeiter vor der jungfer hochzeiterin mit oder ohne leibeserben das zeitliche beschliesen solle: So solle der frau witwe, sie mag zur ferneren ehe schreiten oder nicht, ihr heurath guth, die wiederlage, ihre mitgebrachte ausferttigung, das ganze von ihr eingebrachte *Paraphernium*, die helfte der während der ehe aus beyderseitigem vermögen erworbenen gewinnst, die hochzeittägliche kleydung, auch die haupt-, hals- und handziehrde davon nicht ausgenommen (nur dass hiebey die am ende des 8ten Paragraph befindliche klausl bey vorhandenen leibeserben des verblichenen herrn hochzeiter in betrachtung kömt) wie ingleichen ihre *aparte* in paaren geld- oder schuldbriefen oder schazgeld vorräthiges vermögen, dann die morgengab (welche ohnehin als ein theil ihres schazgeldes iederzeit anzusehen ist) und alle andern von ihrem eheherrn befreunden und anderen persohnen erhaltene geschänke unwiederruflich und dergestalt als ein eigenthum heimfallen, dass sie damit frey und unbehindert *disponiren* konne.

Sechstens würde her herr hochzeiter vor der jungfer hochzeiterin mit hinterlassung eines oder mehrerer leibeserben in die ewigkeit abgehen: so sollen dieser oder diese leibeserben (weil sie doch in absicht auf ihr künfftig zeitliches und ewiges wohl niemand besser als ihrer leibwerthesten frau mutter anvertraut- und empfohlen werden könnten) von der frau mutter auf gemeinschaftliche in folgenden Paragraph noch genauer bestimmte kosten bis zu ihren majorennitäts Jahren standmässig erzogen- und verpflegt werden. Sobald sie aber zu diesen jahren gelangen, soll ihnen und zwar nach der mase wie ein ieder aus der minderjährigkeit austritt, ihr bis dahin sich belaufendes väterliches erbtheil und der eroberte gewinnstantheil (wovon ebenfalls im folgenden *Paragraph* meldung geschieht) gehörig ausgewiesen; dann bis zu ihrer vorkommenden ausständigen versorgung verinterehsirt und solchergestalt ihrer fernere unterhaltung aus ihren eigenen vermögen bestritten werden. Doch ist hiebey vorzüglich bedungen, dass iener auf gemeinschafts-kosten von der frau witwe zu besorgende erziehung und verpflegung der leibs erben nur so lange stat haben soll bis die handlung an einen von ihnen abgegeben seyn wird, wonach der übernehmer für sich selbst zu sorgen, die frau witwe hingegen ieden von den übrigen unter ihrer mütterlichen obsorge noch stehenden leibs erben aus dessen eigenen vermogen, das ist aus dessen vätterlichen erbtheile genossenen gewinns antheile und zustehenden *interehse* zu verpflegen und zu erhalten habe.

Siebentes und zwar in dem nämlichen falle, da der herr hochzeiter vor der jungfer hochzeiterin mit hinterlassung eines oder mehrerer leibserben in die ewigkeit abgehen würde, soll die frau witwee gleich nach

dem tod ihres eheherrn, sie mag sodann zur ferneren ehe schreiten oder nicht, so lange die Gschwendnerische Handlung fortführen und in besitze des hauses verbleiben bis der in den unten vorkommenden ordnung zur übernahme bestimmte leibes erb das 24te jahr seines alters erreicht haben wird; Zugleich soll sie aber gehalten seyn, die von herrn Gschwendner ihrem herrn ehekonsorten hinterlassenen leibeserben dergestalt in *Compagnie* zu nehmen, dass von dem zu erobernden gewinn, welcher nach abzug der haushaltungs halber- und anderer des hauses und der handlung wegen nöthigen, dann für ihre eigene persohn und für die hinterlassenen Gschwendnerischen leibeserben zu gebührenden kosten erst zu berechnen und zu bestimmen ist, die eine helfte ihr allein, die andere helfte hingegen den gesamten leibeserben der herrn Gschwendner zufallen und eigen seyn solle. Sobald nun aber ein sohn oder in abgang dessen eine tochter das 24te jahr erreicht haben wird: Soll die frau mutter das haus (bloß mit vorbehalt des ihr im 10ten Paragraph ausbedungenen witwensitzes) und die handlungsgerechtigkeit abtreten, doch beydes (und zwar mit hinbegriff der im 2ten stock befindlichen einrichtung, wie solcher bey lebszeiten des herrn Gschwendner meublirt war) dem übernehmenden leibserben nicht höher als um 6000 fl sage *sechs tausend gulden* angerechnet. Der betrag der waaren aber, die schulden und all existirendes bewegliches und unbewegliches vermögen in ein ordentliches *inventarium* eingetragen und iedem theile sein gebührendes vermögen und antheil angezeigt werden; Wobey nur noch dieses bedungen ist, dass gleichwie es dem übernehmenden leibserben freystehen wird mit seiner frau mutter noch länger in *Compagnie* zu bleiben, also auch sie vollig ungebunden seyn solle, wenn sie mit ihm in *Compagnie* zu treten nicht gesonnen wäre.
Damit aber die nöthige vorsorge auch auf den fall geschehe, wenn der männliche oder nach ihm der weibliche leibeserb bei erreichung des 24ten jahres entweder zur handlung offenbar untüchtig wäre oder sich zu einem anderen stande entschlossen hätte, so sollen alsdann die übrigen leibeserben auf die nämliche art und zwar mit vorzug des männlichen geschlechts in die übernahme des vätterlichen hauses und handlung eintreten.

Achtens wenn durch diese von einem leibserben geschehene übernahme die trennung der frau witwe von der *Compagnie* würklich erfolgt, so soll ihr der bis zur handlungs übergabe ihr gebührende gewinn gehörig ausgewiesen und dieser sowohl als ihr eingebrachtes heuraths gut und *Paraphernium* dann die wiederlage mit paarem geld inheit *von zehen jahren* von der übernahme an gerechnet hinausbezahlt, bis zur gänzlichen abtragung aber auf haus und handlung verhypothecirt und mit drey *procento* verinterehsirt werden; Wobey es sich von selbst versteht, dass ihr alles übrige, was vermög des 5ten *Paragraph noch* ferners als ihr eigenthum anzusehen ist, im voraus zustehe und eigen ist, im voraus zustehe und eigen bleibe und auch die haupt-, hals- und hand-ziehrde davon nicht ausgenommen, welche aber nach ihrem todt des herrn Gschwendner leibserben zufallen soll.

Neuntens würde der herr hochzeiter vor der jungfer hochzeiterin ohne einen leibeserben zu hinterlassen das zeitliche beschließen, so sollen des verstorbenen nächste verwandten mangl anderer dihsposition nach den rechten als seine erben eintretten, aber zugleich gehalten seyn, der frau witwe ihr eingebrachtes heurath guth und *Paraphernium,* die wiederlage und die helfte des aus beyderseitigem vermögen während der ehe eroberten gewinns baar hinaus zu bezahlen, auch alles übrige was vermög des 5ten *Paragraph noch* als ihr eigenthum anzusehen ist, ihr ungehindert zu überlassen.

Zehntens soll ferner der frau witwe wenn sie ohne leibeserben und ohne hofnung dazu von ihrem herrn ehegatten durch den todt getrennt würde und noch witwe bliebe, von den in ihres verstorbenen herrn ehekonsorten erbschaft eingetrettenen verwandten die zinnsfreye und *meublirte* wohnung im dritten stocke des Gschwendnerischen hauses überlassen und ein jährliches witwengehalt per 400 fl. sage *vier hundert gulden* landeswährung paar gegeben werden, welches alles sie solange sie witwe bleibet zu ziehen und zu genüssen haben soll,
Würden aber bey dem ableben des herrn Gschwendner leibeserben vorhanden seyn so soll die frau witwee, sie mag sich in diesem fallen wiederverheurathen oder nicht, den oben ausgemessenen witwengehalt

p[e]r 400 fl. und die zinnsfreye und *meublirte* wohnung im dritten stocke zwar lebenslänglich, doch mit dem unterschiede zu genüssen haben, dass erwähnter witweengehalt und witweensitz nicht gleich nach dem todt ihres herrn ehekonsorten, sondern erst alsdann seinen anfang nehmen soll, wenn die übernahme an einen leibeserben geschehen seyn wird, indem sie ohnehin bis auf diese zeit nach maasgabe des 7ten *Paragraph* die handlung auf eine für sie vortheilhafte art fortzuführen und im besitze des hauses zu bleiben hat. Damit aber dieser witweengehalt in iedem falle gesichert sey, sol von der erbschaftsmasse ihres verstorbenen herrn ehekonsorten ein kapital per 10000 sage *zehen tausend gulden* entweder in der handlung depohsitirt oder doch auf das sicherste verhypotecirt und das davon abfließende jährliche interesse à 4=p[ro]=c[en]to mit 400 fl. der frau witwee auf oben bedungene artgereicht werden.
Da hingegen wenn die frau witwee ebenfalls mit tode abgehet oder sich nach dem hintritte ihres ohne hinterlassung eines leibeserben verstorbenen herrn ehekonsorten wieder verheurathen würde, das *Depohsitum* oder *Hypothek* von 10000 fl aufgehoben seyn und deren theilung den hinterlassenen Gschwendnerischen leibeserben mangl derer des verstorbenen herrn Gschwendner anverwandter zusehen soll.

Elftens wenn sich der fall ereignet, dass die jungfer braut vor dem herrn hochzeiter mit dem todte abginge ohne leibeserben zu hinterlassen, so verbindet sich der herr hochzeiter im falle von ihr keine andere *Dihsposition* vorhanden wäre, das ganze von ihr eingebrachte *Paraphernum*, die ihr von ihren befreunden und auswärtigen persohnen gemachten geschänke, ihre *à parte* in paaren gelde oder schuldbrifen oder schazgeld vorräthiges vermögen, die hochzeit tägliche kleidung (nur die von ihre selbst angeschafften haupt-, hals- und handziehrde ausgenommen) und endlich für alle übrige von ihm derselben vor und während der ehe gemachten geschänke und angeschaffte kleidungen ein *aequivalent* von 500 fl. sage *fünf hundert gulden* an paarem gelde ihren nächsten verwandte hinaus und *rehspective* zurück zu geben. Da hingegen dem herrn hochzeiter als hinterlassenem witwer das von seiner verstorbenen frau zugebrachte heuraths guth, dessen wiederlage, ihre mitgebrachte ausferttigung, der ganze und ungetheilte sowohl aus seinem als dem von der verstorbenen in der qualität eines *Parapherniums* eingebrachten vermögen während der ehe erworbener gewinn und endlich alle seiner frau im ledigen oder verheuratheten stande gemachten geschänke und angeschaffte kleidungen, was sie auch für namen haben mögen, die einzige hochzeit tägliche kleidung ausgenommen, zuständig und eigen verbleiben solle.

Zwölftens würde aber seine vor ihm mit dem todte abgegangene ehegattin leibeserben hinterlassen, so verbindet sich der herr hochzeiter den kindern das mütterliche *Paraphernal* guth, dann den ihr so lange sie lebte gebührenden gewinns antheil und was immer die verstorbene sonst für vermögen haben möchte, deutlich auszuweisen, auch die ihrer frau mutter angehörig gewesnen kleidungen, jubelen, pretiosen und geschänke ihnen zuzutheilen und sie als seine eignen kindern ohne ihrem entgelde bis zu ihren *Majorennitäts* Jahren zu versorgen und zu verpflegen; überdies aber von dem mütterlich ihm eingebrachten Paraphernio (nicht aber von dem gewinns antheil der verstorbenen, dessen nutznüssung er sich lebenslänglich vorbehält) ihnen das jährlich fallende interesse bis sie die *Majorennitäts* Jahre erreichen oder auf eine anständige und dem herrn vatter gerechte art versorgt werden, nach der maase ihres erb antheils zu ziehen und zum nutzen und anwachsen des mütterlichen vermögens erbtheils zufliessen zu lassen.

Dreyzehentens was allenfalls in diesem heuraths kontrakt nicht eingekommen ist, soll allenthalben nach vorschrift gemeiner rechte und der landesgewohnheiten geachtet und gehalten werden.
Zu nutzen dessen ist dieser heurathskontrakt in zwey gleichlautende *Exemplarien* verfasst und von beiderseits erbetenen herren beyständern und gezeugen unterschrieben und iedem theile ein *Exemplar* zu handen gestellt worden. So geschehen in Salzburg den siben und zwanzigsten *December* im eintausend sibenhundert ein und achtzigsten jahr.

CS[3] Maria Klara Socherin als hochzeiterin	CS Franz Xav. Gschwendtner als hochzeiter
CS Ignatz Socher als vatter CS Franz Thadee Klein= Mayern als beyständer	CS Maria Anna Gschwendtnerin als mutter CS Joseph Ernst Gilowsky als beyständer
CS Antont Triendl als zeug	CS Christian Ignatz Zezi als beyständer
CS Raymund Felix Azwanger als zeug	CS Anton Nikoladoni als zeug
	CS Anton Ruprecht als zeug

Salzburg Nr. 10: Heiratspakt zwischen dem Weißbäckerssohn Franz Egg und der Bierbrauerstochter Maria Josepha Eschenbacherin, 1783

SLA, Verlassenschaften Stadtsyndikat, Nr. 192

In Namen der allerheiligsten Dreyfaltigkeit, Gott des Vaters und des Sohns und den heiligen Geistes, Amen!
Kund und zu wissen seye hiemit, welche heurathspakten zwischen den edlen herrn
Franz *Egg, des wohfürnehmen herrn* Franz Egg b[ür]g[er]l[icher] Weißbäcker allhier seelig mit seiner ehewirthin frauen Barbara Watzingerin noch im Leben ehelich erzeugter sohn, nun weißbäcker bey St. Andree allda als hochzeiter an einem, dann der tugendreichen wohledlen Maria Josepha ESCHENBACHERIN des wohlfürnehmen Herrn des Engelwerth Eschenbacher b[ür]g[er]l[ichen] Bierbrauers zum goldenen Adler seel[ig] und der wohledlen frauen Maria Monika herkommens Sterzlin nun verehelichte Neuhauserin ehelich erworbene tochter als hochzeiterin am anderen theile in mit- und beyseyn der beederseitigen mütter, gerhaben, beyständer und gezeugen verabredet und beschlossen worden: als

Erstlich sollen beede brautpersonen von nun an ehelich versprochen seyn, sohin schuldig und gehalten seyn, dieses ihr eheversprechen christ-katholischen gebrauch nach durch priesterliche einsegnung an einen von ihnen nächst zu wählenden tage bestättigen zu lassen.

Zweytens ist unter beyden brautpersonen in dem masse eine gemeinschaft des vermögens verabredet worden,das jungfrau hochzeiterin 2400 fl. sage zweytausend vierhundert gulden von ihrem vermögen zubringen und in die gemeinschaft einzulegen verspricht, hingegen herr hochzeiter diese einlade mit deme vergütet, daß er seiner jungfrau hochzeiterin die hälfte alles seines besitzes und inhabens, welche ihm über die zu machenden abzüge eben 2400 fl. sage zweytausend vierhundert Gulden verbleibendes zeige, gleichfalls einräumet so und dergestalten, daß nicht nur von dieser gleichen zusammengelegten summa, sondern auch, was sie beede brautpersonen währender ehe in allem erhausen durchaus ohne ausnahme ein gemeinschaftliche gut seye und einer so viel als dem anderen hievon gebühren solle: was aber die jungfrau hochzeiterin noch an vermögen haben oder sonst seiner zeit durch erbschaft vermächtnis schankung oder sonst gebührliche wege für sich allein überkommt, und sie auch herrn hochzeiter über

3 Die zeitgenössische Abkürzung steht für copia sigilli

sein dermalen habe des vermögen durch derley gewinnst ankunfts-titel an sich bringet; das soll jedem theile ein vorbehaltenes und zur freyen dihsposition bedingenes *Paraphernal* gut seyn, doch die nutzung hievon zum gemeinsamen hauswesen; also auch zur erhausung genommen werden.

Drittens ist auf die todfälle doch in form eines beständigen eherezeß zugleich aber ohne jemand als ihnen ein recht einzuräumen beschlossen worden, daß im fall herr hochzeiter vor seinerjungfrau hochzeiterin ohne kinder aus dieser ehe verstürbe; sodann die überlebende witwe von dem gemeinsamen vermögen, nemlich was dermalen zusammen geleget und bis dahin erhauset wird seinen nächsten anverwandten oder nach seiner dihsposition nur 1200 fl sage zwölfhundert Gulden und was sich an *Paraphernal* gut zeiget hinauszugeben, all übriges aber ihr getreulich zu händen zu verbleiben habe. Soll aber

Viertens jungfrau hochzeiterin eben ohne hinterlassung eines kindes vor ihren h: hochzeiter das zeitliche segnen; so giebt selber ihren nächsten anverwandten oder nach ihrer dihsposition von gemeinsamen vermögen 1500 fl. sage fünfzehnhundert Gulden nebst dem eingebrachten *Paraphernal* und ihrer einrichtung hinaus, all übriges aber bleibe ihm in unangefochtenem eigenthum. Wenn aber

Fünftens herr hochzeiter mit hinterlassung eines oder mehrer kinder vor seiner jungfrau hochzeiterin dieses zeitliche verließ, so ziehet die überlebende witwe ihre einrichtung oder ausfertigung, worüber bey der einantwortung ein verzeichnis gemacht, und diesen heurathspakten beigelegt wird, um so weiters ihr Paraphernal in voraus, dann die ungevortheilte hälfte des zusammengelegten vermögens und der erhausung, die andere hälfte nebst vorbehaltenen Paraphernal bleibt in ermangelung anderer disposition dem vorhandenen kind oder kindern: Soll aber

Sechstens jungfrau hochzeiterin von ihren herrnn hochzeiterr mit hinterlassung eines oder mehrerer kinder aus dieser zeitlichkeit abgehen, so bleibe dem überlebenden wittiber eben die ungevortheilte hälfte des zusammengelegten und erhausten gemeinsamen vermögens; die andere hälfte desselben aber wie auch ihr Paraphernal und einrichtung oder ausfertigung soll dem kind oder den kindern zukommen: doch soll der wittiber befugt seyn, leibskleider und leingewand um die inventarische schätzung abzulösen, was sich aber ohne nachtheil einbehalten läßt, als silber, frauenzierde, kleinodien, zinn und dergleichen; das soll dem kinde oder den kindern fleißig verwahret und auf behalten werden.

Siebentens versteht sich zwar von selbsten, daß wenn keine kinder vorhanden, der überlebende theil gegen bedungene hinausgabe an die nachstehende anverwandten oder nach disposition in unvertriebenen besitz bleibe, und mit diesem seinem eigenthum nach belieben durch weitere verheirathung oder wie immer schalten und walten könne: es wollen aber beede brautpersonen ausdrücklich, daß auch in dem falle, wenn kinder vorhanden sind, der überlebende theil gegen hinausmachtung der treffenden gebühr, so lange es jeden beliebe in dem unvertriebenen besitz bleiben solle, doch aber auch daß dem kind oder kindern erster ehe das inhaben seiner zeit zukomme, dabey aber soll doch keines unter diesen einen vorzug haben, sondern allzeit lediglich in der willkühr des überlebenden theils stehen, den besitz den jüngsten oder ältesten einen sohn oder einer tochter, mit einem worte dem einzuräumen, welches sich mit guter aufführung und eigenschaften um vater und mutter am meisten verdient gemacht, und entweder durch sich selbst oder durch einen gegentheil am tauglichsten von den überlebenden ehetheil geachtet wird. Wenn sich nun

Schlüsslichen fälle ergeben sollen, welche in diesen ehepakten nicht enthalten, die sollen nach hocherzstiftischen landstatuten, löbl. gewohnheiten, reichs satzungen und gemeinen kaiserlichen rechten beurtheilet werden: wozu gleich nach malen ausdrücklich angefüget wird, das überall jenes, was beede brautpersonen einander nicht unter sich bedingen, jeden freye disposition auch eines den andern mehr zu vermachen vorbehalten sei

Zur wahren urkunde, dann bekräftigung alles dieses und damit vollkommen verstanden und zufrieden seyen, haben die kontrahirnden theile mit beyständern angelobt nachstehende gezeugen erbetten und diese heurathspakten untergefertiget. Beschehen Salzburg, den 30. Wintermonaths 1783

X Josepha Eschenbacher als hochzeiterin eh
X Maria Monica Neyhauserin als müetter eh
X Franz Joseph Neuhauser als vatter eh

X Anton Mayr als zeig eh
X Joseph Virgil Popp als vormünder eh
X Dr. Joh. Huetter als zeig eh

X Franz Michael Egg als hochzeiter eh
X Maria Barbara Eggin als muetter eh
X Wolfgang Ebner gericht und stadtschreiber als zeug eh

X Andreas Hoffer als zeug eh
X Johann Michael Hibinger als zeyg eh

Salzburg Nr. 11: Ehepakt zwischen dem bürgerlichen Kuttelwascher Karl Pallauf und der Gastwirtstochter Anna Maria Schwartzin, 1785

SLA, Verlassenschaften Stadtgericht, 1811, Nr. 19

Im Namen der Allerheiligsten und unzertheilten Dreyfaltigkeit, Gott des Vaters, Gott des Sohnes und Gott des heiligen Geistes Amen

Kund und zu wissen seye hiemit, welchergestalten zwischen dem ehrengeachten herrn Karl Pallauf bürgerlicher Kudlwascher allhier zu Salzburg als Hochzeitern an einem, dann der ehren- und tugendsamen Jungfrau Anna Maria Schwartzin des ehrengeachten Mathias Schwarz wirth und gastgebens zu Grödig bey seiner ehewürthin Veronika Millerin beed noch am leben ehelich erzeigte tochter als hochzeiterin am anderten theile folgende ehepakten in mit- und beyseyn der hinauf benamsten und zu diesem akt sonderbahr erbettene beyständern und gezeugen zu beederseithigem belieben abgeredet und beschlossen worden und zwar

Erstlich sollen beede brautpersonen bis auf priesterliche copulation ordentlich miteinander ehelich versprochen seyn und solch ihre gemachte eheverlöbnis mit ersterer bequemster gelegenheit in angesicht der christkatholischen kirchen bestättigen lassen.

Anderten da jungfrau hochzeiterin dermahl ihren bräutigam, damit ihr annoch lebenden eltern zu ihren verkehr- und gewerbsbetrieb an baarschaft sich nicht schwächen dörfen, zu einen heurathgut nur ein aufgerichtes federbeth und kasten zubringet, so will doch

Drittens herr hochzeiter seiner junfgrau hochzeiterin in ansehung aller conlichen liebe und treue, dann führend-gut häuslichen wirtschaft seine kudlwaschergerechtsame verheurathen und sie noch überhin um die helfte seines besitzenden vermögens jedoch gegen deme mitsetzen, daß er sich von solchen zwei hundert gulden zu seiner freyen disposition als ein paraphernalgut vorenthaltet. Ferners und

Viertens soll nicht nur das jenige, was beede brautpersohnen zeit ihres ehestandes durch den göttlichen seegen miteinander erhausen und erobern, sonder auch das, was sie beede etwo durch erbschaft oder schenkung oder auf immer andere gebührliche art und weise seiner zeit überkommen werden, ihnen ein durchaus gleiches gemeinschaftliches gut seyn; Wie dann die jungfrau hochzeiterin in sonderheit verspricht, auf dem über kurz oder lang erfolgenden zeitlichen hintritt ihrer eltern die ihr anstehende väterliche und mütterliche erbschaft in das gesamte vermögen einzuwerfen.

Fünftens würde von denen von Gott verordneten unausbleiblichen todtfällen (welche der allerhöchste bis in die spätheste jahr beederseits genädiglich verhütten möge) abgeredet und beschlossen werden, daß, wenn die jungfrau hochzeiterin ohne rücklassenden eheleibserben versterben würde, der hinterbliebene wittiber die kudlwaschergerechtigkeit und seiner vorbehaltener 200 fl. paraphernalgut zum voraus zu ziehen haben, und von dem übrig weiteren vermögen ihm die helfte und dessen andere helfte (wenn keine weiter dihsposition vorkommen würde) den nächsten befreundten seiner verstorbenen ehewürthin zukommen solle. Würde aber

Sechstens in diesem fall nämlich ohne kinder herr hochzeiter vor seiner jungfrau braut das zeitliche beschlüssen, so solle der wittib die kudlwaschers gerechtigkeit wie auch die von ihrem verstorbenen ehewürth als ein paraphernale sich vorbehaltenen 200 fl. eigen verbleiben, und von dem übrig vermögen die helfte und die andere halbscheide (wenn ebenfalls keine weithere vorordnung vorkommen wird) des defuncten nächsten befreundten gebühren. Wenn aber

Siebendtens kinder vorhanden wären und die jungfrau hochzeiterin vor ihrem bräutigam die schuld der natur bezahlen müßte, solle dem hinterlassenen wittiber die gerechtigkeit und sein eigenes paraphernalgut per 200 fl. im voraus zuständig seyn und das übrige ganze vermögen hat er mit seinen kindern zu zwey gleichen theilen als ein muttergut zu vertheilen. Sollte aber

Achtens sich fügen, daß der herr hochzeiter mit rücklassend gesegneten eheleibserben vor seiner jungfrauen hochzeiterin diese zeitlichkeit verlassen werde, hätten die vorhandenen kinder die von ihrem vater zu seinem paraphernalgut sich vorenthaltenen 200 fl. und zu diesem die helfte des übrig-gesamten ganzen vermögens als ein väterliches erbgut zu beziehen und dessen andere helfte wie auch die kudlwaschers gerechtigkeit solle der wittib eigen verbleiben.

Neuntens und schlüßlich was in diesem heuraths kontrakt nicht ausdrücklich bedungen und angemerkt worden, dieses alles solle nach denen gemeinen rechten, dann des hohen erzstifts salzburg ordnung und statuten genau gehalten und observiret werden.
Threulich und ohne geverde denen zur wahren urkund sind diese ehepakten in duplo errichtet, von einer gethreuen hand von wort zu wort durchaus gleichlautend beschrieben, dann von beeden brautpersohnen sowohl als dem hiezu erbettenen beyständern und gezeugen selbst eigenhändig unterschrieben worden. So geschehen in der hochfürstlichen haupt- und residenz stadt Salzburg den sechszehenden monats tag jenner im ein tausend siebenhundert fünf und achzigsten jahr.

X Karl Pallauf[eh] alß
hochzeiter
X Philipp Bschaidl[eh] bürgerl.
Fleischhacker als beystendter
und zeug
X Johann Balthasar Kirchhofer[eh]
hochfürstl. Stadtgerichts prokurator
als erbettener zeug

X Anna Maria Schwartzin[eh]
als hochzeiterin
X Johann Georg Schwartz[eh]
Würth am Stanzingerhof

X Johann Schwarzlasser[eh]
würth beystender
und zeig
X Matthias Schwartz als fatter[eh]

Salzburg Nr. 12: Ehevertrag zwischen dem Domkapitel-Beamten Leopold von Ehrich und der hofbefreiten Kaffeesiederin Maria Josepha Pachmayrin, 1787

SLA, Verlassenschaften Stadtsyndikat, Nr. 190

In Namen der Allerheiligsten und unzertheilten Dreyfaltigkeit, Gott des Vaters, Gott des Sohns und Gott des heiligen Geistes, Amen
Zu vernemen welchermassen und gestalten zwischen dem hochedl herrn Leopold von Ehrich, kanzley verwahnten bey eines hochwürdigen domkapitels domkasten-amt alhier des hochedl geborenen Herrn Leopold v[on] Erich gewester k.k. Salz-Beamten zu Murau in obersteier bey seiner ehefrauen Anna Maria Hardtmannin ehelich erworbenen sohn als hochzeiter an einem, dann der wohledlen frauen Maria Josepha Pachmayrin geb[orene] Gerlichin hofbefreyten Caffée Süderin alhier zu Salzburg, des wohledlen herrn Franz Gerlich hofbefreyten Caffée Sieders und bürgerlichen Zuckerbäckers der Orten bey seiner frau ehe consortinn Maria Cecilia Hardtensteinerin, beede seelig, erzeugten frauen tochter als hochzeiterin an anderen theile folgender heuraths contract in mit- und beyseyn deren hinnach stehend- und zu dieser handlung sonderbar erbettenen herren beyständern und gezeugen zu beederseits belieben und hierüber erfolgte bestättigung abgeredt und beschlossen worden und zwar

Erstlich sollen beede braut personen bis auf priesterliche copulation ordentlich miteinander versprochen seyn, und dieß ihr gemachtes eheversprechen in angesicht der christ-catholischen Kirche bestättigen lassen.

Zweytens verspricht der hochzeiter seiner frau hochzeiterin 1000 fl sage tausend gulden an hochzeit-tag theils in gut- und richtigen schuldbriefen, theils aber in baarem Geld beyzubringen und auszuliefern. Hiefür will

Drittens die frau hochzeiterin ihrem dermaligen herrn bräutigam und zukünftigen zweyten ehewürth um die helfte ihres ganzen besitzenden vermögens dergestallten mit- und einsetzen, daß einem theil soviel als dem andern hievon gebühren und zuständig seyn solle.
Gleichergestalten solle

Viertens beeden braut-personen all dasjenige, was sie zeit iher andauernden ehe durch den reichen seegen gottes miteinander erhausen und erobern oder sonsten durch erbschaft oder schankung etwann seiner zeit überkommen werden, ein durchaus gleiches gemeinschaftliches ermögen seyn.

Fünftens ist von und wegen denen von gott verordneten unausbleiblichen todfällen (welche der allerhöchste durch lange jahre beederseits gnädiglich verhütten wolle) ferners ausgemacht und beschlossen worden, daß, wenn herr hochzeiter ohne verhandenen ehel[iche] erben von seiner frau hochzeiterin die schuld der natur bezahlen werde, der rückverbleibenden frau wittib das gesamte ganze vermögen ohne ausnahme ganz unverrückter beysammen eigenthümlich verbleiben solle, jedoch mit deme, daß sie frau wittib ihres verstorbenen eheherrn etwan noch lebenden frau mutter und desselben 3 Geschwistern jedem 100 fl miteinander also 400 fl zu einem angedenken, wenn keine weitere disposition hierüber gemacht wird, hinaus zu bezahlen verbunden wäre, würde aber nach ermelt solchen Todfall des eheherrn auf die Frau Mutter oder von denen 3 Geschwistern ein oder anders oder auch alle bereits verstorben seyn, so hörte die hinauszahlung so vieller 100 fl auf, als hievon nicht mehr am leben seyn dürften, und bleibeten der frauen wittib gleich den übrigen ganzen vermögen in Handen. – Sollte aber

Sechstens frau hochzeiterin ohne gesegneten eheleibs vor ihren herrn hochzeiter das zeitliche verlassen, so solle dem rückverbleibenden herrn wittiber ebenfalls das ganze und gesamte vermögen unverruckter als ein wahres eigenthum gegen deme zustehen und angehörig seyn, daß er gleicher gestalten der defuncta etwan noch lebenden herren geschwistern jedem 100 fl. miteinander 400 fl sage vierhundert Gulden zu einem angedenken (wenn auch dessentwegen eine weitere disposition nicht vorhanden seyn wird) hinaus zu geben schuldig seyn solle, werde aber nachermelt solchen todfall der frau ein oder des andern oder alle 4 Geschwister auch bereits verstorben seyn, so hörte die Hinauszahlung so vieller 100 fl ebenfalss auf, als hievon nicht mehr am leben seyn dürften und verbleibeten gleich dem übrigen gesamten vermögen dem herrn wittiber in händen. Da aber

Siebentens kinder in diesem ehestand erzeiget werden sollten, alsdann hätte auf absterbens ein oder des anderen ehetheils der überlebende ehegat von dem sich zeigenden ganzen vermögen die helfte zu ziehen und die andere halbscheid hievon solle denen vorhandenen kindern ganz undisputirlich gebühren: auch hörte vorstehende hinauszahlung des §§ 5 et 6 vollkommen auf.

Achtens und schlüßlichen was in diesen heuraths kontrakt nicht ausdrücklich bedungen und verzeichnet worden, dieses alles sollen den gemeinen rechten nach, dann des hohen Erzstifts salzburg ordnung und statuten gemäß gehalten und observiert werden.

Treulich und ohne gefährde dem zur wahren urkund ist dieser heuraths kontrakt zweyfach errichtet von beeden braut-personen sowohl als denen hier zu erbettenen herren beyständern und gezeugen selbst eigenhändig unterschrieben und mit denen beygedachten pöttschaften bekräftiget worden.
So geschehen in der hochfürstlichen haupt- und residenzstadt Salzburg den dreyzehenden monathstag juny im eintausendsiebenhundert siben und achtzigsten jahr.

X Leopold Erich [eh] als hochzeiter

X Dismas Paurnfeind [eh]
stadtrat als erbetener zeug
X Jakob Lehr [eh] als zeuge

X Maria Josepha Pachmayrin [eh]
geborende Görlichin als hochzeiterin
X Franz Gerlich [eh] bgl. conditor als beyständer

X Franz Ant. Eisenberger [eh]
dom kapitlischer rentamts kassier

Salzburg Nr. 13: Ehepakt zwischen Johann Peter Metzger und seiner Frau Maria Susanna Poschingerin in Abänderung des ursprünglichen Heiratspaktes, 1785

SLA, Verlassenschaften Stadtsyndikat, Nr. 693 bei 683

Ehepakten,
welche
zwischen dem wohledelgebohrnen Herrn Johann Peter Metzger bürgermeister der hochfürstllichen Haupt- und Residenzstadt alhier *an einem* dann seiner frauen gemahlin Maria Susanna Poschingerin in nachstehender beystandschaft *am anderen Theile* im beyseyn nachstehender zeugenschaft auf folgende Art verabredet und beschlossen worden sind, und zwar

I. Absatz
Erklären hiermit titl. herr Johann Peter Metzger und seine Frau Gemahlin Maria Susanna Poschingerin die von ihm unterm 12ten Jänner 1751 errichtet und bisher bestandenen heirathspakten als unmittelbar aufgehoben, kassirt und entkräftet, in der vorzüglich wohl überdachten rücksicht, daß durch die bereits erfolgte uebergaben ihrer besessenen handlungen an ihre herren söhne, durch die anweisung der mannsvortheile an diese, durch die verehelichung ihrer frauen töchter bestimmte heirathgüter ihr

beydseitiger vermögensstand in ein ganz anderes verhältnis versetzet wurde, daher auch die nothwendigkeit erfordert, daß ihre ehemals errichtete heirathspakten nach dem dermaligen vermögens-umständen mit reifer ueberlegung und wechselseitiger einstimmung in gegenwärtige ehepakten abgeändert wurden.
In voraussetzung dessen bekennet demnach

II. Absatz
Titl. herr Johann Peter Metzger wiederholt, dass ihm seine frau gemahlin Maria Susanna Poschinger baare 1000 fl (*ein tausend Gulden*) als ein wahres heirathgut nebst einer standesmässigen ausfertigung ein und zugebracht habe, daher er dann auch wohlbedächtlich und neuerdings bestättiget, daß seiner geliebten ehefrau dieses heirathgut mit 1000 fl. (*ein tausend Gulden*) wiederlegt verbleibe und überdies die ihr in dem gedachten heirathspakten versprochene morgengabe pr 500 fl (*fünfhundert Gulden*) ebenfalls unwiderruflich zu beziehen habe.

III. Absatz
Was nun beyde ehetheile außer diesen noch an vermögen besitzen, oder bereits durch schenkung, erbschaften, und durch was immer für andere rechtmässige ankunftstiteln erlanget haben, oder noch erlangen würden, solle sowohl titl. herrn Peter Metzger als sein unbeschränktes eigenthum zu seiner freyen disposition, so wie auch seiner frauen gemahlin Susanna Poschingerin als ihr rechtmässiges paraphernalgut zur willkürlichen Anordnung ausdrücklich vorbehalten bleiben.

IV. Absatz
Erklärt sich titl. herr Johann Peter Metzger noch weiters dahin, daß seiner frauen gemahlin der besitzende Hof zu Mühln, welcher ohnehin mit ihrem gelde und paraphernalgut größtentheils erkaufet wurde, als ihr unmittelbares eigenthum hiermit abgetretten seyn solle , und verspricht daher ihr denselben ehenächstens bey betrefender grundherrschaft ordentlich zu übergeben und ihr Brief und Siegel zu verbitten.
Was hingegen den in denen heirathspakten damals bestimmten bezug der erhausungshälfte betrifft, so haben die theile diesfalls in nachfolgenden sukzessionsvertrage ihr weiteres einverständnis getroffen, indem die erhausung bey ihrem größtentheils an ihre herren söhne und frauen töchter abgetrettene vermögen nicht so genau mehr bestimmt werden könnte.

V. Absatz
Da die erfolgende sterbefälle einzig und allein in der vorsicht und wille des allmächtigen beruhen: so wurde von beiden ehetheilen der wohlüberlegte entschluß gefasset und das einhellig wechselseitige verständnis getroffen, daß wenn titl. herr Johann Peter Metzger vor seiner geliebtesten ehefrau das zeitliche verlassen sollte, die rücklassende frau wittwe vor allen als ihr unstrittiges Eigenthum zu beziehen haben solle, nämlich

a das von ihr zugebrachte heirathgut p[e]r 1000 fl.,
b die ihr entgegen gemachte wiederlage p[e]r 1000 fl, iedoch nur auf lebenslänglichen genuß,
c die ihr bestimmte morgengabe p[e]r 500 fl, dann
d das von ihr wirklich eingebrachte paraphernal gut, sammt den ihr als eigenthum bereits abgetretenen hof zu Mühln, und
e ihre zugebrachte ausfertigung mit allen dem was sie von ihrem eheherrn während der Ehe als eine besondere bezeugung seiner ehelichen liebe und treue erhalten haben würde. Ferners und
f bestimmt titl. herr Peter Metzger seiner geliebten ehefrauen zu einem rechtlichen witwen-sitz auf ihre lebenstage jenen haus-antheil, den sie beide ehetheile dermalen bewohnen, von welchen sie auf keinerley weise sollte vertrieben werden können, sondern lebenslänglich ruhig und ohne allem ersatz zu genießen haben solle.
g Da seine geliebte ehefrau in denen heirathspakten vom 12ten Jänner 1751 die hälfte der Erhausung bedungen wurde, diese aber sich wegen bereits größtentheils vertheilten vermögen nicht mehr so

genau bestimmen läßt, so will hiemit titl. herr Johann Peter Metzger mit vollkommener einverständnis seiner geliebten ehefrau ihr auf ihre lebenstage statt der erhausung von seinem bey der Ignaz Christoph Metzgerischen handlung zu drey prozent liegenden vermögen den zinsgenuß von einem kapital p[e]r 20.000 fl (*zwanzigtausend Gulden*) hiermit ausdrücklich bestimmet und festgesetzet haben.

Was nun aber über abzug all dessen, was seiner geliebten ehefrau in vorstehender maaß unmittelbar im voraus gebühret, sich noch an weitern vermögen und verlassenschafts-gegenständen übrig zeigen wird, solle seinen rücklassenden rechtmässigen eheleibs-erben, wie es die rechtliche erbfolge mit sich bringet, als eigenthum angehören und zufallen, wenn er nicht eine andere disposition oder vertheilung unter seinen Kindern zurücklassen würde.

VI. Absatz

Sollte es aber der wille des allmächtigen seyn, daß titl frau Maria Susanna Poschingerin vor ihrem eheherrn versterben würde, so hat gedachte titl. Frau Maria Susanna Poschingerin mit ihrem titl. herren Beyständer freywillig und wohlbedächtlich beschlossen, daß ihr herr gemahl auf ihren zeitlichen hintritt vor allen als sein unmittelbares eigenthum folgendes zu beziehen haben solle:

1tens die wiederlage p[e]r 1000 fl.
2tens die morgengabe p[e]r 500 fl
3tens das heiratgut p[e]r 1000 fl, iedoch dieses nur auf seine lebenstage nutznießlich.
4tens das ihm eigenthümlich angehörige vermögen und
5tens weiset ihm auch seine geliebte ehefrau auf die nämliche weise in der Ignaz Christoph Metzgerischen Handlung den lebenslänglichen genuß und bezug der Zinsen von einem ihr eigenthümlich angehörigen und alldort a drey prozento anliegenden Kapital p[e]r 20.000 fl. (*zwanzigtausend Gulden*) statt der erhausungshälfte mit deme an, daß ihm so lange er lebet, diese zinsen verabfolget werden sollen.

All übrigens vermögen und verlassenschafts-gegenstände der titl. frau Maria Susanna Poschingerin hätten ihre rücklassenden eheleibs-Erben nach rechtlicher Erbfolge als ihr unstrittiges eigenthum zu beziehen, wenn sie eine andere disposition, die sie sich ausdrücklich vorbehält, zurücklasssen würde.
Was nun in diesem ehepakten und sukzessionsvertragen, der als ein wahrer, unter beyden kontrahirenden theilen freywillig und wohlbedächtlich abgeschlossener eherezeß und als eine unmittelbare handlung unter lebenden zu recht bestehen, und obrigkeitlich geschützet werden solle, nicht ausdrücklich bedungen worden ist, dieses solle nach gemeinen kaiserlichen und teutschen rechten, landesstatuten und gewohnheiten gehalten und beobachtet werden.
Zur öffentlichen urkund und bekräftigung dessen wurden diese ehepakten in dupplo vollkommen gleichlautend ausgefertiget, von beiden kontrahirenden theilen sowohl als ihren herren beyständer und nachstehenden zeugen eigenhändig unterschrieben und deren gewöhnliche insiglen dem herkommen gemäß beygedrückt.
Geschehen Salzburg den 4ten April 1795.

X Maria Susanna Mezgerin,
gebohrene Poschingerin [eh]

X Johann Peter Mezger [eh]

X Johann Ignati Heffter
als erbettener Beyständer [eh]

X Franz Kerschbaumer
als Zeig [eh]

Doktor Franz Salzer
als Zeug [eh]

Salzburg Nr. 14: Heiratsvertrag zwischen dem Schlossermeister Simon Döttl und der Lötschenmeistertochter Katharina Zieglin, 1795

SLA, Verlassenschaften Stadtsyndikat, Nr. 136

Im Namen
der Allerheiligsten Dreifaltigkeit
Gott des Vaters, und des Sohns,
und des heiligen Geistes
Amen

Zu vernehmen sey hiermit, welcher gestalten zwischen dem wohlehrengeachten herrn Simon Dötl bürgerlichen schlossermeister allhier in beystandschaft des herren Jakob Auers hofbronnmeister *an einem*: dann der jungfrau Katharina Zieglinn, des herrn Mathias Ziegls, gewesenen letschenmeisters und seiner noch bey leben befindlichen ehewirthin Frau Emerenziana Hillebrandinn rückgelassene tochter in gleichfälliger anweisung und beystandschaft ihrer zween vormünder, herrn Kajetan Mayrhofers, waagmeisters bey der gemeinen Stadt und herrn Franz Wintermanns, bürgerlichen mühlermeisters in der niederlag *am anderten Theil* der nachfolgende heirathsvertrag abgeredet und beschlossen worden.
Erstens haben die theile, nachdem solche bereits bey dem hochfürstlichen stadtsyndikate die halbscheide der sognannten sporerwerkstatt zu ebener erde in der kupferschmieds behausung in der goldgasse alhier samt dem dabey über einer stiege befindlichen boden laut stadtgerichtlicher kaufsbriefes und der dazu gehörigen kaufsbedingnissen vom 30ten Jänners dieß jahres miteinander an sich gebracht hatten, eine gemeinschaft des vermögens beschlossen,und sohin um die vergütung des kaufschillings miteinander zu haften, wobey zu bemerken ist, daß zu diesem kaufschilling p[e]r 2000 fl die jungfrau hochzeiterin dermal *sechshundert Gulden* beygebracht hatte.

Zweytens wurde in rücksicht der unausbleiblichen todesfälle beschlossen, daß auf des einen oder des andern ableiben, wenn kinder aus dieser ehe würden zurückgelassen werden, das vermögen in zwo gleiche porzionen sollte vertheilet werden, wovon eine porzion der überbleibende theil zu beziehen haben, die andere porzion entgegen den zurückgelasenen kindern zum väterlichen oder mütterlichen erbtheile anfallen sollte. Wenn aber

Drittens auf einen erfolgenden todesfall keine eheleibserben zurückblieben, als dann hätte der überlebende theil das sämmentliche vermögen, wie solches immer namen haben möchte, ohne den nächsten anverwandten des verstorbenen ehetheiles das mindeste hinausgeben zu dörfen, als sein eigenthum zu beziehen, nur mit der in dem nachfolgenden abschnitte einzig enthaltenen beschränkung, da sich

Viertens die frau mutter der jungfrau hochzeiterin in einer unter den 9ten dieß ausgefertigten urkunde ausdrücklich erklärt hatte, dass sie sich auf den fall, wenn ihre tochter noch bey lebszeiten derselben ohne eheleibserben verstürbe, aller ihrer an der hinterlassenschaft der tochter zu machen habenden rechtlichen ansprüchen, die einzige *nothgebühr* ausgenommen, feyerlich entschlage und zu gunsten des wittwers verziehen haben wolle. Was aber schlüßlich und

Fünftens in diesem heyrathsvertrag nicht ausdrücklich enthalten und beschlossen ist, dieses solle alles nach den gemeinen geschriebenen rechten, und den verodnungen dieses hohen Erzstiftes, dann den hergebrachten gewohnheiten der hochfürstlichen Stadt Salzburg erkläret und gehalten werden.

Diesem zur wahren urkunde ist der gegenwärtige heyrathsvertrag in zwey gleichlautende exemplarien ein geschrieben, jedem den zwo brautpersonen, eines zugestellet, dann beyde von denselben ihren herren beyständern und gezeugen mit der eigenen handunterschrift und dem gewöhnlichen pittschaft gefertiget worden.

Salzburg den zwölften wintermonaths, im eintausend, siebenhundert und fünf und neunzigsten Jahre.

X Simon Dötl
als Hochzeiter[eh]

X Katharina Zieglin
als Hochzeiterin [eh]

X Kaietan Mayrhofer
gem. Stadt Waagmeister als Vormünder und Beyständer [eh]

X Franz Winterauer bürgerl. Millermeister
als Vormunder und Zeug (durchgest. Beyständer) [eh]

X Jakob Auer als
beyständer und respektif
Zeig [eh]

X Joh. Nep. Lux bürgerl[icher] KupferschmiedMeister
als erbetener Zeig [eh]

Kajetan Zahlers
Graf Lodronischer Verwalter und
Stadtgerichtsprokurator
als erbethener Zeug [eh]

Salzburg Nr. 15: Eherezeß zwischen dem Handelsmann Georg Oberfrinninger und der Bäckerstochter Maria Anna Feyerle, 1796

SLA, Verlassenschaften Stadtgericht, 1819, Nr. 469, 4

Im Namen Gottes
Seye kund und zu wissen, welcher heirathscontract in form eines beständigen eherecеßes zwischen dem hochedlten herrn Georg Oberfrinninger bürgerl[icher] handelsmann als hochzeiter an einem, dann der wohledlen jungfrau Maria Anna Feyerle des herrn Johann Georg Feyerle bürger und mundbäcke allda noch am leben mit dessen ehelichen hausfrau Ottilie herkommens Gärtnerin seel[ig] ehelich erzeugten tochter in beystandschaft ihres herrn vaters am andern theile abgeredet und beschlossen worden.

Erstlich geloben beede brautpersonen einander beständige eheliche treue bis sie der Tod scheidet und sich christkatholischem gebrauche nach am Sankt Anna Tage, als dem 26 dieses[4] zu Loretto durch priesterliche hand einsegnen zu lassen

Zweytens verspricht jungfrau hochzeiterin, vielmehr ihr herr vater dem herrn hochzeiter 12.000 fl. heurathsgut und 1000 fl. für ausfertigung, zusammen also dreyzehentausend gulden zuzubringen und unterthänig zu machen, und zwar mit dem beysatz, dieß diejJungfrau hochzeiterin auf abgehen ihres herrn vaters das noch bleibende vermögen mit ihren zwey brüdern so zu theilen haben soll, dass sie oder ihre kinder allemal so viel alleine als zwey brüder davon miteinander zu beziehen haben solle, wie nachhin nach § 6 vorkommt, wo hingegen

4 Sankt Anna Tag ist in der katholischen Kirche der 26. Juli, sie galt auch als Patronin der Ehe http://www.heiligenlexikon.de/BiographienA/Anna.htm (Zugriff: Juli 2009).

Drittens herr hochzeiter das heurathsgut mit andere zwölftausend gulden wiederlegt, an frauenzierd und geschmeid einen werth p[e]r dreytausend gulden zuleget und eintausend species dukaten à 5 fl. 24 kr im betrag p[e]r 5400 fl zur morgengab bestimmt, also im ganzen zwanzigtausend vierhundert gulden entgegensetzet, alles übrige aber bleibet jedem als ein paraphernalgut vorbehalten.

Viertens ist auf die sterbefälle abgeschlossen worden, dass zum fall herr hochzeiter vor seiner jungfrau hochzeiterin, und zwar mit hinterlassung eines oder mehrer Kinder aus dieser zeitlichkeit tretten würde, die hinterlassene witwe ihr heurathgut, ihre ausfertigung, die wiederlage, die morgengab, den zugelegten schmuck in geld und geldeswerth also drey und dreyssig tausend vierhundert gulden (33 400 fl) nebst ihrem paraphernal im voraus, und dann ferners von des herrn hochzeiters vermögen einen kindstheil zu beziehen haben solle; wären aber in so einem falle keine kinder vorhanden, so soll der überlebenden ehegattin nebst bemerktem vorausbezug auch die hälfte des vermögens von herrn hochzeiter eigenthümlich verbleiben, über die zweyte hälfte aber behaltet sich herr hochzeiter freye disposition bevor.
Sollte jedoch

Fünftens jungfer hochzeiterin vor ihrem herrn hochzeiter und zwar mit hinterlasseung eines oder mehrerer kinder das zeitliche segnen, so fället vor allem dem herrn hochzeiter die wiederlage p[e]r 12.000 fl, der geschmeid und frauenzierde p[e]r 3000 fl zurück und ziehet von allem ihrem vermögen, wie solchen namen hat, einen gleichen kindstheil, wenn aber in diesem falle keine kinder hinterlassen würden, so soll herr hochzeiter neben dem rückfall der wiederlage und des geschmeides auch die hälfte ihres vermögens beziehen, über die andere hälfte aber behaltet sie sich mit deme freye disposition bevor, solche sowohl ihrem vater wie sie vor ihm sterben würde, als im gegenfalle ihren nächsten anverwandten oder wem immer zuzuwenden und da

Sechstens herr hochzeiter gleich oben § 4 seiner jungfrau hochzeiterin auf sein früheres absterben bey vorhandenen kindern einen kindstheil und in ermangelung derselben die hälfte seines vermögens zugedacht und ihm auch so eben § 5 ein gleiches entgengesetzt worden, so wurde auch auf den fall gedacht, wenn jungfrau hochzeiterin zugleich auch vor ihrem herrn vatern mit oder ohne kinder versterben würde, und die [will] herr vater respective schwiegervater hiermit in kraft eines unwiderrücklichen vertrages festsetzen, wie hiemit geschieht, dass solcher kindstheil oder hälftebezug des herrn hochzeiters auf früheres hinscheiden seiner jungfrau hochzeiterin in einem, wie dann andren falle nicht nach dem dermaligen heurathgut und ausfertigung, sondern wenn auch die tochter früher als der Vater verstürbe allemal nach dem zu [?] seye, was das vermögen nach seinem hinscheiden austraget und nach § 2 die jungfrau hochzeiterin als seine tochter fordert, sodaß, wenn dieser ehestand kinderlos wäre, herr hochzeiter ein viertl vom ganzen vermögen des herrn schwiegervaters zu beziehen hätte und wenn kinder vorhanden sind, derselbe mit diesen am anherrlichen vermögen auch einen kindestheil durch aus als ein freyes eigenthum ohne jemandes wiederrede zu beziehen haben müsse, es sohin in jedem Falle so anzusehen und zu berechnen oder auszuschlagen als hätte die jungfrau hochzeiterin respective tochter ihren herrn vater überlebet und ihre volle väterliche Erbschaft schon bezochen.

Siebentens erklären die theile diese heurathspaktes durchaus als eine handlung unter lebendigen, ohne jedoch jemand andern als sich unterfertigten ein recht daraus einzuräumen.

Achtens sollen sich fälle ergeben, welches hiervon nicht ausgedrückt sind, so sollen dies nach salzburgischem landstatuten, der heiligen römischen reichssatzungen und gemainen rechten beurtheilet und entschieden werden.
Deme zu wahrer urkunde dann unverbrüchlichen darobhaltung haben die theile unter sich angelobet, zwey gleichlautende exemplare unterfertigt und gegeneinander ausgewechselt. Geschehen Salzburg des zehnten july im eintausendsiebenhundert und sechs und neunzigsten Jahre.

Eodem Nachtrag

Vor den wirklichen unterfertigungen wurden die theile noch dahin eines, das auf den fall, wenn keine kinder vorhanden wären, dem herrn hochzeiter auch das heurathsgut zu gleichstellung mit der wiederlag ohne theilung allein im voraus als eigenthümlich verbleiben solle.

X Anna Feyerlin als
als Hochzeiterin eh

X Johann Georg Oberfrinninger
als Hochzeiter eh

X Johann Georg Feyerle
als Vater und Beyständer eh

X Johannes Gierzer
als Gezeug eh

X Franz Anton Feyerle
als Gezeig eh

X Dr. Joh. Huetter
als Zeug eh

Salzburg Nr. 16: Ehevertrag zwischen dem Schoppenmeister Matthias Gilmer und seiner Ehefrau Elisabeth Wegschaiderin, 1800

SLA, Verlassenschaften Stadtgericht, 1818 Nr. 434

Matthias Gilmer bürgerlicher schoppenmeister allhier ist zwar schon längere zeit mit Elisabeth Wegschaiderin verehelicht, da nun aber diese eheleute bey ihrer verehelichung in rücksicht ihres vermögens noch keine hinlängliche disposition treffen konnten, so haben sie sich entschlossen, jetzt, nachdem Gilmer auf absterben seines vaters als bürgerlicher schoppermeister diese gerechtsame sowohl als dennen verlassenschaft bereits angetretten hat, folgenden ehevertrag unter sich zu errichten und zwar

1.) bekennt Matthias Gillmer gleich bey der verehlichung von seiner ehewirthin Elisabeth Wegschaiderin 25 fl sage fünfundzwanzig Gulden in baarem gelde nebst einiger einrichtung als ein wahres heurathgut empfangen zu haben
2.) Widerlegt er solches mit seinem dermal sämtlich besitzenden vermögen welches hauptsächlich in der bürgerlichen schoppergerechtsame, einem hölzernen stadl außer dem ledererthor allhier und dem dabey befindlichen verlage samt handwerkszeug besteht. Also und dergestalten, daß
3.) Beyde vermögenstheile zusammen und was sie sonst noch während ihrer ehe durch reichen seegen gottes erben, erwerben oder auf was immer für erlaubte art überkommen sollten, durchgehends als ein gemeinschaftliches gut betrachtet werden solle, worauf beyde theile gleiche recht und ansprüche haben. Diesem zu folge soll auch
4.) Auf erfolgenden todfall eines theils die eine vermögenshälft dem überlebenden gatten und die andere denen aus gegenwärtiger ehe vorhanden kindern eigenthümlich und respective zur ferneren disposition zufallen

Was nun in diesem ehe und sukzessionvertrage nicht ausdrücklich bedungen worden ist, solle nach den gemeinen rechten und landesgebrauch gehalten und beobachtet werden, mit dem ausdrücklichen beysatz, daß dieser heurathskontrakt in hinsicht der eingekommenen sukzessionsfälle keineswegs als eine gattung eines letzten willens beurtheilet, sondern als ein wahrer und unter denen eheleuthen freywilig abgeschlossener eherezeß und als unstreitige handlung unter lebendigen angesehen werden und als solche von einer gnädigen obrigkeit jedereit geschützt werden möchte.
Zur öffentlichen urkund und bekräftigung dessen wurde geenwärtiger ehekontrakt in duplo gleichlautend ausgefertigt durch interessenten in beyseyn zweyer zeugen deutlich und ordentlich vorgelesen, dann von beyden theilen sowohl als dem beyständer und denen zeugen eigenhändig unterschrieben und gefertigt.
So geschehen Salzburg am 12. Jenner 1800

X Elisabeth Wögscheiderin eh
X Kaspar [?] lederermeister als beyständer eh

X Matthais Göllner bürgerlicher schoppermeister eh

X Johann Jakob Zöhentner bürgerl. Fassbindermeister als zeig eh

X licentiat Aloys Flamlischberger als zeuge eh

Salzburg Nr. 17: Heiratskontrakt zwischen dem bürgerlichen Silberarbeiter Georg Sedlmayr und der Uhrmacherstochter Anna Pendele, 1808

SLA, Verlassenschaften Stadtsyndikat, Nr. 859

Heuraths=Kontrakt

zwischen Georg Sedlmayr angehenden bürgerlichen silberarbeiter als hochzeiter an einem dann der jungfrau Anna Pendele bürgerliche uhrmacher tochter allhier als hochzeiterin am anderen theile in beystandschaft ihres herrn vater Johann Pendele und in gegenwart nachstehender herren zeugen verabredet und abgeschlossen worden, wie folgt:

I
Bringt die jungfrau braut ihrem hern bräutigam samt einer anständigen ausfertigung eine summe von 300 sage dreihundert in conventions münze als ein wirkliches heurathsgut zu, welche demselben am ersten tage nach vollzohener hochzeit baar aufgezählt werden solle.

II
Wiederlegt der herr bräutigam dieses heuraths gut p[e]r 300 fl mit seinem dermaligen vermögen von 450 sage vierhundert und fünfzig gulden, welche er für die erkaufte silberarbeiters gerechtsame bereits baar erlegt hat

III
Diesen beyden vermögensentheilen nämlich heurathsgut und wiederlage zusammen, dann was die brautleute entweder schon dermal sonst noch besitzen oder während ihrer ehe auf was immer für eine erlaubte art erben oder erwerben, soll durchaus als ein gemeinschaftliches gut betrachtet werden, worauf beyde paktiszirende theile gleiche rechte und anprüche haben

IV
Was nun die sukzessionsfälle betrifft, so sind die brautleute dahin übereingekommen, daß wen bey früherem tode des einen oder andren theiles aus gegenwärtiger ehe ein oder mehrere kinder vorhanden wären, das sämtliche vermögen in zwey gleiche theile getheilt werden und die eine hälfte mit einschluß der gerechtsame dem überlebenden gatten, die andere den vorhandenen kindern eigenthümlich zufallen sollen.

V
Sollten aber aus dieser ehe keine kinder vorhanden seyn, so fällt das sämtlich vorhandene gemeinschaftliche vermögen als allein eigenthum dem überlebenden gatten zu, nur soll dieser gehalten seyn, von der hinterlassenen vermögenshälfte des verstorbenen seinen allenfalls noch vorhandenen und zum pflichttheil berechtigten aeltern den betreffenden pflicht theil davon hinauszuzahlen.

Was nun in gegenwärtigen heuraths und sukzessions Vertrage nicht ausdrücklich bedungen worden, das solle nach gemeinen rechten und landesgebrauch gehalten und beobachtet werden mit dem ausdrücklichen beysatz, daß dieser heuraths kontrakt keineswegs als eine letztwillige verordnung, sondern als eine handlung unter lebendigen angesehen und von einer wohllöblichen obrigkeit als solche auch geschützet werde.

X Joh. Georg Sedlmayr[eh]
bürgerl. Silberarbeiter

X Anna Pendele[eh]

X Joseph Richter[eh]
k. k. Rechnungs Offizial
als Zeug

X Joh. Bendele[eh]
als Vater und Beystand

X Hieronymus Reitz[eh]
bgl. Kleidermacher
als Zeug

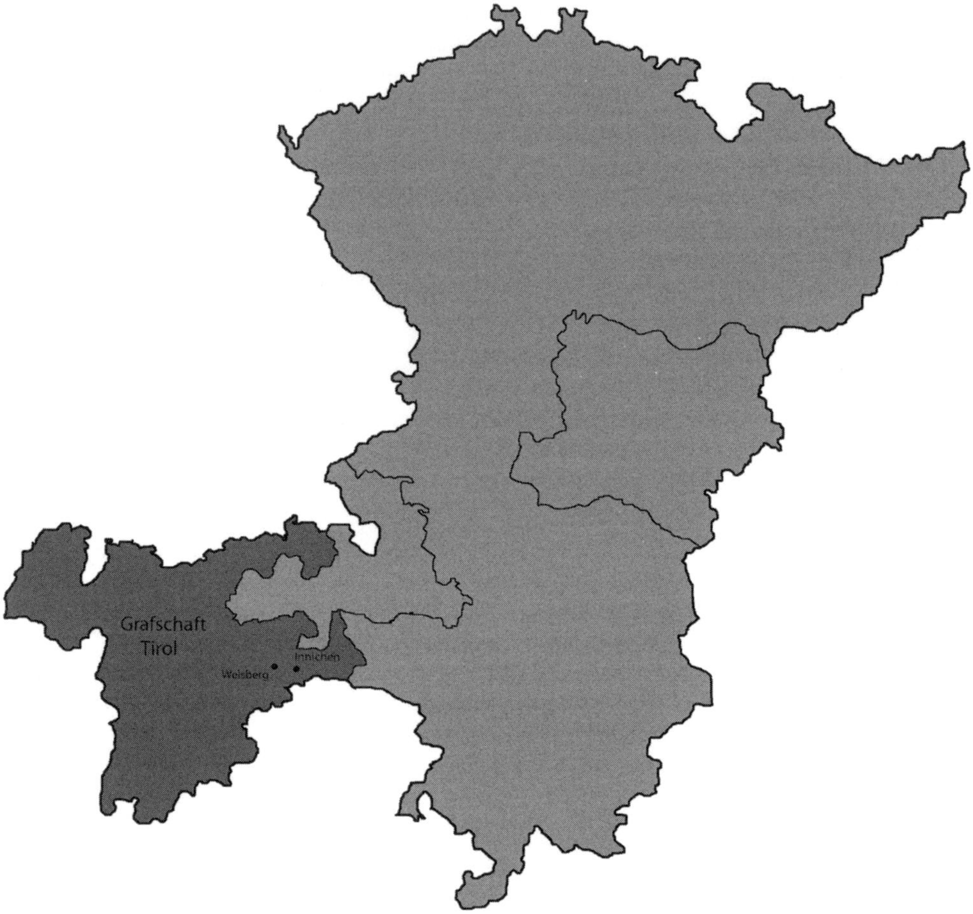

Ausschnitt mit den Umrissen der zum Heiligen Römischen Reich gehörigen Teile der Habsburgermonarchie und des Erzstiftes Salzburg. Die bis 1803 selbständigen Hochstifte Brixen und Trient sowie der territoriale Streubesitz des Erzstiftes Salzburg sind nicht eigens gekennzeichnet. (Digitalisiert von Mario Mosser nach der Vorlage: Mitteleuropa bei Beginn der Französischen Revolution 1789, in: Putzger, Historischer Weltaltas, Berlin 2001, 121–122.)

Margareth Lanzinger

Von der Macht der Linie zur Gegenseitigkeit

Heiratskontrakte in den Südtiroler Gerichten Welsberg und Innichen 1750–1850

„3^{tio} Vermachen brautpersonen einander auf ein oder des andern theils früheres absterben den lebenslänglichen fruchtgenuß ihres ganzen vermögens, es mögen kinder vorhanden seyn oder nicht." Und der übernächste Punkt lautet: „5to wollen beyde verzicht thun auf die intestatfolge oder erbschaft, wenn die kinder im minderjährigen stande und ohne *succession* sterben sollen, und soll in diesem falle, wenn alle kinder verstorben sind, das stammengut an jenen stammen, wo es hergekommen ist, rückfallen."[1] Diese beiden Vereinbarungen aus dem „Heuraths Contract" zwischen dem Uhrmacher Franz Bachmann und Anna Grueberin aus Innichen repräsentieren das, was mit den Begriffen im Titel dieses Beitrages angesprochen ist: Gegenseitigkeit und die Macht der Linie, der Herkunftsfamilie. Das Dokument stammt aus dem Jahr 1800 und fügt sich so nahezu klassisch in die Chronologie einer Zeit des Übergangs ein, nicht zuletzt auch dadurch, dass *beide* Aspekte in dem Heiratsvertrag präsent sind. Das eine löst das andere nicht ab, vielmehr zeigen sich über die Jahrzehnte leichte Verschiebungen, Überlappungen, aber auch gewisse Tendenzen.

Beharrungsmomente verbinden sich immer wieder mit Neuem: Als Vertragspunkt neu im Vergleich zu Heiratskontrakten aus vorangegangenen Jahrzehnten ist der hier gegenseitig zugesprochene Fruchtgenuss, das heißt, das Nutzungsrecht am Vermögen des beziehungsweise der Verstorbenen. Das galt in diesem Fall für die Witwe gleichermaßen wie für den Witwer und war auch ohne Einschränkungen – etwa hinsichtlich einer zweiten Eheschließung – bestimmt. Wie zu zeigen sein wird, gehen den Vereinbarungen dieser Art geschlechtsspezifisch ungleich formulierte voraus und diese verschwinden auch nicht gänzlich nach 1800.

Integrativer Bestandteil des in den Gerichten Innichen und Welsberg und auch darüber hinaus im Tiroler Raum vorherrschenden Modells war – anders als in den von Gertrude Langer-Ostrawsky untersuchten niederösterreichischen Herrschaften – der vielfache Einsatz des Instruments des Fruchtgenusses, der ein Nutzungsrecht im Unterschied zu einem Besitzrecht darstellt. Der Erbanspruch der Nachkommen blieb damit gewahrt, zugleich wurden die Härten der Gütertrennung für jenen Eheteil, der nicht auf selbst ererbten oder erworbenen Besitz zurückgreifen konnte, etwas ausgeglichen. Mehrheitlich betraf dies Frauen, vor allem, wenn sie kinderlos waren.

---

1 Tiroler Landesarchiv (TLA) Innsbruck, Verfachbuch Innichen (VBI) 1800, fol. 5'–6' (Transkription Innichen Nr. 19 im Anhang). Die Transkriptionsregeln im Text wie im Anhang folgen weitgehend dem von adfontes vorgeschlagenen Modus (http://www.adfontes.unizh.ch). Die Zeilenumbrüche wurden jedoch aus platzökonomischen Gründen nicht eingehalten, Groß- und Kleinschreibung wird in den Kontrakten ab 1820 unterschieden, vorher gilt Kleinschreibung. Anmerkungen und Ergänzungen stehen zwischen eckigen Klammern.

Fruchtgenussrechte waren also kompatibel mit einer starken Orientierung an Abstammungslinien, die ein Spezifikum der in diesem Beitrag untersuchten Gesellschaft darstellt. Eine Ausdrucksform dessen ist der oben zitierte fünfte Vertragspunkt, der auf eine, auch explizit genannte rechtliche Neuerung, die Intestaterbfolge-Regelung von 1786, reagierte. Diese sah vor, dass das einem minderjährig und ohne eigene Nachkommen verstorbenen Kind zustehende Erbe zu gleichen Teilen an beide Elternteile fallen sollte – unabhängig davon, von welcher Seite das betreffende Vermögen in die Ehe gelangt war. Dadurch hätten Vermögensteile von der väterlichen zur mütterlichen Linie hinüberfließen können oder umgekehrt – wenn letzteres aufgrund der männlich dominierten Besitzstrukturen auch seltener zutraf. Dagegen verwehrten sich Franz Bachmann und Anna Grueberin zum frühest möglichen Zeitpunkt: in ihrem Heiratskontrakt.

Formal kann er insofern als idealtypisch angesehen werden, als er die drei wesentlichen Zwecke von Heiratsverträgen abdeckt: Im zweiten Punkt ist das Einbringen der Braut dokumentiert: Der Brautvater verspricht „150 f als heurathgut auf San Candidi 1800 hinauszugeben oder solche von dort an landes- oder gerichtsüblich zu verzinsen". Im fünften Punkt sind mit dem Rückfall des ererbten Besitzes „an jenen stammen, wo es hergekommen ist" Erbklauseln vereinbart, und der dritte Punkt enthält Ablebensbestimmungen, und zwar in Form der Fruchtgenussrechte. Verfügungen für die Zeit nach der Ehe finden vor dem Hintergrund der ehelichen Gütertrennung insgesamt sehr viel stärker Eingang in die Heiratskontrakte als dies in Gütergemeinschaften erforderlich schien. Ein weiteres Charakteristikum – wiederum im Unterschied zur Gütergemeinschaft – ist die größere Präsenz von Anhörigen vor Gericht. Durch den Akt des Versprechens eines Heiratsgutes bereits angedeutet, findet sich der Vater der Braut Johann Grueber unter den Personen, die den Heiratskontrakt unterzeichnet haben. Auch in dieser Hinsicht zeichnet sich im untersuchten Zeitraum eine Veränderung ab. Verwandte begegnen zunehmend seltener, das Brautpaar spricht und regelt dann für sich selbst.

1. Die Gerichte Welsberg und Innichen

Lage und sozioökonomische Skizze

Das Gericht Welsberg im Pustertal im heutigen Südtirol umfasste mehrere Gemeinden und Seitentäler, und zwar von Westen nach Osten: Taisten, Welsberg, das Gsiesertal und das Pragsertal sowie Niederdorf und Toblach; Antholz und Rasen kamen 1810 dazu.[2] Es war überwiegend ländlich-dörflich sowie agrarisch-kleingewerblich strukturiert. Die Zahl der Einwohner und Einwohnerinnen des Gerichtes wird für die Zeit um 1780 mit 5.500 angegeben.[3] Weit verbreitet war im Pustertal die Leinenproduktion als Hausgewerbe und auf Grundlage des von den Bauern selbst angebauten Rohmaterials. Das grobe, aber haltbare Pustertaler Leinen ging in der Regel über die Bozner Messen auf italienische Märkte.[4] In Welsberg gab es im

2 Zuvor gehörte Antholz zum Gericht Bruneck, vgl. Otto Stolz, Politisch-historische Landesbeschreibung von Südtirol, Innsbruck 1937 [Nachdruck 1975], 589, 597.

3 Vgl. Stolz, Landesbeschreibung, 606.

4 Vgl. Josef Fontana, Von der Restauration bis zur Revolution (1814–1848), in: ders. u. a. Hg., Geschichte des Landes Tirol, Bd. 2, Bozen 1998[2], 581–746, 646; vgl. auch Hermann Wopfner, Zur

18. und 19. Jahrhundert auch eine Deckenweberei auf Verlagsbasis.[5] Die Decken wurden aus unveredelter Schafwolle, aus Pferde- und Ziegenhaar hergestellt und über Deferegger Wanderhändler weiträumig vertrieben. Der Umfang der Produktion wird für das Jahr 1830 auf 25.000 Decken geschätzt im Gesamtwert von 40.000 Gulden. Eine wichtige Einnahmequelle war des Weiteren die Viehzucht. Der Gerichtsbezirk Welsberg verkaufte gemeinsam mit dem benachbarten Gerichtsbezirk Bruneck in den 1830er Jahren etwa 3.200 Mastochsen nach Oberitalien – der Stückpreis lag dabei zwischen 100 und 150 Gulden.[6] Auch eine Nagelfabrik gab es in Welsberg. Schließlich sind für Toblach, Niederdorf und Welsberg die mit dem Handels- und Durchzugsverkehr durch das Pustertal verbundenen Gewerbe – Fuhrwesen und Gastwirtschaften – zu nennen.

Das Gericht Innichen, eine Hofmark mit nur niedergerichtlicher Kompetenz, schloss östlich an das Gericht Welsberg an. Im Unterschied zum geografisch weiter ausgedehnten Gericht Welsberg waren in Innichen Ortschaft und Gericht eins – als ‚letzter Rest' einer im Mittelalter ausgedehnten Herrschaft.[7] Die Herrschaft Innichen war grundherrschaftlich bis zur Säkularisierung und Auflösung des Gerichts unter französischer Herrschaft im Jahr 1806 dem Hochstift Freising in Bayern zugehörig. Der Marktort hatte in der zweiten Hälfte des 18. und in der ersten Hälfte des 19. Jahrhunderts etwa 1.000 Einwohner und Einwohnerinnen.

Aus sozioökonomischer Perspektive war der Ort durch eine agrarisch-handwerklich-gewerbliche Mischökonomie charakterisiert. In der Praxis der Bürgerrechtsvergabe für neu Zuziehende,[8] in Hinblick auf das Marktgeschehen, aber auch in ihrem Selbstverständnis unterschieden sich die Bewohner und Bewohnerinnen Innichens von jenen der umliegenden Dörfer. Gastwirte und Handelsleute zählten zur lokalen Elite wie auch die Handwerksmeister der wichtigeren Branchen: Leinweber, Gerber, Färber, Müller und andere mehr. Das Spektrum der praktizierten Handwerke war breit, und die Handwerksdichte hoch.[9] Die Handwerks- und Gewerbetreibenden hatten in der Regel auch eine Landwirtschaft. Daneben gab es im Markt auch größere und kleinere Bauernhöfe.[10] Für das 19. Jahrhundert war hier eine restriktive

Geschichte des bäuerlichen Hausgewerbes in Tirol, in: Tiroler Wirtschaft in Vergangenheit und Gegenwart, Bd. 1, Innsbruck 1951, 206.

5 Vgl. Georg Mühlberger, Absolutismus und Freiheitskämpfe (1665–1814), in: Fontana, Geschichte des Landes Tirol, 290–579, 322.

6 Vgl. Fontana, Von der Restauration, 636.

7 Zur Geschichte vgl. Karl Bosl, Die Gründung Innichens und die Überlieferung. Zum 1200. Jubiläum (769–1969) der Gründung Innichens durch Herzog Tassilo III., in: Zeitschrift für bayerische Landesgeschichte, 33 (1970), 451–469; Franz Huter, Stift Innichen. Siedlungsleistung und Grundherrschaft, in: Zeitschrift für bayerische Landesgeschichte, 36 (1973), 450–469; Egon Kühebacher, Die Hofmark Innichen. Ein Heimatbuch für Einheimische und Gäste, Innichen 1969.

8 Vgl. dazu Margareth Lanzinger, Das gesicherte Erbe. Heirat in lokalen und familialen Kontexten. Innichen 1700–1900, Wien/Köln/Weimar 2003, 65ff.

9 Wenn man die Berechnung von Rosa Lanzinger für das Jahr 1790, die sich auf die Einwohner der Pfarre Innichen bezieht – also inklusive des vorwiegend agrarischen Innichberges – nur auf die Marktbewohner umlegt, so ist jeder zehnte Einwohner des Marktes Handwerker oder Gewerbetreibender. Rosa Lanzinger, Gewerbetopographie des Landesgerichtes Sillian im Zeitraum von 1720 bis 1860, Dissertation Innsbruck 1980, 47f.

10 Im alpinen Vergleich gehört das Gebiet nach einer Erhebung von 1902 zur Zone mit einem hohen Anteil (58 % auf Distriktebene) an mittlerem und größerem Besitz (ab 10 ha). Ergebnisse der land-

Zuzugs- und Heiratspolitik festzustellen.[11] Die Heiratsmöglichkeit war relativ strikt an Besitz gekoppelt – das galt für den deutschsprachigen Teil Tirols insgesamt und war über den so genannten politischen Ehekonsens geregelt.[12] Wer sich im Ort dauerhaft niederlassen konnte, darüber entschieden die Gemeindevertreter. Um als Bürger aufgenommen zu werden, war in Innichen bis in die Mitte des 19. Jahrhunderts ein nicht unbeträchtliches Bürgereinkaufsgeld zu bezahlen – dies betraf primär Männer. Für Frauen aus anderen Ortschaften war es dem gegenüber leichter in den Markt zu heiraten; für sie galt die so genannte „stillschweigende Aufnahme" durch eine Eheschließung. Dieser Unterschied findet in den Paarkonstellationen einen deutlichen Niederschlag: Ehen zwischen einem aus Innichen gebürtigen Bräutigam und einer zuheiratenden Braut wurden im Laufe der Zeit zur häufigsten Kombination.[13]

Auch in Dörfern mussten sich Zuziehende, die sich auf Dauer niederlassen wollten, einkaufen, und zwar in die Nachbarschaft als jene Organisationseinheit, die für die Verwaltung und Kontrolle einer Reihe von kommunalen Rechten und Pflichten zuständig war. Über Joseph Payr aus dem Gericht Sonnenburg, der sich in Toblach, dem Wohnort seiner Braut niederlassen wollte, stand im kombinierten Heirats- und Übergabekontrakt vermerkt, dass derselbe „mithin zu dem ende am letst verwichnen Georgi tag bey loblicher nachparschaft alhier umb die aufnemung qua mithnachpar angelangt, von diesn zumahlen gögen erlögung 40 f einkhaufgelt die verwilligung erhalten".[14]

Die Gerichte und ihre Repräsentanten: Funktionen und Vernetzungen

In Tirol – hier wie im Weiteren geografisch auf den Geltungsbereich der Tiroler Landesordnung bezogen, ohne Trentino – gilt es zu unterscheiden zwischen Land-, Pfleg-, Stadt-, Markt-, Hofgerichten, Burgfrieden und einfachen Gerichten. Solche frühneuzeitlichen Gerichte vereinten in sich Verwaltungs- und Justizkompetenzen, bezeichneten den territorialen Sprengel, für den diese Zuständigkeiten galten, und schließlich auch den Verband der „Gerichtsinsassen".[15] Als Gerichtsinsasse galt dabei nur jener, „der im Gerichtsbezirk mit Haus und Hof ansässig war und die vollen Steuer- und die anderen Lasten der Gerichtsgemeinde

wirtschaftlichen Betriebszählung vom 3. Juni 1902 in den im Reichsrate vertretenen Königreichen und Ländern, bearbeitet von dem Bureau der k. k. statistischen Zentralkommission, Wien 1909, zit. nach Jon Mathieu, Geschichte der Alpen 1500–1900. Umwelt, Entwicklung, Gesellschaft, Wien/Köln/Weimar 1998, 214f, Tabelle A.5; vgl. auch ders., From Ecotypes to Sociotypes: Peasant Household and State-Building in the Alps, Sixteenth-Nineteenth Centuries, in: The History of the Family, 5, 1 (2000), 55–74.

11 Die Zahl der Einwohner und Einwohnerinnen wie der Häuser veränderte sich im Ort zwischen 1750 und 1870 praktisch nicht, vgl. Lanzinger, Das gesicherte Erbe, 171ff.

12 Im Trentino war die Handhabung tendenziell liberaler. Vgl. allgemein dazu Elisabeth Mantl, Heirat als Privileg. Obrigkeitliche Heiratsbeschränkungen in Tirol und Vorarlberg 1820–1920, Wien/München 1997.

13 In der zweiten Hälfte des 18. Jahrhunderts waren in 41,3 % der Eheschließungen beide Partner vom Ort und in 43,4 % war die Frau nicht aus dem Ort; vgl. Lanzinger, Das gesicherte Erbe, 82ff.

14 Südtiroler Landesarchiv Bozen (SLA), Verfachbuch Welsberg (VBW) 1770, fol. 259.

15 Vgl. Wilfried Beimrohr, Mit Brief und Siegel. Die Gerichte Tirols und ihr älteres Schriftgut im Tiroler Landesarchiv, Innsbruck 1994, 53.

trug".[16] Größere Gerichtsgemeinden setzten eigene Ausschüsse ein, die Gerichtsgeschworenen. Die freiwillige Gerichtsbarkeit oblag lokalen Gerichtsfunktionären, den so genannten „anwälten" oder „gerichtsverpflichtern". Diese mussten aktiv werden, um Verlassenschaften nach Todesfällen zu sperren und zu inventarisieren.[17] Sie brachten auch Anzeigen vor Gericht, wenn etwa durch schlechtes Wirtschaften Besitz und/oder Gläubiger in Gefahr gerieten[18] oder sonstige Missstände offenkundig wurden. „Anwälte" fungierten in Ortschaften, die in größeren Gerichten fern des Amtssitzes lagen, auch als ständige Vertretung des Richters.[19]

Richter, Pfleger und Gerichtsschreiber in den frühneuzeitlichen Gerichten erlernten ihre Profession in der Regel in der Praxis der Gerichtskanzleien.[20] Über ein einschlägiges Studium verfügte kaum einer von ihnen. Einheitliche Anstellungsvoraussetzungen – eine juristische Bildung und staatliche Prüfung – waren erstmals unter Joseph II. vorgesehen, ebenso eine fixe Besoldung und eine einheitliche Gebührenordnung.[21] Damit fand dann auch die Abhängigkeit der Gerichtsbediensteten von den eingehobenen Strafgeldern und Gebühren ein Ende.[22]

Welsberg war Sitz des gleichnamigen Gerichtes; doch auch in Toblach gab es eine Gerichtsschreiberei mit einem eigenen Gerichtsschreiber. Da wie dort scheinen in dieser Funktion im 18. und in den ersten Jahrzehnten des 19. Jahrhunderts durchgängig die Herren von Leys von Paschbach auf: [23] Ignaz Joseph von Leys, Joseph Georg von Leys, Joseph von Leys, Joseph Michael von Leys, Andreas von Leys, Jakob von Leys, Leopold von Leys, Anton von Leys. Angehörige dieses Geschlechts sind auch für das 17. Jahrhundert unter anderem im Gericht Altrasen als Landrichter und Gerichtsschreiber dokumentiert.[24] Um 1800 kam Joseph Hell als „begwaltigter oberschreiber" hinzu und in den späteren Jahrzehnten wechselnde Personen, darunter Martin Lanzinger, später k. k. Landgerichts-Kanzlist, Johann von Putz als k. k. Landrichter oder Johann von Klebelsberg als k. k. Landgerichts-Aktuar und andere mehr.

Wie den Ortsangaben der Heiratskontrakte zu entnehmen ist, war es offensichtlich möglich, überall Heiratskontrakte zu Protokoll zu geben: Niederdorf, Taisten, Gsies und Zell bei Welsberg scheinen explizit auf. Im Unterschied zu Toblach dürfte es sich hierbei nicht um ständige Außenstellen des Gerichts Welsberg gehandelt zu haben, sondern zum Teil um Ak-

16 Beimrohr, Brief und Siegel, 57.

17 Vgl. Beimrohr, Brief und Siegel, 59f.

18 Mit Beispielen dazu vgl. Margareth Lanzinger, „als Curatoren zu verpflichten und denenselben einfolglich die ganze Haus Manega zu allseitig besserer Ersprislöskeit anzuvertrauen". Haushalten als Handlungskonzept in prekären Situationen, PoliceyWorkingPapers. Working Papers des Arbeitskreises Policey /Polizei in der Vormoderne, 6 (2003), 1–28, auf: www.univie.ac.at/policey-ak/pwp/pwp_06.pdf.

19 Vgl. Stolz, Landesbeschreibung, 589.

20 Zur Professionalisierung vgl. Christof Dipper Hg., Rechtskultur, Rechtswissenschaft, Rechtsberufe im 19. Jahrhundert. Professionalisierung und Verrechtlichung in Deutschland und Italien, Berlin 2000.

21 Vgl. dazu Beimrohr, Brief und Siegel, 58 und 73f.

22 ‚Auswüchse' der finanziellen Eigeninteressen der Gerichte sind bei Peter Klammer für Salzburg dokumentiert: Gerichtsdiener legten sich regelrecht auf die Lauer, um Übertretungen zur Anzeige bringen zu können. Peter Klammer, *In Unehren beschlaffen*. Unzucht vor kirchlicher und weltlicher Gerichtsbarkeit im frühneuzeitlichen Salzburger Lungau, Frankfurt a. M. u. a. 2004, 180ff.

23 Die Schreibweise variierte: So findet sich auch Leyß oder Leis beziehungsweise Bachbach.

24 Vgl. Genealogisches Taschenbuch der adeligen Häuser, 15. Jahrgang, Brünn 1890, 267f.

tivitäten örtlicher „anwälte“, wie sie bereits zuvor erwähnt worden sind. Aus Zell unter Welsberg sind beispielsweise von Joseph Jakob Told als „anwald“ aufgenommene Heiratskontrakte im Sample[25] und auch einer aus Niederdorf, abgefasst unter der Ägide von Joseph Prey als „anwaldt“.[26] Als Orte, an denen man einen Vertrag abschließen konnte, ist neben der Landgerichts-Obrigkeit, der Landgerichtsschreiberei und im 19. Jahrhundert dann der Gerichtskanzlei in manchen Kontrakten auch die „anwaldschaft“ genannt.[27] In anderen Fällen waren der Welsberger und Toblacher Gerichtsschreiber zugegen, oder ein Gerichtsschreiber und ein „gerichts-prokurator“ beziehungsweise „landrichteramts-substitut“. Als Prokurator ist in der zweiten Hälfte des 18. Jahrhunderts an verschiedenen Orten immer wieder Herr Ignaz Unterperger genannt, als „richteramts-substitut“ – später „landgerichts-actuar“ – Herr Michael Wöll. Alle diese genannten Amtsträger fungierten bei der Abfassung von Heiratskontrakten vielfach auch als Zeugen.

Die an den verschiedenen Orten aufgenommenen Protokolle wurden zum Gerichtssitz in Welsberg gebracht oder gesandt. Dabei konnte es auch zu Pannen kommen. Aus St. Martin in Gsies wird von einem vor dem „anwalts verwalter“ aufgenommenen Heiratskontrakt berichtet, der in der Schreiberei nie angekommen und wohl beim Verschicken verloren gegangen sei. Das inzwischen verheiratete Paar erschien so nochmals mit den damaligen Zeugen und wiederholte die getroffenen Vereinbarungen.[28]

Im Gericht Innichen wurde vom Hochstift Freising ein Pfleger eingesetzt. Die Heiratskontrakte sind in den 1750er bis 1770er Jahren von Herrn Franz Hueber als „anwald“ und „hofmark gerichtsschreiber“ protokolliert. Er stammte aus Innichen, lebte von circa 1715 bis 1777.[29] Auch sein Vater Jakob dürfte bereits dieser Tätigkeit nachgegangen sein, da er als „anwalt“ bezeichnet ist. Franz Huebers Sohn Joseph Cassian, 1747 geboren, wurde ebenfalls Gerichtsschreiber und Landgerichtskommissär in Innichen. Ein weiterer Sohn namens Kaspar Eduard, geboren 1759, scheint mit der Berufsbezeichnung „oberschreiber im landgericht Taufers“, das ebenfalls im Pustertal gelegen ist, auf;[30] er war kurz aber auch in Innichen tätig. Auch hier ist – wie bei den Leys von Paschbach in Welsberg – eine familiale Ämterkontinuität fest-

25 SLA Bozen, VBW 1790, fol. 33–34 (Transkription Welsberg Nr. 7 im Anhang, siehe auch Abb. 4, S. 265); ebd., VBW 1795, fol. 133–133'.

26 SLA Bozen, VBW 1795, fol. 121–121'.

27 SLA Bozen, VBW 1795, fol. 121; ebd., VBW 1810, fol. 257.

28 SLA Bozen, VBW 1770, fol. 459 (Transkription Welsberg Nr. 5 im Anhang).

29 Die Informationen stammen aus einer im Rahmen meiner Dissertation erstellten Datenbank. Dafür wurden Daten aus dem Familienbuch 1700–1900 des Stiftsarchivs Innichen erhoben. Direkte Verweise darauf sind zitiert als: Familienbuch 1700–1900, Familie und die entsprechende Nummer des Ehepaares beziehungsweise der Familie. Es enthält all jene aus den Trauungs- und Taufbüchern rekonstruierten Familien, in denen das Ehepaar in Innichen geheiratet hat. Das Familienbuch ist alphabetisch und chronologisch nach dem Datum der Eheschließung aufgebaut; jede Eheschließung innerhalb eines Buchstabens ist durchnummeriert. Aus den Matrikenbüchern wurden fehlende Daten und Angaben ergänzt, darunter im Rahmen eines Forschungsprojektes über Namengebung auch die im Taufbuch angeführten Taufpaten und Taufpatinnen.

30 Vgl. dazu auch Hermann Rogger, Handwerker und Gewerbetreibende in Innichen seit dem 17. Jahrhundert. Ein Beitrag zur Familien- und allgemeinen Sozialgeschichte dieses Hochpustertaler Marktfleckens, Dissertation Innsbruck 1986, 287.

zustellen. Im lokalen Kontext markante Familien haben immer wieder Hausnamen geprägt: So trug auch deren Wohnhaus den Namen „Hueberhaus" (vgl. Abb. 1).[31]

Abb. 1: Das Hueberhaus in Innichen, Aquarell von Anton Fuchs um 1850 (Original im Besitz der Familie Ladinser, Hotel „Grauer Bär", eine Kopie befindet sich im Stiftsmuseum Innichen)

Ein Heiratskontrakt jedoch, jener des Pfarrmesners Mathias Schraffl aus dem Jahr 1767, wurde „unter der handschrift" des Innichner Kapitelamtmannes Joseph Mayr aufgesetzt.[32] Hierbei könnte eine spezifische Zuständigkeit für Leute aus dem kirchlichen Umfeld zum Tragen gekommen sein.

Im Januar 1778, nach dem Tod von Franz Hueber, hatte Joseph von Tschusy im Schmiedhofen den Vorsitz bei Gericht,[33] der auch in den 1760er Jahren zwischendurch als freisingischer Pfleger und Lehenprobst in Kontrakten aufscheint.[34] Auch Franz Huebers Sohn Kaspar Eduard war als Schreiber dabei, im Jahr 1778 dann dessen Bruder Joseph Cassian. Dieser

31 Die Familie Hueber wanderte im Jahr 1885 nach Lienz aus und verkaufte das Haus an den Sachsen Bruno von Smolinksy, der es zur Pension „Saxonia" umgestaltete. In den 1930er Jahren diente es als Carabinieri-Kaserne, in den 1970er Jahren wurde es zu einem heute noch bestehenden Supermarkt umgebaut. Für diese Informationen und die Abbildung danke ich Dr. Egon Kühebacher, für den Hinweis auf die Existenz dieses Bildes Ellinor Forster.

32 TLA Innsbruck, VBI 1767, fol. 694.

33 Vgl. TLA Innsbruck, VBI 1778, fol. 567.

34 So in TLA Innsbruck, VBI 1764, fol. 810; ebd., VBI 1765, fol. 54' (Transkription Innichen Nr. 4 im Anhang).

firmierte in der Folge vereinzelt in der Eingangspassage als „pfleggerichts obrigkeit",[35] wurde dann aber über Jahre nicht mehr namentlich genannt. Im Schlusspassus stand üblicherweise nur, dass das Brautpaar und die sonst noch anwesenden Personen der „löblichen pfleggerichts obrigkeit das handgeliebt erstattet" hätten. Im Jahr 1803 scheint Joseph Cassian Hueber dann wieder als „pfleggerichts-oberkeit" namentlich auf.[36] Joseph Franz Koll hatte in dieser Zeit die Funktion als Schreiber inne und wurde oft auch als Zeuge angeführt; in einzelnen Fällen war er explizit bevollmächtigt – „begwaltiget" – vertretungsweise das „handgelübde" entgegen zu nehmen.[37] Der bereits genannte Joseph Unterberger, „landgericht procurator zu Toblach", war offensichtlich zuweilen auch zugegen – so in Zusammenhang mit der Protokollierung des Heiratskontraktes eines Paares, bei dem die Braut vom Haselsberg stammte, der zu Toblach gehört.[38] Ab Mitte 1792 war dann Peter Paul Pertinger Schreiber beziehungsweise „pflegamtsschreiber" bis ungefähr zum Jahr 1797.

Darauf wechselt eine Reihe von Namen in kurzen Zeitabständen – Johann von Klebelsberg, Franz Hell, Ignatz Leopold von Mörl –, bis dann zur Jahrhundertwende regelmäßig Joseph Hueber, einmal als „praktikant" bezeichnet, und Johann Hueber genannt werden – in einem Kontrakt des Jahres 1803 mit dem Vermerk: „beyde bey der gerichtsschreiberey allda".[39] Es dürfte sich dabei um die beiden ältesten Söhne von Joseph Cassian Hueber handeln, 1781 und 1782 geboren, also die vierte Generation der Familie Hueber. Johann ist an einer Stelle auch als k. k. „exponirter landgerichtsadjunkt" bezeichnet.

Bei näherem Hinsehen zeigen sich Beziehungsnetze zwischen Familien der Amtsinhaber bei Gericht: Die Frau von Joseph Hueber, Agnes Peintner, war die Tochter von Maria von Leis zu Baschbach, die nach Innichen geheiratet hatte. Als Taufpate beziehungsweise Taufpatin einiger ihrer ab 1818 geborenen Kinder fungierten Johann Hueber, Landrichter und Pfleger in Toblach, sowie seine Frau Maria und deren Tochter Anna. Die jüngeren der insgesamt 17 Kinder von Franz Hueber – dem Großvater der zuletzt genannten – hatten die Frau des Sebastian Pfaundler, „anwalt" im benachbarten Markt Sillian, zur Taufpatin gehabt. In dem im Zuge einer Verlassenschaftsabhandlung inkludierten Heiratsvertrag von Johann Prunner sind als dessen Eltern genannt: Herr Leopold Karl Prunner, Gerichtschreiber der Herrschaft Altrasen – nahe Welsberg gelegen, und Frau Maria Anna Leyßin von Paschbach.[40] Zwischen den Familien benachbarter Gerichte, in denen die Männer – oft über Generationen – richterliche Funktionen ausgeübt haben, gab es offensichtlich Heiratsallianzen und gegenseitige Patenschaften. Diese konnten soziale Beziehungen gleichermaßen begründen wie festigen. Das hier nur angedeutete Netz im Detail zu rekonstruieren, wäre eine sicher lohnende Forschungs-

35 TLA Innsbruck, VBI 1782, fol. 158.

36 TLA Innsbruck, VBI 1803, fol. 627.

37 TLA Innsbruck, VBI 1783, fol. 502–502'.

38 TLA Innsbruck, VBI 1783, fol. 366' (Transkription Innichen Nr. 8 im Anhang).

39 TLA Innsbruck, VBI 1803, fol. 563.

40 Vgl. SLA Bozen, VBW 1800, Teil 1, fol. 170. Der Heiratskontrakt stammt aus dem Jahr 1796. Johann Prunner verstarb bereits im Jahr 1799, die Verlassenschaftsabhandlung wurde im Jahr 1800 protokolliert.

aufgabe, um Aufschluss über diese spezifische Gruppe regionaler Eliten und deren soziale Reproduktion zu erhalten.[41]

Politische und verwaltungstechnische Veränderungen

Das Gericht Welsberg kam 1806 unter bayerische Verwaltung – ausgenommen Toblach, das dem Dipartimento Piave eingegliedert wurde und damit italienischer Verwaltung unterstand. Die zentrale Institution im italienischen Raum, um Verträge abzuschließen, waren die Notariate. Notariatsakten aus diesem Zeitraum konnten für Toblach allerdings nicht eruiert werden.[42] Das Gericht Innichen wurde wie das Gebiet des heutigen Osttirol den Illyrischen Provinzen zugeschlagen, die als Generalgouvernement unmittelbar französischer Verwaltung unterstellt waren.[43] Die Festlegung der Grenzen der im Februar 1810 beschlossenen Aufteilung Tirols auf Bayern, das Königreich Italien und die Illyrischen Provinzen erfolgte im Juni desselben Jahres.[44] So galt in Innichen wie auch in Osttirol und Oberkärnten ab Januar 1812 der Code civil.[45] Untersuchungen über die konkreten Auswirkungen etwa auf die Erbfolgeordnung,[46] auf Eheschließungen und -trennungen wie auch auf die Vertragspraxis in dieser Region stehen im Unterschied zu verschiedenen deutschen und italienischen Territorien noch aus.[47] Der Zeit-

41 Scarlett Beauvalet und Vincent Gourdon haben auf Grundlage eines Samples von Pariser Heiratsverträgen des 17. Jahrhunderts soziale Netze ausgehend von den in den Verträgen genannten Zeugen rekonstruiert. Scarlett Beauvalet u. Vincent Gourdon, Les liens sociaux à Paris au XVIIe siècle: une analyse des contrats de mariage de 1660, 1665 et 1670, in: Histoire Économie et Société, 17, 4 (1998), 583–622.

42 Im Juli 1810 wurde unter „actum Toblach“ jedenfalls noch ein Heiratskontrakt aufgenommen. Vgl. SLA Bozen, VBW 1810, fol. 659–659’ (Transkription Welsberg Nr. 14 im Anhang). Notariatsakten aus jenen Gebieten Tirols, die zum Königreich Italien gehört haben, liegen nur für das im südlichen Teil gelegene Dipartimento Alto Adige im Südtiroler Landesarchiv vor, nicht für das Dipartimento Piave oder die Illyrischen Provinzen.

43 Vgl. dazu Reinhard Stauber, Empire und Region. Der Alpen-Adria-Raum im Zeitalter Napoleons, in: Christoph Haidacher u. Richard Schober Hg., Von Stadtstaaten und Imperien. Kleinterritorien und Großreiche im historischen Vergleich. Tagungsbericht des 24. Österreichischen Historikertages, Innsbruck, 20.–23. September 2005, Innsbruck 2006, 112–120.

44 Vgl. Mühlberger, Absolutismus und Freiheitskämpfe, 537.

45 Vgl. Stauber, Empire, 115.

46 Vgl. dazu beispielsweise Suzanne Desan, „War between Brothers and Sisters“: Inheritance Law and Gender Politics in Revolutionary France, in: French Historical Studies, 20, 4 (1997), 597–635.

47 Vgl. auch Wilhelm Brauneder, Zum Code civil in Österreich, in: Barbara Dölemeyer, Heinz Mohnhaupt u. Alessandro Somma Hg., Richterliche Anwendung des Code civil in seinen europäischen Geltungsbereichen außerhalb Frankreichs, Frankfurt a. M. 2006, 413–423, 416; sowie allgemein die anderen Beiträge des Bandes. Vgl. auch den Band von Werner Schubert u. Mathias Schmoeckel Hg., 200 Jahre Code civil. Die napoleonische Kodifikation in Deutschland und Europa, Köln/Weimar/Wien 2005, sowie Christof Dipper, Wolfgang Schieder u. Reiner Schulze Hg., Napoleonische Herrschaft in Deutschland und Italien – Verwaltung und Justiz, Berlin 1995. Im Tiroler Landesarchiv gibt es einen Bestand „Notariate und Friedensgerichte des Kantons Sillian“ für 1810 bis 1813. Vgl. Josip Kolanović u. Janez Šumrada Hg., Napoléon et son administration en Adriatique orientale et dans les Alpes de l’est 1806–1814. Guide des sources, Zagreb 2005, 673.

raum erstreckte sich allerdings nur auf zwei Jahre; die französische Herrschaft endete zwischen Oktober und Dezember 1813.

In jenen österreichischen Gebieten, die vor 1812 zu Bayern gekommen waren, blieb das vor Inkrafttreten des Allgemeinen bürgerlichen Gesetzbuches (ABGB) geltende Recht in Kraft.[48] „Gerichte und Behörden sollten im Namen des neuen Landesherrn, doch nach der bisherigen Organisation und mit dem bisherigen Personal weiterarbeiten."[49] Bayern sah sich zwar durch die Rechtszersplitterung infolge der neu hinzugekommenen Gebiete veranlasst, ein „neues einheitliches bayerisches Zivilgesetzbuch" zu verfassen. Ein Entwurf von 1808/09 folgte dem Vorbild des Code civil von 1804, er scheiterte aber – ebenso wie zwei weitere Entwürfe in der Folgezeit.[50] Im Gericht Welsberg galt also weiterhin das Josephinische Gesetzbuch, und die Verwaltungsabläufe wurden in gewohnter Weise fortgesetzt. Die Verfachbücher, die Hauptquelle für die Heiratskontrakte, waren so auch in den Jahren zwischen 1811 und 1814 in Gebrauch. In einem Heiratskontrakt des Samples kalkulierten die Verfasser mit der Eventualität einer gesetzlichen Änderung: Anfang des Jahres 1811 wurde festgelegt, dass sich die Witwe, falls keine Kinder aus dieser Ehe vorhanden sein würden, „blos mit dem gesötzmäßigen 4ten genußantheil zu begnügen" habe, welcher ihr aber auch dann zustehen solle, wenn das gegenwärtige Erbfolgegesetz aufgehoben würde.[51] Eine gewisse Unsicherheit über künftig geltendes Recht dürfte hierin zum Ausdruck kommen. In den durchgesehenen 26 Heiratskontrakten dieser Jahre findet sich jedoch keine weitere Spur einer Reflexion bezüglich einer möglichen Gesetzesänderung.[52] Die bayerische Herrschaft endete im Juni 1814.[53]

Im Zuge der österreichischen Reorganisation wurde Innichen dem Landgericht Sillian angeschlossen, betrieb allerdings eine Zeitlang noch eine „Expositur", die mehrere benachbarte Gemeinden mit einschloss. Welsberg war nach dem Intermezzo als bayerisches Landgericht und nach der Rückkehr unter österreichische Verwaltung als gräflich Künigliches Landgericht

48 Vgl. Cordula Scholz Löhnig, Bayerisches Eherecht von 1756 bis 1875 auf dem Weg zur Verweltlichung, Berlin 2004, 98. Sie nennt explizit nur die „vorderösterreichischen Lande"; vgl. ebd., Anm. 65.

49 Reinhard Stauber, „Belehret durch Tirol?" Muster administrativer Integration im Alpenraum der napoleonischen Epoche und ihre Auswirkungen, in: Geschichte und Region / Storia e regione, 16, 2 (2007), 63–89, 70; mit weiterführender Literatur; vgl. allgemein dazu auch Anton Bundsmann, Die Entwicklung der politischen Verwaltung in Tirol und Vorarlberg seit Maria Theresia bis 1918, Dornbirn 1961, 87ff.

50 Scholz Löhnig, Bayerisches Eherecht, 136–159, Zitat 136f; vgl. auch Elisabeth Fehrenbach, Traditionale Gesellschaft und revolutionäres Recht. Die Einführung des Code Napoléon in den Rheinbundstaaten, Göttingen 1974, insbes. den Abschnitt: Die feudal-aristokratische Opposition gegen die Rezeption des Code Napoléon in Bayern, 133ff.

51 SLA Bozen, VBW 1811, S. 139.

52 Vgl. SLA Bozen, VBW 1810–1811, S. 53–58; S. 69–71; S. 135–137; S. 140–141; S. 355–358; S. 372–375; S. 437–439; S. 570–571; S. 610–611; ebd., VBW 1811–1812, S. 59–62; S. 64–66; S. 101–106; S. 244–247; S. 420–421; S. 593–596; S. 613–616; S. 1213–1218; ebd., VBW 1812–1813, S. 354–356; S. 356–357; S. 567–570; ebd., VBW 1814, S. 120–121; S. 486–492; S. 1063–1064; ebd., VBW 1815, S. 499–502; S. 523–525; S. 887–888. Diese Kontrakte wurden nur in Hinblick auf diese Frage gesichtet, sie sind im Sample nicht mitgezählt.

53 Vgl. Mühlberger, Absolutismus und Freiheitskämpfe, 543f.

zunächst ein Patrimonialgericht. Die Freiherrn und später Grafen von Küngl hatten das Landgericht Welsberg mit Amt und Maut seit 1553 als Pfandbesitz inne gehabt[54] und behaupteten es bis 1826.[55] Zu diesem Zeitpunkt ging es als k. k. Landgericht in staatliche Verwaltung über. Im Jahr 1850 wurden anstelle der Landgerichte die Bezirksgerichte eingeführt.[56]

2. Heiratskontrakte als Quellenmaterial

Kontexte der archivalischen Dokumentation

In Tirol war die Grundherrschaft schwächer ausgeprägt als in den anderen Ländern der Habsburger Monarchie. Sie beschränkte sich seit dem 15. Jahrhundert auf territoriale Herrschaft. Die Leute waren zu Abgaben und Zinsleistungen verpflichtet, persönlich aber frei. Das heißt, dass in Zusammenhang mit Besitzwechseln von Liegenschaften in der Frühen Neuzeit ein grundherrlicher Konsens eingeholt werden musste – jedoch nicht im Fall eines Wegzugs oder einer Heirat.[57] Damit entfiel hier – im Unterschied zu Niederösterreich – das quasi standardmäßige Abfassen eines Heiratskontraktes im Vorfeld einer Eheschließung, das dort nicht zuletzt der Offenlegung der ökonomischen Grundlagen gedient hatte.

Obligat war in Tirol seit den Landesordnungen von 1532 und 1573 die schriftliche Fixierung aller Geschäfte, die Liegenschaften betrafen, und die Protokollierung der entsprechenden Verträge vor Gericht. – Zu betonen gilt es in diesem Zusammenhang, dass die Tiroler Landesordnung im Unterschied zur Situation in Niederösterreich maßgeblich war für die Rechtspraxis.[58] Schenkungen *inter vivos* waren in diese Verpflichtung inkludiert. Wenn eine Morgengabe einen gewissen Wert überstieg, musste sie bei Gericht dokumentiert werden, falls sie Gegenstand einer letztwilligen Verfügung war. Wörtlich heißt es: „Ain jede Frau/ mag jr Morgengab/ frey/ wenn Sy will/ lediglich jres willens und gefallens/ Schencken/ Geben/ verordnen und verschaffen: Doch wann die by Stetten und Gerichtn/ über fünffzig Guldin/ und underm Adel/ über Drithalb hundert Guldin ist/ Soll solche Gab und Vermächt/ordent-

54 Otto Stolz gibt für das Jahr 1704 als Pfandsumme für Toblach und Welsberg 26.500 Gulden an, für das benachbarte Heinfels 58.800 Gulden. Otto Stolz, Geschichte der Gerichte Deutschtirols. Abhandlungen zum Historischen Atlas der Österr[eichischen] Alpenländer, Landgerichtskarte von Deutschtirol, Wien 1912, 157.

55 Vgl. Stolz, Landesbeschreibung, 609.

56 Vgl. dazu Beimrohr, Brief und Siegel, 77ff.

57 Vgl. dazu beispielsweise Helmuth Feigl, Die niederösterreichische Grundherrschaft. Vom ausgehenden Mittelalter bis zu den theresianisch-josephinischen Reformen, St. Pölten 1998², 49f und den Text von Gertrude Langer-Ostrawsky in diesem Band.

58 Einzig in Tirol erhielt die Landesordnung von 1526, in zwei späteren Fassungen von 1532 und 1573 weiter ausgearbeitet, die kaiserliche Sanktion. Die „New reformierte Landsordnung" stellte so die maßgebliche Rechtsgrundlage in der Frühen Neuzeit dar und blieb im Wesentlichen bis zur Einführung des Josephinischen Gesetzbuches und Erbfolgepatentes gültig. Vgl. Gunter Wesener, Geschichte des Erbrechtes in Österreich seit der Rezeption, Graz/Köln 1957, 17.

lich wie obsteet/ verbrieft werden."[59] Heiratsabreden konnten dem gegenüber auch informell getroffen werden.[60]

Dokumentiert sind all diese außerstreitigen Gerichtsagenden und zivilen Ehesachen im so genannten Verfachbuch,[61] in dem eine Vielzahl diverser Rechtsgeschäfte – teilweise thematisch unterteilt[62] – chronologisch protokolliert sind. Die Verfachbücher stellen daher die zentrale Quellengattung dar, um die Vertragspraxis zu untersuchen. Bei den Protokollen der Heiratskontrakte handelt es sich im Gericht Innichen wie im Gericht Welsberg um ausformulierte Konzepte. Wie gelegentlich am Rand vermerkt ist, fertigte das Gericht auf deren Grundlage zwei Exemplare für die beiden Vertrag schließenden Parteien aus. Das Verfachbuch war vom 15. Jahrhundert – das älteste für den Zeitraum von 1468 bis 1471 stammt aus dem Landgericht Meran[63] – bis weit in das 19. und fallweise 20. Jahrhundert hinein in Gebrauch und ersetzte für Tirol das erst an der Wende vom 19. zum 20. Jahrhundert eingeführte Grundbuch.

Die Freiwilligkeit in Hinblick auf die gerichtliche Protokollierung von Heiratskontrakten hatte beträchtliche Auswirkungen auf die Rechtspraxis im Sinne der Rechtsnutzung – und damit zugleich auf die Quellenlage. Vor Gericht erschienen unter diesen Voraussetzungen nur jene Brautpaare oder Parteien, denen dieser Schritt einer Absicherung des Vereinbarten durch das gerichtliche Protokollieren und Hinterlegen eines Kontraktes so wichtig war, dass sie den damit verbundenen Aufwand und die anfallenden Gebühren auf sich nahmen.[64] Für die Gerichte Welsberg und Innichen liegen daher keine umfassenden Bestände an Heiratskontrakten

59 New reformierte Landsordnung der fürstlichen Grafschaft Tirol, Innsbruck [1573] (zitiert als Tiroler Landesordnung 1573), 3. Buch, fol. 38re.

60 Zur „freiwilligen Gerichtsbarkeit" und zu Heiratsbriefen vgl. Wilhelm Brauneder, Normenautorität und grundherrschaftliche Vertragspraxis, in: ders., Studien II: Entwicklung des Privatrechts, Frankfurt a. M. u. a. 1994, 109–120.

61 Vgl. dazu Beimrohr, Brief und Siegel, 87ff; ders., Tiroler Gerichts- und Verfachbücher, in: Josef Pauser, Martin Scheutz u. Thomas Winkelbauer Hg., Quellenkunde der Habsburgermonarchie (16.–18. Jahrhundert). Ein exemplarisches Handbuch, Wien/München 2004, 448–456. Jean-Pierre Chaline spricht von vorgedruckten Formularen für Heiratskontrakte im 19. Jahrhundert – die allerdings vielfach nicht ausreichend Platz boten. Vgl. Jean-Pierre Chaline, Les contrats de mariage à Rouen au XIXe siècle. Étude d'après l'enregistrement des actes civils publics, in: Revue d'histoire économique et sociale, 58 (1970), 238–275, 239f. Trotz einer großen Vielfalt von Formularen, die in der Verwaltung des 19. Jahrhunderts auch in Tirol eingeführt wurden, kamen solche für Heiratsverträge nicht zum Einsatz.

62 So sind etwa häufig Abhandlungen mit den Inventaren und Vormundschaftsabrechnungen in einem eigenen Band gebunden wie im Gericht Welsberg; Verleihungen von Freistiftgütern konnten innerhalb des Verfachbuches in einem eigenen Teil versammelt sein wie im Gericht Innichen üblich.

63 Vgl. Franz Huter Hg., Das älteste Tiroler Verfachbuch (Landgericht Meran 1468–1471), aus dem Nachlaß von Karl Moeser, Innsbruck 1990.

64 Helmuth Feigl sah die „Hauptursache für das Abfassen von Heiratsbriefen" in einem fiskalischen Zusammenhang, indem eine Heirat eine Veränderung im Liegenschaftsbesitz und infolge dessen auch bezüglich der abgabenpflichtigen Person nach sich gezogen habe. Dieser Konnex ist im hier untersuchten Raum nicht gegeben, da solche Veränderungen nicht zwangsläufig waren und wenn sie erfolgten, so wurde darüber ein eigener Kontrakt abgefasst. Helmuth Feigl, Heiratsbriefe und Verlassenschaftsabhandlungen als Quellen zur Alltagsgeschichte, in: Othmar Pickl u. Helmuth Feigl Hg., Methoden und Probleme der Alltagsforschung im Zeitalter des Barock, Wien 1992, 83–99, 83.

parallel zur Anzahl der Eheschließungen vor. Es handelt sich vielmehr um einen Ausschnitt aus einer weit größeren Gesamtheit an mündlich getroffenen und auch in privaten Dokumenten verschriftlichten Absprachen, die es ohne Zweifel neben den über das Verfachbuch zugänglichen Heiratskontrakten gegeben hat. Das impliziert, dass nach dem situativen Charakter und nach dem Kontext zu fragen ist, in dem ein Kontrakt vor Gericht abgeschlossen wurde sowie nach den Ursachen für die unterschiedliche Häufigkeit solcher Kontrakte im untersuchten Zeitraum zwischen 1750 und 1850.

Heiratskontrakte, vereinzelt auch solche, die nicht vom Gericht aufgenommen worden sind, tauchen immer wieder im Zuge von Verlassenschaftsabhandlungen auf. Die Witwe Maria Gutwengerin beispielsweise gab in Zusammenhang mit der besitzrechtlichen Abklärung vor ihrer geplanten Wiederverehelichung kurz nach dem Tod des ersten Mannes an, der Heiratskontrakt aus ihrer ersten Ehe „liege in verwahr in seiner gewands truhe, den man bey der inventur erheben könne".[65] In diesem Fall war ihr Interesse an der Berücksichtigung der darin enthaltenen Vereinbarungen groß. Diese sahen nämlich den Fruchtgenuss des ehemännlichen Vermögens bis zum vollendeten 18. Lebensjahr ihres Sohnes vor, und zwar unabhängig davon, ob sie eine zweite Ehe eingehen würde oder nicht. Im Testament hatte ihr der verstorbene Ehemann zwar den lebenslänglichen Genuss zugesprochen, allerdings nur, solange sie im Witwenstand bleiben würde.[66] Den Bestimmungen eines beiderseitigen Kontraktes galt der Vorrang vor einer letztwilligen Verfügung, falls das testamentarisch Verordnete gegenüber dem vertraglich Vereinbarten nachteilig war.

Wenn auf privat verwahrte Heiratskontrakte nicht – wie im zitierten Beispiel – später im Rahmen eines anderen Rechtsgeschäftes Bezug genommen wurde, gelangten diese entweder gar nicht ins Archiv oder allenfalls innerhalb bunt gemischter Nachlässe. Damit sind sie auf gezielte und systematische Weise schwer erfassbar.

Konjunkturen und Samples

Für das Gericht Innichen wie für das Gericht Welsberg ist eine sehr geringe Zahl an Heiratskontrakten aus den ersten Jahrzehnten des 18. Jahrhunderts in den Verfachbüchern enthalten. Inwieweit dies überlieferungsbedingt ist – in dem Sinn, dass sie nicht für wichtig genug erachtet wurden, um in das Verfachbuch eingebunden zu werden –, lässt sich leider nicht klären. Das für das Gericht Innichen erhobene Sample beginnt daher erst mit dem Verfachbuch der Jahre 1756 bis 1759. Für den Zeitraum bis 1806 wurden vornehmlich die Heiratskontrakte aus den ersten Monaten der einzelnen Jahre aufgenommen, in denen sie – analog zur größeren Anzahl von Eheschließungen – verdichtet protokolliert sind. Das Verfachbuch Welsberg wurde in Zehnjahresabständen in Hinblick auf Heiratskontrakte gesichtet. 1700 scheint keiner auf, 1710 einer, 1720 wiederum keiner, 1730 sind es zwei, ebenso 1740 und dazu zwei Bestätigun-

65 TLA Innsbruck, VBI 1797, fol. 176'–177.

66 Die erste Eheschließung von Maria Gutwengerin hatte im Jahr 1788 stattgefunden. Ihr Mann, Sebastian Senfter, hatte im Jahr 1796 das im Zuge der Säkularisierung zum Wohnhaus umgebaute Moritzkirchl, „Kirchlhaus" genannt, gekauft. Er starb aber schon im Jahr darauf und hinterließ seine Frau und einen sechsjährigen Sohn. Vgl. Stiftsarchiv (STA) Innichen, Familienbuch 1700–1900, S 100 [Buchstaben und Zahlen folgen den im Familienbuch angegebenen Identifikationsnummern]; Bezirksheimatmuseum (BHM) Lienz, Oberforcher Regesten (OR) III 1, VBI 1796 VIII 13, fol. 724.

gen der Höhe des Einbringens der Ehefrauen, 1750 wiederum zwei und 1760 dann acht. Bei ungefähr dieser Anzahl bleiben sie in den nächsten Jahrzehnten. Zusätzlich wurden die Kontrakte für das Jahr 1795 – elf Kontrakte und ein Vermächtnis – aufgenommen als Vergleich, da in Innichen in dieser Zeit ein zahlenmäßiger Höhepunkt an Kontraktabschlüssen festzustellen ist, sowie 27 Kontrakte aus den Jahren 1811 bis 1815, um auch die Rechtspraxis in der Zeit der bayerischen Herrschaft berücksichtigen zu können.

Die Anzahl der Kontrakte stieg also in beiden Gerichten im Laufe der zweiten Hälfte des 18. Jahrhunderts langsam an, deutlich ab den 1780er Jahren mit einem Höhepunkt in den 1790er Jahren. Im beginnenden 19. Jahrhundert ging deren Anzahl dann wieder etwas zurück. Auf einen vergleichbaren zeitlichen Trend verweist Gesa Ingendahl: In Ravensburg stieg die Anzahl von Dokumenten im Kontext der freiwilligen Gerichtsbarkeit zwischen 1760 und 1802 beträchtlich an. Hier lässt sich u. a. ein Zusammenhang mit der Vorschrift der Vertragshinterlegung aus dem Jahr 1760 herstellen, die bei „Auswärtigen-Ehen“ einzuhalten war. Argumentiert wurde darin mit Kreditsicherheit: Heiratsverträge würden die Besitzsituation transparent machen zum Schutz der Gläubiger.[67]

Möglicherweise lässt sich für die hier untersuchten Gerichte ein Konnex zur Einführung der Josephinischen Konkursordnung von 1781 herstellen, im Sinne einer zusätzlichen Motivation, einen Heiratskontrakt, eine Bestätigung bezüglich des übergebenen Heiratsgutes oder eine Aufstellungen über das gesamte eingebrachte Vermögen bei Gericht protokollieren zu lassen. Denn unter den „Beweismitteln“, die im Konkursprozess geltend gemacht werden konnten, ist angeführt, dass eine vor „Ausbruch“ des Konkurses abgegebene schriftliche oder mündliche Bestätigung des Ehemannes, das Heiratsgut erhalten zu haben, als solches gelte. Jedoch war eine solche Bestätigung ungültig, wenn sie erst nach Beginn des Konkursverfahrens ausgesprochen oder ausgestellt wurde.[68] Die Dokumentation des Heiratsgutes und eingebrachten Vermögens bei Gericht könnte in diesem Zusammenhang als Möglichkeit der Risikominimierung gegolten haben.[69] Aber auch weitere gesetzliche Neuerungen dieser Zeit wie das Josephinische Gesetzbuch und die Erbfolgeordnung konnten Anlass gegeben haben, vermehrt Heiratskontrakte gerichtlich zu Protokoll nehmen zu lassen. Zu denken ist dabei vor allem an Bestimmungen in Zusammenhang mit Verwaltung und Genuss des von Frauen eingebrachten Vermögens während der Ehe und in Zusammenhang mit Ansprüchen des überlebenden Eheteils.[70]

In Innichen ist die Serie der Verfachbücher mit der Auflösung des Gerichtes im Jahr 1806 unterbrochen. Im ersten Verfachbuch nach den so genannten „Napoleonischen Wirren“ für die Jahre 1814 bis 1816 sind lediglich vier Dokumente enthalten, die Heiratsabreden zum Gegenstand haben: ein „einverständniß“, ein Heiratskontrakt und zwei Abmachungen unter dem Titel „ehevogtliches einbekenntnis“, in denen es um die Sicherung des von der Braut

67 In der genannten Studie wird zugleich auch auf die Komplexität der möglichen Motivationen verwiesen. Vgl. Gesa Ingendahl, Witwen in der Frühen Neuzeit. Eine kulturhistorische Studie, Frankfurt a. M./New York 2006, 70, 256f.

68 Joseph Wessely, Handbuch der allgemeinen oder josephinischen Gerichts- und Concursordnung vom 1. Mai 1781, Bd. 2, Innsbruck 1834, 125.

69 Näher dazu im Abschnitt zur Sicherstellung des Heiratsgutes und eingebrachten Vermögens.

70 Vgl. dazu die entsprechenden Abschnitte im Hauptteil.

eingebrachten Vermögens ging.[71] Hier scheint ein gewisser Bruch in der Rechtspraxis erfolgt zu sein. Im Gericht Welsberg zeigt sich ein merklicher Rückgang ab den 1830er Jahren: Nur mehr zwei oder drei Exemplare pro Jahr finden sich dokumentiert. Das Sample an Heiratskontrakten und weiteren im thematischen Kontext relevanten Vertragsformen umfasst für das Gericht Innichen 126 und für das Gericht Welsberg 114 Dokumente. Zwischen 1780 und 1806 wurden im Markt Innichen circa 200 Ehen geschlossen,[72] im Sample sind für diesen Zeitraum insgesamt 68 Heiratskontrakte von Innichner Brautpaaren erhoben. Damit ist ein Drittel der Eheschließungen abgedeckt. Darüber hinaus wurde eine Reihe weiterer Kontrakte gesichtet, vor allem in Zusammenhang mit der Frage nach dem Niederschlag gesetzlicher Änderungen – so etwa den Erlass des Verlöbnispatents 1782 und die Abschaffung der Geschlechtsvormundschaft 1786 betreffend –, die nicht als Volltexte Teil des Sample sind und nicht mitgezählt wurden.

Umgerechnet auf die Anzahl der Einwohner und Einwohnerinnen, die im Gericht Welsberg im Verhältnis zu der im Gericht Innichen mehr als das fünffache ausmacht, wäre eine deutlich höhere Anzahl an Heiratskontrakten zu erwarten gewesen. Diese Annahme bestätigte sich jedoch nicht. Eine erste Hypothese ging in die Richtung, dass die unterschiedlich häufige Nutzung des Gerichts für Heiratskontrakte mit der Größe der Gerichte zusammenhängen könnte, in dem Sinn, dass die geografische Distanz zum Sitz des Gerichtes in Welsberg ein zusätzliches Hindernis für die Bewohner und Bewohnerinnen ferner gelegener Orte dargestellt haben könnte. Der Blick auf die Praxis des Gerichts, wie im vorhergehenden Abschnitt dargelegt, lässt diese Schlussfolgerung allerdings wenig plausibel erscheinen, da dieses dezentral organisiert und über einen „anwalt" und Gerichtsschreiber auch außerhalb des Hauptsitzes vor Ort präsent und zugänglich war. Die Ursache für den da wie dort nur partiellen und situativ in unterschiedlichem Ausmaß erfolgten Einsatz des Gerichtes als Beurkundungsinstanz wird daher eher mit dem Rechtsverständnis der Heiratswilligen und deren Familien sowie mit lokalen Usancen in einen Konnex zu bringen sein.

Zu fragen ist schließlich auch, warum die Anzahl der gerichtlich protokollierten Heiratskontrakte im 19. Jahrhundert in den beiden untersuchten Gerichten merklich zurückgegangen ist. Die Einschätzungen der Bedeutung von Heiratskontrakten für das 19. Jahrhundert geht in der Forschung insgesamt auseinander: Zum einen wird die Position eines völligen Bedeutungsverlustes infolge der Inflation und der ökonomischen Unsicherheiten nach den Kriegsereignissen am Beginn des Jahrhunderts vertreten.[73] Zum anderen findet sich aber auch die Auffassung einer im 19. Jahrhundert gestiegenen Bedeutung der Mitgift, was für eine anhaltende oder neue Relevanz von Heiratskontrakten sprechen würde. Mitgift galt nun als wichtige Quelle von Kapital vornehmlich in aufstrebenden, unternehmerisch orientierten bür-

71 Vgl. SLA Bozen, VBI 1813–1816, Teil A fol. 4'–5; fol. 155–156; ebd., VBI 1813–1816, Teil B, fol. 28–28'; fol. 417.

72 Vgl. STA Innichen, Liber conjugatorum, Tom. II, 1761–1784 und Liber conjugatorum, Tom. III, 1784–1882.

73 Für diese Auffassung vgl. beispielsweise den Befund von Wilhelm Brauneder zum Gerichtsbezirk Mödling, zitiert bei Ellinor Forster, die diesbezüglich sowohl für ihr Untersuchungsgebiet Innsbruck als auch auf Grundlage der Vielzahl an höchstgerichtlichen Entscheidungen zu einem anderen Ergebnis kommt. Vgl. Ellinor Forster, Handlungsspielräume von Frauen und Männern im österreichischen Eherecht. Geschlechterverhältnisse im 19. Jahrhundert zwischen Rechtsnorm und Rechtspraxis, Dissertation, Innsbruck 2008, 52. Vgl. auch ihren Beitrag in diesem Band.

gerlichen Kreisen.[74] Daraus ließe sich schließen, dass sich Vertragspraxis und Bedarf an Heiratskontrakten regional sowie nach sozialen und kulturellen Milieus unterschiedlich gestaltet haben könnten. Im österreichischen Raum waren das JGB und das ABGB in Kraft getreten. Mit dem veränderten Recht könnten sich der soziale Gebrauch des Rechts und die Wahrnehmung von Rechtssicherheit verändert haben. Schließlich haben die Gerichte als Anlaufstelle für die Protokollierung von Heiratskontrakten spätestens 1871 aufgrund des eingeführten Notariatszwangs ihre Relevanz verloren.[75]

Was die Art der Kontrakte betrifft, so waren in beiden untersuchten Gerichten zunächst jene dominant, in denen de facto mehr die intergenerationalen Verhältnisse geregelt wurden als das Verhältnis zwischen Braut und Bräutigam: im Gericht Innichen bis um 1780 herum, im Gericht Welsberg auch noch über die 1790er Jahre hinaus. In den Verfachbüchern des Gerichtes Innichen kommt diese Veränderung formal zum Ausdruck, indem Heiratskontrakte ab diesem Zeitpunkt in der Regel als separat protokollierte Akte aufscheinen und nur mehr selten in zeitgleich getätigte Kauf- oder Übergabekontrakte integriert sind. Damit rückt das Paar – wohl nicht nur symbolisch – stärker in den Mittelpunkt.

Mündlich und/oder schriftlich?

Auf die Usance mündlicher Absprachen verweisen bereits die Termini „Heiratsverabredung" oder „Heiratsabrede", die in Heiratskontrakten vielfach auftauchen, bisweilen auch als Bezeichnung der Art des Protokolls am Rand oder im Dokument selbst vermerkt sind. In den einleitenden Passagen ist wiederholt angegeben, dass die Parteien bereits eine Vereinbarung getroffen hätten, die sie nun zu Protokoll nehmen lassen möchten – so bei Maria Kargrueberin und Thomas Häberer, beide aus Gsies, die im Jahr 1780 vor der Landgerichtsschreiberei erschienen „mit bitt, ihnen den bereits abgeredten heyraths contract alda ad protocollum zu nehmen".[76] Barthlmä Mayr stammte aus Innsbruck, hielt sich aber in Innichen auf und schloss dort mit Maria Cäcilia Rainerin die Ehe. Im Januar 1791 kamen sie zum dortigen Gericht mit dem Ersuchen, ihren im Oktober 1790 in Innsbruck „außergerichtlich errichteten heuraths kontrakt ad protocollum zunehmen" (siehe auch Abb. 2).[77] Vereinzelt floss auch die Argumentation ein, dass dieser Akt vor Gericht einem künftigen korrekten Vorgehen dienlich sein solle, also mit einer höheren Rechtssicherheit verbunden wurde.[78] Johann Mayr, ein Weberknecht, und Anna Gantschiederin, beide aus Niederdorf, haben etwa „um konftig

74 Vgl. dazu Elisabeth Joris, Kinship and Gender. Property, Enterprise, and Politics, in: David Warren Sabean, Simon Teuscher u. Jon Mathieu Hg., Kinship in Europe. Approaches to Long-Term Development (1800–1900), New York/Oxford 2007, 231–257, 246ff.

75 Vgl. Forster, Handlungsspielräume von Frauen und Männern im österreichischen Eherecht, 83, 136ff.

76 SLA Bozen, VBW 1780, fol. 43'.

77 TLA Innsbruck, VBI 1791, fol. 1 (Transkription Innichen Nr. 12 im Anhang, siehe auch Abb. 2).

78 Elisabeth Koch bringt ein Zitat, in dem für die schriftliche Abfassung von Eheberedungen plädiert wird: Die Erfahrung zeige, dass solche Eheberedungen beim „gemeinen Man" vielfach beim Wein erfolgen würden; zudem würden Verwandte und Zeugen, die dabei anwesend waren, oft vor dem Ehepaar schon versterben und dann könne man letztlich weder wissen noch beweisen, was damals vereinbart worden sei. Zank und Hader seien die Folge. Elisabeth Koch, Maior dignitas est in sexu virili. Das weibliche Geschlecht im Normensystem des 16. Jahrhunderts, Frankfurt a. M. 1991, 48.

verhalt und richtigkeit wegen, eine vorleifige heurats abred in volgenden allhero zu prothokollieren gebeten".[79]

Eine doppelte Absicherung konnte für Frauen vor allem bei Ehen fern ihres Herkunftsortes von besonderem Interesse sein. Deutlich wird dies im Fall der „wohledl gebohrne[n]" Frau Ursula Khurzin von Thurn aus Niederdorf, die sich mit dem Stadtschreiber von Wolfsberg in Kärnten verehelicht hatte. Sie erschien vor der Gerichtsschreiberei in Toblach mit dem Heiratsvertrag, den sie mit ihrem Mann drei Wochen zuvor geschlossen hatte, und ersuchte, dieser möge zu Protokoll genommen werden, damit er im Bedarfsfall auch hier eingesehen und herangezogen werden könne: „damit derselbe allda in all benetigten fahl auch möge ersöchen und sich hierin beholffen werden". Diesem Wunsch sei man nachgekommen und habe den Vertrag „von worth zu worth eines ganz gleichen unverfeltschend inhalts" kopiert.[80]

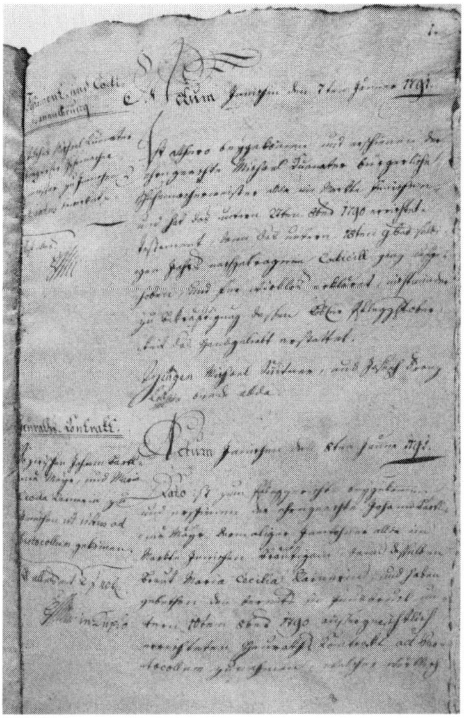

Abb. 2: Heuraths Kontrackt zwischen Johann Bärtlmä Mayr und Maria Cecilia Rainerin, 1791, TLA (siehe auch Transkription Innichen Nr. 12)

Ein Indiz für die parallele Praxis mündlicher Absprachen ist im Umstand zu sehen, dass Heiratskontrakte manchmal erst einige Zeit nach der bereits erfolgten Eheschließung bei Gericht aufgenommen wurden. In diesem Fall laufen die Verträge tendenziell nicht unter der Rubrik „heuraths contract", sondern in Welsberg beispielsweise unter „vermächtnus",[81] in Innichen unter „contract", aber nicht durchgängig: Der zwischen Josef Kraler und Agnes Pruggerin ein Jahr nach ihrer Heirat dokumentierte Vertrag firmiert im Randregest als „heurathscontract", die Absprache im Dokument selbst unter „pactata":

> Nachdeme bereits vor einen jahr endtzwischen Josephen Kräler ..., damahligen braitigamb an ainem, dann der tugendsammen Agnes Pruggerin ... in beyseyn obgehört ihres eheleiblichen vattern ein eheliches versprechen und darüberhin auch die wirckliche verehelichung erfolget, hingegen aber die damahlige heyraths pactata biß anhero nicht ad prothocollum khommen, dahero am dato dieß nachstehendermassen beschehe.[82]

Gabriela Signori stellte in städtischen Gesellschaften des Spätmittelalters fest, dass Schriftlichkeit vor allem dann zum Einsatz kam, „wenn die ‚natürliche' Ordnung der Dinge gestört" war.[83]

79 SLA Bozen, VBW 1760, fol. 11' (Transkription Welsberg Nr. 4 im Anhang, siehe auch Abb. 6, S. 303).
80 SLA Bozen, VBW 1740, fol. 255'.
81 Vgl. beispielsweise SLA Bozen, VBW 1795, 29'–30 (Transkription Welsberg Nr. 10 im Anhang).
82 TLA Innsbruck, VBI 1756, fol. 178.
83 Gabriela Signori, Vorsorgen – Vererben – Erinnern. Kinder- und familienlose Erblasser in der städtischen Gesellschaft des Spätmittelalters, Göttingen 2001, 67.

Variationen: Bezeichnungen und Sprache

Die Bezeichnungen der dokumentierten Rechtsakte entziehen sich insgesamt einer klaren und durchgängigen Systematik. Juristisch wird unterschieden zwischen dem Begriff „Ehevertrag" und „Ehepakt". Der Ehevertrag wird im Sinne des josephinischen Ehepatents verstanden. Er bezieht sich auf die mit dem Eingehen einer Ehe verbundenen Rechte und Pflichten, auf die Erklärung des Willens, „in unzertrennlicher Gemeinschaft zu leben, Kinder zu zeugen, sie zu erziehen, und sich gegenseitig Beistand zu leisten" (ABGB § 44). Dem gegenüber enthält der Ehepakt güterrechtliche Vereinbarungen. Ein Heiratskontrakt entspricht also dem Ehepakt.

Als solche benannte Heiratspakte scheinen im Quellenmaterial nur sporadisch auf: im Gericht Innichen zwischen den 1750er und 1770er Jahren, im Gericht Welsberg als „heyraths pactation" in den 1780er Jahren. Vorherrschend ist in beiden Samples der Begriff „heuraths contract". In Welsberg kommt bis in die 1760er Jahre daneben immer wieder die „heuraths abred" vor sowie gegen Ende des Jahrhunderts und auch im 19. Jahrhundert das „heuraths verständnis". Im 19. Jahrhundert wird der Terminus „ehevertrag" üblich – trotzdem er, wie angemerkt, nicht für Vermögensregelungen vorgesehen war. Unter verschiedenen Bezeichnungen finden sich also ähnliche und gleiche Inhalte. Eine einheitliche gesetzeskonforme Terminologie vermochte den lokalen oder regionalen Sprachgebrauch bei Gericht offensichtlich nicht zu durchdringen. Gewisse räumlich-zeitliche Tendenzen in der Begriffswahl sind jedoch festzustellen.

Deutlich veränderten sich Sprache und Schreibweise zwischen den frühen Kontrakten der Samples und jenen in der Phase der größten Verdichtung Ende des 18. Jahrhunderts sowie jenen aus dem 19. Jahrhundert. Anders in Aufbau, Wortwahl und Charakter als die von einem Gerichtsschreiber aufgenommen, sehr formalisierten Kontrakte sind jene vereinzelten Privatdokumente, die bei Gericht in Abschrift einer Vorlage protokolliert wurden – etwa der zuvor genannte von Johann Mayr und Maria Cäcilia Rainerin.

3. Das Ehegüterrecht: Linie und Ehepaar in Konkurrenz

Gütertrennung und Errungenschaftsgemeinschaft: Implikationen

Lag weder ein Heiratskontrakt noch ein Testament vor, so traten der gesetzliche Güterstand und die gesetzliche Erbfolge in Kraft. Heiratskontrakte stellten also ein Instrument dar, das zwischen Normen einerseits, Interessen und Präferenzen andererseits vermittelte. Der spezifische Inhalt der in Heiratskontrakten getroffenen Vereinbarungen wird daher erst in Verbindung mit den geltenden rechtlichen Bestimmungen verständlich.[84]

Heiratskontrakte setzten vor allem an drei Punkten an: Sie konnten erstens das Einbringen der Braut und/oder des Bräutigams dokumentieren, zweitens die Folgen des Ehegütermodells anpassen oder modifizieren, was primär in Form von Verfügungs- und Nutzungsrechten zu-

84 Zu unterstreichen ist in diesem Zusammenhang die Forderung von Susanne Rouette, Erbpraxis und Ehegüterrecht zusammen zu denken. Vgl. Susanne Rouette, Erbrecht und Besitzweitergabe: Praktiken in der ländlichen Gesellschaft Deutschlands, Diskurse in Politik und Wissenschaft, in: Rainer Prass u. a. Hg., Ländliche Gesellschaften in Deutschland und Frankreich, 18.–19. Jahrhundert, Göttingen 2003, 145–166, 159.

gunsten von Witwen und Witwern geschah, und drittens Erbrechtsklauseln fixieren.[85] Entscheidend für die Art der getroffenen Vereinbarungen ist vor allem das eheliche Güterrecht, je nachdem, ob Formen der Gütergemeinschaft oder der Gütertrennung[86] zwischen Ehepartnern der Rechtstradition oder -kodifikation nach üblich waren.[87] In Tirol herrschte grundsätzlich Gütertrennung vor, und zwar quer durch die verschiedenen sozialen Milieus, wenn auch nicht „in reiner Form", in der nicht nur das Eigentum, sondern auch die Verwaltung und Nutzung „streng getrennt" waren. Denn das Vermögen von Frauen ging hier während der Ehe in die Verwaltung und Nutzung des Ehemannes über.[88]

Daneben war noch ein zweites Modell in Gebrauch. Hans von Voltelini sprach zwar in Bezug auf Tirol von einer „Abneigung gegen das Princip der Gütergemeinschaft, das gerade im bairischen und österreichischen Rechte des späteren Mittelalters siegreich" vorgedrungen sei.[89] Eine Form der partiellen Gütergemeinschaft kam dennoch auch in den untersuchten Gerichten vor, nämlich die Errungenschaftsgemeinschaft. Beiden Eheleuten verblieb auch dabei das jeweils eigene voreheliche Vermögen, doch hatten sie an dem während der Ehe erwirtschafteten Zugewinn gleichen Anteil – zugleich aber auch gleichen Anteil an den Schulden.

In den hier untersuchten Heiratskontrakten ist diese Form des Wirtschaftens „auf gleichen Gewinn und Verlust" bei Eheschließungen praktisch ausschließlich zwischen einer Erbtochter und einem zuheiratenden Bräutigam dokumentiert. Dabei war letzterem bei der Eheschließung üblicherweise die Hälfte des Besitzes übertragen oder verkauft worden, die andere Hälfte verblieb im Besitz der Braut beziehungsweise Ehefrau.

Gütertrennung und – in Bezug auf das in der untersuchten Gesellschaft dominante ererbte Vermögen – auch die Errungenschaftsgemeinschaft implizierten in Besitz- und Vermögensbelangen eine Orientierung an der jeweiligen Herkunftsfamilie und waren entlang von Abstammungslinien ausgerichtet. Besitz- und Vermögenstransfers folgten den Bestimmungen der Tiroler Landesordnung gemäß, die bis Ende des 18. Jahrhunderts die maßgebliche Grundlage für die Erbpraxis darstellte, jeweils der männlichen und weiblichen Linie. Sofern Kinder vorhanden waren, ging das Erbe an die nächste Generation. Waren keine Kinder vorhanden,

---

85 Vgl. dazu auch Helmut Coing, Europäisches Privatrecht, Bd. 1: Älteres gemeines Recht (1500–1800), München 1985, 241.

86 Im österreichischen Teil der Habsburger Monarchie war Gütertrennung vor allem im Südwesten verbreitet: in Kärnten, Tirol und Vorarlberg.

87 Vgl. allgemein dazu Wilhelm Brauneder, Die Entwicklung des Ehegüterrechts in Österreich. Ein Beitrag zur Dogmengeschichte und Rechtstatsachenforschung des Spätmittelalters und der Neuzeit, Salzburg/München 1973; ders., Rechtseinheit durch elastisches Vertragsrecht: Das Ehegüterrecht der österreichischen Privatrechtskodifikation, in: Franz Matscher u. Ignaz Seidl-Hohenveldern Hg., Europa im Aufbruch. Festschrift Franz Schwind zum 80. Geburtstag, Wien 1993, 135–146.

88 Werner Ogris, Artikel „Gütergemeinschaft", „Güterrecht, eheliches", „Gütertrennung" und „Verwaltungsgemeinschaft" in: Handwörterbuch zur Deutschen Rechtsgeschichte, Bd. 1, Berlin 1971, Sp. 1871–1877; Bd. 5, Berlin 1998, Sp. 877–879, Zitate: Sp. 1876. Für diese Form der Gütertrennung wird verschiedentlich der Begriff „Verwaltungsgemeinschaft" verwendet. Dieser ist aufgrund des einseitigen und partriarchalen Charakters dieses Verhältnisses nicht adäquat und – so auch Ogris – „irreführend".

89 Hans von Voltelini, Zur Geschichte des ehelichen Güterrechts in Tirol. Eine rechtshistorische Skizze, in: Festgaben zu Ehren Max Büdinger's von seinen Freunden und Schülern, Innsbruck 1898, 333–364, 348.

ging es über die Eltern an deren weitere Nachkommen, also über die Geschwister der/des Verstorbenen an Neffen und Nichten. Im entsprechenden Abschnitt „Von Erbschafft und Erben" heißt es: „Ain yedes Guet/ des Abgestorbnen/ soll fallen auf die Natürlichen und Eelich gebornen Gesipten freund/ die vom Bluet ain annder verwont sein: Die ersten sein in Absteigenden Linien/ die andern in Aufsteigenden Linien/ und die Dritten auf der Seiten/ in der Zwerchlinien".[90]

Erbberechtigt waren alle Kinder, auch in Gebieten mit ungeteilter Besitznachfolge, und zwar in dem Sinn, dass alle Kinder Erbteile erhielten – je nach Erbmodell in Form von Grundstücken, Geld, Zinsen aus einem Kapital oder von Sachleistungen. Wer die Besitznachfolge in Bezug auf Haus oder Hof antreten sollte, blieb in der Landesordnung offen.[91] So herrschten regional verschiedene Formen vor: im östlichen Teil Tirols, zu dem die Gerichte Welsberg und Innichen gehören, dominierte das Anerbenmodell mit Primogenitur – also dem Erbantritt durch den Ältesten oder die Älteste.[92] Daneben gab es Gebiete mit Ultimogenitur – den Besitzantritt durch den Jüngsten oder die Jüngste; im westlichen Teil Tirols war Realteilung üblich.[93]

Für das Vermögen der Frauen war vorgesehen, dass es in die ehemännliche Verwaltung übergehen sollte, und zwar „alles seins weibs Gut", sowohl das, was sie in die Ehe – sei es als Heiratsgut deklariert oder nicht – einbrachte als auch das, was ihr während der Ehe zufallen würde.[94] Ohne ihren Willen, der unter Einbeziehung eines „anweisers" zu bekunden war,[95] durfte ihr Vermögen nicht verpfändet, verkauft oder auf andere Weise verändert werden. Nach dem Tod des Ehemannes sollte es an die Witwe übergehen, nach deren Tod an ihre Erben, das heißt entweder ihren Kindern als mütterliches Erbe zufallen oder bei Kinderlosigkeit ihrer

90 Tiroler Landesordnung 1573, 3. Buch, fol. 38re.

91 Vgl. Paul Rösch, Lebensläufe und Schicksale. Auswirkungen von zwei unterschiedlichen Erbsitten in Tirol, in: ders. Hg., Südtiroler Erbhöfe. Menschen und Geschichten, Bozen 1994, 61–70. Zu Besitzverhältnissen und Erbpraxis im alpinen Raum vgl. auch Luigi Lorenzetti, Economie et migrations au XIXe siècle: les stratégies de la reproduction familiale au Tessin, Bern u. a. 1999; Mathieu, Geschichte der Alpen, insbes. Kap. 7; Pier Paolo Viazzo, Upland Communities. Environment, Population and Social Structure in the Alps Since the Sixteenth Century, Cambridge 1989.

92 Gesetzlich wurde die männliche Primogenitur erst, und zwar nur für den Bauernstand geltend, mit dem bäuerlichen Sondererbrecht unter Joseph II. im Jahr 1786 festgeschrieben. Es sah die Unteilbarkeit von Hofstellen und den ältesten Sohn als Erben vor; in Ermangelung von Söhnen sollte der Besitz an die älteste Tochter gehen. Manche Detailbestimmungen wurden unter den Nachfolgern Josef II. wieder geändert, im Prinzip fand dieses Erbrecht jedoch Eingang ins ABGB. Die Primogenitur dürfte in den Anerbengebieten im Laufe des 19. Jahrhunderts auch über das bäuerliche Milieu hinaus zumindest regional zum vorherrschenden Orientierungsmodell der Besitznachfolge geworden sein.

93 Vgl. Rudolf Palme, Die Entwicklung des Erbrechtes im ländlichen Bereich, in: Rösch, Südtiroler Erbhöfe, 25–37, 31f. Des Weiteren erlaubte die Landesordnung eine Teilung von Zinsgütern, falls „ain Hof oder Guet so ansechlich wäre/ Daß der Paumann/ seiner Kinder mer dann ains darauf setzen oder Verheyten möchte". Tiroler Landesordnung 1573, 5. Buch, fol. 64re.

94 Tiroler Landesordnung 1573, 3. Buch, fol. 33re.

95 Zur Geschlechtsvormundschaft siehe Ernst Holthöfer, Die Geschlechtsvormundschaft. Ein Überblick von der Antike bis ins 19. Jahrhundert, in: Ute Gerhard Hg., Frauen in der Geschichte des Rechts. Von der Frühen Neuzeit bis zur Gegenwart, München 1997, 390–451; weitere Literaturverweise siehe unter dem Abschnitt „Anweiser" und „Gerhaben".

Herkunftsfamilie.[96] Ebenso wie in Bezug auf Liegenschaftsbesitz hatten auch in Bezug auf das in die Ehe eingebrachte Vermögen nur die Nachkommen und die eigenen Verwandten Anspruch darauf, nicht der überlebende Eheteil. Im Untersuchungsraum war es üblich, verheiratete und verwitwete Frauen mit ihrem Geburtsnamen zu nennen, nicht unter dem Familiennamen des Ehemannes. Die starke Orientierung an der Herkunftsfamilie – mitgetragen durch die Gütertrennung – könnte eine mögliche Erklärung dafür sein.

Gesamt gesehen war das Erbrecht der Nachkommen und Verwandten in dieser Region also vergleichsweise stark ausgeprägt.[97] In Tirol konnten sämtliche Seitenverwandte erben. In jeder Linie war „das Prinzip der Repräsentation" unbeschränkt wirksam, das heißt, dass der Anteil einer bereits verstorbenen Person deren Nachkommen zufiel. Es gab keine Erbrechtsgrenze.[98] Die Kinder waren vorrangig als Erben berufen. Ehepartner waren auf eine nachrangige Position verwiesen – im Fall von Kinderlosigkeit auch gegenüber den Schwieger-Verwandten. Dies betraf aufgrund des geschlechtsspezifisch unterschiedlichen Zugangs zu Besitz vor allem Frauen, aber unter Umständen auch zuheiratende Männer.

Der entscheidende Punkt, in dem sich die Gütergemeinschaft von der Gütertrennung und Errungenschaftsgemeinschaft unterscheiden, liegt in der Art und Weise, in der Witwer und Witwer über Besitz und Vermögen der/des Verstorbenen verfügen konnten. Während bei Gütergemeinschaft die überlebende Partnerin genauso wie der überlebende Partner die Besitzrechte der/des Verstorbenen übernehmen und sich auf dieser Existenzgrundlage ein weiteres Mal verehelichen konnte,[99] hatten Witwer und Witwen bei Gütertrennung kein Anrecht auf Besitz und Vermögen des verstorbenen Teils – bei Errungenschaftsgemeinschaft betraf dies den ererbten oder vorehelich erworbenen Besitz –, außer es wurde ihnen ein solches testamentarisch oder anderweitig vermacht.

Eine Konkurrenz zwischen dem Ehepartner einerseits und Kindern oder näheren Verwandten andererseits war also strukturell angelegt.[100] Die jeweilige Figuration dieser Konkurrenz

96 Vgl. Tiroler Landesordnung 1573, 3. Buch, fol. 33re–34re.

97 In Gebieten mit Gütergemeinschaft war tendenziell die Position des überlebenden Ehepartners weit stärker als die der Kinder. Vgl. dazu beispielsweise Philippe Godding, Les contrats de mariage dans la première moitié du 19ème siècle: fidélité à la coutume ou adoption sans réserve du Code Napoléon?, in: Revue belge d'histoire contemporaine, 14 (1983), 91–114, 99ff sowie den Beitrag von Gertrude Langer-Ostrawsky in diesem Band. Allgemein zur Rechtsentwicklung von partikularen Rechten zu den Kodifikationen vgl. Barbara Dölemeyer, Frau und Familie im Privatrecht des 19. Jahrhunderts, in: Gerhard, Frauen in der Geschichte des Rechts, 633–658.

98 Wesener, Geschichte des Erbrechtes, 83f.

99 Das ging im Extremfall bis zu regelrechten Wiederverheiratungsketten unter Ausschluss der Kindergeneration vom Erbantritt. Vgl. für Beispiele Jürgen Schlumbohm, Lebensläufe, Familien, Höfe. Die Bauern und Heuerleute des Osnabrückischen Kirchspiels Belm in proto-industrieller Zeit, 1650–1860, Göttingen 1994, 475ff; und Michaela Hohkamp, Herrschaft in der Herrschaft. Die vorderösterreichische Obervogtei Triberg von 1737 bis 1780, Göttingen 1998, 159ff.

100 Eine erbrechtliche Besserstellung des Ehepartners erfolgte erst im 20. Jahrhundert. In Österreich stand dem überlebenden Teil mit der Teilnovelle des ABGB von 1914 ein Viertel des Nachlasses als Eigentum zu, auch wenn Kinder vorhanden waren; 1978 erhöhte sich dieser Anteil auf ein Drittel. Im Fall von Kinderlosigkeit stand dem überlebenden Partner neben anderen Verwandten der Regelung von 1914 zufolge die Hälfte zu; 1978 waren es dann zwei Drittel. Erst 1914 war der Kreis der „anderen Verwandten" als Erbberechtigte eingeschränkt worden. Vgl. Karin Neuwirth, Die lieben

und der potenziellen Konfliktlinien bestimmte Geschlechterverhältnisse und Geschlechterbeziehungen mit. Auf dieser Grundlage handelten Brautpaare in ihren Heiratskontrakten Punkte aus, die rechtliche Vorgaben abänderten, nach gesetzlichem Güterstand oder gesetzlichem Erbrecht Vorgesehenes neu regelten oder präzisierten. Mittels Heiratskontrakten konnten die aus dem geltenden Recht entstehenden Nachteile und das Ungleichgewicht zwischen den Geschlechtern ausgeglichen werden. Dies geschah vor allem zugunsten von Witwen.[101] Ebenso konnten Heiratskontrakte Rechte und Ansprüche zugunsten von Männern, die Erbtöchter heirateten, enthalten, aber auch Einschränkungen, insbesondere in Form von Erbklauseln im Fall von Kinderlosigkeit. Dazu ausführlich in späteren Abschnitten.

Vorteile der Gütertrennung für Frauen

Ein wesentlicher Vorteil der Gütertrennung für Frauen lag darin, dass sie mit ihrem Vermögen nicht für die Schulden ihrer Ehemänner haftbar gemacht werden konnten. Sowohl ihr Einbringen als auch während der Ehe Ererbtes war geschütztes Vermögen.[102] Wollten sie den Zugriff Dritter zulassen, dann war ein eigener Rechtsakt notwendig, ein „verzichtsinstrument" oder „weiberverzicht", der bei Gericht aufzusetzen war.[103] In der immensen Fülle an Dokumenten in den Verfachbüchern bin ich bislang erst auf ein solches Verzichtsinstrument aus dem Gericht Innichen gestoßen. In diesem Fall handelte es sich nicht um eine Situation der

---

Erben – Verwandtenerbrecht in Österreich im 19. und 20. Jahrhundert, in: Margareth Lanzinger u. Edith Saurer Hg., Politiken der Verwandtschaft. Beziehungsnetze, Geschlecht und Recht, Göttingen 2007, 199–224, 208f.

101 Eine ähnliche Situation beschreibt Dieneke Hempenius-van Dijk für Holland; auch hier gab es die Möglichkeit, durch Eheverträge die Konsequenzen der Gütertrennung für den überlebenden Eheteil abzumildern; vgl. Dieneke Hempenius-van Dijk, Widows and the Law. The Legal Position of Widows in the Dutch Republic during the Seventeenth and Eighteenth Centuries, in: Jan Bremmer u. Lourens van den Bosch Hg., Between Poverty and the Pyre. Moments in the History of Widowhood, London/New York 1995, 89–102, 92f. Die Feststellung von Wilhelm Brauneder, dass „das System der Gütertrennung ... keinen der Ehegatten [bevorzugt bzw. benachteiligt]" und dass „bei Auflösung der Ehe durch Vortod eines Ehegatten ... Rechte in gleichem Maße der Witwe wie dem Witwer zu[stehen]", trifft juristisch zu. De facto waren die geschlechtsspezifischen Unterschiede jedoch groß, bedingt durch die tendenziell ungleiche Besitzverteilung zwischen Männern und Frauen. Wilhelm Brauneder, Frau und Vermögen im spätmittelalterlichen Österreich, in: ders., Studien II: Entwicklung des Privatrechts, Frankfurt a. M. u. a. 1994, 217–228, 220.

102 Grundlage waren die so genannten „Rechtswohltaten" oder „weiblichen Freiheiten", auch *Senatus consultum velleianum*, die von der Schutzbedürftigkeit von Frauen und deren mangelnden Fähigkeiten in Hinblick auf Finanz- und Geschäftstätigkeiten ausgingen. Zur Rezeption dieser römisch-rechtlichen Institution vgl. z.B. Ulrike Mönnich, Frauenschutz vor riskanten Geschäften. Interzessionsverbote nach dem Velleianischen Senatsbeschluss, Köln/Weimar/Wien 1999, 168ff; vgl. auch Hendrikje Carius, Strategien vor Gericht? Die „velleianischen Freyheiten" im sächsischen Recht (1648–1806), in: Grethe Jacobsen u. a. Hg., Less Favoured – More Favoured: Proceedings from a Conference on Gender in European Legal History, 12th–19th Centuries, Copenhagen September 2004, Copenhagen, The Royal Library 2005: http://www.kb.dk/export/sites/kb_dk/da/publikationer/online/fund_og_forskning/download/A07_Carius.pdf.

103 Vgl. auch David Warren Sabean, Allianzen und Listen: Die Geschlechtsvormundschaft im 18. und 19. Jahrhundert, in: Gerhard, Frauen in der Geschichte des Rechts, 460–479, 461.

Verschuldung, sondern um eine von höherer Stelle verordnete Voraussetzung für den Antritt des Kajetan Martin Kornet im „waldungs-inspections- und umgeldschreiberamt". Am 9. Dezember 1784 wurde das Verzichtsinstrument zugunsten der „k. k. aerarialkassa zu Innsbruck" von „Frau Maria Theres Kornetin, gebohrene Lehnerin zu Innichen" aufgesetzt, mit dem sie dem Fiskus den Zugriff auf ihr gesamtes eingebrachtes Vermögen inklusive Heiratsgut oder Witwenunterhalt für den Fall gewährte, dass ihr Mann Schulden gegenüber der Staatskasse hinterlassen würde, welche die Höhe seines eigenen Vermögens überstiegen. Sie verzichtete mit diesem Dokument auf den Schutz ihres Vermögens:

> Wenn ich nun in gedachten meinen ehewirth das vertrauen habe, daß derselbe seine aufhabenden dienste mit aller pflichtmäßigen treue und fleiß versehen, auch aus unterlassung dessen dem allerhöchsten aerario nichts schuldig verbleiben werde, so gelobe und verspreche hiemit freywillig wissend- und vollbedächtlich, jedoch als ein weibsperson zu erfüllung des tyrolischen landgesetzes mit vorhero gepflogenen rath, wissen und willen, auch selbst persönlicher gegenwart meines zu dem ende oberkeitlich verpflichten herrn anweiser Michael Anton Mayr, güterspediteur allda zu Innichen, daß zum falle wieder verhoffen mein ehewirth in seinen amtsrechnungen dem allerhöchsten aerario einen rest schuldig verbleiben und solches ein hochansehnlich oberoestereichisches landesgubernium für richtig anerkennen sollte, ich selber gleichfalls ohne einiger exception und provokation für richtig halten, dem fisco die briorität in allen meinem ehewirthe hab und gütern vor mir und meinem damaligen und zukünftigen eheweiblichen einbringen, auch übrig erdenklichen heuraths- und wittib sprüchen lassen, wohlfolglich insolang und soviel in- und außer gericht nichts suchen solle, bis nicht vorhero der fiskus seine völlige contentirung erlanget haben wird.[104]

In einem weiteren Passus verzichtete sie auch explizit darauf, den besonderen Schutz weiblichen Vermögens auf Grundlage des *senatus consultum velleianum* geltend zu machen. Ansonsten ließen Frauen den Einsatz ihres Vermögens zugunsten des Ehemannes dokumentieren.[105]

Doch konnte der Schutz des eheweiblichen Vermögens auch an Grenzen stoßen. Heiratskontrakte und andere Verfügungen für den Witwenstand vermochten nur dann als Absicherung zu wirken, wenn die ökonomische Situation beim Tod des Ehepartners dies zuließ. Der Innichner Handschuhmacher Joseph Schraffl starb mit 45 Jahren. Er hinterließ seine Frau Sabina Ostermayrin, keine Kinder. Es wären zwar, hieß es in der Abhandlung, „erben und geschwistert verhanden", da aber die Witwe angegeben habe, „daß sie dem ehewürth an fahrnussen und baar geld 305 f und wiederum weiters 50 f zugebracht habe, das verhandene vermögen hingegen des ehewürths so lediglich in einigen leibkleidern bestehet", wurde ihr dieses „ehemännliche wenige vermögenle" – auf sechs Gulden geschätzt – eingeräumt, dazu noch mit der Auflage, etwaige kleinere Schulden damit abzuzahlen. Die Begräbniskosten übernahm in diesem Fall das lokale Spital.[106]

---

104 TLA Innsbruck, VBI 1784, fol. 836'–837'.

105 Vgl. beispielsweise die Cession in SLA Bozen, VBW 1820, Teil B, S. 372–373 (Transkription Welsberg Nr. 19 im Anhang).

106 TLA Innsbruck, VBI 1787, fol. 909–909'. Die Abhandlung war sehr kurz. Hermann Rogger führt an, dass Joseph Schraffl einer Gemeindeerhebung zufolge ohne Gesellen oder Lehrjungen etwa 300 Kitzfelle jährlich zu Handschuhen verarbeitete, allerdings mit einer sehr kleinen Gewinnspanne: 66 Gulden an Einnahmen standen 60 Gulden für das Anschaffen der Felle und die Weißgerberarbeit gegenüber. Rogger, Handwerker und Gewerbetreibende, 487 sowie ebd., Anm. 1.

In dieser Situation war die Witwe auf eine andere materielle Grundlage angewiesen. Der lokale Armenfonds bot die Möglichkeit einer finanziellen Unterstützung.[107] Auch darüber wurde genauestens Buch geführt. Im Abhandlungsprotokoll, das am 14. Februar 1795 nach dem Tod der Witwe aufgenommen wurde, verrechnete man die bis zu ihrem Tod bezogene Unterstützung von monatlich einem Gulden und 30 Kreuzern, was für sechs Jahre und sieben Monate 118 Gulden und 30 Kreuzer ergab. Bevor in einem solchen Fall Erben zum Zuge kamen, musste das Armeninstitut seine Ausgaben refundiert bekommen. Die Versteigerung ihres wenigen Vermögens, bestehend aus „verschiedenen schlechten mobiliar, geräthschaften und alten abgetragenen gewandes", erbrachte 71 Gulden, davon waren unter anderem Beerdigungs-, Pflege-, Arzt- und Gerichtskosten zu begleichen, so dass schließlich 46 Gulden übrig blieben. Diese gingen an die Armenkasse, „folglich sich hieraus ergiebt, daß dieselbe jedennoch noch bey der ableiberin 72 f 30 kr verbüsset habe"[108] – wie wohl öfters also einen Verlust gemacht hatte. Das von der Frau in die Ehe eingebrachte Vermögen hatte in diesem Fall nicht geschützt werden können und war unwiederbringlich verloren.

Ein anderer möglicher Vorteil der Gütertrennung lag für Frauen darin, dass diese ein unabhängiges Vermögens gewährleistete.[109] Doch war bei Gütergemeinschaft – wie sie im bäuerlichen Milieu in Niederösterreich praktiziert wurde – der Besitzerinnenstatus für Frauen praktisch selbstverständlich, auch wenn sie alle diesbezüglichen Transaktionen und Veränderungen nicht allein entscheiden konnten und das Einverständnis des Ehemannes erforderlich war.[110] Bei Gütertrennung gelangten Frauen üblicherweise nur in den Rang einer Besitzerin, wenn sie Erbtöchter waren und ledig blieben oder bei einer Heirat den Besitz nicht dem Ehemann übertrugen, oder wenn sie selbst Besitz erwarben.

Die Größenordnungen, in denen Frauen Besitzerinnen waren, bewegen sich in den einzelnen Rechtsräumen daher auf sehr unterschiedlichem Niveau, das sich im 19. und beginnenden 20. Jahrhundert fortschrieb: Den von Michael Pammer durchgeführten Stichprobenerhebungen in Verlassenschaften für diesen Zeitraum und das Gebiet des heutigen Österreich zufolge zeigen sich regional entsprechende Unterschiede in Hinblick auf eheliche Besitzverhältnisse

---

107 Außer durch die zugrunde liegenden Stiftungsgelder wurden die Mittel des Fonds durch Kreditvergaben gegen Zinsen sowie durch die Abführung von Strafgeldern aufgestockt, die – zufolge der eingesehenen Sitzungsprotokolle der Gemeinderatssitzungen zumindest in der zweiten Hälfte des 19. Jahrhunderts – bei Übertretungen kommunaler Regelungen eingehoben wurden. Vgl. beispielsweise Gemeindearchiv Innichen, Sitzungsprotokolle, Gemeindeabhaltungsprotokoll 1863, Punkt 8.

108 TLA Innsbruck, VBI 1795, fol. 474–475'. Sowohl ihr Vor- als auch Familienname scheint im Gericht Innichen sonst kaum auf, Sabina Ostermayrin stammte aus Bruneck – im Verfachbuchregister ist sie als „Sebastian Ostermann" eingetragen.

109 Vgl. dazu am Beispiel von Schenkungen, die Frauen in die Position von Gläubigerinnen brachten: Angiolina Arru, „Schenken heißt nicht verlieren". Kredite, Schenkungen und die Vorteile der Gegenseitigkeit in Rom im 18. und 19. Jahrhundert, in: L'Homme. Z.F.G., 9, 2 (1998), 232–251; für diese Sicht auf die Gütertrennung siehe 250.

110 Vgl. Gertrude Langer-Ostrawsky u. Margareth Lanzinger, Begünstigt – benachteiligt? Frauen und Männer im Ehegüterrecht. Ein Vergleich auf der Grundlage von Heiratskontrakten aus zwei Herrschaften der Habsburgermonarchie im 18. Jahrhundert, in: Jacobsen u. a., Less Favoured, http://www.kb.dk/export/sites/kb_dk/da/publikationer/online/fund_og_forskning/download/A04B_Langer-Lanzinger-GER.pdf, 1–41, 17.

und ein deutliches Ost-West-Gefälle: In Niederösterreich hatten knapp 83 Prozent der bäuerlichen Selbständigen Gütergemeinschaft, in Oberösterreich knapp 70 Prozent, in der Steiermark 56 Prozent, in Salzburg knapp 31 Prozent und in Vorarlberg 25 Prozent (davon sind 5 Prozent Gütergemeinschaften zwischen Geschwistern). In Kärnten hingegen schien kein Fall im Sample auf, und in Nordtirol waren es 1,1 Prozent.[111]

Die Gütertrennung im ABGB

Die Ehegütertrennung wurde in Österreich mit den Kodifikationen des ausgehenden 18. und des beginnenden 19. Jahrhunderts als gesetzlicher Güterstand verankert. Das Josephinische Gesetzbuch erklärte, dass jedem Ehegatten sein Vermögen, sowohl das, was er vor der Ehe besaß, als auch das, was ihm während der Ehe zufallen würde, allein eigen sei und dass der andere keinerlei Anspruch darauf erheben könne (JGB § 83). Ebenso wurde in der Erbfolgeordnung vom Mai 1786 in den Paragraphen 23 und 24 verfügt: Ehegatten haben, außer in jenem Fall, dass kein Verwandter in den „sechs Linien"[112] vorhanden ist, „wechselweise an die rechtliche Erbfolge zu dem Vermögen ihrer Gatten keinen Anspruch". Bei drei oder mehr Kindern stand dem überlebenden Teil, so lange er sich nicht wieder verehelichte, zu gleichen Teilen mit den Kindern zu seinem Unterhalt ein Genussrecht zu; falls beim Tod eines Elternteils kein Kind oder weniger als drei Kinder am Leben waren, der Genuss eines Viertels des hinterlassenen Vermögens.[113] Auch das ABGB 1811 bekannte sich zur Gütertrennung: „Haben Eheleute über die Verwendung ihres Vermögens keine besondere Uebereinkunft getroffen; so behält jeder Ehegatte sein voriges Eigenthumsrecht, und auf das, was ein jeder Theil während der Ehe erwirbt, und auf was immer für eine Art überkommt, hat der andere keinen Anspruch. Im Zweifel wird vermuthet, daß der Erwerb von dem Manne herrühre." (§ 1237) Für eine Gütergemeinschaft war ein Vertrag erforderlich (§ 1233). Im Fall der Kinderlosigkeit ging das ABGB einen Schritt über die strikte Trennung des Vermögens hinaus: Waren keine Kinder vorhanden, so erhielt der überlebende Teil „das unbeschränkte Eigenthum auf den vierten

111 Vgl. Michael Pammer, Entwicklung und Ungleichheit. Österreich im 19. Jahrhundert, Stuttgart 2002, 77.

112 Die sechste Linie bezeichnet die Nachkommen der Urgroßeltern der Großeltern väterlicher- und mütterlicherseits und besteht aus 16 „Stämmen", was einen Erbantritt durch eine Witwe oder einen Witwer ziemlich aussichtslos macht. Die Eingrenzung der erbberechtigten Parentelen ging nur sehr langsam vor sich. Vgl. Ernst Holthöfer, Die Sozialisierung des Verwandtenerbrechts. Vergleichende Gesetzgebungsgeschichte von der Französischen Revolution bis zur Gegenwart, in: Lanzinger/Saurer, Politiken der Verwandtschaft, 171–197; ders., Fortschritte in der Erbrechtsgesetzgebung seit der französischen Revolution, in: Heinz Mohnhaupt Hg., Zur Geschichte des Familien- und Erbrechts. Politische Implikationen und Perspektiven, Frankfurt a. M. 1987, 121–175; Neuwirth, Die lieben Erben.

113 Hofdekret vom 11. Mai 1786, zitiert nach Joseph Kropatschek, Handbuch aller unter der Regierung des Kaisers Joseph II. für die k. k. Erbländer ergangenen Verordnungen und Gesetze in einer sistematischen Verbindung, Bd. 11, 1786, Wien 1788, 776–791, 789. Die hier und des Weiteren unter Kropatschek zitierten Dekrete, Patente etc. sind auch zugänglich über „Alex – historische Rechts- und Gesetzestexte online", ein Portal der Österreichischen Nationalbibliothek, unter http://alex.onb.ac.at/ (Zugriff: Mai 2009) in der Rubrik Justizgesetzsammlung 1780–1848.

Theil der Verlassenschaft", wobei in dieses Viertel alle Zuwendungen auf Grundlage von Heiratspakt, Erbvertrag oder Testament einzurechnen waren (§§ 757 und 758).

Die Kodifikationen ab dem ausgehenden 18. Jahrhundert stellten aus Tiroler Perspektive in Hinblick auf die an der Herkunftsfamilie und an den Linien orientierten Besitz- und Vermögensflüsse unter Ausschluss des Ehepartners, der Ehepartnerin weitgehend eine Kontinuität des bis dahin geltenden Rechts und der Praxis dar. Der Zugriff verwitweter Frauen und Männer auf Besitz und Vermögen der verstorbenen Partners, der verstorbenen Partnerin nach der gesetzlichen Erbfolge war weiterhin klar umgrenzt, ging allerdings über den von der Tiroler Landesordnung vorgesehenen Rahmen hinaus.

4. Formeln und Formulierungen

Die bei Gericht protokollierten Heiratskontrakte folgten tendenziell einem bestimmten Muster im Aufbau. Formelhafte Teile stehen am Beginn und am Schluss. Diese veränderten sich im Laufe der Jahrzehnte – nicht zuletzt in Reaktion auf rechtliche Neuerungen und divergierten auch zwischen den beiden untersuchten Gerichten. Vor allem in den Kontrakten des Gerichtes Innichen wurde in diesen Textpassagen auf gesetzliche Bestimmungen rekurriert, daneben kamen aber auch andere Aspekte – religiöse Weltbilder, Ehekonzepte und Vorstellungen von Geschlechterverhältnissen – zum Ausdruck.

Landesrechte, göttlicher Segen und Staatsmacht

Eingangs sind üblicherweise zunächst die vor Gericht anwesenden Personen genannt. Durchgängig präsent ist in den Heiratskontrakten des Gerichtes Innichen in den ersten Jahrzehnten des Samples der Verweis auf die „Tiroler Landes Rechte" – sowohl in Hinblick auf die folgenden Vertragspunkte wie in der Schlusspassage, in der es um die Art der Sicherung des eingebrachten Vermögens ging. Im einleitenden Teil war dies etwa so formuliert: Es sei „nach bösten formb tyrolischen landes rechten verabgeröth und beschlossen worden folgender heyraths contract". Die Schlusspassage lautete beispielsweise, dass das eingebrachte Vermögen der Frau „hirmit und in kraft dieß nach bester form tyrolischen landes rechten zum sichern für- und unterpfand eingesetzt und verschrieben" werde.

In den Verträgen des Gerichts Welsberg findet sich nur ganz vereinzelt ein Hinweis auf die Tiroler Landesrechte und dies mehr in anderen Formen als ‚reinen' Heiratskontrakten: so etwa in einem „bekenntnis" von 1740 über die Höhe des Einbringens der Ehefrau, in einem kombinierten Überlassungs- und Heiratskontrakt aus dem Jahr 1750 oder in einem kombinierten Kauf- und Heiratspakt des Jahres 1780 und schließlich in einem Heiratskontrakt von 1760.[114] Vereinzelt drückten andere Formulierungen hier die Rechtmäßigkeit aus, wie beispielsweise „in formb und weiß eines ordentlichen heuraths contract".[115] Zu berücksichtigen ist dabei, dass die Zuständigen bei Gericht üblicherweise mit Vorlagen gearbeitet und so bestimmte Formulierungen fortgeschrieben haben. Doch könnte auch ein anderes Rechtsverständnis und

114 Vgl. SLA Bozen, VBW 1740, fol. 72; ebd., VBW 1750, fol. 86; ebd., VBW 1780, fol. 823 als „p[ester] f[orm] l[ands] r[echten]" und ebenfalls abgekürzt ebd., VBW 1760, fol. 531.

115 SLA Bozen, VBW 1750, fol. 180.

professionelles Profil dahinter stehen. Denn, wie sich des Weiteren noch zeigen wird, waren rechtliche Bezugnahmen in den Dokumenten des Gerichtes Innichen insgesamt deutlicher präsent als im benachbarten Gericht Welsberg.

In einer weiteren formelhaften Passage wurde die zu schließende Ehe in den Innichner Kontrakten aus der Mitte des 18. Jahrhunderts dem göttlichen Segen unterstellt – so in einem Heiratskontrakt des Jahres 1761, wenn es heißt, es sei

> nach bösten formb tyrolischen landts rechten verabgeröth und beschlossen worden folgender heyraths contract: In khrafft dessen nun erstens sollen und wollen sye herr Heißler und jungfrau Purgmann hiemit und in khrafft dieses zue khonftigen con- und eheleithen bis zur briesterlichen copulation, so demnächstens in angesicht der kirchen zuerfolgen hat, versprochen sein und bleiben. Warzue denselben der göttliche ehe stiffter dessen gnadenreichen benediction mitzutheillen geruhe.[116]

Bezugnahmen auf den „göttlichen ehestifter" und dessen Segen verschwanden im Laufe des Untersuchungszeitraums. Und dies geschah in den Heiratskontrakten des Gerichtes Innichen fast zeitgleich mit dem Einzug der Staatsmacht in diesen ersten Vertragspunkt. Erstmals scheint letztere im Jahr 1783 auf, und zwar zunächst in Form der „allerhöchsten k. k. similien".[117] Im selben Vertrag ist einleitend jedoch auch noch von „sonderbarer anordnung des allerhöchsten" die Rede,[118] in einem nächsten, der einen Tag später protokolliert wurde, von „sonderbarer wirk- und anordnung des schöpfers".[119] In manchen Kontrakten wird auch nur mehr auf die weltliche Macht rekurriert. Religiöse Bezüge tauchen im Sample zum letzten Mal im Jahr 1784 auf. Die in Testamenten sowie in adeligen Heiratsverträgen des Mittelalters und der Frühen Neuzeit übliche Anrufung Gottes[120] kommt in den hier untersuchten Kontrakten nicht vor.

116 TLA Innsbruck, VBI 1761, fol. 150–150' (Transkription Innichen Nr. 1 im Anhang, siehe auch Abb. 3, S. 235).

117 Der Begriff „Similien" ließ sich in den gängigen Lexika nicht eruieren, in der umfangreichen Bestandsdokumentation des Tiroler Landesarchivs Innsbruck sind „Similien" als übergeordnete Rubrik für Gesetze und Verordnungen genannt. Vgl. Wilfried Beimrohr, Das Tiroler Landesarchiv und seine Bestände, Innsbruck 2002, 98.

118 TLA Innsbruck, VBI 1783, fol. 359'. Der Kontrakt ist vom 30. Januar 1783.

119 TLA Innsbruck, VBI 1783, fol. 363'–364 (Transkription Innichen Nr. 8 im Anhang).

120 Vgl. Ute Monika Schwob, „Herrinnen" in Tiroler Quellen. Zur rechtlichen und sozialen Stellung der adeligen Frau im Mittelalter, in: Egon Kühebacher Hg., Literatur und Bildende Kunst im Tiroler Mittelalter, Innsbruck 1982, 157–182, 163; Beatrix Bastl, Tugend, Liebe, Ehre. Die adelige Frau in der Frühen Neuzeit, Wien/Köln/Weimar 2000, 36ff. Sie gibt als Beispiel einer Invocatio an: „Im Nahmen der allerheyligsten und unzerthailten dreyfaltigkheit got des vatters, sohns und heyligen geistes"; siehe auch Seite 41 für einen abgedruckten Heiratskontrakt mit einer solchen Einleitungsformel; vgl. auch Edgar F. Warnecke, Eheberedungen als Lebensversicherung im Hause von dem Bussche-Hünnefeld u. a., in Osnabrücker Mitteilungen, 102 (1997), 187–194, 189. Er spricht von einem gleichen Schema und gleichen Formeln über Jahrhunderte. Gerald Bamberger hingegen nennt einige Beispiele religiöser Anrufung, z.T. aus lokalhistorischer Literatur über das ländlich-bäuerliche Milieu. Vgl. Gerald Bamberger, Ehe- und Übergabeverträge in Hessen. Ein Überblick über Geschichte, Aufbau und Funktion, Marburg 1998, 27.

Bezugspunkt der neuen Formulierungen ist das Josephinische Verlöbnispatent vom 30. August 1782, das die rechtliche Bindekraft von förmlichen Verlöbnissen aufhob,[121] da sie „weder für den Staat noch für den Privaten nützlich, sondern vielmehr für beide in Rücksicht auf gezwungene Ehen schädlich“ seien. Die Rechtswirksamkeit eines Eheversprechens und damit unter anderem auch von ausgehandelten Transaktionen traten damit erst ab dem Zeitpunkt der Eheschließung in Kraft. Die neuen, für die österreichischen Erbländer geltenden Gesetze in Hinblick auf die Gültigkeit eines Heiratskontraktes sind als ein Schritt der überregionalen Verrechtlichung und Akkordierung zu sehen. Neben den „allerhöchsten k. k. similien“ scheinen diese in der Folgezeit auch mit den Formeln „gemäß den allerhöchsten gesetzen“ oder „gemäß allerhöchster verordnung“ auf. Es sei

> verabgeredet, beschlossen und sohin nach bester form tyrolischen landsrechten ad protocollum zu bringen gebethen worden nachstehender heuraths contract: In kraft dessen
> erstens sollen und wollen sie obangedeute zwo brautpersonen Joseph Hirsch und Maria Schräflin von nun an bis zur pristerlichen copulation als künftige eeleut wirklich miteinander versprochen seyn und bleiben, welches versprechen aber nach bestehend allerhöchsten k. k. similien allererst nach erfolgter einsegnung gelten kann und mag, folglich bis dahin in rechten noch keines wegs verbündlich ist.[122]

Als neue Einleitungsformel für Heiratskontrakte war mit dem Verlöbnispatent folgender Wortlaut offiziell eingeführt worden: „daß, nachdem N. N. sich mit N. N. zu verehelichen gesonnen ist, folgende Bedingnisse zwischen ihnen verabredet worden sind, welche nach erfolgter priesterlicher Einsegnung sofort ihre rechtliche Kraft haben sollen“.[123] Dem Inhalt nach stimmt dieser Passus mit der zuvor zitierten Formulierung im Heiratskontrakt aus dem Jahr 1783 überein, auch wenn der Kaiser und seine Gesetze dort in der etwas abgewandelten Form der „allerhöchsten k. k. similien“ auftreten.

Ab 1790 verliert sich dieser Passus tendenziell wieder – der in den Kontrakten des Gerichtes Welsberg übrigens gänzlich fehlt. Die zuvor ausführliche Formulierung war nun reduziert: Im Heiratskontrakt zwischen Andre Gatterer und Maria Hueberin steht 1790 bezüglich des Eheversprechens beispielsweise nur mehr, dass dieses „bis zur priesterlichen einsegnung ohne kraft und bündung“ sei und „folglich allererst nachhin in die unauflösbarkeit“ übergehe.[124] Ende des 18. Jahrhunderts bleibt davon nicht mehr viel übrig: „1mo versprechen sich dieselben gegenseitig die künftige ehe zu schlüssen und einzugehen.“[125]

---

121 Vgl. dazu im Detail Heinrich Demelius, Zur Geschichte des Eheversprechens nach österreichischem Recht, in Juristische Blätter, 70, 12 (1948), 277–279; Werner Ogris, „bey der Copulation war kein Mensch als die Mutter und die Jüngste Schwester“. Mozart und das Eherecht seiner Zeit, in: Juristische Ausbildung und Praxis, 1 (1991/1992), 14–19. Das Verlöbnispatent wurde vom Josephinischen Gesetzbuch 1786 übernommen und ging auch in das ABGB ein, jedoch mit dem Zusatz, dass im Falle des Rücktritts „ohne gegründete Ursache“ ein Anspruch auf Schadensersatz zugebilligt wurde.

122 TLA Innsbruck, VBI 1783, fol. 360’.

123 Patent vom 30. August 1782, zitiert nach Kropatschek, Handbuch, Bd. 2, 1780–1784, Wien 1785, 148.

124 TLA Innsbruck, VBI 1790, fol. 680.

125 TLA Innsbruck, VBI 1797, fol. 589’. Die Vertragspunkte sind mit lateinischen Ordinalzahlen nummeriert; die Endungen stehen daher für: primo, secundo, tertio, quarto, quinto etc.

Wiewohl im Gericht Welsberg immer wieder auf die in Bälde erfolgende „priesterliche copulation" oder „priesterliche einsegnung" „nach christkatholischen brauch"[126] verwiesen wird, sind darüber hinaus gehende religiöse Bezüge bis 1780 sehr selten. Einige Formulierungen finden dennoch, etwa dass „sich zweifel ohne aus sond(er)bahrer gieth und anordnung gottes entzwischen ... ein eheliches versprôchen zugetragen" habe;[127] es habe sich „eine eheliche liebs zuneügung auf verhoffend göttlicher anordnung ereignet";[128] es solle „die prüsterliche copulation noch gögenwärtign fasching vorsich gehen, zu welcher ihne got, der allmächtige seinen seegen gnädiglich mitheillen wolle"[129] oder „warzu ihnen gott der allmachtige glick und seegen verleihen und mitheilen würd".[130] Ab 1790 wird allenfalls noch vermerkt, dass die „priesterliche einsegnung" das Eheversprechen „bestaettigen", „bekräftigen" oder „das band der ehe befestigen" solle. Kirchlich-religiöses wurde zwar in Hinblick auf die Voraussetzungen der Rechtsgültigkeit der Ehe erwähnt, aber eine Bezugnahme auf die neue Gesetzeslage oder die staatliche Obrigkeit fehlt zur Gänze. Dies gilt auch für die Heiratskontrakte aus den Jahren zwischen 1783 und 1785, also aus den Jahren unmittelbar nach Erlass des Verlöbnispatentes, die in Hinblick darauf gesichtet wurden.[131]

Dass zur selben Zeit, als josephinische Bestimmungen mehr oder weniger deutlich Eingang in die Heiratskontrakte fanden, die religiösen Bezüge auf die ‚im Himmel geschlossenen' Ehen oder Gottes Segen wegfielen, kann vor dem Hintergrund des Prozesses des Abgrenzens und Zurückdrängens der Kirche in Ehebelangen gesehen werden.[132] Das Verlöbnispatent bedeutete bereits einen Eingriff in das kanonische Recht und in kirchliche Kompetenzen. Bis dahin waren kirchliche Gerichte mit Eheversprechklagen betraut gewesen, wofür nun die zivilen Gerichte zuständig waren.[133] Das Ehepatent vom Januar 1783 ging in diesem Machtabtausch noch wesentliche Schritte weiter, indem es die Ehe als bürgerlichen Vertrag definierte und damit eine klare Trennlinie zum Sakrament zog. Für alle daraus entstehenden Rechtsfolgen und Verbindlichkeiten galt in der Folge allein das zivile Recht, und für alle damit verbundenen Konflikt- und Streitfälle waren in Konsequenz nunmehr allein zivile Gerichte zuständig. – Dieser neue Status der Ehe als bürgerlicher Vertrag spiegelt sich vor allem in den formelhaften Teilen der Heiratskontrakte des Gerichtes Innichen wider. Allerdings ging das Ehepatent nicht so weit, die Zivilehe einzuführen. Trauungen blieben nach wie vor Sache der Kirche – in Österreich sogar bis zum ‚Anschluss' an Nazi-Deutschland im Jahr 1938.

---

126 Vgl. beispielsweise SLA Bozen, VBW 1760, fol. 11' (Transkription Welsberg Nr. 4 im Anhang, siehe auch Abb. 6, S. 303).

127 SLA Bozen, VBW 1740, fol. 9'–10' (Transkription Welsberg Nr. 2 im Anhang).

128 SLA Bozen, VBW 1770, fol. 286.

129 SLA Bozen, VBW 1780, fol. 43'.

130 SLA Bozen, VBW 1780, fol. 825'.

131 Im Einzelnen: SLA Bozen, VBW 1783, fol. 585; fol. 704; ebd., VBW 1784, fol. 209'; ebd., VBW 1785, fol. 3'; fol. 8'; fol. 451.

132 Vgl. auch Coing, Europäisches Privatrecht, 226. Er schreibt, die Aufklärung habe in der Ehe „vor allem einen bürgerlichen *Vertrag*" gesehen, der „keinen besonderen Charakter als gottgewollte religiöse Institution aufweise".

133 Zu Eheversprechklagen in der Frühen Neuzeit vgl. beispielsweise Klammer, In Unehren; Silvana Seidel Menchi u. Diego Quaglioni Hg., Matrimoni in dubbio. Unioni controverse e nozze clandestine in Italia dal XIV al XVIII secolo, Bologna 2001.

Zu erwähnen ist auch, dass in Widerspruch zur kirchlichen Auffassung die mangelnde elterliche oder vormundschaftliche Einwilligung in eine Eheschließung ebenfalls mit dem Ehepatent 1783 zu einem trennenden Ehehindernis wurde.[134] Verlöbnisse Minderjähriger ohne Zustimmung ihres gesetzlichen Vertreters galten aufgrund dieser Bestimmung als null und nichtig. Auch dies stellte einen Eingriff in die kirchliche Ehehoheit dar. Nach kanonischem Recht war allein der beiderseitige Konsens des Paares ausschlaggebend für die Gültigkeit einer Ehe. Das kanonische Heiratsalter lag deutlich niedriger als die zivile Volljährigkeitsmarke, nämlich bei zwölf, später vierzehn Jahren für Mädchen und bei vierzehn, später sechzehn Jahren für Jungen.[135]

Ehekonzepte und Geschlechterverhältnisse

Auf eine Facette der Geschlechterverhältnisse, die sich auf die häusliche Ordnung und auf soziale Normen bezog, rekurrierte ein Passus, der sich immer wieder und ab dem Jahr 1783 regelmäßig und gleich an zweiter Stelle nach dem soeben skizzierten einleitenden Punkt in den Heiratskontrakten des Gerichtes Innichen findet, allerdings nur bis 1785. Es geht darin im Prinzip um die Schlüsselgewalt der Ehefrauen.[136] Verweise darauf hat es auch zuvor vereinzelt gegeben, zumeist aber nicht an dieser prominenten Stelle: Der Organist, Chorleiter und Lehrer Stephan Heißler verpflichtete sich etwa, die Braut in sein, dem Kollegiatstift angehöriges ‚Diensthaus' „einzufiehrn, die selbe zu lieben und zu ehren und all eheweiblich unverspörten gewaldt zeithlöbens zu lassen"; ein anderer Bräutigam, der Weißgerber Andrä Streel, versprach, der Braut „all anstandig eheweibliche gewalt zu überlassen" (siehe auch Abb. 3).[137]

Dass er versprach, seiner künftigen „ehewirthin" im Haus „allen einen eheweib zugestatten kommenden gewaldt zu überlassen," stand als zweiter Vertragspunkt 1775 im Heiratskontrakt des Hanßen Lercher, einem der großen Bauern des Marktes.[138] Sehr ausführlich wurde 1780 in einem Heiratskontrakt davon gesprochen, mit Joseph Cassian Hueber als Gerichtsschreiber. Der Bräutigam Anton Leichter war Weißgerbermeister und Bürgermeister im etwa sechzig Kilometer entfernten Mühlbach nahe Brixen. Die Braut Anna Kühebacherin stammte aus einer angesehenen lokalen Familie. Nicht nur zwei Vormünder standen ihr beim Abschluss des Heiratskontraktes zur Seite, sondern auch ihr Vetter und ihre Mutter. Im zweiten Punkt

> obligiert sich herr bräutigam Anton Leichter, die jungfrau braut als seine zukünftige ehefrau alsogleich nach vorbeygangener hochzeit für eine wirkliche haußhaltungs führerin in sein eigenthüm-

134 Vgl. Ogris, Copulation, 18.

135 Säkulare, etwa städtische Statuten vertraten auch schon lange vor der Mitte des 18. Jahrhunderts die Position, dass die väterliche oder elterliche Zustimmung notwendig sei. Dahinter standen vor allem Interessen einer ‚richtigen' sozialen Platzierung durch eine Eheschließung. Vgl. dazu beispielsweise Daniela Hacke, Women, Sex and Marriage in Early Modern Venice, Ashgate 2004, insbes. Kap. 2.

136 Die Verbindung mit Schlüsselgewalt legt zumindest das erste der Zitate nahe, das die Gewalt als „unversperrt" spezifiziert. Zu diesem Thema vgl. Karin Gottschalk, Schlüssel und „Beschluss" – Verfügungsmacht über Verschlossenes in der Frühen Neuzeit, in: Comparativ, 15, 4 (2005), Themenheft: Eigentumskulturen und Geschlecht in der Frühen Neuzeit, hg. von Nicole Grochowina u. Hendrikje Carius, 21–32; mit dem Verweis, dass der Schlüssel nicht „per se ... Verfügungs- und Kontrollrechte" ausgedrückt hat, sondern auch „Beauftragung symbolisieren" konnte; ebd., 24.

137 TLA Innsbruck, VBI 1761, fol. 151 (Transkription Innichen Nr. 1 im Anhang, siehe auch Abb. 3); ebd., VBI 1769, fol. 13.

138 TLA Innsbruck, VBI 1775, fol. 1031' (Transkription Innichen Nr. 6 im Anhang).

> liche besitzende behaußung einzuführen, deroselben zumalen alle haußhäblichen gewalt, wie anderer orten gewöhnlich zulassen und sich gegen dieselbe, wie es einem ehe- und treuliebenden gatten ohnehin zustehet, auch wohl anständig ist, aufzuführen, und zu verhalten.[139]

Mit dem Jahr 1783 trat Joseph Franz Koll das Amt des Gerichtsschreibers an und er übernahm in der Folge diesen Passus mehr oder weniger wörtlich, auch hier mit dem Verweis auf den allgemeinen Usus.[140] Variationen gab es in spezifischen Situationen: im Vertrag zwischen Andre Schmadl und Maria Streelin, die nach der Eheschließung nicht in ein eigenes Haus zogen und die „haushäbliche gewalt", also die Befugnisse im eigenen Haus, nicht in dem Maße wahrgenommen werden konnten. So hatte er „seine künftige ehewirthin alsogleich nach erfolgter trauung in das gemiethete haus einzuführen".[141] Im Vertrag zwischen Johann Aichner und Ursula Baurin lag die umgekehrte Besitzsituation vor: Das Paar heiratete in das Elternhaus der Braut ein, insofern enthielt der zweite Punkt die an die Braut adressierte Verpflichtung, ihrem Bräutigam Johann Aichner auf Ableben ihres Vaters „die ganze haus menage zu überlassen".[142] Im Haus des Jakob Schmadl des Älteren und des Jüngeren blieb die Wirtschaftsführung in den Händen der älteren Generation. So sollte die Braut zwar gleich nach der Hochzeit in das

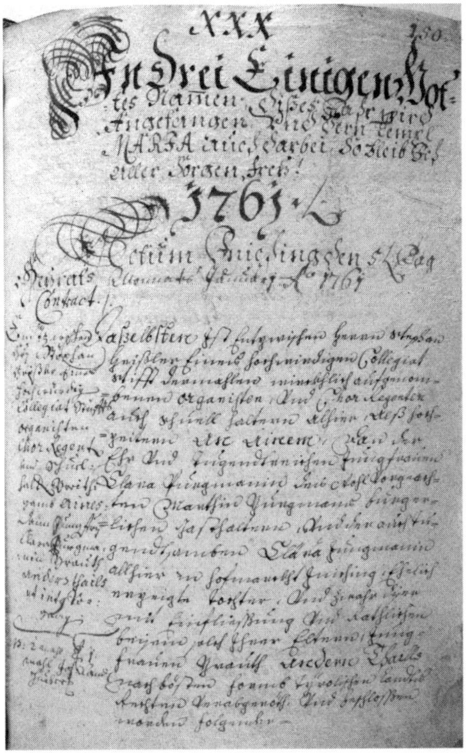

Abb. 3: Heyraths Conträct zwischen Stephan Heißler und Clara Purgmanin, 1761, TLA (siehe auch Transkription Innichen Nr. 1)

139 TLA Innsbruck, VBI 1780, fol. 494'–495.

140 Zum Beispiel: „Zweitens obligiert sich mehrgedachter bräutigam und zukünftiger ehewirth Karl Tempele, die jungfrau braut als seine angehende ehewirthin alsogleich nach vorbeygangener hochzeit in das hauswesen einzuführen, und allen haushäblichen gewalt, wie es hier in Innichen gewöhnlich, selber zu lassen, auch sich gegen diese, wie es einem ehe- und treu liebenden mann ohnehin zustehet, auch wohlanständig ist, aufzuführen und zu verhalten." TLA Innsbruck, VBI 1783, fol. 364'–365 (Transkription Innichen Nr. 8 im Anhang). Einen Tag zuvor hatte das Brautpaar Joseph Hirsch, ein Schuhmachermeister in Innsbruck, und Maria Schräflin aus Innichen einen Heiratskontrakt abgeschlossen. In diesem Heiratskontrakt lautete der entsprechende Passus, dass er sich verpflichte, die Braut „als seine künftige ehewirthin alsogleich nach hier in Innichen vorgegangener hochzeit nachen Innsbruck abzuführen und derselben alldort allen haushäbl[ich]en gewalt, wie es in städten üblich, zu lassen". Ebd., fol. 361.

141 TLA Innsbruck, VBI 1784, fol. 703'.

142 TLA Innsbruck, VBI 1783, fol. 640'.

„hauswesen“ eingeführt werden, aber „allen hausheblichen gewalt“ erst nach dem Ableben der Schwiegermutter erhalten.[143]

Angesprochen ist darin das Einführen der Braut als „Haushalterin“ in das Hauswesen des Ehemannes und die Überantwortung der umfassenden „haushäblichen gewalt“. Dies wird räumlich-regional spezifiziert – „wie es hier in Innichen gewöhnlich“ – und geschlechtsspezifisch zugeordnet – „was einem weib zugehört“. Dieses Modell lässt sich aber primär in den ‚klassischen‘ und lokal zahlenmäßig auch dominierenden Kontext des hausbesitzenden Bräutigams und der dort einheiratenden Braut einpassen. Doch auch dann, wenn das Haus nur gemietet war, sich im Besitz der Frau, ihres Vaters oder ihrer Mutter befand, wurde darauf rekurriert. In der umgekehrten Konstellation der hausbesitzenden Braut entfiel dabei der Passus mit der Verpflichtung, ein „treu liebender“ und sich „anständig aufführender“ Ehemann zu sein. Die hier zum Ausdruck gebrachten Rollenerwartungen und Zugeständnisse differierten nach Geschlecht, sie waren aber gleichzeitig auch an eine suggerierte ‚Normalität‘ der Verteilung der materiellen Grundlagen – von Männern als Hausbesitzer – gebunden. Hausbesitz war in dieser Gesellschaft ein zentrales Kriterium sozialer Platzierung und Grundlage einer Reihe von Rechten, hatte also insgesamt einen sehr hohen sozialen Stellenwert inne.

5. Personen und Positionen

„Anweiser“ und „Gerhaben“

In weiten Teilen Europas verfügten Frauen in der Frühen Neuzeit nur über eine eingeschränkte Rechts- und Geschäftsfähigkeit – sie unterstanden der Geschlechtsvormundschaft.[144] Das hatte unter anderem zur Folge, dass Frauen vor Gericht einen Ratgeber und Vertreter ihrer Interessen beiziehen mussten. In Tirol war die Geschlechtsvormundschaft in Kraft, und wurde in der Person des „anweisers“ wahrgenommen. Eine Braut trat daher auch beim Abschluss von Heiratskontrakten „in assistentia ihres obrigkeitlich verpflichten anweisers“ vor Gericht auf.[145] Eine entsprechende Regelung ist in der Tiroler Landesordnung unter dem Titel „Was Weibspersonen handeln moegen“ enthalten:

> Ain Frau mag sich/ aus Redlichen Ursachen/ mit jrem man on ainen Anweiser/ unnd fuer jren Mann/ mit ainem Anweiser/ wol verschreiben und verpflichten: Unn wo das beschicht/ den sol staedt sein: Doch soll die Frau frey/ und on zwang Tro jres Manns/ Ist sie vom Adel mit wissen jrs nächsten Freundts/ Ist Sy von Stetten oder Gerichten/ von der Oberkait/ verpflichten unnd verschreiben: Unnd sollen die Brief nit allain under des Manns/ sunder unnderm Adel/ under ains der frauen nachsten Freundts/ und under der Gemaind/ under des Richtes Insiegel/ vervoertigt werden/ Mit bitt unnd Zeugen/ wie von alter herkommen ist.

143 TLA Innsbruck, VBI 1783, fol. 531’.

144 Zur geografischen Verteilung im europäischen Raum vgl. Holthöfer, Geschlechtsvormundschaft; des Weitern vgl. auch Sabean, Allianzen und Listen; Susanne Jenisch, „Die berüchtigte Materie von der weiblichen Geschlechts-Curatel“. Die Abschaffung der ‚Geschlechtsvormundschaft‘ in der aufklärerischen Diskussion, in: Ulrike Weckel u. a. Hg., Ordnung, Politik und Geselligkeit der Geschlechter im 18. Jahrhundert, Berlin 1998, 285–301; zur Diskussion in Österreich vgl. Forster, Handlungsspielräume von Frauen und Männern im österreichischen Eherecht, 184ff.

145 In dieser Formulierung: SLA Bozen, VBW 1780, fol. 43–43’.

> Aber was sunst ain Frau/ inner oder ausserhalb Rechtens hanndelt/ ist Sy in der Ee thuets on wissen/ willen unnd beysein jrs manns/ oder seins volkomnen Procurators/ Oder ist Sy ledig/ und thuets on ainen ordentlichen Anweiser/ Enntsteet jr davon Eere oder Nutz/ das mag Sy städt halten/ Sunnst soll es Sy gannz nit binden/ Sunder uncrefftig sein.[146]

Dahinter stand die Vorstellung der Schutzbedürftigkeit von Frauen aufgrund mangelnder Fähigkeiten und ihrer schwächeren Position in Familie und Gesellschaft. Rechtsgeschäfte ohne Anweiser abzuschließen, brachte, wie im Schlussteil der zitierten Passage angesprochen ist, ein gewisses Risiko in Hinblick auf die Rechtssicherheit mit sich. Erwies sich der Vertragsinhalt als nachteilig für Frauen, waren sie nicht daran gebunden. Daher lag ein gerichtliches und formal korrektes Prozedere vor allem auch im Interesse ihrer Vertragspartner.[147] Von der Geschlechtsvormundschaft ausgenommen waren üblicherweise Kauffrauen, Händlerinnen, Krämerinnen, also Frauen, denen man aufgrund ihrer Tätigkeit entsprechende Kompetenzen zusprach. Anweiser wurden üblicherweise anlässlich eines Gerichtstermins um das Ausüben dieser Funktion ersucht.[148] Vielfach waren es angesehene Bürger des Ortes, Repräsentanten der Gemeinde oder des Gerichts oder aber Verwandte.[149]

Mit dem Josephinischen Gesetzbuch 1786 wurde die Geschlechtsvormundschaft abgeschafft. Im Sample der Heiratsverträge aus Innichen fällt auf, dass in den Jahren zuvor anstelle der lokalen Honoratioren und Gerichtsausschüsse, die ansonsten üblicherweise als „obrigkeitlich verpflichte anweiser" auftraten, gehäuft Väter, Brüder, einmal auch ein Vetter diese Funktion übernahmen oder auch ohne expliziten Rekurs auf die Rolle eines Anweisers präsent waren.[150] Dann hieß es beispielsweise: die Braut „in nebenstand" ihres Vaters oder „mit rath" ihres Bruders. Mit 1. Januar 1787 trat das JGB in Kraft. Im ersten im Verfachbuch des Gerichtes Innichen in diesem Jahr protokollierten Heiratskontrakt vom 19. Januar 1787 erschien die Braut – in gewohnter Weise – „in nebenstand und mit rath ihres vorgesetzten gerhaben und numehrigen anweisers".[151] Der zweite Kontrakt vom 9. Februar wurde „mit einfluß und in assistentia" des Brautvaters abgeschlossen,[152] der dritte vom 31. Mai in Anwesenheit des „erbettenen anweiser[s]".[153] Im vierten Kontrakt vom 2. September wurde im Einleitungsteil zunächst kein Anweiser mehr genannt, dieser wurde dann nachträglich aber doch am Rand mit einem Auslassungszeichen eingefügt[154] – was Zufall sein kann, aber auch ein Moment der

146 Tiroler Landesordnung 1573, 3. Buch, fol. 56re–56ve.

147 Vgl. dazu auch Simona Feci, „Sed quia ipsa est mulier ...". Le risorse dell'identità giuridica femminile a Roma in Età Moderna, in: Quaderni Storici, 33, 98 (1998), 275–300, 278ff. Auch im allgemeinen Landrecht (ALR) heißt es: „Aus bloßen außergerichtlichen Verträgen zwischen dem Manne und der Frau, können daher für die letzte zwar Befugnisse, aber keine Verbindlichkeiten entstehen." Siehe dazu Brigitte Lehmann, Ehevereinbarungen im 19. und 20. Jahrhundert, Frankfurt a. M. u. a. 1989, 31.

148 Nur in einem Heiratskontrakt war allerdings explizit die Rede von einem „ad hunc actum ersuechten und verpflichten" Anweiser. TLA Innsbruck, VBI 1767, fol. 444.

149 Vgl. auch Jenisch, Die berüchtigte Materie, 295.

150 Vgl. TLA Innsbruck, VBI 1783, fol. 364 (Transkription Innichen Nr. 8 im Anhang); fol. 477'; fol. 528'; ebd., VBI 1784, fol. 693'; fol. 698; fol. 703; fol. 706'; ebd., VBI 1785, fol. 1'; fol. 34.

151 TLA Innsbruck, VBI 1787, fol. 568'.

152 TLA Innsbruck, VBI 1787, fol. 588.

153 TLA Innsbruck, VBI 1787, fol. 650'.

154 Vgl. TLA Innsbruck, VBI 1787, fol. 684.

Verunsicherung ausdrücken könnte. Das war der letzte Heiratskontrakt dieses Jahres und zugleich die letzte Spur eines Anweisers in den Heiratskontrakten des Gerichtes Innichen.

Im Gericht Welsberg scheinen im Jahr 1787 zunächst noch durchgängig Anweiser auf.[155] Der als letzer in diesem Jahr protokollierte Heiratskontrakt – ein „haushaltung und hejirats kontrakt" vom 29. Dezember 1787 – nennt keinen Anweiser, weder in der Einleitungs- noch in der Schlusspassage.[156] Im folgenden Jahr 1788 wird kein Anweiser mehr genannt, Väter und Brüder der Braut sind allerdings präsent[157] – einmal auch in der bis dahin üblichen Diktion, dass die Braut „in nebenstand ihres bruders" auftritt und „in assistentia ihres Bruders" den Kontrakt bestätigt.[158] Dazwischen finden sich aber auch Kontrakte ohne Anweiser und Angehörige – es geht also etwas hin und her. Der Anweiser verschwindet aber auch hier, nur etwas später als im Gericht Innichen.

Die Tiroler Landstände protestierten gegen die Abschaffung der Geschlechtsvormundschaft und setzten deren Wiedereinführung für den Bauernstand im Jahr 1791 als Kann-Paragraphen durch.[159] In den Heiratskontrakten des Gerichtes Innichen – dessen Einwohner und Einwohnerinnen allerdings Bürgerstatus hatten – findet sich kein Anweiser mehr. Wie sieht es im bäuerlich strukturierten Gericht Welsberg diesbezüglich aus? In den Heiratskontrakten des Jahres 1792 sind die Väter nach wie vor sehr präsent – aber es taucht auch hier kein Anweiser mehr auf.[160]

---

155 So im ersten Heiratskontrakt vom 9. Januar 1787, SLA Bozen, VBW 1787, fol. 83'–86': Die Braut tritt mit dem Vater und einem Anweiser auf. Im Heiratskontrakt vom 12. Mai 1787, fol. 329'–330', erscheint die Braut, eine Witwe, in „beyseyn ihres schwagers und zu diesem werk verpflichten Anweiser" vor Gericht. Im Heiratskontrakt vom 4. Mai 1787, fol. 441–443 scheint kein Anweiser im Einleitungsteil auf, wohl aber im abschließenden Passus mit der Bestätigung „der braut in nebenstand ihres anweisers", ebenso in einem komplexeren Heirats- und Übergabevertrag vom 12. Mai 1787, fol. 462–463'– hier allerdings am Rand eingefügt: „die tochter in nebenstand ihres dato obrigkeitlich verpflichten anweisers". Diese Art Randvermerk findet sich auch in anderen Dokumenten im Verfachbuch, so beispielsweise fol. 504' – auch hier vielleicht kein Zufall, sondern wiederum ein Zeichen der Unsicherheit. Beim Abschluss des Heiratskontraktes vom 20. November 1787, fol. 872–873 waren wiederum anwesend „des hochzeiters vater ... und der braut ihr obrigkeitlich verpflichter anweiser".

156 Vgl. SLA Bozen, VBW 1787, fol. 988–989'.

157 Vgl. SLA Bozen, VBW 1788, fol. 2–3, Heiratskontrakt vom 5. Januar 1788: Anwesend waren der Curator des Bräutigams und „der braut vater", beide sind auch beim „geloben" am Schluss genannt. Im Heiratskontrakt vom 8. Januar 1788, fol. 4'–5, scheint kein Anweiser auf, auch nicht fol. 15–15', einem Heiratskontrakt vom 7. Januar 1788. Beim Abschluss des Heiratskontraktes vom 11. Januar 1788, fol. 33–34, war der Vater der Braut zugegen, ohne weitere Bezeichnung; beim Geloben am Schluss sind nur der Bräutigam und die Braut genannt.

158 SLA Bozen, VBW 1788, fol. 7'–8, Heiratskontrakt vom 26. Januar 1788.

159 Vgl. Forster, Handlungsspielräume von Frauen und Männern im österreichischen Eherecht, 196. Sie bezieht sich auf das Hofdecret vom 1. April 1791, an das Ober-Oesterreichische Appellationsgericht, zu Folge höchster Resolution über die Desiderien und Beschwerden der Stände des Landes Tyrol, in: Justizgesetzsammlung 1791, Nr. 133, 29–32 auf: http://alex.onb.ac.at/. Dies galt nur für den Fall, dass die betreffende Frau um einen Anweiser ersuchte. Siehe dazu auch ihren Beitrag in diesem Band.

160 Vgl. SLA Bozen, VBW 1792, fol. 34–35, Heiratskontrakt vom 24. Januar 1792: Der Bräutigam ist ein Bauernsohn vom Haselsberg. Es steht einleitend nur: „mit einwilligung anderseits eltern";

Ein zweiter Kreis an Personen war, wie bereits aus zuvor zitierten Kontrakten deutlich geworden ist, ebenfalls im offiziellen Auftrag bei Gericht zugegen, und zwar die so genannten „gerhaben" – die Vormünder. In Zusammenhang mit Heiratsvorhaben vertraten sie entweder die Interessen der minderjährigen Kinder einer Witwe bei deren Wiederverehelichung oder die Interessen einer minderjährigen Braut oder eines minderjährigen Bräutigams, deren beziehungsweise dessen Vater verstorben war. Die Volljährigkeit war durch die Maria-Theresianische „Majorennitäts-Jahrebestimmung" von 1753 einheitlich auf das vollendete 24. Lebensjahr festgesetzt worden. Diese Regelung übernahm sowohl das Josephinische Gesetzbuch als auch das ABGB.[161]

Aufgrund der in verschiedenen Forschungszusammenhängen für den Markt Innichen erhobenen und ausgewerteten Quellenmaterialien lässt sich für dieses Gericht der Kreis, aus dem jene Personen stammten, die üblicherweise als Gerhaben fungierten, etwas näher spezifizieren. Primär handelte es sich dabei um Angehörige der lokal führenden sozialen Gruppen, Gastwirte, Kaufleute, Handwerksmeister, um jene Männer also, die fallweise auch dem Gerichtsausschuss angehörten oder Gemeindedeputierte waren, jedenfalls tonangebend in der kommunalen Verwaltung. Inwieweit diese testamentarisch oder vom Pfleggericht eingesetzt worden sind, wäre in einer eigenen Untersuchung ebenso zu überprüfen wie die Frage nach einem möglichen Verwandtschaftsverhältnis väterlicher- oder mütterlicherseits zu den Kindern.[162] Die Bestimmungen der Tiroler Landesordnung sehen dies als erste Option vor:

> Wir Setzen und Ordnen/ wo die Eltern jren kindern/ in jren Testamenten/ Ordnungen unnd Vermächten/ Gerhaben/ bestimbt unnd geordent haben/ daß dieselben Gerhaben vor der ordenlichen Oberkait bestädt/ und on Rechtmässig Ursachen nit geänndert werden söllen. Wo aber von den Eltern/ jren kindern kaine Gerhaben gesetzt und benennt werden/ So söllen von der ordenlichen Oberkait/ auf Anrueffen der verwaissten Kind nächsten Freundt/ Oder wo das Anrueffen nit beschehe/ durch die Oberkait selbs taugenlich/ frumb und Erbar Gerhaben/ von Vatter unnd Mueter Mag (wo die vorhanden sein) wo nit annder taugenlich frumb Leut verordent und gesetzt/ ... werden.[163]

Die Tätigkeit als Gerhaben ist in umfangreichem Maße in Form von Abrechnungen dokumentiert, die interessant wären, im Detail zu beforschen. Dieser Bestand kann auch als Indiz dafür gesehen werden, dass die ökonomische Seite der Vormundschaft sehr ernst genommen und kontrolliert wurde.[164]

---

gelobt haben das Brautpaar und beide Väter. Ähnlich auch fol. 35'–36', Heiratskontrakt vom 28. Januar 1792: Anwesend waren neben dem Brautpaar die Eltern des Bräutigam und der Brautvater. Als letztes Beispiel aus dem Verfachbuch dieses Jahres sei genannt fol. 309–309', Heiratskontrakt vom 16. Mai 1792: Es scheint kein Anweiser auf, nur das Brautpaar. Ebenso im Heiratskontrakt vom 2. Januar 1793, fol. 1'–2': Nur das Brautpaar ist in der Einleitungs- und Schlusspassage genannt wie auch im Heiratskontrakt vom 3. Juni 1793, fol. 34–34'.

161 Vgl. Ursula Floßmann, Österreichische Privatrechtsgeschichte, Wien/New York 2005[5], 39.

162 Vgl. dazu etwa David Warren Sabean, Kinship in Neckarhausen, 1700–1870, Cambridge 1998, 373–374.

163 Tiroler Landesordnung 1573, 3. Buch, fol. 51ve.

164 Der entsprechende Passus der Landesordnung sah u. a. vor, „Daß sy die Pflegkinder/ jr Leib/ Hab und Güter/ in getreuer bewarung halten/ der Kinder Nutz/ Eere und frummen/ mit höchstem fleiß fürdern/ Schaden wennden/ kaine Ligende Güter/ on Eehafft/ und Redlich Ursachen/ noch on wissen und willen der Freundschafft/ und erkanntnuß und zuelassung der ordenlichen Oberkait versetzen/ verkauffen/ noch in ainich annder weg veränndern/ noch jenen selbs zueziehen oder

Verfügungen in Hinblick darauf, wer die Vormundschaft für etwaige minderjährige Nachkommen übernehmen soll, sind nicht Bestandteil der hier untersuchten Heiratskontrakte.[165] Während in der Tiroler Landesordnung die Eltern berechtigt waren, Vormünder zu nennen und sowohl Verwandte väterlicherseits wie auch mütterlicherseits dieses Amt übernehmen konnten und sollten, sah das ABGB nur den Vater, als Träger der so genannten „väterlichen Gewalt" (§§ 147ff), als gesetzlichen Vertreter der minderjährigen Kinder an. Er verwaltete ihr Vermögen und hatte das Recht, über deren Berufsausbildung zu entscheiden; eine Eheschließung bedurfte seiner Zustimmung – nicht aber die der Mutter. Bei seinem Tod ging diese Gewalt nicht auf die Mutter über, denn Frauen sollte – wie auch Ordensgeistlichen und Angehörigen fremder Staaten – „in der Regel" keine Vormundschaft übertragen werden. Die eheliche Mutter und nach ihr die väterliche Großmutter besaßen zwar einen Anspruch auf Berufung zur Vormundschaft, aber nur dem vom Vater letztwillig berufenen Vormund und dem gesetzlich berufenen väterlichen Großvater nachgeordnet. Dass die Praxis durchaus eine andere war, dass auch Mütter in Testamenten Vormünder vorgeschlagen haben, hat Ellinor Forster aufgezeigt.[166] Auch war ihnen stets ein männlicher Mitvormund beizustellen. Rechtliche Änderungen erfolgten erst durch Teilnovellen zum ABGB im 20. Jahrhundert.[167]

Die Präsenz von nahen Angehörigen und Verwandten

Vielfach waren bei der Protokollierung von Heiratskontrakten Familienmitglieder oder nahe Verwandte vor Gericht anwesend, und zwar nicht nur im Fall einer minderjährigen Braut oder eines minderjährigen Bräutigams. Im Gericht Welsberg erschienen in vier Fällen des Samples überhaupt nur die beiden Väter des Brautpaares:[168] Leonhard Khopf, der Vater des

zueaignen/ der Pflegekinder Einkumen/ allain in der Kinder Nutz anlegen und verwennden/ und zue jrem aignen nutz kaines wegs gebrauchen." Tiroler Landesordnung 1573, 3. Buch, fol. 51ve.

165 Dies war in adeligen Eheverträgen üblich, wobei dort die Mutter in der Regel die Vormundschaft übernahm und somit ein anderer Kontext gegeben war. Vgl. etwa Anke Hufschmidt, Adlige Frauen im Weserraum zwischen 1570 und 1700. Status – Rollen – Lebenspraxis, Münster 2001, 179f, 185f.

166 Vgl. Ellinor Forster, Gendered Standard of Dealing with Property in Discussion and Legal Practice. Social Representations of „Incomptence of Legal Capacity" and „Wasteful Spending" in Juridical and Everyday Discourse, Vortrag im Rahmen der Fourth Conference of the European Network „Gender Differences in European Legal Culture" – „Geschlechterdifferenz in europäischen Rechtskreisen", Rethymnon, 21.–23. September 2006.

167 Vgl. dazu Floßmann, Österreichische Privatrechtsgeschichte, 115f; dies., Die beschränkte Grundrechtssubjektivität der Frau. Ein Beitrag zum österreichischen Gleichheitsdiskurs, in: Gerhard, Frauen in der Geschichte des Rechts, 293–324, 303f; Margret Friedrich, Zur Genese der Stellung der Ehefrau im österreichischen *Allgemeinen Bürgerlichen Gesetzbuch*, in: L'Homme. Z.F.G., 14, 1 (2003), 97–109, 102ff; Elisabeth Frysak, Legale Kämpfe. Die petitionsrechtlichen Forderungen der österreichischen bürgerlichen Frauenbewegung zur Änderung des Ehe- und Familienrechtes um die Jahrhundertwende, in: L'Homme. Z.F.G., 14, 1 (2003), 65–82.

168 Zur führenden Rolle von Vätern beim Aushandeln von Vereinbarungen in Eheberedungen vgl. auch Hans-Rudolf Hagemann u. Heide Wunder, Heiraten und Erben: Das Basler Ehegüterrecht und Ehegattenerbrecht, in: Heide Wunder Hg., Eine Stadt der Frauen. Studien und Quellen zur Geschichte der Baslerinnen im späten Mittelalter und zu Beginn der Neuzeit (13.–17. Jahrhundert), Basel/Frankfurt a. M. 1995, 150–166, 160.

Bräutigams, verpflichtete sich in der „heürats abröd" von 1730, dem Sohn anlässlich der Verehelichung 100 Gulden in bar *à conto* des väterlichen und mütterlichen Vermögens auszuhändigen – das heißt, dass dieser Betrag ein vorgezogenes Erbe war und beim Tod des Vaters in den ihm zustehenden Erbteil eingerechnet werden sollte. Christian Schenegger, der Vater der Braut, erklärte sich im Gegenzug bereit, seinen künftigen Schwiegersohn in sein Haus einzuführen, wo dieser alle anstehende Arbeit „geflissen zuverrichten" habe.[169] Im Jahr 1760 erschienen Mathias Gruber im Namen seiner Tochter und Hans Mayrhofer im Namen seines Sohnes und ließen eine Heiratsabrede aufnehmen – wiederum in der Situation eines in das Haus der Braut einheiratenden Schwiegersohnes unter Vorbehalt der „freien manegierung" von Seiten des Brautvaters zu seinen Lebzeiten.[170] In einem Heiratskontrakt aus dem Jahr 1770 forderte schließlich der Vater der Braut vom Vater des Bräutigams Klarheit darüber, „wie die einheurathung sainer tochter in das Peter Lahnerische haus", das Haus des Schwiegervaters, „gemeint" sei.[171]

Zur Protokollierung eines anderen, mit einer „disposition" verbundenen Heiratskontraktes kamen nur die Eltern der Braut mit dem Anweiser der Mutter. Tochter und Schwiegersohn hatten bereits in ihr Haus eingeheiratet, „doch ohne errichtung eines heuraths contract". Die Eltern verfügten nun den Besitzantritt durch das junge Paar, der aber erst nach ihrem Tod erfolgen sollte, und behielten sich die „manega" vor. Sie trafen noch weitere Vorkehrungen hinsichtlich des Besitzes, für den Fall, dass es in der Ehe der Tochter Kinder geben sollte beziehungsweise für den Fall, dass es keine geben sollte.[172] Der Inhalt dieses Heiratskontrakts mit Disposition umspannte also insgesamt drei Generationen. In einem anderen Kontrakt trat Ursula Klenckin, die Mutter der Braut, mit einem Anweiser vor Gericht auf. Ihr Vater hatte ihr Jahre zuvor Haus und Hof vererbt. Da nun ihre „natürliche" – nicht ehelich geborene – Tochter beabsichtigte, sich zu verehelichen, wollte sie ihr diesen Besitz schenken, allerdings mit der üblichen Verpflichtung, auch die darauf haftenden Schulden zu übernehmen. Des Weiteren war ein Bruder der Mutter des Bräutigams – also dessen Onkel – anwesend, der in ihrer Vertretung 100 Gulden Zubringen von Seiten des Bräutigams garantierte – das Brautpaar selbst nicht.[173]

Mehrheitlich waren Angehörige oder nahe Verwandte im Gericht Welsberg wie im Gericht Innichen dann zugegen, wenn der Heiratskontrakt Teil einer umfassenderen Vertragskonstruktion war, beispielsweise, wenn gleichzeitig ein Verkauf, eine Übergabe oder Schenkung von Seiten der Eltern oder von einem Elternteil zugunsten des Brautpaares oder eines der Beiden erfolgte oder deren künftiger Besitzantritt darin vereinbart wurde. Diese Art komplexer Ver-

169 SLA Bozen, VBW 1730, fol. 245'–246'. Als Nachtrag wurde knapp zwei Monate später die Bestätigung des Brautvaters am Rand der „heürats abröd" vermerkt, dass dieser die 100 Gulden erhalten habe. Die Heiratsabrede wurde Ende November protokolliert – darauf folgte die so genannte „verbotene Zeit" des Advents, in der ohne besondere Erlaubnis durch den Bischof mittels Dispens keine Trauung möglich war. Das Paar heiratete erst im Januar des Folgejahres (Transkription Welsberg Nr. 1 im Anhang).

170 SLA Bozen, VBW 1760, fol. 531–534.

171 SLA Bozen, VBW 1770, fol. 96.

172 SLA Bozen, VBW 1770, fol. 419–421'.

173 SLA Bozen, VBW 1780, fol. 48'–49.

träge ist für die ersten Jahrzehnte beider Samples typisch.[174] In diesen Fällen war vorgesehen, dass sich das Brautpaar im Elternhaus der Braut oder des Bräutigams, im Haus eines Onkels oder einer Tante niederlassen und keinen eigenen und unabhängigen neolokalen Haushalt gründen würde. Insofern war der Lebensbereich von Vätern, Müttern, Onkeln oder Tanten unmittelbar berührt.[175]

Geschwister waren anwesend, wenn sie von Besitzregelungen im Kontext einer bevorstehenden Eheschließung betroffen waren oder wenn es um gemeinsamen Besitz ging. So erschien Andrä Höcher, der Bruder der Braut, gemeinsam mit dem Paar vor Gericht. Andrä und Gertraud Höcher hatten nach dem Tod ihres Vaters dessen Haus übernommen. Andrä Höcher hatte jedoch „eine andre behausung" gekauft und trat sein Erbe nun an die Schwester ab, die sich verehelichen wollte.[176] Auch Anton und Agnes Prugger hatten das väterliche Erbe gemeinsam übernommen. Agnes Pruggerin beabsichtigte, eine Ehe einzugehen, und sie traf mit ihrem Bruder eine Regelung vor dem Land- und Pfleggericht Welsberg. In diesem Fall sollte der Bruder weiterhin im Haus bleiben. Er bedingte sich auch die gemeinsame Wirtschaftsführung mit seiner Schwester und seinem künftigen Schwager aus.[177] Zur Protokollierung des Heiratskontraktes zwischen Simon Prugger und der Witwe Maria Helferin erschienen zusammen mit dem Brautpaar der Schwiegervater erster Ehe der Braut und ein Bruder des Bräutigams. Die Besitzkonstellation wird hier nicht explizit gemacht. Es könnte sich um ein zwischen den Brüdern geteiltes Haus handeln. Vertragsinhalt waren ausschließlich die Rechte der Braut im Witwenstand.[178]

Ab den 1780er Jahren traten Paare zunehmend ohne familialen Anhang auf. Hauptsächlich Väter und Brüder begegnen jedoch den gesamten Zeitraum hindurch immer wieder – in dieser späteren Phase auch trotz Volljährigkeit von Bräutigam oder Braut und auch beim Abschluss von Heiratskontrakten, in denen es nicht um einen Transfer oder eine Teilung des eigenen Hausbesitzes ging. Eine Standardsituation, in der die Elterngeneration eingebunden war, war nach wie vor das Einheiraten von Schwiegersöhnen. Ein weiterer Faktor der Elternpräsenz konnte sein, dass die Braut oder der Bräutigam infolge einer Eheschließung in eine andere Gemeinde übersiedelte. Peter Lercher und Ursula Perneggerin ließen einen Heiratskontrakt aufsetzen. Der Bräutigam kam in Begleitung seines Vaters vor Gericht: „geniegsam volljährig

174 Die Verbindung von Ehe- und Übergabevertrag war etwa in dem von Gerald Bamberger untersuchten Raum die übliche Form, auch über das 18. Jahrhundert hinaus. Vgl. Bamberger, Ehe- und Übergabeverträge in Hessen, 26ff.

175 Heiratsverträge wurden in bürgerlichen und adeligen Kreisen in Böhmen im 16. und 17. Jahrhundert grundsätzlich zwischen dem Bräutigam und „dem Vater, der Mutter, den Verwandten oder rechtskräftigen Vormündern", nicht mit der Braut abgeschlossen. Pavel Král, Heiratsverträge und Testamente in Böhmen im 16. und 17. Jahrhundert, in: Pauser/Scheutz/Winkelbauer, Quellenkunde der Habsburgermonarchie, 477–494, 478.

176 SLA Bozen, VBW 1770, fol. 137–138. Ein Verkauf des Erbes von Seiten des Bruders an die Schwester und den zukünftigen Schwager ist auch Teil des Inhaltes der „kaufs und heyraths pactation" zwischen den Geschwistern Simon und Brigitta Stainer und dem Bräutigam Mathias Farm, ebd., VBW 1780, fol. 823–826.

177 Vgl. SLA Bozen, VBW 1770, fol. 286–288.

178 Vgl. SLA Bozen, VBW 1795, fol. 37–38'.

doch mit räthlichem nebenstand und gutbefindung seines geliebten vaters".[179] Die Braut war einzige Erbin des väterlichen Hofes in einer benachbarten Ortschaft. Ein gewisses Bedürfnis nach Unterstützung und Absicherung könnte sich sowohl in Anbetracht des schwiegerelterlichen Haushaltes als auch der räumlichen Distanz verstärkt haben. Eine solche Annahme legt die Häufigkeit nahe, in der diese Faktoren zusammentreffen. Die Konstellation von Einheirat bei Schwiegereltern oder -vätern verbunden mit lokaler Exogamie kann als ein Muster erachtet werden, das Paare, deren Eltern oder Verwandte dazu bewog, einen Heiratskontrakt offiziell vor Gericht aufnehmen zu lassen, jedoch auch beide Situationen für sich genommen.

In den Jahren vor dem Ende der Geschlechtsvormundschaft übernahmen, wie bereits erwähnt, auffällig häufig Brüder oder Väter die Funktion des Anweisers. Sebastian Golser, der Vater der Braut wurde im Schlusspassus sogar als deren „billigste[r] anweiser" bezeichnet[180] – „billig" im Sinn von angemessen. Im Gericht Innichen erschienen Frauen nach dem Ende der Geschlechtsvormundschaft in einzelnen Fällen „mit rath, wissen und willen ihres allda gegenwärtigen vaters" oder „in confidentschaft ihres bruders" vor Gericht,[181] eine Braut trotz erreichter Volljährigkeit „mit zuzug und confidentschaft ihres vormaligen gerhaben".[182]

Insgesamt gilt es zu unterscheiden zwischen Angehörigen, die direkt – hauptsächlich über Ressourcentransfers – von den Vertragspunkten betroffen und am Geschehen beteiligt waren, und Personen, die, wie die soeben genannten, als Ratgeber und Vertrauenspersonen von Bräutigam oder Braut mitkamen. Letztere „erstatteten" im Schlussteil und im Unterschied zu ersteren kein „handgeliebt" oder „anloben" zur Bestätigung und Bekräftigung der Vereinbarungen. Männliche Angehörige fungierten bisweilen – so im Gericht Innichen – nur als Zeugen und werden im Kontrakt selbst nicht namentlich unter den anwesenden Personen aufgeführt.[183] Schließlich waren Väter und Brüder auch in der Position als Garanten des versprochenen Heiratsgutes der Braut oder des Bräutigams zugegen. Funktionen konnten sich auch vermischen: Als Mathias Sulzenbacher mit knapp 22 Jahren mit der Erbtochter Ursula Bachleitnerin 1790 einen Heiraths- und Überlassungskontrakt abschloss, unterzeichnete sein Vater als Vormund und zugleich „in proprio als heurathguts-versprecher".[184]

Auch Frauen waren – allerdings weit seltener – als Mütter oder Tanten in den Abschluss von Heiratskontrakten involviert, wenn es um ihr Vermögen oder ihren Besitz ging, und daher bei Gericht anwesend: so beispielsweise Barbara Parggerin, die Mutter der Braut. Denn ihre Tochter sollte mit dem Bräutigam nach der Eheschließung in der „mietterlichen behausung"

179 SLA Bozen, VBW 1780, fol. 46. Ähnliche Formulierungen scheinen auch im Sample aus Innichen auf, wenn etwa der Bräutigam, „welcher die jahre vollkommener vogtbarkeit erreichet, jedoch aus kindlicher ehrerbietung mit rath, wissen, willen und gutheisen seines geliebten vaters ... handelt." TLA Innsbruck, VBI 1778, fol. 567'.

180 TLA Innsbruck, VBI 1783, fol. 479'.

181 Zum Beispiel TLA Innsbruck, VBI 1792, 269 (Transkription Innichen Nr. 14 im Anhang); ebd., VBI 1800, fol. 11.

182 TLA Innsbruck, VBI 1805, S. 339.

183 Eine Verwandtschaftsbeziehung konnte explizit bei der Nennung des Zeugennamens angeführt sein. Bei Eheschließungen über Gemeindegrenzen hinweg lässt die Übereinstimmung des Familiennamens und des Herkunftsortes des Zeugen mit jenen von Bräutigam oder Braut mit einer gewissen Plausibilität darauf schließen. Im Normalfall fungierten Innichner Bürger oder Angehörige des Gerichts als Zeugen.

184 TLA Innsbruck, VBI 1790, fol. 870.

wohnen.[185] Die kurz zuvor verwitwete Katharina Stollin vermachte der älteren ihrer beiden Töchter und dem angehenden Schwiegersohn gemeinsam mittels eines „heurath und respective übergabs contract" ihren Besitz: Haus, Garten und Grundstücke.[186] Die Eheschließung zwischen Creszentia Toldin, Erbin eines Wirtshauses, und Johann Prunner, Gerichtsschreibersohn, stand bevor. Das Brautpaar, die verwitwete Mutter der Braut und deren Bruder – „vätter" der Braut und nächster Verwandter – waren wie auch die Eltern des Bräutigams zugegen.[187] Konnten die Frauen selbst nicht erscheinen, entsandten sie eine Vertretung. Maria Lercherin, vermutlich eine Tante des Bräutigams[188] – er ist als „veter" bezeichnet –, hatte keine eigenen Kinder. So wollte sie diesem Verwandten einen größeren Teil ihres in die Ehe eingebrachten Vermögens überlassen. Sie war etwa 70 Jahre alt und vermochte „wegen ihrer paufelligkeit" nicht persönlich zur Protokollaufnahme zu kommen. Daher hatte sie ihr Vorhaben vor zwei Zeugen deklariert, die dies dann bei Gericht vorbrachten.[189] Auch im Gericht Innichen übergaben Mütter Besitz an einen Sohn oder eine Tochter oder versprachen ein Heiratsgut, entweder als Witwen oder in ihrer Position als Besitzerin – auch wenn ihr Vermögen offiziell hinsichtlich der Verwaltung und Nutzung den Ehemännern unterstand.[190]

Präsenz vor Gericht hatte also verschiedene Bedeutungen: im Sinn von Beratung, Beistand und Sicherheit, von Verfügungsgewalt ebenso wie von Gewährleistung und Garantie der gemachten Zusagen. Das Involvieren von Männer und Frauen aus der Familie und Verwandtschaft des Brautpaares verweist auf deren Position als Inhaber oder Inhaberin von Besitz oder Vermögen und auf die damit verbundenen Handlungsmöglichkeiten. Verwandtschaftliche Präsenz war im *Ancien Régime* auch ein Ausdruck von Prestige. Der bereits erwähnte Anton Leichter etwa, Weißgerbermeister und Bürgermeister aus Mühlbach, erschien „in confidentschaft" eines k. k. „postofficiers" aus Brixen vor dem Gericht in Innichen. Die Braut Anna Kühebacherin, aus einer angesehenen lokalen Familie, wurde von zwei Vormündern vertreten; des Weiteren standen ihr beim Abschluss des Heiratskontraktes auch ihr Vetter Michael Küheba-

185 SLA Bozen, VBW 1770, fol. 259–261.

186 SLA Bozen, VBW 1790, fol. 67–69.

187 SLA Bozen, VBW 1800, Teil 1, fol. 170. Dieser Heiratskontrakt ist doppelt in das Verfachbuch eingebunden, einmal mit den Unterschriften aller – ausgenommen jener der Mutter des Bräutigams, einmal ohne die Unterschriften der Mutter und des Onkels der Braut, siehe fol. 172' und fol. 175'.

188 Auf diesen Kontrakt wird gleich im Anschluss nochmals Bezug genommen. Maria Lercherin war die Frau von Mathies Troger. Die Nichte des Mannes heiratete einen Verwandten, vermutlich den Neffen der Frau. Bei dieser Paar-Konstellation handelt es sich um die Wiederholung einer Heiratsallianz zwischen zwei Linien, die im Unterschied zu Blutsverwandtschaft und Schwägerschaft aber nicht unter die kirchlichen Eheverbote fiel. Man spricht hier von kurzer Schließung (bouclage), die laut Gérard Delille typisch für frühneuzeitliche Allianzbildungen war. Vgl. Gérard Delille, Échanges matrimoniaux entre lignées alternées et système européen de l'alliance: une première approche, in: Jean-Luc Jamard u. a. Hg., En substances. Textes pour Françoise Héritier, Paris 2000, 219–252; ders., Position und Rolle von Frauen im europäischen System der Heiratsallianzen, in: Lanzinger/Saurer, Politiken der Verwandtschaft, 227–254, 233.

189 SLA Bozen, VBW 1760, fol. 14'. Ähnlich bei Helena Ladstätterin, auch sie wurde als „bauföllig" bezeichnet. Sie wollte für ihren Sohn nach dessen Verehelichung 100 Gulden im Haus der Braut anlegen. Sie wurde durch ihren Bruder vor Gericht vertreten. SLA Bozen, VBW 1780, fol. 49.

190 Vgl. beispielsweise TLA Innsbruck, VBI 1767, fol. 444–444'; fol. 449–450; ebd., VBI 1797, fol. 18'–19'; ebd., VBI 1800, fol. 2–3'.

cher, „wirth und gastgeb", und ihre verwitwete Mutter Eleonora Unterwegerin zur Seite.[191] Es ist dies das größte Aufgebot an Personen in beiden Samples. Das andere Extrem repräsentiert der Abschluss des „heirats- und weiteren contract" zwischen Joseph Bodner und Ursula Oberhoferin. Der Bräutigam war Hausknecht bei Herrn Franz Anton Peintner, bürgerlicher Gerichtsausschuss, Wirt, Gastgeber und Handelsmann in Innichen. Er konnte „arbeith halber" nicht vor Gericht erscheinen und musste selbst als Bräutigam einen Vertreter entsenden.[192]

Zu fragen ist in Zusammenhang mit der Präsenz von Verwandten auch nach Machtpositionen und Machtgefällen. In den letzten Jahrzehnten des 18. Jahrhunderts macht sich eine Verschiebung bemerkbar: Dass Väter oder andere Angehörige ohne Brautpaar vor Gericht erschienen, kam ab den 1780er Jahren nicht mehr vor, im Gegenteil: Immer häufiger traten die Brautpaare nun selbst ohne nahe Angehörige oder Verwandte vor Gericht auf – nicht zuletzt auch begünstigt durch den Wegfall des obligaten Anweisers auf Seiten der Braut. In der vorangehenden Phase mit dem Schwerpunkt auf kombinierten Verträgen sticht hingegen insbesondere die Figur des Vaters, daneben auch die des Erbonkels hervor.

Väterliche Macht und Autorität

Wie aus den Heiratskontrakten, die mit intergenerationalen Besitztransfers kombiniert waren, bereits deutlich geworden ist, handelte es sich dabei vielfach nicht um eine faktische Übertragung oder einen Verkauf mit sofortiger Wirksamkeit, sondern der Vater gab dem Brautpaar lediglich ein Versprechen für die Zukunft. Erst mit dem Tod des Vaters sollte die nächste Generation den Besitz dann de facto antreten können. Dies implizierte, dass der Vater die Hausmacht nicht übertrug und sich aus der Wirtschaftsführung nicht zurückzog.[193] Die Begriffe der „manega", „menase" oder „manegierung" des Hauswesens brachten diese für die Dauer des Lebens vorbehaltenen Befugnisse zum Ausdruck. – Frauen als Besitzerinnen agierten anders: Sie übergaben oder verschenkten den Besitz durchaus zu Lebzeiten.

Die historische Familienforschung bezeichnete jene Konstellation eines zwei beziehungsweise zusammen mit den Enkelkindern dann drei Generationen umfassenden Haushaltes, in dem die Machtbefugnisse in der Hand des Vaters beziehungsweise Großvaters blieben, als „Stammfamilie" im engeren Sinn.[194] Dieser Typus, bei dem ein „erwachsener und verheira-

---

191 TLA Innsbruck, VBI 1780, fol. 493–494. Ein beträchtliches verwandtschaftliches Aufgebot beim Abschluss von Heiratskontrakten im 17. wie im 19. Jahrhundert konstatiert Sandro Guzzi-Heeb an einzelnen Walliser Beispielen. Einen Heiratskontrakt aus dem Jahr 1664 haben beispielsweise „decine di famigliari" – Dutzende von Verwandten – unterschrieben. Er sieht darin den Zweck, künftige teure gerichtliche Auseinandersetzungen zu vermeiden, also eine Kontrollfunktion, aber auch den Ausdruck eines als kollektiv gedachten Besitzes. Sandro Guzzi-Heeb, Donne, uomini, parentela. Casati alpini nell'Europa preindustriale (1650–1850), Torino 2007, 152ff.

192 TLA Innsbruck, VBI 1778, fol. 780–780' (Transkription Innichen Nr. 7 im Anhang).

193 Ähnlich schildert Pavel Král die Situation für das bürgerliche und adelige Milieu in Böhmen, Král, Heiratsverträge und Testamente in Böhmen, 480f. Auch Gerald Bamberger verweist auf solche Herrschaftsvorbehalte, Bamberger, Ehe- und Übergabeverträge in Hessen, 31ff. Sie scheinen also durchaus weiter verbreitet gewesen zu sein.

194 In der Historischen Familienforschung differieren die Definitionen: Der Begriff „Stammfamilie" wurde zum Teil auf das Residenzmuster Erbe/Erbin und Eltern, zum Teil auf das Modell des ungeteilten Erbes bezogen, oder aber, und zwar mehrheitlich, auf das Zusammentreffen beider dieser

teter Sohn der hausväterlichen Gewalt unterworfen“ war, wurde für Westeuropa als nur sehr schwach ausgeprägt angenommen – am ehesten sei er im bäuerlichen Milieu zu finden[195] – und in seiner Einschätzung kontrovers diskutiert.[196] Gegenüber dieser Form, in der die Autoritätsposition in der ersten Generation lag, gilt die so genannte „Ausgedingefamilie“ als deutlich weiter verbreitete Form.[197] Diese ist gekennzeichnet durch den Rückzug der älteren Generation infolge der Besitzübergabe, die dem Modell nach – wenn auch de facto nicht immer – zeitlich mit der Eheschließung der nächsten Generation zusammenfiel.

Im Sample der Kontrakte des Gerichtes Welsberg tritt die Absicherung von Autorität und Macht durch die erste Generation gehäuft auf – vor allem in der folgenden Form:[198] Georg Schwingshackhl, der Vater der Braut, ließ diese und seinen Schwiegersohn in sein Haus einheiraten und setzte mit ihnen einen „heuraths und respective kaufs contract“ auf. Der Besitz sollte den Eheleuten erst nach seinem Tod zukommen. Er behielt sich bis dahin explizit die

---

Faktoren. Die Frage der Machtposition blieb dabei mitunter ausgeklammert. Vgl. z.B. Lutz Berkner, Inheritance, Land Tenure and Peasant Family Structure: a German Regional Comparison, in: Jack Goody u. a. Hg., Family and Inheritance. Rural Society in Western Europe, 1200–1800, Cambridge 1976, 71–95, 84; vgl. auch ders., The Stem Family and the Developmental Cycle of the Peasant Household. An Eighteenth-Century Austrian Example, in: American Historical Review, 77 (1972), 398–418.

195 Michael Mitterauer, Der Mythos von der vorindustriellen Großfamilie, in: ders. u. Reinhard Sieder, Vom Patriarchat zur Partnerschaft. Zum Strukturwandel der Familie, München 1991[4], 46–71, 57; ders., Komplexe Familienformen in sozialhistorischer Sicht, in: ders., Historisch-Anthropologische Familienforschung. Fragestellungen und Zugangsweisen, Wien/Köln 1990, 87–130, 94ff. In Gebieten Mittel- und Südfrankreichs fand man Stammfamilien, vgl. ebd., 97f. Vor allem sind die Untersuchungen von Antoinette Fauve-Chamoux über Stammfamilien in den französischen Pyrenäen zu nennen: Antoinette Fauve-Chamoux, Aging in a Never Empty Nest: The Elasticity of the Stem Familiy, in: Tamara K. Hareven Hg., Aging and Generational Relations over the Life Course. A Historical and Cross-Cultural Perspective, Berlin/New York 1996, 75–99. Vgl. auch Alain Collomp, From Stem Family to Nuclear Family: Changes in the Coresident Domestic Group in Haute Provence between the End of the Eighteenth and the Middle of the Nineteenth Centuries, in: Continuity and Change, 3, 1 (1988), 65–81; Marie-Pierre Arrizabalaga, The Stem Family in the French Basque Country: Sare in the Nineteenth Century, in: Journal of Family History, 22, 1 (1997), 50–69.

196 Vgl. Guzzi-Heeb, Donne, uomini, parentela, 128f. Auch in dem hier untersuchten Walliser Gebiet blieb der Besitz bis zum Tod der Eltern eine Einheit und unter väterlicher Ägide. Zu Formen von Güter- und Wirtschaftsgemeinschaft zwischen den jungen Paar und überlebendem Elternteil vgl. auch Michel Petitjean, Les contrats de mariage à Dijon et dans la campagne bourguignonne, Dijon 1980.

197 Vgl. Mitterauer, Mythos, 56f.

198 Antoinette Fauve-Chamoux stellt in ihrem Vergleich von Haushaltskonstellationen zwischen dem ausgehenden 18. und der Mitte des 19. Jahrhunderts fest, dass die Situation des zeitlebens die Macht innehabenden Vaters in den französischen Pyrenäen typisch für das 18. Jahrhundert war, während in der Mitte des 19. Jahrhunderts der Rückzug mit einem bestimmten Alter zum dominanten Modell wurde. Vgl. Fauve-Chamoux, Aging, 83; vgl. auch dies., The Stem Family, Demography and Inheritance: the Social Frontiers of Auto-Regulation, in: Richard L. Rudolph, The European Peasant Family and Society. Historical Studies, Liverpool 1995, 86–113.

„manega“ – so wie es bisher gewesen sei – vor.[199] Immer wieder ist das Machtgefälle, praktisch im Sinne einer *patria potestas* betont: Dem Sohn und der Schwiegertochter beziehungsweise der Tochter und dem Schwiegersohn wurde, trotzdem sie verheiratet waren, der Status als „kinder“ zugewiesen. Der Vater sah sich weiterhin verantwortlich für sie, und sie hatten ihm im Gegenzug entsprechenden Respekt zu zeugen – beiderseits in ein Pflichtenparadigma eingebunden. In einer Heiratsabrede aus dem Jahr 1740 versprach der Vater des Bräutigams, seinen Sohn und seine angehende Schwiegertochter in sein „hauswesen“ einzuführen und „sie als kinder zu halten und anbefohlen sein zu lassen“. Gleichzeitig erklärte er seinen Sohn zum Besitzer, was allerdings erst nach seinem Tod wirksam werden sollte.[200] Mathies Troger hatte selbst keine Kinder; er ließ seine Nichte Maria Troger, die von Jugend auf in seinem Haus erzogen worden war, einheiraten. Mittels Heiratskontrakt verpflichtete er sich – wie üblich –, die jungen Eheleute in sein Haus und Gut als künftige Besitzer einzuführen. Der Bräutigam Stephan Lercher verpflichtete sich seinerseits und auch im Namen seiner Braut, den Onkel und dessen Frau nicht allein in jeder Beziehung „kindlich zu ehren und zu respectiern“ und ihnen zeitlebens „zu gehorsamen“, sondern ihnen auch „mit aller arbeith respective als knecht und dieren bestmöglichist verhilflich zu sein und an die handt zu gehen“.[201] Der über die Bezeichnungen als „knecht“ und „dieren“ geäußerte Unterordnungsgestus findet sich auch in zwei weiteren Heiratskontrakten des Gerichtes Welsberg, einmal ebenfalls in der Konstellation eines kinderlosen Onkels und der einheiratenden Nichte: Die jungen Eheleute seien schuldig, „ihme mit fleiß und arbeith als knecht und dieren getreylich an handen zu gehen“.[202] – Nicht unerwähnt soll bleiben, dass diese beiden Kontrakte aus derselben Feder stammen: Sie wurden im Januar des Jahres 1760 in Toblach von Ignaz Georg Leiß protokolliert. – Der dritte dieser Art wurde im Jahr 1780 aufgenommen: Vor Gericht anwesend waren das Brautpaar, der Vater der Braut sowie „abgeordnet“ von Seiten des Vaters des Bräutigams, ein Vetter des Bräutigams und ein Schwager. Das Paar sollte in das väterliche Haus des Bräutigams einheiraten dürfen, jedoch nur als „hörbrig leut oder knecht und diern“, das heißt, als Herbergsleute – eine Art Untermieter –, da bereits ein anderer Sohn als künftiger Besitzer im Haus verheiratet war.[203] In diesem Fall war die doppelt untergeordnete Position dadurch bedingt, dass der Bräutigam den Besitzerstatus auch in Zukunft nicht erreichen würde. Eine solche Konstellation, dass trotz der Praxis des ungeteilten Erbes zwei Söhne in das Haus einheirateten, wenn ihrer sozialen Position nach auch abgestuft, also eine laterale Erweiterung eines Haushaltes, gilt ebenfalls als ein in Westeuropa seltenes Phänomen. Nachdem der Kontrakt über die Vertreter des Vaters abgeschlossen wurde und nicht mit dem Bruder, dürfte sich auch in diesem Fall der Vater in der zentralen Machtposition befunden haben.

Vereinzelt war für den einheiratenden Schwiegersohn während der Zeit der schwiegerväterlichen Wirtschaftsführung und Hausmacht ein jährlicher „lidlohn“ vorgesehen. Dieser Be-

---

199 SLA Bozen, VBW 1760, fol. 8 (Transkription Welsberg Nr. 3 im Anhang).

200 SLA Bozen, VBW 1740, fol. 10 (Transkription Welberg Nr. 2 im Anhang). Eine ähnliche Formulierung von Seiten des Stiefvaters der Braut, die angehenden Eheleute und „kinder“ in das Hauswesen einzuführen, findet sich auch ebd., VBW 1750, fol. 180. In diesem Fall heiratete der Bräutigam in das Haus der Braut.

201 SLA Bozen, VBW 1760, fol. 14.

202 SLA Bozen, VBW 1760, fol. 60’.

203 SLA Bozen, VBW 1780, fol. 93’.

griff bezeichnet üblicherweise den Dienstbotengehalt, was die zugewiesene Position als Knecht nochmals unterstreicht.[204]

Auf die Dimension der Verbreitung der Stammfamilie unter den skizzierten Autoritätsverhältnissen in dieser Region kann aufgrund des hier zugrunde liegenden Samples kein Rückschluss gezogen werden. Eine Klärung, die vor allem auch aus geschlechtergeschichtlicher Perspektive lohnend wäre, bedürfte eigener Forschungen auf einer breiteren Quellengrundlage. Mit dem Verschwinden von solch expliziten Machtgefällen zeichnet sich jedenfalls eine Veränderung ab, die in einem größeren Kontext zu sehen ist. Christopher Johnson spricht von einer „Familienrevolution", die er am Übergang vom 18. ins 19. Jahrhundert zeitgleich zu den gesamtgesellschaftlichen ökonomischen und politischen Veränderungen ansetzt. Als einen Aspekt dieser „Familienrevolution" nennt er die Verlagerung von der Herrschaft des Vaters auf die Herrschaft des Ehemannes und spricht in diesem Zusammenhang von der „Entthronung des Vaters", die im Zuge dieses Prozesses stattgefunden habe.[205] Zu überlegen ist auch, ob das bereits erwähnte Phänomen, dass Brautpaare beim Abschließen von Heiratskontrakten zunehmend ohne Angehörige und Verwandte vor Gericht auftraten, ebenfalls als Ausdruck eines veränderten familialen Autoritätsgefüges im Sinn einer Stärkung der Position des Brautpaares gelten kann. Nicht zu vergessen ist dabei allerdings, dass sich im 19. Jahrhundert rechtlich zugleich die Macht der Väter gegenüber minderjährigen Kindern ausgedehnt hat.

Im Gericht Innichen sind die Heiratskontrakte, die in einem intergenerationalen Kontext abgeschlossen wurden, in der Regel weniger stark und deutlich von väterlicher Autorität geprägt: Partlme Rainer, Bürger und Maurermeister, ließ seinen Sohn in das Haus einheiraten, mit dem Argument, dass er und seine Frau der Unterstützung bei der Arbeit und im Hauswesen bedürften. Zwar war vorgesehen, dass „haubtsächlich der vatter die manese annoch beizubehalten" habe, doch sollte „denen jungen eheleithen auch der gebihrenden gewaldt gelassen werden".[206] Eine angemessene ‚Gewaltenteilung' war hier damit in Aussicht gestellt. Jakob Wistaller, Bauer und Bürger im Markt Innichen, der seinen Schwiegersohn ins Haus einheiraten ließ, sah sich als „inhaber und menasierer" bis zu seinem Tod. Der Kontrakt enthielt aber auch einen Passus für den Fall, dass er „freüwillig dem ayden[207] die haus menase überlassen" sollte.[208] In anderen Kontrakten war von „mitwirthschaft", so lange der Vater am Leben sei, die Rede oder davon, die Wirtschaft des väterlichen Hauswesens „gemeinschäftlich fortzuführen".[209] Mehrheitlich wurde eine Übergabe des Besitzes an den Sohn, die Tochter oder das künftige Ehepaar ohne expliziten Autoritätsvorbehalt von Seiten des Vaters vereinbart, wenn auch der Besitztitel in der Regel beim Vater verblieb und im Streitfall das junge Paar das Haus verlassen musste. Die Gestaltung des Zusammenlebens der Generationen war vielfach Teil der Heiratskontrakte, wobei zwischen zwei Varianten zu unterscheiden ist: zwi-

204 Vgl. SLA Bozen, VBW 1760, fol. 531'. Vgl. ähnliche Beispiele bei Bamberger, Ehe- und Übergabeverträge in Hessen, 32f.

205 Christopher H. Johnson, Das „Geschwister Archipel". Bruder-Schwester-Liebe und Klassenformation im Frankreich des 19. Jahrhunderts, in: L'Homme. Z.F.G., 13, 1 (2002), 50–67, 50f.

206 TLA Innsbruck, VBI 1761, fol. 245' (Transkription Innichen Nr. 2 im Anhang).

207 „Ayden" ist eine Bezeichnung für den Schwiegersohn.

208 TLA Innsbruck, VBI 1770, fol. 321'.

209 TLA Innsbruck, VBI 1800, fol. 28'; fol. 73.

schen einem gemeinsamen Haushalt – „in einer kost und verpflegung" – und dem Rückzug der älteren Generation in die „herberg".

Die explizite Position eines „knechtes" oder einer „diern" wurde einem einheiratenden Paar im Sample des Gerichtes Innichen nie zugewiesen, doch gab es auch in diesen Heiratskontrakten Vereinbarungen, die ein deutliches Machtgefälle offensichtlich werden lassen. Die Eheleute Schmadl erklärten ihren Sohn als künftigen Besitzer und ließen ihn in das Haus einheiraten. Sie verpflichteten sich, dem Sohn sowie seiner Frau und den etwaigen Kindern „kost und schuhe" – der Vater war Schuhmacher – als Entgelt für deren Arbeitsleistung zukommen zu lassen. Das Ausstatten mit Kleidung sollte auf Kosten des Vaters zu erfolgen. Zudem sollte der Sohn einen Wochenlohn von 48 Kreuzern erhalten.[210]

Im Sample des Gerichtes Welsberg begegnet ein eher ausgeglichenes Arrangement zwischen Vater, Tochter und Schwiegersohn erst im 19. Jahrhundert, und zwar im nichtbäuerlichen Milieu: Der Vater von Anna Millerin, ein Müllermeister traf mit seiner Tochter und dem Schwiegersohn folgende Vereinbarung: Solange der Vater am Leben sein würde und den Besitz nicht freiwillig abgab, hatte das Paar und die etwaigen Kinder Anspruch auf die vollständige Verpflegung, sie hatten ihrerseits angemessene Arbeit zu verrichten. Für die Kleidung sollten sie, sofern diese nicht im Haus „fabrizirt" wurde, auf eigene Kosten aufkommen. Der Schwiegersohn behielt sich im Gegenzug den Fruchtgenuss aus seinem eigenen Vermögen vor, und der Schwiegervater verpflichtete sich zu Reparaturen und einem weiteren Ausbau der Mühle.[211]

In Zusammenhang mit der Autoritätssicherung durch Väter oder Erbonkel und der offensichtlich abhängigen Position des Sohnes, Schwiegersohnes oder Neffen ist des Weiteren festzuhalten, dass eine Eheschließung unter diesen Vorzeichen nicht der quasi automatische Übergang in die Selbständigkeit eines Mannes war – wie dies für den westeuropäischen Raum im Unterschied zu süd- und osteuropäischen Gesellschaften angenommen wird. Der für Westeuropa als typisch erachtete „gattenzentrierte Haushalt" im Sinne einer „von Verwandtschaftsbindungen weitgehend unabhängige[n] Haus- bzw. Haushaltsgemeinschaft" als Folge einer „Lockerung von Abstammungsbindungen" und einer damit einher gehenden „Schwächung verwandtschaftlicher bzw. familiärer Sozialbeziehungen",[212] stellt – wie es scheint – ein Modell neben anderen dar. Zu fragen wäre, inwieweit die eheliche Gütertrennung in Verbindung mit der Anerbenpraxis verwandtschaftliche und familiale Bindungen verstärkt hat im Vergleich zur Situation bei ehelicher Gütergemeinschaft. Die offensichtlich größere ‚Autonomie' von Brautpaaren, die sich in den niederösterreichischen Heiratskontrakten zeigt, könnte ein Indiz dafür sein.[213]

210 Für den Fall, dass sie mit einander nicht auskommen sollten, stand dem Sohn eine Kammer, die halbe Stube und die Benützung der Küche zu, und zwar unter der Bedingung, dass er das zur Beheizung der Küche und Stube notwendige Holz gemeinsam mit dem Vater herbeischaffe. TLA Innsbruck, VBI 1783, fol. 528–530.

211 SLA Bozen, VBW 1810, S. 53–58.

212 Michael Mitterauer, Warum Europa? Mittelalterliche Grundlage eines Sonderwegs, München 2003, 78, 105.

213 Vgl. dazu auch die These einer größeren Abhängigkeit von Kindern in Dotalsystemen bei Jutta Sperling, Marriage at the Time of the Council of Trent (1560–70): Clandestine Marriages, Kinship Prohibitions and Dowry Exchange in European Comparison, in: Journal of Early Modern History, 8, 1–2 (2004), 67–108, 68ff.

Zu betonen ist, dass unterschiedliche Modelle des Zusammenlebens in Haushalten und der Verteilung von Macht und Ressourcen zwischen den Generationen am selben Ort und zur selben Zeit nebeneinander existiert haben, wobei nicht nur nach Besitz- und Familienkonstellationen, sondern auch nach Milieus zu unterscheiden ist: zwischen den MarktbürgerInnen auf den verschiedenen Stufen der sozialen Skala, den Eliten am Land, dem bäuerlichen Milieu, dem handwerklich-gewerblichen Milieu und ärmeren Teilen der Bevölkerung. Die notwendige Diversifizierung in Hinblick auf sozioökonomisch, soziokulturell, soziopolitisch und rechtlich strukturierte Handlungsrepertoires,[214] die sich einem linear gezeichneten Metanarrativ versperrt, ist nur durch genaues Hinsehen mit einem mikrohistorischen Blick zu leisten.[215] Kontrakte und Vereinbarungen eröffnen den Zugang zu solchen Handlungsrepertoires und zur Wechselwirkung zwischen unterschiedlichen sozialen und rechtlichen Normen und dem Agieren in der Praxis.

6. Heiratsgaben, Vermögen und Verfügungsrechte

Formen und Definitionen

Die Direktiven in der Tiroler Landesordnung sind in Bezug auf Heiratskontrakte und Heiratsgaben nur vage formuliert. Im einleitenden Abschnitt des dritten Buches wurde verfügt, dass sich die Heiratswilligen am Landesbrauch der Grafschaft Tirol orientieren sollen und im Adel vorzugehen sei, „wie bisher der brauch gewesen ist/ Und in Stetten und Gerichten/ auch nach altem herkummen" – ohne nähere Konkretisierung von „Brauch" und „Herkommen". Wenn die Heiratsabreden in eine „verbriefte", also schriftliche Form gebracht würden, so sollten die Parteien wiederum dem „gemainen Lanndsbrauch" folgen und bei der Festsetzung des „Heyratguets" und der „Morgengab" nicht „vil frömbder, ungewöndlicher, beschwärlicher und gevärlicher pact oder geding[216] machen/ die künfftigklich/ den Eelichen kindern/ oder nächsten Freündten/ zu grossem Schaden unnd nachtail raichen möchten".[217] An Heiratsgaben genannt sind also Heiratsgut und Morgengabe. Deutlich wird des Weiteren der bereits in Zusammenhang mit der ehelichen Gütertrennung erörterte Bedacht, der den Interessen der Linie entgegen gebracht wird, sowie dem Vorrang der Kinder und der „nächsten Freündte" – einem Synonym für nahe Verwandte.

In den Heiratskontrakten der Gerichte Welsberg und Innichen zeigt sich in der Tat, dass die mit der Heirat verbundenen Transfers[218] hauptsächlich in der Form des in der Landesordnung genannten „heurathsgutes" stattfanden, seltener als Morgengabe. Neben „Heiratsgut" scheinen auch Begriffe wie „einbringen" oder „vermögen" auf, und es werden auch Summen genannt ohne nähere terminologische Spezifizierung. So stellt sich die Frage, ob unterschied-

214 Vgl. dazu Gadi Algazi, Kulturkult und die Rekonstruktion von Handlungsrepertoires, in: L'Homme. Z.F.G., 11, 1 (2000), 105–119.

215 Vgl. dazu zuletzt David Warren Sabean, Reflections on Microhistory, in: Gunilla Budde, Sebastian Conrad u. Oliver Janz Hg., Transnationale Geschichte. Themen, Tendenzen, Theorien, Göttingen 2006, 275–289, 276ff.

216 Darunter sind mündlich oder schriftlich vereinbarte Regelungen zu verstehen.

217 Tiroler Landesordnung 1573, 3. Buch, fol. 33re.

218 Vgl. allgemein dazu Brauneder, Frau und Vermögen, 225f.

liche Begriffe für unterschiedliche Qualitäten stehen und ob die rechtlichen Implikationen differieren, je nachdem, ob der Terminus „heiratsgut" verwendet wurde oder nicht.

Die Institution der Widerlage im Sinne einer für den Witwenstand bestimmten Vermögenszuwendung von Seiten des Ehemannes, die in ihrer Höhe in Relation zum Heiratsgut festgesetzt wurde, gab es in der hier untersuchten Region und Zeit und in dem untersuchten sozialen Milieu nicht – zumindest nicht explizit, im Unterschied zum Befund von Ellinor Forster.[219] Allerdings finden sich ab 1786 sehr vereinzelt der Witwe zugestandene Genussrechte, die an der Höhe ihres Vermögens bemessen sind.[220] Eine Widerlage fand einzig in dem bereits an anderer Stelle genannten Heiratskontrakt der Ursula Khurzin Erwähnung, die um eine Abschrift im Gericht Welsberg ersucht hatte. Sie hatte nach Wolfsburg in Kärnten geheiratet, wo auch der Kontrakt abgeschlossen worden war, und dort galten offensichtlich andere Usancen.[221] Hans von Voltelini verweist auf Südtiroler Urkunden aus dem 13. Jahrhundert, in denen eine Widerlage als „Contrafaktum" oder „donatio propter nuptias" aufscheine. Doch habe sich „diese Art der Widerlage in Deutschtirol verflüchtet". An deren Stelle seien – zunächst in adeligen Kreisen – Leibzuchten, das heißt, lebenslange Nutzungsrechte an bestimmten Gütern, getreten. Die Widerlage sei hier auch durch die Morgengabe verdrängt worden.[222]

Juristisch definiert entspricht das Heiratsgut einer Mitgift oder Dos.[223] In der Tiroler Landesordnung wird weder das Heiratsgut noch die Morgengabe näher erläutert. Spezifiziert werden jedoch Ansprüche, die sich von einem Zubringen oder Heiratsgut in einer bestimmten Höhe ableiten: Ist das Paar vermögenslos, und bringt der/die eine der/dem anderen weniger als 25 Gulden zu, so gebührt dem überlebenden Teil der lebenslange Fruchtgenuss des in der Ehe Erwirtschafteten und Ersparten. Würde aber bei der Eheschließung ein Heiratsgut von mehr als 25 Gulden zugebracht, dann würde der Gewinn dem Mann und dessen Erben zustehen, der Frau und ihren Erben aber ihr in die Ehe eingebrachtes und ererbtes Gut, die Morgengabe und das „Wittibrecht".[224]

Nach ABGB 1811 versteht man unter einem Heiratsgut „dasjenige Vermögen, welches von der Ehegattinn oder für sie von einem Dritten dem Manne zur Erleichterung des mit der ehelichen Gesellschaft verbundenen Aufwandes übergeben oder zugesichert wird" (§ 1218). Die

---

219 Vgl. die anderen Beiträge diesem Band; vgl. auch Forster, Handlungsspielräume von Frauen und Männern im österreichischen Eherecht, 113ff; Gunda Barth-Scalmani, Eighteenth-Century Marriage Contracts. Linking Legal and Gender History, in: Anne Jacobson Schutte, Thomas Kuehn u. Silvana Seidel Menchi Hg., Time, Space, and Women's Lives in Early Modern Europe, Kirksville 2001, 266–281; dies., Contratti matrimoniali nel XVIII secolo: un'analisi tra la storia del diritto e quella del ‚genere', in: Silvana Seidel Menchi u. a. Hg., Tempi e spazi di vita femminile tra medioevo ed età moderna, Bologna 1999, 525–553, 535ff; Langer-Ostrawsky/Lanzinger, Begünstigt – benachteiligt, 15ff.

220 Vgl. TLA Innsbruck, VBI 1791, fol. 24'–26 (Transkription Innichen Nr. 13 im Anhang); ebd., VBI 1786, fol. 276–277.

221 Vgl. SLA Bozen, VBW 1740, fol. 255'–257.

222 Voltelini, Zur Geschichte des ehelichen Güterrechts in Tirol, 350f. Ute Monika Schwob gibt mehrere Beispiele für die Widerlage in Tiroler adeligen Kreisen im Mittelalter; vgl. Schwob, „Herrinnen" in Tiroler Quellen.

223 Vgl. etwa Werner Ogris, Mozart im Familienrecht seiner Zeit. Verlöbnis, Heirat, Verlassenschaft, Wien/Köln/Weimar 1999, 146.

224 Tiroler Landesordnung 1573, 3. Buch, fol. 41ve.

Morgengabe hingegen ist ein „Geschenk, welches der Mann seiner Gattinn am ersten Morgen zu geben verspricht ... Ist dieselbe versprochen worden, so wird im Zweifel vermuthet, daß sie binnen den ersten drey Jahren der Ehe schon überreicht worden sey." (§ 1232) Diese eindeutige geschlechtsbezogene Zuordnung – das Heiratsgut, das die Ehegattin oder ein Dritter für sie dem Ehemann übergibt, die Morgengabe, die der Mann seiner Gattin verspricht oder überreicht – impliziert eine Sicht auf Ehe und auf die Geschlechterordnung, der zufolge der Ehemann die ökonomischen Lasten einer Ehe trägt. Dahinter steht ein *male breadwinner*-Konzept. Frauen wird die Rolle als Konsumentinnen zugewiesen, und ihre notwendige Versorgung durch den Ehemann mittels des ihm zugebrachten Heiratsgutes kompensiert.[225] Der Ehemann wurde auch in der Position gesehen, dass er in der Lage sei, der Gattin eine Morgengabe zu schenken, die zumindest diskursiv mit Vorstellungen zu belohnender Jungfräulichkeit in Verbindung gebracht wurde. Solche Sichtweisen wurden durch ihr gesetzliches Festschreiben nicht nur transportiert, sondern zugleich auch (re-)produziert. Das Josephinische Gesetzbuch 1786 war ebenfalls vom Heiratsgut als einer von der Frau eingebrachten Heiratsgabe ausgegangen (§ 74 bis § 82); die Morgengabe kommt dort allerdings nicht vor.

Arbeitet man Heiratskontrakte der Gerichte Innichen und Welsberg fürs 18. Jahrhundert in Hinblick auf das Einbringen eines Heiratsguts und das Festsetzen einer Morgengabe durch, dann findet sich diese eindeutige und vor allem eindimensionale Verbindung von Geschlecht und Art des Vermögenstransfers nicht bestätigt.[226] Zwar überwogen das von Seiten der Braut zugebrachte Heiratsgut und im Gericht Innichen die von Seiten des Mannes vermachte Morgengabe der Häufigkeit nach, doch gab es auch den einen oder anderen umgekehrten Fall: Wenn Frauen in der Position als Besitzerinnen eine Ehe eingingen, kam es auch vor, dass der zuheiratende Mann ein Heiratsgut einbrachte; und es konnte auch sein, dass eine Witwe dem künftigen zweiten und noch ledigen Ehemann eine Morgengabe zusprach – dazu später noch im Detail.

Heiratsgut oder Vermögen?

In der Tiroler Landesordnung wird im Wesentlichen nicht zwischen Heiratsgut und sonstigem eingebrachten oder während der Ehe ererbten Vermögen unterschieden, was deren weiteres Geschick anging. Für den Adel gab es allerdings eine Bestimmung, der zufolge das Heiratsgut höher zu verzinsen war als das anderweitige Vermögen der Witwe und die ihr zugesprochene Morgengabe.[227] Heiratsgut wie weiteres Vermögen gingen in die Verwaltung und Nutzung des Ehemannes über, Heiratsgut wie alles weitere Vermögen der Ehefrau war ihr nach dem Tod des Mannes zurückzuerstatten, beides – im Unterschied zur Morgengabe – unter Vorrang vor anderen Gläubigern. Beides hatte der Witwer nach dem Tod der Frau zur Gänze ihren Erben

225 Zu diesem für ein bürgerliches Beamtenmilieu typischen Geschlechterkonzept des 19. Jahrhunderts vgl. den nach wie vor zentralen Artikel von Karin Hausen, Die Polarisierung der „Geschlechtscharaktere". – Eine Spiegelung der Dissoziation von Erwerbs- und Familienarbeit, in: Werner Conze Hg., Sozialgeschichte der Familie in der Neuzeit Europas, Stuttgart 1976, 363–393.

226 Für einen vergleichbaren Befund in Bezug auf Heiratsgüter und Aussteuer, allerdings in einem Realteilungsgebiet, vgl. Andrea Hauser, Dinge des Alltags. Studien zur historischen Sachkultur eines schwäbischen Dorfes, Tübingen 1994, 361ff.

227 Vgl. Tiroler Landesordnung 1573, 3. Buch, fol. 48ve.

zu übergeben – wiederum im Unterschied zur Morgengabe, deren Nutzung ihm zeitlebens zustand und erst nach seinem Tod den Erben der Frau zufiel, falls die Frau ihm die Morgengabe nicht geschenkt hatte.[228] Da in diesem System keine Widerlage vorgesehen war, deren Genuss der Witwe zugekommen wäre, stand umgekehrt auch das Heiratsgut dem Witwer nicht zum Genuss zu.

Spezifisch für das Heiratsgut war dessen Zusage anlässlich einer bevorstehenden Eheschließung sowie dessen versprochene Übergabe innerhalb eines bestimmten Zeitraums oder zu einem bestimmten Termin. Falls der Transfer nicht wie vorgesehen erfolgte, war der Betrag ab diesem Zeitpunkt zu verzinsen. Neben dem Heiratsgut gab es jedoch weitere Transfers. Von „vermögen" oder „einbringen" statt Heiratsgut war vielfach, wenn auch nicht ausschließlich dann die Rede, wenn dieses nicht direkt und aus Anlass der Eheschließung von einem Familienmitglied bereit gestellt wurde. Vermögen konnte beispielsweise der Braut oder dem Bräutigam bereits zugesprochenes Erbe von Seiten verstorbener Eltern, Elternteile oder anderer Verwandter umfassen oder selbst verdientes und erspartes Geld. Das Vermögen, das Barbara Gutwengerin in die Ehe einbringen wollte, setzte sich beispielsweise aus drei Summen zusammen: einen Teil hatte sie bei ihrem Bruder, einen Teil bei ihrem Schwager angelegt und der Rest bestand aus ihrem eigenen Bargeld.[229] Von Vermögen wurde zumeist auch dann gesprochen, wenn der zuheiratende Bräutigam „in die halben kaufrechte" eintrat, also mit dem eingebrachten Vermögen die Hälfte des Besitzes erwarb.

Von den insgesamt 126 Dokumenten aus dem Gericht Innichen sind 88 Heiratskontrakte; ein Heiratsgut kam explizit in 30 Kontrakten vor, also ziemlich genau in einem Drittel, das sich über den gesamten Zeitraum des Samples erstreckt. Im Gericht Welsberg scheinen Vermögenstransfers unter dem Begriff „heurathsgut" erst ab 1770 auf – mit Ausnahme des 1740 von Ursula Khurzin in Kärnten abgeschlossenen Kontraktes[230] – und nur in zehn der insgesamt 103 Heiratskontrakte. Etwa zur Hälfte betrafen die Heiratskontrakte dieses Samples Eheschließungen, in denen der Bräutigam in das Haus der Braut als Tochter, Nichte oder Witwe einheiratete. Ein Heiratsgut von Seiten der Braut entfiel dadurch – mit einer Ausnahme. Dies könnte die geringe Zahl an Heiratsgut-Transfers zumindest teilweise erklären. Ab 1800 findet sich in diesem Sample weder ein Heiratsgut noch ein Einbringen.

Verschiedentlich wurde innerhalb einzelner Heiratskontrakte sowie in Bestätigungen über das von Seiten der Ehefrau eingebrachte Vermögen zwischen dem Heiratsgut und anderen Vermögenssorten differenziert. Anna Rainerin aus Innervillgraten unterschied zwischen einem „wahren" Heiratsgut und ihren Ersparnissen. Sie verpflichtete sich, ihrem

> angehenden ehemann Anton Purgmann einsmalen gewiß und ohne abgang 127 f 5 kr als ein wahres heurath gut zuzubringen und weiland selbe noch ein ersbartes geld inhanden hat, als verspricht selbe, nach vorbey gegangener hochzeit und bestrittenen auslagen den überrest des weiteren einbringen der gerichtschreiberey allda anzuzeigen und zum künftigen ersehen, um richtigkeit willen ad prothocollum kommen zu lassen.[231]

228 Vgl. Tiroler Landesordnung 1573, 3. Buch, fol. 33re, fol. 48re–48ve, fol. 49ve–50re.
229 Vgl. TLA Innsbruck, VBI 1784, fol. 710–714' (Transkription Innichen Nr. 9 im Anhang).
230 Vgl. SLA Bozen, VBW 1740, fol. 256.
231 TLA Innsbruck, VBI 1780, fol. 249.

Oder es wurde zwischen bereits ererbtem Vermögen und der als Heiratsgut zugesprochenen Summe differenziert wie im Heiratskontrakt zwischen Johann Außersdorfer und Agnes Oberhammerin, die laut einer Abhandlung vom Mai des Jahres 1789

> bereits ein mütterliches vermögen von 1.198 f besitzet, und auch der dato gegenwärtige vater Georg Oberhammer derselben 600 f à conto des anzuhoffen habenden väterlichen vermögens als ein heyrath gut zu geben versprechet, hievon bereits 500 f zu erkaufung eines ladens baar ausgehändiget worden, die übrigen 100 f aber auch noch heuriges jahr baar zu erlegen sind, und somit ein so ansehnliches vermögen in das gemeinschäftliche hauswesen einbringet.[232]

Die Herkunft von Seiten der Eltern oder naher Verwandter, die Anrechnung auf das spätere Erbe und die Verzinsung im Fall einer verspäteten Übergabe lassen sich aus dem untersuchten Material als tendenzielle Merkmale des Heiratsgutes herausfiltern. Spezifisch für das Heiratsgut war also primär der Familienkontext. Was alles Weitere betraf – Verwaltung, Nutzung und den nachehelichen Anspruch – unterschied die Tiroler Landesordnung, wie erwähnt, nur in einem auf den Adel bezogenen Punkt, ob eingebrachtes Geld unter dem Begriff „Heiratsgut" lief oder nicht.

Die Deklaration als Heiratsgut konnte jedoch unter veränderten gesetzlichen Rahmenbedingungen ins Gewicht fallen: Mit Einführung des JGB konnte die Ehefrau beanspruchen, ihr Vermögen selbst zu verwalten. Damit war das Vermögen gemeint, das sie *neben* einem Heiratsgut noch innehatte. Denn das Heiratsgut stand dem Ehemann unbestritten als Verwalter zu. Je größer die als Heiratsgut gewidmete Summe war, um so geringer war in diesem Fall der Umfang des von einer Ehefrau potenziell selbst verwaltbaren Vermögens.[233] Auch in Hinblick auf nacheheliche Ansprüche trat mit dem Josephinischen Gesetzbuch eine Änderung gegenüber der Tiroler Landesordnung ein. Wenn nicht ausdrücklich anders bedungen, würde die überlebende Frau neben ihrem Heiratsgut „auch die ihr verschriebene Widerlage, und der Mann das ihm zugebrachte Heurathgut unwiderruflich" gewinnen.[234] Da es in dem in den Gerichten Innichen und Welsberg üblichen Modell der Heiratsgaben keine Widerlage gab, würde diese Bestimmung hier einseitig sein. Auf diese veränderten Rahmenbedingungen wird im Abschnitt über die Vereinbarungen für die Zeit nach der Ehe noch zurückzukommen sein.

Bereitstellen des Heiratsgutes

Üblicherweise stellten Väter, Mütter oder beide Elternteile das Heiratsgut und transferierten es an Töchter, Söhne oder Schwiegersöhne.[235] Zumeist kam ein als solches bezeichnetes „heurathsgut" von Seiten des Vaters, im Gericht Innichen in einigen Fällen auch von Seiten der Mutter und einmal von Seiten des Großvaters. Das hing mit spezifischen Besitzkonstella-

232 TLA Innsbruck, VBI 1792, fol. 270'–271 (Transkription Innichen Nr. 14 im Anhang).

233 Vgl. Forster, Handlungsspielräume von Frauen und Männern im österreichischen Eherecht, 103.

234 Josephinisches Gesetzbuch, Drittes Hauptstück, § 83 und § 116, zit. nach Kropatschek, Handbuch, Bd. 10, 1786, Wien 1788, 358f, 374f. Für spätere Diskussionen dazu vgl. Forster, Handlungsspielräume von Frauen und Männern im österreichischen Eherecht, 105f.

235 Ab dem Zeitpunkt, als Brautpaare allein bei Gericht erschienen, versprach vereinzelt die Braut selbst das Heiratsgut. Vgl. beispielsweise TLA Innsbruck, VBI 1795, fol. 353': „2do Zusaget die braut dem bräutigam als heurathgut 250 fl 27 ½ kr zuzubringen" (Transkription Innichen Nr. 17 im Anhang, siehe auch Abb. 5, S. 294).

tionen und familialen Situationen zusammen: Maria Mayrginterin ließ „in assistentia“ ihres Anweisers zu Protokoll nehmen, dass sie „ihrem eheleiblich geliebten sohn Michael Kuenater, weeberknecht allda, ursachlich seiner vorhabenden verehelichung auß ihrem vermigen und einpringen zu einem heyrathgueth und à conto konftigen erbs benantlich 100 f hiemit würcklich abgetretten und übergeben“ habe.[236] Auch Helena Fröhlichin verfügte während der Ehe über ihren Besitz und sie sprach sowohl ihrem Sohn bei dessen Verehelichung eine größere Summe zu als wenige Jahre später auch ihrer Tochter ein Heiratsgut.[237] Maria Strellin erschien mit dem Vater und dem Großvater bei Gericht. Das Heiratsgut von 100 Gulden versprach der Großvater, an den Bräutigam zu zahlen, bot aber als Alternative dazu die Nutzung von landwirtschaftlichem Grund an, wofür er die entsprechenden grundherrlichen Abgaben leisten wollte.[238] Der Großvater Georg Mehlhofer hatte seine Tochter Jahrzehnte zuvor wegen „trunksucht“ und „verschwendung“ enterbt; sein Schwiegersohn hatte vor 35 Jahren in sein Haus eingeheiratet – er bezeichnete sich selbst dort nur als „knecht“. Der Besitz sollte später auch vom Großvater direkt an den Enkel übergehen – den Bruder der Braut Maria Strellin –, und so sah sich der Großvater auch für die Bereitstellung des Heiratsgutes seiner Enkelin zuständig.[239]

Summen und Formen

Die Höhe der als Heiratsgut fixierten Summen lag im Gericht Innichen zwischen 50 und 1.000 Gulden, im Gericht Welsberg zwischen 50 und 2.000 Gulden. In beiden Gerichten ging die höchste Summe vom Vater an einen Sohn, dessen Braut Inhaberin eines Hauses und/oder Betriebes war:[240] Im Gericht Welsberg setzte sich diese aus 1.000 Gulden, die zu „sonnewenden“ des folgenden Jahres ausgezahlt werden sollten und weiteren 1.000 Gulden zusammen, die beim Tod der Mutter fällig würden. Mehrheitlich bewegte sich die Höhe eines Heiratsgutes allerdings zwischen 100 und 200 Gulden.

Die Summen, die unter den Bezeichnungen „vermögen“ oder „einbringen“ liefen, lagen im Gericht Innichen vereinzelt höher als jene, die unter „heirath gueth“ angegeben waren. So versprach die Witwe Maria Ranepacherin, „ihr vermögen so in circa gegen 1.900 f bestehet ... alhero zue- und einzubringen“[241] – dies ist die höchste Summe aus dem Sample. Sie war in diesem Fall auch Käuferin des halben Besitzes, den der Bräutigam von seinen Eltern übertragen bekam. Das Vermögen von Maria Bachmannin war mit 1.400 bis 1.500 Gulden beziffert,

236 TLA Innsbruck, VBI 1767, fol. 444. Ähnlich hat die Witwe Catharina Trenckerin ihrer Tochter 90 Gulden als Heiratsgut auszuzahlen versprochen, vgl. fol. 449'–450.

237 Vgl. TLA Innsbruck, VBI 1797, fol. 19; ebd., VBI 1800, fol. 2'–3. Zu dieser sehr rührigen Frau vgl. auch Margareth Lanzinger, Generationengerechtigkeit mittels Vertrag. Besitz- und Vermögensregelungen zwischen Reziprozität und Unterordnung, Ausgleich und Begünstigung, in: Stefan Brakensiek, Michael Stolleis u. Heide Wunder Hg., Generationengerechtigkeit? Normen und Praxis im Erb- und Ehegüterrecht 1500–1850, Berlin 2006, 241–263, 260f.

238 Vgl. TLA Innsbruck, VBI 1784, fol. 703'–704.

239 Vgl. dazu die Abhandlung nach dem Tod von Georg Mehlhofer: TLA Innsbruck, VBI 1786, fol. 532–550. Vgl. auch Lanzinger, als Curatoren zu verpflichten, 24ff.

240 Vgl. TLA Innsbruck, VBI 1803, fol. 559–563; SLA Bozen, VBW 1800, Teil 1, fol. 171–171'. Der hier protokollierte Kontrakt stammt aus dem Jahr 1796.

241 TLA Innsbruck, VBI 1769, fol. 13'.

jenes von Peter Thaler mit 1.200 Gulden.[242] Im Gericht Welsberg wurde die Höchstsumme des Heiratsgutes durch anderes Vermögen nicht überschritten.

Ebenso breit gestreut wie die Höhe der Beträge waren auch die Formen der Übermittlung: Das Heiratsgut konnte bei der Heirat bar ausbezahlt werden, aber auch erst später – in näher bestimmter oder unbestimmter Zeit –, wobei es in der Zwischenzeit üblicherweise verzinst wurde. Oder es wurde zunächst überhaupt nur dessen Verzinsung vereinbart. Es konnte auch vorkommen, dass es nie ausbezahlt wurde. Der Handschuhmachermeister Joseph Told hatte im Jahr 1746 geheiratet. Im väterlichen Haus war bereits sein jüngerer Bruder verheiratet, ihm war dafür offensichtlich ein Heiratsgut in Aussicht gestellt worden – das er aber nie erhalten hat. Im Jahr 1765 gab er schließlich eine Verzichtserklärung ab hinsichtlich des ihm als Ältestem zustehenden „erbs-, besiz- und mansvorteil, auch des ainßmallig versprochenen heyrath guths, mithin in allen“ und erklärte sich mit 70 Gulden, die ihm der Vater wiederum als Kredit zusprach, als „contentirt“, also zufrieden gestellt.[243]

In Einzelfällen bestand das Heiratsgut in einer Grundstücksnutzung, im Überlassen eines Anteils der eigenen Haushälfte, im Gewähren der „herberg“ im elterlichen Haus,[244] in der Übernahme eines Schuldscheines oder im Erlass von Schulden. Der Vater von Rosina Steidlin setzte als Heiratsgut fest: 100 Gulden und eine Kuh.[245] Das Brautpaar konnte auch vor die Wahl gestellt werden. Joseph Schräfl, der Brautvater, verpflichtete sich beispielsweise, entweder seiner Tochter 200 Gulden bar zu überlassen oder ab dem Frühjahr einige Grundstücke zur Nutzung.[246] Häuser, Hausanteile oder Grundstücke als Besitz waren im untersuchten Raum in der Regel nicht Teil des Heiratsgutes.[247]

Im Vergleich zu Pariser Heiratskontrakten des 17. und 18. Jahrhunderts, in denen neben Geld hauptsächlich Mobilien als „dot“ angeführt wurden[248] oder im Vergleich zu italienischen Mitgiftkontrakten, die auch die Gegenstände der Aussteuer enthielten, sowie zu so genannten

242 Vgl. TLA Innsbruck, VBI 1791, fol. 7; ebd., VBI 1803, fol. 562.

243 TLA Innsbruck, VBI 1765, fol. 50'–51.

244 Das Ehepaar Michael Schmädl und Maria Schranzhoferin bestimmten in einem nachträglich – ein Jahr nach der Heirat ihrer Tochter – aufgesetzten „contract und respec[tiv]e ohnaufhöbliche verordnung“ unter Punkt eins, „daß yr, Haimblich junge eheleith, solang er, eheleiblicher und schwecher vatter Michael Schmädl und seine ehewürthin Maria Schranzhoferin lebt, die hörbrig in der behaußung franco an statt eines heyrath gueths zu genießen, doch sich gebührlich und ainig aufzufiehren gehalten sein sollen.“ In Punkt zwei wurde für die Zukunft festgelegt: „Nach ihr, der eltern ableiben aber solle ihnen, Haimblichen jungen eheleuth, besitzlichen ohnverdrungen zuekomen ihr, der eltern besitzende halbe behaußung und garten“ sowie drei Grundstücke im Gesamtwert von 900 Gulden. TLA Innsbruck, VBI 1763, fol. 641. Im Jahr 1778 richtete das junge Paar eine „protestion“ an das Pfleggericht, da der Vater respektive Schwiegervater eines der drei ihnen versprochenen Grundstücke einfach verkauft hatte. TLA Innsbruck, 1778, fol. 692–693'.

245 Vgl. SLA Bozen, VBW 1795, fol. 54.

246 Vgl. TLA Innsbruck, VBI 1763, fol. 644–644' (Transkription Innichen Nr. 3 im Anhang). Bezüglich der 200 Gulden war hier auch noch die selten aufscheinende Bestimmung enthalten, dass das verbleibende Vermögen, insbesondere die 200 Gulden im Fall, dass die Tochter bei der Geburt des ersten Kindes sterben würde, an den Vater zurückfallen solle.

247 Anders in den von Gesa Ingendahl untersuchten Ravensburger Heiratsverträgen; vgl. Ingendahl, Witwen in der Frühen Neuzeit, 47f.

248 Scarlett Beauvalet-Boutouyrie, Être veuve sous L'Ancien Régime, Paris 2001, 247.

„Brautschatzverschreibungen“[249] ist der Transfers materieller Güter dieser Art hier relativ selten dokumentiert.[250] Nur Haushaltsgegenstände, „Hausfarnussen“ sind in Innichner Kontrakten vereinzelt genannt als Einbringen der Ehefrau.[251] In einem frühen Heiratskontrakt des Samples schenkte der Brautvater seiner Tochter die „toten fahrnisse“ ausgenommen „haar und tuech“ – also Flachs und Leinen – als Voraus „ohne schmellung [Schmälerung, M.L.] ihres konftigen erbes“.[252] Maria Bachmannin hatte ihrem Bräutigam neben dem väterlichen und schwesterlichen Erbvermögen sowie eigenem Ersparten auch die von ihrem Bruder Thomas ererbten Fahrnisse zugebracht, welche sie dem Ehemann zum Preis von 105 Gulden überlassen hatte.[253]

Dokumente aus späteren Lebensphasen – Testamente, Witwenverträge, Abhandlungen nach Todesfällen – weisen sehr wohl klassische Aussteuerelemente wie Leibwäsche, Bett- und Tischwäsche, Ober- und Unterbett, Kissen etc. als Eigentum von Frauen aus, diese fanden aber praktisch keinen Eingang in die Heiratskontrakte. In den wenigen Fällen ging es vor allem darum, dass solche Güter vom ehemännlichen Genuss ausgenommen blieben. Einiges deutet darauf hin, dass solche Dinge in der weiblichen Linie blieben, an Töchter, Schwestern, Nichten weitervererbt wurden. Jedenfalls war der Ehemann gemäß der Tiroler Landesordnung gehalten, alle von „seiner Haußfrauen zugebrachte haab und güter“ inklusive des während der Ehe Ererbten „genzlich und one allen abganng zu entrichten“, also an die Kinder oder andere Erben weiterzugeben.[254] Dabei war für bestimmte Dinge eine geschlechtsspezifische Vererbung vorgesehen, denn es „Sollen des vaters Claider/ Clainat/ Pferdt/ Geschütz/ Harnische/ Wöre/ Sigel und Bücher auf die Söne; Und der Mueter Gewandt/ Gespendt und Clainat/ auf die Töchter fallen“.[255]

Heiratsgut und Erbe

Das Heiratsgut stand mit dem noch zu erwartenden Erbe in Relation. Normalerweise sollte die als Heiratsgut übermittelte Summe bei einer künftigen Erbverhandlung als bereits erhaltener Anteil eingerechnet werden. Dies kam in den Begriffen „à conto“, „kollationierung“ oder „conferierung“ zum Ausdruck. Die Ausstattung mit einem Heiratsgut implizierte also nicht –

249 Vgl. Dietmar Sauermann, Bäuerliche Brautschatzverschreibungen in Westfahlen (17.–20. Jh.), in: Rheinisch-westfälische Zeitschrift für Volkskunde, 18/19 (1972), 103–153.

250 Vgl. auch Dietmar Sauermann, Brautschatzverschreibungen als Quelle für die Veränderungen der bäuerlichen Kultur im 18. Jahrhundert, in: Westfälische Forschungen, 29 (1978/79), 199–222, 204ff. Die hier ausgewerteten Eheberedungen enthielten zu etwas über 60 Prozent Angaben zu Gegenständen, die als Brautschatz mitgegeben wurden. Die Zahl der Verträge, die diese Angaben enthalten, nahm im Laufe des 18. Jahrhunderts allerdings ab. Dafür verdoppelte sich der Prozentsatz der Verträge, die „Männerbrautschätze“ dokumentieren, zwischen den ersten Jahrzehnten und der Mitte des Jahrhunderts.

251 Vgl. TLA Innsbruck, VBI 1757, 1764, fol. 812; ebd., VBI 1783, fol. 383.

252 TLA Innsbruck, VBI 1757, fol. 195'–196.

253 Vgl. SLA Bozen, VBW 1811, S 437–439. Hierbei handelt es sich um ein „Einbekenntnis“ von Seiten des Ehemannes. Der Transfer der Fahrnisse kann daher auch während der Ehe erfolgt sein.

254 Tiroler Landesordnung 1573, 3. Buch, fol. 49ve.

255 Tiroler Landesordnung 1573, 3. Buch, fol. 38re. Zur Vererbung bestimmter Gegenstände in der weiblichen Linie vgl. die Studie von Karin Gottschalk, Eigentum, Geschlecht, Gerechtigkeit. Haushalten und Erben im frühneuzeitlichen Leipzig, Frankfurt a. M./New York 2003.

wie es im italienischen Dotalsystem oder im Adel üblich war – einen Ausschluss verheirateter Töchter vom Erbe.[256] Im Gericht Innichen war der ausdrückliche Verweis der Anrechnung auf das künftige Erbe der Regelfall. Im Gericht Welsberg war nur in zwei Fällen explizit von einer à conto-Zahlung die Rede.[257] Dies dürfte eher mit der generell weniger juristisch geprägten Sprache der dortigen Kontrakte zusammenhängen als mit einer abweichenden Praxis. Dass Töchter mit einem Heiratsgut abgefunden waren, war auch in Tirol hauptsächlich im Adel üblich.[258]

Michael Gutwenger beispielsweise versprach dem Schwiegersohn „um Candidi[259] dieß jahr à conto des väterlichen vermögen 140 f und à conto des mütterlichen erbgut 60 f und folglich zusammen 200 f – kr zu einem heurathgut baar zu verabfolgen".[260] Franz Bergmann schenkte seiner Tochter Maria sogar einen Teil: Er erklärte, er wolle seiner Tochter, „als ein heurath gut 100 f aufzählen, auch übershin ihr jene 100 f, die sie im Wälschland verbrauchet hat, dergestalt ganz geschänket haben, so, daß künftig diese 100 f weder von ihm oder seinen übrigen kindern ihr an dem zugewarten habenden väterlichen erb abgerechnet werden dürfen."[261] Auch in Bezug auf das einem Sohn vermachte Heiratsgut, wurde bisweilen klar gestellt, dass er damit bezüglich seines Erbteiles noch nicht abgefunden sei.[262]

Überstieg der Erbanteil die Höhe des Heiratsgutes, hatten Töchter und Söhne Anspruch auf den Differenzbetrag. Der Vater von Maria Baumgartnerin aus Oberrasen erklärte dies sehr deutlich, indem er sich verpflichtete, die Tochter „durch keine letztwillige oder lebzeitige verfügung an ihrem künftigen gleichen erbtheil mit seinen übrigen kindern zu verkürzen, nur wolle er sich vorbehalten haben, seinem sohn einen besitz- oder erbvortheil vor seinen töchtern zu wenden zu dürfen".[263] Dabei handelte es sich um ein übliches Muster, dass nämlich jener Sohn oder jene Tochter, der beziehungsweise die den Besitz übernehmen würde, einen etwas höheren Anteil an dem geschätzten Vermögenswert des Besitzes nach Abzug der Schulden erhalten sollte. Gemäß der tendenziellen Bevorzugung von Söhnen gegenüber Töchtern als Besitznachfolger firmiert dieser Bonus auch unter „mannsvortheil".

---

256 Vgl. beispielsweise Diane Owen Hughes, From Bridprice to Dowry in Mediterranean Europe, in: Journal of Family History, 3, 3 (1978), 262–296; Karl-Heinz Spieß, Familie und Verwandtschaft im deutschen Hochadel des Spätmittelalters, 13. bis Anfang des 16. Jahrhunderts, Stuttgart 1993, 243f; Michaela Hohkamp, Eine Tante für alle Fälle. Tanten-Nichten-Beziehungen und ihre Bedeutungen für die reichsfürstliche Gesellschaft der Frühen Neuzeit, in: Lanzinger/Saurer, Politiken der Verwandtschaft, 147–169, 154ff.

257 Vgl. SLA Bozen, VBW 1730, fol. 246 (Transkription Welsberg Nr. 1 im Anhang); ebd., VBW 1760, fol. 533'.

258 Vgl. Voltelini, Zur Geschichte des ehelichen Güterrechtes in Tirol, 349f.

259 Als Zahlungstermin für Fälligkeiten und Stichtag für das Anlaufen von Zinsen etc. war im Markt Innichen der Namenstag des Candidus als Patron der lokalen Stiftskirche üblich. Am betreffenden Tag, dem 23. Mai, fand auch einer der vier großen Märkte im Ort statt.

260 TLA Innsbruck, VBI 1784, fol. 694'.

261 TLA Innsbruck, VBI 1797, fol. 2'–3.

262 Vgl. beispielsweise SLA Bozen, VBW 1800, Teil 1, fol. 171': Der Sohn solle das Heiratsgut erhalten, „und zwar unbenommen der etwa vielleicht über solche zwey tausend gulden mehres zutreffenden erbtheiles als ein h[er]r väterlich und frau mütterliches erbvermögen".

263 SLA Bozen, VBW 1812, S. 64–65.

Umgekehrt, wenn der Anteil am Erbe geringer ausfallen würde, kann angenommen werden, dass das bereits ausbezahlte Heiratsgut als gesichertes Vermögen galt. Sylvester Gütl versprach seinem Sohn „alsogleich" 200 Gulden als Heiratsgut zu übergeben oder ab dem Tag der Schließung des Heiratskontraktes zu verzinsen und setzte fest, dass „diese 200 f als richtig immer anzusehen" seien, „wenn auch der kindstheil nicht soviel betreffen würde"[264] – das heißt, wenn die Höhe die Heiratsgutes über jener des später zu bestimmenden faktischen Erbteiles liegen würde.

Verwaltung von Heiratsgut und Vermögen: Modelle und Konfliktpotenziale

Dem Ehemann stand gemäß Tiroler Landesordnung zu, das von der Frau eingebrachte Heiratsgut und Vermögen zu verwalten und zu nutzen. Die ehemännliche Verwaltung des Vermögens der Frau erstreckte sich nicht nur auf das zum Zeitpunkt der Eheschließung eingebrachte oder zugesprochene Vermögen, sondern schloss auch das mit ein, was sie während der Ehe noch erhalten würde. Heiratskontrakte stellten dies zunehmend explizit klar. Zunächst war dies üblicherweise im Schlusspassus vermerkt, in dem das Vermögen sichergestellt wurde, etwa in folgendem Wortlaut: „sovielen es der jungfrau braut seiner zeit einzubringendes und während der ehe anfallendes vermögen betrift".[265] Auch im Gericht Welsberg verschrieb die Braut dem Bräutigam in dieser Zeit ausdrücklich „den ehevogtlichen genuß ihres sowohl gegenwärtigen ... als zukonftigen vermögens".[266]

Nach Mitte der 1780er Jahre rückte der ehemännliche Anspruch auf den Nießbrauch des eheweiblichen Vermögens *während* der Ehe stärker in den Vordergrund. In den Heiratskontrakten des Gerichtes Innichen wurde dieser Aspekt vom Schlusspassus in den Haupttext hinaufgezogen und als eigener Vertragspunkt ausgewiesen. Er trat an die zweite Stelle, wo zuvor die eheweibliche Schlüsselgewalt rangiert hatte: „2do verbindet sich die braut Margreth Englhoferin, dem bräutigam und künftigen ehemann Mayr das bestehende ganze dermalige und zukünftige vermögen während der ehe nach den alten tyrolischen landsrechten zum fruchtgenuß zubelassen, und auszuhändigen."[267] Oder: „2do verspricht die braut Maria Bachmannin mit einfluß des vater und gerhabens dem bräutigam und anhoffenden künftigen ehemann Bartlmä Überbacher das dermalen habende, in 1.400 f bis 1.500 f bestehende eigenthümliche vermögen während und in dauer der ehe zum ehevogtlichen fruchtgenuß zuzubringen und zubelassen."[268] Diese Art der Formulierung wurde in der Folge zum Standard und auch auf das Heiratsgut und dessen Nutzgenuss bezogen, der ebenfalls betont wurde, obwohl er außer Frage stand: „2do Betreffend den hauptgenuß während der ehe, so vermachet die braut dem bräutigam von ihrem im monat may einzubringenden heurathgut den fruchtgenuß während der ehe."[269]

264 TLA Innsbruck, VBI 1803, fol. 626.
265 TLA Innsbruck, VBI 1783, fol. 363.
266 SLA Bozen, VBW 1790, fol. 163–163'.
267 TLA Innsbruck, VBI 1790, fol. 690 (Transkription Innichen Nr. 11 im Anhang). Der Verweis auf „alt" ist meist als verdächtig anzusehen, er wird vor allem dann gern gebracht, wenn sich eigentlich etwas verändert hat – so auch hier.
268 TLA Innsbruck, VBI 1791, fol. 7–7'.
269 TLA Innsbruck, VBI 1789, fol. 398' (Transkription Innichen Nr. 10 im Anhang).

Die Betonung der ehemännlichen Verwaltungsbefugnis ist in Verbindung mit der im Josephinischen Gesetzbuch 1786 geschaffenen Möglichkeit, dass Ehefrauen ihr Vermögen selbst verwalten konnten, zu sehen.[270] Diese Bestimmung wurde, wie Ellinor Forster festgestellt hat, in einem eigenen Gesetz vom März 1787 verschärft, indem der Nutzgenuss der Ehemänner grundsätzlich aufgehoben wurde, falls vertraglich nicht anders vereinbart.[271] Voraussetzung dafür war das stillschweigende Übertragen der Verwaltungsbefugnis an den Ehemann. Die explizit übertragene Verwaltung hingegen war nicht ohne weiteres aufkündbar. Wie zuvor konnte diese dem Ehemann nur bei schlechter Wirtschaftsführung und Verschwendung, also bei drohender Gefahr für das Vermögen entzogen werden. So ging es im entsprechenden Punkt in den Heiratskontrakten darum, die Möglichkeit beziehungsweise aus ehemännlicher Sicht das Risiko einer Aufkündigung durch die Ehefrau auszuschalten. Vor allem in den ersten zehn Jahren nach Einführen des JGB wurde dabei auf die Tiroler Landesrechte rekurriert, die Verwaltung und Genuss durch den Ehemann unumstritten auch ohne ausdrückliche Übertragung vorgesehen hatten. Elinor Forster kommt ebenfalls zum Schluss, dass der Rekurs auf die Tiroler Landesordnung in Heiratskontrakten in diesem Zusammenhang vermehrt anzutreffen sei.[272] Die Bezugnahme auf die Landesrechte, die eigentlich nicht mehr gültig waren, sicherte die Kontinuität des ‚alten' Modells gegenüber den neuen rechtlichen Möglichkeiten und Befugnissen von Frauen.[273]

Im Gericht Welsberg dominieren in der fraglichen Zeit zum einen Heiratsverträge mit Erbtöchtern, die den Bräutigam zumeist „in die halben kaufrechte eintreten" ließen – und damit lag eine völlig andere Situation vor, da die Frauen Besitzerinnen waren. Zum anderen ging es in den Welsberger Kontrakten stärker um die Frage des nachehelichen Fruchtgenusses und der Besitznachfolge. Dort, wo die Braut ein Heiratsgut einbrachte, sprach sie dem Bräutigam nicht ausdrücklich Verwaltung und Nießbrauch während der Ehe zu; sie überließ ihm dieses etwa „zur treuen mangierung und genuß".[274] Der Passus „Überleßt nun die braut ihme angehenden gatten während der ehe den genuß von ihrem dermalen besitzenden vermögen"[275] scheint hier deutlich später auf, erst ab 1811.

Ein weiterer Grund für das Beharren auf den Regelungen laut Landesordnung könnte das Bestreben sein, zugleich auch eine dem Ehemann mit dem JGB erteilte Befugnis auszuschalten. Der Mann erwarb nämlich nach erfolgter Übergabe, wenn das Heiratsgut „in baarem Gelde, in Sachen, welche im Handel und Wandel nach Gewicht, Zahl, und Maaß geschätzt

270 Josephinisches Gesetzbuch, Drittes Hauptstück, § 86 und § 84, zit. nach Kropatschek, Handbuch, Bd. 10, 1786, Wien 1788, 359f.

271 Vgl. näher dazu den Beitrag von Ellinor Forster, Kapitel 9: Zugriff auf das Vermögen der Ehefrau: Verwaltung und Nutzgenuss.

272 Vgl. Forster, Handlungsspielräume von Frauen und Männern im österreichischen Eherecht, 200ff. Vgl. auch ihren Beitrag in diesem Band.

273 In dieses Bild passt auch, dass die Kommission und die Stände in Tirol bei der Begutachtung des Entwurfs Martini von 1792 „für eine selbstverständlichere Verfügungsgewalt" eintraten. Vgl. Forster, Handlungsspielräume von Frauen und Männern im österreichischen Eherecht, 196.

274 SLA Bozen, VBW 1795, fol. 10. Die Worte „und genuß" sind am Rand eingefügt (Transkription Welsberg Nr. 9 im Anhang).

275 SLA Bozen, VBW 1820, Teil B, S. 4 (Transkription Welsberg Nr. 15 im Anhang), ähnlich S. 1098–1099. Vgl. auch ebd., VBW 1811, S. 70, S. 373–374; ebd., VBW 1812, S. 245: „was derselbe während der ehe zu genießen und nach ehe ... zu verwalten hat".

werden, oder in abgetretenen Schuldforderungen besteht; überhaupt, wenn die Sache, worinn das Heurathgut bestimmt ist, in einem gewissen Werthe angeschlagen" werden konnte, „es sei beweglich, oder unbeweglich Gut", praktisch das unwiderrufliche Eigentum daran und konnte damit „als mit seinem eigenen Gute frei schalten und walten". „Daher nach aufgelöster Ehe nicht eben dasjenige, was gegeben worden, sondern eben so viel von gleicher Güte und Eigenschaft, oder der angeschlagene Werth des Heurathguts, zurückgestellet werden muß."[276] In der Tiroler Landesordnung war festgesetzt gewesen, dass der Mann am eingebrachten Vermögen seiner Frau „gewaltiger besizer/ niesser und bewarer" sei, aber ohne Wissen und Willen seiner Frau „nichts versetzen/ verkauffen/ noch in ainich weg verändern" durfte.[277] – Grundsätzlich lag der Fokus des älteren Rechts also auf dem Bewahren,[278] während das JGB die Türen für das Einspeisen des Heiratsgutes der Frau in ökonomische Kreisläufe öffnete und eine Rückstellung in Äquivalenten vorsah. Als Reaktion auf die größere Freiheit im Umgang mit dem von der Braut eingebrachten Vermögen kann wohl folgender Passus aus einem Heiratskontrakt des Gerichtes Welsberg gelesen werden: Die Braut brachte dem Bräutigam ein Einbringen von 80 Gulden zu. Dieses und etwaiges künftiges eheweibliches Einbringen übernahm der angehende Ehemann in seine Verwaltung und zu seinem Genuss und er versprach der Braut, „dasselbe unabbrechlich zurückzustellen".[279]

Das Vermögen der Frauen war durch die ehemännliche Verwaltung nicht gänzlich blokkiert: Verheiratete Frauen transferierten immer wieder Teile dessen an ihre Kinder. Dazu war allerdings die Einwilligung des Ehemannes notwendig, denn ihm entging dadurch der Fruchtgenuss. Wie bereits weiter oben zitiert, vermachte „die beschaidene Maria Mayrginterin, des ehrbahren Thomas Kuenater, burgern und leinweebern alhier ehewürthin", im Januar 1767 ihrem einzigen Sohn Michael Kuenater, einem Weberknecht, anlässlich seiner bevorstehenden Heirat aus ihrem Vermögen und Einbringen ein Heiratsgut in der Höhe von 100 Gulden. Dazu wurde angemerkt, dass der Ehevogt und Vater bezüglich des „ehevogtlich endtschlagenden genusses" – also bezüglich des Ausfalls der Zinsen oder eines sonstigen Nießnutzes dieser Summe – zugestimmt habe.[280] Das als „heurathguet abgab" betitelte Dokument enthielt darüber hinaus keine weiteren Bestimmungen. Zum Gericht waren außer den Zeugen nur Maria Mayrginter mit einem Anweiser gekommen.[281] Sie stammte aus einer angesehenen Familie des Marktes Innichen, ihr Mann Thomas Kuenater war vom Innichberg in den Markt gezogen. Der Zusatz „beschaidene" könnte ein Hinweis auf ein etwas sensibles innereheliches Machtgefüge sein.

276 Josephinisches Gesetzbuch, Drittes Hauptstück, § 63, zit. nach Kropatschek, Handbuch, Bd. 10, 1786, Wien 1788, 349f.

277 Tiroler Landesordnung 1573, 3. Buch, fol. 33re–33ve.

278 In diesem Sinne sei auch auf den viel zitierten Spruch verwiesen „Frauengüter sollen weder wachsen noch schwinden". Vgl. beispielsweise Pio Caroni, Einflüsse des deutschen Rechts Graubündens südlich der Alpen, Köln/Wien 1970, 54.

279 SLA Bozen, VBW 1812, S. 102–103.

280 TLA Innsbruck, VBI 1767, fol. 444–444'.

281 Der Sohn erhielt einige Jahre später, im Jahr 1771, das halbe elterliche Haus. Vgl. Rogger, Handwerker und Gewerbetreibende, 335.

Einbringen von Vermögen: gesamt oder in Teilen?

Das über ein etwaiges Heiratsgut hinausgehende Vermögen, das die Braut besaß, wurde standardmäßig gemäß Landesordnung der Verwaltung des Ehemannes unterstellt. Auf Seiten der Frauen ging es zumindest bei ihrer ersten Eheschließung daher durchwegs um „ihr" Vermögen – also um das gesamte. So versprach Ursula Khrälerin (auch Khrallerin) als „hochzeiterin *ihr* vermigen so bey 170 f austragt,[282] ... in das hauswösen einzulögen".[283] Ausnahmen hat es aber wohl auch gegeben.

Der Tendenz nach war die Sachlage im umgekehrten Fall anders: Aus dem Vermögen des zuheiratenden Bräutigams scheinen öfters nur Teile für den Transfer in das Hauswesen der Braut beziehungsweise des Schwiegervaters bestimmt gewesen zu sein. Johann Mayr verpflichtete sich beispielsweise, „nach volzochner verehelichung in das haußwesen dreyhundert fünfzig gulden herein zu legen".[284] Hier stand – wie dies bei zuheiratenden Männern öfter der Fall war – nicht explizit, dass es sich hierbei um das gesamte Vermögen handelte. Dass es nur um einen Teil ging, wird bei Thomas Häberer deutlich. Er versprach, „300 f von seinem vermögen alda einzulegen".[285] Die Vereinbarung, die bezüglich des Vermögens von Peter Zingerle getroffen wurde, betraf dieses ebenfalls nur partiell. Er war zwar zu diesem Zeitpunkt Knecht – die Braut besaß ein Bauerngut –, aber er hatte an fünf verschiedenen Orten insgesamt 1.960 Gulden an Kapitalien angelegt. Er verpflichtete sich, sein Vermögen einzusetzen, falls der Braut Kapitalschulden fällig gestellt würden, ansonsten sagte er lediglich zu, die Zinsen seines Vermögens „in die wirthschaft zu legen".[286] Stephan Lercher heiratete in den Hof des Onkels seiner Braut ein. Ein Heiratskontrakt wurde abgeschlossen und es war einer jener, in denen das junge Paar als „knecht und diern" bezeichnet wurde. Der Gestus bezüglich seines Vermögens klang allerdings sehr selbstbewusst: Falls er es für nötig und nützlich erachte und es verlangt würde, würde er sein aus 500 Gulden an väterlichem und mütterlichem Erbe bestehendes Vermögen, das bei seinem Bruder anliege, in das „haußwesen" – etwa zum Abzahlen von Schulden – einlegen.[287]

Die Vermögensgebarung unterschied sich geschlechtsspezifisch. Die Vereinbarungen, die in Bezug auf das Vermögen von Männern getroffen wurden, betonen deren Autonomie, wenn dieses nicht als Heiratsgut deklariert war. Dies könnte auch ein Element einer gewissen Machtbalance sein, die in der Konstellation Erbtochter und zuheiratender Ehemann der herrschenden Geschlechterordnung nach tendenziell zu Ungunsten des Mannes verschoben war. Das Gefälle gründete hier primär auf sozialen und ökonomischen Faktoren. Das Machtgefälle, das für Frauen dadurch entstand, dass ihr zugebrachtes Vermögen in die Verwaltungshoheit des Ehemannes überging, war anders gelagert: Es war rechtlich qua Geschlecht erzeugt.

282 Über das durchgestrichene Wort „bestehet" drübergeschrieben, Hervorhebung der Verfasserin im Zitat.

283 SLA Bozen, VBW 1760, fol. 587–587'.

284 SLA Bozen, VBW 1760, fol. 12 (Transkription Welsberg Nr. 4 im Anhang, siehe auch Abb. 6, S. 303). Die Summe ist nur am Rand eingefügt.

285 SLA Bozen, VBW 1780, fol. 44.

286 SLA Bozen, VBW 1840, S. 72–73.

287 SLA Bozen, VBW 1760, fol. 14.

Sicherung von Heiratsgut und Vermögen

Das Heiratsgut und sonstige eingebrachte Vermögen wurde auf den Liegenschaften des Hausbesitzers beziehungsweise der Hausbesitzerin sichergestellt – das galt für das von Frauen wie von Männern eingebrachte Vermögen gleichermaßen. In den Heiratskontrakten der Gerichte Welsberg und Innichen war die Sicherstellung nicht in jedem Fall explizit vermerkt – sie sollte ohnehin auch stillschweigend Gültigkeit haben.[288] Die ausdrückliche Sicherstellung erfolgte durch den Bräutigam, durch die Braut oder gegenseitig je nach Inhalt der Vereinbarungen oder, bei entsprechender Besitzkonstellation, durch deren Väter. Die gängigen Formeln lauteten: „unter verpfändung seines vermögens", „unter ihrer generalischen vermögens verpfändung" oder es wurde des Bräutigams „ganz und völliges vermögen ohne ausnahm nach bester form landsrechten zum sichern für- und unterpfand eingesetzt".[289] Standardmäßig wurde in diesem Schlusspassus der Innichner Heiratskontrakte bis Mitte der 1780er Jahre auf deren Geltung für das gesamte Vermögen der Frau verwiesen: „sonderheitlich, sovielen es der jungfrau braut seiner zeit einzubringendes und während der ehe anfallendes vermögen betrifft" und auf die Tiroler Landesrechte Bezug genommen. Mit den in der Folge zunehmend reziprok getroffenen Verfügungen verschrieben sich beide ihr Vermögen gegenseitig zum Für- und Unterpfand. Der Rekurs auf die Tiroler Landesordnung entfiel. Die Implikationen einer hypothekarischen Sicherstellung sind nicht zu unterschätzen: Von rechts wegen konnte der Ehemann den betreffenden Besitz nicht ohne Zustimmung seiner Frau verkaufen, verschenken oder verpfänden.[290]

Das JGB erachtete diese allgemeine Vermögensverschreibung allerdings nicht für ausreichend, um dem Unterpfand im Verschuldungs- oder Konkursfall ein Vorzugsrecht vor anderen Pfandverschreibungen zuzuerkennen. Eine solche Sicherheit war nur dann gegeben, „wenn an einem liegenden Gute, oder darauf haftenden Rechte ein besonders Unterpfand verschrieben, und der Heurathsbrief, oder die Versicherungsurkunde bei der Landtafel, bei den Stadt- oder Grundbüchern vorgemerket, oder da, wo keine Landtafel und Grundbücher bestünden, sonst auf die nach der Landesverfassung eingeführte Art bedecket worden."[291] Die Sicherstellungs-

288 Vgl. Tiroler Landesordnung 1573, 3. Buch, fol. 33re–34re.

289 Öfters steht auch „in genere" als Spezifizierung, oder „des ganz und völligen vermögens", vereinzelt auch detaillierter: „des alten fürpfandes in genere in specie des von ihr besitzenden real vermögens." SLA Bozen, VBW 1810, fol. 317. Im Fall einer minderjährigen Braut und einem offensichtlich verschuldeten Besitz, heiratete der Bräutigam unter Übernahme der „halben kaufrecht" und mit Bürgschaft seiner zwei Vettern, die aufgrund anderslautender Familiennamen mütterliche Onkel gewesen sein dürften, ein. Für die Vereinbarungen des Heiratskontraktes mussten nicht nur die künftigen Eheleute mit ihrem Vermögen einstehen, sondern auch der Vormund der Braut und die beiden Bürgen des Bräutigams, und zwar „in genere in specie" mit ihrer „naturalhabschaft", also mit den Liegenschaften. SLA Bozen, VBW 1810, fol. 40–41.

290 Vgl. dazu Voltelini, Zur Geschichte des ehelichen Güterrechtes in Tirol, 355. Auf die Macht von Frauen infolge der hypothekarischen Belastung des ehemännlichen Besitzes durch die Mitgift haben vor allem italienische Historikerinnen hingewiesen. Vgl. dazu auch Arru, „Schenken heißt nicht verlieren", 236; Mirella Scardozzi, Tra due codici: i contratti dotali nella Toscana preunitaria, in: Giulia Calvi u. Isabelle Chabot Hg., Le ricchezze delle donne. Diritti patrimoniali e poteri familiari in Italia (XIII–XIX secc.), Torino 1998, 95–120, 102f, 115.

291 Vgl. Josephinisches Gesetzbuch, Drittes Hauptstück, § 69, zit. nach Kropatschek, Handbuch, Bd. 10, 1786, Wien 1788, 353.

objekte mussten nunmehr genau bestimmt werden. In den hier ausgewerteten Heiratskontrakten fand diese Form der erforderlichen Spezifizierung erst Jahrzehnte später Niederschlag – so etwa in einem Kontrakt aus dem Jahr 1820: „Zum fürpfand bleibt beider eheleute vermögen in specie die sub nr. 11, 12 und 13 bey dem Haselsberger kataster einkommenden realitäten gerichtlich verhaftet und verschrieben",[292] oder es wurden mehrere mit Katasterverweis aufgelistete Realitäten „zur spezial hypothek" verschrieben.[293] In Tirol wurde das Grundbuch erst an der Wende zum 20. Jahrhundert eingeführt, so bezog man sich hier auf den Kataster.[294]

Auf die Josephinische Konkursordnung von 1781 wurde bereits eingangs in Zusammenhang mit der Frage nach möglichen Gründen für die Zunahme von Heiratskontrakten und für das Ausstellen von Bestätigungen über Heiratsgut und eingebrachtes Vermögen bei Gericht verwiesen. Diese dürfte sich auch in den Formulierungen bezüglich der Sicherstellung des Vermögens von Frauen widerspiegeln. Vorgesehen war weiterhin jener Modus, der den Bestimmungen der Tiroler Landesordnung entsprach, nämlich dass das gesamte Vermögen von Frauen sicher zu stellen war, also auch das zusätzlich zum Heiratsgut eingebrachte und während der Ehe ererbte oder erhaltene. In der Josephinischen Konkursordnung waren Ehefrauen in die dritte Klasse jener gereiht, denen „vor den Gemeingläubigern" ein Vorrecht eingeräumt wurde. Im entsprechenden Passus war allerdings ausschließlich von dem „wirklich zugebrachten" Heiratsgut und von der Widerlage die Rede.[295]

Als Indiz für ein gewisses Bewusstsein des möglichen Risikos, das diese neue Rechtslage unter Umständen mit sich brachte, können die in dieser Zeit vereinzelt aufscheinenden Bestätigungen über ausgefolgtes Heiratsgut gelesen werden – in den Dokumenten des Samples als „schuldsuebergab und quittung" oder „obervogtliche einbekanntniß" bezeichnet.[296] Auch manche Formulierungen weisen in Richtung einer Absicherung, wenn etwa der Bräutigam versprach, „das *ganze eheweibliche einbringen* bey desselben empfang auf haus und güter fürpfändlich anzulegen und deswegen sein ganz- und völliges vermögen zum fürpfand unter zu stellen".[297] Oder wenn der Bräutigam Michael Amhof, dem der Brautvater ein Heiratsgut von 400 Gulden in Bargeld zu übergeben versprach, sich „unter seiner general vermögens verpfändung als *schuldner*" bekannte (siehe auch Abb. 4).[298] Anna Durnwalderin deklarierte ihr aus 1.200 Gulden bestehendes „vermögen *als ein heurath gut*" und war damit auf der sicheren Seite;[299] da sich der Besitz noch in der

292 SLA Bozen, VBW 1820, Teil B, S. 1099. Konkrete Liegenschaften wurden auch in den von Ellinor Forster ausgewerteten Heiratskontrakten gehäuft erst nach Inkrafttreten des ABGB in Tirol festgestellt. Vgl. Forster, Handlungsspielräume von Frauen und Männern im österreichischen Eherecht, 233ff.

293 SLA Bozen, VBW 1850, Teil 1, S. 72 (Transkription Welsberg Nr. 18 im Anhang).

294 Allgemein zu Landtafel (dem Grundbuch vergleichbar für Dominikalbesitz) und Grundbuch vgl. Elisabeth Schöggl-Ernst, Historische Bodendokumentation: Urbare, Landtafeln und Grundbücher, in: Pauser/Scheutz/Winkelbauer, Quellenkunde der Habsburgermonarchie, 516–529.

295 Wessely, Handbuch, 1831f.

296 Vgl. beispielsweise TLA Innsbruck, VBI 1783, fol. 467–467'; ebd., VBI 1783, fol. 502–502'.

297 TLA Innsbruck, VBI 1791, fol. 7'. Hervorhebung der Verfasserin im Zitat.

298 SLA Bozen, VBW 1790, fol. 33'–34, Hervorhebung der Verfasserin im Zitat (Transkription Welsberg Nr. 7 im Anhang, siehe auch Abb. 4).

299 Vgl. einen Fall, den Ellinor Forster anführt, in dem die Frau in die vierte Gläubigerklasse eingereiht wurde, weil im Heiratsvertrag „Zubringen" und nicht „Heiratsgut" stand. Forster, Handlungsspielräume von Frauen und Männern im österreichischen Eherecht, 242f.

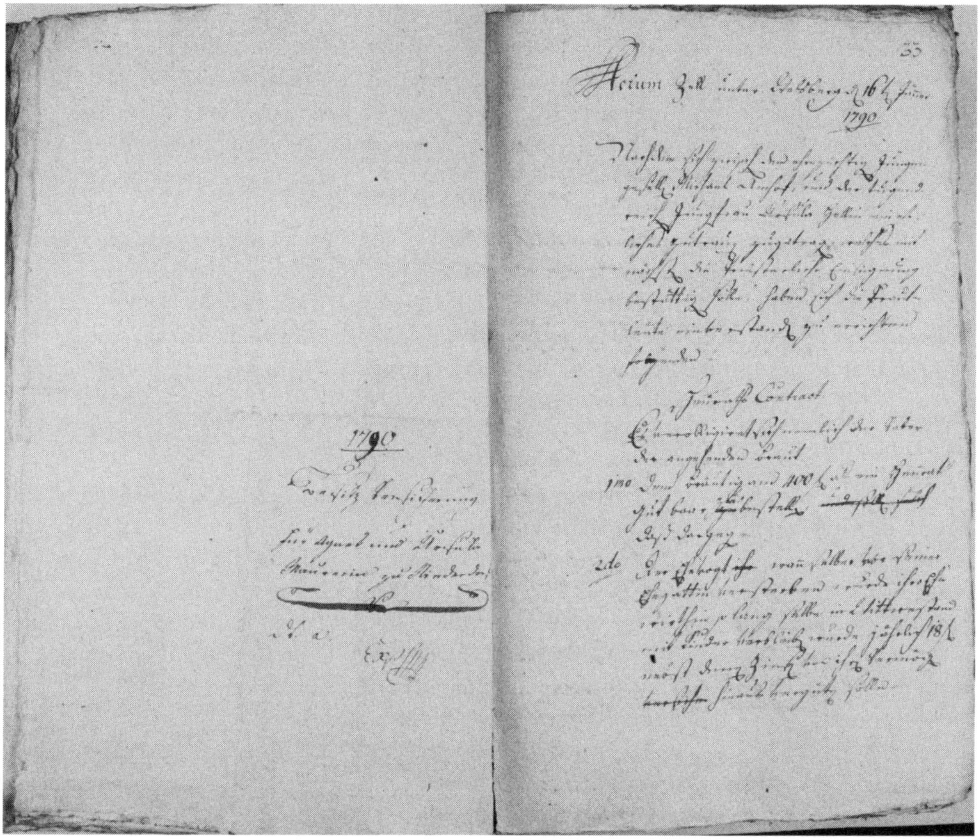

Abb. 4: Heuraths Contract zwischen Michael Amhof und Ursula Hellin, 1790, SLA (siehe auch Transkription Welsberg Nr. 7)

Hand der Eltern des Bräutigam befand, verschrieben diese ihr Vermögen „zur versicherung der braut" zum Fürpfand.[300] In einzelnen Kontrakten deklarierte sich der Bräutigam – wie erwähnt – als „schuldner"[301] oder stellte einen Schuldbrief aus.[302]

Eingebrachtes Vermögen als Kredit

Wichtig war das Einbringen als eine gewisse finanzielle und eine soziale Absicherung der Frauen im Witwenstand. Trotz einer entsprechenden Bestimmung in der Tiroler Landesordnung gibt es für die untersuchte Zeit und Region keine Hinweise darauf, dass das von Frauen eingebrachte Heiratsgut und/oder Vermögen diesen beim Tod des Mannes zurückgegeben worden sei, wenn Kinder oder andere Erben den Besitz antraten. Heiratsgut und Vermögen

300 SLA Bozen, VBW 1795, fol. 10, Hervorhebung der Verfasserin im Zitat (Transkription Welsberg Nr. 9 im Anhang).

301 So etwa in SLA Bozen, VBW 1790, fol. 34 (Transkription Welsberg Nr. 7 im Anhang, siehe auch Abb. 4).

302 Vgl. SLA Bozen, VBW 1800, Teil 2, fol. 455.

von Seiten der Frauen hatten praktisch den Charakter eines Kredits. Beim Tod des Ehemannes wurde die Summe in der Verlassenschaftsabhandlung oder anderen aus diesem Anlass erstellten Dokumenten unter den Schulden verbucht. Im Heirats- und Kaufkontrakt der Nichte des im Jahr 1800 kinderlos verstorbenen Nikolaus Oberhofer beispielsweise war das Vermögen von dessen Frau unter den Passiva als „der wittwe Margareth Müllerin einbringen 500 f“ aufgelistet.[303] Vereinbart wurde in Kauf- und Übergabekontrakten oder in „wittiblichen verträgen“ die Verzinsung des eingebrachten Vermögens – die Zinsen gingen an die Witwe, das Kapital blieb liegen. Dies beschränkte die ökonomische Bedeutung das Heiratsgutes und eingebrachten Vermögens keineswegs, sondern stellte den Nutzen daraus auf Dauer, das heißt auf Lebenszeit sicher, dann ging das Kapital im Erbgang weiter. Dass sich die Erben des Besitzes in dieser Konstruktion in einer Schuldnerposition befanden, verlieh der Witwe potenziell eine gewisse Machtposition oder zumindest einen Verhandlungsspielraum.[304]

Das bestätigte Einbringen

Aus dem Kreditcharakter von Heiratsgut und eingebrachtem Vermögen erklärt sich die Wichtigkeit, dass die betreffenden Summen dokumentiert waren. Für die Übergabe des Heiratsgutes verlangten Brautväter verschiedentlich eine Quittung.[305] Immer wieder erschienen Ehepaare auch Jahre nach ihrer Heirat vor Gericht und ließen eine Bestätigung ausfertigen – als „bekenntnis“ bezeichnet – über die Höhe des Einbringens der Frau. Der Teil, der zugeheiratet hatte, stand unter Beweislast.[306] Die drei Töchter des ohne Hinterlassung eines Testaments verstorbenen Christian Hofer aus Innichen verlangten bei der Abhandlung beispielsweise, dass ihre Stiefmutter das von ihr mit 250 Gulden bezifferte Einbringen dokumentiere. Sie hätten von diesem Einbringen zwar gehört, „jedoch wünschen selbe, daß die mutter gelegentlich entweder die quittung oder die oberkeitlichen instrumente oder gleichwohl einen anderen beweis um willen der richtigkeit beybringen möchte“.[307]

303 TLA Innsbruck, VBI 1803, fol. 623’. Zu der im Heiratskontrakt vom 1. März 1783 genannten Summe ihres Einbringens von 450 Gulden „theils an kapitalien und theils an baar geld“ waren in zwanzig Jahren 50 Gulden hinzugekommen; ebd., VBI 1783, fol. 382’–384.

304 Vgl. Brauneder, Frau und Vermögen, 225. Angiolina Arru ist dem Kontext von Schenkungen auf den Grund gegangen und hat dabei vielfach von Frauen und insbesondere Witwen genutzte Kreditstrategien, die zum Teil auf Mitgiftschulden basierten, ausmachen können. Vgl. Arru, „Schenken heißt nicht verlieren“.

305 Vgl. z.B. TLA Innsbruck, VBI 1798, fol. 602–602’. Diese Quittung ist im Anhang unter Innichen Nr. 20 transkribiert.

306 Vgl. auch die entsprechenden Formulierungen in der Tiroler Landesordnung: Im Abschnitt „Was der Mann thuen soll/ dem sein Haußfrau mit Tod abgangen ist“, wird verfügt, dass er alle von seiner Frau zugebrachten „haab und güter“ und das, was sie während der Ehe ererbt habe, so viel ihm davon „wissentlich“ sei, genau anzugeben habe und das, was er angegeben habe „oder durch die Erben bewisen“ würde, sei diesen zur Gänze auszuzahlen. Tiroler Landesordnung 1573, 3. Buch, fol. 49ve. Der Witwe stand ihr in die Ehe eingebrachtes und darüber hinaus ererbtes Vermögen beim Tod des Mannes zu, „So vil Sy das zu Recht genueg beweißt“ – vor allem gegenüber Gläubigern. Vgl. ebd., fol. 38re.

307 TLA Innsbruck, VBI 1801, fol. 827’.

Im Laufe der Ehe konnte Vermögen hinzugekommen sein, daher datieren solche Bekenntnisse tendenziell aus Zeiträumen viele Jahre nach einer Eheschließung. Benedikt Pergmann und Maria Krautgasserin waren seit 16 Jahren schon ein Ehepaar, als sie das Vermögen der Frau bei Gericht deklarierten. Das Einbringen setzte sich aus 150 Gulden, die ihr teils die Gerhaben anlässlich der Heirat zugesprochen hatten und die sie teils im Dienst erworben und erspart hatte, zusammen, des Weiteren aus väterlichem und mütterlichem Erbe und aus zehn Gulden von Seiten einer mütterlichen Verwandten:

> Allda ist beikhomben der ehrngeachte Benedict Pergman, burger und fuehrman allda in Inniching, bekhenende und ad prothocollum zu nemben pittendt, das [sic] er von seiner ehewirthin Maria Krauthgasserin volgendes einpringen erhalten habe:
> Als bereits gleich nach der verehlichung ungevehr vor 16 jahren von ihrer ehewirthin damahligen gerhaben Thomas Pargger und Stöphan Krauth Gasser ob Winpach und Arnpach am perg, an jennen gelt, so sy gögen erlassenen eheversprōchen und theils sonst aus verdienst und ersparten erhalten 150 f
> Dann an vätterlichen Michael Krauth Gasserischen erb von ihren bruder auch Michael Krauth Gasser in Öhrlach 50 f
> Und an mietterlichem Barbara Rainerischen und bäßlich Maria Rainerischen erb an ersteren 40 f und an lötzteren 10 f 50 f.[308]

Im „ehevogtliche[n] einbekanntnis“ aus dem Jahr 1770 bestätigte Rueprecht Rungger vom Gericht Welsberg den Empfang von 200 Gulden, wovon er einen Teil in der Höhe von 156 Gulden bereits zwanzig Jahre zuvor erhalten hatte. Im Dokument wurde auch mehr oder weniger wörtlich und mit Angabe des entsprechenden Titels und Paragraphen die Tiroler Landesordnung zitiert, die den Ehemann „vermig eheschuld halber seines weibs gutt und vermögen, so sie ihme wehrender ehe zugebracht ein gewaltig besizer und genieser, auch bewarer“ sei und dem entsprechend solle dieses Vermögen an die Erben oder an die Witwe fallen.[309]

Eine solche Bestätigung und damit Absicherung ihres Einbringens zu fordern, dürfte für Ehefrauen vor allem im Fall von Kinderlosigkeit nahe liegend gewesen sein, da der Besitz, auf dem es angelegt war, in andere Hände kommen würde. Doch auch, wenn es sich im Laufe der Zeit aus mehreren Summen zusammensetzte oder wenn die finanzielle Situation des Ehemannes schwierig war, konnte dies ein Anlass sein, das eigene Vermögen dokumentiert haben zu wollen.

Schuldentilgung durch eingebrachtes Vermögen

In manchen Heiratskontrakten ist explizit angemerkt, dass das Vermögen von Braut oder Bräutigam oder Teile dessen zum Begleichen von Kosten oder Schulden gedacht sei. Katharina Hackhoferin brachte 56 Gulden an „angefallenem vermögen“ in die Ehe. Sie versprach, es dem Bräutigam am Hochzeitstag bar auszubezahlen, welcher davon die Hochzeitskosten zu bestreiten habe. Der Bräutigam versprach seinerseits, den verbleibenden Rest auf seinem Besitz „fürpfändlich anzulegen und mit solchen die daraufhaftenden schulden hinaus zubezahlen“.[310]

---

308 TLA Innsbruck, VBI 1760, fol. 50–50’.

309 SLA Bozen, VBW 1770, fol. 362–362’. Der Passus der Landesordnung, auf den hier rekurriert wurde, ist weiter vorne im Text zitiert.

310 TLA Innsbruck, VBI 1784, fol. 775.

Mit derselben Formulierung wurden in dieser Zeit noch zwei weitere Heiratskontrakte im Gericht Innichen protokolliert.[311] Klar formuliert ist die vorgesehene Schuldentilgung auch im Heiratskontrakt des Peter Thaler: „10mo verbündet sich bräutigam an eigenthümlichen vermögen 1.200 f in das hauswesen einzubringen, und mit selben die passivschulden abzutilgen."[312] – Er hatte den Besitz der verwitweten Braut – eine Bäckerei – zugleich mittels Kauf- und Überlassungs-Contract übertragen bekommen.

Im Gericht Welsberg scheinen in Zusammenhang mit eingebrachtem Vermögen vier Fälle im Jahr 1760 und zwei im Jahr 1780 auf, in denen das Vermögen des Bräutigams, einmal auch das der Braut, zum Abdecken von Schulden verwendet werden sollte.[313] Hier war entweder die entsprechende Summe genannt oder nur allgemein von „vermögen" die Rede.

Auf den ersten Blick könnte es den Anschein haben, dass eingebrachtes Vermögen auf diesem Wege ‚verloren' gehen würde. Doch dürfte es sich dabei vielmehr um ein geschicktes Arrangement im beiderseitigen Interesse gehandelt haben. Der zuheiratende Teil, dessen Vermögen zum Begleichen von Schulden verwendet wurde, erwarb damit Besitzrechte am verschuldeten Objekt beziehungsweise konnte den Betrag als Passivposten gegenüber der Ehefrau oder dem Ehemann geltend machen. Das Vermögen ging also keineswegs verloren.[314] Für die verschuldete Partei bedeutete dies eine Art Umschuldung: Mit dem eingebrachten Vermögen konnten Kreditoren und Kreditorinnen – darunter möglicherweise auch die weichenden Geschwister, die ausbezahlt werden wollten –, zufriedengestellt werden. Die Schulden wurden nach ‚innen', in die Ehe hinein verlagert, wodurch eine Entlastung nach außen erfolgte. Würde das Paar Kinder haben, so würden diese internen Schulden im Erbgang praktisch aufgelöst. Im Fall von Kinderlosigkeit blieb der Anspruch auf die Rückstellung des eingebrachten Vermögens, das im Heiratskontrakt dokumentiert war – das Vermögen war damit gesichert.

---

311 Dieselbe Formulierung TLA Innsbruck, VBI 1784, fol. 793, Heiratskontrakt zwischen Sebastian Keller und Maria Viertlerin. Hier handelte es sich um ein „erbvermögen" der Braut in der Höhe von 200 Gulden; ebenso im Heiratskontrakt zwischen Bartholomä Schräfl und Barbara Jungmannin, ebd., VBI 1785, fol. 9'. Das „vermögen" der Braut belief sich in diesem Fall auf 467 Gulden und 14 Kreuzer.

312 TLA Innsbruck, VBI 1803, fol. 562.

313 Vgl. SLA Bozen, VBW 1760, fol. 8 (Transkription Welsberg Nr. 3 im Anhang): Der Bräutigam verpflichtete sich, 250 Gulden in das Hauswesen des Schwiegervaters einzulegen, „um verpfändte capitals schulden hinauß zu bezahlen". Ebd., fol. 12: Auch in diesem Fall verpflichtete sich der einheiratende Mann, 350 Gulden seines Vermögens „in das hauswesen herein zu legen oder per sovil pasiv schulden, so auf den guet haftet, auf sich zunemen". Ebd., fol. 14: Dabei handelt es sich um den bereits früher angeführten Kontrakt, in dem sich der zuheiratende Bräutigam bereit erklärte, sein Vermögen von 500 Gulden, das bei seinem Bruder angelegt war, „zu etwa benetigten schulden abzahlung ... alzeit einzulegen". Ebd., fol. 587–587': Die Braut versprach, ihr Vermögen von 170 Gulden in das Hauswesen einzulegen, „doch mit deme, dass mit denen selben alt verpfente schulden gelödigt und abgefiehrt werden". Ebd., VBW 1780, fol. 44: Der „hochzeiter" habe sich „verbündlich gemacht, ... 300 f von seinem vermögen alda einzulegen und per soviel hierauf haftende passiv schulden zu tilgen". Ebd., fol. 47': Der Bräutigam versprach, sein erspartes Vermögen von 400 Gulden und das noch zu erwartende väterliche und mütterliche Erbe in das Hauswesen seiner Braut einzulegen „und die haftenden schulden anmit abzuledigen".

314 Zu diesem Komplex vgl. auch Hufschmidt, Adlige Frauen, 302ff, 402f.

Vorbehalte

Wie bereits dargestellt, ging das von Frauen eingebrachte Heiratsgut und Vermögen während der Dauer der Ehe stillschweigend oder ausdrücklich in die Verwaltung des Ehemannes über – eine äquivalente Einschränkung der Verfügungsgewalt gab es umgekehrt nicht. Daher waren es auch Frauen, die sich mittels Heiratskontrakt vereinzelt Anteile ihres Vermögens zur eigenen Nutzung vorbehielten, und zwar zumeist in Form von Zinsen. Bei gemeinsamem Besitz und in den Vereinbarungen, auf „gleichen gewinn und verlust" wirtschaften zu wollen, scheinen keine Vorbehalte auf. Frauen mussten sich bei dieser Güterrechtsform auch mit ihrem Vermögen am Abzahlen von Schulden beteiligen.[315]

Anna Durnwalderin aus dem Gericht Welsberg überließ ihrem künftigen Ehemann 1.200 Gulden als Heiratsgut zur „treuen" Verwaltung und zum Genuss und dazu weitere 70 Gulden, „von welchem 70 f sie sich aber den genuß lebenlänglich" vorbehielt.[316] Anna Strobl legte ihr Vermögen auf dem Haus des Bräutigams und sprach ihm auch den Fruchtgenuss zu, behielt sich aber vor, die Zinsen eines Anteiles davon, nämlich von 200 Gulden, jährlich selbst einzuheben.[317] Im Gericht Innichen überließ Maria Börnbacherin ihrem Bräutigam ein Heiratsgut von 200 Gulden zum Genuss. Sie hatte noch ein Erbteil ebenfalls in der Höhe von mindestens 200 Gulden zu erwarten und machte die Zinsen davon – zu 3,5 Prozent – als Vorbehalt geltend. Sollte sie mehr als 200 Gulden während der Ehe erben, sollte der Genuss dessen wiederum dem Bräutigam zustehen.[318]

Dieses Geld stand den Frauen zur freien Disposition; sie konnten es für Dinge des eigenen Bedarfs nutzen, sie konnten es aber auch sparen oder anlegen und weiter vererben.[319]

Heiratsgut von Seiten des Bräutigams

Ein Wesensmerkmal des Heiratsgutes war, dass es in die Verwaltung des Ehemannes überging. Ein Heiratsgut von Seiten des Bräutigams konnte also nicht dasselbe sein, wie ein Heiratsgut von Seiten der Braut. In der Forschung gibt es Beispiele für ein von Männern eingebrachtes Heiratsgut oder eine Mitgift, doch liegt der Fokus dieser Untersuchungen auf sozialen und ökonomischen Aspekten, weniger auf den rechtlichen. Heinz Beißner betont etwa, dass in der Grafschaft Schaumburg sowohl Frauen als auch Männer bei ihrer Wegheirat vom elterlichen Hof eine Ausstattung beziehungsweise Mitgift erhalten haben.[320] Aglaia Kasdagli hat sich mit der Frage der männlichen Mitgift in ihrer Forschung über die griechischen Kykladen auseinandergesetzt. Dort war es generell üblich, dass an Töchter und an Söhne Vermögen unter

---

315 Dieses Modell kam einer Errungenschaftsgemeinschaft oder -gesellschaft gleich. Vgl. dazu auch Hauser, Dinge des Alltags, 336.

316 SLA Bozen, VBW 1795, fol. 10 (Transkription Welsberg Nr. 9 im Anhang).

317 SLA Bozen, VBW 1820, Teil B, 1098'–1099. Die Gesamtsumme ihres eingebrachten Vermögens ist nicht angegeben. Diese beiden Fälle sind die einzigen aus dem Sample des Gerichtes Welsberg mit einem Vermögensvorbehalt von Seiten der Braut.

318 TLA Innsbruck, VBI 1789, 398' (Transkription Innichen Nr. 10 im Anhang).

319 Vgl. dazu weiter unten das Testament von Maria Theres Lenerin.

320 Vgl. Heinz Beißner, Altersversorgung und Kindesabfindung auf dem Lande. Leibzucht- und Eheverschreibungen in der zweiten Hälfte des 18. Jahrhunderts unter besonderer Berücksichtigung der Schaumburger und Osnabrücker sowie benachbarter Gebiete, Bielefeld 1995, 56f, 72f.

dem Begriff „Mitgift“ transferiert wurde. Rechtshistoriker sahen darin primär ein vorgezogenes Erbe.[321] – Um ein solches im Sinne eines Erbanteiles handelte es sich offensichtlich auch in den Gerichten Innichen und Welsberg. Vor allem stellt sich die Frage, was aus dem männlichen „Heiratsgut“ wurde. Darüber kann am ehesten ein Blick in die Abhandlungsprotokolle Aufschluss geben.

Im Sample des Gerichtes Innichen scheinen vier Fälle auf.[322] Situative Gemeinsamkeit war, dass der Vater des Bräutigams diesem das Heiratsgut zusagte, und dass die Braut dem Bräutigam im Heiratskontrakt jeweils die Hälfte ihres ererbten Liegenschaftsbesitzes überließ. Im Heiratskontrakt aus dem Jahr 1778 zwischen Maria Pallerin und Anton Bergmann verpflichtete sich der Bräutigam in Punkt vier aufgrund dessen, dass ihm die Braut die Hälfte des Besitzes „kaufweis“ übergab, ihre beiden Schwestern auszuzahlen. In Punkt fünf steht, dass sich sein Vater „von selbs herbeygelassen“ habe, ihm ein Heiratsgut von 1.000 Gulden zu geben. Maria Pallerin starb im April des Jahres 1784 und hinterließ zwei Töchter: die vierjährige Maria und die einjährige Rosalia. In der Abhandlung sprach sich der Gerhab der beiden Kinder dafür aus, dass dem Witwer, der ohnehin die andere Hälfte des Besitzes innehabe, auch der Anteil der Verstorbenen „in dem inventarischen tax“ eingeräumt werden solle.[323] Anton Bergmann gab an, sich mit der im Haus lebenden Schwiegermutter seiner Frau aus erster Ehe und den beiden Schwägerinnen ins Einverständnis gesetzt und „zu lieb der zwey kinder herbey gelassen“ zu haben, die andere Hälfte des Besitzes zu übernehmen. – Sein Heiratsgut taucht in der Abhandlung nicht auf und ebensowenig in der Abhandlung nach seinem Tod im Jahr 1792.[324] Es hat sich offensichtlich zu einem Besitzrecht transformiert.

Im Heiratskontrakt zwischen Joseph Sulzenbacher und Ursula Bachleitnerin aus dem Jahr 1790 übernahm der Vater des Bräutigams als Heiratsgut einen Schuldenbetrag von 356 Gulden. Der Bräutigam verpflichtete sich seinerseits, die Hälfte der Summe, die den Schwestern der Braut zustand, zu übernehmen – wie insgesamt die Hälfte der Schulden zusammen mit der Hälfte der Aktiva. – In diesem Kontrakt ging es um eine Überlassung ohne Kauf. – Was der Bräutigam einbrachte, waren Zusagen für die Zukunft und eine finanzielle Entlastung, indem sein Vater einen Schuldenposten übernommen hatte. Auch diese Form des Heiratsgutes erwirkte den gemeinsamen Besitz der Eheleute. Joseph Sulzenbacher starb im Jahr 1834 und hinterließ sechs erwachsene Kinder.[325] Der Abhandlung liegt auch das Testament des Joseph Sulzenbacher bei, in dem er vermerkt, dass er „die Hausmenagierung gemeinschäftlich mit seiner Ehegattin Ursula Bachleitner führet“. Der Sohn Peter hatte bereits in das elterliche Haus eingeheiratet. Im betreffenden Ehevertrag des Jahres 1828 war er zum künftigen Besitzer

321 Vgl. Aglaia E. Kasdagli, Family and Inheritance in the Cyclades, 1500–1800: Present Knowledge and Unanswered Questions, in: The History of the Family, 9, 3 (2004), 257–274, 270; dies., Land and Marriage Settlements in the Aegean. A Case Study of Seventeenth-Century Naxos, Venice 1999, 207ff, 261ff.

322 Vgl. TLA Innsbruck, VBI 1778, fol. 567–570; ebd., VBI 1790, fol. 866–870; ebd., VBI 1797, fol. 589'–590'; ebd., VBI 1803, fol. 622–632'.

323 TLA Innsbruck, VBI 1784, fol. 1053–1062.

324 TLA Innsbruck, VBI 1792 fol. 400–424'.

325 TLA Innsbruck, Verfachbuch Heinfels (VBH) 1834, Teil A, fol. 172; Abhandlung vom 11. Juli 1834, fol. 426. Die Kinder waren: Joseph, Kurat in Winnebach, Johann, Schmiedmeister zu Gsies, Peter, Schmied zu Innichen, Herr Andrä Conzeptpraktikant in Kufstein, Maria, verehelichte Mayr zu Lienz, Ursula, verwitwete Holzer in Innichen.

erklärt worden. Beim Abschluss des Ehevertrages waren beide Elternteile bei Gericht präsent und in Zusammenhang mit allen, dem Sohn gewährten Rechten ist immer von den „Eltern" die Rede.[326]

Im Heiratskontrakt aus dem Jahr 1797 zwischen Jakob Paldele und Ursula Schluderpacherin waren es 150 Gulden Heiratsgut. Der Vater argumentierte, dass der Bräutigam damit „wirklich einen kaufschilling auf diess haus bringe". Ursula Schluderpacherin starb im September des Jahres 1800 mit 41 Jahren, ohne ein Testament verfasst zu haben. Ihr einziges Kind Maria, die alleinige Erbin, starb kurz darauf im Alter von etwas mehr als einem Jahr. Damit trat die Intestaterbfolge in Kraft – der Witwer beerbte das verstorbene Kind. Der Besitz bestand unter anderen aus einer halben „feuer- und futterbehausung samt einem halben gartl", welche aus der Joseph Rainerischen Verlassenschaft stammte, und im Jahr 1796 verkauft beziehungsweise gekauft worden war – in der Abhandlung auf 575 Gulden geschätzt.[327] Einen guten Teil des Kaufpreises dürfte die Verstorbene bezahlt haben, denn sie hatte sich – laut Abhandlungsprotokoll – dafür und für den „übrigen bedarf" von ihrem Bruder aus ihrem ansonsten zum Verzinsen vorgesehen väterlichen und mütterlichen Erbvermögen 626 Gulden und 40 Kreuzer ausbezahlen lassen. Doch wird auch auf eine „verleihung" aus dem Jahr 1798 verwiesen: Der ebenfalls bereits verstorbene Vater der Ursula Schluderpacherin habe dem Schwiegersohn und nunmehrigen Witwer damals ein Viertel des Hauses verliehen.[328] Im Dokument der Verleihung selbst scheint der Vater beziehungsweise Schwiegervater allerdings nicht auf, nur die „Jakob Paldelischen" Eheleute! In diese Transaktion dürfte das Heiratsgut des Mannes eingeflossen sein.

Und im Heiratskontrakt aus dem Jahr 1803 zwischen Alois Gütl und Anna Oberhoferin schließlich brachte der Bräutigam 200 Gulden an „erhaustem" Vermögen zu und versprach wiederum, alle Verpflichtungen gegenüber den weichenden Geschwistern der Braut „ganz allein" zu erfüllen. Sein Vater verpflichtete sich, ihm weitere 200 Gulden „an heurathgut" zukommen zu lassen. Anna Oberhoferin stammte aus Lana und hatte von ihrem kinderlosen Onkel, dem Leinwebermeister Nikolaus Oberhofer, in Innichen ein Haus geerbt. Anfang des Jahres 1804 übergab sie dieses ihrem Ehemann.[329] Als sie im Mai 1831 verstarb, wurde in der Abhandlung als ihr Vermögen „lediglich" ein Kapital von 208 Gulden und 55 Kreuzer verzeichnet.[330] Alois Gütl heiratete insgesamt viermal und wurde 95 Jahre alt – er starb 1873.[331]

Im Sample des Gerichtes Welsberg kommen zwei Kontrakte vor mit einem Heiratsgut von Seiten des Bräutigams.[332] Im Heiratskontrakt zwischen Johann Sinner und Maria Hintnerin aus dem Jahr 1795 verkaufte der Brautvater der Tochter das Keiler Gut mit der „wirthstafern gerechtigkeit" sowie eine weitere Feuer- und Futterbehausung, beide mit allen Fahrnissen

326 TLA Innsbruck, VBH 1830, fol. 662 Nr. 323.

327 TLA Innsbruck, VBI 1800, fol. 469–473.

328 TLA Innsbruck, VBI 1798, fol. 693.

329 Vgl. BHM Lienz, OR III 1, VBI 1804 I 23, fol. 56; vgl. auch Rogger, Handwerker und Gewerbetreibende, 240.

330 TLA Innsbruck, VBH 1831, fol. 269.

331 Vgl. STA Innichen, Familienbuch 1700–1900, G 52, G 60, G64, G 70.

332 Vgl. SLA Bozen, VBW 1795, fol. 191–192'; ebd., VBW 1800, Teil 1, fol. 170–172'.

und dazugehörigen Grundstücken, dazu noch einen Acker und die Hälfte der Hausmühle.[333] Der Vater des Bräutigams verpflichtete sich, dem Sohn 700 Gulden an väterlichem und 800 Gulden an mütterlichem Erbe, also insgesamt 1.500 Gulden als Heiratsgut mitzugeben. Der zweite Heiratskontrakt ist in einer Verlassenschaftsabhandlung des Jahres 1800 enthalten und stammt aus dem Jahr 1796. Errichtet wurde er zwischen Johann Prunner, dem Sohn des Gerichtsschreibers der Herrschaft Altrasen, und Maria Creszenzia Toldin vom Weißen Rößl in Niederdorf. Die Braut hatte das Wirtshaus von ihrem verstorbenen Vater geerbt, der Bräutigam sollte als „manegierer" einheiraten.[334] Auch hier war also wiederum nicht, wie in den Innichner Kontrakten üblich, der Mitbesitzerstatus für den künftigen Ehemann vorgesehen.

Ein gewisses Spannungsmoment mag sich im Umstand ausdrücken, dass es im Verfachbuch zwei Versionen dieses Heiratskontraktes gibt: In der ersten Version ist der Einleitungsteil weit ausführlicher und der Text insgesamt sprachlich ausgefeilter. Gegenüber der zweiten Version fehlen etliche Unterschriften am Schluss: jene der Mutter und des Onkels der Braut sowie die von drei Zeugen. Inhaltlich gibt es eine interessante Abweichung, und zwar in jenem Passus, auf den zuvor Bezug genommen wurde: Anstelle von „gedenket sie, den angehenden herrn hochzeiter als manegierer einzuheurathen", steht in der zweiten Version: „gedenket sie, den angehenden herrn ehevogt in die wirthstafern einzuheuraten". Dass er die Wirtschaft führen, aber nicht Besitzer sein soll, bleibt in der zweiten Fassung damit verschleiert. Zugleich wird mit dem Begriff „ehevogt" die Ehe-Herrschaft des Mannes unterstrichen, was der neutralere Begriff „hochzeiter" nicht leistet. Auch in der Abhandlung wird nochmals festgestellt, dass „das eigenthum" der Realitäten laut Heiratskontrakt „ein für allemal" der nunmehrigen Witwe „vorbehalten worden" sei.

Die Eltern des Bräutigams verpflichteten sich, 1.000 Gulden als Heiratsgut bar zu „sonnewenden" des kommenden Jahres zu übergeben – der Kontrakt wurde Ende Dezember abgeschlossen, also ein halbes Jahr später – und weitere 1.000 Gulden beim Tod der Mutter, und zwar unbenommen seines etwaigen darüber hinausgehenden künftigen Erbes.

Johann Prunner starb allerdings bald darauf – er hinterließ ein Kind namens Anton, das noch kein Jahr alt war. Aus der nach seinem Tod erfolgten Vermögensergänzung[335] geht hervor, dass die für Juni 1797 versprochenen 1.000 Gulden mit zwei Jahren Verspätung übergeben worden waren. Es ging bei der Abhandlung um eine „Liquidation" des Vermögens des Verstorbenen, die Witwe als Eigentümerin hatte den Gläubigern „red und antworth" zu geben. Von dem auf den Tod der Schwiegermutter versprochenen zweiten Teil des Heiratsgutes in der Höhe von 1.000 Gulden sollte die Witwe nicht nur Anspruch auf den lebenslänglichen Fruchtgenuss haben, sondern auf das Kapital selbst, um es auf ihrer „naturalhabschaft" anzulegen.

Gemeinsames Muster ist der Transfer beziehungsweise die Zusicherung einer bestimmten Summe durch den Vater oder die Eltern anlässlich der bevorstehenden Eheschließung des Sohnes. Nicht wirklich klar wird, warum es als „Heiratsgut" deklariert wurde, ob dies einer Sprachkonvention folgte oder rechtliche Implikationen damit verbunden wurden.

333 Vom kalkulierten Gesamtpreis wurden 1.300 Gulden als mütterliches und brüderliches Erbe sowie als väterliches Heiratsgut der Braut abgezogen, so dass die Summe von 3.850 Gulden offen blieb. Das Paar hatte dem Brautvater davon jährlich 40 Gulden bar abzubezahlen.

334 SLA Bozen, VBW 1800, Teil 1, fol. 170', fol. 174 und fol. 188'.

335 SLA Bozen, VBW 1800, Teil 1, fol. 176–189. Die Abhandlung beginnt mit fol. 157.

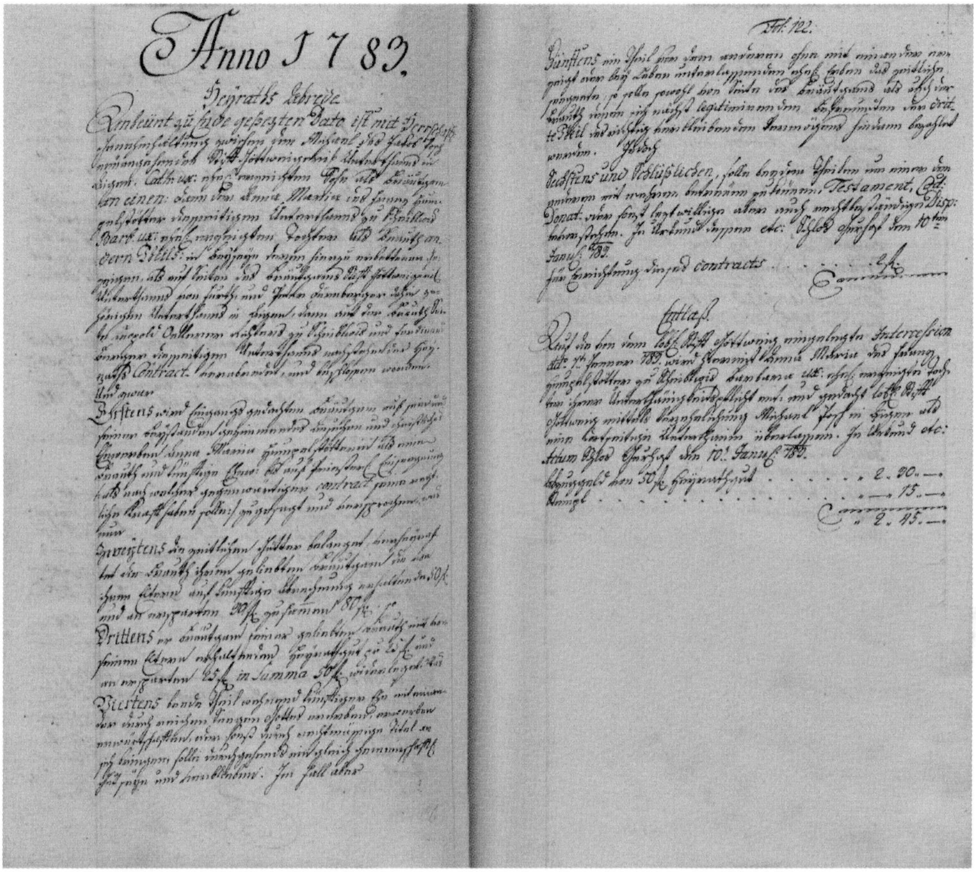
Anno 1783

Fol. 122.

Tafel 1: Heiratsabrede zwischen Michael Posch und Anna Maria Humpelstötterin, 1783 (NÖLA, KG Krems 84/65, fol. 121'–122, Transkription Wolfstein am Gurhof Nr. 11)

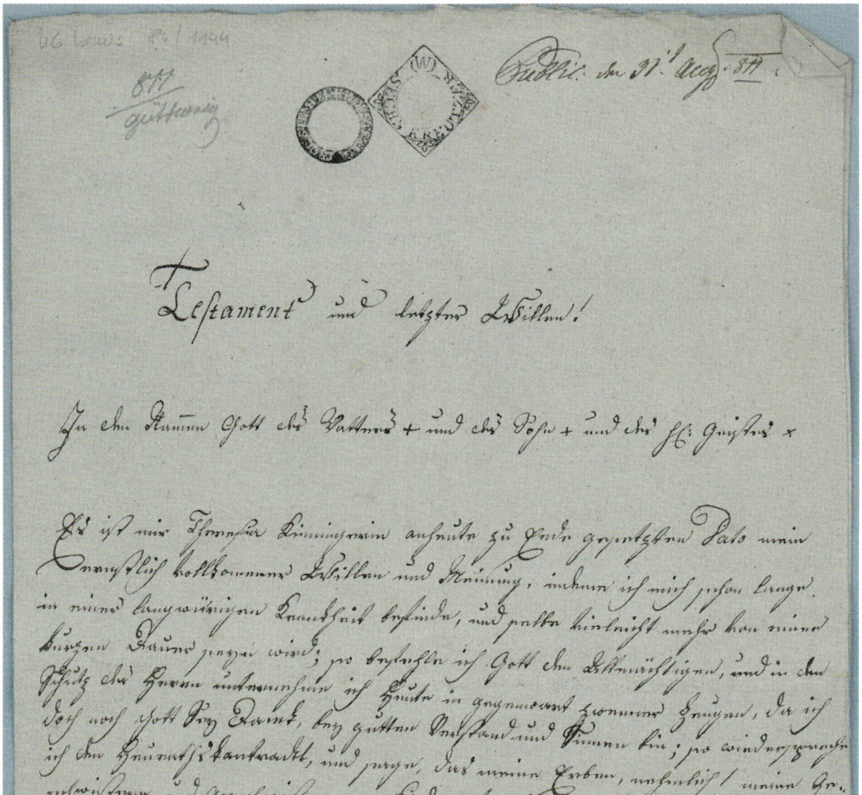

Testament und letzter Willen!

Im Namen Gott des Vatters + und des Sohn + und des Hl: Geistes +

Tafel 2: Testament der Theresia Kinningerin mit Änderung der Vereinbarungen des Heiratsvertrages, 1811 (NÖLA, KG Krems, 84, Karton 1144, Transkription Wolfstein am Gurhof Nr. 12)

Tafel 3: Handelsmann in rotem Mantel. In diesem Gewande repräsentierte die städtische Kaufmannschaft die Bürgerschaft der Stadt Salzburg bei Prozessionen (Kuenburg-Sammlung des „Salzburg Museum“)

Tafel 4a: Umschlag des Heiratskontraktes zwischen dem Schneidermeister Joseph Prandstätter und Magdalena Wirstin, 1766 (SLA, Verlassenschaften Stadtsyndikat, Nr. 1903, Transkription Salzburg Nr. 5)

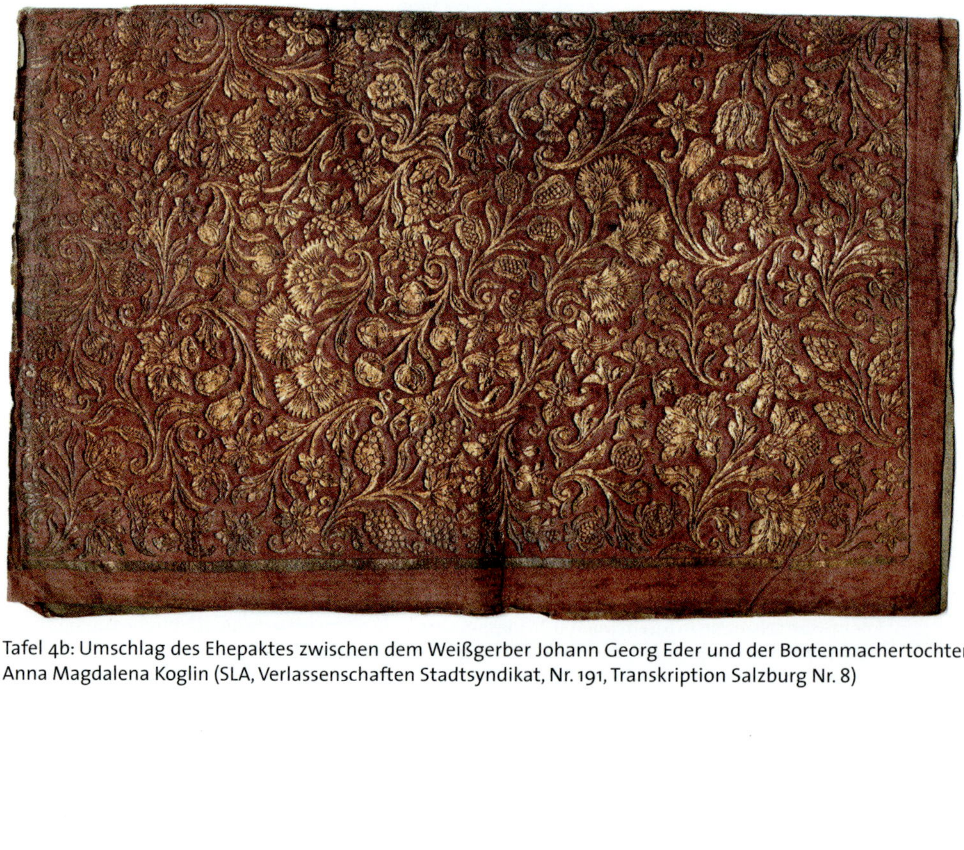

Tafel 4b: Umschlag des Ehepaktes zwischen dem Weißgerber Johann Georg Eder und der Bortenmachertochter Anna Magdalena Koglin (SLA, Verlassenschaften Stadtsyndikat, Nr. 191, Transkription Salzburg Nr. 8)

In dem Namen der Allerheiligist: unzertheilten Dreyfaltigkeit, Gottes Vatters, Sohns, und Heiligen Geists, Amen.

Ist zwischen Titul Herrn Andreen Mayr, angehenden Burger und Handls-Factorn alhier in Saltzburg, als Herrn Hochzeitern an ainem: dann der Edl vill ehrntugendreichen Jungfrauen Anna Margaretha Mohrin, des Edl und vesten Herrn Mathiasen Mohrs auch Handls-Factorns alda bey dessen Ehefrauen Maria Ursula gebohrnen Rottin ehelich erworbenen Tochter als Jungfrau Hochzeiterin andern Thails: volgender Heuraths-Contract zu beyder seiths contento abgeredt: und beschlossen worden, immassen wie hernach zuvernemen.

No 4039

Tafel 5: Erste Seite des Heiratskontraktes zwischen Andree Mayr und Anna Margaretha Mohrin, 1713 (SLA, Verlassenschaften Stadtsyndikat, Nr. 4039 bei 708, Transkription Salzburg Nr. 1)

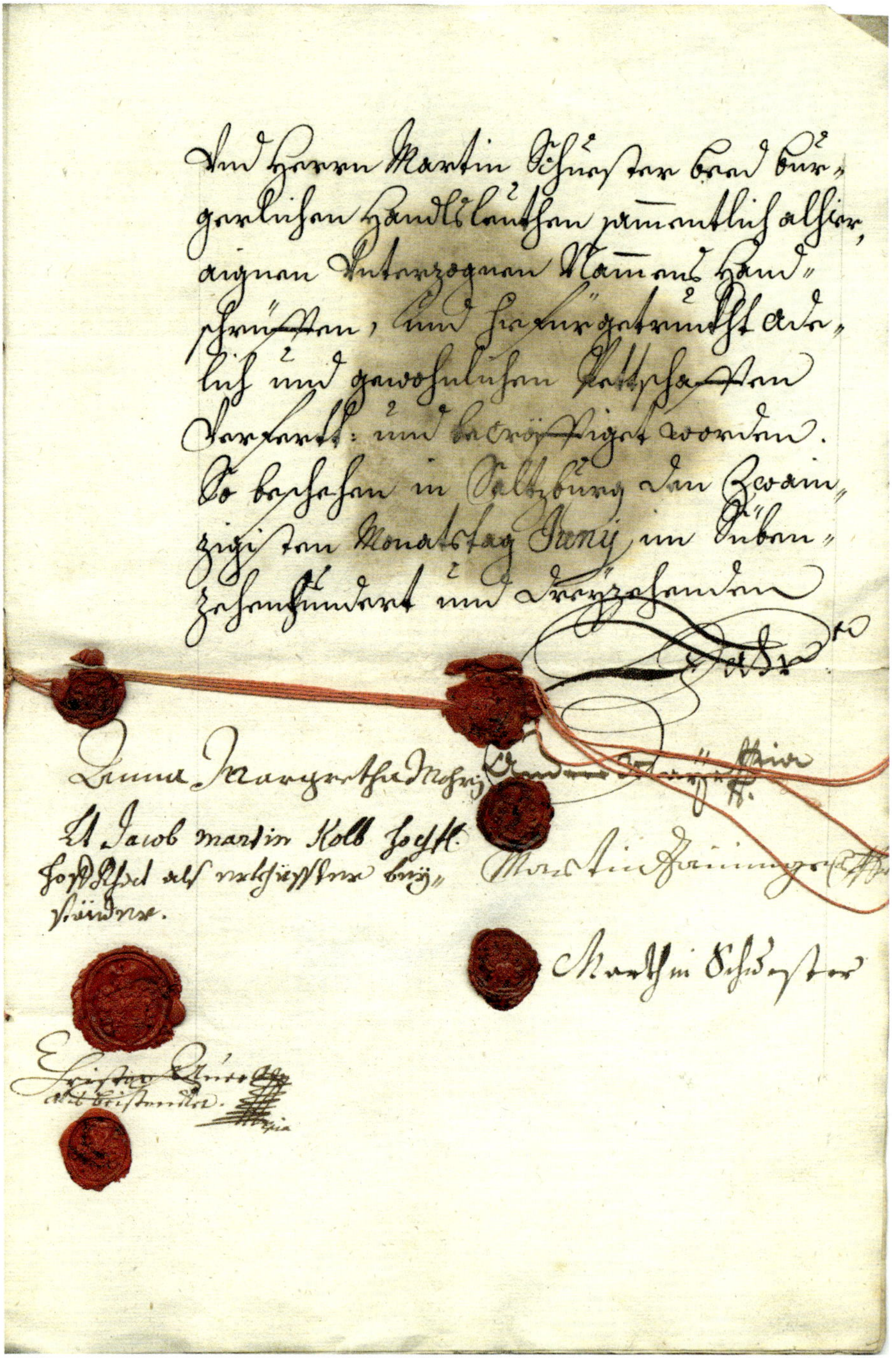

Tafel 6: Letzte Seite des Heiratskontraktes zwischen Andree Mayr und Anna Margaretha Mohrin, 1713 (SLA, Verlassenschaften Stadtsyndikat, Nr. 4039 bei 708, Transkription Salzburg Nr. 1)

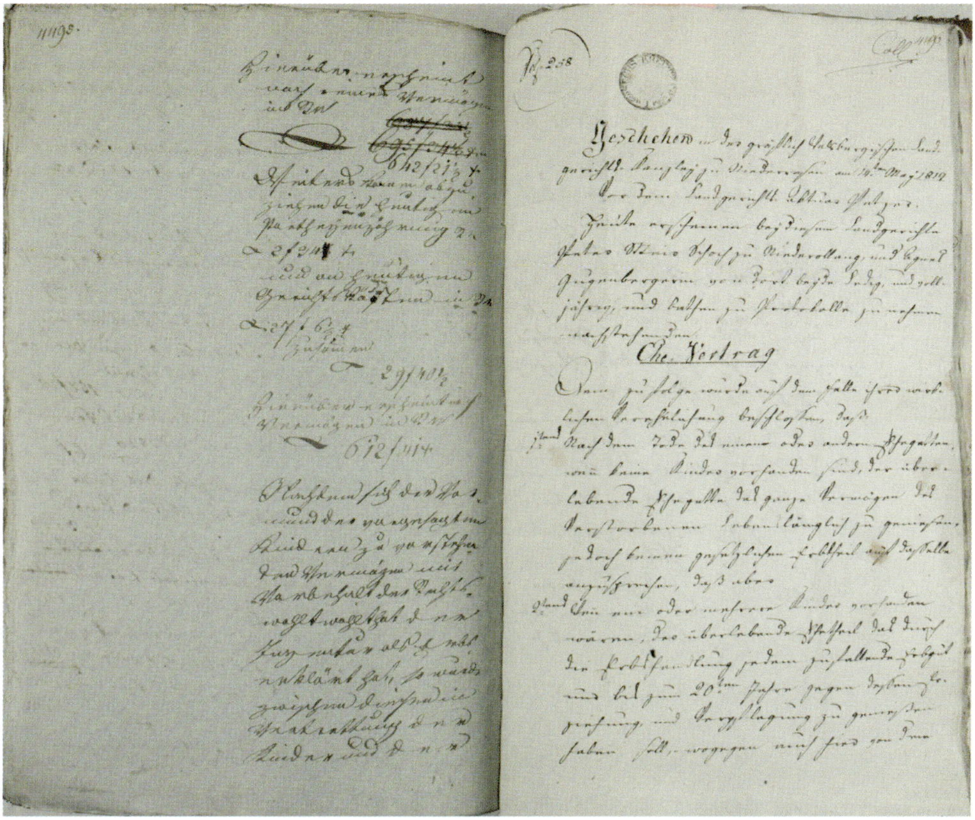
Ehe-Vertrag

Tafel 7: Ehe-Vertrag zwischen Peter Mair und Agnes Gugenbergerin (SLA, Verfachbuch Welsberg 1830, S. 4496–4499, Transkription Welsberg Nr. 17)

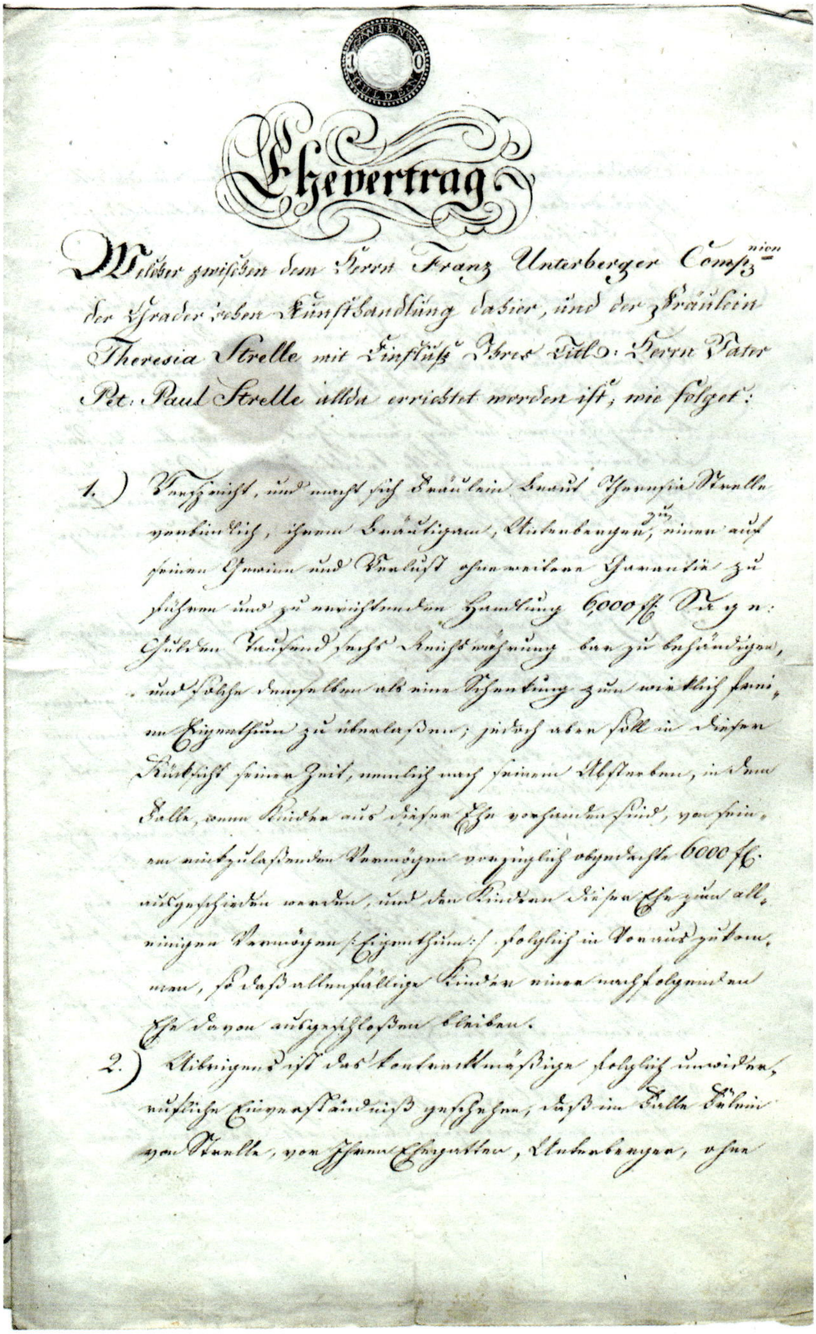
Ehevertrag

Welcher zwischen dem Herrn Franz Unterberger Compa^nion^ der Grader'schen Kunsthandlung dahier, und der Fräulein Theresia Strelle mit Einfluß Ihres Titl. Herrn Vater Pet. Paul Strelle allda errichtet worden ist, wie folget:

Tafel 8: Ehevertrag zwischen Franz Unterberger, Companion der Grader'schen Kunsthandlung, und Theresia Strele, 1821 (TLA, Stadt- und Landrecht Innsbruck, Testamente, Nr. 558, Transkription Innsbruck Nr. 10)

Die Morgengabe

Weit seltener als das Heiratsgut war eine Morgengabe Inhalt eines Heiratskontraktes im untersuchten Raum: Im Sample des Gerichtes Innichen scheint sie sieben Mal auf, in jenem des Gerichtes Welsberg überhaupt nicht. Die im Gericht Innichen als Morgengabe vorgesehenen Beträge divergieren stark: Sie reichen von 50 bis zu 1.000 Gulden. In einem Fall sagte der Bräutigam der Braut eine Morgengabe in der Höhe von 300 Gulden zu, „weil sie mich versprochen hat zu heurathen“, ohne zeitliche Spezifizierung.[336] In einem anderen Fall folgte die Morgengabe dem Modell der Schenkung einer Summe Geldes „nach vollendeter priesterlicher einsegnung“.[337] In drei Fällen sollte der Transfer hingegen erst mit dem Tod des Ehemannes erfolgen:[338] Der Witwer Johann Heeler übertrug auf diese Weise seiner zweiten Frau ein Viertel des Hauses – er besaß eine Haushälfte – mit dazugehörigem Garten, Futterhaus und Wald.[339] Anton Leichter setzte ebenfalls einen solchen in die Zukunft weisenden Zeitrahmen: Er verfügte, „gemeldter jungfrau braut zu einer morgengab, jedoch aber allererst auf sein ableiben, 75 f franco zu verehren und zukommen zu lassen“.[340] Die höchste in diesem Zusammenhang genannte Summe von 1.000 Gulden wollte Joseph Hirsch, Schuhmacher aus Innsbruck, seiner Braut Maria Schräflin schenken – wiederum erst nach seinem Tod und auch nur, falls aus ihrer Ehe „keine kinder oder succession verhanden seyn sollten.“[341]

Bei einem Teil der Morgengaben handelte es sich im Grunde um vergleichsweise großzügige Schenkungen. Warum sie in Form einer Morgengabe getätigt wurden, das könnte vielleicht mit der Befürchtung zusammenhängen, einen Vermögenstransfer dieses Ausmaßes mittels testamentarischer Verfügung gegenüber den eigenen Verwandten nicht durchsetzen zu können.[342] Denn durch die Begünstigung einer Witwe und vor allem einer kinderlosen Witwe entgingen den ehemännlichen Erben Anteile von dessen Besitz. So ist davon auszugehen, dass Schenkungen dieser Art Konfliktpotenzial in sich bargen. Starb die Frau vor dem Mann, sollte die Morgengabe der Bestimmung der Tiroler Landesordnung zufolge, falls die Frau diese ih-

---

336 TLA Innsbruck, VBI 1791, fol. 1’ (Transkription Innichen Nr. 12 im Anhang, siehe Abb. 2, S. 221).

337 TLA Innsbruck, VBI 1796, fol. 710’.

338 Diese verschiedenen Formen nennt auch Theo Mayer-Maly in seinem Artikel „Morgengabe“ im Handwörterbuch zur Deutschen Rechtsgeschichte, Bd. 3, Berlin 1984, Sp. 678–683, Sp. 678. Anke Hufschmidt verweist auf adelige Verträge, die den Eindruck erwecken, dass die Morgengabe eher für die Witwenzeit gedacht war; zudem wurden die Begriffe „Morgengabe“ und „Leibzucht“ oft synonym verwendet. Vgl. Hufschmidt, Adlige Frauen, 372.

339 TLA Innsbruck, VBI 1768, fol. 700–700’. Er wollte „per modum eines heyraths pact und mithin ohnaufheblich verordnet und versprochen“ haben, „das ihro Elisabeth Schmädlin nach sein, Heelers ableiben die innen viertl thaill behaußung, garten, fuetterhauß, waldung und so dabey beriert zu einer morgengab, ohne hierfür was zu bezahlen oder herauß zugeben, freü aigenthumlich zuekomen solle“.

340 TLA Innsbruck, VBI 1780, fol. 495.

341 TLA Innsbruck, VBI 1783, fol. 362.

342 Schenkungen in Relation zu anderen Vermögenstransfers zu untersuchen, wäre ein sicher lohnendes Unterfangen und würde helfen, den Manövrierspielraum auszuleuchten, aber auch Verbindlichkeiten und Reziprozitäten sichtbar machen. Zu Schenkungen vgl. Arru, „Schenken heißt nicht verlieren“.

rem Ehemann nicht wiederum geschenkt hatte, diesem für die Dauer seines Lebens verbleiben, dann aber an die Erben der Frau fallen.[343]

Der soziale Kontext jener Männer, die vergleichsweise großzügige Transfers als Morgengabe vorsahen, lässt Faktoren erkennen, die eine solche Entscheidung begünstigt haben könnten: Anton Leichter stammte aus Mühlbach nahe Brixen, Joseph Hirsch war aus Innsbruck nach Innichen gezogen – durch räumliche Distanz möglicherweise, wenn auch nicht notwendigerweise geförderte soziale Distanz zur eigenen Herkunftsfamilie und Verwandtschaft mag bei der Begünstigung der Ehefrauen in diesen beiden Fällen eine Rolle gespielt haben.[344] Denkbar ist aber auch eine Orientierung an den Usancen des eigenen Herkunftsgebietes.

Im Fall des Johann Heeler, der aus Innichen stammte, kann die Schenkung mit Familienkonflikten in Zusammenhang gebracht werden. Aus erster Ehe hatte er zwei Kinder, der Sohn Josef galt allerdings als verschollen. Mit der Tochter Ursula beziehungsweise mit seinem Schwiegersohn Michael Kuenater lag er wiederholt im Streit: Das junge Ehepaar hatte im Mai des Jahres 1763 in sein Haus eingeheiratet, war aber nach ungefähr einem Jahr wieder ausgezogen und hatte sich woanders eingemietet. Vater und Schwiegersohn einigten sich kurze Zeit später, im Juli 1764, in einem „unumbstösslichen contract" darauf, wieder in einem Haushalt und „brott fridsamb" zusammenzuleben – nicht zuletzt aus ökonomischen Erwägungen, denn Vater und Schwiegersohn waren beide Schuster und es ging darum, ihre Kunden zu behalten.[345] Zweieinhalb Jahre später plante der inzwischen verwitwete Vater, eine zweite Ehe einzugehen. Im Januar 1768 setzte er einen Heiratskontrakt mit seiner Braut auf. Zwei Wochen später, Anfang Februar, brach erneut ein Konflikt aus, und zwar wegen des nicht ausbezahlten Heiratsgutes für seine Tochter in der Höhe von 200 Gulden. Der Vater vertrat die Position, dass er ausreichende Ursachen dafür habe und es ohnehin die „natur" eines Heiratsgutes sei, dass dieses erst auf das nach seinem Tod hinterlassene Vermögen zu „conferieren" – also anzurechnen sei. Er wollte der Forderung nun aber „umb frid willen" doch nachkommen. Im Zuge dessen gab er auch zu Protokoll, dass er im Gegenzug die zugunsten der Tochter testamentarisch bereits getroffene Verfügung, ihr ein Viertel des Hauses zu vermachen, damit „aufhebe und annuliere".[346]

Er starb im Jahr 1788 im Alter von 90 Jahren und hinterließ die Witwe Elisabeth Schmadlin sowie die Tochter Ursula. Letztere wurde der Logik der ehelichen Gütertrennung zunächst gerichtlich zur Erbin bestimmt. Doch die Witwe berief sich auf ihren Heiratskontrakt, der Erbansprüche ihrerseits bekundete. Beide Frauen erhielten daraufhin je ein Viertel des hinterlasse-

343 Tiroler Landesordnung 1573, 3. Buch, fol. 50re.

344 Damit soll nicht behauptet werden, dass zwischen räumlicher und sozialer Distanz notwendigerweise ein Zusammenhang besteht. Die historische Migrationsforschung hat auf Kontakte, Korrespondenzen etc. verwiesen, durch die soziale Beziehungen auch über große geografische Distanzen hinweg aufrecht erhalten wurden. Vgl. beispielsweise Meinrad Pichler, „Dort ist ein armes und dahier ein reiches Land …". Auswandererbriefe aus den USA am Beispiel eines Vorarlberger Bestandes (1850–1914), in: Christa Hämmerle u. Edith Saurer Hg., Briefkulturen und ihr Geschlecht. Zur Geschichte der privaten Korrespondenz vom 16. Jahrhundert bis heute, Wien/Köln/Weimar 2003, 163–186; Andreina de Clementi, Dove finiscono le rimesse. I guadagni dell'emigrazione in una comunità irpina, in: Angiolina Arru u. Franco Ramella Hg., L'Italia delle migrazioni interne. Donne, uomini, mobiltà in età moderna e contemporanea, Roma 2003, 291–338.

345 TLA Innsbruck, VBI 1764, fol. 789–789'.

346 TLA Innsbruck, VBI 1768, fol. 708–708'.

nen halben Hauses zugesprochen. Ursula Hellerin verkaufte ihren Anteil knapp einen Monat nach dem Tod des Vaters – das Ehepaar hatte seit 1769 ein eigenes Haus inne[347] –, nachdem die Haushälfte offiziell mittels eines „sonderbar aufgerichteten theilungsinstrument[es]" geteilt worden war.[348] Zwei Jahre später verkaufte auch die Witwe ihr Viertel um 200 Gulden.[349]

In den zwei noch verbleibenden der insgesamt sieben vermachten Morgengaben des Gerichtes Innichen übertrug die Braut diese dem Bräutigam: „2do will die braut Maria Huberin dem bräutigam Andree Gatterer zu einer morgengab und schankung 100 f aus ihrem vermögen in kraft dieß zum freyen unwiderruflichen eigenthum übergeben und dato abgetreten haben". Der mit der Morgengabe beschenkte Andre Gatterer war Dienstknecht des lokalen Pflegers. Er heiratete in einen Witwenhaushalt ein. In Punkt fünf verpflichtete sich die Braut, auch die Hochzeitskosten, die Kosten für den Heiratskontrakt und die Bürgeraufnahmegebühren für den aus einem Nachbarort stammenden Bräutigam zu übernehmen.[350] Im zweiten Fall handelte es sich ebenfalls um eine Witwe, die in zweiter Ehe einen ledigen Mann heiratete.[351]

> Fünftens die hochzeiterin Elißabeth Hoferin mit consens und einwilligung ihres obrigkeitlich verpflichten anweißers, des fürnemen Lorenzen Thallmanns, burgerlicher gerichtsausschuss und millermaister dißorths, zu einer gegen erkandtlichkeit sich erklert, dem hochzeiter vor eine morgengab auß freyen handen zu schencken benandtlich funfzig gulden, sage 50 f.[352]

Der Bräutigam Mathias Schraffl war Schneider und Stiftsmesner. Sein Bruder, ein Geistlicher, überließ ihm die Hälfte der „Messen Behausung", was ebenfalls im Heiratskontrakt deponiert wurde.

7. Vereinbarungen für die Zeit nach der Ehe: Verfügungen und Zugeständnisse

Soziale und ökonomische Kontexte des Regelungsbedarfs

Brautpaare erachteten die konkrete Art und Dimension nachehelicher Verfügungs- und Nutzungsrechte zunehmend für regelungsbedürftig: im Sample für Innichen verstärkt ab Mitte der 1770er Jahre, im Sample für Welsberg, das in Zehn-Jahresschritten erhoben wurde, ab 1780. Vorkehrungen für die Zeit nach der Ehe konstituieren dem entsprechend neben den Vertrags-

347 Vgl. BHM Lienz, OR III 2, VBI 1769 VI 25, fol. 85.

348 TLA Innsbruck, VBI 1788, fol. 74–75.

349 Vgl. BHM Lienz, OR III 1, VBI 1790 VIII 30, fol. 748. Verkauf an Andrä Gatterer, der sich im Februar des Jahres mit Maria Huberin, der Witwe des Zwiglbauern am Innichberg, verehelicht hatte – auch deren Heiratskontrakt ist weiter unten im Text behandelt.

350 TLA Innsbruck, VBI 1790, fol. 679–681.

351 Hans von Voltelini merkt an, dass das, „[w]as die eigenes Vermögen besitzende Witwe dem einheiratenden Mann zuwendet ... in den Landesordnungen als Morgengabe bezeichnet [wird] und Eigentum des Mannes" sei. Voltelini, Zur Geschichte des ehelichen Güterrechts in Tirol, 349.

352 TLA Innsbruck, VBI 1767, fol. 694'–695. Dieser Heiratskontrakt wurde erst zwölf Jahre nach der Eheschließung vor Gericht in Abschrift als Urkunde ausgestellt und im Verfachbuch protokolliert: Am 17. September 1755 war der Kontrakt ursprünglich aufgesetzt worden, am 6. Oktober 1767 dann bei Gericht.

punkten zu Heiratsgut, Vermögen oder Morgengabe den zweiten inhaltlichen Schwerpunkt in den Heiratskontrakten des Samples.

Ausgehend von den Befunden bezüglich Heiratsgaben und Vermögen sowie der geschlechtsspezifischen Implikationen hinsichtlich der Verwaltung und der Nutzung derselben im Rahmen der ehelichen Gütertrennung, lässt sich auf unterschiedliche soziale und ökonomische Voraussetzungen des Witwen- und Witwerstandes in den untersuchten Gerichten schließen.[353] Neben der geschlechtsspezifisch ungleich verteilten Verfügungsgewalt über eingebrachtes Vermögen stellte der Status als Besitzerin oder Besitzer von Haus, Hof oder Hausanteilen eine weitere Achse dar, die Differenz geschaffen hat. Frauen als Erbtöchter, finanzkräftige Witwen oder Käuferinnen von Immobilien hatten zwar Besitz inne, doch dominierte der Anteil der sich in männlichen Händen befindlichen Häuser und Höfen deutlich – insofern verlief diese Achse zwar nicht ganz parallel zu Geschlecht, aber doch tendenziell. Darüber hinaus war es vor allem bei größerem Besitz üblich, dass zuheiratende Männer zumindest die Hälfte übertragen bekamen oder auf andere Weise im Witwerstand besser abgesichert waren als zuheiratende Frauen. Die Lage und die Perspektiven einer Witwe als (Mit-)Besitzerin oder aber als Frau, die in das ehemännliche Haus eingeheiratet hatte, unterschieden sich beträchtlich. Die Handlungsräume von Witwen verengten oder erweiterten sich in jedem Fall analog zur Höhe ihres Vermögens.

Des Weiteren ist zu differenzieren, ob es sich um Witwen oder Witwer mit oder ohne Kinder handelte – auch dies hatte Auswirkungen auf die konkrete Situation – wiederum mehr für Frauen als für Männer. Vor allem jene Witwen, die nicht über Besitzrechte verfügten und keine Kinder hatten, befanden sich in einer fragilen Position. Wenn eine Witwe oder ein Witwer kinderlos war, verlief, wie bereits an anderer Stelle angesprochen, eine potenzielle Konfliktlinie zwischen ihnen und den Verwandten der jeweils anderen Seite als Erben des verstorbenen Mannes beziehungsweise der verstorbenen Frau. Denn der Besitz ging der Norm nach in einem solchen Fall an diese.[354] Diese Eventualität ist bei der Aufnahme der Kontrakte einmal mehr, einmal weniger deutlich mitgedacht, vor allem aber bei Wiederverehelichungen im höheren Alter, wenn eigene Nachkommen als wenig wahrscheinlich erachtet wurden.

Rechtliche Grundlagen

Hans von Voltelini verweist darauf, dass es in Tirol im Unterschied zu benachbarten Rechtsräumen keine Leibzuchtsrechte des überlebenden Eheteils gegeben habe, worunter primär ein

353 Wilhelm Brauneder hat darauf hingewiesen, dass der überlebende Ehegatte in jedem Fall und unabhängig vom Geschlecht Nutzungsrechte auf Lebenszeit, auch „Leibgedingesystem“ genannt, an Vermögensobjekten des anderen erhalten habe. Vgl. Brauneder, Frau und Vermögen, 224.

354 Ganz anders ist die Situation hingegen in den von Gertrude Langer-Ostrawsky untersuchten niederösterreichischen Herrschaften, aber auch im osnabrückischen Kirchspiel Belm, wo ebenfalls das Anerbenrecht galt: Wenn aus der ersten Ehe keine Kinder vorhanden waren, trat der neue Ehemann mit vollen und unbefristeten Rechten in den Hof ein, auch wenn die Witwe der einheiratende Teil in der ersten Ehe gewesen war; vgl. Schlumbohm, Lebensläufe, 452; ähnlich auch in Brandenburg; vgl. Takashi Iida, Wiederheiraten und Verwandtschaftsnetze auf dem unteilbaren Hof: Bauern, Büdner und Einlieger des brandenburgischen Amtes Alt-Ruppin im 18. Jahrhundert, in: Christophe Duhamelle u. Jürgen Schlumbohm Hg., Eheschließungen im Europa des 18. und 19. Jahrhunderts. Muster und Strategien, Göttingen 2003, 125–155.

Wohnrecht und das Recht auf Naturalleistungen zu verstehen ist. Deshalb sei vorgesehen gewesen, dass „das Vermögen der Ehegatten bei Beendigung der Ehe auseinander" falle.[355]

Die Landesordnung bestimmte tatsächlich, dass der Ehemann beim Tod der Frau deren Einbringen und das ihr während der Ehe zugefallene Vermögen an ihre Erben – ihre Kinder oder Verwandten – zur Gänze abzugeben habe. Nur die Morgengabe blieb ihm zur lebenslänglichen Nutzung und kam im Anschluss daran, sofern die Frau sie ihm nicht geschenkt hatte, den Erben zu. Hatte die Ehefrau liegende Güter eingebracht, so stand es in der Wahl der Erben, diese in natura oder eine entsprechende Summe dafür zu verlangen. Eine etwaige während der Ehe erzielte Wertsteigerung sollte dem Mann zustehen.

Im umgekehrten Fall hatte die Witwe beim Tod des Mannes ihr sämtliches eingebrachtes Vermögen zurück zu erhalten, ebenso die Morgengabe und ihre Aussteuer – für die nicht adelige Witwe bezeichnet als „Leibgewanndt/ Claider/ und Clainat/ jr Versperrte Truhen (mit eröffnung ain mal)". Des Weiteren sollte sie ein Drittel der Fahrhabe bekommen und „zimblich unnderhaltung/ nach gelegenhait jres Stanndts" – einen standesgemäßen Unterhalt, aber nur für die Zeit „wie obsteet". Dieser Verweis bezieht sich auf den Passus zu den adeligen Witwen. Dort ist ein Anspruch auf die „Jarspeise", Lebensmittel für ein Jahr, genannt, der aber bei einer Wiederverehelichung innerhalb dieses ersten Witwenjahres entfallen würde.[356]

Für einen Mann, der in den Besitz der Frau eingeheiratet hatte – bezeichnet wird er als „Einfarender Geselle" –, sollten nach dem Tod der Frau, falls nicht anders lautende Vereinbarungen getroffen worden waren, dieselben Bestimmungen wie für eine Witwe gelten, ausgenommen die „wittiben Rechte" – das ist der Unterhalt für ein Jahr und der Anspruch auf ein Drittel der Fahrhabe. Das eingebrachte Vermögen musste ihm also rückerstattet werden. Ihm gebührte dazu auch das während der Ehe Erwirtschaftete; er musste aber auch die während der Ehe gemachten Schulden begleichen.[357]

Die Heiratskontrakte dokumentieren, dass diese Vorgaben nicht so leicht umsetzbar waren, insbesondere das nacheheliche „auseinander Fallen" des Vermögens. Dessen Rückerstattung an die Witwen oder deren Erben, dürfte die häuslichen Ökonomien überfordert haben, ebenso das Abtreten eines Drittels der mobilen Güter an die Witwen. Von diesen rechtlichen Ansprüchen leitete sich in der Praxis ein anderes, augenscheinlich verbreitetes Modell ab, das auf einem Liegenbleiben und Verzinsen des Kapitals und weiteren Ersatzleistungen basierte, wie Anspruch auf ein Leibgedinge in Form der so genannten „Herberg" und/oder auf bestimmte Genussrechte. Wie im Anschluss im Detail ausgeführt wird, scheinen in den Heiratskontrakten vielfältige Bezugnahmen auf die zuvor skizzierten Regelungen auf – damit konform gehend oder in Abänderung: Immer wieder wurde etwa betont, dass der Witwe Haus- und Küchengeräte nur gegen „seinerzeitige rückstellung" zum Genuss zustehen würden. Andererseits waren – wie in der Landesordnung vorgesehen – Aussteuergegenstände wiederholt von den dem Ehemann gewährten Genussrechten ausgenommen. Dies wurde in den gesichteten Verfachbuchdokumenten auch in Vereinbarungen mit Erben in diesem Sinne verfügt.[358] Seltener in Heiratskontrakten und standardmäßig in eigenen Witwenverträgen begegnet der Unterhalt für

355 Vgl. Voltelini, Zur Geschichte des ehelichen Güterrechtes in Tirol, 359.

356 Tiroler Landesordnung 1573, 3. Buch, fol. 38re–39re.

357 Tiroler Landesordnung 1573, 3. Buch, fol. 50ve–51re.

358 Im Ehevertrag, der de facto zugleich ein Besitzerklärungsvertrag zwischen Eltern und Sohn war, wurden Peter Sulzenbacher und dessen etwaige Nachkommen als künftige Besitzer aller Realitäten

das erste Witwenjahr, und zwar ausschließlich für Witwen. Er diente der Überbrückung der Zeit bis zum Anfallen der jährlichen Zinsen aus dem eigenen Vermögen. Auch die besondere Position zuheiratender Ehemänner findet Niederschlag in den ausgewerteten Dokumenten.

Für eine Einschätzung der mittels Heiratskontrakt vereinbarten Ablebensbestimmungen bedarf es nicht zuletzt eines Blicks auf die gesetzlichen Möglichkeiten und Grenzen des Testierens unter Eheleuten. Die Tiroler Landesordnung hatte vorgesehen, dass „ain Eemensch dem anndern" – also nicht geschlechtsbezogen – testamentarisch nach Abzug der Schulden höchstens ein Drittel, falls es sich um Erbgüter handelte, und höchstens die Hälfte im Fall von „gewunnen und Erübrigten Guetern" vermachen durfte, wobei der überlebende Teil die freie Wahl haben sollte, das gesamte Gut lebenslänglich zu nutzen und zu genießen oder das zuvor genannte Drittel beziehungsweise die Hälfte „für aigen unnd Erblich anzunemen". Es sei jeder Person freigestellt, weniger zu testieren als die Nutzung des gesamten Gutes oder des Eigentums an einem Drittel beziehungsweise der Hälfte.[359] Damit war zwar eine gewisse Bandbreite an testamentarischen Verfügungsmöglichkeiten unter Eheleuten gegeben, im österreichischen Vergleich wird der Umfang der Testierfreiheit in Tirol jedoch als relativ eingeschränkt beurteilt.[360] Geschützt wurden vornehmlich die Interessen der Nachkommen und der Linie.

Gegenüber der Möglichkeit, zugunsten des überlebenden Eheteils die Nutzung des gesamten hinterlassenen Vermögens testamentarisch zu verfügen, erscheinen die in den Heiratskontrakten während der Geltungsdauer der Landesordnung in Bezug auf den Witwen- oder Witwerstatus ausgehandelten Vertragspunkte mehrheitlich als Einschränkung, vor allem, was die Genussrechte der Witwen betrifft. Im Verlauf der Zeit ist dann, wie weiter unten ausgeführt wird, ein Trend in Richtung von gegenseitig zugesprochenen gleichen Genussrechten festzustellen.

Die Josephinische Erbfolgeordnung von 1786 sah für den überlebenden Teil, sofern kein Testament oder Kontrakt mit anderslautenden Regelungen vorhanden war, so lange dieser keine zweite Ehe einging und falls es drei oder mehrere Kinder gab, einen gleichen Genussteil mit den Kindern vor, bei keinem oder weniger als drei Kindern den Genuss von einem Viertel (§ 24).[361]

Ablebensbestimmungen in Heiratskontrakten

Mittels Heiratskontrakt konnten die Handlungsräume des überlebenden Ehepartners, der überlebenden Ehepartnerin über den gesetzlich vorgesehenen Rahmen hinaus ausgedehnt werden. Entsprechende Regelungen waren aber nicht nur Gegenstand von Heiratskontrakten, sie konnten auch Teil von Übergabe- oder Kaufverträgen sein. Dort bezogen sich Regelungen in Hinblick auf den Witwen- oder Witwerstand auf die den Besitz übergebenden Eltern. Hier lag das Hauptaugenmerk auf der Gestaltung des Zusammenlebens der beiden Generationen,

---

erklärt sowie auch der Fahrnisse „mit alleiniger Ausnahme der mütterlichen Leibkleider, des Kastens und des Bettgewandes". TLA Innsbruck, VBH 1830, fol. 662, Nr. 323.

359 Tiroler Landesordnung 1573, 3. Buch, fol. 35re.

360 Vgl. Wesener, Geschichte des Erbrechtes, 186f.

361 Hofdekret vom 11. Mai 1786, zitiert nach Kropatschek, Handbuch, Bd. 11, 1786, Wien 1788, 776–791.

fallweise mit unterschiedlichen Varianten für Vater und Mutter oder Stiefelternteile.[362] Selbst wenn solche Verträge mit einem Heiratskontrakt kombiniert waren, stand hier das Verhältnis Eltern-Kinder im Mittelpunkt und die formulierten einseitigen oder gegenseitigen Verpflichtungen bezogen sich weniger auf das eheschließende Paar selbst. Die angehenden Eheleute waren beispielsweise verpflichtet, den verwitweten übergebenden Vater „mit allen leibs nothwendigkeiten", namentlich mit Kost und Kleidung, in gesunden und kranken Tagen zu verpflegen, ihn nach seinem Tod zu „beweinen" und die üblichen Gottesdienste abhalten zu lassen sowie ihm als „noth pfennig" zwei Gulden jährlich auszuzahlen.[363] Im Fall von Vätern, die sich ihre Vormachtstellung im Haus auch nach der Einheirat von Söhnen oder Töchtern vorbehalten haben, begegnen Vorkehrungen nur für deren Ehefrauen als Witwen. Diese gingen in die Richtung der nachehelichen Bestimmungen in Heiratskontrakten – wenn sie auch in einem anderen biografischen Moment getroffen wurden. Schließlich sind auch so genannte „wittibliche verträge" dokumentiert, die klassisch im Zuge von Verlassenschaftsabhandlungen[364] nach dem Tod des Ehemannes bei gleichzeitiger Besitzübertragung an einen Sohn oder eine Tochter für die Witwe beziehungsweise Mutter abgeschlossen wurden. Heiratskontrakte waren also nicht der einzige Ort, um Regelungen für das Alter oder die Zeit nach der Ehe zu treffen, sondern sie sind Teil eines Netzwerkes an Dokumenten.

Allerdings boten Heiratskontrakte die Gelegenheit, zum frühest möglichen Zeitpunkt das Eintreten des rechtlich Vorgesehenen zu verhindern, wenn es eigenen Interessen zuwider lief, indem die Ansprüche und Verpflichtungen des überlebenden Ehepartners modifiziert oder auch näher spezifiziert wurden. Für zuheiratende Frauen und Männer handelte es sich konkret um die Absicherung ihres Vermögens, ihres Unterhalts und ihrer Position im Haushalt, generell ging es um Nutzungs- oder Eigentumsrechte am Vermögen des jeweils anderen und schließlich um die Frage, wie mit Besitz und Geld gegenüber Kindern und mehr noch im Fall von Kinderlosigkeit verfahren werden sollte.[365] Es handelte sich zum einen also um eine gewisse Garantie dessen, was man unter dem Gesichtspunkt der ökonomischen Realisierbarkeit zu erwarten haben würde[366] – zumal das Ausgehandelte damit auch einklagbar war. Zum anderen dürfte dabei auch die Perspektive zum Tragen gekommen sein, dass ererbter Besitz

---

362 Peter Pergmann aus Innichen beispielsweise übergab seinen Besitz dem Sohn Johannes, der im Gegenzug verpflichtet war, seiner Stiefmutter nach dem Tod des Vaters die „leibs lebenlängliche herberg" inklusive des notwendigen Holzes zu gewähren. Für sich selbst hingegen verfügte er, sich zeit seines Lebens mit dem Sohn und der Schwiegertochter „in einer kost und verpflegung zu betragen". TLA Innsbruck, VBI 1768, fol. 697' (Transkription Innichen Nr. 5 im Anhang). In einem der frühen Heiratskontrakte aus dem Sample des Gerichtes Welsberg trug der übergebende Brautvater dem jungen Paar die Verpflichtung auf, der Stiefmutter, falls sie ihn überleben sollte, die lebenslange zins- und holzfreie Herberg in seinem Haus zu gewähren sowie die Nutzung der notwendigen Hausgerätschaften und den Bezug von Rüben- und Gartenkraut. SLA Bozen, VBW 1750, fol. 181'.

363 SLA Bozen, VBW 1750, fol. 90'.

364 Vgl. allgemein dazu Michael Pammer, Testamente und Verlassenschaftsabhandlungen (18. Jahrhundert), in: Pauser/Scheutz/Winkelbauer, Quellenkunde der Habsburgermonarchie, 495–510.

365 Nacheheliche Vermögensregelungen waren beispielsweise in Basel seit dem 14. Jahrhundert üblicher Bestandteil von Eheberedungen bei wohlhabenden Familien. Vgl. Hagemann/Wunder, Heiraten und Erben, 160.

366 Edgar F. Warnecke spricht sogar von einer „Lebensversicherung". Vgl. Warnecke, Eheberedungen als Lebensversicherung.

und ererbtes Vermögen nicht nur auf die Person des Inhabers, der Inhaberin bezogen, sondern in einen weiteren Familien- und Verwandtschaftskreis eingebunden gedacht wurden und insbesondere für die nachfolgenden Generationen der eigenen Verwandtschaftslinie gesichert werden sollten. Das Interesse an der Kontinuität der Linie ließ Verfügungen über das eigene Leben und die eigenen Person hinaus nicht nur als angemessen, sondern offensichtlich als notwendig erscheinen.

Das zwischen Braut und Bräutigam für den Fall des früheren Ablebens des einen oder anderen Ausgehandelte lag in seiner Umsetzung in unbestimmter zeitlicher Ferne und die konkrete Situation, in der die Vertragspunkte wirksam werden sollten, war unbekannt. Insofern wurden vielfach mehrere Varianten durchgespielt, manches aber auch grundsätzlich festgelegt. Eine grundlegende Entscheidung betraf die für zugeheiratete Frauen und Männer vorgesehene nacheheliche Position im Haushalt, die sich primär über die Alternative zwischen Herberg oder Genussrechten am Vermögen des jeweils anderen definierte.

Herberg oder Genussrechte als Alternativen

Das Spektrum an möglichen Positionen der zuheiratenden Ehefrau, des zuheiratenden Ehemannes als Witwe beziehungsweise Witwer reichte von einer Herberg – das heißt, dem weitgehenden Rückzug aus dem Haushalt – über den Fruchtgenuss des Vermögens des/der Verstorbenen bis hin zu vereinzelten Schenkungen oder zur Perspektive, den Besitz zu erwerben. Diese verschiedenen Formen waren nach Geschlecht unterschiedlich verteilt.

Ein mögliches nacheheliches Szenario, das vor allem für Witwen verfügt wurde, stellte der Rückzug in die so genannte Herberg dar. Dafür scheint im Gericht Innichen zunächst eine eigene Vertragsform auf, nämlich der „heyraths pact". Dieser konnte, ohne längere Vorrede auch nur diesen einen Vertragspunkt enthalten – wie im ersten als „heyraths pact" bezeichneten Dokument des Samples, den der Witwer Hannß Forstlechner anlässlich seiner dritten Eheschließung im Jahr 1765 protokollieren ließ. Darin hatte er zugunsten

> seiner neu angehenden prauth und ehewürthin Agnes Kerschpamberin, vom Inichperg gebürtig, hiemit und in kraft dies per modum eines heyrath pacts auf dessen vor verableiben in seiner behaußung lebenlangeliche hörberg mit besondern genuß des camerle ob dem gadenle und in lasten holz freü, versteht sich, das sy in der stuben zur einhaizung nicht beizutragen, zu gaudieren ohnwiderruflich verordnet.[367]

Eine ähnliche Verfügung traf Thomas Kolser (Golser), ein Glaser, bei der zweiten Eheschließung im Jahr 1776. Die mit dem „heyraths pact" verbundene Absicht war wiederum die Sicherung einer Herberg in seinem Haus für den Fall der Witwenschaft seiner zukünftigen Frau mit dem Recht, ein bestimmtes Zimmer zu nutzen und sich um Holz beziehungsweise das Heizen nicht kümmern zu müssen. Auch hier stellte dies den einzigen inhaltlichen Punkt des Dokuments dar:

> ... und damit solch seine angehende ehewirthin konftig allhier und aus seiner habenden ½ behausung unvertrieben sey; so wolle derselbe, id est Thomas Kolser, ihro obig angehenden ehewirthin, im fall ihme dieselbe überleben sollte, auf ihr leibs lebenlang gemeynt in solch seiner ½ behausung die her-

367 TLA Innsbruck, VBI 1765, fol. 54'–55 (Transkription Innichen Nr. 4 im Anhang).

> berg dergestalten per modum eines heuraths pact vermacht und zugestanden haben, daß sie hierein nebst der holzbefreyung in specie das kammerle ober den gadenlen franco zugenießen haben solle.[368]

Ganz anders lautet der fast zeitgleich abgeschlossene Heiratskontrakt zwischen dem Witwer Hanß Lercher, Mayrginterbauer und Bürger in Innichen, und der Susanna Sagemeisterin aus dem benachbarten Sexten von 1775: Im Fall seines früheren Todes, seien Kinder vorhanden oder nicht,

> hätte sie ehewürthin dessen über die abzüg und schulden hinaus übrig verbleibendes vermögen leibs lebenlänglich dergestalten, ohne von haus und güttern abzuweichen, zugenißen. Daß dargegen Viertens infahl eheliche kinder verhanden wären, es sich ohnehin verstehe, daß dieselbe als mutter solche mit aller leibs und lebens nothwendigkeit aufzuerziehen und zu erhalten habe, und ihro zur eigenen willkühr stehe, wann die kinder vielleicht schon erwachsen wären, denenselben zu ihrer allenfalligen standes veränderung nach nothdurft zu ihrer versorgung zu helfen.[369]

Der Witwe wurde hier der Genuss des ehemännlichen Vermögens zugesprochen, und es lag in ihrer Entscheidung, wann sie den Kindern die ihnen zustehenden Erbteile überlassen würde. Die Braut sprach in diesem Heiratskontrakt ihrerseits dem Bräutigam den lebenslänglichen Genuss ihres Vermögens zu, unabhängig davon, ob sie Kinder haben würden oder nicht.

In allen drei Fällen handelte es sich um Wiederverehelichungen von Witwern. Die für die eventuelle Witwenschaft der Braut geltenden Bestimmungen in den beiden ersten zitierten Kontrakten verglichen mit dem dritten Kontrakt könnten unterschiedlicher nicht sein. Wie generell bei solchen Dokumenten, stellt sich die Frage, inwieweit darin persönliche Gesten zum Ausdruck kamen und inwieweit die getroffenen Vereinbarungen von strukturellen Logiken geprägt waren. Um dies einschätzen zu können, bedarf es einer Kontextualisierung. Zu Hans Forstlechner liegen mir keine weiteren Informationen vor. Thomas Kolser (Golser) war zum Zeitpunkt seiner zweiten Eheschließung 56 Jahre alt war und hatte mehrere Kinder aus erster Ehe, darunter drei Söhne im Alter zwischen einem und neun Jahren.[370] Die Herberg galt also als Minimalabsicherung der Braut in der Witwenposition einer Stiefmutter. Der breitere Rahmen dieser Art von Verfügungen ist im prinzipiellen Vorrang der Kinder aus erster Ehe gegenüber Kindern aus zweiter Ehe zu sehen mit entsprechenden Auswirkungen auf die Position von Frauen, die einen Witwer ehelichten.

Hanß Lercher hatte in den Hof seiner verstorbenen Frau eingeheiratet, nachdem deren einziger Bruder verstorben war, und diesen nach ihrem Tod übernommen. Er hatte keine Kinder aus dieser ersten Ehe. Entsprechend offen waren die Handlungsoptionen. Die Braut Susanna Sagemeisterin sollte als Witwe weiter auf dem Hof schalten und walten können, sie brauchte sich nicht in eine Herberg zurückzuziehen. Es lag auch in ihrer Entscheidung, die Kinder im Fall von deren Eheschließung oder auch beruflichen Etablierung finanziell zu unterstützen,

368 TLA Innsbruck, VBI 1776, fol. 90'–91.

369 TLA Innsbruck, VBI 1775, fol. 1032 (Transkription Innichen Nr. 6 im Anhang).

370 Alle drei wurden Glaser, für den ältesten Sohn ist Wolfsburg in Kärnten als Wohnort angegeben, für den mittleren im Jahr 1776 Bozen und im Jahr 1795 Brod in Ungarn, der jüngste heiratete im Jahr 1788 in das Haus des Vaters ein. Die Tochter Katharina heiratete nach Vicenza. Vgl. BHM Lienz, OR III 2, VBI 1776 XI 6, fol. 273; ebd., OR III 1, 1788 VI 28, fol. 227 und ebd., OR III 1, 1795 VIII 20, fol. 522.

indem sie ihnen das väterliche Erbe ausbezahlte. Der Braut als Witwe wurden damit Handlungsräume zugestanden, die sich vergleichsweise großzügig ausnehmen.

Weit reichende Zugeständnisse lassen sich immer wieder mit einem höheren Vermögen auf Seiten der Frau in Verbindung bringen oder – und das vor allem bei Wiederverehelichungen von Witwern – mit einem größeren Altersunterschied. Im Heiratskontrakt selbst ist das Einbringen der Braut hier nicht beziffert. Susanna Sagemeisterin starb bereits drei Jahre nach der Eheschließung. Bei der Abhandlung im Herbst 1778 gaben Hanß Lercher, der Witwer, Anna Sagmeisterin, eine Schwester der Verstorbenen, und Joseph Paur, der Gerhab des einzigen Kindes dieser Ehe, an, dass es sich um 100 Gulden gehandelt habe. Diese waren allerdings bereits seit dem Tod ihres Vaters im Jahr 1741 verzinst worden, so dass ihr Gesamtvermögen zusammen mit „etwas" an Erspartem 170 Gulden ausmachte – in Relation zu anderen Summen war dies ein durchschnittliches Heiratsgut. Dafür trifft das zweite Muster zu. Den Altersangaben im Trauungsbuch zufolge[371] war Susanna Sagemeisterin circa 33 Jahre alt und damit etwa 27 Jahre jünger als Hanß Lercher bei dieser zweiten Eheschließung.[372]

Die Herberg einerseits und der lebenslange Genuss andererseits stellen die beiden wichtigsten Regelungen dar, die in Hinblick auf die Zeit nach der Ehe getroffen wurden. Heiratspakte und -kontrakte sind entweder in der zuvor zitierten Form, als Entscheidung für das eine oder andere Modell protokolliert oder es finden sich beide Modelle, und zwar geschlechtsspezifisch zugeordnet: die Herberg im Haus des Mannes für die Witwe, der Genuss des Vermögens der Frau für den Witwer. Auch zeitliche Abstufungen waren oft vorgesehen: Falls Kinder aus der geplanten Ehe vorhanden sein würden, sollte der einseitige oder gegenseitige Genuss des Vermögens bis zu einem gewissen Alter der Kinder dauern. Ab dem Zeitpunkt war für Witwen in manchen Kontrakten wiederum die Herberg explizit vorgesehen, in anderen blieb dies offen. Verfolgt man die Vertragspunkte bezüglich der Herberg und des Fruchtgenusses im Laufe der sechzig Jahre zwischen 1757 und 1818, die das Sample des Gerichtes Innichen abdeckt, so zeigt sich eine Tendenz: Der gegenseitige und lebenslange Genuss des Vermögens ohne Einschränkung durch das Vorhandensein etwaiger Kinder, der im oben zitierten Kontrakt aus der Mitte der 1770er Jahre noch eine Besonderheit darstellt, wird mit der Zeit immer üblicher.

Im Gericht Welsberg lässt sich keine so eindeutige Tendenz erkennen. Das Repertoire an gängigen Vereinbarungen fand in seiner Breite durch die Jahrzehnte hindurch Eingang in die Heiratsabreden und Heiratskontrakte, wenn auch mit Veränderungen im Detail. Im Vergleich zum Gericht Innichen ziehen sich Bestimmungen bezüglich der Besitznachfolge im zeitlichen Verlauf weit stärker durch. Dies ist in Zusammenhang mit dem hohen Anteil an Kontrakten in der Konstellation einheiratender Männer zu sehen. Die Herberg scheint immer wieder als Perspektive für Familienmitglieder auf, zum Teil als Alternative zum Unterhalt in Form der Verpflichtung „auf einen tisch die kost zu geniesen" und für Kleidung zu sorgen, falls es Unfrieden geben sollte. Dann waren Tochter und Schwiegersohn beispielsweise verpflichtet, der Mutter die holzfreie Herberg zu gestatten, deren Vermögen zu verzinsen, ihr jährlich einen halben Star Weizen, je einen Star Roggen, Gerste und Hafer zu überlassen und ein Maß Leinsamen anzusäen.[373] In einer „abröd" des Jahres 1760 scheint die Herberg als Gegenstand

371 Beide sind nicht in Innichen geboren, also nicht im dortigen Taufbuch eingetragen.

372 Vgl. STA Innichen, Familienbuch 1700–1900, L 10 und L 14.

373 SLA Bozen, VBW 1790, fol. 68'–69.

der Ablebensbestimmungen für das künftige Ehepaar selbst auf, auch hier nur für die Witwe gedacht: Martin Jäger versprach der Braut mittels „heyraths abröd“ im Jahr 1760 im Fall seines früheren Todes die „zins-, holz-, auch garthen khrauthfreye herbrig“ sowie die Nutzung des notwendigen Hausgerätes. Der einzige weitere Vertragspunkt betraf das von der Braut eingebrachte Vermögen.[374] Häufiger kam dieser Vertragspunkt Ende des 18. und Anfang des 19. Jahrhunderts vor – als zentraler und einseitig formulierter Punkt eines Heiratskontraktes sogar auch noch im Jahr 1850.[375]

Eine andere Situation lag vor, wenn der Witwe selbst der Zeitpunkt überlassen war, wann sie sich in die Herberg zurückziehen wollte – dies war allerdings nicht Gegenstand von Heiratskontrakten. Margareth Müllerin hatte von ihrem verstorbenen Mann testamentarisch den Genuss seines Besitzes zugesprochen erhalten. Das Paar selbst hatte keine Kinder, eine Nichte war als Erbin vorgesehen. Die Witwe übernahm auf Grundlage eines Genussvertrages die Führung der häuslichen Wirtschaft, konnte diese aber alle drei Jahre aufkündigen. Nach Ablauf der ersten drei Jahre tat sie dies und verlangte anstelle des Genusses der „realitäten ... hiefür den kapitalischen genuß“. Als sie die Führung des eigenen Hauswesens abgab, war sie 68 Jahre alt.[376] Die Institution der „herberg“ ist so nicht nur im Sinne einer Entmachtung zu sehen, sondern in bestimmten Situationen auch als eine Möglichkeit der Entlastung.

Die Herberg: Standards und Spezifikationen

Standard war offensichtlich die formelhaft wiederkehrende „zins- und holzfreie herberg“. Damit war festgelegt, dass für die spätere Unterkunft im Haus des Bräutigams weder Miete bezahlt, noch Holz zum Kochen und Heizen selbst herangeschafft oder bezahlt werden musste – in einem hochalpinen Raum mit langen und harten Wintern eine nicht unwesentliche Erleichterung des Alltagslebens. Manchmal wurde die so definierte Herberg ergänzt durch „krautfrei“. An weiteren Ausgestaltungen der Herberg konnte die konkrete Räumlichkeit, die der Witwe zur alleinigen Benützung zustehen sollte, bereits angegeben werden. Dabei handelte es sich im besten Fall um eine oberhalb der Stube oder der Küche – den normalerweise einzig beheizten Räumen – gelegene Kammer, die von der Wärme darunter profitierten und so in der Hierarchie ganz oben standen. Klassisch lag das Zimmer des Ehepaares oberhalb der Stube. In den zuvor zitierten Heiratskontrakten ist die Kammer über dem Gaden genannt. Dabei handelte es sich in dieser Gegend vielfach um einen Raum in der Nähe der Küche, der auch als Vorratsraum genutzt werden konnte. In manchen Kontrakten stand die Räumlichkeit auch in der Wahl der Witwe.

---

374 SLA Bozen, VBW 1760, fol. 587–587'.

375 Vgl. SLA Bozen, VBW 1795, fol. 89'–90' (Transkription Welsberg Nr. 11 im Anhang); ebd., VBW 1800, Teil 2, fol. 75–75'; ebd., VBW 1810, fol. 9–9'; ebd., VBW 1820, Teil B, S. 34–35; S. 381–383; ebd., VBW 1850, Teil 1, fol. 71–72 (Transkription Welsberg Nr. 18 im Anhang).

376 TLA Innsbruck, VBI 1803, fol. 627'. Die in diesem Zusammenhang am 5. Juli des Jahrs 1803 getätigten Transfers und Vereinbarungen fanden Eingang in einen Heirats- und Kaufkontrakt zwischen der Nichte und ihrem Bräutigam, in eine „relatio“ infolge des Rückzuges der Tante beziehungsweise Witwe, auf die ein weiterer Vertragskomplex folgte: „uibergab, vermögensstellung und weiterer contract“. Die Protokolle reichen von fol. 622 bis fol. 632'. Vgl. dazu auch Margareth Lanzinger, „aus khainer Gerechtigkeit ..., sondern aus Gnaden“. Erbinnen – Handlungsoptionen und Geschwisterkonstellationen, in: Frühneuzeit-Info 15, 1/2 (2004), 20–28, 24.

Des Weiteren konnte der freie Gebrauch der Küchenutensilien und des Hausrates genannt sein, das Recht zur Nutzung von einem Stück Kräuterbeet im Garten oder darauf, dass auf einer bestimmten Fläche Leinsamen für sie angesät werden sollte. Der Wirt Joseph Fuchs wollte seiner Braut Eleonora Mayrin „auf sein früheres verabsterben in der dermalen besitzenden behausung die lebenlängliche zins und holz freye herberg sammt der nothwendigkeit in kräutlegarten hiemit vermacht haben".[377] Anton Bergmann verfügte zugunsten der Braut Anna Herneckerin: „3[tio] solle derselben in seiner besitzenden behausung die lebenlängliche zins und holzfreye herberg mit dem weiteren anhang verschaffen seyn und bleiben, daß sein nachkommender gütterbesitzer dieser auch alljährlich ein viertl star leinsamen auf seinen rücklassenden gütern unentgeldlich anzusamen habe."[378]

Wenn nicht anders – etwa in Form von inkludierter Kost und Kleidung oder einer von den Erben und Erbinnen monatlich oder vierteljährlich zu zahlenden Summe – vereinbart, standen den Witwen zu ihrem Unterhalt in der Herberg in erster Linie die Zinsen aus ihrem in die Ehe eingebrachten Vermögen zur Verfügung. Für das erste Witwenjahr, in dem die Verzinsung erst anlief, wurde vereinzelt auch schon im Heiratskontrakt ein Ersatz in Naturalien angeführt.[379] Diese Art von Bestimmungen findet sich im Gericht Innichen ansonsten in „wittiblichen verträgen", also zum Zeitpunkt, in dem die Frau bereits verwitwet war. Der Witwer Paul Burgmann versprach bereits im Heiratskontrakt, der Braut

> nach seinem früheren ableben lebenlänlich [sic] im bräutigams hause mit erwählung ihr der braut in der wahlstehende kammer nebst lebenlänglich holzfreyer herberg zu belassen, und ihr als dann das erste jahr im wittwenstand 4 star roggen, 2 star gersten, 2 star weitzen, 10 pfund gesotenes schmalz und ½ star salz nebst dem gebrauch des jährlich nothwendigen kuchl geräths zu übergeben.[380]

Zur Herberg kamen auch in den Heiratskontrakten des Gerichtes Welsberg Ergänzungen hinzu: Simon Prugger vermachte der Braut, der Witwe Maria Helferin, die lebenslange Herberg, dazu noch eine bestimmte Menge an Heu, das sie „zu ihrem gebrauch" mähen durfte, ein Drittel des Gartens zur Nutzung und eine Kuh ebenfalls zum „lebenlänglichen genuß", welche seinen einstigen Erben aus ihrem Vermögen zurückzuerstatten war. Schließlich sollten ihr nach seinem Tod 100 Gulden aus seinem Vermögen geschenkt sein. Maria Helferin brachte zwei Kinder in die Ehe. Falls aus dieser zweiten Ehe weitere Kinder hervorgehen würden, sollten die genannten 100 Gulden nach ihrem Tod unter allen Kindern aufgeteilt werden, ansonsten ihr aber frei geschenkt sein. Das heißt, in diesem Fall konnte sie frei verfügen, was mit der Summe zu geschehen habe.[381] Mehrheitlich waren die vereinbarten Punkte bezüglich der Herberg im Sample des Gerichtes Welsberg weniger komplex und ausgefeilt als im Sample des Gerichtes Innichen.

Ab den 1780er Jahren wurde es im Gericht Innichen zunehmend üblich, die Herberg und zumeist auch alle weiteren damit verbundenen Rechte explizit auf den Witwenstand zu beschränken. Durch eine neuerliche Verehelichung verloren die Frauen damit jeden Anspruch auf ein Wohnrecht im Haus des verstorbenen Mannes – ein Aspekt, der im Abwägen eines

377 TLA Innsbruck, VBI 1791, fol. 19–19'.

378 TLA Innsbruck, VBI 1786, fol. 276'.

379 Vgl. dazu auch Punkt fünf im Heiratskontrakt zwischen dem Witwer Valentin Oberhammer und Gertraud Außersdorfer, TLA Innsbruck, VBI 1792, fol. 303–304' (Transkription Innichen Nr. 15 im Anhang).

380 TLA Innsbruck, VBI 1793, fol. 547'–548 (Transkription Innichen Nr. 16 im Anhang).

381 SLA Bozen, VBW 1795, fol. 37'–38.

solchen Schrittes sicher ins Gewicht fiel.[382] Dies hatte auch zur Folge, dass eine neuerliche Eheschließung für Witwen weit häufiger als für Witwer einen Wechsel des Wohnhauses oder des Wohnortes mit sich brachte.[383]

Nikolaus Oberhofer beispielsweise versprach,

> ihr, der ehewirthin, auf sein früheres verabsterben in jedem sich ereignen mögenden und nur einzig hiernach ausgenommenen falle in der besitzenden behausung die lebenlängliche holzfreye herberg mit specialer einraumung des kammerle ob der stuben zu belassen, wieauch derselben zum gebrauche das nothwendige haus- und kuchl-gerät zu verabfolgen. Sollte aber
> 4to er Niklaus Oberhofer ohne leibserben verabsterben und sie Margareth Millerin sich weiters verehelichen wollen, so habe oberwähnte herberg und genuß der fahrnuße gänzlich aufzuhören, im widrigen hingegen und bey der nichtverehelichung zu verbleiben.[384]

Die Beschränkung von Rechten im Fall einer neuerlichen Verehelichung sprachen Paare zunehmend gegenseitig aus:

> 2do verspricht hochzeiter Johann Strell, dass auf sein früheres verableiben seiner gegenwärtigen braut, solang selbe im wittwenstande ist, die lebenlängliche holzfreye herberg zu genüssen. Hingegen
> 3[tio] vermacht die braut auf ihr früheres verabsterben ihm hochzeiter, und zwar auch nur in solang als er wittwer verbleiben wird, ihr sammentliches vermögen zum fruchtgenuß.[385]

In den Welsberger Heiratskontrakten findet sich die Witwen- beziehungsweise Witwerklausel nur selten, nicht zuletzt wiederum aufgrund des hohen Anteils einheiratender Ehemänner und dadurch anders gelagerter Besitzarrangements. Niklaus Lercher sprach seiner Frau im Fall seines früheren Todes die Herberg und das nötige Brennholz zu – beides aber „nur, solang sie angehende ehewirthin in wittib stand verbleibet", die Braut Anna Amhofin vermachte ihm hingegen im Fall ihres früheren Todes 200 Gulden zum lebenslänglichen Genuss, „er möge sich verehelichen oder nicht".[386] Im letzten Heiratskontrakt aus dem Sample des Gerichtes Welsberg mit Bestimmungen bezüglich der Herberg vom Jahr 1850 wurde im Fall einer Wiederverehelichung nach Art der Nutzungsrechte differenziert: Simon Moser vermachte seiner Braut die kraut- und holzfreie lebenslängliche Herberg. Dazu war des Weiteren der jährliche Bezug einer bestimmten Menge an verschiedenem Getreide, an Schmalz und geräuchertem Fleisch vorgesehen, und sie konnte eine festgesetzte Menge Leinsamen unentgeltlich ansäen. Die Naturalien sollten ihr auch dann zustehen, wenn sie sich wiederverheiraten würde, jedoch nicht die holz- und zinsfreie Herberg.[387] Eine Wiederverehelichung implizierte für die Witwe das Verlassen des Hauses. Im Vergleich zu Witwen befanden sich Witwer aufgrund des herr-

382 Vgl. allgemeine dazu, Barbara J. Todd, Demographic Determinism and Female Agency: the Remarrying Widow Reconsidered ... Again, in: Continuity and Change, 9 (1994), 421–450. Sie ist als eine der ersten für eine differenzierte Sichtweise von Wiederverheiratung von Frauen jenseits rein demographischer Kalküle eingetreten.

383 Vgl. dazu auch Julie Hardwick, Widowhood and Patriarchy in Seventeenth Century France, in: Journal of Social History, 26, 1 (1992), 133–148, 134f.

384 TLA Innsbruck, VBI 1783, fol. 383–383'.

385 TLA Innsbruck, VBI 1797, fol. 2'–3.

386 SLA Bozen, VBW 1795, fol. 133–133'.

387 Vgl. SLA Bozen, VBW 1850, Teil 1, fol. 71–72 (Transkription Welsberg Nr. 18 im Anhang). Eine weitere Alternative fand noch Eingang in diesen Kontrakt: Würde die Witwe „aus wichtigen gegründeten ursachen" nicht im Haus des verstorbenen Ehemannes bleiben wollen, hätte ihr der

schenden Rollenverständnisses in den allermeisten Fällen auch dann, wenn der Besitz von Seiten der Frau in die Ehe eingebracht worden war, in einer besser abgesicherten Position. Kaum je sahen sie sich damit konfrontiert, infolge des Todes der Ehefrau an Status zu verlieren oder in die Herberg verwiesen zu werden.

Witwerregelungen für zuheiratende Ehemänner

Aus diversen Gründen erbten auch Töchter väterlichen oder mütterlichen Besitz, auch Nichten wurden manchmal als Erbinnen eingesetzt, sei es, dass keine Söhne vorhanden waren, dass diese bereits anderweitig eine Existenz gegründet oder aus anderen Erwägungen heraus kein Interesse am Erbe hatten. Manche Frauen erwarben Besitz. Der Bräutigam heiratete dann im Fall einer Eheschließung in das Haus der Braut ein. Als weitere parallele Situation ist jene zu nennen, wenn eine Witwe das volle Genussrecht am Besitz des verstorbenen Ehemannes innehatte und dies auch im Fall einer neuerlichen Eheschließung beibehielt.

Im Sample des Gerichtes Innichen begegnen zuheiratende Ehemänner in 23 von den insgesamt 88 Heiratskontrakten, also in circa einem Viertel, im Gericht Welsberg in 38 von 103 Heiratskontrakten, und damit weit mehr als einem Drittel. Im Prinzip gab es drei Möglichkeiten in Hinblick auf das Besitzrecht während der Ehe: Entweder erhielt der Bräutigam den Besitz zur Gänze oder er erhielt ihn nur zum Teil – meistens zur Hälfte – von der Braut oder vom Vater der Braut übertragen beziehungsweise zum Kauf, oder die Frau blieb während der Ehe selbst Besitzerin. Mitbesitz des Bräutigams scheint vor allem in produktionsmittelintensiven Handwerken und Gewerben und im bäuerlichen Bereich Usance gewesen zu sein. Im Gericht Welsberg war die übliche Form, dass der Vater der Braut oder vereinzelt der Erbonkel den Besitz – vielfach, wie dargestellt, erst mit Wirksamkeit nach deren Tod – dem Paar gemeinsam überließ oder dass der Bräutigam „in die halben kaufrechte" eintrat. Insbesondere in den frühen Heiratskontrakten des Samples wurde immer wieder explizit festgehalten, dass der einheiratende Bräutigam Zeit seines Lebens „unvertrieben" sein solle. Im Gericht Innichen wie Welsberg begegnen in Zusammenhang mit gemeinsamem Besitz Vereinbarungen des „Hausens", also des Wirtschaftens, auf gleichen Gewinn und Verlust während der Ehe.[388] In Witwenhaushalten mit Kindern aus einer früheren Ehe wurde mit dem Brautpaar oder dem Bräutigam verschiedentlich ein Bestandsvertrag – eine Art Pacht – für eine bestimmte Dauer vertraglich festgelegt, üblicherweise bis das als Erbe oder Erbin vorgesehene Kind das Erwachsenenalter erreicht haben würde.

Ursula Baurin war von ihrem Vater, dem Schmiedmeister Balthasar Baur, als Erbin vorgesehen. Sie verpflichtete sich im Heiratskontrakt, ihrem künftigen Ehemann, dem Schmied Johann Aichner, nach dem Tod des Vaters die „ganze haus menage zu überlassen", die Wirtschaftsführung und Verwaltung – von Besitzrechten hingegen war nicht die Rede.[389] In jenen Vertragskonstruktionen, in denen die Ehefrau alleinige Besitzerin blieb, die Witwe die Genussrechte am Besitz des zuvor verstorbenen Mannes beibehalten hatte und/oder deren Kinder

---

spätere Besitzer des Hofes zwei Schaff Kraut, vier Klafter Holz und vier Gulden als Ersatz für die Herberg zu geben.

388 Vgl. beispielsweise TLA Innichen, VBI 1795, fol. 400'–402 (Transkription Innichen Nr. 18 im Anhang).

389 TLA, VBI 1783, fol. 640'.

formal den Besitz innehatten, stand diesem als Witwer neben dem rückzuerstattenden eigenen eingebrachten Vermögen der während der Ehe erwirtschaftete Gewinn zu. Für das, was darüber hinausging, war es notwendig, eigene Vereinbarungen zu treffen. Gängige Optionen waren der Erwerb des Besitzes nach dem Tod der Frau zu einem bereits im Heiratskontrakt festgeschriebenen Preis oder der Fruchtgenuss des Besitzes, entweder als freie Entscheidung für das eine oder andere[390] oder abhängig davon, ob aus der Ehe Kinder hervorgehen würden oder nicht. Dem gegenüber sehr selten scheint die Herberg als Verfügung für einen Witwer auf. In den wenigen Fällen handelte es sich um die Konstellation eines Witwenhaushaltes mit Kindern einer früheren Ehe, deren Besitzansprüche es vorrangig zu wahren galt.

Maria Huberin hatte den Besitz ihres verstorbenen ersten Mannes an sich gebracht und sah einen Kauf für ihren künftigen zweiten Ehemann erst im Witwerstand vor: „3^{tio} solle das von der braut den erben des vorgewesten ehegatten Andree Gatterer aberkaufte viertl feuer- und futterhaus sammt garten auf ihr, der braut vorverabsterben dem angehenden ehemann Jakob Flätscher um den festgestellten preis per 200 f eigenthümlich zu kommen und eingeräumt werden."[391] Den lebenslangen Fruchtgenuss gewährte Agnes Oberhammerin ihrem Bräutigam, dem Rotgerber Johann Außersdorfer, falls sie Kinder haben würden, ansonsten galt das Angebot für den Kauf ihres vom Onkel, ebenfalls einem Rotgerbermeister, erworbenen Besitzes:

> 3^{tio} Ist der braut ausdrückliche willensmeynung, daß, im fall sie vor dem angehenden ehemann verabsterben und kinder hinterlassen würde, der bräutigam alsdann das haus und die werkstatt lebenlänglich zugenießen habe, und deswegen blos den zins von dem kaufschilling den gerhaben der kinder alljährlich hinausgeben solle. Sollte nun aber sache seyn daß
> 4to die braut und angehende ehegattin Agnes Oberhammerin vor dem ehemann und ohne kinder verableben würde, so solle dem bräutigam Johann Aussersdorfer das heut dato erkaufte haus, garten, werkstatt und stampf samt den mit überkommenen handwerkrequisiten um den alten kaufpreis per 1.445 f eigenthümlich zukommen und angehören.[392]

Allgemein gesehen, nehmen sich die Regelungen, die für Witwer im Falle des früheren Todes der den Besitz innehabenden Frau getroffen wurden, eindeutig günstiger aus als im umgekehrten Fall – allerdings war zumeist auch ein gewisser Kapitaleinsatz erforderlich. Die „holz- und zinsfreye herberg" für einen Witwer war in Konsequenz nur in einem einzigen Heiratskontrakt des Samples aus Innichen und in zwei Heiratskontrakten des Samples aus Welsberg vorgesehen.

Die Herberg als Perspektive für Witwer?

Die Aufmerksamkeit der historischen Forschung hat lange Zeit nahezu ausschließlich den Witwen gegolten, während Witwer, abgesehen von demographischen Studien, eine relativ konturlose Kontrastfolie abgaben und erst in jüngerer Zeit verstärkt in die Fragestellungen und Untersuchungen einbezogen werden.[393] Dieses Ungleichgewicht der Perspektive kann zum Teil

390 Vgl. z.B. TLA Innsbruck, VBI 1790, fol. 680'.

391 TLA Innsbruck, VBI 1791, fol. 8'.

392 TLA Innsbruck, VBI 1792, 270–270' (Transkription Innichen Nr. 14 im Anhang).

393 Ida Blom hat bereits in ihrem Forschungsüberblick aus dem Jahr 1991 als Desiderat für künftige Studien angeregt, mehr über Männer in Erfahrung zu bringen, die ihre Frauen, insbesondere im Zusammenhang mit der Geburt eines Kindes, verloren haben. Vgl. Ida Blom, The History of Widow-

mit der deutlich häufigeren und schnelleren Wiederverehelichung von Witwern im Vergleich zu Witwen in Zusammenhang gebracht werden,[394] doch sind damit viele Fragen noch nicht beantwortet. Um etwa die vertraglichen Regelungen für Witwen in ihrem Stellenwert und in ihren Implikationen für die Geschlechterverhältnisse einordnen zu können, müssen sie mit jenen, die für Witwer fixiert wurden, in Beziehung gesetzt werden.

In Innichen sollte sich Joseph Rainer, der aus Kolbental im heutigen Osttirol stammte und sich mit der Witwe Katharina Golserin in Innichen verehelichte, als Witwer in die Herberg zurückziehen. Die Braut und Witwe Katharina Golserin hatte im Heiratskontrakt anlässlich ihrer ersten Ehe im Jahr 1783 für den Witwenstand den lebenslänglichen Genuss des gesamten ehemännlichen Vermögens zugesprochen erhalten, unabhängig davon, ob Kinder vorhanden sein würden oder nicht.[395] Und sie behielt offensichtlich während ihrer zweiten Ehe dieses Genussrecht bei. Das Paar hatte mehrere Kinder gehabt, das älteste war zum Zeitpunkt ihrer zweiten Eheschließung im Jahr 1791 sieben Jahre alt. Der neue Bräutigam war nicht in der finanziellen Lage oder nicht daran interessiert, den Besitz zu erwerben und den Kindern erster Ehe eine Abfindung auszuzahlen, oder deren Vormünder wandten sich dagegen.[396] Der väterliche Besitz sollte also einst den Kindern zukommen.[397] Der Bräutigam hatte ein Vermögen von 400 Gulden in die Ehe gebracht. Die Braut und der Gerhab der Kinder versprachen

> dem bräutigam und künftigen stiefvatter Joseph Rainer blos allein auf seine eigene person gemeynt auf ihr der braut und mutter früheres verableben allda im markte Innichen lebenlänglich eine seinem stande angemessene holz- und zinsfreye herberg durch den besitzer oder durch sammentliche kinder verschaffen zu wollen.[398]

---

hood: a Bibliographical Overview, in: Journal of Family History, 16, 2 (1991), 191–210, 203. An neueren Arbeiten, die diese Lücke zu schließen beginnen, ist vor allem zu nennen der Sammelband von Sandra Cavallo u. Lyndan Warner Hg., Widowhood in Medieval and Early Modern Europe, Halow 1999, insbesondere auch ihre Introduction, vgl. ebd., 3–23. Mit den über lange Zeit wirkungsmächtigen religiös-literarischen Diskursen des Mittelalters, die ausschließlich auf die Witwe und ihre Verpflichtung zu lebenslanger Trauer und Treue abgezielt haben, hat sich Bernhard Jussen ausführlich auseinandergesetzt. Vgl. Bernhard Jussen, Der Name der Witwe. Erkundungen zur Semantik der mittelalterlichen Bußkultur, Göttingen 2000; vgl. zuletzt auch Britta-Juliane Kruse, Witwen. Kulturgeschichte eines Standes im Spätmittelalter und Früher Neuzeit, Berlin/New York 2007.

394 Vgl. etwa Jacques Dupâquier u. a. Hg., Marriage and Remarriage of Populations in the Past, New York/London 1981.

395 TLA Innsbruck, VBI 1783, fol. 478'.

396 Als Zeuge bei der Protokollierung des Heiratskontraktes der zweiten Ehe war im Gericht Innichen ein gewisser Johann Tempele aus Prags anwesend. Aufgrund der Namensgleichheit mit dem verstorbenen ersten Ehemann und der räumlichen Distanz seines Wohnortes liegt der Schluss nahe, dass es sich dabei um einen Verwandten des verstorbenen Mannes gehandelt haben könnte. Seine Präsenz ließe sich mit dem Wahren oder Bestärken der Interessen der Kinder in Zusammenhang bringen. Auch Katharina Golserin stammte aus Prags. Als Anweiser fungierte ihr Vater.

397 Im *status animarum* des Marktes scheint im Jahr 1829 im Hausteil Nr. 94b Maria Tempele, geboren im August 1784, auf, verehelicht mit Valentin Tschurtschenthaler. Im Jahr 1849 ist dazu auch ein lediger Michael Tempele genannt, geboren 1786, der ihr Bruder sein könnte. Vgl. STA Innichen, Familienbuch 1829 – Einwohner vom Markte Innichen und auf dem Innichberge, Haus Nr. 94b.

398 TLA Innsbruck, VBI 1791, fol. 41'.

Die Einforderung einer standesgemäßen Herberg fällt aus dem Rahmen der sonst üblichen Formulierungen und mehr noch der darauf folgende Passus – „beysatz“ genannt –, der im ausgewerteten Sample ebenfalls singulär ist, nämlich die explizite Rückversicherung, „daß derselbe in jenem falle, wenn er die herberg nicht anständig fünden würde, jederzeit den besitzer oder die kinder zu haltung dieses mütterlichen versprechens vor löblicher obrigkeit belangen solle und möge“.[399] Festgeschrieben wurde des Weiteren auch, dass in der Abhandlung nach dem Tod der Mutter aus ihrem Vermögen so viel „zu vinkulieren“, also zu binden sei, wie bis zum Tod des Stiefvaters „zum jährlichen herbergzins erforderlich seyn“ würde. Die Herberg für den zweiten Ehemann galt damit als Posten unter der Rubrik „Schulden“ auf Seiten des von seiner Frau Katharina Golserin hinterlassenem eigenen Vermögen. Auch diese Konstruktion begegnet in anderen Heiratskontrakten nicht.

Das hier Vereinbarte soll die Nachteile der Wiederverehelichung der Mutter für die Kinder als Erben möglichst gering halten, zugleich aber auch bestimmte Normalitäten der herrschenden Geschlechterordnung nicht allzu weit überschreiten. Da eine Herberg für Witwer in den Innichner Heiratsverträgen nicht üblich war, wurde deren Status gegenüber den sonst gängigen Vereinbarungen durch deren explizit standesgemäßen Charakter und Einklagbarkeit erhöht und damit auch die Position des Ehemannes beziehungsweise Witwers zumindest symbolisch mit einer gewissen Macht ausgestattet.

In einem der beiden Kontrakte aus dem Sample des Gerichtes Welsberg, die eine Herberg für den Bräutigam vorsahen, war die Ausgangssituation ähnlich gelagert; in den Formulierungen finden sich allerdings keine ausgleichenden Anklänge: Die Witwe Katharina Lanzin hatte nach dem Tod ihres Mannes dessen Verlassenschaft auf Grundlage eines Genussvertrages in Verwaltung übernommen und wollte nun eine weitere Ehe eingehen. Der Vormund ihrer Kinder erschien mit vor Gericht, und zwar als agierende Person: Er überließ in einem „einverständnis“ die „naturalhabschaft“ des Verstorbenen der Braut und dem Bräutigam gemeinsam solange zum „bestand“, bis der Sohn Mathias das 24. Lebensjahr erreicht haben würde, und zwar gegen eine Reihe von Auflagen. Und schließlich wurde „dem angehenden stiefvater von seite des vormunds auf sein wohlverhalten die lebenlängliche[400] herberg, und zwar zinsfrey gemeint, zugesichert“. Der Vormund behielt sich vor, weiterhin „die jährliche nachsicht und abrechnung zu pflegen“.[401] Der Grundton ist hier ein völlig anderer: Die Herberg war an das Wohlverhalten des künftigen Ehemannes und Stiefvaters geknüpft – ein möglicher Widerspruch zur Geschlechterordnung kein Thema. Priorität hatte die Wahrung der Interessen der Kinder, was nicht zuletzt in der starken Position von deren Vormund zum Ausdruck kommt.

Kurz und knapp war der zweite dieser Art von Heiratskontrakten, das zwischen Ursula Valtinerin und Andreas Walder getroffene „Heuraths Verständniß“. In diesem Fall gab es offensichtlich keine Kinder aus einer vorigen Ehe. Der Familienstand der Braut ist nicht angeführt – sie könnte auch ledig gewesen sein. Sie wollte dem Bräutigam „die lebenlängliche herberg“ in dem Viertel der Pällerschen Behausung „verschrieben haben“, in deren Besitz sie am selben Tag gelangt war. Sollten Kinder aus dieser Ehe hervorgehen, stünde ihnen diese Behausung später zu. – Für den Fall der Kinderlosigkeit wurden keine Vorkehrungen getroffen.[402]

399 TLA Innsbruck, VBI 1791, fol. 41’.

400 „Lebenlängliche“ wurde nachträglich am Rand eingefügt.

401 SLA Bozen, VBW 1800, Teil 2, fol. 3–4.

402 SLA Bozen, VBW 1800, Teil 2, fol. 21.

Die Verfügung einer Herberg für einen Witwer hing vom jeweiligen situativen familialen Gefüge ab, auch von der finanziellen Lage des zuheiratenden Mannes und nicht zuletzt davon, wie sehr Bedacht auf den Vorrang der Kinder erster Ehe genommen wurde.

Der Fruchtgenuss: Von Ungleichheit zu Gegenseitigkeit

Der Fruchtgenuss von Besitz und Vermögens des verstorbenen Ehemannes oder der verstorbenen Ehefrau bot Witwern und Witwen im Unterschied zum Rückzug in die Herberg eine unvermindert zentrale Position im Haushalt, die für Witwen jener zu Lebzeiten des Mannes nicht nur nahe kam, sondern auch mit einem Mehr an Entscheidungskompetenz und Verantwortung verbunden war.

Chronologie und Art, in welcher der Fruchtgenuss Eingang in die Heiratskontrakte der beiden Samples fand, differieren: Im Gericht Innichen scheint eine solche Regelung erstmals im Jahr 1775 auf – in dem bereits zitierten Heiratskontrakt des Hannß Lercher und der Susanna Sagemeisterin – und ab den 1780er Jahren dann gehäuft. Im Gericht Welsberg war ein solcher erstmals bereits 1740 – wiederum in dem sehr speziellen, in Kärnten abgeschlossenen und hier nur kopierten Heiratskontrakt der Ursula Khurzin vorgesehen – regelmäßig dann ab den 1770er Jahren. Im Welsberger Sample war der Fruchtgenuss jedoch in einer Reihe von Fällen nicht auf das gesamte Vermögen bezogen, sondern nur auf einen bestimmten Geldbetrag.[403]

Die zunächst klassische Form – die Herberg für die Witwe, der Vermögensgenuss für den Witwer – findet sich in den Kontrakten des Gerichtes Welsberg vornehmlich in den 1790er Jahren, aber auch im 19. Jahrhundert noch. So vermachte Lorenz Niderlechner der Braut Maria Millerin im Jahr 1790 die lebenslange Herberg, und sie vermachte ihm den Genuss ihres ganzen Vermögens.[404] In den Kontrakten aus Innichen herrschte, wie bereits skizziert, in der zunächst üblichen Form ebenfalls dieses geschlechtsspezifisch ungleiche Modell vor: Für die Witwe war die Herberg, für den Witwer der lebenslange Genuss des Vermögens der verstorbenen Frau vorgesehen.

---

403 Vgl. SLA Bozen, VBW 1800, Teil. 2, fol. 47–47': Der Bräutigam vermachte der Braut den lebenslänglichen Fruchtgenuss von 200 Gulden. Ebd., VBW 1810, fol. 189–189': Der Bräutigam trat hier in die halben „kaufs rechte" ein; dem überlebenden Eheteil sollte der Fruchtgenuss von 100 Gulden aus dem Vermögen des verstorbenen Eheteils zustehen. Ebd., VBW 1840, S. 71: Auch hier sollte dem überlebenden Teil der Fruchtgenuss am Vermögen des verstorbenen zustehen, und zwar von 600 Gulden.

404 Vgl. SLA Bozen, VBW 1790, fol. 163. Ähnlich ebd., VBW 1790, fol. 264; ebd., VBW 1795, fol. 10: In diesem Fall erhielt der Bräutigam allerdings nur einen Teil des Vermögens der Braut zum Genuss zugesprochen (Transkription Welsberg Nr. 9 im Anhang). Ebd., fol. 29': Hier sprach die Baut dem Bräutigam 50 Gulden zum Eigentum zu (Transkription Welsberg Nr. 10 im Anhang), ähnlich ebd., fol. 54'. Ebd., VBW 1820, Teil B, S. 25: mit dem Verweis, dass im Fall der Kinderlosigkeit die gesetzliche Erbfolge eintreten solle, der Witwe aber die zugesicherte Herberg „unbeschränkt" zu verbleiben hätte. Ebd., S. 752–753: mit dem Zusatz, dass ihm auch ihr Bett zum Fruchtgenuss verbleiben sollte, so lange er Witwer sei. Vgl. auch ebd., VBW 1830, Teil A, S. 1289–1290.

Zugunsten von Witwen konnte eine alternative Regelung gelten, indem diese im Fall des Vorhandenseins von Kindern die Herberg beziehen mussten, ansonsten aber den ehemännlichen Besitz zum lebenslangen Fruchtgenuss erhalten sollten:

> Drittens macht sich öfters ernannter bräutigam Karl Tempele anhäuschig und verbündlich, seiner künftigen ehewirthin und dermaligen braut Elisabeth Taschlerin, im fall selber aus göttlichem verhängniße vor ihr verabsterben und von dieser ehe kinder hinter sich lassen sollte, in seinem halb besitzenden hause die zins- und holzfreye herberg mit geniesung des nöthigen kräutle gartens zu überlassen und einzuräumen.
> Sollte hingegen
> Viertens keine succession aus dieser ehe nach seinem todte verhanden seyn, so solle ihr braut Elisabeth Täschlerin all sein liegend und fahrendes vermögen zum lebenlänglichen genuß ohne wiedered der allenfälligen rauterben[405] belassen werden.[406]

In der Hierarchie der Besitz- und Vermögensansprüche rangierten die Kinder dieser Verfügung zufolge wie üblich an erster Stelle und die Witwe an zweiter Stelle. Im Fall der Kinderlosigkeit erhielt die Witwe jedoch den Vorrang vor den Verwandten des verstorbenen Mannes. Der Fruchtgenuss kann generell als ein Instrument des Balancierens konkurrierender Interessen, sich überschneidender Ansprüche und Erwartungen gesehen werden. Eingesetzt wurde es durchaus unterschiedlich.

Als Tendenz zeichnet sich ab, dass sich die Brautpaare gegen Ende des 18. Jahrhunderts zunehmend den gegenseitigen lebenslänglichen Fruchtgenuss am jeweiligen Besitz und Vermögen zugesprochen haben, und zwar unabhängig vom Vorhandensein von Kindern. Im Gericht Welsberg war dies früher üblich als im Gericht Innichen. Die Erklärung dafür kann in den gleichberechtigten Besitzrechten gesehen werden, bedingt durch die Einheirat des Bräutigams: Michael Haberer heiratete in das Haus von Agnes Pruggerin und deren Bruder ein. Im Heiratskontrakt wurde vereinbart, dass er zeitlebens „unvertrieben" sein solle, und die Erben erst nach seinem Tod zum Zug kommen sollten. Im Fall ihres früheren Todes sollte ihm der „lebenlängliche genus ihres nachlassenden vermögens" zustehen, mit der Auflage „unklagbahrer erziechung und unterhaltung der allenfahls verhandenen kinder". Und es sei „auch die gleichmessige meinung des preitigambs, das [sic] seiner überlebenden ehewirthin der reciprocierliche lebenlängliche vermögens genus in obigen verstand auf seinen abgang anfählig werden solle".[407] Simon Schenegger heiratete in das Haus der Witwe Maria Walderin ein: „Anbey haben sie auch annoch anzuführen verlanget, daß, wann ein theil vor dem andern verableibet, der überlebende des verstorbenen vermögen in fürtauernden wittibstand zu genießen haben sollet."[408] Maria Stollin lässt Melchior Grueber in „die halben kaufsrechte" einstehen und im Weiteren vereinbaren sie unter anderem „einander den lebenslanglichen genuß" ihres sämt-

405 Sinngemäß müssten damit die Verwandten des verstorbenen Ehepartners gemeint sein.

406 TLA Innsbruck, VBI 1783, fol. 365–365' (Transkription Innichen Nr. 8 im Anhang).

407 SLA Bozen, VBW 1770, fol. 286–287. Ähnlich vermachten sich auch Maria Stainmayrin und der einheiratende „gesöll" Simon Reüer „das völlige vermögen" zum gegenseitigen Genuss; ebd., fol. 459. Auch Theresia Oberthallerin wollte Joseph Ganthaner als Besitzerin von Haus und Gütern „auf ihr früheres hinscheiden ihr sammentliches vermögen ... zum lebenlänglichen genuß angebührig seyn" lassen und auch der „hochzeiter" verfügte, dass ihr nach seinem Tod „von seinem rückverlassenden vermögen" der lebenslänglichen Genuss zustehe; ebd., VBW 1795, fol. 95–95'.

408 SLA Bozen, VBW 1790, fol. 79'.

lichen Vermögens, seien Kinder vorhanden oder nicht.[409] Im Heiratsvertrag des Taglöhners Andrä Beikircher ist der gegenseitige lebenslängliche Genuss des Vermögens, „seyen kinder oder keine vorhanden", der einzige protokolliert Punkt.[410] Auf einen sozial niedrigen Status des Bräutigams verweist auch der Ehevertrag zwischen Sebastian Pircher und Anna Palhueberin. Sie vermachten einander die toten und lebenden Fahrnisse zum Eigentum und das übrige Vermögen zum lebenslangen Genuss mit dem Zusatz: Falls der Bräutigam bei seinem Tod „noch keine behausung besitzen", aber Geld hinterlassen sollte, wäre die Witwe berechtigt, aus diesem Vermögen „eine behausung zu erkaufen".[411] In ähnlicher Weise auf das Paar zentriert – und unter der unüblichen Bezugnahme auf die Aussteuer – war der Heiratskontrakt zwischen Maria Kühebacherin und Philipp Holzer im Gericht Innichen:

> 2do vermachen sich beede brautleute gegenseitig auf ableben des ein- oder andern theils den lebenlänglichen fruchtgenuss vom ganzen hinterlassenen vermögen mit ausschluß des leib-, tisch- und bettgewands; und zwar dieß in jedem falle, es können aus dieser ehe kinder verhanden seyn oder nicht.[412]

Maria Kühebacherin, die Braut, stammte aus einer kinderreichen Bauernfamilie am Innichberg[413] und war bei ihrer Heirat bereits 42 Jahre alt; Philipp Holzer, der Bräutigam, kam aus einem Nachbardorf und ist als „Tagelöhner" registriert.[414] Vielleicht rechneten sie auch nicht mehr mit Nachwuchs. Sowohl vom sozialen Status als auch von der Vereinbarung im Kontrakt her gesehen, ist es relativ wahrscheinlich, dass beide Teile äquivalent zur Haushaltsgründung beigetragen haben. Ein Kontext des freieren Umgangs mit Besitz und Vermögen unter Eheleuten kann in Zusammenhang mit deren sozialer Position zu sehen sein. Dies war möglich, wenn die für eine Heirat erforderliche Existenzbasis[415] nicht auf ererbtem, sondern auf selbst erworbenem Vermögen gründete. Generell ist nämlich festzustellen, dass ärmere Brautpaare eher gleichberechtigte Vereinbarungen getroffen haben. Auf Besitz, der einem nicht im Erbgang zugefallen war, konnten die Verwandten nicht dieselben Ansprüche geltend machen. Die Tiroler Landesordnung unterschied etwa in Hinblick auf die Testierfreiheit klar zwischen „Erbguetern" und „gewunnenen erübrigten unnd ersparten Guetern": Für erstere konnte der Testierer oder die Testiererin Verfügungen über ein Drittel treffen, für letztere über die Hälfte, und zwar

---

409 SLA Bozen, VBW 1795, fol. 175–176 (Transkription Welsberg Nr. 12 im Anhang). Keine Einschränkung des gegenseitigen Fruchtgenusses ist auch in der „gegenseitige[n] Vorordnung", die Johann Purger und Maria Mooswalderin getroffen haben, angeführt; ebd., VBW 1800, Teil 2, fol. 457.

410 SLA Bozen, VBW 1830, Teil B, S. 3379–3380.

411 SLA Bozen, VBW 1820, Teil B, S. 941–942.

412 TLA Innsbruck, VBI 1791, fol. 43. Dies war der einzige inhaltliche Vertragspunkt dieses Kontraktes; Punkt eins enthielt eine standardisierte Formel, dass der Heiratskontrakt erst mit der Eheschließung in Kraft treten würde.

413 Von den zwischen 1738 und 1764 geborenen 16 Kindern waren im Jahr 1792 beim Tod der Mutter 13 am Leben. Vgl. BHM Lienz, OR III 1, VBI 1792 VI 30, fol. 287.

414 STA Innichen, Familienbuch 1700–1900, H 46 und K 41.

415 Auf den Anteil der Frauen an der Hausstandsgründung ärmerer Brautpaare hat Elisabeth Mantl in Zusammenhang mit dem politischen Ehekonsens hingewiesen, zu dessen Erlangung bei nicht offensichtlich gesicherter Existenz durch den Besitz eines Hauses die Vermögenssituation detailliert offengelegt werden musste. Vgl. Mantl, Heirat als Privileg, insbes. 120ff.

zugunsten von „Freündten oder Fremden/ durch God/ oder durch Eere oder umb verdienens willen/ und aus anndern bewöglichen Ursachen/ oder ganz frey/ aus aigner bewögnuß“ und ebenso – wie im folgenden Passus ausgeführt – ein Ehepartner dem anderen.[416] Doch ist auch die Frage zu stellen, ob sich nicht auch die Haltung gegenüber ererbtem Vermögen in dieser Zeit verändert hat in Richtung einer schwächeren Familien- und Generationenbindung[417] zugunsten von Zugeständnissen unter Eheleuten.

Aus der Perspektive des Interessensausgleichs zwischen verschiedenen Personengruppen stellt der lebenslange Fruchtgenuss des gegenseitigen Vermögens eine Art Zwischenlösung dar: Er begünstigte den überlebenden Ehepartner, die überlebende Ehepartnerin dadurch, dass der faktische Erbantritt durch nahe Verwandte und auch durch die eigenen Kinder für die Dauer der Lebenszeit des Witwers oder der Witwe blockiert war. Insofern ist Scarlett Beauvalet-Boutouyrie zuzustimmen, die im Recht auf Fruchtgenuss eine Art Korrektur der Härten des Systems der Gütertrennung aus der Sicht der Ehepaare sieht.[418] Gleichzeitig wurden die Rechte der Kinder oder Verwandten nicht grundsätzlich geschmälert und der Ressourcentransfer entlang der Abstammungslinie nicht durchbrochen, da es sich nur um ein Genuss- und nicht um ein Besitzrecht, also um einen Aufschub handelte. Dennoch ist darin ein gewisses Aufweichen des Linienmodells zu orten und zugleich eine Quelle für Spannungen und Konflikte angelegt. Denn bei jüngerem Alter und Rüstigkeit konnte ein lebenslanges Fruchtgenussrecht die Aussichten der designierten BesitznachfolgerInnen auf den Antritt des Erbes oder auf Auszahlung des Erbvermögens beträchtlich verzögern.

Einschränkungen des Fruchtgenusses

Ein dem überlebenden Ehepartner zugesprochenes lebenslanges Fruchtgenussrecht barg also einiges an Konfliktpotenzial zwischen Witwe oder Witwer und erwachsen gewordenen Kindern in sich. Als Alternativmodell dazu vereinbarten Brautpaare im Heiratskontrakt daher vielfach eine Einschränkung des Fruchtgenusses in Form einer zeitlichen Limitierung, für den Fall, dass aus der künftigen Ehe Kinder vorhanden sein würden. Das Fruchtgenussrecht sollte nur bis zu einem gewissen Alter der Kinder andauern. Ein Alter von 16, 18, 20 oder 24 Jahren markierte diese Grenze.

Im Heiratskontrakt zwischen dem Leinwebergesellen Michael Schranzhofer und Agnes Viertlerin vom Gericht Innichen wurde das vollendete 18. Lebensjahr der Kinder als Endpunkt des vereinbarten gegenseitigen Genusses des Vermögens festgesetzt: „letztens 4to wollen beyde brautleute sich einander den lebenslänglichen genuß ihrer vermögenheiten dergestalt

416 Tiroler Landesordnung 1573, 3. Buch, fol. 35. In der Praxis allerdings scheint diese relativ weit reichende Freiheit kaum als angemessen oder legitim wahrgenommen worden zu sein. In dem bislang zu Innichen bearbeiteten Material zumindest zeigt sich, dass auch das Einsetzen von eigenen Kindern als HaupterbInnen explizit argumentiert wurde, wenn dies nach Geburtsrang und Geschlecht nicht dem Modell der männlichen Primogenitur folgte. „Fremde“ scheinen gar nicht auf.

417 Zu diesem Aspekt vgl. auch die Diskussion bei Jürgen Schlumbohm, The Land-Family Bond in Peasant Practice and in Middle-Class Ideology: Evidence from the North-West German Parish of Belm, 1650–1860, in: Central European History, 27, 4 (1994), 461–475; vgl auch die Kritik dazu von Thomas Max Safley auf H-German vom 20. Januar 1996: http://www.h-net.org/~german/articles/safley1.html.

418 Beauvalet-Boutouyrie, Être veuve, 210f.

vermacht haben, daß nur wenn kinder verhanden seyn sollen, dieser aufzuhören und nur bis jedes kind vollbrachten 18 jährigen alters zu dauern habe." (siehe auch Abb. 5)[419] Dieser Punkt allein konnte bereits den gesamten Regelungs-Inhalt eines Heiratskontraktes ausmachen.[420] Im „ehe vertrag" zwischen Peter Mair aus Niederolang und Agnes Gugenbergerin ist die Form des Ablaufs besonders detailliert beschrieben: Der Genuss am ehemännlichen Vermögens sei von der Witwe sukzessive abzutreten, und zwar jeweils in der Höhe jenes Betrages, der jedem Kind laut väterlicher Erbabhandlung zustehen würde. Und dieser Betrag sollte an jedes einzelne der Kinder übergehen, sobald dieses das 20. Lebensjahr erreicht haben würde.[421]

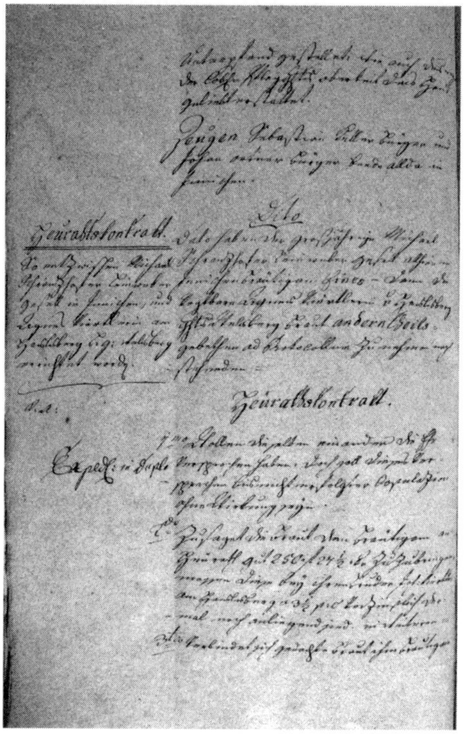

Abb. 5: Heurathskontrakt zwischen Michael Schranzhofer und Agnes Viertler, 1795, TLA (siehe auch Transkription Innichen Nr. 17)

Fallweise war die Begrenzung des Genussrechtes auf ein bestimmtes Alter jenes Kindes bezogen, das den Besitz übernehmen würde – dem vorherrschenden Anerbenmodell mit Primogenitur zufolge tendenziell das älteste.[422] Aber auch das Kriterium der Eignung konnte zählen: so im Ehevertrag, den Joseph Hackhofer, Oberfeichterbauer am Haselsberg, und Anna Strobl im Jahr 1820 abgeschlossen haben: „2^tens^ Im fall kinder aus dieser ehe erzeiget werden, und der hochzeiter vor der braut sterben sollte, so solle der rueckbegebenen wittwe gegen abrichtung der steuer und oblagen, dann verzinsung der kapital schulden die ehevogtlichen realitäten bis ein zum besitz taugliches kind das vier und zwanzigste jahres alter erreichet hat, zum fruchtgenuß verbleiben."[423] Für die Witwe war im

419 TLA Innsbruck, VBI 1795, fol. 354 (Transkription Innichen Nr. 17 im Anhang, siehe auch Abb. 5).

420 So zum Beispiel im Heiratskontrakt zwischen Jakob Schönegger aus Kandellen bei Welsberg und der Michael Müller'schen Witwe Katharina Riedlerin aus dem Jahr 1795, der in Punkt eins die übliche Gültigkeitsklausel enthält, in Punkt zwei den Passus im selben Wortlaut wie schon im oben zitierten Vertrag und dann nur mehr einen abschließende Formelteil, der die Gültigkeit bestätigt. Vgl. TLA Innsbruck, VBI 1795, fol. 356–356'.

421 Vgl. SLA Bozen, VBW 1830, Teil B, S. 4496–4497 (siehe auch das Transkription Welsberg Nr. 17 im Anhang und Tafel 7). Dieser Ehevertrag ist in eine Verlassenschaftsabhandlung des Jahres 1830 eingebunden; er war im Jahr 1819 protokolliert worden.

422 Zu Flexibilität von Erbmodellen im 18. Jahrhundert und zu deren Erstarrung im Laufe des 19. Jahrhunderts vgl. Lanzinger, Das gesicherte Erbe, 230ff; dies., Towards Predominating Primogeniture: Changes in the Inheritance Practices, Innichen / San Candido 1730–1930, in: Hannes Grandits u. Patrick Heady Hg., Distinct Inheritance: Property, Family and Community in a Changing Europe, Münster 2003, 125–144.

423 SLA Bozen, VBW 1820, Teil B, S. 1098.

Fall der Kinderlosigkeit der Rückzug in die Herberg vorgesehen. Maria Theresia Toldin, Erbin des Wirtshauses „Weißes Rössl“ in Niederdorf, und Johann Prunner haben den gegenseitigen Genuss bis zum 24. Lebensjahr etwaiger Söhne und bis zum 22. Lebensjahr etwaiger Töchter vereinbart.[424] Auch Frauen, die eine Herberg zugesprochen erhielten, schränkten den lebenslangen Genuss ihres Vermögens durch den Ehemann zugunsten etwaiger Kinder bisweilen ein:

> 3[tio] will die braut Maria Hoferin ihrem bräutigam und zukünftigen ehewirt Joseph Thalmann ihr dermalen besitzendes und in 180 f bestehendes vermögen, wenn auf ihr verabsterben aus dieser ehe keine kinder verhanden wären, ebenfalls zum lebenlänglichen fruchtgenuß zugedacht haben; sollten aber
> 4to auf ihr verableben eines oder mehrere kinder beym leben sich befinden, so solle der ehemann Thalmann anstatt des lebenlänglichen fruchtgenuß nur bis jedes kind erreichend 20zig jährigen alters zu gaudiren haben.[425]

Je nach finanzieller Lage wurde der Genuss ab einem gewissen Alter der Kinder dem überlebenden Ehepartner manchmal nicht gänzlich entzogen, sondern nur ein Teil dessen, beispielsweise die Hälfte. Dies wurde im Heiratskontrakt zwischen Joseph Aichner und Ursula Baurin aus Innichen vereinbart: „wenn 4to aus dieser ehe kinder zurück bleiben sollten, der genuß zur völligkeit bis jeden kinds erreichend vollständigen 20-jährigen alters gemeynt, und sohin nur der halbe genuß verstanden seyn solle.“[426] Eine wiederum andere Konstruktion sahen Peter Zingerle und Maria Pörnbacherin vor: Sie vereinbarten in ihrem Heiratsvertrag den gegenseitigen Genuss des gesamten Vermögens bis das jüngste Kind 18 Jahre alt sein würde. Falls keine Kinder vorhanden sein sollten, sollte dieser Genuss 18 Jahre lang dauern und sich anschließend auf den Ertrag aus einen Kapital von 600 Gulden beschränken.[427]

In einer Reihe von Heiratskontrakten war von vorne herein vorgesehen, der Witwe beziehungsweise dem Witwer einen ganz bestimmten Teil des Vermögens zum Genuss zu belassen, nicht das gesamte. Jakob Durnwalder vermachte seiner Braut Brigita Stainerin den lebenslänglichen Genuss von 400 Gulden, sie ihm den lebenslänglichen Genuss einer „für sich erkaufte[n]“ Wiese“.[428] Johannes Strobl und Maria Nobakin sprachen sich gegenseitig 100 Gulden zum lebenslänglichen Fruchtgenuss zu.[429] Jakob Guggenberger gewährte seiner Braut Maria Reitterin 200 Gulden als Genusskapital zusätzlich zur Herberg, und die Braut dem Bräutigam 160 Gulden.[430]

Ein solcher in Anteilen zugesprochener Genuss könnte neben der zeitlichen Begrenzung bis zu einem bestimmten Alter der Kinder eine weitere Strategie des Interessensausgleichs zwischen überlebendem Ehemann beziehungsweise überlebender Ehefrau und Kindern oder Ver-

424 Vgl. SLA Bozen, VBW 1800, Teil 1, fol. 171. Den lebenslänglichen Genuss sprachen sich auch Jacob Spessa von Enneberg und Kunigunde Golserin aus Taisten zu. Falls Kinder „in vorschein kommen sollten“, hätte er mit deren 24. Lebensjahr zu enden – dies war der einzige Punkt ihres Heiratskontraktes; ebd., VBW 1800, Teil 2, fol. 411 (Transkription Welsberg Nr. 13 im Anhang).

425 TLA Innsbruck, VBI 1786, fol. 257.

426 TLA Innsbruck, VBI 1783, fol. 641.

427 Vgl. SLA Bozen, VBW 1840, S. 72.

428 SLA Bozen, VBW 1780, fol. 826.

429 Vgl. SLA Bozen, VBW 1810, fol. 189’. Die Braut hatte dem Bräutigam die Hälfte ihres vom Vater übernommenen Besitzes zum Kauf überlassen.

430 Vgl. SLA Bozen, VBW 1795, fol. 117–117’.

wandten im Fall von Kinderlosigkeit darstellen. Interessant wäre, die Relation zwischen dem der Witwe oder dem Witwer zugesprochenen Genusskapital und den Anteilen der Erben sowie dem Gesamtvermögen zu kennen. Dafür müssten die entsprechenden Abhandlungsprotokolle herangezogen werden. Als ein Beispiel seien die im „besitz-, entrichts- und wittiblichen vertrag" anlässlich des Todes von Bartlmä Schluderbacher getroffenen Regelungen angeführt. Sie können als ein Balanceakt zwischen den betroffenen Parteien interpretiert werden. Bartlmä Schluderpacher hinterließ die Witwe und drei Kinder, wobei der Sohn Andree als „feldjäger" in k. k. Kriegsdienste gegangen war und die Familie „bis nun" keine Nachricht über „leben oder tod" erhalten hatte. Das gesamte Vermögen des Verstorbenen belief sich nach Abzug der Schulden auf 2.600 Gulden. Der als Erbe bestimmte Sohn, ebenfalls mit Namen Bartlmä, sollte 400 Gulden davon als so genannten Besitzvorteil erhalten, die verbleibenden 2.200 Gulden wurden durch drei geteilt. Jedem der drei Kinder standen damit 733 Gulden und 20 Kreuzer an väterlichem Erbe zu.[431] Der Witwe Ursula Patzleinerin hatte Bartlmä Schluderbacher mittels Testament einen lebenslangen Fruchtgenuss von 600 Gulden vermacht. Die drei Kinder legten gemeinsam noch 100 Gulden aus ihrem Erbe dazu: Damit waren 700 Gulden des väterlichen Vermögens beziehungsweise pro Kind 233 Gulden und 20 Kreuzer gebunden und sollten als „vinkulirtes vermögen" bis zum Tod der Mutter beim Besitzsohn liegen bleiben. Dieser hatte der Mutter daraus 28 Gulden in vierteljährlichen Raten zu 7 Gulden bar zu übergeben. Dazu kamen noch 1 Gulden und 6 Kreuzer als Verzinsung des Einbringens der Mutter in der Höhe von 75 Gulden plus weiteren 35 Gulden, die der Ehemann laut „erklären" vom 29. März 1787 „wegen des mehreren güterwerth" der Mutter zugesprochen hatte. Die beiden weichenden Kinder Andree und Ursula hatten neben dem durch den Fruchtgenuss blockierten Betrag also Anspruch auf je 500 Gulden an väterlichem Erbe. Diese Summe hatte der Besitz übernehmende Sohn beziehungsweise der Bruder mit 3,5 Prozent zu verzinsen. Die Schwester Ursula konnte die Verzinsung mit einer vierteljährlichen Frist jeweils vor dem Candidi-Tag aufkündigen und sich das Vermögen bar ausbezahlen lassen. Der Anteil des verschollenen Bruders sollte bis zu dessen Rückkehr oder bis zum Eintreffen eines Totenscheins still liegen bleiben.[432]

Wiederverehelichung: Verlust des Fruchtgenusses?

Den Verlust oder zumindest Einschränkungen des lebenslangen Fruchtgenusses brachte in der Regel – ähnlich der Herberg – eine Wiederverehelichung der Witwe beziehungsweise des Witwers mit sich. Die Witwe Maria Walderin aus Taisten und der Schneidermeister Georg Feichter haben eine solche Witwenstands-Klausel gegenseitig vereinbart: „Anbey haben sie auch annoch anzuführen verlanget, daß, wann ein theil vor dem andern verableibet, der überlebende des verstorbenen vermögen in fürtauernden wittibstand zu genießen haben sollet."[433] Maria Börnbacherin sprach ihrem Bräutigam den Genuss ihres gesamten Vermögens zu, „und zwar auch nur in solang als er wittwer verbleiben" würde; dieser koppelte seinerseits ihren

431 TLA Innsbruck, VBI 1791, fol. 190–195. Dieser erste Teil enthält die Abhandlung vom 21. Oktober 1791.

432 TLA Innsbruck, VBI 1791, fol. 195'–198. Dieser zweite Teil enthält den „besitz-, entrichts- und wittibliche[n] vertrag"; die oben angesprochenen Punkte finden sich auf fol. 196–197.

433 SLA Bozen, VBW 1790, fol. 79'.

Anspruch auf eine Herberg an den Witwenstand.[434] Dem/der Überlebenden wurden vereinzelt zumindest Vermögensanteile trotz einer Wiederverehelichung zum Genuss belassen: Bartholomä Schräfl und Barbara Jungmannin vereinbarten im Jahr 1785 für den Fall, dass aus der Ehe keine Kinder hervorgehen sollten, in Bezug auf eine zweite Heirat: „sollte sich aber 3^{tio} der ueberlebende theil nachhin weiters verehelichen, so hätte selber anstatt dem ganzen nur das halbe vermögen ... zum lebenlänglichen genuß".[435]

Beim Vorhandensein von Kindern konnte der Fruchtgenuss trotz einer weiteren Eheschließung uneingeschränkt vorgesehen sein bis zu einem bestimmten Alter der Kinder:

> sollte aber sache seyn, daß
> 6to sich sohin ein oder der andere überlebende theil bey verhandenen kindern aus dieser ehe sich neuerlich vereehelichen würde, so solle demselben theil aus rückgelassenem vermögen blos bis erfüllung eines jeden kindes 18ten jahres alter zum genuß mit dem verbleiben, daß die kinder christlich auferzochen und zu einem brod verdienenden stand gebracht werden sollen.[436]

Ab der Wende zum 19. Jahrhundert sahen Brautpaare in einzelnen Fällen explizit von einem Verlust bei Wiederverehelichung ab: Andreas Reitter und die Witwe Maria Durnwalderin fixierten gleich im ersten Punkt des Heiratskontraktes, dass sie „ein ander ihr ganz und völliges auf ihr hinscheiden verhandenes vermögen, es mag solches bestehen, in was es wolle, hiemit dem überlebenden ehetheil, und zwar ohne beschrenkung einer anderweiten eheschließung, zum lebenlänglichen genuß vermachet haben" wollten.[437] Wie aus den weiteren Vertragspunkten hervorgeht, hatte das Brautpaar den Besitz gemeinsam erworben, so dass in dieser Hinsicht eine gleichberechtigte Ausgangssituation vorlag. Zugeständnisse dieser Art blieben aber nicht auf Konstellationen des gemeinsamen Besitzes beschränkt. Simon Stainer verlangte, dass seiner Frau „für die treue wirtschaftsführung der genuß von dem halben Laehner gut zu Wiesen, das ist von der behausung, güter und fahrnißen, lebenlänglich zukommen solle, und zwar auf jeden fall, es mögen kinder in vorschein kommen oder nicht, und auch der fall nicht ausgenommen, wann sie zu einer andern ehe schreitten sollte".[438]

Abweichende Arrangements

Trotz des im Heiratsvertrag vereinbarten gegenseitigen lebenslänglichen Fruchtgenusses bei Kinderlosigkeit,[439] konnten die nachehelichen Arrangements mitunter ganz anders aussehen. Ein Beispiel dafür ist der Vergleich zwischen Margareth Kühebacherin, der Witwe von Peter Ochswieser, und dessen drei Schwestern Maria, Kunigunde und Christina Ochswieserin. Ein solcher wurde getroffen, obwohl – wie es einleitend heißt – „vermög des vom ableiber errich-

434 TLA Innsbruck, VBI 1797, fol. 2'; vgl. auch ebd., VBI 1789, fol. 398' (Transkription Innichen Nr. 10 im Anhang). Hier verfügte die Braut ebenfalls, dass der Genuss ihres Vermögens auf die Dauer des Witwerstandes beschränkt sein solle.

435 TLA Innsbruck, VBI 1785, fol. 9–9'.

436 TLA Innsbruck, VBI 1792, fol. 288'.

437 SLA Bozen, VBW 1795, fol. 7' (Transkription Welsberg Nr. 8 im Anhang).

438 SLA Bozen, VBW 1810, fol. 659' (Transkription Welsberg Nr. 14 im Anhang).

439 Vgl. TLA Innsbruck, VBI 1784, fol. 706–709. Falls Kinder aus der Ehe von Margareth Kühebacherin und Peter Ochswieser hervorgegangen wären, hätte der gegenseitig zugesprochene Fruchtgenuss bis zum Erreichen von deren 20. Lebensjahr dauern sollen.

teten heurath-contracts vorstehendes vermögen der ruckgelassenen wittwe Margareth Kühebacherin zum lebenlänglichen genuß" hätte eingeräumt werden sollen. Die drei Schwestern nahmen die Hinterlassenschaft des Verstorbenen in Besitz. Dazu heißt es in der Abhandlung: „Gedachter ableiber war zwar mit Margareth Khühebacherin verehelichet, hat aber keine succesion gezeuget, daher schritten zu dieser erbschaft ein die aeltern" – diese waren aber bereits verstorben –, „so tretten in derselben vorstellungsrechte ein die kinder und respective des ableibers baidbändige geschwister."[440] Testament wie Heiratskontrakt wurden verlesen, dann folgte die Inventur. Die Witwe machte „allerseits unbedenklichermassen" ihr eingebrachtes Heiratsgut geltend, „worüber auch der witwe bruder Joseph Kühebacher am Innichberg eine quittung in handen" hatte.

Daraufhin wurde ein Vergleich getroffen: Die Witwe wollte noch bis Candidi 1798 den Genuss beanspruchen. In der Folge sollten ihr dann aber „für und anstatt" des lebenslänglichen Genusses die Zinsen daraus in der Höhe von drei Prozent ausbezahlt werden wie auch das von ihr eingebrachte Vermögen von 700 Gulden mit drei Prozent verzinst werden – bis dahin galt dafür ein Zinsfuß von dreieinhalb Prozent. Als weiterer Vertragspunkt war die Möglichkeit der Aufkündigung dieser Vereinbarung bis Candidi 1799 für beide Seiten eingebaut.[441] Welche Vorteile oder Nachteile damit für die Witwe verbunden waren, ist nicht leicht einzuschätzen. Das Durchsetzen von Interessen und von Macht ist aber wohl eher auf Seiten der drei Schwestern zu verbuchen, die nun in Haus und Besitz – es handelte sich um eine „halbe behausung in Oberdorf samt einem gartl" im Wert von 320 Gulden und um einige Grundstücke – frei schalten und walten konnten.

Genussrecht – mit Pflichten

Das Genussrecht am Vermögen des Verstorbenen, sofern dieser Besitzer von Haus oder Hof gewesen war, war mit der Verpflichtung der Witwe verbunden, die etwaigen Kinder aus diesem Genussvermögen zu versorgen. Auch dies konnte Inhalt von Heiratskontrakten sein. Die entsprechenden Auflagen waren üblicherweise, die Kinder gut und christlich zu erziehen sowie ihnen eine Ausbildung zukommen zu lassen: Sie sollten Lesen, Schreiben und Rechnen lernen, die Söhne später ein Handwerk und die Mädchen das Nähen.

Näher spezifiziert wurden diese mit dem Genussrecht verbundenen Verpflichtungen vielfach aber erst in Verträgen, die zum Zeitpunkt der Verwitwung aufgesetzt wurden. Dabei gestalteten sich vor allem die getroffenen Vereinbarungen in der lokalen Elite, zu der vornehmlich Handelsleute und Wirtsleute zählten, relativ komplex. Der Witwe Franziska von Rauschenfels sagte etwa die „verwandtschaft" ihres verstorbenen Mannes, des Kaufmanns und Adlerwirtes Michael Peintner, die seine Hinterlassenschaft für die Dauer von 18 Jahren in Bestand nahm, für Kost und Kleidung „und überhaupt für die ganze anständige verpflegung" der beiden Kinder Michael und Maria einen eigenen Beitrag zu: für den Sohn bis zum zehnten Lebensjahr neben „einer annoch gebührenden kindsmagd" jährlich 110 Gulden, für die

440 TLA Innsbruck, VBI 1797, fol. 456–465. In dem der Abhandlung beigelegten „aussergerichtlichen" Testament des Verstorbenen ist nur eine Summe für Messen festgelegt und es sind Geldbeträge genannt, die er seinen Schwestern schuldete beziehungsweise vermacht hat – die Ehefrau kommt darin nicht vor.

441 TLA Innsbruck, VBI 1797, fol. 464–465.

Tochter bis zum zwölften Lebensjahr 80 Gulden. Die Verwandten behielten sich allerdings vor, dieses „kostgeld“ abzuändern, falls die Kinder wider Verhoffen „von den künfigen eheherrn und stiefvater ohne liebe und allzuhart behandelt würden“.[442]

Auch Maria Anna Duelin (Thuillin) nahm nach dem Tod ihres Mannes, des Wirts und Gastgebers Michael Kühebacher, im Jahr 1786 seine Hinterlassenschaft beträchtlichen Umfangs in Bestand. Die drei Kinder waren damals zwischen zwei und sieben Jahre alt.[443] Im Jahr 1793 wurde der Bestandskontrakt auf weitere sechs Jahre verlängert. Da die Kinder inzwischen größer geworden seien „und in die fremde abgeschickt werden“ müssten, daher die Auslagen für „auferzucht, kost und kleidung“ nun etwas höher ausfallen würden, verhandelten die Gerhaben der Kinder einen jährlichen „bestandzins“ von 100 Gulden aus, den die Witwe für diesen Zweck „zu bestellen und abzuweichen“ hatte.[444]

Vorsorge versus Versorgung

In diesem von unterschiedlichen Logiken geleiteten Manövrieren zwischen verschiedenen Interessen scheint mir eines noch sehr wichtig hervorzuheben. Sylvia Hahn hat den Blick auf Witwen „ausschließlich unter dem Gesichtspunkt der *zu* Versorgenden“ kritisiert, der etliche Studien ihrem Ansatz nach charakterisiert.[445] Eine solche Vorstellung scheint auf Grundlage des hier ausgewerteten Materials einer großteils über innerhäusliche Arbeitszusammenhänge organisierten bäuerlich-handwerklich-gewerblich strukturierten ständischen Gesellschaft fremd gewesen zu sein. Die Begriffe „versorgen“ und „Versorgung“ kommen in beiden Samples nur sehr selten vor, und wenn, ausschließlich in Hinblick auf Kinder. Bei den vielfältigen Vertragspunkten in Bezug auf den Witwenstand handelte es sich nicht um Zugeständnisse, die Frauen ‚gnadenhalber‘ gemacht wurden, sondern um das Spezifizieren, wie ein prinzipieller Anspruch konkret umzusetzen sei. Dieser wurde nur selten mit Argumenten wie der eingebrachten Arbeitskraft untermauert, sondern war als Anspruch – vornehmlich als Altenative zur Rückstellung ihres Heiratsgutes und Vermögens – gegeben sowie an ständisch geprägten Vorstellungen von Angemessenheit orientiert. Auch wenn die Begriffe des „Gewährens“ und „Gestattens“ in den Heiratskontrakten vielfach verwendet wurden, so nicht nur in eine Richtung – von Männern gegenüber Frauen, sondern genauso umgekehrt. Termini wie „sich obligieren und „sich

---

442 Daneben sagten sie der Witwe auch die Verzinsung ihres eigenen „bey der vermögens masse anliegen habenden kapital vermögen“ zu, das sich auf 2.545 Gulden belief, sowie des ehemännlichen Genussvermögens in der Höhe von 4.400 Gulden. TLA Innsbruck, VBI 1797, fol. 140–146’, Zitate fol. 145. Unterzeichnet ist der Vertrag von Franziska von Rauschenfels bereits unter dem Familiennamen ihres zweiten Mannes von Kleblsperg – er war ein aus Brixen gebürtiger Postexpeditor – sowie vom Vormund der Kinder. Vgl. auch STA Innichen, Familienbuch 1700–1900, P 130 und K 100. Das Wirtshaus und der weitere Besitz wurden im Jahr 1800 verkauft. Vgl. BHM Lienz, OR III 1, VBI 1800 VI 18, fol. 263 und 1800 VII 30, fol. 461.

443 Vgl. STA Innichen, Familienbuch 1700–1900, K 82; BHM Lienz, OR III 1, 1786 V 30, fol. 393.

444 TLA Innsbruck, VBI 1793, fol. 764–766’, Zitate fol. 765’.

445 Sylvia Hahn, Frauen im Alter – alte Frauen?, in: Josef Ehmer u. Peter Gutschner Hg., Das Alter im Spiel der Generationen. Historische und sozialwissenschaftliche Beiträge, Wien/Köln/Weimar 2000, 156–189, 176 und 179f.

verpflichten" waren auf beiden Seiten präsent. Was verhandelt wurde, war Vorsorge in einem unsicheren Leben, nicht Versorgung.[446]

Insgesamt weisen die Ablebensbestimmungen in den Heiratskontrakten eine Vielfalt an Handlungsoptionen auf, sie lassen sich zugleich aber auch zu Tendenzen bündeln: Verfügen und Nutzen von Besitz und Vermögen der/des Verstorbenen wurde situativ und kontextbedingt ausgedehnt oder eingeschränkt, die Ansprüche von Witwen und Witwern, von Kindern oder Verwandten wurden unterschiedlich gewichtet. Die getroffenen Vereinbarungen bewegten sich dabei tendenziell von geschlechtsspezifisch ungleichen und einseitigen zu solchen, die stärker auf Gegenseitigkeit hin orientiert waren.

8. Der Vorrang der Linie

Veränderte Rechtslagen

Bereits in mehreren Zusammenhängen wurde darauf verwiesen, dass das Modell der Gütertrennung eng mit dem Denken in Abstammungslinien verbunden ist. Deutlich zeigt sich dies im Bedacht, der auf die Erbansprüche der Kinder erster Ehe gelegt wurde und im weit gehenden Ausschluss von zuheiratenden Frauen und Männern von Besitzrechten. Die österreichischen Kodifikationen Ende des 18. und Anfang des 19. Jahrhunderts enthielten nun aber Bestimmungen, welche die Ehegatten gegenüber der Linie begünstigten. Dies blieb nicht ohne Wirkung auf die verhandelten und in den Heiratskontrakten der untersuchten Gerichte fixierten Punkte. Insbesondere zwei gesetzliche Bestimmungen zogen Vereinbarungen zu deren Abwehr nach sich: die Intestats-Regelung nach dem Erbfolgepatent von 1786 (§ 7) und die ersten Ansätze des Ehegattenerbrechts im ABGB.

‚Unterbrochene' Linien: Lücken in der männlichen Sukzession und Absicherungen

Auf den Vorrang der Erbansprüche von Kindern erster Ehe gegenüber Kindern späterer Ehen wurde bereits an anderer Stelle verwiesen. Mehr Gewicht kam in der untersuchten Gesellschaft dabei der männlichen Linie zu, die tendenziell nicht unterbrochen werden sollte. Virulent wurde dies insbesondere im Fall der Wiederverheiratung einer Witwe. Nur wenn der neue Ehemann den Besitz des verstorbenen Ehemannes erwarb und die Kinder erster Ehe in Absprache mit den Vormündern eine entsprechende Abfindung erhielten, dann waren die Kinder aus der zweiten Ehe erbberechtigt. Wie es scheint, wurde dies am ehesten praktiziert,

446 Hinzuweisen ist auch auf das sich nur langsam etablierende und zunächst von Misserfolgen begleitete Versicherungssystem der Witwenkassen. Hinzu kommt, dass zumindest in dem von Eve Rosenhaft untersuchten Kontext Frauen nicht selbst in Witwenkassen einzahlen durften, sondern nur ihre Ehemänner. Vgl. dazu Eve Rosenhaft, „... mich als eine Extraordinarium". Die Witwe als widerstrebendes Subjekt in der Frühgeschichte der Lebensversicherung, in: Udo Arnold u. a. Hg., Situationen einer Hochschullaufbahn. Festschrift für Annette Kuhn zum 65. Geburtstag, Dortmund 1999, 292–309. Vgl. auch Annemarie Steidl, „Trost für die Zukunft der Zurückgelassenen ...". Witwenpensionen im Wiener Handwerk im 18. und 19. Jahrhundert, in: Ehmer/Gutschner, Das Alter im Spiel der Generationen, 320–347.

wenn der zweite Ehemann von seinem Beruf, seiner Sozialisation und/oder von seiner Finanzlage her eine sehr gute Partie war oder aber, wenn sich die ökonomische Situation der Witwe als schwierig darstellte. Agnes Paurin, die den Besitz ihres verstorbenen Mannes zunächst in „eigener manegierung" übernommen hatte, habe sich, so wird berichtet, seitdem bereits „mehrfeltig erclagt", sie könne dessen Verwaltung nicht mehr „continuieren", ohne sich selbst mit ihrem Vermögen zu „ruinieren". Die Witwe bekomme nun eine „anständige" Gelegenheit zur Wiederverehelichung. Da ihre Klagen offensichtlich plausibel klangen, so willigte der Vormund ihrer vier Kinder aus erster Ehe unter gewissen Bedingungen in den Verkauf jener Hälfte des Besitzes an den Bräutigam ein, die zuvor der verstorbene Ehemann innegehabt hatte.[447] Um einen solchen Akt zu verhindern oder zumindest zu erschweren, findet sich in den Heiratskontrakten sowohl des Gerichtes Innichen als auch des Gerichtes Welsberg vielfach der Passus, dass der Besitz immer den Kindern der bevorstehenden ersten Ehe zuzukommen habe, oft unter explizitem Ausschluss von Kindern einer späteren Ehe. Dem zweiten Ehemann wurden, sofern die Kinder noch klein waren, zeitlich klar limitierte Genuss- oder Pachtrechte eingeräumt.[448]

Selten, aber doch und hauptsächlich in Kontrakten des Gerichts Welsberg aus dem bäuerlichen Milieu wurde eine Ausnahme davon gemacht, und zwar zum Vorteil von Söhnen: Wenn es aus der ersten Ehe ‚nur' Töchter gab oder geben würde oder der einzige Sohn sterben würde, dann sollte ein Sohn aus zweiter Ehe der Haupterbe sein. In einem Heiratskontrakt aus Welsberg schloss die Vertragskonstruktion die älteste Tochter erster Ehe nicht aus: Wenn in der ersten Ehe „keine männlichen erben erzeugt würden", so sollte das Gut einem etwaigen Sohn zweiter Ehe, allerdings zu gleichen Erbrechten mit der ältesten Tochter erster Ehe zufallen.[449] Auch ein Innichner Marktbauer, Anton Bergmann zu Paller, der zwei Töchter aus erster Ehe hatte, umging im Heiratskontrakt anlässlich seiner zweiten Eheschließung deren Vorrecht auf das Erbe. Er verpflichtete sich, „wenn aus dieser angehenden ehe auf sein verableben eine männliche succession vorhanden seyn sollte, einen aus dieser mannsstämmigen als besitzer zu erklären und in seine habschaften einsetzen zu lassen."[450] Dies kann zugleich auch als bessere Position der zweiten Ehefrau im Witwenstand gesehen werden.

Eine Absicherung im Sinne einer Besitzkontinuität in der Linie begegnet immer wieder auch bei Eheschließungen zwischen einer Erbtochter und einem zuheiratenden Schwieger-

447 SLA Bozen, VBW 1760, fol. 9–11. Hierbei handelt es sich um einen „heuraths und respective kaufs contract". Die andere Hälfte des Besitzes gehörte der Braut. Beide Eheleute hatten nun „zur völligkeit gleiches jus und antheil". Der Besitz stammte von Seiten ihrer Mutter, die ihn zu gleichen Teilen der Tochter und dem inzwischen verstorbenen Schwiegersohn übergeben hatte. Dieser wurde analog zur Terminologie in der Landesordnung für einheiratende Männer als „einfahrend Gsöl" bezeichnet.

448 Vgl. z.B. SLA Bozen, VBW 1780, fol. 41–42' (Transkription Welsberg Nr. 6 im Anhang).

449 Vgl. SLA Bozen, VBW 1790, fol. 33' (Transkription Welsberg Nr. 7 im Anhang, siehe auch Abb. 4, S. 265). Ein anlässlich einer zweiten Eheschließung protokollierter Heiratsvertrag aus dem Jahr 1850 enthält eine ähnliche Konstruktion, hier aber ohne den gleichen Anspruch für die älteste Tochter: Wenn der einzige Sohn der Witwe aus ihrer ersten Ehe sterben würde und es einen Sohn zweiter Ehe gäbe, so wäre dieser der Erbe; wenn in der zweiten Ehe kein Sohn geboren würde, dann sollte der Besitz den Kindern, das heißt den Töchtern, erster Ehe zufallen. Vgl. ebd., VBW 1850, Teil 1, fol. 71' (Transkription Welsberg Nr. 18 im Anhang).

450 TLA Innsbruck, VBI 1786, fol. 276'.

sohn. Dass es überhaupt Erbtöchter gab, bedeutet, dass die Kontinuität auch über Töchter hergestellt werden konnte. Das Liniendenken ging also nicht so weit, dass Erbtöchter ausgeschaltet und an ihrer Stelle der nächste männliche Verwandte – ein Cousin beispielsweise – als Erbe eingesetzt wurde. Die über Töchter fortgeführte Kontinuitätslinie war allerdings begrenzt, wenn diese keine eigenen Kinder hatten. Wie sich in den Heiratskontrakten zeigt, konnten die einem Schwiegersohn in einer solchen Konstellation eingeräumten Besitzrechte in ihrer Reichweite deutlich eingegrenzt werden. Wenn dem einheiratenden Schwiegersohn Besitzrechte an Haus oder Hof seiner Braut oder des Schwiegervaters zugestanden wurden, beschränkte man sich in den Heiratskontrakten zum Teil auf das Festlegen des vorrangigen Erbanspruchs der Kinder aus dieser Ehe.[451] Sofern die Besitzrechte zur Gänze oder in Teilen auf Seiten der Braut verblieben waren, galt diese Praxis ebenso. Entscheidendes Moment war in dieser Paar- und Besitz-Konstellation jedoch die Kinderlosigkeit, und zwar die Kinderlosigkeit der Erbtochter. Grundsätzlich kamen zwei Varianten in Betracht: Entweder konnten die Kinder aus einer weiteren Ehe des Witwers das Erbe antreten und der Besitz fiel nur dann an die Verwandten der Braut zurück, wenn auch die zweite Ehe des Schwiegersohnes kinderlos blieb, oder der Schwiegersohn konnte zwar zeitlebens in Haus und Hof verbleiben, nach seinem Tod aber würde der Besitz wieder an die Familie der Braut zurückgehen.[452]

Ersteres wurde beispielsweise in der erst nach der Eheschließung auf Initiative der Brauteltern abgeschlossenen sehr ausführlichen Disposition beziehungsweise im Heiratskontrakt zwischen Maria Täschlerin und Andree Fauster festgelegt:[453] Obwohl dem Schwiegersohn Besitzrechte nach dem Tod der Schwiegereltern und nach dem Tod der Ehefrau zugebilligt wurden, galten diese nur für die Dauer seines Lebens und immerhin für seine eigenen Kinder aus einer etwaigen weiteren Ehe, nicht aber für seine Verwandten. „Wan es sich zutriege, das beede, id est tochter und ayden, ohne miteinander oder in weiterer ehe erzeugend und ruggverlassende kinder verabstürben, so haetn die besizlich übernemmenden effecten, der billigkeit gemes, wiederumben an die Täschlerischen erbsfreunde mit excludirung der Fausterischen lini ruggzufallen.“[454] Die „Billigkeit“ steht hier für einen gerechten Anspruch und für Angemessenheit.

Strikter und der zweiten Variante folgend war die Regelung im Heiratskontrakt zwischen dem Weberknecht Johann Mayr und Anna Gantschiederin aus Niederdorf. Obwohl dem Bräutigam auch hier Besitzrechte – die halben Kaufrechte an ihrem „aigenthümblich“ besessenen, vom Vater ererbten Haus mit Garten – zugesprochen worden waren, sollte der Besitz im Fall von Kinderlosigkeit nach dem Tod des Mannes an die Verwandten der Braut zurückfallen: „da aber einiche kinder nicht verhanden oder vor bedseits eltern absterben würden, solches sodann den ehevogt auf sein lebenlang, zwar auch unbenumen, jedoch auf dessen ableiben,

451 Vgl. beispielsweise SLA Bozen, VBW 1760, fol. 272–272'; fol. 533; ebd., VBW 1770, fol. 260'; ebd., VBW 1800, Teil 2, fol. 45'. Im letzteren Kontrakt wurde hinsichtlich der Kinder erster Ehe festgehalten, dass „diese güter denenselben von dem überlebenden altentheil oder von den kindern einer allenfällig zwejten ehe nicht entzogen werden“ können.

452 Ganz anders ist die Situation etwa im Kirchspiel Belm, wo auch das Anerbenrecht galt: Wenn aus der ersten Ehe keine Kinder vorhanden waren, trat der neue Ehemann mit vollen und unbefristeten Rechten in den Hof ein, auch wenn die Witwe der einheiratende Teil in der ersten Ehe gewesen war. Vgl. Schlumbohm, Lebensläufe, 452.

453 Vgl. SLA Bozen, VBW 1770, fol. 419–421'; ähnlich auch ebd., VBW 1800, Teil 1, fol. 171; ebd., VBW 1810, fol. 40'.

454 SLA Bozen, VBW 1770, fol. 421.

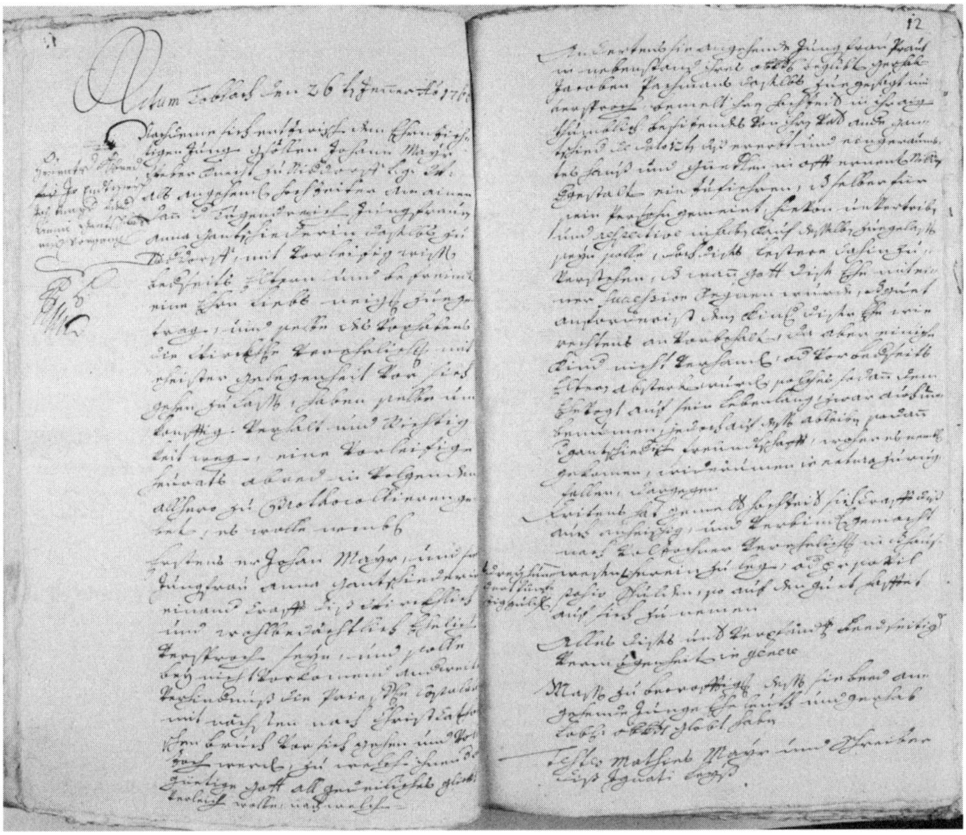

Abb. 6: Heurats Abred zwischen Johann Mayr und Anna Gantschiederin, 1760, SLA (siehe auch Transkription Welsberg Nr. 4)

sodann der Gantschiederischen freundtschaft, woher es nemblich gekomen, widerumen in natura zurugfallen" (siehe auch Abb. 6).[455] – Der nicht allzu häufigen Verwendung des Begriffs „ehevogt" nachzugehen, könnte lohnend sein, denn er enthält eine Machtkomponente gegenüber der Ehefrau und scheint immer wieder gerade in Zusammenhängen auf, in denen die Position des Bräutigams respektive Ehemannes eher schwach ist. – Ein weiterer Aspekt ist im Heiratskontrakt zwischen Melchior Grueber und Maria Stollin angesprochen, nämlich was mit dem vom Bräutigam eingebrachten Vermögen im Fall von Kinderlosigkeit der Ehe zu ge-

455 SLA Bozen, VBW 1760, fol. 12 (Transkription Welsberg Nr. 4 im Anhang, siehe auch Abb. 6); vgl auch ebd., VBW 1770, fol. 459' (Transkription Welsberg Nr. 5 im Anhang). In diesem Fall sollte der Besitz bei Kinderlosigkeit an die Schwester der Braut fallen als „mit inenhaberin". Ebd., VBW 1810, fol. 300–300'. Hier wurden Kinder zweiter Ehe explizit ausgeschlossen: Falls keine Kinder aus der geplanten Ehe hervorgehen sollten, hätte „solche naturalhabschaft jeder zeit" nach dem Tod des Bräutigams „auch für diesen fall, wan er, Harm, in einer ander weiten ehe kinder erzeugen würde, denen erben des Georg Velder [das ist der Brautvater, M.L.] um obigen tax per 850 f rückzufallen".

schehen habe – dieses war zurückzuerstatten: So wurde verfügt, dass „4to bey nicht in vorschein kommenden kindern aus dieser ehe auf hinscheiden beeder brautpersonen das eigenthum vorstehenden haußes und grundstücken denen erben der braut geen ersetzung des ehevogtlichen vermögens zu zufallen" habe.[456]

Besitz- und Nutzungsrecht galt für die zugeheirateten Schwiegersöhne in diesen Vertragskonstruktionen durchgängig für die Dauer ihres Lebens, und zwar unbenommen, aber nicht unbedingt darüber hinaus. Diese Handhabung unterstreicht den hohen Stellenwert des Denkens in Linien und relativiert selbst die Position von Schwiegersöhnen, die einen Teil des schwiegerväterlichen Besitzes erworben haben. Zugleich wirft dies auch die Frage auf, was Restriktionen dieser Art konzeptionell für den Status eines „Besitzers" bedeuten.

In den Heiratskontrakten des Gerichtes Innichen wurden in denselben Besitz- und Paarkonstellationen entweder keine weiteren Verfügungen über den lebenslangen Fruchtgenuss eines Witwers hinaus getroffen oder ihm wurden Kaufrechte nach dem Tod der Frau zugesprochen. Die Interessen der Linie wurden in diesem Sample in anderen Zusammenhängen sichtbar – nämlich in Konnex mit Regelungen der Intestaterbfolge.

Die Ausschaltung der Intestaterbfolge

Die Josephinische Erbfolgeordnung von 1786 sah vor, dass der Erbanteil eines ohne eigene Nachkommen minderjährig verstorbenen Kindes zwischen beiden Eltern zu gleichen Teilen aufgeteilt werden sollte (§ 7),[457] also unabhängig von der Herkunft des entsprechenden Vermögens. Gab es nur ein Kind, das als Haupterbe nach einem Elternteil ebenfalls verstarb, ging das Vermögen an den überlebenden Elternteil über – ein ziemliches ‚Risiko', wenn man in Linienkategorien denkt. Ein Heiratskontrakt stellte in diesem Zusammenhang den frühestmöglichen Ort dar, eine von dieser gesetzlichen Neuerung abweichende Vorkehrung zu treffen und die Fortsetzung der bis dahin üblichen Praxis weiterhin zu garantieren. Dies geschah etwa in Form einer Verzichtserklärung, die an den „stammen", also an den Linien der Herkunftsfamilien und damit an der Gütertrennung orientiert war.[458] Mehrfach scheint ein neuer diesbezüglicher Passus in den Heiratskontrakten um das Jahr 1800 auf, wie in dem eingangs zitierten Heiratskontrakt zwischen Franz Bachmann und Anna Grueberin:

> 5to Wollen beyde verzicht thun auf die intestatfolge oder erbschaft, wenn die kinder im minderjährigen stande und ohne succession sterben sollen, und soll in diesem fall, wenn alle kinder verabstorben sind, das stammengut an jenen stammen, wo es hergekommen ist, rückfallen.[459]

Noch expliziter wurde dies im Heiratskontrakt zwischen Michael Kerschbaumer und Margareth Hoferin verfügt, nämlich dass

---

456 SLA Bozen, VBW 1795, fol. 176 (Transkription Welsberg Nr. 12 im Anhang).

457 Vgl. Kropatschek, Handbuch, Bd. 11, 780f.

458 Ellinor Forster verweist auf Heiratskontrakte aus adeligen Tiroler Kreisen für diese Zeit, die ebenfalls eine solche Bestimmung enthalten. Vgl. Forster, Handlungsspielräume von Frauen und Männern im österreichischen Eherecht, 367f.

459 TLA Innsbruck, VBI 1800, fol. 6–6' (Transkription Innichen Nr. 19 im Anhang).

4to auch beede brautpersohnen auf die künftign erbrechte ihrer kinder, solange selbe minderjährig sind, wechslseitig verzicht geben, so daß in solchem falle das Kerschbaumerische den Kerschbaumerischen und das Hoferische den Hoferischen erben immer zugemittelt werden soll.[460]

In einem Heiratskontrakt des Jahres 1802 wird in diesem Zusammenhang ausdrücklich „auf die neue erbfolge“ verwiesen, nach der „den eltern von den kindern das erbrecht zu statten“ käme[461], in einem anderen auf die neue „successions ordnung“.[462] Andrä Trojer und Maria Bergmannin erschienen am 9. Februar 1805, neun Tage nach Abfassung ihres Heiratskontraktes, nochmals vor Gericht, um einen Nachtrag zu Protokoll nehmen zu lassen. Dabei ging es ebenfalls um den Verzicht auf die Intestaterbfolge: Sie vereinbarten,

daß, wenn aus ihrer ehe kinder vorhanden seyn sollten und eines oder mehrere derselben in der minderjährigkeit versterben würde, daß dazumal die ältern selbes kind nach der intestat-ordnung vom jahre 1786 nicht aufzuerben hätten, sondern solches erb solle immer den anverwandten nach der vöherig tyrolischen landesordnung zufallen.[463]

Explizite Bezugnahmen auf die Intestaterbfolgeregelung begegnen im ausgewerteten Sample erst 14 Jahre nach deren Einführung. Doch finden sich der Sache nach in dieselbe Richtung zielende Verfügungen auch schon früher, die allerdings auf den ersten Blick nicht so leicht erkennbar sind: Thomas Artinger und Anna Kassewalderin legten in ihrem Heiratskontrakt aus dem Jahr 1792 unter Punkt vier fest: Falls Kinder aus ihrer Ehe vorhanden sein sollten,

hätte der überlebende theil blos den genuß von jedem kinde seinen erbtheil bis vollstreckung des 24ten jahresalter, und zwar verstünde sich dieser kinds genuß antheil auch dahin, daß, wenn auch ein oder anderes kind vor dem 24ten jahrs alter verabsterben würde, doch *der genuß* zu verbleiben hätte, als ob das kind in leben gewesen wäre.[464]

Auch hier wurde verhindert, dass die Eltern zu Erben und damit zu BesitzerInnen des Erbteils eines minderjährig verstorbenen Kindes wurden.

Ein solcher Passus konnte auch in anderen Dokumenten stehen. Die Witwe Maria Hernekkerin etwa gab als Nachsatz zu einem mehrteiligen und längeren Kontrakt, mit dem sie nach dem Tod ihres Mannes den Besitz in Bestand nahm, ausdrücklich an, dass, „wenn das besitzsöhnl Joseph in der minderjährigkeit oder abintestato sterben, folglich sie als erbin einschreitten sollte, dieselbe als dann auf das besitzrecht keinen anspruch machen, sondern diesen den 2 kindern, und zwar immer dem ältern von der ersten ehe überlassen“ würde.[465]

Rekurriert wurde damit einmal mehr auf eine Praxis, die auf der Tiroler Landesordnung aus dem 16. Jahrhundert basierte. Das Außerkraftsetzen des Neuen kann als klares Indiz für das Interesse am Beibehalten der Linienlogik gelesen werden. Gerade im Umgehen von rechtlichen Bestimmungen zeigt sich die Bedeutung von Verträgen als Vermittlungsinstanz zwischen Normen und Interessen, die im untersuchten Raum vornehmlich im Sinne des Beharrens und der Verstetigung genutzt wurden.

460 TLA Innsbruck, VBI 1800, fol. 29.
461 TLA Innsbruck, VBI 1802, fol. 13.
462 TLA Innsbruck, VBI 1802, fol. 18.
463 TLA Innsbruck, VBI 1805, fol. 346.
464 TLA Innsbruck, VBI 1792, fol. 298’, Hervorhebung der Verfasserin im Zitat. Mit der Vollendung des 24. Lebensjahres war, wie an anderer Stelle ausgeführt, auch die Volljährigkeit erreicht.
465 TLA Innsbruck, VBI 1792, fol. 423’–424.

Reaktionen auf die ersten Ansätze des gesetzlichen Ehegattenerbrechts

Mit Gültigkeit des ABGB in Tirol ab 1815[466] verkomplizierte sich das Gefüge durch die in der neuen Kodifikation enthaltenen ersten Ansätze eines gesetzlichen Ehegattenerbrechts, das in der Tiroler Landesordnung nicht vorgesehen gewesen war. Dem überlebenden Teil stand damit ebenso wie zuvor gemäß der Josephinischen Erbfolgeordnung ein gleicher Genussteil mit drei oder mehr Kindern zu. Bei weniger als drei Kindern belief sich der lebenslange Genussteil auf ein Viertel der Verlassenschaft. Das Eigentum lag bei den Kindern (§ 757). Neu war die Regelung im Fall der Kinderlosigkeit und des Fehlens eines anderen gesetzlichen Erben: In diesem Fall erhielt „der überlebende Ehegatte das unbeschränkte Eigenthum auf den vierten Theil der Verlassenschaft“ (§ 758).

Auch diese Neuerung fand Niederschlag in Heiratskontrakten, und zwar wiederum in Form gegenläufiger Vereinbarungen: Jakob Oberstoller und Katharina Schwingshackl sprachen sich in Punkt eins ihres Ehevertrages den gegenseitigen Genuss des gesamten Vermögens zu, falls sie keine Kinder haben würden und „ohne rücksicht“, ob der überlebende Teil sich wieder verehelichen würde. Ziel war also die Beschränkung auf den *Genuss* des Vermögens – unter Ausschluss des Eigentums von einem Viertel. Der Genuss aber war auf das gesamte Vermögen bezogen, und es wurde ausdrücklich betont, dass auch die Realitäten darin inkludiert seien, nicht bloß Kapitalien. Falls das Paar Kinder haben würde, hätte der überlebende Teil das Vermögen bis jedes der Kinder das 22. Lebensjahr erreicht haben würde, zu genießen. Falls ein Kind früher sterben sollte, solle dem überlebenden Teil kein Eigentum an dessen Erbteil zustehen, wohl aber der lebenslange Genuss von dessen Hälfte. Der Witwe wurde des Weiteren die Herberg garantiert. Und schließlich heißt es in Punkt vier: Sobald alle Kinder das 22. Lebensjahr erreicht haben würden, sei der überlebende Partner berechtigt zum Anspruch auf ein Viertel des Vermögens des verstorbenen: „ist der überlebende ehetheil berechtiget, den vierten theil des ganzen vom verstorbenen gatten anzusprechen“.[467] Das „Viertel“ aus dem ABGB – zuvor keine übliche Größe – ist hier Referenz, aber nicht auf die Kinderzahl bezogen und zeitlich nach ‚altem‘ Muster nicht an den Tod des Ehepartners gekoppelt, sondern an das Alter der Kinder. Solche Vereinbarungen ermöglichten das Beibehalten des Gewohnten in der Praxis und nahmen zugleich Bezug auf die veränderte rechtliche Lage.

Auch im Heiratskontrakt des Peter Lampp, ebenfalls aus dem Jahr 1820, ist der Bezug auf das ABGB ersichtlich: durch den Rekurs auf das gesetzliche Erbrecht. Vorgesehen war für die Braut der Vermögensgenuss bis zu einem bestimmten Alter der Kinder – welcher „bei männlicher anzuhoffender nachkommenschaft“ mit 18 Jahren, „bey weiblichen abkömmlingen“ mit 20 Jahren enden sollte, und die Herberg. Diese war bei Erreichen des genannten Alters der Kinder wie auch im Fall von Kinderlosigkeit vorgesehen. Die Braut hingegen sicherte dem Bräutigam den lebenslänglichen Genuss ihres gesamten Vermögens zu. Des Weiteren wurde explizit festgehalten, dass durch diese gegenseitige „genuß verschreibung daß [sic] denen überlebenden ehehälften gesetzlich zustehende erbrecht auf das vermögen des früher verstorbenen ausser wirkung gesetzet seyn“ und der überlebende Teil „als abgefertiget betrachtet werden“

466 Zur zeitlich abgestuften Geltung in den verschiedenen Gebieten der Habsburger Monarchie vgl. Forster, Handlungsspielräume von Frauen und Männern im österreichischen Eherecht, 26f.

467 SLA Bozen, VBW 1820, Teil B, S. 3–4 (siehe auch Transkription Welsberg Nr. 15 im Anhang).

solle.[468] Das Eigentum an einem Viertel im Fall einer kinderlosen Ehe konnte die Witwe damit nicht beanspruchen. Gleichzeitig aber gingen die beiderseitigen Genussrechte im Fall des Vorhandenseins von Kindern über den gesetzlich vorgesehenen Rahmen hinaus. Der Fluss der Ressourcen sollte sich weiterhin an der Linie orientieren.

Auch hinsichtlich des gesetzlichen Erbrechtes der Witwe neben Kindern vermitteln Dokumente beziehungsweise die Art, wie sie aufgebaut sind, den Eindruck eines gewissen Widerstrebens, dieses anzuwenden. Als Christian Hofer, „bürger und bauersmann" in Innichen, im März 1801 im Alter von 78 Jahren verstarb, war kein Testament vorhanden. Er hinterließ die Witwer und drei Töchter aus erster Ehe, von denen eine bereits ein Jahr zuvor in einem offiziellen gerichtlichen Akt zur Besitzerin seiner Liegenschaften erklärt worden war. Das nach Abzug der Schulden verbleibende Vermögen wurde zunächst entsprechend der Anzahl der Töchter durch drei geteilt. Weiter und lapidar heißt es im Abhandlungsprotokoll: „Hingegen ist noch die stiefmutter verhanden," und dieser würde nach der „allerhöchsten intestatordnung" ein gleicher Teil mit den Kindern zustehen. Jede der drei Töchter musste der Stiefmutter so 117 Gulden und 27 Kreuzer zum Genuss belassen und hatte demnach zu Lebzeiten der Stiefmutter Anspruch auf 352 Gulden und 15 Kreuzer anstatt auf 469 Gulden und 40 Kreuzer als auszuzahlendes oder zu verzinsendes Kapital.[469]

Die neuen Regelungen des ABGB durchbrachen das Prinzip der Linie letztlich nur im Fall der Kinderlosigkeit. Doch werden die Konkurrenzgefüge sichtbar. Spannend wäre zu verifizieren, inwieweit sich im Verlauf des 19. Jahrhunderts eine Neupositionierung des Ehepaares im Erbgang neben den Verwandten de facto feststellen lässt – das heißt, ab wann, in welchem Ausmaß und in welchen sozialen Milieus die gesetzliche Erbfolge durch Witwen und Witwer nicht länger durch Vereinbarungen in Heiratskontrakten oder mittels Testament außer Kraft gesetzt wurde. In eine solche Richtung weisen daneben auch Vereinbarungen, welche die Genussrechte für überlebende kinderlose Witwen explizit gegenüber Zugriffen seitens Verwandter abgrenzen. Zu fragen ist, inwieweit solche Regelungen veränderte Vorstellungen der Angemessenheit von Ansprüchen zugunsten der überlebenden Ehefrau oder des überlebenden Ehemannes auf allgemeinerer Ebene signalisieren. Jedenfalls scheint zumindest in Ansätzen die Konzeption der Familienbindung von ererbtem Besitz und Vermögen im 19. Jahrhundert brüchig geworden zu sein und damit zugleich der quasi automatische Anspruch der Blutsverwandten – abgesehen von den Kindern – auf das Erbe. Im Fall eines ausgeprägten Liniendenkens in Kombination mit ehelicher Gütertrennung waren daraus resultierende Konflikte und eine Konkurrenz zwischen Linie und Paar strukturell angelegt.[470]Auch wenn väterliche ‚Machtdemonstrationen' gegen Ende des 18. Jahrhunderts aus den Heiratskontrakten der Samples verschwinden und die Gegenseitigkeit von Vereinbarungen zwischen den Geschlechtern zu einem neuen Paradigma wird, die Interessen der Linie wirken unübersehbar fort. Eine

468 SLA Bozen, VBW 1820, Teil B, S. 386–387 (Transkription Welsberg Nr. 16 im Anhang).

469 TLA Innsbruck, VBI 1792, fol. 829–829'. Es wäre sicher lohnend, die Abhandlungen systematisch in Hinblick auf die Regelungen zugunsten von Witwen und Witwern auszuwerten, je nachdem, ob diese auf einem Testament und/oder einem Heiratskontrakt basieren oder ab intestato erfolgt sind.

470 Für Konfliktfälle in diesem Zusammenhang vgl. auf Grundlage von Ehedispensansuchen aus dem 19. Jahrhundert auch Margareth Lanzinger, Tanten, Schwägerinnen und Nichten – Beziehungsgefüge, Vermögenskonflikte und ‚Reparaturehen' oder: Linie und Paar in Konkurrenz, in: Werkstatt-Geschichte 10, 46 (2007), 41–54.

deutliche Verlagerung auf das Paar in Hinblick auf einen Vorrang beim Zugang zu Besitz, wie dies in anderen Studien konstatiert wurde, kann weder in rechtlicher Hinsicht noch aus der Praxis der hier ausgewerteten Heiratskontrakte festgestellt werden. In Ravensburg etwa sah das Erbrecht bereits im 16. Jahrhundert den überlebenden Teil in kinderlosen Ehen als Universalerbin beziehungsweise als Universalerben an und setzte damit „den älteren Zusammenhang der blutsverwandtschaftlichen Bindung gänzlich außer Kraft". Dies zog allerdings durch das 17. und 18. Jahrhundert hindurch zahlreiche Rechtsstreitigkeiten mit Verwandten nach sich, was den Schluss nahe lege, „dass das städtisch gesetzte Recht hier nahezu entgegen der in der Bevölkerung angewendeten Gewohnheit stand".[471] In der von Michaela Hohkamp untersuchten vorderösterreichischen Herrschaft Triberg war die horizontale, also innereheliche Besitzweitergabe ebenfalls umstritten. Die Tendenz ging aber auch hier in Richtung der Bevorzugung ehelicher Erbansprüche und der Zurückdrängung der Angehörigen der Herkunftsfamilie.[472]

Entscheidende weitere Schritte zu einem Ehegattenerbrecht, das heißt, einer Erbregelung zugunsten von Ehepartnern und Ehepartnerinnen gegenüber der Herkunftsfamilie und näheren Verwandtschaft, folgten im österreichischen Raum erst im 20. Jahrhundert.[473]

9. Netzwerke von Dokumenten

Heiratskontrakte sind in den beiden untersuchten Gerichten nur ein Ausschnitt aus einer immensen Fülle an zivilrechtlichen Dokumenten. Zehn bis fünfzehn, manchmal auch mehr finden sich für ein Jahr in einem Verfachbuch, das hunderte von Seiten dick sein konnte und deren Umfang im Laufe des 18. Jahrhundert kontinuierlich zunahm. Heiratskontrakte sind nicht nur zwischen zahlreichen anderen Dokumenten protokolliert, sie stehen auch mit anderen Dokumenten in Beziehung, die im Laufe eines Lebens und innerhalb des familialen oder verwandtschaftlichen Kreises verfasst worden sind: mit anderen Arten von Kontrakten, mit Testamenten,[474] Verlassenschaftsabhandlungen und anderen mehr. Ein ebenso weites wie dichtes Netz an Dokumenten ließe sich über die Generationen hinweg und entlang von unterschiedlichen sozialen Beziehungen und Formen von Ressourcentransfers knüpfen – dem sind jedoch arbeitsökonomische Grenzen gesetzt.[475] Zumindest exemplarisch soll auf die Potenziale

471 Ingendahl, Witwen in der Frühen Neuzeit, 174ff, Zitate 188, 189. Zu Bedeutungszuschreibungen an Gütergemeinschaft in Bezug auf die Ehe vgl. Peter Landau, Bamberger Landrecht und eheliche Gütergemeinschaft, in: Horst Gehringer, Hans-Joachim Hecker u. Reinhard Heydenreuter Hg., Landesordnungen und Gute Policey in Bayern, Salzburg und Österreich, Frankfurt a. M. 2008, 1–18.

472 Vgl. Hohkamp, Herrschaft in der Herrschaft, 165ff.

473 Auf die entsprechenden Änderungen mit der Teilnovelle des ABGB von 1914 wurde bereits an anderer Stelle verwiesen, siehe Anm. 100.

474 Für den engen Bezug zwischen Heiratsverträgen und Testamente vgl. etwa Král, Heiratsverträge und Testamente in Böhmen, 477.

475 Für weitere Beispiele vgl. auch Margareth Lanzinger, Negotiating Marriage Contracts. Legal Records as Source Materials for Gender History, in: Kristina Popova u. a. Hg., Women and Minorities Archives. Ways of Archiving, Sofia 2009, 189–203; dies., „aus khainer Gerechtigkeit", 24; dies., Heiratskontrakte intermediär: als Form der Vermittlung zwischen gesetztem Recht, sozialen Nor-

einer solchen Vernetzung verwiesen werden, die bereits mit zwei in Relation zu einander stehenden Dokumenten beginnt.

Heiratskontrakte bei Wiederverehelichungen

Heiratskontrakte die anlässlich verschiedener Ehen eines Mannes oder einer Frau abgeschlossen wurden, können Aufschluss über mögliche Konfliktfelder und situativ genutzte Repertoires an Verfügungen geben. Der 76-jährige Thomas Mayr heiratete im Jahr 1790 ein drittes Mal. Im Vergleich zu dem bei seiner zweiten Eheschließung fünf Jahre zuvor abgeschlossenen bereits äußerst detaillierten Heiratskontrakt zeigen sich in jenem vor der dritten Ehe protokollierten noch weitere Spezifizierungen:[476] Aus dem Stuhl, den die Witwe in der Stube neben Tisch und Spinnrad an einen genau definierten Platz zu ihrer Benützung hinstellen konnte, ist ein Lehnstuhl geworden. Expliziten Anspruch sollte sie im Unterschied zum früheren Kontrakt in der Küche auf „einen hinlänglichen platz auf dem herde" haben. Das Beliefern mit Holz war wesentlich genauer festgelegt: Die Witwe hatte „blos zum herd-gebrauche 2 Wiener klafter scheitter jährlich beym haus gestellter zu empfangen, auch die geheizte stube und backofen ohne einen holz- oder geldersatz von den künftigen hausinhabern" zu genießen. Neu war, dass die Tür der ihr zur alleinigen Nutzung vorbehaltenen Kammer, und zwar jene oberhalb der Stube, auf Kosten des Erben „mit schloß und band zu versehen" war, wie auch der Zugang zu dieser Kammer genau beschrieben ist.[477] Der Heiratskontrakt der anlässlich der zweiten Ehe aufgesetzt wurde, diente hier fraglos als Vorlage.[478] Potenzielle Streitpunkte waren diesen Spezifizierungen zufolge die Nutzung der ‚öffentlichen' Räume – Stube und Küche – im Haus, das Bereitstellen von Holz und der Schutz des eigenen Zimmers vor fremdem Zutritt.

Thomas Mayr hatte in erster Ehe im Jahr 1742 die Krämerswitwe Barbara Peintnerin geheiratet und den Laden von deren verstorbenem Mann übernommen. Alle drei Kinder aus dieser ersten Ehe waren nicht mehr am Leben. Seine erste Frau war im September 1784 gestorben, einige Monate später heiratete er zum zweiten und fünf Jahre später zum dritten Mal. Margreth Englhoferin, die dritte Frau, die vom Haselsberg in der benachbarten Gemeinde Toblach stammte, war ebenso wie die zweite Frau deutlich, nämlich mehr als 30 Jahre jünger als der Bräutigam – im Trauungsbuch ist ihr Alter mit 42 Jahren angegeben.[479] Vorgesehen war, dass der Besitz nach dem Tod von Thomas Mayr an einen weiter entfernten Verwandten übergehen würde. Im Jahr 1789, zwei Jahre vor der dritten Eheschließung, hatte Thomas Mayr

men und individuellen Interessen, in: Angelika Klampfl u. Margareth Lanzinger Hg., Normativität und soziale Praxis. Gesellschaftspolitische und historische Beiträge, Wien 2006, 81–96, 90ff.

476 Zu diesen besonders ausführlichen Heiratskontrakten vgl. auch Lanzinger, Das gesicherte Erbe, 277ff. Zum Themenkomplex der Regelungen zugunsten von Witwen im Gericht Innichen vgl. dies., Generationengerechtigkeit; dies., „Zu Beybehaltung künftiger besserer Richtigkeit." Heiratskontrakte und Wittibliche Verträge (2. Hälfte des 18. Jh.), in: Rechtsforschung als disziplinenübergreifende Herausforderung. Proceedings zur Konferenz am 2.–3. Juni 2003 am Max-Planck-Institut für ethnologische Forschung in Halle (Saale), auf: www.rechtswirklichkeit.de/veranstaltungen/konferenzen-workshops/bar2003/bar_proceedings-halle2003.pdf, Herbst 2004, 61–72.

477 TLA Innsbruck, VBI 1790, fol. 689–692' (Transkription Innichen Nr. 11 im Anhang).

478 Vgl. TLA Innsbruck, VBI 1785, fol. 1'–3'.

479 Vgl. STA Innichen, Liber Conjugatorum, Tom. IIIa, unter dem 20. April 1790; vgl. auch STA Innichen, Familienbuch 1700–1900, M 29, M 58 und M 60.

sein Haus bereits seinem „vetter“ Franz Müller, einem Webergesellen, „in jenem fall, wenn der Mayr ohne leibes-erben verstärbe, gegen gewieße verbündlichkeiten zugedacht“.[480] Dessen Vater war so auch bei der Protokollierung des zuvor genannten Heiratsvertrages bei Gericht zugegen und bestätigte als Vormund die Übernahme all der im Vertrag angeführten Verpflichtungen gegenüber der Braut. – Die Rechte und Ansprüche als Witwe waren in einer solchen Konstellation besonders absicherungsbedürftig.[481] Heiratete ein älterer Witwer eine wesentlich jüngere Frau, und war eine hohe Wahrscheinlichkeit gegeben, dass die Ehe kinderlos bleiben würde, sind die Heiratsverträge öfters vergleichsweise präzise und enthalten relativ weit reichende Rechte der Witwe, vor allem, wenn die Vermögenslage beider oder des Bräutigams gut war und vor dem Hintergrund des Szenarios, dass der Besitz nach dem Tod des Mannes an einen seiner Verwandten fallen würde. Wenn sich die Witwe mit anderen als im engsten Sinn nahestehenden Personen arrangieren musste, wurde die Situation offensichtlich als fragil eingeschätzt. Möglichst detaillierte Regelungen konnten in solchen Fällen Konflikten vorbauen und der Witwe gewisse Sicherheiten bieten.

Maria Hueberin, Witwe eines Bauern vom Innichberg, kinderlos, heiratete in zweiter Ehe Andrä Gatterer, der Dienstknecht beim Pfleger der Hofmark Innichen war. Sie brachte einiges an Geld mit in die Ehe – beziffert ist die Summe im Heiratskontrakt jedoch nicht. Ihrem künftigen zweiten Ehemann stellte sie diesbezüglich im Fall ihres früheren Ablebens zwei Optionen zur Wahl:

> 4to hätte der bräutigam und künftige ehemann Andree Gatterer auf ihr früheres verabsterben, es seyen sohin aus dieser ehe kinder verhanden oder nicht, von ihrem rücklassenden ganzen vermögen entweder den lebenlänglichen fruchtgenuß zu gaudiern oder sich von ihrem ganzen vermögen 250 f als ein freyes eigenthum auszuziehen[482]

– also entweder den Fruchtgenuss aus dem gesamten Vermögen oder einen bestimmten Betrag als Eigentum. Diesen Betrag sicherte sie ab für den Fall, dass er die Höhe dessen, worüber sie „auf den todtfahl“ frei disponieren konnte, überschreiten sollte: In diesem Fall hätte er als Schenkung vor der Ehe zu gelten.

Andrä Gatterer verstarb schon bald darauf, und ein Jahr später ging Maria Hueberin mit Jakob Flätscher ihre dritte Ehe ein. Von den Erben des verstorbenen Andrä Gatterer hatte sie in der Zwischenzeit dessen Viertel Hausanteil, zu dem auch ein Anteil an Futterhaus und Garten dazugehörte, erworben. Sie war nun Besitzerin und blieb dies auch während der neuerlichen

480 Vgl. BHM Lienz, OR III 1, VBI 1789 VII 15, fol. 428. Das genaue Verwandtschaftsverhältnis lässt sich aus dem mir zur Verfügung stehenden Material nicht eruieren. Die Verbindung dürfte über die Mutter des Thomas Mayr, Ursula Pachlechnerin gehen, die in erster Ehe mit Georg Miller, Bauer im benachbarten Vierschach, verheiratet war. Aus dieser ersten Ehe dürften die Vorfahren des Franz Müller stammen. Nach dem Tod ihres Mannes übernahm Ursula Pachlechnerin, nachdem auch ihr einziger und am elterlichen Hof verheirateter Bruder und der Vater verstorben waren, den Pachlechenhof am Innichberg und schloss eine zweite Ehe, und zwar mit Gregor Mayr von einem benachbarten Innichberger Hof. Thomas Mayr war ein Sohn aus dieser Ehe – Franz Miller könnte also dessen Stiefgroßneffe sein. Vgl. STA Innichen, Familienbuch 1700–1900, M 12.

481 Die minutiösen Regelungen kamen jedoch nicht zum Tragen, da beide Eheleute innerhalb von acht Tagen im März 1797 verstarben – einem Jahr mit extrem hoher, epidemisch bedingter Sterblichkeit. Vgl. STA Innichen Liber Mortuorum, Tom IIIa, fol. 31 und BHM OR III 1, 1797 V 27, fol. 209.

482 TLA Innsbruck, VBI 1790, fol. 680’.

Ehe. Im Heiratskontrakt anlässlich ihrer dritten Heirat sprach sie dem Bräutigam „auf ihr, der braut vorverabsterben“ das Recht zu, dass ihm der von ihr erworbene Besitz „um den festgestellten preis per 200 f eigenthümlich zukommen und eingeräumt werden“ solle.[483] In Bezug auf dieses Viertel Haus mit Zubehör waren weder unmittelbare Interessen von Kindern noch von Verwandten zu berücksichtigen. Während die Begünstigung des Ehemannes in zweiter Ehe durch den Schachzug einer vorehelichen Schenkung abgesichert werden musste, falls der Rahmen ihrer Disponierfreiheit durch ihre Verfügung überschritten worden wäre, ist die Verfügungsgewalt von Maria Hueberin bei der dritten Eheschließung als Besitzerin umfassender. Dennoch ist für ihre Verwandten auch hier etwas vorgesehen, nämlich der Kaufpreis, den Jakob Flätscher für das Hausviertel zu entrichten haben würde. Die, wie bereits an anderer Stelle thematisiert, bei erworbenem Besitz größere Verfügungsfreiheit wurde in der Praxis nicht in dem Sinn umgesetzt, dass Verwandte das Nachsehen hatten, sondern vielmehr in Form eines Abtausches: Anstelle der Immobilie sollten sie Geld erhalten – beide Seiten hatten so etwas davon. Die Verfügungsfreiheit zielte also weniger auf einen prinzipiellen Ausschluss von Verwandten zugunsten des Ehepartners ab, sondern bestand in der Entscheidung darüber, wem der Realitätenbesitz zustehen sollte.

Heiratskontrakte als Teil von Abhandlungen

Im Zuge von Abhandlungen nach Todesfällen wurden sowohl Testamente als auch Heiratskontrakte verlesen und, falls diese nicht beim Gericht protokolliert worden waren, ihrem Inhalt nach schriftlich wiedergegeben oder als Dokumente beigelegt.[484] Daher finden sich Heiratskontrakte immer wieder innerhalb von Verlassenschaftsabhandlungen. Die in einem Heiratskontrakt getroffenen Vereinbarungen stimmten dabei nicht unbedingt mit den testamentarischen Verfügungen überein.[485]

In das Abhandlungsprotokoll nach dem Tod von Peter Senfter vom Mai 1797 ist dessen „letztwillige verordnung“ vom April 1796 eingebunden.[486] Darin vermachte er „seine ganze wirthschaft und ganzes vermögen“ seinem Stiefsohn für die Dauer von 18 Jahren zum Genuss mit der Auflage „die mutter und wittwe standesmäßig zu unterhalten, zu kleiden und sein, des testierers, rückgelassenes söhnl ganz zu erziehen und das nothwendige lernen zu lassen“. Der Vormund des Kindes forderte, dass der Stiefsohn eine „hinlängliche caution“ stellen sollte, hatte ansonsten aber nichts gegen das Testament einzuwenden. Die Witwe Anna Stockerin hingegen „meldet, daß ihr [sic] schon gemäß den gesetzen bey einem nur verhandenen kinde der 4te theil des vermögens, in solange sie in wittwen stande bleibet, zu genüssen hätte.“ Das gesetzliche Erbrecht war der Maßstab für die Einschätzung des Testaments, das ihr eine deut-

483 TLA Innsbruck, VBI 1791, fol. 8’–9.

484 Für ein Beispiel eines eingebundenen Heiratskontraktes siehe SLA Bozen, VBW 1830, Teil B, S. 4496–4499 (Transkription Welsberg Nr. 17 im Anhang, siehe auch Tafel 7).

485 Àngels Torrents stellt für Katalonien fest, dass Testamente lediglich die in Heiratsverträgen getroffenen Vereinbarungen bestätigen; im hier untersuchten Sample ist dies nicht der Fall. Àngels Torrents, Marriage Strategies in Catalonia from the Seventeenth to the Nineteenth Century: a Case Study, in: Continuity and Change, 13, 3 (1998), 475–496, 490.

486 TLA Innsbruck, VBI 1797, fol. 215–216’.

lich schlechtere Position zuwies zugunsten ihres Sohnes aus erster Ehe.[487] Vor allem aber gab es auch einen Heiratskontrakt vom 17. Oktober 1789, „wo ihr der ehemann von seinem vermögen den 3ten theil zum genuß zugedacht" habe,[488] also wolle sie „auf dem heuraths contract beharren" und darüber hinaus auch „anzeigen", dass ihr Einbringen, welches ihr der Verstorbene „schuldig" sei, 450 Gulden ausmache, dass sie selbst drei Grundstücke im Wert von 430 Gulden besitze und schließlich bei ihrem Bruder in Hinterburg im benachbarten Landgericht Heinfels an mütterlichem Vermögen 388 Gulden „anliegend" habe, somit besitze sie „an eigenthümlichen vermögen" 1.268 Gulden.[489] Von ihrer Seite her galt es zunächst also, klar zu stellen, worauf sie Anspruch hatte und was ihr gehörte. In dem weiteren mit dem Stiefsohn Andrä Mehlhofer abgeschlossenen Genussvertrag überließ sie diesem dann ihr Vermögen und das Drittel Genussanteil zur Verwaltung und zu seinem Fruchtgenuss, allerdings „nur von jahr zu jahr" und gegen „anständige unterhalt und kleidung" sowie gegen eine jährlich zu zahlende Summe von zwölf Gulden.[490]

Heiratskontrakt und Testament sind auch in die Abhandlung eingeflossen, die nach dem Tod der „wohledlgebohrne[n] frau Maria Theres Lenerin, des wohledlgebohrnen herrn Kajetan Martin Cornet, k. k. waldinspektor und umgeldeinlanger im Pusterthale, geweste frau ehegattin" erfolgte.[491] Der Heiratskontrakt ist schon für sich genommen interessant, da er nicht die Formulierungen enthält, die in den beim Gericht der Herrschaft Innichen abgeschlossenen Kontrakten üblich waren. Es dürfte sich um ein Privatdokument handeln. Darauf deutet die Einleitungspassage hin, die ganz anders klingt:

> Nachdem wir endes unterzogene eheverwante die einstimmig seyende liebe und eheliche treu zu gemüthe und in betrachtung gezogen, daß zur errichtung des verabgeredten heurathskontrakt unß die

---

487 In erster Ehe war sie mit Andrä Mehlhofer verheiratet, einem Metzger und Fuhrmann, der im Jahr 1789 in „Fünfkirchen" (Pécs) in Ungarn verstorben war. Er hatte sich als Kutscher eines Hauptmanns „bey gegenwärtigen kriege" dorthin begeben. TLA Innsbruck, VBI 1789, fol. 458; vgl. auch Rogger, Handwerker und Gewerbetreibende, 380; vgl. auch STA Innichen, Familienbuch 1700–1900, M 50. Grundlage dieses Vorgehens war ein Kaufkontrakt aus dem Jahr 1789: Der Vater von Anna Stockerin, Oswald Stocker, hatte vor ihrer zweiten Eheschließung seinen Enkeln, den „fünf Andrä Mehlhoferischen und Anna Stockerischen" Kindern sowie ihrem zweiten Mann Peter Senfter „eine halbe behausung am Platz mit garten" um 450 Gulden verkauft. Die Konstruktion ist ziemlich verwickelt: Das Eigentumsrecht sollte den Kindern zustehen, der „kaufschilling" aber sei der Mutter und Witwe Anna Stockerin „als ein von ihm erhaltenes heirathgut angehörig", das nach dem Tod des Mannes in ihren Fruchtgenuss übergehen, während der Ehe aber „unverzinslich stillliegen" sollte. Der Kaufbrief wurde am selben Tag aufgesetzt wie der Heiratskontrakt, am 17. Oktober 1789. Ebd., fol. 458'–459'.

488 Der Heiratskontrakt findet sich in TLA Innsbruck, VBI 1789, fol. 460–461. In Punkt vier hatte sich der Bräutigam verpflichtet, „der braut auf sein früheres ableiben einen driten theil seines vermögens, ohne rücksicht, ob aus dieser ehe kinder erzeugt werden oder nicht, zu ihren lebenslänglichen genuß zu belassen und überdas 5tens will er sich alles genußes, so ihm auf allenfällig früheres verabsterben der Baut und uns zukünftigen ehewirthin aus den gesetzen ab intestato von einem theil ihres vermögens gebühren würde, hiemit zum voraus entschlagen und verzicht gethan haben."

489 TLA Innsbruck, VBI 1797, fol. 217–217'.

490 TLA Innsbruck, VBI 1797, fol. 231–232.

491 TLA Innsbruck, VBI 1791, fol. 125–129'. Der Heiratsvertrag stammt vom 14. September 1779, die Abhandlung vom 21. März 1791.

zeit vor der verehelichung übereillet, so wollen wir ... unserer vorhergängigen verabredung conform zu ständen und in verschreibung bringen nachfolgenden kontrakt.

Das Paar war zu diesem Zeitpunkt bereits verheiratet – die Zeit sei ihnen vor der Eheschließung davongelaufen –, so dass der Kontrakt erst nachträglich fixiert wurde. Als Zeugen fungierten der Postmeister von Sillian, ein östlich von Innichen gelegener Markt, und der Landgerichtsschreiber der Herrschaft Heinfels, die ebenfalls östlich an die Herrschaft Innichen angrenzte.

Zum Inhalt dieses Kontraktes: In Punkt eins behielt sich Maria Theresia Lenerin 300 Gulden, die sie „testamentweis" erhalten hatte, mit Einwilligung ihres Mannes zur freien Disposition vor, in Punkt zwei vermachte sich das Ehepaar gegenseitig den lebenslänglichen Genuss des damaligen und künftigen Vermögens im Fall des früheren Todes des Einen oder der Anderen, verbunden mit dem Auftrag – gemäß Punkt drei –, etwaige Kinder zu erziehen und diesen im Fall ihrer Verehelichung den halben väterlichen beziehungsweise mütterlichen Erbteil auszuzahlen. Die andere Hälfte der Erbteile der Kinder sollte – nach Punkt vier – dem überlebenden Ehepartner für die Dauer des Witwen- beziehungsweise Witwerstandes zusammen mit den gesamten Hausfahrnissen mit Ausnahme von „leibkleidern, mannsristung oder frauenzierden" zum lebenslangen Genuss verbleiben. Im Fall einer Wiederverehelichung und des Vorhandenseins von Kindern sollte nach Punkt fünf dem überlebenden Teil neben den Hausmobilien mit den zuvor genannten Ausnahmen 1.000 Gulden zum Genuss verbleiben, das übrige den Kindern bei ihrer Eheschließung oder sonstigen „standsveränderung" ausbezahlt werden. Punkt sechs sah im Fall von Kinderlosigkeit dieser Ehe vor, dass dem überlebenden Teil für die Dauer des Witwenstandes das Vermögen des verstorbenen Teils ohne Ausnahme bis zu seinem Tod zukommen sollte, im Fall einer Wiederverehelichung aber nur der Vermögensgenuss der Hälfte. Punkt sieben schließlich führte Verpflichtungen der Maria Theresia Lenerin den Schwiegereltern gegenüber an, falls Kajetan Cornet vor seinen Eltern sterben sollte. Primär ging es darum, ihnen die lebenslänglich holzfreie Herberg in seinem Haus zu gewähren.[492]

Das Testament von Maria Theresia Lenerin stammt vom 14. Januar 1781,[493] wurde also bereits ein gutes Jahr nach dem obigen Kontrakt verfasst. In welcher Beziehung stehen die beiden Dokumente zu einander? Der Hauptgegenstand ihres letzten Willens folgt fast unvermittelt auf die Einleitungsformel, nämlich Verfügungen die 300 Gulden, die sie sich im zuvor skizzierten Kontrakt vorbehalten hatte, sowie ihr Schatzgeld betreffend:

Nachdem ich, Maria Theresia Klara Kornetin, geborne Lenerin von Prenner,[494] bey mir erwogen, wie balt es mit dem menschlichen leben ein ende hat, so habe noch mit meinen frey ausgenommenen 300 f nebst meinem schatzgeld bey annoch guter zeit, gesunden leibeskräften und vollkommnen verstand ein richtigkeit machen wollen, damit nach meinem todt alle streitigkeit verhindert werde.

Daran schließt mit den Punkten eins und zwei eine Passage an, in der es um das Seelenheil und um Messen geht, die nach ihrem Tod gehalten werden sollten, um dann die angekündigte „richtigkeit" zu machen:

492 TLA Innsbruck, VBI 1791, fol. 126–128.

493 Am 14. Februar 1781 brachte sie ihr zweites Kind zur Welt. Testamente von Frauen, die während der ersten Ehejahre verfasst wurden, sind mitunter explizit durch eine bevorstehende Geburt motiviert. Hier wird nicht Bezug darauf genommen.

494 Damit ist ihr Herkunftsort Brenner gemeint.

Drittens legiere und verschaffe ich von den 300 f, so mein lieber eheherr von meinem bruder empfangen, und seinen gebrauchen in handen hat, darvon 30 f den p[atres] franziskanern hier zu lesung heiliger messen und 20 f auf dem Prenner zu heiligen messen für meine seel.

Viertens verschaffe 20 f den armen leuten aus zu theilen, weiters gehören meinem geistlichen herren bruder Peter Bernardin Lener, ordens des heiligen Franziskus, 25 f so er bey mir in behalt hat, mehr verschaffe 1 f der heiligen kreutzbruderschaft, ingleichen 1 f der unbefleckten empfängnisbruderschaft.[495]

Fünftens vermache von den überbleibenden 203 f nebst den, was ich von meinen schatzgeld meinen eheherrn heraus geben und beylegendes zettele weißt, auch das noch in kasten habende schatzgeld meinen Kindern, daß sie von der zeit meines absterbens den zins zu beziehen haben.[496]

Soweit der Inhalt des Testaments, das sie eigenhändig unterschrieb und siegelte, ebenso die beiden Zeugen. Das sich zur eigenen Disposition vorbehaltene Geld und das Schatzgeld stellen jenen Teil dar, über den sie für die Zeit nach ihrem Tod Verfügungen getroffen hat. Auch dieses Geld wurde primär als Kapital gesehen und behandelt, nicht als Geld, das sie zum persönlichen Gebrauch auszugeben gedachte. Ein Drittel der Disponiersumme sah sie für geistlich-karitative Zwecke vor, dieses wurde zu Bargeld, während sie ihren Kindern die Zinsen aus dem verbleibenden Betrag zusprach – zumindest bis zu deren Verheiratung, wie im Heiratskontrakt ausgeführt. Eine nicht näher bezifferte Summe hatte sie offensichtlich ihrem Ehemann geliehen und dies auf einem „zettele", einem Stück Papier, vermerkt. Verfügungen über eigenes Geld treffen zu können, war ein wichtiger Aspekt.

Kontrakte für alle Lebenslagen

Die Erfahrung einer „unsicheren Lebenszeit",[497] der potenziell tödliche Verlauf von Geburten und Krankheiten oder Epidemien, die auch im 18. Jahrhundert immer wieder auftraten und vor allem Menschen im so genannten besten Alter dahinrafften, all das mag mit eine Rolle gespielt haben, dass es verbreitet war, Verfügungen über den eigenen Tod hinaus mitten im Leben zu treffen: Witwen- und Witwerregelungen in Heiratskontrakten, Testamente vor der Geburt eines Kindes etc. Manchmal verlief das Leben ganz anders als gedacht, und auch dann wurden wiederum Kontrakte aufgesetzt, wie es scheint, in allen Lebenslagen. Die Bedeutung, die vertraglichen Regelungen beigemessen wurde, insbesondere im Markt Innichen, kommt dabei einmal mehr deutlich zum Ausdruck – so in der umfangreichen Dokumentation des Geschicks von Michael Bachmayr und Theresia Sulzenbacherin, die hier exemplarisch aufgerollt werden soll. Dabei begann alles ganz ‚normal': Die beiden heirateten am 27. Februar 1797. Er war ein Sohn aus einer angesehenen Bäckerfamilie in Innichen und Haupterbe, sie stammte

495 In Innichen gab es seit Ende des 17. Jahrhunderts ein Franziskanerkloster, und die beiden genannten Bruderschaften waren sehr wichtig im Markt Innichen, insbesondere die Heiligkreuzbruderschaft, die im 18. Jahrhundert 10.000 Mitglieder – das zehnfache der lokalen Bevölkerung – gezählt haben soll, deren Herkunftsorte von Bayern bis nach Görz reichten, und die prunkvolle Prozessionen veranstaltet hat. Vgl. Egon Kühebacher, Spiel und Fest in der Geschichte der Hofmark Innichen, hg. von der Volksbühne Innichen, Innichen 1990, 24ff.

496 TLA Innsbruck, VBI 1791, fol. 128'–129'.

497 Vgl. Arthur E. Imhof, Von der unsicheren zur sicheren Lebenszeit. Fünf historisch-demographische Studien, Darmstadt 1988.

aus einer Schmiedfamilie im Nachbarort Winnebach. Beide waren bei ihrer Eheschließung vergleichsweise jung, etwas über zwanzig. Eine Woche vorher hatten sie einen nicht besonders ausführlichen Heiratskontrakt im Gericht Innichen zu Protokoll nehmen lassen. In Punkt drei vermachten

> sich brautleute auf ein oder des andern ehetheils verabsterben, wenn kinder vorhanden seyn sollten, solang bis das kleinste kind das 24ste jahr vollendet hat, den beydseitigen genuß ihrer vermögenheiten; nach solcher zeit aber soll die braut nur die holzfreye herberg, dann die tägliche nöthige milch und kraut zubeziehen und zugeniessen haben.[498]

Der vierte und letzte Punkt des Vertrages bestimmte die Vorgangsweise für den Fall, dass keine Kinder vorhanden sein würden: Dem überlebenden „ehetheil" wurde in diesem Fall der lebenslängliche Genuss des Vermögens des verstorbenen „ehetheils" zugebilligt, wobei bezogen auf Theresia Sulzenbacherin bestimmt ist, „daß auch in ihrer wahl stehet, ob sie haus und güter in alter tax behalten und die erben allererst nach ihrem todt die gebühren hinauszahlen oder gleichwohl nur auf der erben wagniß und gefahr das ganze vermögen genießen wolle".[499] Die Betonung liegt dabei einerseits auf „ihrer Wahl" und andererseits auf der Unterscheidung zwischen dem Erwerb des Besitzes zum alten Preis und dem Genuss. Die Option des Erwerbs des ehemännlichen Besitzes als Witwe ist eine, die Frauen sehr selten in einem Heiratsvertrag zugestanden wurde. Wie aus Punkt zwei des Vertrages zu ersehen ist, brachte Theresia Sulzenbacherin 200 Gulden als Heiratsgut in die Ehe ein.

Eineinhalb Jahre später, im September 1798, kam eine Tochter zur Welt, die sie auf den Namen Anna Maria tauften. Doch führten sie kein trautes Leben. Denn bald darauf wurde Michael Bachmayr vom Gericht für sechs Jahre ins k. k. Regiment „verbannt", weil er trank, streitsüchtig war, Schlägereien anzettelte und das Vermögen verschleuderte, wie es in der Argumentation hieß. Aufgrund seiner Abwesenheit hatte Theresia Sulzenbacherin zunächst, nachdem „vorläufig" ein Inventar aufgenommen worden war,[500] die häusliche Wirtschaft übertragen bekommen. „Die hauswirthschaft" ist im Protokoll unterstrichen – eine äußerst seltene Textmarkierung in Verfachbüchern, die wohl die Beschränkung allein darauf betonen sollte. Mitte Juni des Jahres 1799 verstarb die knapp einjährige Tochter Anna Maria.

Die Situation wurde nun Gegenstand einer neuerlichen Regelung, bei der Theresia Sulzenbacherin auf die seinerzeitige Erfüllung des Heiratskontraktes pochte und sich gegen Gewährung eines entsprechenden Unterhalts bereit fand, die ihr zuvor überlassene Hauswirtschaft wieder abzugeben: „so hat sich selbe entschlossen, wenn ihr jedoch ein geringer unterhalt geschöpfet und seiner zeit der allegirte heyrathskontrakt erfillet werde, vom hauswesen

498 TLA Innsbruck, VBI 1797, fol. 3'–4.

499 TLA Innsbruck, VBI 1797, fol. 4. Der Einschub „auf der erben wagnis und gefahr" kann als frauenspezifisch klassifiziert werden. Dabei scheint durch, was Maura Palazzi in ihrer Studie festgestellt hat, dass Witwen in einer haushaltstragenden Rolle in patrilinear denkenden Familiensystemen nicht als stabile Teile, sondern als potenzielle Verursacherinnen von Unordnung gesehen wurden. Vgl. Maura Palazzi, Female Solitude and Patrilineage: Unmarried Women and Widows During the Eighteenth and Nineteenth Centuries, in: Journal of Family History, 15 (1990), 443–459, 448.

500 Im Verfachbuch war ein solches unter dem angegebenen Datum 22. Februar nicht zu finden, vielleicht eben wegen der genannten Vorläufigkeit.

abzutreten".[501] Dieser Schritt entsprach nämlich dem Wunsch des Ehemannes, der sich in zwei Schreiben „des löblichen Neugebauerischen werbbezirks commando zu Innsbruck", in einem bereits vom 20. Mai und in einem vom 17. Juni 1799 – kurz nach dem Tod des Kindes – dahingehend geäußert hatte, dass sein Schwager, der aus Brünn (Brno) stammende Handschuhmacher Jakob Potatschek (Ptazek), die Bäckerei für sechs Jahre in Bestand nehmen solle, unter der Bedingung, „daß er nach ausgang der 6 jahre diese vermögenheit in nämlichem stande ihnen wiederum zu stellen und hierwegen hinlängliche bürgschaft bey zubringen habe".[502]

Jakob Potatschek erklärte sich einverstanden, die Bäckerei in Bestand zu nehmen. Nach einer neuerlichen Aufstellung des Vermögens wurde ein Bestandskontrakt für sechs Jahre abgeschlossen. Bestandgeld musste er keines zahlen, dafür aber etliche Punkte erfüllen, unter anderem den Unterhalt für Michael Bachmayr Senior bestreiten;[503] für Theresia Sulzenbacherin waren jährliche Unterhaltszahlungen in der Höhe von zwölf Gulden vorgesehen.[504]

Dieser Bestandskontrakt vom Juli 1799 blieb allerdings nicht lange in Kraft, denn Michael Bachmayr starb ein knappes Jahr später, im Juni 1800 in Bozen.[505] Nachdem keine Kinder aus dieser Ehe vorhanden waren, trat Punkt vier des Heiratskontraktes in Kraft, welcher der Witwe u. a. die Besitzübernahme ermöglichte, was sie auch in die Tat umsetzte. Im Januar 1803 stand Theresia Sulzenbacherin wiederum als Braut vor dem Pfleggericht.[506] Aufgenommen wurde dieses Mal ein „heurath-, kauf- und überlassungs contract", den sie mit ihrem Bräutigam, dem Witwer Peter Thaler aus dem Nachbarort Sexten, abschloss. Darin übergab „die braut dem bräutigam kauf- und überlassungsweis zum wahren eigenthum all jenes aktiv und passiv vermögen, welches der Jakob Potatschek ihr braut untern 28ten august 1802 gemäß bestandsrückstellung wircklich gestellet hat".[507] Auf die Vermögens- und Schuldenaufstellung folgen die Bestimmungen für den Fall der Verwitwung, der für die Braut den Rückerwerb des Besitzes vorsah und den Genuss von einem Teil seines Vermögens:

> 6to Im fall der bräutigam vor der braut, ohne aus dieser ehe kinder zu hinterlassen, sterben würde, solle derselben das halbe haus und grundstück in vorigen anschlag, die inventur aber im inventarischen tax wiederum eigenthümlich eingeraumet werden, und aus seinem vermögen auf ihren leibs lebenlang von 800 f kapital der genuß zu statten kommen.[508]

501 TLA Innsbruck, VBI 1799, fol. 1301'.

502 TLA Innsbruck, VBI 1799, fol. 1302.

503 Dieser lebte zwar auch im Haus und war selbst Bäckermeister und Müller, doch trat er bei den diversen Vertragsabschlüssen nicht in Erscheinung. Auf eine gesundheitlich oder wie auch immer begründete Beeinträchtigung könnte der Umstand schließen lassen, dass er beim Abschluss des Heiratskontraktes seines Sohnes nicht anwesend war, sondern dem minderjährigen Bräutigam ein Vormund zur Seite gestellt wurde: „mit einfluß des gerhaben herrn Joseph Kopfsgueter, wirth und gastgeb allhier". Der ihn betreffende Punkt im Bestandskontrakt lautete „3tio den vater des Bachmayrs binnen solcher zeit gesund und kranken mit kost und kleidung unklagbar zu unterhalten, auch ihn auf dessen ableben unentgeltlich begraben zu lassen." Er starb im Jahr 1802.

504 Vgl. TLA Innsbruck, VBI 1799, fol. 1319'–1320.

505 Vgl. STA Innichen, Liber Mortuorum, Tomus IIIa, 1784–1881, fol. 41.

506 Vgl. STA Innichen, Familienbuch 1700–1900, T 49. Im Jahr 1829 heiratete sie ein drittes Mal, vgl. ebd., M 86; vgl. auch BHM Lienz, OR III 1, VBI 1803 I 11, fol. 559.

507 TLA Innsbruck, VBI 1803, fol. 559–559'.

508 TLA Innsbruck, VBI 1803, fol. 561.

Für den Fall, dass aus dieser Ehe Kinder hervorgehen sollten, wurde das Genussrecht der Witwe auf die Zeit, bis das „besitzkind" das 21. Lebensjahr erreicht haben würde, eingegrenzt mit nachfolgender zins- und holzfreier Herberg und dem ebenfalls lebenslangen Genuss aus 600 Gulden Kapital. Im umgekehrten Fall war dem Bräutigam der Genuss des Vermögens der Braut ebenfalls bis zum 21. Lebensjahr des Besitzkindes zugestanden, des Weiteren der Genuss von dessen Hälfte, was auch für den Fall der Kinderlosigkeit gelten sollte. Peter Thaler starb im April 1829; von den insgesamt vier Kindern war die jüngste Tochter Maria, geboren 1814, noch am Leben. Theresia Sulzenbacherin heiratete einige Monate später, im August 1829, ein drittes Mal. Sie starb im Jahr 1833.[509] Die ausgeklügelten nachehelichen Bestimmungen kamen also nur kurz zum Tragen.

Der erste, mit Michael Bachmayr abgeschlossene Heiratskontrakt stellte jedenfalls eine wichtige Grundlage für den weiteren Lebensverlauf von Theresia Sulzenbacherin dar, auf der sie ihren Status in Hinblick auf Ressourcen und Verfügungsrechte trotz diverser Rochaden während der ersten Ehejahre ein Stück weit verbessern konnte. Beschränkt wurden diese im zweiten Heiratskontrakt – klassisch – durch den Vorrang der Kinder beziehungsweise des „besitzkindes".

10. Wittibliche Verträge

Die Bedeutung eines Heiratskontaktes für die individuelle Biografie hing – wie bereits da und dort angeklungen – von den Ereignissen und Konstellationen im weiteren Lebensverlauf ab, der eine Vielfalt an Situationen mit sich bringen konnte. Die zum Zeitpunkt der Eheschließung im Konjunktiv formulierten Perspektiven wurden konkreter oder veränderten sich in ihrer Bedeutung, so dass im Alter beziehungsweise in der Situation eines Todesfalles und der Verwitwung vielfach erneut Regelungsbedarf bestand oder Spezifizierungen erforderlich schienen. Der geschlechtsspezifisch unterschiedlichen Verteilung von Besitz zufolge, galt dies mehr für Witwen als für Witwer. Die ökonomischen Grundlagen für den Witwenstand konnten bereits im Heiratskontrakt formuliert sein, später in einem intergenerationalen Übergabekontrakt, einem Kaufkontrakt oder in einem so genannten „wittiblichen vertrag", „wittiblichen vergleich" beziehungsweise in „wittiblichen sprüchen" oder ähnlich lautenden Dokumenten.[510] Eine solche Art von Vertrag wurde dem ausgewerteten Material zufolge nur mit Witwen, nicht mit Witwern abgeschlossen.

509 In der Haushaltsliste des Jahres 1834 scheint Maria Thaler, ihre Tochter aus zweiter Ehe, als Besitzerin des Außerbäcker Hauses auf. Der dritte Mann von Theresia Sulzenbacherin heiratete ein weiteres Mal und blieb für einige Jahre weiterhin dort wohnen. Im Jahr 1838 heiratete Maria Thaler ebendort. Vgl. STA Innichen, Familienbuch 1829, Haus Nr. 5a.

510 Darunter beispielsweise auch ein „begeren" von Maria Agatha Klettenhammerin, Witwe des Gastwirts und Handelsmannes Josef Mayr, die darin ihr Einbringen inklusive Bett, Tisch, Leibkleidern und Mobilien, Legaten und Ererbtem, hauptsächlich von mütterlicher und väterlicher Seite, in einer Gesamtsumme von 7.857 Gulden und 56 Kreuzern auflistet sowie eine Morgengabe in der Höhe von 1.000 Gulden. TLA Innsbruck, VBI 1776, fol. 209–211.

Die wittiblichen Verträge oder Vergleiche stellen öfters einen Bestandteil eines umfassenderen Kontraktes mit der nachfolgenden Generation dar – etwa in Form eines „besitz-, entrichts- und wittiblichen vergleichs".[511] Wie Übergabeverträge oder Kaufkontrakte beinhalten auch wittibliche Verträge Elemente, die bereits in Heiratskontrakten begegnen können, sie gehen jedoch darüber hinaus und sind konkreter formuliert. Allzu häufig kam diese Art von Verträgen allerdings nicht vor, in dem für das Gericht Welsberg gesichteten Material, war keiner dabei, aus dem für das Gericht Innichen gesichteten Material wurden vierzehn in das Sample aufgenommen. Im thematischen Kontext besonders relevant ist die Frage nach dem Umgang mit dem von Frauenseite in die Ehe eingebrachten Vermögen im Witwenstand. Zugleich dienten wittibliche Verträge auch dazu, das Einbringen und etwaige Vermögen der Frauen darüber hinaus aufzulisten und zu dokumentieren.[512]

Wegen einiger Unklarheiten, den Umfang der Verlassenschaft von Joseph Baur betreffend, wurde ein wittiblicher Vertrag zugunsten der Witwe Margareth Leitnerin erst ein Jahr nach dessen Tod „zustanden gebracht". Er enthält Vereinbarungen zwischen dem Sohn Joseph Baur junior als angehendem Besitzer und dessen Schwester Margareth Baurin sowie der Mutter und Witwe Margareth Leitnerin. Der Besitzsohn war verpflichtet,

> 4to der mutter und wittwe in dem stübele von der kuchl hinein endiglich die zinß- und holz freye herberg zu verstatten, und in so ferne selbe mit einand nicht geschaffen möchten, anstatt dieser holz freyen herberg alljährlich 7 f vergüten, und daß [sic] verschlagl von der laben lingerhand hin,[513] nebst den gebrauch in der kuchl genüßen lassen solle. Sohin
> 5to solle ihm besitzer auch in der verbündlichkeit liegen, daß [sic] mütterliche einbringen zu 1.017 f 38 ¾ kr von heut dato an angerechnet alljährlich à 3 ½ pro cento mit betragenden 35 f zu verinteressiren und von sothanen kapital zur nothwendigen einrichtung der mutter, wie auch auf das in zukunft noch richtig als einbringen per 1.000 f verbleibenden überrest per 17 f 38 ¾ kr ehenächstens entweder baar oder in gelds werth zu verabfolgen.[514]

Der Witwe wurde also die zins- und holzfreie Herberg gewährt, und es wurden Vorkehrung getroffen für den Fall, dass sie nicht miteinander auskommen sollten: in Form eines getrennten Haushaltes mit entsprechendem finanziellen Ersatz und gewissen Nutzungsrechten an Räumen einschließlich der Küche. Solche Vereinbarungen stellen ein typisches Muster von Verträgen dar, die zwischen den Generationen geschlossen wurden.[515]

Das Einbringen von Margareth Leitnerin ging zusammen mit dem Besitz vom Vater auf den Sohn über, der es nunmehr zugunsten der Mutter zu verzinsen hatte.[516] Wenn der Besitz

---

511 Vgl. z.B. TLA Innsbruck, VBI 1797, fol. 314–316'. Ähnlich komplexe Vertragskonstruktionen sind auch dann überliefert, wenn die Kinder beim Tod ihres Vaters noch klein waren. Vgl. z.B. TLA Innsbruck, VBI 1782, fol. 293'–298; dabei handelt es sich um einen Vertrag mit insgesamt elf Punkten. Näheres dazu in Lanzinger, Generationengerechtigkeit, 258f.

512 Vgl. beispielsweise TLA Innsbruck, VBI 1766, fol. 162–166'; ebd., VBI 1776, fol. 209–211.

513 Damit sollte ein kleiner Raum links vom Flur hinein gemeint sein.

514 TLA Innsbruck, VBI 1782, fol. 160'–161'.

515 Vgl. Lanzinger, Das gesicherte Erbe, 260ff.

516 Vgl. auch die bereits an anderer Stelle zitierten Bestimmungen im „besitz-, entricht- und wittiblichen vertrag", der zwischen Bartlmä Schluderpacher, seiner Schwester Ursula Schluderpacherin und der Witwe Ursula Patzleinerin abgeschlossen wurde; TLA Innsbruck, VBI 1791, fol. 197–198.

in der Familie weitergegeben wurde, stellte die Rückforderung des Einbringens auf Grundlage des gesichteten Materials üblicherweise keine Handlungsoption dar. Das Vermögen der Witwe wurde unter den Schulden aufgelistet. Geheiratet hatte Margareth Leitnerin fast 40 Jahre zuvor, im September 1743 – das damalige und vielleicht während der Ehe noch angewachsene Einbringen bedeutete im Witwenstand eine Verbesserung ihrer Situation. Dabei darf nicht übersehen werden, dass sie sich durch ihr Vermögen gegenüber ihrem Sohn in der Position einer Gläubigerin befand, was Handlungsräume eröffnen konnte.

Ein höheres Einbringen ließ einer Witwe die Wahlmöglichkeit zwischen einem gemeinsamen und einem getrennten Haushalt mit dem erbenden Sohn oder der erbenden Tochter, der sich tendenziell, aber nicht zwangsläufig im ehemännlichen Haus befand. Zwischen Michael Mieler und Maria Fuxin, der zweiten Frau von Sebastian Mieler und Stiefmutter des Erben, etwa wurde im Jahr 1762 ein „wittiblicher abförtigungs vertrag" geschlossen. In diesem Fall war keine Herberg der Witwe im Haus des verstorbenen Mannes vorgesehen, sondern nur die Verzinsung ihres Vermögen. Dieses bestand aus ihrem Einbringen in der Höhe von 200 Gulden, dazu kamen weitere zehn Gulden sowie 60 Gulden, die ihr der Verstorbene seinerzeit im Heiratskontrakt zugesagt hatte. Für die „entschlagung" der Herberg, das heißt, für den Verzicht darauf, wurden 50 Gulden als Ersatz berechnet und schließlich weitere zehn Gulden als „jahres deputat" festgesetzt, was insgesamt eine Summe von 330 Gulden ausmachte. Die zuletzt genannten zehn Gulden musste der Stiefsohn der Witwe sogleich bar übergeben, den verbleibenden Teil ab Candidi des Jahres mit vier Prozent verzinsen.[517]

Maria Fuxin stammte aus einer angesehenen Familie des Ortes – aus der Ruess-Bäckerei –, in die ihr Vater eingeheiratet hatte. Sie hatte vier Brüder, von denen einer – wie anlässlich des Todes ihres Vaters im Jahr 1746 verzeichnet wurde – Schreiber in Hall war, einer Bäcker in Rom, einer hatte die elterliche Bäckerei in Innichen übernommen. Vor diesem sozialen Hintergrund wäre es denkbar, dass die Witwe woanders wohnen wollte als im Haus des verstorbenen Mannes, in das sie 1749 geheiratet hatte.[518] Der älteste Sohn aus der ersten Ehe ihres Mannes, im Jahr 1725 geboren, war bereits seit 1755 verheiratet; er hatte in den ersten Ehejahren wohl im Haus seiner Frau gewohnt, übernahm dann aber beim Tod des Vaters dessen Besitz. Der einzige Sohn der Witwe namens Johannes, 1751 geboren, befand sich zu diesem Zeitpunkt im „Welschland" zum Erlernen „selbiger sprache".

Einiges deutet darauf hin, dass die Zinszahlungen aus dem Einbringen nicht nur auf dem Papier standen, auch wenn es Ausnahmen und Zahlungsverzögerungen gegeben haben mag, sondern dass sie in Anspruch genommen wurden und mit ihnen auch gerechnet wurde. Im „besitz-, entrichts-, auferzuchts- und wittiblichen vertrag" zwischen der Witwe Anna Valtinerin und ihrem Sohn Joseph Zacher wurde für den Fall des nicht miteinander Auskommens beispielsweise eine vierteljährliche bare Ratenzahlung der Zinsen aus ihrem Einbringen vereinbart.[519] Inwieweit dieses Geld dem persönlichen Bedarf diente oder anderweitig, etwa als An-

517 Vgl. TLA Innsbruck, VBI 1762, fol. 501'–502.

518 Die Option einer Herberge außerhalb des ehemännlichen Hauses auf Wunsch einer Witwe hin scheint im Sample selten auf und nur unter Frauen aus der lokalen Elite des Marktes. Vgl. beispielsweise den wittiblichen Vertrag der „frau wittwe und mutter Maria Felizitas Klammerin", TLA Innsbruck, VBI 1784, fol. 1021'–1023'; vgl. dazu auch Lanzinger, Generationengerechtigkeit, 250f.

519 Vgl. TLA Innsbruck, VBI 1792, fol. 323–323'.

lage und für Kredite, genutzt wurde, lässt sich aus dem ausgewerteten Material nicht schließen.

Das Einbringen von Maria Felizitas Klammerin, Witwe des Kaufmannes und Gastwirts Franz Peintner, war im wittiblichen Vertrag mit 3.000 Gulden angegeben; die daraus zu beziehenden Zinsen ergaben bei vier Prozent 120 Gulden jährlich. Im wittiblichen Vertrag mit ihrem Sohn, dem „herrn besitzsohn Michael Peintner" erklärte sie, diese 120 Gulden „solang es der frau mutter gefällig," auf seinem Besitz liegen zu lassen. Die darauf folgenden Vertragskonstruktionen sahen allerdings auch anderes vor. Für das erste Witwenjahr war ausgehandelt worden, dass Maria Felizitas Klammerin Anspruch auf freie Kost und Kleidung haben sollte. Ferner wünschte sie 50 Gulden aus den obigen 120 Gulden an Zinsen oder statt dessen „viktualien", und zwar verschiedene Sorten an Getreide, Mohn, Erbsen, Salz, geräuchertes Fleisch, Speck, Schmalz, Käse, Kerzen, Öl, Flachs, Wein und täglich Milch. Singulär im Sample ist, dass sie sich jede „verbündlichkeit deswegen zu einer hausarbeit" verbat.[520] – In anderen wittiblichen Verträgen oder Übergabeverträgen war Mitarbeit von Witwen oder Besitz abtretenden Eltern, so weit es deren Kräfte erlaubten, ein Element der Reziprozität zwischen den Generationen.

Nach Ablauf des ersten Witwenjahres plante sie in der „allererst wohnhaft herzustellenden Geissnerischen behausung" die holz- und krautfreie Herberg zu beziehen und auch einen Teil des dortigen Gartens zu nutzen. Die 120 Gulden Zinsen sowie jährlich 18 Pfund Flachs und täglich eine halbe Wiener Maß Milch sollte ihr Sohn bereit stellen sowie die notwendigen Haus- und Küchenutensilien. Sollte sie sich aber dafür entscheiden, im Haus des Sohnes zu bleiben, dann sollten ihr, wiederum „ohne zu fordern habender arbeit oder wirthschaftsführung" und so lange beide Teile damit einverstanden waren, „die erforderliche kost, drunk, kleidung und ein täglich selbs zu erwählendes frühstück, wieauch jährlich von den zinsen nur 50 f" zustehen. Sollte sie – als drittes mögliches Szenario – Innichen verlassen wollen, und sollten somit alle ausgehandelten Naturalien hinfällig sein, müsste ihr der Sohn die 120 Gulden an Zinsen ausbezahlen und weitere 20 Gulden drauflegen.[521] Maria Felizitas Klammerin war die Tochter eines Gastwirtes aus „Firholz", wie anlässlich ihrer Eheschließung im Jahr 1743 angegeben ist.[522] Das könnte heute „Fürholz" sein, möglicherweise jenes in Niederbayern, ein Herbergs- und Stapelplatz an einer Handelsstraße. Denkbar wäre es, auch in Anbetracht dessen, dass sich die Heiratskreise von Gastwirten und Handelsleuten tendenziell über größere geografische Radien erstreckten und die Häufigkeit von Eheschließungen innerhalb derselben Berufssparte vergleichsweise hoch war. Für welche Art des ‚Witwensitzes' sich Maria Felizitas Klammerin entschied, muss hier offen bleiben. Von Innichen weggezogen dürfte sie jedenfalls nicht sein, denn ihr Tod im Jahr 1793 ist im Sterbebuch des Ortes verzeichnet. Ihr beträchtliches Einbrin-

520 TLA Innsbruck, VBI 1784, fol. 1021'–1022'. Praktisch identisch in Zusammensetzung und Menge waren die im Jahr 1776 Maria Agatha Klettenhammerin, der Witwe des Gastwirts und Handelsmannes Josef Mayr, zugedachten Viktualien – beim Wein war hier noch spezifiziert, dass es sich dabei um „guten gerechten land wein" zu handeln habe. Die garantierten Lebensmittel orientierten sich demnach an einem gewissen Maßstab für standesgemäßen Unterhalt. Vgl. TLA Innsbruck, VBI 1776, fol. 212.

521 TLA Innsbruck, VBI 1784, fol. 1022'–1023.

522 Vgl. STA Innichen, Familienbuch 1700–1900, P 66.

gen und der entsprechende soziale Status ermöglichten ihr Handlungsoptionen, die über den Rahmen des Üblichen weit hinausgingen.[523] Dennoch war sie unter gewissen Umständen auch bereit, auf Teile des ihr Zustehenden zugunsten des Sohnes, der den Besitz übernommen hatte, zu verzichten. Das Wahren von Familieninteressen mag auch eine andere Witwe, Eleonora Unterwegerin, dazu bewogen haben, die jährlichen Zinsen aus ihrem Vermögen zugunsten ihres Sohnes nicht zu beanspruchen. Sie wollte sich mit der lebenslangen Herberg im Haus begnügen und sich ihr Vermögen nur dann, wenn sie „selbsten bedürftig seye", ausfolgen lassen.[524]

Mitunter konnten sich auch Härte und Misstrauen gegenüber Witwen zeigen. Nach dem Tod des Handelsmannes Sebastian Ignaz Hueber – er stammte aus der eingangs beschriebenen Gerichtsobrigkeits-Familie – wurde dem Gericht „eröffnet, daß die frau wittwe an verlobungstag vom herrn bräutigam Hueber zwey schnuren perlen erhalten" habe. Es sei nun „sehr zweifelhaft", ob diese „als eine schankung unter lebenden" gedachte waren. Man entschied sich „mit obervormundschäftlichen einfluß", die Perlen zu verkaufen und den Erlös dem einzigen hinterlassenen Kind zukommen zu lassen.[525]

In bestimmten Situationen waren auch wittibliche Verträge auf eine fernere Zukunft hin orientiert und hielten Vereinbarungen des Heiratskontraktes eine weiteres Mal fest, ohne sie näher zu spezifizieren, und zwar dann, wenn die Verwitwung nach kurzer Ehedauer erfolgte und Kinder vorhanden waren. In einem solchen Kontext steht der wittibliche Kontrakt von Anna Herneckerin (Herneggerin). Auch der dazugehörige Heiratskontrakt ist im Sample enthalten. Den Heiratskontrakt gaben sie und ihr Bräutigam Anton Bergmann, Bauer zu Paller im Markt Innichen, am 9. September 1786 im Pfleggericht zu Protokoll. Beide Brautleute waren bereits einmal verwitwet.

Die Vereinbarungen in Hinblick auf den Witwenstand der Braut waren folgende: In Punkt zwei vermachte der Bräutigam der Braut im Fall seines früheren Todes und unabhängig davon, ob Kinder aus dieser Ehe vorhanden sein würden oder nicht

> von seinem rücklassenden vermögen soviel zum lebenlänglichen fruchtgenuß, als sie braut ihm bräutigam an heurathsgut mitbringen oder währender ehe an vermögen ererben werde. Über das 3tio solle derselben in seiner besitzenden behausung die lebenlängliche zins und holzfreye herberg mit dem weiteren anhang verschaffen seyn und bleiben, daß sein nachkommender gütterbesitzer dieser auch alljährlich ein viertl star leinsamen auf seinen rücklassenden gütern unentgeldlich anzusamen habe.[526]

Ihr Heiratsgut belief sich auf 400 Gulden, und der Brautvater legte noch 100 Gulden drauf, die er ebenfalls im folgenden Frühjahr bar „heraus zu bezahlen" hatte. Die vom Bräutigam für

523 Zum sozialen Stand als Differenzachse in Hinblick nicht nur auf soziale, sondern auch auf rechtliche Normen in der Frühen Neuzeit vgl. Heide Wunder, Herrschaft und öffentliches Handeln von Frauen in der Gesellschaft der Frühen Neuzeit, in: Gerhard, Frauen in der Geschichte des Rechts, 27–54, 30.

524 TLA Innsbruck, VBI 1776, fol. 252 und fol. 256. Der Gesamtakt geht von fol. 245–257'.

525 TLA Innsbruck, VBI 1802, S. 452–457. Dieser Akt ist als wittiblicher Vertrag im Anhang unter Innichen Nr. 22 transkribiert.

526 TLA Innsbruck, VBI 1786, fol. 276'.

den Witwenstand zugesagte äquivalente Summe entspricht im Prinzip einer Widerlage – sie wird allerdings nicht so benannt, tritt aber in dieser Form in dieser Zeit vereinzelt auf.[527]

Anton Bergmann starb im September 1792 – sechs Jahre nach seiner zweiten Eheschließung.[528] Er hinterließ zwei Töchter aus erster Ehe und einen Sohn aus zweiter Ehe, der dem Heiratskontrakt zufolge zum künftigen Besitzer erklärt wurde – er war zu diesem Zeitpunkt gerade zwei Jahre alt.[529] Anfang Oktober wurde ein mehrteiliges Vertragswerk aufgesetzt: ein Bestandskontrakt, mittels dessen die Witwe Anna Herneckerin gemeinsam mit der Schwiegermutter ihres verstorbenen Mannes Ursula Rubinerin den Besitz für neun Jahre in Verwaltung übernahm, und dazu noch ein „besitz-, endrichts- und wittiblicher vertrag". Diese Konstellation der Bestandsübernahme spricht einmal mehr für das Denken in Linien, die auch von Frauen repräsentiert werden konnten: Anton Bergmann hatte nämlich im Jahr 1754 in das Paller'sche Haus eingeheiratet. Seine erste Frau, Anna Pallerin, war eine Erbtochter und die Tochter der Ursula Rubinerin, welche zwar die Großmutter der beiden Töchter von Anton Bergmann war, nicht aber des Sohnes. Das könnte auch der Hintergrund sein, warum der Witwe des Schwiegersohnes die Führung von Haus und Hof nicht alleine überlassen wurde; vielleicht war dies aber auch der Wunsch von Anna Herneckerin selbst.

Der „besitz-, endrichts- und wittibliche vertrag" war angesichts dessen, dass der designierte Erbe ein Kleinkind war, in diesem Fall auf eine fernere Zukunft bezogen. Punkt eins und zwei enthielten die formale Besitzübertragung an den Sohn und daran geknüpfte Bedingungen, Punkt drei und vier die Abfertigung der beiden Töchter erster Ehe und ihr Recht auf die „heumathliche zuflucht auf 14 tag oder 3 wochen" in „krank- und dienstloser zeit". Punkt fünf rekurriert auf den Heiratskontrakt und gibt eigentlich nur den oben zitierten Passus wider: die 500 Gulden Genuss aus dem vorhandenen ehemännlichen Vermögen, die Herberg und ebenso das unentgeltliche Ansäen des Leinsamens, „welch alles der besitzer, in soweit nicht mit dem bestandskontrackt diese verbündlichkeiten aufhören, in stette und genaue erfüllung zu bringen" habe.[530] Die der Witwe zugedachten Absicherungen wurden hier zwar wiederholt, waren aber zu diesem Zeitpunkt und so lange die Witwe als Beständnerin des ehemännlichen Besitzes fungierte, nicht relevant. Erwähnt soll noch sein, dass die Schwiegermutter des verstorbenen Mannes und Mitbeständnerin Ursula Rubinerin im Jahr 1798 starb und ein neuerlicher Bestandskontrakt, dieses Mal für Anna Herneckerin allein, aufgesetzt wurde, nachdem sich in einer minutiösen Inventarisierung – als „vermögensergänzung" bezeichnet – „erhellet"

527 Vgl. beispielsweise den Heiratskontrakt zwischen Johann Holzer und Theres Fuchs, TLA Innsbruck, VBI 1791, fol. 24'–26 (Transkription Innichen Nr. 13 im Anhang).

528 In der Abhandlung vom 2. Oktober 1792 sind unter diversen anderen Passiva an innerfamilialen Schulden aufgelistet: „der schwiegermutter Ursula Rubinerin über bezahlte 19 f annoch 1000 f", „der schwägerin Ursula Paller 300 f" und dazu Zinsen in der Höhe von 12 Gulden und 29 Kreuzern, „den zwei kindern von der ersten ehe ausser der inventur noch 537 f 55 kr", des Weiteren dem Bruder Michl laut Abhandlung vom 14. Juli 1789 an Kapital 553 Gulden und 20 Kreuzer sowie Zinsen in der Höhe von 59 Gulden und 57 Kreuzer, und Flachs im Gesamtwert von 35 Gulden 51 Kreuzer und schließlich der Witwe Anna Herneckerin 500 Gulden. TLA Innsbruck, VBI 1792 fol. 400–424'.

529 Der entsprechende Passus ist in Abschnitt acht über den Vorrang der Linie zitiert. Er verpflichtete sich im Falle einer männlichen Sukzession in zweiter Ehe, diesen Sohn zum Besitzer zu erklären.

530 TLA Innsbruck, VBI 1792, fol. 422'–423.

hatte, dass zwar kein Gewinn gegenüber dem nach dem Tod ihres Mannes inventarisierten Vermögen zu verzeichnen sei, aber auch kein Verlust.[531]

Gesamt gesehen, zeigen diese Verträge sehr deutlich die spezifischen Implikationen des Witwenstandes auf und dokumentieren, dass es aus rechtlicher ebenso wie aus sozioökonomischer Perspektive wenig sinnvoll ist, ledige und verwitwete Frauen als „Frauen ohne Männer" oder „allein stehende Frauen" unter eine Kategorie zu fassen,[532] wie dies einige frühere Studien taten, wenn sie ledige und verwitwete Frauen dabei auch nicht gleich setzten.[533]

11. Bilanz

Die Beschäftigung mit der zivilen außerstreitigen Gerichtsbarkeit und Rechtspraxis muss zumeist ohne den Reiz des Spektakulären auskommen. Analysemöglichkeiten gibt es dafür zahlreiche. Dokumente wie Heiratskontrakte, Protokolle von Verlassenschaftsabhandlungen oder wittibliche Verträge haben sich als besonders ertragreich erwiesen. Allein schon über Formulierungen und Begriffe lassen sich Veränderungen in Recht und Gesellschaft nachvollziehen. Sie geben auch einen guten Einblick in gesellschaftsstrukturiernde Werthaltungen: wie im Fall der untersuchten Tiroler Gerichte in das ausgeprägte Liniendenken. Ausdrucksformen ebenso wie Vertragsinhalte zeigen, wie Geschlecht konstruiert wird und wie Geschlechterverhältnisse immer wieder neu ausgehandelt werden. Vor allem in Zeiten rechtlicher und gesellschaftlicher Umbrüche treffen Beharrungskräfte und Neuerungswille merkbar aufeinander – ersteres ist hier eindeutig männlich konnotiert[534] –, wodurch Positionierungen klarer hervortreten.

Das Ehegüterrecht prägte die familialen Gefüge, wie sich gezeigt hat, mindestens ebenso stark wie Erbmodelle und Erbpraxis, die in der Sozial- und Familiengeschichte sehr viel mehr Aufmerksamkeit erlangt haben. Ob Gütergemeinschaft oder, wie in den hier untersuchten Gerichten, Gütertrennung vorgeherrscht hat und in welcher Form, zog eine ganze Reihe von lebensweltlich erfahrbaren Folgen nach sich. Ein Spezifikum stellt das weitgehende Fehlen der Institution der Widerlage dar im Sinne einer für den Witwenstand bestimmten Vermögenszuwendung von Seiten des Ehemannes, die hinsichtlich des Betrages in Relation zum Heiratsgut festgesetzt wurde. In Anbetracht der äußerst selten gestellten Morgengabe gingen die Heiratsgaben damit primär zu Lasten der Familien der Frauen. Diese Einseitigkeit erinnert an das

531 TLA Innsbruck, VBI 1798, fol. 1034–1038.

532 Für eine kritische Diskussion dazu vgl. Amy M. Froide, Marital Status as a Category of Difference. Singlewomen and Widows in Early Modern England, in: Judith M. Bennett u. Amy M. Froide Hg., Singlewomen in the European Past, 1250–1800, Philadelphia 1999, 236–269.

533 Vgl. etwa Olwen Hufton, die auf wichtige Unterschiede verweist; Olwen Hufton, Women without Men. Widows and Spinsters in Britain and France in the Eighteenth Century, in: Jan Bremmer u. Lourens van den Bosch Hg., Between Poverty and the Pyre. Moments in the History of Widowhood, London/New York 1995, 122–151, 133; oder auch Richard Wall, Women Alone in English Society, in: Annales de demographie historique, (1981), 303–316, 307; Palazzi, Female Solitude and Patrilineage.

534 Vgl. dazu auch die Proteste der Tiroler Landstände in Zusammenhang mit der Abschaffung der Geschlechtsvormundschaft und der Aufhebung des stillschweigenden Nutzungsrechtes der Ehemänner am Vermögen der Ehefrauen, die Ellinor Forster in ihrem Beitrag näher ausführt.

Dotalsystem. Von diesem unterscheidet sich das Heiratsgut-Modell in den untersuchten Südtiroler Gerichten dahingehend, dass ein Heiratsgut keinen so eindeutig obligatorischen Charakter innehatte und auch die Verpflichtung der Familie oder der Väter, ein Heiratsgut bereit zu stellen, nicht in dem Ausmaß rechtliche oder soziale Norm war wie etwa im italienischen Raum.[535] Ein bescheidenes Heiratsgut konnte sich auch aus eigenem Verdienst und eigenen Ersparnissen zusammensetzen. Ein Heiratsgut zu erhalten, bedeutete auch nicht – wie im Fall der Mitgift – den Ausschluss vom Erbe. Worauf das Verwenden des Terminus „Heiratsgut" in einigen Fällen seitens von Männern, die eine Erbtochter heirateten, hinweist, war diese Einseitigkeit auch nicht streng nach Geschlechtern organisiert, sondern nach Besitztiteln. Insofern handelt es sich hier um einen spezifischen Rechtsraum, der zwischen dem einseitig orientierten Dotalsystem und dem stärker auf Gegenseitigkeit des Transferierten und Zugesprochenen ausgerichteten Heiratsgabensystemen zu verorten ist.

Auch wenn die Gütertrennung im Vergleich zur Gütergemeinschaft für Frauen gewisse Risiken und potenziell prekäre Situationen mit sich bringen konnte, hatte sie zugleich auch Vorteile. Heiratskontrakte und wittibliche Verträge machen sichtbar, welche Handlungsräume Frauen, trotz formaler Beschränkungen ihrer Grundrechtssubjektivität beansprucht und genutzt haben. Sie zeigen Situationen und Kontexte der Ermächtigung von Frauen wie auch der Einschränkung der Befugnisse von Männern.

Wichtig ist daher festzuhalten, dass in der hier untersuchten Gesellschaft nicht allein Geschlecht für eine privilegierte Position ausschlaggebend war, sondern primär Besitz darüber entschieden hat, und damit in Konnex stand wiederum die Zugehörigkeit zur Linie. Am prägnantesten ist dies in der Paarkonstellation einer Erbtochter und eines einheiratenden Schwiegersohnes sichtbar geworden, und zwar für den Fall von Kinderlosigkeit. Denn dadurch war die genealogische Linie, die immerhin auch über Frauen als Repräsentantinnen ihrer Familie laufen konnte, unterbrochen. Die Aufnahme zuheiratender Männer in die Brautfamilie konnte so und trotz verbriefter Besitzrechte auf die Lebensdauer und die eigene Person beschränkt bleiben. Was bedeutet ein Besitzrecht in einem solchen Fall? – Jedenfalls begegnet damit ein völlig anderes Modell als jenes, das Gertrude Langer-Ostrawsky für niederösterreichische Herrschaften gezeichnet hat, wo die vollrechtliche Integration zuheiratender Männer wie Frauen in den neuen Haushalt praktisch Standard war. Ein Effekt dieser unterschiedlichen Positionierung des einheiratenden Teils sind unterschiedliche Wahrscheinlichkeiten und auch Raten der Wiederverehelichung vor allem von Frauen.

Ausgehend von der vergleichsweise großen Bedeutung der Herkunftsfamilie im Tiroler Kontext lässt sich die ungleich stärkere Präsenz von Eltern, Elternteilen oder Verwandten beim Akt des Vertragabschließens oder als in deren Inhalte involvierte Personen erklären. Hierin liegt ein weiterer sehr deutlicher Unterschied zur niederösterreichischen Situation aber auch zum stadtbürgerlichen Milieu in Salzburg. Zu diesem Bereich zählen des Weiteren auch die väterlichen Machtvorbehalte im Sinn einer Stammfamilie auf Grundlage des Seniorats oder der *patria potestas*, als einem Prinzip, dem sich auch verheiratete Kinder und Schwiegerkinder, die unter demselben Dach wohnten, einigen Heiratskontrakten zufolge unterzuordnen hatten. Ein wichtiges Ergebnis einer diachronen Beobachtung ist dabei auch, dass solcher Formen väterlicher Autorität und die Präsenz von Angehörigen insgesamt im ausgehenden 18. Jahr-

535 Vgl. dazu den abschließenden Beitrag des Bandes.

hundert in den Heiratskontrakten immer weniger anzutreffen sind, und dafür die Brautleute selbst stärker als Hauptakteure im Vordergrund stehen.

Zugleich gehen auch die Vereinbarungen zwischen den Geschlechtern in Richtung einer größeren Gegenseitigkeit. Hier bieten Fruchtgenussrechte das zentrale Instrument des Ausgleichs vor allem in den nachehelichen Regelungen. An die Stelle eines häufigen Musters geschlechtsspezifisch ungleicher Perspektiven – der Witwer konnte das hinterlassene Vermögen der Witwe lebenslang nutzen, die Witwe aber musste sich in die Herberg zurückziehen – treten wechselseitig zugesprochene Fruchtgenussrechte, oft lebenslang. Einschränkungen oder die Voraussetzung, nicht wieder zu heiraten, wurden allerdings weiterhin eher für Frauen als für Männer formuliert. Mit dem Nutzungsanspruch ist auch ein Instrument eines gewissen Ausgleichs gefunden, indem der Vorrang der Kinder und Blutsverwandten des/der Verstorbenen durch eine Zeit des Übergang zugunsten der Witwe beziehungsweise des Witwers geschaffen wurde. Der überlebende Eheteil konnte das Vermögen des verstorbenen weiter nutzen, als Liegenschaft oder in Form von Zinsen aus Kapitalien. Das Erbrecht der Kinder oder Verwandten ist damit grundsätzlich nicht angetastet, der Erbantritt allerdings aufgeschoben, so dass es trotzdem zu Spannungen kommen konnte. Ab dem Zeitpunkt, an dem das ABGB in Kraft trat, kam dem Fruchtgenuss in den Heiratsverträgen eine neue Funktion zu: Er trat an die Stelle des nunmehr vorgesehen Erbrechtes von Ehegatten im Umfang eines Viertels des Vermögens der/des Verstorbenen im Fall einer kinderlosen Ehe. Das mittels Heiratskontrakt festgesetzte Genussrecht sollte den Anspruch auf Eigentum ersetzen und dieses in der Verwandtschaftslinie halten.

Mit der Gütertrennung verbunden ist ein – im Unterschied zu den niederösterreichischen Herrschaften – erhöhter Regelungsbedarf. Dies schlägt sich zum einen darin nieder, dass entsprechende Vereinbarungen tendenziell breiten Raum in den Heiratskontrakten einnehmen, zum anderen in eigenen wittiblichen Verträgen. Insgesamt liefen die Uhren im Gericht des Marktes Innichen und im weit größeren Gericht Welsberg in mehrerlei Hinsicht unterschiedlich. In Innichen erscheinen verschiedene Abfolge-Phasen deutlicher ausgeprägt; auch die rechtlichen Bezugnahmen sind wesentlich häufiger in dortigen Dokumenten zu finden.

Der Blick führt auch über Heiratsprojekte und Vorsorge für Witwen und Witwer hinaus: Die Finanzierungsmodelle in Zusammenhang mit Heiratsgut, Erb- und Fruchtgenussrechten oder Vorbehalten fügten sich in ein System des quasi ubiquitären Anlegens und Verzinsens von Geld ein, wodurch ein Netz an Abhängigkeiten entstand. Die sozialen Beziehungen zwischen den Geschlechtern, den Generationen und unter Geschwistern waren von rechtlichen und ökonomischen Logiken durchdrungen.[536] Jeder und jede konnte zugleich Kreditor oder Kreditorin und Schuldner oder Schuldnerin sein. Das genaue Buchführen über bereits erfolgte Transfers, über die daran geknüpften Vereinbarungen und Bedingungen war Grundlage dieser komplexen Praxis. Lange nicht alles, was sich auf Papier in Vermögen und Geldsummen ausdrückte, war auch als ‚reales' Geld gedacht oder ging als solches über den Tisch.[537] In die Preis-

536 Zu ökonomischen Aspekten der Eheschließung vgl. auch Amy Louise Erickson, The Marital Economy in Comparative Perspective, in: Maria Ågren u. Amy Louise Erickson Hg., The Marital Economy in Scandinavia and Britain 1400–1900, Aldershot 2005, 3–20.

537 Vgl. dazu auch Carola Lipp, Aspekte der mikrohistorischen und kulturanthropologischen Kreditforschung, in: Jürgen Schlumbohm Hg., Soziale Praxis des Kredits, 16.–20. Jahrhundert, Hannover 2007, 15–36, 29ff.

bildung flossen nicht nur materielle Kriterien wie Größe und Qualität von Gebäuden, Grundstücken etc. ein, sondern auch soziale Leistungen und Verpflichtungen – bereits erbrachte oder noch offene. Giovanni Levi hat in diesem Zusammenhang die soziale und beziehungsmäßige Seite von Preisen in die Diskussion eingebracht.[538] Die diversen Arten von Verträgen, die immer wieder neu ausgehandelt wurden, machen daher nicht nur den sozialen Gebrauch von Recht sichtbar, sondern auch jenen von Geld.

Die je spezifische Kultur der Verfügungsgewalt über Vermögen, des Anspruchs und Rechtes auf Eigentum, Besitz oder Genuss von Geld oder Gütern strukturierte und prägte eheliche und familiale Ökonomien, Geschlechterbeziehungen und damit auch die Gesellschaft.

538 Giovanni Levi, Das immaterielle Erbe. Eine bäuerliche Welt an der Schwelle zur Moderne, Berlin 1986, 94ff.

Anhang: Quellenbeispiele aus den Südtiroler Gerichten Welsberg und Innichen

Gericht Welsberg

Nr. 1: 1730 Heürats Abröd: Leonhardt Khopf zu Mehleten und Christian Schenegger für ihre Kinder
Nr. 2: 1740 Heüraths Abröd: Andree Englhofer und Maria Feichterin
Nr. 3: 1760 Heurath- und respective Kaufs Contract: Peter Prugger und Agnes Schwingshackhlin
Nr. 4: 1760 Heurats Abred: Johann Mayr und Anna Gantschiederin
Nr. 5: 1770 Abred: Simon Reüer und Maria Stainmayrin
Nr. 6: 1780 Heyraths Contract: Simon Unterkiepacher und Helena Steghanerin
Nr. 7: 1790 Heuraths Contract: Michael Amhof und Ursula Hellin
Nr. 8: 1795 Heuraths Kontrakt: Andreas Reitter und Maria, gebohrne Durnwalderin, verwittibte Felderin
Nr. 9: 1795 Heuraths Contract: Anton Täschler und Anna Durnwalderin
Nr. 10: 1795 Vermächtnus: Franz Selbenbacher und Agnes Senfterin
Nr. 11: 1795 Heuraths Contract: Thomas Stainwanter und Theresia Achhornerin
Nr. 12: 1795 Heuraths Contract: Melchior Grueber und Maria Stollin
Nr. 13: 1800 Heuraths Contract: Jacob Spessa und Kunigunde Golserin
Nr. 14: 1810 Heuraths Contract: Simon Stainer und Maria Sinnerin
Nr. 15: 1820 Ehevertrag: Jakob Oberstoller und Katharina Schwingshackl
Nr. 16: 1820 Heuraths Contract: Peter Lampp und Anna Grueberin
Nr. 17: 1830 Ehe-Vertrag: Peter Mair und Agnes Gugenbergerin
Nr. 18: 1850 Heuraths-Vertrag: Simon Moser und Helena Graf
Nr. 19: 1820 Cession

Gericht Innichen

Nr. 1: 1761 Heyraths Conträct: Stephan Heißler und Clara Purgmanin
Nr. 2: 1761 Conträct und respective Disposition: Parthlmee Rainer mit seinem Sohn Franz
Nr. 3: 1763 Verschreibung: Antoni Seebaldt und Ursula Schräfflin
Nr. 4: 1765 Respective Heyraths Pact und Verordnung: Hannß Forstlechner und Agnes Kerschpamberin
Nr. 5: 1768 Contract: Peter Pergmann und sein Sohn Johannes
Nr. 6: 1775 Heuraths-Contract: Hanßen Lercher und Susana Sagemeisterin
Nr. 7: 1778 Heuraths- und weiterer Contract: Joseph Bodner und Ursula Oberhoferin
Nr. 8: 1783 Heuraths-Contract: Karl Tempele und Elisabeth Täschlerin
Nr. 9: 1784 Heuraths-Kontrakt: Johann Maurer und Barbara Gutwengerin
Nr. 10: 1789 Heuraths-Vertrag: Johann Strell und Maria Börnbacherin
Nr. 11: 1790 Heuraths-Kontrakt: Thomas Mayr und Margreth Englhoferin
Nr. 12: 1791 Heuraths Kontrackt: Johann Bärtlmä Mayr und Maria Cecilia Rainerin
Nr. 13: 1791 Heuraths-Kontrakt: Johann Holzer und Thereß Fuchsin
Nr. 14: 1792 Heuraths-Kontrakt: Johann Aussersdorfer und Agnes Oberhammerin
Nr. 15: 1792 Heuraths-Kontrakt: Valentin Oberhamer und Gerdrauth Aussersdorferin
Nr. 16: 1793 Heuraths-Kontrakt: Paul Burgmann und Barbara Ausserlechnerin
Nr. 17: 1795 Heurathskontrakt: Michael Schranzhofer und Agnes Viertler
Nr. 18: 1795 Heuraths Contracts Abänderung: Johann Ausersdorfer und Agnes Oberhammerin
Nr. 19: 1800 Heuraths Contract: Franz Bachmann und Anna Gruberin
Nr. 20: 1798 Quittung über den Empfang des Heiratsgutes: Michael Bachmayr
Nr. 21: 1797 Besitz-, Entricht- und wittiblicher Vertrag für Maria Kassewalderin
Nr. 22: 1802 Wittiblicher Vertrag für Theresia Hueberinn

Gericht Welsberg

Welsberg Nr. 1: Heürats Abröd des Leonhardt Khopf zu Mehleten und Christian Schenegger für ihre Kinder

SLA, Verfachbuch Welsberg 1730, fol. 245'–246'

Actum Toblach, den 21. november 1730

Seint am dato die ersamben Leonhardt Khopf zu Mehleten und Christian Schenegger auf dem Ratsperg landtgerichts Welsperg sösendte alhero zur landgericht schreiberey khomben und zu protocollieren geböthen, wöllicher masen dern eheleibliche kinder, ols des Leonhardt Khopf sein sohn auch Leonhardt und sein Scheneggers tochter Gerdrauth, des negst sich zuverehelichen vorhabend, wos dahero des zeitlichen und wie es ins khunftig unter ihnen jungen eheleithen, auch beeder brauth personen, volglich gehalten werden solle, abgeröth und beschlossen haben volgende

Heürats Abröd

Firs erst verobligiert sich des preitigambs sein vatter, Leonhardt Khopf ihme sohn auch Leonhardt zur verehelichung a conto vatter- und mieterlichen vermigens olsobalden 100 f in paren gelt zu behendigen, wölliches hiernach er khunftiger schwecher Christian Schenegger zuverpfanden und seinen ayden zuversichern. Was ober auf obleiben sein vaters Leonhardt ihme sohn an khunftig sowohl vatter ols mieterlichen vermigen annoch hervor khomben wirdet, hat derselbe zu gewarthigen.

Andertens, so hat wider ermeldter Christian Schenegger ihme seinen kinftigen ayden in sein haushoben einzufiehren, woselbsten er Leonhart jingerer Khopf all khnechts arbeith geflissen zuverrichten, und woselbsten er Schenegger seiner tochter den völligen khinftigen besiz seiner hob und gietter wircklich versprochen, und zwar in alter vorermeldter tax und anschlag, wie er Schenegger es an sich bekhomben. Beihin

Drittens soll ihr tochter Gerdraudt 50 f chraft dis am vätterlichen erb vermigen im voraus eigentiemblich nöbst dem bsiz vorteil verbleiben.
[*folgender Passus ist am Rand eingefügt*] Zur verehelichung, ols den 27 jener 1730 [müsste 1731 heißen, M.L.], bekhent der schwecher Christian Schenegger die 100 f par empfangen zu hoben und verspricht, seinem ayden und ihnen erben dössen vellige vermigen zum firpfandt.

Gestalten denen oben [... *unleserlich*] ermelter Leonhardt ölterer mit seinem sohn Leonhardt jingerer Kopf aines, dan er Christian Schenegger für sich selbs und anstatt seiner tochter anders theils dem gerichtschreiber Joseph v. Leyß globt
fiat instrumentum in forma
siglet ihro gerichts pflöger
Zeig dössen: Vigilius Frinzelli gerichts verweser und Georg Pachmann Gerichts sasse

Welsberg Nr. 2: Heüraths Abröd zwischen Andree Englhofer und Maria Feichterin

SLA, Verfachbuch Welsberg 1740, fol. 9'–10'

Toblach, den 20 jenner 1740

Nachdem sich zweifl ohne aus sonderbahrer gieth und anordnung gottes entzwischen dem ehrnzichtig jung gesöllen Andreen Englhofer, ein im pandt der ehe erzeigten sohn der bescheidenen ehwirths leith Hansen Engelhofer und Maria Feichterin am Haselsperg, ols preitibamb am einen, dan der tugentsamben jungfrau Gerdrauth, gebohrene Mayrin, ein mit einander ehelich erworbene tochter der auch tugentsamben ehwirths leith, weilland Sebastian Mayr und Parbara Jägerin von Prags ols jungfrau prauth anders theils ein eheliches versprӧchen zuegetragen, inmassen sie 2 verlobte brauth personen bis zum würckhlichen sacramenthischen ehesӧgen einander versprochen sein.
Damit aber sowohl unter dem brauth volckh ols in anderweg, und da die brauth auch mit anstendigen mitlen versӧchen, eine vorsorg und richtikheit gemacht werden khӧnne, ist dӧshalb abgerӧth und zu pappier alhero gebracht worden, volgende

Heüraths Abröd

Firs erst verspricht des preitigambs sein vater Hans Englhofer ihme seinen sohn und dößen angehende schnur in sein, des vatters hauswӧsen einzufiehrn, sie als kinder zu halten und anbefohlen sein zu lassen, negst deme

Andertens erclerth er vatter Hans Englhofer ihme seinen sohn Andreen für einen besitzer seines völligen vermigens, nichts ausgenomben, und zwar sollicher gestalt, daß

Drittens ihme sohn Hans [müsste Andree heißen, M.L.] das nunmehro ganze gueth am Englhof in nit höchern tax eingeraumbt werden solle, ols umb zemmentliche vierzӧchenhundert gulden und yber dies

Viertens hat auf des vatters verabsterben er besizendte sohn Andre auch disen, von seinen vatter ihme eingstandenen vortheil, das [sic] fir jenen fahl, er sohn aus denen damahlen verhandenen vich und vahrnisen eintwӧders hieraus die lebentigen oder aber die tottn vahrnisse nach eigener *election* als ein voraus und besiz vorteil beziechen mӧge, doch alles das *ad normam statuti* gemeint und mit vorbehaltener *revocations clausl.*

Inmasen bei deme also bewenden zu lassen, haben nomine loblicher pflӧg und landtgerichts obrigkeit dem landgericht diessorts Joseph Candidus Leys anfangs sie 2 verlobte brauth personen und sodann der vatter Hans Englhofer mit mundt und hand das anloben erstattet und obrigkeitlich gfӧrtigte urkhundt zuertheillen angelangt.

Zeigen: herr Johann Dominig Mayr, Herr Joseph Khan, beed zu Toblach und Albrecht am Egg

Welsberg Nr. 3: Heurath- und respective Kaufs Contract von Peter Prugger und Agnes Schwingshackhlin

SLA, Verfachbuch Welsberg 1760, fol. 7–8'

Actum Toblach, den 19ten jener anno 1760

Dato ist allda bey loblicher landgericht schreibery in gehorsam erschinen der ehrsame Georg Schwingshackhl in Gsieß, landgericht Welsberg, mit dem anbringen, daß seine tochter Agnes mit einer anständigen heurats gelegenheit vorgesehen seye, zu dem ende dann entzwüschen seiner tochter und dem angehenden hochzeiter Peter Prugger abgered und beschlossen worden diser

Heurath- und respective

Kaufs Contract

Fürs erst sollen sie, id est, der ehrnzichtige junge gsöll Peter Prugger und Agnes Schwingshackhlin einander ehelich versprochen seyn und solle die priesterliche copulation, gliebs gott, auf nach jezt komende fasnacht seinen fortgang haben, sodann

Andertens verspricht er vater, gehörter Georg Schwingshackhl, sie angehend junge eheleuth in das hausweßen als unvertribene, in gleichen rechten bestehende besitzern seines ganz und völligen vermögens ohne ausnam einzuheurathen, und zwar in einen kaufs anschlag und tax per 2.200 f _ [kr] und dises solle ihnen jungen eheleithen auf seyn, des vaters, ableiben um disen obbeschribenen breiß zuekomen, wo ihme der vater biß dahin auch durch aus die *Manega*, gleich wie es biß hero beschechen, in vorbehalt nimet, und überdiß

Dritens solle seiner tochter und angehenden prauth, gehörter Agnes Schwingshackhlin, als ein bsiz forteil in vorauß auf konftigen fahl angebihrig sein 50 f _ [kr], dargegen

Viertens verobligiert sich der angehende hochzeiter und aiden Peter Prugger 250 f _ [kr] in das schwecher väterliche haußwesen einzulegen und verpfändte capitals schulden hinauß zu bezahlen und darmit zu ledigen.

Weiters hat er schwecher vater Georg Schwingshackhl allda anzufiehren verlanget, daß er seinem sohn Plasi bey übernemung des Häusrer guet zu Ried bereits 300 f an vaterlichem vermögen *extradieret*, und weillen er ihme 500 f in allen versprochen, als synd sie junge eheleuth dem selben die 200 f allererst auf sein, vaters und mueters dem gottlichen willen nach ervolgenden verableiben hinauß zu bezahlen oder zu verzinsen verobligiert, mit deme er sohn auch seines zu ersuechen habenden mueterlichen vermögens gänzlich abgefertiget seyn solle, auf welches sie

Schlüeßlich es dabey bewenden zu lassen haben anfangs der schwecher vater Georg Schwingshackhl ~~für sich selbs und für~~ [folgendes Wort ist drübergeschrieben, M.L.] itten seine tochter und angehende hochzeiterin [der Passus zum Anweiser ist am Rand eingefügt] in verpflichter anweisschaft des Thomas Ampferthallers, dann er preitigam Peter Prugger loblicher obrigkeit mit mund und hand gelobt

In beyseyn gezeüg: Valtin Prugger, ~~Thomas Ampferthaller~~ und er landgerichtschreiber Joseph Georg Leyß

Welsberg Nr. 4: Heurats Abred zwischen Johann Mayr und Anna Gantschiederin

SLA, Verfachbuch Welsberg 1760, fol. 11'–12

Actum Toblach, den 26ten jenner anno 1760[1]

Nachdeme sich entzwischen den ehrnzichtigen jungen gsöllen Johann Mayr, weber knecht zu Niderdorf, landgericht Welsberg, als angehenden hochzeiter an ainen, dann der tugendreichen jungfrauen Anna Gantschiederin daselbs zu Niderdorf, mit vorleifig wissen bedseits eltern und befreindten eine ehrn liebs neigung zuegetragen und selbe des vorhabens, die wirckhliche verehelichung mit eheister gelegenheit vor sich gehen zu lassen, haben selbe um konftig verhalt und richtigkeit wegen, eine vorleifige heurats abred in volgenden allhero zu prothocollieren gebeten, es wolle nemblich

Erstens er Johan Mayr und sie jungfrau Anna Gantschiederin einander crafft diß wirckhlich und wohlbedächtlich ehelich versprochen seyn, und solle bey nicht vorkommend anderweiter verhindernuß die priesterliche copulation mit nächsten nach christ catholischen brauch vor sich gehen und volzochen werden, zu welcher ihnen der allgüetige gott all gedeiliches glickh verleichen wolle, nach welchen

Andertens sie angehende jungfrau praut in nebenstand ihres obrigkeitlich beglibten gerhaben Jacoben Pachmans daselbs zuegesagt und versprochen, bemelt ihren hochzeiter in ihr aigenthumblich besizendes, von ihren vater Andre Ganschieder de dato 12ter diß [Monats] ererbt und eingeraumbtes hauß und gärtlen in oft ermelten Niderdorf dergestalten einzufiehren, daß selber für sein persohn gemeint, hievon unvertrieben und *respective* in halbe kauf desselben zugelassen seyn solle, doch dieses leztere dahin zu verstehen, daß, wenn gott dise ehe mit einer *succession* segnen würde, das guet anforderniß den kindern diser ehe wie rechtens an vorbehalten, da aber einiche kinder nicht verhanden oder vor bedseits eltern absterben würden, solches sodann dem ehevogt auf sein lebenlang, zwar auch unbenumen, jedoch auf dessen ableiben, sodann der Gantschiederischen freundtschaft, woher es nemblich gekomen, widerumen *in natura* zurugfallen, dargegen

Dritens hat gemeldter hochzeiter sich crafft diß auch anheischig und verbindlich gemacht, nach volzochner verehelichung in das hauswesen [die Summe steht am Rand, M.L.] dreyhundert fünfzig gulden herein zu legen oder per sovil pasiv schulden, so auf den guet haftet, auf sich zu nemen.

Alles dieses und verpfändlich beedseitigen vermögenheiten in genere.

Massen zu becrefftigung dessen sie beed angehende junge eheleuth und gerhab loblicher obrigkeit globt habn.

Testes: Mathies Mayr und Schreiber diß Ignati Leyß

1 Siehe dazu auch Abb. 6, S. 303.

Welsberg Nr. 5: Abred zwischen Simon Reüer und Maria Stainmayrin

SLA, Verfachbuch Welsberg 1770, fol. 459–459'

Dito [Actum Gsies bey S. Martin, den 9ten 8ber (Oktober) 1770, M.L.]

Es haben Simon Reüer und Maria Stainmayrin bereits schon vor ihrer verehlichung einen heirats contract vor dem anwalts verwalter in Gsies erricht, da aber dieser solchen zu protocoll überschickt, ist ermelter contract verlohrn gangen, und nicht zur schreiberei komen, von dahero haben sie Reüerische eheleith die dortmahls anwesign gezeügen so da seyend Christian Reüer, Valtin Stainmayr bey gebracht, die dan die dorthmahls beschehene abred in volgenden beschehen [die nächsten drei sind Wörter am Rand eingefügt, M.L.] zu seyn angeben. Sie eheleith haben nemblich einander das völlige vermögen zum lebenlänglichen genus vermacht, und weillen der Reüer ein einigeheürater gesöll, so hat er versprochen, sein vermögen, bestehend in 213 f in das haußwesen einzulegen, wan also sie ehewirthin vor ihme eheman verabsterben und zur weitern ehe schreiten, in solcher kinder erzeügen sollte, so solle das gütl auf sein hinscheiden denen kündern, da eine verhanden, ersterer ehe zukomen, da aber keine verhanden, hat soliches sein Simon Reüers ehewirthin schwester Agnes zuzukomen, die sich auch als gleiche mit innhaberin verobligieret, mit ihrer schwester und ihren ehewirth auf gleicher helfte gewin und verlierst zu haußen, die hämbforth, idest, was sie über den lohn bekombt, einzulegen, jedoch solle der naterey lohn ihro eigen verbleiben.

Zu bekröftigung dessen haben ermelte gezeügen, die Reüerischen eheleith wie auch die Agnes Stainmayrin in *assistentia* des anwalts verwaltern als erböttner anweiser nomine loblicher obrigkeit dem gerichts verwanten titl Joseph Ignati von Leyß globt.

Testes: Paul Kan und Christian Told bed in Gsies

Welsberg Nr. 6: Heyraths Contract zwischen Simon Unterkiepacher und Helena Steghanerin

SLA, Verfachbuch Welsberg 1780, fol. 41–42'

Actum Toblach, den 7ten jänner anno 1780

Vor loblicher pfleg und landgerichts obrigkeit der herrschaft Welsberg

Nach ausweis der Georg Elslerischen testaments erweitterungs inventur vermögens ergänzung und gemes vergleich de datis 15ten und 30ten oktobris 1778 wurde der hinterlaßnen wittwe Helena Steghanerin das ehemänliche vermögen mit deme zum genus überlassen und eingeraumet, das [sic] sie die verhanden 2 kinder christlich erziehen, das mädl die natherej und den sohn das lesen und schreiben erlehren lasse, das guth selbsten in bäu[l]ichen würde einhalten und die darauf haftendn schulden hinaus sowohl als die jährlichen grundherrlichen praestanda [Abgaben, M.L.] abführen und zum fall §^{vo} 3tio sie zur anderten ehe schreiten würde, solches loblicher obrigkeit vorläufig anzeigen solle, damit wegen dies das weitere vorgekehrt werden möge.
Und da nun sie hinterlassene wittib dieses hauswesen und getane aufträg und eingegangene verbindlichkeiten allein zu bewerken, sich nicht mehr unterstanden, ihro zumahlen auch eine heyraths gelegenheit nun gekommen, so wurde mit einfluß loblicher obrigkeit und der kinder gehaben Hans Miller, auch der wittib anweiser Johann Pallhueber und den neuangehenden hochzeiter Simon Unterkiepacher abgeredt und beschlossen folgender

Heyraths Contract

1mo sollen sie Simon Unterkiepacher und Helena, verwittwette Elslerin, gebohrne Steghanerin hiemit und in kraft dies ehelich versprochen sein und solle die priesterliche coopulation noch diesen fasching vorbej gehen. In diesen fall nun

2do sollen sie in die Georg Elslerische behausung einheyrathen und das Georg Elslerische guth von nächst verflossenen Martinj angerechnet 22 jahr unvertrieben mit deme zugeniessen haben, das [sic]

3^{tio} er eingeheyrathe stief vater die 2 verhandnen kinder christlich erziehen, den nothwendigen unterhalt an kost und kleidung verabfolgen, dem mädl die natherey [die folgenden zwei Wörter sind am Rand eingefügt, M.L.] auch lesen und dem knaben das lesen und schreiben erlehrnen lassen solle. Ingleich

4to das guth in bäulichen würde erhalten und die hierauf haftende grund- und andere zinß jährlich entrichten, auch in der behausung die vorfahlendn kleinen *reparationen* ohne entgelt der kinder übersich zu nehmen, und weilen der stadl dermahl in solchen stand sich befindet, das [sic] derselbe hergestellet werden mus und die verhandnen stadl böden verhanden [sic], dieser ebenfahls ohne entgelt der kinder herzustellen ist. Anbelangend

5to den bestandzins ist er stief vater, solang die kinder bey ihme in der unterhalt verbleiben, keinen zu entrichten schuldig, in fall aber, eines oder das andere von der väterlichen unterhalt austretten würde, so ist derselbe von zeit des austrettung ein oder des anderen die zuthreffende erbs gebühr à 4 pro cento zu verzinsen schuldig. Betreffend

6to die stellung ad Georg Elslerische inventur: diese hat zwar laut ob allegierten testament 159 f 51 kr ausgemacht, von diesen ist abzuziehen die Georg Elslerische truhe und darin befindliche begwäntung, welche 20 f 51 kr betragen und den gerhab dieß zu besorgen, so von obiger summa abzuschlagen kommt, das mithin er stiefvater den kindern bey seiner nehmenden abzug nunmehr 139 f zustellen schuldig, gleichwie aber der anweißer angebracht, das [sic] anhier an gethreid ein mehrers, auch bey dem vieh ein vieh zigele sich zeigen würde, so hat er angehender hochzeiter diese stellung nicht nur allein für ganz angenohmen, sondern auch der wittib und angehenden ehewirthin für eine besserung 20 f zu erstellen zugesagt.

Fürpfand des Simon Unterkiepacher vermögen in genere.

Wobej es also verblieben, und haben zu bekreftigung alles dessen anfangs er hochzeiter Simon Unterkiepacher, dann die angehende ehewirthin Helena Steghanerin in assistentia ihres anweißers Hans Pällhueber und der gerhab Hanß Miller loblicher obrigkeit globt.

Testes: titl herr loblicher gerichts schreiber von Leys und Michl Möll

Welsberg Nr. 7: Heuraths Contract zwischen Michael Amhof und Ursula Hellin

SLA, Verfachbuch Welsberg 1790, fol. 33–34

Actum Zell unter Welsberg, den 16ten jänner 1790[2]

Nachdem sich zwischen dem ehrnzüchtigen jungen gesell Michael Amhof und der tugendreichen jungfrau Ursula Hellin ein eheliches zutrauen zugetragen, welches mit nächsten die priesterliche einsegnung bestättigen solle, haben sich die brautleute einverstanden, zu errichten folgenden

Heuraths Contract

Es verobligiret sich nemlich der vater der angehenden braut

1mo dem bräutigam 400 f als ein heurath gut baar zu bestellen, daß dargegen

2do Der ehevogt, wann selber vor seiner ehegatin versterben würde, ihro ehewirthin, so lang selbe in wittwenstand mit kinder verbleiben würde, jährlich 18 f nebst dem zinse von ihren vermögen hinaus vergüten solle.

3tio Im fall aber keine kinder in dieser ehe erzeugt werden sollen, so hätte der überlebende theil ein viertl von dem erübrigten vermögen zu beziehen. Wann aber

4to in der ersten ehe keine männlichen erben erzeugt würden, so solle das Leutner gut einem etwo in der 2ten ehe erzeugenden sohn gegendeme zufallen, daß die älteste tochter gleich dem besitz sohn von der 2ten ehe erben solle. Wann aber weder in der ersten noch zweyten ehe ein sohn erzeuget würde, so hätte solches gut einer etwo erzeugenden tochter erster ehe zuzufallen. Endlich

5to Wenn die ehewirthin vor ihrem ehevogt [die folgenden zwei Wörter am Rand eingefügt, M.L.] mit kindern verableiben würde, so hat der ehevogt ihr samentliches vermögen bis volljährigkeit der kinder zu genießen. Wie dann

6to der ehevogt sich um obige 400 f unter seiner *general* vermögens verpfändung als schuldner einbekennt, und haben zu festhalt- und bekräftigung dessen sowohl der hochzeiter als die jungfrau braut nomine loblicher obrigkeit dem herrn anwald Joseph Jakob Told gelobt.

Zeugen: herr Ignaz Hopfgartner und Alois Pachmann

Welsberg Nr. 8: Heuraths Kontrakt zwischen Andreas Reitter und Maria, gebohrne Durnwalderin, verwittibte Feldererin

SLA, Verfachbuch Welsberg 1795, fol. 7'–8

Actum Toblach, den 20ten jänner 1795

Sind vor loblicher obrigkeit erschienen Andreas Reitter und Maria, gebohrne Durnwalderin, verwittibte Feldererin, und haben gebethen, daß zu protokoll aufgenommen werden möchte dieser

Heuraths Kontrakt

2 Siehe dazu auch Abb. 4, S. 265.

Diesem zufolge nun wollen
1mo sie zwey angehende eheleute ein ander ihr ganz und völliges auf ihrem hinscheiden verhandenes vermögen, es mag solches bestehen in was es wolle, hiemit dem überlebenden ehetheil, und zwar ohne beschrenkung einer anderweiten ehe schliesung, zum lebenlänglichen genuß vermachet haben. Dagegen aber solle

2do wenn der überlebende ehetheil annoch zur zweyten ehe schreitten und auch in selber noch kinder erzeigen sollte, die naturalhabschaft beederseits denen etwa von dieser ehe verhandenen kindern um den alten tax, nämlich wie sie brautleute solches an sich gebracht, für eigen zufallen, wohlfolglich die haus und güter, auch fahrniße erst dann denen kinder 2ter ehe oder denen erben zukommen können, wenn in dieser ehe keine *succession* verhanden und beede eheleute verstorben seyn werden.

Wobey es verblieben, und von denen braut personen zur bestättigung loblicher obrigkeit angelobt worden.

Testes: titl herr Joseph Franz Reinisch, landrichteramts substitut und herr Michael Wöll

Welsberg Nr. 9: Heuraths Contract zwischen Anton Täschler und Anna Durnwalderin

SLA, Verfachbuch Welsberg 1795, fol. 9'–10'

Actum Toblach, den 30ten jenner 1795

Dato sind allda zu loblicher landgericht-schreiberey erschienen Anton jüngerer Täschler in beyseyn seiner ältern Anton älterer Täschler und Elisabeth Fausterinn, dann Anna Durnwalderin in nebenstand ihres bruders Bartlme Durnwalder, webermeister allda, und haben gebethen, daß zu protokoll genommen werden möchte folgender

Heuraths Contract

Zu folge solchen nun erstens Anton jüngerer Täschler und Anna Durnwalderin ein ander ehelich versprochen seyn, und solle ehenächstens die priesterliche einsegnung das band der ehe befestigen, für das

2te verlangt sie angehende braut ihrem ehevogt ihr damalig in 1.200 f bestehendes vermögen als ein heurath gut nebst 70 f, so sie bey dem Michel Lährnhofer anliegend (von welchen 70 f sie sich aber den genuß lebenlänglich vorbehaltet) zur treuen manegierung [die beiden folgenden Wörter sind am Rand eingefügt, M.L.] und genuß überlassen, worumen aber

3tio die ältern Anton Täschler und Elisabeth Fausterin, weil der ehevogt dermalen mit keinem vermögen versehen, ihr ganz und völliges vermögen zur versicherung der braut zum fürpfand verschreiben.

4to Soll auf das frühere hinscheiden der braut dem überlebenden ehevogt von 400 f der lebenlängliche genuß angebührig seyn, wo aber

5to auf hinscheiden des bräutigam der rückbegebenen braut und wittib die lebenlängliche zins, holz und kraut freue herberg in der den 28ten jänner ihm zum besitz versicherten behausung nebst von 400 f die interessn angebuehren solln. Was nun

6to die natural habschaft anbelanget, solle solche denen allenfalls aus dieser ehe in vorschein kommenden kindern zum besitz zu kommen.

Und dies zwar zu versicherung des zugesicherten heurath guts alles unter verpfändung des Anton ältern Täschler, und Elisabeth Fausterischen beed sament und sonderheitlichen vermögen *in genere.*

Wobey es belassen, und anfangs von denen ältern, denn denen braut personen nomine loblicher obrigkeit dem landgerichtschreiber Joseph Michael von Leyß angelobet worden.

Testes: Herr Andreas von Leyß und Sebastian Pachmann, dienstknecht allda

Welsberg Nr. 10: Vermächtnus zwischen Franz Selbenbacher und Agnes Senfterin

SLA, Verfachbuch Welsberg 1795, fol 29'–30

Actum Toblach, den 20ten april 1795

Ist bey der loblichen landghtschreiberey beykommen Franz Selbenbacher und dessen ehewirthin Agnes Senfterin von Oberthal, Gsies, und haben gebethen, daß zu protokoll genommen werde folgende gegenseitige

Vermächtnus

Zufolge dessen will

1mo er Franz Selbenbacher, wenn er vor seiner ehewirthin Agnes Senfterin verabsterben sollte, daß ihr in seiner besitzenden ~~behausung~~ Haußerhäußl die lebenlängliche zins, ~~holz~~ freye herberg verstattet werde [der folgende Passus ist am Rand eingefügt, M.L.] und überdies die beste gaiß eigenthümlich zukommen solle.

2do Will sie ehewirthin hingegen ihme ehemann Franz Selberbacher, wenn sie vor ihme verableiben würde, daß ihm ~~das ganze und völlige haupt vermögen zum lebenlänglichen genuß~~ von ihrem vermögen fünfzig gulden, sage 50 f, als ein eigenthum zu fallen solle.

Womit sie ihre verordnung beschlossen, und zu bekräftigung dessen nach dem deutlichen ablesen nomine loblicher obrigkeit dem herren landgerichtschreiber Joseph Michael von Leys angelobt haben.

Zeugen: herr Jakob von Leys und Andrä von Leys

Welsberg Nr. 11: Heuraths Contract zwischen Thomas Stainwanter und Theresia Achhornerin

SLA, Verfachbuch Welsberg 1795, fol. 89'–90'

Dito [Actum Toblach, den 29ten September 1795, M.L.]

Sind bey der loblichen landgerichtschreiberey beykommen Thomas Stainwanter zu Kandellen und Theresia Achhornerin mit dem anbringen, daß zu protokoll genommen werden möchte nachstehender

Heuraths Contract

Zufolge solchen nun [folgender Halbsatz wurde nachträglich zwischen den Zeilen eingefügt, M.L.] wollen sie einander ehelich versprochen seyn und

1mo solle ehenächstens die briesterliche einsegnung das band der ehe befestigen.

2do Verlangt er ehevogt, daß auf sein über kurz oder lang erfolgten hinscheiden seiner angehenden ehewirthin in der zum Thomaßer gut gehörigen behausung (oder wann sich selbe mit dem besitzer nicht in güte vertragen könnte) anderswo auf unkösten der erben die zinß und holz freye herberg zu kommen [soll, M.L.].

3^{tio} Soll besitzer ihro brauth Theresia Achhornerin täglich ein seitl milch verabzufolgen schuldig seyn, im fall aber, sie von ihme besitzer vom haus wegziehen sollte, so soll ihr für die milch jährlich von ihme besitzer 6 f vergütet werden und überdies

4to Soll besitzer auch schuldig und gehalten seyn, ihro braut jährlich 1 star rocken, 1 star mues korn nebst vier pfund schmalz verabzufolgen und zu geben. Und letztlichen

5to Im fall er braeutigam bey ihro braut kinder erzeigen sollte, so sollen selbe von dem besitzer mit kost und kleidung erhalten, und von ihro mutter erzochen werden.

Zur bestättigung dessen haben sie brautpersonen nach dem deutlichen ablesen nomine loblicher obrigkeit etc. dem begwältigten schreibereyverwanten Andreä von Leys globt.

Zeugen: herr Leopold von Leys, schreiber, und Michael Jäger, dienstknecht allda

Welsberg Nr. 12: Heuraths Contract zwischen Melchior Grueber und Maria Stollin

SLA, Verfachbuch Welsberg 1795, fol. 175–176

Actum Toblach, den 28ten april 1795

Dato sind bey der loblichen landgerichtschreiberey erschienen Melchior Grueber von Prags und Maria Stollin und haben gebethen, daß zu protokoll genommen werden möchte folgender

Heuraths Contract

Zufolg solchen nun wollen Melchior Grueber und Maria Stollin einander ehelichen versprochen seyn, und solle ehenächstens die priesterliche einsegnung das band der ehe befestigen, für das

2te will sie braut Maria Stollin ihme bräutigam Melchior Grueber um nachstehendes in folgenden anschlägen in die halben kaufsrechte, wie solches in den besitz und entrichts vertrag de dato 4ten merz 1795 einkommt, hinzustehen lassen, als um

die todt und lebendigen fahrnißen per	45 f 5 kr
die Altmayrische feuer und futterbehausung, Schloßgarten von 236 klafter, so loblichen S. Stephans pfarrgotts haus Niederdorf mit jährlichen 15 kr grundzins unterwürfig.	
Item ein luteigenen garten zu Spuchlen [?] von 87 klafter, worauf sich ein hofstadtsgerechtigkeit befindet und um und um mit zaun umfangen ist zusamm in anschlag per	600 f
ein grundstück am Weiber liegend von ½ jauch, 306 klafter, so titl herren baron von Sternbach mit jährlichen 24 kr grundzins unterworfen ist. Im Preiß per	230 f
Und das fleckl gemein aussteckung per	5 f

Daß dargegen
3^tio vorstehendes haus und grundgüterlen auf hinscheiden beeder brautpersonen denen kindern von dieser ehe um obigen anschlag zukommen sollen, wo aber

4to bey nicht in vorschein kommenden kindern aus dieser ehe auf hinscheiden beeder brautpersonen das eigenthum vorstehenden haußes und grundstücken denen erben der braut gegen ersetzung des ehevogtlichen vermögens zu zufallen hat, wo endlich

5to die eheleute sich einander den lebenlanglichen genuß, sowohl wann kinder als keine in vorschein kommen sollten, von ihrem sammentlichen vermögen vermacht haben wollen.

Zur bestättigung dessen haben sie brauthpersonen nomine loblicher obrigkeit dem herrn Landgerichtschreiber Joseph Michael von Leys nach deutlichem ablesen angelobt.

Testes: herr Jakob von Leys und Andreä von Leys, beede bey der schreiberey allda, und Martin Grueber in Prags amtsgericht Brunneck

Welsberg Nr. 13: Heuraths Contract zwischen Jacob Spessa und Kunigunde Golserin

SLA, Verfachbuch Welsberg 1800, Teil 2, fol. 411

Actum Toblach, den 14ten Juny 1800

Sind zur loblichen landgerichtschreiberey anher erschienen Jacob Spessa von Enneberg und dessen angehende ehewirthin Kunigunde Golserin zu Taisten und haben gebethen, zu protokoll zu nehmen diesen verabgeredten

Heuraths Contract

Zufolge solchen wollen sie angehende eheleuthe auf absterben des ein oder andern ehetheil dem überlebenden, daß [sic] ganz und völlige rückverlassende vermögen ohne ausnahm, wenn keine kinder verhanden sind, lebenlänglich, wenn aber kinder in vorschein kommen sollten, bis das aelteste das 24ste jahres alter erreichet hat, zum fruchtgenuß hiemit verschaffet haben.

Zur Bestättigung dessen haben sie angehende eheleuthe nomine loblicher obrigkeit dem titl herrn landgerichtschreiber von Leyß gelobt.

Zeugen: herr Jacob von Leyß und Franz Hell, oberschreiber

Welsberg Nr. 14: Heuraths Contract zwischen Simon Stainer und Maria Sinnerin

Verfachbuch Welsberg 1810, fol. 659–659'

Actum Toblach, den 26ten July 1810

Ist in die [sic] Gerichts Kanzley erschienen Simon Stainer von Wiesen und dessen angehende Ehewirthin Maria Sinnerin und haben gebethen, daß zu Protokoll genommen werden möchte nachstehender

Heuraths Contract

In folge solchen verlangen sie Brautpersonen einander zu ehelichen, und nach erfolgter priesterlicher Copulation sollen folgende Punkte ihre rechtliche Verbindlichkeit erwirken.

1mo verlangt er Simon Stainer seine angehende Ehewirthin in das Hauswesen dergestalten einzuführen, daß sie ihm sein Hauswesen fortführen helfe. Nach sein Hinscheiden aber verlangt er

2do daß ihr für die treue Wirthschaftsführung der Genuß von dem halben Lähner Gut zu Wiesen, [der folgende Einschub wurde am Rand ergänzt, M.L.] das von der Behausung, Güter und Fahrniß, lebenlänglich zukommen solle, und zwar auf jeden Fall, es mögen Kinder in Vorschein kommen oder nicht, und auch der Fall nicht ausgenommen, wann sie zu einer andern Ehe schreitten sollte.

Zur Bestättigung dieses Vorgangs haben die Brautpersonen der Obrigkeit angelobet, und zwar der Bräutigam unter Verpfändung seines ganz und völligen Vermögens.

In Gegenwart der hienach unterschriebenen Zeugen
Michael Hackhofer als Zeugeh[3]
Anton Aichner als Zeugeh

Welsberg Nr. 15: Ehevertrag zwischen Jakob Oberstoller und Katharina Schwingshackl

SLA, Verfachbuch Welsberg 1820, Teil B, S. 2–4 + 7[4]

Geschehen in der gräflich Küniglichen Land Gerichts Kanzlei Toblach, den 11ten Jänner 1820

Jakob Oberstoller, Kaltenhauser zu Taisten, und die minderjährige Katharina Schwingshackl, Lechner Tochter von Prags, gedenken einander zu ehelichen und deßtwegen haben selbe, und zwar die Braut in Nebenstand ihres verpflichten Vormund Joachim Schenk von Welsberg abgeschlossen und errichtet, diesen

Ehevertrag

Diesem zufolge also
1tens solle, wenn aus dieser Ehe keine Kinder verhanden sein würden, dem überlebenden das ganze Vermögen des vor versterbenden Ehetheils ohne Rücksicht, ob das überlebende noch zu einer weiteren Ehe schreittet oder nicht, zum lebenlangen Genuß verbleiben, sozwar, daß die überlebende Gattin nicht blos den Genuß vom Kapital, sondern selbs der Realitäten anzusprechen haben solle.

2tens Wenn aber aus dieser Ehe Kinder verhanden sein werden, so hätte der überlebende Theil an Vermögens Genuß von iedem Kind bis zu dessen erreichend 22 jährigen Alter anzusprechen, es wäre dann, daß ein Kind vor solchem Alter verstürbe, und ein Vermögen verließe, im welchen Fall also der überlebende Älterthail zwar kein Eigenthum vom Erb, wohl aber die Hälfte des von diesem verstorbenen Kinde rücklassenden Vermögens zum lebenslangen Genuß anzufordern haben solle.

3tens Solle noch überdas der rückbegebenen [sic] Wittwe, solang sie im Wittwestand verbleibt, die unentgeltliche zins, holz und krautfreye Herberg anzufordern haben.

---

3 Ein hoch gestelltes „eh" steht für „eigenhändig".
4 Dazwischen ist auf den Seiten 5 und 6 ein anderer Akt eingebunden.

4^{tens} Sobald aber alle verhandenen Kinder das 22te Jahr erreicht haben werden, ist der überlebenden Ehetheil berechtiget, den vierten Theil des ganzen vom verstorbenen Gatten anzusprechen.

5^{tens} Wird hiemit ausdrücklich bestimmt, daß die verhandenen Hauß und Güter den aus dieser Ehe verhandenen Söhnen, und zwar um jenen Tax, wie solche zu stehen gekommen, zukommen solle, was aber sich nicht etwa auch, falls nur Töchter verhanden wären, zu verstehen hätte.

[*Der folgende Punkt ist am Rand eingefügt*]
6^{tens} Hingegen leisten bejde Theile auf ihre übrigen gesetzlich anzusprechenden allseitigen Genuß und Erbrechte hiemit ausdrücklich Verzicht.

7^{tens} Überlaßt nun die Braut ihme angehenden Gatten während der Ehe den Genuß von ihrem dermalen besitzenden Vermögen, und zwar von künftigen Georgi an gemeint, gegen deme jedoch, daß selber schuldig seye, ihr hievon jährlich 5 f Reichs Währung zu ihrer freyen Disposition verabzufolgen und auch der Mutter Maria Glögglin den von väterlichen Vermögen zu fordern habenden Antheil Genuß zu überlassen.

Zum Fürpfand verschreiben nun bejde ihr Vermögen, der Bräutigam aber *in specie* sein besitzendes Kaltenhauser Gut und übrige Realitäten.

Nach dem Ablesen wurde zur Bestättigung das Protokoll unterzeichnet
Jakob Oberstoller^{eh}
Katharina Schwingshalin [sic]^{eh}
Joachim Schenck^{eh}

in Gegenwart der Zeugen Herr Martin Lanzinger, Anton von Leis und Michael Wöll
Anton v. Leyß Zeug^{eh}
Lanzinger Zeug^{eh}
Wöll Zeug^{eh}

v. Leyß^{eh}

Welsberg Nr. 16: Heuraths Contract zwischen Peter Lampp und Anna Grueberin

SLA, Verfachbuch Welsberg 1820, Teil B, S. 386–388

Geschehen zu Toblach in der gräflich von Küniglichen Landgerichts Kanzley der Herrschaft Welsberg, den 26ten April 1820

Dato sind in die [sic] Landgerichts Kanzley erschienen Peter Lampp, Ausserlechner zu Pichl, und dessen angehende Ehewirthin Anna Grueberin und haben gebethen, daß zu Protokoll und im landgerichtlichen Verfachbuch aufgenommen werden wolle nachstehender
Heuraths Contract
Diesem zufolge verlangen sich die Brautpersonen einander zu ehelichen und nach erfolgter priesterlicher Trauung nachstehende Punkte als gültig zu erklären.

1^{tens} verlanget der Bräutigam die Braut in sein Hauswesen einzuheurathen und verschreibt derselben bey männlicher anhoffender Nachkommenschaft auf achtzehn Jahre, bey weiblichen Abkömmlingen auf zwanzig Jahre sein ganz und völliges rückverlassendes Vermögen nebst jährlicher zins und holzfreuer Herberg zum Genuß. Im Fall aber

2^{tens} keine Kinder in Vorschein von dieser Ehe kommen sollten, so verschreibt er Bräutigam seiner Braut auf sein früheres Hinscheiden die zins und holzfreue Herberg, und von drey hundert Gulden den lebenlänglichen Genuß, wohingegen

3^{tens} die Braut dem angehenden Ehewirth ihr ganz und völliges Vermögen zum lebenlänglichen Fruchtgenuß hiemit versichert haben will. Doch solle

4^{tens} durch diese wechselseitige Genuß Verschreibung, daß [sic] denen überlebenden Eheleuthen gesetzlich zustehende Erbrecht auf das Vermögen des früher verstorbenen ausser Wirkung gesetzet seyn, und mit dieser Genußverschreibung von dem Vermögen des verstorbenen als abgefertigt betrachtet werden.

Zum Fürpfand verbleibt der beiden angehenden Brautleuthe Vermögen *in specie* das Ausserlechner Gut zu Pichl gerichtlich verschrieben.

Zur Bestättigung folget der Brautpersonen eigenhändige Unterzeihnung zu Protokoll
Peter Lampp^{eh}
+ Agnes Grueberin
Anton v. Leyß Namensunterschreiber^{eh}

In Gegenwart der Zeugen Joseph Grueber zu Pichl, Herr Michael Wöll, Landgerichts Actuar, und Herr Martin Lanzinger
Joseph Grueber als Zeugen^{eh}
Wöll Zeug^{eh}
Lanzinger Zeug^{eh}
Joseph v. Leyß^{eh}

Welsberg Nr. 17: Ehe-Vertrag zwischen Peter Mair und Agnes Gugenbergerin

SLA, Verfachbuch Welsberg 1830, S. 4496–4499

Geschehen in der gräflich Welsbergischen Landgerichts-Kanzley zu Niederrasen am 14ten May 1819[5]
Vor dem Landgerichts-Aktuar Petzer

Heute erscheinen bey diesem Landgerichte Peter Mair, Schoch zu Niederollang, und Agnes Gugenbergerin von dort, beyde ledig und volljährig, und bathen, zu Protokolle zu nehmen nachstehenden

Ehe-Vertrag

Dem zu folge wurde auf dem Falle ihrer wirklichen Verehelichung beschlossen, daß
1^{tens} nach dem Tode des einen oder andren Ehegatten, wenn keine Kinder vorhanden sind, der überlebende Ehegatte das ganze Vermögen des Verstorbenen lebenslänglich zu geniesen, jedoch keinen gesetzlichen Erbtheil auf dasselbe anzusprechen, daß aber

5 Siehe dazu auch Tafel 7.

2^{tens} wenn ein oder mehrere Kinder vorhanden wären, der überlebende Ehetheil das durch die Erbshandlung jedem zufallende Erbgut nur bis zum 20ten Jahre gegen dessen Erziehung und Verpflegung zu genießen haben soll, wogegen auch hier von dem überlebenden Gatten auf die von dem Gesetze ihm zugedachte Fruchtniesung verzichtet wird. Sobald jedoch

3^{tens} in folge dieser vorgehenden Bestimmung auf dem Falle, daß die Ehegattin ihren Mann überleben sollte, dieselbe den Genuß des ehemännlichen Hauptgutes an jenes Kind abtretten muß, welchen dasselbe bey der väterlichen Nachlaß Verhandlung eingeräumt wurde; – soll ihr von diesem Kinde in dem zum Hauptgute gehörigen Hauße Holz- und Krautfreye Herberg gegeben werden.

Nachdem die 2 vertrag schließenden Theile vorstehende 3 punkte, nach deren deutlichen Ablesen wiederholt, als ihren Willen erklärten, wurde dieses Protokoll geschlossen und zur Bestättigung gehörig unterzeichnet.

Petzer	Peter Mair
Landgerichts Aktuar	Agnes Gugenberger
	Anton Wagmeister als Zeuge
	Jakob Hintner als Zeuge

Zur Urkunde dessen die landgerichtliche Fertigung und Unterschrift erfolgt
Petzer^{eh}

Welsberg Nr. 18: Heuraths-Vertrag zwischen Simon Moser und Helena Graf

SLA, Verfachbuch Welsberg 1850, Teil 1, fol. 71–72

Landgericht Kanzlei Welsberg, den 23. Jänner 1850
vor dem k. k. Landrichter Kunzle
Protokoll Sinner.

Erscheinen die Brautläute Simon Moser, Hintner zu Pichl, und Helena Graf, Grafer-Tochter in der Wiese zu Pichl derzeit zu Siegler in Unterplanken im Dienste, und bitten zu Protokoll zu nehmen diesen

Heuraths-Vertrag

Dieser soll jedoch erst nach priesterlicher Einsegnung in Gesetzeskraft treten.
Diesem zufolge vermacht und bestimmt Simon Moser
1. daß seine Braut Helena Graf in seiner laut Vertrag vom 28. Juni 1828 besitzenden Hintnerbehausung in folge seines frühern Absterbens die lebenslängliche krautfreie und holzfreie Herberge, dann jährlich und lebenslänglich 3 Star Roggen, 2 Star Weizen, 1 Star Gerste, 2 Star Brotkorn (Toblacher Maß), 4 Pfund gesottenes Schmalz und 4 Pfund geräuchertes Fleisch erhalte, dann soll sie ferner in der Befeldung, welche der Bräutigam laut *citirtem* Vertrage besitzt, jährlich ¼ Star Leinsamen unentgeldlich ansäen können, und der hievon wachsende Flachs soll ihr dann zugehören.

2. Hat die Helena Graf obigen Auszug ohne Unterschiede zu fordern, ob sie zu einer weitern Ehe schreiten oder Wittwe bleiben soll; jedoch im erstern Fall, wenn sie zu einer weitern Ehe schreitet, hat sie keinen Anspruch mehr auf die holz- und krautfreie Herberge.

3. Sollte die Helena Graf aus wichtigen gegründeten Ursachen in dem Hause des Simon Mosers nicht bleiben können oder wollen, so hat ihr der damahlige Besitzer des Hintnergutes für die Herberge 4 fl Reichs Währung und 2 Schaff Kraut und 4 Klafter Holz in Scheitern zu geben.

4. Wenn der Sohn Benedikt, welchen der Bräutigam in der ersten Ehe mit Katharina Durnwalder erzeigt hat, sterben sollte, und aus dieser Ehe ein Sohn in Vorschein kommen, so soll der Realitätenbesitz des Simon Moser dem Sohne von dieser letzten Ehe zukommen, im entgegengesetzten Falle, wenn aus dieser Ehe mit Helena Graf kein Sohn erzeigt wird, so haben die Realitäten den Kindern von der ersten Ehe zu fallen.

5. Ferner soll dieser Genußvertrag den gesetzlichen Genuß auf das hinterlassene Vermögen
ihres Ehemannes im Falle er vor dem Weibe stirbt nicht verkürzen.

Helena Graf stellt sich hiemit zu frieden.

Zur Begründung der eingegangenen Verbindlichkeiten verschreibt Simon Moser folgende laut Vertrag vom 28. Juni 1828 besitzenden Realitäten zur Spezial Hypothek
Cat. No. 18 das Obergschwenter Gut von Litt. A bis D
Cat. No. 19 das unter Gschwenter Gut von Litt. A inclus. E
Cat. No. 20 ein Eigenthumswald

Zur Erlangung der dinglichen Rechte kann dieser Akt im Verfachbuche dieses Gerichts einverleibt werden.

Zur Bestätigung nach dem Ablesen die Unterschriften
Simon Moßer[eh]
Helena + Graf
Niederlechner Nahmenschreiber[eh]
Sinner[eh]

Vorstehende Urkunde wurde in folge des Vormerkungsgesuches vom de praesentato 23. des Monats und Jahres demselben angehängten bescheides vom nämlichen Tage c[e]d[ulo] 225 im niedergerichtlichen Verfachprotokolle sub folio 71 heute hinterlegt.
K. k. Landgericht Welsberg, 23. Jänner 1850
Künzle Landrichter

Welsberg Nr. 19: Cession

SLA, Verfachbuch Welsberg, 1820, Teil B, S. 372–373

Geschehen zu Toblach in der gräflich v. Küniglichen Landgerichts Kanzley der Herrschaft Welsberg, den 17ten April 1820

Gemäß Zahlungs Vergleich vom 26ten Juny 1819 hat sich Anton Täschler, Hacker am Haselsberg, mit Begebung der *Executions* Rechte verbindlich gemacht, dem klagenden Michael Aussersdorfer von Anraß auf 8ten Jänner 1820 den rückständigen Ochsen Rest per 63 f Reichs Währung und ergangene Unkösten abzutragen. Gleichwie aber Schuldner mit der versprochenen Zahlung nicht zu halten kommen, und daher der Gläubiger zu Ergreifung der würklichen *Execution* veranlasset worden, so hat sich die Gattin des Schuldners Anna Viertlerin ~~herbey gelassen~~ zur Vermeidung der würklichen *Execution* herbey gelassen, dem Gläubiger Michael Aussersdorfer nicht nur allein um oberwähnte 63 f Ochsenrest, sondern um zugewachsene Verzögerungs Zinsen und Unkösten per 7 f, folglich um 70 f Reichs Währung von ihrem bey dem Ehevogt Anton Taschler laut gerichtlichem Einbekenntnis vom 16. Juny 1817 zu fordern ha-

benden Einbringen zum Eigenthum abgetretten mit der weitern Verbindlichkeit, solche 70 f bis auf 8ten Jänner 1821 jedoch ohne mitgehende weitere Verzinsung baar zu bezahlen, und zwar mit Begebung der Executionsformalitäten bis zur Pfandung.
Zur Bestättigung hat die Schuldabtrettende Anna Viertler und der mit gegenwärtiger Erklärung zufrieden gestellte Michael Aussersdorfer das Protokoll eigenhändig unterzeichnet und um die Hinterlegung zum landgerichtlichen Verfachbuch gebethen.
+ Anna Viertlerin
Anton v. Leyß Namensunterschreiber[eh]
Michael Aussersdorfer[eh]

In Gegenwart der Zeugen Her Michael Wöll, Landgerichts Actuar, und Herr Martin Lanzinger
Wöll Zeug[eh]
Lanzinger Zeug[eh]

v. Leyß[eh]

Gericht Innichen

Innichen Nr. 1: Heyraths Conträct zwischen Stephan Heißler und Clara Purgmanin

TLA, Verfachbuch Innichen, 1761, fol. 150–151

Actum Iniching den 5ten tag des monats jänuary anno 1761[6]

Daßelbsten ist entzwischen herrn Stephan Heißler, eines hochwirdigen collegiat stifft dermahlen wircklich aufgenombenen organisten und chor regenten auch schuell haltern alhier alß hochzeiter an ainem, dan der ehr- und tugendtreichen jungfrauen Clara Purgmanin, des wohl vorgeachten Marthin Purgmans, bürgerlichen gasthaltern und der auch tugendtsamben Clära Jungmanin allhier zu hofmarckht Iniching ehelich erzeigte tochter, und zwahr diser [sic] mit einfliessung und rathlichen beisein solch ihrer eltern, junfrauen prauth andern Thaills nach bösten formb tyrolischen landts rechten verabgeröth und beschlossen worden folgender

Heyraths Conträct

In chrafft dessen nun erstens sollen und wollen sye herr Heißler und jungfrau Purgmanin hiemit und in chrafft dits, zue khonfftigen con- und eheleithen unzt [bis, M.L.] zur briesterlichen copulation, so dem nächstens in angesicht der kirchen zuerfolgen hat, versprochen sein und bleiben. Warzue denenselben der göttliche ehe stiffter dessen gnaden reiche *benediction* mitzutheillen geruhe. Belangende so dann

Andertens das zeitliche, so verspricht däto der jungfrauen prauth vatter, gehörter Martin Purgmann, solch seiner tochter zu einen heyrath gueth nach beschlossner ehe wirckhlichen, wie hiemit beschicht, zu göben und abzutretten die grundt stückh Tischler wißen und Schetter genandt und noch darzue eine *compatente*, vor dessen *discretion*, jodoch abhangende hauß einricht- und förtigung abzuwaichen. Dargögen aber
Drittens und wie es in sich selbsten gebihrendt, so verbindet sich herr hochzeiter, sye seine angehende eheconsorthin indessen, hochwirdigen collegiat stifft angehörige, zu dessen bedienstung beihabende behaußung einzufiehrn, die selbe zu lieben und zu ehren und all eheweiblch unverspörten gewaldt zeith löbens zu lassen und gestatten.

6 Siehe dazu auch Abb. 3, S. 235.

Darmit also diser heyraths contract in namen gottes beschlossen und nach ervolgten ablessen herr hochzeiter Heißler sich allhero *ad prothocollum* aigenhändig unterschriben, die jungfrau hochzeitterin Clara und dero vatter Marthin Purgman aber *nomine* loblicher pfleggerichts obrigkeit allda dem dassigen anwalden und hofmarckht gerichtschreibern herrn Franzen Hueber das anloben erstattet.

Testes: Herr Antoni Jäger, purgerlicher handlsman und der wohlgeachte Johann Pachmayr, purger, gerichts außschuss und pöckhermaister, auch Johann Gall, schreiberei practicant, all drei allhier
Stöphan Heißler, des kayl. collegiat stiffts organist alß hochzeiter

Innichen Nr. 2: Conträct und respective Disposition des Parthlmee Rainer mit seinem Sohn Franz

TLA, Verfachbuch Innichen 1761, fol. 245–246'

Actum Iniching, den 12. oktober 1761
Allda sindt beikhomben und erschinen der ehrngeacht Partlmee Rainer, burger und maurermaister, und dessen sohn Franz Rainer, annoch leedigen standtes, und gleichwie nun der erstere alß vatter vorgepracht, das [sic] ihme der letstere, id est dessen sohn, in seinen haußweßen eine zeith hero gethreilichen beigestanden und haußen geholfen, also und da nun er Partlmee Rainer und seine ehewirthin Agnes Forcherin, besonders dise letstere, zimblich pau fällig zu werden begunen, so das [sic] sye einer unterstitzung in der arbeith und hauß weeßen betirfftig weren.

Wann nun obberierter sohn Franz Rainer mit wilen ihr seiner eltern sich zuvereehelichen und mithin seine zue konfftige ehewirthin in das vätterliche hauß weßen ein zufiehren, volglich der eltern intention nach zu khomben gedenckhet, dahero hat er vatter Parthlmee Rainer fir sich und in vertrettung seiner ehewirthin mit ihme sohn Franz errichtet volgenden

Conträct und respective Disposition

Crafft dessen nun Erstens solle er Sohn und dessen zue konfftige ehewirthin in das vätterliche hauß weeßen einheyraten, volgsamb beede junge eheleith denen alten gethreilichen haußen und arbeithen, andurch also der Eltern last und miehe verringern helffen, wo zwahr haubtsächlich der vatter die Manese annoch bei zubehalten, doch denen jungen eheleithen auch der gebihrend gewaldt gelassen werden solte und hierbei dise samt etwo konfftigen kindern die notwendige verpflegung zu geniessen haben. Würde aber

Andertens sye alt- und junge eheleith sich mit einander nit betragen kennen, so hetten zwahr sye junge eheleith zu weichen, jedoch aber solle dem sohn Franz fir seine biß anhero threu gelaiste dienst hiemit und chrafft dits unwiderrueflich versprochendt 40 f nach sein, des vattern Partlmee Rainers ableiben in vorauß umb somehr zuekhomben, alß er vatter auch dem bereits verheyratteten sohn und söckhlermaister Mathias Rainer ein mehrers und gegen 60 f geholffen zu haben angibet.

Drittens solle ihme sohn Franz in consideration seiner kindlichen hilf auf ihr der eltern verableiben die behaußung und gietterlen in der tax, wie sy eltern solche an sich gepracht, besizlichen nach gerichts und landts geprauch und mit regardierung des gepihrenden bsiz vorteil einverdrungener eingeraumbt werden. Massen

Viertens sich der sohn umb solch von den eltern erhaltne wohl naiglich bedanckht unnd anbei versprochen, sowohl durch sich alß seine konfftige ehewirthin ihnen eltern annoch firdershin gethreilichen an handen zu stehen, zu dienen, zu folgen und dieselbn zu ehren, umb darmit nit zweiflendt den friden zuerhalten und bei einander auf eine cost und hauß weesen auf imer thuenliche arth geschaffen zu mögen.

Ingestalten zu fösthaltung diser disposition und contract nomine loblicher pfleg gerichts obrigkeit den dissortigen anwalden und hofmarckht gericht schreibern herrn Franzen Hueber, so wohl der vatter Partlme, alß auch dessen sohn Franz, die Rainer, das anloben erstattet und diser letstere auch umb nöttige expedition gepetten hat.

Testes: herr Mathias Freelich, k. k. ungeltes schreiber, dann herr Johann Purgman, burger und der freyen kunst maller, und Johann Gall bei der schreiberei allda

Innichen Nr. 3: Verschreibung zwischen Antoni Seebaldt und Ursula Schräfflin

TLA, Verfachbuch Innichen 1763, fol. 643'–644'

Actum Iniching, den 7. septembris anno 1763
Nachdeme zwischen herren Antoni Seebaldts, burger und barbiereren, alhier sohn, auch herrn Antoni Seebaldt, barbierer, und des wohlgeachten Josephen Schräffl, burger und pirmentmachern eheliche tochter Ursula Schräfflin, ein ehe versprochen [sic] vorbeigangen, haben beederseits eltern denen angehenden eheleithen volgendes zugeben zuegesagt und nach bester formb tyrollischen landts rechts in verschreibung pringen lassen.

Alß des breitigams vatter, herr Antoni Seebaldt, gibet seinen sohn, auch Antoni Seebaldt, zu einen heyrath gueth dergestalten 73 f _ kr, das [sic] er solche auf den viertl hauß von Thomaß Mayr, so diser von der Christina Schmädlin überkommen, zuersuechen, dargegen die noch darauf hafftende 150 f _ kr der selbe, id est sohn, zue ybernemben unnd also dem aigenthumb zue beziechen oder den hörbrig zinß hievon einzunemen, auch allenfahlß zuverkauffen, doch er vatter mitlst hinauß gebung der 73 f an dem sohn sollichen kauff verwöhren könne und dises außer des reservierten einstandt gemaint.

Hingegen der Joseph Schräffl, alß vatter der prauth, verobligiert sich hiemit, solch seiner tochter 200 f eintweeders par oder auf den längs [Frühling, M.L.] die freystifft stückhlen von Franzen Schräffl hergehend zue yberlassen, warvon die tochter unnd dero konfftige ehegath die wahl haben solle, iedoch mit dem beisaz, wann die tochter etwo mit den ersten kindt zugleich versterben solte, solte das übrige verbleibende vermögen, verstehet sich *in specie* von denen 200 f, dem vater Joseph Schräffl selbsten widerumben zuekommen und zuruckh fallen.

Auch in fahl das vatterliche vermögen konfftig auf ein kind nicht mehr alß 200 f betragen würde, das muetterliche hier unter auch begriffen, unnd von denen 200 f abzuraiten wehre.

Nach dem ableßen haben zue festhaltung dessen sowohl der herr Antoni Seebaldt unnd dessen sohn, auch herr Antoni aines-, unnd der Joseph Schräffl fir sich unnd seine tochter andernsthails nomine loblicher obrigkeit etc. dem anwalden und gerichtschreibern herrn Franzen Huebern das anloben erstattet.

Testes: der firmembe Johann Küenpacher, burgerlicher gerichts ausschuss unnd gastgeb unnd Antoni Mayr, burgerlicher schuechmachermaister, beed allda

Innichen Nr. 4: Respective Heyraths Pact und Verordnung zwischen Hannß Forstlechner und Agnes Kerschpamberin

TLA, Verfachbuch Innichen 1765, fol. 54'–55

Actum Iniching, den 21. julj anno 1765
[im Randregest als „Respective Heyraths Pact und Verordnung" bezeichnet]

Vor dem wohl edlgebohrnen herrn Joseph von Tschusy im Schmidhofen, hochfirstlich freysinginschen pflegern und lechens probsten der herrschaft Iniching etc.

Ist erschünen der ehrngeachte Hannß Forstlechner, burger und dermahliger wittiber alhier in Iniching, und hat seiner neu angehenden prauth und ehewürthin Agnes Kerschpamberin, von Inichperg gebürtig, hiemit und in chrafft dits *per modus* eines heyrath pacts auf dessen vor verableiben in seiner behaußung lebenlangliche hörberg mit besondern genuß des camerle ober dem gadenle und in lasten holz freü, versteht sich, das [sic] sye in der stuben zur einhaizung nicht beizutragen, zu gaudiren ohnwiederruefflich verordnet. Deßwegen zumahl loblicher pfleggerichts obrigkeit selbsten das anloben erstattet.

Testes: herr Franz Antoni Peintner, burger, handlßman, gastgeb, gerichts ausschuß und closterfrauen ambtmann, und Thomaß Golser, burger und glaser allda

Innichen Nr. 5: Contract zwischen Peter Pergmann und seinem Sohn Johannes

TLA, Verfachbuch Innichen 1768, fol. 696–698

Actum Iniching, den 6ten tag des monats januarj anno 1768

Nachdeme der ehrngeachte Peter Pergmann, burger alhier in betrachtung gezochen, das [sic] dessen eheleiblicher lieber sohn Johannes Pergmann, ihm vattern schon viell jahr threulich beygestanden und maistenthails die güetterlen erarbeiten geholfen, hiefir aber ainnchen lidlohn nit erhalten, sondern villmehr in gegentheill von seinem tagwerchen ein und anders dem hauß wesen zue guetten eingelegt, dahero und indeme nun er sohn Johannes Pergmann sich mit vatterlichen willen über vorherige beanfragung in das haußwesen einzuheyraten gedencket, derentwegen hat er vatter Peter Pergmann an hernach stehende gezeugen eröffnet und *ad prothocollum* zu nemen sich herbeigelassen volgenden *in vim* einer heyraths abgabs zusag zu gelten habenden

Contract

Chrafft dessen nun
1mo sollen ihme bemelten sohn Johannes Pergmann in alten ohnstaigerlichen tax besizweiß überlassen und eingeraumbt werden sowohl die behausung als alliglich ligende güetter, und zwahr ohnbenomen seines konfftig gleichen vätter- und müetterlichen erbes, auch bsiz- und mannsforteil, sambt waß dabei berirt, iedoch die einraumung würcklich erst nach sein, deß vattern albeiben gemaindt.
Nemlichen die behaußung (welche sehr schlecht und ie ehender ihre notwendige neuerlich zu erpauen nottig) sambt garten und peinten wie derentwegen der alte brief lautet per 200 f
dann die paurecht 2er stuckh erdreich auß ainen halbn viertl gotteshauß pau zu plochern beisamen ligend, laut kauff brief vom letzten juny 1709 per kauff und leykauff 200 f
und verner ain stuckh in bartlmaß und aines in stainackher so freystifft beede per 90 f
thuet in summa [nicht angegeben, M.L.]

Darzue 2do wolle er vatter Peter ihme sohn Johannes Pergmann die tott- und lebendige varnuß zu einem vorauß umb verdienens willen unwiderruefflich zuegedacht und verordnet haben. Dagegen

3^{tio} er sohn Johannes Pergmann verbunden seye, seiner stüeffmuetter Christina Kassewalderin nach sein, des vattern verableiben in der ihme erstern besizlich einraumenden behaußung die leibs lebenlängliche herberg mit der behilzung und nothwendigen geraum zue verstatten. Hierzwischen

4to hat er sohn Johannes mit seiner ehewürthin in das vatterliche haußwesen einzuheyraten und, solang er vatter lebt, sich in einer kost und verpflegung zu betragten. Solte aber dises letztere, nämlich in einer verpflegung sich nicht thuen lassen oder ihme sohn geföllig sein, hat derselbe gleichwohlen in vatterlichen hauß sambt weib und kindt ohnvertriebner zuverbleiben und nach dem tott des vattern den bsiz würcklich zu beziehen. Wie dann

5to nach dem vatterlichen tott über sein sohn Johannes eigene gebühr an vatter- und müetterlichen erb, auch ander erweißlichen *Protension* derselbe nach obrigkeitlich ordentlicher verhandlung denen weichenden 2 gebrüdern sowohl alß der stüeffmuetter das ihrig betröffende hinauß zu bezahlen haben soll.

Nach dem ablesen und das [sic] solches des mehrgemelten Peter Pergmanns wille seye, um disem er für den sohn Johannes *ad prothocollum* zu nemen verlanget, haben sich die 2 zeugen (welchen dises geschafft comittieret worden), namlich herr Franz Anton Peintner, burgerlicher gastgeb, handlßman und gerichts ausschuss, und Joseph Kräller, auch burger allda, nicht allhie zum *prothocoll* beiderseits aigenhandig unterschrieben, sondern auch zu mehrerer bekrefftigung nomine loblicher obrigkeit dem anwalden und gerichtschreiber Franzen Hueber das anloben erstattet
Franz Anton Peintner als zeug
Joseph Kräller als zeug

Innichen Nr. 6: Heuraths-Contract zwischen Hanßen Lercher und Susana Sagemeisterin

TLA, Verfachbuch Innichen 1775, fol. 1031–1033

Actum Inniching, den 1ten februar 1775

Daselbsten ist entzwischen dem ehrngeachten Hanßen Lercher, Mayriginter, burger allda, als wittibern an einem, dann der bescheidenen Susana Sagemeisterin, der ehrngeachten ehewirthsleuthen weyland Blasy Sagemeister, gewester huttermeister in Sexten, und Maria Holzerin, nun Leonard Thallerische wittib daselbs in Sexten, landgericht Heinfölß, ehelich erzeugten tochter, und zwar diese in *assistentia* ihres stief und mutterbändigen brudern Peter Thaller, halber inhaber des Geserhofs alldort in widerhollten Sexten, als ihres zu dem ende begnehmten anweisers, jungfer braut anderstheils nach bester form tirolischen land rechten vorgangen und errichtet, auch wirklichen in aufricht und lobung gebracht worden nachstehender

Heuraths-Contract

In Kraft dessen
Erstens gleichwie der handstreich bey hochwürdiger geistlichkeit bereits vorbey gegangen, also wollen sie braut persohnen zu konftigen con- und eheleuthen hiemit nochweils versprochen sein und bleiben. Inmassen dem nächstens nach vorherig ordentlicher verbindung die wirkliche priesterliche copulation zu erfolgen haben solle. Zu welchem ende denenselben der allerhöchste ehestifter seinen gnadreichen segen zuverleihen geruhen wolle.
Anlangende nun

Zweitens das zeitliche, dießfahls ist zu wissen, daß der präutigam Hannß Lercher, Mayrginter allhier in hofmarkt Inniching, mit haus und güttern ansessig seye, wohin er also dieselbe seine braut, also zukünftige ehewirthin einfiehren und derselben hierinnen allen einen eheweib zugestatten kommenden gewaldt zu überlassen verspricht. Nichtminder

Drittens, wenn derselbe, id est Lercher, vor solch seiner ehewirthin Sagemeisterin, es seye mit oder ohne eheliche leibes erben, verabsterben sollte, so hätte sie ehewürthin dessen über die abzüg und schulden hinaus übrig verbleibendes vermögen leibs lebenlänglich dergestalten, ohne von haus und güttern abzuweichen, zugeniessen. Daß dargegen

Viertens infahl eheliche kinder verhanden wären, es sich ohnehin verstehe, daß dieselbe als mutter solche mit aller leibs und lebens nothwendigkeit aufzuerziehen und zuerhalten habe und ihro zur eigenen willkühr stehe, wann die kinder vielleicht schon erwachsen wären, denenselben zu ihrer allerfalligen standes veränderung nach nothdurft zu ihrer versorgung zu helfen. Wiedann sie widerumen

Fünftens die braut Susanna Sagemeisterin in *assistenz* ihres bruders und zu dem ende gebrauchenden anweiser ihren angehenden ehewirth Lercher gleichfalls jetzt habendes und noch überkommendes vermögen ebenfahls, es seye, daß sie mit oder ohne kinder versterbe, auf leibes lebenlänglich zum genuß vermache, und zwar bey verhandnen kindern der maaß, wie hie oben von dem angehenden ehewirth Lercher gegen ihro Sagemeisterin die versorg- und ausfiehrung beschehen.

Schließlichens beschiehet solche verbindung unter des bräutigam Hannßen Lercher gegen seiner braut und anghenden ehewirthin hiemit bewirkenden vermögens verpfänd- und verschreibung und *vice versa* auch von der braut Susanna Sagemeisterin gegen denselben *stipulierenden* fürpfand, welche ersteres sich besonders auf der letztern einbringen gemeint ist.

Nach dem ablesen solchen heuraths contract und was dabey einfließet, statt und unveränderlichen zuhalten haben nomine löblicher pfleggerichts obrigkeit etc. dem hierortingen hofmarkts anwalden herrn Franzen Hueber mit mund und handen das anloben und zu verfertigung der gleich lautenden exemplarien die sigl bitt erstattet
als der bräutigam Hannß Lercher, Mayrginter eines und die jungfer braut Susana Sagemeisterin nebst dero bruder und anweisern Peter Thaller anderstheils

Testes: der wohlehrngeachte Martin Purgman, bürger, und Kaspar Eduard Hueber, schreiberey verwanter, beyde allda

Innichen Nr. 7: Heuraths- und weiterer Contract zwischen Joseph Bodner und Ursula Oberhoferin

TLA, Verfachbuch Innichen 1778, fol. 780–787

Actum Inniching, den 18ten aprill 1778

Demnach zweifelsohne durch göttliche fügung sich zuegetragen, das [sic] entzwischen den ehrnzichtigen jungen gesöllen Joseph Bodner zu Hinterburg, landgericht Heinfels, dermahligen hauß knecht bej dem wohlehrnstesten herrn Franz Anton Peintner, bürgerlicher gerichts ausschuß, auch wirth und gastgeben, sodann handlsmann alda zu Inniching, dann der tugendsamen Ursula Oberhoferin, weilland des ehrngeachten Mathias Taschler, bürger dießorts, hinterlassene witwe, eine ehrbare bekantschaft sich ereignet, wodurch beyderseits gemüther insoweit vereinbahret worden, daß dieselben einhellig ihre *resolution* da-

hin gewendet, diese ihre bis anher gehabte verständniß vermittelst des heilligen *sacraments* der ehe auf ewig zu bestätigen.
Gleichwie er Joseph Bodner, welcher arbeith halber nicht beykommen kann, zu diesem ende dem wohl ehrngeachten Andre Baur, bürgerlicher huttermeister diesorts, und die Ursula Oberhoferin ihrem obrigkeitlich verpflichten anweiser, dem ehrngeachten Johann Miller, bürgerlichen leinweber alhier, zur alhießigen hofmarkt gericht schreiberei abgeschickt, mit dem bittlichen anbringen, ihre beyd seitige verlobnuß und allenfalls weitere verabrödung in priefliche aufrichtung zu bringen, und so massen nun sothanes *petitum* für büllich angesehen, auch hierinfahls zu wilfahren kein bedenken getragen.

Alß ist zufolge dessen entzwischen mehr gemeldten Joseph Bodner, welcher die jahre volkomener vogtbarkeit schon längstens erreichet, hochzeiter an einem, dann auch vorgnandter witwe Ursula Oberhoferin, welche mit rath und einfluß ihres obrigkeitlich verpflichten anweißer, des mehr gedachten Johann Miller handelt, brauth andern theils (jedoch aller erst auf beyd seitige belöbung) nach bester form tirolischen land rechts vorgangen und errichtet worden nachstehender

Heuraths- und weiterer Contract

In kraft dessen nun
Erstens wohlen sie Joseph Bodner und Ursula Oberhoferin nach bester form geistlicher rechte bis zur priesterlichen copulation, so ehenächstens beschehen dürfte, nochweils zu künftigen con- und eheleiten versprochen seyn und bleiben, wozu ihnen der göttliche ehestifter seinen mildreichen seegen zu verleihen geruhen wolle.

Zweyttens verbündet sich mehrgedachte witwe und brauth Ursula Oberhoferin mit begnemigung ihres bereits gemelten anweisers Johann Miller und auf anhofen der verwilligung löblicher grund- und freystift herrschaft, erwehnten breitigamb, ihren zuekinftigen ehemann, Joseph Bodner durch auß die halbscheid der liegenden effetten, auch tott- und lebendigen fahrnussen, sowie sie soliche auf ableiben ihres vor geweßen ehemann Mathias Täschler infolge der vor diesortig löblicher pfleggerichts obrigkeit untern dato 2ten märz 778 vorgegangener abhandlung testament- und vergleichweiß ansich gebracht, um den alt inventarischen tax (außer einer bereiths verwendeten *salva venia* rothen kuhe samt kalbl und einer geiß, so im inventario per 25 f 48 kr angeschlagen), kaufweiß eigenthümlich zu überlassen und abzuträtten, welch diese überlaß- und abträttung vermög ob cittierter Mathias Täschlerischer abhandlung in nachfolgenden bestehet,

alß

[es folgen mehrere Seiten Inventur der liegenden Güter bis inklusive fol. 785'. Der verzeichnete Wert der dem Bräutigam überlassenen Hälfte beläuft sich auf 558 f 53 kr.]

Nichtminder
Drittens ist unter ihnen angehenden eheleiten Joseph Bodner und Ursula Oberhoferin die verabrödt und ein verstendniß dahin getrofen worden, daß ienner theil, welcher den anderen überlöben solte, die zweite halbscheit der liegenden behaußung und gütter, auch tott- und lebendigen fahrnussen ebenfahls um den nemblichen alten tax ohne mindester wiederred der erben und befreinde ansich zu bringen berechtiget sein solle, wo sohin

Viertens sie mehr beröthe angehende eheleit einander auch den löbenlänglichen genuß ihres samentlich hinterlassen vermögens bey ein oder andern theil nach den unerforschlichen willen gottes erfolgen mögenden verableiben dem überlöbenden vermacht und zu gedacht haben. Anbei ist

Letztens unter ihnen eheleiten die ein verstantnuß dahin beschehen, das [sic] beyd seitiges vermögen ihnen miteinander zum gleichen gewinn und verlust verbleiben und in zukunft die berechnung nach solcher ein verstantnuß beschechen sollte.

Nach beschehenen ablössen und zu wahrer bekräftigung dass dieses der vereint und abgerethe hejraths und weithere contract beyder braut persohnen Joseph Podner und Ursula Oberhoferin seye, haben sie vorgemelte Andre Baur und Johann Miller einsmahl und biß zur selbst bej kummen gedachter brauth persohnen nomine loblicher pfleggerichts obrigkeit dem hiesigen anwalden und gerichtsschreiber herrn Joseph Casian Hueber das anloben erstattet.

Testes: herr Sebastian Ignatz und Caspar Eduard, die gebrüder Hueber, ersterer kaufmans dr. in Trient, und letzterer schreiber, dermahlen beyd allda

Innichen Nr. 8: Heuraths-Contract zwischen Karl Tempele und Elisabeth Täschlerin

TLA, Verfachbuch Innichen 1783, fol. 363'–366'

Actum Innichen, den 31ten jänner 1783

Zuwissen seye hiemit angefügt männiglich: Nachdeme zweifels ohne aus sonderbarer wirk- und anordnung des schöpfers entzwischen dem ehrngeachten Karl Tempele, burger und derweilligen wittwer allda in hofmarkt Innichen, sodann der tugendsammen jungfrau Elisabeth Täschlerin von Haselsberg, landgerichts Welsberg, gebürtig, sich eine eheliche heuraths unterredung zugetragen, als ist daraufhin des zeitlichen halber zu beybehaltung künftiger besserer richtigkeit zwischen gedachten Karl Tempele, Bräutigam, an einem, dann obgemeldter Elisabeth Täschlerin, welche zum dato nicht gegenwärtig, jedoch durch ihren bruder und zu diesem ende obrigkeitlich verpflichten anweißer, den ehrsamen Anton Täschler, Hacker am Haselsberg, vertretten wird, jungfrau braut anderntheils *ad protocollum* zu nehmen gebethen worden nachstehender

Heuraths-Contract

In folge dessen nun

Erstens wollen sie Karl Tempele und Elisabeth Täschlerin von nun an einsmalen bis zur priesterlichen copulation als künftige eheleut wirklich miteinander versprochen seyn und bleiben, welches versprechen aber nach bestehend allerhöchsten k. k. similien allererst nach verfolgter einsegnung gelten kann und mag, folglich bis dahin in rechten nach keineswegs verbündlich ist.

Zweytens obligiert sich mehrgedachter bräutigam und zukünftiger ehewirth Karl Tempele die jungfrau braut als seine angehende ehewirthin alsogleich nach vorbeygangener hochzeit in das hauswesen einzuführen und allen haushäblichen gewalt, wie es hier in Innichen gewöhnlich, selber zu lassen, auch sich gegen diese, wie es einem ehe- und treu liebenden mann ohnehin zustehet, auch wohlanständig ist, aufzuführen und zu verhalten. Nichtminder

Drittens macht sich öfters ernannter bräutigam Karl Tempele anhäuschig und verbündlich, seiner künftigen ehewirthin und dermaligen braut Elisabeth Taschlerin im fall selber aus göttlichen verhängniße vor ihr verabsterben und von dieser ehe kinder hinter sich lassen sollte, in seinem halb besitzenden hause die zins- und holzfreye herberg mit geniesung des nöthigen kräutle gartens zu überlassen und einzuraumen. Sollte hingegen

Viertens keine *succession* aus dieser ehe nach seinem todte verhanden seyn, so solle ihr braut Elisabeth Täschlerin all sein liegend und fahrendes vermögen zum lebenlänglichen genuß ohne wiederred der allenfälligen rauterben belassen werden. Wo dagegen

Fünftens anstatt der abweßigen braut Elisabeth Täschlerin derselben bruder und anweißer, vorgemeldter Anton Täschler, sich verbündlich machet, ihm angehenden ehemann und des letztern zukünftigen schwager Karl Tempele das sammentliche ihr angehörige vermögen zuzubringen und einzuraumen.

Schließlichen wird wegen all vorstehenden verbündlichkeiten jedweden theils und sonderheitlich, sovielen es der jungfrau braut Elisabeth Täschlerin ihme ehemann einbringendes vermögen anbetrift, des bräutigam Karl Tempele ganz und völlige vermögenheit ohne ausnahm hiemit und in kraft dieß nach besten form landsrechten zum sichern für- und unterpfand eingesetzt, verhaft und verschrieben.

Nach dem ablesen, diesen heuraths contract stett und fest zu halten, haben sowohl der bräutigam Karl Tempele als der braut bruder und anweißer Anton Täschler löblicher pfleggerichts obrigkeit das handgeliebt erstattet.

Zeugen: herr Ignatz Unterberger, landgerichts procurator zu Toblach, herr Johann Alex Peintner und Joseph Franz Koll

Innichen Nr. 9: Heuraths-Kontrakt zwischen Johann Maurer und Barbara Gutwengerin

TLA, Verfachbuch Innichen 1784, fol. 710'–714

Actum Innichen, den 7ten februar 1784

Zuwissen seye hiermit angefügt männiglich: Nachdem zweifels ohne aus sonderbarer schick- und anordnung des schöpfers sich entzwischen den ehrngeachten Johann Maurer, burger und wittwer allhier in hofmarkt Innichen, sodann der tugendsamen jungfrau Barbara Gutwengerin, eine eheleibliche tochter des ehrsamen Gregori Gutwengers, bauersman in Innervillgratten, landgerichts Heinfels, und der tugendsamen Maria Leitnerin, eine eheliche heurathsunterredung zugetragen, als ist daraufhin des zeitlichen halber zu beybehaltung künftig besserer richtigkeit zwischen ermeldten Johann Maurer, bräutigam an einem, dann vorbenamster Barbara Gutwengerin, welche mit rath ihres zu diesem ende obrigkeitlich verpflichten anweisers, dem führnehmen Valentin Oberhamer, burgerlichen gerichts ausschuss und rothgärbermeister dortselbs zu Innichen handelt, jungfrau Braut anderntheils *ad protocollun* zu nehmen gebethen worden nachstehder

Heuraths-Kontrakt

In folge dessen dann
Erstens sollen und wollen sie ob angedeute zwo brautpersonen Johann Maurer und Barbara Gutwengerin von nun an bis zur priesterlichen copulation als künftige eheleut wirklich mit einander versprochen seyn und bleiben, welches versprechen aber nach bestehend allerhöchst k. k. similien allererst nach erfolgter einsegnung gelten kann und mag, folglich bis dahin in rechten nach keineswegs verbindlich ist.

Zweytens obligiert sich der bräutigam Johann Maurer, die jungfrau braut Barbara Gutwengerin als seine künftige ehewirthin alsogleich nach erfolgter trauung für eine wirkliche haushalterin in das haus einzuführen, derselben zumal all haushäblichen gewalt, was einem weib zugehört, zulassen und sich gegen dieselbe, wie es einem ehe- und treu liebenden mann ohnehin zustehet, auch wohl anständig ist, aufzuführen und zuverhalten. Dagegen

Drittens verspricht die jungfrau braut Barbara Gutwengerin ihme angehenden ehewirth Johann Maurer an dermaligen vermögen, und zwar bey dem bruder Gregori Gutwenger in Innervillgratten 60 f _ kr, bey dem schwager Joseph Obbrucker in Außervillgratten 226 f _ kr und bey ihr selbs an baargeld 14 f _ kr, folglich zusammen 300 f _ kr einzubringen und zum ehemännlichen fruchtgenuß zubehandigen. In weitern

Viertens wollen sie zwo brautpersonen und zukünftige eheleute hiemit und in kraft dieß das auf ein oder des andern theil früheres verabsterben bey der verhandlung sich sammentlich zeigende vermögen, es mögen sohin aus dieser ehe kinder oder keine verhanden seyen, gegen einander und dem überlebenden theil zum lebenlänglichen fruchtgenuß gegen dem überlassen und vermacht haben, daß dargegen

Fünftens der beym leben verbleibende ehegatt schuldig und gehalten, die etwo aus solcher ehe verhanden seyn mögenden kinder christlich aufzuerziehen und mit aller leibsnothwendigkeit zu verpflegen, auch dießen das lesen, schreiben und rechnen, wie auch denen knaben allenfalls ein handwerk, denen mädchen aber die natherey, folglich all jenes erlernen zu lassen, womit diese in stand gesetzt werden, auch in zukunft ihr stücklbrod verdienen zu können. Endlich

Sechstens seye auch der überlebende theil schuldig und verbunden, den verstorbenen gatten per 18 f heilige messen nachlesen zu lassen, jedoch gegen deme, daß bey der verhandlung solches *quantum* von dem vermögen des abgelebten eheconsorten abzusetzen und zur abzug zu bringen seyn solle.

Schließlichens wirdt wegen all vorstehenden verbindlichkeiten jedweden theils und sonderheitlich, sovielen es der jungfrau braut einzubringendes und während der ehe anfallendes vermögen betrift, des bräutigam Johann Maurers ganz und völliges vermögen ohne ausnahm hiemit und in kraft dieß nach besten form landesrechten zum sichern für- und unterpfand eingesetzt, verhaft und verschrieben.

Nach dem ablesen haben zu festhaltung dieses heurathskontrakts sowohl der bräutigam Johann Maurer, als auch die braut Barbara Gutwengerin nebst ihren obrigkeitlich verpflichten anweiser Valentin Oberhammer löblicher pfleggerichts obrigkeit das handgeliebt erstattet.

Zeugen: herr Johann Alex Peintner, herr Johann Augustin Beck und Joseph Franz Koll

Innichen Nr. 10: Heuraths-Vertrag zwischen Johann Strell und Maria Börnbacherin

TLA, Verfachbuch Innichen 1789 fol. 398–399

Actum Innichen den 5ten hornung [Februar, M.L.] 1789

Dato ist entzwischen dem ehrnzüchtigen junggesell Johann Strell, bürgerlicher wagnermeister allhier im hofmarkt Innichen, bräutigam an einem, dann der tugendreichen jungfer Maria Börnbacherin zu Uttenheim, gerichts Taufers, beede großjährigen standes, braut andern theils errichtet und zu stande gebracht worden, folgender

Heuraths-Vertrag

In kraft dessen

1mo versprechen sich beede brautpersonen wechselseitig einander zu ehlichen, jedoch kann dieses versprechen gemäß allerhöchsten similien nur erst dann seine gültigkeit erreichen, wann die priesterliche copulation erfolget ist. Dann

2do betreffend den fruchtgenuß währender ehe, so vermachet die braut dem bräutigam von ihrem im monat may einzubringenden heurathgut den fruchtgenuß während der ehe. Sodann

3tio behaltet sich die braut bevor, daß, wenn sie noch über dieses heurathgut etwas erben sollte, von diesen erbtheil ob 200 f den zins zu ihrer eigenen verwendtung zu beziehen haben solle, und zwar sind diese 200 f jährlich à 3 pro cento zu verzinsen.

4to Das diese 200 f übersteigende und während der ehe ererbende vermögen aber soll dem bräutigam ebenfalls zum fruchtgenuß dienen. In weitern

5to soll in fall die braut früher versterbete, dem bräutigam von dem rückverlassenden vermögen die halbscheid lebenlänglich zum genuß verbleiben, jedoch hätte dieser genuß aufzuhören, sobald bräutigam sich neuerlich verehelichen sollte. Dargegen

6to will bräutigam sich verbindlich gemacht haben, falls derselbe vor der braut verabsterben sollte, daß letztere in seiner behausung die holz- und zinsfreye herberg, in solang selbe lebet, zu beziehen habe, bey erfolgender zweyter vermählung aber ebenfalls dieses rechtes verlustig seyn solle. Endlich

7mo wird wegen ein so ander verbindlichkeiten das beederseitige dermal und zukünftige vermögen hiemit zum fürpfande untergestellt.

Zur bestättigung aller voreingekommenen punkten haben nach erfolgten ablesen sowohl der bräutigam Johann Strel als auch die braut Maria Börnbacher nebst ihren oheim Vallentin Oberhammer löblicher pfleggerichts obrigkeit das handgeloben erstattet.

Zeugen: Peter Strel, bürger, dann herr Joseph Franz Koll, oberschreiber und Anton Putz,
praktikant, alle allda

Innichen Nr. 11: Heuraths-Kontrakt zwischen Thomas Mayr und Margreth Englhoferin

TLA, Verfachbuch Innichen 1790, fol. 689'–692'

Actum Innichen, den 9ten april 1790

Entzwischen den wohlgeachten Thomas Mayr, bürger und krammer allhier im hofmarkte Innichen, dermaligen wittwer, bräutigam an einem, dann der tugendreichen jungfrau Margreth Englhoferin, vogtbaren stands, vom Haslsberg, landgerichts Welsberg, gebürtig, braut anderntheils wurde heut dato nach besten form tyrolischen landsrechten errichtet folgender

Heuraths-Kontrakt

In folge dessen
1mo wollen beede brautleute von nun an bis zur priesterlichen einsegnung als künftige eheleute versprochen seyn und bleiben, jedoch habe dieses versprechen nach bestehenden allerhöchsten gesetzen allererst nach erfolgter priesterlicher einsegnung kraft und bündung. Sodann

2do verbindet sich die braut Margreth Englhoferin dem bräutigam und künftigen ehemann Mayr das bestehende ganze dermalige und zukünftige vermögen während der ehe nach den alten tyrolischen landsrechten zum fruchtgenuß zubelassen und auszuhändigen. Dargegen

3tio will der angehende ehemann Thomas Mayr der braut und anhoffenden ehegattin Margreth Englhoferin auf sein früheres verabsterben in der eigenthümlich besitzenden behausung die zins und holzfreye herberg dergestalten lebenlänglig vermacht haben, daß diesselbe in der stube gegen mittag [Süden, M.L.]

bey den fenstern den raum zu stellung eines tischels, spinnrads und lehnstuhls, dann in der kuchl einen hinlänglichen platz auf den herde haben, nichtminder blos zum herd-gebrauche 2 Wiener klafter scheitter jährlich beym haus gestellter zu empfangen, auch die geheitzte stube und backofen ohne einen holz oder geldersatz von den künftigen hausinhabern genießen solle und möge; nichtminder wäre auf kösten sein, des bräutigam, erben die kammer ober der vorgedachten stube zu unterschlagen und mit schloß und band zu versehen, woraus die angehende ehewirthin das unterschlagene kammerle ebenfalls lebenlänglich zu genießen, und *inspecie* den eingang zu erwähnten kammerle durch den vor ihren unterschlag erfindlichen raum und uiberlieg der getheilten räume zu nehmen habe, überhaupts aber weders zu dieser noch zu einer andern hausseparation niemals nichts beyzutragen haben solle. Weiters

4to hätte sich braut und anhoffende ehegattin im garten, in der gegend, wo es selber beliebig seyn wird, ein kräutlebett von 2 klafter lang und ½ klafter breit zum genuß auszuziehen. Uiberdaß

5to will der bräutigam der braut im fall auf sein früheres hinscheiden aus gegenwärtiger ehe ein- oder mehrere kinder verhanden seyn sollten, sein ganzes vermögen bis zu endigung des zum besitz erklärten kindes 20zigsten jahrsalter mit dem zum genuß vermacht haben, daß dargegen selbe gehalten sey, die verhandenen kinder während der genußjahre mit kost und kleidung zuversehen, diese christliche zuerziehen und das nothwendige zu einem brodverdienenden stand erlernen zu lassen, auch nach des besitzkinds erfüllten 20ten jahrsalter das ganze sammentlichen kindern angehörige vermögen rückzustellen. Sollte aber

6to sache seyn, daß braut Margreth Englhoferin nach sein, des bräutigams, ableben sich neuerlich verehelichen würde, so hätten in diesem falle alle zu gunsten derselben vor eingekommenen verbindlichkeiten in der gänze und ohne ausnahme aufzuhören. Im wiedrigen falle aber, das ist, wenn braut im wittwenstand verbleibt, solle dieselbe nicht nur allein alle zu gunsten ihrer vor eingekommenen anordnungen und gutthaten lebenlänglich zu genießen haben, sondern der bräutigam Thomas Mayr will derselben in diesem falle auch die weitere versprech- und unwiderrufliche zusage hiemit abgeben, daß Sie braut, es seyen sohin kinder verhanden oder nicht, anstatt eines täglichen seitels frischer milch aus seinem rücklassenden vermögen jährlich und lebenlänglich 6 f baar zu empfangen haben solle. Endlich und zumalen

7mo der bräutigam Thomas Mayr untern 15ten july 1789 dem vetter Franz Müller, webergesell diesorts, den besitz des hauses und der güter in jenem fall, wenn er Mayr ohne leibes-erben verstärbe, gegen gewiesen verbindlichkeiten zugedacht hat, so hat jedennoch der Vater des gedachten Franz Müller, Johann Müller, webermeister in Waidach, als gerhab und *de rato cavier*. [gemeint ist, dass er dafür bürgt – cavieren, M.L.] desselben, alle im gegenwärtigen heuraths-kontrakt bey nicht verhandenen kindern eingekommenen verbindlichkeiten zu erfüllen, sich anheuschig gemacht. Hingegen habe er Franz Müller für diese verbindlichkeiten der herdane gebung des holzes, herberg und kräutlegartens während der lebzeit der allenfälligen wittwe von sein, des Thomas Mayr, eintrettenden erben jährlich nach ermässigen der löblichen obrigkeit einen billigen und verhältnißmäßigen gegengang anzufordern.

Letztens sollen hiemit und in kraft dieß, wenn sie braut seiner zeit in wittwenstand gesetzt werden und verbleiben sollte, die allenfälligen leibs- oder rauterben unabweichlich obligiert seyn, die vorgedachten 6 f wegen der milch jährlich sicher abzureichen, auch überdas die befingerzeigte kammer ober der stube alsogleich unterschlagen und mit schloß und band versehen zu lassen.

Uibrigens wird wegen all vorstehenden verbündlichkeiten das Thomas Mayrische ganze vermögen zum fürpfand untergestellt.

Nach dem Ablesen haben zu bekräftigung dieses heuraths contracts sowohl der bräutigam Thomas Mayr und die braut Margreth Englhferin als auch der Franz Müllerische gerhab Johann Miller loblicher Obrigkeit das handgeliebt erstattet.

Zeugen: der ehrngeachte Peter Mayr, burger und Joseph Franz Koll, beede allda zu Innichen

Innichen Nr. 12: Heuraths Kontrackt zwischen Johann Bärtlmä Mayr und Maria Cecilia Rainerin

TLA, Verfachbuch Innichen 1791, fol. 1–2

Actum Innichen, den 8ten jänner 1791[7]

Dato ist zum pfleggericht beygekommen und erschienen der ehrngeachte Johann Bärtlmä Mayr, dermaliger innwohner allda im markte Innichen, bräutigam, dann desselben braut Maria Cecilia Rainerin, und haben gebethen den bereits in Innsbruck untern 10ten 8ber [Oktober, M.L.] 1790 außergerichtlich errichteten heuraths kontrakt *ad protocollum* zu nehmen, welcher wörtlich also lautet

Heuraths Kontrackt

Zwischen mir Johann Bartlmä Mayr, gartner zu Innsbruck, und der tugendsamen jungfrau Maria Cecilia Rainerin, kürschners tochter von Innichen.

Actum Innsbruck, den 10ten 8ber 1790 hab ich obermeldter Johann Bartlmä Mayr von den meinigen vermögen der meinigen liebsten und künftigen ehegattin Maria Cecilia Rainerin, weil sie mich versprochen hat zu heurathen, zu einer morgengab freywillig geschenkt dreyhundert gulden, sage 300 f _ kr.
Das übrige vermögen aber solle sie zu ihren handen nehmen und darmit handeln und wandeln nach ihren gefallen, wie sie will.
Ich wünsche ihr das leben, sollt sichs aber begeben, daß sie vor meiner mit todt abgehet, so soll es mir wiederum zufallen, wann keine leibserben sollten verhanden seyn, ist aber was verhanden, so hat es schon seinen geweisten weg, daß es denen kindern zufällt.
Sollte aber sie mich überleben, so sollt nach meinem abgang ihr alles das ganze vermögen geschenket seyn.

Zeug: Karl Philip Appeller, Hofglasser, und
Joseph Hochrainer, Tischlermeister allda

Diesen *ad protocollum* genommenen heuraths kontrakt will der bräutigam Johann Bartlmä Mayr nochmals hiemit bestättigen und deswegen sein ganzes vermögen zum fürpfand gerichtlich unterstellen, auch löblicher pfleggerichtsoberkeit nebst der braut Maria Rainerin das handgeliebt erstatten und sich allda eigenhändig unterzeichnen
ych Yohan Bartlme Mayr[eh]
Maria Cecilia Rainerin[eh]

Zeugen: Michael Suitner und Joseph Franz Koll, beede allda

7 Siehe dazu auch Abb. 2, S. 221.

Innichen Nr. 13: Heuraths-Kontrakt zwischen Johann Holzer und Thereß Fuchsin

TLA, Verfachbuch Innichen 1791, fol. 24'–26

Dito [Actum Innichen, den 1ten juny 1791, M.L.]

Entzwischen dem ehrnzüchtigen junggesellen Johann Holzer, bürgerlichen glassermeister allhier im hofmarkte Innichen, vogtbaren stands, bräutigam an einem, dann der trugendreichen jungfrau Thereß Fuchsin dießorts, ebenfalls vogtbaren stands, braut anderntheils wurde nach besten form tyrolischen landsrechten errichtet folgender

Heuraths-Kontrakt

In folge dessen
1mo wollen beede brautpersonen von nun an bis zur wirklichen verehelichung mit einander versprochen sein und bleiben, welches versprechen aber allererst nach der priesterlichen einsegnung die rechtliche wirksamkeit erhaltet, und somit bis dahin ohne verbindlichkeit ist.

2do vermacht die braut Thereß Fuchsin dem bräutigam Johann Holzer während der ehe von ihrem ganzen vermögen, sowohl dermaligen als annoch überkommenden, den ehevogtlichen fruchtgenuß. Dargegen

3^{tio} will der bräutigam Johann Holzer auf sein früheres verabsterben der braut und künftigen ehegattin Thereß Fuchsin eben soviel von dem seinigen hinterlassenden vermögen zum lebenlänglichen fruchtgenuße hiemit vermacht haben, als die Braut Thereß Fuchsin bey seinen verableben ihm bräutigam wirklich eingebracht haben und derselben damals eigenthümlich von ihren ältern und befreunden angefallen seyn wird; jedoch gegen deme, daß sie braut, im fall damals aus dieser ehe kinder verhanden seyn würden, den kindern, wann ein- oder das andere derselben zu einer versorgung gelangen sollte, die halbscheid des dem kinde treffenden vinkulirten genußvermögens hinaus bezahlen müsse. Hingegen

4to will auch die braut Thereß Fuchsin, im fall selbe vor dem bräutigam verabsterben würde, demselben das sammentlich beym todtfalle besitzende vermögen mit der nämlichen, hievor §^{vo} 3^{tio} gedachten verbindlichkeit zum lebenlänglichen fruchtgenuß vermacht haben. Endlich

5to verbindet sich der bräutigam Johann Holzer das einbringende eheweibliche vermögen auf seine habschaften gerichtlich zu versichern.

Letztens wird bis bescheh alles dessen das beydsaitige vermögen gegen einander hiemit verhaft und verschrieben.

Nach dem ablesen haben zu bekräftigung dieses heuraths kontraktes beede brautleute löblicher oberkeit das handgeliebt erstattet.

Zeugen: herr Joseph Fuchs, wirth, Joseph Franz Koll und Michael Suitner, alle allda zu Innichen.

Innichen Nr. 14: Heuraths-Kontrakt zwischen Johann Aussersdorfer und Agnes Oberhammerin

TLA, Verfachbuch Innichen 1792, fol. 269'–271'

Dito [Actum Innichen, den 28. April 1792, M.L.][8]

Entzwischen dem ehrnzüchtigen junggesellen Johann Aussersdorfer, rothgärbergesellen von Niederdorf, landgericht Welsberg, gebürtig, genügsam vogtbaren stands bräutigam an einem, dann der tugendsamen und vogtbaren jungfrau Agnes Oberhammerin von Pfaltzen, landgericht Schenegg [Schönegg, M.L.] gebürtig und dermalen allda im Markte Innichen ansessig mit rath, wissen und willen ihres allda gegenwärtigen vaters, des wohlehrsamen Georg Oberhammer, Koflers auf Kehr [Ortsteil, M.L.], landgericht Schenegg, braut anderntheils wurde heut dato nach besten form landsrechten errichtet und zu protokoll gegeben folgender

Heuraths-Kontrakt

In folge dessen

1mo wollen beede brautpersonen von nun an bis zur priesterlichen einsegnung zu künftigen eheleuten versprochen seyn und bleiben, welches versprechen aber gemäß allerhöchsten gesetzen allererst nach der vollbrachten einsegnung die volle kraft erhält, somit bis dahin ohne rechtliche wirkung ist. Sodann

2do verspricht die braut Agnes Oberhammerin, den bräutigam Johann Aussersdorfer in das heut dato von ihren vatersbruder Valentin Oberhammer zu Innichen erkaufte haus, garten, rothgärberwerkstatt und stampf als einen ehemann einzuführen und mit selben das hauswesen und die profession auf beyderseitig gleichen gewinnst und verlust anzufangen und fortzusetzen, und zwar dieses ohne abrechnung des auf dem haus und werkstatt darauf befindlichen kaufschillings-zinses, massen dieser zins ohnedies von den gemeinschäftlichen hauswesen alljährlich zu bestreiten ist. Weiters

3^tio^ ist der braut ausdrückliche willensmeynung, dass, im fall sie vor dem angehenden ehemann verabsterben, und kinder hinterlassen würde, der bräutigam alsdann das haus und die werkstatt lebenlänglich zugenießen haben und deswegen blos den zins von dem kaufschilling den gerhaben der kinder alljährlich hinausgeben solle. Sollte nun aber sache seyn, daß

4to die braut und angehende ehegattin Agnes Oberhammerin vor dem ehemann und ohne kinder verableben würde, so solle dem bräutigam Johann Aussersdorfer das heut dato erkaufte haus, garten, werkstatt und stampf samt den mit überkommnen handwerksrequisiten um den alten kaufspreis per 1.445 f eigenthümlich zukommen und angehören. Und da

5to die braut gemäß rechnung de dato Kiens, 1ten may 1789 bereits ein mütterliches vermögen von 1.198 f besitzet und auch der dato gegenwärtige vater Georg Oberhammer derselben 600 f à conto des anzuhoffen habenden väterlichen vermögens als ein heurath gut zu geben versprechet (wovon bereits 500 f zu erkaufung eines ladens baar ausgehändiget worden, die übrigen 100 f aber auch noch heuriges jahr baar zuerlegen sind) und somit ein so ansehnliches vermögen in das gemeinschäftliche hauswesen einbringet, so verspricht

6to der bräutigam Johann Aussersdorfer, der braut Agnes Oberhammerin auf sein früheres verableben und wenn keine kinder verhanden seyn sollten, den lebenlänglichen fruchtgenuß von seinem sammentlichen einbringenden, ererbenden und erhausenden vermögen, im fall aber kinder verhanden wären, blos von der halbscheid des vermögens zu belassen. Endlich

8 Siehe dazu auch die Heiratskontrakt-Abänderung unter Nr. 18.

7to wird bis erfolg alles dessen das ganz und völlige vermögen der beeden brautpersonen gegen einander zum für- und unterpfand hiemit verhaft und verschrieben.

Nach dem ablesen haben zu bekräftigung dieses heuraths kontraktes sowohl der bräutigam Johann Aussersdorfer als auch die braut Agnes Oberhammerin nebst ihrem vater Georg Oberhammer löblicher pfleggerichts oberkeit das handgeliebt erstattet.

Zeugen wie vor
[Zeugen: herr Peter Pertinger, schreiber, und Joseph Fasching, praktikant, beede allda zu Innichen, M.L.]

Innichen Nr. 15: Heuraths-Kontrakt: Valentin Oberhamer und Gerdrauth Aussersdorferin

TLA, Verfachbuch Innichen 1792, fol. 303–304'

Actum Innichen, den 10ten 9ber [November, M.L.] 1792

Entzwischen dem fürnehmen wittwer Valentin Oberhamer, emeritirten gerichts ausschuß und rothgärbermeister allda im hofmarkte Innichen an einem, dann der tugendsamen und vogtbaren jungfrau Gerdrauth Aussersdorferin von Niederdorf, landgerichts Welsberg, gebürtig und dermalen allda im markte Innichen ~~im dienst~~ bey ihren bruder Johann Aussersdorfer in diensten, anderntheils wurde heut dato nach besten form landes rechten errichtet und zum protokoll gegeben folgender

Heuraths-Kontrakt

In folge dessen
1mo wollen beede brautpersonen von nun an bis zur priesterlichen einsegnung zu künftigen eheleuten versprochen seyn und bleiben, welches versprechen aber gemäß allerhöchsten gesätzen allererst nach der vollbrachten einsegnung die volle kraft erhält, somit bis dahin ohne rechtliche wirkung ist. Sodann

2do will bräutigam Valentin Oberhamer ihr braut, wenn kinder verhanden seyn solten, bis jedes kind das 16te jahres alter erfüllet hat, vermacht haben, daß dieselbe mit dem kinde oder den kindern aus seinem vermögen erhalten und gekleidet werden sollen. Sollte aber

3^{tio} sache seyn, daß sie braut bey verhandenen kinde oder kindern sich wiederum verehelichen möchte, so solle ihr lediglich lebenlänglich 200 f kapital zins genuß verbleiben. Wenn aber

4to keine kinder verhanden seyn und sie sich nicht verehelichen sollte, dazumal solle ihr anstatt einer herberg jährlich 250 f kapitalischer genuß und zur unterhaltung ebenfals 400 f kapitalischer genuß zukommen, auch in diesem fall könne sie die nothwendigen haußfahrnissen lebenlänglich zum genuß behalten. Über das

5to solle selbe noch blos in diesem fall ein jahr lang nach seinem ableben von seinem vermögen unterhalten und gekleidet werden, damit in diesem jahr dieselbe von den 650 f die interessen einlangen und das künftige jahr darauf, wo die unterhaltung und kleidung aufhört, sich mit diesen interessen zu unterhalten und kleiden anfangen könne.

Letztens und in soferne keine kinder verhanden wären und sie sich verehelichen solte, in dieser ereigniß also, solle sie lediglich jährlich und lebenlänglichen einen kapitalischen genuß von 400 f beybehalten.

Endlich wird bis erfolg alles dessen das ganz und völlige vermögen der beeden brautpersonen gegen einander zum für- und unterpfand hiemit verhaft und verschrieben.

Nach dem ablessen haben zu bekräftigung dieses heuraths kontrakts sowohl der bräutigam Valentin Oberhamer als die braut Gerdrauth Aussersdorferin löblicher pflеggerichts-oberkeit das handgeliebt erstattet.

Zeugen: Joseph Fasching und Peter Paul Pertinger, schreiber

Innichen Nr. 16: Heuraths-Kontrakt zwischen Paul Burgmann und Barbara Ausserlechnerin

TLA, Verfachbuch Innichen 1793, fol. 547–548'

Actum Innichen, den 26ten Jänner 1793

Entzwischen dem ehrsamen wittwer Paul Burgmann, burger und bauersmann allda im hofmarkte Innichen, an einem, dann der tugendsamen und vogtbaren jungfrau Barbara Ausserlechnerin von Kartitsch, landgericht Heimfels gebürtig, dermalen am Innichberg bemelten landgerichts in diensten, andern theils wurde heut dato nach besten form landes rechten errichtet und zum protokoll gegeben folgender

Heuraths-Kontrakt

In folge dessen

1mo wollen beede brautpersonen von nun an bis zur priesterlichen einsegnung zu künftigen eheleuten versprochen seyn und bleiben, welches versprechen aber gemäß allerhöchsten gesetzen nach der vollbrachten einsegnung die volle kraft erhält, somit bis dahin ohne rechtliche wirkung ist. Sodann

2do verspricht bräutigam der braut nach seinen früheren ableben lebenlänglich im bräutigams hause mit erwählung ihr, der Braut in der wahlstehende kammer nebst lebenlänglich holzfreyen herberg zu belassen und ihr als dann das erste jahr im wittwenstand 4 star roggen, 2 star gersten, 2 star weitzen, 10 pfund gesotenes schmalz und ½ star salz nebst dem gebrauch des jährlich nothwendigen kuchl geräths zu übergeben. In jenen fall aber,

3^{tio} wann von dieser ehe ein oder mehrere kinder verhanden seyn würden, so solle sie dero vermögen bis jedes kind erreichend 18 jährigen alters zugenüssen haben. Hingegen

4to muß sie verbunden seyn, die kinder mütterlich und sorgfältig aufzuerziechen, folglich mit allen nothwendigkeiten zu versehen. Würde aber

5to sache seyn, daß sie sich aus ihren ursachen in die erziehung der kinder nicht einlassen wollte oder könnte, so solt ihr gleichwohl freystehen, blos obig ersteren genuß zu erwählen und die kinder den gerhaben zur versorgung zu überlassen.

Leztens wird bis erfolg alles dessen das ganz und völlige vermögen der beeden brautpersonnen gegen einander zum für- und unterpfand verhaft und verschrieben.

Nach dem ablessen haben zu bekräftigung dieses heuraths kontrakts sowohl der bräutigam Paul Burgmann als die braut Barbara Auserlechnerin löblicher pflеggerichts oberkeit das handgeliebt erstattet.

Zeugen: Georg Kühebacher am Innichberg und Johann Heller, Zimmermann allda in Innichen

Innichen Nr. 17: Heurathskontrakt zwischen Michael Schranzhofer und Agnes Viertler

TLA, Verfachbuch Innichen 1795, fol. 353'–354

Dito [Actum Innichen, den 24ten Jänner 1795, M.L.][9]

Dato haben der großjährige Michael Schranzhofer, leinweber gesell allhier in Innichen, bräutigam eines, dann die vogtbare Agnes Viertler von Haselsberg, landgerichts Welsberg, braut anderntheils gebethen *ad protocollum* zu nehmen nachstehenden

Heurathskontrakt

1mo wollen dieselben einander die ehe versprochen haben, doch soll dieses versprechen bis nicht erfolgter *copulazion* ohne wirkung seyn.

2do Zusaget die braut dem bräutigam an heurath gut 250 f 27 ½ kr zuzubringen, massen diese bey ihren bruder Johann Viertler am Haselsberg à 3 ½ pro cento verzinslich dermal noch anliegend sind. Im weitern

3[tio] verbindet sich gedachte braut ihm bräutigam sowohl dieses heurathgut als all künftig anererbendes vermögen in zeit der bestehendn ehe zum genuß zu belassen. Letztens

4to wollen beyde brautleute sich einander den lebenlänglichen genuß ihrer vermögenheiten dergestalt vermacht haben, dass, nur wenn Kinder verhanden seyn sollten, dieser aufzuhören und nur bis jedes kind vollbrachten 18 jährigen alters zu dauern habe.

Schließlich haben beyde brautleute zum für- und unterpfand ihr vermögen, massen er bräutigam mit einen mütterlichen vorgesehen ist, untergestellt und verschrieben.

Nach dem ablessen haben beede brautpersonen zu bestättigung alles dessen loblicher pfleggerichts obrigkeit das handgeliebt erstattet.

Zeugen: Johann Ortner, bürgerlicher handschuhmacher, Sebastian Keller und Pertinger, alle drey in Innichen

Innichen Nr. 18: Heuraths Contracts Abänderung von Johann Ausersdorfer und Agnes Oberhammerin

TLA, Verfachbuch Innichen 1795, fol. 400'–402

Actum Innichen, den 21ten Septembris 1795[10]

Laut heuraths contract vom 28ten april 1792, so zwischen Johann Ausersdorfer und Agnes Oberhammerin allda gerichtlich vorgegangen, haben sie eheleute in anbetracht dieses kontraktes *ad prothocollum* zu nehmen gebethen nachstehende

9 Siehe dazu auch Abb. 5, S. 294.

10 Dieses Brautpaar ist mit jenem aus dem Heiratskontrakt Nr. 15 verwandt: Johann Außersdorfer ist ein Bruder von Gertraud Außersdorferin, Agnes Oberhammerin ist eine Nichte von Valentin Oberhammer und zugleich auch seine Haupterbin. Johann Außersdorfer arbeitete als Geselle, Getraud Außersdorfer als Dienstmagd im Haus von Valentin Oberhammer. Auch Agnes Oberhammerin, seine Nichte, wohnte seit einiger Zeit schon unter demselben Dach.

Heuraths Contracts Abänderung

Zu folge dessen wollen sie eheleute den 2ten punkt ihres errichteten heuraths contract, welcher heißt, daß sie auf gleichen gewinn und verlust haußen wollen, dahin abgeändert wissen, daß der allenfällige gewinn und erhausung immer und ganz dem ehemann Außersdorfer allein mit der einzigen verbindlichkeit zuständig seyn soll, daß er seiner ehewirthin Agnes Oberhammerin einen jährlichen Zehrpfennig per 10 f _ kr abzureichen gehalten und verbunden seyn solle.

Dagegen mache sie ehewirthin sich jedennoch verbindlich, im falle einer abhausung oder eines unglükes den creditoren mit ihrem vermögen ebenso, als ob sie noch in gleichen gewinn und verlust stünde, red und antwort zu geben, doch habe zu erst, und vorzüglich sein, des ehemannes ganz und völliges vermögen bei einem allenfälligen verluste hinaus bezahlt zu werden.

Weiters wollen selbe ihrem errichteten ehekontrakte noch beigesetzet wissen, daß selbe einander, es mögen kinder vorhanden seyn oder keine, auf ein oder andern theils früheres verabsterben den lebenlänglichen fruchtgenuß ihres ganz und völligen vermögens vermachen.

Schlüßlichen habe sich beide gegen einander verbunden, daß ein theil dem anderen, und zwar der überlebende dem verabgelebten jährlich um 12 f heilige mesen lesen lassen wollen und sollen.

Zur bestättigung dessen haben nach dem erfolgten ablesen der ehemann Johann Ausersdorfer und seine ehewirthin Agnes Oberhammerin löblicher pfleggerichtsoberkeit das handanloben erstattet.

Zeugen dessen sind Peter Paul Latzi, pflegamtsobschreiber und herr Joseph von Troyer, pflegamtspraktikant

Innichen Nr. 19: Heuraths Contract zwischen Franz Bachmann und Anna Gruberin

TLA, Verfachbuch Innichen 1800, fol. 5'–6'

Actum Innichen, den 22. jänner 1800

Dato ist zwischen Franz Bachmann, uhrmacher alda zu Innichen, als bräutigam am einen, dann der Anna Gruberin, eine tochter des Johann Gruber, bauer am Innichberg *qua* braut andern theils verabgered und nach besten form landes rechten zu protokoll genohmen worden dieser

Heuraths Contract

In folge dessen

1mo versprechen beede brautpersonen sich einander die ehe, jedoch solle dieses versprechen bis nicht erfolgter briesterlicher einsegnung ungiltig sein und bleiben.

2do verspricht er vater der braut 150 f als heurathgut auf San Candidi 1800 hinauszugeben oder solche von dort an landes- oder gerichtsüblich zu verzinsen.

3tio Vermachen brautpersonen einander auf ein oder des andern theils früheres absterben den lebenslänglichen fruchtgenuß ihres ganzen vermögens, es mögen kinder vorhanden seyn oder nicht.

4to Haben immer die kinder aus dieser ehe den besitz zu erhalten und endlich

5to wollen beyde verzicht thun auf die intestatfolge oder erbschaft, wenn die kinder im minderjährigen stande und ohne *succession* sterben sollen, und soll in diesem falle, wenn alle kinder verstorben sind, das stammengut an jenen stammen, wo es hergekommen ist, rückfallen.

Zum fürpfand verbleibt beeder brautpersonen und des vaters Johann Grueber vermögen *in genere* verschrieben.

Nach dem ablessen haben eingangs besagte brautpersonen und Johann Grueber zur bekräftigung loblicher pfleggerichts oberkeit angelobt.

Testes: herr Joseph Huber und Anton Bachmann, knecht alda

Innichen Nr. 20: Quittung über den Empfang des Heiratsgutes von Michael Bachmayr

TLA, Verfachbuch Innichen 1798, fol. 602–602'

Actum Innichen, den 26ten juny 1798

Laut heiraths contract vom 20ten februar 1797, welcher zwischen Michael Bachmayr, bäckermeister allda zu Innichen und Theresia Sulzenbacherinn von Winnebach vorgegangen, hat der brautvater Michael Sulzenbacher, schmiedmeister zu Winnebach, dermal in Innichen wohnhaft, der tochter und braut 200 f heirathgut versprochen.
Diese 200 f bekennt nun ersterwähnter Michael Bachmayr und sein anwessiger gerhab, herr Joseph Kopfsguter, gastwirth zu Innichen, baar und richtig empfangen zu haben. Wesswegen er Bachmayr und gerhab nicht allein den schwiegervater Michael Sulzenbacher hiefür quittieren, sondern auch dieselben der ehewirthin Theresia Sulzbenbacherinn das einbekenntniß dieses eheweiblichen einbringens der 200 f hiemit gerichtlich abgegeben und zugleich solche 200 f auf sein habendes ganz- und völliges vermögen von dato an gerichtlich verpfändet wissen will.
Zur bestättigung dessen haben dann Michael Bachmayr und dessen gerhab loblicher pfleggerichts oberkeit angelobet.
Zeugen: Ignatz Leopold von Mörl, actuar, und herr Kajetan Kornet, practicant allda

Innichen Nr. 21: Besitz-, Entricht- und wittiblicher Vertrag für Maria Kassewalderin

TLA, Verfachbuch Innichen 1797, fol. 314–316'

[Teil der Abhandlung nach dem Tod des Franz Thalmann ab fol. 302, Actum Innichen, den 28ten juny 1797]

Hierauf ist zwischen allerseits erben und gerhaben zustanden gebracht worden nachstehender
Besitz-, Entricht- und wittiblicher Vertrag
In folge dessen
1mo wird dem sohn Franz all vorstehendes aktiv vermögen gegen deme zum besitz und eigenthum eingeräumt, daß selber

2do schuldig und gehalten, alle abzüge und schulden hinaus an gehörde abzuführen, nichtminder

3^{tio} allen weichenden geschwisterten ausschlüsslich des einzigen bruders Johann ihre erbsgebühren der 94 f jährlich von Candidi dieß angefangen a 3 ½ pro cento zu verzinsen, wie auch

4to vorgedachtes brüderle Johann gegen einbehaltung seines erbzinses bis erfüllung des 14ten jahresalter, ~~daß er sich selbst das brodt verdienen kann~~ zu kösten, kleiden und ihm das nothwendige lesen, schreiben, rechnen und die profession selbst, wenn er hiezu eine freude haben solle, erlernen zu lassen. ~~Widrigens aber soll die erlernung einer anderen profession von seinem erbvermögen bestritten werden~~. Ferner

5to und in soferne dieser knab die handschuhmacher profession nicht erlerne, daher vom brüderlichen unterhalt weichen oder auch bey erlernung der profession das 14te jahres alter erfüllen soll, so wäre besitzer in diesen fällen obligirt, den erbantheil der 94 f ebenfalls jährlich a 3 ½ pro cento zu verzinsen. Belangend

6to die hinterlassene wittwe Maria Kassewalderinn, und da diese mit einem eigenen grundstückl, auch 1.581 f 28 kr vermögen vorgesehen, so ist das einverständniß dahin getroffen worden, daß sich wittwe verbündlich machet, ihm sohn das ganze vermögen von Candidi 1798 angefangen auf 5 nacheinanderfolgende jahre dergestalt zum genusse zu belassen, daß er

7mo die obliegenheit haben soll, sie mutter gegen vollbringender arbeit jährlich zu kösten und zu kleiden, auch ihr monatlich zu einem zöhrpfennig 1 f, somit das jahr 12 f zu verabfolgen [der noch folgende Passus unter diesem Punkt ist am Rand nachträglich eingefügt, M.L.] und ¼ tl stär linsat ansaen, bearbeiten und sie den haar selbst spinnen zu lassen. Nach verlauf des fünften jahrs aber seyen anstatt jährlich 12 f an zöhrpfennig 18 f abzureichen. Sollte aber

8vo das söhnl Johann, in wessen rücksicht hauptsächlich die mutter mit obigen bedingnißen beym sohn Franz verbleiben will, die handschuhmacher profession nicht, sondern eine andere erlernen wollen, so gedenket die mutter zu einer solch andern profession das lehrgeld etc. beyzutragen und jedennoch dem sohn Franz in solchen 5 jahren mit einer zins erhöhung ihres vermögens nicht zu belästigen. Würde hingegen

9no selbe binnen obigen jahren oder auch sohin mit dem sohn oder der sohn mit ihr nicht geschaffen können, so soll sohn pflichtig seyn, ihr vom austritte aus der söhnlichen unterhaltung und dem hauswessen, auch herberg, derselben ganzes einbringen a 3 pro cento zu verzinsen, auch ihr zur selbstbearbeitung das stückl bachlehen zuzustellen. Wo übrigens

10mo sich von der brüderlichen liebe von selbst hoffen läßt, daß er den weichenden geschwisterten in krank- oder dienstlosen zeiten, besonders so lange die mutter bey ihm bleibt, die landesübliche heimetliche zuflucht verstatten werde. Schlüßlich

11mo bis erfolg alles dessen bleibt ohne neuerung der alten fürpfänder sein, des besitzers Franz Thalmanns gegenwärtig übergebenes vermögen zum sichern fürpfand verhaftet und verschrieben.

Nach dem ablesen haben zur bestättigung dessen der löblichen pfleggerichts oberkeit gelobet als

1. der besitzer Franz Thalmann,
2. anstatt der tochter Maria der gegenwärtige ehemann Michael Told, bürgerlicher handschuhmachermeister allda,

3. und anstatt der übrigen 5 weichenden geschwistert der anfangs eingeführte gerhab Joseph Thalmann, endlich
4. die gegenwärtige wittwe und mutter Maria Kassewalderinn

Zeugen: Ignatz Leopold von Mörl und herr Joseph Fuchs, wirth

Innichen Nr. 22: Wittiblicher Vertrag für Theresia Hueberinn

TLA, Verfachbuch Innichen 1802, S. 452–457

[Teil der Vermögensteilung nach dem Tod des Sebastian Ignaz Hueber, „gewester handelsher in Innichen" ab S. 435, Actum Innichen den 7ten Dezember 1802]

[ohne eigenen Zwischentitel]

Nach abschlag des untervermögens zeigt sich ein reiner erbsbetrag per 1.380 f _ kr

Wozu das einzige vorhandene kind Theresia Hueberinn als gesetzmäßig erbnehmender theil berufen ist. Es wird nun dem aufgestellten und dato verpflichteten herrn vormünder Ignatz jüngerer Valentiner zu Tilliach[11]
1mo das gesamte herr Sebastian Hueberische vermögen zur verwaltung überlassen, und hat derselbe in pflichten solches getreu gleich einem guten haus vater zu verwalten, das pupill zur gottesfurcht und tugend anzuführen und standesmäßig zu erziehen, in allgemeinen aber diesfalls sich die höchsten pupillarvorschriften zur richtschnur zu nehmen.

2do Wird besagtem herrn vormünder bey eigener haftung nachdrucksamst eingebunden, die schulden herein ohne zeitverlust soweit möglich einbringlich zu machen oder insoweit nicht ordentliche *obligationen* verhanden sind, sich gerichtliche schuldscheine zu verschaffen.

3^{tio} Da weder eine leztwillige anordnung noch ein ehevertrag vorfindig ist, so hat jenes statt, was die intestat-erbfolgsordnung in hinsicht der wittfrauen bestimmt; es gebühren demnach der vorhandenen herr Sebastian Hueberischen wittfrau Anna geborene Valentinerinn, solang sie im wittwenstand verbleibet, 345 f als vierter theil des ganzen verlaßes zum Genuß, wo es sich aber von selbst versteht, dass solcher genuß-betrag nach verhältniß vermehret werde, falls die unliquiden und uneinbringlichen *activ* posten entweder ganz oder mindestens zum theil liquid und einbringlich gemacht werden könnten, welches auch dann statt hat, falls sich auch sonst das vermögen mehren würde.

4to Wurde dem *delegirten* gerichte eröffnet, daß die frau wittwe an verlobungstag vom herrn bräutigam Hueber zwey schnuren perlen erhalten, so im ankaufspreis per 395 f zu stehen gekommen und von denen es sehr zweifelhaft ist, ob selbe als eine schankung unter lebenden haben dargegeben werden wollen.[12]

11 Dabei handelt es sich aller Wahrscheinlichkeit nach um den Bruder der Witwe beziehungsweise den mütterlichen Onkel des Kindes. Der Vater der Witwe Theresia Valtiner hieß ebenfalls Ignatz Valtiner, er war k. k. Zolleinnehmer in Tilliach, so könnte der jüngere Valtiner dessen Sohn sein.

12 Die rechtliche Frage, ob Schmuck von Seiten des Ehemannes als ein Geschenk anzusehen sei oder nicht, wurde vielfach diskutiert. Vgl. Forster, Handlungsspielräume von Frauen und Männern im österreichischen Eherecht, 175f.

Hierüber wurde sich nun mit obervormundschäftlichen einfluß dahin einverstanden, daß solche, bereits in händen des herrn vormünders befindliche *pretiosen* bey erster gelegenheit verwendet [verkauft, M.L.] werden sollen, das eigenthum oder der betrag der erlößung hätte dem kind als einzigen erb zuzukommen, hingegen wird der frau wittwe der ausschließliche fruchtgenuß, ~~solang sie im wittwenstand verharrt zugestanden~~ solang, bis das kind die volljährigkeit erreichet haben wird, sie möge zur zweyten ehe schreitten oder nicht, zugestanden.

Fürpfand in hinsicht der abzüge das ganze verlaßenschafts vermögen.

Zur bestättigung dieses vorgangs haben sich anfangs eingeführte eigenhändig unterzeichnet, der herr vormünder Ignatz Valentiner, noch insbesondere der delegierten oberkeit angelobet
Ignaz Valentiner als vormünder
Anna Valentinerin wittwe Huberin
Joh. Michel von Sammern als confident und beysizer
Michael Anton Mayr
Joseph Franz Thaler
Johann Neuner, landrichter zu Heimfels von delegazions wegen
Johann Hueber, actuar

Nota

Was frau wittwe Hueberinn, gebohrne Valtinerinn an farnussen noch zurückbehalten hat:
Ein polster und 1 küß
4 baar leintücher
3 handtücher
2 tischtücher
6 tischservieter
2 stühle
1 tisch
1 gröseres und kleineres mehl grantl
1 wasserschaf
1 brodgrambl
2 triebl [Nudelholz]
1 fleisch- und ein Kuhelbeil
1 größere und 1 kleinere pfann
1 eisenen kochlöfel
1 seich gatzl [Sieb]
1 schöpfköhle
1 herd dreyfuß
1 tisch dreyfuß
1 leichter samt putzschere
2 taflen, die in der stuben hangen [Bilder]
2 kräutle hacklen
2 kleinere und eine größere hafenblaten
1 kleines dreyfüßl
1 wasch züberle
1 hartholzenes schneidbretl
1 kösel

1 feurhund [Feuerbock, Gestell zum Auflegen von Holz, M.L.]
1 kardonene[13] kopert döcken

beyläufig 20 f _ kr

etwelche wälsche wein geschirr per 10 f

Summa 30 f _ x

13 Dies bezieht sich wahrscheinlich auf „karden", das heißt „mit der karde krämpeln, aufkratzen, kämmen"; „es wird die erlesene oder gereinigte baumwolle ... gekardet, wodurch der staub davon geht und die haare der baumwolle einerlei richtung erhalten", laut dem Grimm'schen Wörterbuch.

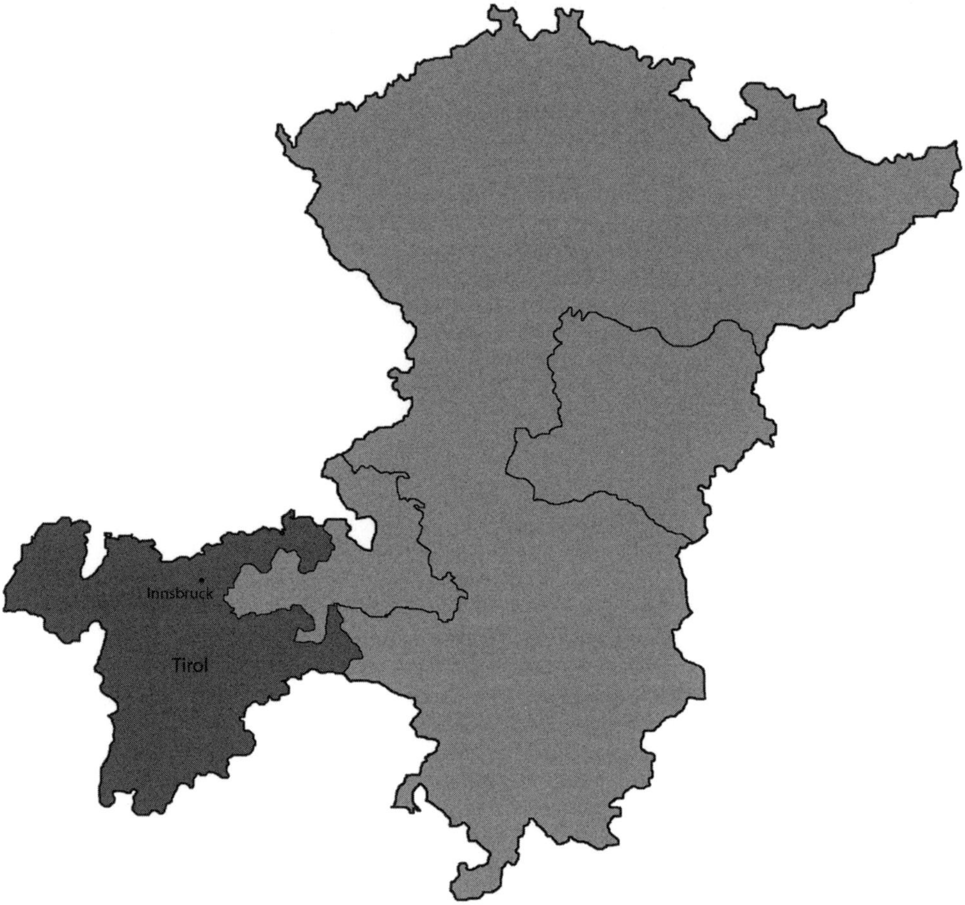

Ausschnitt mit den Umrissen der zum Heiligen Römischen Reich gehörigen Teile der Habsburgermonarchie und des Erzstiftes Salzburg. Die bis 1803 selbständigen Hochstifte Brixen und Trient sowie der territoriale Streubesitz des Erzstiftes Salzburg sind nicht eigens gekennzeichnet. (Digitalisiert von Mario Mosser nach der Vorlage: Mitteleuropa bei Beginn der Französischen Revolution 1789, in: Putzger, Historischer Weltaltas, Berlin 2001, 121–122.)

Ellinor Forster

Auswirkungen rechtlich-politischer Veränderungsprozesse auf das Aushandeln von Heiratsverträgen unterschiedlicher sozialer Gruppen

Das Stadt- und Landrecht Innsbruck (1767–1842)

„Da mir mein Mann, weil ich von meinen Eltern keinen Kreutzer habe, jedes Schuhband kaufen mußte, und ich nicht will, daß ihm mein Tod auch noch Ausgaben veruhrsache, so bitte ich daß meine Leiche die nicht viel kosten kann und die Hl. Messen so wie das Almosen, von denen 3000 f hergenommen werden, die mir mein Großvater schenkte, und welche bey meinem Herrn Vater anliegen."[1] So schrieb Elisabeth Gräfin Trapp, geborene Gräfin Wolkenstein-Rodeneck, am 5. Dezember 1831 in ihr Testament (siehe auch Abb. 1). Dies mag zunächst verwundern, waren doch die Grafen Wolkenstein-Rodeneck eine der einflussreichsten Familien des Landes. Ein genauerer Blick auf den Heiratsvertrag aus dem Jahr 1814 weist zudem sehr wohl Vermögen aus, das Elisabeth von ihren Eltern bekommen sollte und das den Heiratsgaben von Seiten des Bräutigams materiell entsprach. Doch waren die intergenerationellen Verschränkungen, vornehmlich im Adel, so vielfältig, dass auch ihr Vater kaum über eigenes Vermögen verfügen konnte. Zudem zeigten sich die ersten Jahrzehnte des 19. Jahrhundert noch immer geprägt von den wirtschaftlich belastenden Kriegszeiten in Tirol zwischen 1796 und 1814, in denen sich das Vermögen vieler Familien verringert hatte.

Heiratsverträge stellen den Versuch dar, die materiellen Verhältnisse für die Zeit der Ehe und darüber hinaus bestmöglich und zwischen den Braut- oder Eheleuten ausgewogen zu regeln. Welche Faktoren auch immer voraussehbar waren, wurden mit einkalkuliert. Doch insbesondere in der Zeit des ausgehenden 18. und beginnenden 19. Jahrhunderts fanden viele Veränderungen im rechtlich-politischen und wirtschaftlichen Bereich statt, die als Hintergrund der Heiratsaushandlungen mitzudenken sind.

Die im Fokus dieses Beitrages stehenden Heiratsverträge des Stadt- und Landrechts Innsbruck reflektieren den wechselnden politisch-rechtlichen Hintergrund von den josephinischen Reformen über die Zugehörigkeit des nördlichen Tirols zum bayerischen Königreich von 1806 bis 1814 bis zur Wiedereingliederung des Landes in die österreichische Monarchie nach dem Wiener Kongress. Diese Umbrüche wirkten sich auch auf die Heiratsverträge aus. Althergebrachte Gewohnheiten ließen sich noch eine Zeit lang aufrecht erhalten, indem man die neuen Gesetze den alten Rechten entsprechend vertragsmäßig abänderte. Dies betraf beispielsweise den rechtlichen Handlungsspielraum von Frauen, die in den 1780er Jahren die Geschäftsfähigkeit erhielten, somit keinen Geschlechtsvormund mehr brauchten, um Geschäfte zu tätigen,

1 Tiroler Landesarchiv (TLA), Stadt- und Landrecht Innsbruck (StLR Ibk), Testamente (Test.), Nr. 1372: Testament Elisabeth Gräfin Trapp, 5. Dezember 1831 (Transkription Innsbruck Nr. 3). Die transkribierten Passagen im Text sind in Schreibweise und Zeichensetzung quellengetreu wiedergegeben.

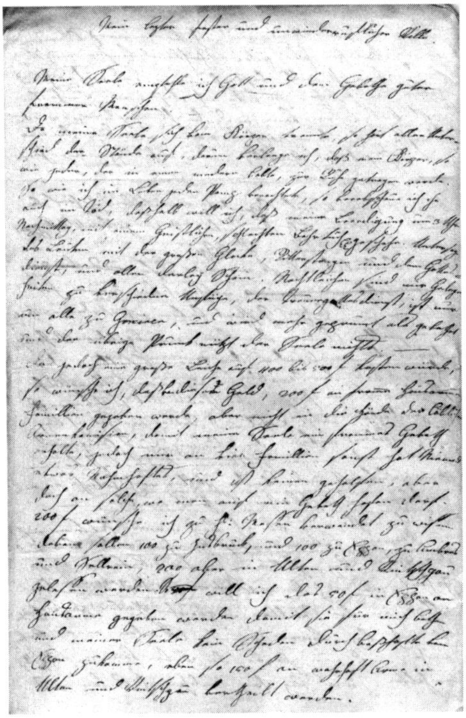
Abb. 1: Testament von Elisabeth Gräfin Trapp, 1831, TLA (siehe auch Transkription Innsbruck Nr. 3)

und infolgedessen auch weitergehende Rechte zugestanden bekamen, über ihr eigenes Vermögen zu verfügen. Ebenso wurden Änderungen im jahrhundertelang praktizierten Erbrechtsdenken, demzufolge Familienvermögen nicht die Blutslinie überschreiten sollte, von Teilen der Bevölkerung als problematisch empfunden.

Waren Heiratsverträge ein Ort, an dem die Herkunftsfamilien noch viel Einfluss nehmen konnten, so ermöglichten Testamente individuellere und eigenständigere Verfügungen. Elisabeth Gräfin Trapp vermachte beispielsweise als Fazit ihrer Lebenssituation alles, was sie – aus dem noch eventuell anfallenden Erbe von ihren Eltern – nicht den Söhnen geben würde müssen, ihren Töchtern zu gleichen Teilen, weil sie „leider aus Eigener Erfahrung [wisse], wie schmerzlich es ist, wenn man den Mann um alles bitten muß".[2]

Die Heiratsverträge des Stadt- und Landrechts rekrutieren sich nicht nur aus adeligen Familien, sondern stammen auch von Beamten, städtischen Bürgern und Bauern. Daher kann mit diesem Quellenmaterial den Praktiken und Werten unterschiedlicher sozialer Gruppen nachgegangen und eine Entwicklungslinie unter den Auswirkungen dieser Zeit gezeichnet werden. Zunächst sind jedoch die wichtigsten Änderungen selbst in den Blick zu nehmen.

1. Politisch-rechtliche Veränderungen am Übergang vom 18. zum 19. Jahrhundert

Die napoleonischen Kriege brachten für Tirol einen mehrmaligen Wechsel des Landesfürsten. Im Frieden von Preßburg 1805 wurde das Land, das seit 1363 verschiedenen habsburgischen Landesfürsten unterstand, dem künftigen Königreich Bayern zugesprochen. Die bayerische Regierung bezog Tirol in die Vereinheitlichungsbestrebungen des Landes, das durch die Säkularisation und verschiedene Friedensschlüsse beträchtliche Gebietserweiterungen erhalten hatte, mit ein. Insbesondere nach dem Ende des Heiligen Römischen Reichs 1806 war der Weg für Bayern frei geworden, die innere Souveränität des Königreichs zu verwirklichen. Mit der Verfassung von 1808 ging daher eine Neuordnung des Landes vor sich. Die bisher im Wesentlichen beibehaltene Landeseinteilung in Tirol wich drei gleichberechtigten Krei-

2 TLA, StLR Ibk, Test., Nr. 1372: Testament Elisabeth Gräfin Trapp, 5. Dezember 1831 (Transkription Innsbruck Nr. 3, siehe auch Abb. 1).

sen – dem Innkreis, Eisackkreis und Etschkreis. Schließlich resultierte die Kriegserklärung Österreichs an Frankreich und die Initiierung eines Aufstandes in Tirol 1809 im Folgejahr in einer neuerlichen Verschiebung der Grenzen: Nur das nördliche Tirol blieb bei Bayern, der südliche Teil kam zum neu gegründeten Regno d'Italia, während der Osten den ebenfalls neu geschaffenen Illyrischen Provinzen zugesprochen wurde. Nach den veränderten Allianzen ab 1813 gelangten die einzelnen Tiroler Gebiete schließlich nach und nach wieder unter habsburgische Herrschaft und wurden im Wiener Kongress 1814/15 als Teil der Habsburgermonarchie bestätigt.

In Bezug auf die rechtliche Grundlage galt in Tirol die „Tiroler Landesordnung" von 1573 bis zum Ende des 18. Jahrhunderts. Wie auch in einigen anderen Territorien hatte der Bauernaufstand in Tirol 1525 einen Landesordnungsentwurf hervorgebracht, der eine Reihe von Wunschpunkten der bäuerlichen Bevölkerung beinhaltete. Diese Landesordnung trat zwar nicht in Kraft, hatte aber zur Folge, dass Ferdinand I. 1532 eine Landesordnung erließ. Sie wurde 1573 nochmals überarbeitet und mit Rechtskraft versehen.[3] Dieses Inkrafttreten unterschied Tirol von den anderen habsburgischen Territorien dieser Zeit. In Österreich ob und unter der Enns hatten die Landrechtsentwürfe des 16. und 17. Jahrhunderts keine Gesetzeskraft erlangt, übten jedoch über die Gelehrtendiskussion Einfluss auf die Rechtspraxis aus.[4]

Seit den 1750er Jahren arbeitete in Wien eine von Maria Theresia beauftragte Kompilationskommission, die das geltende Recht der einzelnen Erblande sammelte, zum Zweck der Vereinheitlichung ausführlich diskutierte und im Entwurf des Codex Theresianus zusammenstellte. Nach einer Reihe von Überarbeitungsphasen trat 1787 das „Allgemeine Bürgerliche Gesetzbuch" Josephs II. (zur Abgrenzung zum späteren Allgemeinen Bürgerlichen Gesetzbuch von 1811 im täglichen Gebrauch der Juristen und in der Forschung als „Josephinisches Gesetzbuch" bezeichnet) in Kraft und löste in diesen Ländern die bisherigen Rechtsordnungen und Landesgesetze im Hinblick auf die personenrechtlichen Bestimmungen ab.[5] Das stieß in einzelnen Ländern auf Widerstand, da verschiedene Neuerungen mit langjährigen Traditionen brachen.

Josephs Nachfolger Leopold II. vertrat zwar die gleichen Ideen der Aufklärung, doch wollte er die gewachsenen Strukturen in Form der Landstände stärker einbinden. Bald nach seinem Regierungsantritt im Frühjahr 1790 forderte er die Stände in Böhmen, Mähren, Schlesien, Österreich ob der Enns, Steiermark, Kärnten, Krain, Görz, Tirol und Vorderösterreich auf, sich im jeweiligen Land zu versammeln, Gutachten über die Neuerungen abzugeben und die allgemeinen Landesgravamina zu sammeln.[6] Damit sahen die Stände von Tirol die Chance gekommen, ihre alten Bestimmungen und Traditionen wieder herzustellen, die sich unter ande-

3 New Reformierte Landsordnung der Fürstlichen Graffschaft Tirol, Innsbruck [1573] (zitiert als: Tiroler Landesordnung 1573).

4 Vgl. Ursula Floßmann, Österreichische Privatrechtsgeschichte, Wien/New York 2005^{5}, 10ff. Vgl. dazu auch den Beitrag von Gertrude Langer-Ostrawsky in diesem Band.

5 Patent vom 1. November 1786 (Allgemeines bürgerliches Gesetzbuch), in: Joseph des Zweyten Römischen Kaysers Gesetze und Verfassungen im Justiz-Fache. Für Böhmen, Mähren, Schlesien, Oesterreich ob und unter der Enns, Steyermark, Kärnthen, Krain, Görz, Gradisca, Triest, Tyrol und die Vorlande. In dem sechsten Jahre seiner Regierung. Jahrgang von 1786 bis 1787, 2. Fortsetzung 1786, Wien 1817, Nr. 591, 71–129 (zitiert als JGB).

6 Vgl. Barbara Stollberg-Rilinger, Vormünder des Volkes? Konzepte landständischer Repräsentation in der Spätphase des Alten Reiches, Berlin 1999, 181.

rem auch auf das Ehe- und Erbrecht bezogen. Sie konnten zwar nur wenig Erfolg erzielen – das Josephinische Gesetzbuch blieb in Tirol vorerst die Rechtsgrundlage –, doch sind die Bereiche, um die es ging, ebenso symptomatisch wie die Debatten darüber aufschlussreich in Bezug auf das geistig-politische Klima jener Zeit.

Als Tirol Ende 1805 Bayern zugesprochen wurde, änderte sich an der Gültigkeit des Josephinischen Gesetzbuches nichts, weil Bayern ein Zivilgesetzbuch für das gesamte Königreich plante. Die ersten Ansätze, den in Bayern geltenden „Codex Maximilianeus Bavaricus civilis" von 1756 abzulösen, gingen schon auf das Jahr 1800 zurück, gewannen jedoch erst nach dem Erwerb der neuen rechtlich sehr heterogenen Gebiete an Notwendigkeit und schließlich mit der Gründung des Rheinbundes nach 1806 sehr an Brisanz. Napoleon sah im französischen Code civil, der unter seiner Mitwirkung in überarbeiteter Form 1807 als Code Napoléon in Kraft getreten war, ein Machtinstrument, um in den Rheinbundstaaten seine gesellschaftspolitischen Ziele durchzusetzen. Das französische Recht stand für ein antifeudales Programm, das keine ständischen Privilegien mehr zuließ. Durch den Druck Napoleons auf Bayern setzte man dort sehr schnell eine Kommission zur Adaptierung des Code Napoléon ein, um das französische Recht den eigenen nicht so radikalen Vorstellungen anzupassen und nicht das gesamte französische Programm übernehmen zu müssen. Im Erbrecht orientierte man sich beispielsweise an der österreichischen Josephinischen Erbfolgeordnung von 1786. Teile des Zivilrechts wurden 1808 auch publiziert und traten in Kraft. Insgesamt war der bayerische Widerstand gegen die Einführung des französischen Zivilrechtes jedoch so groß, dass die Kommission zwar immer neue Entwürfe ausarbeitete, diese aber bis zum Ende des Rheinbundes 1813 keine Gesetzeskraft erlangten.[7] Anders gestaltete sich die Situation in den südlichen und östlichen Landesteilen, die 1810 an das Regno d'Italia beziehungsweise die Illyrischen Provinzen gefallen waren. Dort galt zu diesem Zeitpunkt bereits der Code Napoléon.[8]

In Österreich war in der Zwischenzeit das (neue) Allgemeine Bürgerliche Gesetzbuch (ABGB) von 1811 in Kraft getreten. Als die Tiroler Gebiete wieder zu Österreich kamen, löste das ABGB ab 1815 nach und nach das Josephinische Gesetzbuch wie auch den Code Napoléon ab.[9]

Zunehmend begann man sich auch in den Heiratsverträgen auf die Beständigkeit der Rechtsgrundlagen zu verlassen. Die Brautleute Johann Peter Ferstl und Maria Theresia Carolina Carnelli aus Innsbruck vermachten einander im Heiratsvertrag 1818 beispielsweise den gegenseitigen Nutzgenuss ihres Vermögens beziehungsweise eines Vermögensteils auf die Dauer der Witwen- und Witwerschaft beschränkt. Erst nach Ausfertigung der beiden Vertragsexemplare wurde der Nachtrag, „wogegen aber sodann die dermalen bestehenden K. K. Gesetze in Kraft und Wirksamkeit zu tretten haben",[10] eingefügt. Der Appellationsrat Johann

7 Vgl. Maria Schimke, Regierungsakten des Kurfürstentums und Königreichs Bayern 1799–1815, München 1996, 261–266.

8 Vgl. Manuela Martini, Neue Rechte, alte Pflichten. Die Rezeption des *Code Napoléon* zu Beginn des 19. Jahrhunderts in Italien, in: L'Homme. Z.F.G., 14, 1 (2003), 90–96.

9 Zum abgestuften Inkrafttreten des ABGB in Tirol vgl. Ellinor Forster, Handlungsspielräume von Frauen und Männern im österreichischen Eherecht. Geschlechterverhältnisse im 19. Jahrhundert zwischen Rechtsnorm und Rechtspraxis, Dissertation Innsbruck 2008, 26f.

10 TLA, StLR Ibk, Test., Nr. 1198: Heiratsvertrag (HV) Johann Peter Ferstl / Maria Theresia Carolina Carnelli, 31. Januar 1818.

Georg Berreiter verwies in seinem Testament von 1823 auf die Erbeinsetzung, die er nach dem geltenden Recht gemacht habe: „Die k. k. Österreich[ischen] Gesetze, die ich besonders verehre, geben dießfalls die billigste Richtschnur."[11]

2. Währungsschwankungen und wirtschaftliche Unsicherheiten während der Napoleonischen Kriege

Kriege stellten stets große Anforderungen an die Staatsfinanzen. So war im Zuge der Österreichischen Erbfolgekriege in den 1740er Jahren eine grundlegende Münzreform nötig geworden. Die 1750 eingeführte Konventionsmünze auf Silberbasis blieb bis 1858 in Geltung.[12] Jedoch wurde in Wien und in Tirol mit einem unterschiedlichen Münzfuß gerechnet. Der so genannten „Tiroler Währung" lag der Einundzwanzigguldenfuß zugrunde, während für die übrigen Länder der Monarchie der Zwanzigguldenfuß galt.[13] In etwas veränderter Form wurde die österreichische Münzreform auch von den meisten süd- und westdeutschen Territorien übernommen. Den dort üblichen Vierundzwanzigguldenfuß nannte man zugleich Reichs- oder rheinische Währung.[14]

Der Siebenjährige Krieg (1756–1763) führte zu neuerlichen Schwierigkeiten. Um das nötige Geld aufzubringen, ging Preußen beispielsweise den Weg einer umfassenden Ausprägung von minderwertigen Münzen und deren Abwälzung ins Ausland, während Österreich versuchte, die Geldaufbringung durch Anleihen zustande zu bringen. Der Anstieg der dadurch bewirkten Schulden führte zu einer Erhöhung des bisher üblichen Zinsfußes von vier auf fünf bis sechs Prozent. Für zwölf Millionen Gulden wurden 1762 in Wien Zettel im Wert zwischen fünf und 100 Gulden ausgegeben, die bei Zahlungen an öffentliche Kassen wieder eingelöst werden konnten. Privatpersonen sollten nicht gezwungen sein, solches Papiergeld anzunehmen. Diese Banknotenemission wie auch eine folgende im Jahr 1771 konnten wieder pünktlich eingelöst werden und hatten daher keine folgenreichen Auswirkungen auf die Währung. Die Bankozettel wurden nach der Einlösung öffentlich verbrannt.[15]

Während der napoleonischen Kriege griff man erneut auf das einmal schon erfolgreich erprobte Mittel der Emission von Papiergeld zurück. Jedoch konnte durch die große Masse der ausgegebenen Bankozettel nun die Inflation nicht mehr eingedämmt werden. Ende 1796 waren 46 Millionen Gulden im Umlauf, 1806 bereits 450 Millionen und schließlich 1811 der Höchststand von 1.061 Millionen mit einem Kurswert von 833 Prozent, wenn man die Bankozettel gegen klingende Münze tauschen wollte. Das führte schließlich zum Staatsbankrott. Die Bankozettel wurden daraufhin durch neu auszugebende Einlösungsscheine mit einem Fünftel ihres Nominalwertes eingelöst. Diese bildeten als Wiener Währung bis Ende Januar 1812 die einzige Währung im Inland. Auch Steuern und sonstige Abgaben waren in

11 TLA, StLR Ibk, Test., Nr. 987: Testament Johann Georg Berreiter, 1. Mai 1823.

12 Vgl. Günther Probszt, Österreichische Münz- und Geldgeschichte. Von den Anfängen bis 1918, Graz 1983², 495.

13 Vgl. Georg Mühlberger, Absolutismus und Freiheitskämpfe (1665–1814), in: Josef Fontana u. a. Hg., Geschichte des Landes Tirol, Bd. 2, Bozen 1998², 290–579, 409.

14 Vgl. Probszt, Münz- und Geldgeschichte, 496.

15 Vgl. Probszt, Münz- und Geldgeschichte, 502–528.

diesen Einlösungsscheinen oder in Bankozettel im fünffachen Betrag zu entrichten. Jedoch gab es keine Abdeckung der Einlösungsscheine im Gesamtwert von 1.043.207.665 Gulden. Da der Krieg zudem weiterging, kam es zu einer neuerlichen Ausgabe von Papiergeld. Dieses Mal benannte man die Zettel als „Antizipationsscheine", da sie angeblich schon vorab Steuern abgelten sollten.

Für Schuldner und Schuldnerinnen bedeuteten diese Inflationserscheinungen zwar einerseits, dass man auch ältere Schulden im entwerteten Geld (leichter) abzahlen konnte. Andererseits befand sich ein Großteil der Verschuldeten quer durch die meisten sozialen Gruppen aufgrund der im gegenseitigen Kreditsystem angelegten Gelder zugleich auch immer in der Position von Gläubigern und Gläubigerinnen, die somit auch große Verluste in Kauf nehmen mussten. Der Wiener Währung – also der Währung der Einlösungs- und Antizipationsscheine – bediente man sich noch bis weit in die ersten Jahrzehnte des 19. Jahrhunderts hinein.

Tirol machte diese Entwicklung nur bis zum Übergang an Bayern 1805/1806 mit. Eine der ersten Maßnahmen der bayerischen Regierung war der Einzug der österreichischen Bankozettel, die durch Wertschwankungen Spekulationen begünstigt hatten. Durch die Abwertung des Papierguldens auf zwei Fünftel des Nennwertes und den Eintausch gegen bayerisches Silbergeld war die Tiroler Bevölkerung zwar in einer günstigeren Lage als die österreichischen Untertanen und Untertaninnen, doch wirkte sich diese Abwertung trotzdem sehr hart aus. Sie schmälerte nicht nur das Barvermögen, sondern traf vor allem den verschuldeten bäuerlichen Grundbesitz. Gläubiger und Gläubigerinnen verlangten von ihren Schuldnern beziehungsweise Schuldnerinnen bei der Abzahlung eines Kredits, der in österreichischem Papiergeld aufgenommen worden war, häufig den Nennwert in Silbergeld. Trotz abfedernder Bestimmungen konnte nicht verhindert werden, dass Bauerngüter versteigert werden mussten und viele Familien verarmten.[16]

Diese wirtschaftlichen Schwierigkeiten und der fast ständig allgegenwärtige Krieg – abgesehen von einigen Friedensjahren dauerte er über 20 Jahre lang – wirkten sich psychisch und wirtschaftlich auf die Bevölkerung aus. Nicht von ungefähr fand dies auch in der Verfassung von Testamenten und Heiratsverträgen seinen Niederschlag. Maria Barbara Dinßl von Anger und Tamerburg stellte beispielsweise die Verfügungen in ihrem Testament vom 21. September 1800 in einen Zusammenhang mit dem Krieg: „… das wan ich in dießen Krieg sollde sterben …".[17] Die Eheleute Maria Magdalena Theresia von Kraus zu Salla und Joseph Franz Xaver Samern zu Frankenegg hoben 1822 „aus guten, wohl erwogenen Gründen und besonders auch in der Absicht, damit unsere Kindern bey den durch die schweren Zeitverhältnisse, und vielfältige Erlittenheiten nothwendig verringerten Vermögen keine Verkürzung an ihren Pflichtteile" treffe,[18] ihren Heiratsvertrag aus dem Jahr 1775 auf.

Nach dem endgültigen Kriegsende war 1816 in Wien die „Privilegierte österreichische Nationalbank" gegründet worden – als eine vom Staat unabhängige auf Aktien gestützte Zet-

16 Vgl. Mühlberger, Absolutismus und Freiheitskämpfe, 504.

17 TLA, StLR Ibk, Test., Nr. 49: Testament Maria Barbara Dinsl von Anger und Tamerburg, 21. September 1800.

18 TLA, StLR Ibk, Test., Nr. 677: Gemeinsame Aufhebung des HV Joseph Franz Xaver Samern zu Frankenegg / Maria Magdalena Kraus zu Salla und Krausegg, 1. Mai 1822.

telbank, die sofort mit der Einlösung des entwerteten Papiergeldes begann. Allerdings erwiesen sich erst Ende 1847 die Finanzen des Staates als wieder weitgehend geordnet.[19]

Auf diese Geldunsicherheiten reagierten auch die Formulierungen der Heiratsverträge. In der ersten Hälfte des 19. Jahrhunderts musste nicht nur die Art der Währung genau beschrieben werden – ob es sich um Tiroler (Einundzwanzigguldenfuß), Wiener (Papiergeld in Form von Einlösungs- und Antizipationsscheinen) oder Reichswährung (Vierundzwanzigguldenfuß) handelte –, sondern es waren auch Absicherungen im Hinblick auf zukünftige Währungsänderungen zu treffen. Weder 1811 noch 1817 war vorauszusehen, wie sich die Währungssituation entwickeln würde. Daher schien es geraten, zum Betrag des vorgesehenen jährlichen Wirtschaftsbeitrages von den Brauteltern oder zu einem Witwengehalt Zusätze wie „in jedesmahliger Landeswährung“[20] oder „in landesüblicher Währung“[21] hinzuzufügen. Im Jahr 1812 bestätigte der königlich-bayerische Landbauinspektor des Innkreises Jakob Volderauer das empfangene Heiratsgut seiner Frau Marianna Fechtlin, die er 1802 geheiratet hatte, indem er auch die verwickelte Geschichte des Geldes beschrieb: Seine Frau habe ihm 300 Gulden in der Tiroler Währung des Einundzwanzigguldenfußes in handelsüblichen Gold- und Silbermünzen übergeben. Davon habe er einen Teil mit der Verrechnung eines Aufgeldes in ein „dortzumal kursirendes Wien[er] Bank Papier“ umgesetzt. Weitere 300 Gulden im Einundzwanzigfuß seien teils in Papier, teils in klingender Münze bei der Tirolischen Landschaft angelegt gewesen. Diese hätten 1806 nach Einführung der Reichswährung beziehungsweise des Vierundzwanzigguldenfußes, der in Bayern bisher üblich gewesen war, den Währungszuschuss erhalten und seien auf 350 Gulden gebracht worden.[22] 1834 legten Angelica Stanger und Ernst von Riccabona zu Reichenfels fest, dass als Witwengehalt lebenslang 600 Gulden Reichswährung in klingender Silber- oder Goldmünze nach dem gesetzlichen Kurs unter Ausschluss jeder Art Papiergeldes jährlich in Viertel- oder Halbjahresraten ausgezahlt werden sollten.[23]

3. Das (Stadt- und) Landrecht Innsbruck: Seine Geschichte, sein Raum und seine Quellen

Ein typisches Kennzeichen der ständisch gestuften Gesellschaft des 18. Jahrhundert stellte die unterschiedliche Gerichtszugehörigkeit der Bevölkerung dar. Der Adel nahm für sich seit dem Mittelalter in Anspruch, seine Anliegen und Klagen nicht vor den gleichen Gerichten wie die einfache Bevölkerung verhandeln zu müssen. In Tirol galten daher für den Adel nicht die jeweiligen Orts- und Landgerichte als erste Instanz, wie etwa die Stadtgerichte Innsbruck oder Bozen, sondern es gab spezielle Gerichtshöfe. Im südlichen Tirol war das Hofrecht in Meran als landeshauptmannschaftliches Gericht nach Bozen verlegt worden. Im nördlichen Tirol diente zunächst die Landesregierung als privilegierter Gerichtsstand.

19 Vgl. Probszt, Münz- und Geldgeschichte, 531f.

20 TLA, StLR Ibk, Test., Nr. 2041: HV Franz Joseph Habtmann / Anna von Hassauer, 31. Juli 1811.

21 TLA, StLR Ibk, Test., Nr. 510: HV Eduard Freiherr von Sternbach / Kreszenzia Freiin von Sternbach, 26. Juli 1817.

22 Vgl. TLA, StLR Ibk, Test., Nr. 3: Heiratsgutbestätigung Jakob Volderauer, 1. März 1812.

23 Vgl. TLA, StLR Ibk, Test., Nr. 1655: HV Ernst von Riccabona zu Reichenfels / Angelica Stanger, 26. Mai 1834.

Als Joseph II. in den 1780er Jahren das Gerichtswesen neu ordnete und in Ansätzen die Rechtsprechung von der Verwaltung trennte, tastete er den privilegierten Gerichtsstand des Adels zwar nicht an, verfügte aber einige Änderungen. 1784 wurde das Landrecht Innsbruck errichtet, das für den gesamten Adel des Landes die erste Instanz darstellen sollte. Das südliche Adelsgericht wurde auf einen geringeren Streitwert beschränkt und erst nach Protesten wieder etwas aufgewertet.[24]

Die Abschaffung der Adelsprivilegien, die von Frankreich ausging und über die Rheinbundstaaten fortgesetzt wurde, erreichte auch Tirol, das unter der bayerischen Regierung einen Teil des Rheinbundes bildete. Im Jahr 1808 wurden nach vorhergehenden Debatten über eine Vereinheitlichung der Gerichte schließlich das Landrecht in Innsbruck wie auch das Adelsrecht in Bozen abgeschafft. Somit unterstanden die Adeligen, Geistlichen und Beamten des Landes den gleichen Gerichten wie die übrige Bevölkerung.[25]

Mit der Wiederübernahme Tirols durch Österreich wurde zwar an vielen bayerischen Reformen festgehalten, die Aufhebung des privilegierten Status des Adels jedoch wieder rückgängig gemacht. 1815 schuf man daher das Stadt- und Landrecht Innsbruck, das nun zugleich die erste Instanz der privilegierten Personenkreise der Adeligen, Beamten und Geistlichen wie auch das erste Gericht für die Innsbrucker Stadtbevölkerung darstellte.

Im Bestand „Testamente 1816–1844"[26] dieses neuen Gerichtes fanden sich neben Testamenten auch 58 Heiratsverträge, die im Zuge der Verlassenschaftsabhandlungen vorgelegt und in diesem separaten Bestand verwahrt worden waren. Manche der hier ursprünglich vorhandenen Heiratsverträge waren im Laufe des 19. Jahrhunderts wieder ausgeschieden worden, weil sie beispielsweise nach der Verlassenschaftsabhandlung an die Witwe beziehungsweise den Witwer zurückgegeben oder später an ein anderes Gericht ausgefolgt wurden. Durch die Verbindung dieser Verträge mit nachträglichen Abänderungen oder Aufhebungen beziehungsweise Testamenten der betreffenden Ehefrauen oder Ehemänner ergeben sich interessante Aufschlüsse über die Entwicklung der am Beginn der Ehe getroffenen Vereinbarungen.

Entsprechend dem Zuständigkeitsbereich wurden die Heiratsverträge von Adeligen und Beamten, die zwischen 1816 und 1844 verstorben sind und zum Zeitpunkt des Todes in Nordtirol ansässig waren, wie auch Angehörigen der Innsbrucker Stadtbevölkerung abgefasst. Das bedeutet, dass die abgeschlossenen Heiratsverträge auch ins 18. Jahrhundert zurückreichen, was die Möglichkeit bietet, Auswirkungen der rechtlichen Veränderungen von der Geltung der Tiroler Landesordnung von 1573 über das Josephinische Gesetzbuch bis hin zum ABGB zu erfassen. Eine Stichprobe des Verfachbuchs des Stadt- und Landrechts von 1815 bis 1820[27] brachte weitere drei Heiratsverträge zum Vorschein. Da zusätzlich ein Heiratsvertrag

24 Vgl. Theodor Hamer, Civil- und Criminal-Justiz-Behörden in Tirol, in: Der Sammler für Geschichte und Statistik von Tirol, 1, 3 (1807), 195–288, 204, 211.

25 Vgl. Ellinor Forster, Tirol als Teil des Rheinbundes. Die bayerische Adelsgesetzgebung zwischen den Einflüssen Frankreichs und den Reaktionen des landsässigen Adels, in: Brigitte Mazohl u. Bernhard Mertelseder Hg., Abschied vom Freiheitskampf? Tirol und „1809" zwischen politischer Realität und Verklärung, Innsbruck 2009, 107–128, 110ff.

26 TLA, StLR Ibk, Testamente 1816–1844.

27 TLA, StLR Ibk, Verfachbuch 1815–1820.

eines Privatarchivs[28] in Innsbruck hinzugenommen wurde, datieren die untersuchten 62 Heiratsverträge auf den Zeitraum von 1767 bis 1842.

Innerhalb der städtischen Heiratsverträge lassen sich zwei dem bäuerlichen Milieu zuordnen. Beim ersten handelt es sich um die zwischen der Bauerntochter Barbara Nißlin von Schrampach im Gericht Felthurns und ihrem Bräutigam Johann Franz Lutz, Pächter im Gericht Gufidaun, getroffenen Vereinbarungen. Der Heiratsvertrag wurde 1808 am Landgericht Klausen abgeschlossen. Sie dürften also in den folgenden Jahren nach Innsbruck übersiedelt sein.[29] Die Eheleute des zweiten bäuerlichen Heiratsvertrags – Simon Schnaller und Theres Brandtin – lebten schon zur Zeit des Vertragsabschlusses 1809 in der Stadt Innsbruck.[30] Der landwirtschaftliche Hintergrund geht hier allerdings nicht aus dem Vertragstext hervor, sondern wird erst im Testament der Ehefrau angedeutet, in dem sie ihrem zweiten Mann „das Vieh, und alle zur Bauernschaft erforderlich gehörigen Stücke" vermachte.[31] Aufgrund dieser geringen Anzahl lässt sich nur wenig über spezifisch bäuerliche Gewohnheiten aussagen, inhaltlich – das sei vorweg gesagt – unterscheiden sie sich kaum von Heiratsverträgen aus weniger vermögenden Handwerkskreisen.

Als städtische Heiratsverträge werden im Folgenden jene 27 bezeichnet, die von Personen aus dem Handel und Handwerk, wie auch von Wirten und Apothekern abgeschlossen wurden. Eine differenzierte Zuordnung von Heiratsverträgen zur sozialen Gruppe der Beamten und des Adels ist insbesondere im Untersuchungszeitraum mit den häufigen Nobilitierungen und dem Aufstieg des Bürgertums in höhere Beamtenpositionen mit der daraus folgenden Verbindung des niederen Adels mit dem städtischen Bürgertum sehr schwierig. Hohen Reichsadel gab es in Tirol nicht. Eine mögliche Trennlinie ließe sich zwischen der erworbenen Landstandschaft des landsässigen Adels und den Neunobilitierten ziehen.[32] Doch fast alle Adeligen hatten auch eine Beamtenposition im Land inne. Der Grad der erreichten Karriere sagt nur bedingt etwas über die soziale Stellung aus, da seit den josephinischen Reformen alle Beamten die gesamte Karriereleiter durchlaufen mussten.[33] Somit erweist sich insbesondere das Heiratsverhalten selbst als Gradmesser für das soziale Prestige im Tiroler Adel: Die gräflichen Familien Wolkenstein, Trapp, Spaur, Lodron, Künigl, Ferrari und Thurn Valsassina Taxis heirateten nur unter sich. Demgegenüber zeigten andere landständische Familien, wie beispielsweise die Freiherren und Freifrauen von Sternbach ein offeneres Heiratsmuster, indem sie sich auch mit vermögenden Handelsfamilien vermählten.

Nichtadelige Heiratsverträge von Beamten oder solche, die zwar aus dem niederen Adel kamen, aber dezidiert von einem „bürgerlichen Heiratsvertrag" sprechen, gibt es neun an der Zahl. Diese wurden für die Analyse in der Gruppe der Beamten zusammengefasst. Somit blei-

28 Familienarchiv Winkler (FAW), Bestand: Akten, Akt 5 (Franz Ignaz Winkler 1743–1800), Heiratsvertrag, 2. Juli 1767.

29 Vgl. TLA, StLR Ibk, Test., Nr. 10: HV Johann Franz Lutz / Barbara Nißlin, 3. September 1808.

30 Vgl. TLA, StLR Ibk, Test., Nr. 1851: HV Simon Schnaller / Theres Brandtin, 20. Juni 1809.

31 TLA, StLR Ibk, Test., Nr. 1851: Testament Theres Brandtin, 29. September 1813.

32 Vgl. Werner Köfler, Land – Landschaft – Landtag. Geschichte der Tiroler Landtage von den Anfängen bis zur Aufhebung der landständischen Verfassung 1808, Innsbruck 1985, Anhang I: Die landständischen Familien, 577–616.

33 Vgl. Waltraud Heindl, Gehorsame Rebellen. Bürokratie und Beamte in Österreich 1780 bis 1848, Wien 1991, 96–126.

ben 24 adelige Heiratsverträge, die sich mehr oder weniger an diesen – adeligen – oder jenen – beamten-bürgerlichen – Gepflogenheiten orientierten.

Im Vergleich zur Gesamtheit der Adeligen und Beamten sowie zur Größe der Stadtbevölkerung macht diese Anzahl an Heiratsverträgen in keiner Weise ein repräsentatives Sample aus. Die Relation zwischen den einzelnen Bevölkerungsgruppen[34] stellte sich 1774 so dar, dass 72,5 Prozent zur bäuerlichen Bevölkerung gerechnet werden konnten, 11,60 Prozent lebten vom Gewerbe, 10 Prozent waren Dienstboten. Der Anteil der Geistlichkeit an der Bevölkerung übertraf mit 0,9 Prozent noch knapp jenen der Beamten mit 0,7 Prozent und jenen des Adels mit 0,6 Prozent. In absoluten Zahlen wären das 2.326 adelige Personen und 2.687 Beamte mit ihren Angehörigen.[35]

Für die Stadt Innsbruck wurden in der 1753 in Tirol durchgeführten Volkszählung 4.483 Bewohner und Bewohnerinnen angegeben. Dabei waren die Adeligen, Beamten und Geistlichen nicht mitgezählt worden. Der Generalsteuerkataster von 1780, der auch die Beamten, Adeligen und Geistlichen erfasste, weist für Innsbruck eine Personenzahl von rund 10.000 auf. Davon entfiel die eine Hälfte auf die Bürger und Inwohner mit ihren Familien und Dienstboten, die andere Hälfte auf den exemten Personenkreis. Von den insgesamt 518 angeführten Häusern besaßen Klerus, Adel und die Beamten jedoch nur 50. Ein großer Teil von ihnen dürfte also in Bürgerhäusern eingemietet gewesen sein. Der Adel konzentrierte sich insbesondere in der Stadt Innsbruck, vor allem jener, der Dienste in der Landesregierung übernommen hatte. 1806 ergab sich laut verfasster Jahrestabelle eine Bevölkerung von 8.819

34 Die Bevölkerungszahlen sind zu diesem Zeitpunkt noch ohne die später hinzugekommenen Hochstifte Brixen und Trient, wie auch einiger Gerichte im Osten zu verstehen. Im 18. Jahrhundert grenzte das Gebiet im Westen an das Fürstbistum Chur und den Arlberg, im Norden mit dem Außerfern an das Herzogtum Bayern. Die drei bayerischen Gerichte Kufstein, Kitzbühel und Rattenberg waren erst unter der Regierung Maximilians I. 1504 endgültig von Bayern zu Tirol gekommen. Im Osten gehörten einige Gerichte – das Brixen- und Zillertal wie auch Windisch-Matrei – bis zum Beginn des 19. Jahrhunderts zum Erzstift Salzburg und machten dessen Geschichte mit: 1803 säkularisiert und für den neuen Landesfürsten Ferdinand III. von Toskana zum Kurfürstentum erhoben, 1805 erstmals bei Österreich, 1809 zu Bayern und 1816 wiederum zu Habsburg und somit zu Tirol. Das übrige Gebiet im Südosten – das heutige Südtiroler Pustertal und Osttirol – gehörte zur Grafschaft Görz, die 1500 im Erbgang an Maximilian I. gefallen war. Im Süden reichte Tirol seit derselben Zeit bis zu den später so genannten „Welschen Konfinen". Die Hochstifte Brixen und Trient bildeten innerhalb des Tiroler Gebiets Enklaven, die jedoch politisch und wirtschaftlich stets eng mit Tirol verbunden waren und 1803 im Zuge der Säkularisation an das Land gelangten. Daher zählte Tirol 1754 ca. 419.000 und 1789 ca. 430.000 Einwohner und Einwohnerinnen. 1803 vermehrte sich die Zahl um 26.000 aus dem säkularisierten Hochstift Brixen und um 145.000 aus dem Hochstift Trient. 1857 umfasste Tirol schließlich eine Bevölkerung von 750.094 Personen. Vgl. Franz Ortner, Vom Kurfürstentum zum Wiener Kongress 1803–1816, in: Heinz Dopsch u. Hans Spatzenegger Hg., Geschichte Salzburgs. Stadt und Land, Bd. 2: Neuzeit und Zeitgeschichte, 2. Teil, Salzburg 1995², 587–619; Rudolf Palme, Frühe Neuzeit (1490–1665), in: Fontana, Geschichte des Landes Tirol, 3–287, 3ff; Mühlberger, Absolutismus und Freiheitskämpfe, 317, 494; Helmut Alexander, Geschichte der Tiroler Industrie. Aspekte einer wechselvollen Entwicklung, Innsbruck 1992, 33; Elisabeth Dietrich, Die Bevölkerungsentwicklung Tirols im ausgehenden 18. und im 19. Jahrhundert, in: Chronik der Tiroler Wirtschaft mit Sonderteil Südtirol, hg. von der Gesellschaft für Wirtschaftsdokumentationen Ges.m.b.H., Wien 1992, 125–139, 132.

35 Vgl. Köfler, Land – Landschaft – Landtag, 558ff.

Menschen. Die Angaben für 1808 und 1811 belaufen sich auf 9.306 und 10.237. In den folgenden Jahren blieb die Stadtbevölkerung relativ konstant in der Höhe zwischen 8.000 und 9.000. Der leichte Rückgang im Vergleich zum ausgehenden 18. Jahrhundert könnte auf die Kriegsfolgen zurückzuführen sein. Nach 1840 verdoppelte sich die Bevölkerungszahl bis 1880 nahezu.[36]

Auch die Anzahl von Eheschließungen, die sich etwa 1811 auf 66 belief,[37] zeigt klar, dass die vorliegenden und untersuchten Heiratsverträge in keinem repräsentativen Verhältnis zur Gesamtbevölkerung stehen. Dies ist durch die schon angedeutete Zufälligkeit der Überlieferung bedingt. Heiratsverträge waren weder zwingend vorgeschrieben, noch mussten sie schriftlich verfasst werden. Wurde nichts vereinbart, gab es immer rechtliche Vorschriften, die für diesen Fall galten. Mit Hilfe von Zeugen konnten lange Zeit auch mündlich vereinbarte Regelungen geltend gemacht werden. Die Tiroler Landesordnung gab zwar an, dass ein Heiratsgut von über 25 Gulden zu verbriefen war, doch bezeugen häufig erst wechselseitige Testamente oder Einzeltestamente ein eingebrachtes Heiratsgut. Der Appellationsgerichtskanzlist Jakob Friesenbichler vermerkte beispielsweise 1828 im wechselseitigen Testament, „das ihm seine liebe Ehgattin Maria geborne Schärflin gleich bei der Anheuratung 50 baar, und hienach auch in 2. Unterschieden 180 f zusammen also 230 f nicht allein – sondern auch 2. aufgerichtete Betten, dann mehrfältiges Bett, Tisch, und übrigens Lein Tuch – weiters an Kuchl Zeug, Komothkästen, und mehrfältig andere Hausgeräthschaften zu, und eingebracht“ habe.[38]

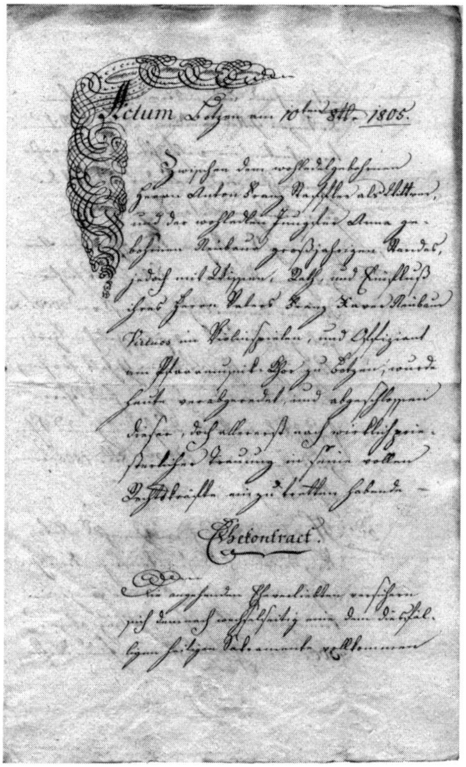
Ehecontract.

Abb. 2: Ehekontract zwischen Anton Franz Staffler und Anna Neubaur, 1805, TLA (siehe auch Transkript Innsbruck Nr. 5)

Schließlich stellten schriftliche Heiratsverträge auch eine Kostenfrage dar. Die Abfassung und übliche doppelte Ausfertigung kosteten 1805 beispielsweise drei Gulden und 30 Kreuzer. Für zusätzliche Dokumente, wie etwa eine hinterlegte Urkunde über eine

36 Vgl. Renate Vigl, Verwaltungsgeschichte der Stadt Innsbruck von 1784 bis 1821, Dissertation Innsbruck 1985, 6–9.

37 Vgl. Vigl, Verwaltungsgeschichte, 7.

38 TLA, StLR Ibk, Test., Nr. 704: Wechselseitiges Testament (WT) Jakob und Maria Friesenbichler, 10. März 1828 (Transkription Innsbruck Nr. 14).

Bürgschaft, die den zukünftigen Witwengehalt sicherstellte, musste zusätzlich bezahlt werden.[39]

Die stets auch übliche mündliche Praxis oder der Stellenwert der vorhergehenden Aushandlungen spiegelt sich im frühneuzeitlichen Begriff der „eheberedung", wie sie auch in der Tiroler Landesordnung verwendet wurde. In den untersuchten Dokumenten kommt eine auf den mündlichen Vorgang der Aushandlungen deutende Bezeichnung „Heurats verabredung" nur in einem Fall vor.[40] Der im 18. Jahrhundert in allen sozialen Gruppen vorherrschende Begriff ist der des „Heiratskontrakts". Der Terminus „Heiratsvertrag" beginnt erst in den 1790er Jahren und zu Beginn des 19. Jahrhunderts häufiger zu werden[41] und im adeligen Bereich die alten Formen abzulösen.[42] In Beamtenkreisen bleibt jedoch hauptsächlich die Bezeichnung „Heiratskontrakt" in Gebrauch, während „Heiratsvertrag" die Ausnahme bildet.[43] In den städtischen Verträgen halten sich „Heiratskontrakt" und „Heiratsvertrag" etwa die Waage, jedoch mit einer Verschiebung von Kontrakt zu Vertrag im frühen 19. Jahrhundert. 1799 taucht erstmals die Bezeichnung „Ehevertrag" auf[44] und sie wurde auch 1808 im bäuerlichen Kontext

39 Vgl. TLA, StLR Ibk, Test., Nr. 26: HV Anton Franz Staffler / Anna Neubaur, 10. Oktober 1805 (Transkription Innsbruck Nr. 5, siehe auch Abb. 2).

40 TLA, StLR Ibk, Test., Nr. 9: HV Johann Michael Rosenbacher / Anna Weyrerin, 22. September 1783.

41 TLA, StLR Ibk, Test., Nr. 568: HV Franz Xaver Appeller / Maria Anna Lenzin, 5. November 1791; Nr. 1606: HV Josef Graf Wolkenstein-Rodeneck / Maria Anna Reichsgräfin Thurn, Valsassina und Taxis, 6. April 1794; Nr. 344: HV Joseph Anton Purtschner / Katharina Achenheimin, 6. April 1802; Nr. 1121: HV Johann Ignaz von Reinhart zu Thurnfels / Maria Anna Maximiliana Xaveria von Grebmer, 27. Dezember 1807 und von da an im adeligen Bereich dominierend.

42 Vereinzelt kommt er noch vor: TLA, StLR Ibk, Test., Nr. 600: HV Aloys Joseph Graf Lodron / Maria Anna Elisabet Gräfin Platz, 21. Juni 1805; sehr spät noch in einem Heiratsvertrag, der auf Schloss Kehlburg im Tauferer Tal abgeschlossen wurde: Nr. 225: HV Joseph Freiherr von Rost / Rosina Ittem, 2. September 1816; Nr. 630: HV Joseph Magnus von Leutner / Johanna Regina Mayer, 14. Juni 1824 in Zirl. Oder auch in Heiratsverträgen aus anderen Rechtsgebieten: z. B. Nr. 163: HV Joseph Pupetschek von Löwenburg / Maria Theresia von Sonnenberg, 17. Februar 1811 auf Burg Treswitz in der Oberpfalz.

43 Nur drei von neun Heiratsverträgen bezeichneten den Vertrag nicht als „Heiratskontrakt": TLA, StLR Ibk, Test., Nr. 344: HV Joseph Anton Purtschner / Katharina Achenheimin, 6. April 1802; Nr. 1971: HV Andre von Mersi / Elisabeth Eyberg, 24. Oktober 1808, die sich ausdrücklich darauf bezogen, einen „bürgerlichen Heuraths-Vertrag" abschließen zu wollen (Transkription Innsbruck Nr. 8); Nr. 1445: HV Kaspar Kempter / Maria Burggasser, 30. März 1836, die einen „Ehe- und Erbvertrag" abschlossen.

44 TLA, StLR Ibk, Test., Nr. 89: HV Joseph Scherer von Hofstadt / Maria Katharina Nagelin, 16. Oktober 1799; auch: Nr. 145: HV Joseph Ritter von Hippoliti / Viktoria Gräfin Tannenberg, 15. Dezember 1811; Nr. 2041: HV Franz Joseph Habtmann / Anna von Hassauer, 31. Juli 1811; Nr. 510: HV Eduard Freiherr von Sternbach / Kreszenzia Freiin von Sternbach, 26. Juli 1817; Verfachbuch 1818, Ehe und Erbsvertrag Anton Saurwein / Franziska Schütz, 19. Juni 1818, fol. 161–163'; Nr. 558: HV Franz Unterberger / Theres Strele, 30. Dezember 1821 (Transkription Innsbruck Nr. 10, siehe auch Tafel 8); Nr. 648: HV Anton Schmid von Wellenburg / Helena Freiin von Sternbach, 13. Oktober 1827; Nr. 1484: HV Joseph Tschurtschenthaler / Wilhelmine Garzarolli von Thurnlack, 30. September 1832 (Transkription Innsbruck Nr. 7); Nr. 1861: HV Joseph von Perkhammer /

so verwendet,[45] konnte aber die gängigeren Begriffe „Heiratsvertrag" und „Heiratskontrakt" nicht verdrängen. Der vom ABGB übernommene Begriff der „Ehepakte"[46] findet sich nur vereinzelt.[47]

In manchen Fällen nahmen sich die Eheleute vor, zu einem späteren Zeitpunkt einen schriftlichen Heiratsvertrag zu errichten. Dies war bei einigen städtischen Heiratsverträgen und solchen von Beamten der Fall. Der k. k. Einnehmer am Hauptgrenz-Zollposten Roßschläg Joseph Anton Purtschner im Außerfern und seine Frau Katharina erschienen 1802 vor dem Pflegamt in Reutte und gaben an, dass sie erst „vor kurzem" geheiratet hätten und nun wollten, „daß auch die bereits getroffenen mündlichen Verabredungen des zusamen legenden Vermögens wie es näm[lich] nach des eins oder des andern dann beederseitigen Tode darmit gehalten werden wolle amtlich zu Protokoll genohmen werden".[48] Auch der Bankmetzger und Wirt Franz Preyer und seine Frau Anna hatten sich bei der Eheschließung 1805 zugesichert, einen Heiratskontrakt zu errichten. Hindernisse hätten jedoch ihren Entschluss verzögert. Daher ließen sie erst 1812 ihre Vereinbarungen schriftlich festhalten.[49] Als der Spezereihandelsmann Peter Paul Stettner und Helena Lanbacherin 1805 geheiratet hatten, „sei zwar eine mündliche Verabredung getroffen, wie es mit einem Theile des Vermögens während der Ehe gehalten werden soll, auf den Fall aber, daß einer der Ehegatten versterben würde, sei gar nichts festgesetzt" worden. Da sich mittlerweile Veränderungen ergeben hätten und weder die früheren Vereinbarungen noch die Abänderungen „wegen Mangel der schriftlichen Errichtung seiner Zeit erwiesen werden könnten, wodurch dann der überlebende Ehegatte mit den Erben des früher versterbenden in Unannehmlichkeiten verwikelt werden könnte",[50] beschlossen sie 15 Jahre später, ein schriftliches Einverständnis verfassen zu lassen.

Obwohl Heiratsverträge nicht ausschließlich von vermögenden Personen abgeschlossen wurden, zeigt doch der Vergleich mit wechselseitigen Testamenten, dass Eheleute mit einem geringeren Vermögen häufig die kostengünstigere und einfachere Variante der Vermögensvereinbarungen kurz vor dem Tod vorzogen. Sehr häufig hieß es dann, „Weil ich meinem lieben

---

Maria Schmalzl, 3. August 1836; Nr. 1445: HV Kaspar Kempter / Maria Burggasser, 30. März 1836, die einen „Ehe- und Erbvertrag" abschlossen.

45 Vgl. TLA, StLR Ibk, Test., Nr. 10: HV Johann Franz Lutz / Barbara Nißlin, 3. September 1808.

46 Im ABGB hatte man sich für den Begriff der „Ehepakte" entschieden, um die materiellen Vereinbarungen von der Eheschließung als solcher, die als „Ehevertrag" bezeichnet wurde, zu unterscheiden. Vgl. Allgemeines bürgerliches Gesetzbuch für die gesammten Deutschen Erbländer der Oesterreichischen Monarchie (zitiert als ABGB 1811), Wien 1811, 1. Teil, § 44, 17 u. 2. Teil, 28. Hauptstück, 349–367. Zur Diskussion des Begriffes vgl. Julius Ofner Hg., Der Ur-Entwurf und die Berathungs-Protokolle des Oesterreichischen Allgemeinen bürgerlichen Gesetzbuches, Bd. 2, Wien 1889, 133.

47 TLA, StLR Ibk, Test., Nr. 268: HV Joseph Georg Cornet / Ernestina von Lama, 28. August 1819 (Transkription Innsbruck Nr. 9). Der HV Nr. 1444: HV Joseph Lürzer von Zehenthal / Anna Treiber, 4. November 1834 war in Salzburg abgeschlossen worden. Nr. 1255: HV Karl Mörz / Josepha Kircher, 21. Mai 1832; HV 1573: HV Peter von Kraus / Maria Beer, vor 1842.

48 TLA, StLR Ibk, Test., Nr. 344: HV Joseph Anton Purtschner / Katharina Achenheimin, 6. April 1802.

49 Vgl. TLA, StLR Ibk, Test., Nr. 7: HV Franz Preyer / Anna Zacherl, 5. Juli 1812.

50 TLA, StLR Ibk, Verfachbuch 1820, HV Paul Stettner / Helena Lanbacher, 25. März 1820, fol. 97.

Gatten nichts anders zugebracht als einige Kleidung und Hausfahrnisse …“[51] oder: „Es ist übrigens blos ihre ersparte Sache …“.[52]

4. Die handelnden Personen und „ihre“ Formulierungen

Die untersuchten Heiratsverträge sind aufgrund ihrer zufälligen Überlieferung im Bestand der Testamente des Stadt- und Landrechts Innsbruck und damit ihrer verschiedenen sozialen und geografischen Herkunft formal sehr heterogen. Die wenigen Beispiele aus dem Verfachbuch weisen zwar in sich eine formale Einheitlichkeit auf, tragen damit aber insgesamt zur Pluralität bei. Als Tendenz lässt sich festhalten, dass Heiratsverträge zwischen adeligen Personen häufig unter Ausschluss einer gerichtlichen Behörde abgefasst wurden, während nichtadelige meist vor einem Stadt-, Land- oder Pflegrichter errichtet wurden. Diese wie jene folgten in den Formulierungen wahrscheinlich einem Pool an vorgegebenen Möglichkeiten und Traditionen. Doch unterlagen diese Gewohnheiten durchaus Veränderungen, die sich an der Wortwahl und an der Reihung der unterschiedlichen Punkte festmachen lassen. Solche Tendenzen lassen Rückschlüsse auf Veränderungen im Verhältnis der Brautleute zueinander, wie zu den Eltern und auf die Rolle der Religion zu.

Einleitend nannten die Verträge in verschiedener Ausführlichkeit stets die Brautleute. Verpflichtend für die Rechtsgültigkeit des Vertrags waren zudem Zeugen. Variieren konnte jedoch die Anwesenheit von weiteren Personen, wie etwa des als „Anweiser“ bezeichneten Geschlechtsvormundes der Braut, der Eltern und anderer Verwandter. Hinsichtlich der Präsenz von Personen rund um das Brautpaar lassen sich Unterschiede sowohl zwischen den sozialen Gruppen als auch im Verlauf der Zeit erkennen.

Gerichtskundige Personen: Hinweise auf den Ort des Geschehens

Die städtischen Heiratsverträge wurden üblicherweise vor dem Stadtrichter oder dem dazu ermächtigten Stadtschreiber abgefasst. Ähnliches spielte sich an Land- oder Pfleggerichten außerhalb der Städte ab. Der Heiratsvertrag der Brautleute Franz Ignaz Winkler und Maria Josepha Wagnerin aus dem Jahr 1767 begann beispielsweise mit den Worten „Zuwissen u[nd] Virdet hiemit angefiegt, das …“.[53] Eine solche Ausführlichkeit verlor sich mit der Zeit[54] und wich einem einfachen „Zuwißen“, auch in adeligem Kontext,[55] oder aber der nüchterneren Bezeichnung des Tages: „Unter heutigem Dato…“,[56] „Actum Innsbruck den sieben und

51 TLA, StLR Ibk, Test., Nr. 311: WT Peter und Anna Unterberger, 21. November 1802.

52 TLA, StLR Ibk, Test., Nr. 113: WT Franz und Maria Blast, 15. Mai 1805.

53 FAW, Bestand: Akten, Akt 5 (Franz Ignaz Winkler 1743–1800), Heiratsvertrag, 2. Juli 1767.

54 Der HV Pupetschek/Sonnenberg weist mit „Kund- und zuwissen seye hiemit offent gegen iedermäniglich“ eine ähnliche Formulierung auf. Dieser Heiratsvertrag wurde jedoch in einem anderen Rechtsgebiet abgefasst. TLA, StLR Ibk, Test., Nr. 163: HV Joseph Pupetschek von Löwenburg / Maria Theresia von Sonnenberg, 17. Februar 1811.

55 TLA, StLR Ibk, Test., Nr. 677: HV Joseph Franz Xaver Samern zu Frankenegg / Maria Magdalena Kraus zu Salla und Krausegg, 28. August 1775.

56 TLA, StLR Ibk, Test., Nr. 190: HV Anton Sieberer / Franziska Romana Wagnerin, 7. Februar 1797.

zwanzigsten September eintausend sieben hundert sechs und achtzig"[57] oder „Heute zu Ende gesetzten Tag und Jahr".[58] Die Fortsetzung – „Erschienen bei dem hierwärtigen k. k. Pflegamt ...",[59] „Zu Tage erscheinen"[60] – weist darauf, dass sich die Brautleute zum jeweiligen Gericht hinbegeben hatten.

Nach Abhandlung der einzelnen Punkte siegelten die Gerichtspersonen in frühen Verträgen „ohne Gefährde" – also mit Hinweis darauf, dass sie diese mit besten Wissen und Gewissen angefertigt hatten: „Ohne Gefährde. Hierauf, und dessen zu wahrer urkundt hat demnach erstwohleingeführter Herr Statt Richter Johann Oberkofler sein eigenes Insigel (iedoch in Anderweeg ohne Schaden) offentlich alda fürgestellt. Und gegenwärtiges Instrument anmit besßtermassen Verfert- und Bekräfftiget, und also in Duplo außgefertigten Hinaußertheillen lassen."[61]

Auch wenn der Adel Heiratsverträge zunächst an den entsprechenden Adelssitzen abfasste, so bedurfte es doch häufig im Nachhinein der richterlichen Bestätigung, wenn etwa eine der Brautpersonen minderjährig war. In diesem Fall musste nicht nur der Vormund oder die Vormünderin mit dem Mitvormund anwesend sein, sondern die zuständige Behörde als Obervormundschaftsbehörde den Vertrag bestätigen – beispielsweise durch die Formulierung „Vorstehender Heuraths Contract wird hiemit von Obervormundschafts wegen ratificiert"[62] – und das entsprechende Siegel aufdrücken. Eine noch ausstehende Bestätigung wurde im Vertrag als Bedingung vermerkt. So versprachen sich die Brautleute Antonia Freiin von Zephyris und Ignaz von Tschiderer „die Ehe, welche erst über vorläufige Einwilligung der kön[iglich] Bairischen Landrechte zu Innsbruck als Vormundschaftsbehörde der noch minderjährigen Fräulein Braut und dann erfolgende priesterlichen Einsegnung ihre rechtliche Wirkung haben soll".[63]

Der Anweiser der Braut

Tirol gehörte zu den Territorien des Heiligen Römischen Reichs, die Frauen einen Geschlechtsvormund vorschrieben.[64] Mit diesem Verständnis von Frauen als „schwächer begabte" Personen verbanden sich die so genannten „weiblichen Rechtswohltaten"[65] – das Rücktrittsrecht von Verträgen, wenn kein Geschlechtsvormund hinzugezogen worden war oder keine gerichtliche Belehrung stattgefunden hatte. Das behinderte jedoch im 18. Jahrhundert zunehmend

57 TLA, StLR Ibk, Test., Nr. 405: HV Johann Baptist Pitterl / Maria Anna Weißkopfin, 27. September 1786.

58 TLA, StLR Ibk, Test., Nr. 139: HV Valentin Grosser / Therese Hillmayr, 10. Februar 1810.

59 TLA, StLR Ibk, Test., Nr. 344: HV Joseph Anton Purtschner / Katharina Achenheimin, 6. April 1802.

60 TLA, StLR Ibk, Test., Nr. 212: HV Adam Ott / Waldburga Schmiedin, 2. Juli 1812.

61 FAW, Bestand: Akten, Akt 5 (Franz Ignaz Winkler 1743–1800), Heiratsvertrag, 2. Juli 1767.

62 TLA, StLR Ibk, Test., Nr. 1198: HV Johann Peter Ferstl / Maria Theresia Carolina Carnelli, 31. Januar 1818.

63 TLA, StLR Ibk, Test., Nr. 524: HV Ignaz von Tschiderer / Antonia Freiin von Zephyris, 19. April 1807.

64 Vgl. Tiroler Landesordnung 1573, 3. Buch, fol. 51re–51ve.

65 Vgl. Susanne Weber-Will, Geschlechtsvormundschaft und weibliche Rechtswohltaten im Privatrecht des preußischen Allgemeinen Landrechts von 1794, in: Ute Gerhard Hg., Frauen in der Geschichte des Rechts. Von der Frühen Neuzeit bis zur Gegenwart, München 1997, 452–459.

den Geschäftsverkehr. Die Rückzugsmöglichkeit von Frauen aus getätigten Geschäften wurde von den an einer Geschäftstransaktion beteiligten Parteien vielfach als Strategie benutzt und führte zu einer Geschäftsunsicherheit, die zunehmend der Kritik unterlag.[66] Daher befand die für die Rechtskodifikation beauftragte Kompilationskommission, dass handlungsfähige Frauen „gleichen Rechts mit denen Männern gehalten werden sollten, und mögen ihnen unter Vorwand der weiblichen Schwachheit oder Unerfahrenheit keine besonderen Rechtswohlthaten angedeihen, damit die mit ihnen beschließenden Handlungen verläßlich und keinem zur Unsicherheit Handel und Wandels gereichenden Anlaß unterworfen sein".[67]

Die Gegner brachten als Argument vor, dass nach dem geltenden gemeinen Recht wie auch dem preußischen und französischen Recht zur Gültigkeit der Bürgschaft von Frauen gefordert werde, dass sie gerichtlich oder durch Rechtsverständige auf die nachteiligen bedenklichen Folgen aufmerksam gemacht werden. Diese Vorsicht „habe man theils auf die Rechtsunerfahrenheit der Weiber, theils auf ihren Leichtsinn, daß die nachtheilige Folge der Bürgschaft nicht eintreffen werde, gestützt".[68] Die Befürworter der Geschäftsfähigkeit von Frauen setzten diese Einwände jedoch in das pragmatische Licht der Praxis – dass nämlich die angeführten Bedenken auch auf viele Männer zutreffen würden. Die Mehrheit der Stimmen, der offiziell die Diskussion leitende Grundsatz, dass zwischen den Geschlechtern kein Unterschied gemacht werden solle, und vor allem die wirtschaftliche Notwendigkeit führten schließlich zur Abschaffung der Geschlechtsvormundschaft und der damit verbundenen „weiblichen Rechtswohltaten", die mit dem Josephinischen Gesetzbuch Realität wurde.

Dagegen protestierten die Tiroler Landstände, als sie für den Landtag von 1790 die Gravamina zusammentrugen. Die Tiroler Gesetzgebung sei dem römischen und griechischen Ursprung der Geschlechtskuratel gefolgt, indem den Frauen Anweiser verordnet würden

> und, wenn sie verehelichet sind, ohne Wissen, Willen und Beiseyn ihres Mannes, oder, wenn sie ledig sind, ohne einen ordentlichen Anweiser nichts standhaftes handeln können. Der Beweggrund solcher Verordnung war, weil es dem weiblichen Geschlechte fast insgemein an der erforderlichen Einsicht, Beurtheilung und Erfahrenheit mangelt, folglich in ihren Handlungen leicht hintergangen und gefährdet werden können, mithin auch eines verständigen und getreuen Rathgebers höchst nöthig haben. Nun wird aber wohl schwerlich zu behaupten seyn, daß das weibliche Geschlecht in Tirol von ihren angebohrnen Schwachheiten auf einmal befreyet worden und im Stande sind ihren Sachen selbst vorzustehen, oder ihre Geschäfte ohne Rath und Beystand eines erfahrnen Mannes unbeschädiget auszuführen: es würde mithin eine diesem Geschlechte sehr erwünschliche Sache seyn, wenn es in Ansehen der beizuziehen habenden Verpflichteten Anweiser bei den vorigen Gesetzen belassen würde.[69]

Als verstärkendes Argument verwies man auf den Bauernstand, der durch diese neue Regelung insbesondere benachteiligt wäre: „Übrigens ist bekannt, daß im Lande Tyrol der Bauernstand den meisten Volkstheil ausmache; unter diesen Stande aber werden die Ehen großentheils

66 Vgl. David Warren Sabean, Allianzen und Listen: Die Geschlechtsvormundschaft im 18. und 19. Jahrhundert, in: Gerhard, Frauen in der Geschichte des Rechts, 460–479.

67 Philipp Harras von Harrasowsky Hg., Der Codex Theresianus und seine Umarbeitungen, Bd. 1, Wien 1883, 122, Anm. 24.

68 Ofner, Ur-Entwurf, Bd. 2, 214.

69 TLA, Landtagsakten, Offener Landtag 1790/92, Fasz. 25, Unmaßgebige Gedanken, 23. Februar 1792. Für den Hinweis auf diese Akten sei Margret Friedrich gedankt.

ohne Errichtung gerichtlicher Ehepaktaten getroffen. Die Eheweiber solchen Standes würden dann sehr oft ihres Einbringens verlustiget werden, wenn selben nicht per Hypothecam legalem vorgesehen wäre."[70] Infolge dieses Protestes wurde zwar die Geschlechtsvormundschaft nicht wieder eingeführt, doch war die Beiziehung von Anweisern bei bäuerlichen Frauen möglich.[71]

Die Abschaffung der Geschlechtsvormundschaft schlug sich erstaunlich rasch in den Heiratsverträgen nieder. Abgesehen von einem Fall 1812 eines Schustermeisters, in dem eine Beystandschaft erwähnt wird,[72] war von Anweisern in den Verträgen nur bis in die 1780er Jahre die Rede. Meist erscheinen sie nur als anwesend, mit unterzeichnend und mit siegelnd.[73] Einige Male wird auf ihre Erlaubnis und ihren Einfluss verwiesen. Nach „eingeholten Rath" oder „mit Consens und Einfluß"[74] ihres Anweisers habe sich die Braut zu den darauf folgenden Vereinbarungen entschlossen. Maria Anna Weißkopfin schloss ihren Heiratsvertrag 1786 „in Nebenstand und mit Einfluß ihres verpflichten Gerhaben Herrn Andreas Vollod" ab.[75] Der Vormund dürfte zugleich die Rolle des Anweisers übernommen haben, ohne dass dies besonders bezeichnet wurde. Auf eine aktivere Rolle des Anweisers verweist der Heiratsvertrag zwischen Maria Magdalena Theresia von Kraus zu Salla und Krausegg und Joseph Franz Ignaz von Samern zu Frankenegg 1775, in dem er im Namen der Braut die Heiratsgaben vom Bräutigam forderte.[76]

Der Anweiser wurde von der zuständigen Behörde eingesetzt. Meist handelte es sich um gerichtskundige Personen. Maria Magdalena von Kraus zu Sallas Anweiser Peter Krienseisen, Viertelsvertreter am Eisack und Gerichtsschreiber zu Kastelruth war „von einem gnädigen Landeshauptmannischen Verwaltungs-Amt" verpflichtet worden, während Maria Barbara Dinsl von Anger und Tamerburgs Anweiser Johann Christian Wurmasin, Regierungs- Sollicitator, „von hochlöblich O[ber]Ö[sterreichisch]^{er} Regierung" eingesetzt worden war.[77] Im städtischen Bereich zog man Ratsmitglieder als Anweiser heran, wie etwa Joseph Ignaz Voglsanger, „des Raths", 1767 in Maria Josepha Wagnerins Fall.[78] Im Heiratsvertrag zwischen dem Lebzelter und Hofwachsler Johann Michael Rosenbacher und Anna Weyrerin 1783 wurde interessanterweise kein Anweiser erwähnt.[79]

70 TLA, Landtagsakten, Offener Landtag 1790/92, Fasz. 25, Unmaßgebige Gedanken, 23. Februar 1792.

71 Vgl. Forster, Handlungsspielräume von Frauen und Männern im österreichischen Eherecht, 196.

72 Vgl. TLA, StLR Ibk, Test., Nr. 212: HV Adam Ott / Waldburga Schmiedin, 2. Juli 1812.

73 Vgl. beispielsweise TLA, StLR Ibk, Test., Nr. 290: HV Ludwig Franz Freiherr von Sternbach zu Stock und Luttach / Maria Anna von Pfenning, 17. Dezember 1780.

74 TLA, StLR Ibk, Test., Nr. 677: HV Joseph Franz Xaver Samern zu Frankenegg / Maria Magdalena Kraus zu Salla und Krausegg, 28. August 1775.

75 TLA, StLR Ibk, Test., Nr. 405: HV Johann Baptist Pitterl / Maria Anna Weißkopfin, 27. September 1786.

76 Vgl. TLA, StLR Ibk, Test., Nr. 677: HV Joseph Franz Xaver Samern zu Frankenegg / Maria Magdalena Kraus zu Salla und Krausegg, 28. August 1775.

77 TLA, StLR Ibk, Test., Nr. 49: HV Franz Alois Froschauer von Moosburg und Mühlrain / Maria Barbara Dinsl von Anger und Tamerburg, 14. August 1780.

78 FAW, Bestand: Akten, Akt 5 (Franz Ignaz Winkler 1743–1800), Heiratsvertrag, 2. Juli 1767.

79 Vgl. TLA, StLR Ibk, Test., Nr. 9: HV Johann Michael Rosenbacher / Anna Weyrerin, 22. September 1783.

Die Brautleute: Ihre „Motive" und Handlungen

Hinsichtlich der Vertragsstruktur ist zwischen der Einleitung und den zu regelnden und somit verbindlichen Punkten zu unterscheiden. In der Einleitung wurde neben der Nennung der anwesenden Personen auch häufig der Grund des Vorhabens oder die Form des Vorgehens thematisiert. Auf „erfolgte geziemende Anwerbung" sei beispielsweise der Heiratsvertrag zwischen Maria Barbara Dinsl von Anger und Tamerburg und Franz Alois Froschauer von Moosburg und Mühlrain „verabgeredt- und beschlossen worden".[80] Im 18. Jahrhundert wurde zwei Mal – einmal in adeligem und einmal in städtischem Bereich – „eine eheliche Liebes-Neugung" erwähnt, die sich ergeben habe.[81] Die Brautleute Maria Theresia Mayrin und Martin Hufnagel beabsichtigten „die gegeneinander tragende Liebes Zuneigung ehestens durch priesterliche Einsegnung bestättigen zu lassen".[82]

Nur vereinzelt hielt man als Motiv die Vermeidung von Problemen fest, wenn etwa deklariert wurde, dass man, um „in der Folge allen Streitigkeitten vorzubauen und für allenfällsige unvorzusehenden Fälle so viel möglich ist, wechselseitig zu sorgen folgendes unter sich verabredet und festgesetzet" habe.[83] „Um künftigen Irrungen, oder Streitigkeiten vorzubeugen, und die beiderseitigen Rechte vollends zu sichern," hatten sich der Mohrenwirt in Innsbruck Alois Gstrein und seine Braut Kreszenz Eyrsch 1833 „bestimmt gefunden, nach reifer Uiberlegung" einen Heiratsvertrag abzuschließen.[84] Die Argumentation verwies dabei meist auf jene Vereinbarungen, die sich auf den Tod der Ehefrau oder des Ehemannes bezogen. So hatten auch Karl von Tschusi zu Schmiedhofen und Elisabeth von Azwang zu Riegelheim 1812 „zur beiderseitigen künftigen Richtschnur, um seiner Zeit nach Absterben des Einen oder des andern Theils den Willen des Abgestorbenen nicht durch einen Dritten suppliren lassen zu müssen, sondern zum Besten des Uiberlebenden nach ihren eigenen Willen vorzusorgen, und alle etwaigen Ausstände ganz zu beseitigen, Nachstehendes bedungen und festgesetzt".[85]

Der Entschluss zur Eheschließung konnte beidseitig oder einseitig formuliert werden. Die Artikulierung des gemeinsamen Beschlusses überwog im 18. Jahrhundert. Martin Hufnagel habe 1796 „die Ehr- und Tugendreiche Jungfrau Maria Theresia Mayrin von Brennbichel des Landgerichts Imst gebürtig zu seiner allerliebsten Braut, diese aber ihn für ihren werthesten Bräutigam auserwählet".[86] Ebenso errichteten Joseph Scherer von Hofstadt und Maria Katharina Nagele 1799 den Heiratsvertrag „nach vorläufig zwischen den Brautpersonen erfolgten

80 TLA, StLR Ibk, Test., Nr. 49: HV Franz Alois Froschauer von Moosburg und Mühlrain / Maria Barbara Dinsl von Anger und Tamerburg, 14. August 1780.

81 TLA, StLR Ibk, Test., Nr. 677: HV Joseph Franz Xaver Samern zu Frankenegg / Maria Magdalena Kraus zu Salla und Krausegg, 28. August 1775.

82 TLA, StLR Ibk, Test., Nr. 124: HV Martin Hufnagel / Maria Theresia Mayrin, 30. Mai 1796.

83 TLA, StLR Ibk, Test., Nr. 987: HV Joseph Georg Berreiter / Anna Franziska Dorothea Streicher, 25. Januar 1809.

84 TLA, StLR Ibk, Test., Nr. 1815: HV Alois Gstrein / Kreszenz Eyrsch, 25. Juli 1833.

85 TLA, StLR Ibk, Test., Nr. 1104: HV Karl von Tschusi zu Schmiedhofen / Elisabeth von Azwang zu Riegelheim, 6. Juli 1812.

86 TLA, StLR Ibk, Test., Nr. 124: HV Martin Hufnagel / Maria Theresia Mayrin, 30. Mai 1796.

Entschluße zu Eingehung des Ehebündnisses".[87] Auch Andre von Mersi und Elisabeth Eyberg hatten sich 1808 entschlossen, „miteinander in den Stand der Ehe zu tretten".[88] Wenn die Braut mehr Vermögen in die Ehe brachte, konnte auch sie zuerst genannt werden, wie beispielsweise im „Heuraths-Vertrag, Welcher zwischen der Hochwohlgebornen Fräule Antonia Freyin v. Zephiris … an Einem – dann dem Wohlgebohrnen Herrn Ignatz von Tschiderer …" abgeschlossen wurde.[89]

Zunehmend begannen sich jedoch einseitige Formulierungen durchzusetzen, die alle mit „Nachdem" oder „Da" begannen und sich in allen sozialen Gruppen finden. „Nachdem Mathias Stocker, Wittwer, und Nadlmacher allda sich entschlossen mit Katharina Gasser sich zu verehlichen, …",[90] „Nachdem sich Herr Franz Ignatz Winkler Bürger und Stadtapotheker allda entschlossen mit Jungfrau Katharina Voglsanger zu verhelichen …",[91] „Nachdem sich der Hoch Wohlgebohrne Herr Joseph Freyherr v[on] Rost etc. entschlossen hat, die Wohledlgebohrne Jungfrau Rosina Ittem zu ehelichen …"[92] oder: „Da sich der wohlgebohrne Herr Joseph Magnus von Leutner … entschlossen hat, sich mit Titl. Fräulein Johanna Reg. Mayer von Hall zu vereheIichen …",[93] sei es zum Abschluss des vorliegenden Heiratsvertrags gekommen. Hinter dieser plötzlichen Gleichförmigkeit steckte eine gesetzliche Vorgabe aus dem Verlöbnispatent Josephs II. von 1782. Er hatte damit die rechtliche Bindung von Verlobungen aufgehoben, indem er darauf verwies, dass diese „weder für den Staat, noch für den Privaten nützlich, sondern vielmehr für beyde in Rücksicht auf die gezwungenen Ehen schädlich" seien. Vielmehr sollten nun alle „Heiraths-Contracte künftighin also eingeleitet werden, daß, nachdem N. N. sich mit N. N. zu verehelichen gesonnen, solche Bedingnisse zwischen ihnen verabredet worden, welche nach erfolgter priesterlicher Einsegnung alsofort ihre rechtliche Kraft haben sollen".[94]

87 TLA, StLR Ibk, Test., Nr. 89: HV Joseph Scherer von Hofstadt / Maria Katharina Nagelin, 16. Oktober 1799; vgl. auch Nr. 1484: HV Joseph Tschurtschenthaler / Wilhelmine Garzarolli von Thurnlack, 30. September 1832 (Transkription Innsbruck Nr. 7).

88 TLA, StLR Ibk, Test., Nr. 1971: HV Andre von Mersi / Elisabeth Eyberg, 24. Oktober 1808 (Transkription Innsbruck Nr. 8); vgl. auch Nr. 268: HV Joseph Georg Cornet / Ernestina von Lama, 28. August 1819 (Transkription Innsbruck Nr. 9).

89 TLA, StLR Ibk, Test., Nr. 524: HV Ignaz von Tschiderer / Antonia Freiin von Zephyris, 19. April 1807.

90 TLA, StLR Ibk, Test., Nr. 285: Morgengabsbestimmung und Fürpfandsbedingung Mathias Stocker / Katharina Gasser, 27. Dezember 1799.

91 TLA, StLR Ibk, Test., Nr. 543: HV Franz Ignatz Winkler / Katharina Voglsanger, 27. Mai 1801; vgl. auch Nr. 878: HV Martin Tschurtschenthaler / Josepha Penz, 16. Juni 1806 (Transkription Innsbruck Nr. 6).

92 TLA, StLR Ibk, Test., Nr. 225: HV Joseph Freiherr von Rost / Rosina Ittem, 2. September 1816.

93 TLA, StLR Ibk, Test., Nr. 630: HV Joseph Magnus von Leutner / Johanna Regina Mayer, 14. Juni 1824.

94 Patent vom 30. August 1782 (Verlöbnispatent), in: Joseph des Zweyten Römischen Kaysers Gesetze und Verfassungen im Justiz-Fache. Für Böhmen, Mähren, Schlesien, Oesterreich ob und unter der Enns, Steyermark, Kärnthen, Krain, Görz, Gradisca, Triest, Tyrol und die Vorlande. In den ersten vier Jahren seiner Regierung, Wien 1817, Nr. 73, 167.

Zugleich wurde damit einer übergeordneten Position des Ehemannes Rechnung getragen, wie sie sowohl im Josephinischen Gesetzbuch als auch im ABGB festgehalten wurde.[95] Die einseitigen Formulierungen verloren sich jedoch wieder in dem Maß, in dem die Heiratsverträge einfacher gestaltet und entweder keine Einleitungen mehr aufgesetzt wurden oder diese nur einfach angaben, dass zwischen den Brautleuten der vorliegende Heiratsvertrag errichtet wurde.

Der erste Vertragspunkt verwies in frühen Heiratsverträgen häufig auf ein bereits gegebenes Eheversprechen, etwa, dass die Brautleute „in Folge des mit Hand, und Mund berichtigten Eheversprechens sich miteinander verbunden" hätten, sich trauen zu lassen,[96] oder dass sich „Obengedachte Braut-Personen in ein Eheliches Versprechen eingelassen" hätten.[97] Solche Formulierungen scheinen mit den ursprünglich rechtlich verbindlichen Eheverlöbnissen in Verbindung zu stehen. Auch wenn nicht immer in dieser Deutlichkeit, so wurde doch ein vorhergehendes Eheversprechen auch nach dem Verlöbnispatent noch mehrmals erwähnt: 1802 etwa in der Form, dass „eine eheliche Verbindung abgeschlossen worden" sei,[98] 1805, dass eine „rechtsbeständige Eheverabredung" erfolgt sei,[99] 1809, dass die Brauleute „ein förmliches Eheversprechen gemacht" hätten[100] oder 1812, dass die „vorgenannten hochedlgebohrnen Brautpersonen zum heiligen Bande der Ehe sich entschlossen und verlobt" hätten.[101] 1816 war nur noch die Rede von „verlobten Braut-Personen".[102]

Diese Formulierungen wurden nach und nach von einer erst zum Zeitpunkt der Abfassung des Heiratsvertrags festzulegenden verbindlichen Heiratsabsicht abgelöst, wie dies beispielsweise in einem Vertrag von 1783 dokumentiert ist: „Gehörter Herr Johann Michael Roßnpacher, und Jungfer Anna Weyrerin versprechen sich also mit nechsten miteinander zuverehelichen."[103] Gegen Ende des 18. und mit Beginn des 19. Jahrhunderts häuften sich solche Bestimmungen, dass sich im ersten Vertragspunkt „beyde Theile einander die Ehe" versprachen[104] – und zwar in allen sozialen Gruppen.[105] Eine Besonderheit im gräflichen Kontext

95 Vgl. JGB, Drittes Hauptstück, § 47, 88; ABGB 1811, 1. Teil, § 91, 32.

96 TLA, StLR Ibk, Test., Nr. 49: HV Franz Alois Froschauer von Moosburg und Mühlrain / Maria Barbara Dinsl von Anger und Tamerburg, 14. August 1780.

97 TLA, StLR Ibk, Test., Nr. 290: HV Ludwig Franz Freiherr von Sternbach zu Stock und Luttach / Maria Anna von Pfenning, 17. Dezember 1780; vgl. auch FAW, Bestand: Akten, Akt 5 (Franz Ignaz Winkler 1743–1800), Heiratsvertrag, 2. Juli 1767.

98 TLA, StLR Ibk, Test., Nr. 651: HV Anton Gogl / Elisabeth Wiererin, 26. Januar 1802.

99 TLA, StLR Ibk, Test., Nr. 600: HV Aloys Joseph Graf Lodron / Maria Anna Elisabet Gräfin Platz, 21. Juni 1805.

100 TLA, StLR Ibk, Test., Nr. 987: HV Joseph Georg Berreiter / Anna Franziska Dorothea Streicher, 25. Januar 1809.

101 TLA, StLR Ibk, Test., Nr. 1104: HV Karl von Tschusi zu Schmiedhofen / Elisabeth von Azwang zu Riegelheim, 6. Juli 1812.

102 TLA, StLR Ibk, Test., Nr. 225: HV Joseph Freiherr von Rost / Rosina Ittem, 2. September 1816.

103 TLA, StLR Ibk, Test., Nr. 9: HV Johann Michael Rosenbacher / Anna Weyrerin, 22. September 1783.

104 TLA, StLR Ibk, Test., Nr. 46: HV Johann Alois Mayer / Anna Tschusi von Schmidhofen, 18. September 1795.

105 Vgl. z. B. TLA, StLR Ibk, Test., Nr. 524: HV Ignaz von Tschiderer / Antonia Freiin von Zephyris, 19. April 1807: „Erstens Versprechen sich beyde Brautpersonen die Ehe"; Nr. 145: HV Joseph

stellte die als Zusage formulierte Übergabe der Braut an den Bräutigam im ersten Vertragspunkt dar, die jedoch nur noch vereinzelt – 1794 und 1805 – vorkam. So wurde „obgedachte Fräule Maria Magdalena Gräfin v[on] Spaur erwähntem Herrn Karl Grafen v[on] Wolkenstein Rodenegg als zukünftige Gemahlin Kraft dieses zugesagt und versprochen".[106] In gleicher Weise sagte man auch 1805 „erwähnte Fräule Braut Maria Anna Gräfin von Platz dem Herrn Bräutigam Aloys Joseph Grafen von Lodron auf dessen beschehenes Ansuchen zur konftigen Gemahlin" zu.[107]

Im ersten Vertragspunkt wurde einige Male auch das Wechseln der Ringe erwähnt. Der Heiratsvertrag von Maria Magdalena Theresia von Kraus zu Salla und Krausegg und ihrem Bräutigam Joseph Franz Xaver Samern zu Frankenegg, die sich mittels „wechselweis an die Finger gesteckten Ringen" das Versprechen gaben, sich „sobald thunlich durch priesterliche wirkliche Kopulation" zu verbinden,[108] datiert noch vor dem Erlass des Verlöbnispatentes. Die Verlobung schien also – zumindest in diesem Fall – zum gleichen Zeitpunkt wie die Errichtung des Heiratsvertrags stattzufinden. In ähnlicher Weise vermerkten Kreszenzia Freiin von Sternbach und Eduard Freiherr von Sternbach: „Erstens: haben sich beyde Theile bis auf die priesterliche Einsegnung mittels Wechslung der Ringe ehelich verlobet."[109] Einige Zeit später – im Jahr 1836 – wurden statt der Verlobungsringe die Trauringe als wesentliches Element erwähnt: Ernst von Riccabona und Angelica Stanger versprachen sich „nach Auswechslung der Trauringe und erfolgter kirchlicher Einsegnung … wechselseitige Erfüllung ehelicher Pflichten und Treue bis zum Tode".[110]

Wie in diesem Fall enthielt der erste Vertragspunkt häufig das gegenseitige Versprechen der zukünftigen Liebe. Sehr frühe Formulierungen im Adel, etwa „all jenes zu beobachten, was immer die eheliche Liebe, Treu, und Pflicht erfordern kann",[111] oder auch dass Brautleute sich „einander Lebenslänglich getreu, und wie es Christ-Catholischen Ehe-Leuthen zustehet, zuehren, und zulieben versprochen",[112] kamen immer wieder vor.[113] Auch in städtischen Hei-

Ritter von Hippoliti / Viktoria Gräfin Tannenberg, 15. Dezember 1811: 1tens Versprechen sich beyde Brautpersonen die wirkliche Ehe (1811); Nr. 1445: HV Kaspar Kempter / Maria Burggasser, 30. März 1836: „Erstens. Versprechen die kontrahierenden Theile unter Beachtung der kirchlichen u[nd] rechtlichen Erfordernüssen in den Stand der Ehe zu tretten".

106 TLA, StLR Ibk, Test., Nr. 1965: HV Karl Graf Wolkenstein-Rodeneck / Maria Magdalena Gräfin Spaur, 23. März 1795 (Transkription Innsbruck Nr. 1).

107 TLA, StLR Ibk, Test., Nr. 600: HV Aloys Joseph Graf Lodron / Maria Anna Elisabet Gräfin Platz, 21. Juni 1805.

108 TLA, StLR Ibk, Test., Nr. 677: HV Joseph Franz Xaver Samern zu Frankenegg / Maria Magdalena Kraus zu Salla und Krausegg, 28. August 1775.

109 TLA, StLR Ibk, Test., Nr. 510: HV Eduard Freiherr von Sternbach / Kreszenzia Freiin von Sternbach, 26. Juli 1817.

110 TLA, StLR Ibk, Test., Nr. 1655: HV Ernst von Riccabona zu Reichenfels / Angelica Stanger, 26. Mai 1834.

111 TLA, StLR Ibk, Test., Nr. 49: HV Franz Alois Froschauer von Moosburg und Mühlrain / Maria Barbara Dinsl von Anger und Tamerburg, 14. August 1780.

112 TLA, StLR Ibk, Test., Nr. 290: HV Ludwig Franz Freiherr von Sternbach zu Stock und Luttach / Maria Anna von Pfenning, 17. Dezember 1780.

113 Vgl. z. B. TLA, StLR Ibk, Test., Nr. 273: HV Johann de Deo Graf Ferrari / Maria Anna Freiin von Zech auf Deibach, 1. Januar 1810: „die eheliche Liebe und Treue wie es christkatholischen

ratsverträgen finden sich ähnliche Beschreibungen, wenn auch seltener, wie etwa in jenem zwischen Maria Theresia Mayrin und Martin Hufnagel, die sich 1796 verbanden, „die einander versprochene Treue bis auf des ein- oder anderen Absterben wahrhaft, und unverfälscht zu halten“.[114] Passagen dieser Art kommen auch bei Handelsleuten,[115] einem Wirt[116] und einem Apotheker[117] vor.

Die meisten Heiratsverträge, die eine solche Formulierung enthielten, basierten auf einer ungleichen Vermögenslage. Die zukünftigen Ehefrauen brachten mehr Vermögen ein als der zukünftige Ehemann. Aufgrund dieses Befundes liegt die Erklärung nahe, dass die Betonung der ehelichen Pflichten, Liebe und Treue kompensatorisch für Vermögen angeführt werden konnte.[118] Jedoch gibt es auch Gegenbeispiele. Johann Nepomuk Graf Trapp sprach sowohl in seinem ersten Heiratsvertrag von 1814,[119] in dem er äquivalente Heiratsgaben zusicherte, als auch in seinem zweiten von 1842,[120] in dem er einem Heiratsgut von 5.000 Gulden Reichswährung keine entsprechende Gabe gegenüberstellte, von „Treue und Liebe“. Vielleicht wirkte das häufige Anführen von Liebe und Treue in den Heiratsverträgen nach 1800 beispielgebend und wurde, wie hier 1814, auch in solche aufgenommen, in denen sich die Heiratsgaben materiell entsprachen.

Fragt man abgesehen von der Formelhaftigkeit nach der Bedeutung des Ausdrucks „Treue und Liebe“, so beinhalteten diese Worte wohl die Gesamtheit des Miteinanderlebens und -auskommens. Manchmal findet sich ein erläuternder Bezug, wie etwa auf die „dem diesfälligen heiligen Sakramente vollkommen entsprechende Liebe und Treue“.[121] Der Geschlechtsverkehr wurde ebenfalls darunter verstanden. Einen Hinweis auf die Uminterpretation von Liebe in Richtung romantischer Liebe könnte die Formulierung im Heiratsvertrag der Brautleute Anton Schmid von Wellenburg und Helena Freiin von Sternbach geben, die sich 1827 nicht nur „eheliche Treue, Liebe“ versprachen, sondern auch „Beiwohnung“.[122] Im Beamtenkontext

---

Eheleuten zustehet“; Nr. 1104: HV Karl von Tschusi zu Schmiedhofen / Elisabeth von Azwang zu Riegelheim, 6. Juli 1812: „vor allem wechselseitig lebenslänglich Liebe und Treu“.

114 TLA, StLR Ibk, Test., Nr. 124: HV Martin Hufnagel / Maria Theresia Mayrin, 30. Mai 1796.

115 Vgl. TLA, StLR Ibk, Test., Nr. 2041: HV Franz Joseph Habtmann / Anna von Hassauer, 31. Juli 1811: „wechselseitige unverbrüchliche Liebe und Treue“; Nr. 1484: HV Joseph Tschurtschenthaler / Wilhelmine Garzarolli von Thurnlack, 30. September 1832: „wechselseitige unverbrüchliche Liebe und eheliche Treue“ (Transkription Innsbruck Nr. 7).

116 Vgl. TLA, StLR Ibk, Test., Nr. 651: HV Anton Gogl / Elisabeth Wiererin, 26. Januar 1802: „Vor allem geloben sich beede Brauts-Personen einander ewige Liebe, und Treu.“

117 Vgl. TLA, StLR Ibk, Test., Nr. 89: HV Joseph Scherer von Hofstadt / Maria Katharina Nagelin, 16. Oktober 1799: „beständige Liebe und Treue“.

118 Vgl. dazu auch den Beitrag von Gertrude Langer-Ostrawsky in diesem Band.

119 TLA, StLR Ibk, Test., Nr. 1372: HV Johann Nepomuk Graf Trapp / Elisabeth Gräfin Wolkenstein-Rodeneck, 27. April 1814: „einander … bis zum Tode eheliche Pflichten und Treue zu leisten“ (Transkription Innsbruck Nr. 2, siehe auch Abb. 3, S. 402).

120 TLA, StLR Ibk, Test., Nr. 1786: HV Johann Nepomuk Graf Trapp / Friedrike Gräfin Künigl, 15. Juni 1842: „die ehliche Verbindung, Treue und Liebe“ (Transkription Innsbruck Nr. 4).

121 TLA, StLR Ibk, Test., Nr. 26: HV Anton Franz Staffler / Anna Neubaur, 10. Oktober 1805 (Transkription Innsbruck Nr. 5, siehe auch Abb. 2, S. 379).

122 TLA, StLR Ibk, Test., Nr. 648: HV Anton Schmid von Wellenburg / Helena Freiin von Sternbach, 13. Oktober 1827.

erschien diese Formulierung 1836 etwas erweitert und deutet möglicherweise ebenfalls auf das neue Ideal einer Liebesheirat hin. Die Brautleute Kaspar Kempter und Maria Burggasser „geloben dahero einander, während des bestehenden ehelichen Verhältnisses unverbrüchliche Treue, fortdauernde Zuneigung, u[nd] stette liebevolle zärtliche Behandlung".[123]

Die Position der Eltern und Verwandten

Die Präsenz der Eltern und Verwandten beim Abschluss des Heiratsvertrags unterschied sich zunächst nach den sozialen Gruppen und unterlag einer zeitlichen Veränderung. Der Einfluss der Eltern war im adeligen Kontext viel stärker spürbar als im städtischen, was mit den größeren Vermögens- und Absicherungsinteressen des Adels wie auch mit dem Zeitpunkt der Verehelichung zu tun hatte. Handelsleute, Handwerker und Wirte konnten sich meist erst verehelichen, wenn sie geerbt hatten oder zu einem eigenen Erwerb gekommen waren, während für adelige Brautpersonen häufig Eltern oder Geschwister mit Vermögen aushalfen, bis das eigene Erbe angetreten werden konnte. Erwähnung im Sinne der Abstammung der Brautleute fanden die Eltern im 18. Jahrhundert jedoch in allen sozialen Gruppen, wobei in den städtischen Heiratsverträgen in erster Linie die Eltern der Braut genannt wurden, da der Bräutigam üblicherweise bereits volljährig war und daher eigenbestimmt auftreten konnte.

Im adeligen Bereich wurde auf das Einverständnis der Eltern ausdrücklich Wert gelegt. Die Vertragsbestimmungen zwischen Joseph Graf Wolkenstein-Rodeneck und Maria Anna Gräfin Thurn, Valsassina und Taxis wurden beispielsweise mit dem Passus eingeleitet: „Da nun diese Willensmeynung beedseitiger hohen Aeltern vollkommen entspricht".[124] In anderen Fällen heißt es, dass die Heiratsverträge mit „Einverständnis besagter Gnädiger Eltern und Verwandten",[125] „über vorläufige Einwilligung beiderseitiger Aeltern"[126] beziehungsweise „mit hoher Zustimmung seiner Frau Mutter" und „mit hoher Bewilligung Hochderselben Aeltern"[127] errichtet worden seien. Im städtischen Bereich finden sich entsprechende Formulierungen nur einige wenige Male, und zwar, wenn die Braut minderjährig war. Katharina Nagelin schloss beispielsweise den Heiratsvertrag 1799 „bei ihrem minderjährigen Alter mit Einwilligung und Gutbefinden ihrer Frau Mutter als Vormünderin, auch des Mitvormunds des Hochedlgebohrnen Herrn Johann Peter Paul Stockhamer zu Schönheim und Grottenburg".[128]

Die Mitsprache der Eltern schien im 18. Jahrhundert im Vergleich zum 19. sowohl im adeligen als auch städtischen Bereich stärker gewesen zu sein und fand beispielsweise Eingang

123 TLA, StLR Ibk, Test., Nr. 1445: HV Kaspar Kempter / Maria Burggasser, 30. März 1836.

124 TLA, StLR Ibk, Test., Nr. 1606: HV Josef Graf Wolkenstein-Rodeneck / Maria Anna Reichsgräfin Thurn, Valsassina und Taxis, 6. April 1794.

125 TLA, StLR Ibk, Test., Nr. 600: HV Aloys Joseph Graf Lodron / Maria Anna Elisabet Gräfin Platz, 21. Juni 1805.

126 TLA, StLR Ibk, Test., Nr. 1121: HV Johann Ignaz von Reinhart zu Thurnfels / Maria Anna Maximiliana Xaveria von Grebmer, 27. Dezember 1807.

127 TLA, StLR Ibk, Test., Nr. 1372: HV Johann Nepomuk Graf Trapp / Elisabeth Gräfin Wolkenstein-Rodeneck, 27. April 1814 (Transkription Innsbruck Nr. 2, siehe auch Abb. 3, S. 402); vgl. auch z. B. TLA, StLR Ibk, Test., Nr. 1786: HV Johann Nepomuk Graf Trapp / Friedrike Gräfin Künigl, 15. Juni 1842 (Transkription Innsbruck Nr. 4).

128 TLA, StLR Ibk, Test., Nr. 89: HV Joseph Scherer von Hofstadt / Maria Katharina Nagelin, 16. Oktober 1799.

in die Einleitung mit Formulierungen wie: „Mit Einflußе der beyden lebenden Herrn Väter" in einem gräflichen Heiratsvertrag[129] und ganz ähnlich in einem städtischen „mit beedseitigen Einfluß ihrer Äeltern".[130] Generell gilt jedoch, dass der Einfluss der Eltern bei Heiratsverträgen im Beamtenmilieu und im städtischen Bereich weit geringer war als im Adel. Eltern traten hier vornehmlich dann auf, wenn die Braut minderjährig war, oder die Anwesenheit des Brautvaters wurde erwähnt, dieser schien aber häufig keinen weiteren Einfluss zu nehmen, sondern nur als Beistand zur Verfügung zu stehen.[131] In einem der beiden bäuerlichen Heiratsverträge wurde die Tochter vom Vater mit einem Heiratsgut versehen,[132] im anderen traten die Eltern der Brautleute nicht in Erscheinung.[133] Gleichwohl wurde das Einverständnis der Eltern im Vorfeld eingeholt, wie aus dem Brief des Appellationsrates Josef Franz Wieser an seinen Sohn Alois Wieser vom Februar 1845 hervorgeht: „Hinsichtlich Deines mir gemachten Gesuchs Dir meine Einwilligung zu Deiner vorhabenden Verehlichung mit Freile Stephanien Bereiter zu erteilen, melde ich Dir, daß ich diese verlangte Einwilligung um so lieber Dir erteile, als die besagte Freile ein Frauenzimmer ist, die mit allen guten Eigenschaften ihren Gatten glücklich zu machen hinreichend versehen ist und in dieser Gegend allgemein geschätzt wird."[134] Dass ihr Vater Johann Georg Berreiter ebenfalls Appellationsrat war, dürfte sowohl die Bekanntschaft der Brautleute als auch das Einverständnis der Eltern befördert haben.

Nur in einigen wenigen Fällen erschienen Brautvater oder Brautmutter neben den Brautleuten als direkte Vertragspartner – meistens im Fall einer minderjährigen Tochter. Dies kam sowohl im städtischen als auch im adeligen Bereich vor: „Nachdem sich Herr Franz Ignatz Winkler Bürger und Stadtapotheker allda entschlossen mit Jungfrau Katharina Voglsanger zu verehlichen, so ist entzwischen diesem dann Frauen Katharina verwittweten Voglsanger als Vormünderin der Jungfrau Braut und dem Mitvormund Herrn Johann Martin Poß geschlossen worden dieser Heuraths vertrag."[135] Auch „zwischen dem Hoch- und Wohlgebohrenen Herrn Braut Vater Joseph Alexander Freyherrn von Sternbach zum Stock, Lüttach und Angerberg etc. ... in eigenem Namen als Vertreter seiner übrigen Kinder, ferner der Hoch und Wohlgebohrenen Fräulein Braut Helena Freyin von Sternbach etc. ... und endlich zwischen ihren Herrn Bräutigam den Wohlgebohrenen Herrn Anton von Schmid von Wellenburg, k. k. Registranten bei denen k. k. Stadt und Landrechten in Innsbruck" wurde ein Heiratsvertrag abgeschlossen.[136] Jakob Christoph Sterzinger schloss den Heiratsvertrag seiner Tochter Maria

129 TLA, StLR Ibk, Test., Nr. 1965: HV Karl Graf Wolkenstein-Rodeneck / Maria Magdalena Gräfin Spaur, 23. März 1795 (Transkription Innsbruck Nr. 1).

130 TLA, StLR Ibk, Test., Nr. 9: HV Johann Michael Rosenbacher / Anna Weyrerin, 22. September 1783.

131 Vgl. z. B. TLA, StLR Ibk, Test., Nr. 651: HV Anton Gogl / Elisabeth Wiererin, 26. Januar 1802.

132 Vgl. TLA, StLR Ibk, Test., Nr. 10: HV Johann Franz Lutz / Barbara Nißlin, 3. September 1808.

133 Vgl. TLA, StLR Ibk, Test., Nr. 1851: HV Simon Schnaller / Theres Brandtin, 20. Juni 1809.

134 Brief von Josef Franz Wieser an Alois Wieser, 25. Februar 1845, zit. nach: Karl Schadelbauer, Briefe aus Alt-Innsbruck (1461–1873), Innsbruck 1952, 29f, 29.

135 TLA, StLR Ibk, Test., Nr. 543: HV Franz Ignatz Winkler / Katharina Voglsanger, 27. Mai 1801.

136 TLA, StLR Ibk, Test., Nr. 648: HV Anton Schmid von Wellenburg / Helena Freiin von Sternbach, 13. Oktober 1827.

Barbara mit Herrn Joseph Albaneder selbst als Vertragspartner ab.[137] Das gesamte Geld kam in diesem Fall von seiner Seite.

Die weitere Verwandtschaft fand – abgesehen von bezeugenden und siegelnden Brüdern, Onkeln und Großvätern – nur einmal explizite Erwähnung. Die Brautleute Ludwig Franz Freiherr von Sternbach und Maria Anna von Pfenning verpflichteten sich 1780 im ersten Vertragspunkt, das eingegangene Eheversprechen „durch Priesterliche Copulation zu eigener sowohl, alß der Beydtheilig nächster Freundtschaffts Vergnügen und Trost ehebäldigst zubestärcken".[138] Nach 1800 verlor sich die Vielzahl der anwesenden Verwandten auch beim Adel. Meistens trat die Braut nur noch „im Beisein ihres Vaters" auf, auch wenn sie nicht minderjährig war.[139]

Sakraler Bezug

Die Rolle der Kirche und der Religion machte sich in den Heiratsverträgen auf zweierlei Art bemerkbar. Zum einen wurde der zeitliche Bezugspunkt der kirchlichen Trauung als der Zeitpunkt definiert, ab dem die vereinbarten Verfügungen gelten sollten. Zum anderen stellten die involvierten Personen das gesamte Heiratsunternehmen unter den Segen Gottes. Sowohl die Bezugnahme auf die Trauung als Geltungszeitpunkt des Vertrages wie auch auf Gott nahmen nach 1800 deutlich ab.

In Österreich gab es während des gesamten Untersuchungszeitraums keine Ziviltrauung.[140] Als Joseph II. mit dem Ehepatent 1783 die Gerichtsbarkeit von den kirchlichen an die weltlichen Gerichte übertrug, versah er Priester, Popen und Rabbiner mit der nun staatlich definierten Funktion, die Eheleute zu trauen. Somit blieb dieser Vorgang zentral für die Verehelichung. Die Vermögensvereinbarungen wurden vor der „wirklichen Kirchen-Copulation" geschlossen.[141] Aber erst vom „Tage der priesterlichen Einsegnung an" sollten sie „verbindlich, und unwiederruflich" gelten[142] oder anders ausgedrückt, der Heiratsvertrag sollte „nach priesterlicher Einsegnung sogleich seine volle Gültigkeit haben".[143] Diese Formulierungen wurden, wie oben erwähnt, im Verlöbnispatent Josephs II. vorgeschrieben, um die Trauung von früher geltenden Versprechungen deutlich abzugrenzen.

Sie finden sich in städtischen Heiratsverträgen in der Einleitung, während der Zeitpunkt der Geltung in adeligen Heiratsverträgen meist in den ersten Vertragspunkt aufgenommen

137 Vgl. TLA, StLR Ibk, Test., Nr. 1823: HV Joseph Albaneder / Maria Barbara Sterzinger von Felsenheim, 27. April 1807.

138 TLA, StLR Ibk, Test., Nr. 290: HV Ludwig Franz Freiherr von Sternbach zu Stock und Luttach / Maria Anna von Pfenning, 17. Dezember 1780.

139 So beispielsweise in TLA, StLR Ibk, Test., Nr. 510: HV Eduard Freiherr von Sternbach / Kreszenzia Freiin von Sternbach, 26. Juli 1817; Nr. 630: HV Joseph Magnus von Leutner / Johanna Regina Mayer, 14. Juni 1824.

140 Erst 1867 wurde die Notzivilehe für den Fall eingeführt, dass sich Geistliche weigerten, die Brautleute zu trauen. Das war häufig bei konfessionellen Mischehen der Fall. Vgl. Erika Weinzierl-Fischer, Die österreichischen Konkordate von 1855 und 1933, Wien 1960, 109.

141 FAW, Bestand: Akten, Akt 5 (Franz Ignaz Winkler 1743–1800), Heiratsvertrag, 2. Juli 1767.

142 TLA, StLR Ibk, Test., Nr. 89: HV Joseph Scherer von Hofstadt / Maria Katharina Nagelin, 16. Oktober 1799.

143 TLA, StLR Ibk, Test., Nr. 139: HV Valentin Grosser / Therese Hillmayr, 10. Februar 1810.

wurde, somit also formaler erscheint. „1. Soll dieser Ehevertrag erst nach der priesterlichen Einsegnung seine Giltigkeit, und seine Rechtskraft haben.“[144] Diese im Heiratsvertrag der Brautleute Anton Schmid von Wellenburg und Helena Freiin von Sternbach von 1827 enthaltene Bestimmung scheint zu diesem Zeitpunkt nur noch vereinzelt auf. Im Heiratsvertrag zwischen Franz Unterberger und Theres Strele wurde 1821 darauf noch im letzten Punkt Bezug genommen: „Schlüßlich versteht sich von selbst, daß dieser Ehevertrag allererst durch wirklich priesterliche Kopulazion zu Rechtskräften gelange.“[145] Im Zuge der zunehmenden Vereinfachung der Heiratsverträge und Sicherheit der Regelungen im Josephinischen Gesetzbuch beziehungsweise im ABGB schien auch die Notwendigkeit, den genauen Zeitpunkt der Geltung zu bestimmen, zu entfallen. Dieser wurde vielmehr als selbstverständlich angenommen. Im Heiratsvertrag zwischen Ernestina von Lama und Joseph Georg von Cornet war die Gültigkeit des Vertrages beispielsweise mit den profaneren Worten thematisiert: „so haben Sie für den Fall, daß solche [die geplante Ehe, E.F.] wirklich zu Stande komme, folgende Ehepackten festgesetzet“.[146]

Der Bezug auf Gott wurde in adeligen Heiratsverträgen im 18. Jahrhundert schon einleitend hergestellt, indem sie mit einem „In Namen der Allerheiligsten, und ungetheilten Dreyfaltigkeit“[147] oder „Im Namen des dreyeinigen Gottes“[148] in geringfügigen Variationen begannen. Einige wenige Male wurde die Entscheidung der Brautleute zur Verehelichung als Gottes Fügung beschrieben. „Zweifelsohne aus göttlicher Fügung“ sei zwischen Aloys Joseph Graf Lodron und Maria Anna Elisabet Gräfin Platz „eine rechtsbeständige Eheverabredung zu Stande gekommen“.[149] Eine ähnliche Formulierung fand sich auch im Heiratsvertrag zwischen Martin Hufnagel und Maria Theresia Mayrin. Ihre gegenseitige Wahl sei „zweifelsohne aus Schik- und Anordnung des Allerhöchsten“ zustande gekommen.[150]

Städtische Heiratsverträge, die einfacher, meist nur mit der Datumsbenennung begannen, empfahlen die Ehe häufig im ersten Vertragspunkt Gottes Segen an: „Gehörter Herr Johann Michael Roßenpacher, und Jungfer Anna Weyrerin versprechen sich also mit nechsten miteinander zuverehelichen wozu also der Große Gott denenselben all ersprißlichen Seegen mittheillen wolle.“[151] In weiteren Variationen: „1tens Versprechen sich beyde Theile einander die Ehe,

144 TLA, StLR Ibk, Test., Nr. 648: HV Anton Schmid von Wellenburg / Helena Freiin von Sternbach, 13. Oktober 1827.

145 TLA, StLR Ibk, Test., Nr. 558: HV Franz Unterberger / Theres Strele, 30. Dezember 1821 (Transkription Innsbruck Nr. 10, siehe auch Tafel 8).

146 TLA, StLR Ibk, Test., Nr. 268: HV Joseph Georg Cornet / Ernestina von Lama, 28. August 1819 (Transkription Innsbruck Nr. 9).

147 TLA, StLR Ibk, Test., Nr. 49: HV Franz Alois Froschauer von Moosburg und Mühlrain / Maria Barbara Dinsl von Anger und Tamerburg, 14. August 1780.

148 TLA, StLR Ibk, Test., Nr. 1606: HV Josef Graf Wolkenstein-Rodeneck / Maria Anna Reichsgräfin Thurn, Valsassina und Taxis, 6. April 1794.

149 TLA, StLR Ibk, Test., Nr. 600: HV Aloys Joseph Graf Lodron / Maria Anna Elisabet Gräfin Platz, 21. Juni 1805.

150 TLA, StLR Ibk, Test., Nr. 124: HV Martin Hufnagel / Maria Theresia Mayrin, 30. Mai 1796.

151 TLA, StLR Ibk, Test., Nr. 9: HV Johann Michael Rosenbacher / Anna Weyrerin, 22. September 1783.

wozu ihnen der Himmel den reichlichsten Seegen angedeihen lassen wolle"[152] oder: „Vor allem versprechen sich beide Brautpersonen beständige Liebe und Treue, und bitten Gott den Geber alles Guten, daß er diesem in seinem Namen einzugehenden H[eiligen] Bande seine Seegen ertheile."[153]

Auf das Wirken Gottes konnte auch im weiteren Text der Heiratsverträge Bezug genommen werden, wenn etwa für den Fall, dass „Viertens Gedachte Fräule Braut (so Gott bederseits lange verhüten wolle)" sterben würde,[154] Vereinbarungen festgesetzt wurden.

Die religiöse Einbettung der Verträge wurde nach 1800 deutlich weniger wichtig. Wenn sie noch erwähnt wurde, dann am Schluss des Vertrags. So endete der Heiratsvertrag zwischen Johanna Regina Mayer und Joseph Magnus von Leutner 1824 beispielsweise mit den Worten „Hiermit wurde dieser Kontrakt mit Gott, der seinen Segen gebe, geschlossen, und sind zur Bestätigung die Unterschriften beygesetzt worden."[155]

5. Gütertrennung oder Gütergemeinschaft?

Da als rechtlicher Güterstand in Tirol schon in der Landesordnung von 1573 die Gütertrennung festgesetzt ist, überrascht es kaum, dass auch in den untersuchten Heiratsverträgen dieser Güterstand überwiegt. Die Gütertrennung unterstützte beziehungsweise garantierte das strenge Blutsliniendenken, das darauf bedacht war, jedes Gut nach Möglichkeit wieder an die Herkunftsfamilie zurückfallen zu lassen.[156]

Dennoch gab es Ausnahmen von der strikten Gütertrennung. Die Braut Maria Josepha Notburga Wagnerin bekam im Heiratsvertrag mit dem Stadtapotheker Franz Ignaz Winkler 1767 die Hälfte des zukünftigen Ertrags zugesprochen – für den Fall, dass sie gemeinsame Kinder haben würden. Dies stellte eine Art Errungenschaftsgemeinschaft mit besonderen Bedingungen dar und wurde auch gleich als erster Punkt des Heiratsvertrags festgelegt: „Erstlich Verobligiert sich und will Herr Brautigam Franz Ignaz Winkler hiemit Verordnet haben, daß die in Zeit fürdauernder Ehe mit Göttlichen Beystand erobernde Vermögenheit zur Helffte seiner konfftigen Ehefrauen und dermahligen Braut, da ein- oder mehr Kinder Vorhanden seyen, eigenthumblich angehörig seyn solle."[157] Die Erträge der Apotheke waren zu diesem Zeitpunkt nicht schlecht,[158] jedoch wurde keine Morgengabe von Seiten des Bräutigams fixiert, sondern alle Zuwendungen an die Braut, Ehefrau und Witwe über ihren Anteil an der Apotheke und deren Gewinn definiert. Die Braut brachte ihrerseits kein Heiratsgut ein, doch konnte sie als

152 TLA, StLR Ibk, Test., Nr. 46: HV Johann Alois Mayer / Anna Tschusi von Schmidhofen, 18. September 1795.

153 TLA, StLR Ibk, Test., Nr. 89: HV Joseph Scherer von Hofstadt / Maria Katharina Nagelin, 16. Oktober 1799.

154 TLA, StLR Ibk, Test., Nr. 600: HV Aloys Joseph Graf Lodron / Maria Anna Elisabet Gräfin Platz, 21. Juni 1805.

155 TLA, StLR Ibk, Test., Nr. 630: HV Joseph Magnus von Leutner / Johanna Regina Mayer, 14. Juni 1824.

156 Vgl. Tiroler Landesordnung 1573, 3. Buch, fol. 40ve.

157 FAW, Bestand: Akten, Akt 5 (Franz Ignaz Winkler 1743–1800), Heiratsvertrag, 2. Juli 1767.

158 Vgl. Andreas Winkler, Aspekte bürgerlichen Lebens am Beispiel einer Innsbrucker Apothekerfamilie zwischen 1750 und 1850, Innsbruck 2001, 59.

Tochter des Hofbuchdruckers und Bürgermeisters Michael Anton Wagner wahrscheinlich eine größere Erbschaft erwarten und ein entsprechendes Prestige aufweisen.[159]

Mit dem Josephinischen Gesetzbuch von 1786 wurde nach einer langen Diskussion über den zukünftigen rechtlich fixierten Güterstand für das gesamte Geltungsgebiet die Gütertrennung festgelegt, die eintreten sollte, wenn die Brautleute nichts oder nichts Gegenteiliges vereinbart hatten. Wollten sie eine Gütergemeinschaft errichten, musste dies eigens deklariert werden. Die im Zuge der Diskussion befragte Kommission in Tirol hatte sich dagegen ausgesprochen, Gütergemeinschaften zuzulassen. Dabei argumentierten sie mit der Gefährdung der Verwandtenerbrechte.[160]

Dementsprechend wurden Gütergemeinschaften zunächst weder im Adel noch im städtischen Kontext vereinbart, sondern die wenigen in den untersuchten Heiratsverträgen vorkommenden Gütergemeinschaften lassen sich klar der einfachen Beamtenschicht zurechnen. Bei ihrer Eheschließung im Jahr 1802 hatten die schon erwähnten Eheleute Joseph Anton Purtschner, Einnehmer am Hauptgrenz-Zollposten Roßschläg im Außerfern, und dessen Frau Katharina ihr Vermögen zusammengelegt. Kurz nach ihrer Trauung wollten sie nun, „daß auch die bereits getroffenen mündlichen Verabredungen des zusamen legenden Vermögens wie es näml[lich] nach des mit eins oder des andern dann beederseitigen Tode darmit gehalten werden wolle amtlich zu Protokoll genohmen werden". Die Gütergemeinschaft erstreckte sich somit auf das gesamte Vermögen und sollte nicht nur im Todesfall, sondern schon während der Ehe zum Tragen kommen. „Nicht nur allein [sollte] die Ehefrau von dem Eheherrn, sondern auch der Herr von der Frau den völligen Genuss d[es] Vermögens haben, so lange beide am Leben sind."[161]

Eine teilweise Gütergemeinschaft auf den Todesfall, die sich nur auf die Errungenschaft während der Ehe bezog, schlossen hingegen der Landrichter Joseph Georg Berreiter und die Postmeisterstochter Anna Franziska Dorothea Streicher aus Hohenems. „Das Erhauste von beydseitigem Vermögen" sollte „als Eigenthum zur Hälfte abgezogen werden."[162] Demgegenüber hatten der frühere Kreiskommissär im Traunviertel Franz Edler von Römer und Josepha Schellmann über die gegenwärtig vorhandenen Einrichtungsgegenstände und den Hausrat wie auch das zukünftig dafür Angeschaffte eine teilweise Gütergemeinschaft vereinbart.[163] Auch 1836 waren es Beamte – ein Gefällen-Wach-Unterinspektor[164] und ein Gubernialkonzipist[165] –, die für einen Teil oder ihr gesamtes Eigentum eine Gütergemeinschaft errichteten.

159 Vgl. Winkler, Aspekte bürgerlichen Lebens, 19.

160 Vgl. Philipp Harras von Harrasowsky Hg., Der Codex Theresianus und seine Umarbeitungen, Bd. 4: Entwurf Horten's, Wien 1886, 197, Anm. 8.

161 TLA, StLR Ibk, Test., Nr. 344: HV Joseph Anton Purtschner / Katharina Achenheimin, 6. April 1802.

162 TLA, StLR Ibk, Test., Nr. 987: HV Joseph Georg Berreiter / Anna Franziska Dorothea Streicher, 25. Januar 1809.

163 Vgl. TLA, StLR Ibk, Test., Nr. 1223: HV Franz Edler von Römer / Josepha Schellmann, 12. Oktober 1812.

164 Vgl. TLA, StLR Ibk, Test., Nr. 1861: HV Joseph von Perkhammer / Maria Schmalzl, 3. August 1836.

165 Vgl. TLA, StLR Ibk, Test., Nr. 1445: HV Kaspar Kempter / Maria Burggasser, 30. März 1836.

Erstmals findet sich 1841 wieder ein Heiratsvertrag aus einem anderen gesellschaftlichen Kontext, in dem sich die Brautleute auf eine Gütergemeinschaft einigten. Der Wirt Alois Gstrein und Kreszenz Eyrsch bestimmten, dass das beim Tod von einem der beiden vorhandene Vermögen als „eine reine Erhausung zu betrachten" sei und ihnen zu gleichen Teilen gehören solle.[166]

Eine Gütergemeinschaft bedeutete noch nicht, dass sich die Eheleute ohne zusätzliche Vereinbarungen gegenseitig beerbten. Nach dem üblichen Nutzgenuss von der jeweils anderen Vermögenshälfte während des Witwer- oder Witwenstandes fiel das Vermögen üblicherweise an die gesetzlichen oder testamentarisch bestimmten Erben und Erbinnen. Wenn ein Teil der anderen Vermögenshälfte der Witwe oder dem Witwer tatsächlich gehören sollte, dann handelte es sich meistens um ausdrücklich bestimmte Gegenstände oder das während der Ehe Erworbene.[167] Das Eigentum am gesamten Verlassenschaftsvermögen konnte auch vom Vorhandensein von Kindern abhängig gemacht werden.[168]

Als Ausnahme hiervon erscheint zunächst der Heiratsvertrag des Gubernialkanzlisten Kaspar Kempter von 1836, in dem sich die Eheleute das gemeinsame Vermögen auch nach der Ehe bestimmten. Wer überlebte, sollte das gesamte Eigentum bekommen.[169] Jedoch ergibt das fünf Jahre später verfasste Testament seiner Frau Maria Burggasser ein anderes Bild: Sie vermachte ihrem Mann ein vollständig ausgestattetes Bett und etwas an Wäsche. Abgesehen von weiteren Legaten sollte ihr Vermögen zwischen ihren vier Geschwistern aufgeteilt werden.[170] Dieses Beispiel macht zum einen die grundsätzliche Schwierigkeit sichtbar, von Aushandlungen am Beginn der Ehe auf deren tatsächliche Umsetzung zu schließen, zum anderen könnte es aber auch auf die Wirkmächtigkeit des Herkunftsfamiliendenkens hindeuten, das es nicht so leicht machte, das gesamte Vermögen dem Ehemann oder der Ehefrau zu vererben.

Dass Ansprüche konkurriert haben könnten, das legen auch wechselseitige Testamente nahe, die häufig betonen, dass es sich bei dem Vermögen, das sich die Eheleute gegenseitig als Eigentum vermachten, nicht um Ererbtes, sondern nur um Errungenschaft handelte:

> Ich Joseph Meichelbeck will und habe mit Wissen, Gewissen und Ueberlegung ohne Zwang bei reiner Vernunft beschlossen, daß nachdem ich kein angefallenes Vermögen ehe unserer Verehlichung besessen, sondern alles was ich besitze durch Mühe erworben habe, daß das, was ich dermalen besitze, meinem Weibe Katharina geborne Erhart, im Fall als sie mich überlebe, zum unwiederruflichen Eigenthum und zwar freyen Willkühr gehören, und ihr eingeräumt werden soll. Keine Anverwandten von mir sollen hieran einen Anspruch machen, und Niemand soll als Erbe etwas von meiner Verlassenschaft fordern können.[171]

166 TLA, StLR Ibk, Test., Nr. 1815: HV Alois Gstrein / Kreszenz Eyrsch, 25. Juli 1833.

167 Vgl. TLA, StLR Ibk, Test., Nr. 1223: HV Franz Edler von Römer / Josepha Schellmann, 12. Oktober 1812.

168 Vgl. TLA, StLR Ibk, Test., Nr. 1861: HV Joseph von Perkhammer / Maria Schmalzl, 3. August 1836.

169 Vgl. TLA, StLR Ibk, Test., Nr. 1445: HV Kaspar Kempter / Maria Burggasser, 30. März 1836.

170 Vgl. TLA, StLR, Test., Nr. 1445: Testament Maria Kempter, 19. März 1841.

171 TLA, StLR Ibk, Test. Nr. 518: WT Joseph und Katharina Meichelböck, 11. Juni 1825.

6. Die Heiratsgaben der Braut- und Eheleute

Als Gegenleistung für das Heiratsgut der Braut Maria Magdalena Theresia von Kraus zu Salla und Krausegg forderte ihr Anweiser 1775 vom Bräutigam Joseph Franz Xaver Samern zu Frankenegg „die gewöhnliche Morgengabe, Hochzeit Kleid, anständiges Geschmuck und ein jährlich so genanntes Spennadel Geld". Dieser wollte sich darauf jedoch „aus seinen dermalen einschlagenden Umständen ... nit einlassen ..., doch hat sich selber herbeygelassen, seiner zukünftigen Ehefrauen allen nothwendigen Unterhalt, sowohl an Kleidung und zuständigen Aufenthalt zu verschaffen und da die Freyle Braut sich mit diesen Versprechen vollkommen contentieret, hat auch Herr Anweiser von seiner Gesinnung abweichen müssen".[172]

Mit dieser Verfügung sind die wichtigsten Heiratsgaben angesprochen und zugleich Tendenzen der Aushandlung angedeutet. Nicht alle Brautpaare konnten einander ein gleiches Vermögen zubringen. Daher wurden häufig andere Parameter ins Kalkül gezogen und differenzierte Formulierungen gefunden, um eine Gleichseitigkeit herzustellen.

Die wesentlichsten Heiratsgaben, die sich in den untersuchten Heiratsverträgen gegenüberstanden, waren das Heiratsgut von Seiten der Braut und die Morgengabe von Seiten des Bräutigams. Dazu kam eine Ausstattung – meist der Braut – sowie Geschenke des Bräutigams und ein Nadelgeld, das – zumindest formal – vom Bräutigam der Braut zugesichert wurde.

Nicht in allen Heiratsverträgen wurde das gesamte mögliche Repertoire der Heiratsgaben oder auch nur ein Teil davon ausgeschöpft. Zudem unterschieden sich die Aushandlungen nach sozialer Herkunft der Brautleute und nach den jeweiligen Vermögensgegebenheiten. Grundsätzlich war das Heiratsgabensystem in Tirol jedoch in allen sozialen Schichten anzutreffen. Abhängig vom Umfang des Vermögens wurden entweder einzelne Gaben thematisiert oder nur Vorkehrungen für das Ableben der Ehefrau oder des Ehemannes getroffen. Von den 24 Heiratsverträgen adeliger Personen des Stadt- und Landrechts Innsbruck wurden in 18 Fällen Heiratsgaben vereinbart oder zumindest erwähnt. Auch bei den neun Heiratsverträgen von Beamten dominierten die Heiratsgaben, da solche auch zusätzlich zu verschiedenen Arten der Gütergemeinschaft eingebracht werden konnten. Von den 27 städtischen Heiratsverträgen waren nur in 14 Fällen – also etwa in der Hälfte – Heiratsgaben bestimmt, wie auch in einem der Heiratsverträge aus landwirtschaftlichem Kontext.

Heiratsgut und Ausstattung

Die Hauptgabe von der Frauenseite stellte also das Heiratsgut dar. Obwohl in dieser Gabe grundsätzlich eine Bemessung des Stellenwertes der Braut gesehen werden kann und es Hinweise auf den gesellschaftlichen Rang ihrer Familie ermöglicht,[173] galt in den untersuchten Heiratsverträgen des 18. und 19. Jahrhunderts keineswegs, dass man Vermögen und Prestige einer Braut allein an der Höhe des Heiratsguts ablesen konnte. Die Aushandlung des Heiratsguts war vielmehr in ein veränderbares Netz aus ökonomischen, gesellschaftlichen und rechtlichen Faktoren eingebunden. Daher stand die Höhe des Heiratsguts immer in Relation

172 TLA, StLR Ibk, Test., Nr. 677: HV Joseph Franz Xaver Samern zu Frankenegg / Maria Magdalena Kraus zu Salla und Krausegg, 28. August 1775.

173 Vgl. Christiane Klapisch-Zuber, Das Haus, der Name, der Brautschatz. Strategien und Rituale im gesellschaftlichen Leben der Renaissance, Frankfurt a. M./New York 1995, 52f.

zu anderen Regelungen in den Heiratsvereinbarungen. Wenn beispielsweise der Bräutigam weniger vermögend war als die Braut, setzten die Brauteltern oder die Braut selbst das Heiratsgut häufig niedriger an.

Trotzdem lassen sich einige Richtwerte ermitteln, die in den verschiedenen sozialen Gruppen üblich waren. Die Höhe des Heiratsguts wurde in städtischen Heiratsverträgen etwa mit durchschnittlich 500 Gulden festgelegt. Bürgerliche Heiratsstiftungen sahen beispielsweise ein Heiratsgut von 300 Gulden vor,[174] was somit als ein Mindestmaß an erforderlichem und angemessenem Heiratsgut gesehen werden kann. Im niederen Adel bezeichnete man 1775 ein Heiratsgut von 500 Gulden hingegen als gering.[175] Der gräfliche Adel bewegte sich hinsichtlich des Heiratsguts in Höhen von 3.000 bis 5.000 Gulden, Beträge, die im 19. Jahrhundert auch von vermögenden Handelsleuten vereinbart wurden.

Das Heiratsgut war zunächst als Unterstützung für den Aufwand während der Ehe gedacht. In Heiratsverträgen nannte man den Zweck des Heiratsguts nur selten ausdrücklich. Um sich einrichten und möblieren zu können, gab der Vater von Maria Magdalena Theresia von Kraus zu Salla beispielsweise dem zukünftigen Schwiegersohn Joseph Franz Xaver Samern zu Frankenegg ein Heiratsgut von 500 Gulden in bar.[176] Wie für die Zinsen ihres Heiratsguts bestimmte die Braut Maria Anna Freiin von Zech auf Deibach auch für das während der Ehe durch Erbschaft oder Schenkungen noch zu erhaltende Vermögen, dass es „zum gemeinschaftlichen Nutzen und Tragung der Lasten der Ehe wohl verwendet werde".[177]

Daneben hatte das Heiratsgut jedoch immer noch die weitere Aufgabe, der Witwe oder dem Witwer als Versorgung zu dienen. Zu Beginn der Ehe dem Mann zur Verwaltung und zum Nutzgenuss übergeben, musste es nach dem Tod des Ehemannes der Witwe zurückgestellt werden.[178] Wenn die Ehefrau vor dem Ehemann starb, dann sollte das Heiratsgut ihren Erben ausgehändigt werden. Jedoch deuten einige Stellen der Landesordnung darauf hin, dass es häufig noch zum Nutzgenuss des Witwers diente und erst nach dessen Tod an die Erbinnen und Erben der Frau ging. Da in vielen Fällen ohnehin die gemeinsamen Kinder die Erben waren, verwaltete der Mann das Erbe der Frau für die Kinder und konnte davon den Nutzgenuss verwenden. Eine wesentliche Neuerung beinhaltete diesbezüglich das Josephinische Gesetzbuch. Das Heiratsgut sollte nun ins Eigentum des Witwers übergehen.[179] Damit wurden Überlegungen wichtig, entweder den Rückfall des Heiratsguts per Vertrag zu sichern oder das Heiratsgut entsprechend niedriger festzusetzen, damit nicht zu viel Vermögen die Familienlinie wechselte. Diese Bestimmung änderte sich erst wieder mit dem ABGB.[180]

---

174 Vgl. Ellinor Forster, Bürgersfrau zu sein, bedarf's nicht wenig, in: dies., Ursula Stanek, Astrid von Schlachta Hg. Frauen*leben* in Innsbruck. Ein historisches Stadt- und Reisebuch, Salzburg 2003, 16–30, 24.

175 Vgl. TLA, StLR Ibk, Test., Nr. 677: HV Joseph Franz Xaver Samern zu Frankenegg / Maria Magdalena Kraus zu Salla und Krausegg, 28. August 1775.

176 Vgl. TLA, StLR Ibk, Test., Nr. 677: HV Joseph Franz Xaver Samern zu Frankenegg / Maria Magdalena Kraus zu Salla und Krausegg, 28. August 1775.

177 TLA, StLR Ibk, Test., Nr. 273: HV Johann de Deo Graf Ferrari / Maria Anna Freiin von Zech auf Deibach, 1. Januar 1810.

178 Vgl. Tiroler Landesordnung 1573, 3. Buch, fol. 41re.

179 JGB, Drittes Hauptstück, § 116, 102.

180 ABGB 1811, 2. Teil, § 1229, 353.

Auch dagegen ergriffen einige Tiroler Heiratsverträge Vorsichtsmaßnahmen. Die Witwe Viktoria Gräfin Tannenberg legte beispielsweise 1811 fest, dass ihr Bräutigam von ihrem „Heiratsgut, wie auch davon, was sie noch erben sollte … nach Landesgesetzen den Genuß [haben soll], doch aber soll das Eigenthum der Frau Braut unangegriffen bleiben“.[181] Im Fall ihres früheren Todes sollte er zeitlebens den Nutzgenuss aus ihrem Heiratsgut erhalten. Mit diesem Bezug auf die Tiroler Landesordnung, die eigentlich nicht mehr galt, legte sie vertraglich wieder die frühere Ordnung fest.

Die gleiche Funktion wie das Heiratsgut nahm die Heiratskaution ein, die für Männer, die im Militärdienst tätig waren, zur Bedingung einer Eheschließung gemacht wurde. Die Zinsen dieses Betrags waren sowohl für den Unterhalt während der Ehe als auch zur Versorgung der Witwe gedacht. So musste beispielsweise der Oberleutnant des k. k. Graf von Migazzischen Infanterieregiments Ludwig Franz Freiherr von Sternbach zu Stock und Luttach für die Heiratslizenz eine Kaution von 3.000 Gulden vorweisen, deren Zinsen er im Heiratsvertrag neben anderen Beträgen für die Witwenversorgung vorsah.[182]

Je weniger das Heiratsgut ausmachte, desto mehr blieb der Ehefrau an übrigem Vermögen. Das hatte zur Geltungszeit der Tiroler Landesordnung noch kaum Bedeutung, da auch dieses Vermögen dem Mann zur Verwaltung und zum Nutzgenuss übergeben werden musste, jedoch änderte sich die Situation mit dem Josephinischen Gesetzbuch, wie noch zu zeigen sein wird.

Eine Zwischenposition zwischen den genau definierten Heiratsgaben und dem übrigen Vermögen nahm die Ausstattung oder Ausfertigung ein. Sie war üblich und wurde erwartet, jedoch rechtlich kaum geregelt. In den untersuchten Heiratsverträgen wurde sie meist nur von weiblicher Seite erwähnt. Viele adelige Heiratsverträge thematisierten eine solche Ausstattung. Häufig findet sie sich mit verschiedenen Adjektiven umschrieben, selten jedoch genauer spezifiziert. Meist handelte es sich um einen Teil an Hauseinrichtung, Wäsche und Küchengeschirr. Relevant war eine Erwähnung der Ausstattung im Heiratsvertrag für die Braut im Hinblick auf die Auflösung der Ehe. 1775 bestand sie beispielsweise in einer „gemässigte[n] Haus-Einrichtung an Bett-Gewandt, weise Wasche, und Kuche-Geschirr“,[183] 1805 „in natura abreichenden anständigen Ausfertigung“.[184] 1807 war von einer „standesmäßige(n) Ausfertigung an Kleidungsstücken und Bettgewand“[185] und 1817 einer „anständigen Ausstattung“[186] die Rede. Einmal wurde sie nur als „gering“ bezeichnet.[187]

181 TLA, StLR Ibk, Test., Nr. 145: HV Joseph Ritter von Hippoliti / Viktoria Gräfin Tannenberg, 15. Dezember 1811.

182 Vgl. TLA, StLR Ibk, Test., Nr. 290: HV Ludwig Franz Freiherr von Sternbach zu Stock und Luttach / Maria Anna von Pfenning, 17. Dezember 1780.

183 TLA, StLR Ibk, Test., Nr. 677: HV Joseph Franz Xaver Samern zu Frankenegg / Maria Magdalena Kraus zu Salla und Krausegg, 28. August 1775.

184 TLA, StLR Ibk, Test., Nr. 600: HV Aloys Joseph Graf Lodron / Maria Anna Elisabet Gräfin Platz, 21. Juni 1805.

185 TLA, StLR Ibk, Test., Nr. 1121: HV Johann Ignaz von Reinhart zu Thurnfels / Maria Anna Maximiliana Xaveria von Grebmer, 27. Dezember 1807.

186 TLA, StLR Ibk, Test., Nr. 510: HV Eduard Freiherr von Sternbach / Kreszenzia Freiin von Sternbach, 26. Juli 1817; auch: Nr. 648: HV Anton Schmid von Wellenburg / Helena Freiin von Sternbach, 13. Oktober 1827.

187 TLA, StLR Ibk, Test., Nr. 273: HV Johann de Deo Graf Ferrari / Maria Anna Freiin von Zech auf Deibach, 1. Januar 1810.

Elisabeth Gräfin Wolkenstein-Rodeneck hingegen bekam im Heiratsvertrag von ihrem Großvater 200 Species Dukaten „zu einer Ausfertigung"[188] – jenes Geld, auf das sie im eingangs zitierten Testament zur Bezahlung ihres Begräbnisses verwies, da sie von ihren Eltern zu diesem Zeitpunkt noch immer kein Geld erhalten hatte. Dabei ist nicht klar, ob sie sich dabei nur auf das zugesicherte Heiratsgut von 3.000 Gulden bezog, oder auch auf die 500 Gulden, die ihr die Mutter „zu ihrer Ausfertigung aus ihren eigenen Mitteln ... verabfolgen" wollte (siehe auch Abb. 3). Ernestina von Lama, die sich auch die Verwaltung ihres Vermögens vorbehielt, ließ im Heiratsvertrag 1819 ausdrücklich in Form einer „Beschreibung der Ausfertigung" den genauen Wert ihrer Ausstattung festhalten, die sie als Heiratsgut bestimmte:[189]

Zwey Betten – zwey abgenähte Deken, zwen Madrazen – zwen Pölster – zwo Bettziehen – zwei Küßen	150 f
Vier- und zwanzig Bett-Tücher	70 "
Zwölf Küßziehen – zwölf Polsterziehen	24 "
Zwölf Tischtücher	30 "
Acht- und Vierzig Serviette	30 "
Dreisig Handtücher	20 "
Zwo Couvert Decken von Pique	12 "
Zusammen	336 f

Im Heiratsvertrag zwischen Johann Graf Trapp und Friedrike Gräfin Künigl von 1842 wurde die Ausfertigung zwar noch erwähnt, aber mit keinem Adjektiv mehr ergänzt.[190] Wie schon die seltene Angabe von Beträgen, könnte auch dies darauf deuten, dass sich der Umfang nach wie vor in üblichen Bahnen bewegte und daher nicht genauer spezifiziert werden musste.

Die Ausstattung in bäuerlichen und städtisch-bürgerlichen Heiratsverträgen unterschied sich stärker voneinander und findet sich viel genauer mit Beträgen beziffert. Die Erwähnung wurde jedoch erst ab den späten 1790er Jahren üblich. Die Bauerstochter Barbara Nißlin brachte ihrem Bräutigam 1808 beispielsweise „ein Überbett, zwei harbene Leilacher, in bar noch weiter 25 fl" zu.[191] Der Glasermeister Ignaz Pircher hatte von seiner Braut „an verschiedener Hauseinrichtung 60 fl" empfangen,[192] der Nadelmacher Mathias Stocker ein „aufgerichtete(s) Bett".[193]

Deutlicher hob sich davon das vermögendere Bürgertum ab. Der Wirt Johann Wierer gab seiner Tochter 1802 neben dem Heiratsgut von 5.000 Gulden noch 500 Gulden an Ausferti-

188 TLA, StLR Ibk, Test., Nr. 1372: HV Johann Nepomuk Graf Trapp / Elisabeth Gräfin Wolkenstein-Rodeneck, 27. April 1814 (Transkription Innsbruck Nr. 2, siehe auch Abb. 3).

189 TLA, StLR Ibk, Test., Nr. 268: HV Joseph Georg Cornet / Ernestina von Lama, 28. August 1819 (Transkription Innsbruck Nr. 9).

190 TLA, StLR Ibk, Test., Nr. 1786: HV Johann Nepomuk Graf Trapp / Friedrike Gräfin Künigl, 15. Juni 1842 (Transkription Innsbruck Nr. 4).

191 TLA, StLR Ibk, Test., Nr. 10: HV Johann Franz Lutz / Barbara Nißlin, 3. September 1808.

192 TLA, StLR Ibk, Test., Nr. 321: HV Ignatz Pircher / Maria Prunerin, 13. Juni 1799.

193 TLA, StLR Ibk, Test., Nr. 285: Morgengabsbestimmung und Fürpfandsbedingung Mathias Stocker / Katharina Gasser, 27. Dezember 1799.

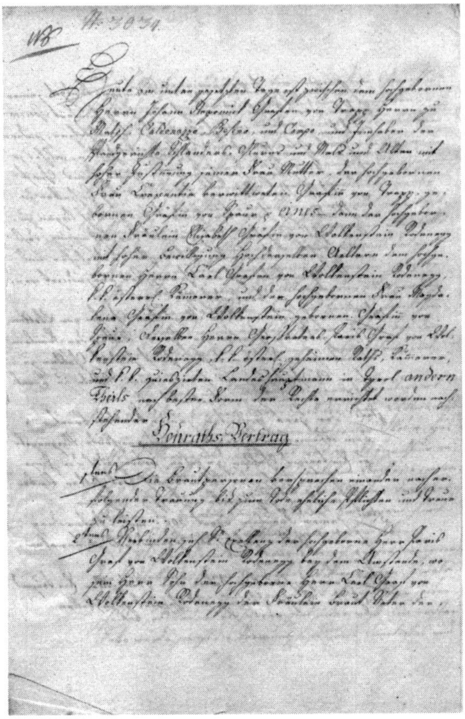
Heuraths Vertrag

Abb. 3: Heuraths-Vertrag zwischen Johann Nepomuk Graf Trapp und Elisabeth Gräfin Wolkenstein-Rodeneck, 1814, TLA (Transkription Innsbruck Nr. 2)

gung mit.[194] Die Braut des Handelsmanns Joseph Tschurtschenthaler, Wilhelmine Garzarolli von Thurnlack, brachte 1832 schließlich eine Brautausstattung bestehend aus Wäsche, Kleidern und Silberzeug im Wert von 1.978 Gulden in die Ehe ein.[195] Die vergleichsweise häufige genaue Benennung legt nahe, dass man hier nicht auf bestehende Usancen zurückgreifen konnte.

Ähnliches lässt sich auch in Beamtenkreisen beobachten. Der Rat Jakob Christoph Sterzinger von Felsenheim gab seiner Tochter Maria Barbara 1807 zur Verehelichung mit dem Professor der Medizin Joseph Albaneder gleich wie „ihren zwoen Frauen Schwestern ebenfalls einen Beytrag zur ihrer ehelichen Ausfertigung ein Tausend Gulden nach voriger Tyroler Landeswährung“ mit.[196] Die Ausstattung Elisabeths Eybergs war mit einer „angemessene[n] Einrichtung an Bethzeug, Beth- und Tischwäsche, Küchengeräthschäften, und dergleichen“ umschrieben, jedoch „mit deme, daß hierüber ein Verzeichniß errichtet werden soll“.[197] Nur wenn sehr wenig Vermögen im Spiel war, blieb die Beschreibung vage. Therese Hillmayr brachte in die Ehe mit dem Polizei-Kommissär Valentin Grosser „eine vollkommene Ausstattung an Wäsche, Kleidung und allen Nothwendigkeiten“ ein.[198]

Der Ausfertigung der Braut lag eine Gegenseitigkeit zugrunde, die in den meisten Fällen jedoch stillschweigend vorausgesetzt wurde. Die Gegenleistung des Bräutigams bestand beispielsweise im „vollkommenen standesmäßigen Unterhalt, Kleidung und Bedienung“.[199] Solche ausdrücklichen Formulierungen wurden nur in sechs adeligen Heiratsverträgen ver-

194 Vgl. TLA, StLR Ibk, Test., Nr. 651: HV Anton Gogl / Elisabeth Wiererin, 26. Januar 1802.

195 Vgl. TLA, StLR Ibk, Test., Nr. 1484: HV Joseph Tschurtschenthaler / Wilhelmine Garzarolli von Thurnlack, 30. September 1832 (Transkription Innsbruck Nr. 7).

196 TLA, StLR Ibk, Test., Nr. 1823: HV Joseph Albaneder / Maria Barbara Sterzinger von Felsenheim, 27. April 1807.

197 TLA, StLR Ibk, Test., Nr. 1971: HV Andre von Mersi / Elisabeth Eyberg, 24. Oktober 1808 (Transkription Innsbruck Nr. 8).

198 TLA, StLR Ibk, Test., Nr. 139: HV Valentin Grosser / Therese Hillmayr, 10. Februar 1810.

199 Vgl. TLA, StLR Ibk, Test., Nr. 600: HV Aloys Joseph Graf Lodron / Maria Anna Elisabet Gräfin Platz, 21. Juni 1805; vgl. auch Nr. 677: HV Joseph Franz Xaver Samern zu Frankenegg / Maria Magdalena Kraus zu Salla und Krausegg, 28. August 1775; Nr. 290: HV Ludwig Franz Freiherr von Sternbach zu Stock und Luttach / Maria Anna von Pfenning, 17. Dezember 1780; Nr. 524: HV Ignaz von Tschiderer / Antonia Freiin von Zephyris, 19. April 1807; Nr. 510: HV Eduard Freiherr

wendet. Dabei gestalteten sich die Konstellationen in vier Fällen so, dass der Bräutigam zu wenig Vermögen hatte, um eine entsprechende Morgengabe in üblicher Höhe oder überhaupt Geschenke zu bestimmen. Die expliziten Erwähnungen können somit als Kompensation angesehen werden.[200]

Nur in einem Fall war von einer konkreten Ausstattung des Bräutigams die Rede. Auch hier konnte er aufgrund des noch nicht angefallenen Erbes auf kein Vermögen zugreifen. Im ersten Vertragspunkt versprachen die Eltern des Bräutigams Josef Graf Wolkenstein-Rodeneck, „demselben aus ihren Mitteln jährlich, daß ist, jedes Jahr insbesondere zwey tausend Gulden sage 2000 fl. als einen standgemässen Unterhalt beizutragen, und diese Summe jedesmal in vier quartaligen Raten mit betreffenden Fünf Hundert Gulden abzuführen, beinebens auch für ihn Herrn Sohn die erste Einrichtung an Meubles, und Ausstattung besonders zu bestreiten".[201]

Die Ausstattung für den Bräutigam gewann erst im 19. Jahrhundert rechtlich an Bedeutung, als sie von den Eltern eingefordert werden konnte. Dahinter stand eine Veränderung der Rechtsauffassung. Laut Josephinischem Gesetzbuch sollte das Heiratsgut nach dem Tod der Ehefrau, wie erwähnt, dem Witwer zufallen wie die entsprechende Gegengabe des Mannes der Witwe als Versorgung. Nach Inkrafttreten dieser Bestimmung verschob sich jedoch die juristische Auffassung von der Aufgabe des Heiratsguts vom doppelten Zweck der Unterstützung während der Ehe und der Versorgung nach der Ehe hin zur alleinigen Bestreitung der so genannten Ehelasten. Mit der Auflösung der Ehe wurde nun auch der Kostenaufwand der Ehe als beendet angesehen und das Heiratsgut hatte nach dieser Auffassung seinen Zweck erledigt, müsste also nach dem Tod der Ehefrau – wenn nichts anderes vereinbart war – ihren Erben und Erbinnen zufallen.[202] Das bedeutete, dass die Witwe das Heiratsgut und zusätzlich die Gegengabe des Ehemannes bekam, während der Witwer keinen Anspruch auf das Heiratsgut erheben konnte. Das sahen einige Juristen als „unverhältnismäßige Begünstigung" der Ehefrau[203] und forderten daher eine „Gleichheit unter den Ehegatten".[204] Jedoch blieb es bei dieser Regelung, die auch Eingang ins ABGB fand.[205]

Als Reaktion änderte sich der Charakter der männlichen Heiratsgabe. Sie wurde von einer ursprünglich eigenständigen Gabe zu einer Vermehrung des Heiratsguts umdefiniert. Wäh-

von Sternbach / Kreszenzia Freiin von Sternbach, 26. Juli 1817; Nr. 268: HV Joseph Georg Cornet / Ernestina von Lama, 28. August 1819 (Transkription Innsbruck Nr. 9).

200 Vgl. TLA, StLR Ibk, Test., Nr. 677: HV Joseph Franz Xaver Samern zu Frankenegg / Maria Magdalena Kraus zu Salla und Krausegg, 28. August 1775; Nr. 290: HV Ludwig Franz Freiherr von Sternbach zu Stock und Luttach / Maria Anna von Pfenning, 17. Dezember 1780; Nr. 524: HV Ignaz von Tschiderer / Antonia Freiin von Zephyris, 19. April 1807; Nr. 510: HV Eduard Freiherr von Sternbach / Kreszenzia Freiin von Sternbach, 26. Juli 1817.

201 TLA, StLR Ibk, Test., Nr. 1606: HV Josef Graf Wolkenstein-Rodeneck / Maria Anna Reichsgräfin Thurn, Valsassina und Taxis, 6. April 1794.

202 Vgl. Philipp Harras von Harrasowsky Hg., Der Codex Theresianus und seine Umarbeitungen, Bd. 5: Entwurf Martini's, Wien 1886, 10. Hauptstück, § 19, 199.

203 Julius Ofner Hg., Der Ur-Entwurf und die Berathungs-Protokolle des Oesterreichischen Allgemeinen bürgerlichen Gesetzbuches, Bd. 1, Wien 1889, 144.

204 Ofner, Ur-Entwurf, Bd. 1, 143.

205 Vgl. ABGB 1811, 2. Teil, § 1230, 354.

rend im Codex Theresianus[206] und im Josephinischen Gesetzbuch[207] noch vorgesehen gewesen war, dass Heiratsgut und Widerlage unabhängig voneinander gegeben beziehungsweise versprochen werden konnten, so nahm diese Freiwilligkeit in der Folge in dem Maß, in dem sich die Gegenseitigkeit der beiden Gaben nach dem Tod der Ehefrau beziehungsweise des Ehemannes verlor, auf dem Weg zum ABGB ab. Der Mann sollte der Frau nur noch dann eine Heiratsgabe zusichern, wenn auch sie ein Heiratsgut einbrachte.

Zugleich wurde Söhnen das Recht abgesprochen, diese Gegengabe von ihren Eltern fordern zu können, wenn sie selbst nicht über genügend Vermögen verfügten. Stattdessen wurde mit der Ausstattung des Bräutigams ein neues Äquivalent zum Heiratsgut eingeführt, das sich auf den Charakter des Heiratsguts als Unterstützung für den Aufwand der Ehe bezog. Eine solche Ausstattung sollte der Bräutigam von seinen Eltern beziehungsweise Großeltern verlangen können.[208]

Morgengabe und Geschenke

Die Gegengabe des Bräutigams wurde im Untersuchungsraum im Wesentlichen durch die Morgengabe repräsentiert. Darunter verstand man nicht unbedingt nur ein Geschenk, das nach der Hochzeitsnacht überreicht wurde, sondern auch Zuwendungen des Bräutigams bei der Eheschließung selbst, vor allem solche, die nur versprochen wurden. Das konnten Geldbeträge, aber auch Liegenschaften sein. Für die Deutung als *pretium virginitatis*, die auch von österreichischen Juristen zu Beginn des 19. Jahrhunderts als Ursprung der Morgengabe bemüht wurde,[209] fehlen klare Zeugnisse. Der Umstand, dass auch Witwen eine Morgengabe bekommen konnten, spricht beispielsweise gegen eine solche Deutung. Eindeutiger und in der Frühen Neuzeit vorherrschend lässt sich die Morgengabe in ihrer Funktion als Witwenversorgung nachweisen. Im einem bestimmten Verhältnis zum Heiratsgut stehend – beispielsweise sich zu gleichen Teilen entsprechend, die Hälfte, ein beziehungsweise zwei Drittel oder ein Viertel des Heiratsguts – wurde damit die wirtschaftliche Absicherung der Witwe gewährleistet.[210]

Auf eine solche Versorgungsfunktion deuten auch die in den untersuchten Heiratsverträgen des Stadt- und Landrechts Innsbruck vereinbarten Morgengaben. Damit entsprechen sie dem Charakter der Widerlage, wie sie vom Josephinischen Gesetzbuch von 1786 als männliche Gabe dem Heiratsgut der Braut gegenübergestellt wurde: Die Eltern und Großeltern des Bräutigams wurden in gleicher Weise wie jene der Braut verpflichtet, bei Mangel an Vermögen des Bräutigams oder der Braut eine Widerlage beziehungsweise ein Heiratsgut zur Verfügung zu stellen.[211] Die Widerlage könne „mit dem Heurathgute in gleichem, auch in einem grössern, oder minderen Betrage“ bestehen.[212] Der Begriff Morgengabe, der im ABGB offensichtlich ein

206 Vgl. Harrasowsky, Codex Theresianus, Bd. 1, Caput III, Nr. 168, 115.

207 Vgl. JGB, Drittes Hauptstück, § 77, 94.

208 Vgl. ABGB 1811, 2. Teil, § 1231, 354.

209 Vgl. z. B. Franz von Zeiller, Commentar über das allgemeine bürgerliche Gesetzbuch für die gesammten Deutschen Erbländer der Oesterreichischen Monarchie, Bd. 3, Wien/Triest 1812, 605.

210 Vgl. Theo Mayer-Maly, Artikel „Morgengabe“, in: Adalbert Erler Hg., Handbuch zur deutschen Rechtsgeschichte, Bd. 3, Berlin 1984, Sp. 678–683.

211 Vgl. JGB, Drittes Hauptstück, § 75, 94.

212 JGB, Drittes Hauptstück, § 77, 94.

kleineres Geschenk meinte,[213] kam im Josephinischen Gesetzbuch nicht vor. Dort war die Rede von Geschenken, die sich die Eheleute gegenseitig machen konnten. Die Bezeichnung Morgengabe gelangte erst bei den Beratungen der Gesetzeskommission nach 1792 in den Text, indem darauf verwiesen wurde, dass in fast allen Heiratsverträgen davon die Rede sei und sie deshalb auch im Gesetz erwähnt werden sollte.[214] Dass die Morgengabe in Heiratsverträgen verschiedene Funktionen einnehmen konnte, wurde dabei nicht berücksichtigt.

In der Tiroler Landesordnung findet sich die Morgengabe dem Heiratsgut gegenübergestellt. So hieß es in der Einleitung zu den „Mahelschafften unnd Eeberedungen", dass man sich bezüglich der „verweisung des Heyratguets/ betreuwung der Morgengab/ und in annder weg" an den „gemainen Lanndsbrauch" halten solle.[215] Die Morgengabe wurde unwiderrufliches Eigentum der Frau. Sie „mag jr Morgengab/ frey/ wem Sy will/ ledigklich jres willens vnd gefallens/ Schencken/ Geben/ verordnen und verschaffen".[216] Bevor sie jedoch tatsächlich an diese Erben fiel, hatte sie dem Witwer in der Form eines Nutzgenusses als Versorgung zu dienen: „Dann der Morgengab halber Ordnen wir/ das die (wover die Fraw dieselbe dem Mann zuvor nit geschennckt/ oder vermacht hette) bey dem Mann sein lebenlang bleiben/ Aber nach seinem Todt/ solle die auf des Weibs Erben fallen/ oder dem vervolgen/ dem die von der Frawen gegeben und geschennckt wäre."[217] Mit dem Passus, dass dies nur eintrat, wenn die Frau die Morgengabe nicht ohnehin dem Ehemann geschenkt hatte, scheint entweder eine Gewohnheit oder eine Idealvorstellung angesprochen zu sein.

Das bedeutete also, dass die Frau nach der Tiroler Landesordnung – abhängig von den jeweiligen Summen – in einer günstigeren Lage war als der Ehemann. Grundsätzlich behielten beide Eheleute im Sinne der Gütertrennung das Eigentum an ihrem Vermögen. Hinsichtlich des Heiratsguts und der Morgengabe fiel jedoch beides letztendlich an die Frau beziehungsweise ihre Erbinnen und Erben. Dem Ehemann standen während der Ehe die Vermögensverwaltung und vor allem der Nutzgenuss sowohl aus dem eheweiblichen Vermögen wie auch aus Heiratsgut und Morgengabe zu. Dass sich die Morgengabe während der Ehe meist in der Hand des Ehemannes befand, deutet sowohl die Landesordnung selbst an, wenn sie darauf verweist, dass die Witwe mit der Morgengabe gegenüber Gläubigern kein besonderes Recht genoss (es sei denn, sie wäre auf einem speziellen Objekt versichert),[218] wie auch die Angaben in Heiratsverträgen des Stadt- und Landrechts Innsbruck dies nahelegen. Auf „sein früher erfolgendes Absterben, [sollte] seiner angehenden Ehegattin eine Morgengabe von 500 fl nebst dem ganzen Professionszeug von seinem Vermögen zukommen",[219] heißt es etwa im Heiratsvertrag zwischen dem Nadelmacher Mathias Stocker und Katharina Gasser. Der Glasermeister Ignatz Pircher hingegen „versichert [seiner Braut] eine Morgengabe per 100 fl, welche auf sein erfolgendes Absterben ihr zuverbleiben" habe. Die Morgengabe des Bankmetzgers und Wirts Franz Preyer sollte „auf sein Absterben sogleich vom Vermögen abgezogen" und der Witwe

213 Vgl. ABGB 1811, 2. Teil, § 1232, 355.
214 Vgl. Harrasowsky, Codex Theresianus, Bd. 5, 200, Anm. 13.
215 Tiroler Landesordnung 1573, 3. Buch, fol. 33re.
216 Tiroler Landesordnung 1573, 3. Buch, fol. 38re.
217 Tiroler Landesordnung 1573, 3. Buch, fol. 50re.
218 Vgl. Tiroler Landesordnung 1573, 3. Buch, fol. 38re u. ve.
219 TLA, StLR Ibk, Test., Nr. 285: Morgengabsbestimmung und Fürpfandsbedingung Mathias Stocker / Katharina Gasser, 27. Dezember 1799.

gutgeschrieben werden.[220] Das weibliche Vermögen blieb in der Regel also innerhalb der Familie, während männliches Vermögen in Form der Morgengabe die Linie überschritt.

Hinsichtlich der Höhe einer Morgengabe lässt sich in den städtischen Heiratsverträgen häufig das Verhältnis eines Heiratsguts von 500 Gulden zu einer Morgengabe von 1.000 Gulden beobachten oder eine dem Heiratsgut in gleichem Umfang entsprechende Morgengabe in der Höhe von 500 oder 1.000 Gulden. Der Weißgerbermeister Paul Weyrer verpflichtete sich beispielsweise 1783, seiner Tochter ein Heiratsgut von 500 Gulden zu geben, dem von Seiten des Bräutigams eine Morgengabe von 1.000 Gulden gegenüberstand.[221] Gleiches hatten sich die Eheleute Anna und Franz Preyer, bürgerlicher Bankmetzger und Wirt am Lamm in Innsbruck, bei der Eheschließung 1805 zugesichert.[222] Hingegen vereinbarten Mathias Stocker und Katharina Gasser 1799 je 500 Gulden an Heiratsgut beziehungsweise Morgengabe.[223] Auch in kleineren Beträgen fanden sich Entsprechungen von Heiratsgut, hier als „Zubringen" bezeichnet, und Morgengabe: Maria Prunerin, Witwe eines Glasermeisters, brachte ihrem Bräutigam 30 Gulden in barem Geld und 60 Gulden an verschiedener Hauseinrichtung zu. Dem stellte Ignaz Pircher 100 Gulden als Morgengabe gegenüber.[224]

Eine Morgengabe konnte auch einseitig festgelegt werden, ohne dass ihr ein Heiratsgut gegenüberstand. Der Apotheker Joseph Scherer von Hofstadt in Bozen sicherte im Jahr 1799 seiner Braut etwa 1.000 Gulden zu, von denen er sich den „eheherrlichen Genuss" vorbehielt,[225] der verwitwete Handelsmann Martin Tschurtschenthaler in Innsbruck im Jahr 1806 seiner Braut hingegen 4.000 Gulden.[226] Im ersten Fall ist kein Heiratsgut erwähnt, sondern nur die vorgesehene Übergabe von rund 9.000 Gulden von Seiten der Braut in die Verwaltung des Ehemannes und zu dessen Nutznießung. Im zweiten Fall ist keinerlei Gegenseitigkeit ersichtlich. Vorkehrungen wurden nur für den Fall des Vortodes des Ehemannes getroffen, nicht aber für den der Ehefrau.

Morgengaben waren auch im adeligen Kontext üblich. Sie finden sich in den Verträgen bis in die 1830er Jahre, doch liegt die Höhe der Morgengabe hier durchgehend unter dem Betrag des Heiratsguts. Während die Witwe Viktoria Gräfin Tannenberg 1811 beispielsweise 9.700 Gulden als Heiratsgut bestimmte, sicherte ihr der Bräutigam Joseph Ritter von Hippoliti als Morgengabe nur eine Wiese im Wert von 4.500 Gulden zu.[227] Dem Heiratsgut Elisabeth Gräfin Wolkenstein-Rodenecks von 3.000 Gulden stand bei ihrer Verehelichung 1814

220 TLA, StLR Ibk, Test., Nr. 7: HV Franz Preyer / Anna Zacherl, 5. Juli 1812 (sie haben 1805 geheiratet).

221 Vgl. TLA, StLR Ibk, Test., Nr. 9: HV Johann Michael Rosenbacher / Anna Weyrerin, 22. September 1783.

222 Vgl. TLA, StLR Ibk, Test., Nr. 7: HV Franz Preyer / Anna Zacherl, 5. Juli 1812 (sie haben 1805 geheiratet).

223 Vgl. TLA, StLR Ibk, Test., Nr. 285: Morgengabsbestimmung und Fürpfandsbedingung Mathias Stocker / Katharina Gasser, 27. Dezember 1799.

224 Vgl. TLA, StLR Ibk, Test., Nr. 321: HV Ignatz Pircher / Maria Prunerin, 13. Juni 1799.

225 TLA, StLR Ibk, Test., Nr. 89: HV Joseph Scherer von Hofstadt / Maria Katharina Nagelin, 16. Oktober 1799.

226 Vgl. TLA, StLR Ibk, Test., Nr. 878: HV Martin Tschurtschenthaler / Josepha Penz, 16. Juni 1806 (Transkription Innsbruck Nr. 6).

227 Vgl. TLA, StLR Ibk, Test., Nr. 145: HV Joseph Ritter von Hippoliti / Viktoria Gräfin Tannenberg, 15. Dezember 1811.

eine Morgengabe von 1.000 Gulden von Seiten des Bräutigams Johann Nepomuk Graf Trapp gegenüber.[228] Zu berücksichtigen ist bei solch ungleichen Verhältnissen jedoch auch, dass in die Heiratsgutsumme das elterliche Erbe bereits mit eingerechnet sein konnte. Beispielsweise bekam Maria Anna Elisabet Gräfin Platz 1805 von ihrem Vater 7.000 Gulden Tiroler Währung „als Heiratsgut u[nd] väterlichen Erbentrichtungsbetrag". Dem standen 1.500 Gulden Morgengabe von Seiten des Bräutigams Aloys Joseph Graf Lodron gegenüber.[229] Zugleich wurde der ‚Fehlbetrag', die Differenz zwischen Morgengabe und Heiratsgut, häufig durch Geschenke und das Nadelgeld ausgeglichen.

Vor allem im adeligen Kontext waren Hochzeitskleid und Schmuck als Geschenke des Bräutigams üblich. Diese Gaben finden sich in den Heiratsverträgen häufig mit einem Wert beziffert, da sie nicht immer in Naturalien ausgefolgt wurden. Der Regierungs- und Lehensekretär Franz Alois Froschauer von Moosburg und Mülrain gab seiner Braut Maria Barbara Dinßl von Anger und Tamerburg im Jahr 1780 beispielsweise 400 Gulden für das Hochzeitskleid und für Schmuck. Daneben wurde in diesem Fall allerdings keine separate Morgengabe vereinbart.[230] Nach „adelicher Sitte" schenkte Joseph Freiherr von Rost 1816 seiner Braut die Hochzeitskleider und Brautbetten, Schmuck, insbesondere einen Granatring mit Brillant im Gewicht von 2 ½ Karat und eine goldene Sackuhr mit Kette.[231]

Zunehmend scheinen die Usancen des Adels auch vom vermögenderen Bürgertum und von Beamtenfamilien übernommen worden zu sein. Der Brief von Kreszenz Wieser an ihren jüngeren Bruder Alois, der sich im Jahr 1845 mit Stephanie Berreiter, der Tochter des Appellationsrates Johann Georg Berreiter, verehelichen wollte, beschreibt die üblichen Geschenke etwas detaillierter:

> Das Brautkleid ist vorgestern gekauft und gestern Stephanien überreicht worden. Ich hoffe es wird auch deinen Beifall haben. Es kostet 35 G[u]l[den]. Es ist ein schwerer Seidenstoff von grünlicher Farbe und sieht wie Silber aus. Ich weiß wohl, daß Du dieser Farbe nicht ganz gewogen bist, dessenungeacht hoffen wir, daß Du damit zufrieden sein wirst. Man hat es uns allgemein geraten, denn einmal schön ist es, und mit einer blauen oder roten Farbe hätte die Fefferl [d. i. Stephanie] sonst nicht viel machen können, hätte es in Kufstein nie tragen können, und mit diesem kann sie recht Galla machen. Es ist kurz sehr nobel – und ihr gefällt es auch. Das Geld habe ich von Deinen Zinsen zusammen gebracht. Einen Brautschleier und Brautkranz muß sie auch von Dir aus bekommen. Wir werden alles besorgen. Die Brautringe muß sie besorgen. Man gibt nur kleine Reiflen mit den Namen eingegraben, und dies geht die Braut an. … Es ist recht gescheid von Dir gewesen den Brautschmuck von Wien zu bestellen. Pracelet ist nicht notwendig.[232]

Die Übernahme adeliger Gewohnheiten wurde durch Eheschließungen zwischen niederem Adel und den führenden Handelsfamilien der Stadt begünstigt. So versprach beispielsweise

228 Vgl. TLA, StLR Ibk, Test., Nr. 1372: HV Johann Nepomuk Graf Trapp / Elisabeth Gräfin Wolkenstein-Rodeneck, 27. April 1814 (Transkription Innsbruck Nr. 2, siehe auch Abb. 3, S. 402).

229 TLA, StLR Ibk, Test., Nr. 600: HV Aloys Joseph Graf Lodron / Maria Anna Elisabet Gräfin Platz, 21. Juni 1805.

230 Vgl. TLA, StLR Ibk, Test., Nr. 49: HV Franz Alois Froschauer von Moosburg und Mühlrain / Maria Barbara Dinsl von Anger und Tamerburg, 14. August 1780.

231 TLA, StLR Ibk, Test., Nr. 225: HV Joseph Freiherr von Rost / Rosina Ittem, 2. September 1816.

232 Brief von Kreszenz Wieser an Alois Wieser, 29. März 1845, zit. nach: Schadelbauer, Briefe aus Alt-Innsbruck, 30f, Zitat: 30.

der Handelsmann Joseph Tschurtschenthaler 1832 seiner Braut Wilhelmine Garzarolli von Thurnlack neben einer „Widerlage" von 5.000 Gulden weitere 800 Gulden als Schmuck – in Form eines Brillant-Ohrgehänges und eines Brillant-Kreuzes – „als Morgengabe".[233]

Diese Verwendung der Begriffe Morgengabe und Widerlage entsprach eindeutig der Terminologie des ABGB. Die Widerlage war als Gegengabe zum Heiratsgut gedacht und die Morgengabe stellte ein Geschenk dar, das darüber hinaus ging. In den untersuchten Heiratsverträgen gab es schon früher einige wenige Male Bezeichnungen einer Morgengabe, die mehr in Richtung Geschenk als Widerlegung eines Heiratsguts deuten. Der königlich-bayerische Landrat Ignaz von Tschiderer versprach 1807 seiner Braut Antonia Freiin von Zephyris „100 Dukaten als Morgengabe nach geschlossener Ehe zu behändigen".[234] Dieser Morgengabe war kein Heiratsgut gegenüber gestanden, jedoch verfügte die Braut bei der Verehelichung über deutlich mehr Vermögen als der Mann. In ähnlicher Weise hatten auch in den Jahren 1794 und 1795 zwei Heiratsverträge von Mitgliedern der gräflichen Familie Wolkenstein-Rodeneck eine Widerlage und in einem Fall überdies eine Morgengabe – offensichtlich im Charakter eines Geschenkes – in den Vertrag aufgenommen. Da aber das zu diesem Zeitpunkt geltende Josephinische Gesetzbuch, wie erwähnt, gar nicht von Morgengabe sprach, dürften hier Traditionen anderer Territorien beispielgebend gewirkt haben. Karl Graf Wolkenstein-Rodeneck als Sohn des Landeshauptmanns und Inhaber eines Hofamtes offensichtlich vermögend setzte dem Heiratsgut seiner Braut von 3.500 Gulden denselben Betrag als Widerlage entgegen, und sicherte zusätzlich „als Morgengabe 1000 f" und „anstatt des gewöhnlichen Brautkleides und Geschmuckes 1000 f" zu.[235] Demgegenüber musste sich die Braut von Joseph Graf Wolkenstein-Rodeneck für ihr eingebrachtes Heiratsgut von 3.000 Gulden mit einer Widerlage von 1.000 Gulden ohne weitere Geschenke begnügen.[236]

Als die Tochter von Karl Graf Wolkenstein-Rodeneck und Maria Magdalena Gräfin Spaur 1814 Johann Nepomuk Graf Trapp heiratete, war zunächst nur von der Morgengabe die Rede. Angesichts des Heiratsgutes von 3.000 Gulden verband sich „4[tens] der Herr Hochzeiter, seiner Fräulein Braut eine dem obbemeldten Heurathsgute entsprechende Morgengabe p[e]r Ein tausend Gulden zu geben, wovon jedoch die Zinse dem Herrn Hochzeitiger lebenslänglich vorbehalten bleiben". „Geschmuck in Natura oder statt selben Ein tausend Gulden Reichs-Währung als Geschenk" bekam sie zusätzlich. Im achten Punkt fand sich die Bestimmung, dass „dem überlebenden Herrn Gemahl die Morgengabe oder Widerlage rückzufallen" habe.[237]

Dieses letzte Beispiel stützt die Vermutung, dass die Morgengabe in den untersuchten Heiratsverträgen mehrheitlich dem Charakter einer Widerlage entsprach. Heiratsgut und Morgengabe wurden zueinander in Bezug gesetzt, entsprachen sich eher im städtischen Bereich;

233 TLA, StLR Ibk, Test., Nr. 1484: HV Joseph Tschurtschenthaler / Wilhelmine Garzarolli von Thurnlack, 30. September 1832 (Transkription Innsbruck Nr. 7).

234 TLA, StLR Ibk, Test., Nr. 524: HV Ignaz von Tschiderer / Antonia Freiin von Zephyris, 19. April 1807.

235 TLA, StLR Ibk, Test., Nr. 1965: HV Karl Graf Wolkenstein-Rodeneck / Maria Magdalena Gräfin Spaur, 23. März 1795 (Transkription Innsbruck Nr. 1).

236 Vgl. TLA, StLR Ibk, Test., Nr. 1606: HV Josef Graf Wolkenstein-Rodeneck / Maria Anna Reichsgräfin Thurn, Valsassina und Taxis, 6. April 1794.

237 TLA, StLR Ibk, Test., Nr. 1372: HV Johann Nepomuk Graf Trapp / Elisabeth Gräfin Wolkenstein-Rodeneck, 27. April 1814 (Transkription Innsbruck Nr. 2, siehe auch Abb. 3, S. 402).

im adeligen Bereich lag die Morgengabe deutlich unter dem Betrag des Heiratsgutes, wurde jedoch durch Geschenke und das Nadelgeld ergänzt.

Nadelgeld

In etwa zwei Dritteln der adeligen Heiratsverträge findet sich für die Ehefrau ein Nadelgeld vereinbart. Dieses Geld – in den Heiratsverträgen als Spennadel-, Stecknadel-, Spiel-, Säckl- oder Stöcklgeld bezeichnet – bedeutete für die Frauen Verfügungsgewalt über einen bestimmten Betrag und somit einen gewissen Freiraum. Es sollte der Ehefrau quartalsweise oder jährlich zur „völlig, und unbeschränckten eigenen Disposition baar" ausgehändigt werden.[238] Gedacht war es „zur Bestreitung ihrer Kleinigkeiten".[239] Nur selten findet sich eine darüberhinausgehende Zweckbestimmung, wie etwa in einem Fall, in dem festgesetzt wurde, dass die Ehefrau davon „ihre eigene Kleidung aller Art ohne weitere Kosten ihres Herrn Gemahls beyzuschaffen" verpflichtet sei.[240]

Die Höhe dieser Verfügung variierte zwischen jährlichen 100 und 400 Gulden. Für ein außergewöhnlich hohes eingebrachtes Vermögen der Braut forderten die Eltern meist auch ein entsprechend höheres Nadelgeld, wie im Fall von Maria Magdalena Gräfin Spaur, nämlich die Zinsen ihres eingebrachten Vermögens in der Höhe von 702 Gulden und zehneinhalb Kreuzern.[241]

Diese Gewohnheit wurde zum Teil vom städtischen Bürgertum übernommen. Hier waren die Beträge – wie auch im einfachen Adel – mit 32 bis 60 Gulden häufig deutlich niedriger.[242] Dabei kam in zwei Fällen die Braut aus dem niederen Adel[243] und einmal handelte es sich um sehr vermögende Handelsleute.[244] Der Großhändler Alois Johann Mayer verband sich beispielsweise, seiner Braut Anna Tschusi von Schmiedhofen „jährliche 40 fl als ein Spennadelgeld zu verabfolgen".[245]

Wie im Fall von Maria Magdalena Gräfin Spaur wurde das Nadelgeld meist vom Ertrag des eingebrachten Heiratsguts oder Vermögens der Ehefrau berechnet. Maria Anna Maximiliana Xaveria von Grebmer hatte beispielsweise 3.000 Gulden an Heiratsgut vereinbart. Vier Prozent Zinsen ergaben damit 120 Gulden, von denen 100 Gulden der Braut als das „unter dem Adel

238 TLA, StLR Ibk, Test., Nr. 1606: HV Josef Graf Wolkenstein-Rodeneck / Maria Anna Reichsgräfin Thurn, Valsassina und Taxis, 6. April 1794.

239 TLA, StLR Ibk, Test., Nr. 225: HV Joseph Freiherr von Rost / Rosina Ittem, 2. September 1816.

240 TLA, StLR Ibk, Test., Nr. 273: HV Johann de Deo Graf Ferrari / Maria Anna Freiin von Zech auf Deibach, 1. Januar 1810.

241 Vgl. TLA, StLR Ibk, Test., Nr. 1965: HV Karl Graf Wolkenstein-Rodeneck / Maria Magdalena Gräfin Spaur, 23. März 1795 (Transkription Innsbruck Nr. 1).

242 Vgl. TLA, StLR Ibk, Test., Nr. 225: HV Joseph Freiherr von Rost / Rosina Ittem, 2. September 1816; Nr. 630: HV Joseph Magnus von Leutner / Johanna Regina Mayer, 14. Juni 1824; Nr. 1727: HV Franz von Stolz / Kreszenz von Sölder, 15. März 1842.

243 Vgl. TLA, StLR Ibk, Test., Nr. 46: HV Johann Alois Mayer / Anna Tschusi von Schmidhofen, 18. September 1795; Nr. 2041: HV Franz Joseph Habtmann / Anna von Hassauer, 31. Juli 1811.

244 Vgl. TLA, StLR Ibk, Test., Nr. 1198: HV Johann Peter Ferstl / Maria Theresia Carolina Carnelli, 31. Januar 1818.

245 TLA, StLR Ibk, Test., Nr. 46: HV Johann Alois Mayer / Anna Tschusi von Schmidhofen, 18. September 1795.

gewöhnliche Spennadelgeld jährlich zukommen sollte, folglich der Herr Bräutigam aus seinem Eigenen derselben keines zu geben habe".[246] Auch Franz Alois Froschauer von Moosburg und Mühlrain bezog sich auf das Vermögen seiner Braut, wenn er sich für den Fall absicherte, dass die Kapitalien seiner Braut im Bergwerk „nach dem Beyspiell einich vorgehender Jahren nichts, oder doch nicht über 200 f zu ihrem Antheil ertragen würde, er also dann anstatt der 150 f [Nadelgeld] jährlich nur 50 f abzuführen habe".[247] Antonia Freiin von Zephyris behielt sich 400 Gulden von ihren eigenen Zinseinnahmen „zu einem Spennadelgeld ausdrücklich bevor, das übrige Zinserträgnis wird selbe zu einem Wirtschaftsbeitrag jährlich einwerfen".[248] Die Erträge aus dem Vermögen Elisabeth Eybergs sollten schließlich so verteilt werden, dass die Hälfte zur Bestreitung der Miete verwendet wurde und die andere Hälfte zu ihrer freien Verfügung verblieb.[249]

Die entsprechenden Bestimmungen im Heiratsvertrag gewährleisteten nicht immer die tatsächliche Ausfolgung des vorgesehenen Nadelgelds, wie die Aufzeichnungen Maria Barbara Dinsls von Anger- und Tamerburg zeigen. Sie schrieb auf ein ihrem Testament beigelegtes Blatt, dass sie im Jahr 1799 ihr Nadelgeld überhaupt nicht und 1800 statt der vereinbarten 150 nur 100 Gulden bekommen habe.[250]

7. Ausgleich von verschiedenen Vermögenslagen

Abgesehen von diesen erkennbaren Regelmäßigkeiten standen die vermögensrechtlichen Aushandlungen bei der Eheschließung stark unter dem Diktum der jeweiligen Gegebenheiten, die eine Reihe alternativer Möglichkeiten zuließen. Während die materielle Gegenseitigkeit im gräflichen Adel sehr strikt eingehalten wurde, weisen Heiratsverträge in den sozialen Mittelschichten eine viel höhere Variabilität auf. Wenn der Bräutigam auf sein Vermögen noch nicht zugreifen konnte und seine Eltern dafür nichts geben konnten oder er kein großes Vermögen hatte, ließ sich ein Heiratsgut nicht entsprechend widerlegen beziehungsweise die Morgengabe nicht mit einem bestimmten Betrag benennen. An die Stelle einer üblichen Heiratsgabe des Bräutigams traten dann beispielsweise ausdrücklich formulierte Zusicherungen des Unterhalts, der sonst stillschweigend vorausgesetzt wurde. Der Gubernial-Buchhaltungs-Raithofficiant Joseph Franz Xaver Samern zu Frankenegg konnte, wie erwähnt, weder Morgengabe, Hochzeitskleid noch Schmuck oder Nadelgeld geben, doch er versprach, dies mit dem notwendigen Unterhalt auszugleichen.[251] Als Gegenleistung konnten auch Hinweise auf bessere

246 TLA, StLR Ibk, Test., Nr. 1121: HV Johann Ignaz von Reinhart zu Thurnfels / Maria Anna Maximiliana Xaveria von Grebmer, 27. Dezember 1807.

247 TLA, StLR Ibk, Test., Nr. 49: HV Franz Alois Froschauer von Moosburg und Mühlrain / Maria Barbara Dinsl von Anger und Tamerburg, 14. August 1780.

248 TLA, StLR Ibk, Test., Nr. 524: HV Ignaz von Tschiderer / Antonia Freiin von Zephyris, 19. April 1807.

249 Vgl. TLA, StLR Ibk, Test., Nr. 1971: HV Andre von Mersi / Elisabeth Eyberg, 24. Oktober 1808 (Transkription Innsbruck Nr. 8).

250 Vgl. TLA, StLR Ibk, Test., Nr. 49: Zusatzblätter zum Testament Maria Barbara Dinsl von Anger- und Tamerburg, nach 1802.

251 Vgl. TLA, StLR Ibk, Test., Nr. 677: HV Joseph Franz Xaver Samern zu Frankenegg / Maria Magdalena Kraus zu Salla und Krausegg, 28. August 1775.

Bedingungen in der Zukunft formuliert werden. So „bemerkt der Bräutigam der Braut, daß sie nebst obigen [Nadelgeld und Witwengehalt], wenn er in die Reihe der appanagierten Ritter kommt, auch von S[einer] May[estät] dem Kaiser jährlich 200 fl Reichswährung erhalten wird".[252] Im Heiratsvertrag zwischen dem königlich-bayerischen Rat und Professor Andre von Mersi und Elisabeth Eyberg hieß es 1807: „Gleichwie Bräutigam dermal kein angefallenes Vermögen besitzet, folglich dieses Heurathgut nicht wiederlegen, oder gesetzlich versichern kann, so verspricht er blos in der Zeitfolge ihr ein so Anderes zu bewerken; dermal aber mit einen anständigen Geschenk zu erwiedern."[253]

In ähnlicher Weise fand sich ein höheres Nadelgeld für die Ehefrau[254] oder ein Vorbehalt der Vermögensverwaltung und des Nutzgenusses aus dem zugebrachten Vermögen durch die Ehefrau[255] im Sinne eines kompensatorischen Zugeständnisses. Als entsprechende Gegenleistung für ein Heiratsgut konnte auch die Position des Ehemannes angeführt werden. Als der königlich-bayerische Landrichter im Bregenzerwald Joseph Georg Berreiter 1809 die Schwester seiner verstorbenen ersten Frau heiratete, brachte diese nochmals 2.000 Gulden an Heiratsgut ein. Dem setzte der Bräutigam nichts entgegen, „wofür aber dessen ansehnlicher Dienst anzusehen" komme.[256]

Ungleiche Heiratsgaben wurden häufig auch durch günstigere Bedingungen für den Fall der Witwen- oder Witwerschaft ausgeglichen: Katharina Voglsangerin brachte 1801 bei ihrer Eheschließung beispielsweise ein Heiratsgut von 1.000 Gulden ein, während der Bräutigam, der Stadtapotheker Franz Ignatz Winkler, keinerlei Gegengaben zusicherte. Jedoch sollte sie, wenn nach dem Tod ihres Mannes keine Kinder vorhanden wären, die Apotheke als Eigentum bekommen.[257] Etwas weniger attraktiv klingen die Vereinbarungen zwischen dem Gastwirt Anton Gogl und der Innsbrucker Gastwirtstochter Elisabeth Wiererin, die 1802 die Ehe schlossen. Der Brautvater übergab dem zukünftigen Schwiegersohn ein Heiratsgut von 5.000 Gulden. Die Braut erhielt jedoch keine Gegengaben. Der einzige erkennbare Einfluss, den ihr Geld haben sollte, war die Bestimmung, dass im Fall ihres Vortodes ein Kind aus dieser Ehe und nicht einer etwaigen zweiten Verbindung des Ehemanns das Wirtshaus bekommen sollte.[258]

---

252 TLA, StLR Ibk, Test., Nr. 510: HV Eduard Freiherr von Sternbach / Kreszenzia Freiin von Sternbach, 26. Juli 1817.

253 TLA, StLR Ibk, Test., Nr. 1971: HV Andre von Mersi / Elisabeth Eyberg, 24. Oktober 1808 (Transkription Innsbruck Nr. 8).

254 Vgl. TLA, StLR Ibk, Test., Nr. 49: HV Franz Alois Froschauer von Moosburg und Mühlrain / Maria Barbara Dinsl von Anger und Tamerburg, 14. August 1780; Nr. 648: HV Anton Schmid von Wellenburg / Helena Freiin von Sternbach, 13. Oktober 1827.

255 Vgl. TLA, StLR Ibk, Test., Nr. 1444: HV Joseph Lürzer von Zehenthal / Anna Treiber, 4. November 1834.

256 TLA, StLR Ibk, Test., Nr. 987: HV Joseph Georg Berreiter / Anna Franziska Dorothea Streicher, 25. Januar 1809.

257 Vgl. TLA, StLR Ibk, Test., Nr. 543: HV Franz Ignatz Winkler / Katharina Voglsanger, 27. Mai 1801.

258 Vgl. TLA, StLR Ibk, Test., Nr. 651: HV Anton Gogl / Elisabeth Wiererin, 26. Januar 1802.

8. Übergabevereinbarungen: Verschränkung der Generationen

Insbesondere im adeligen Bereich konnten Brautleute zum Zeitpunkt der Eheschließung häufig noch nicht auf ihr eigenes Vermögen zugreifen. Das Erbe war noch nicht angefallen oder es musste noch zum Nutzgenuss eines Elternteils zur Verfügung stehen. Dementsprechend war auch die Übergabe der vereinbarten Heiratsgaben genau zu regeln. Maria Magdalena Kraus zu Salla und Krausegg war zwar 1775 nach dem Tod ihres Vaters

> mit einem väterlich angefallenen, aber nicht großen Vermögen versehen, welches aber der hinterlassenen Frau Witwe und Mutter gegen Erhalt und Erziehung der Descendenz einsmalen und bis weiteres in Vorbehalt genommener Disposition vom Landeshauptmannischen Amt zum Genuss überlassen worden und weil wegen nicht erfolgter Verteilung und in anderwärts auch wegen Verkaufen liegender Effetten die betreffende Erbsportion für das Fräule Braut nicht eigentlich bestimmt werden kann, so soll doch vor und bei erfolgendem Tag der Verehelichung Herrn Bräutigam von Samern 500 fl bar ... als ein Heiratsgut ausgehändigt und entrichtet werden.

Auch der Bräutigam „war bereits mit einem väterlich angefallenen Vermögen versehen, so aber ebenfalls die noch lebende Mutter von Mittergarten zum lebenslänglichen Genuß haben und nur ein gewisses Geldsquantum zu entrichten verbunden sein solle".[259]

Karl Graf Wolkenstein-Rodeneck hatte bei seiner Eheschließung 1795 noch kein eigenes Vermögen erhalten, so dass sich seine Eltern für den Unterhalt der Braut verbürgten, sollte sie Witwe werden, bevor der Ehemann zu seinem Erbe gekommen war.[260] Als 1814 seine Tochter Elisabeth heiratete, konnte er noch immer nicht über sein Erbe verfügen: Da „der Fräulein Braut Vater dermahlen kein angefallenes eigenes Vermögen besitzet",[261] verpflichtete sich der Großvater der Braut, ihr die Ausfertigung und das Heiratsgut zu geben.

Aber selbst wenn solche Verschränkungen nicht vorlagen, stellte die Übergabe der zugesicherten Heiratsgaben ein sensibles Terrain dar. Das Heiratsgut ist in den untersuchten Heiratsverträgen meist als ein genau beziffertes Kapital definiert, das entweder in bar beziehungsweise in Schuldbriefen ausgehändigt werden sollte oder auf den Gütern des Vaters, Großvaters oder Bruders sichergestellt wurde, um davon in der Folge zunächst nur die Zinsen zu erhalten. Nur ausnahmsweise wurden nicht genau bestimmbare Erträge versprochen, wie beispielsweise im Fall von Maria Barbara Dinsl von Anger und Tamerburg 1780, die aufgrund ihres Erbes an den Bergwerken in Imst beteiligt war, deren Gewinn aber nicht mit einem fixen Betrag festlegbar war. So wurde vereinbart, dass die Hälfte der jährlichen Zinsen, die sie sich mit ihrer Schwester teilte, an ihren Ehemann gehen sollte.[262]

Die im Adel zugesicherten Summen des Heiratsguts wurden nur in zwei Fällen bar übergeben. Im Jahr 1775 waren es 500 Gulden – ein, wie bereits erwähnt, geringes Heiratsgut –, das ausdrücklich mit der sonst nicht genannten Widmung versehen war, zur Einrichtung und Mö-

259 TLA, StLR Ibk, Test., Nr. 677: HV Joseph Franz Xaver Samern zu Frankenegg / Maria Magdalena Kraus zu Salla und Krausegg, 28. August 1775.

260 Vgl. TLA, StLR Ibk, Test., Nr. 1965: HV Karl Graf Wolkenstein-Rodeneck / Maria Magdalena Gräfin Spaur, 23. März 1795 (Transkription Innsbruck Nr. 1).

261 TLA, StLR Ibk, Test., Nr. 1372: HV Johann Nepomuk Graf Trapp / Elisabeth Gräfin Wolkenstein-Rodeneck, 27. April 1814 (Transkription Innsbruck Nr. 2, siehe auch Abb. 3, S. 402).

262 Vgl. TLA, StLR Ibk, Test., Nr. 49: HV Franz Alois Froschauer von Moosburg und Mühlrain / Maria Barbara Dinsl von Anger und Tamerburg, 14. August 1780.

blierung zu dienen.[263] Der zweite Fall datiert von 1827.[264] Beide Male kamen die Brautpersonen aus dem niederen Adel. Viel häufiger blieben die Eheleute über das versprochene Heiratsgut, das nicht im Gesamtbetrag übergeben wurde, eng mit der Herkunftsfamilie verflochten. Das konnte für die Ehefrau eine höhere Sicherheit des Kapitals bedeuten, für den Ehemann stellte es jedoch eine Beschränkung dar und erhöhte zudem die Gefahr, dass das Heiratsgut nicht oder nicht im gesamten Umfang übergeben wurde. Das hieß auch, die Unsicherheit einzukalkulieren, dass man im Fall des Vermögensverlustes der Eltern zu deren Gläubiger wurde. Meistens war das Kapital also auch nach der Eheschließung nach wie vor an ein Gut des Vaters, Großvaters oder Bruders gebunden. Wenn es sich um hohe Beträge handelte, regelte man die Auszahlung für die Geber und Geberinnen des Heiratsguts möglichst schonend. Vom Tag der Verehelichung standen dem Ehemann jährlich vier oder fünf Prozent an Zinsen zu. Der Anspruch auf Auszahlung des vollständigen Kapitals wurde häufig mit einer Verzögerungsklausel versehen: Die Einforderung konnte beispielsweise nach einer halbjährigen Kündigungsfrist des Kapitals – sowohl von Seiten der Tochter als auch von Seiten des Schwiegersohnes – möglich sein,[265] eventuell mit der zusätzlichen Bedingung, dass in einem Jahr nur die Hälfte des Gesamtkapitals gefordert werden konnte.[266] In manchen Fällen war auch die Aufkündigung keines Teils[267] oder nur eines Teils des Kapitals möglich und der andere Teil – mitunter auch unverzinst[268] – wurde erst beim Tod des Brautvaters oder Brautgroßvaters ausgezahlt.[269] Auch bestimmte Raten der Auszahlung konnten festgelegt werden.[270]

Die enge finanzielle Bindung der Eheleute an die Eltern war insbesondere dann gegeben, wenn als Heiratsgut – oder zusätzlich dazu – ein jährlicher Unterhaltsbeitrag bestimmt wurde. Dieser Fall trat in den untersuchten Heiratsverträgen nur im niederen Adel auf und stand immer in Verbindung mit der Ausmessung genau desselben oder zumindest eines annähernden Betrages als jährliches Nadelgeld, das der Bräutigam der Braut übergeben sollte. Somit zahlten also die Brautväter indirekt ihren Töchtern das Geld aus, über das diese während der Ehe selbst

263 Vgl. TLA, StLR Ibk, Test., Nr. 677: HV Joseph Franz Xaver Samern zu Frankenegg / Maria Magdalena Kraus zu Salla und Krausegg, 28. August 1775.

264 Vgl. TLA, StLR Ibk, Test., Nr. 648: HV Anton Schmid von Wellenburg / Helena Freiin von Sternbach, 13. Oktober 1827.

265 Vgl. TLA, StLR Ibk, Test., Nr. 1606: HV Josef Graf Wolkenstein-Rodeneck / Maria Anna Reichsgräfin Thurn, Valsassina und Taxis, 6. April 1794; Nr. 1965: HV Karl Graf Wolkenstein-Rodeneck / Maria Magdalena Gräfin Spaur, 23. März 1795 (Transkription Innsbruck Nr. 1).

266 Vgl. TLA, StLR Ibk, Test., Nr. 600: HV Aloys Joseph Graf Lodron / Maria Anna Elisabet Gräfin Platz, 21. Juni 1805; Nr. 1121: HV Johann Ignaz von Reinhart zu Thurnfels / Maria Anna Maximiliana Xaveria von Grebmer, 27. Dezember 1807.

267 Vgl. TLA, StLR Ibk, Test., Nr. 1372: HV Johann Nepomuk Graf Trapp / Elisabeth Gräfin Wolkenstein-Rodeneck, 27. April 1814 (Transkription Innsbruck Nr. 2, siehe auch Abb. 3, S. 402).

268 Vgl. TLA, StLR Ibk, Test., Nr. 600: HV Aloys Joseph Graf Lodron / Maria Anna Elisabet Gräfin Platz, 21. Juni 1805.

269 Vgl. TLA, StLR Ibk, Test., Nr. 1121: HV Johann Ignaz von Reinhart zu Thurnfels / Maria Anna Maximiliana Xaveria von Grebmer, 27. Dezember 1807.

270 Vgl. TLA, StLR Ibk, Test., Nr. 273: HV Johann de Deo Graf Ferrari / Maria Anna Freiin von Zech auf Deibach, 1. Januar 1810.

verfügen konnten. Ein weiterer Zusammenhang bestand in diesen Fällen mit dem geringeren Vermögen oder niedrigeren Stand des Ehemannes.[271]

Sowohl in Beamtenkreisen als auch in städtischen Verträgen wurde das Heiratsgut vorwiegend in Schuld- und Wechselbriefen[272] oder in barem Geld[273] ausgefolgt. In diesen Fällen kam es nicht immer zu einer Vereinbarung des genauen Übergabezeitpunkts. Einige Male findet sich der Hinweis, dass es bereits übergeben und quittiert wurde. Wenn genaue Zeitpunkte angegeben wurden, dann standen sie mit dem Erwerbszweig in Verbindung – im Handel beispielsweise gleich nach dem Bartholomäusmarkt rund um den 24. August in Bozen,[274] im landwirtschaftlichen Bereich zu Lichtmess am 2. Februar und dem Steuertermin Georgi am 24. April.[275] Eher selten bestand im städtischen Kontext ein Teil des Heiratsguts in einem Anteil etwa einer Sommerfrischbehausung[276] oder wurde nur als Hypothek verschrieben.[277]

Die Schwierigkeiten der versprochenen Übergabe eines Heiratsguts konnten also einerseits in der lang angelegten Dauer des Zahlungsmodus liegen. Je länger sich dieser Zeitraum erstreckte, desto leichter traten Veränderungen in den Vermögens- oder Familienverhältnissen ein, die eventuell Auswirkungen auf das noch ausstehende Kapital hatten. Waren andererseits die Übergabemodalitäten nur sehr vage geregelt oder im Heiratsvertrag überhaupt nicht thematisiert worden, fiel die Beweisführung, dass es noch nicht ausgefolgt wurde, schwerer.

9. Zugriff auf das Vermögen der Ehefrau: Verwaltung und Nutzgenuss

Mit der Abschaffung der alten „weiblichen Rechtswohltaten“ und der Zuerkennung der Geschäftsfähigkeit der Frauen war man nicht umhin gekommen, auch den Ehefrauen die Möglichkeit einzuräumen, während der Ehe das eigene Vermögen verwalten zu können. Dies

271 Vgl. TLA, StLR Ibk, Test., Nr. 2041: HV Franz Joseph Habtmann / Anna von Hassauer, 31. Juli 1811; Nr. 510: HV Eduard Freiherr von Sternbach / Kreszenzia Freiin von Sternbach, 26. Juli 1817; Nr. 648: HV Anton Schmid von Wellenburg / Helena Freiin von Sternbach, 13. Oktober 1827.

272 Vgl. TLA, StLR Ibk, Test., Nr. 89: HV Joseph Scherer von Hofstadt / Maria Katharina Nagelin, 16. Oktober 1799; Nr. 651: HV Anton Gogl / Elisabeth Wiererin, 26. Januar 1802; Nr. 987: HV Joseph Georg Berreiter / Anna Franziska Dorothea Streicher, 25. Januar 1809; Nr. 1190: Heiratsvertrag Maria Anna von Lürzer/Johann Thomas Rizzi, 16. Aug. 1831.

273 Vgl. TLA, StLR Ibk, Test., Nr. 9: HV Johann Michael Rosenbacher / Anna Weyrerin, 22. September 1783; Nr. 321: HV Ignatz Pircher / Maria Prunerin, 13. Juni 1799; Nr. 1823: HV Joseph Albaneder / Maria Barbara Sterzinger von Felsenheim, 27. April 1807; Nr. 1971: HV Andre von Mersi / Elisabeth Eyberg, 24. Oktober 1808 (Transkription Innsbruck Nr. 8); Nr. 7: HV Franz Preyer / Anna Zacherl, 5. Juli 1812; Nr. 558: HV Franz Unterberger / Theres Strele, 30. Dezember 1821 (Transkription Innsbruck Nr. 10, siehe auch Tafel 8); Nr. 1484: HV Joseph Tschurtschenthaler / Wilhelmine Garzarolli von Thurnlack, 30. September 1832 (Transkription Innsbruck Nr. 7).

274 Vgl. TLA, StLR Ibk, Test., Nr. 46: HV Johann Alois Mayer / Anna Tschusi von Schmidhofen, 18. September 1795.

275 Vgl. TLA, StLR Ibk, Test., Nr. 10: HV Johann Franz Lutz / Barbara Nißlin, 3. September 1808.

276 Vgl. TLA, StLR Ibk, Test., Nr. 89: HV Joseph Scherer von Hofstadt / Maria Katharina Nagelin, 16. Oktober 1799.

277 Vgl. TLA, StLR Ibk, Test., Nr. 285: Morgengabsbestimmung und Fürpfandsbedingung Mathias Stocker / Katharina Gasser, 27. Dezember 1799.

wurde im Josephinischen Gesetzbuch festgeschrieben. Frauen konnten sich die Verwaltung des eigenen Vermögens entweder vor der Heirat vorbehalten oder während der bestehenden Ehe jederzeit in die eigene Hand nehmen. Die letzte Bestimmung wurde durch die Einschränkung, dass Frauen dies nur tun konnten, wenn sie nicht zuvor dem Ehemann die Vermögensverwaltung ausdrücklich für die gesamte Dauer der Ehe übertragen hatten, etwas abgeschwächt.[278]

Diese mögliche Selbstverwaltung des eheweiblichen Vermögens widersprach in Tirol der Bestimmung in der Landesordnung, wonach die Braut dem Bräutigam neben dem Heiratsgut auch ihr übriges Vermögen zu übergeben hatte, das der Ehemann während bestehender Ehe verwaltete und den Nutzgenuss daraus bezog.[279]

Als Verschärfung der neuen Regelung im Josephinischen Gesetzbuch, das am 1. Januar 1787 in Kraft getreten war, hatte es Joseph II. nicht nur bei der Möglichkeit der Selbstverwaltung und des eigenen Bezugs des Nutzgenusses durch die Ehefrau belassen, sondern mit einem Patent im März desselben Jahres dezidiert dieses Nutznießungsrecht der Ehemänner für alle Ehen, auch die schon vor Inkrafttreten des neuen Gesetzbuches geschlossenen, aufgehoben. Der einzige Ausweg, wollte man dies verhindern, lag in einer entsprechenden speziellen vertraglichen Vereinbarung.[280]

Die Landstände forderten daher 1790 auch diesbezüglich eine Rückänderung: „Dieser wegen der tragenden Ehebürden in Tyrol nach alten Gebrauch, Gewohn, und Freyheiten den Ehemännern eingeraumten Vorrechte wird mit allgemeinen Wunsch wieder rückerbetten.“[281] Als besonderes Problem führte man ins Treffen, dass viele Ehemänner die Ehen, die sie vor Aufhebung dieses Nutzgenusses des eheweiblichen Vermögens eingegangen waren, unter den nun geltenden Bedingungen sicherlich nicht geschlossen hätten. Die Ehen seien also unter falschen Voraussetzungen zustande gekommen. Zwar bestünde eine Adaptierungsmöglichkeit dieser Regelung durch separate Vertragsbestimmungen,

> wie wenig aber den meist hierwegen leidenden Baurn die Verträge zu Nutzen kommen könnten, laßt sich sehr leicht schliessen, wenn man in Betracht ziehen will, daß der Baur der Rechten unwissend ist, und die gerichtliche Handlungen, und Formlichkeiten scheuhet, und auf mögliche Art auszuweichen suchet, eines Theils, andern Theils aber bey bestandenen Gesatzefreyheit und Gewohnheit, daß dem Ehmann der Genuß des Ehefraulichen Vermögen Vor sich selbsten gebühre, die wenigsten bedacht gewesen, oder haben seinen Kummer sich solchen Genuß in das besonder zu bedungen.[282]

278 Vgl. JGB, Drittes Hauptstück, §§ 84 u. 86, 95f.

279 Vgl. Tiroler Landesordnung 1573, 3. Buch, fol. 33re.

280 Patent vom 8. März 1787, für sämmtliche Provinzen, in: Joseph des Zweyten Römischen Kaysers Gesetze und Verfassungen im Justiz-Fache. Für Böhmen, Mähren, Schlesien, Oesterreich ob und unter der Enns, Steyermark, Kärnthen, Krain, Görz, Gradisca, Triest, Tyrol und die Vorlande. In dem siebenten Jahre seiner Regierung. Jahrgang von 1786 bis 1787, Wien 1817, Nr. 650, 108f, 108.

281 TLA, Landtagsakten, Offener Landtag 1790/91, Bündel Vorakten aus dem Landschaftlichen Archiv, Fasz. 21, Lit. F, Beschwerden.

282 TLA, Landtagsakten, Offener Landtag 1790/91, Bündel Vorakten aus dem Landschaftlichen Archiv, Fasz. 21, Lit. F, Beschwerden.

Als Leopold II. auf diese Argumente nicht einging, legte man 1792 nochmals nach: Das Verwaltungs- und Nutznießungsrecht des Ehemannes über das eheweibliche Vermögen würde den Tiroler Landesverhältnissen am besten entsprechen:

> Denn da das Weib sich und ihren Leib selbst dem Manne anvertrauet, warum sollte sie Bedenken tragen, demselben auch die Verwaltung ihres Vermögens zu überlassen? Trauet sie sich wissentlich einem unwirthschaftlichen oder verschwenderischen Manne, so hat sie die aus schlechter Verwaltung ihr zu gehenden nachtheiligen Folgen sich selbst zu zu schreiben, oder es kann solchen vor der Vereheligung durch ein zweckmäßiges Heyrathgeding vorgebeugt werden.[283]

Schließlich wurde auch auf die Angemessenheit im Hinblick auf die Geschlechterverhältnisse Bezug genommen:

> Zudem scheint es weit anständiger zu seyn, daß dem Manne als dem Haupte der Famillie das Weib nicht nur quoad Personam, sondern auch in Ansehen ihres Vermögens oder dessen Administration untergeben sey; bevorab aber wenn selber für ihren standesmäßigen Unterhalt sorgen solle. Es stehet auch nicht ohne Grund zu besorgen, daß eine zweyfache Verwaltung in einem Hause zu mancher Uneinigkeit und Zänkerey Anlaß geben würde.[284]

Und schließlich könne der Nutzgenuss dem Mann auch deshalb nicht entzogen werden, weil dieser alle Lasten des Ehestandes zu tragen habe. „Will aber das Eheweib einen Theil ihres Vermögens sich zum eigenen Genusse vorenthalten, so kann solches ganz füglich per Pactum nuptiale bewerket werden."[285]

Da auch dieser Protest keine Gesetzesänderung nach sich zog, stellt sich die Frage, wie die Brautleute auf diese Bestimmungen reagierten und ob die neuen Möglichkeiten überhaupt in Anspruch genommen wurden. Zunächst fällt auf, dass sich die ausdrücklichen Verwaltungsübertragungen an den zukünftigen Ehemann eine Zeit lang häufen. Dies kann als Vorsichtsmaßnahme gegen eine mögliche Aufkündigung während der Ehe interpretiert werden. Allerdings findet sich eine ausdrückliche Übertragung der Vermögensverwaltung und des Nutzgenusses an den zukünftigen Ehemann mit Verweis auf die Tiroler Landesordnung auch schon vor diesen Gesetzesänderungen. Franz Alois Froschauer von Moosburg und Mühlrain sollte 1780 vom Vermögen seiner Braut Maria Barbara Dinsl von Anger und Tamerburg mit Bezug auf die Tiroler Landesrechte „gewaltiger Besitzer, und Eigenthümer des Nutzgenuses seyn".[286] Dabei könnte es sich um die Versicherung eines geltenden Rechts handeln, vielleicht aber waren einem juristischen Beamten, wie es Froschauer war, die Diskussionen, die in Wien vor sich gingen, bekannt. Der Codex Theresianus war immerhin schon 1766 vorgelegt worden, und seit dieser Zeit riss die Weiterarbeit an diesem Entwurf kaum ab. Bei den beiden Heiratsverträgen der Familie Wolkenstein-Rodeneck aus den Jahren 1794 und 1795 würde man eine entsprechende Klausel erwarten, die sich jedoch trotz ausführlicher Regelung aller

283 TLA, Landtagsakten, Offener Landtag 1790/92, Fasz. 25, Unmaßgebige Gedanken, 23. Februar 1792.

284 TLA, Landtagsakten, Offener Landtag 1790/92, Fasz. 25, Unmaßgebige Gedanken, 23. Februar 1792.

285 TLA, Landtagsakten, Offener Landtag 1790/92, Fasz. 25, Unmaßgebige Gedanken, 23. Februar 1792.

286 TLA, StLR Ibk, Test., Nr. 49: HV Franz Alois Froschauer von Moosburg und Mühlrain / Maria Barbara Dinsl von Anger und Tamerburg, 14. August 1780.

Bestimmungen nicht findet. Der Grund könnte in diesem Fall darin liegen, dass die zukünftigen Ehemänner in beiden Fällen noch über kein eigenes Vermögen verfügten, alles Zugesicherte von deren Eltern verbürgt wurde und daher für den jeweiligen Bräutigam eine solche die gesamte Zeitspanne der Ehe andauernde Versicherung der Vermögensverwaltung und des Vermögensgenusses nicht erreicht werden konnte, dass also ihre Position zu schwach oder zu unsicher war, um dies einzufordern. Vielleicht hoffte man auch nur zwei und drei Jahre nach dem eingelegten Protest, noch Änderungen erreichen zu können.

Schließlich aber kamen solche Formulierungen in den Jahren 1799 und 1801[287] im städtischen und 1805, 1810 und 1811[288] im adeligen Kontext in eindeutiger Form vor. So überließ beispielsweise 1805 Maria Anna Elisabet Gräfin Platz ihrem künftigen Gemahl Aloys Graf Lodron vom Heiratsgut und allem, was während der Ehe „Beträchtlicheres zu- oder anfallt … den Genuß".[289] Es erscheint also plausibel, dass eine solche mit dem Josephinischen Gesetz nun möglich gewordene Verwaltungsaufkündigung durch die ausdrückliche Übertragung verhindert werden sollte. Auf diese Weise war die Aufkündigung nur mehr bei nachgewiesener Gefährdung des Vermögens möglich. Beispielsweise übertrug Maria Katharina Nagelin ihrem Bräutigam, dem Apotheker, Joseph Scherer von Hofstadt aus Bozen, 1799 nicht nur das bereits angefallene Vermögen, sondern auch das zukünftige für die ganze Dauer der Ehe zur Verwaltung und zum vollständigen Genuss, soweit dieser nicht durch das Genussrecht ihrer Mutter beschränkt war.[290] Die Ergänzung „für die ganze Dauer der Ehe", die 1802 nochmals vorkommt, deutet zusätzlich auf eine Absicherung, die vorher nicht nötig gewesen war:

> Zweitens übergiebt die Jungfrau Braut, und ihr Herr Vater dem H[errn] Bräutigam vom Tag der Priesterlichen Einsegnung an auf die Dauer der ganzen Ehe die Verwaltung ihres zukünftigen Vermögens, und überläst ihm auch den ganzen Genuß desselben während der Ehe, welche Verwaltung, und Genuß der Herr Bräutigam –
> Drittens annihmt, und verspricht, daß er das Vermögen seiner Ehefrau getreulich verwalten wolle.[291]

Ähnlich prägnant liest sich schließlich eine Übertragung von 1810:

> Was ich Maria Anna Freyin v[on] Zech noch außer dem erwähnten Heurathgut und Ausfertigung während der Ehe durch Erbschaft, Schankung oder andere Art erhalten würde, dieses alles solle nach meinem ausdrücklichen Willen so angesehen, und behandelt werden, daß mir darüber gleich dem Heurathgut das Eigentums-Recht verbleibe, die Nutzniessung aber desselben meinem Gemahl zu-

---

287 Vgl. TLA, StLR Ibk, Test., Nr. 89: HV Joseph Scherer von Hofstadt / Maria Katharina Nagelin, 16. Oktober 1799; Nr. 651: HV Anton Gogl / Elisabeth Wiererin, 26. Januar 1802.

288 Vgl. TLA, StLR Ibk, Test., Nr. 49: HV Franz Alois Froschauer von Moosburg und Mühlrain / Maria Barbara Dinsl von Anger und Tamerburg, 14. August 1780; Nr. 600: HV Aloys Joseph Graf Lodron / Maria Anna Elisabet Gräfin Platz, 21. Juni 1805; Nr. 273: HV Johann de Deo Graf Ferrari / Maria Anna Freiin von Zech auf Deibach, 1. Januar 1810; Nr. 145: HV Joseph Ritter von Hippoliti / Viktoria Gräfin Tannenberg, 15. Dezember 1811.

289 TLA, StLR Ibk, Test., Nr. 600: HV Aloys Joseph Graf Lodron / Maria Anna Elisabet Gräfin Platz, 21. Juni 1805.

290 Vgl. TLA, StLR Ibk, Test., Nr. 89: HV Joseph Scherer von Hofstadt / Maria Katharina Nagelin, 16. Oktober 1799.

291 TLA, StLR Ibk, Test., Nr. 651: HV Anton Gogl / Elisabeth Wiererin, 26. Januar 1802.

stehen solle. Doch, daß alles so, wie die Zinse meines Heurathsguts zum gemeinschaftlichen Nutzen und Tragung der Lasten der Ehe wohl verwendet werde.[292]

Vielleicht wurde das Problem beziehungsweise die sich für Frauen daraus ergebende Möglichkeit zu dieser Zeit erst breiter wahrgenommen. Denn in etwa dieselbe Zeit fällt auch der erste dezidierte Verwaltungsvorbehalt einer Braut. Dies war offensichtlich leichter durchführbar, als die Verwaltung während der Ehe aufzukündigen. In den untersuchten Verträgen stand die Nutzung dieser Möglichkeit sehr stark im Zusammenhang mit einem geringeren Vermögen des Bräutigams. Das bedeutet, dass dafür eine starke Verhandlungsposition der Braut notwendig war. Insgesamt war die Häufigkeit jedoch nicht sehr hoch: Verwaltungsvorbehalte kommen dreimal im Adel und zweimal im städtischen Handwerk und Handel vor.

Die erste diesbezügliche Vereinbarung findet sich in einem Vertrag von 1807 – deutlich erkennbar auf Initiative des Vormunds: Zum Zeitpunkt der Verehelichung mit dem königlich-bayerischen Landrat Ignaz von Tschiderer war Antonia Freiin von Zephyris noch minderjährig und ihr Vermögen in einer Union mit dem ihrer Verwandten gebunden. Nach Erreichung der Volljährigkeit sollte sie laut Heiratsvertrag jedoch selbst die Verwaltung ihres Vermögens, die bis dahin ihrem Onkel und Vormund oblag, übernehmen.[293] Auf die Wirkmächtigkeit der Gewohnheit und der Geschlechterverhältnisse weist allerdings das wechselseitige Einverständnis der Eheleute, das sie nach erreichter Volljährigkeit der Ehefrau aufsetzten. Sie regelten darin alle Bestimmungen neu und legten unter anderem fest, dass die Ehegattin „die Verwaltung und den Nutzgenuß des ehefraulichen Vermögens während der Ehe … ihrem Ehegatten“ übertrage.[294]

In den anderen Fällen solcher Verwaltungsvorbehalte erschienen die Frauen wesentlich aktiver beteiligt.[295] Ernestina von Lama bestimmte 1819 beispielsweise als Heiratsgut ihre Ausfertigung, behielt sich jedoch die Verwaltung und den Genuss ihres übrigen Vermögens mit der Einschränkung vor, „daß wenn der H[er]r Bräutigam wider alles Vermuthen außer Stande käme, mit seinem eigenen Einkommen seine Familie standesmässig zu erhalten, Fräule Braut in diesem Fall zur Schonung des Stamvermögens mit Ihren eigenen Einkünften die benöthigte Aushilfe zu leisten habe“.[296] Einen ausdrücklichen Zusammenhang mit dem mangelnden Vermögen des Bräutigams stellte 1817 Maria Kastnerin in dem mit dem Maurer Paul Gleißner abgeschlossenen Heiratsvertrag her. „Da ihr Eheman dermal kein Vermögen besitze; und schon zwey Kinder aus ersterer Ehe habe, folglich auch nur den Verdienst durch die Arbeit habe“, bestimmte die Ehefrau, dass sie von ihrem Vermögen – 1.500 Gulden – die Zinsen selbst beziehen könne, „ohne daß selbe zur gemeinschäftlichen Hauswirtschaft herge-

292 TLA, StLR Ibk, Test., Nr. 273: HV Johann de Deo Graf Ferrari / Maria Anna Freiin von Zech auf Deibach, 1. Januar 1810.

293 Vgl. TLA, StLR Ibk, Test., Nr. 524: HV Ignaz von Tschiderer / Antonia Freiin von Zephyris, 19. April 1807.

294 TLA, StLR Ibk, Test., Nr. 524: Wechselseitiges Einverständnis Ignaz von Tschiderer / Antonia Freiin von Zephyris, 21. April 1809.

295 Vgl. z. B. auch TLA, StLR Ibk, Test., Nr. 1444: HV Joseph Lürzer von Zehenthal / Anna Treiber, 4. November 1834.

296 TLA, StLR Ibk, Test., Nr. 268: HV Joseph Georg Cornet / Ernestina von Lama, 28. August 1819 (Transkription Innsbruck Nr. 9).

nommen werden sollen."[297] Eher auf einer Gleichseitigkeit beruhte schließlich der Heiratsvertrag zwischen der Witwe und Wirtin Helena Lanbacherin und dem „Spezereyhandelsmann" Peter Paul Stettner, die beide einen eigenen Betrieb mit in die Ehe brachten und sich die Ausübung des jeweiligen Gewerbes samt der Bezahlung der anfallenden Steuern und Kosten vorbehielten.[298]

Mit dem ABGB wurden die neu eingeführten Bestimmungen aus der Perspektive der Ehemänner etwas entschärft: Zwar blieb die Möglichkeit der Verwaltungsaufkündigung bestehen, jedoch bekamen Frauen den Nutzgenuss ihres Vermögens nicht mehr per Gesetz zugesprochen, sondern mussten hier ebenso wie hinsichtlich der Verwaltung ausdrücklich Anspruch darauf erheben.[299] Dies könnte ein Grund sein, warum in den Tiroler Heiratsverträgen die absichernden Klauseln der expliziten Vermögensübertragung an die zukünftigen Ehemänner allmählich abnahmen. Eine zusätzliche Erklärung liegt möglicherweise in der gemachten Erfahrung, dass sich Frauen der Verwaltungsaufkündigung kaum bedienten, weil die Macht der althergebrachten Gewohnheit stärker war und diese Vorsichtsmaßnahme somit entbehrlich schien.

10. Absicherungsmöglichkeiten für den Witwen- und Witwerstand

Die Regelungen für den Unterhalt von Witwen und Witwern speisten sich aus einer Reihe verschiedener Rechtsinstitutionen. Für die Witwe gab es auch in der Tiroler Landesordnung Vorkehrungen. Ihr sollte das Heiratsgut und ihr Vermögen übergeben werden. Darüber hinaus hatte sie je nach Herkunft Anspruch auf eine „Enntrichtung", einen Teil des gemeinsamen Haushalts.[300]

Wenn sich die Eheleute weniger als 25 Gulden zugebracht hatten, stand ihnen der Nutzgenuss des gegenseitigen Vermögens zu. Üblicherweise wurden jedoch in Heirats- oder Erbverträgen, wechselseitigen Testamenten oder Einzeltestamenten genauere Regelungen festgesetzt. Häufig handelte es sich dabei um einen explizit definierten Witwengehalt, um den Nutzgenuss an einem bestimmten Vermögen oder ein dezidiertes Erbe. Beamtenwitwen konnten zudem Anspruch auf die Pension ihres verstorbenen Mannes geltend machen. Der Witwer bezog neben einem vereinbarten Nutzgenuss oder Vermögensteilen eventuell weiterhin auch noch den Nutzgenuss aus dem Heiratsgut. Versehen waren solche Verfügungen häufig mit Bedingungen abhängig davon, ob Kinder vorhanden waren oder nicht, mit Spezifikationen bezüglich deren Erziehung und der Wiederverehelichung. Zunehmend wurde auf die gesetzlichen Bestimmungen, die das Ehegattenerbrecht ausweiteten, rekurriert.

297 TLA, StLR Ibk, Verfachbuch 1817, HV Paul Gleißner / Maria Kastnerin, fol. 12'–13.
298 Vgl. TLA, StLR Ibk, Verfachbuch 1820, HV Paul Stettner / Helena Lanbacher, 25. März 1820, fol. 97.
299 Vgl. ABGB 1811, 2. Teil, § 1238, 357.
300 Vgl. Tiroler Landesordnung 1573, 3. Buch, fol. 48re u. ve.

Ausfolgung des Heiratsguts und der Morgengabe

Die Häufigkeit an Vorkehrungen, was mit dem Heiratsgut oder der Morgengabe nach dem Tod des Ehemannes oder der Ehefrau zu geschehen habe, war in den Heiratsverträgen insgesamt eher gering. Gegen Ende des 18. Jahrhunderts und in den ersten zwei Jahrzehnten des 19. Jahrhunderts traten solche Erwähnungen etwas dichter auf – dies spiegelt wohl die skizzierte durch das Josephinische Gesetzbuch erfolgte Änderung, der zufolge das Heiratsgut dem Witwer verbleiben sollte – und nahmen im Lauf des Vormärz wieder ab.

Ab den 1790er Jahren finden sich in den Verträgen Verfügungen, die auf den ersten Blick offenkundige Selbstverständlichkeiten regelten. Neben dem vorgesehenen Witwengehalt sollte beispielsweise Maria Anna Reichsgräfin Thurn, Valsassina und Taxis im Fall der Witwenschaft auch das eingebrachte Heiratsgut von 1.000 Gulden und die Widerlage von 1.000 Gulden ausbezahlt bekommen.[301] Die zugesicherte Morgengabe von 100 Gulden hatte Maria Prunerin ausgefolgt zu werden, falls ihr Mann, Glasermeister Ignatz Pircher, vor ihr sterben sollte.[302] Die vorgesehene Rückerstattung des Heiratsguts konnte auch in Testamenten erwähnt werden.[303]

Von den Abänderungsmöglichkeiten der gesetzlichen Bestimmungen machten Ehefrauen oder ihre Familien Gebrauch, wenn sie dem Ehemann für den Fall der Witwerschaft zwar den Nutzgenuss des Heiratsguts zusicherten, für seinen Tod jedoch bestimmten, dass es an die Erbinnen und Erben der Frau zurückfallen müsse. Das Heiratsgut von Maria Anna Elisabeth Gräfin Platz sollte im Fall ihres Todes beispielsweise zu zwei Dritteln wieder zurück an ihren Vater und dessen Erben fallen, über ein Drittel müsse ihr die freie Disposition – also die Möglichkeit, testamentarische Verfügungen zu treffen – bleiben. „Aus besonderer Zuneigung", wie es im Heiratsvertrag hieß, sollte ihr Mann jedoch auch nach ihrem Tod den Nutzgenuss von ihrem Heiratsgut erhalten.[304] Auch der Landrichter Joseph Georg Berreiter und seine Braut Anna Franziska Dorothea Streicher bestimmten 1809, dass der überlebende Eheteil vom Heiratsgut wie auch vom sonstigen Vermögen den Nutzgenuss haben sollte. Nach dem Tod der Witwe oder des Witwers sollte das Vermögen aber jeweils an die Erbinnen und Erben fallen.[305]

Daneben wurden jedoch in einigen Fällen Vereinbarungen getroffen, die dem Ehemann zumindest von einem Teil des Heiratsguts nicht nur den Nutzgenuss, sondern das Eigentum zusicherten. Der Landgerichtsaktuar in Bruneck Johann Ignaz von Reinhart zu Thurnfels und

301 Vgl. TLA, StLR Ibk, Test., Nr. 1606: HV Josef Graf Wolkenstein-Rodeneck / Maria Anna Reichsgräfin Thurn, Valsassina und Taxis, 6. April 1794.

302 Vgl. TLA, StLR Ibk, Test., Nr. 321: HV Ignatz Pircher / Maria Prunerin, 13. Juni 1799; vgl. auch Nr. 285: Morgengabsbestimmung und Fürpfandsbedingung Mathias Stocker / Katharina Gasser, 27. Dezember 1799; Nr. 878: HV Martin Tschurtschenthaler / Josepha Penz, 16. Juni 1806 (Transkription Innsbruck Nr. 6); Nr. 7: HV Franz Preyer / Anna Zacherl, 5. Juli 1812; Nr. 1484: HV Joseph Tschurtschenthaler / Wilhelmine Garzarolli von Thurnlack, 30. September 1832 (Transkription Innsbruck Nr. 7).

303 Vgl. TLA, StLR Ibk, Test., Nr. 190: Testament Anton Sieberer, 3. Januar 1810; Nr. 3: Testament Jakob Volderauer, 27. Mai 1813.

304 TLA, StLR Ibk, Test., Nr. 600: HV Aloys Joseph Graf Lodron / Maria Anna Elisabet Gräfin Platz, 21. Juni 1805. Auch die sofortige Übergabe der Widerlage nach dem Tod des Ehemannes an die Witwe wurde in diesem Vertrag erwähnt.

305 Vgl. TLA, StLR Ibk, Test., Nr. 987: HV Joseph Georg Berreiter / Anna Franziska Dorothea Streicher, 25. Januar 1809.

Maria Anna Maximiliana Xaveria von Grebmer vereinbarten beispielsweise 1807, dass im Fall des Todes der Frau der Witwer von ihrem Heiratsgut 2.000 Gulden als Eigentum bekommen solle. Die restlichen 4.000 Gulden – jeweils in Reichswährung – sollten ihren Geschwistern zufallen. Sollte er vor ihr sterben und sollten keine Kinder vorhanden sein, sprach er ihr im Gegenzug 4.000 Gulden – falls sie nochmals heiraten würde nur 3.000 Gulden – als Eigentum aus seinem Vermögen zu.[306]

Die Form der Rückerstattung findet sich nur einige Male thematisiert. Sie unterlag denselben Rücksichtnahmen wie schon die ursprüngliche Übergabe der Heiratsgaben an die Eheleute. Eine Rückzahlung in festgelegten Raten verhinderte, dass der Ehemann oder seine Erbinnen und Erben in plötzliche Vermögensschwierigkeiten kamen. Eine zu umfangreiche Auszahlung zu einem Zeitpunkt gefährdete möglicherweise den Betrieb. So legten beispielsweise der Großhändler Johann Alois Mayer und seine Braut Anna von Tschusi zu Schmidhofen fest, dass sie – falls sie sich als Witwe nicht für die Übernahme der Handlung entschied – ihr dort angelegtes Heiratsgut und übriges Vermögen innerhalb von vier Jahren in halbjährlichen Fristen verlangen könne, wobei das jeweils noch anliegende Geld mit vier Prozent verzinst werden sollte.[307] Johann de Deo Graf Ferrari und Maria Anna Freiin von Zech auf Deibach vereinbarten 1810, dass die Witwe nach dem Tod des Ehemannes das Heiratsgut und ihr übriges Vermögen nach jeweils halbjähriger Aufkündigung bar bekommen könne, um es woanders anzulegen.[308] „In billigen Raten“ sollte auch das Heiratsgut, die Morgengabe und das übrige Vermögen von Elisabeth Gräfin Wolkenstein-Rodeneck nach dem Tod ihres Mannes ausbezahlt werden.[309]

Das abnehmende Regelungsbedürfnis spiegelt sich in den Heiratsverträgen von Johann Nepomuk Graf Trapp wider. Während 1814 die Auszahlung der Heiratsgaben für die Witwe erwähnt wurde, war 1842 keine Rede mehr davon.[310] Die Regelungen des ABGB scheinen zunehmend akzeptiert beziehungsweise übernommen worden zu sein, und man verließ sich immer stärker darauf, dass die gesetzlichen Ansprüche dadurch ausreichend gesichert waren.

Witwengehalt

Als älteste schon gewohnheitsrechtliche Form der Witwenversorgung[311] wurde der Witwengehalt auch in der Tiroler Landesordnung erwähnt. Zusätzlich war es üblich, dass adelige Witwen Anspruch auf die Trauerkleider, alle Bett- und Küchensachen und das beste Stück aus dem

306 Vgl. TLA, StLR Ibk, Test., Nr. 1121: HV Johann Ignaz von Reinhart zu Thurnfels / Maria Anna Maximiliana Xaveria von Grebmer, 27. Dezember 1807.

307 Vgl. TLA, StLR Ibk, Test., Nr. 46: HV Johann Alois Mayer / Anna Tschusi von Schmidhofen, 18. September 1795.

308 Vgl. TLA, StLR Ibk, Test., Nr. 273: HV Johann de Deo Graf Ferrari / Maria Anna Freiin von Zech auf Deibach, 1. Januar 1810.

309 TLA, StLR Ibk, Test., Nr. 1372: HV Johann Nepomuk Graf Trapp / Elisabeth Gräfin Wolkenstein-Rodeneck, 27. April 1814 (Transkription Innsbruck Nr. 2, siehe auch Abb. 3, S. 402).

310 Vgl. TLA, StLR Ibk, Test., Nr. 1372: HV Johann Nepomuk Graf Trapp / Elisabeth Gräfin Wolkenstein-Rodeneck, 27. April 1814 (Transkription Innsbruck Nr. 2, siehe auch Abb. 3); Nr. 1786: HV Johann Nepomuk Graf Trapp / Friedrike Gräfin Künigl, 15. Juni 1842 (Transkription Innsbruck Nr. 4).

311 Vgl. Floßmann, Österreichische Privatrechtsgeschichte, 310.

Silbergeschirr hätten. Einer bürgerlichen oder bäuerlichen Witwe stand neben dem Unterhalt ein Drittel der Fahrnisse zu.[312]

In den untersuchten Heiratsverträgen findet sich der Witwengehalt nicht mit einer bestimmten Summe beziffert, sondern häufig als eine monatliche, vierteljährliche oder jährliche Rente festgelegt, die der Witwe von den Zinsen der Verlassenschaft ihres Mannes bezahlt werden sollte. In gräflichem Kontext beliefen sich festgelegte Summen auf etwa jährliche 1.000 Gulden, die quartalsweise ausbezahlt wurden. Im niederen Adel und in den städtischen Verträgen waren ungefähr 500[313] oder 600[314] Gulden im Jahr üblich.

Zum anderen wurden Naturalleistungen – vor allem in Form einer unentgeltlichen Wohnung – vereinbart. Maria Anna Reichsgräfin Thurn, Valsassina und Taxis sollte im Witwenstand beispielsweise neben dem Witwengehalt „eine anständige, und behörig eingerichtete Wohnung ohnentgeldlich" zukommen.[315] Eventualitäten wurden mitbedacht, wie etwa, dass die Witwe es vorziehen könnte, nicht im Haus des verstorbenen Mannes zu wohnen oder die Erben und Erbinnen damit Probleme haben könnten. So hatte Maria Anna Freiin von Zech auf Deibach im Fall der Witwenschaft entweder die Option auf eine „anständige Wohnung" im Haus des Ehemannes oder – „falls sie … aus gegründeten Ursachen eine andere Wohnung beziehen und anderstwo ihr Geld verzehren wollte, oder seine Succession oder Familie eine Wohnung in seinem Haus zu geben beschwerlich finden sollte" – auf jährlich 100 Gulden Quartierzins.[316] Für den Fall, dass der Ehemann zum Zeitpunkt seines Todes noch über kein eigenes Vermögen verfügen sollte, musste jemand anderer für die Versorgung der Witwe und etwaiger Kinder bürgen. Wenn beispielsweise Karl Graf Wolkenstein-Rodeneck sterben sollte, bevor er „ein eigenthümlich angefallenes Vermögen" erhalten würde, so habe die Witwe Anspruch darauf, „im Hause ihres angehenden Herr Schwiegervaters … Wohnung, Kost, Wagen und Pferde, und Bedienung" zu beziehen.[317]

Je beengter die Verhältnisse waren, desto genauer waren das Quartier und die damit verbundenen Rechte zu beschreiben. Josepha Penz stand im Fall der Witwenschaft ein freies Quartier „im ersten Stoke mit Keller und Holzlege zu. Auch hat Selbe freyen Aus und Eingang in den Garten, und was Selbe an Kräutelwerk und Obst zu Ihrer Haus-Wirthschaft bedarf, ist Selber unentgeltlich und ohne Wieder Rede aus dem Garten zu verabfolgen, ohne das Selbe in die Anbauung des Gartens etwas zuerleyden hat."[318]

312 Vgl. Harrasowsky, Codex Theresianus, Bd. 1, 132, Anm. 27.

313 Vgl. z. B. TLA, StLR Ibk, Test., Nr. 46: HV Johann Alois Mayer / Anna Tschusi von Schmidhofen, 18. September 1795; Nr. 1727: HV Franz von Stolz / Kreszenz von Sölder, 15. März 1842.

314 Vgl. TLA, StLR Ibk, Test., Nr. 510: HV Eduard Freiherr von Sternbach / Kreszenzia Freiin von Sternbach, 26. Juli 1817; Nr. 1655: HV Ernst von Riccabona zu Reichenfels / Angelica Stanger, 26. Mai 1834.

315 TLA, StLR Ibk, Test., Nr. 1606: HV Josef Graf Wolkenstein-Rodeneck / Maria Anna Reichsgräfin Thurn, Valsassina und Taxis, 6. April 1794.

316 TLA, StLR Ibk, Test., Nr. 273: HV Johann de Deo Graf Ferrari / Maria Anna Freiin von Zech auf Deibach, 1. Januar 1810.

317 TLA, StLR Ibk, Test., Nr. 1965: HV Karl Graf Wolkenstein-Rodeneck / Maria Magdalena Gräfin Spaur, 23. März 1795 (Transkription Innsbruck Nr. 1).

318 TLA, StLR Ibk, Test., Nr. 878: HV Martin Tschurtschenthaler / Josepha Penz, 16. Juni 1806 (Transkription Innsbruck Nr. 6).

Die vorgesehenen Beträge für den Witwengehalt konnten in den Heiratsverträgen in unterschiedlichen Varianten festgesetzt werden – je nachdem, ob die Witwe Kinder zu versorgen haben würde oder nicht. In diesem Fall stellte sich meistens die Wahlmöglichkeit zwischen dem Witwengehalt oder dem Nutzgenuss vom gesamten Verlassenschaftsvermögen des Ehemannes.

Nutzgenuss

Die Wahlmöglichkeit zwischen Nutzgenuss und festgelegten Beträgen resultierte aus der Grundstruktur der Testiermöglichkeiten, wie sie in der Tiroler Landesordnung von 1573 festgeschrieben waren. Entweder konnte vom gesamten Vermögen der lebenslange Nutzgenuss oder ein Teil des Vermögens als Eigentum vermacht werden. In einer für das 16. Jahrhundert üblichen Weise wurde Eigentum bei der Vererbung nach dessen Herkunft unterschieden. Von Gütern, die während der Ehe erworben worden waren, durfte die Hälfte vererbt werden, vom Familienvermögen jedoch höchstens ein Drittel. Die eingesetzten Erben und Erbinnen sollten jeweils zwischen dem Nutzgenuss und dem Eigentumsteil wählen können.[319] An den Nutzgenuss des gesamten Vermögens war auch die Verpflichtung geknüpft, die Kinder des oder der Verstorbenen zu erziehen.[320]

Daran orientierten sich die Bestimmungen in den untersuchten Heiratsverträgen. Das eigene Vermögen wurde der Witwe oder dem Witwer meist zum Nutzgenuss zur Verfügung gestellt. Manchmal bestand die Wahlmöglichkeit zwischen dem Nutzgenuss des gesamten Vermögens oder dem Eigentum eines Drittels.[321]

Auch ohne die skizzierte Wahlmöglichkeit war das Vermögensdrittel eine häufige Maßeinheit. Ehemänner sollten im Fall ihres Witwerstandes beispielsweise nicht eine Art Gehalt, das regelmäßig ausbezahlt wurde, bekommen, sondern festgelegte Beträge: Während für Maria Anna Freiin von Zech auf Deibach im Fall ihrer Witwenschaft 200 Gulden im Quartal und eine angemessene Wohnung bestimmt worden waren, sahen die Brautleute für den umgekehrten Fall – jedoch nur, wenn gemeinsame Kinder vorhanden sein sollten – für Johann de Deo Graf Ferrari den Gesamtbetrag von zwei Drittel ihres Vermögens vor.[322] Drittelregelungen waren in allen sozialen Schichten üblich. Maria Prunerin vermachte 1799 ihrem Mann für den Fall ihres Todes ein Drittel ihres Vermögens.[323] Falls Anna von Hassauer zum Zeitpunkt ihres Todes kein eigenes Vermögen haben sollte, „so versprechen deren Eltern dem überlebenden Gatten statt obigen Drittels überhaupt ein sicheres zinsflüssiges Kapital p[e]r 3.000 f – sage dreytausend Gulden in dortmahliger Landeswährung zu entrichten“.[324]

---

319 Vgl. Tiroler Landesordnung 1573, 3. Buch, fol. 37re.

320 Vgl. Tiroler Landesordnung 1573, 3. Buch, fol. 37ve.

321 Vgl. z. B. TLA, StLR Ibk, Test., Nr. 1965: HV Karl Graf Wolkenstein-Rodeneck / Maria Magdalena Gräfin Spaur, 23. März 1795 (Transkription Innsbruck Nr. 1).

322 Vgl. TLA, StLR Ibk, Test., Nr. 273: HV Johann de Deo Graf Ferrari / Maria Anna Freiin von Zech auf Deibach, 1. Januar 1810.

323 Vgl. TLA, StLR Ibk, Test., Nr. 321: HV Ignatz Pircher / Maria Prunerin, 13. Juni 1799.

324 TLA, StLR Ibk, Test., Nr. 2041: HV Franz Joseph Habtmann / Anna von Hassauer, 31. Juli 1811.

Für Witwen wurde eher selten ein bestimmter Betrag festgelegt, den sie nach dem Tod des Ehemannes als Eigentum bekommen sollten.[325] Rosina Ittem war beispielsweise für den Witwenstand das Eigentum von 5.000 Gulden Reichswährung zugesichert worden, bei einer Wiederverehelichung innerhalb von drei Jahren sollten es jedoch nur 3.000 Gulden Reichswährung sein.[326] Neben ausgewiesenen Vermögensbeträgen konnte auch das Eigentum an bestimmten Gegenständen, wie Einrichtung, Kleidung und Wäsche oder die Hälfte der gemeinsamen Errungenschaft[327] ausdrücklich vermacht werden.

Wenn Frauen in Apotheken,[328] Wirtshäuser[329] oder Handelsbetriebe[330] einheirateten, lauteten die Bestimmungen häufig, dass sie als Witwen, wenn keine Kinder vorhanden waren, die Betriebe erben beziehungsweise zu einem bestimmten Betrag übernehmen können sollten. Hatte die Frau jedoch kaum Vermögen in die Ehe eingebracht, enthielt der Heiratsvertrag meist eine ausdrückliche Verzichtleistung auf den Gewerbebetrieb des Ehemannes.[331]

Zunehmend wurde die Drittelvereinbarung durch den Einfluss des gesetzlichen Ehegattenerbrechts von Verweisen auf einen Kindsteil abgelöst, den die Witwe oder der Witwer meist zusätzlich zum Nutzgenuss des Vermögens bekommen sollte.[332]

Versorgung und Erziehung der Kinder

Die Nutznießung des Vermögens war, wie die zitierten Beispiele zeigen, häufig an weitere Verpflichtungen geknüpft, wie etwa die Erziehung der Kinder. Relevant wurde hierbei zusehends die genaue Angabe des Zeitpunkts, bis zu dem diese zu gewährleisten war. Zudem wies die nähere Bezeichnung der Art von Erziehung Unterschiede in den sozialen Gruppen auf. Zunächst fanden sich in den adeligen Heiratsverträgen bezüglich der Erziehung der Kinder kaum nähere

325 Vgl. TLA, StLR Ibk, Test., Nr. 1223: HV Franz Edler von Römer / Josepha Schellmann, 12. Oktober 1812.

326 Vgl. TLA, StLR Ibk, Test., Nr. 225: HV Joseph Freiherr von Rost / Rosina Ittem, 2. September 1816.

327 Vgl. z. B. TLA, StLR Ibk, Test., Nr. 987: HV Joseph Georg Berreiter / Anna Franziska Dorothea Streicher, 25. Januar 1809.

328 Vgl. z. B. TLA, StLR Ibk, Test., Nr. 89: HV Joseph Scherer von Hofstadt / Maria Katharina Nagelin, 16. Oktober 1799; Nr. 543: HV Franz Ignatz Winkler / Katharina Voglsanger, 27. Mai 1801.

329 Vgl. z. B. TLA, StLR Ibk, Test., Nr. 651: HV Anton Gogl / Elisabeth Wiererin, 26. Januar 1802.

330 Vgl. TLA, StLR Ibk, Test., Nr. 46: HV Johann Alois Mayer / Anna Tschusi von Schmidhofen, 18. September 1795; TLA, StLR Ibk, Test., Nr. 2041: HV Franz Joseph Habtmann / Anna von Hassauer, 31. Juli 1811.

331 Vgl. z. B. TLA, StLR Ibk, Test., Nr. 124: HV Martin Hufnagel / Maria Theresia Mayrin, 30. Mai 1796; Nr. 878: HV Martin Tschurtschenthaler / Josepha Penz, 16. Juni 1806 (Transkription Innsbruck Nr. 6).

332 Vgl. z. B. TLA, StLR Ibk, Test., Nr. 26: HV Anton Franz Staffler / Anna Neubaur, 10. Oktober 1805 (Transkription Innsbruck Nr. 5, siehe auch Abb. 2, S. 377); Nr. 1971: HV Andre von Mersi / Elisabeth Eyberg, 24. Oktober 1808 (Transkription Innsbruck Nr. 8); Nr. 139: HV Valentin Grosser / Therese Hillmayr, 10. Februar 1810; Nr. 1444: HV Joseph Lürzer von Zehenthal / Anna Treiber, 4. November 1834.

Angaben hinsichtlich der vorgeschenen Dauer oder der Art der Erziehung.[333] Vielmehr schien dies als selbstverständlich vorausgesetzt zu werden. Die Braut Maria Magdalena Gräfin Spaur sollte beispielsweise beim Tod ihres zukünftigen Mannes die Vormundschaft über die minderjährigen Kinder übernehmen, „und den einer Versorgung sich näherenden Kindern einen den damaligen Umständen angemessenen Vorschub und respective Heyrathgut" ausfolgen.[334] Die Tiroler Landesordnung sah die Erziehung der Kinder für den Fall, dass der Nutzgenuss in Anspruch genommen wurde, bis zum vollendeten 16. Jahr vor.[335]

Bezüglich des Zeitpunkts, an dem die Unterhaltspflicht endete und Erbteile auszuzahlen waren, ging man in adeligen Heiratsverträgen jedoch von einer nicht näher definierten Volljährigkeit aus. Antonia Freiin von Zephyris sollte etwa im Fall der Witwenschaft, ihren Kindern, „falls das eine oder andere früher zu einer standesmäßigen Versorgung gelangen sollte, auf diesen Fall, sonst aber nach dem von einem jeden derselben zurückgelegten Minderjährigkeitsalter den ihnen betreffenden väterlichen Erbantheil hinausfertigen".[336] „So wie aber die etwa vorhandenen Kinder die Großjährigkeit erreichen, und die Frau Mutter nicht mehr für deren Unterhalt und Erziehung zu sorgen hat, soll der jedem volljährigen Kinde zukommende Erbtheil ausgeschieden, und demselben zu seinem weiteren Fortkommen überlaßen werden."[337]

Konkrete Altersangaben, die die Mündigkeit mit 24 Jahren angeben, aber auch andere Altersstufen nennen konnten, also vielleicht auf ältere Rechtsvorstellungen zurückgriffen, finden sich erst später. Im frühen Mittelalter war die Mündigkeitsgrenze in den Rechtsquellen sehr niedrig mit zwölf, einige Male auch mit zehn, 14, 15 oder 16 Jahren angegeben. Im Verlauf des weiteren Mittelalters und der Frühen Neuzeit stieg sie auf 18, 20, 21 und 24 Jahre. Die Rezeption des römischen Rechts führte auch zur Übernahme von dessen Altersstufen, die Minderjährigkeit zwischen sieben bis 25 Jahren ansetzten. Daher ist die Altersgrenze zur Mündigkeit unter dem Einfluss des gemeinen Rechts auch manchmal auf 25 Jahre festgesetzt.[338] Für die deutschen Erblande legte Maria Theresia die Majorennitätsgrenze im Jahr 1753 mit 24 Jahren fest, die so auch im Josephinischen Gesetzbuch bestätigt wurde und Eingang ins ABGB fand.[339]

Fast alle diese Altersgrenzen kommen in den untersuchten Heiratsverträgen vor. Im adeligen Bereich scheinen sie erst sehr spät auf und auch nur im einfachen Adel, 1824 etwa bei den Brautleuten Joseph Magnus von Leutner und Johann Regina Mayer, die den Nutzgenuss

333 Vgl. z. B. TLA, StLR Ibk, Test., Nr. 49: HV Franz Alois Froschauer von Moosburg und Mühlrain / Maria Barbara Dinsl von Anger und Tamerburg, 14. August 1780.

334 TLA, StLR Ibk, Test., Nr. 1965: HV Karl Graf Wolkenstein-Rodeneck / Maria Magdalena Gräfin Spaur, 23. März 1795 (Transkription Innsbruck Nr. 1).

335 Vgl. Tiroler Landesordnung 1573, 3. Buch, fol. 37ve.

336 TLA, StLR Ibk, Test., Nr. 524: HV Ignaz von Tschiderer / Antonia Freiin von Zephyris, 19. April 1807.

337 TLA, StLR Ibk, Test., Nr. 1121: HV Johann Ignaz von Reinhart zu Thurnfels / Maria Anna Maximiliana Xaveria von Grebmer, 27. Dezember 1807.

338 Vgl. Werner Ogris, Artikel „Mündigkeit", in: Handwörterbuch zur deutschen Rechtsgeschichte, Bd. 3, Berlin 1984, Sp. 738–742.

339 Vgl. Floßmann, Österreichische Privatrechtsgeschichte, 39.

der Witwe vom Vermögen eines jeden Kindes so lange ansetzten, „bis es das 24. Jahr erreicht hat".[340] Ernst von Riccabona zu Reichenfels und Angelica Stanger legten 1834 das Alter der Kinder, bis zu dem sie von der Witwe verpflegt werden sollten, mit 18 fest.[341] Dieses frühe Alter könnte mit einem geringeren Vermögen und der Erwartung, dass die Kinder schneller zu einer eigenen Versorgung kommen, zusammenhängen.

Auch im Beamtenkontext wurden zunächst allgemeine Formulierungen verwendet, wie etwa die Zeitspanne, bis das „ein oder das andere [Kind] zu einer Versorgung gelangen würde".[342] Solche Grenzen wurden in erster Linie festgesetzt, um den Zeitpunkt zu regeln, ab dem Kindern das Erbe oder ein Heiratsgut ausgefolgt werden sollte. Erst 1808 fand sich das Alter erstmals konkret angegeben – mit 25 Jahren.[343]

Im städtischen Bereich war die Angabe von Altersgrenzen bereits früher üblich. In einem Heiratsvertrag von 1783 etwa sind 24 Jahre genannt: Wenn jedes Kind das Alter von 24 Jahren erreicht habe, sei die Witwe „gehalten, die anbeträffende Vaterliche Erbs gebihr hinaus zugeben. Jedoch solle selber bevorstehen, bey der Vornehmenden Abthailung die Landesgebrauchige Wittibliche Entrichtung begehren zukennen."[344] Im Fall von vorhandenen Kindern sollte „der Überlebende nur allein den Nutzgenuß bis das jüngste Kind das 24. Jahr seines Alters erfüllet haben wird, vom ganzen Vermögen, von erreichtem solchen Alter aber die Halbscheide hievon zu beziehen haben".[345] Diese ungleich häufigere detaillierte Bestimmung deutet auf einen erhöhten Regelungsbedarf hin.

Etwas ungewöhnlich war die Altersvereinbarung zwischen den Brautleuten Anton Gogl und Elisabeth Wiererin. Sie hatte 5.000 Gulden als Heiratsgut eingebracht, ohne dafür die Zusicherung einer Morgengabe zu erhalten. Dementsprechend waren die Bedingungen im Fall des Todes ihres Mannes günstiger: Unabhängig davon, ob Kinder vorhanden sein würden, sie Witwe blieb oder sich nochmals verehelichen sollte, stand ihr lebenslang der Nutzgenuss aus dem Vermögen ihres verstorbenen Mannes zu. Würde das Paar jedoch einen Sohn haben, „und dieser bei vorverstorbenen Vater das 30. Lebensjahr erreicht haben", so sollte die „Frau Witwe schuldig sein, diesem Sohn, wenn er rechtschaffen und zur Wirthschaft tauglich ist, und wenn

340 TLA, StLR Ibk, Test., Nr. 630: HV Joseph Magnus von Leutner / Johanna Regina Mayer, 14. Juni 1824. Vgl. auch Nr. 648: HV Anton Schmid von Wellenburg / Helena Freiin von Sternbach, 13. Oktober 1827; Nr. 1786: HV Johann Nepomuk Graf Trapp / Friedrike Gräfin Künigl, 15. Juni 1842 (Transkription Innsbruck Nr. 4).

341 TLA, StLR Ibk, Test., Nr. 1655: HV Ernst von Riccabona zu Reichenfels / Angelica Stanger, 26. Mai 1834.

342 TLA, StLR Ibk, Test., Nr. 405: HV Johann Baptist Pitterl / Maria Anna Weißkopfin, 27. September 1786.

343 Vgl. TLA, StLR Ibk, Test., Nr. 1971: HV Andre von Mersi / Elisabeth Eyberg, 24. Oktober 1808 (Transkription Innsbruck Nr. 8).

344 TLA, StLR Ibk, Test., Nr. 9: HV Johann Michael Rosenbacher / Anna Weyrerin, 22. September 1783.

345 TLA, StLR Ibk, Test., Nr. 568: HV Franz Xaver Appeller / Maria Anna Lenzin, 5. November 1791. Vgl. auch Nr. 124: HV Martin Hufnagel / Maria Theresia Mayrin, 30. Mai 1796; Nr. 7: HV Franz Preyer / Anna Zacherl, 5. Juli 1812.

seine allfällige Heuraths-Parthie der Frau Mutter gefällig ist, das Wirthshaus abzutreten, und ihm ein Heiratsgut zu geben, nicht aber das ganze Haus".[346]

Geschlechtsspezifische Altersgrenzen, die sich wahrscheinlich weniger auf das Heiratsalter, sondern auf die Wahrscheinlichkeit des eigenen Verdienstes bezogen, vereinbarten der bürgerliche Stadtkoch in Innsbruck Anton Katzung und Maria Kirchmayr. Der Nutzgenuss vom Vermögen ihrer Kinder sollte der Witwe „gegen Erziehung und Unterhaltung derselben ..., und zwar bis die Knaben das 20te und die Mädchen das 16te vollendet haben, zustehen".[347]

Die Erziehung war nicht immer, aber häufig – insbesondere in adeligem Kontext – mit der Vormundschaft verknüpft. Die Witwe wurde als Vormünderin der Kinder bestimmt, die mit einem gesetzlich vorgeschriebenen Mitvormund die Erziehung leitete. Beispielsweise legte Johann de Deo Graf Ferrari fest,

> daß die Fräule Braut als Wittib nicht nur natürliche, sondern auch durch diese Vorschrift und Anordnung gesetzliche Vormunderinn derselben seyn solle, und solang selbe in Wittwenstand bleibt, und bis zur Majorennität jedes Kindes unter Zuziehung des von mir gewählten oder gesetzlichen Mitvormundes respective Assistenten die Erziehung, als auch die Regierung- und Administration des diesen Kindern treffenden erblich, und anderwärtig zugefallenen Vermögen führen, und behalten solle.[348]

Erwähnt werden musste die Vormundschaft nur im Fall der Witwe, denn der Witwer war immer zugleich auch der Vormund. Daher fanden sich hinsichtlich der Kindererziehung die Bestimmungen im adeligen Bereich zunächst für die Mutter ausformuliert. Erst 1812 kommen gegenseitige Regelungen häufiger vor. Nach der Erklärung, dass die Witwe die Vormünderin sein solle – auch über die Kinder aus der ersten Ehe des Bräutigams – hieß es beispielsweise entsprechend für den Witwer:

> Fünftens auf den Fall des ganzen Vermögensgenusses ausdrücklich bedungen, daß der überlebende Herr Gemahl ebenfalls die Verbindlichkeit haben soll, die etwa aus der zweiten Ehe vorhandenen Kinder, worüber ihm gleichfalls die Vormundschaft gebührt, standesmässig zu verpflegen, zu kleiden und zu erziehen, und bey einem mitväterlichen Willen sich ergebenden Versorgung mit einem den Vermögensumständen angemessenen Kapitale zu unterstützen.[349]

Die nähere Beschreibung der Art von Erziehung, die Witwen oder Witwer den Kindern angedeihen lassen sollten, mit dem Adjektiv „standesmäßig" fand sich in den adeligen Heiratsverträgen erst 1805 das erste Mal.[350] In den folgenden Jahren taucht diese Beschreibung häufiger

346 TLA, StLR Ibk, Test., Nr. 651: HV Anton Gogl / Elisabeth Wiererin, 26. Januar 1802.

347 TLA, StLR Ibk, Test., Nr. 1902: HV Anton Katzung / Maria Kirchmayr, 11. November 1822.

348 TLA, StLR Ibk, Test., Nr. 273: HV Johann de Deo Graf Ferrari / Maria Anna Freiin von Zech auf Deibach, 1. Januar 1810.

349 TLA, StLR Ibk, Test., Nr. 1104: HV Karl von Tschusi zu Schmiedhofen / Elisabeth von Azwang zu Riegelheim, 6. Juli 1812.

350 TLA, StLR Ibk, Test., Nr. 600: HV Aloys Joseph Graf Lodron / Maria Anna Elisabet Gräfin Platz, 21. Juni 1805.

auf, um dann wieder abzunehmen.[351] 1834 kommt sie im niederadeligen Bereich nochmals als „standesmäßige christliche Erziehung" vor.[352]

Vergleichend dazu treten nähere Bezeichnungen der Erziehung in städtischen Heiratsverträgen und in solchen von Beamten etwas öfter und schon früher auf. Ein frühes Beispiel findet sich 1767 im Heiratsvertrag zwischen dem Apotheker Franz Ignaz Winkler und Maria Josepha Notburga Wagnerin, die beim Vortod der Ehefrau oder des Ehemannes die Kinder „mit standesmässiger Kost, und Kleidung ohnklagbar zu Verpflegen" hatten.[353] 1783 hieß es im Hinblick auf die Witwe, „daß wann aus dieser Ehe ein- oder mehrere Kinder erzeuget würden, daß dieselbe nach seinem Hinscheiden bis jedes derselben, und in Specie aus dieser Ehe – das Vierundzwanzig Jahrige Alter erreicht haben werde, gegen billichmäsiger Erzüchung, wie es einer Mutter ohnedem Pflichtmäsig oblieget, sein gesamtes Vermögen ohne Ausnahm genußlichen überlassen werden solle".[354] Die Kinder aus der ersten Ehe von Martin Hufnagel sollte Maria Theresia Mayrin im Fall der Witwenschaft „zur Ehre Gottes und Nutzen des gemeinen Wesens" erziehen.[355]

Der Verweis auf die Ehre Gottes lässt sich in eine Tradition mit der in städtischen Verträgen häufiger vorkommenden, in adeligen erst 1834 geforderten christlichen Erziehung stellen. 1818 hieß es, die Kinder „in aller Gottesfurcht und Tugend",[356] 1833 „sorgfältig und kristlich" zu erziehen.[357] Häufiger noch wurde in den Testamenten darauf Bezug genommen, etwa in Form des Auftrages, die Kinder „christlich und ordentlich" zu erziehen.[358] Der bürgerliche Bankmetzger und Wirt am Lamm Franz Preyer und seine Frau Anna, die schon 1805 geheiratet hatten, jedoch erst 1812 ihre Vereinbarungen niederschreiben ließen, thematisierten die Erziehung der Kinder nicht nur im Fall, dass einer von ihnen sterben sollte, sondern auch für die Zeit während der Ehe. Offensichtlich wurden Kinder mit in die Ehe eingebracht. Neben der Liebe und Treue versprachen sie, „mit vereinten Eifer die ein, und beydbändigen Kinder mit der Hilfe Gottes zu dessen Ehre, und zu ihrem Seelenheile zu erziehen".[359]

Ähnlich wie in den adeligen bezog man sich in Heiratsverträgen des Handels- und Handwerksmilieus gegen Ende des 18. und am Beginn des 19. Jahrhunderts auf die dem jeweiligen Stand angemessene Erziehung. Im Heiratsvertrag zwischen dem Apotheker Scherer von

351 Vgl. TLA, StLR Ibk, Test., Nr. 1104: HV Karl von Tschusi zu Schmiedhofen / Elisabeth von Azwang zu Riegelheim, 6. Juli 1812; Nr. 1372: HV Johann Nepomuk Graf Trapp / Elisabeth Gräfin Wolkenstein-Rodeneck, 27. April 1814 (Transkription Innsbruck Nr. 2, siehe auch Abb. 3, S. 402); auch in Trapps zweitem Heiratsvertrag: Nr. 1786: HV Johann Nepomuk Graf Trapp / Friedrike Gräfin Künigl, 15. Juni 1842 (Transkription Innsbruck Nr. 4); Nr. 225: HV Joseph Freiherr von Rost / Rosina Ittem, 2. September 1816.

352 TLA, StLR Ibk, Test., Nr. 1655: HV Ernst von Riccabona zu Reichenfels / Angelica Stanger, 26. Mai 1834.

353 FAW, Bestand: Akten, Akt 5 (Franz Ignaz Winkler 1743–1800), Heiratsvertrag, 2. Juli 1767.

354 TLA, StLR Ibk, Test., Nr. 9: HV Johann Michael Rosenbacher / Anna Weyrerin, 22. September 1783.

355 TLA, StLR Ibk, Test., Nr. 124: HV Martin Hufnagel / Maria Theresia Mayrin, 30. Mai 1796.

356 TLA, StLR Ibk, Verfachbuch 1818, Ehe und Erbsvertrag Anton Saurwein / Franziska Schütz, 19. Juni 1818, fol. 161re–163ve.

357 TLA, StLR Ibk, Test., Nr. 1815: HV Alois Gstrein / Kreszenz Eyrsch, 25. Juli 1833.

358 TLA, StLR Ibk, Test., Nr. 558: Testament Franz Unterberger, 6. Februar 1826.

359 TLA, StLR Ibk, Test., Nr. 7: HV Franz Preyer / Anna Zacherl, 5. Juli 1812.

Hofstadt und Maria Katharina Nagelin, der zwischen niederadeliger Herkunft und städtischem Kontext angesiedelt war, findet sich 1799 die Forderung an den überlebenden Witwer, „die vorhandenen Kinder ihrem Stand gemäß zu erziehen". Im gegenteiligen Fall wurde auch der Witwe „die gute Erziehung und anständige Verpflegung der Kinder" anempfohlen.[360] In einem Heiratsvertrag von 1806 ging es um die „Standesmäßige und Christliche Erziehung der Kinder",[361] in einem von 1811 um die „unklagbare standesmäßige Erhaltung und Erziehung"[362] und in einem wechselseitigen Testament von 1815 darum, die Töchter „standesmäßig" zu erziehen.[363]

Eine etwas ungewöhnlichere Formulierung verwendeten der Companion der Graderschen Kunsthandlung in Innsbruck Franz Unterberger und Theres Strele 1821. Ohne Gegengabe des Bräutigams hatte die Braut 6.000 Gulden zur Errichtung einer eigenen Kunsthandlung als Schenkung eingebracht. Sollte sie sterben, kam ihm für den Witwerstand der Nutzgenuss aus ihrer Verlassenschaft zu, wofür er „für die Erziehung und Verpflegung der Kinder liebreich sorgen und bei seiner Zeit sich ergebenden Standesveränderungen selbe kräftigst unterstützen und dazu verhülflich sein wolle, weswegen in seine Person und als leiblicher Vater das volle Zutrauen gesetzt wird".[364]

Während sich also die adeligen und städtischen Heiratsverträge dadurch unterscheiden, dass zwar beide auf ihren Stand verwiesen, die städtischen jedoch den Stand meist mit dem Wort christlich kombinierten, zeigen die Heiratsverträge der nichtadeligen Beamten die größte Diversität. Die Formulierungen dürften von den anderen sozialen Gruppen beeinflusst worden sein und lassen zudem erkennen, dass sich noch kein eigener Wertekanon etabliert hatte. Die Kinder „standmässig" zu erziehen, hatten schon die Brautleute Johann Baptist Pitterl, Cantor bei der Pfarrkirche der Heiligen Dreifaltigkeit in Innsbruck, und Maria Anna Weißkopfin 1786 vereinbart.[365] Der k. k. Einnehmer am Hauptgrenz-Zollposten Roßschläg im Außerfern Joseph Anton Purtschner und Katharina Achenheimin sicherten „dem überlebenden Theil" den Nutzgenuss zu, „gegen die Verbindlichkeit, daß solcher die Kinder rechtschaffen erziehe und ihnen den nöthigen Unterhalt verschaffe".[366] Maria Barbara von Sterzinger und Joseph Albaneder, Professor der Medizin, bestimmten in ihrem Heiratsvertrag den Nutzgenuss „mit der wechselseitigen Verbindniß, daß der überlebende Theil verbunden seye, die allenfalls

360 TLA, StLR Ibk, Test., Nr. 89: HV Joseph Scherer von Hofstadt / Maria Katharina Nagelin, 16. Oktober 1799.

361 TLA, StLR Ibk, Test., Nr. 878: HV Martin Tschurtschenthaler / Josepha Penz, 16. Juni 1806 (Transkription Innsbruck Nr. 6).

362 TLA, StLR Ibk, Test., Nr. 2041: HV Franz Joseph Habtmann / Anna von Hassauer, 31. Juli 1811; vgl. auch die ähnliche Formulierung „gegen unklagbarer und standesmässiger Erziehung" in TLA, StLR Ibk, Test., Nr. 1198: HV Johann Peter Ferstl / Maria Theresia Carolina Carnelli, 31. Januar 1818.

363 TLA, StLR Ibk, Test., Nr. 29: WT Joseph und Anna Leutner, 8. September 1815.

364 TLA, StLR Ibk, Test., Nr. 558: HV Franz Unterberger / Theres Strele, 30. Dezember 1821 (Transkription Innsbruck Nr. 10, siehe auch Tafel 8).

365 TLA, StLR Ibk, Test., Nr. 405: HV Johann Baptist Pitterl / Maria Anna Weißkopfin, 27. September 1786.

366 TLA, StLR Ibk, Test., Nr. 344: HV Joseph Anton Purtschner / Katharina Achenheimin, 6. April 1802.

aus dieser Ehe vorhandenen Kinder standesmässig zu erziehen und zu versorgen".[367] In einem Heiratsvertrag von 1808 wurde von „angemessener Erziehung bis zur Wiederverheurathung und bis ein Kind das 25te Jahres-Alter erreichet" gesprochen,[368] in einem aus dem Jahr 1809 von „anständig und christlich".[369]

Darüber hinausgehende Bestimmungen legten manchmal fest, welche Laufbahn für die Kinder vorgesehen war. Witwer oder Witwe sollten die Kinder „zu was immer selbe eine Freid haben, und sich Tauglich erzeigen werden, ohne Entgeltung der Kinder Vermögenheit Lehrnen ... laßen".[370] Im Heiratsvertrag von Maria Magdalena Kraus zu Salla und Krausegg und Joseph Franz Xaver Samern zu Frankenegg wurde beispielsweise 1775 bestimmt, dass die Witwe verbunden sei, „nach aller Möglichkeit die Knaben zu dem Studieren zu Verwenden".[371]

Üblicher waren solche konkreten Angaben jedoch in Testamenten, wie etwa in jenem des Appellationsrates Joseph Georg Berreiter von 1823:

> 5 Meine Kinder die Mädchen sollen alle zu einer Haushaltung-Führung nothwendigen Kentnisse sich beyzulegen und die Arbeiten zu erlernen trachten, vorzüglich aber, Kochen, Waschen, Nähen, Spinnen, alle in eine Haushaltung einschlagenden Anordnungen zu machen, auch das Rechnungswesen über eine solche zu führen etc. Deßwegen sollen sie in solchen Arbeiten sich beständig üben und von Zeit zu Zeit abwechseln.
> 6 Ich wünsche, daß der Sohn Johan Baptist sich den Wissenschaften widme. Ohne seiner Standeswahl vorzugreifen, drüke ich meinen Wunsch aus, daß er, wenn er die Rechte studirt das Doktorat nehme.[372]

Beamtenpension als Witwenversorgung

Wenn die zukünftige Beamtenlaufbahn des Ehemannes zum Zeitpunkt der Eheschließung noch nicht abzuschätzen war und der Pensionsanspruch als nicht gesichert angenommen werden konnte, waren zusätzliche Regelungen nötig. In den Heiratsvertrag des königlich-bayerischen Appellationsrates Joseph Ritter von Hippoliti flossen 1811 verschiedene Varianten ein: Der Witwengehalt von 250 Gulden im Quartal sei von seinen Erben nur dann auszubezahlen, wenn die Witwe die ihm gebührende Pension nicht bekommen sollte. Würde ihr die Pension jedoch zugesprochen, müssten die Erben nur den Restbetrag ausgleichen.[373] Je nach Pensionsfähigkeit zum Zeitpunkt des Todes des Mannes wurde vorgesorgt, welchen Nutzgenussanteil

---

367 TLA, StLR Ibk, Test., Nr. 1823: HV Joseph Albaneder / Maria Barbara Sterzinger von Felsenheim, 27. April 1807.

368 TLA, StLR Ibk, Test., Nr. 1971: HV Andre von Mersi / Elisabeth Eyberg, 24. Oktober 1808 (Transkription Innsbruck Nr. 8).

369 TLA, StLR Ibk, Test., Nr. 987: HV Joseph Georg Berreiter / Anna Franziska Dorothea Streicher, 25. Januar 1809.

370 FAW, Bestand: Akten, Akt 5 (Franz Ignaz Winkler 1743–1800), Heiratsvertrag, 2. Juli 1767.

371 TLA, StLR Ibk, Test., Nr. 677: HV Joseph Franz Xaver Samern zu Frankenegg / Maria Magdalena Kraus zu Salla und Krausegg, 28. August 1775.

372 TLA, StLR Ibk, Test., Nr. 987: Testament Johann Georg Berreiter, 1. Mai 1823.

373 Vgl. TLA, StLR Ibk, Test., Nr. 145: HV Joseph Ritter von Hippoliti / Viktoria Gräfin Tannenberg, 15. Dezember 1811.

die Witwe an der Verlassenschaft des Ehemannes haben sollte.[374] Da der Unterhalt seiner Frau durch die „gesezmässig gebührende Pension gar kärglich gedecket“ sein würde, [375] traf der königlich-bayerische Landbauinspektor Jakob Volderauer 1813 weitere Vorkehrungen für den Fall seines Todes.

Im Jahr 1826 schien das Vertrauen in die Auszahlung der Pension gewachsen zu sein. Der bereits pensionierte Staatsbuchhaltungs-Rechnungsoffiziant Joseph Franz Xaver Samern zu Frankenegg ging bei den Anordnungen im Testament zunächst davon aus,

> daß sie [die Witwe] die Systemmäßige Pension ab aerario erhalten werde, woran er auch nicht im mindesten zu zweifeln Ursache habe; sollte hingegen etwa wegen eintretender Veränderungen in den Pensionsvorschriften, was jedoch unter der milden österreichischen Regierung nicht zu besorgen, ihr gleichwohl keine Pension nach den Normal bestehenden Normativen zuteil werden,

so sah er als Alternative vor, dass sie einen gleichen Erbteil wie seine Kinder bekomme.[376]

Mitbedacht wurde auch, dass die Zuerkennung des Pensionsanspruches der Witwe eine gewisse Zeit in Anspruch nehmen könnte. Der k. k. Bergdirektionssekretär Joseph Lürzer von Zehenthal legte beispielsweise fest, dass seine Frau im Fall seines Todes schon vorab 500 Gulden vom vorhandenen Bargeld oder durch Verpfändung eines Schuldbriefs oder einer Immobilie bekommen sollte, damit sie sich bis zur beginnenden Auszahlung der Pension ernähren könne. Dieser Betrag sei später in ihren Erbteil einzurechnen.[377]

Die Frage der Wiederverehelichung

Der Begriff „Witwengehalt“ weist auf ein zeitlich begrenztes Einkommen – bis zur Wiederverehelichung der Witwe war ein solches vorgesehen. In den untersuchten Heiratsverträgen wurden jedoch auch Vereinbarungen eines Witwengehalts getroffen, der lebenslang und nicht nur für die Zeit der Witwenschaft gedacht war. Dieselbe Frage – ob lebenslang oder nur für die Zeit der Witwen- und Witwerschaft – stellte sich auch bezüglich des Nutzgenusses, der dem Witwer oder der Witwe zugesprochen wurde.

Die Begrenzung der Bezugsdauer bis zu einer Wiederverehelichung stand im Zusammenhang mit allen anderen Vereinbarungen im Heiratsvertrag. Wer kaum oder wenig Vermögen in die Ehe einbrachte, sprach dem überlebenden Eheteil den Nutzgenuss des eigenen Vermögens meist ausdrücklich auch im Fall einer Wiederverehelichung zu – so zum Beispiel Joseph Franz Xaver Samern zu Frankenegg seiner Braut, der ihrem Heiratsgut bei der Eheschließung 1775 aufgrund seiner Vermögensverhältnisse nichts Entsprechendes entgegensetzen hatte können. Er sprach ihr nun den lebenslangen Genuss seines ganzen Vermögens zu – „selbe verharre im Wittibstand oder verheurathe sich“.[378]

374 Vgl. TLA, StLR Ibk, Test., Nr. 1121: HV Johann Ignaz von Reinhart zu Thurnfels / Maria Anna Maximiliana Xaveria von Grebmer, 27. Dezember 1807.

375 TLA, StLR Ibk, Test., Nr. 3: Testament Jakob Volderauer, 27. Mai 1813.

376 TLA, StLR Ibk, Test., Nr. 677: Testament Joseph Franz Xaver Samern zu Frankenegg, 29. September 1826.

377 Vgl. TLA, StLR Ibk, Test., Nr. 1444: HV Joseph Lürzer von Zehenthal / Anna Treiber, 4. November 1834.

378 TLA, StLR Ibk, Test., Nr. 677: HV Joseph Franz Xaver Samern zu Frankenegg / Maria Magdalena Kraus zu Salla und Krausegg, 28. August 1775.

Je nach Vermögenslage konnten die Bedingungen für die beiden Brautleute unterschiedlich gestaltet sein. Während Maria Magdalena Gräfin Spaur nach dem Tod ihres Mannes Karl Graf Wolkenstein-Rodeneck den Nutzgenuss aus seiner Verlassenschaft nur im Witwenstand bekommen sollte, wurde für den umgekehrten Fall ausdrücklich vereinbart, dass der Nutzgenuss weiter bezogen werden könne, auch wenn „gedachter Graf Karl zur zweyten Ehe schreitten wolle".[379] Dem Heiratsgut der Braut von 3.500 Gulden waren hier eine Widerlage, eine Morgengabe und weitere Geschenke von insgesamt 5.500 Gulden gegenübergestanden.

Ein anderer Fall lag vor, wenn das Vermögen der Frauen[380] oder beider Eheleute[381] so gering war, dass sie auf den gegenseitigen Nutzgenuss des Vermögens angewiesen waren und sich einen solchen deshalb auch bei Wiederverehelichung zusicherten. Während dieser bei vermögenderen Ehepaaren meist zusätzlich zu einem Witwengehalt vorgesehen war, stellte der Nutzgenuss des Vermögens der Ehefrau oder des Ehemannes in einfacheren wirtschaftlichen Verhältnissen häufig die alleinige Versorgungsform dar. Auch hier wurde die Verbindlichkeit daran geknüpft, die Kinder zu erziehen. Für den Fall der Wiederverehelichung wurde der Nutzgenuss entweder weiterhin zugestanden[382] oder abgeändert, etwa in dem Sinn, dass nur mehr die Hälfte des Nutzgenusses bezogen werden konnte.[383]

Auch bezüglich des Witwengehalts konnten für den Fall einer Wiederverehelichung verschiedene Regelungen getroffen werden: Beispielsweise sollte Maria Anna Elisabeth Gräfin Platz, würde sie als Witwe mit Kindern nochmals heiraten, eine Abfertigung von 2.000 Gulden bekommen. Falls aus der Ehe mit Aloys Joseph Graf Lodron keine Kinder geboren oder am Leben wären, würde sich die Abfertigung auf 3.000 Gulden erhöhen.[384] Für Elisabeth Gräfin Wolkenstein-Rodeneck war 1795 für den Fall der Wiederverehelichung eine Verringerung des Witwengehalts von jährlich 1.500 Gulden auf 400 Gulden vorgesehen.[385] Ähnliche Vereinbarungen wurden auch 1842 zwischen ihrem Mann Johann Graf Trapp und dessen zweiter Frau Friedrike Gräfin Künigl festgesetzt: Der Witwengehalt von jährlich 2.000 Gulden sollte sich im Fall der Wiederverehelichung auf eine lebenslange Rente von 400 Gulden verringern.[386]

---

379 TLA, StLR Ibk, Test., Nr. 1965: HV Karl Graf Wolkenstein-Rodeneck / Maria Magdalena Gräfin Spaur, 23. März 1795 (Transkription Innsbruck Nr. 1).

380 Vgl. TLA, StLR Ibk, Test., Nr. 1655: HV Ernst von Riccabona zu Reichenfels / Angelica Stanger, 26. Mai 1834.

381 Vgl. TLA, StLR Ibk, Test., Nr. 524: HV Ignaz von Tschiderer / Antonia Freiin von Zephyris, 19. April 1807.

382 Vgl. z. B. TLA, StLR Ibk, Test., Nr. 344: HV Joseph Anton Purtschner / Katharina Achenheimin, 6. April 1802.

383 Vgl. z. B. TLA, StLR Ibk, Test., Nr. 405: HV Johann Baptist Pitterl / Maria Anna Weißkopfin, 27. September 1786; Nr. 1727: HV Franz von Stolz / Kreszenz von Sölder, 15. März 1842.

384 Vgl. TLA, StLR Ibk, Test., Nr. 600: HV Aloys Joseph Graf Lodron / Maria Anna Elisabet Gräfin Platz, 21. Juni 1805.

385 Vgl. TLA, StLR Ibk, Test., Nr. 1372: HV Johann Nepomuk Graf Trapp / Elisabeth Gräfin Wolkenstein-Rodeneck, 27. April 1814 (Transkription Innsbruck Nr. 2, siehe auch Abb. 3, S. 402).

386 Vgl. TLA, StLR Ibk, Test., Nr. 1786: HV Johann Nepomuk Graf Trapp / Friedrike Gräfin Künigl, 15. Juni 1842 (Transkription Innsbruck Nr. 4).

Gesetzliches Erbrecht: Veränderung des Familienliniendenkens

Das gesetzliche Familienerbrecht zeigt in langer Sicht den Übergang vom strengen blutsverwandten Familiendenken hin zu einer Aufwertung der ehelichen Gemeinschaft. Seit dem Ende des Hochmittelalters wurden Eheleute durch Heiratsverträge und Testamente versorgt. Das gesetzliche Erbrecht bezog sich hingegen bis ins 18. Jahrhundert immer nur auf die Blutsverwandtschaft.[387] Die Tiroler Landesordnung ließ beispielsweise nur für den Fall, dass sich beide Eheleute, wie erwähnt, bei ihrer Heirat weniger als 25 Gulden zugebracht hätten, den lebenslangen Nutzgenuss aus dem gemeinsam erwirtschafteten Vermögen für den oder die Überlebende/n zu. Nach dem Tod des oder der Überlebenden sollte das Vermögen den gesetzlichen Erbinnen und Erben ausgefolgt werden.[388]

Einen – aus Tiroler Sicht – ersten Schritt zum Überschreiten der Familienlinie mittels Vermögen hatte das Josephinische Erbfolgepatent von 1786 gesetzt. Von verstorbenen Kindern ohne eigene Nachkommen erbten nicht mehr zuerst die Geschwister, sondern die Eltern – je zur Hälfte. Das bedeutete, dass väterliches Vermögen über das verstorbene Kind an die Mutter fiel und umgekehrt.[389] Über die Kinder konnte somit Vermögen in eine andere Familie wechseln. Diese Bestimmung wurde auch unverändert ins ABGB übernommen.[390] In der Tiroler Landesordnung von 1573 hingegen waren zwar beispielsweise Geschwister und aufsteigende Verwandte schon berücksichtigt gewesen, jedoch in klarer Abstufung: Eltern kamen erst in Betracht, wenn es keine beidseitigen Geschwister gab.[391]

Daher reagierte man in Tirol auf diese neue Regelung zunächst mit Protest: Es werde nicht bestritten, dass die Tiroler Landesordnung kein vollkommenes Gesetzbuch sei und in einigen Teilen Verbesserungen, Erläuterungen und Abänderungen notwendig wären. Jedoch wolle man um die Beibehaltung wenigstens der für die Tiroler Untertanen wichtigsten Bestimmungen bitten. Dies betreffe die letztwilligen Verordnungen im Hinblick auf die Intestatserbfolgeordnung. Sie sei „schon Von Urzeiten her festgesetzet und beobachtet worden".[392] Damit bezog man sich auf die zitierten Stellen, laut der jedes Gut „auf das Geschlecht erblich anrück zu fallen hat, daher es gekommen ist. Und dieses Gesetze gründet sich hauptsächlich auf den allgemeinen Wunsch, Vermög welchen jeder Gut denkende Erblasser wünschet sein Geschlecht, so Viel an ihm liegt, empor zu bringen, und aufrecht zu erhalten, daß mithin seine Nachlassenschaft denjenigen zu komme, die seines Geschlechts und Hauses sind."[393] Durch die Einführung der neuen Erbfolgeordnung würden die meistenteils geringen Erbschaften der Tiroler Untertanen allzu sehr zerstückelt und zum größten Nachteil der Familien in fremde Hände fallen.

---

387 Vgl. Floßmann, Österreichische Privatrechtsgeschichte, 296f, 309f.

388 Vgl. Tiroler Landesordnung 1573, 3. Buch, fol. 41ve.

389 Vgl. Patent vom 11. Mai 1786 (Josephinisches Erbfolgepatent), in: Joseph des Zweyten Römischen Kaysers, 2. Fortsetzung 1786, Nr. 548, 44–50, §§ 3 u. 4, 45f (zitiert als Erbfolgepatent).

390 Vgl. ABGB 1811, 2. Teil, § 735, 166.

391 Vgl. Tiroler Landesordnung 1573, 3. Buch, fol. 40re.

392 TLA, Landtagsakten, Offener Landtag 1790/92, Fasz. 25, Unmaßgebige Gedanken, 23. Februar 1792.

393 TLA, Landtagsakten, Offener Landtag 1790/92, Fasz. 25, Unmaßgebige Gedanken, 23. Februar 1792.

Da in Wien diesen Wünschen nicht nachgegeben wurde, begannen die Heiratsverträge Formulierungen zu favorisieren, die ein Festhalten an den alten, vertrauten Bestimmungen ermöglichten. Die Reaktionen machten sich in den hier untersuchten Heiratsverträgen ab 1795 bemerkbar. Zwischen Maria Magdalena Gräfin Spaur und Karl Graf Wolkenstein-Rodeneck wurde beispielsweise „14to allerseits bedungen …, daß auser jenen Erbsfällen, welche da aufgeführt zu erlesen, alle übrigen Erbsfälle nicht nach dem neuen bürgerlichen Gesetzbuche, sondern nach der alten Tyrolischen Landesordnung behandelt und vererbt werden sollen".[394] Da die Braut noch minderjährig war, brauchte es für den Vertrag eine Bestätigung der Obervormundschaftsbehörde, die darauf verwies, dass eine solche Klausel nur bestehen könne, so lange die Tiroler Landesordnung noch gelte. Da die Bestimmungen des Erbfolgepatentes jedoch 1786 in Kraft getreten waren und alle früheren Rechte ersetzt hatten, kann in dieser genehmigten Bestimmung nur die Inanspruchnahme vertraglicher Möglichkeiten gesehen werden, das heißt, die Brautleute schlossen vertraglich die gleichen Bestimmungen ab, die in der Tiroler Landesordnung gegolten hatten.

Diesbezügliche Regelungen kamen sowohl in adeligen als auch in städtischen Verträgen vor. „In Betreff der Erbfolge" bestimmten 1795 der Großhändler Alois Johann Mayer und Anna Tschusi von Schmidhofen, dass, „wenn sie vor ihm stirbt mit Zurücklassung von Kindern, und sohin auch diese sterben, dann sollte das mütterliche Erbe der Kinder nicht dem Bräutigam, sondern den nächsten Verwandten der Braut als Eigenthum zufallen und selber nur allein die ad 4tum vermachte lebenslängliche Nutznießung zu beziehen haben".[395] Josepha Penz, die kein Heiratsgut in die Ehe eingebracht hatte, versicherte 1806 im fünften Punkt des Vertrages: „Fünftens. Will sich die Jungfrau Braut wohl bedacht und mit weiser Überlegung für ihre Persohn sowohl aller Ansprach auf die Handlung Gerechtsamme als auch der Erbfolge Ihrer Kinder, wenn solche vor der Mutter versterben sollten, anmit feyerlichst begeben, und verzichtet haben."[396] Schließlich wurden in den Bestimmungen bezüglich etwaiger Kinder von Johanna Regina Mayer und dem pensionierten k. k. Bergrat Joseph Magnus von Leutner 1824 – wohl aufgrund des Altersunterschiedes – nur Überlegungen hinsichtlich der überlebenden Braut angestellt. „Wenn jedoch Kinder noch bei Leben der Mutter im ledigen Stand sterben würden, so leistet die Fräule Braut auf die Erbschaft dieser Kinder gänzlich Verzicht u[nd] behält sich lediglich den ihr oben bestimmten Nutzgenuss bevor."[397]

In Bezug auf das Ehegattenerbrecht war den Eheleuten im Josephinischen Erbfolgepatent nur das Recht auf den Nutzgenuss zugesprochen worden. Das Eigentum am Vermögen des oder der Verstorbenen kam ihnen nur dann zu, wenn es überhaupt keine gesetzlichen Erbinnen oder Erben gab.[398] Auch das ABGB ließ das gesetzmäßige Erben von Eigentum zwischen den Eheleuten erst zu, wenn keine Kinder vorhanden waren. Unabhängig vom eigenen Ver-

394 TLA, StLR Ibk, Test., Nr. 1965: HV Karl Graf Wolkenstein-Rodeneck / Maria Magdalena Gräfin Spaur, 23. März 1795 (Transkription Innsbruck Nr. 1).

395 TLA, StLR Ibk, Test., Nr. 46: HV Johann Alois Mayer / Anna Tschusi von Schmidhofen, 18. September 1795.

396 TLA, StLR Ibk, Test., Nr. 878: HV Martin Tschurtschenthaler / Josepha Penz, 16. Juni 1806 (Transkription Innsbruck Nr. 6).

397 TLA, StLR Ibk, Test., Nr. 630: HV Joseph Magnus von Leutner / Johanna Regina Mayer, 14. Juni 1824.

398 Vgl. Erbfolgepatent, §§ 23 u. 24, 49f.

mögen der Witwe oder des Witwers stand ein zu erwartender Nutzgenuss zunächst in Relation zu den noch lebenden Kindern. Maximal bekamen der Witwer oder die Witwe ein Viertel der Verlassenschaft zum Nutzgenuss. Bei mehr als drei Kindern wurde das Erbe durch die Anzahl der Kinder plus der Witwe oder dem Witwer geteilt und von einem solchen Anteil stand dem Überlebenden der Nutzgenuss zu. Das Eigentum des gesamten Erbes blieb jedoch stets bei den Kindern.[399]

Auf dieses Ehegattenerbrecht bezog sich beispielsweise der Heiratsvertrag zwischen Anton Schmid von Wellenburg und Helena Freiin von Sternbach von 1827: „8. Wenn aber bei dem Tode des ein oder anderen der gegenwärtigen und erwähnten Brautpersonen und künftigen Ehetheile keine Kinder vorhanden seyn, und die gesetzliche Erbfolge eintretten sollte, so leistet das überlebende Ehetheil auf den ihm nach der gesetzlichen Erbfolge gebührenden Erbs-Antheil zu Gunsten seines des Verstorbenen gesetzlichen Erben Verzicht."[400]

Zunehmend wurden die Heiratsverträge mit Bezug auf das gesetzliche Erbrecht ausgestaltet, zumindest in Bereichen, die keinen großen Eingriff in die alten Traditionen darstellten. „I. Wenn aus dieser Ehe beym Ableben des einen oder andern Aeltern Theiles Kinder vorhanden sind, so soll es ganz bey der gesetzlichen Erbfolge verbleiben."[401]

11. Fazit

Die Heiratsverträge des Stadt- und Landrechts Innsbruck reihen sich in die im europäischen Raum üblichen Heiratsgabensysteme und Aushandlungen bezüglich der Witwen- und Witwerversorgung ein. Sie wurden jedoch zu einer Zeit abgeschlossen, in der die traditionelle rechtliche Grundlage der Tiroler Landesordnung von 1573 im Zuge der Zentralisierung durch die von Wien ausgehende Kodifikation des Josephinischen Gesetzbuches von 1786 abgelöst wurde. Das rief zunächst den offenen Protest der Landstände hervor. Da dieser nur bedingt Erfolg hatte, boten Heiratsverträge die Möglichkeit, an den althergebrachten Gewohnheiten noch eine Zeit lang festzuhalten. Im Lauf des Vormärz schien jedoch eine Gewöhnung an und ein gewisses Vertrauen in die neuen rechtlichen Verhältnisse des ABGB einzutreten. Neu eingeräumte Handlungsmöglichkeiten, wie jene der Selbstverwaltung des eheweiblichen Vermögens, wurden in Anspruch genommen – wenn auch zunächst nur in Konstellationen, in denen Frauen aufgrund des größeren Vermögens eine starke Verhandlungsbasis besaßen. Vereinbarungen, die einen Transfer von Vermögen zwischen nicht Blutsverwandten abwehrten, ließen ebenfalls nach. Die sich verlagernde Bedeutung von der Herkunftsfamilie zum Ehepaar zeigt sich auch an der verringerten Präsenz von Eltern und Verwandten beim Abschluss eines Heiratsvertrags.

Die nähere Ausführung, wie die Erziehung der Kinder beschaffen sein sollte, lässt auf das Bröckeln des Selbstverständlichen im Adel schließen: wenn sich etwa um 1800 diesbezüglich die Bezeichnung „standesgemäß" zu häufen beginnt. In städtischen Heiratsverträgen dominierte zeitgleich der Verweis auf eine christliche Erziehung. Dies könnte mit der zunehmenden

399 Vgl. ABGB 1811, 2. Teil, § 757, 177.

400 TLA, StLR Ibk, Test., Nr. 648: HV Anton Schmid von Wellenburg / Helena Freiin von Sternbach, 13. Oktober 1827.

401 TLA, StLR Ibk, Test., Nr. 1255: HV Karl Mörz / Josepha Kircher, 21. Mai 1832.

Säkularisierung in Zusammenhang stehen, der man damit gegensteuern wollte. Eine solche spiegelt sich auch im allgemeinen Trend, die sakralen Bezüge in den Heiratsverträgen zugunsten neutralerer Formulierungen aufzugeben. Somit tragen die Heiratsverträge eine Tendenz mit, die sie gleichzeitig zu verhindern versuchen. Übliche Begriffe wie „eheliche Liebe und Treue" wurden differenzierter eingesetzt und deuten auf den Einfluss eines neuen Liebesideals hin.

Aus diesen Befunden wird sehr deutlich, wie ertragreich es sein kann, eine Quellengattung, in deren Zentrum das Aushandeln zwischen Personen und Familien steht, für einen Zeitraum zu untersuchen, den die Forschung stets vage als Übergang bezeichnet. Die rechtlichen und zugleich gesellschaftlichen Veränderungsprozesse, die sich in diesen Verträgen spiegeln, lassen einerseits erkennen, was Frauen und vor allem Männern an Überkommenem und nicht mehr länger Gültigem besonders schwer fiel aufzugeben, woran wer festhalten wollte, und andererseits, in welchen Bereichen von Neuerungen Gebrauch gemacht wurde, wer dies tat und in welchen spezifischen Konstellationen dies auch möglich war.

Anhang: Quellenbeispiele zum Stadt- und Landrecht Innsbruck

Nr. 1: 1795 Heyraths Kontract: Karl Graf Wolkenstein-Rodeneck und Maria Magdalena Gräfin Spaur
Nr. 2: 1814 Heuraths-Vertrag: Johann Nepomuk Graf Trapp und Elisabeth Gräfin Wolkenstein-Rodeneck
Nr. 3: 1831 Testament: Elisabeth Gräfin Trapp
Nr. 4: 1842 Heiraths Vertrag: Johann Nepomuk Graf Trapp und Friedrike Gräfin Künigl
Nr. 5: 1805 Ehekontract: Anton Franz Staffler und Anna Neubaur
Nr. 6: 1806 Heuraths Vertrag: Martin Tschurtschenthaler, Magistrats- und Handelsmann, und Josepha Penz
Nr. 7: 1832 Ehevertrag: Joseph Tschurtschenthaler und Wilhelmine Garzarolli von Thurnlack
Nr. 8: 1808 Bürgerlicher Heuraths-Vertrag: Andre von Mersi, königlich-bayerischer Rat und Professor, und Elisabeth Eyberg
Nr. 9: 1819 Ehepackten: Joseph Georg Cornet und Ernestina von Lama
Nr. 10: 1821 Ehevertrag: Franz Unterberger, Companion der Grader'schen Kunsthandlung, und Theresia Strele
Nr. 11: 1826 Testament: Theresia Strele
Nr. 12: 1805 Wechselseitiges Testament: Bartlme und Franziska Dietrich
Nr. 13: 1825 Wechselseitiges Testament: Joseph und Katharina Meichelböck
Nr. 14: 1828 Wechselseitiges Testament: Jakob, k. k. Appellationsgerichtskanzlist, und Maria Friesenbichler[1]

1 Die Dokumente wurden entlang der sozialen Hierarchie vom Adel beginnend bis zur einfachen Bevölkerung – im Zusammenhang der Familien – gereiht.

Innsbruck Nr. 1: Heyraths Kontract zwischen Karl Graf Wolkenstein-Rodeneck und Maria Magdalena Gräfin Spaur, 1795

TLA, Stadt- und Landrecht Innsbruck, Testamente, Nr. 1965

Im Namen der Allerheiligsten Dreyfaltigkeit

Ist entzwischen dem Hoch und Wohlgebohren Herrn Karl Grafen v[on] Wolkenstein Rodenegg Sohn S[eine]r Excellenz des Hoch und Wohlgebohrnen Herr Paris Grafen v[on] Wolkenstein Rodenegg Obrist- Erb- Land-Stallmeister und Vorschneider der Fürstlichen Grafschaft Tyrol, S[einer] Römischen Kaiserlichen Königlichen Majestät wirklicher geheimer Rath, Kämmerer, und Landeshauptmann in Tyrol, und weiland Maria Francisca Aloisia gebohrne Gräfin v[on] Wolkenstein Trostburg nun seligen einerseits – dann andererseits der Hoch und Wohlgebohrnen Fräule Maria Magdalena Gräfin v[on] Spaur Tochter des Hoch und Wohlgebohrnen Herr Leopold Grafen v[on] Spaur, Flavon, Valer, etc. etc. Obrist- Erb- Land- Mundschenk der gefürsteten Grafschaft Tyrol, S[eine]r K. K. Ap[ostolischen] Majestät wirklichen Kämmerer, und Oberisthofmeister Ihro König. Hoheit der Durchlauchtigste Erzherzogin und Frau Frau Maria Elisabeth v[on] Oesterreich, Abtissin des König. Damenstifts, und weiland Maria Elisabeth auch gebohrnen Gräfin v[on] Spaur etc. nun seligen, mit Einfluße der beyden lebenden Herrn Väter, und des Herrn Vaters der Fräule Braut als von den O[ber] Ö[sterreichisch]en Landrechten derselben verpflichteten Vormundes, mit Einwilligung der K. K. O[ber] Ö[sterreichischen] Landrechten als Obervormundes, und des ad hunc actum gesetzten Vormundes Freyherrn Ignatz v[on] Tschiderer, im Beyseyn der hierzu erbettenen, und am Ende gefertigten Herrn Zeugen abgeschlossen und festgesetzt worden instehender, nach erfolgter priesterlicher Einsegnung zu seiner Kraft und Wirkung zu gelangen habender

Heyraths Kontract

1mo Wird obgedachte Fräule Maria Magdalena Gräfin v[on] Spaur erwähntem Herrn Karl Grafen v[on] Wolkenstein Rodenegg als zukünftige Gemahlin Kraft dieses zugesagt und versprochen.

2do Verspricht derselben Herr Vater ihr Fräulein Braut als ein ordentliches Heyrathgut 3500 f nicht nur dergestallt an mit zu geben, daß diese von dem Hochzeittage an jährlich, und in so lange à 4 pro cento verzinset werden sollen, bis sie nach vorher von einem oder den andern Theile zu geschehen habender halbjährigen Aufkündung zurückbezahlt werden, sondern hochselber trettet

3tio untereinstens auch seiner Fräule Tochter die Zinse des bey der großväterlich[en] Gräf[lichen] Bann Spaurischen Massa anliegenden Ihr angefallenen in 1400 f bestehenden Mutterlichen Vermögens, aber so auch die Zinsen jenes fünften Theiles der von Ihm Herrn Vater vor der K. K. O[ber] Ö[sterreichisch]en Landrechtlichen Abhandlungscommission übernommenen und laut ad depositum liegender Obligation p[e]r 769 f 20 Xr in die Ehefrauliche Masse schuldigen fünften Theiles p[e]r 153 f 52 Xr mit dem ab, daß auch dieses bis nach vorläufiger halbjährigen Aufkündung erfolgender Rückzahlung vom Hochzeittage an mit 4 von Hundert interessirt werde. Gleichermassen hat sich

4to Der Fräulein Braut Mutterliche Frau Großmutter Ihro Excellenz die Hoch und Wohlgebohrne Frau Maria Anna verwittwete Gräfin v[on] Spaur gebohrne Gräfin v[on] Wolkenstein Trostburg aus sonderbarer Zuneigung und Gnade entschlossen, lebenslänglich dero Fräulein Enklin und gegenwärtigen Braut jährlich 200 f ausfolgen zu lassen.

5to Auf solche Art renunzirt [verzichtet] die Fräulein Braut mit Einfluße Ihres Vormundes ad actum und Ratification der Obervormundschaft auf alle weiter väterliche (nicht aber mütterliche) Erbschaften, wie diese Namen haben mögen, im bester Form rechtens, wie dieses bey Standspersonen hier Landes gebräuchig ist; jedoch so, daß diese Renunziation nur in so lange wirken soll, als die von ihrem Herrn Vater hinterlassene männliche Succession nicht erlöscht. Und da

6to Ihro Königliche Hoheit die Durchlauchtigste Frau Frau Elisabeth Erzherzogin von Österreich aus höchsten Gnaden und angestammten Großmuth der Fräule Braut ein Geschenk von 8000 f mittelst cedirten Schuldobligationen bey der K. K. Bergwerks Direktorats-Haupt- und Kreditscassa zu Schwatz nebst Ausfertigung mit dem zu reichen gnädigst geruhen, daß im Falle letztere keine eheliche Succession hinterließe, die eine Hälfte dieses Schankungs Kapitals dem Wolkensteinischen, die andere Hälfte dem Spaurischen Hause zufallen sollte: so haben sich die contrahirenden Personen, dieser Höchsten Bestimmung im obigen Falle genauest nachzukommen hiemit verbundlich gemacht; wo in Hinsicht des übrigen der Fräule Braut in mehrern Unterschieden gegenwärtig zukommenden, und in der Folge zufliesenden Vermögens bey nicht vorhandener ehelichen Succession

7mo Das von Hochselber bey Ihrem erfolgendem Ableiben, welches Gott lange verhüten wolle, zurückgelassene Vermögen dem Herrn Karl Grafen v[on] Wolkenstein zum lebenslänglichen Genuße eingeraumt werden, oder hievon nach seiner Willkühr den dritten Theil als ein Eigenthum an sich zu empfangen freystehen soll, selbst im Falle gedachter Graf Karl zur zweyten Ehe schreitten wollte.

Dagegen verspricht der Herr Hochzeiter

8vo Das obenangeführte Heyrathgut nicht nur mit 3500 f zu widerlegen; sondern

9mo auch als eine Morgengabe 1000 f zu bestimmen, und

10mo anstatt des gewöhnlichen Brautkleides und Geschmuckes 1000 f zu verabfolgen, und darüberhin

11mo Die der Fräule Braut zufliesenden Heyrathguts angefallenen Erbtheils, und Schankungszinse in allen 702 f 10 ½ Xr als ein sogenanntes Spennadel-Geld in Handen zu lassen; wo übrigens

12mo im Falle, was Gott ebenfalls lange verhüten wolle, Herr Hochzeiter mit Tode abgehen, und die Fräulein Hochzeiterin als Wittwe zurücklassen sollte, letztere von gesammter eheherrlicher Verlassenschaft lebenslänglich, solange sie Wittwe bleibt, Nutzgenießerin seyn soll, welches auch bey vorhandener ehelichen Abstammung gegen Erhaltung der letztern mit dem Beysatze statt zu finden hat, daß selbe sodann die Vormundschaft der minderjährigen Succession übernehme, und den einer Versorgung sich nähernden Kindern einen den damaligen Umständen angemessenen Vorschub und respective Heyrathgut verabfolge. Sollte sich aber dieser unglückliche Todfall ereignen, bevor Herr Hochzeiter ein eigenthümlich angefallenes Vermögen erhält, so hat selbe im Hause ihres angehenden Herr Schwiegervaters, so lange Hochselber lebt, alles das zu genießen, was in folgenden Paragraph ausgesetzt steht.

13tio Da Herr Hochzeiter dermalen nicht mit einem solchen Vermögen versehen ist, daß dadurch seine Fräule Braut nach §. §. 8. 9. 10. bedeckt, und derzeit standgemäß unterhalten werden könnte, so hat sich desselben Herr Vater erkläret, nicht nur für die in eben gemeldten Paragraphen enthaltene Zusicherungen, solange dem Sohne nicht ein für diese Endzwecke hinreichendes Vermögen zufällt, Bürge seyn zu wollen, sondern auch derzeit dem angehenden Ehepaar im väterlichen Hause Wohnung, Kost, Wagen und Pferde, und Bedienung auch der allenfalligen Succession unentgeldlich zu reichen; im Falle aber dem Herrn Sohne die Reihe treffen würde auser der Stadt Innsbruck angestellt zu werden, in quartaligen Raten 800 f jährlich nebst einer mäßigen Einrichtung zu geben; im übrigen aber demselben oder seinen ehelichen Leibserben einschlüßlich des in 1800 f bestehenden mütterlichen Vermögens aus seinem Allodio nach seinem erfolgten Ableiben 20000 f als ein väterliches und mütterliches Erbtheil zukommen zu lassen, welche Summe in den Gütern zu Siebeneich enthalten und gegründet seyn soll. Wo übrigens

14to allerseits bedungen worden, daß auser jenen Erbsfällen, welche da aufgeführt zu erlesen, alle übrige Erbsfälle nicht nach dem neuen bürgerlichen Gesetzbuche, sondern nach der alten Tyrolischen Landesordnung behandelt und vererbt werden sollen.

15to Da die beyderseitigen Herrn Väter oben angeführte Brautpersonen bey gegenwärtigem Heyrathskontrakt sich in mehrere Verbindlichkeiten eingelassen, so haben Hochselbe, um all dasjenige, zu was sie sich hierin verbunden, am kräftigsten zu versichern, ihr gegenwärtiges und künftiges Vermögen hiemit zum Pfande bergestellt; wie dem eine gleiche Pfandunterstellung um all hierin enthaltenes Herr Hochzeiter nicht nur, insoweit sich derzeit sein gegenwärtig angefallenes Vermögen erstreckt, hiemit bestimmt, sondern jene auch auf die künftigen ihm zufallenden Vermögenheiten Kraft dieses ausdehnt.

Womit dann diese Heyrathspakten zur genauen Darobhaltung von allseitigen Theilnehmern nebst den hierzu erbettenen Herrn Zeugen unterzeichnet und mit den angebohrnen Petschaften gefertigt worden sind.
Geschehen zu Innsbruck den 23. des Monaths März 1795

Karl Graf Wolkenstein-Rodnek
als Bräutigam.

Paris G[ra]f Wolkenstein-Rodneg mp[2]
als Vatter des Brautigams

Maximilian G[ra]f Wolkenstein
Rodnegg. Domherr zu Brixen
als Bruder des Bräutigams.

Franz Freyherr Kaltherer mp
als Zeug

Maria Magdallena Gräfin
Spaur als Braut.

Leopold Graf Spaur mp
als Brautvater.

Maria Anna Verwittwete Gräfin v[on]
Spaur gebohrne Gräfin v[on] Wolkenstein

Maria Magdalla Verwittibte Grefin
Grefin Firmian

Joannes Franciscus Comes a Spaur
Archidiaconus et Canonicus Tridenti.

L. G Kinigl mp
als Zeug.

Ignaz Freyherr Tschiderer mp
als von. K. K. OÖ^{en} Landrecht a. hunc
Actu verpflichter Curator.

Von denen Kai[serlich] König[lichen] O[ber]Ö[sterreichisch]^{en} Landrechten wird vorstehender Ehevertrag von Obervormundschaftwegen anmit bestättiget, jedoch mit dem Beisatze ad §^{vu} 14. daß die Dis-

2 Kürzel für manu propria, eigenhändig.

position dieses §[vi] sich nur auf die vermög des gegenwärtigen Instruments Contrahirenden, und dem allenfalls eintrettenden Vortheil der gesezlichen Erbfolg entsagenden Theile, so lange die Tirolische Landes Ordnung bestehet, erstreken könne.

Datum Innsbruck den 10. April 1795

Aloys Graf v[on] Sarnthein mp

Innsbruck Nr. 2: Heuraths-Vertrag zwischen Johann Nepomuk Graf Trapp und Elisabeth Gräfin Wolkenstein-Rodeneck, 1814[3]

TLA, Stadt- und Landrecht Innsbruck, Testamente, Nr. 1372

Heute am unten gesetzten Tage ist zwischen dem hochgebornen Herrn Johann Nepomuk Grafen von Trapp Herrn zu Matsch, Caldonazzo, Beseno, und Campo, und Innhaber der Pfandgerichte Schlanders, Glurns und Mals und Ulten mit hoher Zustimmung seiner Frau Mutter, der hochgebornen Frau Crescentia verwittweten Gräfin von Trapp, gebornen Gräfin von Spaur etc. eines – dann der hochgebornen Fräulein Elisabeth Gräfin von Wolkenstein Rodenegg mit hoher Bewilligung Hochderselben Aeltern dem hochgebornen Herrn Carl Grafen von Wolkenstein Rodenegg, k.k. österr[eichischen] Kämmerer, und der hochgebornen Frau Magdalena Gräfin von Wolkenstein gebornen Gräfin von Spaur, derselben Herrn Großvaters Paris Graf von Wolkenstein Rodenegg, k.k. österr[eichischen] geheimen Raths, Kämmerer und k.b. quieszirten Landeshauptmann in Tyrol andern Theils nach bester Form der Rechte errichtet worden nachstehender

Heuraths-Vertrag

1[tens] Die Brautpersonen versprechen einander nach erfolgender Trauung bis zum Tode eheliche Pflichten und Treue zu leisten.

2[tens] Verbinden sich S[eine][e] Exellenz der hochgeborne Herr Paris Graf von Wolkenstein Rodenegg bey dem Umstande, wo sein Herr Sohn der hochgeborne Herr Carl Graf von Wolkenstein Rodenegg der Fräulein Braut Vater dermahlen kein angefallenes eigenes Vermögen besitzet, seiner Enkelin der Fräule Braut nicht nur zwey hundert Species Dukaten zu einer Ausfertigung zu verabfolgen, sondern auch ein Heurathsgut p[e]r drey tausend Gulden, welches so lange S[ein][e] Exellenz der hochgeborne Herr Paris Graf von Wolkenstein Rodenegg leben wird, bey Hochselben unaufkündbar zu vier von hundert verzinslich liegen zu bleiben hat, zu geben, und zwar mit der Bedingung, daß dadurch ihren eventuellen Erbsrechten väterlicher und mütterlicher Seits nicht im Geringsten präjudicirt werde. Eben so verbindet sich

3[tens] die hochgeborne Frau Magdalena Gräfin von Wolkenstein geborne Gräfin von Spaur, Mutter der Fräulein Braut ihrer Fräulein Tochter fünf hundert Gulden zu ihrer Ausfertigung aus ihren eigenen Mitteln zu verabfolgen. Dagegen verbindet sich

4[tens] der Herr Hochzeiter, seiner Fräulein Braut eine dem obbemeldten Heurathsgute entsprechende Morgengabe p[e]r Ein tausend Gulden zu geben, wovon jedoch die Zinse dem Herrn Hochzeitiger lebenslänglich vorbehalten bleiben; auch macht sich Hochderselbe anheischig, nicht nur

3 Siehe dazu auch Abb. 3, S. 402.

5tens seiner Fräulein Braut 300 f mit Worten drey hundert Gulden jährlich als Spennadelgeld zu verabreichen, sondern auch

6tens ein Geschmuck in Natura oder statt selben Ein tausend Gulden Reichs-Währung als Geschenk zuzustellen.

7tens Sollte Herr Bräutigam vor seiner Frau Gemahlin mit Tod abgehen, und sind aus solcher Ehe Kinder vorhanden, so hat die hinterlassene Frau Wittwe, die als Vormünderin der hinterlassenen Kinder eintreten wird, so lange sie im Wittwen-Stande verbleibet, bis zur erreichten Großjährigkeit des Ältesten derselben gegen standesmäßige Erziehung und Erhaltung derselben, sowie auch gegen Entrichtung der auf das eheherrliche Vermögen allenfalls haftenden Verbindlichkeiten den vollen Genuß des gedachten eheherrlichen Vermögens zu beziehen; nach erreichter Großjährigkeit des Ältesten der Deszendenz aber jährlich ein Witthum von Ein tausend fünf hundert Gulden, die in vierteljährigen Raten von den Erben des eheherrlichen Vermögens abzuführen sind, anzusprechen.
Sollte aber nach Ableben des Herrn Bräutigams keine Succession vorhanden seyn, soll die Frau Wittwe nebst den in billigen Raten ihr zu verabfolgenden Illatum,[4] Heurathsgut, Morgengabe, oder sonst was sie als Eigenthum anzusprechen hätte, aus dem eheherrlichen Nachlasse, so wie nach erreichter Großjährigkeit des Ältesten der Deszendenz in vierteljährigen Raten Ein tausend fünf hundert Gulden als Witthum zu beziehen haben.
Sollte die Fräulein Braut bey dem sich früher ereignenden Todfalle des Herrn Gemahls Wittwe werden, und als solche zur zweyten Ehe schreiten, ist abermahls zu unterscheiden, ob Kinder vorhanden sind, oder nicht; im ersten Falle würde sowohl die Vormundschaft, das sonst Stipulierte, Witthum p[e]r 1500 f, als der Genuß des hinterlassenen eheherrlichen Vermögens weichen, in dessen Stelle aber nur auf Lebensdauer zu beziehende jährliche Summe von 400 f aus dem eheherrlichen Nachlasse eintreten. Im zweyten Falle, falls keine Succession aus der ersten Ehe da wäre, würde einerseits der Frau Wittwe ihr Illatum Heurathgut oder was selbe als Eigenthum ansprechen kann, hinausfolgen aber das jährliche auf 1500 f Stipulirte Witthum gegen ein vom eheherrlichen Nachlasse zuverabfolgende jährliche Summe p[e]r 400 f. ad dies vitae cediren. Wenn aber

8tens die Fräulein Braut vor ihrem Herrn Gemahl mit Tod abgehen würde, so ist Rücksicht zu nehmen, ob aus solcher Ehe eine Succession vorhanden sey oder nicht. Im erstern Falle hat dem überlebenden Herrn Gemahl die Morgengabe oder Wiederlage rückzufallen, auch ihm gegen standesmäßige Erhaltung und Erziehung der vorhandenen Kinder die Administration und Genuß des ehefräulichen Vermögens in solange zuzukommen, als die Deszendenz zu einer Versorgung gelanget. Im zweyten Falle soll dem Herrn Bräutigam nicht nur die Wiederlage zurückfallen, sondern auch das ehefräuliche Vermögen lebenslänglich zu genießen, oder aber die Wahl haben, mit Zurücklassung solchen Vermögens Genußes den dritten Theil des ehefräulichen Vermögens als Eigenthum in Anspruch zu nehmen.

9tens Sind beyde hohe Brautpersonen überein gekommen, daß die in den obigen Puncten aufgeführten beyderseitigen Bestimmungen ihre freye Disposition inter vivos vel mortis causa, wenn diese mit beyderseitigen Consense erfolgt, nicht im Mindesten beschränken soll. Endlich wird

10tens die ausdrückliche Befugniß für die hohen Contrahenten und Beyständen stipulirt, zu größerer Festhaltung obiger Vertrags Puncte, und zur wechselseitigen Erlangung des dinglichen Rechts rücksicht-

4 Illatum bezeichnet das von der Frau in die Ehe eingebrachte Vermögen.

lich der oben eingegangenen Verbindlichkeiten diesen Heuraths Vertrag auf die Realitäten der hohen stipulirenden Theilen in foro rei sitae[5] vormerken zu lassen.

Zu größerer Bekräftigung des obenstehenden Vertrages ist die Unterschrift und Fertigung sowohl der allseitigen Contrahenten und Anverwandtschaft, als auch der hiezu besonders erbethenen Herrn Gezeugen erfolget.

Innsbruck den 27ten April 1814

Elisabeth Gräfin Wolkenstein
Rodenegg als Braut.

Joh[ann] Gr[af] Trapp
als Bräutigam

Karl Graf Wolkenstein-Rodenegg
Vatter der Braut.

Crescenz verwittwete Gräfin Trapp
gebohrne Gräfin Spaur, als Mutter
des Bräutigams

Magdallena Gräfin Wolkenstein
Gebohrne Gräfin Spaur als Mutter der Braut.

Friederich Graf Trapp als Bruder
des Bräutigams

Paris Graf Wolkenstein-Rodneg mp
Großvatter

Ferdinand F[rei]herr Taxis mp
als Zeug

Kundgemacht im Rathe des k. k. Stadt, und Landrechts Innsbruck am 26. Nov. 1839
v[on] Kappeller Secretaer

Maximilian G[ra]f Wolkenstein
Rodnegg Oheim der Braut.

Aloys Graf zu Lodron mp
als Zeug.

Innsbruck Nr. 3: Testament von Elisabeth Gräfin Trapp, 1831[6]

TLA, Stadt- und Landrecht Innsbruck, Testamente, Nr. 1372

Mein lezter fester und unwiederruflicher Wille.

Meine Seele empfehle ich Gott und dem Gebethe guter frommer Menschen.
Da meine Seele sich vom Körper trennte, so hört aller Unterschied der Stände auf, darum verlange ich, daß mein Körper, so wie jeder, der in einen niedern lebte, zur Ruhe getragen werde.
So wie ich im Leben jeden Pomp verachtete, so verabscheue ich ihn auch im Tod, deßhalb will ich, daß meine Beerdigung um 3 Uhr Nachmittag, mit einem Geistlichen, schlechten Bahrtuch etc. etc.

5 Gemeint ist, bei dem für jenes Territorium, in dem die besagten Realitäten liegen, zuständigen Gericht.
6 Siehe dazu auch die Abb. 1, S. 370.

geschehe. Untersage das Leuten mit der großen Glocke, Ritterstangen und den Gottesdienst, und allen derley Schein. Nachtleichen sind nur Gelegenheiten zu verschieden Unfüge, der Trauergottesdienst, ist nur um alle zu Geniren, und wird mehr geprunct als gebethet und der übrige Prunk nützt der Seele nichts.
Da jedoch eine große Leiche auf 400 bis 500 f kosten würde, so wünsche ich, daß von diesem Geld, 200 f an fromme Hausarme Famillien gegeben werde, aber nicht in die Hände der löblichen Armenkomision, damit meine Seele ein frommes Gebeth erhalte, jedoch nur an vier Familien sonst hat niemand etwas Nahmhaftes, und ist keinem geholfen, aber doch an solche, wo man auf ein Gebeth hofen darf. 200 f wünsche ich zu H[ei]l[igen] Mesen verwendet zu wisen, davon sollen 100 zu Insbruck, und 100 zu Eppan, zu Ambras und Seelrein, 200 aber in Ulten und Vintschgau gelesen werden. So will ich das 50 f in Eppan an Hausarme gegeben werden damit sie für mich bethen und meiner Seele kein Schaden durch boßhafte von Eppan zukomme, aber so 150 f an wahrhaft Arme in Ulten und Vintschgau vertheilt werden.
Da mir mein Mann, weil ich von meinen Eltern keinen Kreutzer habe, jedes Schuhband kaufen mußte, und ich nicht will, daß ihm mein Tod auch noch Ausgaben veruhrsache, so bitte ich daß meine Leiche die nicht viel kosten kann und die H[ei]l[igen] Mesen so wie das Almosen, von denen 3000 f hergenommen werden, die mir mein Großvater schenkte, und welche bey meinem Herrn Vater anliegen.
Mein noch im Stück liegendes Brautkleid gehört der Lina. Mein Belz der Riki. Mein gelber Stof gehört in eine arme Kirche in Vintschgau.
Mein Briliant Kreutz so wie eine Rose welche ich von meiner Frau Schwieger zum Hochzeit Geschenk bekam, gehört denen 5 Mädchen. Meine silberne Kannen der Lina, meinen goldenen Kafelöfel der Riki, meine 6 anderen der Maria, 6 silberne der Fani, 6 deto den Oswald, der Lisi mein silbernes Kafe Servis auf eine Person, den Paldi das Silberne Soupendöpfchen nebst Löfel und Teller, welches ich bey seiner Geburt bekam, den Ludwig und Siegmund jeden eines meiner silbernen Meserbestecke.
Meine Leibwasch und Kleider sollen nach Gebühr an meine weiblichen Dienstbothen vertheilt werden.
Da ich nicht weis ob ich von meinen Eltern einstens ein Vermögen bekömme, so setze ich nur die Bitte und den Wunsch bey, sollte ich etwas bekommen, so gehört, was ich denen Söhnen nicht geben muß alles an die Mädlen in gleichen Theilen zu vertheilen. Da ich bey keinen meiner Kinder einen Unter[schied] mache, und nur glaube, die Buben können sich selbst erhalten, und bey den Mädchen ich leider aus Eigener Erfahrung weis wie schmerzlich es ist, wenn man den Mann um alles bitten muß.
Meinen guten braven Mann danke ich hiemit für alles mir Erwiesene, und bitte ihn seine Liebe und Sorgfalt nun auf die Kinder zu verwenden, – und gegen diesen meinen Willen nichts einzuwenden.
Meine Leiche solle im Eckzimmer ausgesetzt werden, und drey Tage unbegraben bleiben, und Jeden Tag in der Kapelle mir H[ei]l[ige] Mese gelesen werden, wo ich wünsche daß auch mein Mann und Kinder gegenwärdig sind.
Den Trauergottesdienst haben wir in unserer Kongregation.
Grafen Hendl der strenge Richter, bitte ich als Volzieher meines Testamentes zu bestimmen, und habe dadurch die feste Überzeugung, daß mein Wille erfüllt wird.
Auch bitte ich an meinem Tod, etwa keinen Docktor oder sonst jemanden zu beschuldigen, sondern zu denken, daß meine Zeit aus war.
Nochmahls empfehle ich meine Seele dem frommen Andenken und Gebethe, danke allen für alle Gütte und Nachsicht, und bitte jeden dem ich unwisentlich beleidigte um Vergebung.

Elisabeth Gräfin Trapp gebohrne Gräfin Wolkenstein
Innsbruck den 5ten December 1831[7]

Kundgemacht im Rathe des k. k. Stadt- und Landrechts Innsbruck am 26. November 1839
v[on] Kappeller mp Secetaer

---

7 Sie hat außen gesiegelt.

Innsbruck Nr. 4: Heiraths Vertrag zwischen Johann Nepomuk Graf Trapp und Friedrike Gräfin Künigl, 1842

TLA, Stadt- und Landrecht Innsbruck, Testamente, Nr. 1786

Heiraths Vertrag

In Folge dieses Vertrages versprechen sich:

I. Der hochgeborne Herr Johann Nepomuk Trapp, Graf zu Matsch, Obersterblandhofmeister in Tirol, Seiner k. k. Majestät wirklicher geheimer Rath, Kämmerer, ständischer Aktivitäts Verordneter, Excellenz, und das hochgeborne Fräulein Friderike Graefin Künigl mit Zustimmung ihres Herrn Vaters, Seiner Excellenz des Herrn Leopold Grafen von Künigl, tirolischen Erblandmarschallamts-Verwalter, Seiner k.k. Majestät wirklichen geheimen Rath, Kämmerer etc. etc., die ehliche Verbindung, Treue und Liebe.

II. Verbindet sich der Herr Vater der Graefin Braut hochselber außer der Ausfertigung auch als Heirathsgut 5000 fl. – mit Worten: Fünf tausend Gulden R. W.[8] gegen 4 pro cento vom Tage der Verehlichung angefangen zu verzinsen und das diesfällige Eigenthum der Fräulein Braut auf Ihren oder des Herrn Bräutigams Wunsch auf die in den Landgerichten Bruneck und Welsberg liegenden Herrschaften Ehrenburg, Schöneck, Michaelsburg und Toblach hipothekarisch zu versichern und vormerken zu lassen, weßhalb hochselben die geeigneten Schritte seiner Zeit machen zu können, vorbehalten bleibt.

III. Dagegen verpflichtet sich Herr Bräutigam seiner künftigen Frau Gemahlin ein Spennadelgeld während der Dauer der Ehe jährlich per 400 f. R. W. (Vierhundert Gulden) zu verabfolgen.

IV. Im Falle die Frau Graefin vor ihrem Herrn Gemahl kinderlos versterben sollte, leistet Hochselber auf jeden Erbs- oder Genußanspruch aus ihrem Vermögen Verzicht. Sollten dagegen aus dieser Ehe Kinder vorhanden sein, so behält sich Hochselber alle Ansprüche auf das ehefräuliche Vermögen nach Maßgabe der dermaligen Gesetze vor.

V. Sollte dagegen der Herr Gemahl vor der Frau Graefin ohne Descendenz mit Tode abgehen, so bestimmt Hochselber der rückgelaßenen Frau Wittwe den jährlichen Ertrag per 2000 fl. R. W. (Zwei tausend Gulden) als Wittwengehalt während der Dauer des Wittwenstandes, wogegen Sie jedoch auf jeden andern Anspruch auf das ehemännliche Vermögen verzichtet.

VI. Im Falle aus dieser Ehe eine Descendenz vorhanden wäre, wird der rückgelaßenenen Frau Wittwe nebst dem obgedachten Wittwengehalte der volle Genuß des den Kindern zweiter Ehe zufallenden reinen väterlichen Vermögens gegen standesmäßige Erziehung und Erhaltung derselben von Seite des Herrn Gemahles bis zum erreichten 24. Jahre jedes einzelnen Kindes zugestanden, das heißt, der Genußantheil aus dem Vermögen jedes einzelnen Kindes hört mit dem Tage des erreichten 24ten Lebensjahres desselben auf; er besteht dagegen aber rücksichtlich des Vermögensantheiles eines jeden Kindes bis zum erreichten 24. Lebensjahre desselben fort.

VII. Sollte jedoch ein Kind, vor es das 24. Jahr erreicht, sich verheirathen und somit einen eigenen Haushalt antreten, so hört der Genuß aus dem diesem Kinde angefallenen väterlichen Vermögensantheile vom Tage der Verehlichung des Kindes auf.

8 Abkürzung für Reichs Währung.

VIII. Im Falle die Frau Wittwe zu einer zweiten Ehe schreiten sollte, so endet vom Tage dieser zweiten ehlichen Verbindung an nicht nur der Genuß aus dem Vermögen der Kinder, sondern es hört von diesem Zeitpunkte an auch der Bezug des obbezeichneten Wittwengehaltes auf und Sie erhält dagegen für diesen Fall aus dem eheherrlichen Nachlaße nur eine lebensjährige Rente von 400 f. (Vierhundert Gulden) R. W.

Diese gegenseitigen Bestimmungen wurden deutlich abgelesen, von den kontrahirenden Theilen allseitig genehmiget, und zwei Parien [sic] des Vertrages zur Bestätigung sohin in Gegenwart der erbethenen Zeugen eigenhändig unterzeichnet.

Innsbruck am 13. Juni 1842

Friederike Gräfin Künigl als Braut.

Leopold Philipp Graf Künigl mp als Brautvater.

Johann Graf Trapp
als Bräutigam

Eduard Freyherrn Sternbach mp
als erbettener Zeuge.

Egid Gr[a]f Taxis mp
als erbethener Zeug

Die kontrahierenden Theile haben obigen Heurathsvertrag neuerlich durchgesehen, und in allen seinen Theilen jedoch mit dem Beisatz zur Vermeidung von Mißdeutungen genehmiget, daß im V. Punkte unter Descendenz nur die aus dieser 2ten Ehe herrührende Deszendenz zu verstehen sei. – Hierauf wurde der Heurathsvertrag und dieser Zusatz vollen Innhalts deutlich abgelesen, und zur Bestätigung von den kontrahierenden Theilen und den gleichzeitig anwesenden 3 Zeugen unterfertiget.
Innsbruck am 31. Juli 1846

Johann Graf Trapp mp
als Gemahl

Friedrike Gräfin Trapp geborne Gräfin Künigl.
als Gemahlin.

Franz v[on] Lutterotti als erbethner Zeug dieser letztwilligen Erklärung

Joseph v[on] Schnell als erbethener Zeuge dieser letztwilligen Erklärung

Franz Kuen mp als erbethener Zeuge dieses letzten Willens

Innsbruck Nr. 5: Ehekontract zwischen Anton Franz Staffler und Anna Neubaur, 1805[9]

TLA, Stadt- und Landrecht Innsbruck, Testamente, Nr. 26

Actum Botzen am 10ten 8tbr 1805.

Zwischen dem wohledelgebohrnen Herrn Anton Franz Staffler als Wittwer, und der wohledlen Jungfer Anna gebohrnen Neubaur großjahrigen Standes, jedoch mit Wissen, Rath, und Einfluß ihres Herrn Vaters Franz Xaver Neubaur Virtuos im Violinspielen, und Offiziant am Pfarrmusik-Khor zu Botzen, wurde heute verabgeredet, und abgeschlossen dieser, doch allererst nach wirklich priesterlicher Trauung in seine vollen Rechtskräfte einzutretten habende:

Ehekontract.

Die angehenden Eheverliebten versichern sich demnach wechselseitig eine dem diesfälligen heiligen Sakramente vollkommen entsprechende Liebe und Treue; wozu ihnen der Seegen Gottes von denen am Ende Mitunterzeichneten im vielfachsten Doppelmaaße angewunschen wird. Und es bestimmet der Herr Bräutigam Anton Franz Stafler:

1mo seiner zukünftigen Frau Ehegattin Anna gebohrene Neubaur im Falle seines frühern Ablebens den wirklichen Genuß von 3000 f – xr so lange selbe lebet a 4. p[ro] c[ento] jährlich in Tyroler Wahrung, welcher Wittwen-Gehalt ihro Jungfer Braut von dem hiesigen Handelsherrn Joseph Valentin Knoll durch beiliegendes Sicherheits-Instrument d[e]dat° 2ten 8tbr 1805 förmlich verbürget wird.

2do Nach dem Tode des Herrn Gemahls Anton Franz Staffler hat diese zukünftige Frau Gemahlinn Anna gebohrne Neubaur von jenem Vermögen, welche sich nach Abzug obiger 3000 f – xr noch darüberhin einfinden dürfte, einen Kindstheil eigenthümlich zu erben; In welcher Hinsicht diese künftige Frau Gemahlin:

3tio ihrem Herrn Gemahl, im Falle sie mit- oder ohne Leibeserben vor ihn versterben sollte, den lebenslänglichen Genuß von ihrem ganzen Vermögen kraft dies zugesichert, und verschaffen hat, doch so, daß wenn dieser Herr Ehegemahl Anton Franz Stafler früh- oder spät ohne Hinterlassung einer Descendenz aus dieser künftigen Ehe vor ihro Frau Gemahlin mit Tod abgehen sollte, das ehefräuliche Vermögen wieder ganz an die H[er]r Neubaurische Linie, dem ohnehin bestehenden Gesetze gemäß, zurückfallen solle; Welches auch ganz wechselseitig von dem ganzen vorfindigen Vermögen des Ehegemahls Herrn Anton Franz Staffler, sobald die hinterlassene Wittwe mit Tode abgehen, und keine Succession hinterlassen sollte, zu verstehen ist.

Beede großjährige Brautpersonen haben wegen diese [sic] Verbindlichkeiten ihr Vermögen ohne Ausnahm gegeneinander gesetzlich verpfändet, und zur Bestättigung alles Einkommenden in Gegenwart der hiezu eigens ersuchten Herren Gezeugen nach dem Ablesen das Gerichtsprothokol eigenhändig unterschrieben.

9 Siehe dazu auch Abb. 2, S. 379.

L. S.[10] Anton Stafler als Bräutigam.
Anna Neubaur als Braut.
L. S. Franz Neubaur als Vater.
L. S. Felix Nagele als Zeuge.
L. S. Florian Johann Putzer als Zeuge.
Jakob Cölestin Bstieler mp Actuar

Urkundlich dessen folget die oberkeitliche Amtsfertigung, und Unterschrift.

Tschiderer mp

Rechnung

Für Titl. H[er]rn Anton Franz Stafler zu Botzen:

Wegen Verfass- und Ausfertigung des mitkommenden Ehekontrakts in Duplo	3 f 30 Xr
Und für der hinterlegten Cautions	
Urkunde nebst Vidim[ierter] Abschriften	1 f – Xr
Zusammen	4 f 30 Xr

Botzen am 4ten 9ber 1805
Jakob Cölestin Bstieler mp
als diesfälliger Verrechner.

Den 20ten 9ber 1805
bezahlt word[en]
Bstieler mp

Innsbruck Nr. 6: Heuraths Vertrag zwischen Martin Tschurtschenthaler, Magistrats- und Handelsmann, und Josepha Penz, 1806

TLA, Stadt- und Landrecht Innsbruck, Testamente, Nr. 878

Nachdem Herr Martin Tschurtschenthaler Magistrats- und Handels Mann allhier sich entschlossen wiederum zu verehlichen, so wurde entzwischen gedachten Herrn Martin Tschurtschenthaler Bräutigam eines, dann der Jungfrau Braut Josepha Penz andern Theils abgeschlossen dieser

Heuraths Vertrag.

Welcher vom Tag der priesterlichen Einsegnung an in seine volle Rechts Kraft eintretten solle und zwar

Erstens. Verschreibet Herr Bräutigam seiner Jungfrau Braut Josepha Penz zu einer Morgen Gaabe viertausend Gulden zum wahren Eigenthum. Sollte

10 Kürzel für Locus Sigili, für jene Stelle also, an der in der ausgefertigten Version des Vertrages das Siegel anzubringen war.

Zweitens. Herr Brautigam vor seiner angehenden Ehefrau mit Tod abgehen, so soll derselben jährlich der Nutz Genuß von sechzehntausend Gulden a 4 pr[o]c[en]to aus seinem Vermögen ohne geringster Wiederrede abgereichet, auch das freye Quartier in den von Herrn Bräutigam besitzend so genant Triangischen Hause auf dem Franziskaner Graben N° 118/250 und zwar das nehmliche im ersten Stoke mit Keller und Holzlege, wie es dermahlen H[err] Profesor Franz Niedermaier zum Bestand inne hat, eingegeben werden: auch hat Selbe freyen Aus und Eingang in den Garten, und was Selbe an Kräutelwerk und Obst zu Ihrer Haus-Wirthschaft bedarf, ist Selber unentgeltlich und ohne Wieder Rede aus dem Garten zu verabfolgen, ohne das Selbe in die Anbauung des Gartens etwas zuerleyden hat. Dieser Nutz Genuß frey Quartier und Garten Genuß jedoch

Dritens. hat nur in solang anzudauern, so lang Sie Jungfrau Braut und angehende Ehefrau im Wittib Stand verbleibet: sollte Sie zur weitern Verehlichung schreiten, hat diese Witibliche Versorgung ganz aufzuhören, und hat Selbe nur allein die auf 4000 f bestimmte Morgen Gaab zu begehren.
Wenn

Viertens. Auf des Herrn Bräutigams Hinscheiden ein, oder mehrere Kinder aus dieser zwoten Ehe vorhanden seyn sollten, ist deren Verpflegung und Erziehung der Mutter gegen Vergütung eines den Zeit Umständen angemeßenen Kost Geld zu überlassen, wenn jedoch Sie Mutter wegen gebräuchlichen Gesundheits Umständen auser Stand wäre die Standesmäßige und Christliche Erziehung der Kinder zu besorgen, in diesem Falle sollen die Kinder der von Herrn Bräutigam aus erster Ehe vorhandenen Tochter zur guten Erziehung übergeben werden. Dagegen

Fünftens. Will sich die Jungfrau Braut wohl bedacht und mit weiser Überlegung für ihre Persohn sowohl aller Ansprach auf die Handlung Gerechtsamme als auch der Erbfolge Ihrer Kinder, wenn solche vor der Mutter versterben sollten, anmit feyerlichst begeben, und verzichtet haben, auch bekennet Sie Jungfrau Braut von den ganzen Umfange dieser verzichteten Rechte wohl belehret worden zu seyn.

Zur Versicherung der, der Jungfrau Braut verschriebenen Morgen Gaabe per 4000 f und des Wittiblichen Genußes wird des Herrn Brautigams Vermögen insgemein zum Fürpfand verschrieben, und solle dieser Heyraths Vertrag gerichtlich vorgemerket werden.
Zur Bestättigung solchen Vertrags ist sowohl die eigenhändige Unterschrift der Braut Leuthe, als der eigens hiezu erbetenen Herrn Gezeugen erfolget. So geschehen Innsbruck den 16ten Juny im Jahre 1806

Martin Tschurtschenthaler mp
Josepha Penzin
Paul Elßler als Gezeig
Alex Penz mp als Zeug

Innsbruck Nr. 7: Ehevertrag zwischen Joseph Tschurtschenthaler und Wilhelmine Garzarolli von Thurnlack, 1832

TLA, Stadt- und Landrecht Innsbruck, Testamente, Nr. 1484

Ehevertrag

Zwischen Herrn Joseph Tschurtschenthaler, Herrn Doctor Peter Garzarolli v[on] Thurnlack und dessen Fräulein Tochter Wilhelmine Garzarolli v[on] Thurnlack, welche hiemit und in Voraussetzung ihrer nach

Vorschrift der kristkatolischen Kirche vorzugehenden ehelichen Verbindung mit wechselseitiger freyer Uebereinstimmung und Zufriedenheit folgendes bestimt und bedungen haben.

I. Die Brautleute H[err] Jos[eph] Tschurtschenthaler und Fräulein Wilhelmine Garzarolli v[on] Thurnlack versprechen sich wechselseitige unverbrüchliche Liebe und eheliche Treue.

II. Der Vater der Braut H[err] Dr Peter Garzarolli v[on] Thurnlack verbindet sich den H[errn] Bräutigam nach geschehener priesterlicher Einsegnung und Unterzeichnung dieses Ehevertrags f 4000- CMz[11] sage Viertausend Gulden Conv. Mz.[12] als Heirathsgut zu übergeben, nämlich:
a) An Brautausstattung von Wäsche Kleider und Sielberzeuge im Werth von f 1978 – Cmz sage Eintausendeinhundert u[nd] Sibenzig acht Gulden Cmz
b) an gleichzeitig zu übergebenden baaren Gelde den Betrag anderer f 2022,- Cmz sage Gulden Zweytausend Zwanzig zwey Conv. Mz

III. Der Bräutigam H[err] Jos[eph] Tschurtschenthaler, setzt dagegen der Braut Fräulein Wilh[elmin]e Garzarolli v]on] Thurnlack den Betrag von f 5000,- Cmz sage Gulden Fünftausend Conv. Mz als Wiederlage aus und verspricht ferner f 800,- Cmz in Praetiosen als brillant Ohrgehänge und 1 brillant Kreutz ihr als Morgengabe zu übergeben.

IV. Es wird überdieß noch bedungen, daß wenn die Braut den Bräutigam überleben sollte, derselben das oben angegebene Heirathsgut im ganzen Betrag von f 4000- Cmz samt der Wiederlage von f 5000 Cmz im baaren Gelde verabfolgt werde, und ihr überdieß aus des Ehegatten Erbsvermögen vor Wittwengehalt (so lange sie Wittwe bleibt) von jährlichen f 300- Cmz sage Dreyhundert Gulden Cmz in sechsmonatlichen Fristen herausbezahlt werden müße.

Zur Sicherheit von Heirathgut, als auch der Wiederlage und Wittwen Gehalt verschreibt H[err] Bräutigam sein ihm eigenthümliches Haus N° 250 am Franciscaner Graben zum Fürpfande u[nd] bewilliget daß dieser Vertrag zur Erlangung des dinglichen Rechtes in das Verfachbuch eingetragen werden könne.

Urkund deßen haben sich hier sowohl H[err] Bräutigam Jos[eph] Tschurtschenthaler als die Braut Fräulein Wilh[elmin]e Garzerolli v[on] Thurnlack und deren Vater Dr Peter Garzarolli v[on] Thurnlack eigenhändig und in Gegenwart der mitgefórtigten Zeugen unterschrieben.

Innsbruck den 30ten September 1832

Wilhelmine v[on] Garzarolli.
Joseph Tschurtschenthaler

Dr. Franz Walter mp als Zeug

Franz Purtscheller als Zeug.

Triest den 11. Jenner 1833.
Dr. Peter v[on] Garzarolli
Joh. B. Lambon als Zeuge
Joseph Fabiani als Zeug

Von dem k. k. Stadt- und Landrechte in Triest

11 Abkürzung für Conventions Münze.

12 Abkürzung für Conventions Münze.

Wird, laut aufgenommenen ämtlichen Protokolls hiemit bestätiget, daß Dr Peter v[on] Garzarolli sich eigenhändig unterfertiget, und die wohlbekannten Zeugen durch ihre Mitfertigung die Identität der Person bekräftiget haben.

Triest am 11. Jänner 1833

Der Präsident
Rainich
Pascoli

Stempel des Stadt- und Landrechts Triest

N° 11. Von dem k.k. Stadt- und Landrecht in Triest wird, laut aufgenommenen ämtlichen Protokolls hiermit bestättiget, daß H[err] Peter v[on] Garzarolli sich eigenhändig unterfertiget, und die wohlbekannten Zeugen durch ihre Mitfertigung die Identität der Person bekräftiget haben.
Triest am 11. Jänner 1833

Innsbruck Nr. 8: Bürgerlicher Heuraths-Vertrag zwischen Andre von Mersi, königlich-bayerischer Rat und Professor, und Elisabeth Eyberg, 1808

TLA, Stadt- und Landrecht Innsbruck, Testamente, Nr. 1971

Nachdem sich die Unterzeichneten nach vorausgegangener allerhöchsten Bewilligung und respective obervormundschäftlicher Ratification entschlossen haben, miteinander in den Stand der Ehe zu tretten, so wurde in Gegenwart des mitunterzeichneten Vormunds der Braut, und der von beyderseits hiezu erbettenen H[errn] Zeugen nachstehender bürgerlicher Heuraths-Vertrag mit Vorbehalt der obervormundschäftlichen Ratification abgeschlossen, welcher nach der priesterlichen Einsegnung seine Wirkung haben soll:

Erstens: bringe die Braut dem Bräutigam 300 f- schreibe Dreyhundert Gulden als ein Heurathgut im baaren Gelde und eine angemessene Einrichtung an Bethzeug, Beth- und Tischwäsche, Küchengeräthschäften, und dergleichen zu, mit deme, daß hierüber ein Verzeichniß errichtet werden soll.

Zweytens: Gleichwie Bräutigam dermal kein angefallenes Vermögen besitzet, folglich dieses Heruathgut nicht wiederlegen, oder gesetzlich versichern kann, so verspricht er blos in der Zeitfolge ihr ein so Anderes zu bewerken; dermal aber mit einen anständigen Geschenk zu erwiedern.

Drittens: Von den Abfallenden Vermögens-Nutzungen der Braut mit Innbegriff der Erträgnisse von den 4 Kuxen[13] bey der Mautner Oetz soll die Hälfte zur Bestreittung der Miethschaft eingeschüttet werden; die andere Hälfte aber der Braut zu ihrer eigenen Disposition verbleiben.

Viertens: Das während der Ehe ererbte, oder sonst erworbene Vermögen soll gemeinschäftlich benützt werden.

Fünftens: Auf den Todfall wird wechselseitig festgesetzet, daß wenn Kinder vorhanden sind, der überlebende Ehgatte einen Kindes-Theil zum Eigenthum erhalten; das übrige Vermögen aber gegen dem

13 Kux bezeichnet den Anteil an einem Bergwerk.

Stande angemessener Erziehung bis zur Wiederverheurathung und bis ein Kind das 25te Jahres-Alter erreichet, zum Nutzgenuß verbleiben; dagegen bey nicht vorhandenen Kindern jeder Theil den Nutzgenuß des ganzen Vermögens lebenslänglich beybehalten solle.

Zu diesem Ende sind zwey gleichlautende Ehverträge verfaßt, und nicht nur allein von beyden Theilen, sondern auch von den erbettenen Zeugen unterzeichnet und gefertiget worden.

Geschehen im Bezirk des B. Lehengerichts Rottenburg am Inn
Rotholz den 24. Xber 1808

Andre v[on] Mersi
wirk. königlich] bayr[ischer] Rath und Professor

Elisabeth Eyberg

Josepha von Mersi
gebohrne von Störzinger
als Mutter.

Joseph v[on] Inama mp
K[öniglich] b[ayerischer] Appell[ations]-
Rath als Vormund.

Joseph v Aigner mp
k. b. Schuldentilg[un]gs Ca[mer]a[l] Off[i]z[ian]t
als erbetener Zeug.

J[ohann] v[on] Inama Pfleger
als erbettener Zeug.

Vorstehender Heuraths-Kontrakt wird respectu der Braut Elisabetha Eiberger von obervormundschaftswegen anmit begenehmigt.

K. B. Stadt- und Landgericht Rattenberg den 5[ten] Jenner 1809

Baron von Donnersberg
Landrichter mp

Ferdinand Katzenmayer mp
Aktuar

Innsbruck Nr. 9: Ehepackten zwischen Joseph Georg Cornet und Ernestina von Lama, 1819

TLA, Stadt- und Landrecht Innsbruck, Testamente, Nr. 268

Nachdem H[er]r Joseph Georg Cornet k.k. Forstadjunkt bey der k.k. pr[ovisorischen] Standsgüter Inspecktion dahier, und Fräule Ernestina v[on] Lama eine Ehe unter sich einzugehen beschlossen, so haben Sie für den Fall, daß solche wirklich zu Stande komme, folgende Ehepackten festgesetzet:

1. Fräule Braut bestimmt zum Heurathgut Ihre Ausfertigung aus den unten beschriebenen auf 336 f – R.W. sage *Dreihundert Dreisig Sechs Gulden Reichwährung*[14] geschätzten Unterschieden bestehend, welche Ihr seiner Zeit, entweder in ähnlichen Unterschieden nach dermaliger Schätzung, oder im Gelde mit dem vorbezifferten Betrage nach Ihrer eigenen Auswahl zurück gestellet zu werden hat. Dagegen

14 Im Original unterstrichen.

2. bleibt Ihr die Verwaltung und der Genuß Ihres übrigen ganzen Vermögens selbst, jedoch unter der Beschränkung vorbehalten, daß wenn der H[er]r Bräutigam wider alles Vermuthen außer Stande käme, mit seinem eigenen Einkommen seine Familie standesmässig zu erhalten, Fräule Braut in diesen Falle zur Schonung des Stamvermögens mit Ihren eigenen Einkünften die benöthigte Aushilfe zu leisten habe.

3. Was, beim Tode einer der Brautpersonen an Frauenzierden – Frauenschmuck – Frauenkleidung – und Frauenleibwasch vorhanden seyn wird, erkläret der H[er]r Bräutigam für absolutes Eigenthum der Fräule Braut, welche es ohne mindesten Entgeld an sich zu ziehen berechtiget seyn soll.

4. Bey kinderlosen Vorsterben des H[er]rn Bräutigams wird Fräule Braut dessen gesamten Vermögens Nachlaß lebenslänglich zu genüßen haben; würde aber Fräule Braut früher kinderlos mit Tod abgehen, dann hat von Ihrem Vermögen der H[er]r Bräutigam jenen Theil lebenslänglich zu geniesen, welcher seinem eigenen Vermögensstande zur Zeit des Genußanfalles gleich kömmt.
Wären hingegen aus dieser Ehe Kinder vorhanden, so stehet dem überlebenden Eheteil, so lang ein Kind beim Leben ist, der Genuß von der Hälfte Vermögens des vor Verstorbenen zu – welcher Genuß jedoch, wenn die Kinder ohne eigene Nachkommenschaft sterben sollen – nach der – für den kinderlosen Hintritt der Braut Personen vorne festgesetzten Modalität bemessen zu werden hat. Übrigens

5. halten sich beede Brautpersonen bevor, nach eintretenden Umständen sowohl durch Akte unter Lebenden, als auch von todeswegen sich wechselseitig zu betreuen, und für Ihren bessern Unterhalt weiterhin zu sorgen.

Beschreibung der Ausfertigung

Zwey Betten – zwey abgenähte Deken, zwen Madrazen – zwen Pölster – zwo Bettziehen – zwei Küßen	150 f
Vier- und zwanzig Bett-Tücher	70 "
Zwölf Küßziehen – zwölf Polsterziehen	24 "
Zwölf Tischtücher	30 "
Acht- und Vierzig Serviette	30 "
Dreisig Handtücher	20 "
Zwo Couvert Decken von Pique	12 "
Zusammen	336 f

Diese Ehepackten sind von den Contrahenten und dazu erbethenen Zeugen eigenhändig unterschrieben und besiegelt worden.

Es geschah zu Innsbruck am 28ten Tag des Monats August im Jahre Achtzehnhundert neunzehn 1819

Joseph G[eor]g Cornet
als Bräutigam

M. Ernestina v[on] Lama
als Braut

v[on] Trentinaglia mp
als Zeug

Joh[ann] v[on] Pernwerth mp
als Zeig

Innsbruck Nr. 10: Ehevertrag zwischen Franz Unterberger, Companion der Grader'schen Kunsthandlung, und Theresia Strele, 1821[15]

TLA, Stadt- und Landrecht Innsbruck, Testamente, Nr. 558

Ehevertrag

Welcher zwischen dem Herrn Franz Unterberger Comp.^{nion} der Grader'schen Kunsthandlung dahier, und der Fräulein Theresia Strelle mit Einfluß Ihres Titl. Herrn Vater Pet[er] Paul Strelle allda errichtet worden ist, wie folget:

1.) Verspricht, und macht sich Fräulein Braut Theresia Strelle verbindlich, ihrem Bräutigam, Unterberger, zu einer auf seinen Gewinn und Verlust ohne weitere Garantie zu führen und zu errichtenden Handlung 6.000 f. Sage: Gulden Tausend sechs Reichswährung bar zu behändigen, und solche demselben als eine Schenkung zum wirklich freien Eigenthum zu überlaßen; jedoch aber soll in dieser Rücksicht seiner Zeit, nemlich nach seinem Absterben, in dem Falle, wenn Kinder aus dieser Ehe vorhanden sind, von seinen rückzulaßenden Vermögen vorzüglich obgedachte 6000 f. ausgeschieden werden, und den Kindern dieser Ehe zum alleinigen Vermögen (Eigenthum) folglich in Voraus zukommen, so daß allenfällige Kinder einer nachfolgenden Ehe davon ausgeschloßen bleiben.

2.) Uibrigens ist das kontracktmäßige folglich unwiderrufliche Einverständniß geschehen, daß im Falle Fr[äu]lein von Strelle, vor Ihren Ehegatten, Unterberger, ohne Succeßion verabsterben würde, demselben die Hälfte Ihres rückverlassenden Vermögens zum lebenslänglichen Fruchtgenuße zukommen solle.
Sollten aber nach ihrem Hinscheiden Kinder vorhanden seyn, so hat gedachter Ehegatte und sohiniger Wittwer Ihr ganzes Verlassenschaftsvermögen, solange er im Wittwerstande verbleibt, gegen dem zu genießen: daß selber für die Erziehung und Verpflegung der Kinder liebreich sorgen, und bey seiner Zeit sich ergebenden Standesveränderungen selbe kräftigst unterstützen und dazu verhülflich seyn wolle, weßwegen in seine Person und als leiblicher Vater das volle Zutrauen gesetzet wird.

3.) Im Gegentheile soll aber auch auf allenfälliges früheres Absterben des Ehegatten, sein Verlassenschafts-Vermögen der sohinigen Wittfrau, geborne Strelle, ebenso und ganz auf gleiche Art wie im vorigen 2ten Punkte kontracktmäßig festgesetzt worden ist, zum Fruchtgenuße zukommen.
Schlüßlich versteht sich von selbst, daß dieser Ehevertrag allererst durch wirkliche priesterliche Kopulazion zu Rechtskräften gelange, – und wird anbey bemerkt, daß mit dem Titl. Herrn Vater der Fräulein Braut hinsichtlich desselben lebenslänglicher Verpflegung und Versorgung eine sonderheitliche Einverständniß getroffen werden wird.

Nach dem Ablesen haben sowohl die zwey schon genannten Brautpersonen, als der Fräulein Braut Herr Vater und zwey hiezu gebettene Zeugen gegenwärtigen Ehevertrag zur Bekräftigung eigenhändig unterfertiget.

Innsbruck den 30ten December 1821.

Franz Maria Ignatz Unterberger
als Bräutigam.

15 Siehe dazu auch die Tafel 8.

Theresia Maria Magdalena Strele als Braut

Peter Paul Strele als Vater der Braut.

Franz Schöpfer mp M[edicinal] D[o]kt[o]r k.k. pr[ovisorischer] Professor
und Hof- und Stadtapothecker

Carl Carnelli als Zeug

Innsbruck Nr. 11: Testament von Theresia Strele, 1826

TLA, Stadt- und Landrecht Innsbruck, Testamente, Nr. 558

Testament

Da der Todt bey jeden Menschen gewiß, die Zeit und Stunde desselben aber ungewiß ist, so habe ich Endesgefertigte nach vorläufig reifer Ueberlegung ganz frey und ungezwungen meine letzte Willensmeinung eigenhändig niedergeschrieben wie folgt.

1. Sollen der hießigen Armen Anstalt 100 f par gegeben werden.

2. Soll mein Herr Vater P[eter] P[aul] Strele über den gebührenden Pflichttheil nebst nothwendiger Einrichtung auch noch lebenslängliches Freyquartier haben, im Falle einer freywilligen Verzichtleistung auf den Pflichttheil aber anstatt die bey meiner Verehlichung Ihm zugesicherten jährlichen 700 f – dann jährlich 800 f – von meinem Mann erhalten soll.

3. Sind Kinder von mir bey Leben, so hat mein Mann das sämtliche Vermögen so lange zum Genuß, bis die Kinder volljährig sind, doch gegen dem, daß Er selbe kristlich und ordendlich erzieht.

4. Sind keine Kinder da, so ernenne ich meinen Mann als Universal Erben, und es hat demselben gegen Erfüllung obiger Punckte mein sämtliches Verlassenschafts Vermögen als unbeschränktes Eigenthum zuzukommen.

Dieß ist mein Wille, und ersuche daher eine Wohll[öbliche]. k. k. Abhandlungs Instanz um dessen Vollziehung.

Innsbruck den 6ten Februar 1826

Theres Unterberger
gebohrne Strele.

Ludwig G[raf] v[on] Hendl, als Zeuge.

Johann Herzög
k.k. K[an]zl[ei]p[ra]kt[ikant] als
erbettener Zeug.

Innsbruck Nr. 12: Wechselseitiges Testament von Bartlme und Franziska Dietrich, 1805

TLA, Stadt- und Landrecht Innsbruck, Testamente, Nr. 32

Bartlme Dietrich, und Franziska Blastin Eheleute dahier, wollen bey noch unkrankem Stande, und guter Vernunft, wie es nach ihrem Tode solle unangefochten mit ihrer wenigen Habschaft gepflogen, und vollzohen werden, hiemit ausdrücklich verordnet haben,

Daß, wenn ein- oder der andere Theil aus ihnen zwey, über kurz oder länger Zeit mit Tode abgehen würde, die noch im Leben vorfindige Eheperson, des Verstorbenen Hinterlassene wenige Mobillien – Sachen (wie ihr beid besitzendes Wesen besteht) lebenlänglich ungestert genüssen, das Leibgewandt aber, so gut als möglich verkaufen, von dem hieraus erlaßten Gelde über die allfällige Unkösten, für den verstorbenen Theil H[eilige] Messen lesen lassen solle.

Nach Hinscheiden der zweyten Eheperson hingegen, muß alles ebenfalls ohne Einwendung verkauft, und über den vorhandenen Unkösten, das restirende Gelt für beyde verstorbenen Ehepersonen zu H[eiligen] Messen angewendet werden. Zu diesem Ende bitten sie, den H[errn] Joseph Lechleitner Landschäftlichen Kanzellisten zu bestimmen, und zu begwälltigen, welcher es zu thun pflichtmessig versprochen hat.

Es ist übrigens blos ihr ersparte Sache; daher die etwa sich melden wollenden Erben aus hinlänglichen ihnen bewußten Ursachen, hievon gänzlich ausgeschlossen zu verbleiben haben. Und weil beyde verordnende Eheleute des Schreibens ungelehrt sind, so haben die erbettnen unpartheyischen Gezeigen diese fest entschlossene letzte willens Verordnung mit eigener Hand Unterschrift bekräftiget.

So beschechen Innsbruck am 15ten May 1805

Michl Wellensohn mp
als Zeug.
Martin Oberdörfer mp
als Zeug.
Joseph Lechleitner mp
als Zeug, und Bekenner zu obeingeführten Versprechen.

E. Obermayr den 5/6

Innsbruck Nr. 13: Wechselseitiges Testament von Joseph und Katharina Meichelböck, 1825

TLA, Stadt- und Landrecht Innsbruck, Testamente, Nr. 518

Nachdem die gefertigten Eheleute weder früher beim Antritte ihrer Ehe einen Heuraths Contract oder einen anderen weitern Vertrag errichtet noch zusammen gesetzt haben, so haben sie sich nur, nach dem Gottes Vorsehung einen oder den andern Theil unverhofft und gehling [bald] zum Schaden des überlebenden Theiles von diesem irdischen Leben abrufen könnte, um allen zu entstehenden Uneinigkeiten, Verdrüßlichkeiten, oder Vorwürfen von seiten ihrer Leibes Erben oder Anverwandten von beiden Seiten vorzubeugen folgendes gleichseitiges Testament verabgeredet, und beschlossen.

Ich Joseph Meichelbeck will und habe mit Wissen, Gewissen und Ueberlegung ohne Zwang bei reiner Vernunft beschlossen, daß nachdem ich kein angefallenes Vermögen ehe unserer Verehlichung besessen, sondern alles was ich besitze durch Mühe erworben habe, daß das, was ich dermalen besitze, meinem Weibe Katharina geborne Erhart, im Fall als sie mich überlebe, zum unwiederruflichen Eigenthum und zwar freyen Willkühr gehören, und ihr eingeräumt werden soll. Keine Anverwandten von mir sollen hieran einen Anspruch machen, und Niemand soll als Erbe etwas von meiner Verlassenschaft fordern können.

Mit gleichen Ausdrücken erklärt sich hingegen seine Ehefrau Katharina Meichelbeck geborne Erhart, daß im Falle ihr Ehemann sie überlebe, die Hinterlassenschaft, nachdem auch sie bey der Verehlichung kein Vermögen ihm zu gebracht habe, ihren Gatten Joseph Meichelbeck unwiederruflich, und unantastbar zum freyen Eigenthum ohne alle Ausnahme gehören soll. –

Daß dieses ihr freyer und ungezwungener Wille sey, bestättigen mit Beyziehung der hiezu erbettenen Zeugen mit ihrer eigenhändigen Unterschrift.

Innsbruck den 11t[en] eilften Juny 1825.

Katharina Meichelböckin Geb[orene] Erhartin — Joseph Meichlbök

Joseph v[on] Grebmer als Zeug — Jacob Fischnaler als Zeug
Balthasar Berger als Zeig

Innsbruck Nr. 14: Wechselseitiges Testament von Jakob, k. k. Appellationsgerichtskanzlist, und Maria Friesenbichler, 1828

TLA, Stadt- und Landrecht Innsbruck, Testamente, Nr. 704

Innsbruck den 10ten Maerz 1828.

Hat Jakob Friesenbichler k. k. Appellationsgerichts Kanzellist, und seine Ehegattin Maria gebohrne Schärfflin errichtet folgendes:

Testatum Reciprocum

Erstens bekennt der Ehegath Friesenbichler das ihm seine liebe Ehgattin Maria geborne Schärflin gleich bei der Anheuratung 50 baar, und hienach auch in 2. Unterschieden 180 f zusammen also 230 f nicht allein – sondern auch 2. aufgerichtete Betten, dann mehrfältiges Bett, Tisch, und übrigens Lein Tuch – weiters an Kuchl Zeug, Komothkästen, und mehrfältig andere Hausgeräthschaften zu, und eingebracht, und ihm bis nun zu alle Liebe und Treue bezeigt, auch mit ihrer fertigen Schneider Arbeit merklich unterstützet habe;
In Rücksicht alles deßen, dann ist sein ausdrücklicher Willen und Verordnen, daß nach sein über kurz oder lang göttlicher Anordnung nach erfolgendes Hinscheiden ihro seiner lieben Ehegattin Maria geborene Schärfflin alles was immer nach sein Friesenbichlers Hinscheiden vorhanden seyn solle, und verläßt ohne Ausnahme ganz unverrückt zum Leibs lebenslänglichen Genuß gerichtlich eingeraumt, und überlassen werden solle, daß hingegen selbe schuldig, und gehalten seye, demselben ehrlich zur Erden begraben, und um 10 f Heil[ige] Messen zu Hülf und Trost seiner armen Seel hienach halten zu lassen.

In Gegentheil hat auch Sie Ehegattin Maria geborne Schärfflin

2do ganz ausdrücklich verordnet und verschaffen, wenn sie vor ihrem Ehegatten Friesenbichler versterben sollte, ihr ganzer, was immer Namen habender Rücklaß, demselben als hiemit einsetzender Universal Erben, gerichtlich eingeantwortet werden solle, daß er dagegen solle verbunden seyn

3[tio] Sie standesmässig begraben, und um 10 f Heil[ige] Messen nachlesen zu lassen. Im Falle aber, daß

4to Er vor ihr verabsterben sollte, so sollen dessen 2. Töchter Magdalena, und Katharina Friesenbichler, und falls derselben Descendenten gegen obige §. 3. eingekommenen Verbindlichkeiten, über ihren in was immer Namen habenden Vermögensstand als Universal Erbinnen eingesezt, und ihnen gerichtlich eingeantwortet werden.

Zur Bestättigung dieser wechselseitig gegeneinander aufgerichten Verordnung und Verbindlichkeit haben Sie sich nebst den hierzu ersuchten Gezeugen allda unterschrieben, und ihre Bethschafter beygedruckt. Wie dann zwey derley gleichlautende Instrumenta ausgeschrieben, und jeden Theil eines zu Handen zu verbleiben hat.

Jakob Friesenbichler mp k. k. Appell[ations]
G[eric]hts Kanzellist

Maria Friesenbichlerin
geb[orene] Schärfflin

Joseph Matzegger mp
k. k. Stadt- und Landrecht. Registrator als erbethner Zeuge des letzten Willens

Brunolt k.k. Stadt- und L[an]d G[erich]ts Expeditor als erbethner Zeug

Josep Kirchmayr als Zeug

Margareth Lanzinger

Ehegütermodelle und Balanceakte

Resümee

In diesem Resümee sollen wichtige Ergebnisse aus den vier Einzeluntersuchungen zusammengefasst werden. Besonderes Augenmerk gilt dabei den potenziell konkurrierenden Interessen auf den verschiedenen Beziehungsebenen – zwischen Ehepartnern, zwischen Eltern und Kindern, zwischen Ehepartnern und Verwandten – und der Frage nach Formen des Ausgleichs. Denn in Hinblick auf diesen Komplex sind aus den heiratsvertraglichen Vereinbarungen auf Grundlage der verschiedenen Ehegütermodelle die markantesten Unterschiede sichtbar geworden. Zugleich verdichten sich in der Frage nach Balance oder Imbalance der Positionierungen und Ansprüche der einzelnen Akteure und Akteurinnen die Logiken und Implikationen der unterschiedlichen Ehegütermodelle und der ausgehandelten Vereinbarungen.

1. Gütergemeinschaft: Das begünstigte Paar

Beim Aushandeln der Heiratsverträge stehen in den niederösterreichischen Herrschaften die beiden Brautleute als handelnde Personen im Zentrum. Sowohl Heiratsgut als auch Widerlage scheinen durchgängig auf und wurden genau spezifiziert. Das Heiratsgut der Braut konnte aus unterschiedlichsten Vermögenswerten bestehen. Im idealtypischen Fall brachte die Braut dem Bräutigam eine Geldsumme zu, die sie von ihren Eltern erhalten hatte, entweder als ein freies Geschenk oder als Vorausleistung auf die künftige Erbschaft. Hinzu kamen Sachgüter wie Haushalts- und Wirtschaftsgeräte sowie Vieh. Der Bräutigam widerlegte dies mit seinem Haus und Hof, die er entweder von den Eltern übernommen oder gekauft hatte, oder aber mit einer Gewerbeberechtigung oder seinem erlernten Handwerk. Bei dem in die Ehe Eingebrachten konnte es sich auch nur um ein geringes Vermögen oder sogar um Immaterielles handeln: Besaß die Braut oder der Bräutigam überhaupt nichts, brachte sie beziehungsweise er zumindest „lieb und treu“ ein – die Verpflichtung, dem anderen zu helfen und beizustehen. Die Morgengabe scheint in den untersuchten Heiratsverträgen nicht auf.

Für Heiratsgut und Widerlage wurde in der Regel eine Gütergemeinschaft errichtet, welche die Berechtigung beider Eheleute am gemeinsamen Vermögen begründete, das heißt, Heiratsgut und Widerlage dienten nicht als solche wie in ‚echten‘ Heiratsgabensystemen der Absicherung des Witwen- beziehungsweise Witwerstandes, sondern flossen in ein gemeinsames unzertrennbares Gut ein. Veränderungen bezüglich der gemeinsamen Güter konnten dann nur mit Zustimmung beider Eheleute erfolgen. Die Vermögensgemeinschaft konnte auch eine partielle sein und sich nur auf bestimmte Objekte oder Liegenschaften beziehen. Diese Grundform der güterrechtlichen Vereinbarungen im bäuerlichen Milieu bildete das Vorbild für die frühe Fabrikarbeiterschaft in der zweiten Hälfte des 18. Jahrhunderts.

Männer und Frauen behielten sich mittels Heiratsvertrag separates Vermögen vor. Damit konnten sie nach eigenem Gutdünken verfahren. Ehemänner hatten in Hinblick auf dieses Vermögen ihrer Frauen keinerlei Verfügungsgewalt inne. Als Vorbehaltsgut besonders beliebt waren Grundstücke, vor allem Weingärten. Die Einkünfte daraus standen allein den Besitzerinnen zu. Diese Grundstücke konnten frei verkauft, verschenkt oder vererbt werden und trugen in einem Gebiet mit untergeteiltem Erbe zu einer gewissen Flexibilisierung bei. Denn damit konnten so genannte „weichende Erben" bedacht werden, also Kinder, die nicht die Besitznachfolge antraten. Nicht selten stellten Frauen in Heiratsverträgen in Aussicht, dieses vorbehaltene Vermögen zu einem späteren Zeitpunkt in die Gütergemeinschaft einfließen zu lassen. Geknüpft war dies üblicherweise explizit an die Bedingung des „erwiesenen Wohlverhaltens" des künftigen Ehemannes. Vereinbarungen dieser Art trafen vor allem wohlhabende Bräute, oft Witwen, die wesentlich älter waren als der Bräutigam. Dabei dürfte es sich um eine Strategie der ökonomischen Absicherung und der Wahrung einer gewissen Unabhängigkeit in der Ehe gehandelt haben. Nicht auszuschließen ist, dass Frauen in wirtschaftlich schwierigen Zeiten unter Druck gesetzt wurden, aus diesem Vorbehaltsvermögen etwas zum gemeinsamen Haushalt beizutragen.

Beim Tod eines Ehepartners blieb die Hälfte des Vermögens dem Überlebenden – unabhängig davon, ob dies der Mann oder die Frau war. Die andere Hälfte fiel an die erbberechtigten Kinder, unter denen sie zu gleichen Teilen aufgeteilt wurde, wiederum unabhängig vom Geschlecht. Die Erbansprüche der Kinder konnten aber auch geringer angesetzt sein, indem diese überhaupt oder bei weniger als fünf Kindern nur ein Drittel des Nachlasses zugesprochen erhielten. In jedem Fall begünstigte dieser Modus eindeutig die Witwe beziehungsweise den Witwer gegenüber den Kindern. Bereits im Heiratsvertrag waren damit die wichtigsten Entscheidungen, was nach dem Tod eines der beiden Ehegatten mit dem Besitz zu geschehen habe, getroffen. Festzuhalten ist, dass das System der Gütergemeinschaft im Hinblick auf die vermögensrechtlichen Folgen einer Eheschließung keinen Unterschied machte, ob die Frau oder der Mann in den Haushalt eingeheiratet hatte.

Sollten aus der bevorstehenden Ehe keine Kinder hervorgehen, wurden die „nächsten Verwandten" – ohne nähere Spezifikation des Personenkreises – als Erben von Teilen des Vermögens bestimmt. Die Erbanteile variierten zwischen einem Fünftel und einem Drittel des Nachlasses. Nicht selten schlossen Paare beim Abfassen des Heiratsvertrages die nächsten Verwandten gänzlich vom Erbe aus oder billigten ihnen eine nur geringe Summe zu. Das gesamte Vermögen beziehungsweise dessen Großteil fiel damit dem überlebenden Partner zu. Ausschlaggebend dafür, ob man sich für die eine oder andere Variante entschied, dürfte unter anderem die wirtschaftliche Situation des künftigen Ehepaares gewesen sein: Bei sehr geringen Vermögenswerten wurde eher der Ehepartner als Erbe bevorzugt und wurden die Verwandten ausgeschlossen. Doch auch wohlhabende Brautpaare praktizierten den expliziten Ausschluss der „nächsten Befreundten" vom Erbfall. Vermutlich spielte auch die Qualität der Beziehungen zu den Verwandten dabei eine Rolle.

Die Position der Kinder scheint in diesem Modell auf den ersten Blick relativ benachteiligt – vor allem in Anbetracht dessen, dass ihre Aussichten auf eine Besitznachfolge durch eine Wiederverehelichung des verwitweten Elternteils, auf die weitere Wiederverehelichungen folgen konnten, schwanden oder sich zumindest beträchtlich verzögern konnten. Nicht zuletzt bedingt durch das mit der Gütergemeinschaft verbundene Besitzrecht der hinterlassenen Ehefrau und den praktisch gleichberechtigten Eintritt eines neuen Ehemannes und Stiefvaters in deren Besitz waren neuerliche Eheschließungen auch von Witwen sehr häufig. Hinzu kam, dass in dieser Region das Jüngstenerbrecht galt, und die Kinder einer neuen Ehe damit gegenüber jenen einer früheren im Vorteil waren. Ein gewisser Ausgleich konnte jedoch über die frei verfügbaren Vermögensanteile geschaffen werden. Das waren die nicht an den unteilbaren Besitz gebundenen Überländgründe sowie jene Grundstücke, die in den Eheverträgen von der Gütergemeinschaft ausgenommen worden waren. Damit wurden Kinder bedacht und unterstützt, die sich selbst eine Existenz schaffen mussten.

2. Errungenschaftsgemeinschaft: Ausbalancierte Heiratsgaben und nacheheliche Verfügungen

In den Salzburger Heiratskontrakten war die gesamte Palette an Heiratsgaben gewissermaßen Standard: Heiratsgut, Morgengabe und Widerlage scheinen durchgängig auf, dazu auch „Paraphernalgüter" und fallweise die standesgemäße Aussteuer. Paraphernalgüter wurden sowohl auf Seiten der Frauen als auch auf Seiten der Männer gestellt. Ein Paraphernalgut des Bräutigams ist rechtsgeschichtlich als eine Besonderheit anzusehen. Üblicherweise wird damit ausschließlich Vermögen bezeichnet, das Frauen zusätzlich zu ihrer Mitgift in die Ehe gebracht haben und worüber sie frei verfügen konnten. Bevorzugtes Modell der Handels- und Gewerbetreibenden in dieser Stadt war eine Errungenschaftsgemeinschaft, die eine Wirtschaftsgemeinschaft für die Dauer der Ehe begründete mit gleichem Anspruch von Mann und Frau auf den Gewinn, jedoch auch mit gleicher Belastung in Hinblick auf Verluste und Schulden.

Die Witwe beziehungsweise der Witwer erhielt üblicherweise die Hälfte des Vermögensanteiles des respektive der Verstorbenen zugesprochen. Die andere Hälfte ging an die Kinder. In den nachehelichen Verfügungen zeigt sich insgesamt die Tendenz, das Vermögen zwischen überlebendem Ehemann respektive überlebender Ehefrau und den Kindern ziemlich ausgeglichen aufzuteilen. Die Regelungen den überlebenden Ehepartner betreffend sind in Hinblick auf die Bestimmungen zugunsten der Witwe und zugunsten des Witwers dabei praktisch parallel konstruiert, also zwischen den Geschlechtern austariert. Gleichzeitig sind auch die Rechte der Kinder gewahrt. Hier galten Kinder erster Ehe als bevorzugte Erben. Die Wiederverehelichung einer Witwe wurde nicht erschwert – etwa durch den Entzug von Nutzungsrechten. Dem zweiten Ehemann wurde allerdings bisweilen der Zugriff auf ihr Vermögen vertraglich verwehrt. In der Regel schloss das Brautpaar im Vorfeld einer Wiederverehelichung mit den Kindern einen Rechtsakt ab, der den Heiratsvertrag der vorangegangenen Ehe und ein etwaiges Testament des Verstorbenen berücksichtigte und die Art der Verwaltung des Vermögens bis zum Besitzantritt eines Kindes – oft sehr detailliert – regelte.

Für den Fall der Kinderlosigkeit finden sich in den Heiratsverträgen primär Regelungen, welche den überlebenden Partner bevorzugt haben. Aufgrund des Umstandes, dass sich der Besitz mehrheitlich in männlicher Hand befand, sind Vereinbarungen dieser Art deutlicher und ausführlicher zugunsten von Witwen formuliert worden. Etwaige Ansprüche von Verwandten wurden tendenziell klar umgrenzt und darüber hinaus gehende Forderungen von vorne herein ausdrücklich abgelehnt. Der „nächsten Freundschaft" – ein Synonym für Verwandte – sollte in der Regel das Paraphernalgut des verstorbenen Mannes zufallen, das gesamte sonstige Vermögen aber der Witwe, der auch die Morgengabe zustand. Die Paraphernalgüter bildeten generell jenen Teil, der nach dem Tod der beziehungsweise des damit Bedachten an die Herkunftsfamilie oder an die Verwandten zurückfiel. Allerdings flossen den Verwandten immer wieder auch darüber hinausgehende Geldbeträge zu. Dies konnte mit einem größeren Einbringen in Zusammenhang stehen und einem dadurch begründeten Gefühl der Verpflichtung diesen gegenüber.

Gesamt gesehen fällt der vergleichsweise ausbalancierte Charakter dieses Modells auf: zwischen Beitrag und Anspruch von Seiten beider Geschlechter, was das Braut- und Ehepaar betrifft, und zwar hinsichtlich des ziemlich ausgeglichenen Einbringens ebenso wie hinsichtlich der parallel konzipierten nachehelichen Verfügungen; zwischen den Interessen des hinterbliebenen Ehepartners, insbesondere auch der Witwe, und den Kindern und schließlich gegenüber der Herkunftsfamilie beziehungsweise gegenüber den Verwandten.

3. Gütertrennung: Zwischen dem Vorrang der Linie und reziproken Arrangements

In den Gerichten Welsberg und Innichen waren bei der Protokollierung von Heiratskontrakten vielfach Familienmitglieder oder nahe Verwandte vor Gericht anwesend, nicht nur, wenn die Braut oder der Bräutigam minderjährig war. Im Gericht Welsberg erschienen in vier Fällen des Samples überhaupt nur die beiden Väter des Brautpaares. Die väterliche Präsenz hing zum Teil damit zusammen, dass das Brautpaar in dessen Haus einheiraten würde. Der Sohn oder die Tochter wurden dabei als künftige Besitzer deklariert, im Sinne eines Versprechens für die Zukunft, das erst mit dem Tod des Vaters wirksam werden sollte. In den Heiratskontrakten des Gerichtes Welsberg tritt die Absicherung von Autorität und Macht durch die Väter oder die Elterngeneration gehäuft auf, während der Ton im Gericht Innichen deutlich gemäßigter ausfiel. Ab den 1780er Jahren traten Paare zunehmend ohne familialen Anhang auf und es änderte sich auch der Charakter der Vereinbarungen, die nun stärker auf das Brautpaar fokussiert waren und in Richtung auf einen gewissen Ausgleich zwischen den Geschlechtern gingen.

Die Präsenz der Väter kann als symptomatisch für dieses Modell angesehen werden. Denn vermögensrechtlich regierte hier eindeutig die Linie, die Linie zwischen Herkunftsfamilie und Nachkommen. In deren Ermangelung kamen Nachkommen aus der eigenen Verwandtschaft zum Zug. Vermögen war entlang der Linie organisiert und sollte der Norm nach nicht die Linie wechseln, nicht an den Ehepartner, die Ehepartnerin übergehen. Das Ehepaar fand sich unter diesen Voraussetzungen auf eine nachrangige Position verwiesen.

Die mit der Heirat verbundenen Transfers erfolgten in den beiden Südtiroler Gerichten hauptsächlich in Form des auch in der Tiroler Landesordnung genannten Heiratsgutes. Die Morgengabe war selten. Neben dem Heiratsgut scheinen auch andere Begriffe auf – wie „Einbringen“ oder einfach „Vermögen“ oder es werden Summen genannt ohne weitere Spezifizierung. Das heißt, nur in einem Teil der Heiratsverträge wurde explizit ein Heiratsgut versprochen. Die Institution der Widerlage im Sinne einer für den Witwenstand bestimmten Vermögenszuwendung von Seiten des Ehemannes, die in ihrer Höhe in Relation zum Heiratsgut festgesetzt wurde, gab es in den hier untersuchten Heiratskontrakten praktisch nicht.

Das Heiratsgut und sonstige eingebrachte Vermögen wurde auf den Liegenschaften des Bräutigams sichergestellt; dies galt umgekehrt auch für das von Männern eingebrachte Vermögen – das fallweise auch unter dem Begriff „Heiratsgut" firmierte. Das von Frauen eingebrachte Heiratsgut und Vermögen ging während der Ehe stillschweigend, und später in Reaktion auf gesetzliche Änderungen, ausdrücklich in die Verwaltung des Ehemannes über, blieb aber Eigentum der Frauen. Eine äquivalente Einschränkung der Verfügungsgewalt gab es umgekehrt nicht. Daher waren es auch Frauen, die sich mittels Heiratskontrakt vereinzelt Anteile ihres Vermögens zur eigenen Nutzung vorbehielten, und zwar in Form von Zinsen.

Nacheheliche Verfügungs- und Nutzungsrechte wurden zunehmend ab Mitte der 1770er Jahre in den Heiratskontrakten fixiert. Vor allem der Status als Besitzerin oder Besitzer von Haus, Hof oder Hausanteilen stellte hier eine Achse dar, die Differenz geschaffen hat. Denn Besitz befand sich mehrheitlich in männlichen Händen. Zudem waren zuheiratende Männer bis auf wenige Ausnahmen im Witwerstand besser abgesichert als zuheiratende Frauen. Die Situation einer Witwe als (Mit-)Besitzerin oder aber als Frau, die in das ehemännliche Haus eingeheiratet hatte, unterschied sich beträchtlich. Vor allem Witwen, die über keine Besitzrechte verfügten und keine Kinder hatten, befanden sich in einer fragilen Position. Denn der Besitz ging in einem solchen Fall der Norm nach an den nächsten Verwandten des verstorbenen Mannes.

Die Tiroler Landesordnung bestimmte, dass der Ehemann beim Tod der Frau deren Einbringen und das ihr während der Ehe zugefallene Vermögen an ihre Erben – ihre Kinder oder Verwandten – zur Gänze abzugeben habe. Im umgekehrten Fall hatte die Witwe beim Tod des Mannes ihr sämtliches eingebrachtes Vermögen zurück zu erhalten, ebenso die Morgengabe, falls eine vereinbart worden war, und ihre Aussteuer. Ähnliche Bestimmungen galten für einen Mann, der in den Besitz der Frau eingeheiratet hatte. Die Heiratskontrakte dokumentieren, dass diese Vorgaben offensichtlich nicht so leicht umsetzbar waren, insbesondere die nacheheliche Rückerstattung des Vermögens an die Witwen oder deren Erben dürfte die häuslichen Ökonomien überfordert haben, ebenso das vorgesehene Abtreten eines Drittels der mobilen Güter an die Witwen. In der Praxis wurde so ein anderes Modell vorgezogen, das auf dem Liegenbleiben und Verzinsen des Kapitals sowie weiteren Ersatzleistungen basierte – hauptsächlich in Wohn- und Genussrechten. Ein Szenario, das vor allem für Witwen vorgesehen war, stellte der Rückzug in die so genannte Herberg dar, die ein Wohnrecht im Haus und eine gewisse Grundversorgung inkludierte. Witwer erhielten hingegen tendenziell den lebenslangen Genuss des Vermögens der verstorbenen Frau zugesprochen. Gegen Ende des 18. Jahrhunderts wurden diese nach Geschlecht sehr unausgewogenen Vereinbarungen in den Heiratskontrakten des Gerichtes Innichen immer öfter vom gegenseitigen und lebenslangen Genuss des Vermögens des früher verstorbenen Teils abgelöst. Auch dessen Einschränkung beim Vorhandensein etwaiger Kinder wurde mit der Zeit seltener. Herberg wie Fruchtgenuss waren meist an den Witwen- und Witwerstand gebunden und gingen bei einer Wiederverehelichung verloren. Die bei Gütertrennung insgesamt schwierigere besitzrechtliche Situation von Witwen und auch der Verlust des Wohnrechtes und Unterhalts hatten fraglos Auswirkungen auf die Voraussetzungen und die Wahrscheinlichkeit von deren Wiederverheiratung. Geschlechtsspezifische Wiederverehelichungsraten in Relation zu den vorherrschenden ehegüterrechtlichen Modellen zu berechnen, könnte eine Aufgabe für die Historische Demographie sein.

Fruchtgenussrechte können als ein Instrument des Ausgleichs zwischen konkurrierenden Interessen gesehen werden: Sie gewährten dem überlebenden Ehepartner die unumschränkte Nutzung des Besitzes des respektive der Verstorbenen. Auf diese Weise wurde der faktische Erbantritt durch Kinder oder Verwandte für die Dauer der Lebenszeit der Witwe beziehungsweise des Witwers blockiert. Doch wurden die Rechte der Kinder oder Verwandten damit nicht grundsätzlich geschmälert und der Ressourcentransfer entlang der Abstammungslinie nicht durchbrochen. Denn es handelte sich um ein Genuss- und nicht um ein Besitzrecht, also nur um einen zeitlichen Aufschub. Dennoch war darin wohl auch eine Quelle für Spannungen und Konflikte angelegt. Mit der „Widerrede" von Erben und Verwandten wurde in einigen Heiratsverträgen durchaus gerechnet. Als Alternativmodell dazu vereinbarten Brautpaare daher vielfach eine Einschränkung des Fruchtgenusses in Form einer zeitlichen Limitierung, zumindest für den Fall, dass aus der künftigen Ehe Kinder vorhanden sein würden. Das Fruchtgenussrecht sollte dann nur bis zu einem gewissen Alter der Kinder dauern. Innerhalb weniger Jahrzehnte veränderte sich damit vor allem die Position von Witwen: Sie konnten nun selbständiger agieren und ihnen standen Optionen offen – anstelle des zuvor quasi standardmäßig geforderten Rückzugs in die „Herberge". Der Vorrang von Kindern und mehr noch von Verwandten als Besitznachfolger wurde damit zwar nicht aufgehoben, aber durch zeitliches Verlagern aus der Sicht der Witwen in seinen Konsequenzen abgemildert. Am freiesten agierten Brautpaare aus den sozial schwächeren Kreisen, welche die ökonomische Grundlage der Ehe gemeinsam geschaffen hatten und sich deshalb der Linie weniger verpflichtet sahen.

4. Neues Recht und ‚alte' Praxis

Mit dem Josephinischen Gesetzbuch 1786 und später dem Allgemeinen Bürgerlichen Gesetzbuch (ABGB) war die in Tirol ohnehin weiträumig praktizierte Gütertrennung zum gesetzlichen ‚Normalfall' geworden. In den Heiratsverträgen der Adeligen, die dem Innsbrucker Stadt- und Landrecht unterstanden, wurden im Gegensatz zu den Beamten mittels Heiratsvertrag keine Gütergemeinschaften vereinbart. Inhalt der Dokumente waren hauptsächlich die verschiedenen Heiratsgaben sowie Ablebensbestimmungen. Bei den Handels- und Gewerbetreibenden sowie im bäuerlichen Kontext aus dem Umfeld des Innsbrucker Stadt- und Landrechts scheinen Heiratsgaben hingegen nicht immer in den Heiratsverträgen auf – ähnlich wie in den Südtiroler Gerichten Welsberg und Innichen. Nicht ausschließlich, aber vornehmlich im Adel und Beamtentum ist auf Seiten der Braut auch die Ausstattung vermerkt sowie, und wiederum primär im Adel, das so genannte „Nadelgeld" – Bargeld, über das Frauen frei verfügen konnten. Auch taucht hier zusammen mit dem Heiratsgut die Widerlage auf, und zwar ab den 1790er Jahren: zunächst nur vereinzelt und in adeligen Kreisen, erst 1832 erstmals in einem Heiratsvertrag aus dem Handelsmilieu. Sie scheint als Synonym die frühere Morgengabe, die in den hier untersuchten Verträgen die Funktion einer Widerlage eingenommen hat, verdrängt zu haben. Das Gegensatzpaar von Heiratsgut und Widerlage dürfte über das Josephinische Gesetzbuch – wenn auch nur zögerlich – in Gebrauch gekommen sein. Vor allem in adeligen Familien blieben Ehepaare aufgrund des zwar versprochenen, aber nicht oder nicht zur Gänze übergebenen Heiratsgutes vielfach mit der Herkunftsfamilie finanziell verflochten. Daraus konnte ein angespanntes Verhältnis resultieren.

In den Vereinbarungen, wie das Vermögen handzuhaben sei, zeigen sich in den ausgewerteten Heiratsverträgen Rekurse auf neue Bestimmungen des Josephinischen Gesetzbuches beziehungsweise später des ABGB, zugleich wird partiell aber auch die ältere Praxis fortgeschrieben. Dass die ehemännliche Verwaltung des Vermögens der Braut ausdrücklich festgehalten wurde

– die der Tiroler Landesordnung gemäß zuvor selbstverständlich gewesen war, auch im Falle einer so genannten „stillschweigenden Übertragung" –, lässt sich etwa als Absicherung gegenüber einer mit dem Josephinischen Gesetzbuch geschaffenen Möglichkeit sehen: Die Ehefrau konnte die ehemännliche Verwaltung ohne Angabe von Gründen aufkündigen, wenn sie ihm diese nicht explizit übertragen hatte. Diese Regelung galt jedoch nicht für das als Heiratsgut deklarierte Vermögen. Dieses ging in jedem Fall in ehemännliche Verwaltung über.

In Hinblick auf den nachehelichen Zugriff auf das Vermögen vermachten Ehefrauen oder deren Familien dem Ehemann den lebenslänglichen Genuss ihres Heiratsgutes oder das Eigentum an einem Teil, während im Josephinischen Gesetzbuch für den Witwer das Eigentum des gesamten vorgesehen war (im ABGB nur mehr bei entsprechender vertraglicher Verschreibung). War im Heiratsvertrag ein Witwengehalt festgesetzt worden, hatte die Witwe gleich nach dem Tod des Ehemannes Anspruch darauf. Dieser bestand in regelmäßig zu zahlenden Geldbeträgen, daneben auch in Naturalleistungen wie unentgeltlichem Wohnrecht oder Mietbeiträgen, falls die Witwe das ehemännliche Haus verlassen würde. Der Anspruch auf den Witwengehalt endete rechtlich gesehen mit einer neuen Eheschließung. Mittels Heiratsvertrag konnten jedoch trotz Wiederverehelichung weiterhin Nutzungsrechte gewährt werden: Tendenziell war dies dann der Fall, wenn der Mann wenig Vermögen eingebracht hatte. Solche Regelungen gab es auch wechselseitig.

Witwen konnten bisweilen zwischen dem Witwengehalt und dem Fruchtgenuss am gesamten hinterlassenen Vermögen des Mannes wählen. Sie waren im letzteren Fall dann auch für die Erziehung und Ausbildung der Kinder zuständig. Der Tiroler Landesordnung zufolge konnte zugunsten des/der überlebenden Partners/in der Fruchtgenuss am gesamten Vermögen testiert werden oder ein Drittel als Eigentum. Drittelregelungen scheinen auch im ausgehenden 18. und im 19. Jahrhundert weiterhin in den Heiratskontrakten im Geltungsbereich des Innsbrucker Stadt- und Landrechts auf, und zwar quer durch die verschiedenen sozialen Milieus. Nach und nach wurden diese aber von den Bestimmungen der neuen Kodifikationen abgelöst, die den Fruchtgenussanteil in Relation zu den Anteilen der Kinder vorsahen.

Mit den neuen Rechtskodifikationen ging tendenziell eine Aufwertung der ehelichen Gemeinschaft einher, was die jahrhundertelange Tradition des Blutliniendenkens abschwächte. Im Geltungsbereich des Innsbrucker Stadt- und Landrechts zeigt sich in den Heiratsverträgen das bereits für die Gerichte Welsberg und Innichen konstatierte Bestreben, Eigentum in der Linie zu halten, doch wurde dies auch hier über Genussrechte zugunsten des überlebenden Ehepartners ausgeglichen. In der ersten Hälfte des 19. Jahrhunderts finden sich solche Vereinbarungen jedoch nur mehr im Adel. Aber auch jene, die über weniger ökonomisches Kapital verfügten, begünstigten tendenziell den überlebenden Ehepartner, die überlebende Ehepartnerin.

5. Gesamt gesehen ...

Die Ehegütermodelle, die hinter den untersuchten heiratsvertraglichen Vereinbarungen stehen, unterscheiden sich beträchtlich voneinander und so auch die Heiratsverträge selbst: in Hinblick auf die dokumentierten Heiratsgaben, auf die zu- und abgesprochene Verfügungsgewalt über Besitz und Vermögen und die nachehelichen Perspektiven von Ehefrauen und Ehemännern. Sie unterscheiden sich auch in Hinblick auf begünstigte und benachteiligte Personenkreise sowie auf Möglichkeiten und Strategien des Ausgleichs. Grundlage dieser Unterschiede ist letztlich das Gewicht, das aus vermögensrechtlicher Perspektive der Ehe und dem Ehepartner beigemessen wurde oder aber der Herkunftsfamilie, den Nachkommen und nahen Verwandten. Trotz des hohen gesellschaftlichen und familienpolitischen Stellenwertes der Ehe blieb der einheiratende Teil bei Gütertrennung besitzrechtlich sozusagen „eine Fremde", „ein Fremder". Ganz anders verhält es sich in der Gütergemeinschaft und deutlich abgeschwächt in der Errungenschaftsgemeinschaft, vor allem, wenn es sich um wirtschaftlich einträgliche Sparten handelte und der Zugewinn einen größeren und dann eben gemeinsamen Vermögensanteil ausmachte.

Entsprechend unterschiedlich sehen auch die Logiken und Dynamiken aus, die das Verhältnis zwischen Witwer/Witwe, Kindern und Verwandten des/des Verstorbenen geprägt haben, und die Möglichkeiten, mit denen ein gewisser Ausgleich geschaffen wurde: In den niederösterreichischen Herrschaften befanden sich die Kinder in einer weniger günstigen Position gegenüber dem überlebenden Elternteil. Dieses Modell förderte offensichtlich die Wiederverheiratung, so dass es zu wahren Ketten an Hofübergaben durch Witwen- und Witwerheiraten kommen konnte. Dadurch verloren Kinder aus früheren Ehen jede Chance auf eine Besitzübernahme. Einen gewissen Ausgleich konnten hier die von der Erbmasse ausgenommenen „Überländgründe" und Besitzvorbehalte als Existenzgrundlage schaffen.

In Salzburg scheint ein relativ systematischer Ausgleich zwischen allen, die potenziell um hinterlassenes Vermögen konkurrierten, strukturell angelegt gewesen zu sein, der sich auch zwischen den Geschlechtern als vergleichsweise ausbalanciert darstellt: das Paraphernalgut für die Verwandten oder auch etwas mehr, die Hälfte des hinterlassenen Vermögens an den überlebenden Eheteil, die andere Hälfte an die Kinder – Linie und EhepartnerIn kamen beide zum Zug. In Tirol lag der besitzrechtliche Vorrang eindeutig bei den Nachkommen und, in deren Ermangelung, bei den Verwandten der Herkunftsfamilie – in den Gerichten Welsberg und Innichen in der Frühen Neuzeit wie im Geltungsbereich des Innsbrucker Stadt- und Landrechts im 19. Jahrhundert. Die Ehe war der Linie nachgeordnet. Eine gewisse Balance wurde zunehmend über Fruchtgenussrechte für Witwen geschaffen, wodurch die Härten der Gütertrennung ausgeglichen, der Anspruch der Nachkommen nur aufgeschoben, aber nicht aufgehoben war.

Jedenfalls – so viel wird aus den Heiratsverträgen der untersuchten Herrschaften, Gerichte und Städte klar – gab es große Unterschiede in der Gewichtung der verschiedenen sozialen Beziehungen hinsichtlich des Zugriffs auf ererbtes Vermögen und hinsichtlich der Verfügungsgewalt darüber. Welche Auswirkungen dies auf einer allgemeinen gesellschaftlichen Ebene nach sich zog, ist nicht so leicht zu beantworten. Dass der Abschied von einem ständisch strukturierten Gesellschaftsmodell in Tirol besonders schwer fiel, könnte sich mit der dominant patrilinearen Logik in Zusammenhang bringen lassen. Konflikte gab es im 19. Jahrhundert immer wieder, wenn die Ehefrau oder der Ehemann mittels Heiratsvertrag oder Testament – aus der Sicht der Verwandten – über Gebühr begünstigt worden war, das heißt, wenn Vermögen definitiv die Linie wechselte, was bei Kinderlosigkeit der Fall war. Eine neuerliche Heirats-Allianz zwischen denselben Familien diente bisweilen dazu, daraus resultierende Streitigkeiten zu beenden.

Nicht wirklich beantworten lässt sich unter den in den einzelnen Detailstudien behandelten Zeiträumen, warum in Niederösterreich und Tirol derart verschiedene ehegüterrechtliche Modelle in Gebrauch waren. Aus der Sicht der Grundherrschaft dürften beide ‚funktioniert' haben. Eine ökonomische Erklärung scheint nicht tragfähig zu sein. In Bezug auf Tirol könnte die geografische Nähe zu Italien und damit zu römisch rechtlichen Traditionen und zu einem vergleichsweise strikten Dotalsystem, das auf der Gütertrennung gründet, Einfluss ausgeübt haben. Tirol könnte in diesem Sinne ein Übergangsraum zwischen verschiedenen Modellen sein.

Verständlich wird das in Tirol praktizierte Modell eigentlich nur, wenn man den hohen Stellenwert, der ererbtem Liegenschaftsbesitz beigemessen wurde, in Rechnung stellt, dessen Einordnen in die gerade Linie, dessen Verknüpfen mit dem Generationenband zwischen Vorfahren und Nachkommen. Der in den Besitz einheiratende Eheteil hatte daher sehr viel schlechtere Chancen – Frauen noch viel weniger als Männer – Besitzrechte zu erlangen, vor allem solche, die nicht durch irgendwelche Klauseln in ihrer Reichweite eingeschränkt waren. Mit der Ehe ein „gleiches unzerteiltes Gut“ zu begründen, widersprach der Logik des hier vorherrschenden Paradigmas der herkunftsorientierten Verortung von Personen und Besitz.

Margareth Lanzinger

Variationen des Themas: Mitgiftsysteme

Angesichts der ungeheuren kleinräumigen Variabilität von Normen, Usancen und Vereinbarungen ist ein erschöpfender Überblick zu internationalen Forschungsdiskussionen rund um die in diesem Band angeschnittenen Themenfelder nicht zu leisten. In diesem abschließenden Teil werden einige Aspekte aufgegriffen, mit unseren Ergebnissen in Beziehung gesetzt und zur weiteren Debatte gestellt. Im Sinne eines Problemaufrisses wird der Schwerpunkt dabei auf kontrastiven Befunden und offenen Fragen liegen.

Wie bereits in der Einleitung angemerkt, bestehen deutliche Unterschiede zwischen den Heiratsgabensystemen in unseren Untersuchungsgebieten sowie dem deutschsprachigen Raum insgesamt und dem strenger und umfassender normierten Dotalsystem, in dem die Mitgift im Zentrum steht. Nach Helmut Coing wurde das römische Dotalrecht mit diversen Änderungen in Italien – ausgenommen die Inseln Sardinien und Sizilien[1] –, in Teilen Frankreichs, in denen das *droit écrit* galt, sowie in Aragon und Katalonien übernommen.[2] Besonders gut erforscht ist das Dotalsystem in seinen geschlechtsspezifischen Implikationen für den italienischen Raum, so dass der Schwerpunkt im Folgenden darauf liegen wird.[3]

1. Heiratsgaben und Mitgift

In den von uns ausgewerteten Heiratsverträgen firmiert das anlässlich der Eheschließung Eingebrachte üblicherweise als „Heiratsgut".[4] Sowohl die Mitgift als auch das Heiratsgut waren

1 Hier herrschte eine Form der Gütergemeinschaft vor. Vgl. Manlio Bellomo, La struttura patrimoniale della famiglia italiana nel tardo medioevo, in: Lloyd Bonfield Hg., Marriage, Property, and Succession, Berlin 1992, 53–69, 63.

2 Vgl. Helmut Coing, Europäisches Privatrecht, Bd. 1: Älteres gemeines Recht (1500–1800), München 1985, 239. Anders ist die Situation in Portugal mit günstigen Besitzrechten für Frauen und Gütergemeinschaften. Vgl. dazu Jutta Sperling, Dowry or Inheritance? Kinship, Property, and Women's Agency in Lisbon, Venice, and Florence (1572), in: Journal of Early Modern History 11, 3 (2007), 197–238.

3 Vgl. Giulia Calvi u. Isabel Chabot Hg., Le ricchezze delle donne. Diritti patrimoniali e poteri familiari in Italia (XIII–XIX), Torino 1998; Christiane Klapisch-Zuber, Das Haus, der Name, der Brautschatz. Strategien und Rituale im gesellschaftlichen Leben der Renaissance, Frankfurt a. M./New York 1995; Gérard Bouchard, Joseph Goy u. Anne-Lise Head-König Hg., Mélanges de l'École Française de Rome. Italie et Méditerranée 110, 1 (1998): Nécessités économiques et pratiques juridiques: problèmes de la transmission des exploitations agricoles, XVIIIe–XIXe siècles, sowie die Literaturangaben im weiteren Textverlauf. Verweisen möchte ich auch auf den Band von Jutta Sperling u. Shona Wray Hg., Gender, Property, and Law in Jewish, Christian, and Muslim Communities in the Wider Mediterranean 1300–1800, New York/London 2009.

4 Vgl. auch Wilhelm Brauneder, Rechtseinheit durch elastisches Vertragsrecht: Das Ehegüterrecht der österreichischen Privatrechtskodifikationen, in: Franz Matscher u. Ignaz Seidl-Hohenveldern Hg., Europa im Aufbruch. Festschrift Franz Schwind zum 80. Geburtstag, Wien 1993, 135–146.

Gegenstand des Aushandelns und sind in die größeren Komplexe der Aneignung von ökonomischen Ressourcen und familialer Dynamiken einzuordnen. Mitgift und Heiratsgut involvieren mehrere Beziehungsebenen: die Beziehung zwischen Braut und Bräutigam, Ehemann und Ehefrau, zwischen den beteiligten Familien, zwischen Eltern und Kindern zweier Generationen, zwischen Geschwistern und nicht zuletzt auch zwischen Staat und Gesellschaft.[5] Die Bedeutung und Präsenz der Mitgift scheint jene des Heiratsgutes jedoch in mehrfacher Hinsicht zu überragen. Den Gründen für deren besondere Stellung soll nachgespürt werden. Giulia Calvi und Isabelle Chabot erachten die Mitgift als zentral für die Konstruktion der Identität von Frauen in Bezug auf Besitz und Verfügungsgewalt.[6] Christiane Klapisch-Zuber sieht in der Mitgift Steuerungsmechanismen und ein System, das „die ganze soziale, politische und mentale Struktur des ausgehenden Mittelalters" durchdrungen habe[7] – und auch für die Frühe Neuzeit gilt dies zweifellos. Zugleich sei aber auch auf die Kritik von Sandra Cavallo verwiesen, dass die Mitgift allzu sehr im Vordergrund stehe. Dem setzt sie das Plädoyer entgegen, sich vermehrt auch auf andere Arten von Vermögen und die damit verbundenen Rechte zu konzentrieren.[8]

Als gemeinsame Elemente der Mitgift bei allen regionalen und zeitlichen Unterschieden nennt Ida Fazio folgende Punkte: Bei der Mitgift handelt es sich um eine Übertragung von Vermögen der Braut beziehungsweise meistens von deren Familie an den Bräutigam. Der Ehemann hat Verfügungsrechte über dieses Vermögen, das getrennt, unveräußerlich und durch eine Hypothek garantiert auf den ehemännlichen Gütern bis zur Auflösung der Ehe durch den Tod eines der Ehepartner liegt. Mit Beendigung der Ehe wird die Mitgift der Braut zurückgegeben, bei ihrem Vortod ihrer Familie.[9]

In den niederösterreichischen Herrschaften und in Salzburg wurde das Heiratsgut in Relation zu dessen Höhe meist, aber nicht ausschließlich von Seiten des Bräutigams durch eine Widerlage ergänzt. Der Anspruch darauf war an den Witwenstatus der Frau geknüpft. Die Widerlage steht für einen gewissen Ausgleich zwischen Braut und Bräutigam, auch wenn sie erst und nur im Fall des früheren Todes des Ehemannes wirksam wurde.

In den Dokumenten der Südtiroler Gerichte scheint eine Widerlage praktisch nicht auf. Im Einzugsbereich des Innsbrucker Landrechts finden sich im ausgehenden 18. Jahrhundert im Gefolge der Einführung des Josephinischen Gesetzbuches einige Fälle im adeligen Milieu, im 19. Jahrhundert auch darüber hinaus.[10] Standard war es jedoch nicht. Tirol bildet in die-

5 Vgl. Stanley Chojnacki, Prefazione, in: Mauro Carboni, Le doti della „povertà". Famiglia, risparmio, previdenza: il Monte del Matrimonio di Bologna (1583–1796), Bologna 1999, 7–9, 7; vgl. auch ders., Dowries and Kinsmen in Early Renaissance Venice, in: Journal of Interdisciplinary History, 4 (1975), 571–600.

6 Giulia Calvi u. Isabelle Chabot, Introduzione, in: dies., Le ricchezze delle donne, 7–18, 8.

7 Klapisch-Zuber, Das Haus, der Name, 53.

8 Vgl. Sandra Cavallo, Proprietà o possesso? Composizione e controllo dei beni delle donne a Torino (1650–1710), in: Calvi/Chabot, Le ricchezze delle donne, 187–207, 197.

9 Vgl. Ida Fazio, Valori economici e valori simbolici: il declino della dote nell'Italia dell'Ottocento, in: Quaderni Storici, 27, 79 (1992), 292–316, 293.

10 Siglinde Clementi verweist ausgehend von Heiratsverträgen der Familie Wolkenstein darauf, dass bei Eheschließungen im Tiroler Adel in der Frühen Neuzeit hin und wieder eine Widerlage vereinbart wurde, und zwar bei überregionalen Eheschließungen, offensichtlich in Anpassung an die Usancen im Herkunftsgebiet der Braut. Vgl. Siglinde Clementi, Deren von Wolkenstein. Famili-

sem Punkt gewissermaßen einen Übergangsraum vom Dotal- zum Heiratsgabensystem. Die Morgengabe stellt eine weitere Form der Heiratsgaben dar. Eine solche scheint in den Salzburger Verträgen durchwegs auf, in den Südtiroler selten, in den untersuchten niederösterreichischen Herrschaften dagegen nicht. Im Einzugsgebiet des Innsbrucker Stadt- und Landrechts dürfte die in der Terminologie des Tiroler Landrechts verankerte Morgengabe in Relation zum Heiratsgut die Funktion einer Widerlage innegehabt und erst unter dem Einfluss der neuen Rechtskodifikationen die Stellung eines Geschenkes eingenommen haben. So lag in den Südtiroler Gerichten – ähnlich wie im italienischen Dotalsystem – die Hauptlast bei der Familie der Braut, falls diese nicht eine Erbtochter war, während in Salzburg und Niederösterreich Reziprozität angestrebt wurde.

Die Tendenz in Richtung einseitiger heiratsbezogener Ressourcenflüsse wird ab dem 12. Jahrhundert in verschiedenen Teilen Europas geortet.[11] Bis dahin scheine in Italien etwa eine gewisse Zahl von Fällen auf, in denen die Mitgift der Frau und die *controdote* des Mannes in ihrem Wert äquivalent gewesen seien. Bei der *controdote* handelte es sich um ein Geschenk des Bräutigams. Daher entspricht diese eher dem Prinzip der Morgengabe als dem der Widerlage. Der Wert der *controdote* reduzierte sich im Gefolge jedoch drastisch. Den Statuten des 13. und 14. Jahrhunderts in Bologna zufolge, war als Geschenk an die Braut bei der Heirat nur ein Ring erlaubt. Der damit einhergehende Fokus auf der Mitgift, der sich im ausgehenden Mittelalter in dieser Form ausbildete, blieb bis in die Moderne prägend.[12] Zwar bestanden regionale Formen der *controdote* weiterhin – so in mittel- und norditalienischen Städten –, doch belief sich diese ab dem 13. Jahrhundert auf kaum mehr als ein Zehntel der Mitgiftsumme.[13]

---

enstrategien, Heirat und Geschlechterbeziehungen bei den Wolkenstein-Trostburg, ca. 1500 bis 1650, in: Gustav Pfeifer u. Kurt Andermann Hg., Die Wolkensteiner – Facetten des Tiroler Adels in Spätmittelalter und Neuzeit, Innsbruck 2009, 111–147.

11 Vgl. Carboni, Le doti della „povertà", 23; Klapisch-Zuber, Das Haus, der Name, 61; Paola Lanaro u. Gian Maria Varanini, Funzioni economiche della dote nell'Italia centro-settentrionale (tardo medioevo / inizi età moderna), in: Simonetta Cavaciocchi Hg., La famiglia nell'economia europea, secc. XIII–XVIII. The Economic Role of the Family in the European Economy from the 13th to the 19th Centuries. Atti della „Quarantesima Settimana di Studi", 6–10 aprile 2008, Firenze 2009, 81–102, 81f; vgl. auch Martha C. Howell, The Marriage Exchange. Property, Social Place, and Gender in Cities of the Low Countries, 1300–1550, Chicago 1998, 197f.

12 Carboni, Le doti della „povertà", 23f, insbes. Anm. 3. Ausnahmen gab es auch in Italien: In Apulien etwa war in der Frühen Neuzeit ein Geschenk des Bräutigams an die Braut üblich, in Form von *assegni maritali*, die sich auf ein Viertel des Mitgiftvermögens belaufen konnten. Vgl. Nevill Colclough, Invisible Patrimonies: Capitoli Matrimoniali in Ancien Régime Ascoli, in: Hannes Grandits u. Patrick Heady Hg., Distinct Inheritance: Property, Family and Community in a Changing Europe, Münster 2003, 145–158, 150.

13 Daniela Lombardi, Matrimoni di antico regime, Bologna 2001, 189.

2. „Sine dote non fiat coniugium“[14]

Nicht nur aufgrund dieser unter anderen Heiratsgaben herausragenden Position ist der Stellenwert der Mitgift hoch einzuschätzen. Dazu trug vor allem auch der obligatorische Charakter bei – als rechtliche oder soziale Norm –, den die Mitgift in manchen Ländern, und zwar quer durch alle sozialen Milieus, erlangte.[15] Eine Heirat ohne Mitgift sei schmählich;[16] ein Mädchen ohne Mitgift sei ein Mädchen ohne Zukunft, ohne Hoffnung auf eine akzeptable soziale Stellung.[17] Auch dies dürfte die Mitgift zu einer besonders markanten Institution gemacht haben. In wohlhabenden Kreisen war die Mitgift ein Instrument, um sozial und ökonomisch vorteilhafte Allianzen zu schließen, bestehende Verbindungen zu stabilisieren oder neue zu begründen, was zu entsprechender Konkurrenz insbesondere auf städtischen Heiratsmärkten führen konnte. Für ärmere Frauen war eine Mitgift quasi die Voraussetzung für eine respektable Heiratsgelegenheit. Die Erwartung, eine Mitgift zu erhalten beziehungsweise die Kehrseite, die Verpflichtung und Verantwortung primär der Väter, eine solche zu stellen, war so auch in ärmeren Milieus präsent. Töchter hatten ein unverzichtbares Anrecht auf eine Mitgift, der Vater schuldete ihnen eine solche.[18] Abgeschafft wurde die Verpflichtung zur Mitgiftleistung – nicht aber die Mitgift selbst – erst mit dem *Codice Pisanelli*, dem Zivilgesetzbuch des geeinten Italien von 1865.[19]

Zu fragen ist nach den Hintergründen und Implikationen dieses Anspruches. In West- und Mitteleuropa scheint mehr Druck auf den Frauen selbst gelastet zu haben. Jahrelanger Gesindedienst bot eine Möglichkeit, ein gewisses Startkapital zum Begründen eines Hausstandes anzusparen, das zusammen mit kleinen angefallenen Erbteilen irgendwann vielleicht

14 Zitiert bei Raffaella Sarti, Nubili e celibi tra scelta e costrizione. I percorsi di Clio (Europa occidentale, secoli XVI–XX), in: Margareth Lanzinger u. Raffaella Sarti Hg., Nubili e celibi tra scelta e costrizione (secoli XVI–XX), Udine 2006 [2007], 145–319, 220.

15 Dies gilt etwa für Italien ab dem 15. Jahrhundert und – mit Ausnahmen – auch für Frankreich. Vgl. beispielsweise Fazio, Valori economici, 296; Marion A. Kaplan, Introduction, in: dies. Hg., The Marriage Bargain. Women and Dowries in European History, New York 1985, 1–11, 6f. Von einer Verpflichtung des Vaters zu Mitgiftleistung an Töchter in Rumänien, die im Fall seines Todes an die Mutter, war auch diese verstorben, an die Brüder, gefolgt von den Onkeln überging, schreibt auch Maria Mureşan, Norms and Law Practice for Preservation of Family Wealth in the Orthodox World. Dowry und Wills in Wallachia and Moldavia in the 18th Century, in: Cavaciocchi, La famiglia nell'economia europea, 257–266, 263f; sowie Constanța Vintilă-Ghițulescu, Marriage Strategies, Women's Dowries and Conflicts Between Relatives in Romanian Society (18th Century), in: Margarida Durães, Antoinette Fauve-Chamoux, Llorenç Ferrer u. Jan Kok Hg., The Transmission of Well-Being. Gendered Marriage Strategies and Inheritance Systems in Europe (17th–20th Centuries), Bern u.a. 2009, 123–141, 134.

16 Vgl. Klapisch-Zuber, Das Haus, der Name, 53.

17 Vgl. Carboni, Le doti della „povertà“,14.

18 Vgl. Sarti, Nubili e celibi, 216.

19 Vgl. Maura Palazzi, Nuovi diritti e strategie di conservazione dopo l'Unità: le famiglie contadine del bolognese, in: Calvi/Chabot, Le ricchezze delle donne, 121–146; Fazio, Valori economici, 304f.

ausreichen würde.[20] Aus der Studie von Elisabeth Mantl über den politischen Ehekonsens im 19. Jahrhundert als einem Instrument, um ärmere Bevölkerungsteile von einer Ehe und Familiengründung auszuschließen, geht deutlich hervor, welchen Beitrag Frauen zu einer geplanten Familien- und Haushaltsgründung geleistet haben. Paare mussten nämlich ihre Vermögenssituation offen legen, und dies ermöglicht einen Einblick, von welcher Seite was an Ererbten, Erspartem und Verdientem vorhanden war.[21] Als Magd in einem ‚fremden' Haus zu arbeiten, hätte in einem anderen kulturellen Kontext dem Ansehen einer jungen Frau geschadet. In den Dienst zu gehen, galt etwa im Süden Italiens als erniedrigend und beschämend.[22] Das Bereitstellen der zur Gründung einer Familie notwendigen Ressourcen – die Mitgift ausgenommen – war ausschließlich Angelegenheit der Männer.[23] Für Frauen und auch für Männer, die die ökonomische Grundlage zum Gründen einer Familie selbst erarbeiten mussten, verschob sich tendenziell das Heiratsalter nach oben.[24] So ist die These, dass eine bereitgestellte Mitgift – zusammen mit einem niedrigeren Heiratsalter – die elterliche Kontrolle und Mitsprache in Hinblick auf Heirat und Partnerwahl erhöhen würde, überlegenswert,[25] aber wohl schwierig zu generalisieren.

In den untersuchten Südtiroler Gerichten fällt auf, dass in zahlreichen Heiratsverträgen kein Heiratsgut erwähnt ist. Dies schließt entsprechende Transfers zwar nicht aus, doch mag dies ein Hinweis für ein offeneres System im Vergleich zum Dotalsystem sein. Will man die zentrale Rolle der Mitgift mit Gütertrennung in Verbindung bringen, dann versperren sich unsere Ergebnisse dieser These – denn in den Südtiroler Gerichten herrschte Gütertrennung vor. Und auch deren Umkehrung, die Annahme, dass in Modellen der Gütergemeinschaft, eine Heirat ohne Mitgift eher denkbar sei, lässt sich nicht grundsätzlich bestätigen. In den niederösterreichischen Heiratsverträgen *musste* offensichtlich – im Unterschied zu den Südtiroler Gerichten – ein Heiratsgut deklariert sein, zumindest formal, auch wenn dieses in „Lieb und Treu" bestand, vor allem aber in ein „gleiches gemeinsames Gut" einfloss.

---

20 Vgl. dazu auch Jane Whittle, Servants in Rural England c. 1450–1650: Hired Work as Means of Accumulating Wealth and Skills, in: Maria Ågren u. Amy Louise Erickson Hg., The Marital Economy in Scandinavia and Britain 1400–1900, Aldershot 2005, 89–107.

21 Vgl. Elisabeth Mantl, Heirat als Privileg. Obrigkeitliche Heiratsbeschränkungen in Tirol und Vorarlberg 1820–1920, Wien/München 1997, 120ff.

22 Dort war der Anteil an Dienstboten im europäischen Vergleich insgesamt sehr niedrig, insbesondere im ländlichen Raum. Vgl. Giovanna Da Molin, Struttura della famiglia e personale di servizio nell'Italia meridionale, in: Marzio Barbagli u. David Kertzer Hg., Storia della famiglia italiana 1750–1950, Bologna 1992, 219–252, 234ff.

23 Vgl. Giovanna Da Molin, Family Forms and Domestic Service in Southern Italy from the Seventeenth to the Nineteenth Centuries, in: Journal of Family History, 15 (1990), 503–527, 521ff; dies., Struttura della famiglia, 246f; vgl. auch Sarti, Nubili e celibi, 257ff; dies., „All Masters Discourage the Marrying of their Male Servants, and Admit not by any Means the Marriage of the Female": Domestic Service and Celibacy in Western Europe from the Sixteenth to the Nineteenth Century, in: European History Quarterly, 38, 3 (2008), 417–449, 428.

24 Vgl. Sarti, Nubili e celibi, 180; dies., All Masters Discourage, 427f.

25 Diese These findet sich etwa bei Jutta Sperling, Marriage at the Time of the Council of Trent (1560–70): Clandestine Marriages, Kinship Prohibitions and Dowry Exchange in European Comparison, in: Journal of Early Modern History, 8, 1–2 (2004), 67–108, 68ff.

In den Kodifikationen des 18. und 19. Jahrhunderts wurde die Frage, wer zur Gabe eines Heiratsguts verpflichtet war, detailliert geregelt. Dabei ging man in den Rechtstexten offensichtlich davon aus, dass die Vereinbarung eines Heiratsguts üblich war. Zunächst lag es im Entscheidungsbereich des Bräutigams, im Zuge der Eheaushandlung ein Heiratsgut zu fordern oder darauf zu verzichten. Das Heiratsgut hatte aus dem Vermögen der Braut definiert zu werden. Wenn die Braut jedoch über kein eigenes Vermögen verfügte, dann waren die Eltern beziehungsweise die Großeltern, falls die Eltern dies nicht leisten konnten, zur Bereitstellung eines Heiratsgutes verpflichtet. Die Berechtigung zu dieser Forderung kam vor der erfolgten Eheschließung sowohl dem Bräutigam als auch der Braut zu. Nach der Eheschließung lag die Möglichkeit einer solchen Forderung nur mehr in der Kompetenz der Ehefrau.

In der Praxis gestaltete sich die Durchsetzung dieser Ansprüche jedoch sehr schwierig. Eltern argumentierten meistens damit, dass die Tochter auf das Heiratsgut verzichtet habe. Häufig stand dann Aussage gegen Aussage. Leichter nachweisbar war der Entschuldigungsgrund des geringen Vermögens der Eltern. Äquivalent dazu hatte der Bräutigam im Josephinischen Gesetzbuch die Widerlage von seinen Eltern fordern können. Dies veränderte sich jedoch in der Weiterentwicklung des Kodifikationstextes hin zum ABGB. Im Sinne einer Gleichstellung der Rechte von Bräutigam und Braut stand der Heiratsgutforderung von Seiten der Braut nun die Forderung einer Ausstattung für den Bräutigam von dessen Eltern gegenüber, wobei jedoch im letzteren Fall der Braut zu keinem Zeitpunkt das Recht zukam, diese Ausstattung von den zukünftigen Schwiegereltern fordern zu können, wie es im umgekehrten Fall dem Bräutigam hinsichtlich des Heiratsguts zustand.[26]

3. Mitgiftfonds und die Spurensuche nach Pendants

Auch im frühneuzeitlichen Italien konnten Väter in sozial schwächeren Familien ihrer Verpflichtung, eine Mitgift für die Töchter zu stellen, nicht immer nachkommen. Und es gab auch Waisen und Halbwaisen, die nicht mehr auf ihre Väter zählen konnten. Was dann? Ein Indiz für die Bedeutung der Mitgift-Pflicht und für den Grad, mit dem dieses Phänomen die italienische Gesellschaft durchdrungen hat, stellen nicht zuletzt die zahllosen Mitgiftfonds dar, die aus privater Wohltätigkeit gespeist wurden, darunter auch aus Mitteln, die testamentarisch für diesen Zweck gewidmet worden waren – mitunter gesamte Verlassenschaften. Die *Grandi Scuole* in Venedig, die zentrale Institution sozialer Fürsorge der Stadt, beispielsweise haben im 16. Jahrhundert zahlreiche Nachlässe testamentarisch zugesprochen erhalten, die explizit für Mitgiften zugunsten armer Mädchen vorgesehen waren. Allein der *Scuola di San Rocco* fielen zwischen 1509 und 1616 insgesamt 17 Nachlässe zu.[27] Christiane Klapisch-Zuber sieht in dieser Spendentätigkeit als einem „Bestandteil der institutionellen Nächstenliebe" letztlich eine Umverteilung. Dadurch würden „Spannungen in der Gesellschaft" abgebaut.[28] Mauro

26 Vgl. Ellinor Forster, Handlungsspielräume von Frauen und Männern im österreichischen Eherecht. Geschlechterverhältnisse im 19. Jahrhundert zwischen Rechtsnorm und Rechtspraxis, Dissertation Innsbruck 2008, 120–129.

27 Carboni, Le doti della „povertà", 47.

28 Klapisch-Zuber, Das Haus, der Name, 53.

Carboni bringt die Gründung von Mitgiftfonds, das Sammeln und Verteilen von Mitgift-Unterstützungen zugunsten von Töchtern bedürftiger Familien mit den katholischen Reformen in einen Zusammenhang und sieht diese Aktivitäten durch gesellschaftliche und moralische Befürchtungen motiviert.[29] Bruderschaften, mildtätige Stiftungen, auch Pfarreien verwalteten diese Fonds.

Doch gab es auch Ausnahmen in der Landschaft der auf Spenden und Wohltätigkeit basierenden Einrichtungen dieser Art. Dazu zählt der berühmteste Mitgiftfonds, der *Monte delle doti* in Florenz, der, 1425 von der *Signoria* gegründet, bis zum Jahr 1577 bestand. Väter konnten hier die Mitgiften ihrer Töchter in Form von gebundenen Depositen verzinslich anlegen und zum Zeitpunkt der Hochzeit abheben. Ähnlich, das heißt, ebenfalls einem Konzept der Selbsthilfe auf der Grundlage von eigenen Sparguthaben anstelle von Almosen folgend, funktionierte auch der 1583 in Bologna gegründete *Monte del Matrimonio*. Dieser motivierte breite Bevölkerungsteile zum Anlegen auch von kleinen Summen – im Unterschied zum *Monte delle doti*, der vor allem von städtischen Eliten genutzt wurde. Im *Regno di Napoli* richteten Handwerkskorporationen, aber auch Familien ab dem 16. Jahrhundert *Monti di maritaggio* für die Töchter ihrer Mitglieder beziehungsweise aus dem eigenen Verwandtenkreis ein.[30]

Für Städte wie Rom, Florenz oder Bologna haben Untersuchungen gezeigt, dass im 17. und 18. Jahrhundert jährlich zwischen 250 und 400 Mitgiften aus solchen Fonds ausbezahlt wurden.[31] Den Untersuchungen von Marina D'Amelia zufolge, erhielten zwischen 30 und 40 Prozent aller Frauen, die in Rom zwischen 1637 und 1755 heirateten, eine Mitgift-Unterstützung von Seiten des größten Mitgiftfonds der Stadt, der *Confraternita dell'Annunziata*.[32] Moralität und Lebenswandel der Frauen wurden überprüft. Aufgrund der nicht allzu üppigen Beträge konnte es auch notwendig sein, sich bei mehr als einem Fonds um eine Mitgift zu bemühen. Angela Groppi stellte für Rom eine negative Korrelation her zwischen der Fülle an Mitgiftfonds und dem Anreiz für Frauen, ihre Mitgift durch Arbeit zu erwerben. Auch wenn die Mittel der Fonds nicht ausreichten, um die Frauen tatsächlich vom Arbeitsmarkt fern zu halten, habe diese weit verbreitete Möglichkeit zur Vorstellung eines nur komplementären Charakters von Frauenarbeit beigetragen, die dem prioritären Recht beziehungsweise der prioritären Pflicht, zu heiraten oder ins Kloster zu gehen, gegenüber gestellt wurde.[33] Verständlich

29 Carboni, Le doti della „povertà", 15.

30 Carboni, Le doti della „povertà", 15.

31 Vgl. Carboni, Le doti della „povertà", 40, mit weiterführenden Literaturangaben.

32 Vgl. Marina D'Amelia, Economia familiare e sussidi dotali. La politica della Confraternita dell'Annunziata a Roma (secoli XVII–XVIII), in: Simonetta Cavaciocchi Hg., La donna nell'economia, secc. XIII–XVIII. Atti della „Ventunesima Settimana di Studi", 10–15 aprile 1989, Firenze 1990, 195–215, 200ff.

33 Vgl. Angela Groppi, Dots et institutions: la conquête d'un „patrimoine" (Rome, XVIIIe–XIXe siècle), in: Clio, 7 (1998), 139–154, 139ff; Sarti, Nubili e celibi, 218. Angela Groppi zitiert einleitend Charles de Brosses, der Italien bereiste und 1799 schrieb, dass die Frauen aus den ärmeren Schichten in Rom „glorieuses, volontaires et fainéantes" seien; „ce qui vient de la facilité qu'elles ont à trouver des dots pour se marier et, par une suite de facilité, du peu de soin que l'on se donne pour les élever au travail. Après les peuples mahométans, je crois qu'il n'y a point de nation au monde plus charitable que la nation italienne."

werden Präsenz und Ausmaß der Mitgiftfonds sowie das öffentliche Engagement in dieser Sache letztlich nur vor dem Hintergrund, dass Ledigsein von Frauen sozial wenig akzeptiert war. Die einzige wirkliche Alternative zur Heirat – im Zeichen der Respektabilität – bot das Kloster, wofür ebenfalls eine Mitgift erforderlich war. Allenfalls galt Respektabilität auch für die Dritten Orden, die keine Klöster unterhielten, aber zum Ledigenstatus verpflichteten. So fehlt auch nicht eine passende Legende zur engen Verquickung von Mitgift und Moral: Der heilige Nikolaus stattete die drei Töchter eines verarmten Mannes mit einer Mitgift aus und rettete sie damit vor der Prostitution.[34]

Heiratsgutfonds oder ein über eine Stiftung bezogenes Heiratsgut sind uns in unseren Quellenmaterialien und im Zuge unserer Recherchen nicht begegnet.[35] Das Sichten von Untersuchungen zu Testamenten aus dem deutschsprachigen Raum legt die Vermutung nahe, dass es Legate dieser Art zwar gegeben hat, dass ihr Ausmaß aber wohl nicht italienischen Verhältnissen vergleichbar war. Allerdings könnten gezielte Recherchen und Forschungen hier auch noch einiges zu Tage fördern. Zu fragen ist dabei nach Schriftlichkeit und den Orten des Aufzeichnens. Gabriela Signori merkt diesbezüglich an: „Ging es um kleinere Gaben zugunsten von Gilden, Zunft- und Laienbruderschaften, ersparten sich die meisten den Weg zum Gericht und trugen ihr Begehren dem entsprechenden Zunftgericht oder den Bruderschaftsmeistern vor."[36] Fassen lassen sich vor allem Verfügungen zugunsten von Kirchen, Klöstern und karitativen Einrichtungen wie Siechenhäusern und Spitälern. Auch in Zusammenhang mit Armenunterstützung finden sich Spuren von heiratsbezogenen Stiftungen.

Von einer „Ehesteuer" berichtet Silke Kröger, die das Almosenamt beziehungsweise das Neue Stift in Regensburg armen Bürgerstöchtern als „Beihilfe zur Ehestandsgründung" im 16. und 17. Jahrhundert auszahlte. In deren Genuss kamen die Frauen in der Reihenfolge der Ansuchen, aber auch hier nur jene, die in ihrem Verhalten den Moralvorstellungen der Zeit entsprachen und einer ehrlichen Arbeit, etwa als Dienstmagd, nachgingen. Sechs Ehesteuerstiftungen wurden in der Zeit zwischen 1579 und 1701 durch Privatpersonen mittels Testament oder Donationsbrief begründet, die das Almosenamt verwaltete. Zwischen 1748 und 1802 erhielten 175 Frauen eine solche Beihilfe, allerdings war eine erhebliche Wartezeit damit verbunden: im Schnitt mehr als neun Jahre.[37] Gesamt gesehen waren Legate und Stiftungen

34 Vgl. Carboni, Le doti della „povertà", 38.

35 Im Zuge von Archivrecherchen konnten in Zusammenhang mit der Auflösung von Bruderschaften in josephinischer Zeit Hinweise auf Stiftungen für Aussteuer und Heiratsgut zugunsten armer Mädchen gefunden werden. Lokalisiert waren sie alle im Kreisamt Rovereto. Vgl. Tiroler Landesarchiv Innsbruck, Jüngeres Gubernium, Protocolla in Geistlichen Co[mmissi]ons-Sachen vom 1. Julii bis Ende Decembris 1784, fol. 1411, 1589, 1616.

36 Gabriela Signori, Vorsorgen – Vererben – Erinnern. Kinder- und familienlose Erblasser in der städtischen Gesellschaft des Spätmittelalters, Göttingen 2001, 58f, Zitat: 59.

37 Silke Kröger, Armenfürsorge und Wohlfahrtspflege im frühneuzeitlichen Regensburg, Regensburg 2006, 301, 353ff, 359. Für diesen Hinweis danke ich Martin Scheutz. Silke Kröger verweist auf einige weitere Spuren solcher Stiftungen. Spätmittelalterliche Aussteuerstiftungen für „arme ehrbare Bürgertöchter" in Frankfurt erwähnt Edith Ennen, Frauen im Mittelalter, München 1987^3, 182. Thomas Fischer spricht von einer „Vielzahl von privaten Stiftungen, durch welche Töchtern armer Familien eine Aussteuerbeihilfe gegeben werden sollte, um ihre Heiratschancen zu verbessern," und führt in der dazugehörigen Anmerkung drei solche testamentarischen Verfügungen aus Basel und Strassburg an, die jeweils einen bestimmten Betrag für fünf beziehungsweise zwei arme

schwerpunktmäßig den Armen – vornehmlich den Hausarmen – gewidmet sowie diversen mit Armenunterstützung betrauten Institutionen.

Auch im österreichischen Raum waren im ausgehenden Mittelalter und in der Frühen Neuzeit vor allem Armenspenden sehr verbreitet sowie religiöse Vermächtnisse. Beides galt gewissermaßen als soziale Norm.[38] Gerhard Jaritz erwähnt in seiner Auswertung von spätmittelalterlichen Testamenten aus Wien und Niederösterreich aber auch, dass „Bett und Bettzeug", neben der Dienerschaft, vor allem minderjährigen Kindern und Verwandten zugesprochen worden sei. Er stellt dies in einen Konnex zum Heiratsgut. Auch explizit diesem Zweck gewidmete „Bettvermächtnisse" für „arme Jungfrauen" scheinen auf.[39] Edith Saurer verweist darauf, dass zum Zweck der „moralischen Aufwertung" des Zahlenlottos bis 1778 in Österreich – in Lombardo-Venetien noch länger – kleine Aussteuern für jeweils fünf Frauen gezogen wurden. Voraussetzung für die Aufnahme in die Ziehungsliste war ein Alter zwischen 15 und 30 Jahren; darüber hinaus mussten die Kandidatinnen „arm, tugendhaft und ohne Tadel" sein. Einen entsprechenden Nachweis stellte der Pfarrer aus.[40]

Ende des 19. Jahrhunderts waren Mitgiftversicherungen ein Thema. So gründete Gisela von Carmesina de San Vittore, eine gebürtige Triestinerin, im Jahr 1886 einen „Verein zur Ausstattung heiratsfähiger Mädchen" namens „Gisela", der allerdings wegen seiner Anwerbemethoden umstritten war.[41] Auch die Idee zu Mitgiftkassen tauchte auf. Die Schriftstellerin

---

Bürger- oder Hintersassentöchter pro Jahr vorgesehen haben. Thomas Fischer, Städtische Armut und Armenfürsorge im 15. und 16. Jahrhundert. Sozialgeschichtliche Untersuchungen am Beispiel der Städte Basel, Freiburg i. Br. und Straßburg, Göttingen 1979, 129, und Heiratsgeldstiftungen, wie beispielsweise in München die „Jungferngeldstiftung". Für Innsbruck sind Stiftungen, aus deren Zinsen jährlich sowohl eine junge Frau im Hinblick auf ihre Heiratsausstattung und ein Student unterstützt werden sollten, seit dem 16. Jahrhundert bekannt. Diese Stiftungen hatten bis zum Ende des 18. Jahrhunderts Bestand. Aus dem Fonds für das Adelige Theresianische Damenstift stellte die Stadt 1802 selbst Beträge zur Verfügung, die zur Ausbildung von „bedürftigen Bürgerstöchtern" inklusive eines Heiratsguts im Ausmaß von 300 Gulden verwendet wurden. Vgl. Ellinor Forster, Bürgersfrau zu sein, bedarf's nicht wenig, in: dies., Ursula Stanek u. Astrid von Schlachta Hg., Frauen*leben* in Innsbruck. Ein historisches Stadt- und Reisebuch, Salzburg 2003, 16–30, 24.

38 In für den Markt Innichen gesichteten Testamenten war es üblich, eine Anzahl von Messen zu stiften, eventuell dem örtlichen Franziskanerkloster etwas zukommen zu lassen sowie den Armen kleinere Beträge und eine bestimmte Menge Salz zu vermachen. Vgl. dazu auch Michael Pammer, Testamente und Verlassenschaftsabhandlungen (18. Jahrhundert), in: Josef Pauser, Martin Scheutz u. Thomas Winkelbauer Hg., Quellenkunde der Habsburgermonarchie (16.–18. Jahrhundert). Ein exemplarisches Handbuch, Wien 2004, 495–510, 506. Heiratgutstiftungen finden hier keine Erwähnung. Vgl. auch Rebekka Petschacher u. Gudrun Wanzenböck, Bürgerliche Alltagskultur im Spiegel Wiener Testamente (1593–1630), Diplomarbeit Wien 1993, 17ff.

39 Gerhard Jaritz, Österreichische Bürgertestamente als Quelle zur Erforschung städtischer Lebensformen des Spätmittelalters, in: Jahrbuch für Geschichte des Feudalismus, 8 (1984), 249–264, 261.

40 Edith Saurer, Straße, Schmuggel, Lottospiel. Materielle Kultur und Staat in Niederösterreich, Böhmen und Lombardo-Venetien, Göttingen 1989, 329.

41 Vgl. Michaela Hafner, Mitgift und Frauenbildung, ‚Mannweiber' und ‚Einzelexistenzen'. Ehelose bürgerliche Frauen in der zweiten Hälfte des 19. Jahrhunderts in Wien, Diplomarbeit Wien 2005, 85f.

Sidonie von Grünwald-Zerkowitz (1852–1907)[42] schlug in ihrer auf einen Vortrag zurückgehenden Schrift „Wie verheiratet man mitgiftlose Mädchen" unter Punkt 15 das Einrichten von Mitgiftkassen vor: von privater und städtischer Seite sowie auf Landes- und staatlicher Ebene, und zwar auf Grundlage obligatorischer Einzahlungen.[43] Innungen, Handels- und Industrieunternehmen, Banken und andere sollten neben Altersversorgungs- und Krankenkassen auch eine „Heiratsaussteuer-, will sagen Mitgiftkasse" schaffen, und jede Stadt sollte „eine städtische Dienstboten-Mitgiftkasse haben". Die vorgesehene staatliche Mitgiftkassa sollte aus mehreren Quellen gefüllt werden: durch eine Junggesellensteuer, eine Kinderlosigkeits- und eine Witwersteuer, durch Abgaben aus Mitgiften ab einer Höhe von 10.000 Gulden, durch einen Anteil von 20 Prozent aus hinterlassenem Vermögen von Junggesellen über 30 Jahren sowie durch Anteile aus dem, was sonst dem Fiskus zufiel. „Verleihungen aus den Mitgiftkassen" seien kein Almosen, sondern als „ein auszeichnendes Stipendium" zu betrachten. Die Begünstigten der staatlichen Mitgiftkassen sollten „Mädchen von vorwurfsfreier sittlicher Aufführung aus vermögenslosen, gebildeten Mittelklassen" sein, unabhängig davon, ob sie arbeiteten oder nicht.[44] Zudem sollte „die weibliche Jugend" obligatorisch von der ersten Volksschulklasse an in städtische Mitgiftkassen selbst einen „Sparheller" einzahlen.[45]

4. Ökonomische Dynamiken, Blockaden und Strategien

Merkmal einer Mitgift war, dass der Ehemann sie verwaltete; im italienischen Dotalsystem war er zugleich aber auch verpflichtet, sie zu vermehren – um ein Drittel oder ein Viertel, *terzo* oder *quarto dotale* oder *aumento* genannt.[46] Bei einer größeren Mitgift konnte dies eine beträchtliche Summe ausmachen. Das Mitgiftkapital musste demnach gewinnbringend angelegt werden. Dort wo diese Institution ubiquitär verbreitet war, ist das Ausmaß von mitgiftbasier-

42 Ihr Vater war jüdischer Herkunft. Vgl. http://www.onb.ac.at/ariadne/vfb/bio_gruenwald.htm (Zugriff: Mai 2009). Im Judentum waren Wohltätigkeitsvereine zum Zweck der Brautausstattung sehr verbreitet. Sie bezieht sich auch explizit in ihrer Schrift darauf (Seite 58).

43 Sidonie von Grünwald-Zerkowitz, Wie verheiratet man mitgiftlose Mädchen?, Wien 1905, 56ff. Den Hinweis auf diese Schrift habe ich gefunden bei Hafner, Mitgift und Frauenbildung, 84f. Vorträge zu diesem Thema hat Sidonie Grünwald-Zerkowitz dem Vorwort zufolge im Dezember 1904 und im Januar 1905 beim niederösterreichischen Gewerbeverein in Wien gehalten.

44 Grünwald-Zerkowitz, Wie verheiratet man mitgiftlose Mädchen, 59.

45 Grünwald-Zerkowitz, Wie verheiratet man mitgiftlose Mädchen, 60.

46 Vgl. dazu etwa Cavallo, Proprietà o possesso, 197; vgl. auch Howell, The Marriage Exchange, 197f. Vergleichbares galt auch in den französischen Gebieten mit statuarischem Recht: Die Witwe hatte Anspruch auf ein *augment*, dessen Höhe im Heiratsvertrag spezifiziert worden war, üblicherweise im Umfang von einem Drittel der Mitgift, im Adel der Hälfte. Vgl. Barbara B. Diefendorf, Women and Property in *Ancien Régime* France. Theory and Practice in Dauphiné and Paris, in: John Brewer u. Susan Staves Hg., Early Modern Conceptions of Property, London/New York 1995, 170–193, 178. Nach Llorenç Ferrer Alos sahen Heiratskontrakte in Katalonien eine Vermehrung der Mitgift regional variierend zwischen 25 und 50 Prozent vor, *escreix* oder *esponsalici* genannt, als Kompensation für die Arbeit und den Einsatz der Frauen während der Ehe. Vgl. Llorenç Ferrer Alos, Appearance, Evolution and Logic in the Marriage Settlements in Catalonia (16th–19th Centuries), Vortragspaper im Rahmen der European Social Science History Conference, 26. Februar bis 1. März 2008 in Lissabon.

ten Investitionen nicht hoch genug einzuschätzen. Für Florenz und Venedig, die zu diesem Themenaspekt, nicht zuletzt aufgrund der Quellenlage, am besten erforscht sind, zeigt sich, dass eine Heirat in einer Ökonomie, die beständig auf der Suche nach Investitionskapital war, für den Bräutigam vor allem eine gute Gelegenheit darstellte, zu beträchtlichem Reichtum zu gelangen. Der Schwerpunkt lag stärker auf gewinnträchtigen Aktivitäten als auf der Garantiefunktion, die eigentlich prioritär sein sollte. Die Mitgift war also Risiken ausgesetzt. Im Norden Italiens war sie tendenziell weniger effektiv geschützt als im Süden, insbesondere für Venedig und Genua gibt es Befunde dafür, dass Mitgiften in großem Stil – bei den Foscari oder Balbi etwa – in Handelsunternehmen eingeflossen sind.[47] Im Spektrum der ökonomischen Aktivitäten wurde die Mitgift, vor allem als Teil von adeligem, patrizischem oder bürgerlichem Vermögen, nicht nur eingesetzt, um unternehmerische Tätigkeiten in Gang zu bringen oder aufrecht zu erhalten, sondern auch als Garantie für Kredite, um Schulden zu tilgen, als Entlastung von Hypotheken oder als Manövriermasse in Zeiten wirtschaftlicher Instabilität und im Fall ökonomischer Schwierigkeiten.[48] Gesamt gesehen – wie Paola Lanaro konstatiert – seien Untersuchungen zu den ökonomischen Dynamiken der Mitgift bislang jedoch nicht sehr zahlreich.[49]

Dieser Befund gilt wohl auch für die deutschsprachige Forschung. Vor allem für die Geschichte des 19. Jahrhunderts müsste dies Thema sein im Zusammenhang mit dem aufstrebenden Wirtschaftsbürgertum. In unseren Beiträgen ist die Perspektive auf ökonomische Dynamiken außen vor geblieben. Das wäre ein weiteres Forschungsprojekt, für das auch anderes Quellenmaterial bearbeitet werden müsste. Ein entscheidender Punkt, der das Dotalsystem von Heiratsgabensystemen unterscheidet, dürfte in der Verpflichtung liegen, das Mitgiftkapital zu vermehren, was Investitionen angekurbelt und vielfältige Aktivitäten darüber hinaus in Gang gesetzt hat – eine Verpflichtung, die es in den von uns untersuchten rechtsräumlichen Gefügen nicht gegeben hat. Im Kontext der Gütergemeinschaft stellt sich diese Frage ohnehin nicht; bei der Errungenschaftsgemeinschaft liegt der Schwerpunkt auf dem gemeinsam Erwirtschafteten[50] und im Kontext der Gütertrennung war gefordert, die Mitgift in der Höhe zu garantieren und zurückzustellen, in der sie eingebracht worden war. Das Augenmerk galt also dem Bewahren, nicht dem Vermehren. Gleichzeitig begegnet in Quellenmaterial auf Schritt und Tritt angelegtes Geld – gewirtschaftet wurde offensichtlich damit. Dem im Detail nachzugehen, wäre sicher lohnend.

47 Vgl. Lanaro/Varanini, Funzioni economiche, 92f.

48 Vgl. Lanaro/Varanini, Funzioni economiche, 90, 93ff.

49 Vgl. Lanaro/Varanini, Funzioni economiche, 91. Vgl. auch die Kritik von Laurence Fontaine, Kinship and Mobility. Migrant Networks in Europe, in: David Warren Sabean, Simon Teuscher u. Jon Mathieu Hg., Kinship in Europe. Approaches to Long-Term Development (1300–1800), New York/Oxford 2007, 193–210, 200.

50 Einer im Mittelalter gängigen Auffassung nach sollte das in der Ehe gemeinsam Erworbene für den Unterhalt von Frau und Kindern bestimmt sein – doch war dem nicht immer so. Vgl. dazu Gabriela Signori, Fürsorgepflicht versus Eigennutz. Die Verfügungsgewalt über das Errungenschaftsgut in den Eheschriften des 15. Jahrhunderts, in: Andreas Holzem u. Ines Weber Hg., Ehe – Familie – Verwandtschaft. Vergesellschaftung in Religion und sozialer Lebenswelt, Paderborn u. a. 2008, 181–190.

Das Dotalsystem wirkte nicht nur dynamisierend auf lokale und regionale Ökonomien. Eine Mitgift konnte Vermögen auch blockieren. Denn sie musste sicher gestellt werden – wenn dies auch unterschiedlich streng gehandhabt wurde. Die Sicherstellungsobjekte waren in der Regel Immobilien des Ehemannes oder von dessen Familie. Damit waren die Liegenschaften hypothekarisch belastet und für den Markt blockiert, da sie nicht ohne weiteres verkauft werden konnten. Die Mitgift schränkte auf diese Weise und mitunter beträchtlich die ökonomischen Handlungsräume jener Person ein, die dem Konzept nach eigentlich deren Nutznießer sein sollte. Marco Cattini und Achille Romani, die zu führenden Adelshäusern in Mittel- und Norditalien arbeiten, berichten über eine Medici-Gonzaga-Heirat im ausgehenden 16. Jahrhundert, in der eine enorme Mitgiftsumme im Spiel war. Die Braut forderte als Garantie eine Hypothek auf einen Komplex von Liegenschaften und behielt sich ihre Zustimmung im Fall von deren Veräußerung vor, auch von Teilen davon. Ein Verkauf sollte auch nur im äußersten Bedarfsfall und auf Grundlage einer entsprechenden richterlichen Genehmigung möglich sein.[51] Generell zog das erforderliche Einverständnis der Frau und ihrer Familie, das üblicherweise in den Statuten und Gesetzgebungen verankert war, eine symbolische und auch in der Praxis nicht irrelevante Grenze von Handlungsradien.[52]

Wichtig ist auch festzuhalten, dass die Mitgift im Fall eines Konkurses vor allen anderen Gläubigeransprüchen sicherzustellen war, also einen privilegierten Kredit darstellte. Frauen konnten die Mitgift zusätzlich über einen richterlichen Akt absichern, wenn sie diese in Gefahr sahen. Dies konnte durchaus auch im Interesse ihrer Ehemänner sein,[53] indem das Mitgiftvermögen das Startkapital für den Neubeginn nach einem Konkurs liefern konnte. Nicht selten waren die Frauen dann selbst Inhaberinnen des neuen Geschäftes. Mirella Scardozzi spricht in diesem Zusammenhang von der Mitgift als einer Art „Familienversicherung gegen Schicksalsschläge".[54] In nachnapoleonischer Zeit änderte sich die bevorzugte Position der Mitgift vor anderen Schuldnern in der Toskana durch ein neues Hypothekengesetz. Dieser Verunsicherung begegnete man in der Form von vertraglich abgesicherten Garantiehypotheken.[55] Insbesondere im Handels- und Geschäftsmilieu, das mit einem hohen Risiko finanzieller Fehlschläge operierte, war der geschützte Status der Mitgift sehr wichtig.

Veränderungen in der Praxis erfolgten zuerst, am Beginn des 19. Jahrhunderts, bei den ärmeren Schichten. An die Stelle von Dotalverträgen mit den zuvor skizzierten Auflagen traten nun freiere Vertragsformen, die das Zirkulieren der Ressourcen und so auch die Veräußerung

51 Vgl. Marco Cattini u. Marzio Achille Romani, Legami di sangue: relazioni politiche, matrimoni e circolazioni della ricchezza nelle casate sovrane dell'Italia centro settentrionale nei secoli XV–XVIII (ricerche in corso), in: Cavaciocchi, La famiglia nell'economia europea, 47–68, 56.

52 Vgl. Renata Ago, Ruoli familiari e statuto giuridico, in: Quaderni Storici, 30, 88 (1995), 111–133, 113; Angiolina Arru, Un credito senza capitale: il diritto delle mogli al mantenimento (Roma sec. XIX), in: dies., Laura Di Michele u. Maria Stella Hg., Proprietarie. Avere, non avere, ereditare, industriarsi, Napoli 2001, 189–209, 189.

53 Vgl. dazu auch Thomas Kuehn, „Cum Consensu mundualdi". Legal Guardianship of Women in Quattrocento Florence, in: ders., Law, Family, and Women. Toward an Anthropology of Renaissance Italy, Chicago 1991, 212–237, 224. Zu Strategien in diesem Sinn vgl. auch Fontaine, Kinship and Mobility, 201.

54 Mirella Scardozzi, Tra due codici: i contratti dotali nella Toscana preunitaria, in: Calvi/Chabot, Le ricchezze delle donne, 95–120, 117.

55 Vgl. Scardozzi, Tra due codici, 102.

von Mitgiftvermögen oder dessen Einsatz als Kreditgarantie in ökonomisch schwierigen Situationen wesentlich erleichterten. Erklärt wurde diese Veränderung mit den neuen Erfordernissen angesichts eines flexibleren Marktes. Ida Fazio betont, dass die Mitgift damit nicht verschwindet, sondern sich mit einem neuen Wertsystem verbindet, sich an dieses anpasst.[56] Die Privilegierung der Mitgift im ‚alten' System gründete auf einer sozial schwachen Position von Frauen und auf deren fehlenden Rechtsfähigkeit. Sind freiere Transferformen in Umkehr dessen als Emanzipation zu sehen? Ida Fazio meldet Zweifel an: Als Haupteffekt erachtet sie den Umstand, dass der Zugriff auf das Vermögen durch die Familie zur Befriedigung von deren Bedürfnissen damit leichter geworden sei.[57]

Frauen konnten als Witwen Mitgiftschulden gegenüber den Verwandten des verstorbenen Mannes geltend machen. Dies galt – ebenso wie die Sicherstellung der Mitgift – bei Gütertrennung allgemein.[58] Im Unterschied zu den untersuchten Südtiroler Gerichten, wo das gesamte Vermögen der Frauen tendenziell – zumindest was die zweite Hälfte des 18. Jahrhunderts betrifft – auf dem Haus liegen blieb und verzinst wurde, machten Witwen im italienischen Dotalsystem von der Forderung, ihre Mitgift zurückzubekommen, vielfach Gebrauch, auch wenn sie Kinder hatten. Zumeist ließ sich dies aber nur unter Schwierigkeiten realisieren.[59] In Testamenten ersuchten Ehemänner ihre Frauen daher häufig, zum Wohl der Kinder auf die Rückstellung der Mitgift zu verzichten oder boten ihnen den Fruchtgenuss ihres eigenen Vermögens an, wenn sie die Mitgift inkorporiert ließen.[60] Wichtig war deren Rückgabe für Witwen vor allem, wenn sie eine weitere Ehe eingehen, ihr Leben außerhalb des ehemännlichen Hauses weiterführen wollten oder kinderlos waren. Die Mitgift konnte strategisch zur Alterssicherung eingesetzt werden. Angiolina Arru hat den Fall der Witwe Consola Ambron

56 Vgl. Fazio, Valori Economici, 297ff. Sie verweist auf vergleichbare Prozesse, die in Frankreich etwas früher, Ende des 18. Jahrhunderts, bereits eingesetzt haben. Als Beispiele nennt sie Untersuchungen zu Cannes und Rouen von Jacqueline Vincent, Richesses et lacunes des actes notariés pour la connaissance des anciennes structures sociales: les contrats de mariage à Cannes de 1785 à 1815, in: Revue historique, 97, 250 (1973), 363–402; Jean-Pierre Chaline, Les contrats de mariage a Rouen au XIXe siècle. Étude d'après l'enregistrement des actes civils publics, in: Revue d'histoire économique et sociale, 48 (1970), 238–275, 245ff.

57 Vgl. Fazio, Valori Economici, 304.

58 Vgl. auch Anke Hufschmidt, Adelige Frauen im Weserraum zwischen 1570 und 1700. Status – Rollen – Lebenspraxis, Münster 2001, 402f. Sie schreibt: „Die Frauen nutzten ihr Kapital darüber hinaus, um Schulden der Ehemänner zu begleichen, forderten das Geld aber wie Anna von Saldern, die 300 Tlr. an einen Gläubiger gezahlt hatte, von den Erben ihres Ehemannes zurück."

59 Sandra Cavallo kann in der Auswertung von Samples zeigen, dass die Ehemänner in den Testamenten aus dem Jahr 1650 mit einer Rückstellung der Mitgift an die Witwe gerechnet und dies nicht mit Klauseln erschwert haben. Das Sample für das Jahr 1680 zeigt hingegen, dass sie die Rückstellung im Fall einer neuerlichen Eheschließung beschränkt und auch die Bedingungen für eine Trennung der Witwe von den Kindern spezifiziert haben. Der Fruchtgenuss wird an das Belassen der Mitgift im Vermögen der Erben des Mannes geknüpft, wodurch sie die Dispositionsfreiheit darüber verliert. In den Testamenten von 1710 schließlich sind die alternativen Regelungen zur Rückgabe der Mitgift noch mehr geworden. Vgl. Cavallo: Proprietà o possesso, 198f.

60 Vgl. Angiolina Arru, „Schenken heißt nicht verlieren". Kredite, Schenkungen und die Vorteile der Gegenseitigkeit in Rom im 18. und 19. Jahrhundert, in: L'Homme. Z.F.G., 9, 2 (1998), 232–251, 233.

rekonstruiert, die auf der Rückerstattung der Mitgift nach dem Tod ihres Mannes bestand. Sie schenkte diese aber sogleich ihrem Neffen, dem Erben ihres Mannes – das heißt, die Mitgift blieb liegen, wo sie war. Im Gegenzug erhielt Consola Ambron wöchentlich einen bestimmten Betrag ausbezahlt. Umgerechnet entsprechen diese Zahlungen einem Zinssatz von 12,5 Prozent, der sonst niemals zu erzielen gewesen wäre. Doch der Neffe zog diesen Modus einer Rückerstattung der gesamten Summe vor.[61]

Auch wenn es sich formal-juristisch dabei um eine Schenkung gehandelt hat, war es im Grunde ein Kredit. Wie zahlreiche Untersuchungen gezeigt haben, wählten Frauen in Bezug auf die Mitgift vorzugsweise die Rolle als Gläubigerinnen, nicht jene als Eigentümerinnen. Sie setzten die Mitgift, die ihnen Väter, Ehemänner oder deren Erben schuldeten, ein, um neue Kredite zu schaffen. Die Mitgift diente also keineswegs nur als Beitrag der Frauen zu den „Lasten der Ehe" – *ad sustinenda onera matrimoni* –, wie Rechtstexte diese von der Antike bis ins 19. Jahrhundert definiert haben. Ein Wert der Mitgift kann auch darin gesehen werden, „Verpflichtungen und Gegenleistungen" zu begründen.[62] Dies trug zum ambivalenten Charakter dieser Institution, die auf der Schutzbedürftigkeit von Frauen und auf deren eingeschränkter Geschäftsfähigkeit beruhte, bei, zumal sie durch ihren Kreditcharakter Frauen zugleich auch eine gewisse Macht und Handlungsmöglichkeiten gab.

5. *Corredo* und Aussteuer – verzeichnete und nicht verzeichnete Dinge

Witwen hatten im italienischen Dotalsystem nicht nur Anrecht auf die Rückerstattung der Mitgiftsumme, sondern auch auf die Rückgabe der Dinge, die sie bei der Heirat in den Haushalt eingebracht hatten: Dazu zählten Schmuck, Kleider, Bett- und Tischwäsche, seltener auch Möbel.[63] Dies mag ein Grund gewesen sein, diese Gegenstände genau zu verzeichnen. In dem, was verzeichnet wurde und was nicht, liegt ein Unterschied zwischen Dotalverträgen und den von uns bearbeiteten Heiratsverträgen. Bis auf ganz vereinzelte Hinweise fehlen in unserem Quellenmaterial Angaben zu Aussteuer- oder Ausstattungsgegenständen, während deren minutiöse Auflistung einem Dotalvertrag – etwa dem bei einem Notar verfassten *instrumentum dotale* – als Bestandteil der Mitgift vielfach beilag.[64] Dotalverträge wurden aber nicht zwingend in einem Notariat abgeschlossen. Zahlreich machten Brautpaare auch von Privatdokumenten Gebrauch, die beispielsweise vom Vater der Braut und dem Bräutigam unterzeichnet waren, manchmal auch vom Ortspfarrer redigiert.[65] Notarielle Verträge dürften im Süden gebräuch-

61 Arru, „Schenken heißt nicht verlieren", 232f.

62 Arru, „Schenken heißt nicht verlieren", 241.

63 Vgl. Cavallo, Proprietà o possesso, 197. Hinzu kamen zwar nicht Festkleider und Schmuck, den sie während der Ehe von ihren Männern erhalten hatten, wohl aber die „gewöhnlichen Kleidungsstücke". Turiner Ehemänner zeigten sich in ihren Testamenten jedoch oft großzügig und überließen ihren Frauen alle Kleider und den gesamten Schmuck. Sandra Cavallo interpretiert dies als Kompensation für die Restriktionen des Mitgiftsystems.

64 In dem Sample von Heiratsverträgen aus der Toskana, das Mirella Scardozzi, ausgewertet hat, lag beispielsweise jedem dritten Dokument eine Liste des *corredo* bei. Vgl. Scardozzi, Tra due codici, 108.

65 Vgl. Lombardi, Matrimoni di antico regime, 188f.

licher gewesen sein als im Norden;[66] schwierig zu klären ist die Frage nach der Verbreitung schriftlicher Verträge als Privatdokumente.

In den ärmeren Schichten bestand die Mitgift zu einem guten Teil, manchmal sogar ausschließlich aus dem *corredo*, in Turin *fardello* genannt – der Aussteuer. Den Hauptzweck des *corredo* sieht Mirella Scardozzi, die über die erste Hälfte des 19. Jahrhunderts gearbeitet hat, nicht primär in einem Beitrag zur Gründung eines Hausstandes – denn Hausrat befand sich vergleichsweise wenig darunter –, sondern vielmehr in der standesgemäßen Ausstattung der Braut mit Kleidern, Strümpfen, Schmuck und Gegenständen des persönlichen Gebrauchs je nach sozialem Status. Das Bett allerdings war omnipräsent und stellte einen beträchtlichen Teil der Mitgift dar. Die *corredi* von gut stehenden Bäuerinnen aus dem städtischen Umland vermitteln nicht den Eindruck, dass diese jahrelang an ihrer Aussteuer gewoben und gestickt haben, sondern lassen die Einbindung in überlokale Märkte erkennen.[67]

In vielen Punkten lesen sich die Befunde von Christiane Klapisch-Zuber für einen Jahrhunderte früher angesetzten Zeitraum ähnlich: Auch im ausgehenden Mittelalter war die Aussteuer Teil der Mitgift und vornehmlich auf den Körper der Braut bezogen. Hausrat, Bett- oder Tischwäsche sowie Möbel waren in sozial höher gestellten Kreisen kaum darin enthalten, sondern vor allem Kleidungsstücke, Utensilien zur Körperpflege, Näh- und Spinnzeug, oder auch ein Stundenbuch und ein Paternoster.[68] Über die Zusammensetzung der Aussteuer der weniger bemittelten Bevölkerungsteile gibt es für die Zeit der Renaissance nur wenige Spuren. Haushaltsbezogene Güter scheinen dort – wie auch im gehobenen Handwerkermilieu in Florenz – jedenfalls auf. In wie ferne Bräute selbst an der Herstellung ihrer Aussteuer beteiligt waren, dafür gibt es für diese Zeit kaum Anhaltspunkte.[69]

Oft, wenn auch nicht immer, sind zu den einzelnen aufgelisteten Gegenständen Schätzwerte angegeben.[70] Da es sich bei solchen Bewertungen nicht um ‚objektive' Größen handelt, diese vielmehr spezifischen Wahrnehmungen, Kriterien und Konventionen folgen, erwies sich ein reines Berechnen der Summen heuristisch als nicht sehr ergiebig und lieferte auch nicht unbedingte verlässliche Indikatoren in Hinblick auf die soziale Platzierung des Brautpaares. Interessantere Ergebnisse brachte die Frage nach dem Verhältnis zwischen haushaltsbezogenen Gegenständen und jenen des persönlichen Bedarfs. Teile des *corredo* eigneten sich auch zum Verkauf, wie Schmuck, Seidenkleider oder die Aufbewahrungstruhen selbst.[71]

Bezüglich der Implikationen der bei Aussteuer-Gegenständen angegebenen Schätzwerte wurde auch die These diskutiert, dass damit die Beschränkung von deren Unveräußerlichkeit umgangen worden sein könnte. Ida Fazio verweist darauf, dass in Mittel- und Norditalien das Verbot

66 Vgl. Scardozzi, Tra due codici, 106. Zu notariellen Heiratsverträgen vgl. auch Germain Sicard Hg., Notaires, mariages, fortunes, dans le Midi toulousain, Toulouse 1997; C. Mignon-Leloup, Les contrats de mariage passés devant les notaires nivellois de 1740 à 1804, in: Le notariat en roman pays de Brabant et l'enseignement du notariat à l'Université catholique de Louvain. Catalogue de l'Exposition organisée à Louvain-la-Neuve du 13 au 28 mars 1986, Bruxelles 1986, 15–19.

67 Scardozzi, Tra due codici, 108f.

68 Klapisch-Zuber, Das Haus, der Name, 83ff.

69 Klapisch-Zuber, Das Haus, der Name, 89f.

70 Vgl. Colclough, Invisible Patrimonies, 149; Carboni, Le doti della „povertà", 33; Manuela Martini, Doti e successioni a Bologna nell'Ottocento. I comportamenti patrimoniali del ceto nobiliare, in: Quaderni Storici, 31, 92 (1996), 269–304, 279.

71 Vgl. Lanaro/Varanini, Funzioni economiche, 94.

der Veräußerung der Mitgift vielfach ausgesetzt worden sei, indem die Frauen im Dotalvertrag schworen, keinen Einwand dagegen zu erheben, während deren Schutz in Sizilien und in Süditalien bis ins 19. Jahrhundert hinein respektiert wurde.[72] Das betrifft auch den *corredo*. Gérard Delille hat eine Erosion der Unveräußerlichkeit im Verlauf der Frühen Neuzeit geortet, die er als einschneidende Veränderung wertet, die aber noch wenig Aufmerksamkeit der HistorikerInnen erhalten habe.[73] Spätestens mit dem *Codice Pisanelli* war der Ehemann zur Rückgabe des Wertes verpflichtet, nicht mehr der einzelnen Objekte.[74]

6. Heiratsgut, Mitgift und Erbteil

Mitgift und Heiratsgut sind nicht nur über das Ehegüterrecht geregelt, sondern sie stehen auch in Bezug zum Erbrecht, vornehmlich in der Frage nach ihrem Verhältnis zum Erbe.[75] Die Form, in der sich dieses gestaltet, weist einen markanten Unterschied auf: Das Heiratsgut scheint in den von uns untersuchten Rechtsräumen, auch im Gütertrennungsmodell in Tirol, als Voraus auf das spätere Erbe gegolten zu haben. Ähnlich wie sich dies auch im deutschen Adel entwickelte,[76] stellt die Mitgift in den italienischen Dotalsystemen dem gegenüber eine Abfindung der Töchter ohne jeden weiteren Anspruch auf das väterliche Erbe dar, die weit unter dem Wert eines brüderlichen Erbteils lag. Die Mitgift war ein vorgezogenes, zugleich aber definitives Erbe der Töchter, abgelöst vom Familienvermögen, das den Söhnen zustand. Diese Form der *exclusio propter dotem* wurde ab dem 13. Jahrhundert nach und nach ausnahmslos in allen italienischen Stadtstaaten in die Statuten aufgenommen.[77] Sie blieb durch das *Ancien Régime* hindurch wirksam. Dadurch wurde die Mitgift – anders als das Heiratsgut – nicht nur zum Synonym der Ungleichheit zwischen (Ehe-)Männern und (Ehe)-Frauen, sondern auch zum Synonym der Ungleichbehandlung von Söhnen und Töchtern.

Wie das Verhältnis zwischen Mitgift und Familienvermögen einzuschätzen sei, wurde allerdings kontrovers diskutiert: Jack Goody interpretierte die Mitgift als eine Stärkung der bilateralen Übertragung von Gütern, während Diane Owen Hughes darin das Gegenteil sah: Die Rückkehr der Mitgift und des Vorrangs des römischen Rechts gegenüber anderen, als germanisch bezeichneten Modellen des Brautpreises, des Brautschatzes und der Morgengabe im Hochmittelalter habe die Patrilinearität gestärkt und die bilaterale Güterübertragung

72 Vgl. Fazio, Valori economici, 294.

73 Gérard Delille, Strategie di alleanza e demografia del matrimonio, in: Michela De Giorgio u. Christiane Klapisch-Zuber Hg., Storia del matrimonio, Roma/Bari 1996, 283–302, 291.

74 Vgl. Scardozzi, Tra due codici, 100.

75 Vgl. dazu auch Diane Owen Hughes, From Brideprice to Dowry in Mediterranean Europe, in: Journal of Family History, 3, 3 (1978), 262–296.

76 Im deutschen Hochadel begann sich ab dem 14. Jahrhundert die Praxis abzuzeichnen, die immer stärker in Richtung eines Ausschlusses der Töchter vom Erbe ging. Doch nicht alle Frauen waren bereit, eine entsprechende Verzichtserklärung zu unterschreiben. Vgl. Karl-Heinz Spieß, Familie und Verwandtschaft im deutschen Hochadel des Spätmittelalters, 13. bis Anfang des 16. Jahrhunderts, Stuttgart 1993, 243f.

77 Vgl. Carboni, Le doti della „povertà", 13, 34.

geschwächt, indem die Mitgift eine Form der Enterbung der Töchter darstelle.[78] Ida Fazio kritisiert die Zielrichtung der Diskussion bei Goody und Hughes, denn sie bleibe auf die Beziehung zwischen Frauen und Familienbesitz beschränkt. Weiter führend seien vielmehr mikrohistorische Zugänge, welche den Prozesscharakter, das heißt, die laufenden Anpassungen, die Logiken von Transfers, die verschiedenen Aspekte der Vermögensverwaltung durch Männer und Frauen ins Zentrum rücken. Es solle weniger darum gehen, Regelhaftigkeiten und *Antworten* aus der empirischen Forschung auf eine allgemeine Ebene zu heben, sondern vielmehr um das Gegenteil: *Fragen* auf die allgemeine Ebene zu bringen, die sich angesichts der Diskontinuitäten, der Abweichungen, dem Uneindeutigen im jeweils spezifischen Kontext stellen.[79] Denn die schwachen Eigentumsrechte von Frauen im Dotalsystem hatten zugleich den – nur scheinbar paradoxen – Effekt, die an Väter und Ehemänner adressierten Verpflichtungen, welche die „armen Frauen" einfordern konnten, verstärkt zu haben.[80]

In der Regel bestand eine Mitgift aus Geld. Anna Bellavitis stellte für Venedig in dieser Frage allerdings einen markanten Unterschied zwischen ersten und späteren Ehen fest. Bei der ersten Heirat brachten Frauen neben einem *corredo* meist Geld in die Ehe ein, selten Immobilien. Die Mitgift von Witwen hingegen bestand in mehr als der Hälfte der Fälle auch aus Immobilien. Diese konnten entweder aus dem Erbe der eigenen Familie stammen oder aber als Form der Restitution der Mitgift von Seiten der Familie des Mannes in ihr Eigentum gelangt sein. Wenn eine Mitgift auf einer Immobilie sichergestellt war, konnte diese nur dann verkauft werden, wenn vorher die Mitgiftsumme bei den *Procuratori di San Marco* hinterlegt wurde. Ansonsten fiel der Witwe das Sicherungsobjekt als Eigentum zu.[81] Aus Heiratsverträgen wird ersichtlich, dass solche Immobilien von Witwen aus ihrer Mitgift in der Folge mittels Testament als Mitgift an ihre Töchter übergingen.[82] Zwar oblag die Pflicht zur Stellung einer Mitgift den Vätern – doch trugen auch Mütter, Großmütter oder Tanten nicht unwesentlich dazu bei.

Mit dem *Code civil* von 1804, der in weiten Teilen Italiens – zumindest für einige Zeit – in Kraft war,[83] wurde die gleiche Erbfolge für Söhne und Töchter eingeführt, bald aber wieder ab-

78 Vgl. Jack Goody, Bridewealth and Dowry in Africa and Eurasia, in: ders. u. S. J. Tambiah, Bridewealth and Dowry, Cambridge 1973,1–58; 17ff. Die Unterschiede zwischen Mitgift und Erbe sieht er hauptsächlich in Hinblick auf „timing and flexibility". Vgl. Hughes, From Brideprice to Dowry; Sie rollt die Geschichte der verschiedenen Heiratsgaben seit der Antike auf. Vgl. zu dieser Diskussion auch Fazio, Valori economici, 294, Anm. 11. Eine häufige Referenz für Italien in diesem thematischen Kontext ist das Buch von Manlio Bellomo, Ricerche sui rapporti patrimoniali tra coniugi. Contributo alla storia della famiglia medievale, Milano 1961.

79 Vgl. Ida Fazio, Le ricchezze delle donne: verso una ri-problematizzazione, in: Quaderni Storici, 101 (1999), 539–550, 545.

80 Vgl. Raffaella Sarti, Oltre il *gender*? Un percorso tra recenti studi italiani di storia economico-sociale, in: Anna Rossi-Doria Hg., A che punto è la storia delle donne in Italia, Roma 2003, 93–144, 120.

81 Vgl. Anna Bellavitis, Patrimoni e matrimoni a Venezia nel Cinquecento, in: Calvi/Chabot, Le ricchezze delle donne, 149–160, 153.

82 Vgl. Bellavitis, Patrimoni e matrimoni, 154.

83 Vgl. Manuela Martini, Neue Rechte, alte Pflichten. Die Rezeption des *Code Napoléon* zu Beginn des 19. Jahrhunderts in Italien, in: L'Homme. Z.F.G., 14, 1 (2003), 90–96.

geschafft.[84] Mirella Scardozzi stellte für die Toskana fest, dass die für Frauen günstigen Punkte in Bezug auf die Erbfolge unter den ersten waren, die man sich ab 1814, in der nachnapoleonischen Restaurations-Zeit, beeilte, wieder zu eliminieren. Die im *Ancien Régime* geltenden Bestimmungen wurden – getragen von einem „agnatistischen Geist" – wieder eingeführt, so auch, dass Töchter nur in Ermangelung von Söhnen erben konnten. Dennoch gab es einen deutlichen Unterschied zum alten System: Die Mitgift wurde als Voraus des väterlichen und mütterlichen Erbes anerkannt, und Töchter konnten, sobald der Erbgang eröffnet war, um einen zusätzlichen Anteil ansuchen – allerdings nur, sofern die Erbquote mehr als das sechsfache der Mitgift ausmachte. [85]

Das Zwischenspiel des *Code civil* war also nicht ganz folgenlos geblieben, in seiner nachhaltigen Wirkung aber doch beschränkt. Gleiches Erbe für Söhne und Töchter *ab intestato* wurde endgültig mit dem *Codice Pisanelli* von 1865 – in Kraft getreten am 1. Januar 1866 – eingeführt. Lag ein Testament vor, so stand allen Kindern mindestens der Pflichtteil – die *legittima* – zu. Tatsächlich reduzierten Väter häufig mittels Testament die Quote der Töchter auf das gesetzlich vorgeschriebene Minimum. Zudem ermöglichte ein Verzicht von Seiten der Töchter Vermögensübertragungen nach altem Muster: Die Töchter wurden mit der Mitgift abgefunden und die Brüder teilten sich das väterliche Erbe.[86] Neben väterlichen Testamenten kamen weitere Strategien zum Einsatz, um die neuen Regelungen des *Codice Pisanelli* zu umgehen: illegale Schenkungen beispielsweise oder fingierte Verkäufe an jene Söhne, die bevorzugt werden sollten. Die egalitär ausgerichteten rechtlichen Neuerungen setzen sich nur äußerst langsam gegenüber der patrilinearen Logik durch.[87]

Mit der Neudefinition der Mitgift als Voraus auf das zu erwartende Erbe veränderte sich deren Zuordnung als Eigentum. Galt zuvor nur eine von Dritten gestellte Mitgift, eine *dote avventizia*, als eigenes Vermögen der Frauen, über das sie testamentarisch verfügen konnten, so ging nun auch eine vom Vater gestellte Mitgift in das Eigentum der Frauen über. Sie konnten nun auch über eine Mitgift aus Familienvermögen testieren und in anderen Belangen als deren Eigentümerinnen agieren – zumindest über einen Teil. Denn ihre Befugnisse blieben eine Zeitlang noch eingeschränkt durch den *lucro dotale*. Damit ist der Anspruch des Ehemannes auf das Mitgiftvermögen nach dem Tod der Frau bezeichnet, der sich auf einen regional unter-

84 Zur breiten Akzeptanz des *Code civil* in der ebenfalls stark patrilinear organisierten Normandie, wo Töchter zuvor vom Erbe ausgeschlossen waren, vgl. Fabrice Boudjaaba, Femmes, patrimoine et marché foncier dans la région de Vernon (1760–1830). Le patrilineage normand face du Code civil, in: Histoires & sociétés rurales, 28, 2 (2007), 33–66. Zu den Implikationen des Code Napoléon in Gebieten mit Gütergemeinschaft vgl. Philippe Godding, Les contrats de mariage dans la première moitié du 19ème siècle : fidélité à la coutume ou adoption sans réserve du Code Napoléon?, in: Revue belge d'histoire contemporaine, 14 (1983), 91–114, 99ff. Vgl. auch Florence Laroche-Gisserot, Pratiques de la dot en France au XIXe siècle, in: Annales ESC, 6 (1988), 1433–1452.

85 Scardozzi, Tra due codici, 96ff.

86 Vgl. Palazzi, Nuovi diritti, 121f.

87 Vgl. Calvi/Chabot, Introduzione, 11.

schiedlich hoch angesetzten Anteil bezog.[88] In der Toskana war dies bis 1838 die Hälfte.[89] Einen Ehebruch bezahlten Frauen in der Frühen Neuzeit im schlimmsten Fall mit ihrem Leben, die Herkunftsfamilie verlor jedenfalls das Recht auf die Rückerstattung der Mitgift.[90] Dies stellt ein weiteres Element des ordnungspolitischen ‚Auftrags' der Mitgift dar – mit geschlechtsbezogen einseitiger Wirksamkeit.

7. Die Mitgift der Witwen

Auf den grundsätzlichen Anspruch von Witwen auf ihre Mitgift wurde bereits hingewiesen und ebenso darauf, dass sich die Rückerstattung vielfach schwierig gestaltete, dass Frauen im Testament ersucht wurden, die Mitgift auf dem Vermögen des Mannes liegen zu lassen und ihnen Fruchtgenussrechte als Ausgleich angeboten wurden. Der Umfang von Fruchtgenussrechten konnte davon abhängen, ob Kinder vorhanden waren oder nicht. Im ersteren Fall war etwa in Lucca nur das Recht auf Kleidung und Unterhalt vorgesehen, nur in letzterem auf das gesamte Vermögen des Verstorbenen. Außer im Fall von großen ökonomischen Schwierigkeiten wurde die Mitgift im Fall der Wiederverehelichung einer Witwe zurückerstattet. Daraufhin musste sie das Haus verlassen und verlor nicht nur jeden Anspruch auf Vermögen von Seiten ihres Mannes – auch testamentarisch Vermachtes mit eingeschlossen –, sondern auch die Aufsicht über ihre Kinder.[91] Anna Bellavitis merkt für Venedig an, dass innerhalb eines Jahres und Tages um die Rückgabe der Mitgift angesucht werden musste. Sobald die Witwe darum angesucht hatte, durfte sie zwar noch im Haus bleiben, aber nicht länger ihren Unterhalt aus dem hinterlassenen Vermögen des Mannes beziehen. Mit der Rückerstattung musste sie das Haus verlassen, sofern nicht eine anderslautende testamentarische Verfügung vorlag.[92]

Generell sind in Hinblick auf Witwenbestimmungen auch unterschiedliche Familiensituationen in Rechnung zu stellen: Die Befugnisse von Müttern mit noch kleineren Kindern, was das Verwalten von Geld, Besitz, Geschäftslokalen etc. betraf, waren deutlich ausgedehnter als jene von Frauen, deren Söhne bereits älter waren. Dann konnten sie schnell in Abhängigkeit geraten, und der gewährte Fruchtgenuss sich auf den Bezug eines Unterhalts im Haus des Erben beschränken. Im Alter der Kinder sieht Sandra Cavallo einen Schlüsselfaktor für die Position

88 Vgl. Scardozzi, Tra due codici, 99f. Die Regelungen, was mit der Mitgift nach dem Tod der Frau zu geschehen habe, waren recht unterschiedlich: In Venedig beispielsweise ging die Mitgift als Erbe in Anteilen an alle Kinder; bei Kinderlosigkeit fiel sie an die Herkunftsfamilie zurück. In Lucca hatte der überlebende Ehemann das Anrecht auf einen *lucro dotale*, der mit der Dauer der Ehe zunahm: die Hälfte der Mitgift, falls die Frau innerhalb des ersten Ehejahres ohne Kinder verstarb, ansonsten zwei Drittel. Vgl. Calvi/Chabot, Introduzione, 13, sowie die Beiträge von Anna Bellavitis und Paola Paterni im selben Band: Bellavitis, Patrimoni e matrimoni; Paola Paterni, Le leggi della città, le leggi della famiglia (Lucca, XVI–XVIII secc.), in: ebd., 65–78, 70ff. Vgl. auch Susanne Lepsius, Fall 9. Die Ehe, die Mitgift und der Tod, in: Ulrich Falk, Michele Luminati u. Matthias Schmoeckel, Fälle aus der Rechtsgeschichte, München 2008, 129–146.

89 Vgl. Scardozzi, Tra due codici, 104.

90 Vgl. Carboni, Le doti della „povertà", 28.

91 Vgl. Paterni, Le leggi della città, 73f.

92 Vgl. Bellavitis, Patrimoni e matrimoni, 151.

von Witwen.[93] Im Witwenstand verbleibend und vom verstorbenen Ehemann testamentarisch als *donna e madonna* eingesetzt, war die leitende Position im ehemännlichen Haus, der Unterhalt und die Aufsicht über Kinder, einschließlich der Vormundschaft, und Dienstboten gewährleistet.[94] Fruchtgenussrechte sind eine Option in Gütertrennungssystemen. Während sie im Dotalsystem ein einseitiges Zugeständnis, gewissermaßen einen Tauschhandel darstellen, die Alternative zur Rückgabe der Mitgift an die Witwe, haben sich Fruchtgenussrechte in den untersuchten Südtiroler Gerichten zunehmend in Richtung eines Instruments der Gegenseitigkeit verändert. Das Alter der Kinder war auch dort ein bestimmender Faktor.

8. Kapitalflüsse zwischen Buchhalten und Ausblenden

Mehrfach konstatiert wurde der Tausch von Mitgiften über spezielle Heiratsallianzen. Dies war etwa bei Doppelhochzeiten der Fall, wenn der Haupterbe einer Familie und dessen Schwester die Ehe mit Geschwistern eingingen, die sich wiederum aus dem Haupterben und dessen Schwester zusammensetzten – und beide Frauen eine ähnlich bemessene Mitgift einbrachten. Auch andere solcher Konstellationen des Mitgifttausches gab es: wenn etwa ein Witwer sich mit einer Witwe verehelichte und zugleich auch dessen Tochter und deren Sohn aus der jeweils früheren Ehe. Öfters jedoch zog sich ein solcher Austausch über zwei oder mehr Generationen hin und wird nur durch eine Rekonstruktion der Heiratsallianzen und Mitgiftflüsse sichtbar.[95] Für Florenz und Venedig sind regelrechte „Buchhaltungen" der Mitgiften durch Väter dokumentiert: Die an ihre Töchter hinaus gegebenen Mitgiften wurden versucht, mit den über die Schwiegertöchter herein kommenden Mitgiften auszugleichen. Ausgeklügelte Kompensationsmechanismen über „Heiratsketten", aber auch anderen Formen des von Tauschbeziehungen über Generationen, die schließlich eine Endsumme nahe Null aufwiesen, ließen sich auch im Königreich Neapel oder im Languedoc feststellen.[96] Kreuzehen unter Geschwisterpaaren gab es auch unter Handelsleuten und Handwerkern, die nicht selten mit einer beruflichen Endogamie einher gingen.[97]

---

93 Cavallo, Proprietà o possesso, 201f.

94 Vgl. Bellavitis, Patrimoni e matrimoni, 151; vgl. auch Giulia Calvi, Rights and Ties that Bind. Mothers, Children, and the State in Tuscany during the Early Modern Period, in: Sabean/Teuscher/Mathieu, Kinship in Europe, 145–162, dies., Widows, the State and the Guardianship of Children in Early Modern Tuscany, in: Sandra Cavallo u. Lyndan Warner Hg., Widowhood in Medieval and Early Modern Europe, Halow 1999, 209–219.

95 Vgl. dazu André Burguière u. François Lebrun, Die Vielfalt der Familienmodelle in Europa, in: Jack Goody Hg., Geschichte der Familie, Bd. 3: Neuzeit, Frankfurt a. M./New York 1997, 13–118, 95f.

96 Vgl. Carboni, Le doti della „povertà", 27. Er bezieht sich hierbei auf Ergebnisse von Antony Molho, Roberto Barducci, Gabriella Battista u. Francesco Donnini, Genealogia e parentado. Memorie del potere nella Firenze tardo medievale. Il caso di Giovanni Rucellai, in: Quaderni Storici, 29, 86 (1994), 365–403, 380f; James C. Davis, A Venetian Family and its Fortune 1500–1900. The Donà and the Conservation of Their Wealth, Philadelphia 1975, 106ff; Gérard Delille, Famiglie e proprietà nel Regno di Napoli, Torino 1988, 199ff; Emmanuele Le Roy Ladurie, Il denaro l'amore la morte in Occitania, Milano 1983, 98ff.

97 Vgl. Lanaro/Varanini, Funzioni economiche, 95.

Spezifische Allianzbildungen und die Rolle der Mitgift sind auch ein für das 19. Jahrhundert wichtiges Thema, das jedoch im Vergleich zum Mittelalter und zur Frühen Neuzeit weniger erforscht ist. Dieses Phänomen stellte bereits Marion A. Kaplan in ihrer Einleitung zu „The Marriage Bargain" im Jahr 1985 fest; zehn Jahre später kehrt diese Kritik bei Manuela Martini wieder.[98] Dieses Defizit kann mit einer veränderten Quellenlage zusammenhängen, aber auch andere Gründe haben, die plausibel klingen. Marion A. Kaplan stellt die Vermutung an, dass bereits zeitgenössisch die allzu profanen und kalkulierenden ökonomischen Seiten einer Eheschließung ausgeblendet worden seien. Sie schreibt: „The dearth of research may also result from the fact that the nineteenth-century bourgeoisie, which praised romantic love and defended itself against socialist critiques of financially-arranged marriages, was unable to expose dowries to historical analysis, seeing them as mildly shameful."[99] Aus italienischer Perspektive zeichnet sich jedenfalls eine Verschiebung ab: Weniger vermögende Bevölkerungsteile verzichteten im 19. Jahrhundert zunehmend auf Dotalverträge – und wie in den Südtiroler Gerichten deutlich geworden ist, ebenso auf Heiratsverträge. Diese Veränderung ist von einem interessanten Phänomen begleitet, wie Ida Fazio anmerkt: Mitgift und Aussteuer geraten genau in diesem Moment ins Blickfeld eines regen anthropologisch-ethnologischen Interesses und erfahren eine Emphatisierung in einer reduzierten folkloristischen Analyse.[100]

Für bürgerliche Milieus allerdings wird die Bedeutung der Mitgift als Kapital sehr hoch eingeschätzt. David Sabean sieht die Mitgift gerade im 19. Jahrhundert als eine zentrale sozial regulierende Institution insbesondere für die Mittelschichten und in Zusammenhang mit sozialer Mobilität: als Regulator, der Zugänge zu Netzwerken eröffnet, der Integration ermöglicht und auch Differenzierungen herstellt. Als Schlüsselmechanismus fungierte Mitgift in Form von Kapitalflüssen von Seiten des Unternehmens- und Wirtschaftsbürgertums in Milieus, die zwar Prestige und Namen repräsentierten, deren Ressourcen aber stärker in Form von Grundbesitz gebunden waren.[101] Auf die Verflechtung von Verwandtschaft, Geschlecht, Vermögen, Unternehmen und Politik verweist auch Elisabeth Joris für die Schweiz: Die Position von Frauen im heiratspolitischen Spiel und dessen, was sie in die Ehe mitbrachten, wurde um so wichtiger, je mehr wirtschaftlicher Erfolg von Fähigkeiten und Kontakten, Informationen und Netzwerken und vor allem vom Zugang zu flüssigem Kapital abhing. Heiratsmärkte waren so ein zentrales Element der Konsolidierung des Bürgertums im 19. Jahrhundert.[102] Das Einbringen der Frauen floss vielfach ins Firmenvermögen ein – mit allen Widersprüchen zwischen rechtlich eingeschränkter Verfügungsgewalt von Ehefrauen über ihr eigenes Vermögen und

98 Vgl. Martini, Doti e successioni, 269.

99 Kaplan, Introduction, 2.

100 Vgl. Fazio, Valori economici, 307. Zur Ideologisierung und Konstruktion von Traditionen vgl. auch Tzetvana Bonceva u. Anelia Kasabova-Dintcheva, Brautpreise und/oder Mitgift in Bulgarien, in: L'Homme. Z.F.G., 14, 1 (2003), 131–139.

101 Vgl. David Warren Sabean, Kinship in Neckarhausen 1700–1870, Cambridge, 1998, 466ff, 12; ders., Kinship and Class Dynamics in Nineteenth-Century Europe, in: Sabean/Teuscher/Mathieu, Kinship in Europe, 301–313.

102 Wesentliches Element dieser bürgerlichen Kultur war die Feminisierung der familialen und verwandtschaftlichen Soziabilität und Kommunikation, was Kohäsion und Solidarität schuf – als eine Form von sozialem Kapital und als ein kontrolliertes Umfeld für nach sozio-ökonomischen Kriterien richtige Partnerwahl.

fehlender Mitbestimmung und ihren Handlungsräumen in der sozialen Praxis auch hier – nicht nur als Firmen leitende Witwen.[103]

9. Begriffe und Uneindeutigkeiten

Trotz zahlreicher Unterschiede in Raum und Zeit lässt sich die Mitgift in einem Dotalsystem, wie es in den italienischen Staaten galt, relativ klar umreißen. In einer gewissen Grundstruktur stimmen die Modelle trotz der zahlreichen Varianten überein. Der Begriff „Mitgift" bezeichnet ein ganzes System und dessen spezifische Implikationen. Der Gebrauch eines anderen Begriffes – wie etwa Heiratsgut – markiert eine Differenz. Wie groß diese ist, worin diese liegt und welche Vielfalt wiederum hinter diesem Begriff steht, gilt es ebenso wie im Fall der Mitgift in der Komplexität der Praxis zu eruieren und ist mit einer schnellen Definition nicht zu klären. Zugleich konfrontieren internationale Kommunikation und wissenschaftlicher Austausch unweigerlich mit der Frage des Übersetzens und der Übersetzbarkeit solcher Begriffe. Denn sie transportieren die je spezifischen Implikationen des rechtsräumlichen Gefüges, in dem sie situiert sind, mit: eine *dote* ist kein *dowry*, genauso wenig ist ein *Heiratsgut* eine *dote* oder ein *dowry*.

Sinngemäß übereinstimmende Begriffe werden in rechtlich, sozial und kulturell unterschiedlich gestalteten Kontexten verwendet, stehen aber unter Umständen – abgesehen von der Qualität einer heiratsbezogen transferierten Ressource – für etwas anderes. Das macht auch den Vergleich heikel, wenn nicht problematisch, vor allem dann, wenn nur einzelne Aspekte herausgegriffen und nicht in umfassenden Zusammenhängen gesehen werden.[104] Es gelte daher, von Fall zu Fall zu erforschen, was hinter den Begriffen steckt: welche rechtlichen Konstruktionen, welche Ressourcen, welche Auswirkungen auf die Position von Frauen in Ehe und Familie, welche Möglichkeiten und Beschränkungen, welche Form des Übertragens von Gütern, welche Heiratsmuster etc. Und nicht zuletzt gelte es zu fragen, wer welchen Nutzen daraus ziehen konnte.[105] Was Mitgift meint, ist jeweils in einem bestimmten rechtsräumlichen Gefüge situiert.[106]

Gewiss führt dies zu Verwirrung, wenn Transfers, die ganz anderen und gemessen an dem zuvor skizzierten Dotalsystem widersprechenden Logiken folgen, genauso unter dem Begriff „Mitgift" firmieren. Doch stellt sich zugleich die Frage nach einer übergreifenden Definitionsmacht. Dass es immer Frauen sind, die mit einer Mitgift ausgestattet werden, und immer Männer, die diese übernehmen und verwalten, ist ein Kernelement des Dotalsystems. Dass

103 Vgl. Elisabeth Joris, Kinship and Gender: Property, Enterprise, and Politics, in: Sabean/Teuscher/Mathieu, Kinship in Europe, 231–257.

104 Vgl. dazu auch Fazio, Le ricchezze delle donne, 546.

105 Fazio, Le ricchezze delle donne, 546f.

106 Einen umfassenden Vergleich macht Barbara B. Diefendorf, Women and Property. Sie untersucht Heiratsverträge und Testamente aus Grenoble in der Dauphiné, als einem auf römischem Recht basierenden System, und aus Paris, als einem auf Gewohnheitsrecht, dem Pariser *Coutumier*, basierenden System, welche zwei zentrale Traditionen in Rechtstheorie und Rechtspraxis repräsentieren. Als Beispiel für einen weit auseinander liegenden Vergleich, der dies deutlich macht: Agnès Fine u. Claudine Leduc, La dot, anthropologie et histoire. Cité des Athéniens, VIe–IVe siècle / Pays-de-Sault (Pyrénées audoises), fin XVIIIe siècle–1940, in: Clio, 7 (1998), 19–50.

dieses geschlechtsbezogene Zuordnen nicht strikt sein muss, haben Heiratsverträge aus unseren Forschungszusammenhängen gezeigt: Auch Männer brachten bisweilen ein Heiratsgut ein. Wie ist es jedoch einzuordnen, wenn Familienvermögen an alle Kinder, unabhängig von Geburtsrang und Geschlecht, in Form einer Mitgift übertragen wurde, wie dies auf den griechischen Kykladen üblich war?[107]

Der Umstand, dass Männer und Frauen gleichermaßen mit einer Mitgift ausgestattet wurden, stellte einen rechtshistorischen Streitpunkt dar. Lange herrschte die Position vor, dass es so etwas wie eine männliche Mitgift nicht gäbe, dass es sich bei dieser Art von Ressourcentransfer vom rechtlichen Standpunkt aus um ein vorgezogenes Erbe handle. Jedoch wird auf den Kykladen und in anderen Gebieten, die diesem Modell folgen, derselbe Begriff – *prouka* oder *prouki* – für die heiratsbezogenen Ressourcentransfers an Töchter und Söhne verwendet. Sie sollten die ökonomische Grundlage für Haushalt und Familiengründung schaffen und setzten sich aus unbeweglichen und beweglichen Güter, auch Vieh und Geld, zusammen.[108] Das Spannungsfeld liegt also zwischen einer rechtlich eindeutigen Kategorisierung einerseits und dem nach Rechtsräumen variierenden Sprachgebrauch und dem Verständnis historischer Akteure und Akteurinnen andererseits.

Auch mit den englischen Begriffen *dowry* oder *marriage portion* sind ganz bestimmte Implikationen verbunden. Das kann hier nur kurz angedeutet werden. Dem *common law* zufolge waren Ehefrauen nicht rechts- und vertragsfähig – was über den Begriff der *coverture* ausgedrückt wird.[109] Vermögen, das Frauen in die Ehe brachten, ging in die Kontrolle des Ehemannes über. Frauen verloren ihr persönliches Eigentum auf Dauer, ausgenommen Landbesitz – diesen konnten sie eventuell zurückerhalten, falls der Mann früher starb. Als Witwen hatten sie dafür ein lebenslanges Recht auf eine Witwenpension (*dower*). Neben dem *common law* existierten noch drei weitere Formen: das Billigkeitsrecht (*equity*), kirchliches und grundherrliches Recht. Auf deren Grundlage konnten sich Frauen diverse weitere Rechte sichern, weshalb sie sich vielfach an die entsprechenden Gerichte, vor allem die beiden erstgenannten, wandten.[110] Ein wichtiger Punkt in Heiratsverträgen waren in diesem Kontext Vorbehalte von

107 Dieses gewohnheitsrechtliche bilaterale Erbmodell bezog sich auf das ererbte Vermögen. Im Fall der Kinderlosigkeit sollte die Mitgift wiederum an deren Geber zurückfallen – gemeinsames Vermögen war das während der Ehe erwirtschaftete. Vgl. Aglaia E. Kasdagli, Family and Inheritance in the Cyclades, 1500–1800: Present Knowledge and Unanswered Questions, in: The History of the Family, 9, 3 (2004), 257–274, 268ff; vgl. auch dies., Land and Marriage Settlements in the Aegean. A Case Study of Seventeenth-Century Naxos, Venice 1999, 261ff. Für ein anderes Muster vgl. Paul Sant Cassia u. Constantina Bada, The Making of the Modern Greek Family. Marriage and Exchange in Nineteenth-Century Athens, Cambridge u.a. 1992, 48ff.

108 Kasdagli, Family and Inheritance, 270. An dieser Stelle sei auch auf ein Projekt zu Heiratskontrakten am Institute for Mediterranean Studies in Rethimnon, Kreta, unter der Leitung von Aglaia Kasdagli verwiesen: http://www.ims.forth.gr/project.php?c=7&l=e&pid=27&d=6 (Zugriff: Mai 2009).

109 Vgl. dazu Joanne Bailey, Favoured or Oppressed? Married Women, Property and „Coverture" in England, 1660–1800, in: Continuity and Change, 17, 3 (2002), 351–372.

110 Vgl. Amy Louise Erickson, Common Law Versus Common Practice: the Use of Marriage Settlements in Early Modern England, in: Economic History Review, 43, 1 (1990), 21–39, 24; vgl. auch Barbara A. Hanawalt, The Wealth of Wives. Women, Law, and Economy in Late Medieval London, Oxford 2007, 55ff.

Vermögen zur eigenen Disposition.[111] Getrennte Güter galten hier als Schutz von Eigentum und Besitz von Frauen, als Möglichkeit des Zugangs dazu.[112]

Dass die Praxis des Rechts, der Gebrauch des Rechts ein spannendes Thema ist und aus geschlechtergeschichtlicher Sicht eine Schlüsselfrage darstellt, die nicht nur Geschlechterverhältnisse und Geschlechterbeziehungen, sondern relevante gesellschaftliche Bereiche – gesellschaftliche Organisation, Ökonomie und Ordnungspolitik – berührt, hoffen wir mit diesem Band vermitteln zu können. Nicht zuletzt möchten wir mit unseren Interpretationsangeboten, mit den skizzierten Problemhorizonten und Perspektiven sowie mit dem Einbinden in breitere europäische Kontexte weitere Forschungen zu Heiratsverträgen, zu geschlechtsspezifischen Implikationen von Ehegütermodellen und vermögensrechtlichen Fragen insgesamt anregen.

111 Erickson, Common Law, 26f; zu Aushandlungen rund um „the widow's dower" vgl. auch Lloyd Bonfield, Property Settlements on Marriage in England, in: ders., Marriage, Property, 287–308.

112 Erickson, Common Law, 37; vgl. dazu auch Susan Staves, Married Women's Separate Property in England, 1660–1833, Cambridge, Mass./London 1990.

Glossar

à conto: unter Einrechnen von Vorausleistungen an Kinder, etwa auch des Heiratsgutes, auf das zu erwartende Erbteil; als weitere Begriffe dafür auch Kollationierung (von Collation) und Conferierung

ab intestato: ohne Hinterlassung eines Testamentes

Abhandlung / Verlassenschaftsabhandlung: gerichtliche Verhandlung nach einem Todesfall zur Erhebung des Vermögensstandes des oder der Verstorbenen, zur Sichtung relevanter Dokumente wie etwa etwaiger Testamente, Heirats-, → Erb- und Übergabeverträge, zur Klärung und Feststellung der Erben und Erbinnen, was auch zu einem → Vergleich führen kann

Aiden / Ayden: Schwiegersohn → auch Eidam

Amt: herrschaftlicher Verwaltungsbezirk

Anerbenrecht: ungeteilte Besitznachfolge, bei der üblicherweise der älteste oder jüngste Sohn den gesamten Besitz übernimmt und die Miterben und -erbinnen auszahlen muss; je nach Rechtslage können auch Töchter als Anerbinnen fungieren oder aber von dieser Position ausgeschlossen sein

Anweiser: Begriff für Geschlechtsvormund im Kontext der → Geschlechtsvormundschaft

Aszendenten: Verwandte in aufsteigender Linie, Vorfahren

Ausfertigung, Ausstattung, Aussteuer: → Fahrnisse, die mit in die Ehe gebracht werden; insbesondere Wäsche, Kleidung und Kücheneinrichtung, manchmal auch mit einem Betrag beziffert

Ausfertigung: auch Ausstellung einer Urkunde oder eines (Vertrags-)Dokumentes für die beteiligten Personen

Ausgedinge: Altenteil, in den sich der oder die vormaligen Hofbesitzer nach Besitzübergabe oder Verkauf zurückziehen, auch Ausnahme genannt, siehe auch → Ausnehmer / Ausnehmerin

Ausnehmer / Ausnehmerin: von Haushalts- und Wirtschaftsführung zurückgezogene vormalige Hofbesitzer, oft Eltern oder Elternteile, die bestimmte Nutzungs- oder Versorgungsrechte genießen

Befreundte: Verwandte

beidbändig: Kinder von den selben Elternteilen, Geschwister im Unterschied zu → einbändig

Beistände: Zeugen (in den niederösterreichischen Herrschaften)

Beiständer: Geschlechtsvormund (in Salzburg)

Besitzanschreibung: Eintragung von Besitzern und Besitzerinnen in das → Grund- und → Gewerbuch

Besitz- und Erbvorteil: anteilsmäßige Begünstigung des Besitznachfolgers, der Besitznachfolgerin gegenüber den weichenden Erben; siehe auch → Mannsvorteil

Bestand: ein Pachtverhältnis

Cession: Zession, Abtretung eines Rechts

Conperson: Ehefrau / Ehemann

Conschaft / Connschaft: Ehe

Consorten / Eheconsorten: Ehegatten

Copulation / Confirmation (priesterliche): geistliche Segnung der Eheverbindung

cura litis: (Geschlechts-)Vormundschaft im Kontext von Prozessen, für Ehefrauen in Rechtsgeschäften mit dem Ehemann; auch als → Kriegsvogtei bezeichnet

cura sexus: → Geschlechtsvormundschaft; kann in bestimmten Zeiten und Räumen ledige und verwitwete Frauen betreffen im Unterschied zur cura maritalis für verheiratete Frauen

Deszendenten: Verwandte in absteigender Linie, Nachkommen

Disposition: Verfügung; häufig im Sinne von letztwilligen Verfügungen in Testamenten gebraucht

Dos: lat. Mitgift

Dotalsystem: Mitgiftsystem

Effekten: hier in der Regel Bezeichnung für Realitäten, Liegenschaften – im Unterschied zu gängigen Lexikon-Definitionen als bewegliche Habe

Ehegattenerberecht: gesetzlicher Anspruch der Ehegatten auf Anteile am Vermögen des jeweils anderen

Ehegüterrecht: Überbegriff für verschiedene Formen, mittels derer die Verwaltung und Nutzung sowie die gegenseitigen Ansprüche auf das Vermögen geregelt sind → siehe Errungenschaftsgemeinschaft, Gütergemeinschaft, Gütertrennung

Ehevogt: der Ehemann in seiner rechtlichen Stellung gegenüber der Ehefrau

Eidam: Schwiegersohn → auch Aiden

einbändig: Halbgeschwister, Kinder aus verschiedenen Ehen

Einkindschaft: Bestimmung, der zufolge Kinder aus verschiedenen Ehen erbrechtlich gleichgestellt sind

Ehekonsens: obrigkeitliche Heiratsbewilligung; in der Frühen Neuzeit von Seiten der Grundherrschaft (patrimonialer Ehekonsens), im 19. Jahrhundert von den Gemeinden und später den Bezirkshauptmannschaften (politischer Ehekonsens) erteilt

Entrichtung: Abfindung von Kindern (etwa bei einer weiteren Eheschließung der Mutter)

Erbrecht: rechtliche Bestimmungen, welche die Besitzansprüche der Erben und Erbinnen sowie die Besitznachfolge regeln

Erbsportion: Erbteil

Erb(s)vertrag: Vertrag zwischen Ehegatten über die Erbansprüche der hinterlassenen Erben (des Ehepartners, der Kinder und/oder anderer Verwandter), in dem auch die Modi der Auszahlung festgelegt werden; Haupttypus sind die gemeinschaftlichen Testamente von Ehepaaren; der neuzeitliche Erbvertrag des 19. Jahrhunderts unterscheidet sich vom frühneuzeitlichen hauptsächlich durch seine Unwiderruflichkeit

Erbzinsgut: grundherrschaftlich verliehener Liegenschaftsbesitz, der erblich ist

Errungenschaftsgemeinschaft: Form des Ehegüterrechts, bei der das während der Ehe erwirtschaftete Vermögen als gemeinsames Gut gilt

Fahrnisse / Fahrnusse: bewegliche Güter, wie beispielsweise Einrichtungsgegenstände, Hausrat, Lebensmittel etc.; es wird unterschieden zwischen toten und lebenden Fahrnissen, letztere bezeichnen Tiere

Freundschaft: Bezeichnung für Verwandtschaft

Fruchtgenuss: Nutzungs- und Verwendungsrecht im Unterschied zu Besitzrecht; beispielsweise von Liegenschaften oder auch von Kapital Dritter, letzteres in Form von Zinsen; siehe auch → Nutzgenuss

fundus instructus: notwendige Ausstattungsgegenstände, zum Beispiel die zum Bewirtschaften eines Bauerngutes notwendigen Gerätschaften und Mobilien

Fürpfand: Pfand

Gant: Versteigerung; auch → Vergantung genannt

Gerechtigkeit / Gerechtsame: Gewerbebefugnis, entweder an die Person gebunden oder als „radiziertes Gewerbe" an ein Haus

Gerhab: Vormund

Geschäftsfähigkeit: Befähigung, in eigener Person gültige Rechtsgeschäfte abzuschließen

Geschlechtsvormundschaft: verpflichtende Beistellung eines männlichen Beraters und/oder Vertreters, wenn Frauen Rechtsgeschäfte abschließen oder vor Gericht auftreten aufgrund ihrer eingeschränkten Rechts- und Geschäftsfähigkeit

Gesetzliches Erbrecht: im Gesetz festgeschriebene Erbregelungen, die abgeschlossene Verträge und Testamente ergänzen bzw. in Kraft treten, wenn solche nicht vorliegen; → Intestaterbfolge

Gewerbuch: Buch, in welches Besitzer und Besitzerinnen sowie der Rechtstitel der Besitzübertragung von Liegenschaften eingetragen werden; enthält auch Angaben über Art und Umfang der Liegenschaft sowie die Abgabenverpflichtungen

Gewere: Besitzrecht an Liegenschaften

Grundbuch: öffentliche Bücher, welche Grundbesitztitel verzeichnen zur Sicherheit des Rechtsverkehrs

Gütergemeinschaft: Form des Ehegüterrechts, bei der Vermögensteile oder das gesamte Vermögen von Ehefrau und Ehemann ein gemeinsames Ganzes bilden

Gütertrennung: Form des Ehegüterrechts, bei der Ehefrau und Ehemann Eigentümer/in des jeweils eigenen Vermögens bleiben

Heiratsgaben: Sammelbegriff für die verschiedenen Arten von gegenseitigen Vermögenstransfers und vereinbarten Vermögensansprüchen

Heiratsgut: meist, aber nicht nur von der Braut in die Ehe eingebrachtes Vermögen; folgt zum Teil anderen Logiken als die tendenziell einseitige → Mitgift

Herberg: Form des Rückzuges hauptsächlich von Witwen aus dem Haushalt in Form von Wohn- und bestimmten Nutzungsrechten; allgemeiner auch für Untermietverhältnisse verwendeter Begriff

Illatum: von der Frau in die Ehe eingebrachtes Vermögen

inter vivos: Vereinbarungen, Rechtsakte, die zu Lebzeiten der Beteiligten abgeschlossen oder verfügt werden

Interessen: Zinsen

Intestaterbfolge: das Eintreten der gesetzlichen Erbfolge in Ermangelung oder Ergänzung eines Testamentes oder Erbvertrages; → Gesetzliches Erbrecht

Inventar: Dokument, welches das gesamte Vermögen einer Person auflistet

Inventur: Aufstellung des gesamten Vermögens, üblicherweise nach einem Todesfall im Rahmen der → Verlassenschaftsabhandlung

Invocatio: Anrufung (Gottes oder von Heiligen)

Inwohner: auf dem Land unterbäuerliche Schicht ohne eigenen Hausbesitz; in Städten und Märkten Einwohner ohne Bürgerrecht

Kriegsvogtei: (Geschlechts-)Vormundschaft im Kontext von Prozessen, für Ehefrauen in Rechtsgeschäften mit dem Ehemann; auch als → cura litis bezeichnet

Kuratel: Sachwalterschaft für Minderjährige, öfters als zweite Stufe der Vormundschaft für bereits ältere Kinder, oder für Personen, die nicht in Lage sind, ihr Vermögen selbst zu verwalten

Landsbrauch: Gewohnheitsrecht

Majorennität: Mündigkeit

Mannsvorteil: anteilsmäßige Begünstigung des männlichen Besitznachfolgers gegenüber den weichenden Erben und Erbinnen; ähnlich, aber ohne geschlechtsspezifische Ausrichtung → Besitz- und Erbvorteil

Mitgift: von Frauen in die Ehe eingebrachtes Vermögen, unter diesem Begriff vor allem im Adel, im Judentum und im mediterranen Raum (tendenziell charakterisiert als einseitiger Transfer der Familie der Braut ohne Gegengabe von Seiten des Bräutigams) bekannt; siehe → Heiratsgut

Mitvormund: Witwen und Großmütter können die Vormundschaft über eigene Kinder und Enkel übernehmen, bekommen jedoch einen männlichen Mitvormund zur Seite gestellt

Morgengabe: Geschenk des Bräutigams an die Braut nach der Eheschließung oder im Witwenstand; in älteren Rechten auch als Widerlegung des Heiratsgutes verwendet

Morgengabskinder: Kinder, die ein Witwer der Braut als Morgengabe zuspricht → siehe auch Einkindschaft

Nadelgeld: bestimmter Betrag, der zumeist adeligen oder bürgerlichen Frauen zur eigenen Verfügung regelmäßig ausbezahlt wird; in den Quellen auch als Spennadel-, Spiel-, Stöckl- oder Schatzgeld bezeichnet

Notul: Vertrag, Notariatsinstrument

Nutzgenuss / Nießbrauch: Nutzungs- und Verwendungsrecht im Unterschied zu Besitzrecht; beispielsweise von Liegenschaften oder auch von Kapital Dritter, letzteres in Form von Zinsen; siehe auch → Fruchtgenuss

Paraphernalien: Vermögen, das die Ehefrau außer ihrem Heiratsgut mit in die Ehe einbringt und das ihr Eigentum bleibt, auch Nebengut genannt; in Salzburg auch als Bezeichnung für das Eigentum des Ehemannes verwendet

Parentelen: Rangordnungssystem von Erbberechtigten, im österreichischen Recht auf „Stammgeschwisterpaaren“ und deren Nachkommen beruhend
Patria potestas: uneingeschränkte Verfügungsgewalt des männlichen Familienoberhauptes, die sich auch auf verheiratete Söhne erstreckt
Pflichtteil: Anspruch naher Verwandter auf einen bestimmten Anteil des Erbes, der auch bei etwaiger Enterbung ausgefolgt werden muss
Pönfall: Geldstrafe
Primogenitur: Vorrang des ältesten Sohnes oder auch der ältesten Tochter in der Besitznachfolge
Protokollbücher: grundherrschaftliches Aktenmaterial der außerstreitigen Gerichtsbarkeit, das Heiratsverträge, Inventuren, Käufe, Übergabeverträge etc. enthält, chronologisch, eventuell auch nach Sachgebieten geordnet gebunden; in Tirol sind dies die → Verfachbücher
Pupillen: unter Vormundschaft stehende Minderjährige
Schulden herein: Aktiva; Posten in einem Inventar, unter dem die durch Dritte noch zu begleichenden Schulden, also offene Beträge zugunsten des / der Verstorbenen angeführt sind
Schulden hinaus: Passiva; Posten in einem Inventar, unter dem die Schulden des / der Verstorbenen gegenüber Dritten aufgelistet sind
Senatus Consultum Velleianum: siehe → Weibliche Rechtswohltaten
Standesveränderung: Heirat oder Eintritt in ein Kloster
Succession: Besitznachfolge
Überländgründe: Grundstücke, die nicht fixer Bestandteil eines unteilbaren Hofes oder Besitzes sind und daher frei veräußert werden können
Ultimogenitur: Vorrang des jüngsten Sohnes oder auch der jüngsten Tochter in der Besitznachfolge
Unterpfand: unbewegliche Güter, die als Bürgschaft für die Erfüllung eines Versprechens verschrieben werden; das Unterpfand entspricht einer Hypothek
Verfachbücher: grundherrschaftlich-gerichtliche → Protokollbücher über diverse zivile Rechtsgeschäfte
Vergantung: Versteigerung; auch → Gant genannt
Vergleich: eine gütliche Einigung vor Gericht im Fall von widersprüchlichen Verfügungen und/oder Interessenskonflikten unter den potenziellen Erben und Erbinnen
verheiraten: Zusprechen von Vermögen an den/die künftige/n Ehepartner/in
verinteressieren: verzinsen
Verlassenschaft: das gesamte von einem/r Verstorbenen hinterlassene Vermögen
Verlassenschaftsabhandlung: → Abhandlung
Vermögensvorbehalt: im Zuge eines Transfers von eigenem Vermögen in die Verwaltung oder in das Eigentum Dritter zum eigenen Nutzen und zur eigenen Disposition vorbehaltene Vermögensanteile
Verwaltungsvorbehalt: Verwaltung des eheweiblichen Vermögens durch die Ehefrauen selbst
vogtbar: Begriff für volljährig
Weibliche Rechtswohltaten (Senatus Consultum Velleianum): Möglichkeit für Frauen, sich von einem Geschäftsabschluss zurückzuziehen, wenn der Rechtsakt ohne → Geschlechtsvormund oder vorherige Belehrung durchgeführt worden ist; basiert auf der vom Römischen Recht übernommenen Vorstellung einer „weiblichen Schwäche“
weichende Erben: jene Kinder, die nicht die Besitznachfolge antreten, sondern ihr Erbteil ausbezahlt bekommen
Widerlage: vom Bräutigam oft äquivalent oder in einem bestimmten Verhältnis zum → Heiratsgut oder zur → Mitgift festgelegter Betrag aus seinem Vermögen, das der Braut im etwaigen Witwenstand zustehen soll; in Niederösterreich geht die Widerlage, ebenso wie das Heiratsgut, in der Gütergemeinschaft auf
widerlegen: die Widerlage als Gegengabe zum → Heiratsgut oder zur → Mitgift festsetzen
Witwengehalt: in Heiratsverträgen und Testamenten festgelegter regelmäßig an die Witwe zu zahlender Betrag, der von den Erben und Erbinnen – meist nur während der Witwenschaft – zu leisten ist

Literatur

Ago, Renata, Ruoli familiari e statuto giuridico, in: Quaderni Storici, 30, 88 (1995), 111–133.

Alexander, Helmut, Geschichte der Tiroler Industrie. Aspekte einer wechselvollen Entwicklung, Innsbruck 1992.

Algazi, Gadi, Kulturkult und die Rekonstruktion von Handlungsrepertoires, in: L'Homme. Z.F.G., 11, 1 (2000), 105–119.

Allgemeines bürgerliches Gesetzbuch (ABGB) für die gesammten Deutschen Erbländer der Oesterreichischen Monarchie, Wien 1811.

Altmann, Adolf, Geschichte der Juden in Salzburg. Von den Anfängen bis in neueste Zeit. Weitergeführt bis 1988 von Günter Fellner u. Helga Embacher, Salzburg 1990.

Arni, Caroline, Entzweiungen. Die Krise der Ehe um 1900, Köln/Weimar/Wien 2004.

Arrizabalaga, Marie-Pierre, The Stem Family in the French Basque Country: Sare in the Nineteenth Century, in: Journal of Family History, 22, 1 (1997), 50–69.

Arru, Angiolina, „Schenken heißt nicht verlieren". Kredite, Schenkungen und die Vorteile der Gegenseitigkeit in Rom im 18. und 19. Jahrhundert, in: L'Homme. Z.F.G., 9, 2 (1998), 232–251.

Arru, Angiolina, Un credito senza capitale: il diritto delle mogli al mantenimento (Roma sec. XIX), in: dies., Laura Di Michele u. Maria Stella Hg., Proprietarie. Avere, non avere, ereditare, industriarsi, Napoli 2001, 189–209.

Arru, Angiolina, Maria Stella u. Laura di Michele Hg., Proprietarie. Avere, non avere, ereditare, industriarsi, Napoli 2001.

Artikel „Aspang", in: Topographie von Niederösterreich, hg. vom Verein für Landeskunde von Niederösterreich, Wien 1912, 89.

Artikel „Friedau", in: Topographie von Niederösterreich, hg. vom Verein für Landeskunde von Niederösterreich, Wien 1912, 216–218.

Artikel „Neu-Lengbach", in: Topographie von Niederösterreich, hg. vom Verein für Landeskunde von Niederösterreich, Wien 1912, 745.

Artikel „Politischer Ehekonsens", in: Ernst Mischler u. Josef Ulbrich Hg, Österreichisches Staatswörterbuch, Wien 1905², Bd. 1, 705.

Bailey, Joanne, Favoured or Oppressed? Married Women, Property and „Coverture" in England, 1660–1800, in: Continuity and Change, 17, 3 (2002), 351–372.

Bamberger, Gerald, Ehe- und Übergabeverträge in Hessen. Ein Überblick über Geschichte, Aufbau und Funktion, Marburg 1998.

Barta, Heinz Hg., Karl Anton von Martini. Ein österreichischer Jurist, Rechtslehrer, Justiz- und Bildungsreformer im Dienste Maria Theresias, Wien 2007.

Barth-Scalmani, Gunda, Contratti matrimoniali nel XVIII secolo: un'analisi tra la storia del diritto e quella del ‚genere', in: Silvana Seidel Menchi u. a. Hg., Tempi e spazi di vita femminile tra medioevo ed età moderna, Bologna 1999, 525–553.

Barth-Scalmani, Gunda, Der Handelsstand der Stadt Salzburg am Ende des 18. Jahrhunderts: Altständisches Bürgertum in Politik, Wirtschaft und Kultur, Dissertation Salzburg 1992.

Barth-Scalmani, Gunda, Die Thematisierung der Haus-/Frauenarbeit bei Lorenz von Stein in: Brigitte Mazohl-Wallnig Hg., Bürgerliche Frauenkultur im 19. Jahrhundert, Wien/Köln/Weimar 1995, 81–124.

Barth-Scalmani, Gunda, Eighteenth-Century Marriage Contracts. Linking Legal and Gender History, in: Anne Jacobson Schutte, Thomas Kuehn u. Silvana Seidel Menchi Hg., Time, Space, and Women's Lives in Early Modern Europe, Kirksville 2001, 266–281.

Barth-Scalmani, Gunda, Eine bürgerliche Familie der Frühen Neuzeit: Die Handelsfamilie Hagenauer in der fürsterzbischöflichen Haupt- und Residenzstadt Salzburg im 18. Jahrhundert, in: Barockberichte. Informationsblätter des Salzburger Barockmuseums zur bildenden Kunst des 17. und 18. Jahrhunderts, 44–45 (2006). Begleitheft zu der Sonderausstellung des Salzburger Barockmuseums: Die Hagenauer – Künstler, Kaufleute, Kirchenmänner im Salzburg der Mozartzeit, 821–832.

Barth-Scalmani, Gunda, Salzburger Handelsfrauen, Frätschlerinnen, Fragnerinnen: Frauen in der Welt des Handels am Ende des 18. Jahrhunderts, in: L'Homme. Z.F.G., 6, 1 (1995), 23–45.

Barth-Scalmani, Gunda, Vater und Sohn Mozart und das (Salzburger) Bürgertum oder „Sobalt ich den Credit verliere, ist auch meine Ehre hin", in: dies., Brigitte Mazohl-Wallnig u. Ernst Wangermann Hg., Genie und Alltag. Bürgerliche Stadtkultur zur Mozartzeit, Salzburg 1994, 173–203.

Barth-Scalmani, Gunda, Weibliche Dienstboten in der Stadt des ausgehenden 18. Jahrhunderts. Leopold Mozarts „Seccaturen mit den Menschern", in: Mitteilungen der Gesellschaft für Salzburger Landeskunde, 137 (1997), 199–218.

Barth-Scalmani, Gunda, Zur Lebenswelt des altständischen Bürgertums am Beispiel des Salzburger Handelsstandes, in: Robert Hoffmann Hg., Bürger zwischen Tradition und Modernität, Wien/Köln/Weimar 1997, 29–51.

Bastl, Beatrix, Tugend, Liebe, Ehre. Die adelige Frau in der Frühen Neuzeit, Wien/Köln/Weimar 2000.

Bauer, Ingrid, Christa Hämmerle u. Gabriella Hauch Hg., Liebe und Widerstand. Ambivalenzen historischer Geschlechterbeziehungen, Wien/Köln/Weimar 2005.

Beauvalet-Boutouyrie, Scarlett, Être veuve sous L'Ancien Régime, Paris 2001.

Beauvalet, Scarlett u. Vincent Gourdon, Les liens sociaux à Paris au XVIIe siècle: une analyse des contrats de mariage de 1660, 1665 et 1670, in: Histoire Économie et Société, 17, 4 (1998), 583–622.

Beck, Rainer, Frauen in der Krise. Eheleben und Ehescheidung in der ländlichen Gesellschaft Bayerns während des Ancien Régime, in: Richard van Dülmen Hg., Dynamik der Tradition, Frankfurt a. M. 1992, 137–212.

Beimrohr, Wilfried, Das Tiroler Landesarchiv und seine Bestände, Innsbruck 2002.

Beimrohr, Wilfried, Mit Brief und Siegel. Die Gerichte Tirols und ihr älteres Schriftgut im Tiroler Landesarchiv, Innsbruck 1994.

Beimrohr, Wilfried, Tiroler Gerichts- und Verfachbücher, in: Josef Pauser, Martin Scheutz u. Thomas Winkelbauer Hg., Quellenkunde der Habsburgermonarchie (16.–18. Jahrhundert). Ein exemplarisches Handbuch, Wien/München 2004, 448–456.

Beißner, Heinz, Altersversorgung und Kindesabfindung auf dem Lande. Leibzucht- und Eheverschreibungen in der zweiten Hälfte des 18. Jahrhunderts unter besonderer Berücksichtigung der Schaumburger und Osnabrücker sowie benachbarter Gebiete, Bielefeld 1995.

Beißner, Heinz, Ehebeschreibungen (Eheverträge) in den Ämtern Bückeberg und Arensburg von 1740 bis 1770, in: Zeitschrift für Agrargeschichte und Agrarsoziologie, 34, 2 (1986), 160–175.

Bellavitis, Anna, Patrimoni e matrimoni a Venezia nel Cinquecento, in: Giulia Calvi u. Isabel Chabot Hg., Le ricchezze delle donne. Diritti patrimoniali e poteri familiari in Italia (XIII–XIX), Torino 1998, 149–160.

Bellomo, Manlio, La struttura patrimoniale della famiglia italiana nel tardo medioevo, in: Lloyd Bonfield Hg., Marriage, Property, and Succession, Berlin 1992, 53–69.

Bellomo, Manlio, Ricerche sui rapporti patrimoniali tra coniugi. Contributo alla storia della famiglia medievale, Milano 1961.

Bennett, Judith M. u. Amy M. Froide Hg., Single Women in the European Past 1250–1800, Philadelphia 1998.

Berkner, Lutz, Inheritance, Land Tenure and Peasant Family Structure: a German Regional Comparison, in: Jack Goody u. a. Hg., Family and Inheritance. Rural Society in Western Europe, 1200–1800, Cambridge 1976, 71–95.

Berkner, Lutz K., The Stem Family and the Developmental Cycle of the Peasant Household. An Eighteenth-Century Austrian Example, in: American Historical Review, 77 (1972), 398–418.

Blasius, Dirk, Ehescheidung in Deutschland 1794–1945, Göttingen 1987.
Bloch, Marc, Pour une histoire comparée des sociétés européennes, in: ders., Mélanges historiques, Bd. 1, Paris 1963, 16–40.
Blom, Ida, The History of Widowhood: a Bibliographical Overview, in: Journal of Family History, 16, 2 (1991), 191–210.
Bonceva, Tzetvana u. Anelia Kasabova-Dintcheva, Brautpreise und/oder Mitgift in Bulgarien, in: L'Homme. Z.F.G., 14, 1 (2003), 131–139.
Bonfield, Lloyd Hg., Marriage, Property, and Succession, Berlin 1992.
Bonfield, Lloyd, Property Settlements on Marriage in England, in: ders. Hg., Marriage, Property, and Succession, Berlin 1992, 287–308.
Bonoldi, Andrea Hg., Bozen im Messenetz Europas (17.–19. Jahrhundert) / Bolzano nel sistema fieristico europeo (secc. XVII–XIX), Bozen 2007.
Borscheid, Peter, Geld und Liebe. Zu den Auswirkungen des Romantischen auf die Partnerwahl im 19. Jahrhundert, in: ders. u. Hans J. Teuteberg Hg., Ehe, Liebe, Tod. Zum Wandel der Familie, der Geschlechts- und Generationsbeziehungen in der Neuzeit, Münster 1983, 112–134.
Bosl, Karl, Die Gründung Innichens und die Überlieferung. Zum 1200. Jubiläum (769–1969) der Gründung Innichens durch Herzog Tassilo III., in: Zeitschrift für bayerische Landesgeschichte, 33 (1970), 451–469.
Botelho, Lynn, „The Old Woman's Wish": Widows by the Family Fire? Widows' Old Age Provision in Rural England, 1500–1700, in: The History of the Family, 7, 1 (2002), 59–78.
Bouchard, Gérard, Joseph Goy u. Anne-Lise Head-König Hg., Mélanges de l'École Française de Rome. Italie et Méditerranée 110, 1 (1998): Nécessités économiques et pratiques juridiques: problèmes de la transmission des exploitations agricoles, XVIIIe–XIXe siècles.
Boudjaaba, Fabrice, Femmes, patrimoine et marché foncier dans la région de Vernon (1760–1830). Le patrilineage normand face du Code civil, in: Histoires & sociétés rurales, 28, 2 (2007), 33–66.
Brakensiek, Stefan, Michael Stolleis u. Heide Wunder Hg., Generationengerechtigkeit? Normen und Praxis im Erb- und Ehegüterrecht 1500–1850, Berlin 2006.
Brauneder, Wilhelm, Artikel „Widerlegung", in: Handwörterbuch zur Deutschen Rechtsgeschichte, Bd. 5, Berlin 1998, Sp. 1346–1349.
Brauneder, Wilhelm, Die Entwicklung des bäuerlichen Erbrechts am Beispiel Österreichs, in: ders., Studien II. Entwicklung des Privatrechts, Frankfurt a. M. u. a. 1994, 357–374.
Brauneder, Wilhelm, Die Entwicklung des Ehegüterrechts in Österreich. Ein Beitrag zur Dogmengeschichte und Rechtstatsachenforschung des Spätmittelalters und der Neuzeit, Salzburg/München 1973.
Brauneder, Wilhelm, Frau und Vermögen im spätmittelalterlichen Österreich, in: ders., Studien II: Entwicklung des Privatrechts, Frankfurt a. M. u. a. 1994, 217–228.
Brauneder, Wilhelm, Freiheit des Vertragsinhalts und Typenbindung im Ehegüterrecht von BGB, ZGB und ABGB, in: ders., Studien II: Entwicklung des Privatrechts, Frankfurt a. M. u. a. 1994, 121–140.
Brauneder, Wilhelm, Gesellschaft – Gemeinschaft – Gütergemeinschaft, in: ders., Studien II: Entwicklung des Privatrechts, Frankfurt a. M. u. a. 1994, 229–265.
Brauneder, Wilhelm, Normenautorität und grundherrschaftliche Vertragspraxis, in: ders., Studien II: Entwicklung des Privatrechts, Frankfurt a. M. u. a. 1994, 109–120.
Brauneder, Wilhelm, Rechtseinheit durch elastisches Vertragsrecht: Das Ehegüterrecht der österreichischen Privatrechtskodifikation, in: Franz Matscher u. Ignaz Seidl-Hohenveldern Hg., Europa im Aufbruch. Festschrift Franz Schwind zum 80. Geburtstag, Wien 1993, 135–146.
Brauneder, Wilhelm, Rechtstatsachen des ehelichen Vermögensrechts im Bezirksgerichtssprengel Mödling, in: ders., Studien II: Entwicklung des Privatrechts, Frankfurt a. M. u. a. 1994, 141–156.

Brauneder, Wilhelm, Zum Code civil in Österreich, in: Barbara Dölemeyer, Heinz Mohnhaupt u. Alessandro Somma Hg., Richterliche Anwendung des Code civil in seinen europäischen Geltungsbereichen außerhalb Frankreichs, Frankfurt a. M. 2006, 413–423.
Breit, Stefan, „Leichtfertigkeit“ und ländliche Gesellschaft. Voreheliche Sexualität in der frühen Neuzeit, München 1991.
Bremmer, Jan u. Lourens van den Bosch Hg., Between Poverty and the Pyre. Moments in the History of Widowhood, London/New York 1995.
Bundsmann, Anton, Die Entwicklung der politischen Verwaltung in Tirol und Vorarlberg seit Maria Theresia bis 1918, Dornbirn 1961.
Burghartz, Susanna, Umordnung statt Unordnung? Ehe, Geschlecht und Reformationsgeschichte, in: Helmut Puff u. Christopher Wild Hg., Zwischen den Disziplinen? Perspektiven der Frühneuzeitforschung, Göttingen 2003, 165–185.
Burghartz, Susanna, Zeiten der Reinheit. Orte der Unzucht. Ehe und Sexualität in Basel während der Frühen Neuzeit, Paderborn u. a. 1999.
Burguière, André u. François Lebrun, Die Vielfalt der Familienmodelle in Europa, in: Jack Goody Hg., Geschichte der Familie, Bd. 3: Neuzeit, Frankfurt a. M./New York 1997, 13–118.
Büttner, Rudolf, Burgen und Schlösser zwischen Araburg und Gresten, Wien 1975.

Calvi, Giulia, Rights and Ties that Bind. Mothers, Children, and the State in Tuscany during the Early Modern Period, in: David Warren Sabean, Simon Teuscher u. Jon Mathieu Hg., Kinship in Europe. Approaches to Long-Term Development (1800–1900), New York/Oxford 2007, 145–162.
Calvi, Giulia, Widows, the State and the Guardianship of Children in Early Modern Tuscany, in: Sandra Cavallo u. Lyndan Warner Hg., Widowhood in Medieval and Early Modern Europe, Halow 1999, 209–219.
Calvi, Giulia u. Isabelle Chabot, Introduzione, in: dies. Hg., Le ricchezze delle donne. Diritti patrimoniali e poteri familiari in Italia (XIII–XIX), Torino 1998, 7–18.
Calvi, Giulia u. Isabel Chabot Hg., Le ricchezze delle donne. Diritti patrimoniali e poteri familiari in Italia (XIII–XIX), Torino 1998.
Carboni, Mauro, Le doti della „povertà“. Famiglia, risparmio, previdenza: il Monte del Matrimonio di Bologna (1583–1796), Bologna 1999.
Carius, Hendrikje, Strategien vor Gericht? Die „velleianischen Freyheiten“ im sächsischen Recht (1648–1806), in: Grethe Jacobsen u. a. Hg., Less Favoured – More Favoured: Proceedings from a Conference on Gender in European Legal History, 12th–19th Centuries, Copenhagen September 2004, Copenhagen, The Royal Library 2005: http://www.kb.dk/export/sites/kb_dk/da/publikationer/online/fund_og_forskning/download/A07_Carius.pdf.
Caroni, Pio, Einflüsse des deutschen Rechts Graubündens südlich der Alpen, Köln/Wien 1970.
Cattini, Marco u. Marzio Achille Romani, Legami di sangue: relazioni politiche, matrimoni e circolazioni della ricchezza nelle casate sovrane dell'Italia centro settentrionale nei secoli XV–XVIII (ricerche in corso), in: Simonetta Cavaciocchi Hg., La famiglia nell'economia europea, secc. XIII–XVIII. The Economic Role of the Family in the European Economy from the 13th to the 19th Centuries. Atti della „Quarantesima Settimana di Studi“, 6–10 aprile 2008, Firenze 2009, 47–68.
Cavaciocchi, Simonetta Hg., La famiglia nell'economia europea, secc. XIII–XVIII. The Economic Role of the Family in the European Economy from the 13th to the 19th Centuries. Atti della „Quarantesima Settimana di Studi“, 6–10 aprile 2008, Firenze 2009.
Cavallo, Sandra, Proprietà o possesso? Composizione e controllo dei beni delle donne a Torino (1650–1710), in: Giulia Calvi u. Isabel Chabot Hg., Le ricchezze delle donne. Diritti patrimoniali e poteri familiari in Italia (XIII–XIX), Torino 1998, 187–207.
Cavallo, Sandra u. Lyndan Warner, Introduction, in: dies. Hg., Widowhood in Medieval and Early Modern Europe, Halow 1999, 3–23.

Cavallo, Sandra u. Lyndan Warner Hg., Widowhood in Medieval and Early Modern Europe, Halow 1999.

Chaline, Jean-Pierre, Les contrats de mariage à Rouen au XIXe siècle. Étude d'après l'enregistrement des actes civils publics, in: Revue d'histoire économique et sociale, 48 (1970), 238–275.

Chojnacki, Stanley, Dowries and Kinsmen in Early Renaissance Venice, in: Journal of Interdisciplinary History, 4 (1975), 571–600.

Chojnacki, Stanley, Prefazione, in: Mauro Carboni, Le doti della „povertà". Famiglia, risparmio, previdenza: il Monte del Matrimonio di Bologna (1583–1796), Bologna 1999, 7–9.

Clementi, Andreina de, Dove finiscono le rimesse. I guadagni dell'emigrazione in una comunità irpina, in: Angiolina Arru u. Franco Ramella Hg., L'Italia delle migrazioni interne. Donne, uomini, mobilità in età moderna e contemporanea, Roma 2003, 291–338.

Clementi, Siglinde, Deren von Wolkenstein. Familienstrategien, Heirat und Geschlechterbeziehungen bei den Wolkenstein-Trostburg, ca. 1500 bis 1650, in: Gustav Pfeifer u. Kurt Andermann Hg., Die Wolkensteiner – Facetten des Tiroler Adels in Spätmittelalter und Neuzeit, Innsbruck 2009, 111–147.

Clementi, Siglinde u. Alessandra Spada Hg., Der ledige Un-Wille. Zur Geschichte lediger Frauen in der Neuzeit / Norma e contrarietà. Una storia del nubilato in età contemporanea, Bolzano/Bozen 1998.

Clio. Histoire, Femmes et Sociétés, 7 (1998), Themenheft „Femmes, dots et patrimoines".

Coing, Helmut, Europäisches Privatrecht, Bd. 1: Älteres gemeines Recht (1500–1800), München 1985.

Colclough, Nevill, Invisible Patrimonies: Capitoli Matrimoniali in Ancien Régime Ascoli, in: Hannes Grandits u. Patrick Heady Hg., Distinct Inheritance: Property, Family and Community in a Changing Europe, Münster 2003, 145–158.

Collomp, Alain, From Stem Family to Nuclear Family: Changes in the Coresident Domestic Group in Haute Provence between the End of the Eighteenth and the Middle of the Nineteenth Centuries, in: Continuity and Change, 3, 1 (1988), 65–81.

D'Amelia, Marina, Economia familiare e sussidi dotali. La politica della Confraternita dell'Annunziata a Roma (secoli XVII–XVIII), in: Simonetta Cavaciocchi Hg., La donna nell'economia, secc. XIII–XVIII. Atti della „Ventunesima Settimana di Studi", 10–15 aprile 1989, Firenze 1990, 195–215.

Da Molin, Giovanna, Family Forms and Domestic Service in Southern Italy from the Seventeenth to the Nineteenth Centuries, in: Journal of Family History, 15 (1990), 503–527.

Da Molin, Giovanna, Struttura della famiglia e personale di servizio nell'Italia meridionale, in: Marzio Barbagli u. David Kertzer Hg., Storia della famiglia italiana 1750–1950, Bologna 1992, 219–252.

Davis, James C., A Venetian Family and its Fortune 1500–1900. The Donà and the Conservation of Their Wealth, Philadelphia 1975.

Delille, Gérard, Échanges matrimoniaux entre lignées alternées et système européen de l'alliance: une première approche, in: Jean-Luc Jamard u. a. Hg., En substances. Textes pour Françoise Héritier, Paris 2000, 219–252.

Delille, Gérard, Famiglie e proprietà nel Regno di Napoli, Torino 1988.

Delille, Gérard, Position und Rolle von Frauen im europäischen System der Heiratsallianzen, in: Margareth Lanzinger u. Edith Saurer Hg., Politiken der Verwandtschaft. Beziehungsnetze, Geschlecht und Recht, Göttingen 2007, 227–254.

Delille, Gérard, Strategie di alleanza e demografia del matrimonio, in: Michela De Giorgio u. Christiane Klapisch-Zuber Hg., Storia del matrimonio, Roma/Bari 1996, 283–302.

Demandt, Karl E., Laterculus Notarum. Lateinisch-deutsche Interpretationshilfen für spätmittelalterliche und frühneuzeitliche Archivalien, Marburg 1992[5].

Demel, Walter, Der europäische Adel. Vom Mittelalter bis zur Gegenwart, München 2005.

Demelius, Heinrich, Eheliches Güterrecht im spätmittelalterlichen Wien, Wien 1970.

Demelius, Heinrich, Zur Geschichte des Eheversprechens nach österreichischem Recht, in: Juristische Blätter, 70, 12 (1948), 277–279.
Denzel, Markus A., Die Bozner Messen und ihr Zahlungsverkehr (1633–1850), Bozen 2005.
Desan, Suzanne, „War between Brothers and Sisters": Inheritance Law and Gender Politics in Revolutionary France, in: French Historical Studies, 20, 4 (1997), 597–635.
Die österreichisch-ungarische Monarchie in Wort und Bild. Auf Anregung und unter Mitwirkung Seiner kaiserlichen und königlichen Hoheit des durchlauchtigsten Kronprinzen Erzherzog Rudolf, 2. Abteilung: Niederösterreich, Wien 1888.
Die Salzburger Landesordnung von 1526, in: Franz V. Spechtler u. Rudolf Uminsky Hg., Die Salzburger Landesordnung von 1526, Göppingen 1981, 1–272.
Diefendorf, Barbara B., Women and Property in *Ancien Régime* France. Theory and Practice in Dauphiné and Paris, in: John Brewer u. Susan Staves Hg., Early Modern Conceptions of Property, London/New York 1995, 170–193.
Dietrich, Elisabeth, Die Bevölkerungsentwicklung Tirols im ausgehenden 18. und im 19. Jahrhundert, in: Chronik der Tiroler Wirtschaft mit Sonderteil Südtirol, hg. von der Gesellschaft für Wirtschaftsdokumentationen Ges.m.b.H., Wien 1992, 125–139.
Dipper, Christof Hg., Rechtskultur, Rechtswissenschaft, Rechtsberufe im 19. Jahrhundert. Professionalisierung und Verrechtlichung in Deutschland und Italien, Berlin 2000.
Dipper, Christof, Wolfgang Schieder u. Reiner Schulze Hg., Napoleonische Herrschaft in Deutschland und Italien – Verwaltung und Justiz, Berlin 1995.
Dölemeyer, Barbara, Frau und Familie im Privatrecht des 19. Jahrhunderts, in: Ute Gerhard Hg., Frauen in der Geschichte des Rechts. Von der Frühen Neuzeit bis zur Gegenwart, München 1997, 633–658.
Dölemeyer, Barbara, Heinz Mohnhaupt u. Alessandro Somma Hg., Richterliche Anwendung des Code civil in seinen europäischen Geltungsbereichen außerhalb Frankreichs, Frankfurt a. M. 2006.
Dopsch, Heinz, Landesgeschichtliche Einführung. Bauernkrieg und Landesordnung, in: Franz V. Spechtler u. Rudolf Uminsky Hg., Die Salzburger Landesordnung von 1526, Göppingen 1981, 15*– 85*.
Duhamelle, Christophe u. Jürgen Schlumbohm Hg., Eheschließungen im Europa des 18. und 19. Jahrhunderts. Muster und Strategien, Göttingen 2003.
Duncker, Arne, Gleichheit und Ungleichheit in der Ehe. Persönliche Stellung von Frau und Mann im Recht der ehelichen Lebensgemeinschaft 1700–1914, Köln/Weimar/Wien 2003.
Dupâquier, Jacques u. a. Hg., Marriage and Remarriage of Populations in the Past, New York/London 1981.

Ehmer, Josef, Sozialgeschichte des Alters, Frankfurt a. M. 1990.
Ehmer, Josef u. Peter Gutschner Hg., Das Alter im Spiegel der Generationen. Historische und sozialwissenschaftliche Beiträge, Köln/Weimar 2000.
Ennen, Edith, Frauen im Mittelalter, München 1987³.
Erickson, Amy Louise, Common Law Versus Common Practice: the Use of Marriage Settlements in Early Modern England, in: Economic History Review, 43, 1 (1990), 21–39.
Erickson, Amy Louise, The Marital Economy in Comparative Perspective, in: Maria Ågren u. Amy Louise Erickson Hg., The Marital Economy in Scandinavia and Britain 1400–1900, Aldershot 2005, 3–20.
Erickson, Amy Louise, Women and Property in Early Modern England, London/New York 1993.
Essegern, Ute, Kursächsische Eheverträge in der ersten Hälfte des 17. Jahrhunderts, in: Martina Schattkowsky Hg., Witwenschaft in der Frühen Neuzeit. Fürstliche und adelige Witwen zwischen Fremd- und Selbstbestimmung, Leipzig 2003, 115–135.

Fauve-Chamoux, Antoinette, Aging in a Never Empty Nest: the Elasticity of the Stem-Family, in: Tamara K. Hareven Hg., Aging and Generational Relations Over the Life Course, Berlin/New York 1996, 75–99.

Fauve-Chamoux, Antoinette, The Stem Family, Demography and Inheritance: the Social Frontiers of Auto-Regulation, in: Richard L. Rudolph, The European Peasant Family and Society. Historical Studies, Liverpool 1995, 86–113.

Fauve-Chamoux, Antoinette, Widows and their Living Arrangements in Preindustrial France, in: The History of the Family, 7, 1 (2002), 101–116.

Fazio, Ida, Le ricchezze delle donne: verso una ri-problematizzazione, in: Quaderni Storici, 34, 101 (1999), 539–550.

Fazio, Ida, Valori economici e valori simbolici: il declino della dote nell'Italia dell'Ottocento, in: Quaderni Storici, 27, 79 (1992), 292–316.

Feci, Simona, „Sed quia ipsa est mulier ...". Le risorse dell'identità giuridica femminile a Roma in età moderna, in: Quaderni Storici, 33, 98 (1998), 275–300.

Fehrenbach, Elisabeth, Traditionale Gesellschaft und revolutionäres Recht. Die Einführung des Code Napoléon in den Rheinbundstaaten, Göttingen 1974.

Feigl, Helmuth, Bäuerliches Erbrecht und Erbgewohnheiten in Niederösterreich, in: Festschrift Karl Lechner, Jahrbuch für Landeskunde von Niederösterreich, NF 37 (1967), 161–183.

Feigl, Helmuth, Die niederösterreichische Grundherrschaft. Vom ausgehenden Mittelalter bis zu den theresianisch-josephinischen Reformen, St. Pölten 1998².

Feigl, Helmuth, Heiratsbriefe und Verlassenschaftsabhandlungen als Quellen zur Alltagsgeschichte, in: Othmar Pickl u. Helmuth Feigl Hg., Methoden und Probleme der Alltagsforschung im Zeitalter des Barock, Wien 1992, 83–99.

Feigl, Helmuth u. Silvia Petrin, Archivalien niederösterreichischer Grundherrschaften, in: Das Niederösterreichische Landesarchiv in St. Pölten, St. Pölten 2006, 54–55.

Ferrer Alos, Llorenç. Appearance, Evolution and Logic in the Marriage Settlements in Catalonia (16th–19th Centuries), Vortragspaper im Rahmen der European Social Science History Conference, 26. Februar bis 1. März 2008 in Lissabon.

Fine, Agnès u. Claudine Leduc, La dot, anthropologie et histoire. Cité des Athéniens, VIe–IVe siècle / Pays-de-Sault (Pyrénées audoises), fin XVIIIe siècle–1940, in: Clio, 7 (1998), 19–50.

Fischer, Thomas, Städtische Armut und Armenfürsorge im 15. und 16. Jahrhundert. Sozialgeschichtliche Untersuchungen am Beispiel der Städte Basel, Freiburg i. Br. und Straßburg, Göttingen 1979.

Floßmann, Ursula, Artikel „Franz von Zeiller", in: Handwörterbuch zur Deutschen Rechtsgeschichte, Bd. 5, Berlin 1998, Sp. 1637–1642.

Floßmann, Ursula, Die beschränkte Grundrechtssubjektivität der Frau. Ein Beitrag zum österreichischen Gleichheitsdiskurs, in: Ute Gerhard Hg., Frauen in der Geschichte des Rechts. Von der Frühen Neuzeit bis zur Gegenwart, München 1997, 293–324.

Floßmann. Ursula, Frauenrechtsgeschichte. Ein Leitfaden für den Rechtsunterricht, Linz 2006².

Floßmann, Ursula, Landrechte als Verfassung, Wien/New York 1976.

Floßmann, Ursula, Österreichische Privatrechtsgeschichte, Wien/New York 2005⁵.

Fontaine, Laurence, Kinship and Mobility. Migrant Networks in Europe, in: David Warren Sabean, Simon Teuscher u. Jon Mathieu Hg., Kinship in Europe. Approaches to Long-Term Development (1300–1800), New York/Oxford 2007, 193–210.

Fontana, Josef, Von der Restauration bis zur Revolution (1814–1848), in: ders. u. a. Hg., Geschichte des Landes Tirol, Bd. 2, Bozen 1998², 581–746.

Fontana, Josef u. a. Hg., Geschichte des Landes Tirol, Bd. 2, Bozen 1998².

Forster, Ellinor, Bürgersfrau zu sein, bedarf's nicht wenig, in: dies., Ursula Stanek u. Astrid von Schlachta Hg., Frauen*leben* in Innsbruck. Ein historisches Stadt- und Reisebuch, Salzburg 2003, 16–30.

Forster, Ellinor, Handlungsspielräume von Frauen und Männern im österreichischen Eherecht. Geschlechterverhältnisse im 19. Jahrhundert zwischen Rechtsnorm und Rechtspraxis, Dissertation Innsbruck 2008.

Forster, Ellinor, Tirol als Teil des Rheinbundes. Die bayerische Adelsgesetzgebung zwischen den Einflüssen Frankreichs und den Reaktionen des landsässigen Adels, in: Brigitte Mazohl u. Bernhard Mertelseder Hg., Abschied vom Freiheitskampf? Tirol und „1809“ zwischen politischer Realität und Verklärung, Innsbruck 2009, 107–128.
Forster, Ellinor, „Unzucht“ und „Ketzerey“ in Uttendorf. Sozialgeschichte eines Dorfes am Beispiel zweier „Delikte“ des 18. Jahrhunderts, in: Salzburg Archiv. Schriftenreihe des Vereines Freunde der Salzburger Geschichte 28, Salzburg 2002, 85–128.
Forster, Ellinor u. Margareth Lanzinger, Stationen einer Ehe. Forschungsüberblick, in: L'Homme. Z.F.G., 14, 1 (2003), 141–155.
Frevert, Ute, Bürgerliche Meisterdenker und das Geschlechterverhältnis. Konzepte, Erfahrungen und Visionen an der Wende vom 18. zum 19. Jahrhundert, in: dies. Hg., Bürgerinnen und Bürger, Göttingen 1988, 17–48.
Friedrich, Margret, Zur Genese der Stellung der Ehefrau im österreichischen *Allgemeinen Bürgerlichen Gesetzbuch*, in: L'Homme. Z.F.G., 14, 1 (2003), 97–109.
Froide, Amy M., Marital Status as a Category of Difference. Singlewomen and Widows in Early Modern England, in: Judith M. Bennett u. Amy M. Froide Hg., Singlewomen in the European Past, 1250–1800, Philadelphia 1999, 236–269.
Frysak, Elisabeth, Legale Kämpfe. Die petitionsrechtlichen Forderungen der österreichischen bürgerlichen Frauenbewegung zur Änderung des Ehe- und Familienrechtes um die Jahrhundertwende, in: L'Homme. Z.F.G., 14, 1 (2003), 65–82.

Genealogisches Taschenbuch der adeligen Häuser, 15. Jahrgang, Brünn 1890.
Gerhard, Ute, 1987: Einleitung, in: dies. Hg., Frauen in der Geschichte des Rechts. Von der Frühen Neuzeit bis zur Gegenwart, München 1997, 11–22.
Gerhard, Ute Hg., Frauen in der Geschichte des Rechts. Von der Frühen Neuzeit bis zur Gegenwart, München 1997.
Geyer, Rudolf, Münze und Geld. Maß und Gewicht in Nieder- und Oberösterreich. Sonderabdruck aus: Alois Francis Pribram Hg, Materialien zur Geschichte der Preise und Löhne in Österreich, Bd. 1, Wien 1938.
Giesa, Kai-Oliver, Eheverträge im Großherzogtum Baden in der 2. Hälfte des 19. Jahrhunderts, Hamburg 2008.
Gleixner, Ulrike, „Das Mensch“ und „der Kerl“. Die Konstruktion von Geschlecht in Unzuchtsverfahren der Frühen Neuzeit (1700–1760), Frankfurt a. M. 1994.
Godding Philippe, Les contrats de mariage dans la première moitié du 19ème siècle: fidélité à la coutume ou adoption sans réserve du Code Napoléon?, in: Revue belge d'histoire contemporaine, 14 (1983), 91–114.
Goody, Jack, Bridewealth and Dowry in Africa and Eurasia, in: ders. u. S. J. Tambiah, Bridewealth and Dowry, Cambridge 1973,1–58.
Gottschalk, Karin, Eigentum, Geschlecht, Gerechtigkeit. Haushalten und Erben im frühneuzeitlichen Leipzig, Frankfurt a. M./New York 2003.
Gottschalk, Karin, Schlüssel und „Beschluss“ – Verfügungsmacht über Verschlossenes in der Frühen Neuzeit, in: Comparativ, 15, 4 (2005), Themenheft: Eigentumskulturen und Geschlecht in der Frühen Neuzeit, hg. von Nicole Grochowina u. Hendrikje Carius, 21–32.
Greneck, Franciscus Josephus, Theatrum Jurisdictionis Austriacae, oder Neu-eröfneter Schau-Platz Oesterreichischer Gerichtbarkeit: Darinnen zu ersehen …, Wien 1752.
Grochowina, Nicole, Das Eigentum der Frauen. Konflikte vor dem Jenaer Schöppenstuhl im ausgehenden 18. Jahrhundert, Köln/Weimar/Wien 2009.
Grochowina, Nicole, Geschlecht und Eigentumskultur in der Frühen Neuzeit, in: dies. u. Hendrikje Carius Hg., Eigentumskultur in der Frühen Neuzeit, Comparativ, 15, 4 (2005), 7–20.

Groppi, Angela, Dots et institutions: la conquête d'un „patrimoine" (Rome, XVIIIe–XIXe siècle), in: Clio, 7 (1998), 139–154.

Grünwald-Zerkowitz, Sidonie von, Wie verheiratet man mitgiftlose Mädchen?, Wien 1905.

Guarient, Franz Anton von Hg., Codex Austriacus ordine alphabetico compilatus. Das ist: eigentlicher Begriff und Innhalt aller unter deß Ertzhauses zu Österreich, ... einlaufenden Generalien. Supplementum Sammlung Österreichischer Gesetze 1759–1770, Bd. 1, Wien 1704; Bd. 6, Wien 1777.

Guzzi-Heeb, Sandro, Donne, uomini, parentela. Casati alpini nell'Europa preindustriale (1650–1850), Torino 2007.

Hacke, Daniela, Women, Sex and Marriage in Early Modern Venice, Ashgate 2004.

Hafner, Michaela, Mitgift und Frauenbildung, ‚Mannweiber' und ‚Einzelexistenzen'. Ehelose bürgerliche Frauen in der zweiten Hälfte des 19. Jahrhunderts in Wien, Diplomarbeit Wien 2005.

Hagemann, Hans-Rudolf u. Heide Wunder, Heiraten und Erben: Das Basler Ehegüterrecht und Ehegattenerbrecht, in: Heide Wunder Hg., Eine Stadt der Frauen. Studien und Quellen zur Geschichte der Baslerinnen im späten Mittelalter und zu Beginn der Neuzeit (13.–17. Jahrhundert), Basel/Frankfurt a. M. 1995, 150–166.

Hahn, Sylvia, Frauen im Alter – alte Frauen?, in: Josef Ehmer u. Peter Gutschner Hg., Das Alter im Spiel der Generationen. Historische und sozialwissenschaftliche Beiträge, Wien/Köln/Weimar 2000, 156–189.

Hamer, Theodor, Civil- und Criminal-Justiz-Behörden in Tirol, in: Der Sammler für Geschichte und Statistik von Tirol, 1, 3 (1807), 195–288.

Hämmerle, Christa, „La recherche de la paternité est interdite." Ledige Väter um 1900 im Spannungsverhältnis von Recht und popularer Autobiographik, in: Josef Ehmer, Tamara K. Harven, Richard Wall Hg., Historische Familienforschung. Ergebnisse und Kontroversen, Frankfurt/New York 1997, 197–227.

Hanawalt, Barbara A., The Wealth of Wives. Women, Law, and Economy in Late Medieval London, Oxford 2007.

Hardwick, Julie, Widowhood and Patriarchy in Seventeenth Century France, in: Journal of Social History, 26, 1 (1992), 133–148.

Harmat, Ulrike, Ehe auf Widerruf? Der Konflikt um das Eherecht in Österreich 1918–1938, Frankfurt a. M. 1999.

Harrasowsky, Philipp Harras von Hg., Der Codex Theresianus und seine Umarbeitungen, Bd. 1, Wien 1883.

Harrasowsky, Philipp Harras von Hg., Der Codex Theresianus und seine Umarbeitungen, Bd. 4: Entwurf Horten's, Wien 1886.

Harrasowsky, Philipp Harras von Hg., Der Codex Theresianus und seine Umarbeitungen, Bd. 5: Entwurf Martini's, Wien 1886.

Hassinger, Herbert, Die Übergänge über die Hohen Tauern vom Frühmittelalter bis ins 19. Jahrhundert, in: Die Tauernautobahn, Salzburg 1976, 215–247.

Hassinger, Herbert, Geschichte des Zollwesens, Handels und Verkehrs in den östlichen Alpentälern vom Spätmittelalter bis in die zweite Hälfte des 18. Jahrhunderts, Stuttgart 1987.

Hausen, Karin, Die Polarisierung der „Geschlechtscharaktere". – Eine Spiegelung der Dissoziation von Erwerbs- und Familienarbeit, in: Werner Conze Hg., Sozialgeschichte der Familie in der Neuzeit Europas, Stuttgart 1976, 363–393.

Hauser, Andrea, Dinge des Alltags. Studien zur historischen Sachkultur eines schwäbischen Dorfes, Tübingen 1994.

Head-König, Anne-Lise, Forced Marriages and Forbidden Marriages in Switzerland: State Control of the Formation of Marriages in Catholic and Protestant Cantons in the Eighteenth and Nineteenth Centuries, in: Continuity and Change, 8 (1993), 441–465.

Hebeis, Michael, Karl Anton von Martini (1726–1800). Leben und Werk, Frankfurt a. M. 1996.
Hehenberger, Susanne, Unkeusch wider die Natur. Sodomieprozesse im frühneuzeitlichen Österreich, Wien 2006.
Heidegger, Maria, Soziale Dramen und Beziehungen im Dorf. Das Gericht Laudegg in der frühen Neuzeit – eine historische Ethnographie, Innsbruck/Wien 1999.
Heindl, Waltraud, Gehorsame Rebellen. Bürokratie und Beamte in Österreich 1780 bis 1848, Wien 1991.
Hempenius-van Dijk, Dieneke, Widows and the Law. The Legal Position of Widows in the Dutch Republic during the Seventeenth and Eighteenth Centuries, in: Jan Bremmer u. Lourens van den Bosch Hg., Between Poverty and the Pyre. Moments in the History of Widowhood, London/New York 1995, 89–102.
Hermann, Karl Friedrich, Wissenschaft und Bildung, in: Heinz Dopsch u. Hans Spatzenegger Hg., Geschichte Salzburgs. Stadt und Land, Bd. 2, Teil 3, Salzburg 1991, 1853–1962.
Hohkamp Michaela, Eine Tante für alle Fälle. Tanten-Nichten-Beziehungen und ihre Bedeutungen für die reichsfürstliche Gesellschaft der Frühen Neuzeit, in: Margareth Lanzinger u. Edith Saurer Hg., Politiken der Verwandtschaft. Beziehungsnetze, Geschlecht und Recht, Göttingen 2007, 147–169.
Hohkamp, Michaela, Herrschaft in der Herrschaft. Die vorderösterreichische Obervogtei Triberg von 1737 bis 1780, Göttingen 1998.
Holenstein, André, Die Umstände der Normen – die Normen der Umstände. Policeyordnungen im kommunikativen Handeln von Verwaltung und lokaler Gesellschaft im Ancien Régime, in: Karl Härter Hg., Policey und frühneuzeitliche Gesellschaft. Frankfurt a. M. 2000, 1–46.
Holthöfer, Ernst, Die Geschlechtsvormundschaft. Ein Überblick von der Antike bis ins 19. Jahrhundert, in: Ute Gerhard Hg., Frauen in der Geschichte des Rechts. Von der Frühen Neuzeit bis zur Gegenwart, München 1997, 390–451.
Holthöfer, Ernst, Die Sozialisierung des Verwandtenerbrechts. Vergleichende Gesetzgebungsgeschichte von der Französischen Revolution bis zur Gegenwart, in: Margareth Lanzinger u. Edith Saurer Hg., Politiken der Verwandtschaft. Beziehungsnetze, Geschlecht und Recht, Göttingen 2007, 171–197.
Holthöfer, Ernst, Fortschritte in der Erbrechtsgesetzgebung seit der französischen Revolution, in: Heinz Mohnhaupt Hg., Zur Geschichte des Familien- und Erbrechts. Politische Implikationen und Perspektiven, Frankfurt a. M. 1987, 121–175.
Honegger, Claudia, Die Ordnung der Geschlechter. Die Wissenschaften vom Menschen und das Weib 1750–1850, Frankfurt a. M./New York 1991.
Howell, Martha C., The Marriage Exchange. Property, Social Place, and Gender in Cities of the Low Countries, 1300–1550, Chicago 1998.
Hübner, Lorenz, Beschreibung der hochfürstlich-erzbischöflichen Haupt- und Residenzstadt Salzburg und ihrer Gegenden verbunden mit ihrer ältesten Geschichte, Bd. 1, Salzburg 1792.
Hübner, Lorenz, Beschreibung der hochfürstlich-erzbischöflichen Haupt- und Residenzstadt Salzburg und ihrer Gegenden verbunden mit ihrer ältesten Geschichte, Bd. 2, Salzburg 1793.
Hufschmidt, Anke, Adlige Frauen im Weserraum zwischen 1570 und 1700. Status – Rollen – Lebenspraxis, Münster 2001.
Hufton, Olwen, Women without Men. Widows and Spinsters in Britain and France in the Eighteenth Century, in: Jan Bremmer u. Lourens van den Bosch Hg., Between Poverty and the Pyre. Moments in the History of Widowhood, London/New York 1995, 122– 151.
Hughes, Diane Owen, From Brideprice to Dowry in Mediterranean Europe, in: Journal of Family History, 3, 3 (1978), 262–296.
Huter, Franz Hg., Das älteste Tiroler Verfachbuch (Landgericht Meran 1468–1471), aus dem Nachlaß von Karl Moeser, Innsbruck 1990.
Huter, Franz, Stift Innichen. Siedlungsleistung und Grundherrschaft, in: Zeitschrift für bayerische Landesgeschichte, 36 (1973), 450–469.

Iida, Takashi, Wiederheiraten und Verwandtschaftsnetze auf dem unteilbaren Hof: Bauern, Büdner und Einlieger des brandenburgischen Amtes Alt-Ruppin im 18. Jahrhundert, in: Christophe Duhamelle u. Jürgen Schlumbohm Hg., Eheschließungen im Europa des 18. und 19. Jahrhunderts. Muster und Strategien, Göttingen 2003, 125–155.

Imhof, Arthur E., Von der unsicheren zur sicheren Lebenszeit. Fünf historisch-demographische Studien, Darmstadt 1988.

Ingendahl, Gesa, Witwen in der Frühen Neuzeit. Eine kulturhistorische Studie, Frankfurt a. M./New York 2006.

Jaritz, Gerhard, Norm und Praxis in Alltag und Sachkultur des Spätmittelalters: „Widerspruch" und „Entsprechung", in: ders. Hg., Norm und Praxis im Alltag des Mittelalters und der Frühen Neuzeit, Wien 1997, 7–19.

Jaritz, Gerhard, Österreichische Bürgertestamente als Quelle zur Erforschung städtischer Lebensformen des Spätmittelalters, in: Jahrbuch für Geschichte des Feudalismus, 8 (1984), 249–264.

Jarzebowski, Claudia, Inzest: Verwandtschaft und Sexualität im 18. Jahrhundert, Köln/Weimar/Wien 2006.

Jenisch, Susanne, „Die berüchtigte Materie von der weiblichen Geschlechts-Curatel". Die Abschaffung der ‚Geschlechtsvormundschaft' in der aufklärerischen Diskussion, in: Ulrike Weckel u. a. Hg., Ordnung, Politik und Geselligkeit der Geschlechter im 18. Jahrhundert, Berlin 1998, 285–301.

Joachim Ferdinand von Schidenhofen. Ein Freund der Mozarts. Die Tagebücher des Salzburger Hofrats, hg. und kommentiert von Hannelore und Rudolph Angermüller, Bad Honnef 2006.

Johnson, Christopher H., Das „Geschwister-Archipel": Bruder-Schwester-Liebe und Klassenformation im Frankreich des 19. Jahrhunderts, in: L'Homme. Z.F.G., 13, 1 (2002), 50–67.

Joris, Elisabeth, Kinship and Gender. Property, Enterprise, and Politics, in: David Warren Sabean, Simon Teuscher u. Jon Mathieu Hg., Kinship in Europe. Approaches to Long-Term Development (1800–1900), New York/Oxford 2007, 231–257.

Joseph des Zweyten Römischen Kaysers Gesetze und Verfassungen im Justiz-Fache. Für Böhmen, Mähren, Schlesien, Oesterreich ob und unter der Enns, Steyermark, Kärnthen, Krain, Görz, Gradisca, Triest, Tyrol und die Vorlande. In den ersten vier Jahren seiner Regierung, Wien 1817.

Joseph des Zweyten Römischen Kaysers Gesetze und Verfassungen im Justiz-Fache. Für Böhmen, Mähren, Schlesien, Oesterreich ob und unter der Enns, Steyermark, Kärnthen, Krain, Görz, Gradisca, Triest, Tyrol und die Vorlande. In dem sechsten Jahre seiner Regierung. Jahrgang von 1786 bis 1787, 2. Fortsetzung 1786, Wien 1817.

Joseph des Zweyten Römischen Kaysers Gesetze und Verfassungen im Justiz-Fache. Für Böhmen, Mähren, Schlesien, Oesterreich ob und unter der Enns, Steyermark, Kärnthen, Krain, Görz, Gradisca, Triest, Tyrol und die Vorlande. In dem siebenten Jahre seiner Regierung. Jahrgang von 1786 bis 1787, Wien 1817.

Josephinisches Gesetzbuch (JGB – eigentlich: Allgemeines bürgerliches Gesetzbuch), Patent vom 1. November 1786, in: Joseph des Zweyten Römischen Kaysers Gesetze und Verfassungen im Justiz-Fache. Für Böhmen, Mähren, Schlesien, Oesterreich ob und unter der Enns, Steyermark, Kärnthen, Krain, Görz, Gradisca, Triest, Tyrol und die Vorlande. In dem sechsten Jahre seiner Regierung. Jahrgang von 1786 bis 1786, 2. Fortsetzung 1786, Wien 1817, Nr. 591, 71–129.

J. Siebmacher's grosses Wappenbuch, Bd. 26: Der niederösterreichische landständische Adel S–Z, Nachdruck von Siebmacher's Wappenbuch, Bd. 4, Abt. 4, Teil 2, Neustadt an der Aisch 1983 [Nürnberg 1918].

Jussen, Bernhard, Der Name der Witwe. Erkundungen zur Semantik der mittelalterlichen Bußkultur, Göttingen 2000.

Kaplan, Marion A., Introduction, in: dies. Hg., The Marriage Bargain. Women and Dowries in European History, New York 1985, 1–11.

Kaplan, Marion A. Hg., The Marriage Bargain. Women and Dowries in European History, New York 1985.

Kasdagli, Aglaia E., Family and Inheritance in the Cyclades, 1500–1800: Present Knowledge and Unanswered Questions, in: The History of the Family, 9, 3 (2004), 257–274.

Kasdagli, Aglaia E., Land and Marriage Settlements in the Aegean. A Case Study of Seventeenth-Century Naxos, Venice 1999.

Kaser, Max, Römisches Privatrecht, München 1975.

Klammer, Peter, *In Unehren beschlaffen*. Unzucht vor kirchlicher und weltlicher Gerichtsbarkeit im frühneuzeitlichen Salzburger Lungau, Frankfurt a. M. u. a. 2004.

Klapisch-Zuber, Christiane, Das Haus, der Name, der Brautschatz. Strategien und Rituale im gesellschaftlichen Leben der Renaissance, Frankfurt a. M./New York 1995.

Klein, Birgit, Das jüdische Ehegüter- und Erbrecht der Frühneuzeit: Entwicklung seit der Antike und Auswirkung auf das Verhältnis der Geschlechter und zur christlichen Gesellschaft, Köln/Weimar/Wien, Druck in Vorbereitung.

Klein, Herbert, Salzburg, ein unvollendeter Paßstaat, in: Die Alpen in der europäischen Geschichte des Mittelalters. Reichenau Vorträge 1961–1962, Sigmaringen 1965, 275–291.

Koch, Elisabeth, Maior dignitas est in sexu virili. Das weibliche Geschlecht im Normensystem des 16. Jahrhunderts, Frankfurt a. M. 1991.

Köfler, Werner, Land – Landschaft – Landtag. Geschichte der Tiroler Landtage von den Anfängen bis zur Aufhebung der landständischen Verfassung 1808, Innsbruck 1985.

Kolanović, Josip u. Janez Šumrada Hg., Napoléon et son administration en Adriatique orientale et dans les Alpes de l'est 1806–1814. Guide des sources, Zagreb 2005.

Král, Pavel, Heiratsverträge und Testamente in Böhmen im 16. und 17. Jahrhundert, in: Josef Pauser, Martin Scheutz u. Thomas Winkelbauer Hg., Quellenkunde der Habsburgermonarchie (16.–18. Jahrhundert). Ein exemplarisches Handbuch, Wien 2004, 477–494.

Kröger, Silke, Armenfürsorge und Wohlfahrtspflege im frühneuzeitlichen Regensburg, Regensburg 2006.

Kropatschek, Joseph, Sammlung aller k. k. Verordnungen und Gesetze vom Jahr 1740 bis 1780, die unter der Regierung des Kaisers Joseph des II. theils noch ganz bestehen, theils zum Theile abgeändert sind, als ein Hilfs- und Ergänzungsbuch zu dem Handbuche aller unter der Regierung des Kaisers Joseph des II. für die k.. Erbländer ergangenen Verordnungen und Gesetze, Bd. 1, Wien 1786.

Kropatschek, Joseph, Handbuch aller unter der Regierung des Kaisers Joseph II. für die k. k. Erbländer ergangenen Verordnungen und Gesetze in einer sistematischen Verbindung, Bd. 2, 1780–1784, Wien 1785; Bd. 10, 1786, Wien 1788; Bd. 11, 1786, Wien 1788; Bd. 13, 1787, Wien 1788. Diese Verordnungen und Gesetze sind zugänglich auch über „Alex – historische Rechts- und Gesetzestexte online", ein Portal der Österreichischen Nationalbibliothek, unter http://alex.onb.ac.at/ in der Rubrik Justizgesetzsammlung 1780–1848.

Kruse, Britta-Juliane, Witwen. Kulturgeschichte eines Standes im Spätmittelalter und Früher Neuzeit, Berlin/New York 2007.

Kühebacher, Egon, Die Hofmark Innichen. Ein Heimatbuch für Einheimische und Gäste, Innichen 1969.

Kühebacher, Egon, Spiel und Fest in der Geschichte der Hofmark Innichen, hg. von der Volksbühne Innichen, Innichen 1990.

Kuehn, Thomas, „Cum Consensu mundualdi". Legal Guardianship of Women in Quattrocento Florence, in: ders., Law, Family, and Women. Toward an Anthropology of Renaissance Italy, Chicago 1991, 212–237.

Kuhn, Bärbel, Familienstand ledig. Ehelose Frauen und Männer im Bürgertum (1850–1914), Köln/Weimar/Wien 2000.

Ladurie, Emmanuele Le Roy, Il denaro l'amore la morte in Occitania, Milano 1983.

Lanaro, Paola u. Gian Maria Varanini, Funzioni economiche della dote nell'Italia centro-settentrionale (tardo medioevo / inizi età moderna), in: Simonetta Cavaciocchi Hg., La famiglia nell'economia europea, secc. XIII–XVIII. The Economic Role of the Family in the European Economy from the 13th to the 19th Centuries. Atti della „Quarantesima Settimana di Studi", 6–10 aprile 2008, Firenze 2009, 81–102.

Landau, Peter, Bamberger Landrecht und eheliche Gütergemeinschaft, in: Horst Gehringer, Hans-Joachim Hecker u. Reinhard Heydenreuter Hg., Landesordnungen und Gute Policey in Bayern, Salzburg und Österreich, Frankfurt a. M. 2008, 1–18.

Landwehr, Achim, Policey im Alltag. Die Implementation frühneuzeitlicher Policeyordnungen in Leonberg, Frankfurt a. M. 2000.

Langer-Ostrawsky, Gertrude, Bäuerliche Testamente als Instrumente der Generationengerechtigkeit in der niederösterreichischen Stiftsherrschaft Göttweig (18./19. Jahrhundert), in: Stefan Brakensiek, Michael Stolleis u. Heide Wunder Hg., Generationengerechtigkeit? Normen und Praxis im Erb- und Ehegüterrecht 1500–1850, Berlin 2006, 265–280.

Langer-Ostrawsky, Gertrude u. Günter Marian, Ausgewählte Beispiele für die Familien- und Hausforschung anhand grundherrschaftlicher und „staatlicher" Quellen, in: Willibald Rosner u. Günter Marian Hg, Handbuch für Heimat- und Familienforschung in Niederösterreich, St. Pölten 2008, 166–173.

Langer-Ostrawsky, Gertrude u. Margareth Lanzinger, Begünstigt – benachteiligt? Frauen und Männer im Ehegüterrecht. Ein Vergleich auf der Grundlage von Heiratskontrakten aus zwei Herrschaften der Habsburgermonarchie im 18. Jahrhundert, in: Grethe Jacobsen u. a. Hg., Less Favoured – More Favoured: Proceedings from a Conference on Gender in European Legal History, 12th–19th Centuries, Copenhagen September 2004, Copenhagen, The Royal Library 2005: http://www.kb.dk/export/sites/kb_dk/da/publikationer/online/fund_og_forskning/download/A04B_Langer-Lanzinger-GER.pdf, 1–41.

Lanzinger, Margareth, „als Curatoren zu verpflichten und denenselben einfolglich die ganze Haus Manega zu allseitig besserer Ersprislöskeit anzuvertrauen". Haushalten als Handlungskonzept in prekären Situationen, PoliceyWorkingPapers. Working Papers des Arbeitskreises Policey /Polizei in der Vormoderne, 6 (2003), 1–28, auf: www.univie.ac.at/policey-ak/pwp/pwp_06.pdf.

Lanzinger, Margareth, „aus khainer Gerechtigkeit ..., sondern aus Gnaden". Erbinnen – Handlungsoptionen und Geschwisterkonstellationen, in: Frühneuzeit-Info 15, 1–2, (2004), 20–28.

Lanzinger, Margareth, Das gesicherte Erbe. Heirat in lokalen und familialen Kontexten. Innichen 1700–1900, Wien/Köln/Weimar 2003.

Lanzinger, Margareth, Generationengerechtigkeit mittels Vertrag. Besitz- und Vermögensregelungen zwischen Reziproziät und Unterordnung, Ausgleich und Begünstigung, in: Stefan Brakensiek, Michael Stolleis u. Heide Wunder Hg., Generationengerechtigkeit? Normen und Praxis im Erb- und Ehegüterrecht 1500–1850, Berlin 2006, 241–263.

Lanzinger, Margareth, Heiratskontrakte intermediär: als Form der Vermittlung zwischen gesetztem Recht, sozialen Normen und individuellen Interessen, in: Angelika Klampfl u. Margareth Lanzinger Hg., Normativität und soziale Praxis. Gesellschaftspolitische und historische Beiträge, Wien 2006, 81–96.

Lanzinger, Margareth, Negotiating Marriage Contracts. Legal Records as Source Materials for Gender History, in: Kristina Popova u. a. Hg., Women and Minorities Archives. Ways of Archiving, Sofia 2009, 189–203.

Lanzinger, Margareth, Tanten, Schwägerinnen und Nichten – Beziehungsgefüge, Vermögenskonflikte und ‚Reparaturehen' oder: Linie und Paar in Konkurrenz, in: WerkstattGeschichte 10, 46 (2007), 41–54.

Lanzinger, Margareth, Towards Predominating Primogeniture: Changes in the Inheritance Practices, Innichen / San Candido 1730–1930, in: Hannes Grandits u. Patrick Heady Hg., Distinct Inheritance: Property, Family and Community in a Changing Europe, Münster 2003, 125–144.

Lanzinger, Margareth, „Zu Beybehaltung künftiger besserer Richtigkeit." Heiratskontrakte und Wittibliche Verträge (2. Hälfte des 18. Jh.), in: Rechtsforschung als disziplinenübergreifende Herausforderung. Proceedings zur Konferenz am 2.–3. Juni 2003 am Max-Planck-Institut für ethnologische Forschung in Halle (Saale): http://www.rechtswirklichkeit.de/veranstaltungen/konferenzen-workshops/bar2003/bar_proceedings-halle2003.pdf, 61–72.

Lanzinger, Margareth u. Edith Saurer Hg., Politiken der Verwandtschaft. Beziehungsnetze, Geschlecht und Recht, Göttingen 2007.

Lanzinger, Rosa, Gewerbetopographie des Landesgerichtes Sillian im Zeitraum von 1720 bis 1860, Dissertation Innsbruck 1980.

Laroche-Gisserot, Florence, Pratiques de la dot en France au XIXe siècle, in: Annales ESC, 6 (1988), 1433–1452.

Lehmann, Brigitte, Ehevereinbarungen im 19. und 20. Jahrhundert, Frankfurt a. M. u. a. 1989.

Lehner, Oskar, Familie – Recht – Politik. Die Entwicklung des österreichischen Familienrechts im 19. und 20. Jahrhundert, Wien/New York 1987.

Lepsius, Susanne, Fall 9. Die Ehe, die Mitgift und der Tod, in: Ulrich Falk, Michele Luminati u. Matthias Schmoeckel, Fälle aus der Rechtsgeschichte, München 2008, 129–146.

Levi, Giovanni, Das immaterielle Erbe. Eine bäuerliche Welt an der Schwelle zur Moderne, Berlin 1986.

Levi, Giovanni, On Microhistory, in: Peter Burke Hg., New Perspectives on Historical Writing, Cambridge 1992, 93–113.

L'Homme. Z.F.G., 14, 1 (2003) zum Schwerpunktthema „Ehegeschichte(n)".

Lipp, Carola, Aspekte der mikrohistorischen und kulturanthropologischen Kreditforschung, in: Jürgen Schlumbohm Hg., Soziale Praxis des Kredits, 16.–20. Jahrhundert, Hannover 2007, 15–36.

Lombardi, Daniela, Matrimoni di antico regime, Bologna 2001.

Lombardi, Daniela, Storia del matrimonio. Dal Medioevo a oggi, Bologna 2008.

Lorenzetti, Luigi, Economie et migrations au XIXe siècle: les stratégies de la reproduction familiale au Tessin, Bern u. a. 1999.

Lospichl, Franz von, Die Familien Haffner und Triendl. Ein Beitrag zu einer Salzburger Familien und Unternehmergeschichte, Salzburg 1970.

Lutz, Alexandra, Ehepaare vor Gericht. Konflikte und Lebenswelten in der Frühen Neuzeit, Frankfurt a. M. 2006.

Mantl, Elisabeth, Heirat als Privileg. Obrigkeitliche Heiratsbeschränkungen in Tirol und Vorarlberg 1820–1920, Wien/München 1997.

Marian, Günter, Politische Entwicklung, Herrschaftsmittelpunkte und Hofpersonal des niederösterreichischen Adels vom Regierungsantritt Kaiser Maximilians I. bis zum Ende des Dreißigjährigen Krieges, Druck in Vorbereitung.

Martin, Franz, Die Salzburger Chronik des Felix Adauktus Haslberger, Teil 3, in: Mitteilungen der Gesellschaft für Salzburger Landeskunde, 69 (1929), 97–120.

Martin, Franz, Hundert Salzburger Familien, Sonderband der Gesellschaft für Salzburger Landeskunde, Salzburg 1946.

Martini, Manuela, Doti e successioni a Bologna nell'Ottocento. I comportamenti patrimoniali del ceto nobiliare, in: Quaderni Storici, 31, 92 (1996), 269–304.

Martini, Manuela, Neue Rechte, alte Pflichten. Die Rezeption des *Code Napoléon* zu Beginn des 19. Jahrhunderts in Italien, in: L'Homme. Z.F.G., 14, 1 (2003), 90–96.

Mathieu, Jon, From Ecotypes to Sociotypes: Peasant Household and State-Building in the Alps, Sixteenth-Nineteenth Centuries, in: The History of the Family, 5, 1 (2000), 55–74.

Mathieu, Jon, Geschichte der Alpen 1500–1900. Umwelt, Entwicklung, Gesellschaft, Wien/Köln/Weimar 1998.

Mayer-Maly, Theo, Artikel „Morgengabe", in: Handwörterbuch zur Deutschen Rechtsgeschichte, Bd. 3, Berlin 1984, Sp. 678–683.

Medick, Hans u. David Sabean Hg., Emotionen und materielle Interessen. Sozialanthropologische und historische Beiträge zur Familienforschung, Göttingen 1984.

Mignon-Leloup, C., Les contrats de mariage passés devant les notaires nivellois de 1740 à 1804, in: Le notariat en roman pays de Brabant et l'enseignement du notariat à l'Université catholique de Louvain. Catalogue de l'Exposition organisée à Louvain-la-Neuve du 13 au 28 mars 1986, Bruxelles 1986, 15–19.

Mitterauer, Michael, Der Mythos von der vorindustriellen Großfamilie, in: ders. u. Reinhard Sieder, Vom Patriarchat zur Partnerschaft. Zum Strukturwandel der Familie, München 1991^{4}, 46–71.

Mitterauer, Michael, Formen ländlicher Familienwirtschaft. Historische Ökotypen und familiale Arbeitsorganisation im österreichischen Raum, in: Josef Ehmer u. ders. Hg., Familienstruktur und Arbeitsorganisation in ländlichen Gesellschaften, Wien 1985, 185–323.

Mitterauer, Michael, Komplexe Familienformen in sozialhistorischer Sicht, in: ders., Historisch-Anthropologische Familienforschung. Fragestellungen und Zugangsweisen, Wien/Köln 1990, 87–130.

Mitterauer, Michael, Ledige Mütter. Zur Geschichte unehelicher Geburten in Europa, München 1983.

Mitterauer, Michael, Warum Europa? Mittelalterliche Grundlage eines Sonderwegs, München 2003.

Molho, Antony, Roberto Barducci, Gabriella Battista u. Francesco Donnini, Genealogia e parentado. Memorie del potere nella Firenze tardo medievale. Il caso di Giovanni Rucellai, in: Quaderni Storici, 29, 86 (1994), 365–403.

Mönnich, Ulrike, Frauenschutz vor riskanten Geschäften. Interzessionsverbote nach dem Velleianischen Senatsbeschluss, Köln/Weimar/Wien 1999.

Mozart. Briefe und Aufzeichnungen. Gesamtausgabe, Bd. 2: 1777–1779, Kassel/Basel/London 1962.

Mozart. Briefe und Aufzeichnungen. Gesamtausgabe, Bd. 6: Kommentar 1780–1857, Kassel/Basel/Tours 1971.

Mühlberger, Georg, Absolutismus und Freiheitskämpfe (1665–1814), in: Josef Fontana u. a. Hg., Geschichte des Landes Tirol, Bd. 2, Bozen 1998^{2}, 290–579.

Mureşan, Maria, Norms and Law Practice for Preservation of Family Wealth in the Orthodox World. Dowry und Wills in Wallachia and Moldavia in the 18th Century, in: Simonetta Cavaciocchi Hg., La famiglia nell'economia europea, secc. XIII–XVIII. The Economic Role of the Family in the European Economy from the 13th to the 19th Centuries. Atti della „Quarantesima Settimana di Studi", 6–10 aprile 2008, Firenze 2009, 257–266.

Neuwirth, Karin, Die lieben Erben – Verwandtenerbrecht in Österreich im 19. und 20. Jahrhundert, in: Margareth Lanzinger u. Edith Saurer Hg., Politiken der Verwandtschaft. Beziehungsnetze, Geschlecht und Recht, Göttingen 2007, 199–224.

New reformierte Landsordnung der fürstlichen Grafschaft Tirol, Innsbruck [1573].

Nolde, Dorothea, Gattenmord. Macht und Gewalt in der frühneuzeitlichen Ehe, Köln/Weimar/Wien 2003.

Ofner, Julius Hg., Der Ur-Entwurf und die Berathungs-Protokolle des Oesterreichischen Allgemeinen bürgerlichen Gesetzbuches, Bd. 1 und 2, Wien 1889.

Ogris, Werner, Artikel „Errungenschaftsgemeinschaft", in: Handwörterbuch zur Deutschen Rechtsgeschichte, Bd. 1, Berlin 1971, Sp. 1004–1006.

Ogris, Werner, Artikel „Gütergemeinschaft", in: Handwörterbuch zur Deutschen Rechtsgeschichte, Bd. 1, Berlin 1971, Sp. 1871–1874.

Ogris, Werner, Artikel „Güterrecht, eheliches", in: Handwörterbuch zur Deutschen Rechtsgeschichte, Bd. 1, Berlin 1971, Sp.1874–1876.

Ogris, Werner, Artikel „Gütertrennung", in: Handwörterbuch zur Deutschen Rechtsgeschichte, Bd. 1, Berlin 1971, Sp.1876–1877.

Ogris, Werner, Artikel „Mündigkeit", in: Handwörterbuch zur deutschen Rechtsgeschichte, Bd. 3, Berlin 1984, Sp. 738–742.

Ogris, Werner, Artikel „Verwaltungsgemeinschaft", in: Handwörterbuch zur Deutschen Rechtsgeschichte, Bd. 5, Berlin 1998, Sp. 877–879.

Ogris, Werner, „bey der Copulation war kein Mensch als die Mutter und die jüngste Schwester". Mozart und das Eherecht seiner Zeit, in: Juristische Ausbildung und Praxis, 1 (1991/1992), 14–19.

Ogris, Werner, Mozart im Familienrecht seiner Zeit. Verlöbnis, Heirat, Verlassenschaft, Wien/Köln/Weimar 1999.

Ortner, Franz, Vom Kurfürstentum zum Wiener Kongress 1803–1816, in: Heinz Dopsch u. Hans Spatzenegger Hg., Geschichte Salzburgs. Stadt und Land, Bd. 2: Neuzeit und Zeitgeschichte, 2. Teil, Salzburg 1995[2], 587–619.

Ortner, Franz, Wolf Dietrich als Gegenreformator, in: Katalog der 4. Salzburger Landesausstellung Wolf Dietrich von Raitenau. Gründer des barocken Salzburg, Salzburg 1987, 123–126.

Ostrawsky, Gertrude, Geschichte des Marktes Perchtoldsdorf 1683–1983, Perchtoldsdorf 1983.

Ostrawsky, Gertrude, Zur Zusammensetzung der Hausgemeinschaften in der Pfarre Maria Langegg im Dunkelsteinerwald 1788–1875: Sozioökonomische Voraussetzungen von Familienformen und der Dauer des Zusammenlebens, Dissertation Wien 1979.

Palazzi, Maura, Donne sole. Storia dell'altra faccia dell'Italia tra antico regime e società contemporanea, Milano 1997.

Palazzi, Maura, Female Solitude and Patrilineage: Unmarried Women and Widows During the Eighteenth and Nineteenth Centuries, in: Journal of Family History, 15 (1990), 443–459.

Palazzi, Maura, Nuovi diritti e strategie di conservazione dopo l'Unità: le famiglie contadine del bolognese, in: Giulia Calvi u. Isabel Chabot Hg., Le ricchezze delle donne. Diritti patrimoniali e poteri familiari in Italia (XIII–XIX), Torino 1998, 121–146.

Palme, Rudolf, Die Entwicklung des Erbrechtes im ländlichen Bereich, in: Paul Rösch Hg., Südtiroler Erbhöfe. Menschen und Geschichten, Bozen 1994, 25–37.

Palme, Rudolf, Frühe Neuzeit (1490–1665), in: Josef Fontana u. a. Hg., Geschichte des Landes Tirol, Bd. 2, Bozen 1998[2], 3–287.

Pammer, Michael, Entwicklung und Ungleichheit. Österreich im 19. Jahrhundert, Stuttgart 2002.

Pammer Michael, Testamente und Verlassenschaftsabhandlungen (18. Jahrhundert), in: Josef Pauser, Martin Scheutz u. Thomas Winkelbauer Hg., Quellenkunde der Habsburgermonarchie (16.–18. Jahrhundert). Ein exemplarisches Handbuch, Wien 2004, 495–510.

Paterni, Paola, Le leggi della città, le leggi della famiglia (Lucca, XVI–XVIII secc.), in: Giulia Calvi u. Isabel Chabot Hg., Le ricchezze delle donne. Diritti patrimoniali e poteri familiari in Italia (XIII–XIX), Torino 1998, 65–78.

Pauser, Josef, Martin Scheutz u. Thomas Winkelbauer Hg., Quellenkunde der Habsburgermonarchie (16.–18. Jahrhundert). Ein exemplarisches Handbuch, Wien 2004.

Pawlowsky, Verena, Mutter ledig – Vater Staat. Das Gebär- und Findelhaus in Wien 1784–1910, Innsbruck u. a. 2001.

Petitjean, Michel, Les contrats de mariage à Dijon et dans la campagne bourguignonne, Dijon 1980.

Petschacher, Rebekka u. Gudrun Wanzenböck, Bürgerliche Alltagskultur im Spiegel Wiener Testamente (1593–1630), Diplomarbeit Wien 1993.

Pichler, Meinrad, „Dort ist ein armes und dahier ein reiches Land …". Auswandererbriefe aus den USA am Beispiel eines Vorarlberger Bestandes (1850–1914), in: Christa Hämmerle u. Edith Saurer Hg.,

Briefkulturen und ihr Geschlecht. Zur Geschichte der privaten Korrespondenz vom 16. Jahrhundert bis heute, Wien/Köln/Weimar 2003, 163–186.

Probszt, Günther, Österreichische Münz- und Geldgeschichte. Von den Anfängen bis 1918, Graz 1983².

Prodinger, Friederike u. Reinhard Heinisch, Gewand und Stand, Salzburg 1983.

Przyrembel, Alexandra, „Rassenschande". Reinheitsmythos und Vernichtungslegitimation im Nationalsozialismus, Göttingen 2003.

Puff, Helmut, Sodomy in Reformation Germany and Switzerland 1400–1600, Chicago 2003.

Putzer, Peter, Rechtsgeschichtliche Einführung, in: Franz V. Spechtler u. Rudolf Uminsky Hg., Die Salzburger Landesordnung von 1526, Göppingen 1981, 87⁺–111⁺.

Raphael, Lutz, Rechtskultur, Verrechtlichung, Professionalisierung. Anmerkungen zum 19. Jahrhundert aus kulturanthropologischer Sicht, in: Christof Dipper Hg., Rechtskultur, Rechtswissenschaft, Rechtsberufe im 19. Jahrhundert. Professionalisierung und Verrechtlichung in Deutschland und Italien, Berlin 2000, 29–48.

Rogger, Hermann, Handwerker und Gewerbetreibende in Innichen seit dem 17. Jahrhundert. Ein Beitrag zur Familien- und allgemeinen Sozialgeschichte dieses Hochpustertaler Marktfleckens, Dissertation Innsbruck 1986.

Rösch, Paul, Lebensläufe und Schicksale. Auswirkungen von zwei unterschiedlichen Erbsitten in Tirol, in: ders. Hg., Südtiroler Erbhöfe. Menschen und Geschichten, Bozen 1994, 61–70.

Rosenhaft, Eve, „... mich als eine Extraordinarium". Die Witwe als widerstrebendes Subjekt in der Frühgeschichte der Lebensversicherung, in: Udo Arnold u. a. Hg., Situationen einer Hochschullaufbahn. Festschrift für Annette Kuhn zum 65. Geburtstag, Dortmund 1999, 292–309.

Rouette, Susanne, Erbrecht und Besitzweitergabe: Praktiken in der ländlichen Gesellschaft Deutschlands, Diskurse in Politik und Wissenschaft, in: Rainer Prass u. a. Hg., Ländliche Gesellschaften in Deutschland und Frankreich, 18.–19. Jahrhundert, Göttingen 2003, 145–166.

Sabean, David Warren, Allianzen und Listen: Die Geschlechtsvormundschaft im 18. und 19. Jahrhundert, in: Ute Gerhard Hg., Frauen in der Geschichte des Rechts. Von der Frühen Neuzeit bis zur Gegenwart, München 1997, 460–479.

Sabean, David Warren, Kinship and Class Dynamics in Nineteenth-Century Europe, in: ders., Simon Teuscher u. Jon Mathieu Hg., Kinship in Europe. Approaches to Long-Term Development (1800–1900), New York/Oxford 2007, 301–313.

Sabean, David Warren, Kinship in Neckarhausen, 1700–1870, Cambridge 1998.

Sabean, David Warren, Reflections on Microhistory, in: Gunilla Budde, Sebastian Conrad u. Oliver Janz Hg., Transnationale Geschichte. Themen, Tendenzen, Theorien, Göttingen 2006, 275–289.

Salzburger Mozart Lexikon, Red. von Gerhard Ammerer u. Rudolph Angermüller, Bad Honnef 2005.

Sant Cassia, Paul u. Constantina Bada, The Making of the Modern Greek Family. Marriage and Exchange in Nineteenth-Century Athens, Cambridge u.a. 1992.

Sarti, Raffaella, „All Masters Discourage the Marrying of their Male Servants, and Admit not by any Means the Marriage of the Female": Domestic Service and Celibacy in Western Europe from the Sixteenth to the Nineteenth Century, in: European History Quarterly, 38, 3 (2008), 417–449.

Sarti, Raffaella, Nubili e celibi tra scelta e costrizione. I percorsi di Clio (Europa occidentale, secoli XVI–XX), in: Margareth Lanzinger u. Raffaella Sarti Hg., Nubili e celibi tra scelta e costrizione (secoli XVI–XX), Udine 2006 [2007], 145–319.

Sarti, Raffaella, Oltre il *gender*? Un percorso tra recenti studi italiani di storia economico-sociale, in: Anna Rossi-Doria Hg., A che punto è la storia delle donne in Italia, Roma 2003, 93–144.

Sauermann, Dietmar, Bäuerliche Brautschatzverschreibungen in Westfalen (17.–20. Jh.), in: Rheinisch-westfälische Zeitschrift für Volkskunde, 18/19 (1972), 103–153.

Sauermann, Dietmar Brautschatzverschreibungen als Quelle für die Veränderungen der bäuerlichen Kultur im 18. Jahrhundert, in: Westfälische Forschungen, 29 (1978/79), 199–222.
Saurer, Edith, Stiefmütter und Stiefsöhne. Endogamieverbote zwischen kanonischem und zivilem Recht am Beispiel Österreichs (1790–1850), in: Ute Gerhard Hg., Frauen in der Geschichte des Rechts. Von der Frühen Neuzeit bis zur Gegenwart, München 1997, 345–366.
Saurer, Edith, Straße, Schmuggel, Lottospiel. Materielle Kultur und Staat in Niederösterreich, Böhmen und Lombardo-Venetien, Göttingen 1989.
Scardozzi, Mirella, Tra due codici: i contratti dotali nella Toscana preunitaria, in: Giulia Calvi u. Isabelle Chabot Hg., Le ricchezze delle donne. Diritti patrimoniali e poteri familiari in Italia (XIII–XIX secc.), Torino 1998, 95–120.
Schadelbauer, Karl, Briefe aus Alt-Innsbruck (1461–1873), Innsbruck 1952.
Schilling, Heinz, Der Gesellschaftsvergleich in der Frühneuzeitforschung – ein Erfahrungsbericht und einige (methodisch-theoretische) Schlussfolgerungen, in: Hartmut Kaelble u. Jürgen Schriewer Hg., Vergleich und Transfer. Komparatistik in den Sozial-, Geschichts- und Kulturwissenschaften, Frankfurt a. M./New York 2003, 283–304.
Schimke, Maria, Regierungsakten des Kurfürstentums und Königreichs Bayern 1799–1815, München 1996.
Schlumbohm, Jürgen, Gesetze, die nicht durchgesetzt werden – ein Strukturmerkmal des frühneuzeitlichen Staates?, in: Geschichte und Gesellschaft, 23 (1997), 647–663.
Schlumbohm, Jürgen, Lebensläufe, Familien, Höfe. Die Bauern und Heuerleute des Osnabrückischen Kirchspiels Belm in proto-industrieller Zeit, 1650–1860, Göttingen 1994.
Schlumbohm, Jürgen, The Land-Family Bond in Peasant Practice and in Middle-Class Ideology: Evidence from the North-West German Parish of Belm, 1650–1860, in: Central European History, 27, 4 (1994), 461–475.
Schnell, Rüdiger, Frauendiskurs, Männerdiskurs, Ehediskurs. Textsorten und Geschlechterkonzepte in Mittelalter und Früher Neuzeit, Frankfurt a. M./New York 1998.
Schöggl-Ernst, Elisabeth, Historische Bodendokumentation: Urbare, Landtafeln und Grundbücher, in: Josef Pauser, Martin Scheutz u. Thomas Winkelbauer Hg., Quellenkunde der Habsburgermonarchie (16.–18. Jahrhundert). Ein exemplarisches Handbuch, Wien 2004, 516–529.
Scholz Löhnig Cordula, Bayerisches Eherecht von 1756 bis 1875 auf dem Weg zur Verweltlichung, Berlin 2004.
Schubert, Werner u. Mathias Schmoeckel Hg., 200 Jahre Code civil. Die napoleonische Kodifikation in Deutschland und Europa, Köln/Weimar/Wien 2005.
Schwob, Ute Monika, „Herrinnen" in Tiroler Quellen. Zur rechtlichen und sozialen Stellung der adeligen Frau im Mittelalter, in: Egon Kühebacher Hg., Literatur und Bildende Kunst im Tiroler Mittelalter, Innsbruck 1982, 157–182.
Seidel Menchi, Silvana u. Diego Quaglioni Hg., Coniugi nemici. La separazione in Italia dal XII al XVIII secolo, Bologna 2000.
Seidel Menchi, Silvana u. Diego Quaglioni Hg., Matrimoni in dubbio. Unioni controverse e nozze clandestine in Italia dal XIV al XVIII secolo, Bologna 2001.
Selb, Walter u. Herbert Hofmeister Hg., Forschungsband Franz von Zeiller (1751–1828). Beiträge zur Gesetzgebungs- und Wissenschaftsgeschichte, Wien/Graz/Köln 1980.
Sibenhüner, Kim, Bigamie und Inquisition in Italien 1600–1750, Paderborn u. a. 2006.
Sicard, Germain Hg., Notaires, mariages, fortunes, dans le Midi toulousain, Toulouse 1997.
Siegel, Heinreich, Das Güterrecht der Ehegatten im Stiftslande Salzburg. Ein Beitrag zur Geschichte des deutschen ehelichen Güterrechtes, in: Sitzungsberichte der Philosophisch-Historischen Classe der Kaiserlichen Akademie der Wissenschaften, Bd. 99, Heft 1, Wien 1882, 75–108.
Siegrist, Hannes u. David Sugarman, Geschichte als historisch-vergleichende Eigentumswissenschaft. Rechts-, kultur- und gesellschaftsgeschichtliche Perspektiven, in: dies. Hg., Eigentum im internationalen Vergleich (18.–20. Jahrhundert), Göttingen 1999.

Signori, Gabriela, Fürsorgepflicht versus Eigennutz. Die Verfügungsgewalt über das Errungenschaftsgut in den Eheschriften des 15. Jahrhunderts, in: Andreas Holzem u. Ines Weber Hg., Ehe – Familie – Verwandtschaft. Vergesellschaftung in Religion und sozialer Lebenswelt, Paderborn u. a. 2008, 181–190.

Signori, Gabriela, Pflegekinder, Stiefkinder, Morgengabskinder: Formen sozialer Eltern- bzw. sozialer Kindschaft in der Gesellschaft des Spätmittelalters, in: Johannes F. K. Schmidt, Martine Guichard, Peter Schuster u. Fritz Trillmich Hg, Freundschaft und Verwandtschaft. Zur Unterscheidung und Verflechtung zweier Beziehungssysteme, Konstanz 2007, 165–180.

Signori, Gabriela, Vorsorgen – Vererben – Erinnern. Kinder- und familienlose Erblasser in der städtischen Gesellschaft des Spätmittelalters, Göttingen 2001.

Spechtler, Franz V., u. Rudolf Uminsky Hg., Die Salzburger Landesordnung von 1526, Göppingen 1981.

Sperling, Jutta, Dowry or Inheritance? Kinship, Property, and Women's Agency in Lisbon, Venice, and Florence (1572), in: Journal of Early Modern History, 11, 3 (2007), 197–238.

Sperling, Jutta, Marriage at the Time of the Council of Trent (1560–70): Clandestine Marriages, Kinship Prohibitions and Dowry Exchange in European Comparison, in: Journal of Early Modern History, 8, 1–2 (2004), 67–108.

Sperling, Jutta u. Shona Wray Hg., Gender, Property, and Law in Jewish, Christian, and Muslim Communities in the Wider Mediterranean 1300–1800, New York/London 2009.

Spieß, Karl-Heinz, Familie und Verwandtschaft im deutschen Hochadel des Spätmittelalters, 13. bis Anfang des 16. Jahrhunderts, Stuttgart 1993.

Sr. k. k. Majestät Leopold des zweyten politische Gesetze und Verordnungen für die deutschen, böhmischen und galizischen Erbländer, Bd. 1, Wien 1791.

Stauber, Reinhard, „Belehret durch Tirol?" Muster administrativer Integration im Alpenraum der napoleonischen Epoche und ihre Auswirkungen, in: Geschichte und Region / Storia e regione, 16, 2 (2007), 63–89.

Stauber, Reinhard, Empire und Region. Der Alpen-Adria-Raum im Zeitalter Napoleons, in: Christoph Haidacher u. Richard Schober Hg., Von Stadtstaaten und Imperien. Kleinterritorien und Großreiche im historischen Vergleich. Tagungsbericht des 24. Österreichischen Historikertages, Innsbruck, 20.–23. September 2005, Innsbruck 2006, 112–120.

Staves, Susan, Married Women's Separate Property in England, 1660–1833, Cambridge, Mass./London 1990.

Steidl, Annemarie, „Trost für die Zukunft der Zurückgelassenen ...". Witwenpensionen im Wiener Handwerk im 18. und 19. Jahrhundert, in: Josef Ehmer u. Peter Gutschner Hg., Das Alter im Spiel der Generationen. Historische und sozialwissenschaftliche Beiträge, Wien/ Köln/Weimar 2000, 320–347.

Stollberg-Rilinger, Barbara, Vormünder des Volkes? Konzepte landständischer Repräsentation in der Spätphase des Alten Reiches, Berlin 1999.

Stolz, Otto, Geschichte der Gerichte Deutschtirols. Abhandlungen zum Historischen Atlas der Österr[eichischen] Alpenländer, Landgerichtskarte von Deutschtirol, Wien 1912.

Stolz, Otto, Politisch-historische Landesbeschreibung von Südtirol, Innsbruck 1937 [Nachdruck 1975].

Strasser, Ulrike, State of Virginity. Gender, Religion, and Politics in an Early Modern Catholic State, Ann Arbor 2004.

Sutter, Berthold, Die Debatte über die Aufhebung des politischen Ehekonsenses im engeren Reichsrat 1863, in: Helfried Valentinitsch Hg., Recht und Geschichte. Festschrift Hermann Baltl zum 70. Geburtstag, Graz 1988, 525–572.

Todd, Barbara J., Demographic Determinism and Female Agency: the Remarrying Widow Reconsidered ... Again, in: Continuity and Change, 9 (1994), 421–450.

Torrents, Àngels, Marriage Strategies in Catalonia from the Seventeenth to the Nineteenth Century: a Case Study, in: Continuity and Change, 13, 3 (1998), 475–496.
Trepp, Anne-Charlott, Gefühl oder kulturelle Konstruktion? Überlegungen zur Geschichte der Emotionen, in: Querelles. Jahrbuch für Frauenforschung, 7 (2002), 86–103.

Ulbrich, Claudia, Shulamit und Margarete. Macht, Geschlecht und Religion in einer ländlichen Gesellschaft des 18. Jahrhunderts, Wien/Köln/Weimar 1999.

Viazzo, Pier Paolo, Upland Communities. Environment, Population and Social Structure in the Alps Since the Sixteenth Century, Cambridge 1989.
Vigl, Renate, Verwaltungsgeschichte der Stadt Innsbruck von 1784 bis 1821, Dissertation Innsbruck 1985.
Vincent, Jacqueline, Richesses et lacunes des actes notariés pour la connaissance des anciennes structures sociales: les contrats de mariage à Cannes de 1785 à 1815, in: Revue historique, 97, 250 (1973), 363–402.
Vintilă-Ghiţulescu, Constanţa, Marriage Strategies, Women's Dowries and Conflicts Between Relatives in Romanian Society (18th Century), in: Margarida Durães, Antoinette Fauve-Chamoux, Llorenç Ferrer u. Jan Kok Hg., The Transmission of Well-Being. Gendered Marriage Strategies and Inheritance Systems in Europe (17th–20th Centuries), Bern u.a. 2009, 123–141.
Voltaire, Artikel „Coutumes", in: Dictionnaire philosphique, Paris 1878 (zugänglich unter: http://www.voltaire-integral.com/Html/18/coutumes.htm).
Voltelini, Hans von, Zur Geschichte des ehelichen Güterrechts in Tirol. Eine rechtshistorische Skizze, in: Festgaben zu Ehren Max Büdinger's von seinen Freunden und Schülern, Innsbruck 1898, 333–364.

Wall, Richard, Women Alone in English Society, in: Annales de demographie historique, (1981), 303–316.
Wanrooij, Bruno P. F. Hg., La mediazione matrimoniale. Il terzo (in)comodo in Europa tra Otto e Novecento, Roma 2004.
Warnecke, Edgar F., Eheberedungen als Lebensversicherung im Hause von dem Bussche-Hünnefeld u. a., in Osnabrücker Mitteilungen, 102 (1997), 187–194.
Weber-Will, Susanne, Geschlechtsvormundschaft und weibliche Rechtswohltaten im Privatrecht des preußischen Allgemeinen Landrechts von 1794, in: Ute Gerhard Hg., Frauen in der Geschichte des Rechts. Von der Frühen Neuzeit bis zur Gegenwart, München 1997, 452–459.
Weinzierl-Fischer, Erika, Die österreichischen Konkordate von 1855 und 1933, Wien 1960.
Weiß, Alfred Stefan, Hieronymus Graf Colloredo (1732–1812) – geistlicher und weltlicher Herrscher, in: Mitteilungen der Gesellschaft für Salzburger Landeskunde, 144 (2004), 225–250.
Wesener, Gunter, Geschichte des Erbrechtes in Österreich seit der Rezeption, Graz/Köln 1957.
Wessely, Joseph, Handbuch der allgemeinen oder josephinischen Gerichts- und Concursordnung vom 1. Mai 1781, Bd. 2, Innsbruck 1834.
Whittle, Jane, Servants in Rural England c. 1450–1650: Hired Work as Means of Accumulating Wealth and Skills, in: Maria Ågren u. Amy Louise Erickson Hg., The Marital Economy in Scandinavia and Britain 1400–1900, Aldershot 2005, 89–107.
Winkelbauer, Thomas, Gundakar von Liechtenstein als Grundherr in Niederösterreich und Mähren. Normative Quellen zur Verwaltung und Bewirtschaftung eines Herrschaftskomplexes und zur Reglementierung des Lebens der Untertanen durch einen adeligen Grundherrn sowie zur Organisation des Hofstaats und der Kanzlei eines „Neufürsten" in der ersten Hälfte des 17. Jahrhunderts, Wien/Köln/Weimar 2008.
Winkler, Andreas, Aspekte bürgerlichen Lebens am Beispiel einer Innsbrucker Apothekerfamilie zwischen 1750 und 1850, Innsbruck 2001.

Witzmann, Erich, Die Sozialstruktur Perchtoldsdorfs im 18. Jahrhundert unter besonderer Berücksichtigung des Weinbaues, Dissertation Wien 1974.

Wopfner, Hermann, Zur Geschichte des bäuerlichen Hausgewerbes in Tirol, in: Tiroler Wirtschaft in Vergangenheit und Gegenwart, Bd. 1, Innsbruck 1951.

Wunder, Heide, „Er ist die Sonn', sie ist der Mond". Frauen in der Frühen Neuzeit, München 1992.

Wunder, Heide, Herrschaft und öffentliches Handeln von Frauen in der Gesellschaft der Frühen Neuzeit, in: Ute Gerhard Hg., Frauen in der Geschichte des Rechts. Von der Frühen Neuzeit bis zur Gegenwart, München 1997, 27–54.

Wunder, Heide, „Jede Arbeit ist ihres Lohnes wert." Zur geschlechtsspezifischen Teilung und Bewertung von Arbeit in der Frühen Neuzeit, in: Karin Hausen Hg., Geschlechterhierarchie und Arbeitsteilung. Zur Geschichte ungleicher Erwerbschancen von Männern und Frauen, Göttingen 1993, 19–39.

Zauner, Judas Thaddäus Hg., Auszug der wichtigsten Hochfürstlichen Salzburgischen Landesgesetze, Bd. 1, Salzburg 1785.

Zauner, Judas Thaddäus Hg., Auszug der wichtigsten Hochfürstlichen Salzburgischen Landesgesetze, Bd. 2, Salzburg 1787.

Zauner, Judas Thaddäus Hg., Auszug der wichtigsten Hochfürstlichen Salzburgischen Landesgesetze, Bd. 3, Salzburg 1790.

Zauner, Alois, Die protestantischen Salzburger Bürger in Vöcklabruck und Wels, in: Katalog der 4. Salzburger Landesausstellung Wolf Dietrich von Raitenau. Gründer des barocken Salzburg, Salzburg 1987, 127–131.

Zauner, Judas Thaddäus, Judas Thaddäus Zauner's biographische Nachrichten von den Salzburgischen Rechtslehrern von der Stiftung der Universität bis auf gegenwärtige Zeiten, Salzburg 1789.

Zeiller, Franz von, Commentar über das allgemeine bürgerliche Gesetzbuch für die gesammten Deutschen Erbländer der Oesterreichischen Monarchie, Bd. 3, Wien/Triest 1812.

Zeiller, Franz von, Das natürliche Privat-Recht, Wien 1819[3].

Zemon Davis, Natalie, Cosa c'è di universale nella storia?, in: Quaderni Storici, 41, 123 (2006), 737–743.

Zillner, Franz Valentin, Geschichte der Stadt Salzburg, Bd. I, Salzburg 1885.

Register

Die Quellenbeispiele in den Anhängen wurden nicht berücksichtigt.

C

H

I

J

K

L

M